宋會要輯稿

11

劉琳　刁忠民　舒大剛　尹波等校點

上海古籍出版社

国家出版基金项目
NATIONAL PUBLICATION FOUNDATION

宋會要輯稿　食貨一一

錢法

【宋會要】

1 交子貿易，真宗朝置務，以朝臣主之〔一〕。廢復更易〔二〕。

明道中鑄錢，文曰「明道元寶」，真、篆書二品〔三〕。

東南諸路鑄錢〔四〕，國朝承南唐之舊爲之，未廣也。咸平三年，馬忠肅亮以虞部員外郎出使，始於江、池、饒、建四州歲鑄錢百三十五萬貫，銅鉛皆有餘羨。真宗即以忠肅爲江南轉運副使〔五〕、兼都大提點江南福建路鑄錢四監，凡役兵三千八百餘人〔六〕。大中祥符後，銅坑多不發。逮天禧末，所鑄纔一百五萬。及蔡京爲政，大觀中，歲收銅乃六百六十餘萬斤。比祖額虧四十餘萬斤。內舊場四百六十餘萬斤，膽銅一百餘萬斤〔七〕，石銅七十萬斤，新場三十萬斤。江、湖、閩、廣十監每年共鑄錢二百八十九萬四百緡，計用銅一千十一萬五千斤。江州廣寧，二十四萬。池州永豐，三十四萬五千。饒州永平，四十六萬五千。建州豐國，三十四萬四百。已上四監一百三十四萬緡〔八〕，上供。衡州咸寧，二十萬。舒州同安，十萬。嚴州神泉，十五萬。鄂州寶泉，十萬。韶州永通，八十三萬。梧州元豐，十八萬。已上六監一百五十六萬緡，逐路支用。以所入約所用，計少銅三百三十萬五千斤。自渡江後，歲鑄錢纔八萬緡，近歲始倍。蓋銅鐵鉛錫之入，視舊纔二十之一，舊一千三百二十萬斤，今七十餘萬斤〔九〕。所鑄錢視舊亦纔二十之一爾。（以上《永樂大典》卷四六七〇）

鑄錢監

【宋會要】

2 江州廣寧監額：三十四萬貫，舊額二十萬貫。池州永豐監額：四十四萬五千貫，舊額四十萬貫。建州豐國監

〔一〕主：原作「立」，據呂祖謙《歷代制度詳説》卷七原注引《會要》改。

〔二〕按四庫本《歷代制度詳説》，此四字在上三句小注之後，作正文大字，則是呂祖謙之文，非《會要》文。蓋《大典》此條乃引自上書。

〔三〕按原稿此條緊接上文，今據文意別作一條。

〔四〕按，以下一段文字，與《建炎雜記》甲集卷一六「東南諸路鑄錢增損興廢本末」條全同（包括注文及誤字），李心傳並未注明引自《會要》，則此條當是抄自《建炎雜記》，而非《宋會要》之文。

〔五〕「即」下原衍「位」字，「忠」原作「宗」，據《建炎雜記》甲集卷一六刪改。

〔六〕按，以上一段所述之事，《長編》卷四七有詳細記載，時在咸平三年五月，所遣者爲馮亮。《事物紀原》卷六、《群書考索》卷一三引《實録》以及本書下文食貨一一之六注引熊克《九朝通略》等均同。《建炎雜記》作馬亮，誤。《名臣碑傳琬琰集》中集卷一有晏殊撰《馬忠肅公亮墓誌銘》，絲毫未提及此事，明非馬亮。且咸平三年馬亮被命爲西川轉運副使，參與討平王均之亂，明見於史，亦不可能於此時考察鑄錢事。

〔七〕膽：原作「贍」，據《建炎雜記》甲集卷一六改。

〔八〕已上：原脱，據《建炎雜記》甲集卷一六補。

〔九〕七十：原作「七千」，據文意改。

額：二十萬貫，舊額三十萬貫。韶州永通監額：四十萬貫，大錢，内兼鑄小錢八萬貫。惠州阜民監額：三十五萬〔貫〕。永興軍錢監額：一十萬貫。華州錢監額：一十萬貫，大錢。陝州錢監額：一十萬貫。絳州垣曲錢監額：一十三萬貫，大錢。衛州黎陽監額：一十五萬貫，小錢；五萬貫，大錢。西京阜財監額：二十萬貫。興國軍富民監額：二十萬貫。衡州熙寧監額：一十五萬貫。睦州神泉監額：一十五萬貫。鄂州寶泉監額：一十萬貫，大錢。舒州同安監額：一十五萬貫。虢州在城、朱陽兩監額：各一十二萬五千貫文，大錢。商州在城、洛南兩監額：各十二萬五千貫，大錢。興州濟農監額：四萬貫文，舊額三萬九千二百六十三貫二百五十文，每貫重一十二斤十二兩。嘉州豐遠監額：八萬六千六百一十七貫，舊額四萬貫。邛州惠民監額：一十萬九千八百五十一貫，舊額十二萬六百二十二貫。通遠軍威武鎮錢監額：一十二萬五千貫，大錢。岷州滔山鎮錢監額：一十二萬五千貫，大錢。已上並以文武京朝官、使臣殿直已上，每監二員，至或用三員。或舉用選人，或 3 以州官兼領而已。

鑄錢，每鑄一貫省，用銅二斤八兩，鉛一斤一十五兩，錫三兩，炭五斤。

浸銅之法：先取生鐵打成薄片，目爲鍋鐵，入膽水槽，排次如魚鱗，浸漬數日。鐵片爲膽水所薄，上生赤煤，取出，刮洗鐵煤〔一〕，入爐烹煉。凡三煉，方成銅。其未化鐵却添新鐵片，再下槽排浸。

饒州永平監額：四十六萬五千貫。池州永豐監額：三十四萬五千貫。紹興元年撥併，寄役贛州鑄錢監，本監官認鑄額。建寧府豐國監額：二十五萬四百貫。韶州永通監額：四萬七千一十七貫。贛州鑄錢監、嚴州神泉監，以上並無定額。（以上《永樂大典》卷四六七六）

錢法雜録〔二〕

4 周世宗南征，李景徙饒州〔三〕，召徐鉉爲太子右諭德〔四〕。鉉字鼎臣，揚州廣陵人，見《東都事畧·徐鉉傳》〔五〕。

太平興國二年，江南轉運使樊若水言：「江南舊用鐵錢，於民非便。望於昇州、饒州出銅處置官鑄錢，其鐵錢即令諸州鼓鑄爲農器，以給江北流民。」

八年三月，詔曰：「饒州歲市私鉛、錫六萬斤，爲錢十

〔一〕鐵：原作「錢」，據《宋史》卷一八〇《食貨志》下二改。

〔二〕題下原有徐松批注：「松案：《大典》作《番陽志》引《宋會要》。」其下又有批語：「下接太平興國二年。」按，《番陽志》，嘉定間知饒州史定之修。以下文字出《大典》卷五三二九「饒」字韻「饒州府」目，饒州即古番陽，《番陽志》即饒州志，故《大典》引之。以下文字乃該書輯録《會要》及他書中有關饒州之文，並非全爲錢法。

〔三〕徙：原作「徒」，據《宋史》卷四四一《徐鉉傳》改。

〔四〕按，據《東都事略》卷三八《徐鉉傳》：南唐李景時，徐鉉「坐專殺流舒州。周世宗南征，李景徙（鉉於）饒州，召爲太子右諭德」。《番陽志》節引此文並加改動，致「李景徙饒州」一句似是周世宗徙李景於饒州，非也。

〔五〕按，此條非《會要》之文，且非關錢法。

五，自今請增三錢，錫十五萬斤，爲錢二十九，增六錢〔一〕。饒州市炭，秤爲錢十，增三錢。」從轉運使張齊賢之請也。先是，李煜因唐舊制，於饒州永平監歲鑄錢六萬貫。江南平，增數爲七萬貫，常患銅少不充用。齊賢任轉運使，求得江南僞承旨丁釗，盡知饒、信、虔等州山谷出銅〔二〕、鉛、錫處，齊賢即調發諸縣丁男採之。是年增數十倍，明年得銅、鉛八十五萬斤〔三〕，錫十六萬斤，因雜用鉛、錫，歲鑄錢三十萬貫。補丁釗爲承旨，領五郡銅〔四〕。先是，永平監用開元通寶錢法〔五〕，肉好周郭精妙〔六〕。至是雜用鉛、錫，雖歲增數倍，而稍爲粗惡。《續通鑑長編》又云〔七〕：初，齊賢陛辭日，上面命曰：「漢時吳王即山鑄錢，江南多出銅，爲朕密經營之〔八〕。」齊賢訪前代鑄法，惟永平監用唐開元錢料，堅實可久，由是定取其法。凡用銅八十五萬斤，鉛三十六萬斤，錫十六萬斤。或言增鉛、錫多，齊賢固引唐朝舊法爲言。但丁制作丁釗〔九〕。

淳化五年〔一〇〕，詔：「饒州舊例集民爲甲，令就官場買茶。自(令)〔今〕聽從便收市。」

又，至道二年十月，賜池州新置鑄錢監名曰永豐。先是，州每年鑄錢四十5萬貫，至是復於池州分置是監，共鑄錢六十四萬貫。《九朝通畧》云四十四萬貫。

大中祥符(元)〔五〕年閏十月〔一一〕，右諫議大夫淩策言：「饒州自來官買金，禁客旅興販。或爲人論告，即追禁平人，煩撓刑獄。自今請許納稅錢。」從之。

二年六月，詔：「饒、池州等鑄錢監，比者歲給緡錢，以贍工匠，宜例加給。饒州歲七十萬，池州三十萬。」

五年，詔增給諸州鑄錢監匠率分錢。

五年，除饒、信州買銅場壞稅錢。

饒州鄱陽、樂平、浮梁、德興四縣和買金額五百四十二兩八錢，三班一員監當。又饒州德興市銀場和買年額千七百四十九兩五錢，縣官一員監。又饒州興利場和買額二十一萬一千七百三十四斤二兩，三班一員監。又饒州永平監額四十五萬三千一百五十貫，朝官、三班各一員監。又饒州及德興、浮梁、餘干、安仁縣、石頭鎮六務，稅錢歲額二萬五千四百七十貫。又饒州及餘干、浮梁、樂平、德興、安仁興利場、石頭鎮、景德鎮九務，酒麴錢歲額四萬七千五百九

〔一〕以上數句似有訛誤，《長編》卷二四作：「虔州歲市鉛、錫六萬斤，斤爲錢二十九，增六錢。信州市鉛，斤爲錢十五，增五錢。」

〔二〕虔：原作「處」，據《長編》卷二四改。

〔三〕此句似有脱文，《長編》卷二四作「銅八十五萬斤，鉛三十六萬斤」，當以爲準。

〔四〕領五郡銅：《玉海》卷一八〇作「領三郡銅山」，當是。

〔五〕永：原作「承」，據《長編》卷二四、《宋史》卷一八〇《食貨志》下二改。元通：原作「通元」，據《長編》卷二四乙。

〔六〕肉：原作「其」，據《長編》卷二四改。

〔七〕以下乃《番陽志》引述《長編》之意（今見《長編》卷二四），非盡原文。

〔八〕經：原脱，據《長編》卷二四補。

〔九〕按，此句當爲《番陽志》編者之語。蓋《會要》本文此條作「丁制」，而《長編》作「丁釗」，故云。今《輯稿》此條亦作「丁釗」，或是《大典》據《長編》改。

〔一〇〕按，此條與錢法無關。

〔一一〕五年：原作「元年」，按閏十月不在元年，而在五年。《長編》卷七六記此事，原注亦云《實録》書饒州事在五年閏十月。據改。

十七貫。又饒州買茶額五十五萬一千八百三十九斤。又饒州茶品：片茶慶合每斤一百四十三文，運合一百二十二文，仙芝一百一十文，不及號七十七文，頭金每斤五百文，臘面四百二十五文，頭骨三百五十五文，茗茶、末茶並四十一文，鹿黃三十七文。又饒州公用錢二百貫。《九朝通畧》云〔一〕：初，鑄錢但有饒州永平、池州 6 永豐。咸平二年，宰臣張齊賢言：「今錢貨未多，望擇使臣按行出銅易得炭薪之處，增置監鑄錢。」乃命虞部員外郎馮亮等至建州置豐國監，江州置廣寧監。明年，凡鑄錢一百二十五萬，乃以亮爲江南轉運副使，提點江南福建鑄錢事。康定元年，因陝西移用不足，屯田員外郎皮仲容建議增監冶鑄，因勑江南鑄大錢，而江、池、虢、饒州又鑄小鐵錢，悉輦致關中。慶曆元年十一月，詔江、饒、池三州鑄鐵錢三百萬緡，備陝西軍費。崇寧二年正月〔二〕，户部尚書吳居厚言：「江、池、饒、建四監歲鑄緡錢一百三十餘萬，近年寖少〔三〕，欲別立勸沮之格。」詔從之。十月，江淮等路發運副使胡師文言：「自熙寧以來，當二大銅錢不許轉京，故諸州官庫所積甚多。今（迄）〔乞〕改鑄當十錢，許四文可成三文，則十萬貫當爲三百萬貫。」癸卯，詔從之，令江、池、饒、建、舒、睦、衡〔四〕、鄂八監依陝西樣鑄當十錢。於是當二錢悉罷鑄矣。後崇寧五年，不行用，其當二錢依舊存用，仍罷鑄當十錢，只令鑄小錢。（以上《永樂大典》卷五三二九）

錢文〔五〕

7 仁宗景祐元年鑄錢，文曰「景祐元寶」，真書、篆書二品。

乾文錢：太平興國九年，日本國僧奝然等浮海而至，云其國（周）〔用〕銅錢，文曰「乾文寶〔六〕」。

交趾國黎字錢：秘書丞朱正臣言：「前通判廣州，竊見藩商多往交州貿市，齎黎字及砂鑞錢至州，頗紊中國之法。」（以上《永樂大典》卷四六七三）

鑄錢監

【宋畢仲衍《備對》】〔七〕

8 諸路鑄錢總二十六監〔八〕，每年鑄銅、鐵錢。

銅錢逐監錢數：阜財監，西京。二十萬貫；黎陽監，二十萬貫；永興軍、華州、陝府錢監〔九〕，各鑄二十萬貫；垣曲監，絳州。二十六萬貫；同安監，舒州。一十萬貫；富民監，興國軍。二十萬貫；神泉監，睦州。一十萬貫〔一〇〕；熙寧監，衡州。二十萬貫；寶泉監，鄂州。一十萬貫。已上並應

〔一〕原稿此句以下仍作正文大字，今改爲小字注。

〔二〕正月：《九朝編年備要》卷二六作「五月」。

〔三〕寖少：原作「侵久」，據《九朝編年備要》卷二六改。

〔四〕衡：原作「衢」，據《宋史》卷一八〇《食貨志》下二改。

〔五〕原無此題，嘉業堂本卷三〇一將以下三條及食貨一一之一第二條合題爲「錢文」，今從之。此四條應移於本門之末。

〔六〕原稿此下有徐松批注云：「松案：乾文錢、交趾國黎字錢二條，《大典》『錢』字韻引，今附録於此。」

〔七〕仲：原脱，據《文獻通考》卷九、《宋史》卷二八一《畢仲衍傳》補。

〔八〕二十六：原作「二十七」，《文獻通考》卷九作「二十六」。按，《玉海》卷一八〇「元豐二十七監」條引《會要》亦作「二十七」，然又注云「一作二十六監」。按下文實只二十六監，《玉海》同。今據《通考》改。

〔九〕錢監：原脱，據《文獻通考》卷九補。

〔一〇〕「神泉監」至「十萬貫」原脱，據《文獻通考》卷九補。

副本路，内熙寧〔監〕五萬貫應副〔沆〕〔坑〕冶買銅。廣寧監，江州。三十四萬貫；永豐監，池州。四十四萬五千貫；永平監，饒州。六十一萬五千貫；豐國監，建州。二十萬貫。已上四監，每年二十萬貫應副信州鉛山場買銀；三十五萬貫赴内藏庫充添鑄年額；一百五萬貫上供，内藏庫納一十五萬貫〔一〕，左藏庫納外九十萬，每撥三十三萬餘貫内藏庫封樁，候三年及一百萬貫，至南郊前，撥與三司。永通監，韶州。八十萬貫；阜民監，惠州。七十萬貫。已上二州並應副買銅。内惠州買銅剩錢兑小錢二十萬貫，并更有剩錢，並起發上京，内藏庫納。

鐵錢逐監錢數：在城、朱陽兩監，虢州。各一十二萬五千貫；阜民、洛南兩監，商州。各一十二萬五千貫。已上係折二錢，並應副本路交子本錢。威遠鎮、通遠軍。滔山鎮岷州。兩監，共二十萬貫〔二〕。嘉州二萬五千貫，邛州七萬三千二百三十四貫，興州四萬 9 一千貫。已上三州鑄大錢，内嘉州二萬貫，邛州五萬貫，興州三萬貫，支與川茶司並應副本路。大錢以一當十。

銅鐵錢路分：一十三路行使銅錢，兩路〔行〕使銅、鐵錢，四路行使鐵錢。銅錢一十三路：折二錢，京畿裏不行使，府界并諸路並通行。開封府界、京東路、京西路、河北路、淮南路、兩浙路、福建路、江東路、江西路、湖南路、湖北路、廣東路、廣西路。銅、鐵錢兩路：陝西有折二錢，新鑄至和饒闊稜大銅、大鐵錢並當小銅錢二文，永爲定制。河東銅錢有折三、折二錢。陝府西路、河東路。鐵錢四路〔三〕：大鐵錢一文當十文。成都府路、梓州路、利州路、夔州路。（以上《永樂大典》卷四六七六）

版籍〔四〕

【宋會要】

10 太祖建隆四年十月，詔曰：「蕭何入關，先收圖籍；沈約爲吏，手寫簿書。此官人所以周知其衆寡也。如聞向來州縣催科，都無帳曆。自今諸州委本州判官、録事參軍點檢逐縣，如官元無版籍，及百姓無户帖户抄處，便仰置

〔一〕按此句十五萬貫與下句九十萬貫係對上文「一百五萬貫上供」而言，此文交代不甚明白。

〔二〕二十萬：《文獻通考》卷九作「二十五萬」。

〔三〕河東路鐵錢四路：此七字原脱。按《文獻通考》卷九云：「銅錢一十三路行使：（下列十三路名）……。銅鐵錢兩路行使：陝府西路、河東路。鐵錢四路行使：成都府路、梓州路、利州路、夔州路。」顯然是抄自畢仲衍此文，而删去小注。據此可知，此處「陝府西路」下脱「河東路」，「成都府路」上脱「鐵錢四路」。又據本文上文「銅錢一十三路」文例，「某錢若干路」之下爲注文，注明此區行使何種錢；然後又爲正文，開列各路名稱。則知此處「大鐵錢一文當十文」之注應爲「鐵錢四路」之注。據前文，嘉、邛、興三錢監所鑄錢爲鐵錢，「支與川茶司並應副本路」，「大錢以一當十」，可知川峽四路行使以一當十之大鐵錢，更證明此處「大鐵錢一文當十文」乃「鐵錢四路」之注。茲據以上考證補此七字。

〔四〕原稿文前批注云：「版籍，起太祖建隆四年，訖孝宗乾道六年。缺淳熙至嘉定共七條，應補抄。」今按，「版籍」一門，本書食貨六九有複文，並有批語所説淳熙至嘉定七條。

造，即不得煩擾人户。令、佐得替日交割批曆，參選日銓曹點檢。」

太宗至道元年六月，詔：「天下新舊逃户檢覆、招携及歸業承佃户税物文帳，宜令三司自今後畫時點檢，定奪合收、合開、合閣税數聞奏。若覆檢鹵莽，當行勘逐。仍令三司將覆檢文帳上曆管係，於判使廳置庫架閣，准備取索照證。如有散失，其本部使副、判官必重行朝典，干繫人吏決停。」

真宗景德二年[11]五月，三司度支判官黄世長請令三司每歲較天下税帳耗登以聞。從之。

八(年)〔月〕〔一〕，詔：「諸州縣案帳、抄旁等，委當職官吏上曆收鏁，無得貨鬻、棄毁。仍令轉運使察舉，犯者，官員重寘其罪，吏人決杖、配隸。」時衛州判官王象坐鬻案籍文抄，除名爲民〔二〕，配隸唐州，因著條約。

天禧二年六月，三司言：「定奪三部合減省諸州府帳目奏狀，一年計八萬八千九百一十九道，約省三十四萬五千二百餘紙。其諸路州府，望令轉運使定數白三司，三司覆定以聞。」下詔曰：「計帳之繁，動盈几案，公家之利，無益關防，徒事勾稽，空靡紙札。比令近侍，同令刪除，或匪切須，並從簡併。咨爾在位，宜守親稽，勿務滋章，致於煩擾。其令三司、諸路並依新減數目，不得擅有增益。」先是，上封者言：「諸州帳籍，繁而非用，紙筆所費，或至掊歛。望省其數。」是歲又詔：「諸州自今造帳，營房半年一申，揀停軍人一年一申，職員、馬遞鋪馬帳並一季一申〔三〕。」三司使李士衡因言，逐年約減省帳目二分以上，在省手分亦合減省，遂詔三部官司議以聞。

四年二月，京東轉運副使范雍言：「諸州帳籍，應在不少，望自今委轉運使於逐州選官一員專管帳目磨勘。如及一百萬數，一年内八分已上，並升差遣；不滿百萬，一年了者，批曆爲勞績。」從之。

仁宗天聖元年十一月，上封者言：「天下每遇閏年，寫造寔行版籍，甚有搔擾。況每歲各有空行版簿拘管催促，不至失陷税賦。乞賜停罷。」乃下詔曰：「國家稽禹畫以開疆，盡天臨而覆物，崇建至[12]治，阜康生民。必務簡于科條，用益清于政化。乃眷郡縣，悉掌簿書，既鈐鍵于賦輿，亦關防于生齒。坦有明制，存諸有司。其或設之空文，害于有益，上靡資于理本，下徒啓于倖門。或牧守愛民，奏述暫從于停廢；或官司循例，因緣寧免于滋彰。將杜規求，宜削煩擾。應諸州縣凡遇閏年所供寔行版簿，今後更不寫造供申，只將催科空行版簿逐年磨勘，入勾點檢，上曆架閣，不得散失。」

三年七月，京西路勸農使言：「點檢夏秋税簿，多頭尾

〔一〕月：原作「年」，據《長編》卷六一改。
〔二〕民：原作「吏」，據《長編》卷六一改。
〔三〕鋪：原作「鎮」，據《長編》卷九二改。按《長編》載此詔在七月己卯。

不全，亦無典押、書手姓名，甚有(楷)〔揩〕改去處。深慮欺隱，失陷税賦。近究〔一〕、鄆、齊、濰、濮州磨勘出失陷税賦四萬三千九百八十四貫匹石。看詳欺隱税數，蓋是造簿之時，不將遞年版簿對讀，割移典賣，又不取關帖證對，本州亦不點檢，致作弊倖，走移税賦，改作麄色。亦有貧民額外移税在户下，縱有披訴，只憑遞年簿書，無由雪理。今乞(侯)〔候〕每年寫造夏秋税簿之時，置木條印一，雕年分、典押、書手姓名，令佐押字。候寫畢，勒典押將版簿及歸逃簿、典賣析居割移税簿逐一勘同，即令佐親寫押字，用印記訖，當面毀棄木印。其版簿以青布或油紙襯背，津般上州請印。本州干繫官吏更切勘會，委判句官點檢，每十户一計處，親書勘同押字訖，封付本縣勾銷，仍于令佐廳置櫃收鏁。如違，依法施行。書手雖經(數)〔赦〕，仍勒充州縣重役。令佐不親勘讀，以至失陷税賦，雖去官不原。」事下三司，三司檢會[13]：『《農田敕》：『應逐縣夏、秋税版簿，並先樁本縣元額管納户口、税物都數，次開説見納、見逃數及逐村甲名，税數。官典勘對，送本州請印訖，更令本州官勘對，朱鑿勘同官典姓名，書字結罪，勒勾院點勘。如無差僞，使州印訖，付本縣收掌勾銷。』今請依所乞造置簿印施行。」從之。

景祐元年正月十三日，中書門下言：「《編勑節文》：諸州縣造五等丁産簿并丁口帳，勒村耆大户就門抄上人丁。慮災傷州縣搔擾人民。」詔：「京東、京西、河北、河東、淮南、陝府西、江南東、荆湖北路應係災傷州軍縣分，並權住攢造丁産文簿，候豐稔，依舊施行。」

神宗熙寧二年十一月十三日，詔：「今後農田利害〔二〕，據州縣具到圖籍并所陳事狀〔三〕，並委管勾官與提刑、轉運議，差官覆按。」

四年五月十六日，司農寺言：「乞差府界提點司委官分詣諸縣，同造五等簿，升降人户。如敢將四等已下户不及得自來中等已上物力升在三等，致人户(被)〔披〕訴，其當職官吏並從違制，不用赦降。」從之。

八年正月八日，察訪荆南路常平等事蒲宗孟言：「近制，民以手寔上其家之物産，而官爲注籍，以正百年無用不明之版圖，而均齊其力役，此天下之良法也。然縣災傷五分已上則不與焉，且留以俟豐歲。以臣觀之，使民自供手寔，無所擾也，何待于豐穰哉！願詔有司，不以豐凶弛張其法。」從之。呂惠卿爲手寔法，奉使者至析秋毫，天下病之，而宗孟有此奏。既而[14]詔司農寺罷手寔法。

元豐元年九月十二日，中書言：「應諸縣造鄉村坊郭丁産等第簿，並録副本送州印縫，于州院架閣〔四〕。」從之。

十月二十一日，詔：「應造簿路分，秋料災傷税額放及

〔一〕究：原作「衮」，據本書食貨六九之一八改。
〔二〕今：原作「令」，據本書食貨六九之一九改。
〔三〕天頭原批：「『籍』一作『簿』。」按本書食貨六九之一九作「簿」。
〔四〕院：原作「縣」，據本書食貨六九之一九、《長編》卷二九二改。

七分以上處〔一〕，權免造，並候次年。」

十二月九日，兩浙路提舉司言：「浙西民户富有物力，自浙以東，多以田產營生。往年造簿，山縣常以税錢，餘處即以物力推排，不必齊之以法〔二〕。今欲通以田土、物力、税錢、苗米之類，各以次推排〔三〕，隨便敷納役錢。所貴民力所出，輕重均一〔四〕。」從之。

二年四月二十一日，知諫院李定言：「秀州嘉興、崇德兩縣初定役法時，以僧舍什物估直敷錢，恐非法意。」下司農寺，請下本路改正。他路有類此者，令提舉司依此施行。從之。

哲宗元符元年二月二日，新權提舉廣南西路常平等事盧君佐言：「京東、河北有山林陂澤，盜賊結集，乞置籍以記浮民〔五〕。」詔户部立法以聞。

徽宗宣和二年四月二十一日，江浙淮南等路宣撫使童貫奏：「奉詔措置東南凶賊。切詳平賊之後，民事最爲急務。勘會經賊燒劫州縣，圖書散失，理當重造户口版籍，以定將來税役。」從之。

六年閏三月十六日，新差提舉河東路常平等事林積仁言：「熙豐良法，莫大于常平、免役，而常平、免役之政令以户籍爲本。户有五等，縣置簿以籍之，凡均敷數、雇錢、科差、徭役及非泛抛降合行均買者，皆以簿爲據。然詭名挾户〔六〕，減落價貫，在法許告，有追賞、15斷罪刑名。欲下諸路常平司，以指揮到日，遍行曉諭，限一季許冒犯人陳首，特與改正，仍免斷罪、追賞。限滿不首，重寘以法。若因人告發，而州縣根治滅裂者，提舉官按劾以聞。」從之。

高宗皇帝紹興元年二月二十八日〔七〕，臣寮言：「州縣經兵火處，版籍殘缺，姦吏並緣爲私，所存無幾，不可鉤考，使户口未寔，賦役不均，財用莫知所從出。今乞嚴勅諸路監司，應經兵火州縣，自來所有丁產、錢穀簿書，皆依法置造。如委無舊本，許以帳狀及寔可照驗事跡類聚攢成；又無，即從諸司用干證文字與州縣見存案牘互相點勘，以成新書。監司以逐州名數開具申尚書本部，立爲定制。所有期限，乞從朝廷處分〔八〕。」户部契勘：「見行下諸路轉運司取索供申外，如内有曾經兵火去處，欲依本官所乞，用干照文字互相照勘成書。」詔依，仍限半年。

二年三月二十三日，詔曰：「朕于民事，未嘗敢緩，而

〔一〕災傷：原作「官場」，據《長編》卷二九三改。本書食貨六九之一九「秋料官場」作「秋科及夏」，亦非。

〔二〕天頭原批：「『之以』一作『以一』。」按本書食貨六九之一九、《長編》卷二九五均作「以一」。

〔三〕推：原作「數」，據《長編》卷二九五改。天頭原批：「『各以次數排』一作『各令挨排』。」按本書食貨六九之二〇作「各令挨排」。

〔四〕天頭原批：「『一』一作『平』。」按本書食貨六九之二〇作「平」。

〔五〕民：原作「名」，據《長編》卷四九四改。

〔六〕挾：原作「狹」，據本書食貨六九之二〇改。

〔七〕天頭原批：「『高宗』一作『光堯』。」按本書食貨六九之二〇作「光堯」。

〔八〕「從」字下原衍一「自」字，據本書食貨六九之二一刪。

守令、監司弗之察也。訪聞造簿之弊〔一〕，姦贓狼藉，民被其苦。而又輪差甲頭、保長之後，公然有備償之説，大無謂也。可自今後應逃亡、死絶、詭名、挾佃〔二〕、産去税存之户，不待造簿，晝時依法倚閣，檢察推割。庶使斯民猶堪給養，而不被無藝之横斂也。如違，令佐、公吏並竄配海島。有贓者，依去年十二月十四日指揮。知通、監司隱庇而不舉發者，同罪。應昨來造簿不公，及今後不爲晝時依法施行者，並許民户越訴。令户部立法，取旨【16】行下〔三〕。」

閏四月三日，右朝奉郎姚沇言：「欲乞朝廷行下諸路轉運司，相度曾被燒劫去處失契書業人，許經所屬州縣陳狀。本縣行下本保鄰人依寔供證，即出户帖付之，以爲永遠照驗。如本保鄰人作情弊故意邀阻，不爲依寔勘會，及本縣人吏不即時給户帖，並許人越訴，其合干人重寘典憲。」

八月二十二日〔四〕，詔：「今後應逃亡、死絶、詭名田産，令户部立法。」今修立下條：「諸逃亡、死絶及詭名、挾佃（併）〔并〕産去税存之户，不待造簿，晝時倚閣，檢察推割。」從之。

四年四月十六日，户部言：「依條，每年取會諸路轉運司供攢户口陞降管額文帳。今據淮南轉運司申，緣本路州縣纔方招誘，漸有歸業人户，未敢便行抄劄户口，切慮驚擾〔五〕，復有逃移。本部相度，欲自紹興五年爲頭。」從之。

五年五月八日，諸路軍事都督行府言：「諸路收支、見在錢物，今後分上下半年，縣具數申州，州類聚，同本州之數申漕司。如係常平、茶鹽司并提刑司錢物〔六〕，即依此申所隸置籍。本司總一路之數，作旁通册開具聞奏，付之户部，考察登虧。仍詔守、倅今後歲終及替罷，並開具管下諸縣并一州收支、見在數目，申尚書省。其初到任，即具截日見在申户部，户部亦行置籍。」從之。

十月十日，尚書省言：「勘會諸路户口并合輪夏税、秋賦帳狀，雖有立定供申條限，近來州縣違廢法令，不即供申。今要見諸路租額并即今每州并每縣五等【17】人户各若干、逐等人户各夏、秋二料合納税賦各若干〔七〕。」詔令户部立定體式，限一月取會諸路州縣，作旁通册開具申。

十二月二十三日，詔户部：「令州縣遵依已降指揮，止以見在簿籍内所管數目出給。今來全在州縣官用心措置，務要簡便，于民不擾，早得給付。如敢乘此差人下鄉根括，勾呼搔擾，並當重行停降。因而容縱公吏乞取，除公吏以枉法論坐罪外，官比公吏減一等。仍仰提刑司常切覺察，

〔一〕弊：原作「歲」，據《群書考索》後集卷五三改。
〔二〕挾：原作「狹」，據本書食貨六九之二一改。
〔三〕天頭原批：「『行下』一作『施行』。」按本書食貨六九之二一作「施行」。
〔四〕八月二十二日：本書食貨六九之二一與此同，而食貨六一之六四、六九之四九作「六月二十二日」，未知孰是。
〔五〕慮：原作「應」，據本書食貨六九之二二改。
〔六〕如：原作「知」，據本書食貨六九之二三改。
〔七〕天頭原批：「『料』一作『科』。」按本書食貨六九之二二作「科」。

及許人户詣本司越訴。」以都省言州縣尚勒令人户開具，追呼擾攘，故有是詔。

六年十二月十八日，臣僚言：「州縣推排人户，于造簿之時，宜得其寔。若産去税存者，根究受産之家，據數攤理。以契内價貫爲物力者，取見出産之家苗税都數參酌均定，則不得而欺矣。版籍既明，賦役均當，若貧若富，各得其所。欲望申勑諸路州縣官吏，應遇人户訴理苗税、物力，並依公參酌，推受過割。」(招)〔詔〕：「産去税存，已有條令，仰户部申嚴行下。餘令諸路轉運司限十日一就相度，申尚書省。」

七年五月七日，比部員外郎薛徽言言〔一〕：「欲望明飭有司稽考州縣丁帳，覈正文籍，死亡生長，以時書落。歲終，縣以丁之數上州，州以縣之數上漕，漕以州之數上之户部，户部合天下之數上之朝廷。殘破之處，計登耗而爲之賞罰。其重困之由，願講明之；其傷殘之法，願申嚴之。」從之。

十二年七月十八日，户部言：「州縣人户産業簿，依法三年[18]一造，坊郭十等，鄉村五等，以農隙時當官供通，自相推排，對舊簿批注陞降。今欲乞行下諸路州縣，依平江府等處已降指揮。西北流寓之人，候合當造簿年分推排施行。」從之。

十三年九月一日，詔：「州縣租税簿籍，令轉運司降樣行下，並真謹書寫。如細小草書，從杖一百科罪勒停，永不得收叙。其簿限一日改正。當職官吏失點檢，杖八十。如有欺弊，自依本法施行。」從轉運使李椿年之請也。

十六年六月十日，權知郴州黄武言人户典賣推税，詔令户部立法。户部令修下條：「諸典賣田宅，應推收税租，鄉書手于人户契書、户帖及税租簿内，並親書推收税租數目并鄉書手姓名。税租簿以朱書，令佐書押。又，諸典賣田宅，應推收税租，鄉書手不於人户契書、户帖及税租簿内親書推收税租數目、姓名、書押令佐者，杖一百，許人告。又，諸色人告獲典賣田宅，應推收税租，鄉書手不于人户契書、户帖及税租簿内親書推收税租數目、姓名、書押令佐者，賞錢一十貫。」從之。

十八年四月三十日，臣寮言：「比年以來，遷徙之民懷土歸業者衆。淮甸間如通、泰等州，號爲就緒。州縣欲便于科差，推排物力。其間歸業未滿三年者，與免推排一次。」從之。

二十年九月八日，臣寮言：「四川諸縣推排等第，除坊郭營運依舊例外，其鄉村人户家業數内若有營運，合依見行條法推排陞降。如典賣田産價直，欲乞改正，[19]只用本色。所管税色物斛，依見今州縣衮折則例併紐税錢〔二〕。

〔一〕下「言」字原脱，據文意補。薛徽言乃人名。徽言自紹興六年正月守比部員外郎，見《建炎要録》卷九七。

〔二〕紐：原作「細」，據《建炎要録》卷一六一改。

若於本處或有未便，乞令開具的確利害以聞。」從之。

二十一年二月四日，詔臨安府見推排等第〔一〕，依在京例與免。

二十二年二月七日，右宣義郎、大理評事王彦洪言〔二〕：「切見甲令所載，三年一造簿書，于農隙之時，令人户自相推排，蓋欲別貧富，陞降等第，務從均平，此萬世之良法也。近來間有縣令將欲任滿，輒促期限，或遷延以待後政，致有下户物産已去而等第猶存。欲望申嚴法禁，于農隙推排之時，不得妄有展、促期限，以杜貪墨、慵懦之弊。如或違戾，令監司、郡守按劾以聞〔三〕。」從之。

五月八日，前知池州陳湯求言：「乞令後州縣不得將牛、船、水車、應干農具增爲家力，其賣買交易，許免收税。如官司輒敢巧作名目〔四〕，暗排家力及抑納税錢者，許人户越訴。專委提舉常平司糾察，官吏重寘以法。」從之。

二十四年三月二十五日，大理評事劉敏求言：「乞令有司申嚴法禁，俾諸州依條限印給税租簿，仍鈐束人吏乞取之弊。如有違戾〔五〕，重寘于法。」上因宣諭：「法令固在，如官吏奉行不虔，雖申明行下，終亦無益。爲知州者，須更歷民事、通曉利病者爲之。」因命監司以時檢察，有不如令，按劾以聞。

二十六年二月二十二日，新差權發遣全州楊揆劄子言：「在法：人户家産物業，每三歲一推排，陞降等第。如有未當，許人户陳訴改正，然後立爲定籍，置櫃[20]收藏于長官廳。凡有差科，令佐躬親按籍均定。比年以來，州縣弛慢，盡付胥吏之手。每遇差科，公然賄賂，良民受弊，依前産去税存，故使貧乏下户多有逃移。欲望明飭有司，申嚴行下諸路監司、守臣，凡差科，並須令佐躬親均定，不得令公吏干預，惟許檢閲抄寫。如有違戾，仰監司按劾以聞。」從之。

三十年六月十四日，詔：「諸州縣歲終攢造丁帳，三年推排物力，除附陞降，並令按寔銷注。州委官，縣委主簿，專掌其事，監司、太守常切檢點。如有脱落，許人户越訴，當行官吏以違制論。」從户部之請也。

三十二年正月二十五日，臣寮言：「望詔有司立法，自今知縣、縣丞滿罷之日，批書條限内曾無排造文簿，及縣丞推受物力有無未了名件，庶幾版圖得寔，可以據籍定差。」于是給舍金安節等看詳：「昨降指揮，任滿批書，並依祖宗舊例。」詔依。

五月三日，四川總領王之望言：「契勘人户將田宅遺囑與人，及婦人隨嫁物産與夫家管係，在法，田宅止與出

〔一〕推：原脱，據《建炎要録》卷一六二補。
〔二〕王彦洪：《建炎要録》卷一六三作「王洪」。按王彦洪屢見於本書，《建炎要録》脱「彦」字。
〔三〕郡：原作「都」，據本書食貨六九之二五改。
〔四〕如：原作「知」，據本書食貨六九之二五改。
〔五〕違戾：原倒，據本書食貨六九之二五乙。

母、生母〔一〕，方合免税，若與其餘人，並合投税。今四川人户遺囑、嫁資，其間有正行立契，或有止立要約與女之類，亦合投税。緣得遺囑及嫁資田産之人依條估價投契，委可杜絶日後争端。若不估價立契，雖可幸免一時税錢，而適所以啓親族兄弟日後訴訟。」户部言：「人户今後遺囑與緦麻以上親，至絶日，合改立户。及田宅與女折充嫁資，並估價赴官投契 21 納税。其嫁資田産于契内分明聲説，候人户齎到税錢，即日印契置曆，當官給付契書。如合干人吏因緣搔擾，許人户經官陳訴。若出限不即經官税契，許人户告，將犯人依匿税法施行。」從之。

紹興三十二年壽皇聖帝已即位，未改元。八月二十三日，中書門下言：「州縣三年一次推排坊郭、鄉村物力，多係坊正、保正副私受人户錢物，升排不公。守、令信憑人吏，藏匿等第文牓，洎至人户知得，並已限滿，無緣陳理，貧弱受害。今仰州縣推排出院日，分明出牓。如尚敢循習，委監司覺察奏聞，當議重寘于法，庶使良民有所申訴。」從之。

壽皇聖帝乾道二年正月十八日，詔：「孫大雅奏漢制上計之法，朕以爲可行于今，令侍從、臺諫參考古制進呈。」先是，知秀州孫大雅置本州《拘催上供錢格目》來上，且言：「漢制，歲盡郡國詣京師奏事。至中興，則歲終遣吏上計。于正月旦，天子幸德陽殿臨軒受賀，而屬郡計吏皆覲，以詔殿最。今也不然，未嘗有甘泉上計之制，而臣始爲之奏。且臣所撰《州縣拘催上供錢格目》者，蓋法漢之大司農『郡國四時上月旦見錢穀簿，其逋未畢，各具別之』之意以爲書也。敢昧死以獻，惟陛下裁擇。」于是監察御史張敦寔、劉貢言：「切謂一縣必有一縣之計，一郡必有一郡之計，天下必有天下之計。天下之計，總郡縣而歲考焉。三代遠矣，方册可得而知者，自禹別九州，成賦中邦，因南巡狩而 22 至大越，登茅山而會諸侯，號其山曰會稽，後立會稽郡。《漢書》注云：『以其會諸侯之計於此也。』逮至《周官》所載，最爲詳悉。天官冢宰之屬，理財居其半，掌財用而言『歲終則會』者凡十。又（太）〔大〕府之職，『歲終，則貨賄之入出會之』；小宰之職，『歲終，則令群吏致事』〔二〕。鄭氏注云：『若今之上計也。』漢承秦後，蕭何收其圖籍，知張蒼善筭，於是令以列侯居相府，領主郡國上計者。此則漢初之制，專命一人以掌天下所上之計也。至武帝元光五年〔三〕，詔吏民有明當世之務，習先聖之術者，縣次續食，令與計偕。注云：『計者，上計簿使也，郡國每歲遣詣京師上之。』元封五年三月，朝諸侯王、列侯，受郡國計。太初元年十二月，又受計于甘泉。天漢三年，又受計于泰山之明堂。太始四年三月，又受計于泰山之明堂。是則終武帝之世，

〔一〕與：原作「于」，據本書食貨六九之二六改。又「生母」，食貨六九之二六作「嫁母」，疑是。因出母、嫁母俱指生母，出母謂爲父所出，嫁母則父亡改嫁。「出母」與「嫁母」可並列，「出母」與「生母」則不當並列。
〔二〕群：原作「郡」，據本書食貨六九之二七改。
〔三〕元光：原作「建元」，據《漢書》卷六《武帝紀》改。

五十餘年之間，一受計于帝都，三受計于方嶽，或以三月，或以十二月之不同也。至宣帝黄龍元年正月，下詔曰：『方今天下少事，而民多貧，盗賊不止，其咎在上計簿文具而已，務爲欺謾〔一〕，以避其課。令御史察計簿疑非寔者按之，使真僞無相亂。』是則在宣帝之時，郡國所上計簿，已不能無弊矣。光武中興，歲終遣吏上計，遂爲定制〔二〕。正月旦，天子幸德陽殿，臨軒受賀，而屬郡計吏皆在列。置大司農專掌之，其逋未畢，各具别之。今孫大雅所陳者是也。然西漢言郡國上計，東漢言屬郡計吏，則遠方者，在東漢未必偕[23]矣。漢之大司農，則今之户部也。竊見户部掌天下之財計，有上限、中限、末限之格法，有日催、旬催、五日一催之期會。每于歲終，獨以常平收支、户口租税造册以進呈，而于州郡諸色窠目尚畧焉，是于三代歲終則會與兩漢歲終上計之法爲未備也。然而去古愈遠，文籍愈煩，在西漢已不免文具之弊，況今日能盡革其僞乎？在東漢止于屬郡之内，況今日川、廣之遠，能使其如期畢至乎？以臣等愚見，莫若歲終令户部盡取天下州郡一歲之計已足未足、虧少虧多之數，並皆造册，正月内進呈。兼採漢制，丞相選差一人，考覈户部所上計，而明州郡之殿最，則三代、兩漢之制皆兼該而無不足之處矣。」詔令户部措置。其後户部言：「諸路州軍歲起上供諸色窠名錢帛糧斛，各有立定起發條限、年額、數目，本部每年預行檢舉，行下諸路監司及州軍當職官排日催促，依限撥納。其歲終，具常平收支并税租課利旁通，係取前二年數〔三〕、户口本年數，造册以進呈。内不到路分，次年附進。今來張敦寔等奏陳，歲終令户部盡取天下州郡一歲之計已足未足、虧少虧多之數造册，正月進呈。緣諸州軍地里遠近不同，竊慮不能于次年正月盡寔申到，若候取會齊足攢造，亦恐後時。今措置，欲立式遍下諸處州軍，知、通、當職官各以本州每歲應干合撥上供窠名錢帛糧斛數目置籍，照條限鈎考撥納。歲終，逐一開具[24]造册，須管于次年正月了畢，詣闕投進。候到，降付户部參考。將拖欠州軍〔四〕，具當職官吏按劾，取旨黜責施行〔五〕。」上曰：「如此措置，甚善。」從之。

二月三日，詔：「淮東近因措置沙田、蘆場，拘留人户供攢户式，有妨春農，並仰日下放散。如有未圓備去處，候秋收畢日施行。内形勢上户，即仰措置取會，不得追擾耕作之人。」

十一月二十六日，權户部侍郎曾懷言：「户部掌催諸路財賦，名色不一。自來緣無版籍，無憑稽考，往往多致失陷。積弊之久，習爲故常。被旨攢具到版籍，一物一件，皆有照據。乞自今每歲諸郡具所起發錢料名，總計寔數作一

〔一〕謾：原作「慢」，據本書食貨六九之二八、《漢書》卷八《宣帝紀》改。
〔二〕遂爲定制：原作「遂定制論」，據《文獻通考》卷二四改。
〔三〕二：原作「一」，據《文獻通考》卷二四改。
〔四〕州：原作「諸」，據《文獻通考》卷二四改。
〔五〕「取」上原有「伏」字，句末原有「之」字，據《文獻通考》卷二四删。

項，限次年正月終申發。委逐路所隸監司覆寔，限一月上之，户部具殿最以聞，取旨賞罰。庶有司各知任責，財賦不致失陷，國用得以不乏。」從之。

六年十月十一日，户部侍郎、江浙京湖淮廣福建等路都大發運司史正志言〔一〕：「臣恭惟本朝自聖祖及神宗相繼嗣統〔二〕，爰考元和之制，踵爲會計之書，萬機之暇，未嘗不視之爲先務。歲月易久，姦弊易生，故不得不時爲會計，以救其弊。是以景德之録、慶曆之録、皇祐之録以致元豐《中書備對》，分令諸房揭貼，搜羅詳密，纖悉備具。朝廷每有施行〔三〕，不復待報於外，按圖閲籍，如指諸掌。竊思惟祖宗之時，所謂會計之書修纂如是之易者，蓋緣郡國帳狀如期來上〔四〕，無有隱匿稽違，故得以討論措畫。又嘗考之條令，一州之帳 25 狀，司法主之，一路之帳狀，漕屬主之，率諸路帳狀上之户部。既已有帳司矣，又以別本關之比部，專以纂輯爲之。違一月者有禁，踰一時者有罰。渡江以來，天下多事，簿書期會，日爲紛擾，而帳狀之計，漫不加省。近年以來，比部省併曹帳司，裁減吏額，拘催帳狀，不復來上，故易于竄易，易于移兑，而乾没之患滋生。臣謂救之之術，莫若謹帳狀之上，續會計之書。是書一成，如鏡之照，如權之稱，尚何從逃哉〔五〕。」從之。

二十七日，宗正少卿、兼權户部侍郎王佐等言：「得旨編類版籍文字。稽考得增税錢一項，係依紹興五年五月十二日旨揮，令諸路轉運司量度州縣收税緊慢，增添税額五分或三分，別曆收。今將帳案照得除臨安府并太平州每季有收過外，其餘去處並無所收，顯見侵欺失陷。欲令諸路漕司自今年冬季爲始，盡寔拘收。以十分爲率，三分與本州贍給官兵，其七分赴左藏庫送納。仍限一月，先次取見本路州軍合增添五分及三分數目，作册供申，户部置籍拘考之。」詔户部行下諸路漕臣開具州縣收税緊慢去處參酌申取朝廷指揮〔六〕。（以上《永樂大典》卷一七五三一）

户口一〔七〕

歷朝户口數〔八〕

26 太祖開寶九年，天下主、客户三百九萬五百四。

〔一〕「湖」原作「朝」，據《周文忠公集》卷一〇五改。又「史正志」原作「史正忠」，據本書食貨六九之三〇、《周文忠公集》卷一〇五、《宋史》卷一六七《職官志》七改。
〔二〕神宗：原作「仁宗」，據本書食貨六九之三〇改。按下文歷數至元豐，可見當作「神宗」。
〔三〕原稿「朝廷」前衍「且」字，據本書食貨六九之三〇删。
〔四〕蓋：原稿作「益」，天頭原批：「『益』疑『蓋』，副本同。」今據本書食貨六九之三〇改。
〔五〕天頭原批：「『從』一作『所』。」按本書食貨六九之三一作「所」。
〔六〕天頭原批：「脱淳熙以後數條，應補抄。」按本書食貨六九之三一至食貨六九之三四有所脱部分。
〔七〕原題作「户口雜録」，今據内容删「雜録」二字，以與食貨一二之「户口雜録」相區分。
〔八〕原無此題，據正文内容補。

太宗至道三年，天下主、客户四百一十三萬二千五百七十六。

真宗天禧五年，天下主、客户八百六十七萬七千六百七十七，口一千九百九十三萬三百二十。

仁宗天聖七年，天下主、客户一千一十六萬二千六百八十九，口二千六百五萬四千三百三十八。

慶曆二年，天下主、客户一千三十萬七千六百四十，口二千二百九十二萬六千一百一。

八年，天下主、客户一千七十三萬三千六百九十五，口二千一百八十三萬六十四〔一〕。

嘉祐三年，天下主、客户一千八十二萬五千五百八十，口二千二百四十四萬二千七百九十一〔二〕。

八年，天下主、客27户一千二百四十六萬二千三百一十七〔三〕，口二千六百四十二萬一千六百五十一。

英宗治平三年，天下主、客户一千二百九十一萬七千二百二十一〔四〕，口二千九百九萬二千一百八十五。以上《國朝會要》。

神宗熙寧二年，天下主、客户一千四百四十一萬四千四十三，口二千三百六萬八千二百三十。

五年，天下主、客户一千五百九萬一千五百六十，口二千一百八十六萬七千八百五十二。

八年，天下主、客户一千五百六十八萬四千五百二十九，口二千三百八十萬七千一百六十五。

十年，天下主、客户一千四百二十四萬五千二百七十，口三千八十萬七千二百一十一〔五〕。

元豐元年，天下主、客户一千六百四十萬二千六百三十一，口二千四百三十二萬六千一百二十三。

三年，天下主、客户一千六百七十三萬五百四，口二千三百八十三萬七百八十一。

六年，天下主、客户一千七百二十一萬一千七百一十三，口二千四百九十六萬九千三百。

哲宗元祐元年，天下主、客户一千七百九十五萬七千九十二，口四千七萬二千六百六。

三年，天下主、客户一千八百二十八萬九千三百七十五，口三千二百一十六萬三千一十二。

六年，天下主、客户一千八百六十五萬五千九十三，口四千一百四十九萬二千三百一十一。

〔一〕六十四：原作「六千四」，據本書食貨六九之七〇、《文獻通考》卷一一改。

〔二〕二千七百九十一：天頭原批：「『二』一作『三』。」按本書食貨六九之七〇作「三」。

〔三〕天頭原批：「『七』一作『一』。」按本書食貨六九之七〇作「一」，但《文獻通考》卷一一亦作「七」。

〔四〕七千：天頭原批：「『七』一作『九』。」按本書食貨六九之七〇作「九」，《文獻通考》卷一一作「七」。

〔五〕八十：天頭原批：「『十』一作『百』。」按本書食貨六九之七〇作「百」。又按，「三千」疑當作「二千」，熙寧八年、元豐元年均只二千餘萬，前後一、二年不應相差如此之大。

紹聖元年，天下主、客户一千九百一十二萬九百二十一，口四千二百五十六萬六千二百四十三。

四年，天下主、客户一千九百四十三萬五千五百七十，口四千三百四十一萬一28千六百六〔一〕。

元符二年，天下主、客户一千九百七十一萬五千五百五十五〔二〕。

三年，天下所陞户二十四萬五千二百五十七，口五十五萬四十二。

徽宗崇寧元年，天下主、客共陞户三十萬三千四百九十五，口四十萬九千一百六十三。

二年，天下〔所〕陞户二十五萬九千七百五十八〔三〕，口六十五萬七千六百九十一。

大觀二年，天下所陞户增一十二萬四千一百七十三，口一十九萬二千四十六。

三年，天下所陞户二十三萬四千二百〔四〕，口五十六萬八百九十三。以上《續國朝會要》。

光堯皇帝紹興二十九年〔五〕，天下主、客户一千一百九萬一千八百八十五，口一千六百八十四萬二千四百一。

三十年，天下主、客户一千一百三十七萬五千七百三十三〔六〕，口一千九百二十二萬九千八。

三十一年，天下主、客户一千一百三十六萬四千三百七十七，口二千四百二十萬二千三百一。

三十二年，天下主、客户一千一百一十三萬九千八百五十四，口二千三百一十一萬二千三百二十七。以上《中興會要》。

紹興三十二年，壽皇聖帝已即位，未改元。諸路主、客户一千一百五十八萬四千三百三十四，口二千四百九十三萬一千四百六十五〔七〕。

壽皇〔聖〕帝隆興元年〔八〕，諸路主、客户一千一百三十一萬一千三百八十六，口二千二百四十九萬六千六百八十六〔九〕。

乾道元年，諸路主、客户一千一百七十萬五千六百六十二，口二千五百一十七萬九千一百七十七〔一〇〕。

〔一〕六百六：天頭原批：「『百』一作『十』。」按本書食貨六九之七〇作「十」。

〔二〕九百七：原作「七百九」，據本書食貨六九之七〇及《文獻通考》卷一一改。又按，此下當脱口數，《文獻通考》卷一一引《會要》：「口四千三百四十一萬一千六百六。」

〔三〕所：原脱，據前後文例補。

〔四〕天頭原批：「『百』一作『十』。」按本書食貨六九之七一作「十」。

〔五〕天頭原批：「『光堯』一作『高宗』。」按本書食貨六九之七一作「高宗」。

〔六〕三十七：原作「五十七」，據本書食貨六九之七一及《文獻通考》卷一一改。

〔七〕天頭原批：「有脱簡，應補抄。脱『兩浙路』至『三州之數』。」按所稱脱文見本書食貨六九之七一。但此類實非脱文，而是《大典》不同門類所引有詳略之不同。

〔八〕地脚原批：「『壽』一作『孝宗』。」按本書食貨六九之七一作「孝宗皇帝」。

〔九〕天頭原批：「脱『兩浙路』至『五百一十六』兩段。」按，見本書食貨六九之七一至六九之七二。

〔一〇〕天頭原批：「脱『兩浙路』至『四百二十三』一段。」按，見本書食貨六九之七二至六九之七三。

二年，諸路主、客戶一千二百三十三萬五千四[29]百五十，口二千五百三十七萬八千六百四十八〔一〕。

三年，諸路主、客戶一千一百八十萬三百六十六，口二千六百八萬六千一百四十六〔二〕。

四年，諸路主、客戶一千一百六十八萬三千五百一十一，口二千五百三十九萬五千五百二〔三〕。

五年，諸路主、客戶一千一百六十三萬三千二百三十三，口二千四百七十七萬二千八百三十三〔四〕。

六年，諸路主、客戶一千一百八十四萬七千三百八十五，口二千五百九十七萬一千八百七十〔五〕。

七年，諸路主、客戶一千一百八十五萬二千五百八十，口二千五百四十二萬八千二百五十五〔六〕。

八年，諸路主、客戶一千一百七十三萬六百九十九，口二千五百九十五萬五千三百五十九〔七〕。

九年，諸路主客戶一千一百八十四萬九千三百三十八，口二千六百七十二萬七百二十四〔八〕。以上《乾道會要》。

淳熙元年，諸路主、客戶一千二百九萬四千八百七十四，口二千七百三十七萬五千五百八十六。

二年，諸路主、客戶一千二百五十萬一千四百，口二千七百六十三萬四千一十〔九〕。

三年，諸路主、客戶一千二百一十三萬二千二百二，口二千七百六十一萬九千一十九。

四年，諸路主、客戶一千二百一十七萬六千八百七，口二千七百二萬五千七百五十八。

五年，諸路主、客戶一千一百九十七萬六千一百二十三，口二千八百五十五萬八千九百四十。

六年，諸路主、客戶一千二百一十一萬一[30]千一百八十，口二千九百五十萬二千二百九十。

七年，諸路主、客戶一千二百一十三萬九百一，口二千七百二萬六百八十九。

八年，諸路主、客戶一千一百五十六萬七千四百十三，口二千六百一十三萬二千四百九十四。

九年，諸路主、客戶一千一百四十三萬二千八百一十三，口二千六百二十萬九千五百四十四。

〔一〕四十八：《文獻通考》卷一一作「八十四」。又天頭原批：「脱『兩浙路』至『千九百二』一段。」按，見本書食貨六九之七三。

〔二〕天頭原批：「脱『兩浙路』至『六百一十二』一段。」按，見本書食貨六九之七三至六九之七四。

〔三〕天頭原批：「脱『兩浙路』至『一百一十四』一段。」按，見本書食貨六九之七四。

〔四〕天頭原批：「脱『兩浙路』至『五百九十二』一段。」按，見本書食貨六九之七四至六九之七五。

〔五〕天頭原批：「脱『兩浙路』至『二百四十四』一段。」按，見本書食貨六九之七五。

〔六〕天頭原批：「脱如前。」按，見本書食貨六九之七五至六九之七六。

〔七〕天頭原批：「脱如前。」按，見本書食貨六九之七六。

〔八〕天頭原批：「脱如前。」按，見本書食貨六九之七七。

〔九〕三一：疑有誤。

十年，諸路主、客户一千一百一十五萬六千一百八十四，口二千二百八十三萬三千五百九十。

十一年，諸路主、客户一千二百三十九萬八千三百九，口二千四百五十三萬一百八十八。

十二年，諸路主、客户一千二百三十九萬四千四百六十五，口二千四百三十九萬三千八百二十一。

十三年，諸路主、客户一千二百三十六萬九千八百八十一，口二千四百三十四萬一千四百四十七。

十四年，諸路主、客户一千二百三十七萬六千五百五十二，口二千四百三十一萬一千七百八十九。

十五年，諸路主、客户一千一百八十七萬六千三百七十三，口二千四百三十萬六千二百五十二。

十六年，諸路主、客户一千二百九十七千四百三十八[一]，口二千七百五十六萬四千一百六。以上《淳熙會要》。

（以上《永樂大典》卷一二一三六）[二]

[一]本句中數目單位無「萬」，必有脱誤，或「九十」下脱「萬」字，或「七千」當作「七萬」。

[二]《大典》卷次原缺，陳智超《解開宋會要之謎》定於卷一二一三五。按《大典》卷一二一三五、一二一三六爲「口」字韻「歷代户口」之一、二。上卷蓋爲漢至唐，下卷蓋爲宋至明，定於卷一二一三六似更合，因補。

宋會要輯稿　食貨一二

户口二[一]

户口雜録

【宋會要】

1 藝祖取天下之後，户三百九萬。開寶四年七月，詔曰：「朕臨御以來，憂恤百姓，所通抄人數目，尋常别無差徭，只以春初修河[二]，蓋是與民防患。而聞豪要之家多有欺罔，併差貧闕，豈得均平？特開首舉之門，明示賞罰之典。應河南、大名府、宋、亳、宿、(穎)〔潁〕、青、徐、兖、鄆、曹、濮、單、蔡、陳、許、汝、鄧、濟、衛、淄、濰、濱、棣[三]、滄、德、貝、冀、澶、滑、懷、孟、磁、相、邢、洺、鎮、博、瀛、莫、深、(楊)〔揚〕、泰、楚、泗州、高郵軍所抄丁口，宜令逐州判官互相往彼，與逐縣令佐子細通檢，不計主户、牛客、小客，盡底通抄。差遣之時，所貴共分力役。敢有隱漏，令佐除名，典吏決配。募告者，以犯人家財賞之，仍免三年差役。」

太宗淳化四年三月，詔：「户口、税賦帳籍，皆不整舉，吏胥私隱税賦，坐家破逃，冒佃侵耕，(鬼)〔詭〕名挾户，賦税則重輕不等，差役則勞逸不均[四]。所申户口逃移，皆不件析，田畝税數，無由檢括。斯蓋官吏因循，致其積弊。今特釋前罪，咸許上言。詔到，知州、通判、幕職、州縣官各具規畫，何以得均平賦税，招葺流亡，惠恤孤貧，止絶姦倖，及鄉縣積弊、民間未便合行條貫事[五]，令知州、通判共爲一狀[六]，縣令、簿尉共爲一狀，限一月内附驛以聞。如有異見，亦許别上封章。(須並)〔並須〕畫一指陳，直書實事。已差中書舍人看詳可否，如事理優長，當議旌賞；若公然鹵莽，今後不得任親民官。」

至道元年六月，詔復造天下郡國户口版籍[七]。自唐末四方兵起，版籍亡失，故户口、賦税，莫得周知，至是始命復造焉。

真宗咸平五年四月，詔三司取天下户口數置籍較定以

2 聞。

景德四年七月，權三司使丁謂言：「户部景德三年新收户三十三萬二千九百九十八，流移者四千一百五十，總舊實管七百四十一萬七千五百七十户，一千六百二十八萬

[一] 原無此題，徑補。
[二] 以：原作「是」，據本書食貨六九之七八、《文獻通考》卷一一改。
[三] 棣：原脱，據《文獻通考》卷一一補。此是《大典》因「棣」字犯諱刪去。
[四] 逸：原作「役」，據本書食貨六九之七八改。
[五] 未便合行：原作「未合便行」，據文意乙。《長編》卷三四此句作「民間未便等事」，亦以「未便」連文。若作「未合便行」，則與原意正相反。
[六] 通：原脱，據本書食貨六九之七八補。
[七] 造：原脱，據《歷代制度詳説》卷三、《文獻通考》卷一一補。

二百五十四口〔一〕，比咸平六年計增五十五萬三千四百一十户〔二〕，二百萬二千二百一十四口。賦入總六千三百七十三萬一千二百二十九貫石匹斤〔三〕，數比咸平六年計增三百四十六萬五千二百九〔四〕。竊以版圖之設〔五〕，生齒畢登，所以一租庸、辨衆寡。前朝丁黄之數，悉載縑緗，五代以來，舊章多廢。國家幅員萬里〔六〕，阜成兆民，惟國史之闕書，由有司之曠職。今以景德三年民賦户口之籍較咸平六年，具上史館。欲望特降詔旨，令自今以咸平六年户口賦入爲額，歲較其數以聞。庶使國典有憑，方來可仰。」從之。

九月，詔：「諸路所供升降户口，自今招到及創居户委的開落得帳上荒税，合該升降，即撥入主户供申。内分烟析生，不增税賦，及新收不納税浮居客户，並不得虚計在内，方得結罪保明，申奏升降。」

大中祥符二年六月，頒幕職州縣官招攜户口旌賞條制。

四年正月四日，詔：「諸州縣自今招來户口，及創居入中開墾荒田者，許依格式申入户籍，無得以客户增數。」舊制，縣吏能招增户口，縣即升等〔七〕，仍加其俸緡〔八〕，至有析客户者，雖登于籍，而賦税無所增入，故條約之。

天禧三年十二月，命都官員外郎苗稹與知河南府薛田同均定本 3 府坊郭居民等。從户部尚書馮拯之請也。

四年十二月，詔諸升降户口，每年正月具新收人户所增税賦句磨訖，結罪申三司。

神宗熙寧六年十月十二日，時上論及天下户口之數，王安石等奏曰：「户口之盛，無如今日。本朝〔大〕〔太〕平百年，生民未〔常〕〔嘗〕見兵革。昨章惇定湖南保甲，究見户口之衆，數倍前日，蓋天下舉皆類此。」上曰：「累聖以來，咸以愛民爲心，既未嘗有征役，又無離宮别館營繕之事，生齒蕃息，蓋不足怪。」

哲宗元祐六年八月二十八日，三省言：「諸路户口財用，雖户部每年考會總數，即未有比較進呈之法，復不知民力登耗、財用足否。今立定式，令諸州每年供具，以次年正月申轉運司，本司以二月上户部。本部候到，於半月内以次上尚書省，三省類聚進呈。違者，杖一百。」從之。

徽宗大觀三年正月二十一日，户部侍郎吴擇仁言：「地官之職，掌户口版籍，寔賦税力役之所自出，民事之先

〔一〕一：原無，據《長編》卷六六補。
〔二〕十五萬：天頭原批：「『五』一作『三』。」按本書食貨六九之七八作「三」，《長編》卷六六、《群書考索》後集卷六三俱作「五」。
〔三〕六千：「六」字原脱，據《長編》卷六六、《群書考索》後集卷六三、《玉海》卷一八五「《景德會計録》」條補。
〔四〕九：原作「九十」，據《長編》卷六六、《群書考索》後集卷六三、《玉海》卷一八五删「十」字。
〔五〕設：原作「役」，據《玉海》卷一八五改。
〔六〕「國家」上原有「兆」字，係因下句而衍，據《玉海》卷一八五删。
〔七〕升：原作「申」，據《長編》卷七五、《宋史》卷一七四《食貨志》上二改。
〔八〕仍：原作「乃」，據《長編》卷七五、《文獻通考》卷一一改。

務也。今承平日久，生齒繁庶，而天下所上〔一〕，因仍舊籍，畧加增損，具文而已，户口登耗，無由盡知。乞自今歲具增減實帳，每路委監司一員，類聚上户部，置籍銷注。」從之。

政和三年四月二十五日，詳定九域圖志蔡攸、何志同言：「伏見本所取會到天下户口數類多不實，且以河北二州言之：德州主、客户五萬二千五百九十九，而口纔六萬九千三百八十五；霸州主、客户二萬二千四百七十七，而口纔三萬四千七百一十六。通二州之數，率三户四口，4 則户版刓隱，不待較而知之。乞詔有司申嚴法令，仍選委逐路監司別作審覈，務在得實，保明供報。」詔令逐路提刑審括實數聞奏。

八月九日，淮南路轉運副使徐閎中言：「《九域志》在元豐間，主、客户共一千六百餘萬，大觀初已二千九百一萬〔二〕。乞詔諸路，應奏户口，歲終再令提刑、提舉常平司參攷同保奏。」從之。

六年七月二十日，户部言：「淮南轉運司申〔三〕：『《政和格》知、通、令、佐任内增收漏户一千至二萬户賞格，一縣户口，多者止及三萬，脱漏難及千户，少得應賞之人，繇此不盡心推括。』看詳令佐任内增收漏户八百户，陞半年名次；一千五百户，免試；三千户，減磨勘一年；七千户，減磨勘二年；一萬二千户，減磨勘三年。知、通隨所管縣通理，比令、佐加倍。」從之。

光堯皇帝紹興三年十月〔十〕六日〔四〕，尚書禮部員外郎舒清國言：「諸路殘破州縣，乞以户口增否別立守令考課之法，分爲上中下三等，每等又分爲三，置籍比較。縣令課績，知、通考之；知州課績，監司考之；考功會其籍而較其優劣。凡賞格，用見行條法賞格之最優者。其再考在上等之上者，除依格推賞外，任滿日，知州優加擢用，縣令與升擢差遣。下等取旨責罰。」從之。

五年六月二十八日，荆湖北路轉運司、提刑司言：「權鄂州江夏縣呂大周任内招復户口，增及九分，乞依格推賞。」詔改合入官，餘路依此。

七月二十三日，吏部言：「權通判岳州王嘉言申：『兵火之後，全在官吏招集流移。乞將州縣最親 5 民官初到任日，據見存户口、二税批上印紙。候任滿日，再據户口、二税批鑿罷任。若任内招誘户口、二税增加者，書爲課最，別有遷擢。若任内不能招誘户口、二税或復有減少者，書爲課殿，亦寘典憲。』」從之。

八月十六日，都督行府言：「湖北、淮南自兵火之後，

〔一〕上：原作「尚」，據本書食貨六九之七九改。

〔二〕九百：原作「九九」，據本書食貨六九之七九改。《文獻通考》卷一一作「九十」。

〔三〕淮：原作「淮」，據本書食貨六九之七九改。

〔四〕天頭原批：「『光堯』一作『高宗』。」按本書食貨六九之七九作「高宗」。十六日：原作「六日」，按《建炎要録》卷六九記此事在十月十六日丁酉，此當是脱「十」字，因補。

百姓流亡，田多曠土，令佐招誘增虧，已有立定殿最賞罰。欲今後守、令到任一年，雖該到任酬賞，若不曾招誘人民歸業，雖有而不及分數，若不在保明推恩之限〔一〕，仰監司常切遵守。」從之。

六年十二月二十一日，提點淮南西路公事張成憲言：「契勘淮南守、令賞典重疊，遂啓僥冒之弊。欲望將守、令歲增户口并墾田土及知縣任滿墾田酬獎併入任滿賞格〔二〕，乞量與增重，庶革冒賞。」詔淮南守令開墾田土，增招户口，即從一重推恩。

七年五月七日，比部員外郎薛徽言〔言〕：「欲望明飭有司，稽考州縣丁帳，覈正文籍，死亡生長，以時書落。歲終，縣以丁之數上州，州以縣之數上漕，漕以郡之數上之户部〔三〕，户部合天下之數上之朝廷。殘破之處，計登耗而爲之賞罰。其重困之由，願講明之；其傷殘之法，願申嚴之。」從之。

十一月十六日，進呈李誼論户口劄子，乞詢求所以惠民，而去其害民者。上謂曰：「此亦今日先務大要。欲户口滋息，須寬民力，須免得科敷。如向來造成官綱〔四〕，遂免人户出水脚錢。如此，庶幾實惠及民。必不得已，有所科率，亦須明降指揮，使上下曉然知其多 6 寡之數，吏不得並緣爲姦矣。若乃避科率之名目，朝廷下諸路監司，監司下諸州，州下諸縣，一切趣辦〔五〕，遂致過數掊斂，無從檢察，民愈被害。不可不慮也。」

十三年九月十六日，太府寺丞張子儀言：「親民之官，莫若守、令，户口登耗之責，守、令之先務也。乞於新復舊州縣精選守、令，以户口復業登耗，重爲陞黜之典。仍委監司〔覆〕〔覈〕實，以嚴課最。」詔令淮東、京西路監司歲終取州縣所增户口以聞〔六〕。

二十六年三月十六日，權發遣光州曾惇言：「淮南邊郡雖無甚興造，至如修葺宫宇，補治城壁，其他種種雜作，猶時被驅役。街市小民，一日失業，則一日不食。比數年以來，尚倖豐稔，顧戀米麥稍賤，不肯他之。若歲小不登，復困科役，則皆提攜而去矣。如此，則户口日益凋疎。伏望嚴立法禁，應沿邊州縣，不得差科百姓工役。若尚敢循習，令監司、帥臣按劾。」從光州曾惇之請也〔七〕。

壽皇聖帝乾道二年五月九日〔八〕，臣僚言：「兩浙路去年百姓以疾疫死亡、以饑餓流移者至多，州縣丁籍，自應虧

〔一〕若：疑當作「並」。
〔二〕併：原作「并」，據本書食貨六九之八〇改。
〔三〕郡：原作「部」，據《群書會元截江網》卷二六改。
〔四〕綱：原作「網」，據本書食貨六九之八〇改。
〔五〕辦：原作「辨」，天頭原批：「『辨』一作『便』。」按本書食貨六九之八一作「便」，均誤，據文意當作「辦」，因改。
〔六〕淮東京西：原作「淮西」，據《中興小紀》卷三一、《建炎要録》卷一五〇補。
〔七〕從光州曾惇之請也：似當改作「從之」。
〔八〕天頭原批：「别本卷首有壽皇聖帝一條，應補抄於此。」按，所説之條見本書食貨六九之七七，然不當移於此，參見彼處校記。

減，今年開收，所宜從實。切聞州縣至今往往未曾申聞銷豁，按籍而催，尚仍故目。誠慮將來以年未及之人籍爲成丁，或密計所虧之額，多取之於見存之人，或(仰)〔抑〕令保正長合力償備。乞下兩浙州縣覆實流移死亡丁數，保明申上，權行倚閣，候流移歸業〔一〕，中、小成丁，漸次增補。」從之。

七年九月十六日〔二〕，知隆興府龔茂良言：「已降指揮，本路帥臣、監 7 司將旱傷州縣令精加審量。竊謂朝廷既下審量之令以謹其始，宜有殿最之法以覈其終〔三〕，然後爲官吏者不敢徒事文具。乞取將來户口登耗，以爲守、令殿最而陞黜之。又諸縣户口，各有版簿，欲併老幼丁壯，無問男女，根括記籍，帥臣、監司總其實數。明諭州縣，自今以始，至于來歲賑濟畢事之日，按籍比較户口登耗。若某縣措置有方，户口仍舊，即審實保奏，優加遷擢。若某縣所行乖戾，户口減少，則按劾以聞，重行黜責。推而廣之，以稽一郡之登耗，議守臣之賞罰，則殿最分明，官吏聳動。自此立爲成法，舉而措之天下，亦可以爲異時荒政之備。」詔依，仍將已流移人與現在户口通行置籍，務令得實，將來比較殿最。其餘旱傷去處依此，仍先次開具已流移人并見在户口，申三省、樞密院。以上《乾道會要》。（以上《永樂大典》卷一二一三六〔四〕）

身丁

【宋會要】

8 高宗建炎三年十一月三日，德音：「訪聞兩浙人户歲出丁鹽錢，每丁納錢二百二十七文〔五〕。後來並令折納絹一丈〔六〕、綿一兩，已是太重。近年以來，户口減耗，丁鹽錢價未嘗蠲除，至有一丁認三丁之賦。加以近歲綿絹價高，比之納錢，暗增數倍。民户重困，無甚于此。自今第五等以下人户一半依舊折納外，餘一半只納見錢。」

紹興三年四月九日，權發遣嚴州顔爲言：乞許曾得文解及該免文解人，並免身丁。詔令户部立法。今修立下條：「諸未入官人：校尉、京府諸州助教免二丁，二人以上

〔一〕候：原作「侯」，據本書食貨六九之八一改。

〔二〕天頭原批：「脱十月十八日一條。」按，見本書食貨六九之八一。

〔三〕終：原作「中」，據本書食貨六九之八一改。

〔四〕《大典》卷次原缺。據原稿版心頁碼及版面空行可知，在《大典》中本門文字原在上卷食貨一二「户口」門之前，因此亦當在《大典》卷一二一三六（參見上卷「户口」門末校記）。

〔五〕「每丁」下原衍「錢」字，據朱熹《晦庵集》卷一八《奏台州免納丁絹狀》所引删。

〔六〕一丈：原作「一尺」，據《晦庵集》卷一八改。按朱熹此奏下文云台州人户每丁納錢「一百四十一文足，折納絹七尺」，約合二十文折絹一尺。是二百二十文當納絹一丈、綿一兩，作「尺」誤。

免一丁，一名者不免。得解及應免解人：助教廣南攝官，流外品官，三省守當官、守闕守當官私名以上，私名謂已未入額編排定人數。樞密院貼房、守闕貼房、散祇候以上，職醫，助教攝參軍之類，并侍丁本身，並免丁役。」從之。

六年八月三日，樞密院檢詳諸房文字王迪言：「願詔有[9]司講求諸路丁錢、丁米之數，隨田稅帶納。勘會湖南路丁米已降指揮，除二分見於人户田畝上均敷外，餘一分令本路轉運使相度，具數申尚書省。兩浙路丁鹽錢係催納見錢，并許將土産紬、絹依時價折納。」詔令户部行下諸路轉運司，具本路有無丁錢、丁米及如何催理，具狀申尚書省。

十五年正月二十七日，臣僚言：「州縣坊郭、鄉村人户，既有身丁，即充應諸般差使，雖官户、形勢之家亦各敷納免役錢。唯有僧、道例免丁役，别無輸納，坐享安閑，顯屬僥倖。乞令僧、道隨等級高下出免丁錢，庶得與官、民户事體均一。」户部言：「今措置到下項。甲乙住持律院并十方教院、講院僧：散衆，每名納錢五貫文省；紫衣二字師號，納錢六貫文省；只紫衣、無師號同。紫衣四字師號，每名納錢八貫文省；紫衣六字師號，每名納錢九貫文省；知事，每名納錢八貫文省；住持僧職法師，每名納錢一十五貫文省。十方禪院僧：散衆，每名納錢二貫文省；紫衣二字師號，每名納錢三貫文省；只紫衣、無師號同。紫衣四字師號，每名納錢五貫文省〔一〕；紫衣六字師號，每名納錢六貫文省；知事，每名納錢五貫文省；住持長老，每名納錢一十貫文省。宫觀道士：散衆，每名納二貫文省；紫衣二字師號，每名納錢三貫文省；只紫衣、無師號同。紫衣四字師號，每名納錢四貫文省；紫衣六字師號，每名納錢五貫文省；知事，每名納錢五貫[10]文省；知觀法師號，每名納錢八貫文省。道正、副等同。」詔依。

二月十二日，臣僚言：「乞太學生免丁役，令敕令所立法。」今修立下條：諸未入官人〔二〕：校尉，京府、諸州助教，得解及應免解人，并見係太學生，並免丁役。」從之。

二十四年八月十二日，户部言：「契勘近承指揮紫衣師號依舊給降書填。今相度，欲將今來請新法紫衣師號僧道合納免丁錢數內，甲乙住持律院、十方教院、講院，並與依十方禪寺僧體例立定錢數，輸納施行。其十方禪寺并宫觀道士，並依散衆錢數上與減三分之一輸納〔三〕。庶幾事體稍優，樂於請買。」從之。

二十五年八月十一日，詔：「人户身丁、免丁錢可特放一年，以御前錢依數還户部。」

十一月十九日，赦：「人户身丁、僧道免丁錢，近降指揮放一年。已行約束，將已納在官錢物理作來年合納之

〔一〕天頭原批：「『五』一作『四』。」按本書食貨六六之二作「四」。
〔二〕未：原作「凡」，據本書食貨六六之二及前「紹興三年四月九日」條改。
〔三〕上：原作「士」，據本書食貨六六之三改。

數。尚慮州縣巧以名色，復行催理。仰諸路監司覺察，如有違戾去處，按劾以聞。」

二十六年七月三日，詔：「昨降指揮：放免諸州軍身丁錢一年。不住據諸處申請，乞將身丁綿絹一槩蠲放。契勘元降指揮雖止爲丁錢，緣事屬一體，理宜優恤。可令户部將身丁綿絹並與蠲放一年。所放丁絹，約計二十四萬餘疋，於内庫支降本色絹并買絹錢各一半，應副歲計支遣。如有人户已送納過數目，即於來年折除。如州縣承今降指揮蠲放後，輒敢擅行催納，許人户徑赴臺省申訴。仍專委監司覺察，臺諫彈[11]劾以聞，當重寘典憲。仍令户部鏤板，遍下所屬遵守施行。」

同日，三省言：「准詔蠲放民間一年丁絹之數，計二十四萬疋。内十二萬疋令與户部官商量措置收買，合用錢於内藏庫支還；餘十二萬疋令内庫支給本色，以惠細民。」沈該等曰：「昨降指揮，止爲免丁錢。今陛下欲併與丁絹及綿全行蠲放，聖恩寬大，百姓蒙被實德。今歲絲蠶登熟，民間絹易得，置場收買，便可足數。」上曰：「不惟寬民力，且不失信於民。」該曰：「陛下加惠百姓，捐内府之藏以助民力，堯舜博施，仁不是過也。」上又曰：「近得一雨，甚可喜。」該等奏曰：「只如今日蠲放民間丁絹，便可召和氣，致甘澤。」

十二日，有詔：「近令内庫支降絹并買絹錢，補填已放人户身丁綿絹，及人户已有納過數目，即於來年折除。尚慮州縣將今來人户已納之數巧作名色，却填别項積欠[一]，致失優恤之意。令諸路監司給榜下所屬州縣，仍各多出文榜曉諭，務令人户通知。如有違戾，依已降指揮，許人户越訴。專委監司覺察，臺諫彈劾以聞，當重寘典憲。」

十二日，詔：「諸州專令知、通取索逐縣丁簿稽考歲數，依年格收附銷落。如輒敢將未成丁之人先次拘催，及老丁不爲即時銷落，許經本州申訴，依條根治施行。如不爲施行，即時經監司、臺省陳訴。仍令監司常切覺察，臺諫彈劾以聞，當重寘于法。」

二十八年正月二十八日，直秘閣、荆湖北路轉運判官羅孝芬[12]言[二]：「荆湖北州縣昨經殘破，亡失版籍，乃有以丁增税者，根括人户，籍其丁口，使一丁受種七斗，以爲税額。有元係一斗之税，而家有三丁，則增爲二石一斗之税，不問其田之多少也。又請佃人户止有常平田，而無己業，常平之租不可增數，而丁多於常平之田，則虚責其民田之入[三]。欲望行下本路，許人自陳，令監司、帥臣選清彊官吏覈寔改正。」户部言：「欲下湖北轉運司同本路提刑司、常平、安撫司，取見詣寔因依，公共從長相度可否利便，保明施行。」從之。

[一] 欠：原作「久」，據本書食貨六六之四改。
[二] 天頭原批：「『芬』一作『芳』。」按本書食貨六六之四作「芳」，誤，《建炎要録》卷一七九作「芬」。
[三] 入：原作「人」，據《建炎要録》卷一七九改。

十(二)〔一〕月二十三日〔一〕，赦：「應開河人夫雖已支雇錢，緣科差多日，有妨營運。可令本府取見鄉分、姓名的確人數，與免今年身丁錢一半。如已送納，與理作來年合納之數。」

三十年七月十九日，兩浙轉運司言：「湖州武康縣每四丁絹一疋，自來並納本色，不曾折錢。烏程、歸安、吳興、安吉、德清縣，每三丁納絹一疋，自來聽從民便，或納本色，或納見錢。州縣舊例一户三丁納本色絹，二丁折納見錢。又逐縣丁産簿籍不明，並不逐時銷注陞降，將(來)〔未〕經拘籍丁名之人行下追催，號爲腹撑丁，又名貌丁。既不收係省額，止以充州縣支用。又將合催丁名預出由子，付人户收執送納。有力上户及攬納之人多是攙先送納本色，貧民下户並須催納見錢，折納倍費，虧損下户。」詔：「令兩浙轉運司措置改正，出榜約束曉諭。如有違戾，許人户越訴。仍令户部行下。其餘州[13]縣或有似此去處，亦仰依此改正。」

三十一年正月十四日，尚書右司郎中、兼權中書門下省檢正諸房公事呂廣問言：「昨任兩浙運副日，被旨措置改正湖州丁絹不均等事。今照得，朝廷未行鈔鹽以前，歲計丁口，官散蠶鹽，丁給鹽一斗，納錢一百六十六文，謂之丁鹽錢。自行鈔鹽之後，官不給鹽，依舊錢每丁增至三百六十文，謂之身丁錢。至大觀中，湖州申明，令三丁折絹一疋。當時絹賤，未有陪費〔二〕。其後絹價增長，陪費漸多。宣和中，唯武康知縣姓朱人將本縣保甲依法編排，見得丁數增添，遂申朝廷，將所增丁口均入絹數，攢成四丁納絹一疋。其餘五縣後來丁口雖增，不曾均攢，至今三丁猶當一絹。蓋緣逐縣例將寬剩人丁不行注籍，暗收丁錢，以資他用。籍既不明，無以稽考，所增錢數不盡歸官，凡公吏、保正長皆得侵隱；而又丁籍歲終既不開收年額，所催止憑舊籍，遂致老病死亡，更不除減。民間既苦絹價陪費〔三〕，而又虚抱合消之數，由是民力日困。本司相度，若令逐縣差人巡門根刷，徒有搔擾，遂措置申明，印給甲狀，從本州每縣差官一員，責付逐鄉保長俵散。每三十户結爲一甲，自書本户的寔丁口，結罪遞相委保。所有以前隱落，更不坐罪，唯今來狀内隱落不寔，許人陳告，斷罪追賞。其甲狀付所委官拘類，取見逐縣增添丁口，攢入舊額，依倣武康體例，增丁減絹，以寛民力。除行下[14]本州縣并散給印榜，鄉村曉諭，及於所給印榜、甲狀前朱印聲説〔四〕：今來正緣人户送納身丁錢絹太重，措置括責，要見所增丁數攢入舊額，均減丁絹，即非要添丁額以增絹數。使人户通知，不致疑惑。今諸縣推排稍已就緒，且舉長興一縣論之：元管丁五萬一千有零，今排出八萬三千，比舊約增十分之四。舊

〔一〕十一月：原作「十二月」，據《宋史》卷三一《高宗紀》八改。
〔二〕陪：原作「倍」，據本書食貨六六之五改。
〔三〕陪：原作「倍」，據本書食貨六六之六改。
〔四〕甲：原作「申」，據上文及本書食貨六六之六改。

額理絹一萬七千，每丁納絹一丈三尺，合折錢二貫三百有零。今據排出人丁均減外，每丁止納絹八尺有零，合折錢一貫四百，委是民力稍寬。訪聞昨來作弊欺隱丁口之人，今既改正，姦計不行，却乃扇摇人户，稱是官司排出丁口，比舊增溢〔一〕，謂要增添上供歲額，非是欲于逐一名下遞相均減。仍聞逐縣事體不同，亦有排出人丁所增數目不多去處，妄説官司欲以增數最多縣分與諸縣衮同，通一州絹額均攤。以此民間不免疑惑。兼慮有僥望希求之人，不知朝廷措置本意恤民，却將增出人丁陳獻利便，妄乞别項拘催，以爲額外羡餘之數。如此，則一州民力愈困，必致逃移。照得湖州申到歲額，身丁紬絹八萬一十六匹二丈七尺三寸四分，遞年别無增減。欲望明降指揮，上件身丁紬絹止依舊額催理。所有今來排出丁口，逐縣各將元額均敷，不得輒增舊額。先次行下户部、運司、湖州照會約束，仍有妄獻利便擾民之人，亦乞重作施行。」

三十二年四月十八日，安豐軍言：「近緣金賊侵[15]犯，未成倫序〔二〕，僧道免丁錢難以辦集。」詔權與展免一年。

五月二十一日，權發遣湖州陳之茂言：「兩浙丁錢，自皇祐中許人户將土産紬絹依時價折納，謂之丁絹。烏程諸縣每四丁納絹一疋，長興縣每五丁納絹一疋。今之措置，蓋有二説：一、欲將歲額爲定數，却以續增之丁均入歲額，不必拘以四丁、五丁爲一絹。如此，則丁口既增，丁錢亦減，朝廷不失常額，民亦易於輸納。一、欲將絹錢每疋作五貫紐計折納。向若只納本色〔三〕，緣百姓僻居郊野，艱於湊成端疋，付之攬户，多取價直。是納丁之家雖使納本色〔四〕，其寔與折錢無異。况畸零合鈔，少者四户，多者八户，或一二十户，無緣人人得鈔，鄉司作弊，重疊追呼。」於是户部言：「今欲下兩浙轉運司行下本州，將人户所納丁絹如願本色者，即依已降指揮，與别户合鈔，湊成端疋送納，各給憑由。若願納錢，即聽從便。其所乞折納絹價，如别無虧損官私，即依所乞施行。今後增減丁數，即不得損益元額。」從之。

孝宗隆興二年四月二十六日〔五〕，知常州宜興縣姜詔言：「本縣無税産人户，每丁納丁身鹽錢二百文足。第四、第五等人户有墓地者，謂之墓户，經界之時均紐正税外，又令帶納丁鹽絹，作折帛錢輸納。本州管下晉陵、武進、無錫三縣，皆於衆户田産上均納。獨是本縣紐在下户帶丁收納，致人户不得已將父祖墳墓遺棄逃亡，或典[16]賣與人，在上耕種，使枯骨暴露，情寔可憫。欲乞依三縣一例均納。」從之。

〔一〕天頭原批：「『溢』一作『益』。」按本書食貨六六之七作「益」。
〔二〕天頭原批：「『序』一作『緒』。」按本書食貨六六之七作「緒」。
〔三〕只：原作「折」，據本書食貨六六之七改。
〔四〕納：原脱，據本書食貨六六之八補。
〔五〕二年：《宋史》卷一七四《食貨志》上二作「元年」。

乾道元年二月二十二日，詔：「朕以淫雨不止，有傷蠶麥，自二十五日避正殿，減常膳。其浙東、西路灾傷人户合納乾道元年身丁錢絹，臨安府、紹興府、湖、常州並與全免一年，温、台、明、處州、鎮江府並各減放一半。將減下之數，於内庫紐支銀絹，撥還户部。」

三月十六日，三省言：「切慮州縣奉行不虔，依舊催理，有失寬恤之意。」詔令逐州府遵依已降指揮。如有違戾，許人户越訴，當職官吏重寘典憲。

四月四日，詔：「僧道年六十以上并篤廢殘疾之人，並比附民丁放納丁錢，自乾道元年爲始。仍令州縣出榜曉諭。」

二年四月七日，臣僚言：「民户歲各有丁身錢，州縣按籍舉催，雖一夫不可幸免。至逃亡死絶，自當開落。去歲二浙水潦，疾疫相仍，因而死亡，其數頗多。聖恩寬恤，已免當年丁錢。竊聞今歲州縣起催，乃以虚名追寔錢，或老耄幼弱爲之代輸，或耆保鄰里爲之償納。百姓飢餓之餘，自納身丁，已似不堪，而況更爲他人輸納。矧所得甚微，而爲細民之害不輕。欲乞行下諸州覆寔開落，仍令監司按察。」從之。

五月九日，臣僚言：「兩浙路去年百姓以疾疫死亡、以飢餓流移者至多，州縣丁籍，自應虧減。竊聞州縣按籍而催，尚仍故目。官吏急於逃責，將年未及之人籍爲成丁，或密計所虧之額，多取之於見存之人，或抑令保、正長[17]合力償備。欲望特降指揮，下兩浙州縣，覈寔流移死亡丁數[一]，保明申上，權行倚閣。候將來流移歸業，中小成丁，仍令漸次增補。不過數年，自當復舊。」從之。

六年正月十四日，户部尚書曾懷等言：「自放行度牒，給賣過一十二萬餘道，已剃度披戴僧道數目不少。今稽考得州縣遞年所納免丁錢，比未放行度牒以前年分止增三五萬貫，顯是州縣作弊，公然侵隱。或作僧道雲遊爲名不納，或當來妄供申年甲入老，規避免納之數，是致暗失財計。望行下諸路提刑司，委官檢察括責，從寔拘收，盡數入總制帳，每季起發，毋令依前作弊欺隱。仍開具括責到錢數，類聚一路總數，保明供申户部驅磨。」從之。

三月二十四日，嚴州言：「乞先將本州第五等户無産之人丁鹽絹數蠲減。」户部契勘：「嚴州民户從來輸納丁鹽絹，係積舊年例合納之數，難以遽行減免。緣本州昨來知州柳楹任内發到餘剩錢六萬三千貫[二]，已起赴左藏南庫送納了當。今欲下嚴州，將第五等無産税人户四萬一百九十六丁合納丁鹽絹，與放免一年，計減放絹一萬二千八百六十二疋二丈八尺八寸。每疋作六貫文省，紐計價錢七萬

[一] 天頭原批：「「覈」一作「覆」。」按本書食貨六六之九作「覆」。
[二] 天頭原批：「「柳」一作「劉」。」按本書食貨六六之一〇作「劉」。當以作「柳」爲是，見食貨六六之一〇校記。

七千一百七十三貫七百二十八文〔一〕。令左藏南庫却將嚴州起發到前項餘剩錢六萬三千貫撥還左藏西庫，其餘不足錢一萬四千一百七十三貫七百二十八文〔二〕，本部自行管認。」從之。

同日，新差權18知惠州葛延年上殿奏事〔三〕，乞放廣南身丁米〔四〕。上曰：「分明是科歛。」延年奏：「此米其來已久〔五〕，止緣縣官欲以丁口增衍爲課最，故逃亡者不爲開落，勒令催科甲頭代納，人甚苦之。」上曰：「合與他豁除。」

閏五月二十四日，詔：「江東路被水去處比餘路最多，可令江東轉運司將建康府、太平州寔被水縣分第四、第五等人户今年身丁錢並與放免一年，不得巧作名色，依舊科取。如有違戾，令監司覺察按劾，重作施行，許人户越訴。」

十一月十八日，浙東提舉常平蘇嶠言：「乞將温州旱傷第四等以下合納身丁絹與蠲放一年〔六〕，爲錢一萬六千餘貫〔七〕。」從之。

七年二月八日，詔：「温州人户合納身丁絹，隨夏料送納，已承乾道六年十一月十八日指揮，將第四、第五等人户與放免一年外，竊慮所降指揮之前，已有人户送納在官，仰并特與理作乾道七年合納之數。」十二月三十日〔八〕，户部契勘：「浙東温州、浙西湖州今歲荒歉最甚，温州已降指揮，將旱傷去處第四、第五等人户今年身丁錢，並與放免一年，其湖州亦當一體施行。乞將湖州五等以下細民今年丁稅或尚有欠負，特與蠲免，不得依前巧作名色追理。」從之。

七年二月十四日，册皇太子赦：「應民間有曾祖父母存而身已成丁者，其丁錢身役並免一年。訪聞二廣民户輸納丁錢去處，近來官司纔年十二三，便行科納，謂之掛丁錢，多致逃亡。仰本路監司19常切嚴行覺察約束。」九年十一月九日南郊赦〔九〕：「廣南東、西兩路民間有曾祖父母存而身未成丁之人，訪聞州縣便行科納，謂之掛丁錢，遂致丁户逃亡。已令監司約束所隸州縣，尚慮不遵成憲，甚失朝廷愛民之意。仰逐路帥臣更加覺察，或有違戾，互行按

〔一〕天頭原批：「『一』一作『二』。」按本書食貨六六之一〇作「二」。然經計算，作「一百」是。

〔二〕七十三：原作「七十二」，據本書食貨六六之一〇改。按，經計算，應作「七十三」。

〔三〕奏：原作「事」，據本書食貨六六之一〇改。

〔四〕天頭原批：「『南』一作『東』。」按本書食貨六六之一〇作「東」。

〔五〕米：原作「來」，據本書食貨六六之一〇改。

〔六〕「四」下原衍「第」字，據本書食貨六六之一一删。絹：原作「將」，據下條改。

〔七〕六：原脱，據本書食貨六六之一一補。

〔八〕自此句以下原另作一條，則與下條月序顛倒。審下文内容爲上文所述事之繼續，原文當本是一條，今接排。

〔九〕原稿此句以下另作一條，則似以下三條俱爲九年事，而其後又爲八年、九年，時序顛倒錯亂。細審此文並非另一條，而是接叙前一條之後事，與上文爲同一條。以下七月、八月、十月三條仍爲乾道七年事，以「八月十四日」條虞允文仍爲宰相可知。考《宋史》卷二一三《宰輔表》四，虞允文自乾道五年八月爲右僕射，八年二月除左丞相，九月罷爲四川宣撫使。是九年允文已不在相位，此八月十四日乃指七年。前後二條亦然。今接排。

治以聞，當議重作施行。」

七月十五日，直寶文閣、知建寧府趙彦端言：「生子孫而殺之者，法禁非不嚴備，間有違者，蓋民貧累衆，無力贍給，年方至丁，復有輸納身丁之患。臣自到任，首行曉諭，貧乏之家生子，許經府驗寔，支錢米給濟。尚慮細民貧困，未能不至犯法，乞將本府七縣人户身丁錢，自今後並與蠲免。」從之。

八月十四日，宰執進呈兩浙諸州丁鹽絹數〔一〕，上曰：「范成大謂處州丁錢太重，遂有不舉子之風。」虞允文奏曰：「誠有之。但諸州縣丁絹尺寸多少各不等，欲擇其重者蠲之。」上曰：「有一家而數丁者，須當量與減免。卿等更議定以聞。」於是詔：「兩浙州軍人户身丁鹽錢折納紬絹數内，紹興府、湖、處州比之他州最重，敷納不均。訪聞民户避免，至於生子不舉，有傷風化。可令提舉常平官限一月取見逐州所管户口丁數、等第，每丁歲納若干，有無科折，覈寔保明，攢具成册，繳申尚書省取旨。」

十月一日，司農少卿、總領淮東軍馬錢糧蔡洸言：「鎮江共管三邑，而輸丁各異，有所謂税户，有所謂客户。税户者，有常産之人也，客户則無産而僑寓[20]者也。税户、客户，惟丹徒並輸丁，而丹陽、金壇二邑有税則無丁，其輸丁者客户而已。每丁所輸，或二尺，或四尺，固已不同，而官司受納，則以匹計，故攬納者得以邀其利，倍取其直，然後湊匹賤買以輸之。衆户併爲一鈔，有鈔則可持以爲驗，而無鈔未免有重疊追輸之擾，豈不重困民力？乞令税、客户一體輸納，少紓客户之力，而三邑不得自爲同異，則民樂輸矣。仍乞見輸丁絹依和買之直計尺折納，而人給一鈔，既免重疊追擾，且攬户不得以邀其利，則民不困矣。況一歲不過一千七百三十二匹一丈八尺，若以其絹合赴内帑交納之物於法有礙，即乞令鎮江府折納，買絹起發。於官無損，而三萬六千九百餘丁均被寔惠。」從之。

八年五月，知湖州單夔言：「本州六縣管二十六萬八千六十九丁〔二〕，計絹六萬五千二百九十六匹有零，又續編排出隱漏一萬四千八百九十二丁。元額每三丁或四丁以上納絹一匹，視他州爲重。」詔每七丁共納絹一匹，比元額每歲計減絹二萬四千八百二十匹，令提領左藏南庫所每年於納到沙田、蘆場租錢内撥還户部。未幾，續承指揮下項：「嚴州管一十二萬三千一百二十四丁〔三〕，每歲納紬絹三萬九千三百九十九匹有零，係每丁納絹一丈二尺八寸。紹興府管三十三萬三千五百二十一丁，每歲納紬絹四萬三千一十五匹有零，綿七萬七千四百二十餘兩，錢[21]四萬七千七百五十貫有零。上四等係約四丁納絹一匹，五等係約

〔一〕浙：原脱，據本書食貨六六之一二補。

〔二〕六十九丁：天頭原批：「『六』一作『九』。」按本書食貨六六之一三作「九」。作「六」、作「九」均不合，但作「九」稍近。

〔三〕一十二萬：天頭原批：「『二』一作『三』。」按本書食貨六六之一三作「三」。經計算，作「一十二萬」是（四丈爲一匹）。

八丁納絹一匹。處州管一十九萬一千三百八丁，每歲納絹錢二十萬三千六百餘貫，係四丁以上共納絹一匹。委是稍重。」詔：「嚴州依湖州，每七丁共納絹一匹。每年共減二萬四千二百九十三匹有零〔一〕，計錢四萬七千一百七十貫足有零。紹興府上四等，每七丁共納絹一匹；第五等，每十丁共納絹一匹。每年共減絹一萬三疋二丈五尺四寸，計錢五萬二千一十八貫七百足有零。處州上四等户，每五丁共納絹一匹；五等户，每八丁共納絹一匹。每年共減絹九千九百一十四有零，計錢三萬四千六百八十貫文足有零。以上減下錢數，並令每年收到沙田、蘆場租錢内撥還户部。」

九年五月十一日，中書門下言：「節次已降指揮，湖、嚴、處州、紹興府歲輸丁絹，各以均減。如願共納成匹絹帛，尚慮止是一户得鈔，餘户無以執照，乞令逐州府每户各給憑由，以革再行追擾輸納之弊。仍自乾道八年爲始。若人户已有納過數目，亦與出給憑由，理充乾道九年合納之數，不得重疊科取。如違，官吏重作施行，許人户越訴。仍多出文榜，曉諭人户通知。」從之。

十一月九日，南郊赦：「台州城内被火居民，仰本州取會，保明詣寔，將今年未納身丁與免一年，仍將來年身丁更與蠲免一年。」先是，宰執進呈台州旱傷并遺火事，上曰：「台州今歲旱[22]傷，繼之以火，小民不易，州郡亦闕乏。除已給降錢米應副賑濟支遣外，其被火民户身丁錢可與免納一年。」曾懷等奏曰：「州郡細民，皆蒙聖恩軫念如此，乞於郊赦内行下。」故有是詔。（以上《永樂大典》卷一七五四四）

【宋會要】

[23]乾道元年八月五日〔二〕，臣僚言：「凡州縣執役，被差供役者，其始參也，以錢餽諸吏，則謂之參役錢。」

【宋會要】

乾道元年八月五日，臣僚言：「凡州縣執役，被差供役者，其既滿也，以錢謝諸吏，則謂之辭役錢。」

【宋會要】

乾道元年八月五日，臣僚言：「凡官員下鄉，則謂之過都錢〔三〕。」

〔一〕據上文嚴州之數字計算，與此數目不合，疑有誤。

〔二〕按，以下四條乃是就乾道元年八月五日臣僚之奏章拆分而成。此奏之全文見於本書食貨一四之四〇至四一，在《大典》卷四六八六「免役錢」門。蓋《大典》爲增加條目，又細分出此四條，另編入卷四六八〇（與卷四六八六同在「錢」字韻「事韻」目），已類畫蛇添足。徐松輯出，獨爲一頁，《輯稿》又將其附於「身丁」門之後，亦不妥。今姑仍其舊，將來若重編《宋會要輯稿》，此四條自可删去。

〔三〕過都錢：原作「醋息錢」，且本條之前「宋會要」下原有「醋息」一目。考本書食貨一四之四一「臣僚言」之原文云：「官員下鄉，則謂之過都錢；月認醋額，則謂之醋息錢。」據此可知，此處本當有「過都錢」、「醋息錢」二條，蓋《大典》抄録時脱去中間一段文字，遂成一條，且不可通。今將「宋會要」下「醋息」二字删去，將此句「醋息錢」改爲「過都錢」，並仿其文例補入「醋息錢」一條。

【宋會要】

乾道元年八月五日，臣僚言：「凡州縣執役，被差供役者月認醋額，則謂之醋息錢。」（以上《永樂大典》卷四六八〇）

宋會要輯稿　食貨一三

免役錢〔一〕上

【宋會要】

1 哲宗元祐元年正月十四日，户部言：「准敕：府界諸路耆長、户長、壯丁之役，並募；以保正代耆長，催税甲頭代户長，承帖人代壯丁，並罷。看詳所募耆、户長，若用錢數雇募，即慮所支數少，應募不行。兼第四等以下，舊不出役錢，只輪充壯丁。切慮諸路提舉司、州縣爲見今降朝旨並創行雇募〔二〕，却於人户上更斂役錢。今相度，欲乞應府界諸路自來有輪差及輪募役人去處，並乞依元役法。如有合增損事件，亦依役法增損，條具施行。」從之。

二月初一日，中書舍人蘇軾言：「切見先帝初行役法，取寬剩錢不得過二分，以備災傷。而有司奉行過當，通計天2下，乃十四五。然行之幾十六七年，常積而不用，至三千餘萬貫石。先帝聖意固自有在，而愚民無知，因謂朝廷以免役爲名，實欲重斂。斯言流聞，不可以示天下後世。臣謂此錢本出民力，理當還爲民用，此先帝聖意所欲行者。今日所當追探其意，還於役法中散之，以塞愚民無知之詞，以興長世無窮之利。臣伏見熙寧中，嘗行給田募役法，其法以係官田如退灘、户絶、没納之類〔三〕，及用寬剩錢買民田以募役人，大略如邊郡弓箭手。臣知密州，親行其法，先募弓手，民甚便之。曾未半年，此法復罷。左右大臣意在速成，且利寬剩錢以爲他用，故更相駮難〔四〕，遂不果行。臣謂此法行之有五利：朝廷若依舊役法，則每募一名，省得一名雇錢，因積所省，益買益募，要之數年，雇錢無幾，則役錢可以大減。若行差役法，則每一名省得一名色役。色役既減，農民自寬，其利一也。應募之民，正與弓箭手無異，舉家衣食出於官田，平時重犯法，緩急不逃亡，其利二也。今者穀賤傷農，民賣田常苦不售〔五〕。若官與買〔六〕，則田、穀皆重，農可小舒，其利三也。錢積於官，常苦幣重，若散以買田，則貨幣稍均，其利四也。此法既行，民享其利，追悟先帝所以取寬剩錢者，凡以爲我用耳。疑謗消釋，恩德顯白〔七〕，其利五也。獨有二弊：貪吏狡胥〔八〕，與民爲姦，以瘠薄田中官，雇一浮浪人暫出應役，一年半歲，即棄

〔一〕原稿正文之前批云：「免役，副本。此本缺治平四年至元豐八年一卷。」按，所言缺文見本書食貨六五之一至六五之二七，又食貨六六之三二至六六之四五。

〔二〕見：原闕，據本書食貨六五之二七、食貨六六之四六補。

〔三〕没：原作「役」，據本書食貨六五之二七改。

〔四〕難：原作「雜」，據本書食貨六五之二七改。

〔五〕賣：原作「買」，據本書食貨六六之四六、《東坡全集》卷五二《論給田募役狀》改。

〔六〕買：原作「賣」，據本書食貨六六之四六、《東坡全集》卷五二改。

〔七〕德：原作「得」，據本書食貨六五之二八改。

〔八〕吏：原作「利」，據本書食貨六五之二八、食貨六六之四六改。

而走。此一弊也。愚民寡慮〔一〕，見利忘患，聞 3 官中買田募役，即争以田中官，以身充役。業不離主〔二〕，既初無所失，而驟得官錢，必争爲之。充役之後，永無休歇〔三〕，患及子孫。此二弊也。但當設法以防二弊，而先帝之法決不可廢。今日既欲盡罷寬剩錢，將來無繼，而繫官田地數目不多，見在寬剩錢雖有三千萬貫石，而兵興以來，借支幾半〔四〕。臣今擘畫，欲於内帑錢帛中支還兵興以來所借錢斛，復全三千萬貫石，止於河北、河東、陝西被邊三路行給田募役法。使五七年間，役減太半，農民富庶〔五〕，以備緩急，此無窮之利也。今弓箭手有甲馬者，給田二頃半。此以軀命賞官，且猶可募，則其餘色役，召募不難〔六〕。臣謂良田二頃可募一弓手，一頃可募一散從官，則三千萬貫石可以足用。」後有詔送役法所。

六日，三省、樞密院(司)〔同〕進呈門下侍郎司馬光奏：「切見免役之法，其害有五：舊日差役之時，上户雖差充役次有所陪備，然年滿之後，却得休息數年，營治家産，以備後役。今則年年出錢〔七〕，無有休息，或有所出錢數多於往日充役陪備之錢者。此其一害也。舊日差役之時，下户元不充役。今來一例出免役錢〔八〕，驅迫貧民，剥膚椎髓〔九〕。家産既盡，流移無歸，弱者轉死溝壑，强者聚爲盜賊，此其害二也。舊日差役之時，所差皆土著良民，各有宗族、田産。使之作公人管幹諸事，各自愛惜；使之主守官物，少敢侵盜。所以然者，事發逃亡，有宗族、田産以累其心故也。今召募四方浮浪之人使之充役，無宗族、田産之累，作公人則 4 恣爲姦僞，曲法受贓，主守官物則侵欺盜用〔一〇〕。一旦事發，則挈家亡去〔一一〕，變易姓名〔一二〕，别往州縣投名，官中無由追捕，官物亦無處理索。此其害三也。自古農民所有，不過穀、帛與力。凡所以供公賦役，無出三者，皆取諸其身而無窮盡。今朝廷立法曰：我不用汝力，輸我錢，我自雇人。殊不知農民出錢難於出力。何則？錢非民間所鑄，皆出於官。上農之家所多有者，不過莊田、穀帛、牛具、桑柘而已，無積錢數百貫者。自古豐歲穀賤，已自傷農，官中更以免役及諸色錢督之，則穀愈賤矣。平時一斗直

〔一〕寡：原作「寬」，據本書食貨六五之二八、食貨六六之四六改。
〔二〕離：原作「難」，據本書食貨六五之二八、食貨六六之四六改。
〔三〕休：原作「永」，據本書食貨六五之二八、食貨六六之四六改。
〔四〕半：原作「年」，據《東坡全集》卷五二改。
〔五〕庶：原作「税」，據本書食貨六五之二九、食貨六六之四六改。
〔六〕「給田二頃半」至「召募不難」，原脱，據本書食貨六五之二九、食貨六六之四六、《東坡全集》卷五二補。
〔七〕年年：原脱一「年」字，據《傳家集》卷四九《乞罷免役錢依舊差役劄子》補。
〔八〕出免役錢：《傳家集》卷四九作「出錢免役」。
〔九〕天頭原批：「『椎』一作『竭』。」按本書食貨六五之二九作「竭」，但《傳家集》卷四九亦作「椎」。
〔一〇〕欺：原作「期」，據本書食貨六五之二九改。
〔一一〕去：原作「失」，據《傳家集》卷四九改。
〔一二〕易：原無，據《傳家集》卷四九補。

百錢者不過直四五十〔一〕，更急則三二十。豐年猶可以糶穀送納官錢，若遇凶年，則穀帛亦無，不免賣莊田、牛具、桑柘，以求錢納官〔二〕。既家家各賣，如何得售？惟有拆屋伐桑以賣薪，殺牛以賣肉。今歲如此，來歲何以爲生？是官立法，以殄盡民之生計。此其四害也。提舉常平倉司惟務多斂役錢，廣積寬剩，以爲功効，希求進用。今朝廷雖有指揮，令役錢、寬剩錢不得過二分，切慮聚斂之臣，猶依傍役錢作名目，隱藏寬剩，使幽遠之人不被聖澤。此其害五也。陛下近詔臣民各上封事，言民間疾苦，所降出者約數千章，無有不言免役錢之害者，足知其爲天下之公患無疑也。以臣愚見，爲今之計，莫若直降勑命，應天下免役錢一切並罷。其諸色役人，並依熙寧元年以前舊法人數，委本縣令佐親自揭五等丁産簿定差。仍令刑部檢會 5 熙寧元年見行差役條貫，雕印頒下諸州。所差之人，若正身自願充役者，即令充役；不願充役者，從便選雇有行止人自代，其雇錢多少，私下商量。若所雇人逃亡，則勒正身別雇。若將帶却官物，勒正身陪填。如此，則諸色公人盡得有根抵行止之人，少敢作過，官中百事，無不修舉。其見雇役人，候差到役人，放令逐便。數内惟衙前一役最號重難〔三〕，曏日差役之時，有因重難破家産者。朝廷爲此始計作助役法。自後條貫優假衙前，諸公使庫、設厨、酒庫，茶酒司並差將校幹當；諸上京綱運，召得替官員或差使臣、殿侍、軍大將管押；其麤色及畸零之物，差將校或節級管押。衙前苦無差遣，不聞更有破産之人。若今日差充衙前，料民間陪備亦少於曏日〔四〕，不至有破家産者。若猶以衙前户力難以獨任，即乞依舊法，於官户、僧寺、道觀、單丁、女户有屋産，每月掠錢及十五貫，莊田中年所收斛斗及百石以上者〔五〕，並令隨貧富分等第出助役錢；不及此數者，與免。其餘産業，並約此爲準。所有助役錢，令逐州樁管，據所有多少數目，約本州衙前重難分數，每分合給幾錢，遇衙前合當重難差遣，即行支給。尚慮天下役人利害，逐處各有不同，欲乞於今來勑内更指揮行下開封府界及諸路轉運司，牒下州縣，委逐處官看詳。若依今來指揮，別無妨礙，可以施行，即便依此施行；若有妨礙，致施行未得，即仰限勑到五日内〔六〕，具利 6 害擘畫申本州〔七〕。仰本州類聚諸縣所申，擇其可取者，限勑書到一月内，具利害擘畫申轉運司。轉運司類聚諸州所申，擇其可取者，限勑書到一季内，具利

〔一〕百：原脱，據《傳家集》卷四九補。
〔二〕求：原無，據《傳家集》卷四九補。
〔三〕數：原作「雖」，據本書食貨六五之三〇、食貨六六之四七、《傳家集》卷四九改。
〔四〕料：原作「科」，據《傳家集》卷四九改。
〔五〕斛斗：原無，據《傳家集》卷四九、《宋名臣奏議》卷一一八補。
〔六〕五日内：原作「日」，據《傳家集》卷四九、《宋名臣奏議》卷一一八改。敕到日即令縣具利害申本州，殊不合情理。
〔七〕申：原作「由」，據本書食貨六五之三一、《傳家集》卷四九改。

害擘畫奏聞朝廷〔一〕。候奏到，委執政官再加看詳，各隨宜修改，別作一路一州一縣勑施行，務要所在役法曲盡其宜。」從之。初議役法，蔡確言：「此大事也，當與樞密院共之。」故三省、樞密院同進呈。

二十二日，門下侍郎司馬光言〔二〕：「免役錢已悉廢罷，復祖宗差役舊法，乃天下之幸。臣聞令出惟行，弗惟反。彼免役錢雖于下户困苦，而上户優便，行之已近二十年，人情悉熟，一旦變更，不能不懷異同。又復行差役之初，州縣不能不小有煩擾。又提舉官專以多斂役錢爲功，惟恐役錢之罷，若見朝廷於今日所下勑微有變動，必更相告曰：『朝廷之勑，果尚未定，宜且觀望。』必競言免役錢不可罷。朝廷萬一聽之，則良法復壞矣。伏望朝廷執之堅如金石，雖有小小利害未備，俟諸路轉運司奏到，徐爲改更，亦未爲晚。當此之際，願朝廷勿以人言輕壞利民良法。」

二十八日，置詳定役法所，詔：「門下侍郎司馬光近建明役法，大意已善。緣關涉事衆，尚慮其間未得盡備，及繼有執政論奏，臣僚上言役法利害，若不精加考究，何以成萬世良法？宜差資政殿大學士兼侍讀韓維、吏部尚書呂大防、工部尚書孫永〔三〕、給事中兼侍讀范純仁專切詳定以聞〔四〕。仍將7逐項文字抄付韓維等。」先是，知樞密院章惇言：「近奉旨與三省同進呈司馬光乞罷免役、行差役事劄子，其間甚多疎畧〔五〕，今條陳如左。一、今月初三日劄子内稱：『舊日差役之時，上户雖差充役次有所陪備，然年滿之後，却得休息，今所出錢數多於往日充役陪備之錢，其害一也。』又十七日劄子内却稱〔六〕：『彼免役錢雖於下户困苦，而上户優便，行之已近二十年，人情習熟，一旦變更，不能不懷異同。』臣看詳，司馬光旬日之間兩入劄子〔七〕，而所言上户利害正相反，未審因何違戾乃爾。臣觀司馬光忠直至誠，豈至如此反覆，必是講求未得審實，率爾而言。以此推之，措置變法之方必恐未能盡善。一稱：『舊日差役之時，所差皆土著良民，各有宗族、田産。使之作公人及管勾諸事，各自愛惜，少敢大段作過；使之主守官物，少敢侵盜。所以然者，事發逃亡，有宗族、田産以累其心故也。今召募四方浮浪之人，使之充役，無宗族、田産之累，作公人則恣爲姦僞，曲法受贓，主守官物則侵欺盜用。一旦事發，

〔一〕「擘畫」下原有「一」字，據《傳家集》卷四九、《宋名臣奏議》卷一一八、《長編》卷三六五刪。本書食貨六五之三一、食貨六六之四八作「畫一」，似不若作「擘畫」爲勝。

〔二〕言：原脱，據本書食貨六五之三一、食貨六六之四八補。

〔三〕呂大防工部尚書：原脱，據本書食貨六五之三二、食貨六六之四八補。

〔四〕「侍」下原有「講」字，據《長編》卷三六七刪。

〔五〕其：原作「甚」，據本書食貨六五之三二、食貨六六之四八、《長編》卷三六七改。

〔六〕十七日：原無，據《長編》卷三六七補。

〔七〕自此句「入劄子」至下文「雇人代寫」四百八十餘字原脱，而代之以「以便民」至「而不知朝廷」一大段複文（見下文），今據《長編》卷三六七刪去此段複文，而補入所脱之文。《長編》所載章惇此議的其他文字與《會要》相同，故可據《長編》補《會要》之闕文。

則挈家亡去，變姓名往别州縣投名，官司無從追捕，官物亦無處理索。』臣看詳，司馬光前項所言亦有所因，蓋比來降出臣庶所上封章内，往往泛爲此説。但是言者設疑之一端，未必事實。且召募役人之法，自有家業保識，若是主持官物者，便是長名衙前，比舊惟不買撲坊場，至於支酬重難與月給工食錢，亦自不當薄，豈有無宗族、田産浮浪之人得投充此役？臣自當行免役新法以來，三經典郡，每每詢問募役次第，但聞縣下所召承帖人多是浮浪，每遇追呼勾當，多行騷擾。若朝廷欲知事實，但令逐路監司指定一州，差役時即自熙寧元年已前，免役法行後即自元豐元年已後，各具三年内主持官物衙前，有若干人犯侵盗，各是何姓名，得何刑罪，便可立見有無。至如州縣曹司，舊法差役之人時亦召人户投名應役，直是無人可召，方行定差。其所差人往往不會行遣，惟是雇人代寫[8]文書，所差之人但占名著字，事有失錯，身當決罰而已，民間中下人户甚以爲苦。自免役法行，或勒向來受雇行遣人充手分〔一〕，支與雇錢。設若此等人曲法受贓，即與舊日何異？一稱：『提舉常平倉司惟務多斂役錢，廣積寛剩，以爲功効〔二〕，希求進用。今朝廷雖有指揮，令役錢寛剩不得過二分，竊慮聚斂之臣依傍役錢〔三〕，别作名目，隱藏寛剩，使幽遠之人不被聖澤。』臣看詳，所言亦未中事理。大抵常人之情，謀己私利者多，而向公愛民者少。若朝廷以積錢多爲賞勸，則必以聚斂邀功。今朝廷既不許取寛剩〔四〕，及掊刻者必行黜罰，則提舉官若非病狂，豈肯力求黜罰？況役錢若有寛剩，未委作何名目可以隱藏？以此驗之，言已疎闊。一稱：『臣民封事言民間疾苦，所降出者約數千章，無有不言免役之害，足知其爲天下之公患無疑。』臣看詳，臣民封事降出者，言免役不便者固多，然其間言免役之法爲便者亦自不少。蓋非人人皆言免役爲害，事理分明。然臣愚所見，凡[9]言便者多上三等人户，言不便者多下等人户。大抵封事所言利害，各是偏辭，未可全憑以定虚實當否，惟須詳究事實〔五〕，方可興利除害。一稱：『莫若直降勑命，應天下免役悉罷〔六〕。其諸色役人並依熙寧元年以前舊法人數，委本縣令、佐親自揭五等丁産簿定差。仍令刑部檢按熙寧元年見行差役條貫，雕印頒下諸州。』臣看詳，此一節尤爲疎畧，全然不可施行。且如熙寧元年役人數目尤多，後來累經裁減，三分去一，今來豈可悉依舊數定差？又令刑部檢會熙寧元年見行差役條貫，雕印頒下諸州。且舊日每修編勑，比至雕印頒行之時，其間衝改已將及半。蓋以事目歳月改更，理須續降後勑。今日天下政事，比熙寧元年以前，改更

〔一〕行：原脱，據本書食貨六五之三四、又六六之四九補。
〔二〕効：原作「勤」，據本書食貨六六之四九改。
〔三〕錢：原作「爲」，據《長編》卷三六七改。
〔四〕許：原作「詐」，據本書食貨六五之三四改。
〔五〕須：原作「雖」，據本書食貨六五之三四改。
〔六〕役：原脱，據《長編》卷三六七補。

不可勝數。事既與舊不同，豈可悉檢用熙寧元年前見行條貫？竊詳司馬光之意，必謂止是差役一事，今既差役依舊，則當時條貫便可施行。不知雖是差役一事〔一〕，而官司上下關連，事目極多〔二〕，條貫動相干涉，豈可單用差役一門？顯見施行未得。一稱：『曏日差役之時，有因重難破家產者，朝廷爲此始議作助役法。然自後條貫優假衙前，應公使庫、設厨、酒庫、茶酒司並差將校幹當，又上京綱運召得替官員或差使臣、殿侍、軍大將管押，其麤色及畸零之物差將校或節級管押，衙前（若）〔苦〕無差遣。』臣看詳此一節，自行免役錢後來，凡所差將校幹當厨庫等處，各有月給食錢；其召募官員、【10】使臣，并差使臣、將校、節級管幹綱運官物，並各有路費等錢，皆是支破役錢。今既差役，則無錢可支，何由更可差將校管幹及召募官員管押？一稱：『若以衙前户力難以獨任，即乞依舊於官户、僧寺、道觀、單丁、女户有屋業，每月掠錢及十五貫，莊田中年所收斛㪷及百碩以上者，並令隨貧富等第出助役錢。不及此數者，與放免。其餘產業，並約此爲準。』臣看詳，自免（設）〔役〕法行，官户、寺觀、單丁、女户各已有等第出納役錢之法。今若既出助役錢，自可依舊，何須一切並行改變？且如月掠房錢十五貫，已是下等之家，若令出助役錢，顯見不易；又更令凡莊田中年所收百斛以上亦納助役錢，即尤爲刻剥。凡內地中年百碩斛斗，麤細兩色相兼，共不直一十千錢；若是不當水路州軍，不過直十四五千錢而已。雖是河北沿邊，不過可直三十來千；陝西〔三〕、河東沿邊州郡，四五十千。免役法中，皆是不出役錢之人。似此等第官户〔四〕、寺觀送納，固已非宜，況女户、單丁，尤是孤弱，若令出納，豈不更爲深害？一稱：『慮天下役人利害，逐處各有不同，欲乞今來勑內更行指揮，下開封府界及諸路轉運司，牒下諸州縣，委逐縣官看詳〔五〕。若依今來指揮別無妨礙，即便施行；若有妨礙，致施行未得，即勑書到五日內，具利害擘畫申州。本州類聚諸縣所申，擇其可取者，限勑書到一月內，具利害擘畫申轉運司。轉運司聚諸州所申，擇其可【11】取者，限勑書到一季內，具利害擘畫奏聞。』又續有劄子，內稱：『伏望朝廷執之堅如金石，雖有小小利害未備，俟諸路轉運司奏到，徐爲改更，亦未爲晚。』臣看詳，今日更張政事，所繫生民利害，免役、差役之法最大，極須詳審，不可輕易。況役法利害所基，先自縣道，理須寬以期限，令諸縣詳議利害，曲盡逐處所宜，則法可久行，民間受賜。今來止限五日，諸縣何由擘畫利害？詳光之意，務欲速行以便民，不知如此草草更張，反更爲害。諸路州軍見此指揮，必妄意朝廷惟在速了，不欲令人更有議論，故立此限，迫促施

〔一〕雖是：原無，據本書食貨六五之三五、食貨六六之五〇補。
〔二〕目：原作「日」，據本書食貨六五之三五改。
〔三〕「陝西」上原有「除」字，據《長編》卷三六七删。
〔四〕第：原作「管」，據本書食貨六五之三六、食貨六六之五〇改。
〔五〕委逐縣：原脱，據《長編》卷三六七補。

行，望風希合，以速爲能，豈更有擘畫？上項兩節，乃是空文。且諸縣既迫以五日之限，苟且施行猶恐不暇，何由更具利害申陳〔一〕？諸縣既不申陳，諸州憑何擘畫？諸州既無擘畫，轉運司欲具利害，將何所憑？又況人懷觀望，誰肯措辭〔二〕？如此，則生民受弊，未有已時〔三〕。光雖有憂國愛民之心，而其講變法之術〔四〕，措置無方，施行無緒。可惜朝廷更法美意，又將偏廢於此時，有識之人，無不喟歎。伏乞更加審議。臣所看詳，且據司馬光劄子内抵捂事節而已。至於見行役法，今日自合修改〔五〕。但緣差役、免役，各有利害，要在講求措置之方，使之盡善。臣再詳，光所論事，亦多過當，唯是稱『下户元不充役，今來一例納錢』；又『錢非民間所鑄，皆出於官。上農之家所多有者，不過莊田、穀帛、牛具、桑柘而已。穀賤已自傷 12 農，官中更以免役及諸色錢督之，則穀愈賤』，此二事最爲論免役納錢利害要切之言。然初朝廷自議行免役之時，本爲差役，民受困苦，大則破家，小則毁身，所以議改新法。但爲當時所遣使者不能體先帝愛民之志，成就法意之良，惟欲因事以爲己功，或務苟且速就，或務多取役錢，妄意百端，徼幸求進。法行之後，差役之舊害雖已盡去〔六〕，而免役之新害隨而復生〔七〕。民間徒見輸納之勞，而不知朝廷愛民利物之意〔八〕。今日正是更張修飾之時〔九〕，理當詳審。況逐路逐州逐縣之間，利害不同，並須隨宜擘畫。如臣愚見，謂不若先具此意申敕轉運、提舉司、諸州縣，各令盡心講求，豫具利害擘畫次第，以俟朝廷遣使就逐處措置。此命既以先下，人人莫不用心，然後朝廷選公正强明、曉練政事官四員充使，逐官各更選辟曉練政事兩員隨行管勾。且令分使京東、京西路，每路兩員使者，四員隨行管勾官，與轉運或提舉官親詣逐州縣，體問民間利害，是何等人户願出役錢，是何等人户不願出役錢；是何等色役可差，是何等色役可雇；是何等人户雖不願出錢〔一〇〕，而可以使之出錢；是何重難優輕，可增可減。緣人户貧富、役次多寡與重難優輕窠名〔一一〕，州州縣縣不同，理須隨宜措置。既見得利害子細，然後條具措置事節，逐旋聞奏，降敕施行。如此，不過半年之間，可以了此兩路。然後更遣此已經措置官員分往四 13 路〔一二〕，逐員各更令兼一員未更措置、曉達政事官同

〔一〕陳：原作「諸」，又涂去，今據本書食貨六五之三七、食貨六六之五一補。
〔二〕措辭：《長編》卷三六七作「措置」。
〔三〕已：原作「幾」，據本書食貨六五之三七改。
〔四〕此句《長編》卷三六七作「而不講變法之術」。
〔五〕日：原作「臣」，據本書食貨六六之四九、《長編》卷三六七改。
〔六〕盡去：原作「去盡」，據本書食貨六六之五一乙。
〔七〕免役：原作「免議」，但於「議」旁復書「役」字，今據本書食貨六六之五删去「議」字。
〔八〕民：原無，據本書食貨六六之五一補。
〔九〕修飾：《長編》卷三六七作「修完」。
〔一〇〕雖：原作「是」，據《長編》卷三六七改。
〔一一〕「寡」原作「募」，「窠名」原作「實明」，據《長編》卷三六七改。
〔一二〕已：原作「又」，據本書食貨六五之三八、食貨六六之五一改。

行，不過半年之間，又可措置四路。然後依前分遣，遍往諸路。如此，則遠不過一年半之間，天下役法措置悉已周徧〔一〕。法既曲盡其宜，生民永蒙惠澤，上則成先帝之美意，下則（與）〔興〕無窮之大利，與今日草草變革，一切苟欲速行之弊，其爲利害，相遠萬萬。願留省覽。」至是，尚書左丞呂公著言：「勘會司馬光近建明役法文字，大意已善，其間不無疎畧未備處。若博採衆論，更加公心，申明行下，向去必成良法。今章惇所上文字，雖其言或有可取，然大率出於不平之氣，專欲求勝，不顧朝廷命令大體。早來都堂三省、樞密院會議，章惇、安燾大段不通商量。況役法元不屬密院，若如此論議不一〔二〕，必是難得平允。望宸衷詳酌，或選差近臣三數人專切詳定聞奏。」遂具韓維、李常、范純仁、孫覺、孫永、呂大防、王覿名，乞自禁中指揮，選三數人降出。又言：「自來政事，朝廷有大議論，亦多選差兩制或兩省定奪。近劉摯、王巖叟、蘇轍有所論奏，恐涉嫌疑，惟宸衷裁擇。」於是詔維等專切詳定。

元祐元年二月二十八日，右正言王覿言：「伏覩今月七日勑行差役法，勑内止是備録門下侍郎司馬光劄子〔三〕，不曾經有司立成畫一條目。若内有小節未安，須當接續行下，庶幾良法早定，不爲浮議所摇。看詳『諸色役人並依熙
14 寧元年以前舊法人數，委本縣令、佐親自揭五等丁産簿定差』。此一節，緣諸色役人自熙寧元年後來逐旋裁減，今來乞降指揮，依見今役人立額定差。并衙前一役，熙寧元年以前舊法許人投名，今既須行熙寧元年以前差役條貫，即合存留投名之人。乞降指揮，應投名衙前只用近年規繩，以出賣坊場錢支酬重難分數〔四〕，並給請受。或内有不願依舊投名之人，重別召募不行，方得鄉差。其官户、僧道、寺觀、單丁、女户免役錢，即留助鄉差之人。」詔劄與詳定役法所。

同日，右司諫蘇轍言：「伏見二月九日三省〔五〕、樞密院劄子節文：『應天下免役錢一切並罷，其諸色役人並依熙寧元年以前舊法人數定差。』大綱既得允當，其間節目頗有疎畧。差役未易一一具言〔六〕，全在有司節次修飾〔七〕。今來開封府官吏更不相度申請，於數日之間，一依舊法人數差撥了絶。如壇子之類，近年以剩員充者，一例差撥役人監勒。開、祥兩縣，迅若兵火，顯是故欲擾民，以害成法。乞下所司取問，（大）〔火〕急催督，是何情實，特賜行遣，以戒天下挾邪壞法之人。」詔劄送詳定役法所。

是月，司馬光言：「臣伏見御批指揮，以臣近建明差役

〔一〕役：原作「設」，據本書食貨六五之三八、食貨六六之五二改。
〔二〕此：原作「如」，據本書食貨六五之三九、食貨六六之五二改。
〔三〕録：原作「禄」，據《長編》卷三六七及本書食貨六五之三九、食貨六六之五二改。
〔四〕錢：原脱，據本書食貨六五之三九、食貨六六之五一補。
〔五〕九日：《長編》卷三六七作「七日」。
〔六〕一一：原作「一二」，據《長編》卷三六七改。
〔七〕飾：《長編》卷三六七作「完」。

法，慮其間未得盡備，差韓維、呂大防、孫永、范純仁專切詳定聞奏。臣切以免役錢之病民，自歸日臣僚、民庶上封事及日近劉摯等奏陳，言之甚詳，非獨出臣一人之私意也。陛下幸用臣言，悉罷免役錢，依舊差役。詔下之日，中外歡 15 呼。往來之人聞道路農民迭相慶賀云：『今後這回快活也！』然則此令之下，深合人心，明白灼然，無可疑者。其間條目未備，不能委曲盡善，固須有之。臣所以乞下諸路州縣官吏，令看詳，若有妨礙〔一〕，施行未得，即具利害擘畫，以次上聞，誠以畎畝幽隱，南北異宜，自非在彼親民小官，無以知其詳悉，故令各具所見，指陳利害。所以盡下情，求民瘼，非謂勑書一下，禁人不得復議也。俟其奏到，徐議添改，何後之有？要在早罷役錢，復差役，爲大利而已。如建大厦，棟宇已立，雖户牖未備，可以徐圖。今陛下令韓維等再行詳定，考究利害，補全漏畧〔二〕，成就良法，固無所妨。但勑下已踰半月，州、縣差役約已及中半，方行遣紛紜〔三〕，臣愚切恐聞此指揮，謂朝廷前日之勑改更未定，或斂錢，或差役，尚未可知，官吏惶惑，不知所從，衆庶失望，怨嗟益甚。必有本因新法得進之臣〔四〕，乘此間隙，争言免役錢不可罷；因聚斂獲功之吏稱舊條未改，督責免役錢愈急。是民出湯火，濯清泉，復入湯火也。伏望朝廷特賜申勑州、縣，言今來止爲其間條目未備，令維等詳定。所有差役，仰州縣依前敕一面施行〔五〕，候定到事節，續降下次。免致於差役中半紛紜之際，令出反汗，人情大摇。」從之。

閏二月四日，勑：「已差官詳定役法，令諸路且依二月初六日指揮定差。仍令州、縣及轉運司、提舉司各遞與限兩月〔六〕，體訪役法民間的確利害，縣具可 16 施行事申州，州爲看詳保明申轉運、提舉司，轉運、提舉司看詳保明聞奏〔七〕。仍令逐州、縣出榜，許舊來係納免役錢〔八〕、今來合差役人户，各具利害，實封自陳〔九〕。」於是劉摯言〔一〇〕：「免役錢爲天下害也久矣，陛下一旦罷去〔一一〕，復用祖宗差法〔一二〕，

〔一〕有：原脱，據《長編》卷三六七補。

〔二〕全：原作「今」，據《長編》卷三六七、本書食貨六五之四一、食貨六六之五三改。

〔三〕「行」原作「得」，「紜」原作「紛」，據《長編》卷三六七、本書食貨六五之四一、食貨六六之五三改。

〔四〕進：原作「選」，據《長編》卷三六七、本書食貨六五之四一、食貨六六之五三改。

〔五〕敕：原作「面」，據本書食貨六五之四一改。

〔六〕「提」原脱，「月」原作「日」，據《長編》卷三六八、本書食貨六五之四一、食貨六六之五三改補。

〔七〕轉運提舉司：原脱，據《長編》卷三六八、本書食貨六五之四一、食貨六六之五三補。

〔八〕役：原脱，據《長編》卷三六八、本書食貨六五之四一、食貨六六之五三補。

〔九〕陳：原作「此」，據《長編》卷三六八、本書食貨六五之四一、食貨六六之五三改。

〔一〇〕於：原作「用」，據本書食貨六五之四一、食貨六六之五三改。

〔一一〕罷去：原作「能於」，據《長編》卷三六八、本書食貨六五之四一、食貨六六之五三改。

〔一二〕復用：原無，據《長編》卷三六八、本書食貨六五之四一、食貨六六之五三補。

中外罔不忻快。命令之出，要在必行〔一〕，豈可却云『且行』，則天下奉承者豈不疑惑？懷私之人豈不觀望？又令舊納錢者、今被差者皆具論列〔二〕，緣四海百姓向來無不納錢，則是竭天下之人，使之實封議法〔三〕，達于朝廷者計須山積〔四〕，則考閱何時可遍？而所謂差役之法〔五〕，何年可見其成也〔六〕？建此論者，蓋欲爲遷延之謀，摇動之術，不意朝廷從而行之。今已選官建局，但宜趣具畫一，宣布行下。大法既先定，如州縣奉行委有未便〔七〕，方聽依限申請，然後隨事修之，何用此紛紛以遂沮害之計，召天下之疑哉！」王巖叟言：「前敕爲已見民間免役之害，故復差法，而今敕方云限兩月體訪利害。前敕不以委提舉司，而今敕又令提舉司看詳保明。朝廷豈不知提舉官多是護持弊法之人，人人利於且爲監司〔八〕，惟恐便行廢罷，見此指揮，必生觀望，以爲免役可存，妄有陳述，姦人得以藉口，誑惑聖聽，動摇善政。伏望特賜收還近敕〔九〕，候詳定成法日，别取旨施行〔一〇〕，庶命令無反覆之嫌，中外無二三之惑。」尋詔：「今議論未見成法〔一一〕，若許諸色人申陳，恐徒爲煩擾。候有成法，録下諸路，立限許實封申陳，逐旋看詳更改。」

十日，詔：「詳定役法所有合經由三省文字，與免勘當，及不依常制日限催促施行。」

十五日，詳定【17】役法所言：「司馬光奏請天下免役錢並罷，其諸色役人，並依熙寧元年以前舊法人數，令、佐揭簿定差。今看詳，欲乞下諸路，除衙前一役先用坊場、河渡錢，依見今合用人雇募；不足，方許揭簿定差。其餘役人除合召募外，並行定差。其差衙前有妨礙，或别有利害，許依閏二月四日指揮施行。」從之。

同日，右司諫蘇轍言：「臣近奏罷免役錢，行差役事，大綱已得允當，其間小節疎畧差誤，乞令諸處審議，候的確可行，然後行下。近日已蒙聖旨差韓維等四人置局看詳。臣謂疎畧差誤，其事有五：其一，衙前之害，自熙寧以前，破敗人家，甚如兵火，天下同苦之久矣。先帝知之，故創立役法，勾收坊場，官自出賣，以免役錢雇投名人，以坊場錢爲重難酬獎，及以召募官員、軍員押綱，自是天下不復知有衙前之患。而近歲所以民日貧困，天下共苦免役法者，乃是莊農之家歲出役錢不易，及出賣坊場，許人添價争剗，致

〔一〕要：原作「安」，據本書食貨六五之四一、食貨六六之五三改。
〔二〕今被差者：原脱，據本書食貨六五之四一、食貨六六之五三補。
〔三〕議：原作「無」，據本書食貨六五之四一改。
〔四〕積：原作「須」，據本書食貨六五之四一改。
〔五〕而：原作「則」，據本書食貨六五之四二改。
〔六〕何年：原作「何以」，據本書食貨六五之四二、食貨六六之五三改。
〔七〕便：原脱，據本書食貨六六之五三、《長編》卷三六八補。
〔八〕人人：原只作一「人」字，據《長編》卷三六八補。
〔九〕「免役可存」至「特賜收還」原脱，據本書食貨六五之四二、食貨六六之五三及《長編》卷三六八補。
〔一〇〕旨：原作「指」，據本書食貨六五之四二、食貨六六之五三、《長編》卷三六八改。
〔一一〕今：原作「令」，據本書食貨六五之四二、食貨六六之五三改。

送納不前之弊也。向使先帝只行官自出賣坊場一事，自可了却衙前色役有餘，其餘役人且依舊法，則天下之利較然無疑。獨有一弊，所雇衙前或是浮浪，不如鄉差税户可以委信。然行之十餘年，浮浪之害無大敗闕，不足以易鄉差衙前搔擾之患。今來畧計天下坊場錢一歲所得，共四百二十餘萬貫。若立定酌中價例，不許添價剗買，亦不過三分減一，尚有役錢二百八十餘萬貫〔一〕。（若立定酌（十）〔中〕價 18 例，不許添價剗買，亦不過三分減一，尚有役錢八十餘萬貫。）而衙前支費及召募非泛綱運，一歲共不過一百五十餘萬貫。雖諸路多少不齊，或足或否，而折長補短，移用可足。由此言之，將坊場錢了衙前一役，綽然有餘，何用更差鄉户？今年二月六日所降指揮，但云諸公使庫、設厨酒庫〔二〕、茶酒司並差將校幹當，諸綱運並召得替官員或差使臣、軍員〔三〕、將校管押，衙前（若）〔苦〕無差遣，不聞有破産之人〔四〕，以此欲差鄉户。至於坊場，元無明文處置，不知官自出賣，爲復却依舊法酬奬衙前？若官自出賣〔五〕，即如川蜀、京東、淮、浙等路，舊來坊場優厚，人人願爲長名，元不差鄉户去處，今來却須創差，民情必是大段驚擾〔六〕。若依舊法用坊場酬奬衙前，即未合召募官員、軍員、將校等押綱，用何錢支遣？若無錢支遣，即諸般重難還是鄉户衙前管認，爲害不小。其二，坊郭人户，熙寧以前常有科配之勞〔七〕，自新法以來，始與鄉户並出役錢，而免科配。其法甚便，但所出役錢太重，未爲經久之法。今若全不令出，即比農民反爲僥倖〔八〕；若依熙寧以前科配，則取之無藝，人未必安。今來二月六日指揮，並不言及坊郭一項〔九〕。欲乞指揮，并官户、寺觀、單丁、女户，並據見今所出役錢裁減酌中數目，與前項賣坊場錢，除支雇衙前及召募非泛綱運外，常切樁留，准備下項支遣。所有月掠房錢十五千及歲收斛斗百石以上出錢指 19 揮〔一〇〕，恐難施行。其三，新法以來減定諸色役人〔一一〕，皆是的確合用數目，行之十餘年，並無闕事，即熙寧以前舊法人數顯是冗長，虚煩民力。今來二月六日指揮却令依舊人數定差，未爲允當，欲乞只依見今役人數目差撥。若自前元差鄉户充役，後來却用剩員抵替，如場子、壇子之類，其剩員差費、請受合還運司者，即乞於前項坊郭等錢内支還。其四，熙寧以前，散從、弓手、手力等役人常苦接送之勞，遠者至四五千里，極爲疲弊。自新法以來，官吏

〔一〕二百：原脱，據《欒城集》卷三七《論差役五事狀》補。
〔二〕「設厨」上原衍「設庫」二字，據本書食貨六五之三一、食貨六六之四八、《長編》卷三六九刪。
〔三〕軍員：《長編》卷三六九作「軍大將」。
〔四〕人：《長編》卷三六九作「家」，義長。
〔五〕出：原作「出出」，據本書食貨六五之四四、《欒城集》卷三七刪。
〔六〕段：原作「改」，據《欒城集》卷三七改。
〔七〕科：原脱，據《欒城集》卷三七補。
〔八〕「即」下原衍「出」字，據《欒城集》卷三七刪。
〔九〕坊郭：原作「坊場」，據《欒城集》卷三七改。
〔一〇〕斗：原作「十」，據本書食貨六五之四四、《欒城集》卷三七改。
〔一一〕「諸色」前原衍「儲」字，據本書食貨六五之四四、《欒城集》卷三七刪。

皆請雇錢，役人既以爲便，官吏亦不闕事。今民力凋殘，比之熙寧以前，尤當憫恤，若不免接送，必有逃竄流離之憂。欲乞依新法，官吏並請雇錢，仍於前項坊場、坊郭等錢內支。其五，州縣胥吏並募情願充役，不請雇錢。如不情願，即量支雇錢，仍罷重法，亦以前項坊場、坊郭等錢支。如支用不足，即差鄉户，仍許指射舊人，官爲差雇代役〔一〕。其鄉户所出顧錢，不得過官雇數目。」詔送看詳役法所。

十六日，詳定役法所言：「乞先次行下諸路，除衙前一役先用坊場、河渡錢物依見今合用人雇募，不足，方許揭簿定差。本所再詳『雇募』二字，切慮諸路承用疑惑，却將謂依舊用錢雇募充役，欲乞改『雇』字爲『招』字。」從之。

十九日，詔給事中、兼侍講傅堯俞詳定役法。

二十四日，右司諫蘇轍言：「出限拖欠役錢。今來朝廷已行差役法，即免役錢別無支用。雖使差役未了間〔二〕，時暫留舊雇人[20]執役，自有從來寬剩役錢支遣。其拖欠役錢，乞與一切放免。」從之。

三月三日，詳定役法所言：「乞下諸路，除衙前外，諸色役人只依見用人數定差。今來夏料役錢住罷，更不起催。官户、僧道、寺觀、單丁、女户出錢助役指揮勿行。」從之。

同日，詳定役法所言：「檢會今年二月六日朝旨，内一項：『諸色役人，其間雖有等第不及而願充近上役次者，乞聽從便』，及『舊人願住者准此』一項，乞下諸路，衙前依已得指揮外，其餘役人亦乞並依即日見用人數定差。如委實人數太少，使用不足，或别有妨礙，即依閏二月四日指揮施行。一、官户、僧寺、道觀、單丁、女户出助役錢，切慮州縣有不曉元降朝旨『如有妨礙，即未得施行』之意，却便作無妨礙行下。今乞下諸路更不施行，別聽指揮〔三〕。一、已准朝旨，免役錢一切並罷。其將來夏料役錢，自合更不起納。」從之。

四日，詳定役法所言：「諸色役人已行舊日差法〔四〕，切慮新舊法未定之際，州、縣輒有諸般圓那陪備〔五〕，非理勾追役使。若不嚴行禁止，必恐後致搔擾。欲應元豐編勑及見行散勑内約束『不得非理差衙前及諸色役人，并令陪備』等條貫，並乞依舊行使。內耆、壯即乞依保正長法施行。」從之。

十六日，詳定役法所言：「坊場、河渡錢元用支酬衙前重難，添酒等錢准備場務陪費，如此之類，名件不一。除依條合支外，欲並樁留，以備召募衙前、支酬重難及應緣役事之用。」從之。

十七日，詳定[21]役法所言：「諸路見行出賣坊場、河

〔一〕爲：原作「吏」，據《欒城集》卷三七改。
〔二〕差：原脱，據《長編》卷三七〇補。
〔三〕指：原脱，據本書食貨六五之四六補。
〔四〕日：原作「項」，據本書食貨六五之四六、食貨六六之五五改。
〔五〕輒：原作「轍」，據本書食貨六五之四七改。

渡等并應合支酬召募衙前使用錢物，未有所隸。」詔令提點刑獄司主之。是年閏二月八日，罷諸路提舉常平官，故以隸提刑。

十八日，詳定役法所言：「准内降臣僚上言：『諸郡縣官員有自來雇募到承符、散從官、手力之類在逐廳〔一〕，今例合差鄉户抵替，減放逐官。有以鄉户生疎，雇人慣熟，不容鄉户正身自充〔二〕，須令雇募，其被雇人邀勒鄉户剩要工錢者，乞下詳定役法所立法約束〔三〕。』本（州）〔所〕勘會，欲下府界提點司、諸路轉運司常切覺察，郡縣官員如敢抑令本廳新差役人出錢，指名雇覓自來使令之人充代祗應者，並行勘劾，具情由申奏，特降朝旨，重行黜責。如役人委實情願雇人者聽，雇直不得過元募役錢之數〔四〕。」從之。

四月六日，中書舍人蘇軾詳定役法。

同日，王巖叟言：「臣伏見蘇軾建議，乞盡發天下所積常平寬剩錢斛三千萬貫碩，買田募役，自陳五利二弊。臣竊考五利皆難信之辭，二弊乃必然之理〔五〕，然未足以盡也。臣與士大夫深究其説，又得十弊，爲陛下列之。無知之民苟於得地，或應募佃地，三五歲間，或以罪停，或以疾廢，或老且死，其家無彊丁以代役，則當奪其田而别募。此乃是中路而陷其一家於溝壑，此一弊也。富民召客爲佃户，每歲未收穫間，借貸賙給，無所不至；一失撫存，明年必去而之他。今一兩頃之空地，佃户挺身應募，室廬之備，耕稼之資，芻糧之費，22百無一有，於何仰給，誰其主當？此二弊也。近郭之田，人情所惜，非甚不得已不易也。今郡縣官吏迫於行法，或倍益官錢，曲爲誘勸；或公持事勢，直肆抑令。愚民之情，一生於貪利，一出於畏威，不復遠思，容肯割賣。洎官錢入門，隨手耗散，遂使兄弟啓交争之患，父子有相怨之家。舊章既隳，美俗亦壞，此三弊也。良農治田，不盡地力，故所獲有常，所利無盡。今應募之人知官田終非己業，耕耘種植，定不致功，務劫地力，以苟所收，所收浸薄，其去益輕。此法果行，數年之後，不獨變民田爲官田，將見壞好土爲瘠土〔六〕。此四弊也。前日以錢雇役，患在市井小人，今日以田募役，又止得鄉村之浮浪，均之不可爲郡縣，此五弊也。弓箭手雖充應募〔七〕，實不離家〔八〕，有事則暫時應用，無事則終歲在田。雖成輪次上番，自亦不妨農事，非如其餘色役長在公門。猶聞未足者難招，已招者時去，引之爲比，不切事情。此六弊也。第三等以上

〔一〕廳：原作「聽」，據本書食貨六五之四七、食貨六六之五六改。
〔二〕充：原作「充」，又涂去，今據本書食貨六五之四七、食貨六六之五六補。
〔三〕約束：原作「束約」，據本書食貨六五之四七、食貨六六之五六乙。
〔四〕「得」原作「將」，「之」原作「數」，並據本書食貨六五之四七、食貨六六之五六改。
〔五〕然之理：原脱，據《長編》卷三九七補。
〔六〕爲瘠土：原脱，據本書食貨六五之四八、食貨六六之五六補。
〔七〕充：原作「克」，據本書食貨六五之四八、食貨六六之五六改。
〔八〕「家」下原有「事」字，據《長編》卷三九七删。

人户皆能自足，必不肯佃官田，願充永役〔一〕。今既立法，須第二等以上人户許充弓手、第三等以上許充散從官以下色役〔二〕，乃是以給田募役之名，行揭簿定差之實。既云百姓樂於應募〔三〕，何故第四等以下即須要第一等、第二等户委保〔四〕，一有逃亡，便勒保人承佃充役？乃是知其不可曲爲之防，既不能措下户於安業，又不能蹐上户於樂生。此七弊也。民間典賣莊土，多是出於婚姻喪葬之急，往往哀求 23 錢主，探先借錢〔五〕，後方印契〔六〕，畧遭梗礙，猶必陳辭。今賣之入官，官司艱阻，事節必多，設法雖嚴，終難杜絶。或已申官欲賣，令、佐未暇親行相驗〔七〕；或已定價買到，未有投名人情願承佃，未敢支錢，折留多日者。百姓欲罷則不能，欲訴則無路。此八弊也。應募之人，若盡納貧民，則水旱凶饑何以禁其流徙〔八〕？若皆收上户，則支移折變却當併在何人？此九弊也。朝廷患不理去官、赦降原減之法爲太重，方詔有司更定，而又立此條。蓋議者自度其難，而專欲以力制事，以法驅人〔九〕。若緣久遠召募不行，官吏並科違制，又不以赦降、去官原減，則凡歷三路郡縣之吏無全人矣。此十弊也。蓋有大可惜者三焉：祖宗成法之中，天下共以爲利而不可改者，莫大於差役。陛下復之，而行方幾日，今率然獻議，而欲變之，此大可惜者一也。自陛下與百姓休息，人人之心以父母戴陛下矣，何苦而欲擾之？此大可惜者二也。內帑之所藏，常平之所積，積之甚難〔一〇〕，國家宜留以備倉卒，紓百姓之急。今平居無事而欲傾竭之，不知何以待非常？此大可惜者三也。乞下臣章〔一一〕，與軾之議參考而擇之。」上官均亦陳不可行五説，軾議尋格。

十九日，詔：「諸路州衙前依朝旨，一月限滿，已差鄉户後，如續有人情願投充者，亦許逐旋收係，替放差到鄉户衙前歸農。仍以家力最低小之人先次替放。其鄉户衙前若内有雖未年滿，投充長名衙前者，亦聽。」從 24 詳定所請也。

二十八日，詔殿中侍御史呂陶往成都府路，與轉運司議定役法。先是，陶屢奏疏論差役利害及坊場、坊郭等事，因陶謁告取家〔一二〕，故有是命。陶言：「天下郡縣所定板籍，隨其風俗，或以税錢貫伯，或以地之頃畝，或以家之積錢，或以田之受種，立爲五等。就其五等而言，頗有不均。

〔一〕永：原作「水」，據《長編》卷三九七改。
〔二〕下：原作「上」，據《長編》卷三九七改。
〔三〕既：原作「云」，據本書食貨六五之四九、食貨六六之五七改。
〔四〕二：原作「一」，據《長編》卷三九七改。
〔五〕錢：原無，據本書食貨六五之四九、食貨六六之五七補。
〔六〕後：原無，據本書食貨六五之四九、食貨六六之五七補。
〔七〕暇：原作「服」，據本書食貨六五之四九、食貨六六之五七改。
〔八〕徙：原作「徒」，據本書食貨六五之四九、食貨六六之五七改。
〔九〕人：原作「之」，據《長編》卷三九七改。
〔一〇〕甚：原作「其」，據本書食貨六五之五〇、食貨六六之五七改。
〔一一〕臣章：原作「韋」，據本書食貨六五之五〇、食貨六六之五七改補。
〔一二〕「謁」原作「竭」，「家」原作「容」，據《長編》卷三七六改。

蓋有以税錢一貫，或占田一頃㈠，或積錢一千貫，或受種一十碩，爲第一等；而税錢至於十貫者，(古)〔占〕田至於十頃，積錢至於萬貫，受種至於百碩，亦爲第一等。今若於第一等中差耆長㈡，則税錢一貫與十貫者，並須二年一替。是貧者常迫急，富者常僥倖。況郡縣官吏，難盡得人，若不預設防禁，則民間雖無今日納錢之勞，必有昔時偏頗倍費之害。」

五月八日，户部侍郎趙瞻詳定役法。

十一日，詔：「諸州縣曹司舊人願在役，及有人投募，或鄉差之人自可充役外，其願雇人自代者聽。」從詳定所請也。

十六日，文彦博言：「復舊差役法，議臣之中少有熟親民政者，故議論不同。刺史、縣令最爲親民之官㈢，且專委守、令差定役人，編成籍，條列自來體例條貫上轉運司。如各得允當，即具申奏。仍稍寬期限，使盡利害。其詳定役法所止據逐路申請㈣，看詳定奪。」詔付詳定役法所。

二十三日，詳定役法所言：「新勑罷天下免役錢。緣《元豐令》修弓手營房給免役剩錢，和雇遞馬及雇夫，并每年終與轉運司分認。三十貫以下修造，及舊係役人陪備脚乘之類，25更有諸州造帳人請受㈤，并巡檢司、馬遞鋪、曹司代役人應用紙筆，並係支免役錢。今請支見在免役積剩錢㈥，候役書成，別行詳定。」從之，其免役積剩錢應副不足處，依嘉祐以前勑條，條不載者奏。

二十五日，中書舍人蘇軾言：「近奏爲論招差衙前利害，所見偏執，乞罷詳定役法。尋奉聖旨㈦，依所乞。今來給事中胡宗愈却封還上件聖旨㈧。臣議既不同，決難隨衆簽書，乞依前降指揮。」於是御史中丞劉摯言：「詳定役法自置局以來，日久未就，而議法之官頗已屢易。蘇軾願令依舊詳定，仍乞催促成就，以時宣布。」其後元祐二年正月十五日，軾上疏：「去年二月六日勑下，始行光言，復差役法。時臣弟轍爲諫官，乞將見在寬剩役錢雇募役人，以一年爲期，令中外詳議，然後立法。又言：『衙前一役，可即用舊人，仍一依舊數支月給重難錢，以坊場、河渡錢支給。』皆不蒙施行。又蒙差臣詳定役法，臣因得伸弟轍前議。先與本局官吏孫永、傅堯俞之流論難反復，次於西府及政事堂中與執政商議，皆不見從。遂上疏極言衙前可雇不可差，先帝此法可守不可變之意，因乞罷詳定役法。當此之時，臺諫相視，皆無一決其是非者。今弓手不許雇人，天下之所同患，朝廷變法許雇，天下皆以爲便，而臺諫猶累

㈠占：原作「以」，據《長編》卷三七六改。
㈡今若於第一等：原脱，據本書食貨六五之五〇、食貨六六之五七補。
㈢民：原作「臣」，據本書食貨六五之五一、食貨六六之五八改。
㈣役法：原作「役錢法」，據《長編》卷三七八刪。
㈤請：原作「情」，據本書食貨六五之五一、食貨六六之五八改。
㈥在：原脱，據本書食貨六五之五一、食貨六六之五八補。
㈦奉：原作「奏」，據本書食貨六五之五一改。
㈧今：原作「令」，據本書食貨六五之五一、食貨六六之五八改。

疏力争。由此觀之，是其意專欲變熙寧之法，不復校量利害，參用所長也。」

六月十三日，中書舍人蘇軾言：「乞應坊場、河 26 渡、免役、量添酒等錢，並用支酬衙前、召募綱運、官吏接送雇人，及應緣衙前役人諸般支使。如本州不足，即申本路，於别州移用；如本路不足，即申本部，於别路移用。其有餘去處〔一〕，不得爲見有餘，額外支破；其不足去處，亦不得爲見不足，將合招募人却行差撥。」從之。

十四日，中書舍人蘇軾言：「逐處色役，各隨本處土俗事宜，輕重不同，難以限定等第，一槩立法。若衙前招募得足，即須將以次重役於第一等户内差撥。請諸處色役，委本路監司與逐處官吏同相度，立定本處色役輕重高下次第，以最重役從上差撥。」從之。

二十七日，司馬光言：「先曾上言，乞直降勑命，應天下免役錢一切並罷，其諸色役人並依熙寧元年以前舊法人數，委令佐揭簿定差〔二〕。蒙朝廷一一如臣所請。無何，續有雇募不足、方行定差指揮，人始疑惑。既而屢有更張，號令不一。又轉運使各以己見，欲令本路共爲一法，不令州縣各從其宜。或已差役人却放，或已放雇人却收，或依舊用役錢雇人，或不用錢招人充役。朝夕不定，上下紛紜，往往與二月六日勑意相違。竊緣臣初起請及朝廷所降勑節文，明言『委逐縣官看詳，若有妨礙，致不可行，令具利害申州，州申轉運司，轉運司奏聞，隨宜修改，作一路一州一縣勑施行，務要曲盡其宜』，豈是當日所言，一字不可移易？但患轉運司、州縣不肯奏陳耳。請申明前奏，遍頒下諸路州縣。臣 27 所請雖云『依熙寧元年舊法人數定差』，若舊法有於今日不可行者，即是妨礙〔三〕，合申乞改更。人數或太多，或太少，惟本州本縣知應用之數，合酌中立額申乞，依數定差，朝廷難爲遥度。臣所請雖云『若所差人不願充役，任便選雇有行止人自代。其雇錢多少，私下商量』，若所雇之人邀勒被差之人〔四〕，廣求雇直〔五〕，官司亦當裁定，不得過自來官中雇錢之數，其州縣官員即不得指占所雇之人乞覓。臣所請雖云『見雇役人，候差到役人，各放令逐便〔六〕』，若所雇之人自有田産，情願充役者，亦自可依舊存留。又曹司一役，新差之人多不諳熟書算行遣〔七〕，及案下文字未曾交割，合留新雇人給與雇錢，令與新差之人同共行遣〔八〕，限半年内交割畢，纔放逐便。臣所請雖云『今日

〔一〕有：原脱，據本書食貨六五之五二、《東坡全集》卷五三補。

〔二〕簿：原作「部」，據本書食貨六五之五二改。

〔三〕是：原作「行」，據《長編》卷三八一改。

〔四〕「之」原作「文」，「勒」原作「勸」，據本書食貨六五之五三、食貨六六之五九改。

〔五〕求：原作「永」，據本書食貨六五之五三、食貨六六之五九改。

〔六〕各：原作「又」，據本書食貨六五之五三、食貨六六之五九改。

〔七〕行：原脱，據本書食貨六五之五三、食貨六六之五九補。

〔八〕新差：原脱，據本書食貨六五之五三、食貨六六之五九補。

衙前陪備少於歸日，不至破家〔一〕，若猶以爲户力難任，請於官户、僧道、單丁、女户，屋業於月掠錢及十五緡、土田於歲收穀及百碩以上者，並等第出助役錢。不及此數者，與放免』，臣意以爲十口之家，歲收百碩，足供口食，月掠十五緡，足供日用。二者相須，此外有餘者始令出助役錢，非謂止收百碩即令助役也。若猶患太少〔二〕，及所掠課利難知實數，請應第三等以上令出助役錢，第四等以下放免。若本州坊場、河渡等錢自可支酬衙前重難，分數得足，則官户等更不須出助役錢。從來諸州招募人投充長名衙前，若招募不足，方始差到鄉户衙前，28此自是舊法，今來别無改更。惟是舊日將坊場、河渡所折酬長名衙前重難，令其自出賣。今官中出賣坊場、河渡收錢，依分數折酬長名衙前重難〔三〕，只此與舊法有異〔四〕。若鄉户差足，續有投名者，即先從貧下放鄉户歸農；即鄉户願投，亦聽。臣所請：『委逐縣看詳，具利害申州；本州類聚，擇其可取者申轉運司；轉運司類聚諸州所申，擇其可取者奏聞朝廷。』且知諸路民間利害之詳，轉運司不如州，州不如縣，慮逐州逐縣有經畫得事理切當，而爲本州及轉運司抑遏删去，不以上聞，致勑下之日，仍舊妨礙不行。請詔逐縣直申轉運司，本州直申奏，使下情無壅，曲當事宜。仍請詔詳定役法所，止得以諸路州縣申到利害詳其可否，立爲定法。其不當職之人爲高奇之論，不切事情者，勿用。亦不可以一路一州一縣利害作海行條貫〔五〕。詳定役法所奏請行下指揮，若有妨礙難行之事，亦乞如臣所請，委逐路州縣看詳，具利害申上，隨宜别修改。臣所言若有可取，乞遍頒下諸州縣。除此外，並依二月六日所降勑命施行〔六〕。」從之。

七月二十七日，詳定役法所言：「臣僚奏〔七〕：今朝廷既已復行差役，應係自前約束官吏侵擾役人條貫〔八〕，欲乞使刑部録出，雕印頒下，令一切如舊。出榜州縣，使民知之。應監司所部有犯不能覺察者，重其坐。」詔令刑部契勘，除已經衝改不行外，餘依。

八月九日，中書舍人蘇軾言：「諸路多稱，高彊户同29是第一等，而家業錢數與本等人户大段相遠，若止應第一等色役，顯屬僥倖，有虧其餘人户。乞下詳定役法所相度，申尚書省，應高彊户隨逐處第一等家業錢數，如及一倍外，即計其家業，每及一倍，即展所應役一年。除元役年限外，展及五年爲止。投募衙前，即依展年法，將展年應本等合入諸般色役。假如本處以家業及二千貫爲第一等，其高彊户及四千貫以上，計其家業又及四千貫，即展役一年。通

〔一〕不：原脱，據本書食貨六五之五三、食貨六六之五九補。
〔二〕太：原作「大」，據本書食貨六五之五四、食貨六六之五九改。
〔三〕名：原作「平」，據本書食貨六五之五四、食貨六六之五九改。
〔四〕與：原脱，據本書食貨六五之五四補。
〔五〕海：原作「侮」，據本書食貨六五之五四、食貨六六之六〇改。
〔六〕依：原脱，據本書食貨六五之五五、食貨六六之六〇補。
〔七〕奏：原作「奉」，據本書食貨六五之五五、食貨六六之六〇改。
〔八〕「吏」原無，「擾」原作「優」，據本書食貨六五之五五、食貨六六之六〇補改。

計家業及二萬四千貫，即展五年，以上更不展。如投募衙前，亦自四千貫以上計其家業，不及四千貫，方應諸般色役一年，仍以五年爲止。其休役年限，依本等體例。」

九月十七日，詔：「諸路坊郭第五等以上，及單丁、女户、寺觀第三等以上，舊納免役錢並與減放五分，餘並全放。仍自元祐二年爲始。其收到錢，如逐處坊場、河渡錢，支酬衙前重難及綱運、公人接送食錢不足，方許以上項錢貼支。餘並封樁，以備緩急支用。」

十月三日，吏部侍郎傅堯俞罷詳定役法〔一〕。從所請也。

六日，臣僚言：「朝廷立差役之法，許私自雇人，州縣行之，已有次序。近朝旨，弓手一役却令正身祇應，恐公私未便。」詔：「應弓手正身不願充役者，許雇。令府界提點司、逐路轉運司相度施行。」

十二月六日，左諫議大夫鮮于侁言：「開封府界保甲授班行人不少。官户既多，縣道差役頗難，聞祥符縣内一鄉止有一户可差使。伏以武 30 舉試策及弓馬入等，方得近下班行。今來保甲人事藝入等，纔受恩〔二〕，便與公卿大夫一等爲官户免役，頗有僥倖。臣欲乞保甲授班行人依進納官，俟改轉陞朝官〔三〕，方免户下色役，庶令縣道差役得行。其三路保甲，亦乞依此。」從之。

二十四日，詔：「諸路元豐七年以前坊場、免役剩錢，除三路全留外，諸路許留一半。餘召人入便，隨宜置場和買可輕變物貨，即不得預俵及分配與人户。其物貨逐旋計綱起發，於元豐庫送納。内成都、梓州、利州三路，於鳳翔府寄納封樁。」

二十五日，詔：「舊出免役錢三百緡以上人户〔四〕，並依單丁等户例輸納，與免充色役。」從詳定役法所言也。（以上《永樂大典》卷四六八五）

【宋會要】 31 元祐二年二月十二日，監察御史上官均言：「請先詔諭諸路，俟役書行半年遣使按省，庶幾官吏先事警飭。」從之。

六月二十四日，右司諫賈易言：「朝廷改復差役，推行之初，未究利害，故郡縣之吏措置多不如理。今雖設爲條目，隨其風俗所便，付諸路奉行，又令詢究未盡善者以聞，而數月之久，蔑有言者。蓋監司、守令苟且因循，期於不違法令而已。且用民之力貴輕，取民之財貴寡。竊聞州縣有户少役多者；有單丁、女户、官户、寺觀出錢助役，比於實役之人〔五〕，所費乃多數倍者；亦有出錢至少，纔百分之一

〔一〕「役法」下原有「所」字，據《長編》卷三八九删。
〔二〕受：原作「授」，據《長編》卷三九三改。
〔三〕轉陞：原作「陞轉」，據本書食貨六五之五五、食貨六六之六〇乙。
〔四〕出：原脱，據本書食貨六五之五六、食貨六六之六〇補。
〔五〕比：原作「此」，據《長編》卷四〇二改。

者。乞擇郎官練達吏事者出按諸路，授以條目，體問民庶。如實有妨公害民之事，州縣聞知而不申，監司受申陳而不加察，亦不達於朝廷，具事劾奏。」詔下諸路監司，限指揮到一月內條析以聞。

十二月二十二日，詔：「郡縣役多〔一〕，民户不及三番處，以單丁、女户等助役錢募役；尚不及兩番，則申户部。」

三年二月二十二日，詔：「衙前差鄉户處，速募人抵替。如見役人願不妨户役投充者聽。」

四月二日，詔諸路郡縣各具差役法利害，條析以聞。

五月四日，詔：「府界諸路舊納免役錢百貫以上户，依單丁等户法輸納助役錢。」

六月一日，詔：「鄉户衙前役滿，未有人替者，依募法支雇食錢。如願投雇者聽，仍免本[32]户身役。不願投募者，速召人替。」

九月四日，户部言：「瀘州江安縣夷税户，自來不曾差役，自第三等以上願依舊輸役錢〔二〕，仍從漢户單丁法減半。第四等以下並免。」從之。

四年三月，右正言劉安世言御史中丞李常七事，其一：「陛下即政之初，知免役出錢爲民之患，故復用祖宗差役之制。常在户部，不能講究補完，而協助邪説，請復雇募。及爲中丞，猶聞奏乞施行。懷姦徇私，大害聖政。」先是，常奏：「臣伏見今日政令之最大而設施未安、致人情不和者，役法是也。夫耕農之人，身常在野，而不見官府、入城市，天下之情所同願也。熙寧中，講知差法之弊，天下州鎮凡因色役害民之事，例皆裁減，就其不可減者，悉使召雇。民隨力出錢，無事於公家之役，遂得以身常在野，不見官府、入城市，孰便於是耶？奉令之臣務於贏積，遂有輸錢不逮之歎。陛下即位之初，一切罷之，復行差法。方詔旨初下，愚民未知被差之爲害，蓋嘗驩呼而相慶矣。行之既久，始覺其患有加於嚮日。何也？蓋差法之廢十有餘年，版籍愈更不明，宜重役者輒輕，宜輕役者反重。鄉寬户多者僅有休息之期，鄉狹户窄者頻年在役。上等極力之人，昔輸錢有歲百貫至三百貫者，今止差爲弓手，歲雇弓力一名以代身役，不過用錢三四十貫。中、下人户舊出錢不過三貫二貫，而雇承符、散從、手力之類不下三十貫。以是校之，勞逸苦樂相倍蓰矣。然[33]則今所改法，徒能使上等人户優便安閑，而第三、第四等困苦日甚。昔者臣待罪户部，既而典司邦憲，屢以此干冒聖聰，尚欲令富者輸錢，貧者出力。今也博訪輿言，詳究民瘼，在上者既無寬剩之求，則下户皆願輸錢矣。而又四方風俗或不同，利害或不一，當差而願雇者有之。今示以一偏之意而爲法，使四海騰沸，細民窮困，陛下致天怒於上，人怨於下，豈國家社稷計耶？伏望特詔一二詳練民事臣僚，使與議臣就差、雇二法

〔一〕多：原無，據《長編》卷四〇七補。
〔二〕三等：原作「二等」，據《長編》卷四一四改。

取便百姓者修完之〔一〕，無牽新書，無執舊説，民以爲善斯善矣。」

五年五月八日，詔：「差役法内有未備事，令中書舍人王巖叟、樞密院都承旨韓川，與右諫議大夫、點檢户部文字劉安世同看詳，具利害以聞。」先是，安世言：「臣伏見朝廷欲變役法，令將四年〔二〕，選官置局，講求利害，天下之議悉使折衷。謂嘉祐差役之制已便矣〔三〕，然當時嘗見其害者〔四〕，今則損而去之；元豐約束之制民以爲利者，今則取而益之。至於風俗之殊尚，南北之異宜，本諸人情，裁以國論，隨方條列，罔不具備。而姦邪之人内懷顧望，造播横議，必欲沮毀，遂致一二小臣敢執偏見，妄進邪説，欲罷差役，依舊雇募，天下人情，莫不疑惑。此最當今之大患也。議者謂：不役其身，止令輸錢，則公私兩便，而可以久行。臣請有以折之。國家泉貨，經費所資，設官鼓鑄，歲有定額，民或盜爲，罪至論死。今棄其易出之力，而責其難致之34錢，又使上户止納數千，下户自來無役者例使加賦，損九分之貧民，益一分之上户。以一家一歲觀之，則輸錢若省而易給；以終身累世計之，則所出不貲而難供。今聚斂之臣，惟欲誅剥生靈，而不爲天下長久之慮，詎可信哉！議者又謂：人户輸不及三番處〔五〕，恐役太重。臣亦有以折之。治平之前，天下户口一千二百七十餘萬，而舊法役人五十三萬六千餘人。元豐之後，户口一千八百三十五萬九千有奇，較之治平，已增五百六十餘萬，而新定役人，止放四十二萬九千餘人，比之舊法，却減十萬七千之額。以爲輪差不足，亦以過矣。臣竊謂知法之未良，改之不可不速；知法之已善，守之不可不固。願陛下特奮乾剛〔六〕，力主差役，深詔執政，固守初議，毋使輕徇浮言，妄有變易，庶幾祖宗之成法，不爲姦人之所奪，天下幸甚！」

九月二十四日，户部言：「河北、河東、陝西鄉差衙前，據投名人所得支給等錢，並減半給。投名衙前除依條本户合差者長不免外〔七〕，其餘色役並免。」從之。

元祐六年七月十二日，三省言：「諸州衙前舊行募法日，除依優重支酬外〔八〕，未有差使者，並月給食錢。昨(除)〔降〕指揮，已將舊日所支雇食錢量添入重難分數。今來招募到衙前〔九〕，日支錢數慮致闕乏。」詔：「令户部下逐路轉運、提刑司，隨州縣土俗，於所用支酬額錢内參酌立定優重分數，及月給食錢，不得過舊募法所支數。」户部請：「諸州衙規内十分35闕一分已上招募未足處，以元祐元年罷募

〔一〕「雇」原作「役」，「完」原作「行」，據《長編》卷四二四改。
〔二〕將：《長編》卷四四二作「已」，疑是。
〔三〕差：原作「善」，據《長編》卷四四二改。
〔四〕嘗：原作「悉」，據《盡言集》卷一一改。
〔五〕户：原作「亡」，據本書食貨六五之六〇及《長編》卷四一四改。
〔六〕「願」原作「顧」，「剛」原作「綱」，據《長編》卷四四二改。
〔七〕合：原無，據《長編》卷四四八補。
〔八〕酬：原作「配」，據《長編》卷四六一改。
〔九〕前：原作「門」，據本書食貨六五之六一改。

法日所用優重支酬雇食錢都計錢數爲額；闕一分以下及招募數足處，以新定優重支酬等都計錢數爲額。如合有增損，並聽本州具利害申監司考察，保明申部。」從之。

同日，三省言：「諸路投名衙前，並依三路已得朝旨，除依條本户合差耆長不免外，其餘色役並免。」詔：「應諸路投名衙前與免本户第二等已下色役。鄉差人户，並令以投名人代，願投充長名者聽。」

八月十四日，尚書省言：「州役令鄉差者，若本等及次一等户空閑不及四年者，以助役錢雇募有行止、不曾犯徒刑人充。其助役錢約度雇本州色役不足，即先於户狹役煩處雇募。各依本役年限，候滿日〔一〕，本縣案籍取有空閑年及人户對行差罷。其人户空閑自及四年以上處，不在此限。若不因造簿編定及人户糾決，輒有陞降差募者，委監司按劾。諸州每年據所納助役錢，除留一分準備外〔二〕，應雇募支用有闕剩，委提刑司通一路有無移用。」從之。

十八日，户部言：「應輸助役錢人户典賣田〔三〕，限五十頃止，限外田依免役舊法全輸役錢。未降敕前已過限者非。降敕後典賣田土者，即通舊過限田土，亦依免役舊法全輸〔四〕。荒田并墳地若恩賜者，不在此限。」從之。

二十三日，户部言：「按《元祐差役勑》：『單丁、無丁或女户，如人丁添進，合供力役者，若經輸錢二年以上，與免役一次。』緣其間有户窄役頻處，今欲依本條下添入注文：『户窄空閑不及二年處，即免一年。』」並從之。

十一月 36 十七日，户部言：「諸州見役投名衙前，所歷重難合得支酬見錢，願積留在官，指買場務，除見買撲人接續再買外，餘並許依額錢承買。其場務召人添錢者，如與百姓價等，亦先給衙前。若已歷重難，錢額但及七分，亦許指買，所少額錢分四季納。」從之。

七年二月十二日，詔：「今後府界諸縣手力本等合差户空閑不及三年者，以助役錢募人充應。依本役年限，候滿日，有空閒及三年人户〔五〕，即行差罷。」

九月六日，三省言：「諸路差役，第三等以上户空閑四年，第四等以下户空閑六年。不及逐等年限〔六〕，即雇募。狹鄉縣役人並許雇州縣人役〔七〕，寬鄉縣役人並輪差。重役人合替放，願應募者聽。募役人須有税産，不得募有蔭聽贖人。衙前如人户願以官田充募者聽，及請依今來立定新式，供本縣輕重役次等。」並從之。

八年正月二十二日，詔：「近降役法：今後收到官田，

〔一〕候：原脱，據《長編》卷四六四補。
〔二〕準備外：原脱，據《長編》卷四六四補。
〔三〕輸：原脱，據本書食貨六五之六一及《長編》卷四六四補。
〔四〕「降敕後」至「全輸」：原脱，據《長編》卷四六四補。又以上「敕」字，《長編》並作「赦」，恐非，此年並未有降赦事，今通改作「敕」。
〔五〕年：原作「等」，據《長編》卷四七〇改。
〔六〕等：原作「第」，據《長編》卷四七七改。
〔七〕後「人」字原脱，據《長編》卷四七七補。

併見佃人逃亡，更不別召人户租佃〔一〕。及見佃官田人户如違欠課利，於法合召人户剗佃者，並拘收入官，留充雇募衙前。收到官田，未有人投募，且召人租佃；有人充役，即行付給。」

同日，尚書省言：「去年九月六日詔〔二〕：應今後役人須有税産，不得募蔭、贖并曾犯徒及工藝人。並召保，仍不得過舊雇募錢數。」從之。

三月二十七日，尚書省言：「勘會諸路常平、廣惠、坊場錢物文帳，並係年終具帳供申，有妨照使。令户部指揮諸路提刑司，每年依上下半年依條式 37 具帳供申。其元豐八年後至元祐三年，即依元豐八年後來未行役法已前免役錢物帳，每季具帳供申。」從之。

七月二十七日，福建路轉運司言：「勘會諸州縣分耆長、壯丁役輕去處，於條既許再充〔三〕，即未有所止年限。其役之人多是僥倖，不願替罷，致久在本州〔四〕，多端搔擾。今欲乞比附户長役輕勑條，不許再充。」從之。

九月八日，户部言：「檢准元祐七年十一月十四日南郊赦書：今後民間遭父母喪，見役及當差者第三等以下户，並與免差役。第二等以上户，令户部相度，量納役錢。並服除日依舊。今相度，欲依單丁户見納助役錢五分内，依等第納三分。」從之。

十二月二十八日，尚書省言：「勘會諸縣鄉村有依法合差第五等人户色役，其本等内物力微薄者，竊慮難以充應。今欲自來差役至第五等人户，據簿内第五等户，將一半人户免差〔五〕。偏一户者〔六〕，許從多免。如自來輪差第五等户不及一半，或差不到第五等户處〔七〕，自合依舊。」從之。（以上《永樂大典》卷四六八六）

〔一〕別：原作「從」，據本書食貨六五之六二、食貨六六之六三、《長編》卷四八〇改。
〔二〕詔：《長編》卷四八〇作「役法」。
〔三〕許：原作「詳」，據本書食貨六五之六二改。
〔四〕本州：本書食貨六五之六三、食貨六六之六四作「本村」。當以「州」爲是。
〔五〕以上二句，「據簿内第五等户將」八字原脱，而代之以「色役其本等内物力」八字（係因上文而衍），今據本書食貨六五之六三、食貨六六之六四改正。
〔六〕偏：本書食貨六六之六三作「編」。
〔七〕到：原作「致」，據本書食貨六五之六三、食貨六六之六四改。

免役錢 下

❶紹聖元年四月四日，三省言：「役法尚未就緒，欲令户部長貳同詳定，以郎官郭茂恂、陳祐之爲檢詳官。」上曰：「止用元豐舊法，而減去寬剩錢，百姓何有不便邪？」范純仁曰：「四方各不同，須因民力立法〔一〕，乃可久也。」上曰：「令户部議之。」

十八日，殿中侍御史井亮采言：「陛下修復先帝役法，宜令郡縣一依元祐未改以前法令，則可以速慰天下之望。至於立定寬剩錢分數，或免下户出錢，❷此在朝廷一言，自可就降詔旨，不必取索看詳。」詔送看詳役法所。

二十六日，中書省言：「勘會推行差役，迄今十年，民間苦於差擾，議者紛紜，前後改移不一，終未成一定之法。」詔：「府界、諸路復免役法，並依元豐八年見行條約施行，仍自指揮到日爲始。一、鄉差役人且令祗應，候雇到人，逐旋放罷。其合支役錢，許於坊場、河渡錢内借支；如不足，即借支封樁錢，並候納到役錢撥還。一、今來合納免役之人，自紹聖元年七月一日爲始，其上半年合納役錢與免。一、曾充差役之家，空閑及二年，即起納役錢。今來見役替放年月不滿者，比類施行。一、耆、户長、壯丁並雇人，不得以保正、保長、保丁等充代。其餘役人似此之類合改正者，並依此施行。一、寬剩錢不得過一分。如輒過數，及别以名目敷納〔二〕，並以違制論，委所屬常切覺察。一、今來寬剩錢既不得過一分，其合減錢數，並先自第五等人户，從于物力最低者次第蠲減。一、諸路各置提舉官一員，隨提刑司所在置廨宇。其餘並依舊制。應合行事件，并逐處有利害不同、未盡未便事理，合改更增損舊法，畫一開坐，與轉運、提刑司官具的確事狀連書以聞。」

同日〔三〕，詔：「諸路復免役法，並依元豐八年見行條目，指揮到日爲始。」

閏四月一日，左司諫翟思言：「熙寧中立免役之法，所以惠利天下非一。然當時行法之臣，有抵梧參錯，不能上應法意者。元祐初，小大之臣奮❸私智，執偏見，附益改革，或免或差，或官雇或私代，法始大弊〔四〕，民遂告病〔五〕。陛下察知其然〔六〕，申飭官司取其成書，參詳去取，以加意元元。議者謂，所斂之錢取足雇直，止餘二分，以備水旱遁

〔一〕力：本書食貨六五之六三、食貨六六之六四無此字。
〔二〕别：原作「到」，據本書食貨六五之六四、食貨六六之六四改。
〔三〕按，此條與上條内容重複，當是《大典》以《宋會要》另一門之文插入，而非别有一詔。
〔四〕始：原作「姑」，據本書食貨六五之六四、食貨六六之六五改。
〔五〕遂：原作「逐」，據本書食貨六五之六四、食貨六六之六五改。
〔六〕知：原脱，據本書食貨六五之六四、食貨六六之六五補。

負，斯爲盡矣。然郡縣所役人數大槩不相遠〔一〕，而户口物力、衆寡貧富，其相倍蓰，何啻數十。請責常平官通計一路雇直外，餘二分斂於民間，有餘不足得以通融移用，則輕重等矣。仍請逐縣各具物力上於常平官，總一路爲五等，每等以五爲差，列爲二十五等遞減。如上一等每一貫物力出十錢，則上二等出九錢。如此，則末等不病其多而難出。」詔送户部。

十三日，權發遣荆湖南路提點刑獄安惇言：「差役之法，行之九年，終未就緒。如復熙寧舊法，許民得均納役錢，募役人便。」詔送户部看詳役法所。

二十四日，户部看詳役法所言：「請以量添酒錢剩數依舊撥入役錢，充推法司吏食料錢等用。如無或不足，即於抵當息錢内貼支。」從之。

五月十三日，中書省言：「謂納役錢人户〔二〕，並自來年夏料輸官，所有紹聖元年下半年並與放免。曾經差役之家，更不限有無空閑年月，其合納役錢，亦自來年夏料爲始。諸縣五等簿書，不得旋行改造年限。應造者自依編敕施行，逐旋正〔三〕。應今指揮到日以前〔四〕，如已用前敕，有雇募到役人，已替放鄉差人歸農，即用坊場等錢借支應副。如（難）〔雖〕以籍定姓名，未曾替放，且令鄉差人仍舊在役，候年 4 滿，逐旋替放。至來年五月一日，並一例替〔放〕。」從之。

十六日，户部看詳役法所言：「諸路有舊行免役，於人户内輪差壯丁、不納役錢處，仍舊。」從之。

十九日，監察御史周秩言：「近降朝旨：耆、户長、壯丁並雇人，不得以保正等充代。竊以元豐間，雇人充承帖人，實兼耆、户長、壯丁之役，而保正、長等管本鄉公事，非若耆、户長、壯丁之勞也。行之數年，民極便之。今欲沮兩役取餘之譏，則莫若令保正、長得如官户減免役錢，而雇承帖人充役，保正、長管本保事，如元豐舊制爲便。」詔諸路提舉常平司與轉運、提刑司具利害以聞。

六月七日，户部看詳役法所言：「乞將役錢合支閏月及役人差出食錢，官員接送等雇人錢，撥還代役衣糧請受錢，即以三年實支，取酌中一年數〔五〕，與役人雇食等錢通爲歲額均敷外，其餘寬剩不得過一分。」從之。

九日，又言：「熙寧、元豐間，設提舉官，以總一路之法，州有管勾官，縣有（納給）〔給納〕官。今復免役法，既置提舉及管勾官，乞依元豐令，給納分逐縣常留簿、丞一員。」從之。

二十七日，又言：「成都府路提舉司乞將未行差役已

〔一〕不：原脱，據本書食貨六五之六四補。
〔二〕謂：疑當作「諸」。
〔三〕「正」字上疑脱「改」字之類。
〔四〕前：原作「倒」，據本書食貨六五之六五、食貨六六之六五改。
〔五〕取：原脱，據本書食貨六五之六五、食貨六六之六五補。

前收到寬剩免役錢〔一〕，支充役人雇錢。本所看詳：元祐九年後來收到助役錢，係充雇人使用，今來人户未納到役錢間，自合支用。若助役錢應副不足，其免役錢亦合支用。」從之。

七月三日，又言：「乞應幕職、監當官接送，舊係差全請雇錢公人，今來合支雇錢，依元豐令，立定人數支5破。其元祐勑添人數，並差廂軍。」詔罷減元祐勑添人數，餘從之。

十六日，詔令諸路轉運、提點刑獄、提舉常平司官各務協力，（奏）〔奉〕行免役新法，不得各守己見，使州縣無所稟從。或果有利害所見不同，即各具畫一條奏。候役法成書，轉運、提刑司更不干預。」從右正言張商英言也。

八月六日，户部看詳役法所言：「乞下諸路提舉司，將逐處自降改法指揮到日雇役文簿點檢。如有將鄉差之人抑令充役，并改易名字就募之人，並依先降朝旨，如已年滿，逐旋替放。」從之。

七日，又言：「諸處申乞造簿，緣近降朝旨，五等簿不得旋行改造。蓋慮紛然推排，別致騷擾。按《元祐令》〔二〕：人户物力貧乏，所輸免役錢雖未造簿，許糾決升降。今但推行舊條，因其糾訴，畧行升降，則已與造簿無異。」從之。

八日，又言：「乞下府界諸路監司約束州縣官吏，據見役人名數逐色立定合支雇食錢。如（此）〔比〕舊法果合增損，即明具利害，於法内聞奏。」從之。

十七日，左司諫翟思言：「看詳役法所申，請天下郡縣敷出免役錢，不許重造簿均定，止用元豐舊簿。如有不均，許糾決〔三〕，免致搔擾。又所出錢，各隨州縣，不得通一路，其舊曾通用者，仍以均定。見皆有未安。」詔送看詳役法所〔四〕。

十八日，詔：「府界、諸路坊郭、鄉村簿書年限未滿應改者，如所排等第粗可憑用，即依今月七日所降朝旨施行。如全然不可憑用，於今來敷錢妨礙，即許不候年限，申（舉）提舉司相6度改造。」

二十三日，户部看詳役法所言，申明諸路減寬剩役錢。從之。

二十六日，三省言：「見今比較鹽事、看詳役法、措置財利之類，名目不一，雖各已置局行遣，緣官屬多是兼領，於職事未能專一。今已置重修編勑所，除官長可以兼領外，只於删定官内量添員數，令專一看詳中外利害文字，並從朝廷選差。」從之，仍不拘資序，節次選補，不得過六員。

九月六日，户部看詳役法所言：「乞下諸路並依元豐條，以保正、長代耆長，甲頭代户長，承帖人代壯丁。」從之。

十三日，以左朝奉郎陸元長、右朝奉郎程端、左宣德郎

〔一〕行：原脱，據本書食貨六五之六六、食貨六六之六六補。
〔二〕元祐：疑當作「元豐」。
〔三〕許：原作「人」，據上文「七日」條文意改。
〔四〕送：原脱，據本書食貨六五之六七、食貨六六之六六補。

李深、劍南西川節度推官張行，並充編勑所看詳利害文字，專詳役法。

十五日，户部看詳役法所言：「應諸路舊立出等高（疆）〔彊〕無比極力户，合出免役錢一百貫已上者，每及一百貫，減三分。」從之。

同日，左朝請郎黄慶基言：「乞立法，應蠲除役錢，並自三百已下。如寬剩更有羨餘，則減至五百已下。」詔送户部看詳役法所。

二十八日，詔：「人户以財産妄作名目隱寄，或假借户名，或詐稱官户之類，避免等第科配者，各以違制論，内官員仍奏裁；減免役錢者，杖一百已上；未經免及衷私託人典買未轉易歸本名者，各減三等。並許人告，以所言財産之半充賞。」從户部看詳役法所請也。

十月十八日，户部看詳役法所言：「《元豐令》節文：諸宗室在京正屬籍，及太皇太后、皇后緦麻以上親，並免色役。所有皇太妃[7]緦麻已上親，亦合並免色役。」從之。

十一月十四日，監察御史黄慶基言：「訪聞諸路提舉官申請役法利害，其間不曉法意，不通民事，措置顛錯，建明疎謬，難以施行者，可籍其件數，論列于朝。其尤無狀者，早賜罷黜。」從之。

二十五日，户部尚書蔡京言：「體訪得京東西路提舉常平司下諸州相度役法，不遵元豐條例，輒用元祐差法。乞下本司官分析以聞。」

十二月三日，户部尚書蔡京等言：「看詳役法文字張行歷任已成七考，若有改官舉主二人，合磨勘改官。緣在京別無舉選人改官，望依張大方例，以臣等爲舉主，與磨勘改官，依舊在任。」從之。

二十三日，詔：「奉慈觀有本命殿，特有免役錢〔一〕，諸處不得爲例。」

二年正月二十六日，殿中侍御史郭知章言：「今朝廷推行免役法，訪聞諸路提舉官未能熟究利害，曲意觀望，或知寬民而不知害法。臣愚以謂役法宜一以元豐初勑爲準。」詔送詳定重修勑令所。

二月六日，詔：「諸路役人並依元豐七年以前人額，雇直仍依已降指揮，寬剩錢不得過一分。如州縣興廢、官員添省，并別有因依與當日顯然不同，自合隨宜修立。即將來推行有礙，及合行增損事〔二〕，即提舉司具合措置條目申户部。」

三月二十四日，三省言：「諸州具到役法事節，依元豐七年以前已允當者，欲依所定行下。」從之。

五月二十九日，户部尚書蔡京言：「常平、免役等事，乞並依元豐條制，止令提舉司專領，[8]其轉運、提刑司勿與。」從之。

〔一〕特有免：似當作「特免」。
〔二〕增：原作「省」，據本書食貨六五之六八改。

十二月七日，户部侍郎孫覽言：「諸路役法，事體或不同，理合增損。第五等户若分上下，令貧乏單弱者不出錢，其上五等皆量出，則天下無不役之民。乞下提舉司更切相度，條陳利害。如州縣、提刑、提點、轉運司與提舉司所見不同，並許直申户部右曹。」從之，仍候逐處具到利害，同詳定役法官看詳。

三年五月五日，左正言孫諤言：「竊惟免役者，一代之大法。在官之數，元豐多，元祐省。雖省，未嘗廢事也，則多不若省。散役人之直，元豐重，元祐輕。雖輕，未嘗廢役也，則重不若輕。大綱立矣，隨時不能無損益者，衆〔目〕〔目〕也。數省而直輕，則民之出泉者易矣。出泉之法，四方不同，有計錢之多寡而輸之者，其弊在於常平官所試重輕之不均；有計田之厚薄而輸之者，其弊在於元差官所定美惡之不平。若使輕重均、美惡平而後行焉，則民之出泉者易，而法可久矣。今役法優下户，使弗輸，所取併歸上户，意則美矣，而法未善也。假一縣有萬户焉，爲三分而率之，則民占四等、五等者常居其二，專賦一分之民，則其力不足。況今畿甸之民，並隨五等等第量出〔一〕。今若使諸路郡縣如畿甸之民，並隨五等等第量出，則民之出泉者易，而法可久也。雜職惟嘉州犍爲一縣投名，書手惟池州貴池一縣支錢，是法有不齊者。立額有多，散錢有重，是法有不均者。錢乖輕重之賦〔二〕，田失美惡之實，是法有不 9 平者矣。然先帝免役之法固多難矣，經熙寧、元豐之異論，復遭元祐之變法者，以其不能無弊也。今上下因循，宿弊不革，願陛下博採羣言，無以元豐、元祐爲間，要以便元元，至於無不均不平之患而止，裁爲成書，貽之後世，則先帝之烈昭然如日月之光明矣。」於是翰林學士蔡京言：「看詳謂以爲『元豐多、元祐省，元豐重、元祐輕，多不若省，重不若輕』，則是謂以謂元豐之法不若元祐明矣。而文其姦言，以爲隨時損益者〔三〕，妄也。苟以爲隨時損益，則元豐之法未必是，而元祐之法未必非矣。謂於陛下追紹之日，敢爲此言，臣切駭之。先帝謂天下土俗不同，不可槩以一法，故重輕美惡，各隨其宜。恐其率之不均也，故或以家業物力，或以田畝，或以稅錢，隨等敷出。恐其久而不平也，故三年、五年一造產業簿，以定高下之實，可謂均平矣。而謂於平日敢以爲不均不平，其意安在？役錢有令五等俱出者，有自四等已上出者，有自三等以上出者。蓋所用錢多，而户口偶少，則敷必至五等〔四〕。府界自熙寧至元豐，只三等以上出役錢。自先帝行法之初，已不曾令五等敷出。謂奏不以實，其意安在？雜職、書手，有支錢有不支者〔五〕，亦各隨其土俗而已。且免役法自去年五月復行，至今將一年，天

〔一〕等等：原脱一「等」字，據本書食貨六五之六九、食貨六六之六八補。
〔二〕乖：原作「乘」，據本書食貨六五之六九改。
〔三〕損益：原作「益損」，據本書食貨六五之六九乙。
〔四〕至五：原脱，據本書食貨六五之七〇、食貨六六之六八補。
〔五〕者：原脱，據本書食貨六五之七〇、食貨六六之六八補。

下吏習而民安之，而謂以爲宿弊不革者，謂熙寧、元豐之時也。以先帝有爲之時爲宿弊之法，則元祐之變法爲革弊，而陛下今日10亦不當紹而復之也。謂之意，蓋欲因此以疑朝廷繼述之志耳。元豐雇法也，元祐差法也，雇與差不可並行。元祐固嘗兼雇，已紛然無紀矣〔一〕，而謂欲無間，是欲伸元祐之姦，惑天下之聽，則昨日積斥元祐亂政之人，亦當無間矣。」詔孫諤罷左正言〔二〕，差知廣德軍。

六月八日，詳定重修勅令所言：「常平等法，在熙寧、元豐間各爲一書。今請勅令格式並依元豐體例修外，別立常平、免役、農田、水利、保甲等門，成書同海行勅令格式頒行。」降詔自爲一書，以《常平免役勅令》爲名。

八月七日，詳定重修勅令所言：「見充衙前違法請常平錢物者，並依吏人法。」從之。

九月十八日，詔翰林學士承旨、兼詳定役法蔡京依舊詳定重修勅令。其後十二月三日，京言：「臣僚論江西役法等事，奉旨令詳定重修勅令所具析聞奏。一言：『元祐初，司馬光秉政，蔡京知開封府，光唱京和，首變先帝之法。只祥符一縣，數日之間，差撥役人一千一百餘人，皆蔡京首爲順從。』臣昨知開封府，於元祐元年二月内降到司馬光差役法〔三〕，令州縣揭簿定差，仍稱『如無妨礙，即便施行』。其開封府雖轄諸縣，自來只管勾京城内公事。至於人户差役簿書之類〔四〕，皆諸縣一面施行。其開、祥兩縣在輦轂之下，既見法内有『即便施行』之文，所以承行，不敢少緩。臣若能應和司馬光，則不應一月之間，一請遂罷。又言：『蔡京壞先帝之法，如江西吏人除重法案外，元11無雇錢，近來一例創行支給，以百姓之脂膏，填羣吏之溝壑。』檢會江西紹聖三年敷出總數，減放四萬四千。臣若創行增添吏禄，當須於敷出總數内增過元豐額數。今來比元豐有四萬餘貫放免，顯見臣僚妄誕。先帝仁政，而臣僚以爲取脂膏填溝壑，不意敢爲是言也。」先是，侍御史董敦逸有言，詔送詳定重修勅令所具析聞奏〔五〕。至是京奏，迺復詔敦逸分析。敦逸言：「據蔡京所陳，奉旨令臣分析。狀内稱：『蘇轍亦言朝廷明使州縣相度有無妨礙，而開封府官吏更不相度申請。』蘇轍兄弟自是毀壞良法之人，尚謂開封府監勒開、祥兩縣迅若兵火，仍乞取問。」詔令敦逸分析於甚處得蘇轍元文字以聞。敦逸言：「元祐更變役法，其建言是司馬光，推行之始是開封府。時京知府事，惟章惇獨有論列，其餘皆是附光者。却聞蘇轍見京施行太速，有『迅若兵火』之語。臣是時言者凡數狀，並付韓維，故士大夫多能道其

〔一〕紀：原作「絶」，據《宋史》卷一七八《食貨志》上六改。
〔二〕正：原作「右」，據《宋史》卷一七八《食貨志》上六改。
〔三〕到：原脱，據本書食貨六五之七〇、食貨六六之六九補。
〔四〕户：原脱，據本書食貨六五之七一、食貨六六之六九補。
〔五〕「詳定」原無，又「聞」字下衍「析聞」二字，據本書食貨六五之七一、食貨六六之六九補删。

署。臣日近爲京又壞先帝之法〔一〕，故以所得形於章疏。」詔令董敦逸分析所得來處，詣實以聞，不得輒隱。

四年閏二月一日，三省言：「詳定重修勑令所言：前提舉廣南東路常平等事蕭世京任内申請堅用元祐差役法，毋畀雇錢。」詔世京送吏部，依常調人例。

十二月二十二日，詔：「衙前般運物，並依元豐條制，删去元祐增入之文。」從荆湖北路轉運司請也。

元符二年三月十八日，管勾剩員蕭世京爲吏12部員外郎，宣德郎、權提舉秦鳳等路常平張行爲户部員外郎。世京在元祐中，嘗上書言：「先朝青苗、免役法便民，可以久行。」疏奏，留中不報。至是，上出其疏，擢之。行元祐中奏疏言：「神宗議納役錢，蓋嘗謂之助役矣。以爲若止於助〔二〕，則未能盡免，將使後世役亦差，錢亦納，於是更爲免役，其慮深矣。今乃廢免而復差，上違先帝燕翼之謀，下拂元元安業之願，豈曰述事乎？」又言：「差役下户一年所費，有用數年役錢者，有用數十年役錢者，其等漸降，其害愈深〔三〕，殆非聖人裒多益寡、天道張弛之義。」前已擢使一路，至是又遷。

三年八月二十一日，徽宗已即位，未改元。詔：「三省編勑役法，既已成書，修書官吏並罷。見修一司勑令歸刑部，役法歸户部，各委郎官兼領之。」

十月二十三日，臣僚言：「自廣東路被旨赴闕，經由江東、淮南、京西等路州縣，所見官吏，並言役法尚有未便，其所用條例各不同。望令諸路州縣各具本處的確利害申提舉司，類聚以聞，然後委户部看詳，隨宜修法，務以便民。其提舉官如敢力護前失，抑遏所屬，不以實聞者，即令州縣徑自申陳。仍乞各立近限，庶幾民間早獲受賜。」又臣僚言：「欲乞下諸路提舉司〔四〕，令州縣限兩月各具本處委合修完增損事件，詳具利害，陳述今合如何增損，申提舉司，逐旋詳度以聞。即不得將已允當事件妄意更改。」從之。

徽宗建中靖國元年二月二十三日，户部言：「奉13詔：役法未便，乞下諸路提舉司，令州縣限兩月，各具本處委合修完增損。今已逾一季，並未奏到。欲下府界、諸路提舉司督責州縣官吏切在（疚）〔究〕心，疾速詳具利害以聞。如更弛慢苟簡，從本部條具申奏，特行罷黜。」從之。

八月十一日，臣僚言：「免役法既久，民甚便安。假有利害細故，只本州縣提舉官自可相度，或申部施行。自委官看詳已來，中外民情不無疑惑。況已經隔月日，未見成書。欲望明詔有司，責限結絶，以安天下之心。」詔限今年終看詳了畢，如限滿未了，即令户部結絶。

崇寧元年八月二日，中書省言：「臣僚奏：户部右曹更改諸路役法，增損元豐舊制五百九項不當。勘會永興軍

〔一〕臣日：原作「得以」，據本書食貨六五之七一、食貨六六之六九改。
〔二〕止：原作「上」，據本書食貨六五之七二、食貨六六之六九改。
〔三〕深：原脱，據《長編》卷四〇八補。
〔四〕乞：原作「訖」，據本書食貨六五之七二、食貨六六之七〇改。

路乞行差役，州縣申請官已降（指）〔旨〕責罰。湖南、江西提舉司乞減一路人吏雇直，見取會別作施行外，如江西州軍止以物賤減削人吏雇直，顯未允當。至如役人罷給雇錢去處，亦害法意，理合依舊。」詔户部並依《紹聖常平免役勑令格式》及元降《紹聖簽貼役法》施行。其元符三年正月後來衝改《紹聖常平免役勑令格式》并衝改《簽貼》續降指揮，並不施行。

二年十月二日，臣僚言：「神宗皇帝稽古制法，以常平、免役所繫尤重。紹聖纂承，推原美意，以謂常平之息，歲取二分，則五年有一倍之數；免役剩錢歲取一分，則十年有一年之備。閱歲愈久，其積愈多，遂立一倍、三料取旨蠲減之法。則凡取於民者有限，而止於爲民而[14]已，非利其入也。而集賢殿修撰、知鄧州呂仲甫前爲户部侍郎，諂事姦黨，助爲紛更，輒率其屬以狀申都省，言乞删去上條。伏望明示黜責。」詔仲甫落職，知海州。

三年二月二日，臣僚言：「免役之法，始於熙寧，成於紹聖。神考之稽古創制，哲宗之遵業揚功，著爲萬世不刊之典，詎可輕改？元符末，官吏觀望，欲以私意變亂舊條。户部侍郎王古首先建言〔一〕，乞委本部郎中及舉官兩員同共看詳，删修役法之未盡未便者。遂以朝奉郎李深、中大夫陸元長同都官程筠等刊修，凡改更諸路役法，增損元豐舊制五百九項〔二〕。如減手力、鄉書手雇錢，重立院虞候、散從官家業，添衙前重難，增斗子人數之類，毛舉事目，恣爲更改，意在沮毁成法。至若常平庫子、掐子不支雇錢，則是公然聽其取乞，尤害法意。朝廷照其姦弊，故户部侍郎呂仲甫止緣改寬剩錢一條，特蒙黜責。後雖力自辯明，亦由南京下遷徐州，修撰降爲直閣。若户部尚書虞策等無所畏憚，輒更先帝舊制，衝改役法五百九項之多，豈宜寬貸？況崇寧元年八月三日聖旨：所有元符三年正月後來衝改《紹聖常平免役勑令格式》并衝改《簽貼役法》續降指揮，並不施行。以見前日刊修之官阿附、沮壞，罪狀甚明。王古、李深今已謫居遠州，編入姦籍，其虞策、呂益柔偃然安處從班，中外未免疑惑。伏望嚴行降黜，以允公論。」詔朝散大夫王古責授衢州別駕，[15]温州安置；樞密直學士、新差知成都府虞策降爲龍圖閣直學士；中書舍人〔呂〕益柔提舉杭州洞霄宫；直秘閣、新知應天府周純特落職，管勾舒州靈仙觀；新知淮南路轉運副使周彦質管勾建州冲佑觀〔三〕；知隨州程筠監兖州東嶽廟；差權知淮陽軍陸元長監西京東嶽廟。

大觀四年五月十四日，臣僚言：「元豐令，惟崇奉三聖祖及祖宗神御陵寢寺觀不輸役錢。近者臣僚多因功德墳寺，奏乞特免諸般差役，都省更不取旨，狀後直批放免。由

〔一〕王古：原作「王吉」，據《宋史》卷三二〇《王古傳》、《長編紀事本末》卷一二二改。下同。
〔二〕損：原脱，據本書食貨六五之七四補。
〔三〕周：原作「用」，據本書食貨六五之七四、食貨六六之七一改。

是援例奏乞，不可勝數。或有旋置地土，願捨入寺，亦乞免納。甚者至守墳人雖係上、中户，並乞放免。所免錢均敷於下户，最害法之大者。欲今後臣僚奏請墳寺，不許特免役錢，仍不得以守墳人奏乞放免。其崇寧寺觀合納役錢，亦乞改正施行。」詔令禮部劄刷，關户部改正。

六月十四日，詔：「常平、免役歲終造帳之法，分門立項，叢剉汗漫，倦於詳閱。令修成旁通格法。可令逐路提舉常平司每歲終，將實管見在依此體式編類，限次年春首附遞，(徑)〔經〕入内内侍省投進。仍自大觀五年(者)〔春〕爲始。」政和元年八月二十五日，詔展限，次年季月纂類投進。

十二月十四日，户部言：「常平之法，取於民者還以與民；免役之法，取於民者還以治民。此先王理財治民之義也。常平取息二分，免役多敷一分，蓋以爲災傷減閣之備。二分之息，取之五年，則有一倍；一分之剩，積之十年，則餘[16]一年。更加五年、十年，則有兩倍、兩年之數。若無災傷支用，積而在官。此所謂與民者也。故紹聖立法，常平息及一倍，免役寬剩及三料〔一〕，則保明具數，取旨蠲免，以明朝廷取於民者非以爲利也。欲降睿旨下諸路提舉常平司，勘會自降上條至今，如有積及一倍、三料之數，即次第保明奏聞。」詔候豐衍有餘日取旨。

十六日，户部尚書許幾等言：「臣僚奏：『應州縣免役錢累經造簿〔二〕，增減失實，乞委提舉常平司選官分詣所部，以田税多寡均敷役錢，不以等第。假如有田百畝，合納役錢一貫文，即五十畝五百文。准此爲率，則上户不偏重，下户不倖免。』看詳州縣户衆而役少〔三〕，則敷錢止於第三等；或户少而役多，則均及第四等、五等。今若計田畝，不論家業税錢，及不以等第一槩均出，則失輸錢代役之意。」從之。

政和元年十月二十一日，臣僚言：「鞏州元豐年中，歲敷役錢止四百貫，今敷至二萬九千餘貫文，存留准備一分外，猶餘六分以上。不知自何日頓失法意如此。慮更有似此之處，望詔有司申明舊制，以寬民力。」從之。

五年十一月三日，户部侍郎兼詳定一司勑令陳彦文言，乞明著刑典，應常平、免役成法，不許輒議改更。詔：「常平、免役自熙寧以來，講究奉行，纖悉具備。自今應有輒議改更者，以大不恭論。餘並依動摇學校法施行。」

宣和二年九月十日，詔：「諸路召募役人，具有元豐成法，行之歲久，大觀中始[17]罷舊吏人。宿弊未之能革，而老姦巨猾匿身州縣，舞文教訟，擾害良民者益甚前日。政和中，始不許上三等人户投充弓手，緣此所募盡係浮浪，並緣作過，無所顧藉，致盜賊公行，廢紊先帝成憲，四方如此。可自今州縣召募役人，並依元豐法。所有大觀元年九月二

〔一〕料：原作「科」，據本書食貨六五之七五改。
〔二〕經：原作「輕」，據本書食貨六五之七五、食貨六六之七二改。
〔三〕衆：原作「長」，據本書食貨六五之七五、食貨六六之七二改。

十八日、政和六年六月四日指揮，更不施行。内州縣舊吏犯流徒罪及四色贓罪等於元豐法不應叙者，不在收募之數。弓手候(條)召募到人，方得替罷。」

高宗建炎二年五月二十七日，臣寮言：「官户役錢，舊法比民户減半。今來招置弓手，以禦暴防患，官户所賴猶重。欲令官户役錢更不減，而民户比舊役錢量增三分，專椿管，以助養給。」從之。

九月二十二日，臣寮言：「民事之重，莫過力役。今以保正副當免役之民，而使之代耆長充役，無怪其輒至破産也。當免役法初行，朝廷深慮民勞，不勝其役，亦嘗以事訪于諸路，而用事之臣陰懷私意，不欲以差法參免法。一時新進承望風旨，不問民情如何，而槩謂保正副情願代耆長執役。望詔諸路監司參差、免之法，專以便民。」詔令諸路轉運、提刑司同共相度的確利害，申尚書省。

三年七月十三日，詔：「諸路免役錢於元額外(重)〔量〕增三分〔二〕，官户更不減半。令户部限二日勘當，申尚書省。其隨鈔納錢可罷。」

四年八月二十一日，廣南西路轉運、提刑司言：「今乞罷催税户長，依熙豐法，以村疃三十户，每料輪差[18]甲頭一名催納租税、免役等錢物，委是經久利便。」詔依，其兩浙、江南東、西、荆湖南、福建、廣南東路州軍，並依此。

紹興元年正月一日，德音：「東南州縣比緣差保正副代户長催税，力不勝役，抑以代納，多致破産。已降指揮，罷催税户長，依熙豐法，以鄉村三十户差甲頭一名催納，以紓民力。訪聞諸處尚未奉行，致人户未獲安息。仰逐路州縣遵依已降指揮，疾速施行。如敢違戾，許人户越訴，提刑司覺察以聞，當議重寘典憲。」

五月二十三日，朝散郎呂安中言：「契勘催納二税，依法每料逐都雇募户長或大保長二名，係是官給雇錢。自建炎四年秋料爲頭催税，每三十家一甲，責差甲頭催納。其雇募户、保長更不復用，所有雇錢只在縣椿管。此錢既非率斂，又不干預省計，乞督責諸縣每年別項起發，以助經費。」詔依，令諸路提刑司依經制錢條例拘收起發。

九月十二日，臣寮言：「朝廷罷催税户長，依熙豐法改差甲頭，蓋謂遞年大保長催科填備，率至破産，遂改革前制。曾不知甲頭受害，又十倍於保長。且大保長皆選差物力高(疆)〔彊〕、人丁衆多者，其催科則人丁既壯，可以徧走四遠，物力既(疆)〔彊〕，雖有逃亡、死絶户，易於償補。今置甲頭，則不問物力丁口，雖至窮下之家，但有二丁，則以一丁催科。既力所不辦，又無以償補，類皆賣鬻子女，狼狽於道。此不便一也。大保長催科，每一都不過四家，兼以保正副事皆循[19]熟，猶至破産。今甲頭每一都一料無慮三十家，破産者又甚衆。此不便二也。田家夏耘秋收，人各自立，不給則多方召雇，鮮有應者。今甲頭當農忙，一人

〔二〕額：原脱，據本書食貨六五之七六、食貨六六之七三補。

出外催科，一人負擔齎糧，叫呼趨走，縱能應辦官司，亦失一歲之計。以一都計之，則廢農業者六十人；自一縣一州一路以往，則數十萬家不得服田力穡矣，此豈良法哉？此不便三也。又保長多有慣熟官司人，鄉村亦頗畏之，然猶有日至其門而不肯輸納者。今甲頭皆耕夫，豈能與形勢之家、姦猾之户立敵，而能曲折自伸於官私哉？方呼追之急，破産填備，勢所必然。此不便四也。自來輪差保長，雖縣令公平，亦須指決論訟，數日方定；不然，則羣胥之恣爲高下，惟觀賕賂之多寡，此最民所憤怨者。今差甲頭，每料一替，其指決論訟之繁，受賕納賂之弊，必又甚於前日。臣恐槩東南之民，自此無寧歲。此不便五也。欲乞罷止，且令大保長同保正、副依舊催科。如朝廷念其填備破産，則當審擇縣令，謹户帳之推割，嚴簿籍之銷注，申戒逃田户絶之令〔一〕，又安有保正、長破産之患哉？不知出此，而但務改法，適足爲贓吏之資耳。」

十月五日，户部言：「奉詔勘當臣寮所言改差甲頭不便五事。竊緣甲頭催科，係於主户十户以上至三十户（輪）〔輪〕一名充應，即是不以高下貧富，一等輪差。其大保長，係於小保長内取物力高（疆）〔彊〕者選充，既兼户長，管催税租等錢物，即係[20]有力之家，可以倚仗。欲乞依臣寮所乞事理施行〔二〕。」詔依。

十月二十五日，詔：「應諸幕職官、諸縣令、丞、簿、尉合破接送并在任般家雇人錢，並權罷。」

二年六月二十二日，詔州縣官雇錢與般家人俱依舊。從臣寮之請也。

三年二月二十六日，提舉淮南東路茶鹽公事郭揖奏〔三〕：「差役之法，比年以來，吏緣爲姦，並不依法。五家相比者爲一小保，却以五上户爲一小保。於法，數内選一名充小保長，其餘四上户盡挾在保丁内。若大保長闕，合於小保長内選差；保正、副闕，合於大保長内選差。其上户挾在保丁内者，皆不著差役，却致差及下户。故當保正、副一次，輒至破産。不惟差役不均，然保伍之法亦自紊亂矣〔四〕。今欲乞於《免役令》文内『選保』二字下删去『長』字〔五〕。若如此選差，則上户不能挾隱，不須更別立法，自然無弊。」詔令户部限五日看詳，申尚書省。其後户部言：「臣寮所言，止謂關防人户避免充催税大保長〔六〕，多是計會係干人將有心力之家於小保下排充保丁，致選差不到。今欲乞今後令州縣先於五小保内依法選有心力、財産最高人充保長〔七〕，兼本保小保長衹應。其大保長年限、替期，

〔一〕令：原作「今」，據本書食貨六五之七八、食貨六六之七四改。
〔二〕所：原脱，據本書食貨六五之七八、食貨六六之七四補。
〔三〕郭揖：按此人，本書、《補編》及其他史書中又作「郭楫」，未知孰是。
〔四〕亦：原脱，據本書食貨六五之七八補。
〔五〕令：原作「公」，據本書食貨六六之七四改。
〔六〕止：原作「上」，據本書食貨六五之七八、食貨六六之七四改。
〔七〕財：原作「則」，據本書食貨六五之七八、食貨六六之七四改。

輪流選差，並依見行條法施行。餘依臣寮所乞。如此，州縣奉行，不致隱挾上户却充保丁之弊。」批送户部：「竊慮州縣差役有不同去處，行下諸路提刑司相度保明，申尚書省。」續已於「保」字下删去「長」字，見五年四月指揮。

六月十二[21]日，户部言：「保正不願就雇兼代耆長，即不合令承行文書外，其願充耆長者，並合主管凡保正内舊來耆長事。內驅正、副執事於官，及公家之求無不責辦，即合依非耆保事而輒差委及勾集赴衙條法斷罪。今欲下諸路常平司移文州縣，分明出榜曉諭，仍常切遵守施行。如稍有違戾去處〔一〕，即仰按劾施行。」從之。

九月十七日，中書舍人孫近言：「州縣役法，經始於熙寧，續成於紹聖，歷歲滋久，逮今不勝其弊。鄉村之民，貧者破竭資產，當頻併之役，富者轉移名籍，爲幸免之計。則以募役之法取於逐甲，而不通於一都之弊也。母子不相保，而必至於出嫁，兄弟不相容，而必至於析生，則以募役之法，雜取人丁多寡，而不專用物力高下之弊也。欲下諸路提舉常平司，各令講求見行役法之有害於民者，條具來上，然後革去其弊，以成變通之利，則天下均被其幸。」從之。

四年正月二十四日，御史臺檢法官李元瀹言：「大保長代户長催納税租事，凡户絶、逃亡未曾開落，若詭名户無人承認，及頑慢不時納者，以官司督迫箠楚之故，率爲填納，故多至於壞産破家。欲乞見充保正、長人將替，縣令前一月按産業簿，依甲乙次第選差。」詔户部看詳。本部言：「所陳皆有條法。欲申嚴行下諸路州縣，委監司常切鈐束，違戾者仰按舉。」從之。

同日，上宣諭：「元瀹所論曰行〔二〕。」且曰：「役法推行寖失本意，致富者益富，貧者益貧，民力[22]重困，此宜講究。」至是上又諭臣勝非等曰：「元瀹所論，乃是民事。祖宗法固不可改，然民事急務也。孟子所謂『民事不可緩』。其令州縣相度，條畫利害以聞。」

七月七日，殿中侍御史魏矼言：「應博糴授官校尉欲與免本身丁役，許用蔭。承節郎〔三〕、承信郎、迪功郎欲理爲官户〔四〕。有田五頃者，與免差科一次；若五頃以上，令用家人充役。至如轉易、回授、行使及理選限并免試注官等，並依元得指揮，待之亦不爲不優矣。如此，庶幾徭役均平，貧民不致重害。」從之。

三十日，户部言：「節次承降指揮：將見行役法等與《嘉祐條法》窒礙未盡事件，及保正、副差、免利害，令諸路常平官條具聞奏。除湖北路未據相度條具外，節次承據兩浙、江南、廣南東、西并福建、荆湖南路八路常平司奏到，內六路乞依紹聖條法；并保正、副差、免利害，亦據江西等四

〔一〕違：原作「遅」，據本書食貨六五之七九改。
〔二〕曰行：似當作「可行」。
〔三〕原「節」字下衍「接」字，據本書食貨六五之八〇、食貨六六之七五删。
〔四〕官：原脱，據本書食貨六五之八〇、食貨六六之七五補。

路乞依見行條法施行。今相度，欲乞將役法及保正、副代耆長，並依見行諸州縣已定役法及《紹聖免役條法》施行。仍乞下諸路常平司照會。」從之。

九月十五日，明堂赦：「諸縣選差保正、副，在法以物力高下、人丁多寡、歇役久近參酌定差，務要均當。比年以來，鄉司案吏於造簿攢丁、差大小保長之際，預行作弊，致爭訟不已，使已役之人久不承替，破蕩家産，深可矜恤。仰常平司常切覺察差役不均之弊，如有違犯，重行按劾。仍限半月條具利害，申尚書省。勘會福建路保正、副、大小[23]保長唯管緝捕逃亡軍人及私販禁物，鬥訟、橋路等事，其承受縣司追呼公事及催納二税等物，並係耆、户長、壯丁承行。今兩浙、江南等路諸縣並不雇募耆、壯，户長，却差保正、副、大小保長幹辦，又有責令在縣祇候差使者。緣此保正、副、大小保長費用不貲〔一〕，每當一次，往往破蕩家産〔二〕，遂詭名挾户，規免差役，深可矜恤。仰逐路漕臣、憲臣同共相度，可與不可並依福建路見行事理，或量增役錢，以充雇募耆、壯、户長之費。仍自今不得更令保正、副、大小保長在縣祇候承受差使。如違，仰逐路按劾以聞，當議重行典憲。」

五年正月六日，趙鼎奏：「祖宗差役，本是良法，所差既是等第人户，必自愛惜，豈有擾民？王安石但見差衙前一事，州縣奉行失當，盡變祖宗舊法，民始不勝其擾。」上曰：「安石行法，大抵學商鞅耳。鞅之法流入於刻，而其身不免於禍。自安石變法，天下紛然。但免役之法，行之既久，不可驟變耳。」

十八日，臣寮言：「州縣保正、副未嘗肯請雇錢，并典吏雇錢亦不曾給，乞行拘收。」户部看詳：「州縣典吏雇錢，若不支給，切恐無以責其廉謹，難以施行外，其鄉村耆、户長依法係保正長輪差，所請雇錢，往往不行支給，委是合行拘收〔三〕。乞下諸路常平司，將紹興五年分州縣所支雇錢，依經制錢條例分季起發，赴行在送納。如敢有隱匿侵用〔四〕，並依擅支上供錢物法。」從之。

閏二月二十日，詔：「三聖廟見占基地與全[24]免合納役錢，餘依紹興三年九月三十日已降指揮施行。」以婺州蘭溪縣劉天民言：「昨父置到産地，後蒙踏逐，修蓋三聖廟，所有役錢乞行蠲免。」故有是詔。

三月十日，户部尚書章誼言：「官户役錢更不減半，而民户量增三分，專充贍養新置弓手支用。續准指揮住罷，更不增敷。其未罷已前，州縣有敷納在官之數，見行樁管，別無支用。今欲乞福建、二廣就委章傑，兩浙東路委霍蠡，西路委吕用中，江東委徐康，江西路委范伯倫，湖南、北委

〔一〕貲：原作「資」，據本書食貨六五之八〇、食貨六六之七六改。
〔二〕破：原作「被」，據本書食貨六五之八〇、食貨六六之七六改。「産」，本書食貨六五之八〇、食貨六六之七六作「業」。
〔三〕收：原作「放」，據本書食貨一之八一、食貨六六之七六改。
〔四〕如：原作「始」，據本書食貨一之八一、食貨六六之七六改。

逐路常平司，將管下州縣據見樁前項役錢根刷見數，專委諸州通判盡數起發，赴行在送納。不通水路去處，變轉輕賫，仍具根刷到數目申户部拘催〔一〕。」從之。

同日，臣寮言：「乞下有司，專用物力及通(輸)〔輪〕一鄉差募保正、長〔二〕。凡官吏因役事受財者，重爲典刑，以示懲誡。」詔於《紹聖常平免役令》「五保爲一大保」字下添「通」字〔三〕，「選保」字下删去「長」字〔四〕。仍今後許差物力高單丁，每都不得過一人。寡婦有男爲僧道成丁者同〔五〕。即應充而居他鄉別縣或城郭，及僧道，並許募人充役，官司不得追正身。餘依見行條法，仍先次施行。」

十一月二十八日，廣東轉運、常平司言：「近據知平江府長洲縣丞呂希常陳請：『大保長催科，一保之内，豈能親至？逮其過限，催促不前，則枷錮箠拷，監繫破産。乞改用甲頭，以形勢户催形勢户，平户催平户。』已承朝旨：户長與甲頭催科税租，其風俗利害各有不同[25]去處，令諸路相度以聞。今欲依所請，改用甲頭。專責縣令佐將形勢户、平户隨税高下，各分作三等編排，籍定姓名，每三十户爲一甲，依次攢造成簿。然後按籍，周而復始輪差〔六〕，委是久遠利便〔七〕。」從之。

十二月八日，知静江府胡舜陟言：「熙寧間，王安石當國，變祖宗畫一之制，創立新法，而保甲居其一。至元祐間，司馬光秉政，一切罷去，民獲蘇息，盜亦銷弭。及章惇、蔡京述安石之弊，行于東南。一鄉之中以二百五十家爲保〔八〕，差五十小保長，十大保長，一保副，一保正，號爲一都。凡州縣徭役、公家科敷、縣官使令、監司迎送，皆責辦于都保之中。故民當正、副，必破其家，大小保長日被追呼，廢其農業。今民(曹)〔遭〕差役者，如驅之就死地。切原法意，不過欲便於捕盜爾。曷若祖宗時於人户第一、第二等差耆長，第四等、第五等差壯丁〔九〕，一鄉差役，不過二人而已？今保甲於一鄉之中，有二十保正、副，有數百人大小保長，不若耆長、壯丁之法爲寛。其所差耆長，無軍勢、形要、官莊、寄住之限，但品官之家，則以不該蔭贖人及管莊田人代充，其餘家長祇應老疾者，以次家人充。今之差役，品官之家及老幼疾病者免焉，不若耆長壯丁之法爲均。乞詔討論耆長、壯丁之法而行之，罷去保甲，以救疲瘵之民。」詔令户部勘當以聞。其後户部言：「今臣寮所乞，自合遵守見行條法并已降指揮。緣保伍之法，係村疃聯爲保分，次第選物力高[26]强人户充保正、長祇應。在法，非本

〔一〕具：原脱，據本書食貨六五之八一、食貨六六之七六補。
〔二〕力：原脱，據本書食貨六五之八一、食貨六六之七六補。
〔三〕令：原作「今」，據本書食貨六五之八一、食貨六六之七六改。
〔四〕去長：原作「長字」，據本書食貨六五之八一、食貨六六之七六改。
〔五〕此注原作大字，據本書食貨六五之八〇、食貨六六之七六改爲小字。
〔六〕輪：原作「轉」，據本書食貨六五之八二、食貨六六之七七改。
〔七〕便：原脱，據本書食貨六五之八二、食貨六六之七七補。
〔八〕一：原脱，據《建炎要録》卷九六補。
〔九〕壯：原脱，據本書食貨六五之八二、食貨六六之七七補。

耆保事，不得差委幹辦及赴衙集衹應。乞申飭諸路常平司，鈐束州縣遵依已降勑條施行。如有違戾去處，即按舉，依法施行。」從之。

六年正月一日，都督行府言：「相度欲將曾經賊馬殘破，見今人户未歸業縣分，據見存户口權宜併都，減置保正長，委是可行利便。」從之。

七年二月二十九日，知常州鄭作肅言：「差役之法，不及單丁。比年以來，欲免繇役者巧僞滋出，或親在而析居，或子生而不舉，唯恐其丁之多也。比者既差單丁，則此弊盡革，然尚拘以每都不得過二人之數。一都之内，當執役者，都、副保正凡二人，大保長凡十人，小保長凡五十人〔一〕。若盡差單丁不得過二人，則巧計欲單丁者尚衆，前弊實未之革。切謂許差單丁，不必限以人數，望命有司詳議。」又知常州無錫縣李德鄰言：「昨降指揮，單丁雖許雇人充役，每都不過一名。切緣一都係十大保，若止差一名，餘九保内縱有單丁物力高强者，不敢更差，不免於物力下户選差充役，力不能支，遂致破家失業。乞詳一都内通差單丁女户不能過五人，俾得均濟。」詔令户部限五日看詳，條具申尚書省。其後户部言：「今來臣寮請單丁之法乞不限人數，乃乞每都不得過五人。不唯單丁、女户差役頻併，慮恐州縣因而搔擾單寡之家〔二〕，難以施行外，内人户析居、有子不舉，及避役田土悉歸兼併之家〔三〕，皆係違法，州縣自當 27 依條革絶姦弊，監司亦當按舉施行〔四〕。欲乞下諸路常平司遵依見行條法及三降指揮，常切鈐束所部州縣如法奉行，無違戾。」從之。

閏十月十四日，户部言：「在法：品官之家或女户、單丁、老幼、疾病及歸明人子孫，各免身丁。昨降指揮，許差有物力高單丁，寡婦有男爲僧道成丁者同，並許募人充役。今來不住據人户陳訴，非鰥寡孤獨人作單丁人户，致詞訟不絶。契勘品官許免身丁，而家有三丁，兩人有官，其一丁無官；又如人户家有四丁，一丁進士得解，一丁應免解〔五〕，一丁進納得官，一丁白身。似此之類，非（子）〔孑〕身一丁，即難以作單丁之户，合申明行下。及人户家有三丁，一丁進納得官，一丁進士得解，一丁爲僧，内進納未至陞朝，三丁並免身丁，别無丁名充役。既成三丁，即是丁行數多，秖合免身丁，其充役合募人，不得追正身。」從之。

八年五月二十六日，江南轉運司言：「相度物力高有老病合給侍丁，比類寡婦有男爲僧道成丁，募人充役〔六〕。」户部看詳：「單丁、女户合免丁役，已降指揮，許差物力高單丁，寡婦有男爲僧道成丁，並許募人充役。今來侍丁之

〔一〕「十人小保長凡」六字原脱，據本書食貨六五之八三、食貨六六之七七補。
〔二〕擾：原脱，據本書食貨六五之八三、食貨六六之七七補。
〔三〕家：原作「寡」，據本書食貨六五之八三、食貨六六之七八改。
〔四〕舉：原作「學」，據本書食貨六五之八三、食貨六六之七八改。
〔五〕免：原作「充」，據本書食貨六五之八四、食貨六六之七八改。
〔六〕役：原作「免」，據本書食貨六五之八四、食貨六六之七八改。

家，即（此）〔比〕單丁、寡婦。委係丁行數多，合行比附，令募人充役，不得追正身。下諸路常平司照會施行。」從之。

九月二十六日，臣寮言：「檢會紹興八年四月六日都省批狀，紹興府申明官户免色役指揮，内户部看詳稱：『官户唯繫宗室親等未至陞朝，保甲授官等因28軍功捕盜未至陞朝，非軍功捕盜未至大夫，雖是品官，止合免丁，不合作官户。若家有三丁，兩丁有官，一丁無官，難作單丁，合募人充役。若品官家有三丁，兩丁有官，一丁無官有蔭，依法色役聽免。如未改官户内一丁白身無蔭，及進納未至陞朝官，合募人充役。』勘會上件指揮内『若品官』三字，係謂上文該説逐色未至陞朝或未至大夫，應改爲『官户之家』，依户部勘詳，合募人充役。除此名色外，其餘合爲官户之家，色役聽免。」從之。

九年正月五日，内降新定河南州軍赦〔一〕：「應州縣保長催税〔二〕，官司常以比較爲名，勾集赴縣科禁，人吏因而乞取錢物〔三〕，有致破産者。今後並仰依條三限科較外，更不得逐月或逐旬勾集比較。仍仰本路監司常切覺察。」

十二年九月十三日，赦：「勘會諸路紹興八年、九年〔四〕、十年分人户未納免役錢，近降指揮，立限半年，令逐州主管官刷見欠數，催納數足。竊慮民户窘乏，未能一併出辦，理宜寬恤。仰逐路常平司自限滿日，更與展限二年。」

十月四日，户部看詳：「鄉村户數鄉皆有物力，合併歸煙爨處外〔五〕，其坊郭及别縣户有物力在數鄉，並令各隨縣分併歸一鄉物力最高處，理爲等第差遣，仍各許募人充役。如有隱落物力人户，合依條於陞排後六十日内陳訴。如臨時糾論，官司不得受理，違者並科杖一百〔六〕。如當行人吏鄉司同〔七〕。以物力高强人户匿在小保，及故有隱落差互，意在29邀求先差不應充役人户，至惹詞訴者，並從徒二年科罪勒停，永不得叙理。縣令、丞故縱及不覺察，仍委提舉司常切覺察按治。」從之。

十三年十月二十四日，廣南西路提刑兼提舉常平司言：「依准朝旨，相度到本路催科利害。除瓊州不行役法，及高、廉州乞用甲頭外，其餘柳、象等州自紹興六年以後，各隨都分編排，三十户爲一甲。夏、秋二税，輪差甲頭二名催科，自高至下，依次而差。至今已經七年，每甲共差過一十四户，今已輪至下户。如一甲内不下三五户係逃移，一半係貧乏。設若輪差甲頭盡是上户之家壯丁、佃客，委是催科不行，若再差上户，即又不免詞訴。今來若復用户

〔一〕定：原作「差」，據本書食貨六五之八四改。
〔二〕保長催税：原作「催税保長」，據本書食貨六五之八四、食貨六六之七八乙。
〔三〕吏：原脱，據本書食貨六五之八四、食貨六六之七八補。
〔四〕年：原脱，據本書食貨六五之八五、食貨六六之七八補。
〔五〕併：原脱，據本書食貨六五之八五、食貨六六之七八補。
〔六〕違：原脱，據本書食貨六五之八五、食貨六六之七九補。
〔七〕鄉司同：此三字原作正文，據本書食貨六五之八五、食貨六六之七九改。

長，實爲便益〔一〕。」從之。

十五年八月十八日，給事中李若谷言：「《紹聖常平免役條令》係祖宗成法〔二〕，纖悉具備。比年以來，緣州縣差募之際不體照法意，致上户百端規避，却令中、下户差役頻併。後因增添通選之法，以一都保内物力高者通行定差〔三〕，户數既寬，有力者不能幸免。雖單丁户物力最高人及寡婦有男爲僧道成丁者亦預差選，已爲公當。秪緣紹興十二年十月十四日一時指揮，因致選差不均。今欲將上件指揮内歇役年限并『物力倍者再差』一節删去，更不施行，餘令諸路遵依見行成法。」從之。

十月二日，右迪功郎、守大理評事環周言：「乞今後保正、副本都身役外，不得令日書卯曆，使當役者不被非理追呼，則人[30]自樂充，訟訴希簡，且無破産之患。」詔依，户部檢坐見行條法申嚴行下，仰監司覺察按劾。

十六年七月二十一日，淮南西路提舉常平司言：「和州烏江縣一十五都，内有人户稀少，差役不行。權併作十都，候户口繁盛日依舊。」從之。

十一月十日，南郊赦：「州縣鄉村差役，依法合以物力高下定差。訪聞近年選差之際，當職官不切究心，鄉司與役案人吏通同作弊，故意越等先差不合差役之人，致令糾論，乘時乞覓，百端搔擾，方始改差實合着役之人，深爲民患。自今差役，仰當職官躬親比較，依公定差，不得違戾。委常平司嚴切覺察，若因糾論見得定差有弊，一例重行責罰。」

十九年八月十二日，宗正寺丞、兼權尚書司封員外郎王葆言：「國家役法，應女户、單丁與夫得解舉人、太學生並免丁役。頃緣議者歷陳丁役之弊，遂有募人充役指揮。進納雜流之人物力高彊〔四〕，雖係單丁，自應雇募。且女户而無子孫，或有子孫而年幼弱，使當力役之事，則公私所費，必倍於豪（疆）〔彊〕。寡婦有男爲僧道成丁者并許募人充役，正恐姦民旋行規避爾。今州縣舞文，以虐無告，則或指遠適之緇黄爲某氏之子孫〔五〕，不以存亡爲别也，因使寡婦守志者不免於執役困悴之患，有至於迫而改行者。得解舉人，名已登於天府，是有可貴之資也，今乃同籍於役人，則非所以貴之矣。太學生身已隸於上庠，是有可肄之道也，今乃心累[31]於執役，則非所以肄之矣。欲望特詔有司，重加看定，仍乞申嚴約束，明示州縣，使姦吏猾胥不得挾疑似以惑衆，庶幾孤寡得所，而士加愛重。」上曰：「單丁、女户，舊法免役，後來以許免者多〔六〕，有司遂有雇募之

〔一〕便益：本書食貨六五之八五、食貨六六之七九作「利便」，義長。
〔二〕紹：原作「詔」，據本書食貨六五之八六、食貨六六之七九改。
〔三〕力：原作「内」，據本書食貨六五之八六、食貨六六之七九改。
〔四〕進：原作「送」，據《建炎要録》卷一六〇改。
〔五〕適：原作「摘」，據本書食貨六五之八七、食貨六六之七九、《建炎要録》卷一六〇改。
〔六〕許：原作「計」，據《建炎要録》卷一六〇改。

請。」詔令户部看詳的確利害以聞〔一〕。户部言：「州縣女户别無兒男，依條免充役外，其單丁并寡婦有男爲僧道成丁者及僧道，并進納未至陞朝逐色人物，如係物力高，依已降指揮募人充役，官司不得追正身。今來臣寮奏請，得解舉人并見係太學生，如係實得解及曾經省試之人，單孑一身，别無兼丁，欲乞與免充役。若因特旨及應恩賞免解，即合依已降指揮募人充役，官司不得追正身。」從之。

九月二十三日，權知饒州陳璹言：「欲望特詔有司，許當役保正、副、長，除情願自應役之人聽其從便外，並許雇人代役，官司不得追呼正身。」詔户部看詳申省〔二〕。

十一月十四日，南郊赦：「昨緣州縣差役不均，已降指揮，令當職官躬親比較，依公定差，委常平司覺察。若因糾論，見得定差有弊，一例重行責罰，非不嚴切。訪聞近來差役依舊並不着實定差，致互有糾論。公吏利於誅求，枝蔓追擾，踰年不定，使已滿之人不得依期交替。仰諸路州縣今後須管依實定差，毋令不當，引惹詞訴。仍令常平司常切檢察，如有違戾去處，將當職官吏按劾以聞。勘會諸縣鄉村合差都、副保正，多是公吏受囑，止差都保正，不差保副〔三〕，或差保副，32 却不差保正，使被差之人獨力充役，敗壞家計。仰諸路州軍約束諸縣，今後並依條選差，不得違戾。」二十二年十一月十六日、二十五年十一月十九日南郊，並同此制。

二十年四月十二日，户部言：「在法，進納或保甲，并以妻之家陣亡、遺表恩澤授官，并祗應有勞、進頌可採，及(時)〔特〕旨與非泛補官，因軍功捕盜而轉至陞朝，非軍功捕盜轉至大夫，方合理爲官户。如一方有弟兄三人，父亡，各以析居，數中一人應得前項名色補官，轉至陞朝或大夫，理爲官户，蠲免色役。父該贈官，雖至陞朝或大夫，其餘子孫止合承蔭，即與元補官人不合一例改作官户。」從之。

二十六年正月十日，權知復州章燾言：「湖北、京西州縣有户口稀少去處，其都分名額悉無改併，每遇都、副保正闕，官司依舊隨都選差，則是頻併。欲乞今後每一都人户若不及五大保處，即合併接鄰近都分人户通行選差都保正一人，催税户長亦乞通行雇募。如橋梁有損壞去處，却令依條隨本耆地分人户修治施行。候人户各及一都之數日，仍舊選差。」從之。

六月一日，御史中丞湯鵬舉言：「比年陳請役法，可謂備矣。獨有近歲申明，欲以批朱、白脚輪差〔四〕，遂致下等人户被害。謂如十保内，上等家業錢一萬貫，中等家業錢五千貫，各以充役，謂之批朱。至有下等家業錢一百貫以上，末等家業錢五十貫以上〔五〕，未曾充役，謂之白脚。欲

〔一〕「詔令」以下至本條末，原錯簡在下條之末，今據《建炎要録》卷一六〇移正。

〔二〕「詔户部」句原無，據《建炎要録》卷一六〇補。

〔三〕副：原僅作「亻」，據本書食貨六五之八八、食貨六六之八〇改。

〔四〕差：原無，據本書食貨六五之八八、食貨六六之八一補。

〔五〕末：原作「本」，據本書食貨六五之八八、食貨六六之八一改。

乞將批33朱者歇役止於六年，便與白脚比並物力、人丁再差。」從之。

八月二十六日，御史中丞湯鵬舉言：「令有司將用宰執給使減年補授之人轉至陞朝，方理爲官户。」從之。

十一月六日，權尚書禮部侍郎辛次膺言：「欲望特詔有司，如有官户多立户名，編民冒作官户，及祖父母、父母在而私立別户者，令州縣覺察，或併或改，仍與立日限陳首。如人告論，當科違制之罪，没入其産。」户部言：「欲下諸路轉運司檢坐條法，曉諭民户，限一月經官自陳，改併歸户，與免罪，仍免追應輸之物。如限滿不首，許人陳告，將犯人依法斷罪，追賞并合輸之物入官。仍仰州縣常切覺察，尚有違戾，按劾施行。」從之。

二十八年六月一日，權吏部尚書王師心〔言〕：「被旨，令六部長貳將差役舊法并前後臣寮申請指揮公共看詳。或已見不同，各許條具申尚書省審度，取旨施行。契勘《紹聖常平》、《紹興重修常平役法》并《紹興重修常平免役申明》、《續降指揮》已是詳備。昨緣臣寮節次申請指揮不一，州縣公吏得以舞文作弊，致差役不均。今看詳，合將前項指揮共三十八件：《紹聖常平》、《紹興重修常平免役法令》計一十五條，《紹興重修常平免役申明》〔一〕、《續降指揮》計二十三件，欲行下諸路常平司照會〔二〕，仍鏤板，徧下所部州縣，遵守施行。其與上件法意相妨指揮四件：紹興二十六年二月一日勅『臣寮上言，欲將批朱者歇役止於六年〔三〕，便與白脚比並物力人丁再差』指揮，紹興二十六年十二月九日都省批下江東常平司34申『相度到知宣州樓炤陳請〔四〕，欲將上户斟酌定差，下户止輪差充大保長』指揮，紹興二十七年五月二十一日勅『人户未分衆户〔五〕，已充保正、副，後來析户，其户頭若再當充役〔六〕，自合依近降指揮歇役，其餘本家衆户，物力高即係白脚，自合選差』指揮，紹興二十七年十二月四日都省批下『處州遂昌縣丞黄〔揩〕〔楷〕陳請，欲籍定物力倍於衆户大段遼絶，應役兩次當其他役户一次』指揮，欲並删去，更不施行。兼契勘州縣差募保正、副，依法係以十大保爲一都保，二百五十家内通選材勇物力最高二人充應。緣州縣鄉村内上户稀少，地里窄狹，并有不及一都人户去處，致差役頻併。今看詳，欲下諸路常平司行下所部州縣，委當職官將都保比近地里窄狹、人煙稀少，并不及十大保去處，併爲一都差選，仍不得將隔都及三都併爲一保。如内有都分人煙繁盛，山川隔遠，更不須撥併。其併過都分，從本司保明供申。如有人户陳訴

〔一〕「紹聖常平」以下二十七字原脱，據本書食貨六五之八九、食貨六六之八一補。
〔二〕「下」原脱，「常」原作「當」，據本書食貨六五之八九、食貨六六之八一補改。
〔三〕批朱者：原作「批硃批者」，據本書食貨六五之八九、食貨六六之八一删。
〔四〕炤：原作「照」，據本書食貨六五之八九、食貨六六之八一改。
〔五〕衆户：「户」字原脱，據本書食貨六五之九〇、食貨六六之八一補。
〔六〕頭：原作「副」，據本書食貨六五之九〇、食貨六六之八一改。

均撥不當及人吏作弊去處，仰常平司按劾，申取朝廷指揮施行。」從之。

七日，尚書户部員外郎王時等言：「欲望誡飭郡縣，凡保正、副之所掌，除依條合管事務外，不得泛有科擾追呼。或不遵依，許民户越訴，仍仰按察官糾劾以聞，重寘典憲。」從之。

十一月二十三日，南郊赦：「州縣差役，自有條法指揮，往往當職官吏不躬親檢照簿籍户口、物力高下〔一〕，是致輪差不均，有力者僥緣幸免，35下户復致頻併，互有糾論，更不究實，枝蔓追呼，淹延不決，公吏恣行誅求，誠可憐憫。仰諸路州縣今後須管依實定差，毋令不當〔二〕，引惹詞訟。仍令常平司常切檢察，如有違戾去處，將當職官吏按劾以聞。」餘同二十五年之制。三十一年九月二日明堂赦並同此制。

二十九年七月五日，國子正張恢言：「欲乞推詳祖宗舊法，每都令户長專受催科外，置耆長、壯丁，專管爭訟鬭毆。追呼公事，別募人充。唯煙火、盜賊事之大者，則屬之保正，他事不得追呼。以至修官宇，給厨傳，收買土物之類，嚴行戒戢。有違戾者，置於法。」詔令有司看詳。其後户部言：「在法，保正、副係於都保内通選有行止材勇、物力最高者二人充應，管幹開收人丁，覺察盜賊者。若願就顧兼代耆長，即管幹鄉村賊盜、鬭毆、煙火、橋道公事。大保長願兼户長催納税租，若不願而輒差雇者，徒二年。非本耆保而輒差委幹當者，杖一百。官司於役人有所圓融及科買配賣者，以違制論，不以去官、赦降原減。即令〔倍〕〔陪〕備夫力者，徒二年。欲乞下諸路常平司，遍牒所部州縣，常切遵守施行，如有違戾，即依法按治。」從之。

三十年五月十八日，臣寮言：「州縣保正副間有雇募代役，多是公吏別立私名受募，每有文移，承受之後，即收匿，追呼催索，有踰數限而不報。其徒遞相壅蔽，但見公府事多而令慢，不知其弊繇此。乞明立罪賞，許人告首，重寘之法。其36所募之人例與同罪。」詔送刑部立法。刑部言：「今後應募人充役者〔三〕，輒募放停軍人及罷役、見役公人代役〔四〕，及代之者，各杖一百科罪。仍許人告，賞錢五十貫。」從之。

九月二十五日，上諭輔臣曰：「近閲獻言者，多論差役之弊，其言有益於民。朕思之，恐富者以賂賄脱免，而貧者充役，必至破家。雖祖宗之法不可輕改，卿等更宜少加增損，使便於民、經久可行者奏來。」湯思退奏曰：「乞令户部照役法商量有益於民者〔五〕，將上取旨。」上曰：「甚善。」

十一月四日，臣寮言：「賦税之輸，各有户名，户之不

〔一〕下：原作「力」，據本書食貨六五之九〇、食貨六六之八二改。
〔二〕毋：原作「每」，據本書食貨六五之九〇、食貨六六之八二改。
〔三〕役：原作「代」，據本書食貨六五之九一、食貨六六之八二改。
〔四〕募：原脱，據文意補。本書食貨六五之一〇一：「代役人……不得募放停軍人及曾役公人。」與此意同。
〔五〕乞：原作「人」，據本書食貨六五之九一、食貨六六之八二改。

輸，執任其咎？郡邑乃有以三十户爲一甲，創爲甲頭，而責其成效者；有一甲之内，或有貧乏輸納未前，盡令甲頭代輸者；有無名之須，民户不從，悉取（辨）〔辦〕於甲頭者。甲頭之名，一概於籍，遷延莫得而脱。廣南之俗，例以此爲苦〔一〕。欲望明詔廣南州縣，應有催科合納税賦，各令本户人自輸納，勿復廣置甲頭，以勤騷動。」詔令有司看詳。

三十一年二月三日，權發遣江南東路轉運副使魏安行言：「保長催税，無不破産逃亡，又欲雇募者，户長〔二〕。此等本無税産行止顧藉〔三〕，爲害不可言。今與屬縣民官詳究相度，以比鄰相近三十户爲一甲，給帖，從甲内税高者爲頭催理。本户足者，本縣畫時給憑由執照出甲，不與三十户上流下接催理之數。行之幾月，已漸見效。切恐其他州郡所行不同，乞下諸州，令悉依此施行。」於是户部言：「欲乞下江東 37 路轉運、常平司，權依所陳施行。仍下其餘諸路從長相度，如經久可行，不致騷擾，兼別無利害，即仰保明申請施行。」從之。

二十七日，臣寮言：「比年以來，江、浙之間差役之爲民害，不願有田者，其説有二：保伍之法，蓋倣成周比閭族黨之遺意，不過使之幾察煙火盜賊，以保守鄉井而已。法弊滋久，既使之督税賦矣，又使之承受文判；既使之治道路矣，又使之供雇船脚；既使之飾傳舍矣，又使之應辦食用。役使既同於走卒，費耗又竭其家貲。民不堪命，而官吏晏然爲之。此爲害一也。一都之内，膏腴沃壤半屬權勢。近年雖有限田差役之文，縣道安得而役之？中下之産，役次頻併。且如甲有物力一千貫，乙有物力七百貫，則甲替而差乙；丙有物力一百貫，則丙替而差丁。無可選者，又於得替人輪差。則是丁以一百貫而比甲一千貫，役次均矣。每遇輪差，公行賂賄，姦吏肆巧，旋爲升降，萬一獲免，已被重困。此其爲害二也。乞申嚴法意，禁戢州縣勿加雜役，勿縱科擾。仍乞令每都以田産物力十分爲率，及三分者，充大保長；及七分者，充正、副一次；及十分者，役次倍之。充保長不通充正、副，充正、副者不先充保長。庶幾中下之産有歇役之期，而充役之家無破産之患。」詔令户部看詳。

二月二十七日，臣寮言：「近因宣州一鄉上户絶少〔四〕，下户極多，守臣奏請，本欲不候歇役六年，即再差上户。有司看詳，誤將歇役 38 六年指揮便行衝改，遂致上户却稱朝廷改法，是以鼠尾流水差役，必欲差遍白脚，始肯再充當差之役。紛紜争訟，下户畏避，多致流徙。蓋上户税錢有與下户相去百十倍者，必俟差遍下户，則富家經隔數十年，方再執役。欲望將歇役指揮依舊施行。」詔令户部看詳，申尚

〔一〕例：原作「利」，據本書食貨六五之九二、食貨六六之八二改。
〔二〕又：原作「人」，據本書食貨六五之九二、食貨六六之八三改。
〔三〕此：原作「比」，據本書食貨六五之九二、食貨六六之八三改。「藉」原作「籍」，據文意改。
〔四〕近：原作「宣」，據本書食貨六五之九三、食貨六六之八三改。

書省。其後户部言：「契勘在法，差募保正、長係於一都保内通選物力最高人充應，並給帖，二年替。無可選者，於得替人内輪差。諸産業簿三年一造，(方)〔坊〕郭十等，鄉村五等。已承王師心申請，縁法意相妨，已行删去上件指揮。欲乞下諸路常平司遵守施行。」從之。

九月二十四日，知忠州張德遠言：「川峡四路別勅，申明、續降已經衝改釐革條件甚多。謂如免役法自熙寧改創，行垂百年，具有成憲。今忠州諸縣近年以來於選差逐都保正，却妄引未行免役之前皇祐川峡四路鄉差里正、户長、耆長、散從、承符官、解子并手力、弓手勅條，次第輪流差至(等)〔第〕三等末人户充保正，却將紹聖、紹興免役令通都保内選差物力最高之人見行條令更不遵用，致保正之役多及下户，都保内家業物力有及一萬貫者歇役或至二十年不差，却差至第三等家業三百貫文人户。貧富相遠，物力何由均平？而朝廷見行免役條令幾至盡廢。欲望特賜詳酌，下四路，各委詳明監司一員，取索抄録川峡四路編勅及一路一司一州一縣別制〔一〕，繳申朝廷，降付[39]詳定一司勅令所，重行修立新書從事〔二〕。」給舍黄祖舜等今看詳：「差保正自合遵用紹聖、紹興見行役法，不應引用皇祐舊條。欲乞令户部檢坐見行條法，下川峡四路遵用施行。」從之。

三十二年正月十六日，臣寮言：「江上踏車之人，其間最爲可念。當時采石之戰，戰士持劍戟用命於上，而民丁運動舟船於下。戰士之賞固推行矣，而同舟效死者畧無以及之。願諭郡邑，與免科役二三年。」於是户部言：「踏車人夫並係於五等人户及保丁内差雇，其間上户往往募人，或以佃客使。當時並係親臨矢石，不應却無實惠。欲下建康府逐一開具的實姓名，保明供申。」續據建康府申，開具到共六千三百四十六人。詔將今來人數特與免科役一年。

五月二日，臣寮言：「望令兩淮常平官及守臣公共相度，將去冬曾經侵擾州縣見在户比照多寡，每都量留保正一名，大、小保長共三兩名，管幹煙火等事外，其餘不盡差。候將來起税日取旨，却依見在條法施行〔三〕。」從之。以上《中興會要》。

紹興三十二年八月二十三日，孝宗即位未改元。詔：「已降指揮，去年江上踏車人夫，特與免科役一年外，所有般運糧草往屯駐州軍，或在路因病身死之人，理合一體〔四〕。令本路轉運司將般運糧草并在路因病身故人夫覈實保明，依踏車人夫與免科役一年。」

孝宗隆興二年六月一日，詔：「諸充保正、副依條只合管煙火、盜賊外，並不得泛[40]有科擾差使。如違〔五〕，許令越訴，知縣重行黜責外，守、倅各坐失覺察之罪。」以福建路

〔一〕峡：原作「陜」，據本書食貨六六之八四改。
〔二〕重：原作「從」，據本書食貨六六之八四改。
〔三〕依：原作「行」，據本書食貨六五之九四、食貨六六之八四改。
〔四〕合：原作「各」，據本書食貨六五之九四、食貨六六之八四改。
〔五〕如違：原脱，據本書食貨六五之九四、食貨六六之八四補。

轉運司言：「建寧府、福、泉〔州〕諸縣差役，保正、副依法止管煙火、盜賊。近來州縣違戾，保內事無巨細，一如責辦〔一〕，至於承受文引，催納税役，抱佃寬剩，修葺鋪驛，拋置軍器，科賣食鹽，追擾陪備，無所不至。一經執役，家業隨破。」故有是命。

八月十九日，知岳州錢建言：「州縣差保正，乞行下提舉常平官，將一路逐縣事體參酌〔二〕。謂如一都上户稍多，則差至物力若干貫而止；若一都内罕得上户，則以中爲率，差至物力若干貫而止。此外無可選，則於得替人内輪差。」户部契勘：「欲下諸路提舉司，鈐束所部州縣，遵依見行條法，無令違戾。」從之。

乾道元年正月四日，南郊赦書：「州縣輒行差雇人夫，應副過往，累降指揮約束，已是嚴切〔三〕。尚慮州縣依前循習舊弊，違戾差擾，及抑令出備雇錢，仰監司常切覺察，按劾以聞，重置典憲。」三年十一月二日南郊赦同此制。

同日，赦書〔四〕：「州縣差役，自有條法指揮，往往當職官吏不躬親檢照簿籍户口、物力高下，致輪差不均，有力者夤緣幸免，下户復致頻併，互有糾論。更不究實〔五〕，枝蔓追呼，淹延不決，公吏恣行誅求，誠可憐憫。仰諸路州縣今後須管依實定差，毋令不當，引惹詞訴。仍令常平司常切檢察，如有違戾去處，將當職官吏按劾以聞。」

八月五日〔六〕，臣僚言：「州縣被差執役者，率中下之户。中下之家，41 産業既微，物力又薄，故凡一爲保正、副，鮮不破家敗産。昔之所管者不過煙火、盜賊而已，今乃至於承文引，督租賦焉；昔之所勞者不過橋梁、道路而已，今乃至於備修造、供役使焉。方其始參也，饋諸吏則謂之參役錢；及其既滿也，又謝諸吏，則謂之辭役錢。知縣迎送，僦夫脚則謂之地里錢。節朔參賀上榜子，則謂之節料錢。官員下鄉，則謂之過都錢。月認醋額，則謂之醋息錢。如此之類，不可悉數。復有所謂承差人〔七〕，專一承受差使；又有所謂傳帖人，各在諸廳白直。每月雇錢多者至十餘千，少不下數千。若承差人，則以之代其正身〔八〕，出錢雇募，尚或可也；而傳帖人則實不曾承傳文帖，亦令僦雇而占破。伏望嚴勅有司檢照參酌，立定條法，申嚴州縣：今後如有尚敢令保正、副出備上件名色錢物〔九〕，官員坐以贓私，公吏重行決配。至於承差人、傳帖等人，如充役之家不願親身祗應，止許雇承差人一名〔一〇〕，餘所謂傳帖之類並

〔一〕一如：似當作「一切」。
〔二〕逐：原作「縣」，據本書食貨六五之九五、食貨六六之八四改。
〔三〕嚴：原作「約」，據本書食貨六五之九五、食貨六六之八五改。
〔四〕按，此與紹興二十八年十一月二十三日南郊赦全同，見前文。
〔五〕究：原作「糾」，據本書食貨六五之九五、食貨六六之八五改。
〔六〕按，此條事，《宋史全文》卷二五下繫於乾道八年八月五日辛丑，恐誤。本書食貨一二之二三、六五之九五、六六之八五亦作「乾道元年」。
〔七〕謂：原作「爲」，據《宋史全文》卷二五下改。
〔八〕代：原作「差」，據本書食貨六五之九六、食貨六六之八五改。
〔九〕名：原作「色」，據本書食貨六五之九六、食貨六六之八五改。
〔一〇〕雇：原脱，據《宋史全文》卷二五下補。

住罷。」從之。

三年三月十八日，直秘閣陳良裕言：「今役法之行，其説多端，而未嘗有一定之論。是以吏以舞文，愚弄村民，富者多避免，而下户常見充役。乞令逐路提舉常平司行下州軍，限一季條具經久可行利害申尚書省。」從之。

四月三日，刑部修下條：「諸進納授官人特旨與理爲官户者，依元得旨；若已身亡，子孫並同編户。」從之。因軍功捕盜而轉至陞朝、非軍功捕盜而轉至大夫者，自【42】依本法。

六月四日，户部侍郎李若川、曾懷言：「官户比之編民免差役，其所納役錢又復減半，委是太優。欲令官户與編民一等輸納，更不減半。以歲所入約百餘萬緡，專責諸路提舉常平司委逐州主管官别收，依經總制錢條限解發。」從之。

八月七日，滁州來安縣税户楊廣等言：「昨奉詔召募萬弩效用〔一〕，去年蒙朝廷念兩淮累經戎馬蹂踐，特與廣等給據歸耕。未得兩月，不期本縣便與不當弩手之家，一例差充保正、長。乞行蠲免。」詔蠲免差役二年。

二十四日，臣僚言泛色補文學與特奏名文學人差役事，户部勘會：「欲下諸路監司行下所部州縣，將特奏名出身之人〔二〕，若未入正官，如偶授破格差遣，即遵依紹興二十九年五月之制。如已落『權』、合注正官人，方始理爲官户。」從之。

九月十九日，四川制置使、兼知成都府汪應辰言：「近日臣寮有請，欲罷催税户長，改差甲頭。此但見户長之害，而思有以救之，不知所以害民者在人不在法也。臣竊以户長之法，無可更易。望降明旨，令州縣並依見條施行，勿復它議。」詔令户部下諸路准此。

十月十九日，臣寮言：「臣所歷州縣，見民之所以不安者，莫大於執役。非役法之不善，亦由議法者時有更改，而執役者困於科擾，所以不能自安也。請言科擾之畧：有弓兵月巡之擾，有透漏禁物之責，有捕獲出限之罰，有將迎（檐）〔擔〕擎之差，有催科填代之費，有應副按檢之用，有【43】承判追呼之勞。凡此之類，皆執役之所深懼。若蒙朝廷專行約束，使州縣無復如從前科擾，實天下幸甚。」詔監司常切覺察。

三年十二月十三日，提舉浙西常平茶鹽公事劉敏士言：「欲將寡婦召到接脚夫，或以老户本身無丁，將女招到贅婿，如物力高彊，即許比附寡婦有男爲僧道成丁，選募充役。其召到接脚夫、贅婿，若本身自有田産、物力，亦許别項開具，權行併（討）〔計〕，選差充役。若接脚夫、贅婿本身有官蔭〔三〕，合爲官户之人，即照應限田格法豁除本身合得頃數，令與妻家物力併計，選差募人充。」從之。

五年二月十五日，右從事郎李大正言：「紹興府諸縣

〔一〕弩：原作「努」，據本書食貨六五之九六、食貨六六之八五改。
〔二〕名：原作「明」，據本書食貨六五之九七、食貨六六之八六改。
〔三〕婿：原作「婦」，據本書食貨六五之九七、食貨六六之八六改。

自舊以來，將小民百工技藝、師巫、漁獵、短趁雜作瑣細估細家業〔一〕，以憑科敷官物，差募充役。官户全無，上户絶少〔二〕。中下户小民被此科斂，官司不卹，監繫拘留，至鬻妻賣子不足以償納者。乞截自四等以下至五等民户，除存留質庫、房廊、停塌、店鋪、租牛、賃船等六色外，其餘瑣細名目一切除去。其應科敷輸納爲民害者，盡行除去。」詔諸路轉運司，將州縣有似此瑣細害民，因推排陞降日悉與蠲除，毋致違戾。

五月八日，刑部侍郎汪大猷言：「國家立保正之法，緣法中許願兼耆長者聽，故數十年來，承役之初，縣道必抑使兼充，不容避免。蓋以保正必一鄉之豪，官吏百須可以仰給，故樂於並緣，以爲己利。凡有差募，互相論糾，官不加察，吏與爲市。或請以家貲 44 之多寡，分次之久近；或(謂)〔請〕以不拘官、民户、寺觀，例行均差；或(謂)〔請〕以一縣一鄉衮同名次差充，以救移徙之苦；或請令應役之家自雇耆長，專承引狀，以革誅取之害；或請止以上户歇役久近，物力高下分數比折差募〔三〕，以優中下之家。乞令諸路常平司各具逐路見行如何奉行，并以臣所陳數端，令逐司相度孰爲便民，或别有所見可以施行者，各限一月條具來上。仍許户部檢舉催促，有違必罰。俟(制)〔到〕，令本部盡取臣寮前後陳獻，參以見行條法，立爲定制。」從之。

九月十六日，詔：「應福建路州縣催科之人，悉仍其舊。如近來創置甲頭與保正、副、長追税之擾，一切罷之。」以臣僚言：「兩税催科〔四〕，用户長或耆長之類，此通法也。在江、浙間，則以賦入浩繁，耆、户長不足以督辦，乃權一時之宜而責之保正、副、長。自二三年來，福建諸州縣亦倣江、浙之例而行之，而不知福建地狹民貧，賦入不及於江、浙也。乞行禁止。」故有是命。

六年二月二十一日，詔曰：「朕深惟治不加進，夙夜興懷，思有以正其本者。今欲均役法，嚴限田，抑游手，務農桑。凡是數者，卿等二三大臣深思熟計，爲朕任此而力行之。其交修一心，毋輕懷去留，以副委寄，此朕所望也。」

二月一日〔五〕，資政殿大學士〔六〕、知荊南府、充荊湖北路安撫使劉珙言〔七〕：「諸郡起籍民兵，但以丁多差户，初不問家産多寡，家産寡者往往棄産而遁。欲乞明示優恤：應充義勇，除依條合差 45 保正、長外，並免非泛科役，有身丁錢處與免身丁錢。其第四等户，除非泛科敷外〔八〕，更與免差保正及大小保長。五等人户，除免應干科差外，更與

〔一〕估：原不清，據本書食貨六六之八六補。
〔二〕少：原脱，據本書食貨六五之九七、食貨六六之八六補。
〔三〕折：原作「析」，據本書食貨六五之九八、食貨六六之八六改。
〔四〕催科：原作「科用」，據本書食貨六五之九八、食貨六六之八七改。
〔五〕二月一日：疑是「三月一日」。
〔六〕大學士：本書食貨六五之九九、食貨六六之八七作「學士」。
〔七〕劉珙：原作「劉拱」，據《文獻通考》卷一五六、《宋史》卷三八六《劉珙傳》改。
〔八〕「除」字下疑脱「免」字。

量免三分或二分徭役。庶幾貧下之人，均受優恤之惠。其總首若係管轄之人，兼一縣不滿千人者，乞與免保正、長差役。」從之。

五月二十五日，臣寮言：「保正之役爲良民之害，今之議者多方立法，以救其弊。先後違舛，有司無所適從。願行耆長之法，募民之有産者爲之，其職止於煙火、盜賊，應征斂之事，不得以責之。然後罷去保正之役，則有産之家，庶幾休息。」於是臺諫、户部長貳看詳言：「檢會元豐八年十月指揮，耆、户長、壯丁之役，皆募充。其保正、甲頭、承帖人並罷。欲下兩浙路權依此，給雇直募耆、户長、壯丁。」從之。

九月二十一日，中書門下言：「役法之害〔一〕，下三等尤甚，有田之家〔二〕，盡歸兼并，小民不能著業，以致州縣差科不行。雖申嚴限田之法，而所立官品有崇卑，所限田畝有多寡，品寬田多，往往互假其名以寄産。不若一切勿拘限法，只選物力高（疆）〔彊〕官户與民户通差，則役户頓增，下户必無偏差之害。欲實惠及民，莫出於此。今措置：自今並以官户與民户一槩通選物力第二等以上輪差，二年一替，官户許雇人代役。且以十年爲限。如經久可行，別議立爲永法。」詔依，令兩浙路先次遵行。

十月七日，臣僚言：「頃歲有漕臣務在催科急辦，不用役法，罷去税長，行 46 下州縣，每三十户差一甲頭，逐時催税。縣道並緣爲姦，一名出頭，即告示出錢數千，謂之甲頭錢，往往一縣歲不下七千緡，以至萬餘緡。或云應副鎮寨，或云解發本州，至今猶有行者。如一縣所管萬户，則秋、夏兩税合差甲頭六百餘人，此事豈不爲擾？乞下諸提舉司並行住罷，仍常切覺察。」詔户部檢坐乾道二年九月已獲旨行下，如有違戾，重作施行。

七年正月二十九日，臣寮言：「訪聞處州松陽縣有一兩都憚充役破産之苦，議欲相約，各出田穀以助役户，風義可嘉。望下本州，許從民便，依舊循義役規約行使。官民願預者，聽增入。仍乞令知州胡沂將六縣已結義役詳細規約繕寫成册繳進。」從之。

八年十一月二十六日，户部尚書楊倓等言：「今將給舍同本部長貳詳到臣僚陳請役法〔三〕，參酌如後：一、在法，催税分定比近保分催納，其寄産户令見任處大保長催〔四〕。續降紹興十二年勅旨，却令寄産户充大保長。既非本處相近，煙火、盜賊無緣機察，亦難以責辦催科。今欲依舊法差募。一、差役舊法，係以物力通選。續承紹興十五年八月勅旨，許差物力高單丁，每都不得過二人。其應充保正副或催税户長，止得一名，不得雙差。本爲優恤單丁之家，行之既久，姦（爲）〔僞〕百出，富豪者多以單丁而免役，

〔一〕役法：原作「法役」，據本書食貨六五之九九、食貨六六之八七乙。
〔二〕本書食貨六五之九九於「有」前多「其」字，義長。
〔三〕給：原作「結」，據本書食貨六五之一〇〇、食貨六六之八八改。
〔四〕令：原作「今」，據本書食貨六五之一〇〇、食貨六六之八八改。

貧弱者或以丁衆而屢充。今欲不拘丁數，只依舊法，通選物力高者充役，庶得均平。一、小保長舊無替法，[47]今欲限二年一替，更不給帖。一、在法，鄉村盜賊、鬬毆、烟火、橋道公事，並耆長幹當。今欲有耆長處依舊例，無耆長處保正同。一、人户買撲酒坊，如本州別無田産物力，欲令以坊本物力就本坊充役。有田産物力，即以少併就一多處充應。一、代役人許募本縣土着有行止之人〔一〕，不得募放停軍人及曾役公人。違者許告，將犯人雇錢坐贓論。仍不許受兩家雇募。曾經代役或罷去，輒告論他事者，依罷役公人法。」從之。

九年三月二十九日，淮南運判馮忠嘉言：「本路州縣輒以採斫竹木〔二〕、般運鋏炭，及以和雇爲名，差夫般擔行李，至妨農作。欲望行下，遇應辦軍期、般運糧草、增築堤岸，方聽差夫。仍申監司及申朝廷，候得旨，方許差撥。若州縣差夫私自役使，乞申嚴法禁。」從之。

七月四日，詔：「諸路轉運司行下所部州縣，將女户如實係寡居及寡居而有丁者，自依條令施行。其大姓猾民避免賦役〔三〕，號爲女户無丁，詭名立户者，即自三等以上及至第四等、第五等，並與編户一等均敷。仍令州縣多立文榜曉諭，限兩月陳首，與免罪改正。如違，許告，斷罪、告賞並依見行條法。」以臣寮言：「大率一縣之内，係女户者其實無幾，而大姓猾民避免賦役，與人吏、鄉司通同作弊，將一家之産（柝）〔析〕爲詭名女户五七十户，凡有科配，悉行蠲免。乞立法革其弊。」故有是命。

十二月九日，詳定一司勑令所修立下條：「諸村疃，伍家相比爲[48]一小保，選保内有心力者一人爲保長；五保爲一大保，通選保内物力高者一人爲大保長；十大保爲一都保，通選都保内有行止材勇、物力最高者二人爲都副保正。餘及三保者，亦置大保長一人；及五大保者〔四〕，置都保正一人；若不及，即小保附大保，大保附都保。其紹興五年四月十六日勑：『單丁及寡婦有男爲僧道成丁及僧道，併許募人充役，官司不得追正身。』乃是優恤單寡之家，故令募人充役，合依舊存留，以備照用。」從之。先是，臣僚言：「常平、免役差大小保長、都副、保正之法，後來選差不便，紹興五年四月十六日勑旨，於『大保』字下添『通』字，『選保』字下删去『長』字〔五〕。及紹興九年四月四日勑旨，於『都保』字下添『通』字，『選』字下改『大』字爲『都』字，『保』字下删去『長』字，自此差役極便。紹興十七年六月二十三日申明止作存留，故州縣奉行抵捂。今乞删修成法。」故有是命。以上《乾道會要》。（以上《永樂大典》卷四六八六）

〔一〕土着：原作「立作」，據本書食貨六五之一〇〇、食貨六六之八八改。
〔二〕斫：原作「研」，據本書食貨六五之一〇一、食貨六六之八八改。
〔三〕役：原作「行」，據本書食貨六五之一〇一、食貨六六之八八改。
〔四〕者：原作「長」，據本書食貨六五之一〇二、食貨六六之八九改。
〔五〕下：原作「不」，據本書食貨六五之一〇二、食貨六六之八九改。

宋會要輯稿　食貨一五

商税一〔一〕

商税歲額　一

【宋會要】

1 四京

東京都商税院：舊不立額，熙寧十年，四十萬二千三百七十九貫一百三十七文。

開封府　舊十五縣及崔橋、義聲、圉城、陳橋、建雄鎮、馬欄橋、李家、張家渡二十三務，歲十萬八千七百四十貫。熙寧十年，管城縣：一萬一千五百一十二貫四百十七文；酸棗縣：三千一百五十二貫三百九十五文〔二〕；韋城縣：五千九百七十一貫四百一十六文；陳留縣：六千七百六十八貫一百三文；封丘縣：四千七百一十三貫四十文；襄邑縣：七千八百一十四貫八百七十七文；中牟縣：四千六百一十一貫八百七十文〔三〕；新鄭縣：三千三百六貫六百一十七文；咸平縣：九千六百三十五貫三百七十四文；長垣縣〔四〕：九千四百五貫一百八十一文；鄢陵縣：一千二百一十四貫三百九十一文〔五〕；太康縣〔六〕：一萬一千八百六十七貫六百二十三文；雍丘縣：一萬三千五百二十七貫二百五十八文；考城縣：五千六百七十三貫六百三十八文；東明縣：五千四百二十一貫二百二十六文；陽武縣：六(十)〔千〕二百二十貫八百八十五文〔七〕；尉氏縣：七千四百七十七貫一百五十四文；扶溝縣：二千四百九十七貫三百五十七文；胙城縣：一千六百二十八貫六十八文；白馬縣：四千二百七貫七百三十文；滎陽縣：一千三百八十四貫九百四十二文；滎澤鎮：一千七百一十三貫九百七十四文；武丘鎮：二千九十四貫六十二文；河口鎮：二千六百六十七貫八百三十三文；萬勝鎮：三百二十三貫三十四文；陳橋鎮：二百五貫六百七十八文；郭店鎮：二千八百二十五貫六百五十二文；圉城鎮：九百六十二貫二百八十六文；原武鎮：二千二百二十七貫七百八十二文；宋樓鎮：九百四十三貫三百九

〔一〕原題「商税雜録」，其下又批「各務税額」（縮印本無此四字）。按「商税」一門，其内容實爲兩部分：食貨一五至一七之上半爲商税歲額，食貨一七之下半至食貨一八爲商税雜録。今據實際内容改總題爲「商税」，並加次級標題「商税歲額」。

〔二〕天頭原批：「『九』一作『五』。」按，見《補編》頁四九八。此門原稿天頭所批「一作」，均指《補編》頁四九八至五一八、又頁六七一至六七三所録複文。

〔三〕一貫：「一」字原缺，據《補編》頁四九八補。

〔四〕垣：原作「坦」，據《元豐九域志》卷一改。

〔五〕天頭原批：「『三』一作『二』。」

〔六〕太康：原作「太原」，據《元豐九域志》卷一改。

〔七〕八十：天頭原批：「『八』一作『五』。」

十七文；張三館鎮〔一〕：一百八十一貫三百六十九文；建雄鎮：一千五百八十五貫一十八文；白皐鎮：六百六十一貫七百三文；靈河鎮：二百三十四貫二百四十文；李固鎮：一千二百九十六貫一百九十五文；馬欄橋：二千一百七十一貫四百一十四文；崔橋：七百九十四貫六百一十四文；陽武橋：一千五百四十六貫八百六十文；張家渡：六百六十四貫二十九文；李家渡：九百三十七貫九百六十八文；朱家曲：六百五十三貫九百九十文。

西京 舊在城及潁陽、登封、王屋、壽安、澠池、緱氏、伊陽、偃師、新安、永寧、伊闕、永安、長水、鞏、密縣、白波、彭婆、曲河、白沙、三卿、延禧、長泉鎮、南陳、長泉渡、府店二十六務，歲六萬四百五十六貫。熙寧十年，在府：三萬七千九百四十三貫九百八十四文。鞏縣：一千四百七貫三百四文；永安縣：一千五百一十九貫六十二文；偃師縣：八百七十三貫九十七文；緱氏縣：一千四百 2 九十五貫八十三文；壽安縣：九百五十二貫四百八十三文；新安縣：五百五十二貫九百七十一文〔二〕；永寧縣：一千七十八貫五百二文；澠池縣：四千六百二十九貫九百八十八文；長水縣：七百六十六貫一百九十八文；密縣：三千二百三十九貫六百九十五文；登封縣：一千三百二十五貫一百三文；彭婆鎮〔三〕：六百一十五貫九百五十二文；潁陽鎮：三百三十七貫八百三十七文；白波鎮：二千六百七十四貫四百一十八文；曲河鎮：八百八十七貫九百一十四文；長泉鎮：八百三十六貫六百五文；三鄉鎮：二千一百六十三貫一百四十八文；伊闕鎮：一千七百二十二貫九百八十九文；費莊場：五百六十六貫七百七十九文；伊陽鎮〔四〕：一千三百八十九貫四百三十五文；府店：五百七十貫文。

南京 舊在城及南河、寧陵、會亭、穀熟、下邑、楚丘、虞城、柘城九縣務，歲三萬三千九百二十三貫〔五〕。熙寧十年，在城：二萬七千八百八十六貫二百八十文；寧陵縣：三千七百二十三貫二百五十文；穀熟縣：一千六百七十五貫一百一十九文；柘城縣：二千二百二十三貫五百五十四文；楚丘縣：三千八百二十六貫四百二十文；下邑縣：一千五百三十八貫九百三十八文〔六〕；虞城縣：三千二百八十七貫二百三十八文；會亭鎮：三百六十一貫五百八十文；治平鎮：一千三十九貫三百十七文。

北京 舊在城及清平、成安、內黃、朝城、洹水、魏、莘、清水、冠氏、夏津、永濟、經城、臨清、宗城、南樂縣、韓張、李

〔一〕館：原作「貫」，據《補編》頁四九八改。本書食貨一九之一云，開封府有張三館務，是也。
〔二〕天頭原批：「『一』一作『二』。」按，以下見《補編》頁四九九。
〔三〕婆：原作「姿」，據《元豐九域志》卷一改。
〔四〕天頭原批：「『鎮』一作『場』。」
〔五〕三萬：天頭原批：「『三』一作『四』。」
〔六〕三十八文：天頭原批：「『三』一作『二』。」

固、馬橋、馬陵、梁村、淺口、曹仁鎮、鄒店二十四務，歲八萬四千四百五十四貫〔一〕。熙寧十年，在府：三萬八千六百二十八貫六十七文；朝城縣：七千五百一十六貫六百八十三文〔二〕；莘縣：二千八百三十九貫二百六十八文；清平縣：一千五百五十八貫八十一文；新縣：四百一十八貫八百六十文；舊縣：四百一十八貫八百一十九文；夏津縣：一千二百三十五貫二百二十文〔三〕；冠氏縣：一千六百五十一貫四百三十八文；內黃縣：三千四百三十二貫一百一十九文；成安縣：二千八百七十三貫三十二文；魏縣：一千六百九十六貫八百九十七文；臨清縣：二千一百四貫九百一十文；宗城縣：一千四百一十六貫七百四十四文；南樂縣：一千三百一貫六百文；韓張鎮：二千六百八十四貫一百九十三文；馬橋鎮：四百九十九貫六百八十七文；安定鎮〔四〕：一千五百四十五貫六百四十八文；桑橋鎮：四百一十貫三百四十九文；李固鎮：一千四十六貫四百七文；淺口鎮：一千四十五貫七百四十二文；永濟鎮：二千三百三十八貫一百一十九文；潭城鎮：一千貫七百六十四文；洹水鎮：二千二百二貫八百九十六文；延安鎮：六百五十九貫五百二文；北馬陵渡口：二千九百九【3】十貫五百五十二文；陳家口：四百六十八貫一百二十文；蘭家口：一千一百三十六貫九百五十六文；董古渡口〔五〕：一千九百五十九貫七百八十九文；南馬陵渡口：一千七百三十七貫一百文；梁村渡口：一千一百三十六貫九百五十六文；南北羅村渡口：五千九百七十六貫三百二文〔六〕。

京東路　東路〔七〕

青州　舊在城及臨朐、千乘、博興、壽光、臨淄縣、淳化鎮、博興、河口、王家口十務，歲四萬三千七百六十六貫。熙寧十年，在城：二萬三百一十六貫六百五文；壽光縣：五千三百八十貫一百四十四文；臨朐縣：四千四百一貫一百二十九文；臨淄縣：三千三百一十六貫八百九十四文；千乘縣：三千二百一十九貫四百八十二文；博興縣：二千五百六十九貫五百九文；淳化鎮：四百五十九貫六百四十文；博昌鎮：一千五百一十五貫九百五十五文；清河鎮：七百六貫八百三文；新鎮：四百九十一貫一十文；文家港：一萬七千八十八貫八十八文；南鹽務：八千五百四十四貫四十四文；博興河渡：一十九貫五十文。

〔一〕天頭原批：「『五』一作『三』。」
〔二〕天頭原批：「『五』一作『三』。」
〔三〕一千二百：天頭原批：「『二』一作『三』。」
〔四〕天頭原批：「『安定』一作『定安』。」《元豐九域志》卷一、本書食貨一九之一作「定安」，然本書食貨一五之二、《金史》卷二六《地理志》大名府元城縣下亦作「安定」。
〔五〕天頭原批：「『古』一作『固』。」
〔六〕天頭原批：「『七』一作『二』。」
〔七〕東路：原作「京東路」，據本書食貨一九之一、《元豐九域志》卷一刪。

密州　舊在城及安丘、高密、莒縣、浹滄、板橋六務，歲二萬九千一百九十六貫。熙寧十年，在城：三萬六千七百二十七貫二百五十六文；莒縣：五千八百八十七貫三百九十文；高密縣：三千八百八十五貫八百八十五文；安丘縣：六千四百七十四貫九百三十五文；牡葉鎮：四百六十一貫二百三十七文；信陽鎮〔一〕：一萬五百七十六貫八百一十八文；板橋鎮：三千九百一十二貫七十八文；濤洛場：一萬九千二百一十一貫四百文。

齊州　舊在城及清平軍、禹城、臨邑、長清縣、新鎮、舉鎮、劉宏、龍山、新舊安仁縣、耿明水、新市、肅安〔二〕、黄河南泊水渡、柳家巷、李家店、胡家羌、胡家林、耿口、商家橋口、茅家口、老僧口、陰河口、馮家口、李唐口、淯口、高河口、黎濟寨、商家橋三十一務，歲四萬九千六百一十九貫。熙寧十年，在城：一萬一千八百三十六貫六百一十一文；禹城縣：四千九百七十四貫九百二文；章丘縣：六千六百一十五貫六十一文；臨邑縣：六千二百五十一貫八十三文；長清縣：六千四百二十七貫三百六十二文；新安仁鎮：六百一十六貫一百三十七文；舊安仁鎮：五百三十四貫四百四十四文；劉宏鎮：一千四百五貫六百九十六文；普濟鎮：六百五十一貫六百九十二文；臨濟鎮：五千一十六貫四百六十文；歸蘇鎮：一千六百八十四貫二百四文；新縣耿鎮：一千七百二十一貫九百五十六文；舊縣耿鎮：一千九百六十六貫四百六十八文；新鎮：一千二百九十五貫八百一十六文；新市鎮：一千六百七十二貫四百六十五文；仁風鎮：一千五百九十一貫四百九十一文；肅安鎮：二千二百十貫四百二十五文；回河鎮：二千 4 四百二十七貫九百九十七文；曲隄鎮：二千四百四十五貫三百三十一文；齊河鎮：二千二百四十五貫二百八十四文；莒鎮：一千九百六十五貫四百六十一文；龍山鎮：一千五百二十九貫五百九十八文；遥牆鎮：二千二百八貫五百七十一文；黎濟寨：八百八十九貫八百二十二文；標竿口：一萬一千五百六十七貫一百五十八文；老僧口：七百六十三貫四百二十七文；胡家羌：二千五百六十六貫八十一文；李家店：八百三十三貫八百七十七文；胡家林：七百四十八貫五百六十七文。

沂州　舊在城及沂水、新泰、氶〔三〕、費縣五務，歲三萬四千四百五十九貫。熙寧十年，在城：一萬六千六百九十貫四百二文；沂水縣：四千四百三十九貫三百二十四文；氶縣〔四〕：二千八百三十五貫八百四十一文；費縣：一千三百五貫九百十一文；新泰縣：一千七百七貫六百

〔一〕信陽：原作「陽信」，據本書食貨一九之一、《補編》頁四九九、《元豐九域志》卷一改。
〔二〕肅：本書食貨一九之一作「蕭」。
〔三〕氶：原作「承」，據《元豐九域志》卷一改。此縣以氶水得名。
〔四〕氶：原作「丞」，據《元豐九域志》卷一改。

五十五文；蘭陵鎮：六百九十八貫四百二十三文；力劭鎮：四百六十六貫八百二文；毛陽鎮：九百八十三貫五十六文；静壃鎮：一千六百貫九百四十文；王相公莊：七千五百三十八貫七百二十文；蘇村：四千一百五十七貫三百八十一文。

登州　舊在城及牟平、文登、黄縣四務，歲萬二百二十三貫。熙寧十年，在城：五千三百九十貫七百八文；黄縣：二千七百五十九貫七百八十六文；牟平縣：二千八百二十八貫六十九文；文登縣〔一〕：二千七百五貫八百六十八文；兩水鎮：二千一百四十五貫六文；馬停：三百六十八貫五百一十八文。

萊州　舊在城及即墨、萊陽、膠水縣四務，歲萬六千四百五十貫。熙寧十年，在城：六千二百四十一貫三百七十五文；萊陽縣：五千六百三十五貫八百二十九文；膠水縣：五千八十三貫一百九十四文；即墨縣：二千一百六十三貫四百九十四文；羅山鎮：四百一十二貫九百九十三文；諸橋驛：四千五百二十一貫七百六十三文；海倉鎮：一萬二千九百二十一貫九十文；陳村：七千三百三十八貫五百三文。

濰州　舊在城及昌邑、昌樂縣三務，歲萬五千六百六十九貫。熙寧十年，在城：一萬三千九百七十八貫七百二十三文；昌邑縣：一千二百二十五貫三百一十二文；昌樂縣：一千三百二十六貫七百一十八文；園底：一萬四千六十貫八百九十三文。

淄州　舊在城及長山、高苑、鄒平、臨河縣、清城、金嶺、賈濟河、趙岊河、南河口、北河口十一務，歲萬四千二百貫。熙寧十年，在城：六千七百五十八貫七百八十六文；鄒平縣：三千三百二十七貫八百五十二文；長山縣：二千三百六貫七百六十一文；高苑縣〔二〕：二萬六千五百二十六貫二百八十九文；淄鄉鎮：一千五百二十五貫七百四十文；陶唐口：一千四百二十六貫一百六十文；趙巖口：5 二萬八千三百八十九貫九十七文；金嶺：一千三百七十九貫一百九十七文；孫家店：一千一十八貫二百八十三文。

淮陽軍　舊在城及宿遷縣二務，歲三萬二千九百五十六貫。熙寧十年，在城：一萬六千一百二十五貫二百二十六文；宿遷縣：二千七百四十六貫六百九十九文；桃園鎮：一千五百六十六貫二百三十四文；崔野鎮：一千九十三貫七百五文；魚溝鎮：三千七十一貫二十八文。

西路〔三〕

兗州　舊在城及萊蕪、龔丘、泗水、仙源、奉符、鄒縣、太平、新興鎮九務，歲三萬八千三百一貫。熙寧十年，在

〔一〕文登：原脱「文」字，據上文及《元豐九域志》卷一補。
〔二〕高苑：原作「高施」，據上文及《補編》頁五〇〇、《元豐九域志》卷一改。
〔三〕西路：原無，據前文「東路」體例及《元豐九域志》卷一、本書食貨一九之二補。

城：八千四百三十七貫八百四十三文；龔丘縣：二千一百四十一貫二百七十九文；仙源縣：一千八百九十八貫一百七十六文；泗水縣：一千一百六十二貫一百八十九文；奉符縣：四千五百二十一貫八百七十四文；萊蕪縣：四千五百二十八貫八百九文；太平鎮：一千六百六十三貫九百五十八文；鄒縣：一千六百八十六貫一百九十七文。

徐州　舊在城及蕭、豐、沛、滕縣、利國監、白土鎮七務，歲六萬四千二百七十六貫。熙寧十年，在城：一萬六千二百三貫七百九十三文；利國監：六千一百四十四貫八百文；豐縣：一千六百六十七貫；滕縣：七千三百二十八貫七百八十文；蕭縣：二千八百二十三貫九百一十二文；沛縣：六千四百八十八貫六百九十三文；卞塘鎮：三千二百三十九貫五百四文；留城鎮：二百一十五貫六百一十八文；白土鎮：一千二百七十一貫一百七十三文。

曹州　舊在城及南華、宛句、乘氏縣四務，歲萬八千八百八十三貫。熙寧十年，在城：七千六百五十八貫九十六文；宛句縣：四千五百五貫六十九文；乘氏縣：三千七百五十四貫四百八十七文；南華縣：七千二百一十三貫九百三十一文；定陶縣：三千五百七十貫六百四十一文；柏林鎮：八百八十二貫七百三十六文。

鄆州　舊在城及壽張、平陰、陽穀、中都、東阿縣、楊劉口、景德鎮、竹家〔一〕、鄒家、王家〔二〕、沙溝十二務，歲六萬八千四十二貫。熙寧十年，在城：三萬二千四百四十四貫三百六十三文；壽張縣：二千八百一十七貫七十五文；陽穀縣：六千五百九十六貫七百八十八文；東阿縣：三千五百二十七貫五百三十四文；中都縣：二千六百一十七貫二十八文；平陰縣：三千五百五十四貫四百二十二文；竹口鎮：二千四百四十貫三百四十六文；安樂鎮：一千五百三十二貫四百五十九文；景德鎮：二千九百三十貫一十八文；楊劉鎮：六百四十四貫四百一十七文；關山鎮：八百二十四貫六百文；但歡鎮：四千四百一十三貫二百四十文；寧鄉鎮：一千四百八十六貫七百八十七文；北新橋：一千二百五十九 6 貫五十一文；滑家口：三千一百七十三貫二百七十一文；傅家岸：二萬二千四百六十七貫四百三十九文。

濟州　舊在城及金鄉、鄆城、任城縣、合蔡、魯橋鎮六務，歲三萬二千七百四十二貫。熙寧十年，在城：六千三百五貫一(十)〔百〕四十八文〔三〕；金鄉縣：五千六百五十三貫八百二十一文〔四〕；鄆城縣：三千二百三十四貫二十

〔一〕竹家：下文及《元豐九域志》卷一均作「竹口鎮」，疑「家」當作「口」，因下文而誤。
〔二〕王家：《補編》頁五〇〇作「王橋」。
〔三〕天頭原批：「『六』一作『八』」。
〔四〕五十：天頭原批：「『五』一作『六』。」按，以下見《補編》頁五〇一。

六文；合蔡鎮：一千一百六十貫六百五十四文；任城縣：二千七百七十貫四百一文；魯橋鎮：八百三十貫八百五十六文；山口鎮：三千五百二十二貫二十文；昌邑城：二百六十二貫六百五十八文。

單州　舊在城及武城、碭山、魚臺縣、黃隊五務，歲二萬五千七百八十四貫。熙寧十年，在城：五千七百四十貫九百一十二文；武成縣：二千六百八十三貫一百六十四文；碭山縣：一千八百五十三貫六百九十九文；魚臺縣：二千六百九貫四百六十八文，河渡二十貫文；黃隊鎮：四千八百九貫四十一文，河渡二十四貫四百八十四文，甲頭二十一貫七百二十七文。

濮州　舊在城及臨黃、雷澤、臨濮、范縣、瓠河、柏林、蘇村八務，歲萬八千七百一十三貫。熙寧十年，在城：一萬九千六百三十七貫九百六十八文；雷澤縣：六千七百三十六貫七百九十九文〔一〕；臨濮縣：三千八百九十八貫七百一文；范縣：二千一百四十七貫九百六十三文；張郭鎮〔二〕：三百六十四貫四百八十七文；安定鎮：六百九十四貫三百二十一文；徐村鎮：七百九十一貫七百一十七文。

廣濟軍　舊在城一務，歲三千九百二十二貫〔三〕，今廢。

京西路　南路

襄州　舊在城及中廬、宜城、穀城〔四〕、南漳縣〔五〕、大讓、高舍、牛頭八務，歲三萬五千八百九十三貫。熙寧十年，在城：五萬五千四百六十七貫四百七十三文〔六〕；鄧城縣：一千七百九十六貫三百四十三文；南漳縣：三千五十六貫六百四十三文；宜城縣：一千五百九十三貫二百九十九文；中廬縣：二千九百七十五貫六百一十文；光化縣：八千三百三十三貫六百四十文；穀城縣：二千九百九十一貫五百七十文；牛首鎮：二百七十三貫三百五十三文；樊村鎮：一百二十七貫一百文；峴首津：三千三貫七百一十五文。

鄧州　舊在城及南陽、順陽、淅川縣〔七〕、淯陽、峽口、鸜鵒七務，歲三萬五千八百七十六貫。熙寧十年，在城：二萬一千三百七十貫八百九文；南陽縣：五千五十一貫四十文；淅川縣：一千七百八十二貫七百三十二文；順陽縣：一千五百六十九貫三百六十五文；峽口鎮：三千

〔一〕十六：天頭原批：「『六』一作『一』。」

〔二〕張郭：原作「張郎」，據《元豐九域志》卷一改。劉摯《忠肅集》卷一一《郭公墓誌銘》：「盜發濮州張郭鎮。」是也。

〔三〕二十：天頭原批：「『二』一作『六』。」

〔四〕穀城：原脱「城」字，據下文及《元豐九域志》卷一補。

〔五〕漳：原作「潭」，據《元豐九域志》卷一、《宋史》卷八五《地理志》一改。下同。

〔六〕五萬：天頭原批：「『五』一作『三』。」

〔七〕淅：原作「浙」，據《元豐九域志》卷一改。下同。

八百六十一貫九十四文；渚陽鎮〔一〕：一千七百六十五貫六百七十七文；鸜鵒鎮：一千一百三十三貫九百二十八文；北趙鎮：二千四十一貫五十三文；方城鎮：七千八百六十貫四百四十九文。

隨州　舊在城及棗陽、唐城三7務，歲五千六百三十六貫。熙寧十年，在城：三千三百七十八貫五百五十五文；唐城縣：六百四十八貫六百三十二文；棗陽縣：二千一百六十八貫六百九十九文。

金州　舊在城及洵陽、平利、漢陰縣、澂口、浣口、溜口、任口、蜀口、間口、瓦鎮、洵城、他溪、莊門、水銀、青鳳、龍迴、連山十七務，歲六千八百八十六貫。熙寧十年，在城：八千三百三十貫六百一十七文；洵陽縣：一千二百八十貫一百六十九文；漢陰縣：二千七百八十七貫五百一十三文；平利鎮：三百五十八貫一十九文。

房州　舊在城一務，歲一千六十貫。熙寧十年，在城：五千四百三十五貫四百七十六文；竹山縣：一千二百六十二貫三百九十七文；平安關：四百四十一貫四百八十四文；寶豐鎮：四百六十貫五百一十文。

均州　舊在城及鄖鄉縣、南門場三務，歲八千八百一十六貫。熙寧十年，在城：六千九百七十七貫六百二十四文；鄖鄉縣：三千三百七十二貫五百五十二文。

郢州　舊在城及永清鎮二務，歲萬二千六百六十八貫。熙寧十年，在城：八千八百一十八貫六十文；京山縣〔二〕：一千二百九十九貫五百八十三文；長壽縣：二千三百九十七貫七十四文。

唐州　舊在城及方城、湖陽、比陽縣〔三〕、山莊五務，歲二萬二千二百九十五貫。熙寧十年，在城：一萬六百七貫九百五十四文；湖陽縣：九百九十一貫九百七文；比陽縣：二千八百四貫五十五文；桐柏縣：六百二十一貫五百一十文。

北路

許州　舊在城及陽翟、臨(穎)〔潁〕、許田、長葛、舞陽、郾城縣、合流渡、馳口〔四〕、新寨十務，歲三萬四千四百七十六貫〔五〕。熙寧十年，在城：一萬八千三百三十四貫二十二文；陽翟縣：四千九百九十九貫九百八十九文；長葛縣：一千九百貫六百八十九文；臨(穎)〔潁〕縣：一千四百二十九貫八百二十四文；郾城縣：四千四百三十八貫四百一十四文；舞陽縣：一千四百一十三貫七百四十九文；北舞鎮：一千三百九十三貫三百八十四文；長葛

〔一〕「陽」下原有「縣」字，據《元豐九域志》卷一刪。
〔二〕山：原作「上」，據《元豐九域志》卷一、本書食貨一九之三改。
〔三〕比：原作「北」，據《元豐九域志》卷一改。下同。
〔四〕馳：《元豐九域志》卷一作「馳」。
〔五〕天頭原批：「『三』一作『四』。」

鎮：二百九十二貫三百三十三文〔一〕，合流鎮：一千七百五十二貫七百五十一文；新寨鎮〔二〕：三百八貫一百六十二文；許田鎮：二千一十一貫九百三十五文。

孟州　舊在城及汜水、濟源、河陰、温縣、汜水渡、九鼎渡七務，歲二萬一千七百七十貫。熙寧十年，在城：八千五百四十九貫九百二十五文；濟源縣：一千九百六十九貫四百九十六文；温縣：一千六百五貫八百七十八文；王屋縣：七百一十六貫三百五十六文；河陰縣：五千七百三十九貫五百二十二文；行慶關：三千八百二貫七百六十四文；黄河渡：三百八十七貫三百六十九文。

蔡州　舊在城及上蔡、遂平、西平、平輿、真陽、新息、褒信、新蔡、確山縣、東岸、毛宗、射子鎮、汝南、臨淮、閭江渡十六務〔三〕，歲三8萬八千四百二十九貫。熙寧十年，在城：一萬二千一十六貫七百二十五文；上蔡縣：三千三百六十二貫七百五十八文；西平縣：一千三百四十三貫六百六十五文〔四〕；遂平縣：二千二百二十貫一百一十文；確山縣：一千二百一十四貫四十六文；真陽縣：一千五百八十貫一百九十一文；新息縣：三千五百四貫一百六十二文；褒信縣：二千一百三十三貫八百三十七文；新蔡縣：一千九百四十四貫三文；平輿縣：六百一十一貫七百四十八文；汝陽縣：一百一十三貫一百五文；東岸鎮：四百八十九貫五百九十二文；毛宗鎮：六百三十七貫四百七十文；吳城鎮：六百三十七貫一百九十四文；王務鎮：一千四百九十四文。

陳州　舊在城及南頓、商水、西華、項城縣、殄寇鎮六務，歲三萬五千七百五十五貫。熙寧十年，在城：一萬九千五百三十三貫五百六文；商水縣：一千一百八十五貫四十一文；項城縣：一千七百五十貫一百八十文；西華縣：三千一百五十六貫一百五十九文；殄寇鎮：五百二十九貫八百五十四文〔五〕；長平鎮：九百九十二貫八百文；南頓鎮：一千二百一十七貫二百二十九文。

(穎)〔潁〕州　舊在城及正陽、界溝、斤溝、永寧、漕口〔六〕、(穎)〔潁〕上、沈丘、萬壽、河鏁〔七〕、會津、河渡十一務〔八〕，歲五萬五百一十九貫。熙寧十年，在城：三千九百一十六貫四百五十九文；沈丘縣：一千八百二十六貫八百六十五文；萬壽縣：一千二百三十六貫八百七十六文；(穎)〔潁〕上縣：一千九百三十四貫一百四十六文；斤溝鎮：一千一百五貫二百一文；漕口鎮：五百五貫九百一十七文；

〔一〕三百：天頭原批：「『三』一作『八』。」按，此批有誤，當云一作「二」，即「三百」當作「二百」，見《補編》頁五〇一。

〔二〕新：原作「所」，據上文及《元豐九域志》卷一改。

〔三〕天頭原批：「『江』一作『崗』。」

〔四〕六十：天頭原批：「『六』一作『三』。」按，以下見《補編》頁五〇二。

〔五〕天頭原批：「『四』一作『五』。」

〔六〕漕：原作「溝」，據下文及《元豐九域志》卷一、本書食貨一九之三改。

〔七〕鏁：原作「鑠」，據下文及《補編》頁五〇二改。

〔八〕十一：疑當作「十二」。

永寧鎮：一百一十五貫二百六十七文；正陽鎮：四千九十四貫三百八十五文；永安鎮：一千二百五十一貫五百一文；界溝鎮：八百三十六貫四百七十一文；河鏁：一千九百二十七貫二百文；會津門：一百七十六貫八十文；河渡：一千一百二貫五百八十九文；王家市：三百七十貫七百四十文。

汝州　舊在城及襄城、魯山、郟城、汝墳、葉縣、龍興、（穎）〔潁〕橋鎮、石塘河、洛南務十務，歲二萬六千七百二十五貫。熙寧十年，在城：三千二百四十一貫一百七十四文；襄城縣〔一〕：三千八百七十一貫二百一十文；葉縣：七千三百九十三貫九百九十一文；郟城縣〔二〕：一千八百九十二貫二百六文；魯山縣：四千六百七十貫三百一十四文；（穎）〔潁〕橋鎮：四百五十四貫九百三十九文；汝墳鎮：五百四十二貫九十五文；龍興鎮：四百五十貫九百四十九文；曹村鎮：一千一百九十七貫三百四十六文；洛南務：三百二十七貫五百八十六文；石塘河務：一百一十四貫五百四十九文。

信陽軍　舊在城及羅山縣，歲六千五十一貫。熙寧十年，在城：三千五百二十二貫七百八十二文；羅山縣：二千九百二十三貫 9 二百五十三文。

鄭州　舊（及）〔在〕城及新鄭、滎澤、滎陽、原武、陽武、郭店、宋家渡、陳橋九務，歲二萬四千七百三貫文，今廢。

滑州　舊在城及韋城、胙城〔三〕、靈河縣、大翟村、李固、白皋渡七務，歲三萬六百九十七貫，今廢。

光化軍　舊在城一務，歲萬八百九十二貫，今廢。

河北路　東路

澶州　舊在城及德清軍、臨河、衛南、觀城、清豐縣、土樓〔四〕、東石店、水北、舊州鎮十務，歲三萬七千七百七十六貫。熙寧十年，在城：一萬五千五百六十七貫八百三十四文；觀城縣：二千五百八十二貫九百八文；清豐縣：六千九貫七百一十四文；衛南縣：一千七百九十四貫七十三文；臨河縣：一千二十八貫五百六十六文；德清軍：二千八百八十五貫四百一十八文；㪷門鎮：二十二貫一百九十文；舊州鎮：八百六貫三百三十六文；土樓鎮〔五〕：五百一十六貫四百二十六文；商渡口：一千二十八貫二百八十二文；六塔渡口：三百三十四貫三百六十二文；曹村渡：二十八貫五十四文；衛城店：五百五十五貫三百四十六文；大韓店：一百七十六貫六百五十九文。

滄州　舊在城及保順軍、歸化、屯莊、保安、南皮、臨津、樂陵、任河、趙觀、長蘆、咸平、通商、朱堪、荆州口、會

〔一〕襄城：原作「襄陽」，據上文及《元豐九域志》卷一改。
〔二〕「郟」下原脱「城」字，據上文及《元豐九域志》卷一改。
〔三〕胙：原作「昨」，據《補編》頁五〇二及《元豐九域志》卷一改。
〔四〕土：原作「王」，據《元豐九域志》卷二改。
〔五〕土：原作「王」，據《元豐九域志》卷二、本書食貨一九之四改。

寧〔一〕、馬逮、饒安、劇家口、郭橋、鹽山、馬明二十二務，歲五萬六千二百四十七貫。熙寧十年，在城：一萬四百七十五貫六百七十四文；保順軍：一萬四千二百八十三貫二百二十八文；樂陵縣：一千五百二十六貫一百二十五文；南皮縣：一千四百二十五貫七百五十三文；鹽山縣：三萬七千四百三十八貫四百二十六文；郭疃鎮〔二〕：一百二十三貫七百二十三文；饒安鎮：三百二十六貫九十九文；無棣縣〔三〕：一萬七千二百八十貫九百八十七文；任河鎮：二百五十貫五百三十文；長蘆鎮：五百二十五貫四百六十八文；通商鎮：二百八十六貫三百四文；會寧鎮〔四〕：三百九十一貫三十四文；馬逮鎮：二百六十二貫一百六十四文；東保安鎮：九百四貫一百九十二文；馬明鎮：六百六十七貫九十六文；徐村場：一百一十九（百）〔貫〕七百文；樂延鎮：三百八十六貫三百四十一文；歸化鎮：一千四百七十一貫五百九十五文；屯莊鎮：五百三十貫八百五十一文；郭橋鎮：一千七十五貫二十二文；西保安鎮：五百八十五貫一百四文；臨津鎮：一千三百三十二貫四百六十文；乾符寨〔五〕：四百四貫七百九十五文；劇家口：一千四百貫八百九十文；楊攀口：七百五十二貫五百四十七文；韋家莊：二百九十貫三百八十五文；車轂轆店：三百二十貫七百五十一文。

冀州　舊在城及新河、南宮、衡水、棗強、蓨縣〔六〕、堂陽七務〔七〕，歲二萬六千一百五十三貫。熙寧十年，在城：一萬三百三十一貫四百三十四文；衡水縣：八百四十八貫五百九10十六文；南宮縣：一千二百二十一貫四百二十八文；棗強縣：五百八十五貫六百一十五文；武邑縣：五百七十七貫七百七十三文；蓨縣：二千二十八貫五百三十八文；新河鎮：九百九十貫四百五十文；堂陽鎮：一百二十三貫一百五十五文；來遠鎮：二百六貫二百三十四文；長蘆鎮：四百二十一貫三百一十三文；楊家鎮：五百四十四貫九百四十二文〔八〕；王貫鎮：一百五十一貫二百一文；觀津鎮：四百八十三貫三百七十四文；李億鎮：三百五十一貫五百八十五文〔九〕。

瀛州　舊在城及東城〔一〇〕、景城、樂壽縣、肅寧城、劉解、永牢鎮七務，歲三萬五千九百六十八貫。熙寧十年，在

〔一〕寧：原作「亭」，據下文及《元豐九域志》卷二改。

〔二〕疃：原作「曈」，據《元豐九域志》卷二改。

〔三〕無棣：原無「棣」字，且注云「原貼黃」。按，此乃避諱空字，今據《元豐九域志》卷二補。

〔四〕天頭原批：「『寧』一作『亭』。」按作「亭」誤。

〔五〕符：原作「府」，據《元豐九域志》卷二、《輿地廣記》卷一〇改。

〔六〕蓨：原作「脩」，據《元豐九域志》卷二、《宋史》卷八六《地理志》二改。下同。

〔七〕堂陽：原作「唐陽」，據《元豐九域志》卷二改。按堂陽乃漢舊縣，歷代相承，無作「唐」字者。

〔八〕四十二：天頭原批：「『四』一作『二』。」按，以下見《補編》頁五〇三。

〔九〕天頭原批：「『一』一作『三』。」

〔一〇〕東：原作「東」，據下文及《元豐九域志》卷二改。

城：一萬九千一百六十七貫五百七十五文；樂壽縣：一千四百七貫三百五十三文；景城鎮：九百三貫五百七十四文；永牢鎮：二百一十九貫一百七十七文；東城鎮〔一〕：一千六百三十六貫一百七十九文；肅寧城：一千三百二十五貫五百八十一文。

博州 舊在城及博平、興利、任平〔二〕、高唐、固河、廣平、夾灘、劉家、沙塚、回河〔三〕、唐邑、明靈、趙林十四務〔四〕，歲六萬七千二百四十貫。熙寧十年，在城：一萬二千二百六十一貫三百一文；博平縣：二千三百一十八貫六百一十八文；高唐縣：三千三百三十四貫三百六十八文；堂邑縣：三千二百九十九貫二百五十二文；沙塚鎮：四百六十八貫一百七十八文；廣平鎮：九百八十一貫二百五十八文；興利鎮：一千九百五十七貫四百一十五文；夾灘鎮：一千九百五十七貫四百一十五文；劉家鎮：四千二百四十四貫四百七十六文〔五〕；固河鎮：七百貫六百五文；張家渡：五百七十一貫八百九十五文；王館店：一千七百三十七貫五百七十一文。

棣州〔六〕 舊在城及商河、陽信縣、欽風、歸仁、西界、太平、脂角、寬河、新務、七里渡十一場，歲七萬三千八百一十二貫。熙寧十年，在城：二萬六千七百六十貫一百四十文；陽信縣：二千五百四十四貫一百七十文；商河縣：五千七百八十九貫七百三十文；新務鎮：二千四百二十九貫六百六十四文；太平鎮：六百六十貫九百五十五文；欽風鎮：八百三十二貫二百一十七文；永利鎮：八百六十四貫六百一十九文；歸仁鎮：一千一百三十七貫五百五十二文〔七〕；西界鎮：四百六十八貫五百四十四文；脂角鎮：七百一十三貫三百九十文；寬河鎮：五百四十貫五百一十七文；歸仁渡：二千一十八貫四百六十文；七里務：三千七十貫三百二十三文；七里渡：二千三百七十貫七百四十六文；達多口：二千一百八十五貫一百七十四文。

莫州 舊在城及任丘、長豐三務，歲八千九百八十三貫。熙寧十年，在城：五千三百七十八貫八百五十八文；任丘縣：二千八百三十八貫六百七十八文〔八〕；長豐縣：一[11]千三百九十七貫六百三十八文。

雄州 舊在城一務，歲萬二千八百九十三貫。熙寧十年，在城：一萬一千五百五十二貫二百二十五文。

霸州 舊在城及文安、大城三務，歲五千九十六貫。

〔一〕城：原作「成」，據《元豐九域志》卷二改。

〔二〕任平：疑當作「茌平」。茌平，漢舊縣，唐省入博州聊城縣，宋因之。蓋猶有城鎮，故金復置茌平縣。此外不見有「任平」一地名。

〔三〕回河：原作「固河」，據《元豐九域志》卷二改。

〔四〕趙林：本書食貨一九之四作「趙村」，疑是。

〔五〕四十：天頭原批：「『四』一作『五』。」

〔六〕棣：原爲小字云「原貼黃」，今據《元豐九域志》卷二改。

〔七〕五百：天頭原批：「『五』一作『三』。」

〔八〕天頭原批：「『二』一作『一』。」

熙寧十年，在城：二千四百九十八貫一百七十四文；文安縣〔一〕：一千二百二十一貫九百七十六文；大城縣：二千九十八貫二百九十文。

德州　舊在城及將陵、平原、德平縣、懷仁、重興、王琮、水務、吳橋、藥家、將校〔二〕、安樂、安陵鎮十三場，歲七萬五百四十七貫。熙寧十年，在城：三萬四百二十九貫九百九十一文；平原縣：二千五百六貫六百三十六文；水務鎮：六百六貫七百八十一文；盤河鎮：二百九十貫四百八十四文；磁博鎮：五百五十貫三百三十八文；德平鎮：一千二百五十九貫九百七十文；麇村鎮〔三〕：四百八貫四百四十一文；重興鎮：六百一十一貫四百三十四文；將陵鎮：一百二貫八百五十六文；懷仁鎮：一千一百一十九貫五百八十六文；鄉化鎮：七百一十四貫五百九十五文；藥家鎮：一千八百二貫二百五十一文；羅家渡口：二千八百二十五貫五百三十八文；官橋渡口：二千三百六十二貫八百一十五文；沙河渡口：一千五百七十貫二十七文；新河渡口：二百五十七貫二百六十八文。

濱州　舊在城及安定、蒲臺、永和、永豐、招安六務，歲二萬六百五十一貫。熙寧十年，在城：八千八百七十七貫三百四十六文；招安鎮：二千三百九十二貫二百四十三文〔四〕；永豐鎮：五千四百八十九貫四百六十四文；丁字河鎮：一萬八千二百一十九貫一百六十五文；馬家莊鎮：五千一百八十五貫九百七十八文；寧海鎮：一萬二千七十三貫四百八十文；東永和鎮：一千五百一十九貫七百七十五文；三汊鎮：四百三十四貫七百三十八文；通賓鎮：三百五十三貫六百五十文；蒲臺鎮：七百七貫四十四文；舊安定鎮：一千四百七十七貫八百九十三文；新安定鎮：一千六百三十六貫七百五十四文；李則鎮：一千一百三貫二百五十文；新安定渡：二千一百五十五貫九百九十一文；三汊渡：一千八百八貫六十六文；蒲渡：二千一十貫一百八十九文；東永和渡：二千二百五十九貫七百九十八文；丁寧河渡〔五〕：九百九十九貫八百七文。

恩州　舊在城及歷亭、武城、饒陽、寧化、漳南縣六務，歲二萬三千六百二十一貫。熙寧十年，在城：九千七百三十八貫二百九十三文；清河縣：四百五十五貫六百一十文；武城縣：一千八百四十二貫八百五十一文；歷亭縣：二千三百三十三貫三十七文；寶保鎮：七百一十四貫三百六十一文；安樂鎮：一千八百九十三貫六十五文；金河口：一千一十二貫二百四文。

〔一〕文：原脱，據上文及《補編》頁五〇三、《元豐九域志》卷二補。
〔二〕將校：原作「將陵」，按前已有將陵，據本書食貨一九之四改。
〔三〕麇：本書食貨一九之五、《補編》頁五〇三、《元豐九域志》卷二俱作「麇」。
〔四〕二百：天頭原批：「『二』一作『三』。」
〔五〕寧：疑當作「字」。上文及《元豐九域志》卷二有丁字河鎮，此蓋爲丁字河鎮之渡口。

永静軍　舊在城及阜城、弓高、新[12]高、仁高、袁村店、李橋、吴橋、婆羅河口九務，歲二萬二千九百七十貫。熙寧十年，在城：二萬三千八百九十一貫七百一十四文；阜城縣：八百九十五貫九百八十四文；吴橋鎮：五百九十二貫三百四十七文；仁高鎮：二百九十二貫二十一文；安陵鎮：六百八貫九十二文；新高鎮：四百四十九貫八百一十五文。

乾寧軍　舊在城一務，七千四十二貫。熙寧十年，在城：四千八百六十二貫九百二十三文；范橋鎮〔一〕：五百三十貫三百三文。

信安軍　舊在城一務，歲五千九百八十六貫。熙寧十年，在城：一千四百三十四貫一百五十七文。

保定軍〔二〕　舊在城一務，歲千七百三十三貫。熙寧十年，在城：一千七百三十八貫二百八十三文。

西路

真定府　舊在城及天威軍、欒城、元氏、稾城、真定、靈壽、平山、獲鹿、石邑、行唐、新城縣、井陘、北寨、嵐州寨十五務，歲四萬九千七百三十五貫。熙寧十年，在城：三萬九千五百九十貫一百五十二文；稾城縣：一千二百二十三貫七百九十二文；欒城縣：七百二十五貫六百五十三文；元氏縣：一千二百四十五貫三百八十三文；獲鹿縣：五百二十五貫三百二十五文；井陘縣：一千一百三十七貫六百三十八文；平山縣：九百五十五貫六百六十文；行唐縣：九百二十四貫二百四十二文；真定縣：二十八貫七十八文；北寨：一千六十八貫三百八十一文。

相州　舊在城及湯陰、永和、臨漳〔三〕、林慮、鄴縣、天禧鎮七務，歲三萬二千六百六十九貫。熙寧十年，在城：一萬二千二百二十二貫八十九文；湯陰縣〔四〕：一千二百一十七貫八百七十八文；臨漳縣：一千一百貫二百五十七文〔五〕；林慮縣：二千九百四十貫九百九十八文；永和鎮：七百九十二貫一十八文；鄴鎮：四百九十六貫九百三十二文；天禧鎮：五百九十三貫二十一文。

定州　舊在城及無極、新樂、陘邑、北平、唐縣、龍泉、曲陽、望都鎮、軍城寨、東城、張謙、五女村、羊馬、懷德驛、佛殿、新興村河口十七務，歲二萬六千七百貫。熙寧十年，在城：一萬九千七百三十八貫四百七十三文；北平軍：四千四百五十八貫八百五十文；無極縣：一千九百三十貫五百七十八文；新樂縣：九百五十貫二百九十文；唐縣：五百貫五文；望都縣：四百二十九貫九百二十二文；曲陽縣：八百三十一貫九十一文；龍泉鎮：三百五十九貫四百八十一文；軍城寨：五百八十七貫三百一十

〔一〕范橋：原作「茫橋」，據本書食貨一九之五、《輿地廣記》卷一〇改。

〔二〕保定軍：原作「保安軍」，據《元豐九域志》卷二改。

〔三〕漳：原作「障」，據《元豐九域志》卷二改。下同。

〔四〕湯陰：原作「陰湯」，據《元豐九域志》卷二乙。

〔五〕二百：原作「二十」，據《補編》頁五〇四改。

一文。

邢州　舊在城及鉅鹿、内丘、堯山、團城、平鄉、沙河七務，歲二萬四千六百五十七貫。熙寧十年，在城：一萬二千八百三十九貫二百四十二文；内丘縣：二千九十四貫三百六十四文；鉅鹿縣：一千七百九十七貫七百四十七文；南和縣：七百一十四貫九百六十一文；沙河縣：一千二百七十13六貫三百五十五文；堯山鎮：一千五十六貫五百七十文；團城鎮：一百九十五貫一百二十文；平鄉鎮：九百二十六貫七十二文；綦村鎮：一千九百八十四貫三百四十七文；新店鎮：五百九十四貫一百九十九文。

懷州　舊在城及武德〔一〕、武陟、修武、清化、萬善、宋郭、外傷八務〔二〕，歲二萬六百八貫。熙寧十年，在城：四千七百貫八百三十一文；武陟縣：一千八百八貫六百四十九文；武德鎮：一千九百七貫四百三十三文；修武鎮：一千四百一十八貫一百三十六文；宋郭鎮：一千二百九十九貫八百五文；清化鎮：八百九貫四百四文；萬善鎮：一千七百五十七貫八百六十九文。

衛州　舊在城及新鄉、共城、獲嘉縣、大寧鎮、張家、李家渡八務〔三〕，歲二萬八百五十三貫。熙寧十年，在城：五千七百一十八貫六十六文；黎陽縣：六千四百六十二貫二百七十一文；共城縣：三千七百九十二貫八十八文；獲嘉縣：二千六百八十七貫五百一十一文；新鄉鎮：二千八百七十七貫一百九十六文；大寧鎮：九百六十六貫九百四十一文；衛鎮：一千三百五十三貫五百五十六文；苑橋鎮〔四〕：一千三十九貫七百五十文；淇門鎮：七百九十八貫八十一文；河渡：三百三貫九百五十五文；張家渡：一千七百九十八貫九百一十一文；李家渡：一千九百三貫四百六十六文；宋家渡：一千三百五貫八百五十五文。

洺州　舊在城及臨洺、肥鄉、平恩、曲周、雞澤縣、新寨、洺水、白家灘九務，歲二萬七百四十五貫。熙寧十年，在城：六千三百六十七貫五百四十五文；雞澤縣：三千一百六十九貫九百五十八文；平恩縣：一千三百六十四貫六百九十五文；肥鄉縣：一千一百二十九貫三百二十八文；北洺水鎮〔五〕：一百一十九貫一百七十文；東臨洺鎮：三百七十二貫六百文；白家灘鎮：一百七十五貫七百八十七文；曲周鎮：三百九十貫四百四十五文；西臨洺鎮：一千一百四十六貫六百三十五文；新安鎮：二百二十五貫三百六十九文；新寨鎮〔六〕：八百八十三貫四百

〔一〕及：原作「在」，據《補編》頁五〇四改。
〔二〕外傷：疑有誤。
〔三〕八務：按此僅有七務，疑有脱，或「八」爲「七」之誤。
〔四〕橋：原脱，據《元豐九域志》卷二、《長編》卷三三三補。
〔五〕洺：原作「洛」，據上文及《元豐九域志》卷二改。下「東臨洺」同。
〔六〕新寨鎮：原作「新鎮寨」，據《元豐九域志》卷二乙。

五十六文。

深州　舊在城及安平、饒陽、束鹿〔一〕、武强縣五務，歲二萬一百二十三貫。熙寧十年，在城：六千五百七十貫五十五文；安平縣：三千二百一十二貫三百二十五文；饒陽縣：二千一百九十九貫八百五文；武强縣：四千三百四十五貫三百六十一文；束鹿縣：二千二百一貫九百二十六文。

磁州　舊在城及邯鄲、武安、昭德、固鎮、觀臺、臺村店〔二〕、大趙店、二祖店、北陽、邑城渡十一務〔三〕，歲一萬三千七百二十貫。熙寧十年，在城：七千五百四十四貫七百九十三文；邯鄲縣：四千三百九十七貫四百四十八文；武安縣：二千八百四十九貫；固鎮：一千九百六十一貫二百二十八文；觀臺鎮：一千一百六十四貫八百九【14】十二文；河口：三百五十四貫五百九十三文；二祖店：一千五百二十二貫四百五十四文；臺村店：三百四十六貫一百七文；大趙店：三百六貫六百七十八文；邑城店：一百九十七貫二十五文。

祁州　舊在城及鼓城、深澤縣三務，歲百九萬四千七百六十五貫〔四〕。熙寧十年，在城：八千二百六十七貫四百四十九文；鼓城縣：五千九百二十貫六百四十六文；深澤鎮：一千七十貫一百五十八文。

趙州　舊在城及臨城、高邑、寧晉、柏鄉、隆平縣六務，歲二萬一千四百九十八貫。熙寧十年，在城：一萬一千二百九貫三百九十六文；高邑縣：一千四百八十三貫六百三十文；臨城縣：一千五貫九百一十七文；寧晉縣：一千四百二十三貫七百九十六文；贊皇鎮：七百八十貫；柏鄉鎮〔五〕：八百二十三貫六百九十六文；奉城鎮〔六〕：七百七十五貫一百九十五文。

保州　舊在城一務，歲萬一千二百二十貫。熙寧十年，在城：一萬一千七十三貫六百八十九文。

安肅軍　舊在城一務，歲四千二百四十貫。熙寧十年，在城：四千一百三貫五百二十文。

永寧軍　舊在城一務，歲萬三千五十七貫。熙寧十年，在城：一萬二百五十二貫三百三十三文；新橋鎮：八百七十六貫六百三十文。

廣信軍　舊在城一務，歲四千一百五十六貫。熙寧十年，在城：四千八十四貫二十二文。

〔一〕束：原作「東」，據《元豐九域志》卷二改。下同。

〔二〕臺村店：原脱「臺」字，據《補編》頁五〇四及《元豐九域志》卷二補。

〔三〕邑城渡：原作「邑臺臺渡」，《補編》頁五〇四作「邑觀臺渡」，俱誤。按《元豐九域志》卷二磁州武安縣下有「北陽、固鎮、邑城三鎮」，又據所云「十一務」之數，知此當作「邑城渡」。邑城鎮、邑城渡及下文邑城店，實爲一地。

〔四〕百九萬：據前所述，京師開封二十三務，税額不過十萬八千餘，祁一小州，僅設三務，豈有税額百餘萬之理，此必有誤。

〔五〕鎮：原作「村」，據《補編》頁五〇五、《元豐九域志》卷二改。

〔六〕奉：原作「秦」，據《補編》頁五〇五、《元豐九域志》卷二、《金史》卷二五《地理志》中改。

順安軍　舊在城及高陽縣二務，歲三千四百二十一貫。熙寧十年，在城：三千三十四貫六百三十五文；高陽縣：一千四百一貫三百六十一文。

通利軍　舊在城及淇門、苑橋鎮三務，歲萬八十二貫。今廢。

陝西路　永興軍路

京兆府　舊在城及咸陽〔一〕、興平、醴泉、武功、涇陽、櫟陽、臨潼、藍田、鄠縣、甘北、零口鎮十二務，歲五萬六千九百四貫。熙寧十年，在城：三萬八千四百四十五貫八百四十二文；咸陽縣：四千一百一十二貫七百六十三文；藍田縣：三千六百九十四貫二百四十三文；涇陽縣：二千一百九十二貫五百七文；櫟陽縣：二千九百六十貫三文；醴泉縣：三千六百二十六貫五百四十九文；鄠縣：五千二百八十八貫七百四十一文；臨潼縣：六百九十五貫六百一十八文；奉天縣：五千三十八貫三百二十八文；興平縣：四千八百六十六貫四百八十二文；武功縣：四千五百七十二貫四百三十五文；零口鎮：一千三百三十一貫五百八十九文；渭橋鎮：五百四十八貫六百六十四文；粟邑鎮：二百七十七貫二百四十六文；毗沙鎮：一千二百五十二貫八百三文；子午鎮：七百三十七貫五文；臨涇鎮：五百二十四貫七百八十八文；薛禄鎮：一千八百七貫四百三十九文；鳴犢鎮：五百四十三貫二十七文；秦渡鎮：七百六十八貫九百七文。

河中府　舊在城及猗氏、龍[15]門、萬泉、臨晉、虞鄉縣、洿谷、永樂、永安鎮、三亭、清澗渡十一務，歲三萬三千六百七十二貫。熙寧十年，在城：一萬五千七百九十三貫五百五十三文；臨晉縣：二千六百二十一貫三百三十五文；龍門縣：二千八百五十二貫二百文；猗氏縣：二千八百七十一貫五百六十文；萬泉縣：二千五百八十四貫六百二十五文；滎河縣：三千五十貫六百八十九文〔二〕；河東縣：二百三十七貫二百五十三文；北鄉鎮：四十五貫八十六文；清澗渡：九百五十九貫三百五十一文。

陝州　舊在城及湖城、芮城縣〔三〕、三門、曹張、銀冶六務，歲三萬六貫。熙寧十年，在城：三萬六百三十五貫七百三十六文；夏縣：三千一百三十九貫九百七十六文；芮城縣：三百四十九貫七百一十文；靈寶縣：一千五百八十七貫三百一十二文；閿鄉縣：四千七百七十五貫一百二文；三門鎮：六百九貫八百五十一文；集津鎮：四百八十六貫五百九十一文；曹張鎮〔四〕：九百二十五貫三百五十六文。

延州　舊在城及延川〔五〕、膚施、延長、臨真、豐林、延

〔一〕陽：原作「平」，據本書食貨一九之六、《元豐九域志》卷三改。

〔二〕天頭原批：「『六』一作『七』。」按，以下見《補編》頁五〇五。

〔三〕芮：原作「苪」，據《元豐九域志》卷三改。下同。

〔四〕張：原作「辰」，據上文及《元豐九域志》卷三改。

〔五〕川：原作「州」，據《元豐九域志》卷三改。

水、門山、敷政、金明、永和關、安遠楊〔一〕、塞門、永平、甘泉、栲栳寨十六務，歲二萬一千七百六十貫。熙寧十年，在城：一萬四千一十八貫五百七文；延州：六百八十五貫二百七十三文；臨真縣〔二〕：五百八貫一百五十五文；延長縣：二百一十九貫五百三十八文；甘泉縣：六百六十一貫七百四十文；敷政縣：四百一十六貫六文；門山縣：一百四十二貫八百四十六文；青化鎮：一百五十三貫八百五十六文；延水鎮：六百二十一貫一百五十文；豐林鎮：四百九貫九百九十八文〔三〕；綏德縣：七百一十二貫五百一十四文；青澗城：二千三百五十貫一十七文；永寧關〔四〕：六百六十四貫五文；萬安寨：二百八十二貫五百九十五文；金明寨：八十三貫二百二十八文；永平寨：六百一十八貫八百五十四文；順安寨：二百一十貫七十二文；丹頭寨：六百五十九貫九百四十五文；招安寨：二百一十九貫四十文；新安寨：二百四十九貫七百六十七文；懷寧寨：七百二十七貫五百九十二文；綏平寨：四百九十八貫六十三文；白草寨：二百九十七貫九百二十文；安定堡：四百四十一貫四十八文；安寨堡：四百五貫三百五十文；黑水堡：一百五十五貫四百五十二文。

同州　舊在城及夏陽、新市、良輔、澄城、郃陽、沙苑、寺前、延祥、白水、芝州十一務，歲萬三千三百八十貫。熙寧十年，在城：五千六百六十三貫六百六文；朝邑縣：二千六百一十二貫一百三文；白水縣：二千一百四十貫四百三十七文；郃陽縣：四千一百一十六貫二百九十二文；馮翊縣：五百五十五貫五百五十五文；韓城縣：三千四百五十一貫六百一十二文；澄城縣：二千四百七十三貫五百五十文；新市鎮：五【16】百九十一貫六百五十九文；良輔鎮：一千三百三十二貫九百二十文；延祥鎮：八百三十一貫三百七十二文；寺前鎮：六百五十二貫一百一十六文；夏陽鎮：五百四十八貫五百八十八文。

華州　舊在城及渭南、華陰、下邽、蒲城縣〔五〕、赤水、關西、荆姚鎮八務，歲二萬三千一百四十九貫。熙寧十年，在城：一萬七千一百七十二貫六百三十二文；華陰縣：一千三百五十一貫八百八十四文；下邽縣：二千四百六十一貫七百一十九文；關西場：一千四百三十貫六百五十三文；荆姚場：一千三百七十貫一百一十文；蒲城場：三千八百一十六貫三十九文；赤水場：七百七貫五

〔一〕楊：疑當作「場」。《宋史》卷四八五《夏國傳》上：「破安遠、塞門、永平諸寨，圍延州。」是安遠乃寨名，於此置場，故名安遠場（下文華州有關西、荆姚等場，可爲佐證）。然亦可能爲衍文。

〔二〕真：原脱，據上文及《元豐九域志》卷三補。

〔三〕天頭原批：「『九十八』一作『八十九』。」

〔四〕永：原作「承」，據《元豐九域志》卷三改。

〔五〕蒲：原作「滿」，據本書食貨一九之七、《元豐九域志》卷三改。下同。

百七十五文；渭陽南場〔一〕：一千一百三十九貫八十六文〔二〕。

耀州　舊在城及富平、三原〔三〕、美原、淳化、同官、雲陽、黄堡、孟店九務，歲萬九千八百八十五貫。熙寧十年，在城：六千二百八十六貫三十四文；富平縣：五千九百三十五貫三百一十二文；美原縣：二千六百七貫四百五十三文；三原縣：三千八百四貫三百六十文；同官縣：二千二十七貫三百四十一文；雲陽縣：三千二百一十一貫七百七十七文；淳化縣：三千一百二十七貫一百九十四文；孟店鎮：八百九十貫六百四十九文；黄堡鎮：二千四百六十七貫六百三文。

邠州　舊在城及三水、定平〔四〕、宜禄縣四務，歲萬四千四百四十五貫。熙寧十年，在城：七千六百八十九貫七百一十六文；三水縣：五千一百一十九貫四百七十九文；宜禄縣：二千一百九十五貫二十八文；永壽縣：一千五百五十六貫二百文；龍泉鎮：一千八十三貫六百八十八文。

鄜州　舊在城及鄜城、洛川、三川、直羅五務，歲八千八百九貫。熙寧十年，在城：四千九百六十七貫二百七十三文；直羅縣〔五〕：二百一十貫五百九十一文；洛川縣：一千一百八貫二百一十六文；康定軍：二千三十三貫一百八十七文；三川鎮：一百三十三貫六百二十一文；赤城鎮〔六〕：二百八十六貫一百三十八文。

解州　舊在城及安邑、聞喜縣、東鎮、横水五務，歲萬二千八百六十二貫。熙寧十年，在城：七千七百四貫七百五十六文；安邑鎮：八千七百五十六貫一百七十八文〔七〕；聞喜縣：二千五百貫一百五十九文；横水縣〔八〕：一千八百二十七貫二十一文；劉莊冶：一千二百二十二貫五百二十二文。

慶州　舊在城及合水、鳳川、華池、淮安、五交、業樂〔九〕、柔遠、府城、景山、沃壤十一務，歲萬二千九百一十九貫。熙寧十年，在城：八千四百二十六貫八百五十九文；合水縣：四百九十七貫四百六十五文；彭原縣：八百六十貫三百二文；淮安鎮：五百四十六貫四百六文；業樂鎮：九百二十二貫九百三十二文；五交鎮：二百九十一貫四百二十三文；金櫃鎮：七十九貫八百十二文；華池鎮：一千四百六十貫八百五十三文；鳳川鎮：九十

〔一〕南場：原作「南陽」，據《補編》頁五〇六改。
〔二〕天頭原批：「九」一作「七」。按，以下見《補編》頁五〇六、《元豐九域志》卷三。
〔三〕三原：原作「二原」，據本書食貨一九之七、《元豐九域志》卷三改。
〔四〕定平：原作「宜平」，據《補編》頁五〇六、《元豐九域志》卷三改。
〔五〕直羅：原作「真羅」，據上文及《元豐九域志》卷三改。
〔六〕赤城鎮：原作「赤松鎮」，據本書食貨一九之七、《元豐九域志》卷三改。
〔七〕自本句「六貫」至「虢州」條之「在城三千四百二十」，原脱，據《補編》頁五〇六補。
〔八〕横水縣：「縣」字疑誤，史志中未見解州界曾置此縣。雍正《山西通志》卷七載聞喜縣界有横水鎮，或宋代已有此鎮，「縣」或爲「鎮」之誤。
〔九〕業：原作「葉」，據下文及《元豐九域志》卷三改。

五貫六百四十六文；董志鎮：五百六十五貫六百五文；景山鎮：一千一百八十八貫四百九十九文；大順城〔一〕：七百九十三貫七百九十七文；西谷寨：一百六十九貫二百七十八文；東谷寨：一百二十五貫七百四十九文；府城寨：一百九十九貫三百五十文；大順寨：一百八十三貫八百四十一文；柔遠寨〔二〕：四百七十四貫七百九十一文；荔原堡：一百五十八貫七百二十三文。

虢州　舊在城及玉城〔三〕、盧氏、朱陽縣四務，歲七千二百四十二貫。熙寧十年，在城：三千四百二十七貫二百九十八文；朱陽縣：一千七百四十一貫八百八十七文；盧氏縣：四千一百八十九貫七百二文；玉城鎮：八百八十四貫九百七十五文；欒川冶：二千二百三十九貫九百二十二文。

商州　舊在城及洛南、採造〔四〕、坑冶四務，歲萬三千五百七十九貫。熙寧十年，在城：八千九百四十四貫八百一十二文；洛南縣：四千二百一十三貫七百五十七文；故縣鎮：一千五百六十七貫七百五文；商洛縣：一百七貫三百二文；豐陽縣：一千一百九十貫一百三文；石界鎮：二千九百六十一貫四百文；採造務：六百二十六【17】貫七百五文；坑冶務：六百五十六貫二百五十五文；錫定冶，未立額。

寧州　舊在城及彭原、襄樂、真寧、董志、山河六務，歲萬七千五百六十七貫。熙寧十年，在城：八千五百一十六貫六文；襄樂縣：一千一十九貫九百三十八文；真寧縣：二百二十四貫六百五十二文；定安縣：一百二十三貫一百四十五文〔五〕；定平縣〔六〕：二千三百三十貫二百九十九文；山河鎮：四百七十一貫五百六十一文；永昌鎮：四百六十七貫二百二十二文。

坊州　舊在城及宜君縣〔七〕、北柘鎮〔八〕、昇平鎮四務，歲五千四百十七貫。熙寧十年，在城：三千八百四十五貫四百一文；宜君縣〔九〕：三百五十八貫一百九十五文；昇平鎮：五百三十九貫八百四十五文；北柘鎮：五百一十四貫一百五十文。

丹州　舊在城及烏仁關、虎谷鎮、烏仁渡四務，歲二千五十五貫。熙寧十年，在城：二千三百七十貫一百四十三文；宜川縣〔一〇〕：一百九十九貫七百九十文；烏仁關：三十四貫三百二十五文。

〔一〕城：原作「成」，據本書食貨二二之二、《元豐九域志》卷三改。
〔二〕柔：原作「桑」，據本書食貨二二之二、《元豐九域志》卷三改。
〔三〕玉城：原作「王城」，據《元豐九域志》卷三改。下同。
〔四〕採：原作「采」，據《元豐九域志》卷三及下文改。
〔五〕天頭原批：「『三』一作『二』。」
〔六〕定平：原作「平定」，據《元豐九域志》卷三乙。
〔七〕天頭原批：「『君』一作『居』。」按作「君」是。
〔八〕北柘：《元豐九域志》卷三作「北拓」。
〔九〕天頭原批：「『君』一作『居』。」按作「君」是。
〔一〇〕川：原作「州」，據《元豐九域志》卷三改。

環州　舊在城及馬嶺、木波、合道、石昌鎮、大拔寨六務〔一〕，歲萬三千八百五十九貫。熙寧十年，在城：四千七百五十九貫五百七十九文；木波鎮：一千八百五十四貫七百二十六文；馬嶺鎮：四百五十四貫五百四十六文；合道鎮：五百五十二貫九百七十一文〔二〕；石昌鎮：二百一十五貫七百三文；大拔寨：九十七貫八百二十六文；安塞寨：二百三十九貫一百五文；洪德寨：一百三貫一百九十四文；肅遠寨：一百三十九貫九百三十七文；團堡寨〔三〕：三百四十五貫八百三十七文；平遠寨：二百九十五貫七百二十九文；永和寨：三百五十五貫三百三十七文〔四〕；定邊寨：四百六十二貫四百八十一文；烏崙寨：八十一貫四百八十四文。

保安軍　舊在城及德靖寨二務，歲三千三百十四貫。熙寧十年，在城：一千八百一貫八百九十文；德靖寨：六百七十六貫三百六十二文；順寧寨：四百八十九貫二百六十一文；園林堡：二百七十貫一百五十六文。

秦鳳路

鳳翔府　舊在城及盩厔、寶雞、岐山、扶風、普潤、郿、虢縣、横渠、岐陽、馬磧〔五〕、陽平、洛谷、清平、赤谷十五務，歲四萬二千一百四十八貫。熙寧十年，在城：三萬四百六十二貫八百七十九文；寶雞縣：五千六百五十二貫六百四文；扶風縣：五百七十四貫二百四十五文；虢縣：四百三十貫六百四十一文；岐山縣：六百四十一貫七百六十文；盩厔縣：四千二十五貫八百七十三文；普潤縣：五百九十八貫四百二十三文；郿縣：一千五百九十八貫五十九文；虢川鎮：三千三百八十貫一百一十八文；駱谷務：一千五百四十貫八百二十八文；馬磧鎮：五百九貫六百九十五文；武城鎮〔六〕：二百四十四貫二文；清平鎮：一千六百二十九貫五十六文；横渠務：一千三百四
18 十九貫三百六十五文；崔模場〔七〕：六百六十一貫八百一十五文；陽平務：一千三百四貫二百八十一文；岐陽務：三千三百六十一貫七百三十八文〔八〕。

秦州　舊在城及弓門、定西、長道、伏羌、三陽、白沙、床穰〔九〕、大潭、冶坊、静戎、清水、鹽官、白石、百家、夕陽、隴城、永寧冶、太平監十九務，歲六萬三千三百八十一貫。

〔一〕大拔寨：原作「大扶寨」，據《宋史》卷八七《地理志》三、《武經總要》前集卷一八上改。下同。
〔二〕五百：天頭原批：「『五』一作『三』。」
〔三〕堡：原作「保」，據《元豐九域志》卷三、《武經總要》前集卷一八上改。
〔四〕貫三：天頭原批：「『三』一作『二』。」按，以下見《補編》頁五〇六。
〔五〕馬磧：原作「馮磧」，據《元豐九域志》卷三改。下同。
〔六〕鎮：原作「縣」。按史志，鳳翔府一帶未曾置武城縣。據本書食貨一九之八、《元豐九域志》卷三、《金史》卷二六《地理志》鳳翔府，「武城」乃鎮名，因改。
〔七〕模：原作「摸」，據《太平寰宇記》卷三〇、《元豐九域志》影宋鈔本卷三、《金史》卷二六鳳翔府改。
〔八〕天頭原批：「『一』一作『二』。」
〔九〕床：原作「宋」，據《元豐九域志》卷三、《宋史》卷八七《地理志》三改。

熙寧十年，在城：七萬九千九百五十九貫三百七十二文；隴城縣：三千六百一十三貫三百七十五文；清水縣：二千二百三十五貫七百六十一文；太平監：五百二十貫六百四文；百家鎮：五百七貫二百五十八文；夕陽鎮：五百七十一貫九百八十四文；白沙鎮：二百三十五貫九百五十五文；鐵冶鎮：五百一十八貫一百三十六文；伏羌城：三千八十四貫七十三文；静戎鎮：九十八貫一百八文〔一〕；三陽寨：一百四十四貫五百九十三文；弓門寨：三百九十貫二百一十五文；定西寨：八十八貫三百六十六文；隴城寨：四百六十二貫九百一十七文〔二〕；冶坊堡：一百三十四貫四百一十六文。

涇州 舊在城及靈臺、良原〔三〕、長武、百里五務，歲萬三千九百二十二貫。熙寧十年，在城：九千四百七十一貫七百八十八文；良原縣：二千一百九十一貫六百四文；靈臺縣：二千四百三貫七百四十五文；百里鎮：一千二百五十九貫七百八十七文；長武寨：一千二百一十七貫九百五十六文。

熙州 熙寧十年，在城：三千六百貫文〔四〕。

隴州 舊在城及定戎、吳山、新關、隴安、保寧、汧陽、銀冶八務〔五〕，歲二萬一千三百六十二貫。熙寧十年，在城：一萬三千三十四貫八百三十文；保寧鎮：四百一十三貫一百三十六文；汧陽縣：一千二百一十三貫一百三文；吳山縣：一千一百三十六貫三百二十二文；古道場：六百八十一貫一百五十九文；隴安縣：二千一百一貫二百一十二文；定戎鎮：九百一十九貫三百九十六文；安化鎮〔六〕：四百六十八貫五百三十文。

成州 舊在城及泥陽、栗亭、金沙、府城五務，歲九萬四千六百三十二貫。熙寧十年，在城：二千五百貫七百七十五文；栗亭縣：五千二百三十四貫四百八十七文；府城鎮〔七〕：三百七十二貫四百九十文；泥陽鎮：一千一百五十九貫六百二十九文。

鳳州 舊在城及武休、廣鄉鎮〔八〕、固鎮四務，歲三萬八百四十三貫。熙寧十年，在城：一萬八百三十六貫五百二十六文；廣鄉鎮：二千六百四十五貫三百八十五文；武休鎮：九千三百九十二貫九百一十二文；固鎮：二萬四千八百一十六貫五百九十文；隔茅嶺〔九〕：三千六百八十一貫一十九文。

〔一〕八文：天頭原批：「『八』一作『一』。」

〔二〕天頭原批：「『六』一作『四』。」

〔三〕原：原作「源」，據《元豐九域志》卷三、《宋史》卷八七《地理志》三改。下同。

〔四〕天頭原批：「『六』一作『八』。」

〔五〕銀：原作「鑲」，據《補編》頁五〇七改。《元豐九域志》卷三隴州汧源縣下云：「古道一銀場。」是也。

〔六〕鎮：原作「縣」，據《元豐九域志》卷三改。

〔七〕鎮：原作「縣」，據《元豐九域志》卷三改。

〔八〕鎮：原作「縣」，據《元豐九域志》卷三改。

〔九〕嶺：《補編》頁五〇七作「鎮」。

岷州　熙寧十年，在城：一千五貫四百四十三文；長道縣：七百九十七貫六百五十四文〔一〕；大潭縣：一千五百七十二貫四百九十八文；故城鎮：五百七十七貫六十五文；骨[19]谷鎮：三百七十貫四百一十九文；白石鎮：一千三百二十三貫四百二十四文；滔山鎮：六百五十一貫五百一十六文；馬務鎮：三百五十一貫四百三文。

渭州　舊在城及耀武、新寨、瓦亭〔二〕、籠竿、羊牧隆城〔三〕、潘原、定川〔四〕、静邊、得勝寨〔五〕、安國鎮十八務〔六〕，歲二萬四千一百六十貫。熙寧十年，在城：六千四百一十一貫二百七十八文；華亭縣〔七〕：三千四百一十七貫六百九十四文；安化縣：一千八百四十三貫六百六十四文；潘原縣：二千五百一十四貫七百五十四文；崇信縣：二千二百六十八貫五百九十二文；耀武鎮：五百一貫五百四十文；白巖河鎮：七百貫七百二十三文；安國鎮〔八〕：九百四十六貫二百五十二文；西赤城：四百九十二貫六百七十二文；黄石渠務：五百一十七貫三百九十六文；瓦亭寨：一千五百五貫五百四十七文。

原州　舊在城及新城、新門、開邊、彭陽、柳泉六務，歲七千七百八十一貫。熙寧十年，在城：三千九百七十貫七百三十八文；彭陽縣：五百五十一貫九百七十二文；新城鎮：一千二百五十八貫五百二十一文；柳泉鎮：五百二十貫六百八十四文；蕭鎮：一百五十五貫一百四十五文；開邊寨：一千四百九十九貫六百九十九文；綏寧寨：五百九十七貫七百二十二文；西濠寨：二百八十七貫九百七十七文；靖安寨：四百九十四貫四百四十六文；平安寨：一千二百六十貫四百九十文。

階州　舊在城及將利縣二務，歲萬九千六百五十二貫。熙寧十年，在城：一萬三千一百七十二貫三百七十二文〔九〕；將利縣：一千二百二十九貫二百三十六文〔一〇〕；盧布津場：四千六十六貫三十五文〔一一〕；石門務：二百五十三貫一百八十文；角弓務：五百八十五貫九十七文；河口務：三百二十二貫六百一十五文；故城務：二百二十九貫四百八十三文；利亭務：一千九百一十五貫七百

〔一〕四：原作「曰」，據《補編》頁五〇七改。
〔二〕瓦亭：原作「凡亭」，據《元豐九域志》卷三改。
〔三〕羊牧隆城：「牧」下原衍「降」字，據《武經總要》前集卷一八上「隆德砦」條、《隆平集》卷一九《任福傳》、《元豐九域志》卷三德順軍注删。
〔四〕定川：原作「定州」，據《補編》頁五〇七、《武經總要》前集卷一八上改。
〔五〕寨：原作「塞」，據《宋史》卷三二五《任福傳》改。《武經總要》前集卷一八上作「德勝砦」。
〔六〕十八務：按以上僅十一務，疑「八」當作「一」，否則尚有脱文。
〔七〕華亭縣：原作「凡亭縣」，據《元豐九域志》卷三改。按上文「凡亭」乃「瓦亭」之訛，此處「凡亭」則非「瓦亭」之訛。瓦亭乃一寨，非縣，且商税達三千餘貫，非一寨所能。
〔八〕安國：原作「安固」，據上文及《元豐九域志》卷三改。
〔九〕二文：《補編》頁五〇七作「四文」。
〔一〇〕二百：《補編》頁五〇七作「千九百」。
〔一一〕天頭原批：「『千』一作『百』。」

四文。

河州　無定額。

鎮戎軍　舊在城及東山、乾興、天聖寨、彭陽城、安邊堡六務，歲七千八百九貫〔一〕。熙寧十年，在軍：二千三百七十五貫七百六十八文；彭陽城：一千二百一貫一百八十五文；天聖寨：五百三十二貫六百八十六文；東山寨：一千四百七十九貫八百二十文；乾興寨：四百六貫九百四十八文；開遠堡：三百七十六貫二百四十七文；張義堡，未有額。

德順軍　熙寧十年，在城：三千七百二十八貫一百一十三文；水洛城：五千五十九貫九百文；靜邊寨：二千一百五貫二百六十四文；隆德寨：一千六百八十八貫五百三十七文；得勝寨：三百八十九貫八百九十三文；通邊寨：三百四十六貫八百七十八文；治平寨：七百六十九貫九百七文；中安堡：三百二十五貫一百二十一文；威戎堡：四百九十六貫八百八十四文；麻家堡：一百八十二20貫一百四十九文。

通遠軍　熙寧十年，在軍：二千四百九十貫八百九十九文；威遠鎮：八百五十九貫一百五十四文；永寧寨：五千八百三十二貫九百五十文；寧遠寨：一千四百二十三貫八百七文。

乾州　舊在城及薛祿〔二〕、麻亭、大橫、日教寺、李吳店、好時〔三〕、馮氏八務，歲萬二千六百一十四貫。今廢。

儀州　舊在城及崇信縣、制勝關、黃石河四務，歲八千五十四貫。今廢。

慶成軍　舊在城及北鄉鎮二務，歲四千七十三貫。今廢。

開寶監　舊在城一務，歲百七十一貫。今廢。（以上《永樂大典》卷一七五五六）

〔一〕天頭原批：「七」一作「六」。按，以下見《補編》頁五〇八。

〔二〕薛祿：原作「薛鹿」，據《元豐九域志》卷三京兆府奉天縣下注、《長安志》卷一九改。

〔三〕好時：原作「好疇」，據《宋史》卷八七《地理志》三改。

宋會要輯稿　食貨一六

商税二

商税歲額二〔一〕

1 河東路

并州　舊在城及清源、榆次、文水、平晉、壽陽、祁縣、百井、團柏九務，歲四萬三千一十八貫。熙寧十年，在城：三萬七百二十四貫一百一十文；盂縣〔二〕：三千七百五十一貫二百二十三文；太谷縣：一千一百七貫六百八文；文水縣：一千一百七十八貫二百三十四文〔三〕；交城縣：一千七百三十六貫九百五十九文；清源縣：三千貫二百八十二文；壽陽縣：一千八百一十五貫二百六十五文；祁縣：一千九百三十三貫八百八十九文；徐溝鎮：一千七百四十三貫九百九十六文；團柏鎮：一千四百九十三貫三百六十七文；晉祠鎮：二百三貫七百二文；百井寨：四百六十二貫一百三十七文。

潞州　舊在城及長子、襄垣、屯留、涉、壺關縣六務，歲二萬五千六百八十九貫。熙寧十年，在城：四百三貫三十八文；涉縣：四十四貫四百一十七文；襄垣縣：一貫七百一十六文；屯留縣：一貫四百七十二文；潞城縣〔四〕：五百一文；褫亭鎮：一貫八百七十二文；涉縣西戊〔五〕：一貫八百六十六文。

晉州　舊在城及霍邑、趙城、洪洞、冀氏、襄陵、晉橋店六務，歲二萬九千二百六貫。熙寧十年，在城：三萬三千一百三十六貫七百四十六文；襄陵縣：一千三百六十二貫一十八文；洪洞縣：一千六十四貫二十二文；神山縣：六百四貫八百三十三文；霍邑縣：一千二百九貫九十五文〔六〕；冀氏縣：一千四百八貫五百五十文；岳陽縣〔七〕：九百七十二貫五百三十一文；趙城縣：五百一十五貫五百六十文；和川鎮：一百四十貫七百九十二文；礬山務：一百七十二貫一百九十五文。

府州　舊在城，不立額。熙寧十年，在城：二千六百四十貫五百七十一文；久良津：二千六十一貫。

麟州〔八〕　舊不立額。熙寧十年，在城：二千四百九十九貫八百二十一文。

〔一〕原無此題，承上卷加。
〔二〕盂：原作「孟」，據《元豐九域志》卷四改。
〔三〕一千：天頭原批：「『一』作『八』。」按，以下見《補編》頁五〇八。
〔四〕潞：原作「路」，據《元豐九域志》卷四改。
〔五〕戊：《補編》頁五〇八作「戌」。
〔六〕九十：天頭原批：「『九』一作『八』。」
〔七〕岳：原作「邱」，據《元豐九域志》卷四改。
〔八〕麟州：原作「鄜州」，據《元豐九域志》卷四改。本書此門政區次序與《九域志》相同，《九域志》府州後正是麟州。鄜州屬永興軍路，非河東路。

絳州　舊在城及太平、稷山、垣曲、曲沃、合口六務，歲二萬四千七百八十貫。熙寧十年，在城：八千七百八十一貫一百八十三文；太平縣：四千七百二十八貫八十文；稷山縣：四千六百一十四貫一百三十九文；曲沃縣：三千五百三十八貫三百一十二文；翼城縣：四千三百九十三貫一百六文；垣曲縣：二千七百八十三貫七百三十六文；絳縣：一千2八百二十七貫一百一十四文；正平縣〔一〕：六百四十二貫八百八十九文；鄉寧鎮：一百五十六貫三百五十六文。

代州　舊在城及五臺、雁門、陽武、崞縣、繁畤、寶興、義興、石硤、缾形、大石、梅廻、茹越〔二〕、胡谷、西陘、土墱、石趺〔三〕、樓板、麻谷寨十九務，歲七千九百四十九貫。熙寧十年，在城：三千九百九十八貫六百一十二文；繁畤縣：七百四十四貫八百二十八文；五臺縣：二千一十九貫六百五十八文；崞縣：一千六百五十貫四百四文；義興鎮：六百一十三貫七百七十六文；石硤鎮：一千四百八十八貫一百二十文；雁門寨：五十九貫九百二十二文；土墱寨〔四〕：六十五貫二十三文；石趺寨：一百二十四貫二百五十八文；胡谷寨：六十六貫七百五十四文；麻谷寨：一百三十四貫五百七十九文；缾形寨：六十二貫八十六文；茹越寨：五十八貫八百七十六文；梅廻寨：六十四貫七百三十二文；義興冶寨：三百八十九貫九百九十五文；西陘寨：五十貫八十四文；陽武寨：一百七十四貫八百二十七文；樓板寨：一百三十二貫二百六十八文；大石寨：七十貫九十七文；寶興寨：二百八十貫五百九十六文。

隰州　舊在城及温泉、永和、蒲縣〔五〕、上平、永和關、大寧鎮、渡利、石樓十務，歲九千四十九貫。熙寧十年，在城：四千三百一十九貫七百六十三文；蒲縣：一千四百六十二貫四百四十四文；大寧縣：七百九十九貫二百七十八文；石樓縣：三百八十七貫二百八十二文；永和縣：四百二十四貫八百三十五文；上平關：一百九十一貫五百八文；温泉縣：一千五百五十貫九百一十五文；吉鄉軍：二千六十二貫四百九十六文；永和關：六百二十九貫六百八十四文；馬鬭關：一十三貫九百一十文；渡利務：七百五十二貫二百一十五文。

汾州　舊在城及平遥、介休、靈石、孝義五務，歲萬七千九百八貫。熙寧十年，在城：七千六百一貫七百六十三文；平遥縣：四千二百一十九貫七百五十二文；介休縣：二千七百一十四貫五百八十一文；靈石縣：四千三

〔一〕正平：原作「匹平」，據《元豐九域志》卷四改。
〔二〕茹越：原作「茄越」，據《元豐九域志》卷四、《武經總要》前集卷一七改。下同。
〔三〕石趺：據《元豐九域志》卷四，疑當作「石硤」。下同。
〔四〕寨：原作「塞」，據《補編》頁五〇八改。
〔五〕蒲：原作「滿」，據《元豐九域志》卷四改。下同。

百二貫四百九十三文；西河縣：三百一十八貫六百三十七文；孝義鎮：二百三十一貫三百八文；洪山寺：七百三十二貫六百二十七文。

忻州　舊在城一務，歲五千六百九十九貫。熙寧十年，在城：六千八百貫二百八十八文。

澤州　舊在城及高平、沁水、陽城縣四務，歲萬七千七百九十四貫。熙寧十年，在城：一萬一千一百五十九貫五百八十二文；高平縣：三千三貫五百一十六文；陽城縣：一千五十六貫二百五十文；沁水縣：一千八百八十二貫七百六十一文；端氏縣：六百六十八貫一百六十四文。

憲州　舊在城一務，歲二千六百二十二貫。熙寧十年，在城：三千八百四十四貫二百一十一文。

嵐州　舊在城及3樓煩縣、合河津三務，歲三千九百八貫。熙寧十年，在城：三千九百九十二貫一百二十五文；合河縣〔一〕：六百九十八貫三百七十三文；樓煩縣：二千九百五十二貫七百一十五文；乳浪寨：九千貫八百九十六文；合河津：二千二十一貫一百九文；飛鳶堡：一千五百五十貫三百七十三文。

石州　舊在城及方山、定胡、平夷縣、天渾、伏落津六務，歲六千九百四十九貫。熙寧十年，在城：五千四十七貫三百五十七文；平夷縣：四百二十八貫五十三文；方山縣：四百四十一貫五百二十二文；定胡縣：二百七貫二百四十八文；臨泉縣：三百五十九貫二十五文；伏落津：三百四十九貫四十三文；天渾津：五十五貫八百二十四文；石窟驛：一百八十貫九百四十八文。

威勝軍　舊在城及西湯、武鄉三務，歲五千四百二十三貫。熙寧十年，在城：五千二十三貫五百一文；武鄉縣：三百九十八貫三十八文；新綿上縣：一千四百九貫五百三十六文；舊綿上縣：八百三十五貫四百八文；榆社鎮：九百七十一貫三百三十六文；沁源：一千一百二十九貫五百六十八文；西湯鎮〔二〕：三百二十六貫七百六十一文；南關〔三〕：二百七十五貫八百四十四文。

平定軍　舊在城及承天軍、樂平縣、百井寨四務，歲五千二百二十一貫。熙寧十年，在城：三千七百三十貫四百三十一文；承天軍：六十四貫六百二十二文；樂平縣：一千一百八十四貫六百四十四文；遼山縣：四千二百六十四貫七百八十文；和順鎮〔四〕：七百五十三貫八百六十二文；平城鎮：六百三十六貫五百七十六文；芹泉鎮：六百八十貫七百六十九文；静陽寨：二百二十五貫四百六十三文；東百井寨：三百八十九貫六十六文；黃澤關：二百八十一貫六百八十五文。

〔一〕合河：原作「合江」，據《元豐九域志》卷四改。
〔二〕西湯鎮：原作「西陽縣」，據本書食貨二二之八改。
〔三〕南關：原作「南開」，據本書食貨二二之八、《元豐九域志》卷四改。
〔四〕和順：原作「永順」，據本書食貨二二之八、《元豐九域志》卷四改。

寧化軍　舊在城一務，歲六百四十七貫。熙寧十年，在城：一千二百一十三貫六百八十八文。

火山軍　舊在城一務，歲一千四貫。熙寧十年，在城：二千八百八十九貫八百三十文〔一〕；雄勇津：六百三十三貫四百八十六文。

岢嵐軍　舊在城一務，歲三千八百九十四貫。熙寧十年，在城：五百九十三貫六十五文。

保德軍　舊在城一務，歲四千八百一十三貫。熙寧十年，在城：四千四百五十九貫一十三文；大堡津：一百三十九貫九百一十文。

慈州　舊在城及谷都鎮二務〔二〕，歲三千二百六十二貫，今廢。

遼州　舊在城及芹泉、榆社、平城、和順五務，歲五千四十九貫。今廢。

大通監　舊在城及東冶二務〔三〕，歲二千六百七十二貫。今廢。

淮南路　東路

揚州　舊在城及天長、銅城〔四〕、瓜洲〔五〕、邵伯、板橋、石梁七務，歲七萬八千四百九十貫。熙寧十年，在城：四萬一千八百四十九貫四百三文；瓜洲鎮：七千六百九十貫二百四十四文；邵伯鎮：一千六【4】百四十一貫五百七十五文；天長縣：七千九百八十七貫二百八十文；銅城鎮：八千三十二貫五百三十六文；高郵縣：二萬八千一百二十六貫三十八文；三墪鎮〔六〕：四百八十一貫九百一十二文；臨澤鎮〔七〕：一百五十貫九百五十九文；樊良鎮：二千三十貫七百六十二文〔八〕。

亳州　舊在城及衛真、鹿邑、城父、蒙城、永城、酇縣、谷陽、鄲城〔九〕、保安、酇陽十一務，歲三萬三千九百四十貫。熙寧十年，在城：四千三百七十七貫二百四文；谷陽縣：五百六十三貫七百九文；衛真縣：一千六百八十貫四百八十二文〔一〇〕；鹿邑縣：四千五百四十六貫九百三十八文；蒙城縣：二千七百八十五貫三百一十八文；酇縣：八百七十六貫九百六十二文；永城縣：七千五百六十九貫七百三文；鄲城鎮：八百二十六貫一十六文〔一一〕；蒙館鎮：三百五十六貫二百九十文；　酇陽鎮：三百九

〔一〕二千八百：天頭原批：「『八』一作『三』。」
〔二〕天頭原批：「『鎮』一作『鋪』。」
〔三〕天頭原批：「『冶』一作『治』。」按，當以作「治」爲是。
〔四〕銅城：原作「桐城縣」，據本書食貨一九之一一改。銅城乃鎮名，非縣。
〔五〕洲：原作「州」，據《元豐九域志》卷五改。下同。
〔六〕三墪：原作「三堡」，據本書食貨一八之一四、又一九之一二、《補編》頁七一七改（《元豐九域志》卷五誤作「三墊」）。
〔七〕臨澤：原作「臨降」，據《元豐九域志》卷五改。
〔八〕天頭原批：「『三』一作『二』。」
〔九〕鄲：原作「鄆」，據本書食貨一九之一一、《元豐九域志》卷五改。下同。
〔一〇〕八十二：天頭原批：「『八十二』一作『二十八』。」按，原文作「八十二」，批注者筆誤。
〔一一〕六貫：天頭原批：「『六』一作『一』。」

十一貫八百一十四文；保安鎮：二百七十一貫三百五文；藥牆務：二百五十三貫九百四十六文。

宿州　舊在城及蘄、虹、臨渙縣、柳子、蘄澤、静安、零壁、荆山鎮九務，歲三萬二千九十二貫。熙寧十年，在城：一萬五千七十九貫二百九十九文〔一〕；臨渙縣：一千五百三十九貫四百五十四文；虹縣：二千四十二貫八百九十四文；蘄縣：六百六貫八百六十二文；柳子鎮：八百七十一貫三百四十八文；蘄澤鎮：五百一十一貫九百四十五文；静安鎮：六百六十六貫五十五文；零壁鎮：二千一百五十六貫六百三十二文；荆山鎮：一千一百九十一貫三百二十四文；新馬鎮：七百九十五貫三百二十三文；西故鎮〔二〕：五百九十九貫九百二十八文。

楚州　舊在城及寶應、淮陰、鹽城縣、北神堰、黄浦、馬邏、謝陽八務，歲六萬一千六百八十七貫。熙寧十年，在城：六萬七千八百八十一貫五百八十七文；寶應縣：一萬六千八十貫一百七十文；淮陰縣：二千一百九十七貫二百三十九文；鹽城縣：六千四百八十七貫二百三十三文；漣水縣：二萬一千一百九十一貫六百九十一文；黄浦：一百三十七貫五十一文。

海州　舊在城及沭陽〔三〕、懷仁縣、臨洪鎮四務，歲一萬八千六百七十貫。熙寧十年，在城：一萬一千六百六十九貫三百九文；沭陽縣：四千八百八十八貫五百七十八文；懷仁縣：三十一貫五百一文；臨洪鎮：五百八十三貫七百七十文。

泰州　舊在城及如皋、興化、泰興、西溪鎮〔四〕、陵亭、柴墟鎮七務，歲二萬一千六十四貫。熙寧十年，在城：一萬三千三百七十一貫四百六十文；興化縣：三千四百九十二貫五百八十二文；柴墟務：一千五百九十九貫四百七十七文；如皋務：三千五百六十七貫四百八十九文；泰興務：一千六百一十六貫六十三文；海波務〔五〕：一千二百七十六貫四百一十三文；陵5亭務：一百五十七貫三百五十文；西溪務：九百九十二貫二百一十六文。

泗州　舊在城及青陽、徐城、招信縣、平源、南城、木場七務，歲二萬五千四百一十六貫。熙寧十年，在城：二萬一千六百八十二貫四百八十四文；河南務：三千二百一十六貫七百七十五文；青陽務：一千五百三十二貫二百四十文；徐城務：七百九十一貫三百五十一文；招信務：一千五十四貫三十七文；木場務：二百六十八貫七百五文；平源務：一百一貫五百九十四文。

滁州　舊在城及來安、全椒縣、白塔四務，歲萬一千三

〔一〕天頭原批：「『二』一作『三』。」
〔二〕西：原作「四」，據《補編》頁五〇九、《元豐九域志》卷五改。
〔三〕沭陽：原作「沐陽」，據《宋史》卷八八《地理志》四改。下同。
〔四〕鎮：原作「縣」。按西溪乃鎮名，見《范文正集》卷八、蔡襄《端明集》卷一〇等，因改。
〔五〕海波：據《元豐九域志》卷五，有「海安」鎮，無海波，疑此有誤。

百三十四貫。熙寧十年，在城：一萬二千五百四十五貫六十三文；來安縣：一千二百一十五貫八百八十二文；全椒縣：一千二百五十七貫一百三十七文；白塔鎮：三百二十六貫四百七十九文。

真州　舊在城及橫驛、六合、瓜步、宣化五務，歲六萬六百一十四貫。熙寧十年，在城：五萬三千五百三十六貫一百三十五文；六合縣：六千四百九十八貫五百三十一文；宣化鎮：一千四百八十六貫六百一十五文；瓜步鎮：一千三百九十貫七百六十六文。

通州　舊在城及海門縣二務，歲七千七百八十七貫。熙寧十年，在城：五千四百九十三貫二文；海門縣：三千七百四十二貫二百三十六文；崇明務：二百九十五貫三百四十一文。

西路

壽州　舊在城及壽春[一]、安豐、霍丘、六安、霍山、麻步、開順口八務，歲十三萬三千二百一十四貫。熙寧十年，在城：一萬七千五百五十貫六百二十一文；壽春縣：六千二百七十四貫五百三十三文；安豐縣：八千八百六十三貫一百五十四文；霍丘縣：一萬三千七百九十六貫六百二十二文；六安縣：一萬八千五百貫九百三十七文；麻步務：一千二百六十五貫二百三文；霍山務：四千二百五十五貫九百一十九文；開順口務：一千三百三十一貫三十五文；來遠務：三百八十二貫九百五十三文；𡒄澗務：一千一百六十二貫六百一十三文。

廬州　舊在城及慎縣、舒城縣、九井、青陽鎮、故郡六務[二]，歲五萬八百八十二貫。熙寧十年，在城：五萬三百一十五貫八百八十七文；慎縣：一千九百七十一貫二百一十七文；舒城縣：八千八十七貫五百三文；青陽鎮：四百三貫一百七十七文；九井鎮：一千二百九十六貫六百三十六文。

蘄州　舊在城及蘄水、黃梅、廣濟縣、蘄口、王祺、石橋、馬嶺八務，歲五萬五千七百六十七貫。熙寧十年，在城：二萬一千一百四十一貫二百七十九文；蘄水縣：二千五百一貫七百五十四文；黃梅縣：一千二百三十貫九百一十六文；石橋鎮：六百一十二貫五百八文；廣濟縣：八百六十貫五百九十一文；蘄口鎮：二萬六千五百四十貫五百六十六文；王祺鎮：一百六十6貫七百文；馬嶺鎮：六百二十二貫五百九十一文。

和州　舊在城及東關、含山、烏江、乘石、柵江六務，歲二萬三千六百二十二貫。熙寧十年，在城：一萬六千一百二十四貫三十七文；烏江縣：三千一百四十貫九百七十七文；含山縣：二千一百三十一貫七百九十文；柵江務：五百七十二貫三百八十一文；東關務：三千三百一

〔一〕壽春：原作「富春」，據《補編》頁五一〇、《元豐九域志》卷五改。
〔二〕天頭原批：「『郡』一作『邵』。」按作「郡」是。

十二貫七百七十二文；采石務：一千七百十九貫六百三十二文。

舒州　舊在城及太湖、宿松、望江、桐城縣、許公、皖口、孔城、永安、石溪、龍溪、馬頭、長風、盤小鎮、銅山、雙港、楊溪、石口、鸞山十九務，歲四萬二千九百二十六貫〔一〕。熙寧十年，在城：三千八百三十貫九百八十文；許公務：八百七十一貫七百二十二文；雙港務〔二〕：四百四十六貫一百九十二文；鸞山務：五百四貫三百一文；孔城務：一千六十五貫一十一文；永安務：七千九百二十七貫四百六十八文；宿松務：一千三百九十貫三百二十七文；石溪務：六百五十七貫一百四十二文；皖口務：一千七百三十三貫五百一十五文；太湖務：三千三十八貫九百八十二文；楊溪務：一百三十六貫三百二十一文〔三〕；桐城務：一千六百二十四貫二百五十文；望江務：九百七貫六百四十九文。

濠州　舊在城及定遠縣、蘆塘〔四〕、藕塘四務，歲萬六千五十一貫。熙寧十年，在城：八千二百六十四貫六百四十三文；定遠縣：八千九百八十四貫一百九十文；藕塘鎮：九百九十八貫六百五十九文；永安鎮：八百五十七貫六百二十文。

光州　舊在城及光山、朱皋、固始縣、子安〔五〕、仙居、商城七務〔六〕，歲三萬六千三十六貫。熙寧十年，在城：四千九百二十五貫六百九十六文；固始縣：九千二百貫一百一十三文；光山縣：四千六百三十八貫二百二十八文；仙居縣：一千五百七十二貫九百三十一文；商城鎮：三千一十七貫九百四文；朱皋鎮：六百七十七貫七百七十七文；子安鎮：八百四十二貫一百三十八文〔七〕。

黃州　舊在城及黃陂、麻城、歧亭、團風、久長、陽羅、故縣、白沙九務，歲三萬三千二百七十三貫。熙寧十年，在城：二萬五千六十七貫一百一十一文；故縣鎮：一千七百四貫九百六十二文；麻城縣：五千一百四十六貫七百一十文；久長鎮：一千四百六十五貫八百五十二文；黃陂縣：二千九百一十二貫九百七十九文；團風務：一千二百七十四貫五百二十文；陽羅務：一千五百一十九貫二百四十七文；歧亭務：五百七十貫九百九十三文。

無爲軍　舊在城及廬江、糝潭、柘皋、石牌、崑山、巢縣渡八務，歲五萬六千八百五十六貫。熙寧十年，在軍：二萬四十貫八百三十七文；巢縣：三千九貫八百九十文；

〔一〕二十六：天頭原批：「『二十六』一作『六十二』。」
〔二〕港：原作「巷」，據《元豐九域志》卷五改。
〔三〕一文：天頭原批：「『一』一作『八』。」
〔四〕蘆塘：原作「盧塘」，據本書食貨二二之一三、《元豐九域志》卷五改。
〔五〕子安：原作「于安」，據本書食貨二二之一三、《元豐九域志》卷五改。下同。
〔六〕商：原作「昌」，據下文及《元豐九域志》卷五改。七務：原無，據前後文例補。
〔七〕天頭原批：「『二』一作『六』。」按，以下見《補編》頁五一一。

廬江縣：九千九百七十一貫三百三十九文；糝潭務：九百七貫五十六文；柘皐7務：一千九十六貫九百九十七文；崑山務：九百貫七百四十一文；石牌務：二百三十八貫四百九十五文。

漣水軍　舊在城及淮南渡二務，歲萬二千九百五十六貫，今廢。

高郵軍　舊在城及樊良〔一〕、三塹、北河、臨澤〔二〕、嶺第二溝場名勒唐村新河八務〔三〕，歲五萬六百九十八貫，今廢。

兩浙路

杭州　舊在城及龍山、浙江、北郭、范浦、餘杭、珀坎、臨安、於潛、昌化、富陽、新城、南新十三場，歲十二萬三百三貫。熙寧十年，在城：八萬二千一百七十三貫二百二十八文；富陽縣：一萬七千二百三十四貫六百二十文；新城縣：五千九百二十一貫三百九十六文；臨安縣：一萬三千七百七十四貫七百三十九文；於潛縣：六千四百一十三貫一十四文；昌化縣：三千六百三十五貫九百九十四文；鹽官縣：六百五十貫四百四十八文；浙江場：二萬六千四百四十六貫八百五文；龍山場：二千九百九十二貫六百六十五文；范浦鎮：三百六貫五百五文；江漲橋鎮〔四〕：二千八百五貫九百八文；外縣場鎮：一萬七千二百四十二貫三百九十一文；南新場：二千六百四十貫四十九文〔五〕；珀坎場：一千四百五十二貫九百七十八文；曹橋場：一百二十二貫七百八十三文。

越州　舊在城及上虞、新昌、漁浦、諸暨、餘姚、西興、蕭山、剡縣九場，歲二萬七千五百七十七貫。熙寧十年，在城：二萬八千九百一十六貫九十二文；蕭山縣：四千六百三十五貫四百五十九文；剡縣：四千三百四十三貫六十四文；諸暨縣：九千五十八貫九十七文；上虞縣：一千六百一貫八百四十四文；餘姚縣：三千六百一十七貫二百四十七文；新昌縣：一千九百五十三貫九百一十二文；西興鎮：八百貫二十三文；漁浦鎮：三千二百四十貫一百九十一文；曹娥鎮：四千九百三十六貫二百四十八文；三界場：九百七貫三十四文；纂風場：四十五貫六百三十文；龍山場：二千一百五十三貫三十九文。

蘇州　舊在城及常熟、崑山、吳江縣、福山五務，歲五萬五千二百貫。熙寧十年，在城：五萬一千三十四貫九百二十九文；常熟縣：八千三百三貫一百一十二文；吳江縣：五千五百五十七貫三百三文；福山鎮：一千九百三十一貫八百三十一文；慶安鎮：三百二十四貫八百七十

〔一〕樊良：原作「樊梁」，按本書食貨二二之八、《補編》頁五〇九、七一七、八八七及《元豐九域志》卷五揚州高郵縣下均作「樊良」，據改。

〔二〕澤：原作「津」，據《元豐九域志》卷五揚州高郵縣下改。

〔三〕「嶺第二」以下脱誤，無法標點。《補編》頁五一一亦同。

〔四〕天頭原批：「『鎮』一作『場』。」

〔五〕四十貫：天頭原批：「『四』一作『六』。」

一文；木瀆鎮：二十四貫九百三十九文；崑山場：七千四百四十八貫七百七十九文；梅里場：二千四百五十貫六百一十四文。

潤州　舊在城及金壇、丹徒、丹陽縣、呂城、埤城六場，歲一萬七千一百九十一貫。熙寧十年，在城：二萬五千六十一貫八百九十一文；丹陽縣：五千六十四貫一百九十六文；金壇縣：二千八百八十三貫八十六文；丹徒縣：一百八十四貫三百四十一文；延陵鎮：一千九百九十六貫七百【8】五十七文；丁角鎮：二千五十八貫九百五十八文〔一〕；大港鎮：一千九百一十九貫四百八十六文；呂城堰務：三百三十四貫二百四十七文。

湖州　舊在城及德清、安吉、長興、武康、梅溪、四安、烏墩、施渚場、新市十場，歲四萬五千五百三十五貫。熙寧十年，在城：三萬九千三百一十二貫一十七文；長興場：五千四百七十一貫三百四十九文；安吉場：一萬二千九百三十六貫八百一十文；施渚場：二千七百七十貫九百一文；德清場：三千九百五十八貫二百六十九文；四安場：一千九百七十三貫七百六十三文；梅溪場：一千四十一貫七百二十八文；武康場：六千三百四十七貫三百三十一文；烏墩場：二千一百四貫四百七十五文；新市場：一千七百七十一貫五百二十一文。

婺州　舊在城及蘭溪、東陽、義烏、永康、武義、浦江縣、李溪八場務，歲三萬一千四百八十二貫。熙寧十年，在城：二萬七千二百八貫二百六十七文；武義縣：三千四百一貫七十二文；義烏縣：九千九百八十貫四百九十八文；浦江縣：六千四十八貫三十八文；孝順鎮〔二〕：二千七百三十四貫六百五十九文；開化場：八百二十貫八百三文；蘭溪務：八千三百四十二貫六百三十一文；東陽務：七千三百六十五貫三百三十一文；永康務：五千一百二十六貫五百八十一文。

明州　舊在城及奉化、定海、慈溪、象山縣五場，歲萬七千六百六十四貫。熙寧十年，在城：二萬二百二十貫五百文；奉化場：二千九百三十四貫九百五十八文；慈溪場：二千四百七十四貫四百二十三文；定海場：六百四十四貫二百九十三文；象山場：六百七十三貫一百三十文。

常州　舊在城及無錫、宜興縣、張渚、湖汊五場〔三〕，歲二萬三千三百二貫。熙寧十年，在城：二萬六千二百六十六貫四百一文；江陰縣：一萬四百二十二貫八十文；奔

〔一〕天頭原批：「『千』一作『百』。」
〔二〕孝順：原作「孝義」，據《補編》頁五一一及《元豐九域志》卷五改。
〔三〕湖汊：本書食貨二二之一六、《元豐九域志》卷五作「湖洑」，本書食貨一九之一三作「湖汉」。按作「汊」是。明王穉登《荆溪疏》：「蜀山折而南，可二十里，曰湖汊，山中大市也。宋時置務於此，榷採山之利。今作『汊』，亦『務』字之譌。」或作「洑」，亦與「汊」音近。作「汉」則誤。

牛場：六百八十三貫七十九文；青城場〔一〕：一百九十七貫四百一十二文；無錫場：一萬九十一貫八百五十六文；宜興縣場：八千一百五十二貫五百五十六文〔二〕；張渚場：二千二百一十五貫七百四十一文；湖洑場：二千八百一十三貫八百九十一文；萬歲場：一百六十一貫三百三十七文；岑村場：一千五百二十八貫五百四十文；利城場：二千四百二十一貫一百五十五文〔三〕。

溫州　舊在城及瑞安、永安、平陽縣、前倉、柳市鎮六務，歲二萬二千一百四貫。熙寧十年，在城：二萬五千三百九十一貫六文；瑞安場：六千二百八十七貫；永安場：四千七百三貫九百九十九文；平陽場：二千四十一貫二百三十四文；前倉場：一千五百一十二貫一百三十文；樂清場：二千四十九貫七百九十四文。

台州　舊在城及黃巖、港頭、縣渚、路橋〔四〕、寧海、天台、仙居八場，歲二萬八千9三百八十六貫。熙寧十年，在城：二萬三千四百四十貫四百四十五文；黃巖縣：六千四百三十四貫五百八十一文；仙居縣：四千二百二十六貫三十九文；天台縣：四千四百四十一貫九百六十四文；寧海縣：二千二百六十一貫五百一十五文；縣渚務：二千三百二十一貫七百五十一文；路橋務：六百三十三貫八百八十五文；港頭務：一千五百二十六貫二十一文。

處州　舊在城及青田、縉雲、松陽、龍泉、遂昌縣、保定場七場，歲一萬二千八百五十二貫。熙寧十年，在城〔五〕：八千八百九十二貫八百八十一文；青田縣：六千七百五十四貫六十九文；龍泉縣：二千九百三十九貫三百二十九文；松陽縣：二千一百六十八貫二百八十一文；遂昌縣：二千二百九十四貫八百八十三文；縉雲縣：四千六百八十七貫六十八文。

衢州　舊在城及龍遊、江山、常山縣、開化、禮賓、安仁、白革場八務，歲一萬九千八十一貫。熙寧十年，在城：三萬九千三百八十三貫八百七十二文；江山縣：一千五百二十四貫五百三十一文；常山場：七百四十三貫五百三十四文；開化場：七百一十九貫八百五十三文；南銀場：二百一十五貫六百二十六文；白革湖場：四百六十九貫二百七十六文；龍遊場：八百四十七貫七百五十四文；禮賓場：七百八十五貫二百七十六文；安仁場：七十三貫六百六十六文。

睦州　舊在城及桐廬、遂安、壽昌、分水、青溪六場，歲一萬六千九百四十三貫。熙寧十年，在城：七千四十五貫

〔一〕城：原作「陽」，據《補編》頁五一二、《元豐九域志》卷五改。

〔二〕天頭原批：「『六』一作『八』。」按，以下見《補編》頁五一二。

〔三〕二十：天頭原批：「『二』一作『三』。」

〔四〕「路橋」上原有「渚」字。按《赤城志》卷七：「路橋鎮在（黃巖）縣東南三十里。」據刪。下文「路橋務」同。

〔五〕城：原作「場」，據前後文例改。

四十七文；青溪縣，六千八百一十六貫五百四十五文；遂安縣：三千二十貫七百二十八文；桐廬縣：一萬一千一百一十二貫八百五十三文；分水縣：三千六百九十五貫二百三十五文；壽昌縣：三千八百七十五貫六百九十二文。

秀州　舊在城及華亭、青龍、澉浦、廣陳、崇德、海鹽七場，歲三萬三千六百六十四貫。熙寧十年，在城：二萬七千四百五十二貫六百四十文；華亭城：一萬六百一十八貫六百七十一文；海鹽縣：三千六百六十貫一百六十八文；崇德縣：四千七十八貫二百六十文；青龍鎮：一萬五千八百七十九貫四百三文；魏塘場：二百八十八貫四百七十文；金山場：七百一十二貫二十一文；廣陳場〔一〕：九百三十七貫八百二十五文；澉浦場：一千八百一十九貫四百七十六文。

江陰軍　舊在城及利城、羅村三場，歲四千二百七十二貫。今廢。

江南路　東路

江寧府　舊在城及句容、溧水、溧陽、蜀固城五務〔二〕，歲二萬七千六十二貫。熙寧十年，在城：四萬五千五十九貫四百六十九文；句容縣：三千五十二貫九百八十九文；溧水縣：五千五百二十四貫五百七十三文〔三〕；溧陽縣：二千八百六十貫六百五十文；社楮鎮〔四〕：一百三十六貫八百 10 九十八文；下蜀寨：六百七貫六百五十文。

宣州　舊在城及南陵、寧國、旌德、涇縣、杜遷、城子、馬頭、水陽鎮九務，歲二萬六千七百九貫。熙寧十年，在城：一萬六千四百七十六貫二十一文；寧國縣：六千七百二十六貫八百四十文；南陵縣：四千二百一十貫四百一十五文；涇縣：四千二百一十四貫九百九文；旌德縣：二千六百六十一貫一百七十四文；太平縣：二千五百七十四貫七百一十六文；水陽鎮〔五〕：一千九百六十六貫三百七十文；杜遷務：四百貫三百九十三文；城子務：一千八百一十九貫三百四十文〔六〕；符裏窑務：一千四百八貫六百一十二文。

歙州　舊在城及(祈)〔祁〕門、婺源、績溪、休寧、黟縣六務，歲萬三千五百三十七貫。熙寧十年，在城：一萬二千二百五十八貫一百二十文；休寧縣：二千九百六十七貫二百一十六文；績溪縣：一千四百三十六貫七百三十九文；婺源縣：四千七百八十二貫七百五十文；黟縣：一

〔一〕廣陳：原作「廣陽」，據上文及《元豐九域志》卷五改。

〔二〕蜀固城：按《元豐九域志》卷六江寧府下無「蜀固城」，而句容縣有下蜀鎮（下文亦有「下蜀寨」），溧水縣有固城鎮。疑此句本作「下蜀、固城六務」，脱去「下」字，後世遂以「蜀固城」爲一地，而改「六務」爲「五務」。

〔三〕五千：天頭原批：「『五』一作『二』。」

〔四〕社楮：原作「杜渚」，據本書食貨一九之一四、又二二之一七、《元豐九域志》卷六改。

〔五〕鎮：原作「縣」，據《元豐九域志》卷六改。

〔六〕天頭原批：「『三』一作『二』。」

千二百七十九貫五百八十四文；祈門縣：二千九百八十八貫八十七文；清化鎮：二百四十四貫五十九文。

江州　舊在城及湖口、彭澤、瑞昌、德安、德化六務，歲二萬九千一百四十七貫。熙寧十年，在城：一萬五千三百六十二貫二百三十七文；德安縣：三千五百三十四貫一百九十五文；彭澤縣〔一〕：三千二百三十四貫八百四十三文；瑞昌縣：三千六百五十五貫六百三十八文；湖口縣：一萬九千八百三十七貫八百八十七文；竹米務：五百二十貫九百三十八文。

池州　舊在城及靈芝〔二〕、秀山、青陽、太平、銅陵、石埭、順安、趙屯、石澤、建德十一務〔三〕，歲萬六千六百七十四貫。熙寧十年，在城：四千八百五十一貫七百一十三文；銅陵縣：一千七百五十二貫二百四十文；建德縣：七千一百四十一貫一百五十八文；青陽縣：三千七十六貫七十六文；石埭縣：一千二百五十二貫三百三十六文；東流縣：一千一百九十六貫五百八十四文；池口鎮：一萬三千三百八十六貫四百七十九文；大通鎮：三千六百一十六貫六十二文；順安鎮：三百七十五貫四百一十五文。

饒州　舊在城及德興、浮梁、餘干、安仁縣、石頭鎮六務，歲二萬五千四百七十貫。熙寧十年，在城：一萬四千五百三貫二百七十五文；浮梁縣：五千四百七十五貫七百七十九文；餘干縣：四千七百二十貫七百五十五文；樂平縣：一萬二百四十九貫五百六十七文；安仁縣：五千五百四十二貫六百七十八文；德興縣：三千七百九十七貫六百三十八文；景德鎮：三千三百三十七貫九百五十七文；石頭鎮：八百四十八貫三百八十一文。

信州　舊在城及玉山、弋陽、寶豐、永豐、鉛山、貴溪縣、汭口八務，歲四萬四千二百六十一貫。熙寧十年，在城：一萬六千三百五十一貫 11 三百五十三文；弋陽縣：五千九百七十八貫五百七十文；鉛山務：五千三百七十八貫八百五十六文；玉山務：四千五百六十三貫二百二十一文；寶豐務：一千二百八貫四百七十九文；汭口務：六百八十三貫六百九十五文；永豐務：四千二百三十一貫一百九十八文。

太平州　舊在城及丹陽、蕪湖、繁昌縣、采石〔四〕、荻港、上下峩橋八務，歲二萬一千四百二十一貫。熙寧十年，在城：三千七百三十九貫六百一十九文；繁昌縣：一千五百五十四貫四百五文；慈湖務：三百九十三貫六百三十四文；採石務：一千三百六十八貫七百八十五文；丹陽務：三百七貫六十五文；蕪湖務：一萬三千二百二十貫七百三十五文；峩橋務：九百四十五貫二十三文；

〔一〕彭澤：原作「彭州」，據《元豐九域志》卷六改。
〔二〕靈芝：原作「石芝靈」，據《元豐九域志》卷六改。
〔三〕十一務：原脱「一」字，據《補編》頁五一二補。
〔四〕采：原作「採」，據《元豐九域志》卷六改。

荻港務：一千二百九十九貫九百二十七文。

南康軍　舊在城及建昌、都昌縣、太平、娉婷、桐城、河湖七務，歲二萬六千七十五貫〔一〕。熙寧十年，在城：二萬六百七十貫三百六十五文；都昌縣：二千六百七十九貫七十九文；建昌縣：五千九百九十五貫九十二文〔二〕。

廣德軍　舊在城及建平縣二務，歲萬三千六貫。熙寧十年，在城：一萬五貫四百二十五文；建平縣：四千三百九貫二百三十文。

西路〔三〕

洪州　舊在城及豐城、進賢、武寧、南昌、奉新、分寧、靖安、新建、土坊十一務〔四〕，歲三萬九千九十二貫。熙寧十年，在城：二萬八千九百四貫六百八十文；奉新縣：一千六百四十五貫一百六十九文；武寧縣：三千二百七十七貫六百二十文；豐城縣：四千七百四十九貫三百七十五文；分寧縣：一千八百八十七貫三百一十九文；靖安縣：四百四十一貫一百一十一文；進賢鎮：一千五百八十三貫九百八十一文；樵舍鎮：一千四百五十六貫八百十八文；土坊鎮：二千四百四貫六百七十七文；查田鎮：七百一十八貫一百一十文。

虔州　舊在城及興國、雩都、東江、西江、磁窑六務，歲二萬五千三百八十二貫。熙寧十年，在城：三萬九千八百八十七貫六百七十二文；興國縣：六百七十貫四百五十二文；雩都縣：六百七十五貫一百六十一文；虔化縣：一千一十四貫六百八十六文；會昌縣：三百二十九貫六百六十一文；信豐縣：六百一十九貫九百三十二文；石城縣〔五〕：七十二貫四百五文；龍南縣：七百一十三貫九百九十六文；瑞金縣：三百四十三貫七百一文；安遠縣：四百一十一貫四百八十七文；磁窑務：二千八百八十七貫八十九文；東江務：一千六百四十三貫四百八十三文；西江務：一千九百六十六貫六百八文。

吉州　舊在城及吉水、安福、廬陵縣、永和鎮、新市、柴竹務七務，歲三萬二千九百四十五貫。熙寧十年，在城：九千五百五十三貫五百九十一文；吉水縣：五千二百八十貫八十八文；永和縣：12 四千七百二十四貫九百九十八文；安福縣：五千九百一貫九百一十五文；永新縣〔六〕：五千四百六十八貫一百四十七文；永豐縣：三千一百三十二貫一百九十文；萬安縣：三千九十五貫七百五十二文；龍泉縣：三千八百四十貫一百六十八文；永和鎮：一千七百一十二貫四百二十六文；柴竹務：三千七百七

〔一〕天頭原批：「二」一作「一」。
〔二〕十五：天頭原批：「五」一作「六」。
〔三〕西路：原作「四路」，據《補編》頁五一三改。
〔四〕十一務：按以上僅十務，疑「一」字衍。
〔五〕石城：原作「在城」，據《元豐九域志》卷六改。
〔六〕永新：原作「永興」，據《元豐九域志》卷六、《宋史》卷八八《地理志》四改。

十二貫四百六十八文〔一〕；沙市務：一千三百二貫五百五文；栗傳務〔二〕：二千二百二十七貫九百二十六文。

袁州　舊在城及分宜、萬載、萍鄉、獲付〔三〕、宜鳳、盧溪、上栗九務，歲萬二千一百三十二貫。熙寧十年，在城：八千五百八十三貫五百六十四文；分宜縣：一千五百二十三貫三百四文；萍鄉縣：二千五百一十九貫二百五十文；萬載縣：一千五百二十二貫七百五文。

撫州　舊在城及金溪二務，歲三千六百三貫。熙寧十年，在城：一萬八千二百七十五貫四百二十一文；崇仁縣：八百一十九貫八百四十五文；宜黄縣：原缺一貫六百六十四文；金谿縣：五百八十三貫三百七十八文。

筠州　舊在城及上高、新昌縣三務，歲四千六百一十五貫，以百錢爲陌。熙寧十年，在城：七千七百七十二貫一百四十一文；上高縣：一千七百五十三貫八百一十四文；新昌縣：六百九貫三百八十一文。

興國軍　舊在城及大冶縣二務，歲一萬四千五百六十一貫。熙寧十年，在城：五千七百九十二貫六百七十文；大冶縣：二千七百一十五貫一百五十八文；通山縣：三百四十貫二百八十八文；磁湖務〔四〕：四百六貫七百七十文；佛圖務：九百五十六貫七百四文。

南安軍　舊在城及南康、上猶縣三務，歲五千一百八貫。熙寧十年，在城：一萬一千八百六貫六百文〔五〕；南康縣：一千四百八十七貫四百九十六文；上猶縣：一千八百二十七貫七百二十四文。

臨江軍　舊在城及新喻、新淦縣〔六〕、永泰、樟永鎮五務，歲萬五千三百七十貫。熙寧十年，在城：六千七百三十八貫五百七十三文；新淦縣：五千六百九十六貫五百八十文；新喻縣：三千六百九十六貫九十四文。

建昌軍　舊在城及南豐縣二務，歲九千九百二十四貫。熙寧十年，在城：一萬一千三百二十七貫三百九十六文；南豐縣：三千二百四十八貫九百二十文〔七〕；太平場：一百九十七貫八百九十三文。

荆湖路　南路

潭州　舊在城及衡山、湘潭、湘陰、醴陵、湘鄉、益陽縣七務，歲三萬九千一百四十三貫。熙寧十年，在城：三萬三千九百三十九貫三百四文；湘鄉縣：七千三百二十七貫三百四十九文；湘陰縣：三千七十八貫四百六十四

〔一〕天頭原批：「『二』一作『三』。」

〔二〕栗傳：原作「粟傳」，本書食貨二二之二一、《補編》頁七二三亦作「粟傳」。《元豐九域志》卷六吉州永新縣有「栗傳鎮」。《清一統志》卷二四九云：「栗傳寨，在永新縣西北九十里，舊爲鎮，明初置巡司，本朝乾隆八年裁。」則當以「栗傳」爲是，今改。

〔三〕獲付：《元豐九域志》卷六作「獲村」，疑是。

〔四〕磁湖：原作「磁胡」，據《元豐九域志》卷六、《宋史》卷八八《地理志》四改。

〔五〕六百：天頭原批：「『六』一作『八』。」按，以下見《補編》頁五一四。

〔六〕淦：原作「塗」，據《元豐九域志》卷六、《宋史》卷八八《地理志》四改。下同。

〔七〕天頭原批：「『三』一作『二』。」

文；湘潭縣：九千八百四十七貫三十四文；益陽縣：五千六百六十一貫八百八十七文；醴陵縣：六千二百六十四貫五百七十九文；攸縣：三千六百四十九貫五百四十13八文；衡山縣：一萬五百一十九貫五百二十四文；瀏陽縣：四千四百四十六貫一百二十六文；黄簳場：二百二十六貫二百八十八文；永興場：八千九百五十一貫五百九十文。

衡州　舊在城一務，歲八千七百二十七貫。熙寧十年，在城：一萬一千七百六十六貫六百九文；常寧縣：三千三百八十六貫六百九十九文；耒陽縣：六千九十八貫五百二十二文；茶陵縣：二千九百三貫三百六十六文；安仁縣：一千八百九十五貫七百一十二文；茭源坑〔一〕：三百三十一貫九百二十六文〔二〕。

道州　舊在城一務，歲三千三百五十三貫。熙寧十年，在城：六千三百一十四貫六百一十文。

永州　舊在城及祁陽〔三〕、東安縣三務，歲三千九百七十三貫。熙寧十年，在城：四千七百二十七貫六百一十一文；祁陽縣：三千九百八十六貫二百三十文；東安縣：一千三百四十貫六百四十七文。

郴州　舊在城一務，歲三千一百貫。熙寧十年，在城：一萬二千三百八十二貫五百四十八文；桂陽縣：二百貫六百二十二文；宜章縣：六百貫一百九十三文；永興縣：一千一百二十九貫六百二十二文；新塘坑：一百九十三貫九百八十文；浦溪坑：三千四百九十七貫九百九十四文；延壽坑：七百七十四貫七百八十一文；雷溪坑：一十五貫三百二十四文。

邵州　舊在城及武岡、白沙三務，歲三千六百一貫。熙寧十年，在城：九千三十五貫七百三十文；武岡縣：三千二百三貫六百七十文；白沙場：七百七十四貫一百四十七文。

全州　舊在城及路溪二務，歲二千三百四十五貫。熙寧十年，在城：四千六十三貫三百五十一文。

桂陽監　舊在城及板源場二務，歲五千五百二十七貫。熙寧十年，在城：五千四百六十四貫一百文；藍山縣：一十貫八百三文；龍岡坑：六百七十三文；小馬竹坑：一貫一百六十八文；板源坑：七百五十六文；石筭坑：五貫四百一十三文；大富坑：二百五十二貫二百二十七文；小白竹坑：五貫四百七文；毛壽坑：五貫五百五十四文；水頭坑：六十四貫四百二十二文；九鼎坑：九百三十四文。

北路

〔一〕坑：原作「坑」，據《補編》頁五一四改。坑指礦坑。《歐陽文忠公集》卷三五《鄭君墓誌銘》：「監衡州茭源銀冶」，是也。

〔二〕三十：天頭原批：「『三』一作『五』。」

〔三〕祁：原作「祈」，據《元豐九域志》卷六、《宋史》卷八八《地理志》四改。下同。

江陵府　舊在城及沙市、潛江、建寧、松滋、公安、監利、石首縣、赤岸、白茍、涔陽市、藕池、東津、西津十四務，歲二萬六千四百六十六貫。熙寧十年，在城：八千四百六十八貫五百二十八文；監利縣：二千三十八貫二百六十九文；潛江縣：一千五百六十貫一百九十文；松滋縣：一千六百四十貫二十八文；縣鎮：一千六百二貫四百四十七文；東津場：八百七十二貫九百四十文；西津場：一千五十二貫一百五十三文；沙市務：九千八百一貫六十五文；孱陵務：五百九十二貫八百九十六文；建寧務：七百五十四貫二百九十文；玉沙務：四百四十貫六百八十文；14長林務：四千一百六十六貫七百九十六文；師子務：二百三十六貫四百八十五文；公安務：一千四百四十貫七百五十九文；枝江務：一千八百八十七貫六百八十三文；白水務：二千八百九十四貫九百五文；沙岡務：二百九十八貫五百四十四文；赤岸務：九十六貫三百七十一文；山口務：二千五百六十一貫五百七十八文；石首務：五百八貫九十六文；藕池務：一千六百二十五貫九百一十六文；沔陽務：五千六百九十四貫二百二文。

鄂州　舊在城及武昌、崇陽、嘉魚、咸寧[一]、蒲圻縣、金牛、同城鎮八務，歲萬五千四百四十五貫。熙寧十年，在城：一萬四千四百六十二貫一百一十二文；崇信縣：二千二百六十六貫八百六十五文；嘉魚縣：六百四十七貫四百五十九文；咸寧縣：三千三十七貫三百七文；蒲圻縣：一千七百八十一貫四百七十四文；漢陽縣：一萬一千一百四十七貫五百六十九文；漢川鎮：一千一百七十三貫六百一十八文；金牛鎮：八百三十七貫六百五十二文。

安州　舊在城及應城、雲夢、孝感縣、澴河鎮五務，歲萬八千二百三十貫。熙寧十年，在城：二百九貫一百七十一文；應城縣：一千四百六十五貫五百八十九文；景陵縣：四千七百四十九貫一百四文；雲夢鎮：七百三十九貫九百三十一文；澴河鎮：一百九十六貫三百七十三文。

鼎州　舊在城及龍陽、桃源縣、趙塘鎮四務，歲七千二百九貫。熙寧十年，在城：五千一百六十一貫五百四十五文；桃源縣：一千六百四十七貫八百九十二文；龍陽縣：一千三百二十一貫二百九十一文；高居市：六百四十六貫四百九十三文。

澧州　舊在城及慈利、石門、安鄉縣四務，歲五千二百四十三貫。熙寧十年，在城：七千八百四十五貫八百八十二文[二]；石門縣：二千九百四貫一百二十四文；慈利縣：三千九百五貫一百七十七文；安鄉縣：一千五百五十四貫二百一十一文。

[一] 咸寧：原作「威寧」，據《補編》頁五一四、《宋史》卷八八《地理志》四改。
[二] 八十：天頭原批：「『八』一作『九』。」按，以下見《補編》頁五一五。

峽州　舊在城及清江、南湘、牟谷、靖江五務，歲七千三十三貫。熙寧十年，在城：七千五百八貫八百二十九文；安香鎮：七貫二百文；凌江場〔一〕：一千五百四十七貫八百九文；遠安縣：四百七貫二百四十八文；牟谷場：一百五十一貫一百一十一文；古驛鋪：七貫四百文。

岳州　舊在城及華容、平江、臨湘縣、羊角、磊石、澧口、顧市、烏沙、候景、閣子鎮十一務，歲萬四千一百四貫。熙寧十年，在城：二萬五千六百八十四貫三百一十一文；華容縣：六百七貫五百六十一文；沅江縣：八百三十八貫三百二十二文；臨湘縣：六千八百四十六貫一百一十六文；平江縣：二千三百三貫六百八十二文；烏沙鎮：九十二貫七百三十四文；公田鎮：四千八百一十二貫四百文；閣子鎮：五百八十四貫四百七十八文。

歸[15]州　舊在城一務，歲四千一百二十貫。熙寧十年，在城：五千七百九十四貫六百四十三文；興山鎮：九十九貫二百八十四文。

辰州　舊在城一務，歲二千一百八十七貫。熙寧十年，在城：二千六百一十六貫九百二十文。

沅州〔二〕　熙寧十年，在城：一十貫三百六十二文；麻陽縣：二十貫一百四十七文；黔江城〔三〕：二百七十四貫九百一十文；安江寨〔四〕：一十八貫一十三文；鎮江寨：九貫八百三文；朝安鋪：二十貫八百四十二文；洪江鋪：十三貫四百九十八文。

復州　舊在城及沔陽縣二務，歲四千九百七貫。今廢。

漢陽軍　舊在城及下汊、榷務三務，歲萬四千九百八十三貫。今廢。

荊門軍　舊在城及師子場二務，歲萬一千一百六貫。今廢。

成都府路　凡成都府、利、夔、梓四路，並鐵錢。

成都府　舊在城及清流、新都、新繁、靈泉、廣都、温江、雙流、犀浦、郫縣、河屯、雍店、蠶此、招攜、軍屯、洛帶〔五〕、馮街、彌牟、全節、小東陽〔六〕、南津、北津二十一務，歲八十九萬九千三百貫。熙寧十年，在城：六萬七千五百八貫五(千)〔十〕九文四分；温江縣：九千二百二十九貫九百八十六文四分；郫縣：一萬五千三百七貫二百六十九文七分；靈泉縣：六千九百四十一貫七百三文；新繁縣：一萬五千一百九十七貫四百四十三文一分；雙流縣：一萬四千九百二十貫一百三文五分；廣都縣：二萬

〔一〕凌：《補編》頁五一五作「陵」。

〔二〕沅州：原作「元州」，據《元豐九域志》卷六改。

〔三〕城：原作「縣」，據本書食貨二二之二六、《補編》頁七二六改。按《元豐九域志》卷六：「元豐三年以黔江城爲黔陽縣。」是熙寧十年只有黔江城而無黔江縣(黔州別有黔江縣)。

〔四〕安江寨：原作「安仁寨」，據《元豐九域志》卷六改。

〔五〕洛：原作「落」，據《元豐九域志》卷七改。

〔六〕小東陽：原無「陽」字，據本書食貨一九之一六、《元豐九域志》卷七補。

二千五百三十一貫七百五文；新都縣：一萬六千九百二十三貫六百七十九文；犀浦鎮：二千四百九十五貫三百二十二文；籍鎮：五百八十貫二百八十八文〔一〕。

眉州　舊在城及彭山二務，歲十二萬七千一百貫。熙寧十年，在城：三萬八千四百二十二貫七百七十八文九分；東濟：四百一十二貫八百四十文。

蜀州　舊在城及江源、新津、方井、新渠、永康、味江、竹木九場，歲二十一萬九千九百一十貫。熙寧十年，在城：一萬八千四百九十二貫一十一文；江源縣：八千二百四十九貫一百一十八文；永康縣：一萬一千八百一十九貫九十二文七分；新津縣：一萬二千五百三十貫九百七十一文；青城縣：一萬二千九百二十二貫九百四十二文九分；新渠鎮：二千三百七貫八百一十八文七分；味江鎮：五千二百五十一貫六百九十八文六分；青城竹木場：七百八十六貫四百三文；新渠竹木場：一千五十九貫五百五文二分；陶坝寨：一千二百四貫一千七文。

彭州　舊在城及濛陽、永昌縣、堋口、木頭鎮、石粉、安德、永樂八務，歲二十七萬七千八百五十七貫。熙寧十年，在城：三萬一百九十六貫一百七十文五分；導江縣：二萬六千四百三十一貫三百一十五文；導江鎮：五千一百一十四貫七百三十六文二分；永昌場：一萬一千五百一十四貫三百四十七文；濛陽鎮〔二〕：一萬七百二十四貫二百16四十七文七分；蒲村場：六千三百七十九貫五百五十三文九分；堋口場：二千四百四十七貫七百三十四文；木頭場：一千九百二十四貫九百九十文五分；堋口津：五百六十一貫一百一十六文；西津：七百四十五貫九十三文；南津：二百八十六貫五百九十五文。

綿州　舊在城及津溉場二務，歲十二萬六千三百七十五貫。熙寧十年，在城：五萬四千三百七十六貫九百六十六文；彰明縣：二千二十貫一百五文；魏城縣：二千二百九十九貫二百一十六文；羅江縣：二千二百二十三貫三百四十四文；神泉縣：一千四百三十九貫三十一文；龍安縣：四千三十一貫七百五十三文；鹽泉縣：四百九十二貫八百四十七文；石泉縣：一百四十六貫七百七十六文；西昌鎮：二千四百四十七貫四百五十七文。

漢州　舊在城及德陽縣二務，歲十七萬四百八十六貫。熙寧十年，在城：四萬八千三百九十九貫一百二十九文；德陽縣：一萬二千七百七十四貫六百一十七文；什邡縣：九千四百六貫九百三十六文；綿竹縣：八千三十六貫七百二十一文。

嘉州　舊在城及洪雅、懲非、青永、白州、笑江、南津、東津八務，歲十一萬六千一百二十一貫。熙寧十年，在城：三萬二千九百二十三貫八百一十二文；洪雅場：五

〔一〕二百八：天頭原批：「『八』一作『二』。」
〔二〕天頭原批：「『鎮』一作『場』。」

千八百二十八貫九百四十九文；懲非場：一千一百三十三貫二百文。

邛州　舊在城及依政、蒲江、火井、安仁縣、故驛、沙渠、合水、頭泊、臨溪、後田、夾門、延貢、壽安、平樂〔一〕、大邑、思安、西悲〔二〕、婆寨十九場，歲十二萬四千七十貫。熙寧十年，在城：三萬七千四百五十九貫八百四十四文；火井縣：七千一百六十七貫四百五十八文；大邑場：四千一百七十三貫九百六十三文；安仁場：三千一百九十八貫九百七十六文；依政場：五千三百六十二貫一百三十七文；蒲江縣〔三〕：一千五百四十六貫一百四十九文〔四〕；延貢場：一千六百六十三貫一百八文；思安場：一千四百一十一貫七百二文；鹽井頭場：二千四百一十九貫七百五十九文。

黎州　舊在城一務，歲二萬一千三百一十八貫。熙寧十年，在城：三千一百五十貫一百九十六文。

雅州　舊在城及名山、百丈、榮經、盧山縣、平羌津、和川〔五〕、車嶺〔六〕、始陽、靈關、思經十一務，歲三萬二千三十六貫。熙寧十年，在城：一萬三千二百八十六貫五百九十八文；名山茶場：一萬九千五百八十六貫九百一十二文；百丈場：一千四百四十九貫五百五十文；榮經場：九百七十貫二百七十三文；盧山場：六百六貫一百七十五文；平羌津：一百二十八貫三百八十九文。

茂州　舊在城一務，歲千四百貫。熙寧十年〔七〕，在州無；牛溪鎮：一百四十七貫七百七十七文。

簡州　舊在城及平泉、乾封鎮〔八〕、竹木場四務，歲十二萬九千[17]一百五十貫。熙寧十年，在城：三萬一百二十八貫九百七十文；平泉縣：二千七百六十八貫八百九十文一分；江南鎮〔九〕：三百一十七貫六百三十六文。

威州　不立額。

陵井監　舊在城及貴平、井研、籍縣四務，歲八千九百七十五貫。熙寧十年，在監：一萬六千五百四十九貫六百五文；井研場：二千九百一十八貫六百七十七文。

永康軍　舊在城及青城、導江、味江、陶堧五務，歲二十萬九千三百七十貫文。今廢。

梓州路

梓州　舊在城及飛烏二務，歲二十七萬四千四十六貫。熙寧十年，在城：五萬五千七十八貫四十九文；銅山

〔一〕平樂：原作「平縣」，據《補編》頁五一五、《元豐九域志》卷七改。

〔二〕天頭原批：「『悲』一作『卑』。」

〔三〕天頭原批：「『縣』一作『場』。」按，以下見《補編》頁五一六。

〔四〕天頭原批：「『四十九』一作『九十四』。」

〔五〕和川：原作「和州」，據《補編》頁五一六、《元豐九域志》卷七改。

〔六〕嶺：《補編》頁五一六、《元豐九域志》卷七作「領」。

〔七〕十年：原脱，據《補編》頁五一六補。

〔八〕鎮：原作「縣」。按，據《元豐九域志》卷七，「乾封」乃平泉縣下鎮名，非縣。因改。

〔九〕鎮：原作「縣」。按，據《元豐九域志》卷七，「江南」乃陽安縣下鎮名，非縣。因改。

場：一百三十三貫二十九文；中江場：一千五百六十六貫七百五十九文；東關場：一百九十二貫二百九十三文〔一〕；射洪場：二百七十一貫四百二十三文；飛烏場：五千七十八貫三百六十三文；鹽亭場：二百七十四貫二百三十三文；安泰場：二百三十貫八百一十二文；涪城場：九百五十一貫七百二十八文；通泉場：五百一貫一十一文。

遂州　舊在城及白水二務，歲二十八萬六百七十六貫。熙寧十年，在城：四萬八千四百三十八貫二百二十四文；泉水場：一千七百九貫一百五十二文。

果州　舊在城一務，歲十四萬八千一百八十八貫。熙寧十年，在城：三萬二千四百七十八貫七百八十九文。

資州　舊在城一務，歲九萬二千六百七十七貫。熙寧十年，在城：一萬一千三百八十九貫七百六十四文。

普州　舊在城一務，歲六萬八千三百二十一貫。熙寧十年，在城：一萬七千八百六十四貫一百一十四文；安居場〔二〕：一百二十五貫七百三十六文；樂至場：三百六十七貫五十一文。

昌州　舊在城及大足、昌元、永川〔三〕、龍水、陔山、米糧、李店、龍安、劉安〔四〕、安仁、静南、河樓、永康、一驅〔五〕、僚母、賴川〔六〕、寶蓋、龍會、永安、趙市、龍門、清灘、豐安、歸仁、磑子、小井、灘子、舊州、永昌、鐵山、龍歸、來蘇〔七〕、候溪、永祥、牛尾、永興、懽樂〔八〕、成昌三十八務〔九〕，歲五萬一千五十七貫。熙寧十年，在城：一萬一千四百五十六貫二百八十五文；昌元縣：一百三十四貫四百文；永川縣：一百五十四貫八百三十四文。

戎州　舊在城及南溪、宜賓縣三務，歲十萬三千二百四十五貫。熙寧十年，在城：一萬三千四百一十貫一百二十文〔一〇〕；宜賓場：四百貫；南溪：四百貫文。

瀘州　舊在城及綿水、江安、江口、安夷、七里六務，歲十一萬三千二百九十三貫。熙寧十年，在城：二萬五百一貫八百四十文；合江縣：五十貫；綿水場：一千八十貫文。

合州　舊在城一務，歲十三萬七千二百六貫。熙寧十年，在城：三萬七千五百九十七貫四百文。

榮州　舊在城一務，歲四萬七千三百四十七貫。熙寧十年，在城：七千四百一十七貫二百九十五文；威遠縣：

〔一〕天頭原批：「『三』一作『五』。」
〔二〕天頭原批：「『居』一作『店』。」按，作「店」誤，安居乃縣名，又鎮名。
〔三〕川：原作「州」，據《補編》頁五一六改。
〔四〕天頭原批：「『安』一作『仁』。」按，作「仁」誤。
〔五〕天頭原批：「『一』一作『二』。」按，《元豐九域志》卷七大足縣下有三驅磨鎮，疑是。
〔六〕賴：原作「頼」，據《元豐九域志》卷七改。
〔七〕來：原作「未」，據《補編》頁五一六、《元豐九域志》卷七改。
〔八〕懽：原作「權」，據《補編》頁五一六、《元豐九域志》卷七改。
〔九〕成昌：《元豐九域志》卷七作「咸昌」。
〔一〇〕一百：天頭原批：「『一』一作『五』。」

三百二貫五百五十18七文；資官縣：四百二十七貫八百七十四文〔一〕；應靈縣：六百二十三貫六百七十四文。

渠州　舊在城一務，歲五萬三千二百二十一貫。熙寧十年，在城：一萬五千五百六十三貫三十三文。

懷安軍　舊在城及金堂、古城三務，歲十八萬一千四百八十八貫〔二〕。熙寧十年，在城：二萬一千一百四十八貫一百二十文；金堂縣：六百五十一貫五百七十五文；古城鎮：二千三百三十八貫二百六十三文。

廣安軍　舊在城及岳池、單溪三務，歲四萬二千七百八十六貫。熙寧十年，在城：一萬七千五百五十四貫五百三十九文；岳池縣：一百九十三貫八百五十文；新明縣：五百九貫八百九十文。

富順監　舊在監一務，歲四萬四千三百四十九貫。熙寧十年，九千七百八十八貫五百四十一文。

利州路

興元府　舊在城及城固〔三〕、西縣三務，歲四十二萬六千一百四十六貫。熙寧十年，在城：五萬四千九百六十七貫六百文；城固縣：六千二百九十三貫二百一十一文；褒城縣：九千七百一十一貫一百二文；西縣：一萬四千九百四貫八百六十三文；圓融橋〔四〕：一千五百六十五貫四百一十三文。

利州　舊在城及葭萌、昭化縣三務，歲十三萬四千五百六十三貫。熙寧十年，在城：四萬三千五十一貫七百二文；葭萌縣：一千五百三十一貫八百三十一文；嘉川縣〔五〕：一千九百六貫二百六十九文；昭化縣：二千四百五十貫三百五十七文。

洋州　舊在城及壻水、西鄉、平定、子午、鶏雄、遊仙〔六〕、少府八務，歲七萬五千二十二貫。熙寧十年，在城：二萬二千二百六十二貫三百十六文；西鄉縣：一千三百九十八貫九百八十八文；雞雄場：五十一貫八百七十四文；牛羊場：三千一百一十一貫四百六十四文。

閬州　舊在城一務，歲十五萬一百六十五貫。熙寧十年，在城：二萬五千七百四十一貫五百一十二文；南部縣：二十三貫八十文；新井縣：一百四十九貫六百一十一文；蒼溪縣〔七〕：一百二十八貫八百一十一文；西水縣：五十貫九百六十四文；新政縣：七十二貫三十九文；奉國縣：六十六貫二百五十一文〔八〕。

劍州　舊在城及梓潼、武連、劍門、陰平、普成〔九〕、臨

〔一〕十七：天頭原批：「『七』一作『三』。」
〔二〕歲：原脱，據《補編》頁五一六補。
〔三〕固：原作「周」，據《元豐九域志》卷八改。
〔四〕圓：《元豐九域志》卷七作「元」。
〔五〕川：原作「州」，據《元豐九域志》卷八改。
〔六〕遊仙：《長編》卷二九七作「仙遊」。
〔七〕蒼：原作「倉」，據《元豐九域志》卷八改。
〔八〕天頭原批：「『二』一作『七』。」按，以下見《補編》頁五一七。
〔九〕成：原作「城」，據《元豐九域志》卷八改。

津七務，歲十萬六千二百四貫。熙寧十年，在城：一萬八千五百九十四貫五百文；梓潼縣：一萬八千五百一十四貫五百一十二文；陰平縣：四千七百四十三貫五百三十三文；武連縣：一千三百六貫六十文；普成縣：一千七百四十六貫一百八十八文；普安縣：一百九十二貫六百八十五文；劍門務：七千九百四十八貫七百五十二文。

巴州　舊在城及七盤、恩陽、曾口、其章五務，歲三萬七千一百四貫。熙寧十年，在城：五千五百六十一貫九百四十五文；恩陽縣：一百六十七貫八百四十八文；曾口縣：二百九19十六貫八百三十七文；通江縣：四千八百七十八貫四百八十九文；難江縣：三千九貫一百二文〔一〕；清化鎮：一百七十一貫五百二十三文。

文州　舊在城及水口、扶州、安昌、毷毸、曲水六務，歲二萬六千五百九十八貫。熙寧十年，在城：八千六百三十四貫六百七十三文，保安務：六千一百三十四貫三百五十九文；扶州務：三十二貫九百三十五文；曲水鹽稅：三百七貫六百文。

興州　舊在城及長舉二務，歲七萬九千一百三十貫。熙寧十年，在城：三萬三千一百一十五貫六百五十三文；長舉場：二千三百五十八貫一百五十九文。

蓬州　舊在城一務，歲三萬六百五十一貫。熙寧十年，在城：四千六百八十六貫九百一十三文；儀隴縣：九百二十九貫八百七十八文；營山縣：六百四十二貫四百五十六文；伏虞縣：五百五十二貫六百七十二文。

龍州〔二〕　舊在城及清川二務，歲萬六千二百九十二貫。熙寧十年，在城：一萬四千五百二十七貫二十六文；清川縣：五千四百七貫三百二十一文。

三泉縣　舊在城及西縣二務，歲十二萬一千五百貫。熙寧十年，在城：一萬八千五百八十六貫一百三十三文；金牛鎮：八貫一百三十八文；青烏鎮〔三〕：六貫一百九十七文。

集州　舊在城及永城、清化、塗輪、厥坡、大牟、盤道七場，歲萬一千八百二十七貫。今廢爲縣。

壁州　舊在城一務，歲二萬五千七百二十六貫。今廢。

夔州路

夔州　舊在城及巫山縣二務，歲十三萬二千三百三十一貫〔四〕。熙寧十年，在城：二萬一千二百九十二貫九百九十九文；巫山縣：一萬四千一百五十貫五百三十八文。

黔州　舊在城及鹽井、信寧、南州、龍門、雙牌、龍合七

〔一〕九貫：原作「九十」，據《補編》頁五一七改。

〔二〕龍州：原作「隴州」，據本書食貨一九之一九、《輿地廣記》卷三二改。《元豐九域志》卷八作「政州」，按龍州政和五年改作政州，是《九域志》本亦作「龍州」，後人妄改爲「政州」。隴州則自在秦鳳路，此誤。

〔三〕天頭原批：「『烏』一作『鳥』。」按作「烏」是。

〔四〕天頭原批：「『二千三』一作『一千二』。」

務，歲四萬一千三百九十六貫。熙寧十年，在城：一萬一百八十五貫三百七文；黔江縣：九百七十七貫六百三十文[一]；鹽井鎮：一千三百八貫七十三文；玉山鎮：二百六十貫三百七十八文；信寧場：一百九十二貫九百七十文。

達州[二] 舊在城一務，歲六萬九千八百三貫。熙寧十年，在城：一萬九千七百一十九貫八百六十七文七分；永睦縣：二百五十四貫七百七十二文；新寧縣：四百四十七貫八百九十三文；東鄉縣：五百七十九貫一百九十文；巴渠縣[三]：三百八十六貫七百九文。

施州 舊在城及五重、建陽、新化、椒漆五務，歲六萬一百五十九貫。熙寧十年，在城：五千六百貫一百一十四文；朱溪場：一百五十四貫四百四十九文；建陽津：二百一十二貫九十四文；支圍鋪：七十九貫八百二十八文；太平鋪：八貫四百文；舊臼鋪：一百二十二貫九百文；施度鋪：一百一十七貫三百一十七文。

忠州 舊在城及豐都二務，歲四萬五千九百三十二貫。熙寧十年，在城：一萬四千四百二十貫九百二十六文；豐都縣：[20] 七百四十八貫九百九十六文；墊江縣：二千六百六十八貫六百一十四文；南賓縣：三百八十六貫九百六十文；尉司：七百六十貫七百九十二文。

萬州 舊在城及巴陽、漁陽、武寧、北淹、同寧六務，歲四萬二千一百十二貫。熙寧十年，在城：一萬七千六十二貫八百八十文；武寧縣：一十三貫八十文。

開州 舊在城一務，歲二萬三千二百六十四貫。熙寧十年，在城：五千八百三十四貫九百七十文；封鹽場：一千五百三十四貫五百九十四文。

涪州 舊在城及温山、武龍、白馬、新豐、石門六務，歲七萬一千三百二十貫。熙寧十年，在城：二萬八千三百八十五貫四百五十六文；樂温縣：二千三百二十九貫四十五文；白馬津：四千一百五十一貫九百三十七文；陵江場：一十貫六百九十六文；温山：一十貫三百一文。

渝州 舊在城及壁山、馬驍三務，歲四萬八千三百六十五貫。熙寧十年，在城：三萬一千六百一十五貫九百七十七文；江津縣：五千九百九十五貫四百九十三文；壁山縣：一千五百五十一貫二百二十文。

雲安軍 舊在城及編欄司二務，歲四萬三千七十一貫。熙寧十年，在城：一萬七千八百三十六貫六十八文；雲安監：七百一貫一百五十一文。

梁山軍 舊在城一務，歲六千七百四十二貫。熙寧十年，在城：二千五百一十七貫七百九十七文六分。

南平軍 熙寧十年，在城：一千四百三十三貫九百二

[一] 天頭原批：「『二』一作『五』。」
[二] 達州：原作「逵州」，據《元豐九域志》卷八改。
[三] 巴渠：原作「邑渠」，據《元豐九域志》卷八改。

十七文；南川縣：一千二百五十八貫五百八十一文；隆化縣：七百五十六貫四百一十二文。

大寧監　舊在監一務，歲七萬三千九百三十三貫。熙寧十年，一萬二千九百三十九貫八百四十三文。

福建路

福州　舊在城及閩清、懷安、寧德、長溪、永昌、永泰、長樂、古田、連江、福清縣、寶興銀場十二務，歲三萬一千九百七十貫。熙寧十年，在城：三萬八千四百貫五百一十二文；懷安縣：七十三貫七百八十七文；連江縣：四千二百六十貫九百四十二文；羅源縣：二千三十五貫五百四十四文；寧德縣：一千八百七十七貫六百六十五文；長溪縣：五千六百六十貫八百九十文；閩清縣：一千五百八十四貫四百八十六文〔一〕；永泰縣：二千二百二十貫三百三十六文〔二〕；古田縣：四千三百五十五貫九百六十七文；長樂縣：二千六百五十四貫七百一十二文；福清縣：六千四百八十貫六百一十五文；寶興場：七貫七百五文；水口鎮：五千九百二十一貫五百八十八文；黄洋場〔三〕：二十貫五百九十八文；長溪場〔四〕：一十五貫一百七十五文。

建州　舊在城及建陽、浦城、崇安、松溪、關隸〔五〕、龍焙七務，歲二萬四千八百六十三貫。熙寧十年，在城：一萬五千九百八十七貫三百八十七文；建陽縣：八千四百三十六貫七百一十八文；浦城縣：一 21 萬五千七百二貫五百七十文；崇安縣：三千二百三貫七十一文；松溪縣：二千二百七十九貫一百一十文；關隸縣：一千六百四十二貫七百二十三文；遷陽鎮：三千四百五十貫六百九十五文；監庫：四貫四百四十八文；黄柏洋場：二十三貫六百四十三文；天受場：一十九貫三百七十一文；通德場：六十五貫五百八十五文；武仙場：三十貫九百三十一文；永興場：八貫六百五文；臨江務：一十八貫五百二十六文；蕉溪坑〔六〕：一貫三百九十六文；大同山〔七〕：三貫六百二十五文；潘家山：一貫九百三十六文。

泉州　舊在城及南安、惠安、同安、永春、清溪、德化縣、青陽、大盈九務，歲二萬一千四百四貫。熙寧十年，在城：一萬九千九百三十九貫三百五十三文；南安縣：四千七百五十三貫七百五十八文；惠安縣：二千三百四十八貫六百三十九文；清溪縣：一千五百六十三貫八百五

〔一〕十四：天頭原批：「四」一作「八」。按，以下見《補編》頁五一八。
〔二〕三十：天頭原批：「『三』一作『六』。」
〔三〕場：原作「縣」。按，據《元豐九域志》卷九福州永泰縣注，黄洋乃銀場，非縣，因改。
〔四〕場：原作「縣」，據《補編》頁五一八改。
〔五〕關：原作「開」，據《補編》頁五一八、《元豐九域志》卷九改。下同。
〔六〕蕉：《元豐九域志》卷九作「焦」。
〔七〕大同山：原作「火同山」，據《元豐九域志》卷九改。《明一統志》卷七六：「大同山，在浦城縣西南九里。」

十六文；德化縣：一千二百六貫四百八十七文；永春縣：二千三百七十三貫八百二十四文；同安縣：一萬二千九十三貫三百五十四文；淄在鎮〔一〕：一千三百九十三貫七百二十一文；倚羊場：五貫七十一文；五華場：一十一貫三百五文；青陽務：二十五貫七百八十八文；大盈務：三百一十一貫七百五十文。

南劍州　舊在城及順昌、尤溪、將樂、沙縣、龍蓬、梅營〔二〕、王豐〔三〕、杜唐、安仁、新豐、亳歷、龍泉十三務，歲萬八千七百九貫。熙寧十年，在城：一萬五千五百九十六貫二百六十七文；順昌縣：三千二十六貫六百八十文；沙縣：五千四百五十四貫九百三十一文；尤溪縣：三千八百八十四貫六百八十二文；將樂縣：三千一十貫九百三十七文；龍門場：一百九十九貫三百九十七文；寶應場：八十三貫八百八十一文；周田場：三十三貫九百四文；小安仁場：九貫七百八十七文；安仁場：二百四十一貫五百六文；大演場：二百八十八貫八百六十文；葉洋場〔四〕：一百八十六貫七百五十八文；杜唐場：一十四貫五百九十六文；石牌場〔五〕：二百五十貫七百五十一文；漆坑場：三百九十六貫三百七十二文。

汀州　舊在城及寧化、武平、上杭、鍾寮、黃焙、寶安、龍門八務，歲萬二百三十一貫。熙寧十年，在城：五千八百二十三貫七百八十四文；寧化縣：六千八百三十七貫八百二十文；上杭縣：七百七十三貫八百六十一文；武平縣：九百八貫八十七文；留村鎮：一百六十六貫八十七文；上寶場〔六〕：三百六十一貫六百八十四文；寶安場〔七〕：六貫五百四文；龍門舊場：二貫二百三十文；龍門新場：八貫五百六十二文；長永坑：二百五十九貫七十一文。

漳州　舊在城及漳浦、龍巖、長泰縣、清遠、敦照、耕園、習德、巖洞、峽裏十務，歲 22 萬一千六百五十七貫。熙寧十年，在城：六千一百一十貫七百五十六文；漳浦縣：三千一百九十五貫九百六十二文；龍巖縣：一千九百八十六貫八百二十三文；長泰縣：一千四十貫八百四十四文；大濟場〔八〕：三百四十六貫八百七十五文；耕園務：一百一十七貫四百八十三文；清遠務：一百三十六貫九

〔一〕鎮：原作「縣」，據《補編》頁五一八改。
〔二〕梅營：原作「海瀛」，《補編》頁五一八作「海營」，據《元豐九域志》卷九、《文獻通考》卷一八改。
〔三〕王豐：原作「玉豐」，據《補編》頁五一八、《文獻通考》卷一八改。
〔四〕葉洋：原作「華洋」，據本書食貨二二之二八、又三三之二、《補編》頁七二七改。
〔五〕石牌：原作「石碑」，據《補編》頁五一八、本書食貨二二之二八、《元豐九域志》卷九改。
〔六〕上寶：原作「主寶」，據本書食貨三三之二、《元豐九域志》卷九改。
〔七〕寶安場：原作「寶安縣」，據本書食貨二二之二九、又三三之二、《補編》頁七二七改。
〔八〕大濟：原作「火濟」，據本書食貨二二之二九、又三三之二、《元豐九域志》卷九改。

百三十一文；峽裏務：五百一十四貫五百九十九文；習德務：八十五貫三百七十一文；敦照務：六十二貫九百三十七文；海口務：一千三百九十一貫五百三十九文。

邵武軍　舊在城及歸化、建寧縣三務，歲八千二百九十三貫。熙寧十年，在城：九千八百三十六貫三百三十九文；光澤縣：六百二十九貫五百九十八文；歸化縣：二千二十貫六千八十七文；建寧縣：三千四百三十五貫四百三十二文；黃土場〔一〕：四十二貫六百八十五文；龍須場〔二〕：七貫八百二十七文；太平場：六十八貫二百三十三文。

興化軍　舊在城及莆田、黃石、仙遊、石碧潭〔三〕、龍華、風亭、興化八務，歲四千八百五貫。熙寧十年，在城：三千九百八十七貫一百七十九文；興化縣：六百七十九貫六百九十三文；黃石務：一百貫七十六文；迎仙務：八十一貫三百二十六文；縣市務：八百八十一貫八百一十二文；石碧潭務：二百三十八貫八百三十七文；風亭務：三百八十一貫一百四十三文；龍華務：二百九十一貫三百四十文。（以上《永樂大典》卷一七五五六）

〔一〕黃土：原作「黃士」，據本書食貨三三之二、《元豐九域志》卷九改。
〔二〕龍須：《元豐九域志》卷九作「龍鬚」。
〔三〕石：原脫，據下文及本書食貨二二之二九、《補編》頁七二八補。

商税三〔一〕

商税歲額三〔二〕

1 廣南路　東路

廣州　舊在城及清遠、增城、新會、四會、信安、懷集縣〔三〕、扶胥口、尼子〔四〕、馬頭、上岡、厥口、吉河、東南河道十四務，歲二萬七千二十二貫。熙寧十年，在城：三萬七千三百八貫二百二十九文；增城縣：二千五百二十六貫三百九十四文；新會縣：五千六百一十六貫七百二十八文；清遠縣：六千七百七十貫八十四文；懷集縣：一千四百八十九貫三百六十九文；東莞縣：五千四百十七貫四百一十八文；金牛、馬頭岡、馬寧等鎮：一千一百八十貫四百八十四文；扶胥口鎮：九百一十九貫三百四十三文；尼子鎮：一百五十九貫五百五十二文；厥口鎮：四百二十貫七百四十七文；鄉遥場〔五〕：三百五十四貫五百六十五文；上雲場：三十九貫八百三十九文；管曲龍場：三百六十三貫三百八十七文；吉利場：三千二百四十五貫四百九十文；亭頭場：六百貫；吉河場：三十六貫九百五十七文；東南河道場〔六〕：二千六百二十四貫八百九十九文。

韶州　舊在城及翁源、樂昌、仁化縣、濛湨〔七〕、白石、靈源、樂昌場、王壺嶺〔八〕、螺坑、馬嶺、舟頭、高藤津十三務，歲四千六百六十二貫。熙寧十年，在城：一萬六千九百六十二貫一百五十四文；翁源縣：五十七貫一百二十一文；樂昌縣：六百二十二貫四百五十四文；仁化縣：五百六十二貫二百九十五文；濛湨鎮：一千九百三貫 **2** 五百七十五文；白石場：五十貫二百八十七文；大湖場：三十貫五百三十一文；浙橋場：二貫五百七十四文；靈源場：一百八十一貫七百九十文；伍汪場〔九〕：一百三十六貫七百七十三文；岑水場：二千一百一十三貫二

〔一〕原題作「商税四」，此是《大典》卷一五四三三原有之標目，今據本書編序改。
〔二〕原無此題，承上二卷加。
〔三〕懷集：原作「懷樂」，據下文及《元豐九域志》卷九改。
〔四〕尼子：《元豐九域志》卷九作「足子」。
〔五〕鄉遥：本書食貨二三之一、《補編》頁七二八作「鄉逕」。
〔六〕東南河道場：本書食貨二三之一、《補編》頁七二八無「河」字。
〔七〕湨：原作「瀼」，據《元豐九域志》卷九改。下同。《字彙補》：「湨，濛湨，驛名，在曲江縣。」
〔八〕王壺嶺：《元豐九域志》卷九翁源縣下有玉壺鎮，本書食貨二三之一、《補編》頁七二八又作「玉湖鎮」，疑「王」爲「玉」之誤，「嶺」爲「鎮」之訛。
〔九〕伍汪：原作「任汪」，據本書食貨三三之三、《元豐九域志》卷九改。

百三十七文；黃坑場〔一〕：一千一百六十貫一百三十五文；蘇平場：二百九十六貫文；大富場：九貫二百四十一文；石膏場：七貫文；州頭津：一千二百一十九貫三百三十一文。

循州　舊在城及興寧、龍川、羅翊四務，歲二千五百九十貫。熙寧十年，在城：一十六貫一百三十五文；長樂縣：三十二貫七百八十六文；興寧縣：一貫九百九十六文。

潮州　舊在城及潮陽、松口、招迎、黃崗五務，歲萬七百九十九貫文。熙寧十年，在城：一萬五千三百二十九貫一百七十四文；程鄉縣：二千九百二十二貫九百六十二文；潮陽縣：七千六百三十九貫二百六十五文；圃灣鎮：二千七百四十貫三百五十七文；黃崗鎮：一百八十九貫九百二十五文；橫衝錫場〔二〕：一百八十八貫文；烏闘溪銀場：一百五十貫文；石阮銀場：八貫五百文；樂口銀場：五百九十貫六百五十文；强豐濟銀場：三百二十二文；松口務：三十一貫四百五十一文；焦溪鋪：二百貫九百五十一文；招迎鋪：二百九十二貫二十八文。

連州　舊在城及桐臺、清龍、保安四務，歲四千一百一十五貫。熙寧十年，在城：六千八百五十九貫四百五十六文；陽山縣：3三百一十二貫四百三十二文；連山縣：三百七十貫二百七十二文；桐臺鎮：八十二貫三百九十一文；清隴鎮〔三〕：六十三貫六百四十二文；保安鎮：二十六貫七百五十五文。

賀州　舊在城及遨崗市、武安短潭市、北度樊村市〔四〕、南鄉市、太平市、古潭市、川石市、白博市、古城亭步市〔五〕、寶城市〔六〕、馮乘市、尖山市〔七〕、廣利市、白霞市、龍崗龍合市〔八〕、龍腹市〔九〕、峽溪市〔一〇〕、清河市、寶建市、桂嶺市二十一務，歲二千四百三十貫。熙寧十年，在城：三千二百三十八貫四百七十一文；富川縣：一千四百九十八貫四百九十六文；桂嶺縣：五百八十五貫九百八十一文。

封州　舊在城及開建縣、六虛市三務，歲千八百二十三貫。熙寧十年，在城：三千三百五十九貫四百八十二文；外場：二百一十五貫六百九十六文；五虛：二千一十六貫一百四十二文。

〔一〕黃坑：原作「黃阮」，據本書食貨三三之三、《元豐九域志》卷九改。此爲銀坑。

〔二〕橫衝：原作「橫街」，據本書食貨三三之三、《元豐九域志》卷九改。

〔三〕清隴：上文作「清龍」，《元豐九域志》卷九作「清瀧」。

〔四〕按，本書食貨三三之四、《補編》頁七三〇有「地度市」、「樊村市」，疑此處「北」爲「地」之誤。此以二市合併計税，故合稱，下文亦有合計之例。

〔五〕按，本書食貨三三之四、《補編》頁七三〇有「吉城市」而無古城市，當是一地，「古」、「吉」未知孰是。

〔六〕寶：原作「實」，據本書食貨三三之四、《補編》頁七三〇改。

〔七〕尖：原作「大」，據本書食貨三三之四、《補編》頁七三〇改。

〔八〕按，本書食貨三三之四、《補編》頁七三〇「龍崗市」、「龍合市」分爲二市。

〔九〕腹：本書食貨三三之四、《補編》頁七三〇作「復」。

〔一〇〕「峽」上原有「遨」字，據本書食貨三三之四、《補編》頁七三〇刪。

端州　舊在城一務，歲二千六百五十九貫。熙寧十年，在城：七千九百一十四貫六百一文；四會縣：三千二百三十七貫九百八十文；三水鎮：二十一貫五百七文；胥口鎮：八千五百五貫三百一文；黄客步：九十貫八百二十七文〔一〕。

新州　舊在城一務，歲三百一貫〔二〕。熙寧十年，在城：九百一十八貫七十四文；索盧場：三十貫七十一文；信安場：七十七貫四百五十四文；布榮場〔三〕：六十二貫三百四十文。

康州　舊在城及都城、悦城、瀧水〔四〕、新虚、歸虚、晏虚、霸圖〔五〕、合水、横岡、都合、扶竈、馬虚、招商、房店十六務〔六〕，歲 **4** 五千五十五貫。熙寧十年，在城：三千七百三十四貫七百八十五文；瀧水鎮：五百八十六文；都城鎮：八百五十七貫四百一十五文；悦城鎮：五百二十貫六百一十二文。

南恩州　舊在城一務，歲八百四十六貫。熙寧十年，在城：三千三百九十三貫七百六十九文；陽春縣：八百六貫八百五十三文；銅陵場：八貫六百四十六文；陽江場：三千七貫二百八十五文；峒山場：三貫二百文；博學場：七貫五百五十二文；富林場：四貫三十四文；辣峒場：五貫八百一十一文；朝禄場：二貫三百四十三文；饅頭場〔七〕：一十一貫三百七十文；白水場：四貫八百三十二文；丹輪場：二貫八百五十四文。

南雄州　舊在城及始興、邑溪〔八〕、懷化、溪塘、下坡六務，歲六千七十三貫。熙寧十年，在城：一萬二百二貫八百三十九文；始興縣：二千一百三十三貫五百六十七文；溪塘鎮：九百九十一貫八百二十三文。

英州　舊在城及浛光〔九〕、清溪、禮平、賢德、堯山、竹溪、羅口八務，歲八千二百四貫。熙寧十年，在城：一萬四千三百一十三貫二百四十二文；浛光縣：八千六百三十六貫四百二文；竹溪場：九百一十貫一百五十八文；鍾峒場：一百七十七貫二百九十六文；大康場：一貫二百文；宜安場：八百九十四貫八百四十八文；羅口場：三千二百二十四貫八百八十四文；清溪場：五千七百七十五貫九百三十八文；堯山場：九百七十四貫九百八十四文；師 **5** 子場：四百二十五貫九百四文；賢德場：八百二十九貫三百五十九文；銀江場：二百三十貫四百八十

〔一〕天頭原批：「『二』一作『三』。」按，以下見《補編》頁六七一。
〔二〕天頭原批：「『百』一作『千』。」
〔三〕榮：本書食貨二三之五、《補編》頁七三〇作「勞」。
〔四〕瀧水：原作「隴水」，據本書食貨二三之五、《補編》頁七三〇、《元豐九域志》卷九改。下同。
〔五〕霸圖：原作「霸圓」，據本書食貨二三之五、《補編》頁七三〇改。
〔六〕十六務：按此僅十五務，疑有脱。
〔七〕饅頭：原作「鏝頭」，據《補編》頁六七一改。
〔八〕邑：本書食貨二三之六、《補編》頁七三〇作「邕」。
〔九〕浛：原作「洽」，據《元豐九域志》卷九改。下同。

一文；鳳林虛：一百九十四貫七百九十四文；大岡虛：七百八十八貫一百一十六文；陽溪虛：四百八十三貫六百文；板步虛：三百七貫四百四文；長岡虛：四百八十二貫六百二十二文；黄牛虛〔一〕：六百一貫二百七十七文；臺石虛：八百四十六貫五文；光口虛：三百九十三貫二百四文；龍崗虛：四百三十五貫三百一十七文；白駒虛〔二〕：九百二十八貫七十六文；回口虛：七百七十六貫一百九十一文；蓮塘虛：三百五十一貫；三接團：三百二十二貫四百文。

惠州　舊在城及河源、博羅、海豐縣四務，歲三千五百九十一貫。熙寧十年，在城：八千五百七十七貫七百七十七文；河源縣：三千六百七十五貫六百七十三文；博羅縣：一千四百二十八貫二百七十六文；海豐縣：二千二百八十九貫四百四十三文。

梅州　舊在城及雙派場二務，歲一千四十三貫。今廢。

春州　舊在城及銅陵縣、陽江場、饅頭〔三〕、博學、富林、洞石、潮禄〔四〕、剌銅虛等九務〔五〕，歲四百二十六貫。今廢。

西路

桂州　舊在城及臨桂、陽朔、永福、慕化、理定、永寧、義寧、靈川、脩仁、荔蒲、興安縣、古縣、胡桃場十四務，歲四千九百五十五貫。熙寧十年，在城：六千六百七十五貫四百三十五文；靈川縣：一千四百八十二貫五百二十四文；興安縣：一千九百二十一6貫一百五十四文；義寧縣：七百七十一貫六百八十文；古縣：三百五十一貫二百二十四文；荔蒲縣：一千九百二十八貫九百一十九文；永福縣：五百九十三貫五百五十一文；陽朔縣：一千三百五十一貫七百一十三文；胡桃場：四千七貫九百七十四文；脩仁場：七百四貫四百六十七文；浪石場：六十四貫五百四十三文；慕化鎮〔六〕：五十貫三百九十六文。

容州　舊在城及北流、陸川、平龍、博當鎮五務〔七〕，歲三千四百三十九貫。熙寧十年，在城：一千七百六十一貫六百七文；北流縣門〔八〕、龍門、平温、中和、峩石等場：六百一十四貫九百二十文；陸川縣雙檐、公平等：五百一十二貫三百一十五文；博當鎮：五十五貫五百七十文。

〔一〕黄牛：原作「黄中」，據本書食貨二三之六、《補編》頁七三一改。
〔二〕天頭原批：「『駒』一作『鈎』。」按，以下見《補編》頁六七二。作「鈎」誤。
〔三〕饅：原作「鏝」，據《補編》頁六七二改。
〔四〕潮：上文南恩州下作「朝」。
〔五〕剌銅：上文南恩州下作「辣峒」，「剌」與「辣」音同，「銅」似當作「峒」。
〔六〕鎮：原作「縣」。按《宋朝事實》卷一九：「嘉祐六年省慕化縣入臨桂縣。」則熙寧十年已無此縣。又《元豐九域志》卷九，臨桂縣下有慕化鎮，是縣廢後改爲鎮。據改。
〔七〕當：原作「常」，據下文及《元豐九域志》卷九改。
〔八〕「門」字疑衍。據下文「陸川縣雙檐」例，此句當以「北流縣龍門」連讀。

邕州　舊在城一務，歲千六百七十九貫。熙寧十年，在城：二千五百九十八貫三百二十二文；外場：一千二百七十四貫八百六文。

象州　舊在城及石平、利仁虛、民武、陽口、武津、金鎮七務，歲千三百七十三貫。熙寧十年，在城：一千九百三十一貫八百一十五文；來賓縣：三百一十三貫二百八十九文一分三釐；武仙縣：六十一貫四百三十二文六分六釐；陽口鎮〔一〕：一十五貫二百四文四分二釐；武津鎮：一十三貫一十五文三分一釐；利仁虛：七十四貫一十九文一分六釐；鄭馱虛：一十貫五百九十四文；油藍虛：九貫一百九十一文；石傳虛：六貫三百一十二文；足莫虛：三十九貫七百八十[7]八文；大烏虛：六十八貫六百二十三文；廣化虛：三十七貫五十二文；張峒虛：六貫三百七十八文；足連在虛：一十二貫九百三十二文；五鹽鋪：二貫二百四文。

融州　舊在城一務，歲二百六十七貫。熙寧十年，在城：三百九十一貫三百四十八文；外場：六十四貫。

昭州　舊在城及荊硤、擽安、牛泉、現步、静戎、思賀、白沙弄、諸松門〔二〕、永安、龍平、恭城十二務，歲千九百六十一貫。熙寧十年，在城：二千一百四十四貫八百四十五文；立山縣：九百一十八貫七百文；恭城場：二百八十貫七十三文。

梧州　舊在城一務，歲二千二十一貫。熙寧十年，在城：二千九百九十三貫七百五十一文。

藤州　舊在城一務，歲千三百二十六貫。熙寧十年，在城：二千五百二十一貫七百九十一文；岑溪縣：三百二十四貫六百四十六文；棠林場〔三〕：一百一十貫六百七十四文；小虛：二百三十一貫六百三十二文。

龔州　舊在城一務，歲五百一十五貫〔四〕。熙寧十年，在城：一千二百四十八貫七百四十九文。

潯州　舊在城及北津、鬱江三務，歲八百六十三貫。熙寧十年，在城：一千三百八十三貫二百八十一文。

貴州　舊在城及含山、穿山、平悦、康和、都録〔五〕、易今〔六〕、都零、龍山鎮、大利、懷澤場十一務，歲千三百一十一貫。熙寧十年，在城：二千一百三十八貫九百五十六文。

柳州　舊在城及樂曇、柳城、洛容、洛信、洛勾、武義、江口、思順九務，歲千八[8]百八貫。熙寧十年，在城十二務：三千六百四十三貫四百六十五文。

〔一〕陽口鎮：原作「陽鎮口」，據上文「陽口」乙。
〔二〕諸松門：按《元豐九域志》卷九恭城縣下有松門鎮，無「諸」字，疑衍。
〔三〕棠林：原作「常林」，據本書食貨三三之一六、《補編》頁一五九、《元豐九域志》卷九改。
〔四〕十五：天頭原批：「『五』一作『六』。」
〔五〕録：《元豐九域志》卷九作「禄」。
〔六〕今：《元豐九域志》卷九作「令」。

宜州　舊在城及智州、懷遠軍、富仁監、草虛五務，歲四千二百七十八貫。熙寧十年，在城：二千三百九十六貫一百八十文；智州河池縣：一千二百一十三貫八百四十四文；富仁監：五千八十四貫六百五十文；寶富場：一千五百一十五貫八百三十五文；懷遠寨：四百九十六貫六百七十三文；天河等共一十五處：三百九十貫三百六十文。

賓州　舊在城及莫耶、羅目、古當四務，歲千二百一十五貫。熙寧十年，在城：二千二百一貫一百三文；上林縣：九十貫六百二十四文；遷江縣：一百一十八貫二百九十六文。

橫州　舊在城及北口、永定三務，歲千二百七十六貫。熙寧十年，在城：一千一百一十六貫五百七十七文；外務：三百六十三貫六十二文。

化州　舊在城及調良、廉江、零淥、都竇五務，歲二千四百一十九貫。熙寧十年，在城：四千二百五貫六百九十四文；吳川縣〔一〕：一千三百七十二貫八百一十七文；官寨場：九百九貫一百三十五文；都竇、謙口、零淥、東橋等場：三百六十九貫二百八十文。

高州　舊在城及茂名縣〔二〕、仙靈、博鋪、那黎、瀧消六務〔三〕，歲三百七十一貫。熙寧十年，在城：一千七十五貫七百三文；茂名縣〔四〕：六百七十貫五百三十六文；信宜縣：七百四貫七百八十九文；仙靈場：一百一十四貫二百三十文；博鋪場：九十二貫四 9 百二十二文；那黎場：一百一十貫九文；龍消場：三十七貫六百三十六文；永興場：一十四貫七百九十五文；那龍場：四十八貫一十四文；都成津：六十貫；龐村、浮艷津：四千六貫八百文；鎮步津：八貫四百文；奇津：三十六貫文。

雷州　舊在城及廉江二務，歲千一百二十六貫。熙寧十年，在城：七千三百九十七貫五百四十六文；遞角場：二千四百七十九貫二十四文。

白州　舊在城一務，歲千二十九貫。熙寧十年，在城：一千六百二十七貫六百六十五文。

欽州　舊在城一務，歲千二十九貫。熙寧十年，在城：四千二百八十貫二百二十三文；靈山縣：三千一百八十七貫三百七十五文；外場：一千九十二貫八百三十八文。

鬱林州　舊在城一務，歲一千一百五十五貫。熙寧十年，在城：一千一百六十二貫五百四十九文；興業縣：四百九貫八百四十二文；緑鵶鎮：三十八貫一百八十九文。

廉州　舊在城及石康、白石、大廉、平陸五務，歲二千

〔一〕吳川：原作「吳水」，據《元豐九域志》卷九、《宋史》卷九〇《地理志》六改。
〔二〕及：原無，據前後文例補。
〔三〕瀧消：下文作「龍消」，本書食貨二三之一八作「龍消」，《補編》頁七三一又作「瀧消」，未知孰是。
〔四〕名：原作「石」，據上文及《元豐九域志》卷九改。

三百六十六貫。熙寧十年，在城：一千八百七十七貫五百一十九文；石康縣：四百七十一貫六百四十八文；大廉場：一百二十二貫九百四十二文；平陸場：三十貫一百四十三文；英羅場：一百三十八貫一百四十六文；白石場：五十貫五十一文；三村場：一十五貫三百八十一文。

瓊州　舊在城一務，歲四千二百八十八貫。熙寧十年，在城：二萬九千五百九十二貫四十10二文。

昌化軍　舊不立額，熙寧十年，在城：一萬六千五百三十九貫一百八十三文；昌化鎮：二百八十五貫七百文；感恩鎮：七十九貫四百八文。

萬安軍　舊不立額。熙寧十年，在城：一千一百八十九貫一百四十二文。

朱崖軍　舊在城一務，歲二百貫。熙寧十年，在城：一千二百三十七貫一百四十五文。

蒙州　舊在城一務，歲七百九十九貫。今廢。

竇州　舊在城及永興虛二務，歲三百二十貫。今廢。

南儀州　舊在城一務，歲二百五十八貫。今廢。（以上《永樂大典》卷一五四三二）

商税雜録　一（一）

太祖建隆元年四月，詔：「諸州勿得苛留行旅賫裝。除貨幣當輸筭外，不得輒發篋搜索。」

二年二月詔：「蔡河、（穎）〔潁〕河、五丈河及沿河州縣民船載粟者，勿筭。」

三年七月，知舒州、右諫議大夫馮瓚言：「州界淀泊産菰蒲（二）、魚、菜，居民採以自給。前防禦使司超在任，創率税錢，疲俗甚苦。」詔悉除之。

四年八月，詔曰：「登州沙門島土居人户深在海嶠（三），皆出王租。比聞自備舟船，般載女真鞍馬。眷言勞役，宜示矜蠲。應所納夏税、麴錢及沿納泛配諸雜物色并州縣差徭，今後並與放免。其渡馬迴般上木植，自前州司多令抽納，亦並除之。」

乾德三年十月，詔：「忠州等處僞蜀日以魚爲膏，輸其筭者，悉罷之。」

四年七月，詔：「劍南道應僞蜀日有以米麪收筭者，罷之。」

六年四月，免普州行鋪賃地錢。

開寶四年四月，廣南轉運使王明言：「廣州承前止於河步收税，猪、羊、鵝、鹿、魚、果并外場鎮課利，歲收銅錢一千七十貫。收復後來，商旅甚多，已令本州便宜置場收税。」從之。

四月，詔：「嶺南道應税及鹽麴（四），並依荆湖禁法。」

（一）原無此題，以下正文與上文連寫，今據内容添。
（二）菰：原作「蒎」，據《補編》頁六七三改。
（三）沙門島：原脱「門」字，據《長編》卷四補。
（四）麴：原作「麪」，據《宋史》卷二《太祖紀》二改。

十11月，知邕州范旻言：「本州有制置務，元是廣南創置，不隸州縣，占却稅户，自立營田〔一〕，復抽收商稅，及將收到課利博場，人户甚受其弊。」詔(令)〔令〕停廢。其所管抽收商稅，割入商稅院。

六年七月，詔：「廣南州縣歲輸稅米，每石加率錢一百六十，自今每碩止納十文，餘並除放。」

八月，免成都府免家嫁娶資裝抽稅〔二〕。先是，僞蜀時，部民凡嫁娶，皆籍其幃帳粧奩之數，(佑)〔估〕價抽稅，至是除之。

太宗太平興國六年十月，詔：「密州管内官牛百二十六頭，先給於民，歲輸租麥四百二十碩，牛已死而租未免，自今悉除之。」

七年六月，詔江、淮、湖、浙民販蘆葦者勿筭。

八年四月，漳州言：「龍溪等三縣民僞命日，配充館夫，(檐)〔擔〕擎物色及脩公宇橋道。後來本州將館夫紐價錢，凡銅錢二千一百五十餘貫，鐵錢二萬一千五百三十餘貫〔三〕。」詔並除之。

八月，詔：「桂州承前配納糖及茶葉并死傷牛租米，及四處稅場增添年額共八十餘貫〔四〕，並與除罷。」

九年十月，鹽鐵使王明言：「西川、峽路諸州商稅，自來雜用銅錢，其價不等。請自今比市價，每一貫收住稅三十，過稅二十。」從之。

淳化元年二月一日，詔：「諸處魚池舊皆省司管係，與民爭利，非朕素懷。自今應池塘河湖魚鴨之類任民採取，如經市貨賣，即准舊例收稅。」先是，淮南、江、浙、荆湖、廣南、福建路當僭據之時，應江湖及池潭陂塘聚魚之處，皆納官錢，或令人户占買輸課，或官遣吏主持。太宗聞12其弊，故有是詔。

二月，詔曰：「秦州司馬堰先置板，賈人船過者取其筭，除之。」

四月，詔：「興化軍兩浙僞命日，以官牛賦於民，歲輸租。牛或死傷，則令民買償。自今除之，仍以官牛給租牛户。」

八月，詔：「舒州管内四處魚池，除望江官池外，其桐城縣大龍、宿松縣小孤及長武湖等三處魚池特免稅，任民採運。」

十月十三日，詔：「婺州金華、東陽兩縣陂湖，歲取魚稅，並除之，縱民採捕，吏勿禁。」

二十二日，詔：「興國軍大冶縣魚池潭步地，江南(請)

〔一〕天頭原批：「『立』一作『當』。」按，此指《補編》頁六七三所載複文。
〔二〕免家：「免」字疑誤。
〔三〕二萬：《長編》卷二四作「三萬」。
〔四〕八十：《長編》卷二四作「百八十」。

〔謂〕江湖邊岸出船之地曰步，以所坐物爲名，若瓜步、麻步是坐〔一〕。僞國日納魚稅外，復於罾網每夫歲收十錢，頗甚擾，自今除之。」

十二月十六日，詔：「邕州、瓊州僞命日，每遇市集，居人婦女貨賣柴米者，邕州人收一錢，以爲地鋪之直。瓊州粳米計稅四錢，糯米五錢，並除之。」

二年二月二十日，詔：「峽路州軍於江置撞岸司，賈人舟船至者，每一舟納百錢已上至一千二百，自今除之。（楊）〔揚〕、潤、常三州商稅取筭外，境上又倍征者，自今止得一度收稅。」

二十四日，詔曰：「關市之租，其來舊矣。用度所出，未遑削除，征筭之條，當從寬簡。宜令諸路轉運司以部內州軍商稅名品參酌裁減，以利細民。」

閏二月，詔：「峽路先是商人船載米麥，計斗取其筭，并簟席等稅，並除之。」

十月，江南轉運司言：「鄂州舊例，鹽米出門，皆收稅錢。」詔自今民販鬻斛斗及買官鹽出門，並免收稅。

四年七月，詔：「岳州歲輸魚膏四千五百【13】八十斤，斤納七錢，並除之。商人販易，不得輒由私路，募告者厚賞之。」

九月，禁兩京諸州不得挾持搜索，以求所筭之物。

閏十月，詔商人經潼關東西行者，勿出筭。

五年五月，詔曰：「古者市廛而不稅，關譏而不征，蓋所以察奇袤而禁浮惰也〔二〕。國家筭及商賈，以抑末游，既以防民，克助經費。而當職之吏恣爲煩苛，規餘羨以市恩寵，細碎必取，掊克斯甚，交易不行，異夫通商惠工之旨也。自今除商旅貨殖外〔三〕，其販夫販婦細碎交易，並不得收其筭。當筭之物，令有司件析，頒行天下，揭于板榜，置官宇之屋壁，以遵守焉。」國朝之制：布帛〔四〕、什器、香藥、寶貨、羊豕、民間典賣莊田、店宅、馬、牛、驢、驘、槖（馳）〔駞〕及商人販茶，皆筭。有敢藏匿物貨，爲官司所捕獲，没其三分之一，仍以其半與捕者。

至道元年九月，詔兩浙諸州紙扇、芒鞵及他細碎物，皆勿稅。

十二月十九日，通判永興軍府楊覃言：「官市脩河竹六十餘萬竿，望免稅。」詔從之。

二年十二月，詔：民間所織縑帛非出鬻於市者，勿得收筭。

三年七月二十一日，峽路轉運司言：「近歲獻封者請增歸、峽等州稅筭名件，商賈不行。」詔除之。

二十八日，上封者言：「嶺南村墟聚落間日會集稗

〔一〕瓜步：原作「瓜外」，據文意改。瓜步在揚州（見《通鑑地理通釋》卷一三「瓜步」條）。壽州、鄂州均有麻步（見《夢溪筆談》卷一二、彭汝礪《鄱陽集》卷一一）。「坐」字疑衍，或當作「也」。
〔二〕以：原脱，據《宋大詔令集》卷一九八補。
〔三〕貨殖：原作「貨幣」，據《宋大詔令集》卷一九八改。
〔四〕布：原作「劉」，天頭原批「劉」疑「錢」，今據《文獻通考》卷一四改。

販〔一〕，謂之虚市。請降條約，令於城邑交易，冀增市筭。」帝曰：「徒擾民爾，可仍其舊。」

八月四日，除杭、越州寺院童行錢、民所賦丁身錢。先是，錢俶時，民納丁税錢，其出家童行未入僧籍，亦輸之，至是除[14]免。

二十日，江南轉運司言：「吉州税物有名件繁細者，頗擾于民。」詔並除之。

十月，知益州張詠言：「萬州管内有官收津渡錢數百貫，兼有税場，皆甚擾民。」詔並除放。

十二月一日，免洪州、袁州每歲二社酒錢。

真宗咸平元年二月，除渠、閬二州枯牛骨税錢〔二〕。

十一月，除代州板橋木筭錢。

三年三月，免通州蔡港渡錢。

六月十日，詔以荆湖艱食，令桂州已北勿禁人商販糧斛，仍蠲其征筭。

五年二月十九日，除果州官邸店本課外地鋪錢。

二十三日，除合州赤水、巴川二縣，長利、謝市、樓灘三鎮酒税錢。以經寇殘弊也。

景德元年七月，魯國長公主言：「先遣人往華州市木，乞免商税。」帝曰：「先朝深戒戚里不得於西路收市材木，蓋慮因緣販易，侵壞法制〔三〕。魯國所請，且從之。可召駙馬都尉柴宗慶諭旨，自今不得如此。」

十二月十一日，以河北經寇，乏耕牛，免河南商人賣牛税。

二年三月，詔：「貝州民所輸税物〔四〕，先經商税院收筭，然後輸官，甚無謂也，宜除之。」先是，節度使孟元喆在鎮日，令民當輸税物者先筭，規其餘羡，以備留使之用。帝聞之，而有是詔。

八月二十九日，詔：「涇、原、儀、渭等州蕃部所給馬價茶，沿路免其税筭。」

三年三月，免簡州民造舍所輸竹木税錢。

四月一日，詔：「河北諸州軍市征榷酤比常課不及者，特展限三月。」

六月八日，詔：「東、西兩川商税鹽酒課所納二分金，宜罷之。其願納者聽。」先是，計司請令半輸銀帛[15]外，其二分入金。帝聞其州郡不産，故有是詔。

十二日，除杭、越等十三州軍税鵝鴨年額錢。先是，江、浙諸州奉詔蠲鵝鴨税，而司關征者尚計三額，故申明之。

九月，詔京城税炭場自今抽税，特減十之三。

〔一〕稗：原作「裨」，據文意改。《梁書》卷一《武帝紀》上：「掖庭有稗販之名。」稗販謂小販，販賣細碎之物。
〔二〕枯牛骨税：「枯」原作「祐」，不可解。考《長編》卷四七，有「牛死猶輸，謂之枯骨税」之語，據改。
〔三〕天頭原批：「『法』一作『國』。」按，見《補編》頁六七四。
〔四〕貝：原作「具」，據《長編》卷五九改。

四年六月，詔淮南轉運司：「(楊)〔揚〕州民採荻柴，官中承例十税其二，自今除之。」

七月二日，詔：「河南府永安縣民僦官舍錢減其半，永爲定制。」

大中祥符元年九月，免夔州地基錢。自改築新城，徙民居之，有輸課者，至是罷焉。

二年二月，免文武官所市食羊筭錢。

四月，江淮發運使李溥言：「糧綱舟卒隨行有少物貨，經歷州縣，悉收税筭，望與蠲免。」從之。

六月七日，詔：「自今諸色人將帶片散茶出新城門，百錢已上，商税院出引；百錢已下，只逐門收税。村坊百姓買供家食茶末，五斤已下出門者，免税。商賈茶貨并茶末依舊出引。」

十四日，除昇州竹木税。

十月，詔：「如聞并州民鬻石炭者，每馱抽税十斤，自今除之。」

三年閏二月，詔：「在京諸軍賣所請春冬衣絹帛者，自今勿收税。」先是，殿前司諸軍營在新城外者賣所請衣帛，不得過一月，踰月即依例收筭。月内賣者，皆本軍出引，城門驗以出入。軍士至衆，給驗頗繁，故有是詔。

十二月九日，詔：「天下樵漁及貧乏者所過津渡[一]，悉免其筭。」

四年七月一日，詔：「兩浙、福建、荊湖南北、廣南東西路歲輸身丁錢四十五萬四百六貫，並除之[二]。」

五年正月二十八日，除沿漢江州軍渡船力勝錢。

二月16十九日，詔：「京東、西路[三]、河北、陝西、江淮南民以柴薪渡河津者，勿出筭税。」

二十五日，免河北諸州麴税。

四月十三日，詔：「如聞雄、霸州民因水壞田而艱食者，多捕魚自給，官復收其市筭，宜除之。」

二十二日，除饒、信州買銅場壤税錢。

六年四月，免瓊州螺蚌錢税。

七月，詔曰：「關市之征，所以禁末業；田疇之利，所以勸力耕。豈於稼器之中，亦收商筭之利？自今諸路州軍農器並免收税。」初，知濱州呂夷簡言[四]，請免河北農器之税。帝曰：「務穡勸耕，古之道也，豈獨河北哉？」故有是詔。

十九日[五]，詔：「諸路茶鹽酒税及諸務，自今總一歲之課合爲一，以祖額較之，有虧損，則計分數，其知州軍、通判減監官一等科罰，州司典吏減專典一等區斷。大臣及武

[一] 漁：原作「魚」，據《補編》頁六七四改。
[二] 除：原作「從」，據《長編》卷七六改。
[三] 路：《長編》卷七七無此字。
[四] 濱州：原作「賓州」，據《長編》卷八一改。
[五] 按，《長編》卷八一繫於二十一日辛亥。

臣知州軍者〔一〕，止罰通判已下。」時上封者言：「諸路歲課增羨，知州、通判皆書曆爲最，有虧損則無罰，請行條約。」故也。

八年六月，三司言：「太平興國寺甘露戒壇院主壇昇於信州鉛山民程文祐施青碌八千斤，充裝彩佛像、浮圖，乞免一路商稅。省司見招誘人户中賣入官，若隱留貨物，當行買納，仍別勘罪。今壇昇不獨無例免稅，兼違先降宣命，欲下江南轉運司施行。」帝曰：「裝閣彩色不可闕，須與民間收貯者不同。」諭計司寢之。

七月二十二日，詔曰：「農牛之力，田畝是資。念疫癘之所傷，實耕耘之有廢，宜蠲市筭，以助蒸民。諸處百姓買賣牛稅，並放一年。」

九年三月一日，詔：「如聞雷州勒[17]村耆月納無名商稅錢，自今除之。」

十二月二十一日，詔：「河北、京東民以車乘糴種糧者，江河津渡勿收其筭〔二〕，俟稔歲奏以待報。」

天禧元年三月，三司言：「石州伏落津路商旅柀木稅錢，准例給長引，不納沿路稅筭，至京即併計之。因兹爲弊，頗虧失課額，望許沿路收稅。」帝曰：「如因修奉宮觀採數，即依近詔停罷；或久例所費，當從其請。」

四月二十三日，帝謂宰臣曰：「如聞知廣州李應機爲政峻急，先任廣南轉運使，嘗言廣州民無丁稅米，建議科納。尋詔本路詳定，累政皆難其事。今應機領郡，因欲遂其前志。遠方之民，務在綏輯，驟增賦調，亦恐非便，可罷之。」

七月十一日，詔：「開封府、京東、西、河北、河東、陝西、淮南等路旱損蟲傷苗稼，已經遣官體量者，據分數便許改種。」

十一月，駕部員外郎張紳言：「泛海客旅於潤州及住程州郡兩次納稅錢，必恐興販少利〔三〕。乞下兩浙轉運司，如行船不經沿路地分〔四〕，只納一處稅錢。」從之。

二年七月，詔：「諸處乾食鹽錢不係屋稅田賦，出於浮客旋配掠者，並除之。」

八月二十七日，免青州源河口乾渡課錢。

三年七月，除金水河水户課錢。

九月，詔：「嵐州自來收稅脂麻，宜特除之。應諸處承前收稅斛斗者，悉准此。」

四年七月，淮南江浙體量安撫韓億言：「諸路民拆舍屋賣材木者，請勿收稅筭。」從之。

五年二月，詔：「自今客人於蘄口、太湖、石橋、洗馬等四處場務筭買諸色號茶貨，如到泗州，[18]願取淮河前去入

〔一〕大：原作「文」，據《長編》卷八二改。
〔二〕天頭原批：「江」一作「北」。按《補編》頁六七五作「北」，《長編》卷八八作「緣」。
〔三〕販：原作「敗」，據《補編》頁六七五改。
〔四〕不經：疑當作「所經」。

正陽〔一〕、（穎）〔潁〕州、陳州舊路上京者，聽從便，（今）〔令〕依例送納舊路商税。如願借汴河路上京者，令只納舊路税錢。從汴上京，更不令依宿、亳州、南京三處税則例送納。隨船行貨物色、力勝、頭子、包角等錢，即逐處依例收納。」

九月，免夔州買銀税錢。先是，本州買上供銀，舊例商人齎銀入城者，每兩税錢四百五十文足。如無鄰州公引，即倍税之。以是商人罕復販鬻，而所買殊少。轉運使以爲請，而有是命。

仁宗天聖元年二月，詔：「商販客旅於山陽榷務筭請茶課，從起發地頭沿路經過禁榷地分合納税錢。令在京榷貨務抄上文（薄）〔簿〕拘轄，召交引鋪户充保，給與公憑，沿路批鑿。合納税錢自起離請茶場務月分爲始，立限半年，一併於在京榷貨務收納。每年不曾磨勘，常有積欠。本路分析，見有違限未納錢四萬九千六百餘貫，及限未滿錢二十二萬八千五百餘貫。自今每違限一月，係欠每十千罰納錢一千；違限三月，係欠每十千罰納錢一千〔二〕；違限三月已上，除依月納錢外，差人監貨元通抵當家業陪填。如不足，即於連保鋪户下均攤收理。委都大提舉庫務每年終取索驅磨當年已納見欠數目以聞。」

七月，三司鹽鐵副使俞獻可言：「乞下陝府西轉運司，令鳳州或鳳翔府，每川陝綱運，令税務監官十（檐）〔擔〕内許抽揀一兩（檐）〔擔〕點檢。如有影帶匹帛，即盡底點檢勘罪，依條施行。」從之。

八月十六日，三司 19 言：「據杭州狀，富陽縣民蔣澤等捉到客人沈贇羅一百八十二匹，没納入官，支給賞錢。省司看詳條貫，婺州羅帛客旅沿路偷税，盡納入官，即無條許支告人賞錢。欲依條支給，數多不得過一百貫。」從之。

十月十三日，淮南江浙荆湖制置發運使趙賀言：「乞下淮南、江浙、荆湖轉運司，令沿江河州軍商税務，應綱運經過，晝時點檢發遣，不得住滯。」從之。

二年四月，在京商税院言：「舊例：諸色人將銀并銀器出京城門，每兩税錢四十文足，金即不税。請自今每兩税錢二百文省。」從之。

七月，詔：「商旅筭射十三山場茶貨，沿路税務驗認公引，如正茶與耗茶相隨，即免税耗茶。到住賣處，不以正耗，並收税。若或無正茶，只是耗茶，據數收税。即不得將貼射一色中號茶秤出剩數，收納净利倍税，阻滯筭射。」

九月五日，三司請自今應緣聘禮物色匹帛，除本州縣使用即免納税，出他境及經由商税處，即依例收税，所在不得出聘禮公驗。從之。

三年七月二日，方仲荀、張綸等言：「荆湖路州軍攬載官中糧斛客船，乞放免沿江州軍上水空船力勝税錢。」

〔一〕正陽：原作「在陽」，據《補編》頁六七五、本書食貨一七之二二改。正陽，鎮名，屬潁州潁上縣，見《元豐九域志》卷一。

〔二〕按此違限三月與違限一月罰納錢同，疑有誤。

從之。八月，司封員外郎盛京言：「萬州民貨鬻斛斗，商稅務收納稅錢。緣村民刀耕火種，所獲不多，望免收稅。」帝曰：「遠俗至貧，非理科率，何以存濟？宜亟依所請。」

四年四月，免諸路州軍犂具稅錢。時高郵軍商稅務令農民納犂具稅錢，本軍以爲言，而有是命。

六日，審刑院言：「准咸平四年[20]詔：京朝幕職官、州縣官今後在任及赴任得替，不得將行貨物色興販。如違，並科違勑之罪，商物依例抽罰。如非興販，即逐處不得妄有點檢申舉。俸餘買物，（瞻）〔贍〕家之外貨賣，如有發露，並作違制私罪定斷。參詳未便，乞今後應官員使臣赴任，不得興販行貨於本任貨賣及在任買物。如違，並依元勑定斷。若得替抽稅，並許於本處依在市見賣價例收買物色。如或虧損，致人論訴，即依條施行。」從之。

五月，詔：「客旅興販山場榷務茶貨，預先於在京榷貨務出給公憑，沿路批上稅錢。候到京，一併送納。所有禁榷地分合納稅錢，以起離向南場務月分爲始，立限半年送納。如違，令倍納。」

七月，詔：「山場榷務茶貨稅錢，展限一年上京送納，違限倍納之。」

八月七日，京西體量安撫王咨言：「汝、（穎）〔潁〕之間，近值大水，衝注牛畜，雖有原田，無牛耕種。乞下汝州，應有百姓買賣耕牛，特免稅錢。」從之。

十月十三日，免雄、霸、瀛、莫、深州、順安、保定、信安軍人採劉蒲葦莎簾製造蘄簾簾箔、兼捕魚蝦稅，至來年麥成日依舊。

十一月八日，京西轉運使張意言：「免舉行端拱二年至大中祥符二年內勑〔一〕，百姓輸納二稅，經過處津渡與免渡錢。」從之。

五年六月，詔：「客人買請茶貨出離禁地，轉入清河，欲於京東淮陽軍路往河北住賣處送納稅錢，並依禁榷及通産地處正隔汴路河北入中茶貨批過稅錢體例，令於在京榷貨務請給公[21]憑，沿路批稅，以指定住賣州軍稅錢日分爲始，於元限五十日上處襄四十日〔二〕，作三月限內上京，於榷貨務送納。如違限，倍納。仰元指定州軍據合收稅，依則例抄上公憑，令依例貨賣。仍具挑過客人姓名、稅錢關報榷貨務拘管，依日限勾收催納。」

六年四月六日，免荆南公安縣津渡收納牛稅錢。以每月只收三五緡，從轉運使王碩所奏免之。

六月三日，免梓州路轉下戎、瀘等州收納客旅興販斛斗稅錢事〔三〕，帝曰：「稅及民食，無乃太過乎！」因本路奏，從之。

〔一〕免：疑當作「乞」。

〔二〕襄：疑當作「展」。按元限五十日，展四十日，爲九十日，故下句云「作三月限」。

〔三〕戎瀘：原作「厥廬」，據《長編》卷一〇六改。

七月，詔：「自今民販生鐵器上京，所經縣鎮依諸雜物例關報，上京送納稅錢。若山於率界縣鎮貨賣〔一〕，並令本縣收納過稅，給付公引。至所到縣鎮住賣，別收住稅。」時有商人自磁州販鬻鐵器，經過府界諸縣，而無收稅之例，故商稅院言而條約之。

九月十一日，免雄、霸等州軍水災人户採捕魚鮹蓆葦箔者稅錢。

十二月二十一日，臣僚上言有乞稅錢陌者，帝曰：「貨泉之利，俾其流布，而稅及之，爲患深矣，不可施行。」

七年正月，淮南江浙荆湖制置司言：「真、楚州、高郵軍狀：客人執在京等貨務公憑并無爲軍榷貨務文帖筭買茶貨，借路不泗〔二〕、真、（楊）〔揚〕等州稅錢〔三〕，入汴上京，虧却逐務課利。勘會客人筭買山場榷務茶貨，元無借條，始因大中祥符中，客人買販蘄口、洗馬、石橋、太湖茶貨到（盧）〔廬〕州，泥水阻滯車牛，權令轉江船般，借路取真、（楊）〔揚〕州、高郵軍、楚、泗州經過，只納 22 舊路廬、壽等州一路稅錢。後來客人援例，借汴路上京。乞下三司定奪，或（與）於真、（楊）〔揚〕州、高郵軍、楚（河）〔州〕、宿州、亳州、永城、南京稅務合收稅錢減放錢數，（令）〔令〕客人正納經過場務稅錢，更不立借路名目。」三司看詳：「欲乞自今客人販賣蘄口、太湖、洗馬、石橋、無爲軍等五處場務茶貨，如取西路廬、壽、正陽等州軍上京，並令依舊送納本路稅錢。或若水路船般，轉江下來，取東路真、（楊）〔揚〕州、高郵軍、楚、泗州、宿、亳州、南京經過上京者，依販買漢陽榷務等處茶例，並依經過去處正收錢稅，更不立借路名目。依元日限，於在京榷貨務送納。」從之。

二月，詔：「今後在京新城諸門使臣如有專欄作弊，透漏稅物，事敗〔四〕，勘鞫指稅印章是專欄收掌，雖招點檢不細，致透漏收上稅物錢及一千，其專欄、曹司並勒停，監官並爲私罪勘斷。仍將遞年本門收稅課額至年滿日比較，如有增盈，即依元勑與近地住程。如虧欠二分已上，即更與短使一次，方與近地住程。如與專欄知情容縱，即更不免遠任差遣。如有入己，依條斷遣，仍降差遣。如比遞年增剩五分已上，依元條免遠任，仍與優便差遣。其應係合送納商稅物色只及一千已下稅錢者，并諸竹木蓆箔之類，並就門收稅放入，更不押赴商稅院。一千已上稅錢，依舊於商稅院納稅出引。」

三月十七日，兵部侍郎、知青州李迪上言：「河北、京東饑民有逐稔者，望令所至與免渡 23 錢。」從之。

四月十二日，詔：「諸州商稅人繒帛，無得過爲漬壞。」時內出眉州皂羅一端，稅印朱漬數幅故也。

九月七日，三司户部副使鍾瑾等上言：「河北水災州

〔一〕山：疑當作「止」。
〔二〕天頭原批：「『不』疑『下』。」
〔三〕此句當有脱誤。
〔四〕敗：原作「販」，據《補編》頁六七六改。

軍渡錢，除商販鬻物仍舊輸課外，其流民往還，望免其課。」從之。

九年四月二日，詔萊州自今無得收牛肉税筭。時秘書丞張周物上言「官禁屠牛，而州場税牓有收筭之文，請刊此條」故也。

八月十二日，三司請自今臈面茶到京住賣者，斤輸税錢四十五文。詔只輸二十文。

閏十月九日，除鎮戎軍羊毛税錢。從轉運使之奏也。歲裁五(十)〔千〕文。

十年二月十一日〔一〕，除明州海蛤沙地税筭，縱民收取。

景祐元年十二月一日，中書門下言：「如聞客人將牛畜興販，經過州軍關津渡口及出賣去處故作邀難。今來纔得豐稔，人户收買耕牛之際。」詔買賣牛畜錢於十分中量減二分。

二年九月七日，崇因院普安郡主尼法護言：「宣化門收買果園地，遷葬故父蘇王及母親，續買菜園四所，展本院墳園，乞免逐年夏税。」〔詔〕開封府據園地土與免税，所有菜園等許令依舊佃蒔，即不得一例放免税賦。

四年八月四日，詔：「自今諸路外縣鹽茶酒税務除有正官專監，其比較虧少課額，令佐自來係兼監去處，所有賞罰一依都監、監押兼監賞罰條例，減專監一等。」

十月二十七日，詔：「沿邊都監、監押雖不兼監場務〔二〕，或有興販私鹽酒等，公然容縱，不捉赴官，致虧課利。自今須多方巡轄，不得違慢。如別彰露，監押並勘罪施行。」

康定元年十一月十九日，詔：24「訪聞諸路州軍所收諸般課利，近日當職官吏頻有規畫，增添名額，刻削民利〔三〕，刻剥奉上；及搜檢税物不依條例，妄作邀難，住滯商旅，冀爲績効，苟免責罰。且令州府軍監縣鎮關津〔四〕，今後並依自來體例點檢，不得創增無名税額，及搜檢過往家屬茶鹽酒麴〔五〕。諸般課利，並循舊規，不得妄有規畫增添。」

慶曆五年五月二日，三司使王堯臣言：「請今後在京及諸州陳告税物，見在未貨易者，與限二十日；已貨易，與限十日，許諸色人陳告。仍以隱税日爲始。殺猪羊者以私殺日爲始。並須依編勑指定隱藏處所，及賣與何人。照證分明，在日限内，官司方得受理。若貨已易，其物見在，照證分明，只據見在物許告官。與限半月，仍以偷税貨易日

〔一〕原稿地脚批云：「案天聖無十年，此云十年，恐誤。」按此不誤，考《宋史》卷一〇《仁宗紀》、《宋大詔令集》卷二二三，天聖十年十一月甲戌方改天聖十年爲明道元年，此從實際年號。

〔二〕監押：原脱「監」字。按宋官制，州縣有都監，「掌其本城屯駐兵甲訓練差使之事，資淺者爲監押」（見《宋史》卷一六七《職官志》七），據補。

〔三〕民：原作「名」，據《補編》頁六七七改。

〔四〕且：疑當作「宜」。

〔五〕麴：原作「麪」，據《補編》頁六七七改。

爲始。物無見在及限外，不得告論，官司亦不得受理。其在限外，而因官司點檢敗獲者，自依漏税敕條施行。」從之。

八年十二月，詔：「河北、京東西災傷州縣，流民隨行之物所直三千錢已下，已令免税。尚慮諸處輒有苛留，宜一切勿税。」

皇祐三年九月，詔沿汴河商税務毋苛留公私舟船。

四年十一月，詔廣南東西路安撫、轉運司：「應經賊焚劫州縣，倍加安輯之。其營搆室廬竹木，並蠲其税。」

嘉祐六年三月，詔龍圖閣直學士楊畋於三司取天下課利場務五年併增虧者，限一月別立新額。時場務歲課多虧，惟逐時科校主典〔一〕，而三司終不爲減舊額，故帝特行之。

神宗熙25寧四年正月二十八日，詔三司：「應買撲酒麴諸坊場〔二〕，每貫納税錢五十文，仍別封樁，以禄吏人。」

六年十二月二十五日，詔：「京外城二十門監門自今更不管認課利，但隨閑要分五等，以透漏、捕獲出入商税錢數爲賞罰。」從都商税院請也。

八年正月十二日，詳定編敕所言：「相度到開封府界、京東、京西路黄牛并水牛角，乞通商販。」從之。

五月十五日，都提舉市易司言：「昨商税院奉詔，流民物貨不多，免税錢。今已豐（熱）〔熟〕，而諸門放税如故，慮失歲課，請如舊制。」從之。

元豐元年七月十二日，詔：「諸路轉運司就廨舍所在州置都斗秤務，委都監管轄工作，別差官較定，送諸州商税務賣之。」

八月十三日，詔開封府界、京東路皮角並依舊通商。

二十八日，詔〔三〕：「濱、棣〔四〕、滄三州第四等以下被水災民零販竹、木、魚、果、炭、箔等物，税百錢以下聽權免一季。」

三年三月二十四日，都大提舉導洛通汴司宋用臣言：「近泗州置場堆垜商貨，本司船承攬般載，將欲至京。乞以通津水門外順成倉爲堆垜場。」從之。

四月二十八日，詔：「非導洛司船輒載商人税物入汴者，雖經場務投税，並許人告，罪賞依私載法。即服食器用日費非販易者勿禁。官船附載蓤箔、柴草、竹木，亦聽。仍責巡河催綱巡檢都監司覺察。」從宋用臣請也。

十二月二日，瓊管體量朱初平言〔五〕：「海南收税，用船之丈尺量納，謂之『格納』。其法分爲三等。假如五丈三尺爲第26一等，則是五丈二尺遂爲第二等。所減纔一尺，而納錢多少，相去十倍。加之客人所來州郡物貨貴賤不同，自泉、福、兩浙、湖廣來者，一色載金銀匹帛，所值或及

〔一〕惟：疑當作「雖」。
〔二〕《長編》於「坊場」下有「錢」字，於義爲長。
〔三〕詔：原無，據文意補。《長編》卷二九一作「己巳詔」，可證。
〔四〕棣：原闕，據《長編》卷二九一補。
〔五〕朱：原作「宋」，據《長編》卷三一〇改。

萬餘貫，自高、化來者，唯載米包、瓦器、牛畜之類，所值或不過二三百貫。其不等如此，而用丈尺槩收税，甚非理也。以故泉、福客人多方規利，而高、化客人不至，以此海南少有牛、米之類。今欲立法，使客船須得就泊瓊、崖、儋、萬四州〔一〕，不用丈尺，止據物貨收税訖，官中出與公憑，方得於管下出賣。其偷税之人，并不就海口收税者，許人告，並以船貨充賞。」從之。

四年八月七日，後苑房廊所言：「取蔡河南房廊屋并舊在騏驥院地，修蓋寄收蔡河賈人穀及堆垛六路百貨。」從之。

十五日，都大提舉汴河隄岸宋用臣言：「本司沿汴及京城所房廊地，並召人僦，納官課，紙、紅花、麻布、酵行皆隸本所，爲堆垛場。今馮景拘攔賣紙，欲乞據本司已立逐行外，餘令馮景拘攔，所貴課額各辦。」詔：「八月已前已賃隄岸司及京城所房屋堆垛物在地者〔二〕，更不起遣，餘毋得妄拘攔，騷擾行市。」

六年九月四日，京東路轉運副使吴居厚言：「本路元豐三年秋季至今年上半年終酒税課利，比元豐二年前官任内祖額增百七十九萬五千餘緡。其前任内二年酒税比祖額虧二十一萬緡〔三〕。」上批：「居厚於二三年間坐致財用數百萬計，三省可議賞典。」

哲宗元祐三年四月 27 十一日，淮南路轉運司請減安河務税，令龜山鎮置務爲税額，從之。

六月二十三日，詔在京都商税院，以天聖年所收歲課爲額。元祐初，户部用五年併增法立新額〔四〕，至是言者論之，故有是詔。

六年正月十八日，京東轉運司言：「宣德郎趙竦請修徐州百步吕梁〔五〕，仍差小使臣一員專監河税，兼管幹隄閘公事〔六〕，立課程留滯、約束損壞決溢之法。」從之。

七年七月七日，詔罷諸路人户買撲土産税場。

八年十月二十三日，詔：「外路客人興販斛斗願入京糶貨者，應合收力勝税錢，並權免納。」以尚書省言「在京穀貴，欲使商販流行，以平市價」也。

紹聖元年九月二十五日，詔：「府界并諸路税務年終課利增額，並依《元豐格》。」從三省請也。

三年十一月十八日，殿中侍御史陳次升言：「監司自元祐四年後取税額增虧及二分者，比類取旨賞罰。請令户部責限勾考。」從之。

徽宗建中靖國元年三月十四日，户部狀：「近據兩浙轉運司申：訪聞民間日前多有典買田宅、孳畜、船車等私

〔一〕「四州」下，《長編》卷三一〇有「水口」二字。
〔二〕已賃：「已」原作「以」，據《長編》卷三一五改。
〔三〕酒税：原作「酒務」，據《長編》卷三三九改。
〔四〕併：原作「并」，據《長編》卷四一二改。
〔五〕竦：原作「靖」，據《補編》頁六七七、《長編》卷四五四改。
〔六〕閘：原作「門」，據《長編》卷四五四改。

立契書，因爲少得見錢赴官投納印稅，因循出違條限〔一〕，避免倍輸，多是收藏白契在私，不曾經官投納稅錢。本司申請省部畫降指揮，許與展限首納，只收一重正稅官錢。所展限內，稍有首稅名件。今來欲乞依逐次已得指揮，自指揮到日爲始。」從之。

二十五日，刑部狀：「峽州申：准《元符令》節文，諸請給若恩賜物免稅。其品官供家[28]服用之物非興販者，准此。」看詳上條「品官供家服用之物」，未審品官合用馬、牛、駞、騾、驢合與不合入服用之例。送寺參詳，據本寺狀：《元符令》服用之物，止謂衣帛器用之屬，其馬、牛、駞、騾、驢，即非服用之物。從之。

崇寧元年十二月十一日，京東都大提舉汴河隄岸楡柳賊盜公事王憲等奏：「乞復興導洛物貨場。如允，乞委臣等一面措置興復物貨場故事。仍乞依舊於順成倉擗截敖屋，爲之場地。其泗州場屋〔二〕，即下本州修葺。其合用舟船，逐急於淮南發運司撥借温、明州運船一百隻應副。」貼黄稱：「勘會京西先亦曾置物貨場場，用官船般載客貨，收納貨利錢。如蒙興復，即乞一就施行。」從之，令鄭僅同共相度聞奏。

二年四月九日，尚書省劄子：「涇原路經畧安撫使邢恕奏：本路撫養庫回易物貨，乞特免沿路往復商稅。」從之。

五年九月十七日，詔：「令户部取索天下稅務自今日以前五年內所收稅錢并名件曆，差官看詳。參酌稅物名件，稅錢多寡，立爲中制，頒下諸路，造爲板榜，十年一易，永遠遵守外，輒增名額及多收稅錢，並以違制論。其民間柴薪、米鹽、衣服之類，與免收稅，仍各不得虧損元額。候立到法，仰三省看詑，頒降施行。先自京畿四輔，以及天下。」

大觀四年四月二十二日，工部奏：「故贈開府儀同三司張康國妻成安郡夫人喻氏狀：『本家見就（楊）〔揚〕州修置夫開府墳塋，欲於淮、浙、真、（楊）〔揚〕等州收買木[29]植、磚瓦、釘、灰、彩色、朱漆、雜物之類應副裝修使用，欲乞蠲免沿路場務抽解及拘攔、和買、收稅等。』工部檢准《元符令》：諸太中大夫、閤門使以上買竹木之類修宅者，許自給文憑，逐處審驗，免和買。今來喻氏所乞內和買一節，本部勘當，欲依上條施行。」户部勘會，《元符令》止是免和買，所有抽解、收稅等，無文該載許免。今勘當所乞，欲依《元符條令》施行。詔依喻氏所乞。

政和三年八月十六日，淮南路轉運副使徐閎中奏：「乞將真州江口抽稅竹木務正監官窠闕，許轉運司於文臣內奏舉知縣令或職官資庫人一次。候至成任比較，如委有增羨，即乞永遠充本司舉辟窠闕。其俸錢依品官外，供給、

〔一〕「因循」上原有「内」字，據《補編》頁六七八刪。
〔二〕場：原作「揚」，據《補編》頁六七八改。

驛券、人從，並依元監官所得指揮施行。」從之。

七年三月二十二日，陝西河東河北路宣撫使司奏：「據環慶路經畧司申：『檢會崇寧二年四月十一日涇原路經畧安撫使邢恕奏：先乞降空名度牒二千道充本路撫養庫支用，於在京及諸路取便出賣，回易所有物貨，乞特免沿路往復商税。有旨依奏。今來邊事之際，全藉回易收息，應副支用。伏乞詳酌，將本路撫養庫探事本錢往諸處回易，其易買物貨，許依涇原體例，特免沿路往復商税。』」從之。

八年八月十七日，臣僚上言：「伏見天下商税務〔一〕，欲乞應客人商税之物所經由私小路，並令欄頭只批引放過，就前路官務照驗，一併收税。庶幾可以少絶偷税之[30]弊，有補財用。」詔：「臣僚所言關市之征走失正税，漕司失職，邦計何賴？仰户部遍牒諸路漕司措置施行。」

宣和元年正月二十七日，詔：「應客人興販米斛，般赴災傷州縣，並免沿路力勝税錢。候豐熟日依舊。」從江西提舉常平司請也。

二年十一月十八日，臣僚上言：「乞降睿旨：應宮觀寺院、臣僚之家雜載舟船，若過關津，並許搜檢，依條輸納税錢。仍歲終具所過次數申轉運司，類聚奏聞取旨。庶幾不至虧失常賦，而背公營私之徒有所畏懼。」詔並依元豐法，應專降指揮更不施行。

三年二月二十八日，詔：「江東、兩浙近緣群賊燒劫居民屋宇，今來人户漸已歸業，修葺居止。應人户採買及客販瓦木、材植之類往江浙被盜處營葺及貨賣者，與免沿路抽分及力勝税錢，關津渡口不得少有邀阻乞覓。監司巡歷，所至覺察。」

三月二十三日，又詔：「被焚劫州縣人户販賣物色錢往他處收買修造材植等，官爲給據，免抽税一年。」

四月二十五日，詔：「訪聞比來客人興販斛㪷舟船，多是官綱及寺觀等船截欄河道，非理阻節。州軍縣鎮虚以和糴爲名，邀抑不得起發。所至場務公私搔擾，乞覓錢物，稍有不從，即加搭力勝，收税過數。當職官容縱，監司失於措置，緣此商賈不行，其弊甚大。可立法懲革，仍遍行合屬路分，州委守臣，縣委令佐，分明出牓曉諭客人：應興販斛斗，如願赴都下者，限指揮到日，與權免力勝、[31]蓆角等錢半年。其所販斛㪷候至京，許令依市價徑自(糴)〔糶〕賣，限滿依舊。應有關防等，及合下路分，令尚書省條具取旨。」

八月十二日，詔：「應興販及買蠶織、農具及耕牛往兩浙、江東路者，仰經所屬自陳，給公憑照會，沿路免税一年，津渡官司不得少有邀阻。於本路興販及買置者准此。」

四年二月二十日，詔：「應諸路近歲增收税錢，舊充應奉，既非漕計，又非諸司所隸，無會計之法，吏緣爲姦，十失八九。可並撥歸應奉司，充御前支用。仍委諸路提刑司拘

〔一〕此句下疑有脱文。

轄稽察，歲終具逐州縣收支見管，應奉司依已降指揮驅磨以聞。他司輒陳乞或移用者，以違御筆論。」

五月二十七日，發運副使呂淙奏：「契勘江寧府、真、潤州有抽税木植，欲乞指揮，除朝廷取撥分數外，盡撥充添修倉屋，打造綱船使用，庶省官錢。」從之。

六月十四日，詔：「官司將客人船載有公據買鹽鈔見錢妄喝税物收税致留滯者，依綱運所至約喝無名税錢法，科徒二年。」從右朝請郎唐績請也。

五年九月二十三日，詔：「東南六路販入京斛㪷，自今年十月爲頭，依舊收納力勝。」

十二月十一日，詔：「訪聞沿汴州縣創添欄河鏁栅，利在專欄乞覓，監官不復宿直，便於宴游而已。所收歲額，未嘗別有增羨[一]。其如留阻舟船官綱，兵梢糜費，侵盗斛㪷，商旅營販，夜以繼日，今乃留滯，公私不便。可並令依元豐舊制，仍曉諭商旅通知。」

二十日，提舉京畿 32 京西路鹽事狀：「河陽管下河陰、汜水縣税務，正當衝會，只有添到歸朝官獨員在務，其正官並各差出。竊詳歸朝官依法不許差注獨員監務，今相度，欲令州縣場務監官内如有似此添差官係歸朝官去處，其正官常留一員相兼管勾職事。所有汜水、河陰兩縣税務已差出正官，亦乞令日下還任。」詔從之，如正官依條合差出，即依獨員處差官兼權。諸路依此。

六年八月二十五日，户部奏：「兩浙轉運司狀：勘會管下州縣，其間税場雖舊不置監官，所收課利浩瀚，只令欄頭收税趁錢，甚失省則。如平江府常熟縣支塘税場，雖屬許浦鎮税務管勾，只差欄頭在彼拘收税錢，不曾立定年額錢數，及無正官監當。今相度，應管下税鋪所收税錢數多，無監官去處，許本司於待闕或得替官選差權監，措置收趁課額。如一年内所收税錢增羨，聽本司相度置場，舉辟有風力官申奏朝廷差注。」從之。

七年正月二日，詔：「在京小民日用之物[二]，多自外販。比緣外方荒歉流移，物來稍少，其價甚貴，細民艱食。自今應在京及畿内油、炭、麪、布、絮商税并力勝錢，並權免收，不得邀阻搜檢。違者以違御筆論，仍特與理爲課額。其税錢令户部月具數數申尚書省取旨撥還[三]。」

欽宗靖康元年四月十四日，詔：「都城物價未平，來者尚少，入門猪羊及應干合税物色，並權更免税一季。」以上《續國朝會要》。

高宗建炎元年五月一 33 日，赦：「京城圍閉日久，道路方通，商賈有欲般販物貨上京者，並經州縣自陳，出給公據，特與免沿路税錢、力勝。」

七月九日，兩浙轉運司言：「本路税務官課自准五月一日赦文，及今一月，免放税錢已多。乞自今合出公據上

[一] 天頭原批：「『別』一作『便』。」按，見《補編》頁六七九。
[二] 日：原缺，據《補編》頁六七九補。
[三] 數數：疑衍一「數」字。

京商旅，並召土着人户保識，到京日，於諸門點檢，及在京都税院勘驗元數，批引執照，候回，赴所屬繳納。如無照據，即以元販物色計所過場務，依自來則例追納税錢、力勝。若到京數目少於元數，即據所少數追納。如逃避不回，即坐元保。」從之。

十月六日，淮南轉運副使李傳正言：「登極赦文：商賈般販物貨上京，特與免沿路税錢、力勝。泗州青陽一鎮，未兩月免放過三千貫有畸，一路所放，不可勝計。欲望截至某月日住免。」詔自今年十月十五日依舊收税，諸路依此。

二年四月二十七日，詔：「應客販糧斛、柴草入京船車，經由官司抑令納力勝、商税錢者，從杖一百科罪。許客人越訴。收數多、法應重者，自從本法。」

五月十一日，曲赦：「河北、陝西、京東路應曾被賊焚燒官私舍屋，如係居户屋業，即放屋税錢一料。其係官出賃舍屋，即權住所納課利，並候修蓋了日依舊。仍不得過一季，須管了畢。若官屋未能修蓋，而人户願自備材植修蓋佃賃者聽。檢計所費，增加二分準折合納課利，所用材木等，權免商税及抽分。」

六月二十一日，詔：「應荆湖、江浙路客販米斛赴行在，而經由税務輒 34 於例外增收税錢，罪輕者徒一年，許詣尚書省越訴。」

九月二十二日，東京留守、兼開封尹杜充言：「京城物斛湧貴，客販鹽米，多被沿河口岸邀難，大納力勝税錢。乞令客人於裝發州縣官司具數自陳，出給公據收執，並與免沿河口岸力勝税錢。候到京城，將公據付都商税院繳納。如官司輒敢阻節，並聽於鄰近官司陳訴。」從之。

三年四月一日，詔：「應興販物斛入京，許客人經所在去處陳狀，出給公據，沿路商税、力勝並特放免。糴到價錢，不限貫百，令留守司驗實給據，放令出門。其般販先至京城，入中數多之人，從留守司具名取旨，當議推賞。如官司輒敢非理邀阻，許客人越訴，官吏重行編置。仍仰逐路提刑司常切覺察。」

九月一日，御營使司參議官兼措置軍前財用李迨言：「客人多自江西、湖南般運斛㪷、竹木前來建康府，往往算請鹽鈔，并糴米以回。貨經由一處，税場抑令納力勝税錢數百千者，以至其餘物貨，皆不依條例，數倍收税，致商旅不通，實害利源。伏望申嚴禁約，如有違戾，當職官重賜黜責，欄頭、公人決配。許客人越訴。專委提舉茶鹽官按治督責，諸州主管官常切檢察，如失按舉，與同罪。」從之。

四年二月二十三日，德音：「應殘破州縣，民間建造屋宇合用竹木磚瓦之類，並與免税，仍免抽分。」

紹興二年六月二十日，兩浙轉運司言：「從事郎歐陽友申〔一〕，乞於處州管下君溪税場創 35 置税場事。」詔依，其

〔一〕歐：原作「毆」，據《補編》頁六七九改。

合差官，令本司辟差，木朱記仍許雕造。

九月四日，赦：「民間遭罹兵火，耕牛宰殺殆盡。應州縣人户典買耕牛，特與免納税錢一年。其客旅興販去處準此。」

三年九月十三日，詔：「臨安府近緣居民遺火，四向販到竹木、蘆箔，並權免抽解收税。」

五年正月十五日，德音：「殘破州軍收復之初，務要商旅通行。販賣耕牛、米麥應經由去處，特與免税。」

閏二月五日，新知(楊)〔揚〕州葉焕奏：「本州焚蕩之後，百物所需，盡仰江浙販運到來。乞降指揮，許客人販運斛㪷、布帛、農具、竹木、丁、鐵、柴、菜、油、麵之類應干雜物等到本州，並免瓜(州)〔洲〕并在城税務收税一年，亦不抽解。候來年春末，依舊收税。」從之。

四月六日，户部尚書章誼等言：「迪功郎沈敦前監建康府在城税務一任，所收商税，比類計增四十六萬餘貫。依累賞法，通計該減磨勘三十三年。已關司勳依條施行。望特與比附推恩，仍將本官在任宣力所收錢數，候推恩了日頒行。」詔沈敦特與改次等合入官，仍頒行諸路。

八月二十四日，德音：「荆湖附近水寨摽撥田土，闕少耕牛，令招誘客人興販前去，與免沿路商税。并龍陽軍官私起蓋屋宇材木、物料等，免沿路抽解收税一年。」

十月十八日，臣寮言：「應民旅般販米斛往旱傷州縣出糶，乞依日前指揮，許就官司判狀執據，與免經由場務力勝。」從之。

三十日，詔令兩浙江西都轉運、諸路轉運司 36 取索本路應干税物則例，體度市價增損，務令適中。仍將諸色税物合收税錢則例大字牓示，使客旅通知。今後仰所委官每半年一次，再行體度市價，依此增損施行。

六年十月八日，崑山知縣張漢之言：「本縣界東接吳松江，應有海道客旅興販物貨，沿江灣浦邊枕吳松大江，連接海洋大川，商賈舟船，多是稍入吳松江，取江灣浦入秀州青龍鎮。其江灣正係商賈經由衝要之地，其間有不到青龍地頭收税，便於江灣路出賣，客旅得以偷瞞商税，不無走失課利。今乞於江灣浦口置場，量收過税。」從之。

七年二月二十二日，知平江府章誼言：「近准朝旨，於崑山縣江灣創置税務。已申朝廷，乞差監官。今本處浦港正係商賈興販、舶貨經由去處，人煙繁盛，見有巡檢置寨。其煙火公事，舊係買納鹽場官兼管。若注授右選及未改官人，切慮難以彈壓。欲乞朝廷差京朝官一員監收税課，仍許兼領煙火公事。」詔依。

九月二十二日，明堂赦：「昨降指揮，令四川、江東西、湖南北漕司，將管下州軍縣鎮不係舊來收税一面增置税場〔一〕，立便住罷；仍將合收税處，不得過收税錢。訪聞臨江軍管下新塗縣税場自住罷之後，依前收税。已送户部取

〔一〕税場：原作「場税」，據《補編》頁六八〇乙。

問本軍因依外，切慮餘路尚〔有〕似此去處。仰逐路轉運司檢照已降指揮，開具本路元增置若干税場，各於某年月日住罷，後來有無違戾去處，及將合收税錢 37 曾如何措置懲革〔一〕，逐一保明申尚書省。仍令帥司、憲司常切覺察，務令商賈通快，不致邀阻。」

八年三月十四日，中書門下省言：「比年人户漸次歸業，樂事田畝，全藉耕牛布種。訪聞人户買販耕牛，州縣往往收税邀阻，及鼓鑄農器經過關津，亦不依條免税，甚失朝廷寬恤農民之意。欲應諸路買販耕牛，特與免收牙契及税，并農器亦不得依前違法收税。令監司常切覺察，仍多出文牓曉諭。」從之。

十年九月十日，明堂赦：「訪聞諸路州軍縣鎮税務除依法合置專欄外，類皆過數招收，并有監官親隨之類通同作弊，倍有掊取，客旅因致暗增物價。可令諸路提刑司，將管下税務見今冗占人數日下減放，嚴行禁止，立賞告捉。仍令知、通常切檢察。」

十二年九月十二日，赦：「州縣税場，客人投税，自有立定省則。訪聞監當官、專欄類皆過數掊取，百端欺隱，至有每月量以分數獻入公帑，交相蒙蔽，無復忌憚，致得錢重物輕，公私爲害。自今各仰遵守成法，尚敢蹈襲，重行典憲。」

十三年二月十一日，臣僚言：「近來諸官司等處多以回易營繕之類爲名，出給文引，沿路照免商税。欲乞行下州縣，自今後應干官司等處般販物貨，不以有無指揮及出給引曆之類，並依條收税，不得更行放免。」從之。

七月十九日，詔添置武昌軍金口税務監官一員。

十一月八日，南郊赦：「所在税務課額各有定制，本意惠通商賈，懋 38 遷萬貨。近來州縣税務官吏作弊，又有鎮市税場，或監官獨員，或止差暫權去處，抑勒額外過數掊取，以至客人偷經私捷小路，却致暗失課入；或將所收之數衷私隱没，别曆侵盗。前後約束，終未盡革。可委通判專一行縣檢察，務令商賈通行。如違，轉運司按劾以聞。」

十四年正月二十六日，封州言：「在城務今酌中以紹興九年收到税錢七千七百七十二貫七十六文省，并開建縣務以紹興八年收到税錢一千二百六十一貫三百二十九文省，並乞立爲新額。」詔下本縣轉運司更切勘會〔二〕，如委是詣實，别無夾帶應不合收使錢數在内，即便行下所屬依條收趁。

七月六日，臣僚言：「乞申命有司，凡民間食用米，並與免税。」從之。

十五年八月十三日，上宣諭宰臣曰：「朕謂天下之物，有不當税者甚多，如牛、米、柴、麵之類是也。」檜奏曰：「如去歲浙中艱食，陛下令不收米税，故江西諸處客販俱來，所

〔一〕措：原作「指」，據《補編》頁六八〇改。

〔二〕本縣：似當作「本路」。

全活者不可勝計。」

十六年七月九日，詔省真州長蘆鎮税務。從本路諸司請也。

十七年正月二十五日，户部言：「依準聖旨，措置到州縣鎮務違法增收税錢并客販米斛，昨降指揮，並免收税。訪聞經過税務尚收力勝税錢，甚非朝廷寬民之意。欲下逐路轉運司日下禁止，并將應干税則逐一裁減，務令適中，揭榜曉示客旅通知。又税務監官自有舊額，添差官與正官通不得過三員。竊緣既有正官主管，39 其添差官自不須干預職事。兼從來監官從隸，元無定數，往往於税錢内侵耗，作弊百端。欲今後應酒税務添差釐務官，更不許干預職事。如或違戾，並仰知、通〔一〕、監官按劾，取旨重賜施行。」上可其奏，因宣諭曰：「米已免税，如柴、麪亦令措置。商旅既通，更令臨安府平物價，則小民不致失所矣。」

六月二十八日，詔和州梁山税移於裕溪河口置〔二〕。從淮東總領司請也。

十八年十一月十三日，户部言：「客販食用米斛，依累降指揮，與免税錢，務要米斛通行。訪聞州縣往往違法，依舊收税，或以力勝爲名。乞下諸路監司約束州縣，許令人户任便般販，不得依前阻遏。如敢違戾，仰監司按劾以聞，將州縣當職官并税務監官重賜黜責，公吏特行決配，仍許人户越訴。」從之。

十五日，荆湖南路轉運、提刑、常平茶鹽司言：「桂陽監臨武縣僻在山谷，不通舟船，創置之初，人煙未甚翕集，少有商栰經過。若置商税，委是難以趁（辨）〔辦〕。乞候縣道稍成倫序〔三〕，起税施行。」詔與免五年。

十九年二月十三日，殿中侍御史曹筠言：「江浙間有被災傷去處，朝廷督責監司〔四〕、守令多方賑恤，而斛斗商販蠲免租税，德至渥也。其間場務所在官吏，或未能恭體朝廷寬恤之意。望戒監司、郡守常切覺察，所管場務有於省額外税者，重（賞）〔寘〕以法。而省額元不議税者免行免放〔五〕，以其名物大書於牓，揭示行旅。」從之。

十一月十四日，南郊赦：「所在税 40 務各有立定吏額，比年以來，州縣税務率多違法額外增置公吏欄頭，邀阻客人，致商賈不行，百物踴貴，細民艱食。其監司坐視，略不檢察。仰諸路漕臣不時巡按檢點，將違戾去處舉致以聞〔六〕。如漕司失舉，令提刑司互按。」

〔一〕知通：原倒，據《補編》頁六八一乙。

〔二〕天頭原批：「『裕』一作『格』。」按，《補編》頁六八一作「格」，誤。《明一統志》卷一四：「裕溪河，在無爲州東一百二十里。」此所云「裕溪河口」，即今蕪湖市長江西岸裕溪口鎮。

〔三〕成：原作「夙」，天頭原批：「『夙』疑『有』。」按，以文意與字形推之，當作「成」。范仲淹《答手詔條陳十事》：「候西京並省稍成倫序，則行於大名府。」（《范文正奏議》卷上）

〔四〕處朝廷：原作「王處朝」，天頭原批：「『王處朝』疑『處朝廷』。」按，據文意，「王」當是「去」之誤，「朝」下脱「廷」字。今改。

〔五〕免行免放：疑當作「合行免放」。

〔六〕致：疑當作「劾」。

二十一年二月三日，詔省洪州武寧縣市口市官監酒税。從本路諸司之請也。

五月十四日，詔下徽、嚴州：「將客販牌筏出給公據，書寫客人姓名，計定所販木植條段數目，預期關報前路經由州縣及臨安府等處官司照會。如輒於中路載往別處，許諸色人陳告，將木植三分之一給告人，二分没納入官。」以進士張邦義言客販徽、嚴州木筏，乞罷二州抽解，徑發至臨安府抽取三分故也。

六月二十五日，大理評事莫濛言：「場務收税，各有定則，而比年諸州郡守輒於額外令監官重加征取；又以民間日用油布、席紙細微等物置場榷賣，展轉增利。緣此物價翔踴，所得之息，止資公庫無名妄用。望令監司常切檢察，仍揭牓示民間，許令陳訴。如有違戾，按劾聞奏，重寘典憲。」從之。

二十二年二月十五日，詔逐路漕臣：「應沿江有税務去處，於所隸州縣選差官檢察税務。遇有興販客舟及上供綱運經由，其檢察官即同監專依條監視税物，依則例施行。如無合税之物，即時檢放。仍令所屬漕臣常切檢察，如有違戾，許從按治。」以軍器監丞黃然言：「沿江一帶税務，比年以來，【41】額外招收欄頭，私置草曆，非理邀阻，欺隱作弊，商旅患之，號蘄之蘄陽、江之湖口、池之鴈汊税務爲大小法場。咸謂利歸公家十無二三，而爲官吏所竊取者過半矣。如四川、二廣、湖南北、江東西上供綱運經由，不問有無合税之物，每以收力勝爲名，喝税動以千計，監繫綱稍等人勒令甘認。」故也。

十一月十八日，南郊赦：「州縣私置税場，節次指揮已令放罷。所有客販貨物，自有立定税錢。其税場多緣增置專攔，百色侵漁，過數收税，不上赤曆，非理破用，致物價增長。雖累有約束，尚有未悛去處。可令監司、守臣嚴加檢察，將違戾去處按劾施行，務除宿弊。」

二十三年十二月，前知英州陳孝則言：「州郡財計除民租之外，全賴商税，其間有課額所入不足以給監官請俸之處，是虚立税務，以阻行旅。且英州管下有宜安鎮税務，每月課額止於十千，而監官請俸兩倍。望行下本路相度，將宜安鎮税務廢罷。」詔依，仍令户部取索似此去處，並罷。

二十四年十二月五日，大理評事劉敏求言：「屢詔郡邑免收粳米税錢，近來場務乃私置草曆收食米税，改作白糯米，收上赤曆。望俾監司、郡守常切覺察禁約。」從之。

二十五年五月二日，詔：「州縣税場名色重復，有踰常法者，令有司條具，一切罷去。輒復遣人搜邏騷(搔)〔擾〕，及於格法外別立賞錢者，悉行禁止。仍委監司長吏常切覺察，如有違戾，按劾以聞。」

七月十【42】二日，詔省隨州唐城鎮税場。以本路諸司言所入不償所費也。

十一月十九日，南郊赦：「關市之征，係爲商旅。訪聞州縣場務利於所入，以致士夫舉子路費，搜囊倒篋，不問多寡，一切拘欄收税，甚爲苛密。可令監司、郡守嚴行禁止，不得依前違戾。諸州縣場務差官置吏，自有定額。訪聞州縣往往違法添置監察官，增破請給，侵耗課額；及税務輒於額外增置專欄，將不合收税之物欄截重斂，騷擾百出，商旅受害。仰轉運司逐一取見不應差置官吏人數，日下並罷。私置税場，節次指揮已令廢罷，訪聞州縣尚有依舊存留去處，及於私小路邀截客旅，重疊收税。可令轉運司契勘，日下改正，敢有違戾，按劾施行。」

十二月一日，尚書刑部員外郎孫敏修言：「州縣税務凡應税之物，令（申）〔甲〕所載，以所收物名則例大書版牓，揭務門外曉示。而遠方州縣多不遵依省則，止以監官臨時檢喝，輕重高下，悉出己意，由是專欄得以騷擾作弊。望下州縣税務檢會省額，分明榜示，使商旅通知，如有違戾，重寘典憲。」從之。

二十六年正月十日，尚書省言：「近年所在税務收税太重，雖屢降指揮裁酌減免，而商賈猶不能行。蓋緣税場太密，收税處多。且如自荆南至純州（材）〔才〕五百餘里，而税場之屬荆南者四處。夔州與屬邑雲安、巫山相去各不滿百里，亦有三税務。如此之類甚多。」詔令户部行下諸路轉運司，開具管下税 43 務地里遠近，將相去連接之處裁酌減併，以寬商賈。如縣道税務不可減，即與免過税，仍許豁除税額。其後據諸路轉運司申，共減併税場一百三十四處，減罷九處，免過税五處。

二月七日，詔省肇慶府管下高明鐵場兼黄客步税監官一員。從本路諸司請也。

四月十九日，宰臣言京西、淮南客販及人户自買耕牛，與免投納牙税錢，并住税免三年事。先是，上宣諭：「昨降『京西、淮南未耕土田，不以有無拘礙，召人耕種，及展免課子，官借牛種』指揮，已是詳備，唯是耕牛深慮難得。」上曰：「關市之征，本爲商賈興販物貨，如米麪之類，民間食用一日不可無，豈可一槩收税？朕所以令與免税。今耕牛與免征税，甚好。然尚恐巧作名目，乞覓阻節，利歸專欄。須令監司、守臣常切覺察，如有違戾，按劾以聞，重寘典憲，庶不爲虛文。」沈該等曰：「陛下務農卹隱，灼見弊端如此，臣等敢不勤恪奉行！」

五月十一日，臣寮言：「商税近年以來，朝廷節次行下放免米麥、菽豆、柴薪、耕牛、力勝等税錢，而不曾與減退税務課額，仍更立賞，督責州縣，致貪功不恤之人將無作有，（仰）〔抑〕逼場務。税額既重大，而又米麥之類並免税，則其他物貨凡到税務者，必致重枉，取給敷額。故客販苦於税場，巨商大賈則收斂藏畜不行；步（檐）〔擔〕力運者則迂枉小路，以避郡縣。故商旅不通，課額不增。欲將税務年額量與減免，却重行裁減收税則例。」上 44 曰：「此説極有理。如米麥之屬，民所食用者，既與免放，若不量減年額，則必巧作名目，重斂以求敷數，反爲民害。可依所乞，（令）〔令〕户部立法施行。」沈該等曰：「陛下至誠恤民，察見利害如此，天下幸甚。」

七月十七日，尚書省言：「已降指揮：將諸路稅務連接去處裁酌減併，以寬商賈，仍許豁除稅額。切慮州縣將所減額，却於其他場務增添，致收稅愈重。及將來文於減併去處〔一〕，暗差欄頭之類拘攔邀阻，合行約束。」詔令諸路轉運司常切檢察約束，將違戾官吏按劾，申尚書省重作施行，仍許民户越訴。

二十七年八月二十四日，詔：「殿前司收買造軍器筋角、牛羊皮、箭笴〔二〕、條鐵，可與免臨安府及沿路收稅。」

二十八年五月八日，知建州章服言：「建陽縣麻沙鎮、後山務、崇安路黄耳等三處〔三〕，從來只收地頭人户土産物稅。其松溪縣人於温〔四〕、處州界首造到楹欏等木植一色稅物，札栰取水路〔五〕，自出産地頭直至建州三百六十里，並無收稅，即與近降減併去處不自〔六〕。乞存留，依舊只收木植一色過稅。」從之。

十月三日，權知饒州唐文若言：「本州鄱陽縣管下石頭鎮，自城下至本鎮八十里，自本縣至樂平縣四十里，相去一百二十里之間三稅，委是頻併，收稅虧欠。乞將石頭鎮稅務廢併，豁稅額。」從之。

十四日，侍御史葉義問言：「臣切見近降指揮，將寺觀鐘磬、鐃鈸等例行收稅，而稅錢未有收附 45 之文。若只令稅務收作日額，即是暗失銅稅一項課利。又聞諸處受納人吏多方邀阻乞覔，致令人户憚於投納，或埋之土中，或沉於溪澗，實有未盡者。望指揮在外州軍更展限一月，應受納官容縱人吏乞覔，許人户陳訴，重作施行。其稅錢別項樁管，續聽起發。如此，則可以稽考。」從之。

同日，中書門下省言：「客販食米，已降指揮免收稅。近來場務却以別色斛斗爲名，及作力勝，妄收稅錢，阻節乞覔。」詔令户部申嚴見行條法指揮行下，守臣常切覺察，犯者依條計贓科罪。守臣失於覺察，令監司按劾。仍令轉運司將實免過稅錢與除豁稅額。

十一月十二日，詔省臨安府於潛縣稅務監官一員。從守臣張稱所請也。

二十三日，南郊赦：「州縣稅場係收納商賈物貨稅錢，並有定則。近來將士夫、舉子所帶路費非商販之物亦行拘攔，抑令收稅，引惹詞訟，事屬違戾。仰監司守臣常切覺察禁止。所在稅場昨緣相去近密，及收稅太重，節次裁酌減併，豁除稅額。其私置場務，並令廢罷，以寬商賈。訪聞州縣間有巧作名目，暗行私復存留，廣於間道邀稅商旅，或違

〔一〕文：疑當作「又」。
〔二〕笴：原作「苛」，據《補編》頁六八二改。
〔三〕路：疑當作「縣」。
〔四〕「人」下原有「吠」字，據《補編》頁六八二刪。
〔五〕栰：原作「栻」。按栻，木名，於義不合，據文意與字形，當爲「栰」之誤，因改。
〔六〕天頭原批：「『自』誤。」按，據文意與字形，似當作「同」。

法差置檢察之類，甚者將客販食米以別色斛斗爲名，及抑令虛認力勝，百端邀阻，過有征輸。近降指揮，將違犯監專、欄頭計贓科罪，尚慮作弊，仰監司常切覺察。如有似此違戾去處，按劾施行。」

二十九年正月二十五日，詔：「已降指揮：客販食 46 米不得收税，仍蠲除税額，所冀民不闕食。訪聞諸路尚爾奉行滅裂，米船雖無他貨，亦故作淹留，屈伏收税。又閩、廣等路例皆販穀，場務抑令納税，甚非愛民之意。可下逐路，應客販食米若無他貨，並即時放行，應禾穀皆合免税。如有違慢，許民户經監司、御史臺越訴，當議重作施行。州縣出榜曉諭，常切點檢，月具有無違戾申尚書省。」

三月十五日，户部言：「昨承紹興二十六年正月八日已降指揮，近來商賈不行，蓋緣税場太密，已令諸路運司裁酌減併。訪聞已併税場有依舊差置監專拘欄收税去處，乞日下住罷。」從之。

四月二十三日，詔邵伯鎮税務依舊收納過税。先是，紹興二十六年七月十七日，有詔邵伯鎮税務減收住、過税，至是復舊。

七月十七日，右正言都民望言〔一〕：「朝廷自紹興二十六年，緣諸路州軍縣鎮税場猥多，節次降指揮減併一百三十四處，減罷九處，免納過税五處。議者謂國家經總制錢係州縣將百色官錢分隸〔二〕，今既減省輸錢之源，即逐處拘收上件錢數自合裁減。望下有司將併罷税場及納過税數目，許令除豁年額經總制錢。」從之。

三十年正月十八日，上謂宰臣曰：「聞街市米價雖不增長〔三〕，少有來者。正緣場務巧作名色收税，致令商販不通。」王綸曰〔四〕：「多是監官不得其人，致令如此。」葉義問曰：「場務最是專欄騷擾尤多。」上曰：「昨見河朔有步（檐）〔擔〕販米，猶爲所苦，其專 47 欄有在十里外私自收税者。況舟船之利，多於步（檐）〔擔〕，其騷擾可知。」綸等曰：「須索嚴行關防。」

三十一年正月二十五日，詔：「自今諸軍等處收買物色，並依條收税。如有所降免税指揮，乞更不照用〔五〕。自後或再有陳請者，許户部執奏不行。及臨安府内外場務去處，尚有吏私請託漏税者，申嚴，許人告，悉令御史臺覺察彈劾。」從臣寮請也。

九月二日，赦：「所在税場昨緣相去近密，及收税太重，節次裁酌減併，豁除税額。其私置場務並令廢罷，以寬商賈。訪聞州縣間有巧作名目，暗行私復存留，廣於間道

〔一〕都：原作「鄔」，據《建炎要録》卷一八三改。
〔二〕謂：原作「爲」，據《建炎要録》卷一八三改。
〔三〕增：原作「曾」，據《補編》頁六八三改。
〔四〕王：原無，據《建炎要録》卷一八四補。
〔五〕乞：疑誤。

邀税商旅，或違法差置檢察之類〔一〕，甚者將客販食米以別色斛斗爲名，及抑令虚認力勝，百端邀阻，過有征輸。近指揮將違犯監專、攔頭計贓科罪，尚慮違戾，及不即檢税，故作留滯，仰監司常切覺察。如有似此去處，按劾施行。」

十一月十四日，臣寮言：「乞約束所至税務，遇北來歸正之人，有苛留搜税之弊。」上曰：「朕自今歲夏秋之交，便作此念。若州縣場務漫不遵承，何以慰吾民向化之意？令行下，出牓關津禁止，必罰無赦。」宰臣陳康伯等奏曰：「領聖旨，今後有不遵依指揮者，許監司按劾，被苦人直訴。」

（二）〔三〕十二年三月二十五日〔二〕，臣寮言：「州縣比年以來，多因課額不敷，遣人於三二十里之外拘攔税物，欲避創置之名，乃曰發關引所。被遣者皆停罷公吏，當税之物，則乞取而使之透漏。望應州縣離城五里外，巧48作發關引所，創立攔税去處，並行住罷。」詔依，仍令州縣嚴行禁止巧作發關引所，創立攔税去處。如有違戾，仰監司按劾聞奏。（以上《永樂大典》卷一五四三三）

〔一〕檢察：原作「檢法」，據上文紹興二十八年十一月「二十三日南郊赦」條改。此赦與該赦文字相同。

〔二〕三十二年：原作「二十二年」。天頭原批：「『二十』是『三十』之誤。」按《補編》頁六八三正作「三十」，據改。

宋會要輯稿　食貨一八

商税　四〔一〕

商税雜録　二〔二〕

【宋會要】

❶紹興三十二年孝宗即位未改元。六月十三日，赦：「臨安府内外買賣興販金銀、匹帛、雜物之類，除依省則合收門税外，訪聞税務將鋪户已賣物色，因所買人漏税及元未經税賣下之物，輒於鋪户一例追納罰錢。可令本府嚴行禁戢，如有違犯之人，計贓斷罪，仍許人户越訴。」

八月十一日，詔贛州七里鎮東江務併歸城下商税務。從江西轉運司請也。

二十三日，中書門下言：「場務收税，皆有格目。訪聞沿流等處舟船經過，必留旬月，多喝税錢，甚者指食米爲酒米，指衣服爲布帛，空船則多收力勝，行裝則以爲興販，錢物不附赤曆。所由巡欄之徒什伯爲伍，上船上牌，打卯打醋，騷擾不一，致使商旅不行。」詔逐路專委監司、守臣覺察，按治以聞。

同日，中書門下言：「兩浙漸有復業之人，宜加優恤。其人户蓋屋所運竹木，墾田所帶牛畜，雖已降德音與免沿路商税抽解，切慮州縣奉行不虔，合行約束。」詔逐路安撫司相度措置，限一月條具奏聞。事小不須待報者，一面施行。

十一月十四日，詔：「應創置税務，日下禁止。令諸路轉運司給版牓，於從來依條法合置處張掛，曉諭客旅通知。如無轉運司所給版牓，見得是私置，許客人越訴，將違法收過税錢錢數紐計，申取朝廷指揮施行。」隆興元年三月二十八日〔三〕，臣寮言：「應州軍税場，並乞依祖宗自來❷舊額，州邑衝要處置立。所有續添税場，州府不曾申明，自行置立去處，並乞廢罷。」從之。乾道元年正月一日，赦：「州縣税務依法各有合置去處，近來又行私置，邀阻商旅，於民爲害。仰日下廢罷，令監司常切覺察。如有違戾，按劾以聞。」三年、六年、九年南郊赦，並用此制。十二月十日，上封事者言：「關市之征，古者以禁游手，於是乎征之。今也有一務而分之至十數處者，謂之分額；一物而征之至十數次者，謂之回税。乞訓敕州郡，非省額者不許私置，已税者不許再征。」從之。

孝宗隆興元年四月十九日，詔：「應客販耕牛往淮南州縣變賣，仰經所屬自陳，給據與免本處投契。沿路税及

〔一〕原題作「商税五」，乃《大典》卷一五四三四之標目。
〔二〕原無此題，承上卷加。
〔三〕本條内以下三小條原稿均各自分條，以致與下文年月舛亂。今詳此三小條均爲禁止私置税務，與上文同是一事，《會要》原本當是同一條，因合。

船渡錢並免。如有違戾去處，仰監司按劾施行。仍令諸路漕司下所部州縣，多出文牓曉諭。」從中書門下請也。

五月二十八日，權發遣賓州張昂言：「本州商税院及管下獨女鉛場，各係小使臣窠闕。本州税額至微，乞罷監官，改作攝官窠闕。」從之。

二年三月二十七日，德音赦：「高、藤、雷、容州應緣曾經焚劫去處，復業人户建造屋宇，所有竹木、磚瓦之類，並與免税，并免抽分一半。」

四月二十二日，詔：「紹興府蕭山縣西興鎮税兼煙火公事窠闕，改作紹興府蕭山縣新林堰税稱呼。」從兩浙諸司之請也。

五月二十八日，詔：「淮東西商旅販物貨，依立定省則，並以減半收税。如係歸正人興販，特與全免三年。」至乾道二年[3]七月十四日，臣寮言：「近有歸正人或住臨安，或住建康，於諸路興販物貨，免沿路税錢。照得隆興二年指揮，專係指定淮東西路，而有司失於奉行。今所在歸正人興販往兩淮，皆欲判狀全免税錢。今乞應歸正人興販物貨〔一〕，或自兩淮販至諸路〔二〕，或自諸路販至兩淮〔三〕，在諸路則所過場務依舊一例收税〔四〕，在兩淮界分一例全免。」從之。

六月一日，詔鬱林州博白縣税場依舊收税。

十二月八日，詔：「虜人侵犯兩淮，居民流徙，令安撫、轉運司下諸州軍措置招集，放免半年商税。」

十六日，德音：「楚、滁、濠、廬、光州、盱眙、光化軍管内并揚、成、西和州、襄陽、德安府、信陽、高郵軍，應興販及置買蠶織、農具、耕牛、斛斗及蓋屋材料雜色等物往殘破州縣者，各經所屬自陳，給據與免沿路收税抽解一年，關津不得邀阻。内流移復業人應隨行財物，並不得收税，舟船仍免力勝。如有違戾去處，許民户越訴。」

乾道元年正月十四日，詔諸路州軍：「方春米價踴貴，民間闕食，全藉客米接濟。訪聞所在場務以力勝之類巧作名色，違法收税，令諸路監司、守臣出榜約束，遇米船經過，即時通放。違戾去處，監官按劾，專攔重決配。」

二月十四日，詔省成都府在城商税監官一員〔五〕。從四川制置司〔六〕、成都府路諸司之請也。

二十日，四川總領所、夔州路轉運司言：「忠州豐都縣酒務係兼收商税，酒務可委知縣兼監，税務可委縣尉兼管，酒[4]務官乞行減罷。」從之。

二十七日，詔：「諸軍收買物色，紹興三十一年已降指

〔一〕今：原作「令」，據《補編》頁六八三改。
〔二〕淮：原作「准」，據《補編》頁六八三改。
〔三〕自：原作「至」，據《補編》頁六八三改。
〔四〕務：原脱，據《補編》頁六八三補。
〔五〕成都：原作「城都」，據《補編》頁六八四改。
〔六〕四川：原作「西川」，徑改。南宋設四川制置司，而無「西川制置司」。

揮〔一〕，合行收稅。令殿前、馬、步軍司遵依指揮施行，毋致違戾。」先是，主管殿前司公事王琪買木植修蓋諸軍營寨，乞免經由場務收稅。至是户部用紹興三十一年正月指揮執奏，故有是命。

三月十一日，户部言：「鎮江府都統制郭振於明州收買麻布五萬匹，乞下沿路州軍免稅。契勘諸軍收買物色，依節次已降指揮，並依條收稅。如有陳請，許户部執奏。今來郭振所乞，有礙已降指揮。」詔爲係軍用，權免一次。

四年九月五日，詔：「婺州義烏縣放散櫃户牙人，任其買賣，依條收稅，不得於離縣五里外巡欄，抑勒村民。仍下諸處州縣，不得私置稅場，邀阻客旅。令所在帥、憲常切覺察。」先是，義烏縣有山谷之民織羅爲生，本縣乃盡拘八鄉櫃户，籍以姓名，掠其所織羅帛，投稅于官，民甚苦之。至是臣寮有言，故有是命。

五年八月二十八日，詔省滁州來安縣監稅，令縣令兼領之。從知滁州趙善仁請也。

十二月二十六日，詔荆南府白水鎮住罷收稅，只於荆南沙市併收稅額。從荆南府請也。

六年正月十三日，詔沿江諸郡稅場：「今後商賈所載物貨，如係茶、鹽、米、麥、麵、銅錢，敢有違法收稅者，許商賈越訴，監司按劾以聞，將監臨官并專欄等人重寘典憲。」從總領葉衡請也。

五月十八日，户部尚書曾懷言：「奉旨併省自行在至建康 5 沿路征稅多處。契勘臨安府長安閘、平江府平望、常州望亭、横林、鎮江府呂城、丹徒鎮六處〔二〕，去前後稅務地里因密，乞行減罷。内臨安府除省額歲務外，又於羔亭子、四板橋、龍山、兒門、白塔、赤山、九里松等雙置鋪〔三〕，以欄稅爲名，而苛細收取，併乞先罷。」從之。

閏五月二十日，臣寮言：「方今重征之弊，莫甚於沿江。如蘄之江口，池之雁汊，自昔號爲大小法場，言其征取，酷如殺人。比年不止兩處，凡泝流而上，至於荆峽，虚舟往來〔四〕，謂之力勝；舟中本無重貨，謂之虚喝；宜征百金，先抛千金之數，謂之花數，騷擾不一。欲乞行下沿江諸路監司嚴行禁革，官吏犯者，必罰無赦。及刷沿江置場繁併處，取旨廢罷。」從之。

八月三日，權江南東路轉運副使張松言：「照對沿江自蕪湖縣至采石鎮，一州兩稅，實爲不便。又和州界有西采石，客旅往來，一日之間，三過場務，刻剥太甚。緣太平州采石去州縣稍遠，乞將祖額併歸蕪湖縣。所有淮南岸采石鎮依自來條例，以江心爲界，不許欄截江南客旅。欲乞

〔一〕三十一年：原作「三十二年」，據上卷食貨一七之四七「三十一年正月二十五日」條改。本條下文「三十一年」同。
〔二〕六：原作「五」。按以上場鎮實爲六處，且於本書中一一可考，並無訛誤，因改。
〔三〕雙：疑當作「處」。
〔四〕舟：原作「州」，據《宋史全文》卷二五上改。

行下太平州、和州嚴行約束。」從之。既而户部言：「采石税務係慶曆間起置，經今一百六十五年，不曾併在蕪湖。」知和州劉度言：「本州西采石税務，自國初興置，垂三百年，不曾以江心爲界，乞依祖宗成法。」並從之。

同日，張松乞將池州鴈汊鎮税務移過本州，從之。既而知池州張掄言：「紹聖五年畫降指揮，將池口税務移在鴈汊，專收大江過税。至紹興五年立額，每歲約趁官錢一十八萬餘貫。經七十五年，並無商旅詞訴。張松更不契勘池口已有住税，便作無税申請，併鴈汊於池口。纔一年半，比較鴈汊所收税錢，虧近二十萬緡。乞依舊復置鴈汊監官，專一收趁。」從之。

十五日，詔：「池州石埭縣税務移置邕溪、七溪兩路會口，只作一處收税。令石埭縣務更不得重叠，所有 6 留口鎮税亦令住罷。所認常平司買(樸)〔撲〕課利等錢，却令石埭縣税務抱認解撥。」從本州請也。

七年四月十五日，户部尚書曾懷言：「本部近驅磨出臨安府乾道五年商税帳内有失收三五分税錢併虧額錢，及少收頭子錢，共四十一萬二千七百餘貫，(令)〔今〕欲分作二年，令臨安府并通判廳自乾道七年夏季爲始，令項起發。仍專委兩浙轉運司拘催，依限發納。」從之。

八年五月十五日，詔廢罷常平犇牛税場。從前知銅山縣劉大衍言也。

九年三月二十五日，詔：「州縣税務於正官外，擅自差置機察、措置、提舉等官，可嚴行禁止。如違，許民户越訴。」

五月十六日，詔：「應私置税鋪，並行住罷。如已經住罷，不得復置。凡有違戾，重寘典憲。」臣寮言：「温州平陽縣有私置漁野税鋪，爲豪右買撲，乘時於海岸琶曹〔一〕、小鑊等十餘所置鋪，瀕海細民兼受其害。昨來户部住罷，已及三年。今豪民詭名，又復立價承買。平陽知縣林志屢乞行廢罷，如不欲虧失名錢，本縣自甘抱認發納。又照得台州天台縣私置界溪、榧木税鋪，紹興十一年已住罷。近台州通判秦烜乞復二鋪〔二〕，召人買撲，人户被害，節次訴于御史臺。如孫汝明訟寧海縣樟木、掘浦二鋪，張太訟寧海縣茭湖、柘浦三鋪〔三〕，王璠訟歸安縣詔村鋪，錢浩訟安吉縣迴山鋪，全夢説訟歸安縣璉市村鋪，劉昇訟江陰縣申港、長壽鄉二鋪。如此等類，皆是私置，難以槩 7 舉。乞嚴行約束。」故有是命。

七月八日，詔罷江陰軍黄田港、楊舍、蔡港三處税場。以兩浙轉運司言：「江陰軍管下黄田港、楊舍、蔡港税場各不滿百里，有礙指揮，乞行減併。」故有是命。

十一月二十三日，詔太平州、池州、寧國府、饒州、廣德

〔一〕曹：《補編》頁六八四作「漕」。
〔二〕秦烜：原作「秦姮」，據《赤城志》卷一〇改。
〔三〕三：疑當作「二」。

軍五州軍去處稅場並罷。以江東運司申課利微細，皆是大姓豪户買撲，邀截民旅故也。以上《乾道會要》。

【經進續總類會要】

8 淳熙元年十一月十一日，詔：「米、麵、柴、炭、油，皆係民間日用之物，並已免稅。訪聞州縣稅務巧作名色，收納稅錢，及將木炭抽解。令户部行下諸路轉運司約束，違者按治，仍許客人越訴。」

二年七月十七日，詔省滁州清流縣白塔鎮稅務。以本州言「月得二十千，徒以擾民」故也。

九月二十二日，臣僚言：「鄉落有號爲虛市者，止是三數日一次市合，初無收稅之法。州郡急於財賦，創爲稅場，令人户買撲納錢，俾自收稅。凡買撲者，往往一鄉之豪猾，既稱趁納官課，則聲勢尤甚於官務。官司既取其課利，雖欲爲小民理直，有所不能。乞下諸路州郡，應有前項買撲收稅處，並與住罷。」從之。

閏九月十八日，詔：「湖南北、江西漕司行下沿江州軍，出牓曉諭客人，有願販米往淮東者，即經州軍陳乞，出給公據，沿路照驗放行。如稅務妄作名色，非理阻節，即行覺察劾治，仍許客人越訴。」以中書門下省言：「淮東旱傷，訪聞湖南北、江西有客旅販米往糴，沿路稅務妄以力勝收稅邀阻，乞行約束。」

十月二十五日，中書門下省言：「客販米斛，依法不合收稅。累降指揮約束，不得妄作名色阻節。今來尚敢虛喝稅錢，顯是違戾詔旨。專委漕司覺察按劾，當職官吏重作施行。」

十二月十七日，慶壽赦：「訪聞州縣稅務輒差寄居待闕官以檢察、抄撩、措置爲名，在務騷擾，可日下並 9 罷。」

四年正月十八日，夔州路提刑、提舉、轉運司言：「相度到夔州并巫山縣兩處稅務，順流舟檝於夔州稅務併納巫山縣稅錢，（流泝）〔泝流〕舟檝於巫山縣併納夔州稅錢，於官無所損，而商旅免兩處留滯。逐處併收稅錢，各令互相關報歸還。」從之。

十二月五日，詔：「應州縣稅務不得於五里外攔截客旅，仰本路監司常切覺察。」

五年三月九日，詔：「諸官司收買木植，依紹興三十年除免。如違，坐違制之罪。」從臨安守臣趙磻老請也。

四月二十六日，臣僚言池州雁汊、黄州、鄂州稅場之弊：「一、舟船實無之物，立爲名件，抑令納稅，謂之虛喝。一、人欄頭妻女直入船内搜檢〔一〕，謂之女欄頭。一、所收商稅，專責見錢，商旅無所從得，苛留日久，即以物貨低價準折，謂之所納〔二〕。一、巡欄之人，各持弓箭、槍刀之屬，將客旅欄截彈射，或至格鬭殺傷。一、稅務依條自有纂節，

〔一〕「人」字似爲衍文。
〔二〕所：疑當作「折」。

欄頭多用小船，離税務十餘里外邀截客旅搜檢，小商物貨爲之一空，税錢並不入官，掩爲己有。」詔江東、湖北、淮東路轉運司，將今來條具到畫一事件嚴切措置，於税務前大字版牓曉諭。或監司全不覺察，許被擾人徑詣尚書省越訴，即先將漕臣重寘典憲。

五月六日，詔户部行下江東、湖北、淮西轉運司，檢坐見行匿税條法并分數則例，及規避商税等斷罪敕條，明揭版牓，與近降禁約指揮一處曉諭商旅，庶免官吏欄頭隱欺、走失歲課之弊。餘路沿流州軍【10】税場依此。以中書門下省言：「近臣僚乞革去沿流税務等弊，已畫一條具禁約。又慮合干人不得肆其騷擾，却將合税之物欺隱，不入赤曆，及暗乞私賂，一切放行，故令課額不敷，理合禁止。」故有是命[一]。

六月十九日，詔三省劄下諸路轉運司：「應諸州縣鎮除正額係省場務，見係吏部差官處不罷外，其餘創置税場、税鋪，不以有無官監，並一切罷去。」從臣僚請也。其後兩浙、江西、湖北申到人户買撲場務，雖非吏部差官，緣係常平租額，收到錢皆是起發應副大軍之數，詔且令依舊存留。(楊)〔揚〕州、高郵軍、盱眙軍亦以走失常平官錢不便爲請，亦許存留。

八月十九日，詔：「臨安府存留發引一十八處，止許發引，不得收税。如違，許人越訴。」

六年三月二十七日，詔罷鄂州七縣所管常平税場一十四處。以守臣趙善括言其騷擾，而歲(工)〔止〕收一千七百緡，乞罷，本州自備錢解發故也。

五月一日，詔諸路轉運司將管下州縣税場非省額創置收税處並罷。

十月八日，詔：「二廣虚市更相貿易，非江浙私置税場之比，可從民便，與免落地税錢。」從前知高州何惟清請也。

十二月二十八日，詔：「臨安府駐蹕之地，理宜優恤。頗聞征税稍重，是致物價未平。可自淳熙七年正月一日爲始，府城内外并屬縣應干百貨，並免收税一年。其税額合納錢，已令内藏庫等處對數補還。如官司輒敢違戾收税，許被收税人徑【11】赴御史臺越訴，許本臺具奏取旨施行。仍令尚書省出黄榜降付本府并屬縣曉諭。」

七年三月二十三日，右正言葛邲言：「州郡雖已罷私置税場，却增起税務則額。如湖北監司按鄂州税銀，每兩收舊錢八文，令增作四十八文。如此之類，都城既已盡罷税務，而鄰(居)〔郡〕以客旅至都城咫尺，别無他征，故增重税，豈不失陛下捐利予民之意？望下州郡，將舊來合收税錢則例大書，刻於板榜，揭寘通衢，令民旅通知，不得例外收取。其鄰郡亦(母)〔毋〕得以臨安府更不收税爲由，抑勒

[一]「以中書門下省言」至「故有是命」，天頭批云「大字正寫」。按本卷所録《經進續總類會要》各條，凡詔文之後説明降詔緣由之文多作小字注，僅有三條作大字。蓋原書此類本皆作小字，《大典》抄時或有改作大字者。今仍其舊，不強加統一。

重税。」詔下諸州戒約，如違戾，許〔入〕〔人〕户越訴。

九年十月二十一日，臣僚言：「湖州安吉縣税務惟藉絲綿、竹木收税，以辦歲額。近年本州别項收絲綿税錢，漕司别項收竹木税錢，以供他用，不恤課額之虧，遂使監司夤緣擾民。乞嚴行禁約。」詔湖州將前項額外創收税錢日下住罷。

十年二月二十八日，淮西總領韓彦質言：「頻年以來，江上諸州皆以重征爲務，公然收鹽米税，乞嚴行禁約。仍委三總領所不以路分，互相覺察按奏。」詔江淮東西、湖南北路帥漕司，各依前後指揮更切申嚴行約束〔一〕。如州軍奉行滅裂，許三總領所依所管路分覺察按劾。

十一年二月二十五日，臨安府言：「檢準紹興五年五月十二日指揮節文：諸路轉運司量度州縣收税緊慢，增添税額五分或三分。本府契勘諸税務日逐所趁課利於日額並各虧【12】欠，即不當有額外增收三、五分錢數。昨因守臣趙子〔瀟〕〔潚〕紹興三十二年間任内住罷修造，不曾應辦國信，收簇獻助錢二十萬貫，後蒙減免作一十五萬貫。内通判廳每歲於諸税務收到錢内幹取八萬四千貫，作三、五分窠名起發外〔二〕，今本府發錢六萬六千貫，遇應辦大禮年分減免五萬。自乾道七年皇太子領尹，灼見本府即無額外增收，上件三、五分窠名錢已具奏乞蠲免。以後節次申乞蠲免。至淳熙九年分訖今，準户部催發本府淳熙十年分三、五分錢六萬六千貫。寔縁税務所趁課利不敷元額，本府不曾額外收趁，無可發納，乞照應累年體例蠲免。」從之。

五月二日，淮西總領趙汝誼言：「近據客〔入〕〔人〕陸太等一十一名狀稱：『黄州税務正臨赤壁湍險之處，每遇舟船到岸，百端阻節，動至五七日稽留。江面闊遠，風濤不測，前後積聚官私舟船不可勝計。近有客人顔清等因拘欄看税間，忽一夜風浪大起，壞船十隻，沉失鹽二千餘袋，又打碎其他大小船五十餘隻，老小不知數目。乞擇一泊船穩便處移置税務。今黄州面上三十里地名張家洲觜，彼處江面狹窄，比赤壁纔十之二，遇有風暴，可以回避。』臣契勘黄州經賦，其數甚微，循常收趁，足可了〔辨〕〔辦〕。近年爲守臣者惟務多掊，以資妄費，阻遏行旅，至使無辜之人只〔固〕〔因〕拘留征税，横罹覆溺。乞下本路轉運司委官前去體究苛留顔清等舟船【13】收税因依，仍相視移置黄州税務，以便商旅。」從之。既而右正言蔣繼周亦論列，因將黄州守臣方廷瑞罷黜。

六月十七日，紹興府臨浦税場、處州君溪税場、池州梅根欄並陳乞復置，詔從其請。既而臣僚援淳熙五年六月十九日廢罷指揮争之，遂寢前命。

十月十五日，詔户部遍牒諸路〔州〕軍，將應管税務合趁課息如寔及〔租〕〔祖〕額之數，即不得抑令增收。敢有違

〔一〕「行」字疑衍。
〔二〕三五分：原作「三分五」，據上下文例乙。

戾，在內委御史臺彈奏，在外委監司覺察按劾，仍許被擾之人越訴。

十二年三月二十九日，詔：「場務税賞今後不許引用賞令中『高等外猶有剩數，或已該賞而所剩錢數又及格者，聽累賞』之文〔一〕。」以户部侍郎葉翥言：「税場每歲於(租)〔祖〕額者，猶有剩數，又聽其累賞，是導天下之爲場務者重征以希賞，額雖增而民愈困。乞於《淳熙令》中除去高等累賞之文。」因下勅令所詳定，故有是命。

七月二日，詔省荆門軍㳘河、武寧、黄泥三處税場。以前權知荆門軍陸洸言「三處税額共不過二十七貫三百三十三文，而豪民買撲，擾民爲甚」故也。

二十三日，詔省常德府一處、復州六處税場。先是，上從陸洸之請，下湖北提舉司契勘住罷㳘河等三處税場，因詔其餘似此去處，相度聞奏。至是，湖北提舉趙善譽奏上件兩州七處税場共納一百八貫，與㳘河等處事體一同。上曰：「罷之甚當。如此等事一日做得一件，計一歲之利亦多矣。」因併從之。

二十四日，詔省[14]揚州江都縣版橋、泰興縣新城、楚州山陽縣謝家埠、(旴眙)〔盱眙〕軍天長縣龍堽、石梁、秦蘭〔二〕、高郵軍高郵縣臨澤、三墩八處税場。以淮東提舉趙不流言：「(旴眙)〔盱眙〕軍係極邊，遞年與全免上供賦入。揚州、高郵軍係次邊，亦蠲其半。初不仰此毫末課利，而徒使豪民買撲，小民被害。所有净利錢内有分隸合發行在所屬數目，本司欲依數抱認起發。乞將上件税場並行住罷。」故有是命。

八月二日，詔殿前司收買木植，令嚴行抽税，以三分爲率，與免二分。

十月十四日，四川制置使留正、總領馮憲言：「知西和州王樸奏：『本州威遠鋪、舊州、勝間三處博買鋪，乃本州極邊，非水陸衝要，大商經由，逐鋪過取錢物，只作收税，以(辨)〔辦〕月額。乞詔制、總司將本州三博買鋪盡行廢罷，俾邊民各得營生。』逐司照得西和州管下三處博買鋪皆接對境，舊來蕃、漢客旅於逐處私相博易物貨，以致透漏姦細，無由覺察。前宣撫吴璘於彼處差官措置博買鋪，以量收税錢爲名，因而譏察姦細，探報彼界事宜。見今勝間鋪一年額錢一千道，舊州鋪一年額錢九百九十一道，威遠鋪一年額錢一萬七百九十七道。竊緣置立逐鋪，即不專爲收税。今來王(撲)〔樸〕所陳廢罷，難以施行外，第恐所收税錢不能及額，因緣多端趁辦，或有未便，其言不可盡廢。逐司乞於逐鋪税額向上與減分之一〔三〕，惟邊民不妨營生，且不失向來譏察探報之意。」從之。

十二[15]月十一日，詔：「雪寒，應臨安府城外客旅經過，自今月十二日並免收税五日，毋得邀阻。」

十四年八月十三日，淮西總領趙汝誼言：「今歲之旱，惟江東、兩浙爲甚，而江西、湖南北、兩淮，其間多有熟處。

〔一〕賞：原脱，據注文葉翥奏補。
〔二〕秦：原作「奏」，據《宋史全文》卷二七下改。《元豐類稿》卷四五《沈氏夫人墓誌銘》：「其墓在揚州天長縣之秦蘭里。」是也。
〔三〕「分」上疑脱一字。

今誠能通諸路之米散之江、浙，則民得足食，糴不騰貴。然欲求諸路之米，須免征税而後可。朝廷於征米之禁，非不切至，而州縣每遇米船，則别爲名目，謂之收力勝，喝花税。花税者，以無爲有；力勝者，計所載之多寡，以税其舟。又額外增置場務，初以收各州土産物貨住税爲額，而馴致收客旅往來之税。如潭州之橋口、隆興府之樵舍、江州之湖口、和州之施團以類是也〔一〕。行旅之人受重征苛取之苦，無所赴愬。乞行下江東西、湖南北、兩淮守臣，許聽從客人興販米斛赴江、浙旱傷州郡。仍約束所在場務，遇有米船經過，不得以收力勝、喝花税爲名，時刻留滯。如違，許客人赴監司、臺部越訴，官吏重寘典憲。若監司奉行弗虔，許臺諫彈劾。又沿江税務壤地相接，如自池州至建康府止七百餘里，爲場務者有六：曰鴈汊，曰池口，曰施團，曰蕪湖，曰采石，曰建康。其間相去不滿五六里者，又重以私税。商旅挾家貲以求(嬴)〔贏〕，而迺困於公家之征，豈不可憐？臣嘗求其故，或謂鄉者罷諸軍回易，故州郡得收木筏之税以寬民力。自後復創户部給曆之説，而諸軍裝發排筏，皆執户部曆頭，以免商税，憑(籍)〔藉〕私販。每得一曆，16即爲數歲循環之用。且一排筏合納征税，何啻數十大貫。今十倍而失州郡之常税，如之何而不虐於商人哉！此增置税場及收不應收税之物，多以爲辭。乞下諸州軍，應有增置税場去處，盡令日下罷去。户部曆頭，亦乞住給。或不得已，亦須立爲定限，止許用免一税，庶可以絶州郡之辭，亦行法自近始之(乞)〔意〕。」詔付給事中王信等看詳。既而信等看詳：「乞行下諸路守臣，遇客人興販米斛，不得阻遏。其免收力勝錢自有見行條法。乞行下逐路監司，約束所在場務遵守。如有違戾，及喝花税爲名故作留滯者，客人赴監司、臺部越訴，重寘典憲。其所陳池州至建康一帶税場，自有淳熙五年六月二十六日以後累降指揮。乞下户部契勘，如係增置，不合存留去處，即(今)〔令〕日下罷去。其户部所給曆頭，今據户部供稱，係承特旨，方與出給。仍於公據開具所買名件，段段照驗通放。候足日，繳部毁抹，不應存留重疊使用。今來所陳，謂多憑(籍)〔藉〕私販，每得一曆，即爲數歲循環之用。上件情弊，乞下户部措置關防。」從之。

十五年九月二十七日，户部言：「檢準淳熙十四年五月八日勅，臣僚奏陳，和州於施團税場之外，又復創子務於朴木，邀截民旅，妨奪無爲軍城下商税。蓋緣近年客船從栅江泥汊口入裹河，經無爲軍，自裕溪出大江，則不經由施團。此和州所以在朴木攔税，與無爲軍税務地近相妨。然大江與裹17河水道必由裕溪，而今施團税場即先在裕溪者爾。今若令和州將施團税場依舊移置於裕溪故地〔二〕，則和州商税自無走失。無爲軍税務相去既遠，則亦自無詞。客船或欲徑行大江，或欲避風濤之險而入裹河，各適其便可也。都省批下淮西安撫司，委官相視綵圖圖本，指定利害具申。其淮西安撫、轉運司尋委安豐軍六安縣主簿馬晞驥前去和州、無爲軍管下相視，乞寢罷朴木，廢施團而回裕溪。再送安撫司、廬州兩簽聽官同共看詳。據安撫司參議

〔一〕天頭原批：「『以』疑誤。」按，當作「之」。

〔二〕和州：原作「河州」，據前後文改。

元徽之等、廬州通判莫洸等申：『詳主簿馬晞驥所定和州朴木事委是詳備，但馬晞驥欲令和州移施團税務於裕溪，張運使沙雖在裕溪之下，正緣裕溪江面闊約十餘里，客舟重載，由江南岸抛過裕溪投税，客人利害甚重，決不肯絶江。使客人肯絶江來裕溪，却自裕溪過江南，其舟横絶大江，不可直過，必須抛下十餘里，正爲張運使沙阻隔。此和州税場以此收税不行，遂移上施團，豈有不便而移置，今欲使之復移裕溪之理？其爲利害甚明。況和州之較計税入，想非得已。今日無爲軍之與和州争者，止以朴木，朴木去施團與和州地里俱遠，雖曰驗施團關引，其寔有礙近降指揮，自合住罷。所有馬晞驥所定欲令和州移施團税場於裕溪，合作和州從便回申。』本部承準都督指揮〔一〕，行下淮西安撫、轉運司，取會和州，委自逐司契勘經久可行，18兩州各無争執，保明供申。淮西安撫、轉運司申：尋施行。據和州申：『照應本管下沿江西米沙税務，先移置裕溪河口，緣爲江道生沙，冬月淺澀，春夏水泛，江面闊遠，水勢湍急，難泊舟船。昨因何喻義等經州陳乞，申獲聖旨，於淳熙五年内移置施團。自近年以來，鄰郡無爲（運）〔軍〕平空於施團向上地名泥汊河口，離城九十里，發關引欄税，及往向沿江口岸招誘長江客船入裏河，迂曲經由無爲軍城，創行收税，庇護客船從施團背後取裕溪河口出江，軃瞞施團，遞於課利〔二〕。向曾申明上司，委朴木河檢察銅錢官就辨驗施團税務納税關引，如無關引，即是瞞税，務要客人通知，元不曾收納分文税錢。今準前項指揮，即已行下朴木檢察銅錢官照會約束施行。所是移置施團，正緣裕溪江面闊遠，委是難以復移。今來本州既罷朴木拘檢關引，其無爲軍不應仍舊於泥汊河口及沿江口岸招誘江行客船迂入裏河〔三〕，創收客税，亦合住罷。』遂行逐司，契勘得和州前項所申，委是經久可行。本部乞下淮西安撫、轉運司，仰從所申事理施行，并和州、無爲軍準此。」從之。以上《孝宗會要》。

淳熙十六年閏五月十四日，詔恭州三縣管下雙石、安仁、石英、藍溪、董伏、含谷、多昆、雙溪八市，泥埧、木洞新興二鎮十處税場，盡行住罷。以守臣宋南彊言「皆是鄉（材）〔村〕豪民買撲，拘收税錢，徒以擾民」故也。

紹熙元年二月二十三日，詔19省罷楚州北神鎮税務。所有長河客船物貨，令於在城都省務投税。其鎮官仍舊差注管幹烟火酒務職事。以淮東安撫、漕臣言「北神鎮柴網船以採浦爲名〔四〕，往往夾帶違禁之物過界。官中利於税錢，只在草（布）〔市〕之屬收税。竊慮引惹事」，故有是命。

十一月三十日，詔：「今後鋪户合税物貨，照自來則例回税，不得巧作名色欺詐騷擾。令臨安府禁止。如於例外

〔一〕都督：似當作「都省」。
〔二〕此二句疑有誤。
〔三〕入：原作「叉」，據文意改。上文云「招誘長江客船入裏河」，是也。
〔四〕網：似當作「綱」。宋時有柴炭綱，爲官府運柴炭（見《長編》卷四九七）。採浦：似當作「採蒲」。

多收頭子錢，許民户越訴，將犯人重作施行。仍將私名欄頭等人并比税曆，並與除去。」

二年正月二十三日，臣僚言：「乞下二廣諸州，除罷虚市收税。」詔本路轉運司措置省罷。以二廣虚市初非省額坊場，皆是鄉村自爲聚落，從豪户買撲，歲納官司不過百十緡故也。

四月二十四日，池州言：「本州諸縣去秋間遭旱傷，竊慮城下、池口兩税務收税稍重，遂將則例以三分爲率鐫減一分。其日解税額亦已照減，除豁分數。」從之。

三年三月十二日，詔：「雅州三縣管下始陽、金沙兩鎮，思經鋪、車領、靈關、丑鎮税場盡行住罷。以本州言「皆係豪民買撲，重爲民害」故也。

四年三月四日，臨安府言：「餘杭、富陽兩縣税務，比他縣課額素重，將村落土産、竹木等不到務之物，抑令鄉民遥認税錢，重爲民患。今乞自紹熙四年爲始，將兩縣務税額内富陽縣歲趁五萬六千餘貫通減七千貫，餘杭縣歲趁四萬四千餘貫通減五千貫。下兩縣税務，不得出違五里之限
20 邀欄税物，及不得以鄉村土産不到務之物，以(鈞)〔均〕税爲名，横取税錢。許被擾人赴府陳訴，追究得實，專欄決配，監官按劾。」從之。以上《光宗會要》。

慶元元年正月五日，詔：「訪聞京西六郡財計不足，州縣利於收税，將客販違禁之物陰行透漏。可令檢照淳熙六年三月詔書通融補助，條具聞奏。今後嚴行體訪，稍有違犯，即行按舉，當寘典憲。仍令御史臺覺察。」

十九日，尚書省言：「紹熙五年七月指揮，令沿流州縣關津税務如遇客船販到米斛，與依條免税，仍免納力勝錢，即不得别作名色，妄有邀阻。如有違戾，仰逐路監司嚴切根究施行，仍許客人越訴。今聞州縣惟以多收課利爲急，致見責(辨)〔辦〕場務，非理邀阻，過數重征，理合申嚴約束。日後如有違戾，定將守臣、當職監官一例取旨，重行責罰。」從之。

四月十七日，詔：「諸路應干産牛地分，除覺察盜販過淮依已降指揮施行外，自餘商旅興販自淮而南者，聽其往來，勿得阻節。如有違戾，提刑司按劾以聞，必寘之罰。」以臣僚言「淮浙耕牛絶少，而官吏懼透漏坐譴，將興販者例皆阻抑」，故有是詔。

四年四月十一日，詔湖州四安税務住罷，將本鎮坊改作四安酒務。以守臣張震言：「本州上供窠名全(籍)〔藉〕酒税，向自住罷纂節商税，課額虧損，委難支吾。税務月額共九百貫文，後因收趁不敷，申明減發，每月止趁四百二十餘貫。緣場務只知極力趁(辨)〔辦〕，不免重征。」故
21 有是詔。

八月二十九日，臣僚言：「沿江税場如江州、蘄口、蕪湖以至池州、真州，皆有岸夾依泊客舟，惟黄州税場正在大江之側，每遇風濤，舟船傾側，常有飄散之憂。近歲守臣嘗開新澳，以便民旅，尚有六百八十丈不曾開通。乞(令)〔令〕本州相度措置，於農隙用工開浚，寔爲商旅永久之利。」從之。

五年四月二十九日，詔：「州郡應客旅物貨赴務投税

外，聽從便貨賣，不得截留收買。如違，重寘典憲。」以臣僚言：「關津場務，惟督譏（証）〔征〕，不應官府之有需，竟留物貨而拘買，名爲支錢，秖爲文具。」故有是詔。

八月十四日，廣東轉運司言：「近承臣僚奏，乞將二廣墟市不得收税，許從民便。照得本司當來相度舊管墟市一百一處，減罷二十一處外，今存留八十處，即非近行創置，係是古來爲額。所收歲課，皆是籍定之數，兼與其他州縣創定征收事體不同。乞照應見行常平條法存留。」從之。先是，四月六日，右正言陳自强乞下二廣提刑司，除州縣場務差官去處外，其餘村疃聚落應有墟市，許民間從便交易，不得收税，至是有請。

十一月十六日，臣僚言：「廣東、西去朝廷遠，民有秔米柴薪一例收税〔一〕，民食貴米，用貴柴，被害之甚。乞專委漕司嚴立版榜，於逐州場務税亭曉示，庶使客旅明知柴米不税。或别作名色收税，許經漕司投訴，以憑申奏，作違制論。」從之。

六年三月二十四日，詔：「成都府路麻布六税之額，止收[22]麻皮及成兩色税外〔二〕，其麻種、麻枝、麻緝、麻紗四色並與蠲免，仍令所修立成法〔三〕。其餘諸路州縣税務一體施行，仰轉運司常切覺察。」以臣僚言：「西蜀田中所産紵麻，終年辛〔勒〕〔勤〕，至乎成布一匹，所直不過交子六七分。凡六經税，而官吏牙儈，多端侵刻。乞與蠲免，少寬民力。」故有是詔。

四月八日，詔建寧府建陽縣後山并崇安縣黄亭税務並住罷，今後不許復置。以守臣傅伯壽言：「紹興、淳熙間，已降指揮住罷。後來失於契勘，具申存留。今緣兩務專欄等人各係游手無圖之輩，所差官多係權攝，替罷不常，全無禁約，肆行尅剥。」故有是詔。

九日，兩浙轉運司言：「準都省劄子：據湖州申，乞復置湖州、永壽、東遷、大錢、璉市五處籰節發引。本司已委官究實，徧詣舊發引等處，各有父老陳詞云：日前存置籰節之時，城市賣買駢集，細民可以營求，客旅商税，並無透漏。自住罷之後，豪彊占霸，招接客貨，以致市井蕭條，暗失税課。今來仍舊復置，商賈物貨既有籰節發引投税，于官元額不致虧損，農田鄉民，各無被害。」從之。先是，三年閏六月，臣僚乞照祖宗成法，盡行住罷。近緣有虧官賦，故從其請。

五月七日，中書門下省言：「臨安府城内諸行鋪户買賣金、銀、匹帛之類，如係將帶出門首，自合於都税務回納税錢。訪聞欄頭、書手等人與鋪户有讎，輒將不合收税物件妄作漏税告首，致被斷罪，號令追賞，委實騷擾。」[23]詔令本府今後子細究寔，如委是不合收税，即將首人重行斷罪。

七月二十四日，詔湖州施渚、和平兩處鎮税，並行省罷。以兩浙轉運司言：「兩鎮坐落僻静山鄉，商旅難得，合干人假官課爲名，重征苛取。」故有是詔。

嘉泰三年六月二十四日，侍御史張澤言：「廣州八邑例不均税，每遇大禮年分，於産錢上科敷賞錢。唯清遠一

〔一〕秔：原作「杭」，據文意改。秔同粳。
〔二〕「成」下疑脱「布」字，注文云「成布一匹」，是也。
〔三〕「所」下疑有脱字。

縣，官既收税，故得免科。近年復創行科率，每産錢一文科二十七文，滿貫科二十貫，號田根錢。差摧鋒官兵追納，所過雞犬一空。又縣有原曰石梯、石津，在兩山間，田土狹隘，人户耕鑿，方成聚落。轉運司忍置二場〔一〕，召鄉豪買（朴）〔撲〕，自置土典、欄頭。初無客旅，但將人户所收穀米、麻豆之屬一一征取。乞下本路提舉司體訪罷去，以惠遠民。」從之。

十一月十一日，南郊赦文：「人户輸納紬絹、斛斗之屬，既名納官，法不收税。訪聞州縣場務過有邀求，紬絹則先收税錢，斛斗則先收力勝錢，循習成例，重爲民害。仰轉運司嚴行禁戢，仍許人户越訴。」自後郊祀、明堂赦並同。

四年三月十日，詔：「客人願往出産州軍興販竹木等物赴臨安府出賣，仰於兩浙運司陳狀，給據前去，沿路州軍税錢與免三分之一。至臨安府城下者，全免。」先是，三月四〔日〕夜，居民遺火。已降指揮，官、民户興販及收買竹木等，與免收税兩月。至是，又申嚴行下。

開禧元年六月二日，廣東提舉陳杲言：「廣州、肇慶府、惠州共管墟税八十三場，皆係鄉村墟市，苛征虐取，甚至米粟亦且收錢，甚爲民24害。近者臺臣奏罷石梯〔二〕、石津二場，餘一場猶故。臣計漕司每歲墟税所入，通不過二萬三千緡有奇，而三郡之民，均受其害。若遽行廢罷，則養兵之費，無所措辦。昨降指揮，經畧司每歲於鹽、舶二司各撥一萬緡入樁積庫，以備緩急。乞移此以補漕計，將八十一墟悉行廢罷。」從之。

三年正月十六日，詔以淮民屋宇生具多焚拆不存，目今漸次歸業，令浙西、江東西安撫、轉運司行下所部州軍，多方勸諭客旅，許令般運竹木於兩淮州縣販賣，特免沿路抽税。

嘉定二年九月十日，明堂赦文：「淮民乍離兵革，飢饉荐臻，全（籍）〔藉〕客人運到米麥及竹木等，爲續食營造之計。訪聞所過州縣暴征苛取，遂致商賈不行。自今客舟如往兩淮興販，所過場務米麥不得收税，所帶竹木與免抽解，仍不得巧作名色，多取税錢。」五年郊祀赦文及於荆襄。

五年四月二十四日，臣僚言：「廣中諸郡無名場務在在有之，若循之浰頭、梅之梅溪，皆深村小路，畧通民旅，私立關津，公行收税。所差罷吏姦胥〔三〕，畧無顧（籍）〔藉〕，緡錢斗粟、菜茹束薪，悉令輸税；空身行旅，白取百金；紆路曲徑，指爲透漏。官吏利其所入，悉爲施行，抽分給賞，斷罪倍輸，至有綑載而來、罄囊而歸者。且浰頭一津，前此憲司已行蠲去，今聞又漸復舊。乞令廣東諸監司痛行革去，違者重行鐫責，當行吏編配。」詔令廣東諸司制具各州縣無名關津數目〔四〕，申尚書省。

〔一〕忍：疑誤。
〔二〕石梯：原作「石涕」，據前「嘉泰三年六月二十四日」條改。
〔三〕罷：疑誤。
〔四〕制：疑當作「別」。

25 八月一日，監察御史石宗萬言：「州郡商税，經費之所繇出，惟賴富商大賈趁辦課利。今沿江場務，所至蕭條，較之往年，所收十不及四五。推原其繇，皆士大夫之貪黷者爲之。巨艘西下，舳艫相銜，稛載客貨，安然如山，問之則無非士大夫之舟也。或自地所攬載，至夔門易舟，某月某日有某人出蜀，商旅探伺，争爲奔趨。爲士大夫者從而要索重價，一舟所獲，幾數千緡，經繇場務，曲爲覆護免税。懷刺納謁，懇囑干撓，往時不過蜀人之赴舉者爲之。既而蜀士之游宦江湖、召赴中都者，或未免循習。其後東南士大夫之仕于蜀者，歸途亦多效之。而把麾持節者，抑又甚焉。乞下沿江州郡揭牓税場，嚴行戒戢，如有違戾，許守臣密具職位、姓名申尚書省及御史臺施行。」從之。

十一月二十日，南郊赦文：「諸路州縣税場遇有客人販到物貨投税，各有立定名件則例。今聞專欄乞覓，多喝税錢，稍或不從，苦楚留滯，致令客人於私小路偷瞞商税。其專欄又於五里外邀欄乞取，委是違法。仰逐路轉運司行下所部州軍約束，不得違戾。如仍前滅裂，許被害人越訴，切待追究，重作施行。」八年、十二年、十四年明堂赦並同。

六年十二月十一日，權發遣衢州王棐言：「管下有税場二，曰孔步鎮、曰章載場，皆非朝廷差官處。考其廢置，孔步鎮隸開化縣，路通徽、嚴。開化僻左，不於此置征，則絲漆之税，皆不入開化，而月解青册，無所取 26 辦，故孔步鎮認開化税錢三分之一。此於縣計，誠有關繫。若章載場又去州二十五里，路通行在，其於州之税務畧不相關。計其一歲所入，共一千五百四十餘緡，而於州用、公使者，已八百四十餘緡，供朝廷隸經總制者止七百餘緡。人言章載場爲一方百姓之害。臣以爲八百餘千，豈不足以少裨郡計，然苟益於民，安敢重惜？況其間二百三十餘緡又屬之公使，此特在郡守之節用耳。若朝廷，視三數百千，何啻鴻毛？故不若罷之便。所有朝廷錢，每歲計三百八十三貫，係作糴本錢解發，本州自當抱認，那融起解。」從之。

七年二月二十四日，廣西轉運判官、兼提舉鹽事陳孔碩言：「二廣州郡收販牛税，其來久矣。近因漕臣有請，始蠲罷之。然贛、吉之民，每遇農畢，即相約入南販牛，謂之作冬。初亦將此小土布前去博買，及至買得數牛，聚得百十人，則所過人牛盡驅入隊。南人力弱衆少，則坐視而不敢問；力彊衆多，則互相鬥殺。間被官司捕去，按法施行，則是販牛者少，因而行劫者多。近到廣西，多言湖南北人來廣西販牛，爲害有素。自奏罷收税之後，來者愈多，爲患愈甚，而州郡驟失此項税錢，力遂困乏。臣以爲欲弭此害，合令販牛之人先經所屬州縣，具同伴人數與買牛數若干，量立節限，使互相委保，判給公據而來。内有一名行劫，保人同罪。所過津務，特與減半收税，批鑿公憑，前路爲照。既不 27 絶其興販，又可少殺其黨與剽劫之勢，州郡復得向時賦入，則責之募足闕兵，其又何辭？乞下二廣監司、州郡，許照舊例收牛税外，更加優恤施行。」送户部相度。本部照得：「漕臣所奏利害甚明，委是權宜可行。合下湖南北、江西、二廣轉運司，行下所屬州縣遵守。仍約束所過場務，不得循習重征。如違，追專欄重作施行。」從之。

八月二十三日，權發（遣）〔遣〕黄州孫杓言：「黄陂縣龍驤税務，一歲版帳通計八千六百八十六貫七百五十九文，亦爲本州利源之助。日前率是按月解發，近年以來，拖下月解錢一萬三千三百三十貫一百五十文。到官訪問，皆謂此非一日之故，即將舊欠盡行除豁。今僅半年，新者又復拖下三千八十四貫五十文。再三思之，與其存虚名而使之拖欠，孰若減實額而責其必足。遂於元額内先與除減二千貫文，今只爲六千六百八十六貫七百五十九文，每月只解版帳錢五百五十七貫二百三十文。乞下本州永久遵守，庶可杜日後再增之弊。」從之。

八年二月三日，臣僚言：「遠方墟市之税，曩嘗禁罷，州縣仍令鄉民買撲，其苛取反甚於州縣。廣南販米之税近已蠲免，今米雖不税，復計舟筏闊狹紐筭力勝錢，其所收仍重於税米。竹木例止抽分，今抽分之外，又以尺寸科格而苛取之。濱江之民（檐）〔擔〕負魚鮮，止於村落博賣，未嘗經涉城市，今有誣其漏税而加之罪者。農器舊不税也，28今與其他器用一例科税；火柴舊不税也，今南方遠郡遇有溪簰販運，每束例收五六錢。販夫步（檐）〔擔〕之征税，止於關津，今越數里之外捉税矣；舟船運載之税止於五里，今逾二三十里之外欄税矣。商販苦之，安得不潛行佚出，以規苟免？不惟官課日虧，而津欄捕捉數十爲群，操執利刃，互相鬥奪，殺傷人命，獄訟滋蔓，鮮不由此。皆緣州郡急於贏羨，不以監官爲可委信，而專差猾吏爲之譏察，輕重可否，一出吏手，爲害有不可勝言者。乞下諸郡，凡税物巨細，立定則例，揭之版牓，仍於合攔税之地立定界至，使之通知。應諸州以人吏譏察場務，悉行罷去。或有違戾，當覺察以聞，乞嚴行責罰。」從之。

九年二月十二日，詔令襄陽府將鄧城鎮税廢罷，仍舊爲酒務。從本府選差官吏管幹，吏部免行差注，更不作闕。先是，臣僚言：「竊見客旅自榷場博易，多經襄陽，在城務有税，鄧城酒務又有税，京西漕司通貨場相望鄧城鎮無半里許又有〔税〕。是商賈往來，不出襄陽境内二十里，而有三税，客旅誠何以堪！乞下襄陽府，特將鄧城鎮税廢罷，依舊只爲酒務。」尋下運司相度，以「鄧城鎮與通貨榷場共在一處，不可不速行寢罷。但本鎮所收，歲解襄陽府一萬九千三百二貫有奇，解憲漕司通判廳二千七百五十三貫五百一十三文。上件所入，皆係官兵支遣之費，須措置一項可以補襄陽府并諸司指擬之數而後29可行。又房州抑配吏卒買銀之弊，不可不爲革絶。又須措置一項可以補貼買之數而後可行。今乞將提舉司每歲出賣鹽鈔一萬袋，每袋增會子二千，歲可得會子二萬貫，以填二項之額。」故有是命。

十一年二月二十五日，詔省罷太平州城下税務。以知州吴柔勝言：「本州不出八十里間凡三務場，乞罷其一，却將蕪湖、采石兩處已增税錢填補上項罷免額。」尋下江東轉運司相度，請如其言，故有是命。

十三年九月十七日，詔平江府崑山縣黄姚、顧逕税場，令吏部選差文臣有舉主、無過犯人充。以臣僚言：「黄姚税場係二廣、福建、温、台、明、越等郡大商海船輻輳之地，南擅澉浦、華亭、青龍、江灣牙客之利，北兼顧逕〔一〕、雙浜、王家橋、南大場、三槎浦、沙涇、沙頭、掘浦、蕭逕、新塘、薛港、陶港沿海之税，每月南貨商税動以萬計。州郡去海既遠，知縣有抱些小課利，餘鏹盡歸私家者。乞將黄姚、顧逕税場令吏部選差文臣有舉主關陞、廉正材幹之人充監税，令平江府則立税額，每月課利，專充樁積，不許嘉定縣干預。」故有是命。

十一月二十七日，詔：「官、民户興販及收買竹木、磚瓦、蘆箔等，（令）〔令〕兩浙轉運司行下臨安府并出産及經由州軍，與免抽解、收税兩月。仍劄下臨安府嚴立罪賞，曉示行鋪户，並不得高擡價值出賣。如違，仰本府密切覺察，將犯人重作斷治。」以是月二十六日，臨安府居民遺漏〔二〕，從中書、門 30 下省請也。

十四年六月十六日，德音赦文：「蘄、黄州復業人户恐闕少竹木及蠶織、農具、耕牛、斛斗，如有人户置買，并客旅般販前去貨賣者，仰經所屬自陳，即便給據，與免沿路及所至處抽税半年。關津不得邀阻，如違，許被抑人陳訴。」

十五年十二月三日，臣僚言：「郡縣征場，朝廷立官監臨，可謂專也。今在外邑者，往往令宰兼領。蓋課額不登者，郡必責縣以償補；利源之廣者，令必規（嬴）〔贏〕而願爲。於是商賈病於重征，郡縣曾不之恤，而征官則反安坐不用。乞降睿旨，今後諸郡分縣税務專責監官，不許以令宰兼管措置。」從之。

十七年三月十四日，臣僚奏：「湖州武康縣坐落山僻，税務（租）〔祖〕額全年計七千三百六十五貫有畸，今增作二萬三千七十七貫有畸。至嘉定十三年内，課利不登，縣申轉運司，每月量減二百貫。然行之未幾，復爲郡守仍舊增發。今雖邑宰白州復依減發之數，而猶趁（辨）〔辦〕不敷。又（鳥）〔烏〕青鎮地連三郡，河港支分，物貨易於透漏，税務（租）〔祖〕額，每日止四十三貫。自辛巳年間，江淮流民避地，税物經過，偶有增羨，當時守遂增至一百二十貫二百。自後商旅不行，課額日減。至淳熙十三年，父老省部陳詞，減作八十五貫八百有畸。今爲定額。積欠動數千貫，未有一任能及額者。嘗究其故，武康税課舊在管下武都鄉十都，驛路通徹川、廣，客旅經從，日夜絡繹。嘉（慶）〔定〕九年，縣申上司，於彼處發引 31 招誘，每有客販税物，於則例上收一半，民以爲利。自嘉定十一年内，洪水衝損驛路，更不前去發引，上令上栢牙鋪等於本縣接界招誘收税〔三〕。其客人經取黄竹、蔣村等處及崇仁鄉十字港通徹蘇、常、杭、秀去處取道興販，以致官課頓虧。烏青鎮税始於界内璉市置鋪户運貨停〔四〕。轉運司約束，不許於五里外欄税，客旅乘此多行私港，而本鎮鋪户運貨停塌於數里之外，朝夕旋取以歸，此場務所由（販）〔敗〕壞。攷之湖州管下縣鎮，如德清縣日額止四十餘千，新市鎮止十八千，獨武康烏青税額仍舊，日下煎熬。乞下所屬詳議，將二處（租）〔祖〕額及

〔一〕北：原作「比」，據文意改。
〔二〕居：原作「君」，據文意改。「居民遺漏」即居民失火。
〔三〕上令：似當作「止令」。
〔四〕據下文，「停」下當脱「塌」字。

續增數目斟酌蠲減，立爲定額，庶幾商旅阜通，課利易辨。」從之。以上《寧宗會要》。（以上《永樂大典》卷一五四三四）

宋會要輯稿　食貨一九

酒麴一〔一〕

酒麴歲額

【宋會要】

❶東京

官造麴賣於酒户〔二〕，每歲舊四十七萬四千六百四十五貫。熙寧十年，三十五萬五千八百四貫九百二十文。開封府十五縣及赤倉、道士、八角、郭橋、陳橋、諫寺、静封、義聲、建雄、朱家曲、盧館、宋樓、張橋、馬欄橋、蕭館、圉城〔三〕、潘、故濟陽、萬勝鎮、張三館三十五務，每歲舊錢三十四萬四千四百八十四貫，絲六千一百一十四兩，絹八疋。今二十一縣，熙寧十年，錢二十四萬五百五十八貫三百四十八文七分，絲一千七十兩，絹八疋一丈七尺七寸。

西京

官造麴如東京之制，及永寧、長水、密、新安、緱氏、鞏、偃師、壽安、永安、（穎）〔潁〕陽、登封、澠池、福昌、河清、王屋、白波、彭婆、伊闕、三鄉、府店、費莊〔四〕、曲河二十三務，歲十一萬四千二百九十五貫，絹三十五疋。熙寧十年，祖額一十二萬八百四十八貫六百三十七文，買撲二萬七千六百九十八貫五百一十文。

南京

官造麴如東京之制，及楚丘、穀熟、寧陵、虞城、下邑、柘城縣、高辛、會亭、濟陽鎮九務，歲七萬八千七百一十八貫。熙寧十年，在城賣麴三萬六百九十九貫二百一十七文，寧陵縣官監一萬五千四百九十五貫一百四十九文，諸縣買撲二萬六千一百三十二貫三百四文。

北京〔五〕

舊在城及臨清、經城、清平、冠氏、夏津、宗城、莘、魏、内黄、洹水、成安、館陶、南樂、朝城、永濟縣、安賢、定安、普通、桑橋、淺口、清水、延安、李固、孫生、博寧、曹仁鎮二十七務，歲十八萬四千七百九十貫。熙寧十年，祖額一十七萬四千二十六貫二百文，買撲一萬八千三百九十一貫六十七文。

京東路　東路

〔一〕原題「酒麴雜録」，今改以「酒麴」爲總題，其下添歲額、雜録二次級題。

〔二〕賣：原作「買」。按《宋史》卷一八五《食貨志》下七：「三京官造麴，聽民納直以取。」又云：「賣麴價：東京、南京斤值錢百五十五，西京減五。」是官造麴賣於酒户，「買」字誤，因改。

〔三〕圉：原作「圍」，據《元豐九域志》卷一改。

〔四〕費莊：原作「員莊」，據《元豐九域志》卷一改。金元好問《水調歌頭·空濛玉華曉》詞題注云「玉溪在嵩前費莊兩山絶勝處」，即此地。

〔五〕北京：原脱。按，宋四京，前已述及三京，且其下地名皆屬北京，因補。

青州　舊在城及壽光〔一〕、臨淄、千乘、博興、臨朐縣〔二〕、淳化、博昌、大王橋鎮、猫兒渦十務，歲九萬九千七百五十四貫。熙寧十年，祖額一十一萬三千五百七十二貫五百九十一文，買撲一萬五百三十五貫六百四十文。

密州　舊在城及安丘、高密縣、信陽、清洛場五務，歲八萬六千一百五貫。熙寧十年，祖額九萬九千三百二十七貫九百三十三文，買撲二千四百四十五貫八百六十六文。

齊州　舊在城及清平軍、臨邑、禹城、長清縣、龍山、肅安〔三〕、新安仁、舊安仁、新鎮、新市、明山〔四〕、舉鎮、劉宏、新縣耿鎮〔五〕、曲堤鎮、梨濟寨〔六〕、胡家羌、季家店〔七〕、歸蘇、臨濟〔八〕、迴河、濟河〔九〕、涇牆店〔一〇〕、胡家林二十六務，歲十七萬三百六十六貫，絹二十二疋。熙寧十年，祖額二十一萬一千六百六十四貫六十二文，買撲二萬四千二百二十二貫五百九十一文。

沂州　舊在城及沂水、丞〔一一〕、費、新泰縣〔一二〕、蘭陵六務，歲四萬八千八百一十六貫，布百四十二端。熙寧十年，祖額七萬四千五百五貫七百五十四文，買撲六千四百七十五貫七百六十六文，布一百疋。

登州　舊在城及黃、牟平縣三務，歲九千七百五十六
2 貫，布千四百五十一端。熙寧十年，祖額三萬四千四百貫二百五十三文，買撲三千二十四貫八百二十八文，布九百二十三端一丈四尺。

萊州　舊在城及萊陽、膠水縣、羅山鎮四務，歲六萬一百一十五貫。熙寧十年，祖額五萬一千九百三十一貫七百一十二文，買撲三萬三千四百五十三貫八十九文。

濰州　舊在城及昌邑、昌樂縣三務，歲四萬七千九十七貫。熙寧十年，祖額五萬一千六百四十三貫四百五文，買撲一千七百七十七貫七百四文。

淄州　舊在城及鄒平、長山、高苑縣、金嶺鎮、趙巖口〔一三〕、劉家店七務，歲五萬八千六百六十貫。熙寧十年，祖額七萬五千九百一十三貫五百四十三文，買撲四千八百二十貫一百一文。

淮陽軍　舊在城及宿遷縣、桃園、魚溝鎮四務，歲五萬二千五百八十貫。熙寧十年，祖額五萬七百五十二貫一百

〔一〕及：原無，據前後文例補。
〔二〕朐：原作「昫」，據《元豐九域志》卷一改。
〔三〕肅：原作「蕭」，據本書食貨一五之三、《補編》頁四九九改。
〔四〕明山：本書食貨一五之三、《補編》頁四九九作「明水」。
〔五〕新縣耿鎮：原作「新孫耿」，按本書食貨一五之三有「新縣耿鎮」、「舊縣耿鎮」，據改補。
〔六〕梨：本書食貨一五之四、《補編》頁四九九均作「黎」。
〔七〕季：本書食貨一五之四、《補編》頁四九九均作「李」。
〔八〕臨：原作「監」，據本書食貨一五之三、《補編》頁四九九改。
〔九〕濟河：本書食貨一五之四、《補編》頁四九九均作「齊河」。
〔一〇〕涇牆：本書食貨一五之四、《補編》頁四九九均作「遥牆」。
〔一一〕丞：原作「承」，據《元豐九域志》卷一改。
〔一二〕泰：原作「太」，據本書食貨一五之四、《元豐九域志》卷一改。
〔一三〕趙巖：原作「巖趙」，據本書食貨一五之四、《元豐九域志》卷一乙。

五十三文，買撲八千八十八貫八百文。

西路

兖州　舊在城及太平、仙源、奉符、萊蕪、瑕丘、龔丘〔一〕、泗水、鄒縣九務，歲六萬四千九百九十六貫，絲三百三十兩。熙寧十年，祖額三萬五千四十八貫九百七十二文，買撲三萬五千八百八貫三十七文。

徐州　舊在城及蕭、彭城、滕〔二〕、豐、沛縣、利國監、白土鎮七務，歲十萬六百四十二貫。熙寧十年，祖額八萬八千二百六十一貫一百九十四文，買撲二萬四千二十一貫六百七十六文。

曹州　舊在城及宛句、南華、乘氏縣四務〔三〕，歲四萬三千九百一十八貫。熙寧十年，祖額三萬八千九百九十一貫六百三文，買撲三萬三千七百六十六貫七百九十二文。

鄆州　舊在城及中都、平陰、壽張、須城、陽穀、東阿縣〔四〕、景德、但歡〔五〕、寧鄉、竹口、石横、迎鸞、界首、澄空、翔鸞、安樂、公乘、麟臺、楊劉鎮、滑家口、關山鎮二十二務〔六〕，歲十一萬五千三百三十三貫。熙寧十年，祖額一十一萬二千六百四十八貫八百二十三文；買撲三萬二千三百一十八貫三百八十文。

濟州　舊在城及金鄉、任城、鄆城縣、魯橋鎮〔七〕、昌邑城六務，歲六萬六千一百六十八貫，絹一十二疋。熙寧十年，祖額六萬一千九百二十三貫九百三十四文，買撲一萬六千三百三十貫九十一文。

單州　舊在城及成武縣、黄隊、魚臺鎮四務，歲五萬四千一百貫。熙寧十年，祖額三萬二千一百七十一貫三百八十四文，買撲一萬六千三百三十貫九十一文。

濮州　舊在城及雷澤、臨濮、范縣〔八〕、柏林、安定、永平、臨黄七務，歲六萬六千四百三十五貫，絹六百四十八疋。熙寧十年，祖額三萬六千六十一貫四百二十八文，買撲二萬八千五百八十六貫九百六十文，絹六百七十二疋。

廣濟軍　舊在城，歲二萬二千七百三十五貫。今廢。

萊蕪監　無定額。

利國監　無定額。

京西路　南路〔九〕

襄州　舊在城及鄧 3 城、宜城、中盧、南漳縣〔一〇〕、牛首鎮、樊村、穀城八務，歲六萬六千七百六十七貫。熙寧十

〔一〕龔：原作「襲」，據本書食貨一五之五、《宋史》卷八五《地理志》一改。
〔二〕滕：原作「勝」，據本書食貨一五之五、《元豐九域志》卷一改。
〔三〕乘：原作「葉」，據本書食貨一五之五、《元豐九域志》卷一改。
〔四〕阿：原作「河」，據本書食貨一五之五、《元豐九域志》卷一改。
〔五〕但歡：原作「但勸」，據本書食貨一五之五、《元豐九域志》卷一改。
〔六〕關山鎮：原作「開山禘」，據本書食貨一五之五、《元豐九域志》卷一改。二十二：原作「二十一」。按以上實有二十二務，因改。
〔七〕魯：原作「曾」，據本書食貨一五之六、《元豐九域志》卷一改。
〔八〕范縣：原作「苑縣」，據《元豐九域志》卷一改。
〔九〕路：原作「京」，天頭原批：「『南京』當是『南路』之誤。」按《元豐九域志》卷一作「南路」，據改。
〔一〇〕漳：原作「彰」，據《元豐九域志》卷一改。

年，祖額九萬七千八十貫七十二文，買撲八千六百六十三貫八百六十四文。

鄧州　舊在城及南陽、淅川〔一〕、内鄉縣、渚陽〔二〕、硤口〔三〕、鸚鵡八務，歲八萬一千二百九十八貫，絲三百九十七兩。熙寧十年，祖額八萬七千九百二十六貫一百三十九文，買撲八千六百一十四貫五百九十六文，絲四百二十六兩半。

隨州　舊在城及棗陽縣二務，歲一萬八千三百一十六貫。熙寧十年，祖額一萬九千六百六十四貫八百七十四文，買撲二千七十一貫五百三十六文。

金州　舊在城及麴務，歲萬三千五百七十一貫。熙寧十年，祖額一萬六千五百八貫八十八文，買撲一千三百三十七貫五百二十文。

房州　舊在城及房陵、竹山縣三務，歲七千五百五十貫。熙寧十年，祖額一萬八千六百七十三貫六十一文，買撲八百四十八貫六百九十一文。

均州　舊在城及南門、鄖鄉縣三務，歲二萬四千七百五十九貫。熙寧十年，祖額三萬二千七百七十三貫四百一十三文，買撲二千一百二十九貫九百一十文。

郢州　舊在城及京山縣〔四〕、永清鎮三務，歲二萬三百四十八貫。熙寧十年，祖額二萬二千一百四十三貫六十九文，買撲七千四百五十七貫三百七十六文。

唐州　舊在城及方城、湖陽、比陽縣、桐柏鎮五務，歲二萬八千三百四貫。熙寧十年，祖額三萬六千五百三十八貫三百三十五文，買撲二千一百八十八貫一百四文。

北路

許州　舊在城及長葛、臨（穎）〔潁〕、陽翟、許田、郾城縣、合流、繁城、椹澗、馳口〔五〕、長葛、新寨鎮十二務，歲十三萬一千八百三十二貫。熙寧十年，祖額八萬六千九百七十五貫七百九十四文，買撲二萬七千五百四十八貫四文。

孟州　舊在城及汜水、温、河陰、濟源縣五務，歲五萬五千四百二貫。熙寧十年，祖額七萬三千八百五十一貫七百六十四文，買撲四千一百一十八貫九百四十四文。

蔡州　舊在城及新蔡、上蔡、褒信、遂平、西平〔六〕、真陽、確山、汝陽、新息、平輿縣、王臺、陽安、吳城、陳寨、金鄉、瓜波〔七〕、諸丁、謙讓〔八〕、王務、黃持〔九〕、射子鎮二十二務，歲八萬六千三百五十七貫。熙寧十年，祖額一十一萬九百一十八貫三百七十五文，買撲一萬二千七百一十二貫

〔一〕淅：原作「浙」，據《元豐九域志》卷一改。
〔二〕渚陽：原作「諸陽」，據本書食貨一五之六、《元豐九域志》卷一改。
〔三〕硤口：原作「硤石」，據本書食貨一五之六、《元豐九域志》卷一改。
〔四〕京山：原作「凉山」，據《元豐九域志》卷一改。
〔五〕馳口：《元豐九域志》卷一作「駞口」。
〔六〕平：原作「川」，據《元豐九域志》卷一改。
〔七〕瓜波：《元豐九域志》卷一作「苽陂」。
〔八〕謙讓：《元豐九域志》卷一作「謙恭」。
〔九〕黃持：《元豐九域志》卷一作「黃特」。

五百六十文，絲五百三十兩四錢，絹一十三疋八寸。

陳州　舊在城及商水、西華、南頓、項城縣、殄寇鋪六務〔一〕，歲九萬七千八百三十八貫。熙寧十年，祖額七萬三千四百一十七貫七十三文，買撲九千三百八貫九百三十文一分。

（穎）〔潁〕州　舊在城及沈丘、萬壽縣、界溝、斤溝、正陽、漕口七務，歲八萬三千四百六十二貫。熙寧十年，祖額七萬五千八百一十二貫四百七十五文，買撲七千七[4]百五十貫七百四十文，絹三十九疋二尺四寸。

汝州　舊在城及龍興、魯山、襄城、葉、郟城〔二〕、汝墳、潁橋鎮、石塘河、洛南十務，歲四萬八千二百四十貫。熙寧十年，祖額三萬六千二百七十六貫五百一十八文，買撲一萬六千五百四十一貫六百五十三文。

信陽軍　舊在城及羅山縣二務，歲八千五百八貫。熙寧十年，祖額一萬五千六百二十二貫一百四十五文，買撲五百貫三百五十三文。

鄭州　舊在城及原武、（榮）〔滎〕陽、新鄭、（榮）〔滎〕澤縣、楊橋、郭店、陳橋鎮八務，歲六萬七千六百九十二貫。今廢。

光化軍　舊在城一務，歲三萬一千九百七十四貫。今廢。

滑州　舊在城及韋城、胙城、靈河縣四務，歲三萬四千五百一十九貫。今廢。

河北路　東路

澶州　舊在城及德清軍、觀城、清豐、臨河縣、舊州、土樓〔三〕、水北鎮、東石九務，歲七萬九千一百八十七貫。熙寧十年，祖額八萬一千三百五十四貫四百八十七文，買撲一萬四百二貫二百七十九文。

滄州　舊在城及保順軍、樂陵、無棣〔四〕、饒安、南皮〔五〕、歸化、臨津、鹽山縣、郭橋〔六〕、咸平、馬逮〔七〕、保安、馬明、任河、會寧〔八〕、通商、朱堪、趙觀、長蘆、乾符鎮、劇家口、韋家莊、屯莊二十三務，歲十三萬二千二百四十七貫，絹五疋，絲百兩。熙寧十年，祖額一十一萬九千九百貫二百一十六文，買撲一萬二千三百四十五貫九百四十六文。

冀州　舊在城及堂陽、南宮、蓨〔九〕、棗强、武邑、衡水縣、新河、劉固、宗齊〔一〇〕、昌城、長蘆〔一一〕、李億、來遠十四務，歲八萬五千六百六十一貫。熙寧十年，祖額七萬二千

〔一〕殄寇：原作「珍寇」，據《元豐九域志》卷一改。
〔二〕郟：原作「郊」，據《元豐九域志》卷一改。
〔三〕土樓：原作「工樓」，據《元豐九域志》卷二改。
〔四〕棣：原闕，據《元豐九域志》卷二補。
〔五〕皮：原作「波」，據《元豐九域志》卷二改。
〔六〕郭：原作「郊」，據本書食貨一五之九、《元豐九域志》卷二改。
〔七〕逮：原作「逯」，據本書食貨一五之九、《元豐九域志》卷二改。
〔八〕會：原作「舍」，據本書食貨一五之九、《元豐九域志》卷二改。
〔九〕蓨：原作「修」，據《元豐九域志》卷二改。
〔一〇〕宗齊：原作「宗斎」，據《元豐九域志》卷二、本書食貨五九之八改。
〔一一〕長：原作「萇」，據本書食貨一五之一〇、《元豐九域志》卷二改。

一百三十九貫九百五十五文，買撲四千貫四百六十文。

瀛州　舊在城及肅寧城〔一〕、樂壽、景城、束城縣〔二〕、劉解、永牢鎮七務〔三〕，歲六萬四千三百四十一貫。熙寧十年，祖額四萬一千六百七十五貫五百四十二文，買撲六千三百九貫五百七十文。

博州　舊在城及博平、高唐、明靈〔四〕、堂邑縣、夾灘、興利、固河、趙村、廣平、永安鎮、郭禮、崔度、杜郎店十四務，歲八萬五千一十九貫。熙寧十年，祖額六萬五千三百七十四貫六百七文，買撲二萬六百七十二貫二百二文。

棣州〔五〕　舊在城及陽信、商河縣〔六〕、欽風〔七〕、寬河、歸仁、太平、新務、西界、桑棲、脂角鎮、七里渡、達多口十三務〔八〕，歲八萬一千二百四十六貫。熙寧十年，祖額九萬七百八十一貫六百七十七文，買撲四千六百六十四貫七百四十四文，絹二百五十四疋。

莫州　舊在城及任丘、長豐、鄚縣四務〔九〕，歲二萬二千四百六十八貫。熙寧十年，祖額二萬五千九百九貫八十文，買撲一千五百六十二貫一百九十五文。

雄州　舊在城一務，歲二萬三千八百二十七貫。熙寧十年，祖額二萬二千三百一十八貫七十六文，買撲四百六十二貫六百三十六文。

德州　舊在城及將陵、德平、平原縣、懷仁、重興、將校、藥家、5 水務、安樂、嚮化〔一〇〕、吳橋、王琮、糜村、安陵、盤河鎮十六務，歲九萬四千六百一貫。熙寧十年，祖額七萬八千八百八十七貫七百八十四文，買撲七千二百五十五貫七百四十四文。

濱州　舊在城及招安縣、安定、東永和〔一一〕、永豐、蒲臺、寧海鎮、三汊口八務，歲五萬二千四百七十三貫，絹二百六十二疋。熙寧十年，祖額四萬三千四百七貫三百二十二文，買撲一萬七千四百五十一貫五百四十四文。

霸州　舊在城及大城縣〔一二〕、文安、萬春鎮四務，歲二萬四千五百三十六貫，絲三十六兩。熙寧十年，祖額一萬八千九百一十九貫五百九十八文，買撲一千七百□十八貫一百七十二文。

〔一〕肅寧城：原作「蕭寧縣」，據本書食貨一五之一〇改。《元豐九域志》卷二作「肅寧寨」。
〔二〕束城：原作「東城」，據《元豐九域志》卷二、《宋史》卷八六《地理志》二改。
〔三〕永牢：原作「永寧」，據本書食貨一五之一〇、《元豐九域志》卷二改。
〔四〕明靈：原作「明虛」，據本書食貨一五之一〇、《補編》頁五〇三改。
〔五〕棣：原闕，據《元豐九域志》卷二補。
〔六〕商：原作「滴」，據《元豐九域志》卷二改。
〔七〕欽：原作「沿」，據本書食貨一五之一〇、《元豐九域志》卷二改。
〔八〕達：原作「連」，據本書食貨一五之一〇、《補編》頁五〇三、《元豐九域志》卷二改。
〔九〕鄚縣：原作「鄭縣」，據《宋史》卷八六《地理志》二改。
〔一〇〕化：原作「代」，據本書食貨一五之一一、《元豐九域志》卷二改。
〔一一〕和：原作「河」，據本書食貨一五之一一、《元豐九域志》卷二改。
〔一二〕大：原作「太」，據《元豐九域志》卷二改。

恩州　舊在城及歷亭〔一〕、漳南、武城〔二〕、饒陽、甘陵、領宗、寶保、田樓、寧化鎮、阮村店十一務，歲六萬一千八百六貫。熙寧十年，祖額四萬九百四十九貫二百五十三文，買撲九千六百五貫二百二十六文。

永静軍　舊在城及阜城縣、新高、弓高、仁高鎮、袁村六務〔三〕，歲三萬四千八十一貫。熙寧十年，祖額三萬九千八百五貫二百七十五文，買撲七千一百七十一貫二百五十六文。

乾寧軍　舊在城及范橋鎮〔四〕，歲二萬四千二百四十貫。熙寧十年，祖額一萬六千九百八十二貫五十八文，買撲二百二十四貫六百二十一文。

信安軍　舊在城一務，歲五千九百五十九貫。熙寧十年，祖額七千八百八十七貫五百五十四文，買撲六十一貫八百七十三文。

保安軍　舊在城一務，歲六千六百六十七貫。熙寧十年，祖額六千四百四十九貫六百三十二文。

西路

真定府　舊在城及天威軍、獲鹿、井陘、欒城、藁城〔五〕、行唐、元氏縣八務，歲十三萬五千九百三十八貫。熙寧十年，祖額九萬五千四百四十五貫二百二十文，買撲九千二百八十七貫四百四十五文。

相州　舊在城及湯陰〔六〕、永和、臨漳、鄴、林慮縣、天禧鎮七務，歲五萬四百四十一貫。熙寧十年，祖額四萬六千九百八十貫八百七十四文，買撲四千二十五貫五百八十四文。

定州　舊在城及新樂、龍泉、曲陽、無極、唐縣六務，歲十二萬六千三百五十三貫。熙寧十年，祖額一十萬七千九百八貫三百三十六文，買撲五千六百三十九貫八百四十四文。

邢州　舊在城及鉅鹿、平鄉、内丘、堯山、龍岡、沙河〔七〕、南和、任縣、綦村、新店、團城十二務〔八〕，歲六萬四千六百八十三貫。熙寧十年，祖額六萬五千八百六十五貫四百一十文，買撲五千六百四十八貫五百二十文。

懷州　舊在城及武陟、武德、修武、河内縣、清化〔九〕、宋郭、萬善鎮、尚鄉、柏樹店十務，歲四萬一千二百四十三貫。熙寧十年，祖額三萬四千六百九十七貫七百二十四文，買撲七十三貫三百三十七文。

〔一〕歷：原作「瀝」，據本書食貨一五之一一、《元豐九域志》卷二改。
〔二〕武城：原作「武成」，據《元豐九域志》卷二、《宋史》卷八六《地理志》二改。
〔三〕袁：原作「表」，據《元豐九域志》卷二改。
〔四〕此句下疑脱「二務」二字。
〔五〕藁：原作「蒿」，據《元豐九域志》卷二改。
〔六〕湯：原作「陽」，據《元豐九域志》卷二改。
〔七〕沙河：原作「河沙」，據《元豐九域志》卷二乙。
〔八〕「團城」下原有「縣」字。據《元豐九域志》卷二，團城乃鎮名，非縣，歷代亦未嘗於此置團城縣，因删。
〔九〕清化：原作「青化」，據《元豐九域志》卷二改。

衛州　舊在城及共城、新鄉、獲嘉縣、大寧鎮五務〔一〕，歲四萬一 6 千一十二貫。熙寧十年，祖額四萬六千四百九十一貫一百五十四文，買撲一萬六千四百七十七貫七百一十文。

洺州　舊在城及肥鄉、平恩、曲周、臨洺、鷄澤縣、北洺水、永泰村、清漳、新安、白家灘鎮十一務〔二〕，歲五萬六千八百七十七貫。熙寧十年，祖額五萬三千五百四十四貫八百九十四文，買撲三千四百一十八貫五百三十六文。

深州　舊在城及安平、武强、饒陽、束鹿縣五務，歲七萬九千四貫。熙寧十年，祖額六萬一千三百三十二貫五百九十七文，買撲五千八百八十三貫六百六十文。

磁州　舊在城及滏陽、邯鄲、武安、昭德縣、固鎮、觀臺、臺村〔三〕、大趙、二祖、北陽、邑城店十二務，歲四萬九千二百五十貫。熙寧十年，祖額六萬三千三百八十六貫八百九十文，買撲三千三百八十四貫四百二文。

祁州　舊在城及鼓城〔四〕、深澤縣三務，歲三萬一千九百八十四貫。熙寧十年，祖額三萬四千五百九十一貫七百二十三文，買撲二千一百九十二貫四百九十六文。

保州　舊在城一務，歲四萬二百二十九貫。熙寧十年，祖額三萬三千二百六十貫七十六文，買撲二千七百二十六貫二百四十四文。

安肅軍　舊在城一務，歲二萬二千五百七貫。熙寧十年，祖額二萬九千六貫七百二十八文，買撲三百一貫七百八十八文。

趙州　舊在城及臨城、高邑、柏鄉、寧晉、隆平、贊皇縣七務，歲五萬六千二百三貫。熙寧十年，祖額四萬四千三百四十八貫六十八文，買撲三千七百三十五貫三十六文。

永寧軍〔五〕　舊在城及博野縣二務，歲二萬一千一百六十二貫。熙寧十年，祖額三萬五千五百五十一貫四百八十五文，買撲三千二十二貫九百八十八文。

廣信軍　舊在城一務，歲二萬八千六百八十五貫。熙寧十年，祖額一萬六千三百九十七貫七百九十文。

順安軍　舊在城及高陽縣二務〔六〕，歲萬四千四百七貫。熙寧十年，祖額一萬一千四百五十四貫二百二十一文，買撲一千二百八貫六百四十一文。

北平軍　舊在城一務，歲二萬一百六十八貫。今併入定州。

通利軍　舊在城及黎陽、衛縣、李固、苑橋、淇門鎮六務〔七〕，歲三萬一千五百五十二貫。今廢。

〔一〕大寧：原作「太學」，據本書食貨一五之一三、《元豐九域志》卷二改。五務：原作「五城」，據前後文例改。
〔二〕灘：原作「攤」，據《元豐九域志》卷二改。
〔三〕臺村：原作「村臺」，據《元豐九域志》卷二乙。
〔四〕鼓：原作「彭」，據《元豐九域志》卷二及《宋史》卷八六《地理志》二改。
〔五〕軍：原作「州」，據《元豐九域志》卷二、《宋史》卷八六《地理志》二改。
〔六〕二務：原脱，據本書食貨一五之一四補。
〔七〕淇門：原作「洪門」，據本書食貨一五之一四、《元豐九域志》卷二改。

陝西路　永興軍

京兆府　舊在城及臨潼、鄠、醴泉、咸陽、武功、涇陽、藍田、興平、高陵、乾祐、櫟陽縣〔一〕、粟邑、零口〔二〕、中橋、鳴犢〔三〕、渭橋、毗沙、秦渡、臨涇、義谷、甘北〔四〕、甘河鎮二十三務，歲二十八萬七千六百四十一貫。熙寧十年，祖額二十六萬六千六百三十三貫三百七十三文，買撲二萬四千九百一十二貫八百八十三文，銀三十一兩六錢。

河中府　舊在城及猗氏、龍門、臨晉、萬泉〔五〕、永樂縣、洿谷鎮七務，歲八萬三千七百一十一貫，米六十六碩，粟三十一碩。熙寧十年，祖額一萬三千六百九十7九貫八百三十四文，買撲三萬九千二百三十七貫九百二十八文，粟三十一碩七㪷。

陝州　舊在城及閿鄉〔六〕、芮城、湖城、靈寶、夏、峽石、陝縣、曹張、銀冶、集津、三門、歇馬、曲沃、平時十五務，歲七萬五千五百九十五貫，米八百八十七碩。熙寧十年，祖額四萬一千八百二貫一百七十文，買撲一萬五千五百九貫三十九文，白米七百二十三碩五㪷五勝二合，粟三十六碩一㪷六勝。

延州　舊在城及延水、敷政、豐林、金明、甘泉、延川縣、青化、招安、石胡、萬安寨、青澗城十二務〔七〕，歲二十七萬一千四百六十貫。熙寧十年，祖額九萬三千六百三貫三百八十四文，買撲六千六百九十六貫九百九文。

同州　舊在城及馮翊、郃陽、澄城、白水、夏陽、韓城、朝邑縣、延祥、寺前、新市鎮十一務，歲八萬二千七百七十九貫，銀二百三十五兩。熙寧十年，祖額六萬七千五十七貫六百四十九文，買撲一萬一千七百五十貫四百二十五文，銀一百八十四兩八錢，粟二百四十六碩六㪷七勝。

華州　舊在城及下邽〔八〕、華陰、渭南、蒲城縣、赤水、故市、荆姚、敷水、關西鎮十務，歲十萬四千三百七十一貫。熙寧十年，祖額八萬一千二百七十三貫五百三十文，買撲一萬一千一百五十二貫七百八十九文。

耀州　舊在城及三原、雲陽、美原縣、黃堡鎮五務〔九〕，歲八萬四千三百四十二貫。熙寧十年，祖額六萬九千五百五十九貫六百九十一文，買撲一萬六千九百一十二貫九百九十六文。

邠州　舊在城及宜禄、三水、定平縣、龍泉鎮五務，歲九萬一千一百一十三貫。熙寧十年，祖額七萬二千九百七貫七百九十七文，買撲六千五十六貫四百文，銀二十五兩

〔一〕櫟：原作「樂」，據《元豐九域志》卷三改。
〔二〕零：原作「靈」，據本書食貨一五之一四、《元豐九域志》卷三改。
〔三〕犢：原作「特」，據《元豐九域志》卷三改。
〔四〕北：原作「比」，據《元豐九域志》卷三改。
〔五〕泉：原作「全」，據《元豐九域志》卷三改。
〔六〕閿：原作「關」，據《宋史》卷八七《地理志》三改。
〔七〕澗：原作「閏」，據《宋史》卷八七《地理志》三改。
〔八〕邽：原缺，據《宋史》卷八七《地理志》三補。
〔九〕堡：原作「保」，據本書食貨一五之一六、《元豐九域志》卷三改。

二錢。

鄜州　舊在城及康定軍、洛川、三川、直羅縣、赤城鎮六務，歲十二萬一千六百七十四貫。熙寧十年〔一〕，祖額四萬六千二百七十九貫五百八十一文，買撲一千八百八十五貫七百四十九文。

解州　舊在城及安邑、聞喜縣、東鎮四務，歲三萬六千一百八十八貫。熙寧十年，祖額四萬六百八十一貫九百二文，買撲五千二百三十三貫七百四文。

慶州　舊在城及淮安、業樂、景山、華池〔二〕、合水、鳳川、同川〔三〕、平戎鎮、大順城〔四〕、西谷、東谷、柔遠寨十三務，歲十六萬三百四十一貫。熙寧十年，祖額九萬五千三百六十九貫二百一十六文，買撲八千二十九貫五百六十文。

虢州　舊在城及虢略、盧氏〔五〕、朱陽〔六〕、玉城縣〔七〕、鍋冶六務，歲三萬六千三百八十五文〔八〕。熙寧十年，祖額三萬九千五百一十八貫一十六文，買撲三千三百一十五貫一百三十五文。

商州　舊在城及上津〔九〕、洛南縣、採造、坑冶、石界、紅崖山、小湖八務，歲四萬五千八百七貫，水銀六十二斤，方木五百五十條，米四十碩。熙寧十年，祖額四萬二千四十九貫四百八十八【8】文，買撲二千一百九十九貫八百六十四文，白米六十碩八㪷四勝，水銀六十三斤一十三兩五分。

寧州　舊在城及襄樂、真寧、彭原縣、山河、董志〔一〇〕、泥陽、棗陽鎮八務〔一一〕，歲六萬一千三百一十五貫。熙寧十年，祖額五萬八千六百三十三貫六百六十五文，買撲一千九百九十一貫三百七十三文。

坊州　舊在城及宜君、昇平縣〔一二〕、北柘鎮四務，歲四萬三千二百三十九貫。熙寧十年，祖額三萬五千三十三貫九百一十二文，買撲一千六百三貫九十二文。

丹州　舊在城及雲巖、汾川縣三務〔一三〕，歲萬五千三百三貫。熙寧十年，祖額一萬七百一十六貫九十一文，買撲六百廿十六貫三百七十六文。

〔一〕十年：原脱，據前後文例補。
〔二〕華池：原作「華州」，據本書食貨一五之一六、《元豐九域志》卷三改。
〔三〕同：原作「司」，據《元豐九域志》卷三、《輿地廣記》卷一四改。
〔四〕大：原脱，據本書食貨二二之二、《元豐九域志》卷三補。
〔五〕盧氏：原作「廬民」，據《宋史》卷八七《地理志》三、《元豐九域志》卷三改。
〔六〕朱：原無，并小字注「原空」，據《元豐九域志》卷三補。
〔七〕玉：原作「王」，據《元豐九域志》卷三改。
〔八〕此句脱「貫」字，然加於「六千」、「三百」等處之下皆可通，未詳孰是，存疑。
〔九〕上津：原作「下津」，據《元豐九域志》卷三改。
〔一〇〕董志：原作「蕙志」，據本書食貨一五之一七、《補編》頁五〇六改。按，董志鎮屬彭原縣，熙寧三年以寧州彭原縣割屬慶州，故本書食貨二二之二及《元豐九域志》卷三慶州下均有董志鎮。
〔一一〕棗陽鎮：按《元豐九域志》卷三寧州下有棗社鎮而無棗陽鎮，疑「陽」爲「社」之誤。
〔一二〕昇：原脱，據《元豐九域志》卷三補。
〔一三〕汾川：原作「汾州」，據《元豐九域志》卷三改。

環州　舊在城及馬嶺、木波〔一〕、合道鎮、大拔〔二〕、團堡〔三〕、安塞〔四〕、定邊、平遠、肅遠、永和、烏崙寨、社家掌、保于(傋)〔搆〕、佛堂谷、小赤、勲啓樓堡、土侯谷、榆搆店、高家堡、盤虵曲、拔掌、劉家、賈家、舊石昌二十五務，歲七萬二千六百五十四貫。熙寧十年，祖額三萬六千二百五十五貫九百二十六文，買撲四千九百八十八貫四百五十八文。

保安軍　舊在城及德靖寨二務，歲六萬九千六百四十二貫。熙寧十年，祖額二萬九千七百九十六貫一百七十八文，買撲二千七百一十五貫一百五十六文。

秦鳳路

鳳翔府　舊在城及寶鷄、麟遊、普潤、扶風、盩厔、岐山、郿、虢縣、崔模〔五〕、馬磧、橫渠〔六〕、清平、斜谷、青秋〔七〕、法喜、武城、陽平、岐陽、洛谷、磑十、平故、赤谷、長青、閏西鎮二十五務，歲二十三萬一千七百八十八貫。熙寧十年，祖額一十七萬三千四百四十三貫二百七十六文，買撲二萬二千九百九十二貫一百三十三文，銀一千七百九兩四錢，粟一百碩。

秦州　舊在城及太平監、清水、長道縣、鹽官、白石、艾蒿〔八〕、百家、白沙鎮、來遠、伏羌、三陽、定西、寧遠、永寧、安遠、弓門寨十八務，歲三十四萬六百六十貫，銀五十兩。熙寧十年，祖額二十一萬三千六百九十三貫五百一十文，買撲九千九百七十九貫八十文，銀五十兩。

涇州　舊在城及良原、靈臺縣、長武寨、宮池、百里鎮六務，歲九萬三千一百三十二貫。熙寧十年，祖額五萬九千四百四十六貫八十三文，買撲六千七百六十八貫四百六十文。

熙州　舊在城一務。熙寧十年，祖額二萬六千四百貫，買撲一千二十八貫一百三十七文。

隴州　舊在城及汧陽縣、隴安、吳山縣、銀冶務、安仁〔九〕、定戎、妙娥、來遠鎮、新關〔一〇〕、五里十務，歲八萬四千六百二十一貫，銀五百四十四兩。熙寧十年，祖額六萬六千六十八貫五百三十一文，買撲一萬二千二百一十六貫三百四文，銀二百八十四兩八錢。

成州　舊在城及府城、泥陽縣三務，歲二萬九千四百四十六貫。熙寧十年，祖額三萬七千九百六十七貫二百五十一文，買撲一千五百九十八貫一 9 百文，銀七十七兩

〔一〕木波：原作「水陂」，據本書食貨一五之一七、《元豐九域志》卷三改。
〔二〕大拔：原作「大枝」，據《宋史》卷八七《地理志》三、《武經總要》前集卷一八上改。
〔三〕團：原作「圍」，據《元豐九域志》卷三改。
〔四〕安塞：原作「安寨」，據本書食貨一五之一七、《元豐九域志》卷三改。
〔五〕模：原作「摸」，據《太平寰宇記》卷三〇、《金史》卷二六鳳翔府改。
〔六〕横：原作「摸」，據《元豐九域志》卷三改。
〔七〕青秋：《元豐九域志》卷三作「清湫」。
〔八〕艾：原作「文」，據《元豐九域志》卷三改。
〔九〕安仁：按本書食貨一五之一八、《元豐九域志》卷三隴州有安化鎮而無安仁，疑「仁」爲「化」之誤。
〔一〇〕關：原作「開」，據本書食貨一五之一八、《元豐九域志》卷三改。

八錢。

鳳州　舊在城及河池、兩當、廣鄉縣、固鎮五務，歲四萬八千六百二十八貫，銀四百一十二兩。熙寧十年，祖額五萬一千一百六十八貫七百九文，買撲四千九百三貫八百三十八文，銀四百一十二兩二錢。

岷州　熙寧十年，祖額四萬三百三十六貫五十一文。

渭州〔一〕　舊在城及潘原縣、瓦亭〔二〕、新寨、籠竿城、静邊、羊牧隆城〔三〕、得勝、姚家、麻家堡酒務、草川、安國鎮十三務〔四〕，歲二十三萬八千三百九十四貫。熙寧十年，祖額一十三萬三千五百二十貫四百九十三文，買撲七千六十五貫一百一十七文。

原州　舊在城及彭陽、開邊、平安、西壕、新門、截原、羅使、新城、柳泉、臨涇一十一務，歲千三百五十四貫。熙寧十年，祖額五萬一百六十七貫四百五十六文，買撲四千八百八十七貫三百六十六文省，白米二千一百二十二碩二蚪二勝。

階州　舊在城及福津、將利縣、角弓、河口、利亭鎮六務，歲五萬七千三百六十七貫。熙寧十年，祖額二萬六千七百八十三貫一百四十文，買撲四千七百六十七貫四百一十二文。

河州　熙寧十年未立額。

鎮戎軍　舊在城及東山、乾興、三川、天聖寨、彭陽城六務，歲十萬二千四百四十一貫。熙寧十年，祖額二萬二百二十六貫九百五十七文，買撲一萬九千七百五十六貫四百九十八文。

德順軍　熙寧十年，祖額六萬九千三百九貫五百六十七文，買撲一萬七千七百七十三貫六百九十二文。

通遠軍　熙寧十年，祖額七萬七千三十貫五百五十文，買撲一萬六千六百貫六百一十六文。

乾州　舊在城及永壽、好時、麻亭〔五〕、薛禄、馮氏鎮、常寧寨七務，歲三萬七千八百六十二貫。今廢。

儀州　舊在城及崇信縣、西赤城、黄石河〔六〕、石巖河、永安鎮、制勝關七務，歲八萬九千八百四十二貫，銀十兩。今廢。

慶成軍　舊在城及北鄉鎮、胡壁堡三務，歲八千五百四十七貫，米一百八十六石。今隸河中府。

康定軍　係鄜州。

沙苑監　無定額。

〔一〕渭：原缺，據《元豐九域志》卷三補。
〔二〕瓦：原作「凡」，據《元豐九域志》卷三改。
〔三〕羊牧隆城：原脱「隆城」二字，據《武經總要》前集卷一八上「隆德砦」條、《元豐九域志》卷三德順軍注補。
〔四〕十三務：按以上僅十二務，或「三」字誤，或尚有脱文。
〔五〕「麻亭」下原有「縣」字，按《元豐九域志》卷三邠州下注，麻亭乃寨名，非縣，據删。
〔六〕黄石河：原作「黄河」，據本書食貨一五之二〇、《涑水紀聞》卷一一補。

開寶監　舊在城及務〔一〕，歲一千七百九十七貫。今比較内不開。

太平監　無定額。

司竹監　無定額。

河東路

太原府　舊在城及徐溝、平晉、祁〔二〕、文水、清（原）〔源〕、太谷、壽陽、盂、交城縣、百井寨、團柏十二務，歲十二萬二千八十五貫。熙寧十年，祖額二十萬九千三百三十四貫二百八文，買撲一萬四千二百三十貫三百一十五文。

潞州　舊在城及上黨、壺關、長子、屯留、潞城、襄垣、黎城、涉縣、故縣十務，歲萬七千五十一貫。熙寧十年，祖額四萬六千三百五十二貫九百六十九文，買撲八千九百一貫五百四文。

晉州　舊在城及襄陵、樊山、和川、洪洞、神山、汾西、臨汾、霍邑、趙城、岳陽縣、冀氏十二務，歲六萬一千三百一十六貫。熙寧十年，祖額六萬五千四百【10】四十貫五百六十七文，買撲一萬一百三十六貫一百四十文。

府州　舊在城一務，歲二萬六千五百五十二貫。熙寧十年，祖額、買撲二千三百四十七貫六百文〔三〕。

麟州　熙寧十年無祖額，買撲二千一百八十六貫。

絳州　舊在城及垣曲、曲沃、翼城、稷山、太平、絳縣〔四〕、澤掌八務，歲五萬八千六百四十五貫。熙寧十年，祖額六萬二千三百八貫六百六十三文，買撲三千三百六十六貫四百二十七文。

代州　舊在城及寶興軍、崞、繁畤、雁門縣、興善鎮、義興冶七務，歲萬九千四百三十三貫〔五〕。熙寧十年，祖額四萬五千六百八十二貫六百七十一文，買撲三千九百五十六貫四文。

隰州　舊在城及永和、大寧、石樓、温泉、蒲縣，永和〔六〕、上平關八務，歲五萬一千一百二十一貫。熙寧十年，祖額四萬四百八十貫七百三文，買撲四千四百三十三貫一百三十六文。

忻州　舊在城及忻口寨二務，歲三萬二百一十七貫。熙寧十年，祖額一萬九千四百九十六貫四百七十二文，買撲二千二百七十二貫二百三十七文。

汾州　舊在城及平遙〔七〕、介休縣、洪山寺四務，歲六萬四千八百八十貫。熙寧十年，祖額五萬九千八百一十二貫二百一十文，買撲六千四百六十貫一百六十一文。

澤州　舊在城及高平、沁水、陵川、陽城縣五務，歲二

〔一〕及務：疑當作「一務」。

〔二〕祁：原作「祈」，據《元豐九域志》卷四改。

〔三〕祖額買撲：此句疑有脱誤，據下條，疑作「無祖額，買撲」。

〔四〕絳縣：原作「絳州」，據本書食貨一六之一、《元豐九域志》卷四改。

〔五〕「萬」上似脱一數字。

〔六〕按，上文「永和」指永和縣，此「永和」指永和關，見本書食貨一六之二，並非重複。

〔七〕平遙：原作「平遠」，據《元豐九域志》卷四改。

萬五千一百七十四貫。熙寧十年，祖額二萬九千四百九十五貫一百九十八文，買撲五千一百五十六貫三百九十三文。

憲州　舊在城一務，歲萬四千五百四十八貫。熙寧十年，祖額五千四百六十八貫七百六十二文，買撲六百七貫二百文。

嵐州　舊在城及樓煩、合河縣、飛鳶堡寨四務，歲三萬一千五百九貫。熙寧十年，祖額二萬四千一百二十四貫二百五十文，買撲一千四百三十五貫七百八十四文。

石州　舊在城及伏落津二務，歲四萬七千六百五十四貫。熙寧十年，祖額三萬二千六百二十九貫三百四十五文，買撲二千二百二十四貫九百五十一文。

豐州　舊在城〔一〕，熙寧十年無祖額，買撲三百四十貫八十文。

威勝軍　舊在城及沁源、武鄉、南關店、新城、綿上城、西湯八務〔二〕，歲二萬四千三百六十五貫。熙寧十年，祖額二萬三千二百七十貫五百七十文，買撲三千五百七十八貫四百四十六文。

平定軍　舊在城及承天軍、樂平縣、東百井寨四務，歲萬六千三百八十二貫。熙寧十年，祖額三萬四百七十四貫四百四十九文，買撲一千四百九十四貫二百四十九文。

寧化軍　舊在城一務，歲九千五百貫。熙寧十年，祖額八千五百三十四貫九百四十二文，買撲三百二十貫三百六十四文。

火山軍　舊在城一務，歲一千六十六貫。熙寧十年，祖額七千六百四十四貫一百六十二文，買撲三[11]百二十貫九百九十二文。

保德軍　舊在城一務，歲三萬六千八百九十二貫。熙寧十年，祖額七千一百三十七貫四百二十九文，買撲九百九貫。

岢嵐軍　舊在城及水谷鎮三務〔三〕，歲三萬七千五百六十九貫。熙寧十年，祖額一萬六千一百八十貫八百八十五文，買撲五百七十五貫八百五十六文。

慈州　舊在城及文城、鄉寧縣三務，歲一萬七千三百一十九貫。今廢。

遼州　舊在城及平城縣、榆社縣三務，歲萬二千八百六貫。今廢。

大通監　無定額。

淮南路　東路

(楊)〔揚〕州　舊在城及天長縣、銅城、邵伯、石梁、宜陵、大儀、瓜州、板橋鎮九務，歲八萬二千一十六貫。熙寧十年，祖額八萬一千一百二十貫五百七十五文，買撲三萬

〔一〕舊在城：此句下疑脱「一務」二字。

〔二〕西湯：原作「西陽」，據本書食貨一六之三、《元豐九域志》卷四改。八務：按以上只七務。

〔三〕三務：疑當作「二務」。

四千六百一十六貫七十六文。

亳州　舊在城及城父、蒙城、酇、鹿邑、永城、衛真縣、谷陽、鄲城、蒙館、酇陽、保安鎮十二務，歲十一萬七千六十八貫。熙寧十年，祖額七萬三千八百六貫一百二十九文，買撲二萬四千三百(貫)〔一〕十二文。

宿州　舊在城及臨渙〔一〕、虹、蘄縣、西故、柳子、零壁、荆山、新馬、桐墟〔二〕、靜安、蘄澤、通海十三務，歲十一萬九千二百二十八貫。熙寧十年，祖額九萬八千七百二十貫八百四十一文，買撲二萬八千七百六十六貫六百一十六文。

楚州　舊在城及山陽、寶應、鹽城縣、北神鎮五務，歲十三萬五千二百二十一貫。熙寧十年，祖額一十三萬四千四十貫二百三文，買撲三萬二百一十九貫五百八十二文。

海州　舊在城及懷仁、沭陽縣、臨洪鎮四務，歲四萬五千二百五十二貫。熙寧十年，祖額四萬八千二百二十一貫五百六十四文，買撲六千三百二十七貫七百五十六文。

泰州　舊在城及興化、泰興、如皋縣、陵亭、柴墟、西溪七務，歲八萬三千三百八十八貫。熙寧十年，祖額八萬七千二百三十六貫四百六文，買撲一萬四千六百一十四貫五十六文。

泗州　舊在城及徐城、招信縣、青陽、河南、三十里、木場七務，歲十二萬七千二百貫。熙寧十年，祖額七萬二千四百四十五貫九百六十八文，買撲五千六百五十六貫六百七十八文。

滁州　舊在城及全椒、來安縣、白塔、水口、六丈鎮六務〔三〕，歲二萬六千三百五十九貫。熙寧十年，祖額一萬五千七百九貫二百九十六文，買撲一萬一千七百二十二貫七百一十三文。

真州　舊在城及六合縣、瓜(州)〔洲〕、盛化鎮四務，歲十一萬九百四十一貫。熙寧十年，祖額一千二百九十八貫二百一十六文，買撲一萬三百八十一貫五百四十八文。

通州　舊在城及海門縣、崇明、石港四務，歲三萬八千五百四十七貫。熙寧十年，祖額四萬六千七十二貫八百五十八文，買撲三千七百三十貫二百七十二文。

西路

壽州　舊在城及壽春、安豐、霍丘、六[12]安縣、郭界步、開順口、霍山、隱賢、成家步、南盧、史源、謝步、麻步、來遠十六務，歲九萬九千五百四十八貫。熙寧十年，祖額三萬一千八百八十五貫一百八十文，買撲四萬六千六百三十九貫五百九十六文。

廬州　舊在城及舒城、慎縣三務，歲八萬四千六百五十七貫。熙寧十年，祖額五萬七千六百五貫九百一十九文，買撲一萬三千一百一十九貫五百四十文。

〔一〕臨渙：原作「臨漁」，據《元豐九域志》卷五、《宋史》卷八八《地理志》四改。
〔二〕桐：原作「垌」，據本書食貨二二之九、《補編》頁七一八、《資治通鑑》卷二八胡注引《九域志》改。
〔三〕丈：原作「文」，據《元豐九域志》卷五改。

蘄州　舊在城及黄梅〔一〕、蘄水、廣濟縣、馬嶺、蘄口、王祺、石橋八務，歲四萬四千三百一十六貫。熙寧十年，祖額二萬九千五百四十九貫九百一文，買撲六千四十六貫六百四十七文。

和州　舊在城及歷陽、烏江、含山縣、栅江五務，歲三萬六千五百五十三貫。熙寧十年，祖額一百二十五貫五百八十二文，買撲二萬五千九百八十九貫九十七文。

舒州　舊在城及桐城〔二〕、望江、宿松、太湖縣、石井、長風沙、馬頭、龍溪、揚溪〔三〕、銅山、鷰山、永安、皖口、孔城、石溪、盤小、許公、雙港十九務，歲五萬三千五百八十九貫。熙寧十年，祖額二萬七千三百五十三貫三百文，買撲三萬六千一百四十五貫四百九十三文。

濠州　舊在城及鍾離、定遠縣、藕塘、長樂、永安鎮七務，歲二萬四千八百七十一貫，絹二千三百九十一疋，絲八兩。熙寧十年，祖額一萬七千一百八十貫二百九文，買撲七千八百六十五貫九百三十九文一釐二毫，絹四千四百五十八疋三尺二寸，絲三十六兩。

光州　舊在城及定城、光山、仙居、固始縣、商城、朱皐七務，歲三萬九千九百七十九貫。熙寧十年，祖額四萬四百三十四貫八百七十四文，買撲四千八百二十八貫四百一十三文。

黄州　舊在城及黄陂、麻城、岐亭、久長、團風〔四〕、陽羅、故縣八務，歲三萬二千八百八十一貫。熙寧十年，祖額三萬二千九百八十二貫九百七文，買撲八千一十八貫七十七文。

無爲軍　舊在城及巢、廬江縣、石牌、糝潭〔五〕、崑山、羅陽、襄安、礬山、武亭十務，歲五萬三千一百五十二貫。熙寧十年，祖額二萬四千七百七十一貫一百九十四文，買撲一萬七千九百二十五貫四百七十三文。

漣水軍　舊在城一務，歲四萬五千九百八十七貫。今廢。

高郵軍　舊在城及三墩、北河鎮三務，歲四萬三千九十九貫。今廢。

兩浙路

杭州　舊在城及餘杭、鹽官、富陽、新城、南新、於潛、昌化、臨安、湯村十務，歲三十六萬三百四十六貫。熙寧十年，祖額四十七萬七千三百二十一貫一百二十六文，買撲二萬二千二十六貫一百九十二文。

越州　舊在城及上虞、餘姚、蕭山、諸暨、山陰、剡縣、臨浦、西興、漁浦鋪十務，歲十二萬三千二百九十七貫。熙寧十年，祖額八萬三千七百七貫九十八文，買撲三萬三千

〔一〕黄：原脱，據《元豐九域志》卷五補。
〔二〕桐：原作「相」，據《元豐九域志》卷五改。
〔三〕揚：本書食貨一六之六作「楊」。
〔四〕團風：原作「團鳳」，據本書食貨一六之六、《元豐九域志》卷五改。
〔五〕糝潭：原作「糝潩」，據本書食貨一六之六、《元豐九域志》卷五改。

三百八十五貫四十四文。

蘇州　舊在城及常熟、吴江 13 縣、福山、慶安、木瀆〔一〕、崑山鎮七務，歲二十八萬三千二百五十一貫。熙寧十年，祖額二十六萬三千一百二十二貫二百二十三文，買撲二萬四千二百六十二貫五百四十八文。

潤州　舊在城及丹徒縣、金壇、延陵縣、丁角、呂城鎮六務，歲六萬七千三百二十三貫。熙寧十年，祖額六萬六千六百七十貫四百一十三文，買撲二萬七百五十九貫二百二十七文。

湖州　舊在城及長興、烏程〔二〕、歸安、安吉、德清、武康縣六務，歲十萬九千六百五十七貫。熙寧十年，祖額九萬八千三百六十九貫六百七十六文，買撲三萬七千七百四十七貫八百八十四文。

婺州　舊在城及東陽、義烏、永康、武義、浦江、蘭溪縣、李溪、孝順鎮九務〔三〕，歲十二萬四百一十二貫。熙寧十年，祖額六萬四千五十四貫七百一文，買撲二萬九千三百七十三貫九百九文。

明州　舊在城及奉化、慈溪、定海縣、小溪鎮五務，歲八萬三千一百五十四貫。熙寧十年，祖額八萬三千一百一十六貫三百九十五文，買撲二萬五千四百七十九貫一百九十二文。

常州　舊在城及宜興、奔牛、望亭偃、萬歲、湖汶〔四〕、青城、橫林、張渚鎮九務〔五〕，歲十萬五千八百六十五貫。熙寧十年，祖額一十二萬一百三十六貫七百二文，買撲二萬七千一百二十九貫八百一十七文。

溫州　舊在城及永安、樂清、平陽、瑞安縣、柳市、前倉鎮七務，歲五萬七百四十八貫。熙寧十年，祖額六萬八千五百二十六貫五十二文，買撲一萬二千七百八十三貫三百八十三文。

台州　舊在城及黄巖、臨海、天台、仙居、縣渚〔六〕、路橋鎮、港頭八務，歲八萬一千二百九十八貫。熙寧十年，祖額六萬九千四十四貫七百五十三文，買撲三千一百三貫三百三文。

處州　舊在城及遂昌、青田、龍泉、縉雲、松陽縣、九龍、利山鎮八務，歲萬一千一百六十九貫。熙寧十年，祖額二萬七千七百五十二貫五百八十六文，買撲九千四百四十三貫二百九十二文。

衢州　舊在城及開化、龍遊、南鎮四務，歲九萬七百九十貫。熙寧十年，祖額四萬九千三百五十一貫九百四十六文，買撲一萬七千四百八十四貫五百八十六文。

〔一〕瀆：原作「續」，據《元豐九域志》卷五改。
〔二〕烏程：原作「烏城」，據《元豐九域志》卷五改。
〔三〕孝順：原作「李順」，據《補編》頁七二一、《元豐九域志》卷五改。
〔四〕湖汶：原作「湖汉」，據本書食貨一六之八改，詳見該頁校記。
〔五〕張渚：原作「張緒」，據本書食貨一六之八、《元豐九域志》卷五改。
〔六〕渚：原作「諸」，據《赤城志》卷七改。

(眭)(睦)州　舊在城及桐廬、(清)(青)溪、遂安、建德、壽昌、分水縣七務，歲五萬一千三百二十一貫。熙寧十年，祖額三萬九千二百七十三貫八百六十文，買撲一萬六百四十六貫六百四十七文。

秀州　舊在城及青龍、華亭、魏塘、大盈、徐沙、石門、牛進、海鹽、上海、趙屯、泖口、嵩子、廣陳[一]、州錢、崇德、漢盤十七務，歲十萬四千九百五十二貫。熙寧十年，祖額一十一萬七千八百九貫七十三文，買撲一萬五千八十一貫六百文。

江陰軍　舊在城及利城鎮、萊村三務[二]，歲三萬六千六百二十二貫，今廢。

江南路　東路

江(陰)(寧)府　舊[14]在城及溧水[三]、溧陽[四]、句容[五]、下蜀、社渚六務，歲十萬五千六百五十九貫。熙寧十年，祖額一十二萬二千四十九貫九百三十文，買撲一萬七千五百一十三貫二十七文九分。

宣州　舊在城及南陵、寧國、旌德、涇縣、杜遷[六]、水陽鎮七務，歲八萬五千六百二十一貫。熙寧十年，祖額七萬七千四十六貫九百七十一文，買撲一萬一千四百八十四貫九百八十四文。

歙州　舊在城及休寧[七]、績溪、(祈)(祁)門、婺源、黟縣六務，歲二萬九千八百七貫。熙寧十年，祖額二萬一千六百一十四貫五百五十四文，買撲一千八百六十三貫二百八十三文。

江州　舊在城及德化、彭澤、德安、瑞昌、湖口縣六務，歲三萬六千一百八十九貫。熙寧十年，祖額三萬八千三貫九十六文。

池州　舊在城及青陽、建(得)(德)、銅陵縣、大通、順安鎮六務，歲二萬九千九百二貫。熙寧十年，祖額三萬六千八百八十六貫八百三十九文，買撲八千三百九十四貫七百七十六文。

饒州　舊在城及餘干、浮梁、樂平、德興、安仁、興利場、石頭、景德鎮九務，歲四萬七千五百九十七貫。熙寧十年，祖額二萬八千五百四十三貫一百七十四文，買撲三千一百三十貫四百六十文，金六十二兩七錢九分三釐六毫。

信州　舊在城及弋陽、玉山、貴溪、鉛山、寶豐縣、永豐、汭口鎮八務，歲五萬一千七百五十八貫。熙寧十年，祖額六萬一千三百一十八貫八百一十七文，買撲一千四百三十四貫二百六十八文。

[一] 陳：原作「成」，據本書食貨一六之九、《元豐九域志》卷五改。
[二] 萊村：本書食貨一六之九、《補編》頁五一二作「糴村」。
[三] 溧水：原作「漂水」，據《元豐九域志》卷六、《宋史》卷八八《地理志》四改。
[四] 溧陽：原作「漂陽」，據《元豐九域志》卷六改。
[五] 句容：原作「白容」，據《元豐九域志》卷六改。
[六] 杜：原作「社」，據本書食貨一六之一〇、食貨二二之一八改。
[七] 及：原脱，據前後文例補。

太平州　舊在城及蕪湖、繁昌縣、荻港鎮、下峩橋、慈湖六務，歲三萬七千一百七十八貫。熙寧十年，祖額四萬二千八百一十七貫七百五十二文，買撲一千五百九十二貫二百六十六文，鐵七千五百斤。

南康軍　舊在城及都昌、建昌縣、河湖鎮四務，歲二萬五千四百二十二貫。熙寧十年，祖額三萬二千四十四貫二百六十八文，買撲九百九十九貫五百四文。

廣德軍　舊在城及建平縣二務，歲二萬六千二百七十八貫。熙寧十年，祖額二萬五千三十三貫六十六文。

西路

洪州　舊在城及新建〔一〕、豐城、分寧、武寧縣〔二〕、進賢、土坊鎮七務〔三〕，歲四萬七千五百六十七貫。熙寧十年，祖額五萬一千七百四貫三文，買撲二千三百八十二貫二百六十四文。

虔州　舊在城及義豐監、安遠、雩都、虔化、信豐、龍南、瑞金、興國、石城、贛縣、寶積、銀場十三務，歲二萬四千五百六十貫。熙寧十年，祖額二萬六千三百九十四貫五百二十三文，買撲七百三十九貫九百九十二文。

吉州　舊在城及廬陵〔四〕、太和、安福、永新、龍泉、吉水縣、沙市、報恩鎮九務，歲五千三百三貫。熙寧十年，祖額一萬八千二百一十五貫三百一十四文，買撲一千七百七十八貫七百六十文。

袁州　舊在城及分宜、萍鄉、萬載縣四務，歲八千 15 八百六十四貫。熙寧十年，祖額一萬一千三百五十一貫七百文，買撲二千八百九十六貫四十八文。

撫州　舊在城一務，歲萬二千八百二十六貫。熙寧十年，祖額一萬九千三百五貫一十七文，買撲一千七百三十六貫六百七十文。

筠州　舊在城及上高、新昌縣三務，歲萬八千一十四貫。熙寧十年，祖額一萬二千六百九十三貫六百四十二文，買撲六百九十二貫四百六十文。

興國軍　舊在城及大冶縣〔五〕、佛圖鎮三務，歲三萬五千一百一十九貫。熙寧十年，祖額二萬九千六百二十四貫五百七文。

南安軍　舊在城及南康縣二務，歲六千五百二十二貫，銀四十六兩。熙寧十年，祖額四千一百六貫一百三十七文，買撲一千七百四十六貫四百一十九文，銀四十六兩二錢。

臨江軍〔六〕　舊在城及新淦〔七〕、新喻縣三務，歲一萬二

〔一〕建：原脱，據《元豐九域志》卷六補。
〔二〕寧：原脱，據《元豐九域志》卷六補。
〔三〕土：原作「士」，據本書食貨一六之一一、《元豐九域志》卷六改。
〔四〕廬：原作「盧」，據《宋史》卷八八《地理志》四改。
〔五〕冶：原作「治」，據《元豐九域志》卷六改。
〔六〕江：原作「安」，據《宋史》卷八八《地理志》四改。
〔七〕淦：原作「除」，據《宋史》卷八八《地理志》四改。

千五百七十貫。熙寧十年，祖額一萬二千二百〔貫〕四十五文，買撲一千四百四十六貫一百三十二文。

建昌軍　舊在城及南豐縣、太平場三務，歲萬五千一百八十一貫。熙寧十年，祖額二萬三千五百四十二貫九百八十八文，買撲三百七十五貫八百八十一文。

永平監　無定額。

荆湖路　南路

潭州　舊在城及衡山、湘陰〔一〕、湘鄉、湘潭、醴陵、益陽、攸縣八務，歲六萬七千六百二十五貫。熙寧十年，祖額七萬二千一十一貫九百五十七文，買撲八千三百三十一貫三百四十六文。

衡州　舊在城及耒陽、安仁、常寧、新城、衡陽縣六務，歲萬二百五十四貫，銀二百七十二兩。熙寧十年，祖額一萬六千九百六十五貫三百六文，買撲三百三十五貫七百一文。

道州　舊在城一務，歲二千三百七貫。熙寧十年，祖額五千四十九貫二百八十三文。

永州　舊在城及祁陽縣〔二〕、東安縣三務〔三〕，歲九千一百三十三貫，銀六十一兩。熙寧十年，祖額一萬二千三百九十二貫一百八十六文，買撲三百三十六貫六百八十六文，銀七十二兩。

郴州　舊在城一務，歲三千六百二十四貫。熙寧十年，祖額七千七百一十五貫七百七十五文，買撲八百七十五貫三百五十二文。

邵州　舊在城及武岡縣、白沙寨〔二〕〔三〕務，歲五千五百三十一貫。熙寧十年，祖額一萬一百四十一貫八百三十二文，買撲三百三貫四百五十六文。

全州　舊在城一務，歲三千七百四十貫。熙寧十年，祖額三千六百七十貫三十四文，買撲一百四十一貫一十九文。

桂陽監　舊在城及板源、龍崗、小白竹、九鼎坑、石筍坑六務，歲四千九十九貫。熙寧十年，祖額二千九百四十四貫二百五文，買撲二百五十二貫八百八十八文。

北路

江陵府　舊在城及石首、建寧、涔陽、松滋、公安、監利、潛江縣、藕池、沙市、沙崗、赤岸、孱陵、師子、白水鎮十五務〔四〕，歲十萬六千貫，16絹百五十五疋，絲千兩。熙寧十年，祖額一十四萬七千九百四十七貫八八六文，買撲一萬八千一十七貫一百四十五文，絹七十五疋二丈一尺，絲六百六十七兩二分。

〔一〕湘陰：原作「湖陰」，據《元豐九域志》卷六、《宋史》卷八八《地理志》四改。
〔二〕祁陽縣：原作「祈縣」，據《元豐九域志》卷六改補。
〔三〕東：原作「來」，據《元豐九域志》卷六改。
〔四〕白水鎮：原作「泉鎮」。按《元豐九域志》卷六及本書食貨一二之二四、《補編》頁七二五江陵府下均有白水鎮而無「泉鎮」，當是「白水」二字合爲「泉」字。今改。白水鎮屬松滋縣。

鄂州　舊在城及武昌、崇陽、嘉魚〔一〕、咸寧、蒲圻、金牛縣、通城鎮八務，歲六萬五千三百七十五貫。熙寧十年，祖額七萬九千二百八十三貫四十文，買撲四千九百八十貫三百四十文。

安州　舊在城及應城、雲夢、孝感縣〔二〕、澴河鎮五務，歲三萬五千三百五十九貫，絹二十九疋，絲百兩。熙寧十年，祖額五萬四千一百七十三貫六百九十文，買撲四千八百八十七貫五百七十六文，絹十六疋，絲一百兩。

鼎州　舊在城及桃源、龍陽縣、趙塘鎮、高吴市五務〔三〕，歲五萬五千二百三十六貫，銀百八十兩。熙寧十年，祖額四萬一百八十四貫八百五十八文，買撲二千四百六十九貫一百二十八文，銀一百八十兩。

澧州　舊在城及安鄉縣二務，歲三萬六千九百九十三貫。熙寧十年，祖額四萬三千四百四十三貫四百七十九文，買撲九百五貫六百九十七文。

峽州　舊在城一務，歲八千八百一十九貫。熙寧十年，祖額一萬四千九百九十七貫三百六十文，買撲六百三貫八百七十六文。

岳州　舊在城及臨湘縣、閣子、烏沙鎮四務〔四〕，歲三萬八千七百四十八貫。熙寧十年，祖額五萬七千三十貫一百九十七文，買撲二千七百七十五貫五百四十文，絹四十疋。

歸州　舊在城一務，歲九千二百八十一貫。熙寧十年，祖額八千九百六十二貫一百七十二文，買撲一百七十五貫。

辰州　無定額。

沅州　無定額。

淯州監　無定額。

漢陽軍　舊在城及漢川縣、下汊鎮三務，歲二萬八千五百八十八貫。今廢。

荆門軍　舊在城一務，歲萬五百五十六貫，今廢。

成都府路

成都府　舊在城及新繁、新都、雙流、廣都、犀浦、郫縣、浣花、彌牟、淹江、蠶此、清流、河屯、王店、雍店、全節、衡山、木馬、馮街、井口、安國、洪道、招攜、義安、温江、小東陽、靈泉、洛帶二十八務，歲四十三萬九千七百七十九貫。熙寧十年，祖額四萬四千二百八十六貫四百八十一文。

眉州　舊在城及彭山、青神、丹稜、思濛、魚池〔五〕、石仏、多悦、龍安、樂康、永豐、黃龍、福化、長泉、賴母、東館十六務，歲七萬二千五百二貫，布千六百八十疋。熙寧十年，

〔一〕魚：原作「漁」，據《元豐九域志》卷六改。
〔二〕孝：原作「李」，據《宋史》卷八八《地理志》四改。
〔三〕高吴市：按本書食貨一六之一四、《補編》頁五一四均作「高居市」，疑「吴」字誤。
〔四〕沙：原作「紗」，據本書食貨一六之一四、《元豐九域志》卷六改。
〔五〕魚池：《元豐九域志》卷七作「魚蛇」。

祖額七千二百六十六貫八百一十六文，布一千六百八十疋。

蜀州　舊在城及新津、江原、永康縣、新渠、洞口、方井、新穿八務，歲九萬九千四百三十一貫。熙寧十年，祖額一萬三千二百二十貫一百文。

彭州　舊在城及濛陽、永昌縣、永樂、安德、堋口、木頭、晉壽八務，歲八萬六千三百八十三貫。熙寧十年，祖額一萬四千三百貫二百二十文。

綿州　舊在城及彰明、羅江、魏城、西昌、龍安、神泉、17 鹽泉縣、鍾陽、奉濟、慶興、金山、黃鹿、龍門、香溪十四務，歲十一萬八千六百七貫。熙寧十年，祖額一萬九百二貫五百七十八文。

漢州　舊在城及綿竹、什邡、德陽縣、姜詩鎮、王村、楊村〔一〕、馬脚、石碑、新邑〔二〕、畧坪、柏杜、連山、靈龕、白堋、高田、吉陽、清泥、普潤十九務，歲十七萬五千五百六十七貫。熙寧十年，祖額一萬七千五百五十七貫八十文。

嘉州　舊在城及夾江、峩眉縣三務，歲九萬二千三百二十五貫。熙寧十年，祖額九千二百八十二貫八百六十二文九分。

邛州　舊在城及依政、火井、蒲江、安仁、大邑、思安、沙渠、後田、頭泊、平樂、西界、臨溪、合水、壽安、永安、故驛、延貢、夾門十九務，歲十二萬八千八百五十四貫。熙寧十年，祖額一萬三千一百六貫二百二十文，布三千七百八十疋。

黎州　舊無定額。

雅州　舊在城及名山、百丈、盧山、榮經縣、車領、始陽七務，歲九千四百六十二貫。熙寧十年，祖額九百四十六貫二百五十三文六分。

茂州　無定額。

簡州　舊在城及平泉縣、湧泉、甘泉、乾封、儒虛〔三〕、白馬、飛鸞、和興、江南、崇德、永寧、安仁、懷仁、太平十五務，歲四萬二千二百二十貫。熙寧十年，祖額三千九百二十二貫九百七十一文六分。

威州　無定額。

陵井監　舊在監及貴平、井研、籍縣、唐福、賴鑊、賴藕、新市、始建、高橋、歸安、永安、三溪、賴社、石馬、上平、賴浸〔四〕、麗江、米市、賴王〔五〕、羅泉二十〔一〕務，歲萬四千二百二十三貫。熙寧十年，祖額一千一百六十三貫八百九十六文五分六釐。

永康軍　舊在城及青城、導江、陶壎、蒲村、味江、小唐興、白江鎮八務，歲萬九千二十六貫。今廢。

〔一〕楊村：《元豐九域志》卷七作「楊場」。
〔二〕新邑：《元豐九域志》卷七作「新巴」。
〔三〕儒虛：《元豐九域志》卷七作「儒靈」。
〔四〕賴浸：《元豐九域志》卷七作「賴漫」。
〔五〕賴王：《元豐九域志》卷七作「賴玉」。

梓州路

梓州　舊在城及射洪、東關、飛烏、鹽亭、中江、通泉、涪城縣、張杷、木池、何店、白馬、新安、石臼、臨津、新市、銅山、新井、南明一十(八)〔九〕務，歲十三萬五千二百八十八貫。熙寧十年，祖額一萬三千五百一十七貫八百三十七文。

遂州　舊在城及長江、蓬溪、青石縣四務，歲九萬三千九百二十二貫。熙寧十年，祖額九千四百五十四貫一百六十一文。

果州　舊在城及南充縣二務，歲十萬二千五百八十四貫。熙寧十年，祖額一萬三千九十貫五百六文三(文)〔分〕。

資州　舊在城及資陽、内江、龍水縣、月山、丹山、賴盤、銅鼓、賴胥、栗林、南淪、賴關、銀山、賴(堍)〔琬〕、安仁、白沙鎮十六務，歲三萬九千八百六貫。熙寧十年，祖額四千五百六十一貫五十八文八毫。

普州　舊在城及安居、樂至、普康縣、新舊龍臺、茗山、通賢、瀘候市、韓的〔一〕、濰流、水安〔二〕、喜井、崇龕、順合、張康、石淪、永興、永勝、婆渝、白富〔三〕、三會、白崖、史明、龍山、新龍歸、永寧、仁義、固城、仁風、梯穀、舊龍歸、羅溪、普慈、清流、羅楊仙〔四〕、小安、流胡、六井、賴歆〔五〕、高寨、碑子、崇儀、賴如〔六〕、管資、永寧店四十三務，歲二萬四千二百三十七貫。熙寧十年，祖額二千四百五18十四貫七百九十九文二分。

昌州　舊在城及大足、昌元、永川縣四務，歲萬一百五十一貫。熙寧十年，祖額一千一百六十二貫九百八十六文。

戎州　舊在城及僰道、南溪縣三務，歲五百一十二貫。熙寧十年，無定額。

瀘州　熙寧十年，祖額六千四百三十二貫七百五十二文。原空

合州　舊在城及巴川、漢初、赤水、銅梁縣、沙溪、羊口、新興、安居九務，歲八萬八百三十七貫。熙寧十年，(初)〔祖〕額八千一百三十五貫四百九十四文。

榮州　舊在城及威遠、公井、資官、應靈縣六務〔七〕，歲一萬三千四百四十九貫。熙寧十年，祖額一千三百三十八貫三十八文。

渠州　舊在城一務，歲二萬四千二百一十貫。熙寧十年，祖額二千四百五十四貫七百一十二文。

懷安軍　舊在城及金堂縣、古城、牟池、真多、唐化、三

〔一〕韓的：《元豐九域志》卷七作「韓朋」。
〔二〕水安：《元豐九域志》卷七作「永安」。
〔三〕白富：《元豐九域志》卷七作「日富」。
〔四〕羅楊仙：《元豐九域志》卷七有楊仙鎮，無「羅」字，疑因上文「羅溪」而衍。
〔五〕賴歆：《元豐九域志》卷七作「賴欽」。
〔六〕賴如：《元豐九域志》卷七作「賴姑」。
〔七〕六務：按以上只五務，或「六」爲「五」之誤，或尚有脱文。

節、三州、常樂、柏茂、白茆〔一〕、范村十二務，歲三萬七千九十三貫，布四千四百二十疋。熙寧十年，祖額三千八百五十三貫九百九十七文六分，布一千四百二十疋。

廣安軍 舊在城及岳池縣、故縣三務，歲二萬九千一百四貫。熙寧十年，祖額二千九百一十四貫八百八十一文五分。

富順監 熙寧十年，祖額一千二十七貫五百文。

利州路

興元府 舊在城及褒城、城固、西縣、柏樹、長柳、石溪、鐸水〔二〕、圓融橋、尹池、桑林、符李店、界首、鶴鳴、仙源、十八里、游村、保子、白渠、颯石、沙坡橋、上元、勾家店、石羊、移平、柳家店、板橋、塌橋、張家店、梅子店、董村、龍潭、斯旱、文川、楊家鋪、長木三十六務，歲六萬七千八百貫。熙寧十年，買撲九千三百六十貫四百五十一文。

利州 舊在城及綿谷、東嘉、昭化、平蜀、葭萌縣六務〔三〕，歲萬九千七百四十三貫。熙寧十年，買撲一千九百八十二貫二十八文。

洋州 舊在城及興道、西鄉、真符縣、𥕛水五務，歲萬五千四百一十九貫。熙寧十年，買撲二千六十一貫四百二十四文八分。

閬州 舊在城及南部、蒼溪、新政、奉國、新井、晉安、岐坪縣〔四〕、彭城、龍榮、龍義、耀池、恭思、馬頭、東垣、南平、富安、金池、泉會、青山、牟池、普安、重山、長利、龍延、安溪、利溪、普潤、龍泉、重錦、龍山、王井、封山、木奴、玉山、龍居、西水、金仙、木頭、永安、花林四十(二)〔一〕務，歲十萬一千九貫。熙寧十年，買撲九千一百九十五貫六百六十五文一分。

劍州 舊在城及劍門關、梓潼縣三務，歲三萬六千九百六十二貫。熙寧十年，買撲三千七百三十貫七百一十四文。

巴州 舊在城及恩陽、七盤、曾口、其章縣、茶垣、萬善、嘉福、茸山、新興、定寶、赤石、萬春、習善十四務，歲七千四百七十貫。熙寧十年，買撲一千五十貫九百九十二文，銀一百二十六兩。

文州 舊在城一務，歲六千四百四十三貫。熙寧十年，買撲一千一百二十九貫二百七十六文。

興州 舊在城一務，歲[19]萬八千三百二十貫。熙寧十年，買撲二千二百四十一貫二百六十四文。

蓬州 舊在城及蓬池、儀隴、蓬山、營山、伏虞、良山縣七務，歲萬三千七百九十五貫。熙寧十年，買撲一千二百

〔一〕白茆：《元豐九域志》卷七作「白芀」。

〔二〕鐸水：原作「驛水」，據《元豐九域志》卷八改。按，元代於此置鐸水縣，爲沔州治城，見《元史》卷六〇《地理志》三。

〔三〕葭萌：原作「葭葫」，據《元豐九域志》卷八改。

〔四〕坪：原作「枰」，據《太平寰宇記》卷八六、《輿地記勝》卷一八五改。按《元豐九域志》卷八作「平」。

九十四貫九百六文二分。

龍州　舊在城及清川縣〔一〕、都竹三（歲）〔務〕，歲三千七百四十二貫。熙寧十年，買撲三百五十八貫八百五十七文。

三泉縣　一務〔二〕，歲萬二千三百一十一貫。熙寧十年，買撲一千五百九十七貫五十六文。

劍門關　無定額。

集州　舊在城及清化縣二務，歲二千二百四十二貫。今廢。

壁州　舊在城及符陽縣、白石縣三務，歲千一百九貫。今廢。

夔州路

忠州　舊在城一務，歲千七百三十六貫。熙寧十年，無額。

萬州　舊在城一務，歲千三百四十七貫二百六十九文。

渝州　舊在城及江津、壁山、巴縣四務，歲千七百三十六貫。熙寧十年，無額。

大寧監　舊在城一務，歲四百二十一貫。熙寧十年，無額。

夔州、黔州、達州、開州、施州、涪州〔三〕、雲安軍、梁山軍，以上不榷。

福建路

建州　舊在城及浦城、松溪、關隸〔四〕、建陽、崇安縣、天受、大挺、幽胡、永興、大同山、通德場、柳源坑十三務，歲五萬四千四百四十八貫。熙寧十年，祖額三萬六千九百八十四貫二百五十九文，買撲九千一百九十三貫七百二十八文。

南劍州　舊在城及尤溪、將樂、順昌、沙縣、王豐、杜唐、婁杉、安福、石牌、葉洋、龍蓬、龍泉、梅營〔五〕、小安仁、楊興、新豐、安仁場十五務，歲萬五千九百七十一貫。熙寧十年，無額。

邵武軍　舊在城及光澤縣、黃土、龍鬢場四務〔六〕，歲五千七百八十二貫。熙寧十年，無額。

福州、汀州、泉州、漳州、興化軍，已上不榷。

廣南路　東路

廣州、韶州、循州、湖州、連州、賀州、封州、端州、新州、南恩州、南雄州、英州、惠州。

〔一〕清川：原作「清山」，據《元豐九域志》卷八改。
〔二〕按，據前後文例，「一務」上疑脱「舊在城」三字。
〔三〕涪：原作「湆」，據《元豐九域志》卷八改。
〔四〕關隸：原作「開隸」，據《元豐九域志》卷九、《宋史》卷八九《地理志》五改。
〔五〕梅營：原作「梅宫」，據《元豐九域志》卷九、《文獻通考》卷一八改。
〔六〕龍鬢：《元豐九域志》卷九作「龍須」。

西路

桂州、容州、邕州、象州、融州、昭州、梧州、滕州、龔州、潯州、貴州、柳州、宜州、賓州、康州、横州、化州、高州、雷州、白州、欽州、鬱林州、廉州、瓊州、昌化州、萬安軍、朱崖州。

已上並不榷〔一〕。（以上《永樂大典》卷一七五五八）

〔一〕「不」字原脱。按《宋史》卷一八五《食貨志》下七載：太平興國七年後，「惟夔、達、開、施、瀘、黔、涪、黎、威州、梁山、雲安軍，及河東之麟、府州，荆湖之辰州，福建之福、泉、汀、漳州、興化軍，廣南東、西路不禁（私釀）。」是廣南東、西路不榷酤。此作「已上並榷」，則其意正相反，上文「福州、汀州、泉州、漳州、興化軍，已上不榷」，亦可證。因補。

酒麴二

酒麴雜録　上〔一〕

[1]太祖建隆二年四月，詔：「應百姓私造麴十五斤者死，醖酒入城市者三斗死，不及者等第罪之。買者減賣人罪之半，告捕者等第賞之。」

三年三月，詔：「應私造麴者，州、府、縣、鎮城郭内一兩以上不滿五斤，徒二年；五斤以上不滿十斤，仍配役一年，告者賞錢十千；十斤以上不滿十五斤〔二〕，徒三年，配役二年，告者賞錢十五千；十五斤以上不滿二十斤，加配役一年，告者賞錢二十千；二十斤以上處死，告者賞錢三十千，並以官錢充。其至死者，告、捉人依上條外，别給賞錢：東京三百千，西京及諸州、府二百千，縣、鎮百千，以死者家財充。若在鄉村犯者，自一[2]兩以上不滿五斤，五斤以上不滿十斤〔三〕，十斤以上不滿十五斤，十五斤以上不滿二十斤，二十斤以上不滿三十斤，並如上法等第科罪，至三十斤處死。應私犯酒者，東京去城五十里，西京及諸道州府去城二十里，不許將外來酒入界，并入州、府、縣、鎮城門，犯者一勝以上不滿一㪷，量罪處斷；一㪷以上不滿三㪷，徒二年，配役一年，告人賞錢十二千；三㪷以上、不滿五㪷，徒三年，配役二年，告人賞錢十五千；至五㪷處死，告人賞錢二十千。應鄉村道店有場務處，其外來酒不許入界，犯者一勝以上不滿三㪷，量罪科斷；三㪷以上不滿五㪷，五㪷以上不滿一碩，並如上法等第科罪，至一碩處死。其私麴者，二兩得一兩之罪；私酒，二勝得一勝之罪。諸場務麴有羡餘，敢吏私貨賣者，同私麴例。」

乾德四年閏八月，詔：「京城民沽釀者規利頗多，命有司計其麴(蘖)〔糵〕芻米之用，定其價直，官給勝量之器。」

十一月，詔：「私犯麴者，州、府、縣、鎮城郭内一兩以上不滿五斤，量罪區斷；五斤以上不滿十斤，徒一年，告人賞錢五千；十斤以上不滿二十斤，徒一年半，配役一年，告人賞錢十千；二十斤以上不滿三十斤，徒二年，配役一年半，告人賞錢十五千；三十斤以上不滿四十斤，徒二年半，配役二年，告人賞錢二十千；四十斤以上不滿五十斤，徒三年，配役三年，告人賞錢二十五千。五十斤以上處死〔四〕，告人優賞，東京五百千，西京及諸州、府三百千，縣、鎮百

〔一〕原無此題，據正文内容及下卷標題添。
〔二〕不：原作「以」，據下文改。
〔三〕「自一兩以上不滿五斤，五斤以上不滿十斤」二句原作「自一兩十上滿」，據文意及上文文例改。
〔四〕「五十斤」三字原脱，據文意補。《長編》卷七略述此詔云：「私造酒麴至城郭，五十斤以上……乃死。」是也。

千。如鄉村内犯者，一兩以上不滿十斤，十斤以上不滿二十斤，二十〔斤〕以上不滿三十斤，三十斤以上不滿四十斤，四十斤以上不滿五十斤，五十斤以上不滿一百斤，並依上法等第科罪，至一百〔斤〕以上處死，告人賞錢三十千。應犯私酒者，東京一勝以上、不滿〔一〕㪷，量罪區斷；一㪷以上不滿三㪷，徒一年，告人賞錢五千；三㪷以上不滿五㪷，徒一年半，配役一年，告人賞錢十千；五㪷以上不滿一碩，徒二年，配役一年半，告人賞錢十五千；一碩以上不滿一碩五㪷，徒二年半，配役二年，告人賞錢二十千；一碩〔五㪷〕以上不滿二碩，徒三年，配役三年，告人賞錢二十五千；二碩以上處死，告人賞錢三十千。西京及諸道州、府，一勝以上不滿三㪷，三㪷以上不滿五㪷，五㪷以上不滿一碩，一碩以上不滿一碩五㪷，一碩五㪷以上不滿二碩，二碩以上不滿三碩，並依上法等第科罪；三碩以上處死。兩京及諸道州、府禁法地分并鄉村道店有場務處，若外來酒，不許入界。犯者，東京一勝以上不滿三㪷，量事科罪；三㪷以上不滿五㪷，徒一年；五㪷以上不滿一碩，徒一年半，配役一年；一碩以上不滿二碩，徒二年，配役一年半；二碩以上不滿三碩，徒二年半，配役二年；三碩以上不滿四碩，徒三年，配役三年；四碩以上處死。告賞悉如上條。西京及諸州、府 3 一勝以上不滿五㪷，五㪷以上不滿一碩，一碩以上不滿二碩，二碩以上不滿三碩，三碩以上不滿四碩，四碩以上不滿五石，並減如上法等第區斷；至五石處死。」

五年三月，詔：「諸州、府、軍、監，今後官麴並依先降勑命懸秤出賣，不得別有抑配。」時具州言〔一〕：「承前節度使差充隨監當麴務，除官麴外，別抑配酒户買屬州麴，民受其弊。」故有是詔。

開寶二年九月，詔西川諸州賣麴價高，可於十分中減放二分。

四年四月，廣南轉運使王明言：「廣州酒麴元無禁法，軍民取便醖賣。」詔依舊不禁。

十月，知邕州范旻言：本州元無麴法。詔如廣州例。

六年十月，詔許諸道州府縣鎮、鄉村人户自買糟造醋供食。

七年六月，詔：「在京買麴人户自今特與減價，每斤止收一百文足陌。」

太宗太平興國元年十月，詔：「先是募民掌茶、鹽、榷酤，民多增常數求掌以規利，歲或荒儉，商旅不行，至虧常課，多籍没家財以〔儻〕〔償〕，甚乖仁恕之道。自今並宜以開寶八年額爲定，不得復增。」

二年十月，京西轉運使程能言：「陳、滑、蔡、〔穎〕〔潁〕、隨、郢、均、鄧、金、房州、信陽軍未行榷酤，今請並置酒務。」詔遣太常丞馮頔與内品一人同共監當〔二〕，比較所收一年

〔一〕具：疑當作「貝」。
〔二〕丞：原作「亟」，據《長編》卷一八改。

課利。

十二月，權大理少卿趙齊言：「諸州(擢)〔榷〕酤募民，能分其利，即給要契，許於(城州)〔州城〕二十里外酤，而歲輸其直者，多造麴(蘗)〔糵〕於州城中，亂禁法，無以致其罪。望敕諸州，非於所酤地造麴者，率以私麴論。」從之。

六年，詔：「在京賣麴，每斤原定二百文八十五陌，自今斤減五十文。」

七年正月〔一〕，三司言：「韶州酒務所收糟〔二〕，先許民間買以造醋，昨因天長軍禁止不賣，而諸處積壓極多。請依元敕出賣，其餘羨者，令務内自造醋醅。」從之。

八月，詔曰：「應劍南東西川、峽路管内州府軍監縣鎮等，一昨言事者以變錢法，興榷酤〔三〕，有以便於民而佐民用〔四〕，朕不得已而聽之。踰年未見其利，如聞民庶頗極怨咨，因遣使乘驛以觀之，備得其狀。朕奄有四海，寵綏元元，以百姓爲心，恐一物失所。舉事乖當，蓋由朕之不聰；出令惟行，遂使民之受弊。況失道之未遠，固改調以是宜。先是諸州官置酒酤並從除放，依舊造麴市與民，其益州歲增麴錢六萬貫並除之。」

九年九月，詔：「江浙之間禁榷私酒，小民規利，率多犯法，宜更條制，以便於民。今遣左拾遺韋務昇等往杭州，將各務課額於上等户均定麴法錢數，依秋夏税期輸納，其酒更不禁榷。」

雍熙二年五月，詔：「去年兩浙轉運司與杭州同建(儀)〔議〕廢杭州榷酤之禁，以酒麴課額均賦於民。如聞更改以來，城郭富豪之家坐收酤醞之利，鄉村貧弱之户例納配率之錢，甚非便利。自今宜依舊置清酒務，差官監當，依江南例減價酤賣，其所均錢並罷納。」

六月〔五〕，度支判官李惟清言：「諸處酒務〔六〕，自來 4 買酒每斗給耗二勝。自太平興國七年，三司建議斗給一升，店户獲利既少，罕來沽買，遂致歲入課額率有虧欠。今請依舊復給二勝。」從之。

三年十一月，祕書丞王嗣宗言：「澶州官務一斗酒，量較其大小，不及官斗七勝，自來犯私酒人以此斗定罪斷遣。緣所犯至三碩以上，即得死罪。慮諸道州府酒務亦有似此小斗，自今並望依官勝量酒定罪。」從之。

四年十二月，詔：「諸處酒務不得於百姓處借米麥充用，已借者還其直。」

端拱二年五月，詔：「應兩京及諸道州府民開酒肆輸課者，自來東京去城五十里、西京及諸州去城二十里，即不

〔一〕正月：本書食貨二一之二作「三月」。
〔二〕韶：原作「詔」，據本書食貨二一之二改。
〔三〕興：原脱，據《宋大詔令集》卷一八三補。
〔四〕民用：《宋大詔令集》卷一八三作「用度」，當是。
〔五〕按，《宋史》卷二六七《李惟清傳》記此條事在雍熙三年。
〔六〕務：原作「處」。按《宋史》卷二六七《李惟清傳》載惟清言：「前在荆湖，民市清酒務官釀轉鬻者，斗給耗二升。」是「酒處」當作「酒務」，因改。

說去縣鎮遠近。今後須去縣鎮城十里外。」

淳化二年八月，詔兩浙諸州：「先是錢俶日，募民掌榷酤，酒醨壞，吏猶督其課，民無以償。湖州萬三千三百四十九緡，衢州萬七千二百八十三緡，台州千一百四十四碩，越州二千九百四碩七斗，並許棄之，勿復責其直。」

四年四月，詔：「諸道州府酒榷，歲費穀麥，不得用官倉軍儲，但令就善價以糴。酒匠及役夫糧廩，並以錢給之。」

五年四月，詔：「天下酒榷先是分遣使者監筦，歲取其利，以資國用。自今募民掌之，減常課之十二，使其易辦，勿復遣吏預其間。」

九月，有司言：「諸道州府先置榷酤，募民掌其事，內四百七十處歲課無幾，願一切罷之，但賣麴收直。」詔從其請。先是，程能建議置天下酒榷，所在以官吏專掌，取民租米麥供用，以官錢市樵薪，給使者、工人俸料，歲得利無幾，而主吏規其盈羨〔一〕，以爲積醞齊不良潔，酒多醨壞不可飲。至課民婚葬，量户大小令酤，小民甚被其害，州縣苦之。太宗先知其弊，已詔減課，募民掌其事，至是又令賣麴，公私皆以爲便。

真宗咸平五年五月十一日〔二〕，命度支員外郎李士衡、閤門祇候李溥詣陝西諸州增酒榷之利〔三〕。先是，士衡上言：「陝西榷酤尚多遺利，今西鄙屯戍至廣，經費實繁，望遣使制置其事，可濟邊用，而不擾民。」故有是命。

六年十一月，江浙淮南制置茶鹽使秦羲言〔四〕：「諸州清酒務甚有遺利，乞差官詳酌制置。」帝問：「羲以經費之廣，有此規畫，若下不獲其利，則非悠久之道。可諭羲等酌中而行，務在通濟。」遂命羲舉朝官一員同往制置。

景德元年閏九月，罷江淮荆湖制置榷酤。先是，發運制置使秦羲等上言，乞差朝臣乘傳諸郡，增榷酤之課，至是特令罷之。

二年正月，户部判官李防等言：「江南諸州所增榷酤錢頗爲煩擾，屬歲儉，已權罷之。其淮南、兩浙、荆湖路亦望停寢，俟歲稔如故。」從之。初，制置茶鹽秦羲規畫此制，以助軍旅之費，至是帝覽防等奏，命亟停罷。仍詔羲等，自今榷酤之課悉仍舊貫，勿復增益。

四年二月，詔曰：「卜洛之郊，久深奚望；從人之欲，爰示省巡。務敦寬大之風，以暢和平之化。榷酤 5 之法，雖有明規，兩都之間，實無異等。矧三川之繁會，極千里之浩穰，方合歡心，豈憚改作？特弛科禁，永叶便宜。用申濟物之懷，庶廣及民之惠。其西京清酒務宜令停廢，一依東京體例施行，令三司規畫以聞。」

〔一〕吏：原作「利」，據《宋史》卷一八五《食貨志》下七改。
〔二〕五月十一日：按《長編》卷五三、《群書考索》後集卷五八記此事於此年十一月二日癸巳，疑此誤。
〔三〕詣：原作「訪」，據《長編》卷五三改。
〔四〕茶鹽：原無，據《長編》卷五九補。

四月，詔曰：「榷酤之法，素有定規，宜令計司，立爲永式。自今中外不得更議增課，以圖恩獎。」先是，遣使檢舉天下酒稅，頗爲煩擾，且競以羨利邀寵，遂罷其事而條禁約之。

大中祥符五年六月，涇原路都鈐轄曹瑋言：「沿邊諸寨許令人户買撲酒店，直於寨外邊上開沽，恐隱藏姦惡，乞行停廢。」從之。

六年三月，詔：「諸處酒麴場務止得約造一年，合使酒麴交與後界。如於一年之外多造，並即納官。若將不堪使用酒麴交與後界者，並仰毁棄，仍勘罪以聞。」先是開寶中，嘗有是詔，其後定敕文誤有删者，至是因小民買撲場務，有啓倖而興訟者，開封府引是敕以聞，故申明之。

十二月十二日，詔：「諸州軍酒務委監官親視兵匠盡料醖釀，其有酸敗不任酤者，官吏悉均償之。」初，漢陽軍監酒梁紹熙委兵醖造不如法，而酸敗者數百斛，計價錢(喻)〔逾〕二百萬，三司因請條制故也。

二十四日，詔許民間市官酵，置坊鬻醋。

七年二月，詔：「應陝西諸州軍縣鎮酒務衙前及百姓諸色人等已增添課利買撲，轉運司更招人添錢剗奪，自後不辦，欠折無償。令本路轉運司及本州勘會，特與除放。」

八年六月，詔：「令麴院出牓召在京酒户，除本店自來賒買麴貨，於大中祥符五年至七年内取一年中等數立充本店舊買麴額外，相度逐厢市肆人煙，别認所買麴貨數目，依例賒買，只得本店造麴。般擔清酒出門，須得於指射厢分界至内開店沽賣，仍與限一月。内經麴院投狀，以認買得麴多者，許令置店開沽。如更要添買，不以數目多少，並聽取便賒買，即不得虧元椿并添買數及城外印造，乃三年一替〔一〕。如開沽後更有添買麴貨剗奪，須候三年滿日，即得承替開沽。其賒麴抵當物，即依麴院久例施行。」

天禧元年九月，判三司都催欠憑由司張師德言：「淮南鄉村酒户額少者，並望停廢。」從之。

二年閏四月，詔：「應災傷州軍買撲酒場年額不登者，如歲滿願仍舊沽賣者〔二〕，聽與展限一年。」

三年六月，光禄少卿薛顔言：「杭州酒務稅課一十五萬貫，都作一務，望(折)〔析〕爲三務。」詔三司定奪以聞。

八月，三司言：「白礬樓自來日輸錢二千，歲市官麴五萬，主掌三歲無逋負者，與班行。十五年來，豪民承貨〔三〕，大虧本錢，繼日積欠，以至蕩破家産，塡輸不足。繇是兼以外縣場務，復迭興争競。」寇準曰：「如此，國家所得至少，所損乃多。若令三司與減日賃之直，仍許取便收市官麴，亦不煩酬奬。其外縣場務，並令三司舉官監轄。」從之。詔既下，中外以爲便。

〔一〕乃：疑當作「仍」。
〔二〕歲：原作「稅」，據《長編》卷九一改。
〔三〕貨：疑當作「賃」。

十6一月，詔自令犯私酒麴，並令極刑〔一〕。

五日，知應天府王曾言：「本府酒場民户買撲最高年額，赴納不前，已兩户傾竭貲産，（乞）〔訖〕今止令三户管認。累嘗披訴，而掌計之臣慮虧減歲課，不許蠲免。」帝謂輔臣曰：「南京，太祖興王之地，比於他處，尤當優恤，豈可以兹小利，致傷公私？可俟將來赦文中特與蠲減，仍令依西京例任人買麴醞酒。」

十（七）〔九〕日〔二〕，詔曰：「乃眷南京，肇基王業，分宅式均於神壤，推恩宜異於庶邦。其南京酒麴課利，元是百姓五户買撲，最高年額三萬餘貫〔三〕，趁辦不前，已兩户破竭家産，只勒三户管認。累訴三司，恐減年額，未有與奪。特許依東、西京例，招召衆户取便買麴，造酒沽賣。所有合行條貫事件，仍（抑）〔仰〕三司擘畫以聞。」

十二月，刑部員外郎〔四〕、直史館劉鍇與陝西轉運使同定奪本路州軍縣鎮買撲酒務課額，及嘗經災傷輸納不逮者，件（柝）〔析〕以聞。

四年正月，開封府界提點諸縣公事張應物言：「諸縣酒務爲豪民買撲，坐取厚利。自今請差官監榷，仍委三司保舉。」從之。乾興中，罷舉官，天聖四年，應物復以爲請，乃詔依前舉官〔五〕。七年，上封者又言〔六〕：「諸縣酒務課額多虧，蓋監臨之官皆是保舉勾當，多相庇匿不言。自今請止委審官、三班院差人監當。」自是遂罷府界舉官之制。

三月，知制（詣）〔誥〕呂夷簡言：「兩浙路縣鎮酒務，請聽仍舊買撲，量增課利。」從之。

八月，直史館劉鍇定奪〔七〕：陝西一十一州軍買撲酒務累經增課，復以災傷送輸不足，當減分數。詔買撲酒務積欠課利，是勾當人歲滿，願復勾當，展限一年。

十月，兩浙轉運副使方仲荀言〔八〕：「本道州軍酒務課利，舊額止十四萬貫，遺利尚多，請差官比較。」從之。自後官自酤釀，歲增課九萬八千貫文。

乾興元年四月，仁宗即位未改元。兩浙轉運司言：「杭州酒務每歲賣酒一百萬絣，每絣官價六十八文，本務添作七十文，歲收羨錢二千貫。自來以錢顧民充役，今請罷顧，以錢募兵士四百人隸本院充役。」事下三司，請如所奏，從之。天聖三年，江寧府復援此例，請募兵一百五十人，詔亦

〔一〕按，「犯私酒麴並令極刑」，此殊不合於情理。《長編》卷九四載：天禧三年「十一月乙卯，詔：自今犯酒麴、銅鍮等，有死刑者去之。」《東都事略》卷四同，惟「銅鍮等」下有「條」字。是則此詔乃是令删去犯酒麴法令中死刑之條。疑此句「極刑」上脱「去」字。

〔二〕十九日：原作「十七日」。按《長編》記此詔於十一月十九日辛未，即南郊大赦之日，此詔實即赦文中之一項。此與上條真宗所言「可俟將來赦文中特與蠲減」相合。是則作「十七日」應爲抄寫之誤，因改。

〔三〕萬：原作「分」，《長編》卷九四載王曾奏論此事作「萬」，據改。

〔四〕此句「刑部」前疑脱「命」或「詔」字。

〔五〕乃詔：原作「仍照」，據《長編》卷一〇八改。

〔六〕上：原脱，據《長編》卷一〇八補。

〔七〕直史館：原作「直利館」，據上文及《長編》卷七七、卷九九改。

〔八〕仲：原注「原空」，據《宋史》卷一八五《食貨志》下七補。

許焉。

仁宗天聖元年八月，太常博士王軫言：「諸處酒務先係買撲，近來官自監酤者，所須米麥多以賦税折科，民頗勞費。如又侵損軍儲，而每歲課利多有不登。望許復百姓買撲。」事下三司定奪，請如所奏，仍以大中祥符元年至乾興元年内取一年課高者爲額。從之。

三年十一月，上封者言：「西川州軍酒麴場，自來依敕於衙前中取曾主持重難事務者，令買撲勾當。若許人添長買撲，應長詞訟，别致敗闕。望下益、梓、利、夔四路轉運司，據轄下州軍酒麴場務，依舊額出辦，不許加增剗撲。」帝曰：「小民争利，煩擾官司，誠如所奏，速與指揮。」

十二月，三司言：「太常博士王軫前建議官開酒務，召人買撲，7事已施行。其間甚有欺隱額錢，就年額低小買撲者。緣元敕止自大中祥符元年至乾興元年，取一年課利多者爲額。又慮自天聖元年後，復有課額增大者。望令兼取爲比，自餘課額及一萬貫者，不許買撲。」從之。

四年七月，三司言：「陝府西轉運司狀：永興軍、秦、坊等州，自來只令人户買糟造醋沽賣，各獲厚利入己。已牒逐州軍差官，截日官自置務醖造沽賣，候收到課利，别具供申。」宰臣王曾等奏：「榷酤之法，起自前代，已是曲取民利，蓋以軍國贍用，經費至廣，未能除去。今復醖醋，尤更瑣細。欲只令永興軍、秦、坊州召人買撲酤賣，并其餘州軍並不得官置醋坊。」帝曰：「此事尤可行，速與指揮。」

五年五月，權大理少卿公事董希顔言：「河北州府縣鎮酒税務，各有京朝官、使臣監當外，轉運司更差諸處得替、見任幕職官等比較，侵刻民利，於理不便。」詔罷之。

八月，詔三司：「白礬樓酒店如有情願買撲，出辦課利，令於在京脚店、酒户内撥定三千户，每日於本店取酒沽賣。」

六年九月，御史中丞晏殊言〔一〕：「遇天府縣鎮村坊買撲酒務，本路轉運司準例勒添長課利，方許勾當。深慮久遠，增添不已，難爲趁辦，（夫）〔失〕陷官錢。乞令小可場務今後不得增長課利，所冀公私便濟。」從之。七年，開封府言：「看詳所稱小可場務，而無指定年額錢數，今請以年額一百貫以下者，定爲小可。」從之。

七年七月八日，詔：「先是，民間吉凶之事，並令取便沽酒，不得抑配。訪聞江、淮、兩浙、荆湖南、北路州軍買撲酒店，尚敢抑人多酤，輒出引目。自今不得復然。州縣覺察，及許陳告，犯者斷訖代之，仍與重難差遣。」

八月二十七日，上封者言：「榷酤之利，債歲既多〔二〕，日比年增，略無止息，縻穀爲費，兼資兇頑，但以設法爲名，全忘壞俗之本。十家之聚，必立課程，比屋之間，俱有醖釀，恐非禁人群飲、教人節用之道也。大國所入自多，何必

〔一〕晏：原作「曼」，據《長編》卷一〇六改。
〔二〕債：疑當作「積」。

於茲競利？今已定場務，雖難改更，逐旋添滋，所宜止絶。望今後鄉村人户乞創額開置酒務及添錢剗奪，或非因敗闕，無人承替，有利息處，官自開酤，並皆止絶。如此，則捕禁游（隋）〔惰〕，無損課程。」事下三司，三司上言：「應於鄉村創額幹釀者，自今不得以課額多少，官司無得受理。若創立縣鎮合置務者，亦長吏體量奏裁。其縣鎮村幹酒者，自今以三年一替，若有增課剗奪者，並官吏體量，須久遠辦及，委不虧欠，（既）〔即〕保明奏裁。亦不得非時剗奪，妄信小民一時之利，久遠却成敗闕。其見係幹釀者，若本人願退及無人承當，方許官酤，官司不得爲因出得課利，擘畫官酤，違者罪之。」奏可。

十一月二日，開封府言：「開封縣民樂守元、郭順所居，各去城三十里之外，先幹釀村酒，因水壞屋，擅徙三十里之内。檢會舊條，惟有將外酒入界，及私造麴條外，[8]今詳村民造麴，本亦酤酒出課，即與私造異科。望自今有如此類者，減造私麴條一等定罪。若犯酒多，自從重法。」奏可。

八年十二月十一日，三司言：「諸路州軍差酒務雜役、酒匠人等，乞揀選無過犯軍人充，不立年限。如作過犯，臨時相度替换。」從之。

九年正月四日，淮南轉運司言：「準詔：州縣酒務醖匠、役兵，無得差有過之人，仍以一年爲替。又接《天聖編敕》〔一〕：造麴醖酒，並抽應役軍士，以一年爲替，不得給錢傭顧。淮南二十一州軍醖匠，多新犯配軍之人，亦有準《祥符編敕》，月給錢傭匠之處。自準新詔，揀選替换，皆少得人。緣醖釀課多，欲望自今應選醖匠，並須無過者，役一年若無過，且留充役。」事下三司，三司言：「酒課數多，不可輕爲改革。望自今役兵以一年爲替，醖匠不計年。若舊負過之人，委所自體量〔二〕。自醖釀後無大過者，且留充役，甚者即時選替。舊給錢傭匠之處，亦仍舊貫。」從之。

四月五日，三司言：「内酒坊歲釀糯米八千斛，望委壽州上供。」奏可。

明道二年十月三十日，兵部員外郎王碩言：「前知潭州日，本州人民多醖造私酒，體問得或婚姻祭祀，雅尚白酒，雖官務美醖，終不成禮，是致侵虧官務課利。欲乞放令任使醖造，即不銷官務沽賣。」詔差碩與本路轉運使同共定奪八州軍監酒法，具經久利害以聞。

景祐元年正月六日，詔：「諸州軍官酒務若衙前及無廕人願買撲者，聽之。」

二十七日，臣寮言：「諸道州、府、軍、監、縣、鎮等酒務，自來差官監處，乞不以課利一萬貫以上，並許衙前及諸色不該罰贖人一户已上、十户已來同入狀，依元敕將城郭草市、衝要道店産業充抵當，預納一年課利買撲。」從之。

〔一〕接：疑當作「按」。
〔二〕自：疑當作「在」。

四月二十四日〔一〕，安平縣主言：「夫吴守正父元扆元隨范喜居漣水軍〔二〕，伏見海州沭陽縣周穰村酒務衙吏斡釀〔三〕，欲聽喜添錢開酤。」詔開封府召喜及寫狀人、本宫勾當人勘罪施行〔四〕。

七月九日，詔：「《編敕》買撲鄉村酒務課額，十貫以下停廢，以上有人承買撲，勘會交割。訪聞十貫以下有不停廢，却吏私分擘三兩處沽賣，只作一户納錢，令轉運司覺察禁止。如不及十貫，依敕停廢，不得吏私分擘别處酤賣，只作脚下名目開酤。違者嚴斷，麴米動使並從納官。」

慶曆元年八月十六日，三司言：「兵久屯陝西，而軍費不足，尤藉天下酒榷之利。請較監官歲所增課，特與酬奬。」從之。

二年正月七日，審刑院、大理寺請自今州縣官監酒務處，令五家相保，如有私醖，坐五保。奏可。

四年二月十八日，詔：「諸道榷酒課額三萬貫以上，各舉官監當。如聞州縣良吏由此遷徙，不務民政，宜令五萬貫以上處，方許舉官。」

嘉祐六年五月十四日，詔：「諸知軍、州及兵官，許造酒者，毋得賣易及以折物價。」（以上《永樂大典》卷一七五五八）

【宋會要】9 治平四年五月十四日，神宗即位未改元。詔除在京酒户所負麴錢十六萬。

五月十九日，知諫院邵亢等言：「聞陝西轉運司拘收衙前買撲酒場入官，乞特行降黜。」詔陝西轉運（本）司條析以聞。其後本司言，拘收買撲場務入官凡二十七處。乃詔官監一年不及三千緡以上，即令買撲如故。自今有係衙前買撲場務，却欲拘收入官者，具因依聽裁。

二十一日，詔：「江南近年衙前所乞復置村酒場，彊率人沽酒者罷。」

熙寧四年六月四日，神宗詳定編修三司令式所删定官周直孺言〔五〕：「在京麴院，自來酒户沽賣不常〔六〕，難及祖額，累經更張，未究利害。推究其原，在於麴數過多，酒數亦因而多，多則價賤，賤則人户折其利。爲今之法，宜減其數，增其價，使酒有限而必售，則人無耗折之苦，而官額不虧矣。請以一百八十萬斤爲定額，遇閏年則添額十五萬斤〔七〕。舊價每斤一百六十八文，請增作二百文省。舊法以八十五爲陌，請並紐計省錢，便於出入。舊額二百二十二萬斤，計錢三十七萬貫；今額一百八十萬斤，約計錢三十

〔一〕按，宋謝伯采《密齋筆記》卷一作「景祐四年」。
〔二〕漣：原作「連」，據《密齋筆記》卷一改。
〔三〕沭：原作「沐」，據《密齋筆記》卷一改。
〔四〕宫：原作「官」，據《密齋筆記》卷一改。「本宫」謂縣主宫。
〔五〕神宗：《長編》卷二二四無，疑當在「熙寧四年」前。
〔六〕沽：原作「枯」，據《長編》卷二二四改。
〔七〕額十五：原作「踏五十」，據《長編》卷二二四改。

六萬；三年一閏十五萬斤，計三萬貫；又減小麥萬餘碩及人功，並不虧元額錢數。況免賒麴酒户虧少官錢，借賃契書及公私費用不過每斤添支十文，令用麴無餘，官物無積。況國初麴價二百文，八十五陌，太平興國六年始減五十。并具到酒户情願事件。」從之。十一月四日，賞直孺章服。

九年二月十六日，提舉市易司言：「在京酒户歲用糯米三十萬石，比者連直江、浙災傷，米價湧貴。欲選官二員詣出産處預俵見錢〔一〕，收熟日折納。」從之。

十月十二日，侍御史周尹言：「川、陝州軍縣鎮酒務，許令諸色人於課外管認净利錢，召保當官買撲，造酒沽賣。如沽賣不行，無錢納官，或實家産蕩盡，方勒保人陪填。訪聞成都府路州縣酒務多有虧敗，蓋是買撲人故作弊倖，不時送納净利，衷私陰寄錢物，立詭名置買田土。及司官催督〔二〕，惟委保人破賣家産，出錢納官。欲乞下成都府鈐轄、安撫司專切根究，管下如有巧爲弊倖，隱寄錢物，詭名置買田土，推委保人破蕩家産，及昏賴無干礙之人財物陪填，即於法外刺配。」詔司農寺根究，依理施行。

十一月四日，詔：「都提舉市易司住行計置糯米，收糴在京新米，與已糴米中半支在京酒户〔三〕。候支絶，令人户任便官私交易，俵米官罷歸合屬去處。」

元豐元年正月二十五日，三司乞量增在京酒行麴錢，於年額減麴三十萬斤，遇閏年增造萬斤均給。從之。

二年三月二十三日，詔：「敗折場務買撲等錢，保人當填納者，委提舉司具拖欠年限、歲豐[10]凶及保人家力、當給日限，申司農寺詳度指揮。」從本寺請也。

五月十六日，命檢正中書户房公事畢仲衍同三司講究麴法利害以聞。

二十五日，三司請於潭州瀏陽縣永興銀場置酒税務，選官監臨。從之，歲入隸提點鑄錢司市銀封樁。

八月十三日，詔：「在京賣麴，以百二十萬斤爲歲額，斤錢二百五十，候賣及舊額，復舊價。酒户所負白糟、糯米錢，更展限二年帶納。」又有未請麴數十萬斤〔四〕，悉蠲之。京師麴法，自熙寧四年定以百八十萬斤爲歲額，斤錢二百，後多不能償，雖屢倚閣未請麴數，及減歲額爲百五十萬斤，斤增錢至二百五十〔五〕，猶不免逋欠。酒户又負市易務白糟、糯米錢五十餘萬緡。至是，令户房檢正官畢仲衍、太常博士周直孺同三司講究利害。迺請減麴額爲百二十萬斤〔六〕，斤爲錢三百，均給七十店，令月輸錢，周歲而足。月輸不及數，計所負倍罰〔七〕。又炊醖不以時，擅增器量及用

〔一〕産：原作「差」，據《長編》卷二七三改。
〔二〕司官：疑當作「官司」。
〔三〕米：原作「未」，據《長編》卷二七九改。
〔四〕請：原作「清」，據《長編》卷二九九改。
〔五〕五十：《長編》卷二九九作「四十」。
〔六〕百：原作「二百」，據《長編》卷二九九删。
〔七〕所：原無，據《長編》卷二九九補。

私麴，皆立告賞法。悉施行之，而裁其價。

九月二十九日，三司言：「人户買撲官監及非新酬衙前場務所增收錢〔一〕，並合入三司帳。」而司農寺以爲官監場務外，皆是新法拘收錢〔二〕，不當入三司，乞留以助募役。兼歲入百萬緡於市易務封樁，若失此錢，恐不能繼。争辯久之，乃從司農之請〔三〕。

三年六月二十六日，詔：「在京酒户見帶納舊麴錢及倍罰錢者，展半年，不曾該放倍罰者〔四〕，免三分之一。」二十八日，京東路轉運副使李察言：「近歲聽民買官監酒務，增羨則利入私家，虧折則逋負官課，由此暗失歲入。乞買酒務人欠净利，若雖無欠而課贏可以官監者，皆復之，仍乞不拘常制奏舉監官〔五〕，增助財計。」從之。

四年二月十一日，詔增永興軍乾祐縣十酒場〔六〕。縣令姚煇言「縣界凡六百里，户口增倍，止有兩酒務，乞興置」，故也。

五年正月十八日，大宗正司言：「外任宗室毋得造酒〔七〕，許於舊宫院尊長及近親處寄醖〔八〕。」從之。

四月二十八日，詔在京酒户欠糟、米錢，展三年〔九〕，均作月限納，限内罰息並除之〔一〇〕。

八月二日，詔：「行下酒户倍罰麴錢，三分已放一分外，更免一分。」

六年二月二十四日，提舉開封府界諸縣鎮公事楊景略獻造供御酒麴用竹圈杖案法，詔從之。

九月四日，京東路轉運副使吴居厚言，本路酒務税課利增百七十九萬五千餘緡。詔三省可議賞典〔一一〕。詳見「商稅」門。

哲宗元祐元年二月六日〔一二〕，侍御史劉摯言：「坊場之法，舊制撲户相承，皆有定額，不許增擡價數，輒有剗奪。新法乃使實封投狀，許價高者射取之。於是小人徼一時之幸，争越舊額，至有三兩倍者，舊百緡，今有至千緡者，交相囊橐，虚張抵本。課額既大，理難敷辦，於是百敝隨起，決至虧欠。州縣勞於督責，患及保任〔一三〕，監錮係累，終無賞納。官司護惜課額，不爲減價，則誰人復肯 11 承買？今天下坊場如此者十五六處，故實封增價之所得，比倣敗闕之

〔一〕新：《長編》卷三〇〇作「折」。
〔二〕是：原作「自」，據《長編》卷三〇〇改。
〔三〕之：原作「而」，據《長編》卷三〇〇改。
〔四〕放：原作「於」，據《長編》卷三〇五改。
〔五〕拘：原作「舉」，據《長編》卷三〇五改。
〔六〕祐：原作「祜」，據《長編》卷三一一改。
〔七〕任：原作「住」，據《長編》卷三二二改。
〔八〕於：原作「以」，據《長編》卷三二二改。
〔九〕展：《長編》卷三二五作「各展」。
〔一〇〕限内：原脱「限」字，據《長編》卷三二五補。
〔一一〕三省：原作「三司」，據本書食貨一七之二六、《長編》卷三三九改。
〔一二〕按《長編》卷三六四繫於正月九日戊戌，原注云：「《新録》載摯此疏於二月六日，……蓋因降出施行方載也。按《章奏録》，其實以正月九日上。」
〔一三〕任：原作「在」，據《長編》卷三六四改。

所失〔一〕，殆不相補也〔二〕。乞罷實封投狀之法，委逐路轉運、提舉司將見今買名浄利額數與新法已前舊額相對比〔三〕，量及地望緊慢，取酌中之數立爲永額，一用舊法召人，庶乎承撲者無破敗之患，而官入之利有常而無失也。」

十一月四日，詳定新法所言：「侍御史劉摯乞罷坊場實封投狀之法，立酌中數爲額，被旨相度。今欲委本州，若累界有增無減，取次高一界爲額；增虧不常，取中一界爲額。前後次多及界限無人承買，比最高價虧及五分已上者，縣相度申州，州與轉運司次第保明申省，仍立價，界滿承買，抵當約束。餘並依舊條。」從之。

六年十月一日，户部請：「應承買場務元係官監及敗闕者，課利錢並不得支移折變。若界滿一年無人承買，亦與依減放浄利分數，免支移折變。」從之。

八年七月十三日，户部言：「買撲場務課利錢數增虧，全在人烟多寡。昨來省併興廢，其課利量行增添，既人烟稀少，沽賣遲細，亦合裁減。緣《元祐敕》只有廢置州縣鎮寨處場務有量行增減之法，其割併縣分鎮寨之處，乞亦依此施行。」從之。

紹聖元年六月十四日，權發遣淮南路轉運副使吕温卿言：「監司所以糾繩郡縣，而元祐初所用多昏老疲懦，是致吏事墮廢，財用窘乏。齊州自元祐元年至八年終，茶鹽酒税比祖額共虧四十萬九千餘貫，以一州推之，則天下可知。欲乞立法考察懲勸。」詔京東路轉運司具元祐元年至八年終本路鹽茶酒税并課利場務等，比祖額虧欠數以聞。

九月二十五日，詔：「府界并諸路酒務年終課利增額，並依元豐賞給。」從三省請也。

三年五月十一日，詳定重修勅令所看詳：「天下場務，應見納浄利，比之元豐以前五界内酌中一界錢數尚虧者，並不許接續承買，餘並依元豐法。」從之。

十一月十八日，殿中侍御史陳次申言：「監司自元祐四年後取酒課增虧及二分者，比類取旨賞罰，請令户部責限勾考。」從之。

四年九月八日，三省言：「近詔府界諸路提舉司，將元祐年并已前應承買場務，除已籍還財産并保人所質償納外，據見欠分三年催納。」詔元限外更展三年〔四〕。

徽宗建中靖國元年三月二十一日，户部狀：「欲乞將鎮寨廢置割併、道路移易、市店興廢場務，並依廢置州縣法，申監司審度，依界滿法召人承買。」詔從之。

大觀二年正月二十九日，詔：「今後諸路應官監酒務，並依在京庫務法，監、專同立界管勾。若遇欠折，並勒定分數，令監、專均備。」從開封少尹宋喬年請也。

三年七月二十三日，臣僚上言：「竊以常平場務錢物，

〔一〕比倣：《長編》卷三六四作「於」，《忠肅集》卷五作「與」。
〔二〕不：原作「爲」，據《長編》卷三六四改。
〔三〕舊額：原脱「額」字，據《長編》卷三六四補。
〔四〕限：原作「認」，據《長編》卷四九一改。

國初以支酬衙吏〔一〕，自吏禄之制行，遂用爲衙前雇募食錢，餘皆封樁，以待朝[12]廷之用，其他費用不係差衙前者，不得支也。伏見比年以來，州郡多以公帑不足，乞添公使，以坊場（前）〔錢〕支給，計爲一歲所增之數，不啻二十餘萬。雖皆是朝旨支破，然官司陳乞無厭，州郡不知撙節用度，唯是紊煩朝廷。如帥望大藩及信使經由道路，多以不限名數造酒，往往例皆陳乞，顯屬僥倖。若不裁約禁止，恐朝廷封樁錢物，寖爲州郡厨傳之費侵耗，良可惜也。其間固有增置官吏合行量添去處，其不必添賜過多者固不少矣。臣愚欲取自睿旨，詔有司考元豐舊制，詳議施行。」詔令户部具應緣添破公使支過封樁及坊場錢數，申尚書省。

四年三月二十五日，户部奏：「兩浙轉運司申：官監酒務所自來將糟錢收入酒錢（究）〔衮〕比影帶，不見增虧。乞今後賣糟錢別立額比較。」從之。

政和元年四月四日，户部奏：「臣僚上言：鄂州、漢陽軍諸縣賣麴引，並不候人户有吉凶聚會，情願請買，多係違法抑配，大收價錢，侵漁搔擾。」詔諸路監司嚴切覺察，今後若涉抑配，大收價錢，速舉劾，依條施行。

二年四月六日，户部奏：「修立到下條：『諸非吉凶而冒鄉村人户姓名，或用以次家人請買麴引造酒者，杖八十。曹吏、保正副、形勢之家者，加二等。許人告。』」從之。

十二月五日，中大夫、集賢殿修撰、淮南江浙荆湖制置發運副（司）〔使〕董正封奏：「杭州都酒務甲於天下〔二〕，歲課治平元年已前三十萬貫。自後收趁不及，蓋以務局廣闊，難於檢察，醖造浩瀚，趁數滅裂；及州地里遥遠，止有一處沽賣，人户往來不便，是致沽賣不敷，今收不過二十萬貫。臣竊見潤州都酒務累年虧欠，因監官李邈乞添置比較務，連歲每年務錢二萬餘貫，累（彼）〔被〕賞典。欲望本路將杭州都酒務分作三處，更置比較務二所，不消增添官吏兵匠。所貴易於檢察，可以增羨，少助歲〔三〕。如蒙施行，其本路州軍並乞添置比較務。」詔從之，其乞本路州軍添置比較務，（今）〔令〕轉運司相度施行。

四年四月十四日，户部奏：「兩浙轉運司申乞置比較務，從都酒務監專、酒匠那撥，分定課額，各自造酒，收趁課利，比較增虧賞罰等。本部看詳，杭州課額係二十餘萬貫，分爲四務比較課利〔四〕。」尚書省勘會：「本路州軍課額多寡、監官員缺，例皆不同，若獨員者難以增額〔五〕。分認造酒，理當隨鼇務監官員額分定，更不增置官吏、諸色額。」詔：「酒務雙員處分二務，三員處分三務，四員以以〔六〕，員

〔一〕支：原作「知」，據文意並參照後文政和「六年十二月十一日」條改。
〔二〕甲：原作「申」，據《宋史》卷一八五《食貨志》下七改。
〔三〕少助歲：此下疑脱「計」字。
〔四〕課：原無，據文意補。
〔五〕獨員：原作「獨負」，據前後文意改。
〔六〕以以：疑當作「以上」。

額雖多，即不得過四務。以如有監官雖多〔一〕，其課不廣，不消分務去處，即聽依舊。仍具已如何分定詣實文狀，申尚書省。」

十六日，荆湖南路轉運司奏：「本路諸軍監在城、外縣沽賣酒貨，有糟酵亦係出賣，依條所收價錢内，五分以提舉司〔二〕、五分本司支用。緣每斤只計錢一文三分或一文五分，況糟酵並係民間要用，其合13收錢數，自來未有關防。逐年諸州縣歲賣酒糟不下千萬，理合添價出賣。今相度，欲將本路州縣見賣糟酵價上，不以官私收買，每斤添作三文足出賣，每十斤仍加耗三斤。舊額錢依法與提舉司分撥外，其今來新添錢數，乞專充本路直達糧（綱）〔綱〕水夫工錢支費。州縣輒將他用，乞科杖一百之罪。」詔從之。始舊來有賣價高處自依舊，其應行直達綱路分依此。

十月二十三日，户部奏：「修立到：『諸處酒務兵士專充達麴醞造役使〔三〕，依格本州選刺厢軍充（請）〔清〕酒務指揮，本營寄收。專招刺人數及有營房差役依舊。遇酒匠闕，聽選試充。其有違犯，不可曾留者〔四〕，專招刺人准此。改刺本城。若踏麴蒸炊雜役須添差兵、匠者，差係役兵級，通計不得過舊例之數。酒務每年一替，酒匠得力聽留。闕或須雇人者，聽和雇。』」從之。先是，淮南路轉運（司）〔使〕徐宏中言：「監酒務唯真州有清務兵士，乞於其餘去處亦各專置。」得旨從所請，仍令户部立法故也。

六年十二月十一日，户部侍郎任熙明等奏：「天下衙前支酬重難諸路公使捕盜賞錢等，並以坊場錢應副，然場務有因水患或道路僻左，商旅不至則停（閑）〔閉〕者，以京畿、河北等七路會之，計二千有餘處。欲望聖慈專責諸路提舉將見閉場務詳究利害，措置相度可與不可移置或行合併，具事狀保明以聞。」詔：「坊場之利，以禄在公之人，免徭役之弊，官吏弛廢不舉者凡二千餘所，則所入不足以補所出。可依所奏，限一季興置以聞。」

八年十一月八日，詔：「今後人户依法納錢買引，於鄰近酒户寄造酒麴，不得非理抑配科買，其錢並依朝廷封樁。仍令户部立法，申尚書省。」

宣和二年十月二十三日，詔：「諸榷酤〔五〕，漕計所仰，邇來〔州〕縣違法失職，公使庫酒貨侵奪官課，及私造公行，例虧歲額。仰諸路漕臣督責州縣措置官酤，嚴戢私醖，如有違慢、貪污不法去處，按劾以聞，當議重加典憲。」

六月二十七日〔六〕，户部奏：「伏覩諸路州縣坊務有監官去處元隸運司，人户買撲去處所收浄利，名曰坊場錢，並屬常平司，以備雇募衙前綱費，支酬重難州郡公使之外，

〔一〕以如：疑當作「如以」。
〔二〕以：疑當作「與」。
〔三〕達麴：據下文，疑當作「踏麴」。
〔四〕曾留：疑當作「存留」。
〔五〕諸榷酤：疑當作「諸路榷酤」。
〔六〕此條與上條月分失序，當有誤。

歲起上供一百萬貫。利入浩博，各有司存。故有熙豐創法：諸以買撲場務不許擘畫官監。至元祐中，諸路申請，凡天下場務利入稍厚者，皆轉爲官監，以致其餘場務出賣不行，浸成敗闕。紹聖繼述，申嚴舊制，復立徒二年之禁，蓋欲革絶侵界之弊，使買人各得安業。法意深遠，纖悉備具。邇來臣僚妄有申陳，公肆違令。今措置，除酤賣興盛酒場合遵依見行條法，不許經畫官監外，其在縣鎮界滿無人承買者，今後提舉常平司計會轉運使〔一〕，同差官體究事因，從逐司公共相度。如可以經畫官監，同具事狀保明，申户部審度行下訖（奉）〔奏〕。內浄利錢止依見 14 承買人所納之數，令轉運司認爲常平司〔二〕。餘並依崇寧五年二月十五日已降約束施行。」從之。

〔六年〕三月四日〔三〕，詔：「見任官將所得供給酒抑配，令買撲坊場户出賣者，以違制論。」從提舉荆湖北路常平鄭庭芬請也。

七年二月七日，尚書省言：「講議司劄子：『諸路漕計全仰酒課，所用米麥，近來價高，計用虧本。欲乞將虧官本最多場務，米麥如係折納，即用實直中價；係糴到，用元糴價。先將三兩省召人承買〔四〕。』詔依及措置行下。今欲令諸路轉運司委官分頭去諸州，同當職官限一日取索造帳，隔手磨筭，申轉運司覆磨訖，具合賣去處一面依條出榜，召人承買。」從之。

九月四日，講議司奏：「河東雲中府路轉運副使李西美劄子：本司欲將本路酒務虧官本去處，並從本司斟量所在緊慢，立價出賣。本司看詳，欲契（斟）〔勘〕今年以前三年内有虧本年分，即合通取以前不虧官本三年所收課利，内除米麴糜費本錢外，計浄利均爲三年課額，召人承買，欲申明行下。」從之。以上《國朝會要》。

高宗建炎二年五月二十八日，提舉兩浙路常平等事曾班言〔五〕：「嚴、衢等州坊場廢壞，無人承買，盡是百姓分認名課，仍一槩分認十分，至有鬻田地以償者欠〔六〕。已比附提舉司申明『燒劫酒坊，若著價虧三分，許令給賣』之文，將無人承買酒坊名課止令認納七分，日前拖欠與銷退三分訖。」詔依，内見無坊屋法物去處，折狀日着價雖低，但虧不及三分已上者，依宣和四年四月十日朝旨權行給賣一次，候界滿，即依舊額。

四年二月二十五日，詔令福建路漕司、帥司、提刑司公共相度措置（權）〔榷〕酤有（坊）〔妨〕礙，仍（其）〔具〕官監或召人買撲，或給賣麴引方許造酒，孰爲利便以聞。

十一月十二日，兩浙轉運副（司）〔使〕曾紆言：「本路近

〔一〕使：疑當作「司」。
〔二〕爲：疑當作「屬」（上文云「並屬常平司」是）。
〔三〕六年：原無，據《宋史》卷一八五《食貨志》下七補。
〔四〕三兩省：疑當作「三兩處」。
〔五〕浙：原脱。按下述嚴、衢等州均屬兩浙路，據補。
〔六〕者欠：疑當作「欠者」。

年以來，米麴高貴，其見賣官酒尚依舊價會計，所得浄利十無一二，其間亦有反折官本去處。其拍户常患沽賣不多，日逐浄論〔一〕，攙占資次，至有僞作曆頭買酒之人，可見官酒沽賣得行。今相度，欲將諸州縣出賣價内，和酒每勝權添三十文足，常酒二十文足。兼自今後州郡並不申明，擅增酒價，酤賣浩瀚，别作支曆收管，吏緣爲姦，其弊百出，見一面體究止絶。若明降指揮，量添價直，不唯於朝廷財計有助，亦實杜絶姦弊。」詔〔二〕：「權依所乞增添，上等每勝添錢二十四文足〔三〕，下等每勝添錢一錢一十八文足〔四〕。仰轉運司拘收樁管，不得擅行移用。諸路依此，候米麴價稍平日依舊。所收酒添錢〔五〕，除今日以前見分撥充經制錢名色添酒錢并今次所添錢數外，其已前應不曾申取朝廷指揮，監司州縣一面擅添酒錢，並罷。」

紹興元年三月三日，户部言：「欲乞且將兩浙見開沽酒場不以 15 幾界，並於見買撲價上添增利錢五分，均月分送納入官。如不係全界，即紐計合增錢數施行。其所添錢數，與免貼供抵當。仍令州縣將上件錢别項(舊)〔樁〕管，專委通判拘收，每季起發行在户部送納。仍本部令項(舊)〔樁〕管，非奉朝廷指揮，不得輒行支用。及乞委提刑司(察檢)〔檢察〕，如輒敢隱落不實，或自侵用，按劾施行，庶幾稍助軍興用度。候見次第，其餘路分别具申請。」從之。

十月十七日，知興國軍王綯言：「本軍諸處酒務及坊場焚毁既盡，今欲將大冶并通山縣酒務，不拘命官、商(價)〔賈〕等，願以家財計置，許於本務造酒出賣，月納浄利，以補支費。仍乞鄰州或鄰路人并富商(具)〔巨〕賈願以金帛之類抵當買撲者，從本軍相度，量減抵當及課額元數，許召本土名保明識認〔六〕。」詔權以此措置，候及三年，依本條施行。

十二月十八日，權户部侍郎柳約言：「諸路近言造酒米麴、柴薪物料比之上年，踴貴數倍。昨曾紆起請不得擅增酒價，雖近降指揮，却許隨宜增添。今來紹興府在城酒税，每造一碩，除本外全無利息，餘外更有監專請給，計之所得，不償所費。今欲乞將諸路州軍官監酒税見今每勝上等權添錢二十文足，下等添錢十文足。内一半令諸路提刑司拘收，别項舊樁〔七〕，一半專充本州應副軍期支使。候米麴價平日依舊。」從之。

二年四月八日，詔：「(州)〔諸〕路州縣人烟不至繁盛處，酒場依内地改置清酒務，造酒出賣。所收息錢，除還浄課利外，其增收錢貫濟助支用。」

〔一〕浄論：疑當作「爭論」。
〔二〕詔：原脱，據文意補。
〔三〕二十四文：《宋史》卷一八五《食貨志》下七作「二十文」。
〔四〕一錢：疑衍。
〔五〕所收酒添錢：疑當作「所添收酒錢」。
〔六〕名：疑當作「民」。
〔七〕舊樁：疑當作「樁管」。

六月二十四日，江西運副吳革言：「臨江軍所置比較務委是利便，乞權創置臨江軍在城比較務，差見任官兼管，每月支錢十貫文省。其收到賣酒錢，自合依條分撥樁發上供經制諸司所得錢數。應本路未曾復置及自來不曾置比較酒務州軍，仍乞下江南西路轉運司逐旋究見可以興置去處，從本司保明施行。」從之。

三年十月十九日，知臨安府梁汝嘉言〔一〕：「臨安府素號會府，前此費用悉藉酒税。今日事體既倍於昔，費用滋廣，而酒税之利益薄。蓋税課以駐蹕之地，或多蠲除，而酒課比之往時十無三四。乞給降度牒五百道，以周給闕。」詔令禮部給降兩浙路空名度牒三百道，付梁汝嘉，專究造煮酒支用。

十一月二十三日，詔令兩浙、江東西路提舉司、轉運司同共取索管下州縣買撲坊場，將興盛及過界并減定浄利錢若敗闕去處，各條具利害，自來逐場有無造酒年額并差官點棧體利申户部〔二〕。其官務若管酒價錢，而拍户沽賣私價大段高貴，贏落厚利，自合隨宜增添。仍令逐州軍每季具官務酒價與市價有無虧申轉運司檢察〔三〕。

四年四月十二日，江南西路轉運司言：「漕計之實，惟仰酒税課利資助支遣，比年以來，州郡多以應軍期爲名，更不請降朝廷 16 處分，一面擅置比較酒務、回易庫，將漕計錢物不住取撥充本。又於諸城門增置税務，其逐處所收課息，並不分隸諸司。是致所在軍期税務往往增羡，舊務例皆虧欠。其諸城門税正與軍期酒務事體一同。欲下諸路，除帥司措置贍軍，及諸州已得專降指揮許置場務外，其餘不係朝廷指揮州郡自行創置比較酒務并回易庫，及添置逐門收税去處，應干官物及合趁課額，並并入漕計，本州不得擅便曆收置，仍乞令轉運司將已前收置錢物委官驅磨。」詔依，如有不遵條例去處，仰本司具狀申尚書省取旨黜責。

七月二十一日，户部侍郎梁汝嘉等言：「臣僚言節文，爲國用滋廣，將商税、酒、鹽之利令三省措置，送汝嘉等同共看詳講究，條具子細利害申尚書省。汝嘉今先次相度到酒税、榷貨、糴本合行措置如右：一、比年以來，陳獻財賦利害之人，往往皆以給賣酒務爲先。此事有利無害，固已分明，止緣諸司分隸錢物，各有窠目發納支用，難以一切罷去，兼員多闕少之時，重於減罷監官，所以議論不一，至今不行。今相度，除諸州酒務課利數多未可便行外，欲先將諸縣官監酒務，並以祖額比較最多之數，爲委逐路漕臣措置召人買撲。所有官監依舊存留，專監税務，兼令拘收上（上）件錢。其收到錢，一依舊數分隸諸及本州支用〔四〕。今來措置，所有遠年科撥（送）〔造〕酒糯米及踏麴小麥，以五年內一年最多數爲率，依舊科撥，令轉運司於逐州委通判一

〔一〕臨安：原闕，據《宋史》卷三九四《梁汝嘉傳》補。
〔二〕點棧體利：疑當作「點檢體例」。
〔三〕「虧」下原闕一字，疑闕字當作「減」或「損」。
〔四〕諸：疑當作「諸司」。

員專一椿管，聽候本部支取。今來措置，各令買撲，即與常平坊場不同，若依舊法召人實封投狀承買，即恐其間未有人承當去處，却致拖延。今欲不舉人數多寡，但均及元額，並許分買。」詔令諸路轉運司限五日相度的確利害，申尚書省。

十一月三日，兩浙轉運副使(使)吴革言：「本司應辦上供、贍給一路官兵，用度不貲。今來車駕臨幸平江府，即目軍民(額)〔頗〕衆，沽賣得行〔一〕。本府(得)舊有都酒、比較兩務，各係舊來分定拍户管趁課額。今乞行下平江府，權行踏逐穩便去處，添置比較務一所，造酒沽賣，權免分隸諸司，應副資助漕計等(用支)〔支用〕。其合用本柄，本司與本府通融應副，循環作本。所有監官乞從本司(路)〔踏〕逐申差大小使臣或京朝官、選人一員，并委保見任官一員同共管幹。」從之。

五年閏二月五日，新知揚州葉焕言：「乞降指揮，就近借撥錢二萬貫文，充酒務造酒米麴本錢，候收簇課利寬剩撥還。」詔支降錢五千貫，一半令鎮江府(權)〔榷〕貨務支給見錢，餘令禮部給降兩浙空名度牒、紫衣、師號。

五月十日，江南東路轉運判〔官〕俞俟言：「州縣酒務課利，自崇寧以後，節次添收諸司錢及增長價錢，並收兑上供，如兩浙路幾及一半，江東路亦近三分之一。近歲米麥高貴，所17(所)得利息不能給諸司等錢，是致州縣不復究心措置，止是近及舊額，更不增趁。乞將紹興二年後三年課利，取一年酌中或最高諸司錢數立爲定額，如額外增羡，更不分諸司等錢，庶使州縣可以極力經畫趁辦，以給用度，不爲小補。」户部言：「欲依所乞，仍令轉運司官取索(錢)〔前〕三年最高之數，具(收)〔狀〕申朝廷，立爲定額。」從之。

六年十月七日，成都府潼(州)〔川〕府夔州利州等路安撫制置大使席益言：「奉詔令益相度減罷四川酒務監官，(令)〔今〕相度下項：一、裁四川州軍縣鎮酒官共一百七員。一、鎮市酒務，係收息微細去處，已行廢罷，潼川府路資州、資陽縣、三江鎮各裁減一員，渠州、夔州各減二員。一、改置酒務專差監官，緣自來係四川都轉運司踏逐差，欲乞今後令依選法，選曾歷任有舉主、無贓私罪犯人，申四(州)〔川〕安撫制置大使司差。」從之。

十二月二十八日，詔：「諸縣酒務不得(行彊)〔彊行〕科率人户納錢，如違，仰監司按劾聞奏，取旨行遣。及許人户越(數)〔訴〕。」以臣寮言：「江東饒州諸處屬縣官賣酒者別置比較務，科定人户納錢，收錢既多，因亦妄用，民不堪之。」故有是命。

七年四月二十四日，詔措置户部贍軍酒庫所：「已降指揮，(之)將所得息錢等每旬赴左藏庫送納，令項椿管，聽候朝廷指揮支使。」

同日，户部侍郎梁汝嘉言：「(劾)〔勘〕會户部酒庫八

〔一〕賣：原作「買」，據下文改。此句謂造酒沽賣可行。

處，除已措置五庫開沽外，有三庫合行創置。又自今諸庫踏造麴（蘗）〔蘖〕百萬浩瀚〔一〕，全（籍）〔藉〕官屬監督應辦。元申請晝一，乞於見任官内權差屬官二員。已差主官文字一員，委是難（已）〔以〕分頭幹辦，今欲依元申請，更權許置幹辦主〔管〕官一員，亦於見任官内差。」詔依，請給、人從依主管官已得指揮，候就緒日減罷。

七月二十七日，臣僚言：「諸州管下外縣酒税務監官，例是兼管，緣税錢日收多寡不定，難於監察多寡，是以餘數貼納酒息，却將所造酒隨人情多數加饒，及別造好酒應副。見任、寄居官百端作弊，或有偷瞞税錢，以酒息貼納去處，情弊不一。今欲將雙員酒税務各差官主管。」從之。

十一月六日，户部尚書章誼等言，欲於行在置贍軍酒庫。詔依，令户部限一日條具行自件申尚書〔二〕。於是户（户）部言：「〔一〕、乞委司農寺丞蓋諒同兩浙運副汪思温措置應副。一、逐庫監官，乞委官一面踏逐諳曉場務造酒次第、有心力官權差一員，乞以措置户部贍軍酒庫所爲名。一、合用本錢，乞於浙東州軍合發總制司錢内截撥五萬貫，循環充本支使。」從之。

八年二月二日，户部員外郎周聿言：「乞將臨安府都酒後洋、比較、龍山、江漲橋四酒務，係自來依法興置，權令依舊外，自餘創行興置并諸軍無專降指揮酒庫、脚店，並行改充户部贍軍。如臨安府酒務更欲（在）〔存〕留，且權留南比較務一處。户部所置贍軍較庫，緣 18 創置之（物）〔初〕全要脚店拍户收取課利浄息，若不將逐處酒庫盡行拘收，委是侵損，沽賣不行。今欲將臨安府都酒後洋、比較、龍山、江漲橋四處并便與存留，（南北較比）〔南比較務〕及安撫司酒庫各一處且行依舊外，其餘去處並依所乞。」從之。

九年四月二十八日，户部言：「殿前（使）〔司〕酒庫已撥歸户部，今來撥到五庫，每庫合差監官二員，未審合從朝廷及户部差辟，或令本所依已降指揮差辟？并使臣一員，仍許通差校副尉、下班（抵）〔祗〕應，及手分一名、書寫人一名，其請給、抽差、理爲在司月日、添給等，並依已降指揮。」詔監官令措置贍軍酒庫所依已降指揮差辟一次，餘並依。

十年（潤）〔閏〕六月一日，户部侍郎張澄等言：「臣寮乞罷措置所，官吏悉歸户部，仍委一左曹郎官專領之。」詔令户部措置裁減，申尚書省。今措置下項：一、措置官二員、人吏一十人，今欲依臣僚申請，罷措置所官吏，本部差左曹郎官兼領，仍依昨來周聿兼領例，差本路漕臣一員同共應副。其行移乞以『點檢贍軍酒局』爲名，人吏等聽於本部并運司及諸處官司逕差。所有合行事件，令所委左曹郎官別行條具，申取朝廷指揮。一、本所官屬共五員，今除主管文字官一員欲存留兼管錢庫并幹辦職事，麴院官一員欲存留

〔一〕踏：原作「路」，據文意及字形改。本書職官二六之三四：「詔踏造麴樣。」《北山酒經》卷中：「凡法麴，於六月中踏造。」皆是也。

〔二〕行自件：疑當作「合行事件」。

踏（外麴）〔麴外〕，所有幹辦官、錢庫官、指教官，並行減罷。其幹辦官下手分，欲隨官罷，并錢庫欲減罷貼司一名。一、今歲減罷官乞依省罷法施行，人吏（法）〔發〕歸元來去處。一、措置所前後支降過（前）〔錢〕物，今限一月收簇見數細造帳，（令）〔令〕比部驅磨施行；人吏候驅磨畢日發遣。一、除今來減罷官吏外，餘欲並依前後已降指揮及見行體例施行。」從之。

二十四日，户部員外郎陳康伯言：「今來點檢贍軍酒庫，其行移乞以『點檢贍軍酒庫』爲名，兼緣左曹郎中別無印記，欲乞權就用措置所關到印記行使。仍差本路漕臣一（臣）〔員〕同共應副。近承朝旨，差兩浙運副張匯兼行措置贍軍酒庫，今來合就本官同共點檢應副。其已罷措置贍軍酒庫所有存留官屬、使臣等，欲乞並以點檢贍軍酒庫繫銜稱呼。」從之。

十月十六日，陳康伯言：「所管贍軍十一酒庫并麴院、錢庫共一十三處，今諸軍發納課息即自置辦，蒸造歲計煮酒全要人吏分頭主管行遣。緣舊來措置所係手分四人、書寫人五人，即目點〔檢〕贍軍酒庫止許手分、書寫人各二名，委是人力不勝。止乞量添手分、書寫人各一名，相兼行遣文字。」從之。

十一月十五日，户部言：「點檢贍軍酒庫自來止用關借到奉使印記，兼印文與庫名稱不同，欲乞下文思院改鑄銅印一面，以『點檢贍軍酒庫〔之印〕』八字爲名。」從之。

十二月三十日，兩浙轉運副使、兼點檢贍軍（軍）酒庫張匯等言：「措置贍軍酒庫，許置幹辦官一員。近承指揮減置，改作19點檢贍軍酒庫，差户部左曹郎官專一主管。今乞差轉運司主管帳計王曬不（坊）〔妨〕本職兼管，仍每月量爲添破（恭）〔茶〕湯錢二十貫文，依例於本所收到五釐錢内支給。」從之。

十一年四月二十日，監行在户部點檢贍軍酒庫麴院張晟等言：「乞（令）〔令〕點檢酒庫官將贍軍酒庫官屬比類行在場務，依寺監熙寧法薦舉。」吏部竊詳：「述官並依贍軍酒庫官屬〔一〕，其點〔檢〕贍軍酒庫官即（即）未有立定許薦舉條法。今來逐官所陳在外贍軍酒庫，係有本路監司守臣及户部長貳薦舉，其行在諸酒庫官，止有户部長貳并左曹郎官許行薦舉。乞〔令〕來行在場務（令）〔令〕照檢户部郎官一員、兩浙漕臣一員，依寺監比卿少法舉。」從之。

十二年九月一日，詔：「鄂州諸軍酒庫令總領司罷置，麴院令軍中一面措置。」

十三年九月十日，詔：「淮東總領司酒庫止於元置州軍、淮西江東總領司止於建康府、揚州安（府）〔撫〕司止於本州開沽，即不得更於別州縣村鎮擅自添置脚店。目今現有違法擅置去處，日下停閉。内諸軍有似此開沽去處依此。」以臣寮言：「總領司元拘收到（管）〔管〕下酒庫，本於置司處沽

〔一〕述官：疑當作「逐官」。

賣，初未(賞)〔嘗〕散在諸州縣鎮，止緣小使臣干求權局，遂以總領司脚店爲名，不以遠近，於所在州縣村鎮旋行添置酒庫開沽。況諸州縣鎮自有係省酒務，今又總領司脚店侵奪省課，是致係省酒務大有虧(有)欠。又安撫司元置激賞酒庫，本於置司處沽賣，近來亦緣成就小使臣權局，遂於管下諸州縣鎮增置酒庫，以安撫司激賞爲名。其攙奪省課，與總領司事體一同。」故也。

十五年七月一日，詔：「夔州路將建炎三年後來應係添置酒店悉行施罷〔一〕，其大軍折估錢，却將本司别項錢物令四川都轉運司對數取撥補填。」以四川宣撫司言：「夔州務緣係萬户酒地分，舊額酒店止有一百四十五處，建炎三年内創添置六百餘處，約增額錢四萬二千九百餘貫，應副大軍折估。緣本路鄉村荒僻，民物蕭疎，與東、西兩川事體不同。」故也。

十二月二十一日，詔：「南北十一酒庫並充贍軍激賞酒庫〔二〕，隸左右司，令宋貺依舊兼點檢。」

十七年四月五日，尚書右司員外郎、兼點檢贍軍激賞酒庫所宋(祝)〔貺〕言：「本所管準備差遣三員，並是權差在所幹當，日逐分差往裏外酒庫監督稽察，從來未曾正行差撥。乞將準備差遣許從本所於小使臣并校副尉、下班祗應内，踏逐有心力、能幹事、慣熟人辟差，充填上件窠闕，與理爲資，並二年成資罷。」從之。

六月二十七日，詔省四川清酒務監官，成都府二員，與元、遂寧府、漢、綿、邛、蜀、彭、簡、果州、富順監并漢州綿竹縣各一員。從總領司措置裁減也。

九月二十六日，詔省臨江軍比較酒務，以額錢併歸在城務。從本路諸司請也。

十九年 20 十一月十四日，南郊赦：「州縣係省酒務自合如法醞造沽賣，收趁課額，訪(開)〔聞〕近來監專多不用心措置，多端作弊，遂致課額虧欠，往往減少米麴造酒，科配鄉村，抑令保正長認納價錢。種種搔擾，重困民力。仰諸路轉運司目下禁止，仍令提刑司常切覺察，如敢依前科擾，即將當職官具名按劾以聞，及許人户越訴。」

二十一年三月一日，知歸州侯恪言：「歸州巴東、興山兩縣人户，舊來送納麴錢，從便造酒沽賣，以所納麴錢樁充遞年上供起發。昨緣本州招致義兵，遂於兩縣創置務，差本州指使監賣，應副一(一)時支遣。所有義兵，當時便行放散，其兩務後來吏部因而使闕差官。其兩縣係是山僻小邑，人户蕭條，全無課利，委是虛張官吏，枉費廩禄。臣昨已具因依申朝廷乞罷兩務，依舊降指揮令人送納麴錢，從便造酒沽賣。已蒙朝廷送户部，本部行下湖北路(師)〔帥〕司及諸司審度經久利便，連書保奏去訖，至今未見逐司保奏前來。望令户部催促逐司保奏取旨。」上曰：「四川酒課

〔一〕施：疑當作「停」。
〔二〕十一酒庫：原作「十一酒店」，據《宋史》卷一八五《食貨志》下七改。

昨緣軍興〔一〕，張浚用趙開創置隔槽，今既罷兵〔二〕，可令户部取索措置。」至二十五年五月八日，詔省歸州巴東、興山兩縣酒務，令人户依前送納麴錢。以本路諸司審度，如恪所請，實經久利便，故有是命。又至三十一年二月九日，以荆湖北路諸司奏乞依舊存留，止減罷監官，令知縣兼管，從之。

二十四年正月三十日，詔：「四川酒務監官〔三〕，今後四萬、三〔萬〕貫以上場務增及一倍，減一年磨勘；二倍，減二年磨勘；三倍，減三年磨勘；四倍，減四年磨勘。二萬、一萬貫以上場務增及一倍，減三季磨勘；二倍，減一年半磨勘；三倍，減二年磨勘；四倍，減三年磨勘。七千貫以上場務增及一倍，陞三季名次；二倍，減一年磨勘；三倍，減一年半磨勘；四倍，減二年磨勘。七千貫以下場務增及一萬貫，減一年磨勘；二萬貫，減二年磨勘；三萬貫，減三年磨勘；四萬貫，減四年磨勘。」先是，四川酒務係人買(買)撲，紹興元年，改作官監，權以建炎二年人户舊買撲浄利錢數立額，任滿比額，任滿各立定等賞給〔四〕。自立之後，連年併增，若止依元初買撲一界額錢依舊紐賞，顯屬太優。至是户部有請，故有是命。

六月二十二日，詔：「知臨安府兼點檢(錢)〔贍〕軍酒庫，即與兩浙漕臣兼領上件職事一同，許令薦許令〔五〕。」以前監行在贍給賞西酒庫管鎰有請也。

二十(五日)〔六年〕三月二日〔六〕，詔罷逐路漕司寄造酒，以(待)〔侍〕御史湯鵬舉言「諸州縣寄造酒不支本錢，不分諸司，專用耗米〔七〕，逐歲增添不已。本務酒未賣必要先賣，諸司錢未解必要先解」故也。

〔二十五年〕八月二十四日，户部言：「舊法，品官之家有官酒者，不限數，若私自醖造沽賣，已有等格罪賞禁約。紹興六年續降指揮，州縣寄居官及有蔭之家造酒沽賣，一21等作杖罪科斷，賞錢三百貫。仍作本州縣界，與舊法牴牾，今欲依舊法。」從之。

二十六年二月三日，上諭宰臣曰：「近知榮州費庭論川中隔槽酒甚擾民户，當時是張浚、趙開以軍興窘於財用，

〔一〕四川：原作「四州」，據《建炎要録》卷一六二改。
〔二〕令：原作「令」，據《建炎要録》卷一六二改。
〔三〕四川：原作「四州」，據下文改。
〔四〕「任滿」二字疑衍，「等」下疑脱「第」字。
〔五〕薦許令：疑當作「薦舉庫官」。參見前文「十一年四月二十日」條。
〔六〕二十六年：原作「二十五日」，顯爲「二十五年」之誤。然作「二十五年」亦誤。今按，《建炎要録》卷一七二繫此事於二十六年三月二日癸卯，而《文獻通考》卷一七、《宋史》卷一八五《食貨志》下七則作「二十五年」。考《中興小紀》卷三六：紹興二十五年十二月甲戌，召湯鵬舉爲殿中侍御史。《建炎要録》卷一七〇：紹興二十五年十一月壬子，湯鵬舉行殿中侍御史。二書所載雖小有不同，但可證湯鵬舉爲侍御史在二十五年冬。據此，鵬舉請罷漕司寄造酒應在二十六年，而非二十五年。疑《會要》此條本在下「二十六年二月三日」條後，原只作「三月二日」，《永樂大典》編者據《文獻通考》、《宋史》添「二十五年」，並移於此。今改正。下條則仍爲二十五年事。
〔七〕耗米：原作「好米」，據《建炎要録》卷一七二、《文獻通考》卷一七改。

行此以濟一時之急。今休兵既久，内外無事，自合更革。」魏良臣言：「已令户部鍾世明看詳。」上曰：「須是行下本路漕臣相度措置，方得曲盡利害。」二十七年五月八日，總領四川財賦軍馬錢糧所、潼川府路轉運司奏：「準詔措置四川隔(糟)〔槽〕酒務，有敗壞去處，改作監官，以便槽户。今相度，見依人户自備本柄，趁大軍辦折估，若行改置官監，合用年計本錢不少，無可應副，於贍軍課額，轉更虧欠。既是槽户認定月額，其監官别無職任。累據諸處槽户陳狀，皆願廢罷監官，抱認課額。尋下諸州相度及諸處(漕)〔槽〕户陳狀，合廢罷及裁減共三十三處，計減監官三十五員，委是經久利便。」從之。

二十七年七月十五日，權户部侍郎林覺言：「點檢所共十二庫，每庫除監官外，又置掌(官管)〔管官〕物使臣各一員，并酒匠、攢司手等，所費請給不少。本所又别置準備差遣使臣三員，每(每)員除本身請受外，逐員别破添給等錢各三十六貫。緣逐官别無重難職事，委是虚費(領)〔廩〕禄，乞存留逐庫掌管官物使臣外，所有點檢所使臣三員並罷。」從之。

二十八年五月七日，臣寮言：「請乞罷諸路州縣官監酒務，止賣萬户酒。」上曰：「此事必是難行，若可改作，豈至今日？」因論及：「諸處坊場，本(籍)〔藉〕名課所入，以佐國用，前此惟令百姓買撲，餘皆不許，似非通法，往往緣此失陷不少。」宰臣沈該等奏曰：「近已將敗闕場務不以有無拘礙，許人承買，雖微損其額，却無停(閑)〔閉〕去處，日後漸增，所得反多。」上極然之。

七月十一日，上宣諭宰臣曰：「監酒多差小官，朕頃在河朔，蓋嘗目擊其弊。自初糴米造麴處，固已減克，比至沽賣，往往多量勝合，應副人情，以至課額虧損，陷於罪戾，皆此徒自取之也。」宰臣沈該等奏曰：「誠如聖訓，其間不無此等，然自有法禁。」

二十九年二月十一日，四川總領所、夔州路轉運司言：「乞廢罷官監場務，改爲坊場，合省罷監官三十一員，各是積年敗壞及槽户先行抱認去處。其餘隔槽酒務，槽户不願罷罷〔一〕，乞依舊存留，亦未敢盡行改革。候將來見得槽户委是利便，即續依此措置。」至是可其請。

紹興二十九年四月二十六日，詔鎮江府駐劄御前諸軍所管酒庫，令界滿日更立一界。從都統制劉寶請也。

六月十六日，兩浙路計度轉運副使趙子潚言：「得旨，根治華亭縣科敷煮酒者。今根究到本縣酒務所造煮酒，除堪好醇厚酒諸色拍户等賒買，少欠價錢八萬餘貫，合行追納公吏外，醨黄酒科敷人户等少欠價錢六千五百餘貫。」詔科敷人户等酒錢特與除 22 放。

閏六月二十一日，利州西路安撫使、判興州吴璘言：「欲乞將興州長舉縣魚關酒場依舊令本司抱認，每月除課

〔一〕罷：據上文，疑當作「廢」。

利合納浄外錢，將餘剩息錢補都統司，管犒將兵支用。」從之。

二十六日，詔：「今後諸酒庫監官任滿，或成資交替、新官到任，並委本所屬官一員同新、舊官監交，如有少欠錢物，自截日終〔一〕，令所委官具的實數目及納錢庫分有無拖欠未納之數，取索朱鈔點磨，以憑批上印紙，仍具少欠物申取朝廷指揮責罰。如官到新任之（之）後，起發本庫官錢了足，依格推賞外，若能補到（萬）〔前〕官少欠錢，每二（前）〔萬〕貫與（欠）〔減〕一年磨勘，仍聽累賞。如不及數，更不推賞。仍會問所屬庫分，委是實納年月别無差互，取索朱鈔照應，繳關司勳審覆，方許給據。」從户部點檢激賞酒庫所請也。

七月二十日，詔：「户部點檢激賞酒庫所南外庫見趁額錢一十六萬貫，東外庫一十四萬六千貫，減作一十五萬貫、一十四萬貫爲額〔二〕。」以展城移寨，界分窄狹故也。

三十年正月三日，户部侍郎邵大受專一點檢措置贍軍酒庫。先是，委左右司專一點檢，緣趁辦不敷〔三〕，故有是命。

二十五日，詔：「點檢贍軍激賞酒庫所增置新中酒庫一所，監官從本所不以有無物礙選差〔四〕。務滿〔五〕，别無遺（闗）〔闕〕，優與推賞，候至來（來）年見得遞年額數增虧賞罰，仍與例累賞。如係諸庫見任官内改差（有）〔者〕，許通理前月日賞典。如能用心措置，早見就緒，亦從本所保明申奏朝廷，任優異推賞〔六〕。」從之。

七月六日，户部言：「本部長貳歲舉轄下選人改官五員，近以贍軍激賞酒庫隸屬户部，將户部見薦舉員數内撥一員舉酒庫官，專委官點檢措置。切緣户部所轄去處選人員多，望將上件一員依舊却歸户部長貳薦舉本部轄下官。」從之。

八月七日，臣寮言：「酒庫之設，正爲贍軍，今權豪恃勢，競爲私酤，開創酒庫肆布在諸處，所知者如都亭驛相對，如教坊相對，如内錢西街之南，如八盤嶺之南，如七寶山，如西溪、方井一帶七處。間以打贍軍酒牌爲名，人多用巨舟，自潘葑、五本、樂社等坊場載酒以來，散在内外酤賣。造麴用麥，動以數萬（解）〔斛〕計。所用糯米，並於浙西産州軍兑便錢物，節次收糴載來，先貯於東倉側近，俟支軍人月糧，令坐倉糴所請米，却般運以歸糯米〔七〕。又轉運司、臨安府及諸貴顯之家坐船兵（兵）梢等人，類皆循習私酤。望委清（疆）〔彊〕官逐一體索，重作施行。如般載他鄉酒及米

〔一〕截：原作「裁」，據文意改。本書食貨二一之六乾道二年「五月二十五日」條云：「（紹興）三十年後截日終，所欠二百餘萬貫。」用詞與此同。「截」即截止也。
〔二〕「一十四萬貫」上原有「減作」二字，當是衍文，今删。
〔三〕敷：原作「數」，據《建炎要録》卷一八四正月壬午條引中書、門下省奏改。
〔四〕物礙：似當作「違礙」。
〔五〕務：疑當作「任」。
〔六〕任：似當作「仍」。
〔七〕以歸糯米：似當作「糯米以歸」。

麥等，亦立賞，許人告。」詔令户部、臨安府措置，仍出榜限五日止絶。如限滿依前違戾，仰户部、臨安府差人收捉，具姓名申尚書省，取旨重作施行。

二十三日，詔：「點檢所不時較定，將增額最增庫分監官㈠、專匠等量行（倘）〔犒〕設，每歲不得過三次。若監官任滿，有增無虧，許再任一次；如已差下替23人，即許差填別庫名闕。或弛慢不職，欺隱官物，有虧課額，別行差人抵替。」以户部侍郎錢端禮之（清）〔請〕也。

十二月七日，總領淮西江東軍馬錢糧所都絜言㈡：「建康府户部贍軍四酒庫，昨承降指揮，差屬（宫）〔官〕一員兼行幹辦。後因（因）申明減罷，遂致諸軍人無鈐束，致所收息錢日益虧少㈢。照對本所舊令，見在屬官一（官）〔員〕兼主管上件職事，止是給茶湯錢十五千，及破手分一月名㈣，每月請給錢二十三貫有零，所省官吏請給不多。今乞依舊許於見任屬官内選差一員兼管，所有（恭）〔茶〕酒食錢，乞依元降指揮外，其手分食錢，只乞依兼管屬官體例支給。」從之。

二十九日，詔：「户部行下，委提刑司檢察諸州，將公庫違法置店賣酒，日下改正住罷。其諸州巧作名目別置酒庫，謂如軍糧酒庫、月樁酒庫之類，并省務寄造酒及帥司激賞酒、防江酒庫（庫）應未分隸經、總制錢去處，並日下立額分隸，補趁虧欠元額之數。及令漕司、逐（月）〔州〕守倅竭力從長措置，省務立定酒價，及加饒的實折閲數目，借本循環圓融補趁。自紹興三十年爲始，須管從實拘收，限次季孟月二十五日以前差官管押離岸（晝）〔盡〕絶，不得于帳内存留，見在却稱見行起發，故作情弊，務要歲終敷趁足額。如日後尚敢循習違戾，致依前虧欠，州縣委提刑（劾按）〔按劾〕。如憲司依前不行覺察，許本部按劾。」以户部侍郎邵（太）〔大〕受等言：「内外歲計，賴經、總制窠名至多，今稽考諸路一歲虧欠二百餘萬緡，皆緣諸州公使庫廣行造酒，置店酤賣，及巧作名目，別置酒庫，或于省務寄造，並不分隸，攙奪省司課利，致諸路酒務例皆敗壞，虧失國計。」故也。

（以上《永樂大典》卷一七五五九）

㈠最增：似當作「最高」。
㈡都：原作「郁」，據《建炎要録》卷一九六改。
㈢「收息」二字原在下句「本所舊令」之下，據文意移。
㈣月：疑衍。

酒麴　三

酒麴雜録　下

[1]紹興三〔年〕〔十〕一年正月六日，權户部侍郎趙子潚、錢端禮言：「財用之源，實出酒税。比年以來，州縣酒務盡皆敗壞，榷酤之利徒存虚名，守令間有留心於其間者，或委官以察其侵欺，或併務以省其浮費，措置百方，終未見利。欲乞令諸路漕司與守臣從長商榷，庶幾可以責其必（辨）〔辦〕。所有逐州相度到事理，仰漕司限兩月條（其）〔具〕申朝廷。今具下項：一、諸路州縣酒路不等〔一〕，一有石米至收二十餘千〔二〕。立價既高，酒味澹薄，是致私酤轉盛，官賣日虧。乞州責之郡守，縣鎮責之縣令，別立省則，或稍損酒價，多造佳酒，廣行沽賣，務及祖額，分撥諸司經總（置）〔制〕等名色起發。一、諸路州縣豪猾醞造私酒，侵奪官課，巡捕官司習以爲常，不能禁絶。今欲委守令相度何道可以禁職〔三〕，或別有可以改更措置利害，開具申請。一、諸路州軍有因併務課利增羡，或因（并）〔併〕務却致酤賣不行，蓋緣所在風土不同。欲令從長相度，務在增羡。一、在法：諸州縣酒務刷差强壯厢軍充雜役，三萬貫以上二十八人，以下十五人。已雇夫之費，及依條幫支專一監官重難錢，自合依數支給。」從之。

二十八[2]日，權户部侍郎、專一點檢措置贍軍激賞酒庫錢端禮言：「新中酒庫自去年二月十四日開酤〔四〕，將及一年，未曾立定歲額，（令）〔今〕參酌欲每歲以二十萬貫文爲額。其監官任滿，增虧賞罰，並依諸酒庫體例施行。」從之。

二月十七日，崇信軍節度使〔五〕、開府儀同三司、領殿前都指揮使職事趙密言：「殿前司諸軍酒坊共六十六處，占破官兵數多，妨廢教閲。欲望行下户部，委所屬州縣措置，令上户承認開沽。其逐坊見在官錢，拘收歸軍，充還見管本錢外，所有逐坊現在煮酒米麴、屋宇、法物等，乞令户部委州縣交管，免致侵漁之弊。」從之。

十九日，少師、寧遠軍節度使、醴泉觀使、恭國公楊存中言：「臣有本家買撲酒坊九處：一〔六〕、臨安府，鹽官員坊并子坊二處，硤石鎮坊并子坊四處〔七〕，石門旱林坊并子

〔一〕酒路：據下文，疑當作「酒價」。
〔二〕一有石米：疑當作「有一石米」。
〔三〕職：疑當作「戢」。
〔四〕開：原作「門」，據文意改。本書食貨二〇之七：「有利息處，官自開酤。」
〔五〕使：原作「司」，據《建炎要録》卷一八八改。
〔六〕一：原作「二」，據下文文例改。
〔七〕并子坊：原脱。按此文凡言「某某坊」，則是一處；凡言「并子坊」，則下必明言若干處。下文第二條楊存中奏有「酒坊九處」、「子坊十三處」之語，則此處必有「并子坊」三字方合其數，因補。

坊二處；一、湖州，千金坊并子坊四處，新市鎮坊并子坊一處，烏墪鎮坊〔一〕、上伯坊；一、秀州，魏塘坊、風涇坊。謹具進納，望令所屬交割。」詔令户部拘收。

四月二十九日，户部言：「據兩浙轉運副(司)〔使〕王時升等言：『殿前司獻納兩浙路買撲酒坊，承指揮就用元差使臣主管，依舊開沽，從本司檢察。乞將所趁息錢以十分爲率，七分起赴行在，三分應副漕計支用。』本部契勘，殿前司酒坊并楊存中獻納内上伯、硤石兩坊，共六十五處，報到一歲所收錢，内周材、荻篇兩坊未經收錢外，其餘六十三處除納名課等支用外，實有淨息錢四十餘萬貫起赴左藏庫(納送)〔送納〕。今照得行在每歲合用馬草，紹興三十一年計三百六十萬束，每束支降本錢一百文省，計錢三十六萬貫。年例係用(權)〔榷〕貨務印造見錢、關子一十五萬貫外，餘錢本部科降合法窠名錢，令兩浙轉運司于浙西州軍收買。所有今年分合用本錢，並未曾申明科降。本部今相度，乞將前項酒坊並撥赴兩浙轉運司，依已降指揮檢察措置開沽，將收到息錢專充收買歲計馬草本錢支用，餘錢充漕計，却將今來減下逓年合降買草本錢應副收糴馬料。已後年分，亦乞依此。」從之。

三月八日〔二〕，楊存中又言：「臣先將本家買撲湖、秀州、臨安府界酒坊九處并發酒子坊一十三處進納御前，令户部交割。所有逐坊見在酒麴、鉼、柴、法物、器具、什物、屋宇，照元價折錢七十二萬五千餘貫，望下户部行下逐坊交割。」從之。

十九日，知紹興府宋棐言：「准詔：諸暨、楓橋兩坊，(今)〔令〕紹興府承買開沽，除認納名課等錢外，將收到息錢逐坊各每年認發户部息錢二萬貫，分四季起發。今來本府恐趁辦户部上項息錢不敷，官吏空負罪責，更不敢再行申乞減退息錢承買，乞將逐坊改充户部贍軍。」後批送户部勘當，申尚書省。本部勘合：「楊存中獻納酒坊，内鹽官等七坊已承指揮，改作贍軍激賞酒庫，差官措置開沽，將收到息
3 錢起赴左藏庫送納，應副大軍勝食等支用。欲依宋棐所乞(理事)〔事理〕，將逐坊依臨安府鹽官縣等七處酒庫體例，改作贍軍激賞酒庫。所有合差監官并合干人，及存留舊官應所行事件，並乞依鹽官縣酒庫等體例。」從之。

十月二十九日，户部侍郎劉岑等言：「楊存中并趙密獻納兩浙酒坊七十四處，本部將鹽官等九處並改作贍軍激賞酒庫〔三〕，差官措置開沽，歲收息錢四十餘萬貫，應副大軍支用，其餘六十五坊係委兩浙轉運司檢察措置開沽。今照得數内湖州德清、武康、上伯、和平，秀州新城、永樂、當湖，平江府平望、程林、支塘，常州潘幫、樂社等坊，自來人煙繁盛，係是三萬以上場務，賞有未賣煮酒二十餘萬鉼〔四〕，

〔一〕墪：原作「塾」，據《元豐九域志》卷五改。
〔二〕三月：前條已署「四月二十九日」，疑此當作「五月」。
〔三〕改作：原作「改激」，據文意及下文文例改。
〔四〕賞：疑當作「尚」。

欲將德清等一十一坊作八庫，並依（監）〔鹽〕官等九坊體例改作贍軍激賞酒庫，從本部選差監官前去（指）〔措〕置開沽。」從之。

紹興三十二年六月十日，孝宗即位未改元。戶部〔言〕：「鹽官等九酒庫依已降指揮，拘收措置，改作贍軍激賞酒庫；若置官吏開沽，立定額錢、課息錢，（七）〔比〕較賞罰。照得行在酒庫點檢官催諸庫賣酒收息，每及二十萬貫，減一年磨勘，計日累賞。所是本部官亦依上件體例推賞，每歲減磨勘，通不得過四年。」從之。

七月二十三日，戶部言：「殿前司元獻酒坊取撥歸戶部外，有五十二處，一歲計收息錢二十餘萬貫，見係轉運司檢察。其兩浙轉運司官，乞依點檢所并已降指揮，每收息錢及二十萬貫，減一年磨勘，計日累賞，每歲減磨勘，通不得過四年。」從之。

八月四日，四（州）〔川〕安撫制置使司言：「永康軍青城縣管下陶壩鎮，見管酒官一員。以一小鎮課額微細，却置酒、稅兩監官，委是冗員。今相度，欲省併酒官一員，就委稅官兼管。」從之。

九月二十七日，知臨安府、兼權戶部侍郎趙子潚言：「殿前司獻酒坊，其十七庫已降指揮，（今）〔令〕本部差官管幹。其五十二處並撥隸兩浙轉運司檢察，內二十四坊元差軍中使臣二十四人管幹。其餘逐坊，乞專委兩浙漕臣同諸州守倅，責逐縣知佐召募土豪人戶開沽，量坊大小，官借本，認定息錢，從戶部將增息錢與比類獻錢米格法擬補官資，以後遞年隨□陞轉。仍從本部辟差諳曉酒利文武官各一員，專一往來總轄酤賣，務要課利增廣。其逐官請給、人從、酬賞，並依點檢酒庫所主管官體例。」詔三省差官二員，專一措置管認戶部、兩浙運司元額趁辦外，如有增羨，申朝廷（廷）優與推（思）〔恩〕，仍令吏部郎官楊倓措置，兩浙西路兵馬都監梁俊彥同措置。其諸庫監官許銓量，申尚書省改易。」其後楊倓等措置，乞以措置兩浙犒賞酒庫所爲名，仍鑄印一（課）〔顆〕。所管諸坊三十二處並雙員，虛費廩祿，欲乞將三萬貫以上課額差監官二員，不及處止差一員。其諸坊稱呼，並以4某州縣犒賞酒庫爲名。內額少處，更不差官，止令比近監官管。如收息增剩，即從本所月增食錢，三萬貫以上三十貫，二萬貫以上二十五貫，一萬貫以上二十貫，一萬貫以下十五貫，並於五釐等錢內支。今減員闕，以三員例。殿前司舊例各分管總轄諸庫，其合分隸五釐等錢，乞於行在擇係官屋宇置庫一所，以本所錢庫爲名，仍差使臣充監官及檢察。除一萬貫以上場務收息賞罰依紹興十二年六月已得旨外，一萬貫以下，諸坊未有立定賞罰。今比擬收趁息課，任滿及額，減半年磨勘，占射差遣一次。比額每增一分以上，與減三個月磨勘，亦許累賞。若（此）〔比〕額每虧及一分，展三個月磨勘。如內增剩多處，任滿，從本所保明再任。每歲比較，以額外所增息錢十分爲率，支一分充監專合干人均賞。所有移體式及舉官等事〔一〕，並乞依點檢所已獲之旨。」從之，其措置官賞格依點檢贍軍激賞酒庫官例。

十一月四日，詔：「浙東、西犒賞酒庫，令楊倓、梁俊彦疾速前去措置，候有成效，撥歸户部及兩浙轉運司。」

十九日，詔楊存中所獻酒坊賒欠錢四十餘萬貫，並與蠲免。從殿中侍御史張震請也。

孝宗隆興元年十月十七日，詔太平州黄池酒坊名課錢低，酤賣浩瀚，令本州買撲。從知太平州林珣之請也。

二十三日，詔糯米糴場依舊開置。先是，御筆付户部尚書韓仲通曰：「聞近罷糴場，分遣庫官於諸州糴米，殊非良法。將來歲課不足，當如之何？可具實利害奏來。」至是，仲通乞依舊存留。未幾，侍御史周操復言：「置場日久，弊端百出，方罷復置，未知今作如何措置？」尋詔仲通，限三日措置以聞。至是，仲通言：「自今不許賒糴糯米，其主管官任内合得酬賞，去替一年内未許陳乞，候至任滿，見得拘催借錢數足，方得陳乞推賞。糴場專知官歲久爲弊，今後以二年爲一界承替。糴場舊令賣米牙人充斗子，今欲於下卸司選兵士斗子五名，每半年一替。其商賈糯米到場有作弊者，以下等米支請上價，欲委監官躬親定驗米色、價數，常切覺察。」從之。

二年七月十三日，(若)〔右〕正言晁公武言：「私酒及私麴之禁，蓋有成法，未聞有糯米之禁，其罰至於毁拆舍屋者，皆因王會知湖州日創行之，至今州縣以爲例。欲望行下諸路監司嚴加禁戢，若州縣敢有禁糴糯米，及毁拆犯人舍屋，必罰無赦。」從之。

八月十三日，詔措置所簽廳官吏並罷，其錢庫監官大使臣一員，令沈度等(群)〔辟〕差。先是，考功郎中、點(簽)〔檢〕措置贍軍犒賞酒庫沈度等言：「措置所簽廳見有官二員，内一員幹辦公事，已是合減罷存留終任之人，又一員(王)〔主〕管文字不係減罷。緣簽廳别無緊切行移文字，止是諸庫納錢及支錢關決經由，而簽廳一司人吏凡5十餘人，平時誅求，諸庫幾不聊生，或於支借錢本之際，動輒搔擾減尅。其幹(辨)〔辦〕官又兼措置糴場，月利添給，而利害曾不經意。度等以郎官點檢〔二〕，難爲引用從官體例，自不合置簽廳。所有錢庫掌(官)〔管〕收支，只乞差置大使臣一員，以監錢庫爲名，置庫子、攢司、貼司各一名，庶幾省費。」故有是命。

九月八日，詔：「浙東酒庫自二萬貫以上庫分，並依行在體例置專知官一名，並以二年爲界。所有二萬貫以下庫分，更不差置，止令監官管幹，趁(辨)〔辦〕課息，仍將見置掌管錢物官日下並罷。」先是，考功郎中、點檢措置浙東犒賞酒庫沈度等言：「浙東諸酒庫見置掌管錢物官七員，浙西

〔一〕移體式：疑當作「行移體式」。
〔二〕度：原作「沈」，據文意改。度，沈度也。

三十一員，止是勘司收支，繫押（薄）〔簿〕曆，既不理任，亦不批書，設有課利虧欠，官物銷折，並不干預。顯是虛設冗員，徒有費耗。」故有是命。

十月十一日，權發遣臨安府黃仁榮言：「今歲水傷，糯米踴（濆）〔貴〕，乞將贍軍諸庫及省司酒務於見賣清酒，每㪷權減作三十八斤一等打發酤賣。」詔減作三十四斤。

十二月十六日，德音：「楚、滁、濠、廬、光州、（盱昭）〔盱眙〕、光化軍管内，并（陽）〔揚〕、成、和州、襄陽、德安府、信陽、高郵軍州縣官兵請給等〔一〕，全賴當職官措置酒税利源補助經費；如或不足，亦當申所屬監司斟酌，通融那移，不得因緣科斂百姓。如違，許人户越訴，當職官吏重寘典憲。」

乾道元年正月七日，詔：「德壽宮供進御酒，令本宮置庫醞造，令兩浙轉運司每歲支供糯米五千石。」

二月二十日，四川總領所、夔州路轉運司言：「今相度廢罷忠州豐都縣酒税官，乞令知縣兼監。所減監官請受，並與漕户減免，庶使優潤。」從之。

三月十六日，監行在贍軍激賞新中酒庫應材言：「乞將正庫改爲新中南庫，子庫改爲新中北庫，每庫添監官一員。」從之。

五月十六日，司農少卿、兼措置浙東（稿）〔犒〕賞酒庫陳良弼乞將管下酒庫十四處監官十九員窠闕，盡從朝廷差注。其存留使臣有界内賒欠合拘收，乞更留二年成資。並鹽官縣庫長安子坊及諸暨縣庫桑溪子坊兩處係要鬧，酤賣浩瀚，欲各置監官一員。其他諸庫子坊更不差官，令所隸酒庫召本處土着有抵産人户充募作管幹人。每月賣酒錢一千五百貫以上，月給食錢十五貫文省；一千二百貫以上，月給十貫文省；不及一千貫，月給七貫文省。依舊於本庫收到五釐雜收錢内支給。」從之。

十八日，詔：「諸酒庫除本任司發窠名錢利補納前官拖欠，每及五千貫，令本所驗實，於所收寬剩錢内給五釐充賞。謂如五千貫支二百五十貫之類。監官三釐，專匠等二釐。」以權刑部侍郎、兼權點檢贍軍激賞酒庫王茀言〔二〕：「贍軍激賞十五酒庫，每歲認發額錢共一百八十四萬餘貫，趁額不敷，若不量行增賞，慮激勸不行。」故有是命。

七月三日，詔浙 6 東、西措置犒賞酒庫共六十四庫，撥付三衙，分認課額，（今）〔令〕逐司疾速差人交割〔三〕。令户部依此以十分爲率，殿前司四分，馬、步軍司各三分。其息錢每歲分上、下限，赴左藏南庫輸送，餘息充逐軍贍軍及

〔一〕兵：原作「邱」，據文意改。蓋「兵」訛作「丘」，徐松手下抄書者又以清代避孔丘諱而改作「邱」。蔡戡《定齋集》卷二：「應副官兵請給並無違闕。」

〔二〕王茀：原作「王勿」。按史籍中不見有王勿其人。考《宋史全文》卷二四上，乾道元年有刑部侍郎王茀；《宋史》卷三八五《錢端禮傳》亦載「刑部侍郎王茀陰附端禮」。則知「王勿」乃「王茀」之誤。蓋「茀」訛爲「弗」，又以音近義同而訛爲「勿」也。今改。

〔三〕疾：原作「族」，據文意與字形改。

造軍器等。

十三日，司農少卿、兼點檢措置犒賞酒庫陳良弼言：「湖州長興縣有〔所〕管和平瓶窑一所，今來和平酒庫已撥付殿前司，所有上件瓶窑乞從朝廷一就撥付殿前司交管，依元額認發息錢。」從之。

二年三月十六日，户部侍郎曾懷言：「行在贍軍激賞十五酒庫，全（籍）〔藉〕監官悉心措置，近來多有弛慢不職，課額虧欠。乞許本所申奏，與换授嶽廟，從臣差擇，不以寄居、待闕文武官抵替；及依已得旨，先次權攝一季，（侯）〔候〕果可倚，正行辟差。」從之。

四月九日，詔廢罷開州温湯井隔槽酒務監官，就令監鹽（并）〔井〕官同清水知縣兼監，正令槽户兼收〔一〕，仍督責槽户，須究心趁辦，務要增羨。

五月二十五日，詔臨安府、安撫司酒庫悉歸贍軍，并將贍軍諸庫共併爲七庫。臨安府及安撫司酒務，令户部取三年所趁息錢，以一年酌中之數立爲定額，却于贍軍庫息錢撥還。以户部侍郎、兼點檢贍軍激賞酒庫曾懷言：「行在贍軍諸酒庫比年以來，虧欠日積，自紹興三十年前，總諸軍所欠已數百萬貫，三十年後截日終，所欠二百餘萬貫。緣酒庫相繼增添，見今已十五所，又子庫十一所，並臨安府、安撫司酒庫六所，共三十二所，互相攙奪，緣此利入之源盡歸（柏）〔拍〕户，以致失陷官錢。」故有是命。

同日，尚書户部侍郎、兼提點贍軍激賞酒庫曾懷言：「近省併諸酒庫並減監官，正欲鈐束諸處，及點磨簿帳，事體繁重。乞復置簽廳主管文字一員、幹辦公事一員。」從之。

六月二十日，兩浙轉運司言：「婺州蘭溪酒坊年納常平、名課等錢一萬四千餘貫，及辦户部息錢二萬貫，近來本坊沽賣遲細，名課息錢，積壓拖欠。據本坊申稱，有接界新建、張省二坊敗闕，無人承買，乞依條拘買。」從之。

七月三日，詔：「贍軍酒庫以隆興元年分浄息錢爲額，臨安府、安撫司六務以隆興二年分浄息錢爲額。」

十九日，詔：「應諸路人户買撲酒坊，不問已未敗闕，盡許特依紹興二十七年之制，除見欠官錢并在役軍吏外，不以有無拘礙，並許以見管己産抵（常）〔當〕承買。」先是，臣寮言：「天下坊場敗闕者甚多，暗失財賦，不可勝紀。嘗究其弊，蓋買撲坊場，抵當用本動以萬計，非豪右之家不能辦，而豪右往往多有官蔭，及得解進士依條不許買撲。」引用紹興二十七年九月指揮，故有是命。

二十二日，知襄陽府陳天麟言：「乞以新置激賞酒庫依荆南都統司并湖北、京西轉運司添置酒庫例，免分隸經總制錢。」從之。

十月九日，詔將諸州軍外坊紹興三十一年至隆興元年拖 7 欠酒錢並放，以後年分依元立期限催納。從户部侍

〔一〕正：疑當作「止」。

郎曾懷請也。

十一月三日，三省言：「温州諸路將酒坊趁額不及課利〔一〕，違法科敷民户，其提舉官並不禁止。」詔令提舉官宋藻具析，申尚書省，疾速禁止。如更有科擾之處倣此。

二十七日，户部侍郎、兼點檢贍軍激賞酒庫曾懷言：「行在贍軍酒庫併作七庫，地里闊遠，年計浩瀚，欲望各添辟監官一員。」從之。

十二月十二日，臣僚言：「贛州并福建路、廣南等處，以煙瘴之地，許民間自造服藥酒，以禦煙瘴，謂之萬户酒。小民無力醞造，摧沽之利，盡歸豪户。乞將應造酒之家，將所造之酒經官税畢，然後出賣，仍將税錢樁發行在。」户部看詳：「逐州軍風俗不同，又事干財計，乞下江南西、福建、廣南東西路轉運司從長相度。」從之。

十六日，詔：「建康府笪橋酒庫并見管錢物、米麴、醋清、銀器、什物及脚店等，並依舊撥還蕭鷓巴軍，差人前去交割，管幹開酤，收息錢充激賞等支用。」

四年五月七日，左司諫陳良(祜)〔祐〕乞行萬户酒，却將坊場錢於畝頭均納。以其言付户部侍郎曾懷商度。既而上以爲難行，寢其奏。蔣芾奏：「目前利害未甚見，永遠却爲百姓之害。且臣每聞玉音云：他時財賦稍從容，當爲百姓蠲減非泛科須、折帛之類。今以坊場錢均之畝頭，自陛下始，只利造酒大姓，而非細民之利也。」上語曰：「誠如此。」陳俊卿曰：「今州縣意在急於財賦，捕私酒甚嚴，至於無酒而遭執者。小民無所伸訴，或至破家，但當嚴於禁戢此弊也。」上曰：「此全在守令。」王炎曰：「守令若賢，雖弊法亦不爲民害。如其不然，雖良法美意，反害於民也。」上曰：「誠如是，作法於涼，其弊猶貪；作法於貪，弊將若何？」俊卿曰：「願付有司，條約捉私酒之弊，不至濫及平民，則雖不變法可也。」

九月〔二〕，詔：「四川酒務，十萬貫以上場務，酒官任滿，與減四年磨勘；謂如在任三年，依額趁收共及三十萬貫文以上之類。下準此。五萬貫以上場務，任滿，與減三年磨勘；三萬貫以上場務，任滿，與減二年磨勘，更與占射差遣一次；不滿三萬貫場務，任滿，減二年磨勘。以上選人比類施行，並以三年爲任。若滿三年，即推全賞。成資替者，減三分之一推賞。兼監官：知縣並本州知、通，比正監官減半賞罰。其已廢罷官監，將酒務專委知縣拘催官錢去處，任滿，催發應干錢足，依正監官減半推賞。如管兩務以上，即併逐務酒額錢作一等推賞。諸州傍郭知縣更有在州酒務不係罷監官去處，其所得兼監官減半推賞，兩應得者，從一高等推賞。」從四川總領查籥請也。

十月十八日，詔：「淮東州軍有敗闕停閉酒坊，出榜限一月召人酬價，不以及與不及元額，但(折)〔拆〕封日取酬價

〔一〕溫州諸路：按，溫州不爲路分，不得稱諸路，疑「路」當作「務」。
〔二〕九月：疑當作「九日」，此門高宗、孝宗各條均記至日分。

最高人給付。權以一年爲界，每界增錢一分接續開酤，仍令勒鄰坊抱認名8課。」從本路提舉司請也。

十一月十日，詔：「婺州蘭溪酒坊所認净利錢二萬貫，量減三千貫，自乾道四年爲始。」從兩浙漕臣沈度之請也。

五年三月六日，提舉江南東路常平茶鹽公事翟紱言：「饒、信兩州諸縣多醞私酒，擅於鄉村置立拍户，抑勒鄉人沽買，錢每月（月）三二百文，騷擾人民，攙奪常平坊場課利。」詔即日盡罷，計本路監司察覺〔一〕。

四月二十六日，權（王）〔主〕管殿前司公事王逵言：「本司管浙東西酒庫二十四所，瓶窑二所，元係户部措置所撥付本司。今乞將上件庫仍舊還户部開沽，及將諸軍見占本官錢五十一萬貫並獻納朝廷。乞行下所屬拘收措置。」從之。

五月八日，總領四川財賦軍馬錢糧所言：「利州係本所置司去處，其在城清酒務措置收息贍軍，乞以四川總領所贍軍酒庫爲名。」從之。

二十八日，詔：「鎮江府都酒務監官二員〔二〕，内減罷一員，日後止差一員。其見任人且合依舊，已差下人依省罷法。」先是，鎮江府言：「本府都酒務每年合趁額錢三萬六千餘貫，本務監官保議郎張師文、右文林郎葉松年到任已及一年，止趁得錢六千餘貫，比額計虧二萬餘貫，及拖欠本府并經總制官錢四千餘貫，難以差破雙員管當。」故有是命。

十二月十二日，詔：「步軍司元撥諸暨等二十二酒庫，依殿前司例，依舊撥歸户部開沽。」

六年二月十三日，户部侍郎楊倓言：「被旨提領殿前、步軍司犒賞酒庫，乞以提領户部犒賞酒庫所爲名，就用措置兩浙路犒賞酒庫所印。諸庫係在兩浙州縣管下，所有理索賒欠、禁戢私酒，本所行移取會，全（籍）〔藉〕州縣官公共協力，如有滅裂違（戻）〔戾〕，從本所將人吏斟量事體輕重，送大理寺追治。」從之。

三月二十二日，詔復置涪州在城隔槽酒務監官一員。從四川總領程沂請也。

二十四日，上封者言：「近來坊場以拖欠停閉爲名，欺陷數多，望下有司痛革弊端。請如坊場有拖欠課撲去處，便合停閉，召人承買。其已停閉去處，如州郡見行差置（閉）〔開〕沽，即合以息錢十分爲率，以一半起充上供。如見今空閒，即乞爲萬户酒均輸課撲，從便沽賣。」從之。

四月三日，明州定海縣駐劄御前水軍統制馮湛言：「乞於江陰軍置酒庫一所，應副統領、諸將佐等供給并軍需百色支遣。」從之。既而江陰軍言：「見額不敷，今既添置，乞減半趁（辨）〔辦〕。」詔既聽允，馮湛復請移置許浦〔三〕，又

〔一〕計：疑誤。

〔二〕監官：原作「監司」，據下文改。監司乃路分轉運、提刑、提舉等官之通稱，酒務所設乃監官。

〔三〕湛：原作「諶」，據上文及《姑蘇志》卷一二改。

從之，仍抱許浦酒額。

五月十二日，詔：「點檢（膽）〔贍〕軍激賞酒庫所主管幹辦官，依元降指揮，任滿與轉一官。如任內替移，許計日推賞。見任人依此。」從本所點檢官曾懷請也。

十四日，兩浙轉運司言：「婺州蘭溪買撲酒坊名課息錢浩大，趁辦不及。」詔兩浙轉運司正辟監官二員，別措置開沽，日後所認息錢依限發納。日前拖欠息錢，分 9 限起發。

閏五月四日，提領戶部犒賞酒庫所言：「拘收殿、步司所管兩浙員從之庫，乞將二萬貫以上課額庫分差監官二員，二萬貫以下止差一員。」從之。

十三日，戶部侍郎、提領戶部犒賞酒庫葉顒言：「元差總轄官三員，訪聞如遇差出，百端搔擾。兼都錢庫監官一員，乞就令點檢所都錢庫監官兼管，逐官省罷。」從之。

六月十六日，詔楚州鹽城縣南酒庫依舊撥付本縣買撲措置。從知楚州陳敏請也。

八月二十八日，詔將楚州鹽城縣管下堽門酒坊，令淮南轉運司依見今立定一界淨課利錢數（置）〔買〕撲，措置沽賣。以淮南轉運判官俞召虎言：「本司於淮東總領所認息買撲到鹽城南酒庫一所，自行措置開沽。近朝廷從楚州陳敏之請，撥付鹽城縣買撲，致使本司有失歲計。」故有是命。

同日，詔楚州故晉東、西店并謝陽店酒坊，增錢令楚州買撲，趁息應（辨）〔辦〕武鋒軍激犒支遣。從知楚州陳敏之請也。

九月十六日，太府少卿、兼點檢贍軍激賞酒庫查籥言：「本所贍軍諸酒庫，每歲趁息浩瀚，乞權復幹辦公事一員，任滿，仍不差替人。」從之。

十一月九日，詔：「建康府添置行宮酒庫一所，將收趁息錢令留守司樁管，貼助移屯軍馬支遣，聽候御前支用。」

七年正月九日，詔馬軍司元撥德清等一十八酒庫，依殿前、步軍司例歸戶部，差官幹當，每年應副馬軍司錢八萬貫，充犒賞使用。既而主管馬軍司公事李顯（宗）〔忠〕言：「欲於見管十八酒庫內存留德清、練祁、練塘、莫城四庫，共計額息錢七萬五千八百七十二貫一百五十四文，就差見管人措置，趁辦息錢，應副犒賞使用。」從之。

二月二十八日，詔：「戶部將鹽官、烏墩兩酒務撥付殿前司〔一〕，其已撥和平、當湖并烏盆、石浦、張浦五處酒庫，卻行拘收。」從提領官姚憲請也。

三月十日，淮東提舉司言：「真、楚州、高郵軍屬縣敗闕停閉酒坊二十七處，內真州一處，高郵軍七處。本司措置，下逐州軍主管官，遵依乾道四年十月所獲旨，出榜召人開沽。楚州敗闕停閉酒坊十九處，緣自建炎間兵火殘破，累榜無人承買，及無案籍見得元趁課額。乞令本州主管官斟量緊慢，立定名額，出榜限一月召人着價承買。」從之。

〔一〕烏墩：原作「烏墪」，據《元豐九域志》卷五改。烏墩鎮屬湖州烏程縣。

先是，淮東提舉司具到敗闕停閉坊場二十七處，(令)〔令〕本司措置，至(于)〔是〕措置來上，故有是命。

三十日，知成都府張震言：「四川州郡酒庫無一不敗壞，在法雖有酒賞，類皆不可及格，亦無有能應之者。如此僞濫，則莫若少加裁損，以課之高下減舉主及減年。」詔依乾道四年九月四川總領查籥所陳賞格施行。

五月二十八日，詔建康府都統制李舜舉將廬州本司所置軍庫及應干什物、酒麴、錢米等，並令本司拘收。以淮南路轉運判官、權知廬州趙善俊言：「本州兩庫爲建康 10 都統司軍庫，合干人以威力攙奪拍户，莫敢誰何，郡計日虧。」因請移軍庫於建康，故有是命。

十二月二十九日，户部員外郎、總領淮西江東軍馬錢糧周闓言：「淮西總領所四(庫酒)〔酒庫〕，建康府、安撫司五庫，都統司十八庫，馬軍司一庫，添置行宮一庫，共二十九庫，有失經理，乞撥併歸一，以三年最高分爲額。行宮新創一庫，本柄優厚，乞將收到息錢除分撥認定諸處錢及縻費外，以淨息錢三分爲率，一分赴御前酒庫。」詔措置撥併，仍先具諸軍三年所收息錢數目以聞。其後周闓又言：「撥併建康諸司酒庫合行事，並依行在贍軍酒庫所已獲勑旨，以提領建康府户部贍軍酒庫所爲名，印記乞鑄造降下。諸司二十九酒庫，其間軍庫太半，今既撥隸，欲改庫名。行宮庫改籌邊庫，左軍西庫改崇武庫，左軍東庫改制勝庫，中軍北庫改酬勳庫，後軍南庫改宣威庫，後軍北庫改定遠庫，前(庫)〔軍〕南庫改和豐庫，前軍西庫改石城庫，右軍南庫改振武庫，右軍北庫改平遠庫，中軍南庫改和樂庫，遊奕庫改月堂庫，水軍南庫改豐裕庫，水軍西庫改龍灣庫，水軍造酒庫改江寧庫，嘉會樓改嘉會庫，旗望庫改欣樂庫，東門庫改鍾山庫，昇樂庫改宴喜庫，馬軍司庫改賞功庫，都酒庫改清溪庫，比較務改金陵庫，涇授庫改熙春庫[一]，防江庫改經武庫，安撫司府西庫改靖安庫，東庫改鎮淮庫，西庫改鳳臺庫，南庫改秦淮庫，北庫改和旨庫。」從之。

八(月)〔年〕四月二十一日，詔兩浙犒賞酒庫監官料(前)〔錢〕、衣賜，令所在州軍依條勘給，衣賜依行在激賞酒庫官體例。從户部侍郎、提領犒賞庫沈夏請也。

七月之三日[二]，詔：「水軍統制馮湛于平江府常熟縣創置酒庫，罷之。」先是，常熟知縣王宗己言：「馮湛於本縣置庫，大侵省額。」上曰：「若馮湛於縣中置庫，定有相妨。可與免版帳錢七千八百餘貫。」故也。

八日，知常德府劉邦翰言：「湖北去朝廷爲甚遠，貧民下户困于買撲酒(防)〔坊〕寄造麴引，至貧者不捐萬錢于寄造之家，則不能舉一凶吉之禮。乞將湖右買撲酒坊課額，令民間隨産業錢均納，其醖造酤酒賣[三]，悉聽民便。」以其

[一] 涇授：疑有誤。
[二] 之：疑衍。
[三] 醖造酤酒賣：疑當作「醖造酒酤賣」。

言下詳定一司勑令所，以謂：「坊場造酒，騷擾抑勒，從來(目)〔自〕有約束，若將酒務課額均分民間，即是兩稅之外，別生一稅，他日恐有漁利之人妄生計畫，沽榷乃舊〔一〕。此稅不除，反爲民害。」乃檢坐《乾道重修勑令》禁止抑買酒麴條格，申嚴下諸路州軍。從之。

八月三日，(榷)〔權〕户部尚書楊倓言：「國家歲入，唯仰酒務。近年以來，州縣將所收錢數〔二〕，並不盡寔分隸，却別置私曆，或巧作名色支使，或作本州給本柄寄造，以分數所撥，以資妄用，是致虧損課額。其場務監官洎至任滿推賞，往往將不分隸窠名虛椿入數通理，妄作增羨。乞下諸路轉運司，今後保明酒 11 稅監官任滿推賞，須取索點磨所收錢數，開說分隸各色窠名發納去處，點對朱鈔，録白獲鈔月日，見得確寔，方得保明。有違戾去處，當職官吏(其)〔具〕名取旨黜責，仍委漕、憲官常切覺察檢舉。」從之。

十月九日，户部言：「欲下諸路轉運司行下所部州軍，(目)〔自〕今起解場務課息，朱鈔内須管開具若干係某場務某監官在任所收錢數、發納赴某處。餘場務依此供申，理在任增剩酬賞，從本部參照行遣。」從之。

十日，新除龍圖閣直學士、知荆南府葉衡言：「前此制置司元有犒賞酒庫一所，及營運回易，以助軍須，今已廢罷。欲乞依前將犒賞酒庫撥歸荆南安撫司，及仍舊措置回易趁息，充犒賞支用。」從之。

十一月十三日，户部員外郎、淮西總領單夔言：「建康諸司酒庫因前任總領周閟建議，併歸本所，(令)〔今〕將一年，趁息不多，蓋未能盡革滲漏之弊。今欲輒較近及遠，於東、西、南、北選擇五庫專一造酒，其餘二十二庫並於造酒庫打發分散拍户，并門堂酤賣〔三〕。諸軍酒庫舊係十七所，其監官、攢庫、夫力並諸軍舊差人數，于内擇有心力、不堪披帶人，特令揀(伏)〔汰〕離軍在庫(在庫)。其身分券食錢，並依見任官序，以息錢内支破。餘人發歸元來軍分收管。行宫新酒庫昨來指揮，以净息錢三分爲率，一分赴御前交納。今欲候歲終，所收息錢除一分解赴御前外，餘二分且留本所循環作本使用。餘依(用)〔周〕閟昨已獲旨。」從之。

十二月二十八日，詔：「諸路提舉常平司嚴督所部州縣，管下應敗闕停閉、累經體減分數未有人承買酒坊處，從提舉官將當職官吏按治施行。」以户部尚書楊倓言：「諸路州軍合發坊場净利錢，近年多稱敗闕停閉，乞行理豁。且人户買撲酒坊，若有敗闕，依條體減分數，召人承買。蓋州縣人吏希望請買之家求囑，不爲依條制召人承買，是致一向敗闕，停閉日久，暗失財計。」故有是命。

九年閏正月二十二日，沿海制置使司言：「本司水軍申：元撥到鳴鶴酒坊一所，見今開沽。緣本軍移屯定海

〔一〕乃：疑當作「仍」。
〔二〕將所：原倒，據文意乙。
〔三〕門：疑當作「開」。

縣，又輒於本處添置庫一所，以致侵奪本縣省務課利。乞將明州定海縣酒坊付本庫承抱，一就開沽。」從之。

三月二十五日，兩浙運副胡堅常言：「州縣管下酒務，民間凡有吉、凶二事，約束廂界先次申報，不問貧富，須管沽打，纔不沽酒，即便追擾，致有匿哀不敢舉喪者。欲乞下諸路監司嚴行覺察，如有違犯，按劾施行。」從之。

四月二十四日，詔：「兩浙犒賞酒庫見趁課息，從點檢所各于本州選委通判一員，專一措置拘催起發。歲終，將催到錢比較增虧，依經制錢格法賞罰。」以户部侍郎蔡洸言：「兩浙犒賞酒庫歲趁課息浩瀚，緣諸庫坐落縣鎮鄉村，往往人户賒買，不還價錢。及形勢之家造賣私酒，攙奪官課，是致諸庫各有拖欠。」故有 12 是命。

十二月二十九日，詔：「犒賞酒庫已辟正官監，任滿日，如收趁課息增羨，即存留再任。」從太府少卿、提領犒賞酒庫傅士偉請也。

同日，詔：「邵州各周市酒税務移往石限，置場造酒，差指使監轄，趁(辨)〔辦〕淨利，依數送納。」從(泳)〔永〕州零陵縣丞歐陽汝從請也〔一〕。

買撲坊場

高宗建炎元年五月一日，赦：「應經劫所在坊場，住罷月日淨課利錢，特與約計除放。又近年以來，州縣用度窘迫，至有前期探借坊場課利等錢，顯是違法。自今須管依條限催納，不得預借。崇寧以來，因買撲坊場、河(度)〔渡〕及折欠官物、没納田產，未有人承買者，與減見賣價三分，聽欠户兩月内收贖。限滿不贖，即依所減價出榜，別召人承買，仍作三年六(科)〔料〕輸納。并增置場務，具歲入課利，除給官吏等支費外，所收物不多去處，仰轉運司體度，並行廢罷。」

三年三月十四日，兩浙轉運使王琮等言〔二〕：「本路利源，唯酒務與買撲坊場課利錢所收最多，緣自來(涿)〔逐〕州多稱闕(之)〔乏〕，不肯樁發。欲乞縣委丞簿，州委通判，每日將二分收到錢拘收樁管，類聚津發，赴左藏庫送納。」從之。

紹興元年五月十三日，新臨安府節度推官史祺孫言〔三〕：「州縣人户買撲坊場，歲入至厚，近時賊馬蹂踐之餘，十無七八。今豪民欲買撲，往往以有官礙格。舊例多是百姓出名産，豪户出財本相合。自宣和年，朝旨並止與出名產之家，而豪户有官者不許相合買撲。緣出産人率無財本，自此敗闕者多。乞依宣和五年以前舊例行之，即諸處敗闕坊場即可興復。」户部契勘：「欲將兩浙未賣坊場，雖係進納補官之家，本身見無官蔭，權許依條承買，候界滿

〔一〕歐：原作「毆」，據雍正《江西通志》卷五〇改。
〔二〕轉運使：《建炎要録》卷二一作「轉運副使」。
〔三〕祺：原作「棋」，據《建炎要録》卷四四改。

無欠，依法接續。其本身見有官蔭，輒敢作隱，並依法科罪。仍令兩浙提刑司常切檢察，無致隳廢，候見次第，其餘路分別具申請。」從之。

二十七日，兩浙提刑司言：「欲將諸州縣續被金人、盜賊燒劫未賣坊場，並依宣和四年四月九日經燒劫場務後經制使陳(享)〔亨〕伯畫降指揮施行。」詔並特依宣和四年四月九日、逐次已降指揮施行。

六月二十九日，户部言：「據湖州通判求移治言：『買撲坊場户合納正收净利錢，依條以一界分爲一十二限，自開沽日始，每限踰三十日不納，每貫加納錢二十文。今來所收增添净利錢係均月送納，若有出月不納去處，未審合與不合加罰。』本部今相度，欲乞將兩浙州縣鄉村場務所添净利錢五分均月送納，如每月踰十日不納，每一貫加納錢七文。即過月開沽，合增錢數，三十日爲限，出限者准此。餘依見行條法。」從之。

二年閏四月十六日，知興國軍王綯言[一]：「本軍管下通山、永興、大冶縣所管買撲坊場，皆因賊馬經劫之後，無力開沽，停閉日久，無人承買。今來江州已于元買净 13 課錢内減定五分，欲權依江州體例召人買撲，逐月送納。候及三年，即依本條施行。」户部契勘：「欲乞依兩浙路已得指揮施行，經劫之後，復業之人如無力，別有力之家出本，經官共狀合買。其後來復業，元同買人吏不許陳乞出開沽。仍令江西提刑司檢察，即不得將雖曾經盜賊燒劫、見今已有人承買開沽處所下例減放施行。」詔依，權減五分，候及三年，即依本條。

三年五月五日，江南西路轉運司言：「□州縣通放萬户造酒去處，於建炎四年内因從衛一行官兵在虔州日，權置酒務沽賣，係一時措沽賣[二]，即不立額。今來所收課利，不償監專、作匠等人請給之費，委是虚占官吏，枉費財用，乞行住罷。」從之。

六年正月二十二日，殿中侍御史王縉言乞將預借坊場錢先還一半不便事。上曰：「既預借，當悉還之。朝廷號令貴于守信而已，倘或失信，何以使民服從？宜如縉所奏。」

十六年十月五日，詳定一司勑令所言：「(條)〔修〕立到：諸場務敗闕、界滿無人承買者，州限五日申提舉司，本司與轉運司限五日同差官審度減净利、課利錢。被差官起發日限准此。自到後，限十五日畢。諸場務敗闕界滿人承買，州應申提舉司，及本司與轉運司應差官審度減净利課利錢，違限者，各杖一百。被差官起發若到後違限，准此。」從之。

十八年四月八日，户部言：「場務敗闕、界滿無人承買者，依紹聖法，州申提舉司，本司與轉運司同差官減課利、

[一] 興：原作「縣」，據《宋史》卷一七三《食貨志》上一改。
[二] 「措」下疑脱「置」字。

净利錢，召人承買。即累減及五分以上，亦無人承買者，當職官保明停閉訖奏。續承宣和元年二月指揮：今後諸路人户承買場務，如因敗闕停閉，其净利錢並依課利錢法相度，並入鄰店分認。又紹興十年閏六月，黄仁榮言：敗闕坊場雖體減未及五分，如停閉已及一季，並依經體減例，將五分官錢令鄰（佐）〔左〕酒坊分認抱納。今據逐路常平司申，若將停閉場務才及一季，止以五分名課敷與鄰左，其餘一半官錢即便放免，不唯虧失名課，兼恐坊場因此易爲廢壞。若依紹聖舊法，委是經久利便。」從之。

十九年七月十二日，詔省洋州興道縣壻水鎮酒務，依舊令人户買撲。從四川總領并本路諸司請也。

二十一年四月六日，詔：「諸軍買撲酒坊，特許依舊，已降不許諸軍買撲指揮更不施行。」

二十五年十二月九日，詔：「諸買撲坊場，並遵依常平法施行。如有違戾去處，仰提舉常平司檢舉改正。」

二十六年正月十四日，詔：「諸軍買撲場務，令常平司拘收，依條施行。如係城郭開張酒店，令户部、總領司拘收。」

二十七年五月十二日，尚書省言：「諸路州縣人户買撲酒坊，名課之外，又有增添净利錢，間有（辨）〔辦〕不及者，因此積欠，以致敗闕，切慮日久暗失財物。今欲令常平司將見今體減及敗闕停閉去[14]處，其增添净利錢並與減免，仍依條召人承賃，不以着價及與不及體減分數，但拆封日，取着價最高者給付。其人户坊本錢物，與免作物力推排。」從之。

九月十七日，户部言諸路州縣人户買撲場務事。上諭宰臣曰：「坊場名課，朝廷所仰補助歲計。近年以來，停閉處多，買撲人户又多拘礙。若不以有無拘礙，許實封投狀承買，庶幾接續，不致敗闕。宜令有司相度措置。」宰臣沈該等奏曰：「恭依聖訓。」户部言：「諸路州縣人户買撲場務，紹興初間人户逐界增價剗買，名課高重，其間有趁（辨）〔辦〕不及者，往往積欠，出納不行，以致敗闕。雖條鄰坊抱認，及累行體減牓賣，目今停閉去處甚多，若不（不）隨宜措置，誠恐日久，積失財計。今相度，欲行下常平司出榜〔一〕，除見欠官錢物、見充吏人、貼司、巡檢司土兵、軍員之家外，其餘不以有無拘礙，並許實封投狀，供通抵當，依條承買。限滿，拆封日給着價最高之人。候一界滿日，如無少欠，聽依條接續承買，庶幾敗闕場務，可以漸次興。」從之。

三十年八月六日，權户部侍郎錢端禮言：「諸路州軍買撲坊場有敗闕處，若不令逐州自行經理，切慮暗失經常之用。欲乞令諸路州、府、軍、監於管内，各將敗壞坊場，守倅究心，自行措置，差官酤賣。其名錢等分隸諸司者，自合依數送納外，所有收到净利錢並充貼助本州官兵俸料支用。仍戒約不管科賣，因而搔擾，及不許將人户見賣坊場

〔一〕「行下」下原有「相度」二字，據文意當是承上而衍，今删。

一例踏逐。帥府節鎮不得過五處，其餘列郡不得過三處。」從之。

九月十七日，淮南路轉運判官張祁言：「切見和州東關鎮、無爲軍西關市各有買撲酒坊，近緣市井翕習，酤賣浩瀚，用舊額輸納名課。及和州白望鎮池頭酒坊争論地界，十年不決；（決）及無爲軍襄安鎮酒坊及兼收税〔一〕。係商賈（街）〔衝〕要、舟車輻湊之地，兼并之家産亨厚利〔二〕，每有争訟，賄賂公行，交結官吏，攪擾善良。欲望依近降户部申明指揮及兩浙漕司已行體例，將上件逐處酒坊許令本司認定名課，差人管幹。所收利息，應副目前百色支遣。」從之。既而臣寮上言：「今淮南漕司欲將人户見今買撲興盛去處遽行剗奪，必至失所。且與户部申明自相違戾，望將所乞更不施行。」户部看詳：「乞行下淮南轉運司，將人户見争論酒坊許依本司所乞外，不係争論坊場依舊令人户買撲。興盛去處，許常平司措置增添課額。」從之。後臣寮復言非便於民，有旨令户部改正。

三十一年七月十日，權兩浙路計度轉運副（司）〔使〕林安宅等言：「本司婺州蘭溪縣酒坊所收課息，每年抱納常、名課等錢一萬四十餘貫外，又趁辦户部息錢二萬貫，本司更無所入。近緣本坊解納上件官錢遲緩，積滯月日不行起發，遂委使臣承信郎王賓前去蘭溪縣，詢本坊課利，究虧欠〔三〕。15 蓋因本坊接界相去數（理）〔里〕有板橋坊，敗闕二十餘年，無人承買，前後官司循例，令本界内食利人户一百餘家抱認課額。内一半貧乏下户，元不曾賣酒，亦令抱納，無從所出；一半係富豪之家，恣行造酒，侵越界分，船敗沽賣〔四〕，是致蘭溪酒坊沽賣不行，官課（官課）拖欠，漸至敗壞，趁辦省司課息不前。今來板橋坊係與蘭溪酒坊爲鄰，正依得上件條法。伏〔乞〕朝廷特賜指揮，行下本司依條承買拖辦，非唯革絶侵越販賣之弊，亦可以趁辦官課，及免貧乏之家虚認官錢。更合取自朝廷（措）〔指〕揮。」從之。

十月十四日，户部言：「諸路州縣人户買撲坊場，並係豪右有力之家，其兩浙、江東西、湖南北總計一界合納浄利錢三百八十萬餘貫，今來軍興，調發官兵合用激賞錢物萬數至廣。今相度，欲除認發納藏庫年額錢外，餘數乞令浙東西、江東西、湖南北路常平司，依例預借一界浄利錢，以助軍興支用。仍責令限半月先次先納〔五〕，計（綱）〔綱〕起發。内兩浙赴左藏庫，江東、西赴建康總領所，湖南、北赴鄂州總領所下卸樁備。合用水脚，于所起發錢内支破。其不通水路州縣，許買輕賣發納〔六〕。」從之。

〔一〕及兼收税：「及」疑當作「又」。
〔二〕産亨：似當作「坐享」。
〔三〕「究」上疑脱「根」字。
〔四〕船敗：似當作「般販」。
〔五〕先納：「先」字疑誤。
〔六〕輕賣：疑當作「輕賫」。本書食貨四四之八：「其自來不通水路去處，依舊解發輕賫。」「輕賫」謂細軟。

三十二年二月一日，中書門下省言：「昨户部申（申）請依例預借州縣人户買撲坊場一界淨利錢，切慮擾民，理宜措置。」詔令户部行下諸路提舉常平司，將已納到預借坊場錢日下起發，其未納之數〔一〕，更不拘借。

四月九日，提舉江南東路常平茶鹽公事洪适言〔二〕：「近來人（人）户詞狀有乞將已納過預借坊場錢銷（拆）〔折〕舊欠，及理合今界錢數者。伏見朝廷既是住借，即已借過錢物，自是理充今界之數，只緣未有明降指揮，致州縣之吏得（巳）〔以〕藉口邀阻。又州縣間亦有例借過河渡錢者，欲乞朝廷行下諸路，將已借過坊場或河渡錢並與（鈔）〔銷〕折舊欠，并理今界當限之（之）數。」户部勘當：「欲依本官所乞，行下諸路提舉常平司，將已預借過人户坊場或（渡河）〔河渡〕錢，並與銷折舊欠，并理合今界當限錢數。」從之。以上《中興會要》。（以上《永樂大典》卷一七五五九）

公使酒〔三〕

【宋會要】

太宗太平興國六年九月，詔諸路州府每月第給係省酒充公用〔四〕。其後各有定制：河南、應天、河中、鳳翔、江陵、江寧16六府〔五〕，曹、鄆、青、滑、許、陳、鄭、孟、襄、唐、澶、相、邢、冀、趙、深、祁、潞、晉、華、邠、鄜、鳳、慶、涇、原、儀、渭、靈、揚、宿、泗、楚、滁、鄂、鼎、潭、郴、蘇、秀、常、潤、湖、睦、越、明、婺、衢、處、温、台、宣、歙、饒、信、江、池、太平、洪、撫、虔、吉、筠、袁、建、江、南劍、桂六十六州〔六〕，各月給三石。兗、徐、密、濮、登、鄧、金、安、蔡、隨、（穎）〔潁〕、磁、洺、澤、同、耀、廬、亳、蘄、光、岳、澧、歸、峽、邵二十五州，月各三石〔七〕，兗州、亳州後加至十石。沂、淄、濟、濰、單、萊、汝、均、郢、商、衛、博、德、濱、絳、石、汾、遼、磁、隰、環、乾、解、寧、丹、階、成、坊、隴、真、泰、黄、和、舒、海、通、濠、道、永三十九州，廣濟、高郵、荆門三軍，月各一石五斗。光化、信陽、漣水、天長、漢陽、廣德、建昌七軍，月各一石。以上《國朝會要》。

神宗熙寧七年正月一日，詔：「諸路自來不造酒州，及外處有公使錢不造酒官司，聽以公使錢顧召人工，置備器

〔一〕其未：原倒，據文意乙。

〔二〕适：原作「造」，據《建炎要録》卷一九九改。

〔三〕「公使酒」下原批：「按公酒即公使酒。其太宗太平興國一條，似當移在神宗熙寧前，淳熙以下數條，即列公使酒卷尾可也。」今按，此處所稱太平興國一條、淳熙以下數條，在本卷食貨二一之二一。但謂太平興國一條當移在神宗熙寧條前則非，參見下條校記。

〔四〕「諸路」下原衍「知」字，據《長編》卷二二刪。

〔五〕「太宗」至「江寧」四十四字原錯簡在本門後文食貨二一之二一，今據文意及年代次序移此。原稿本頁天頭録此四十四字，並指示云：「此條寫『各一〔石〕』後、『以上《國朝會要》』前。」按此批大謬，此四十四字文意未完，並非一條，接於該處則不知所云。

〔六〕六十六州：按前所列，實爲六十八州。

〔七〕月各三石：按前六十八州月各三石，以下遞減，此或當作「月各二石」。

用，收買物料造酒。據額定公使錢，每百貫許造米十石，額外醞造，於繫官以違制論，不以去官、赦降原減。」

元豐二年十一月十五日，詔定州歲增給糯米四百石造酒。

三年四月二十六日，陝西路轉運使李稷言：「秦州造公使酒，給省倉米，慶曆中，詔歲毋過千五百石。嘉祐四年後，歲給四千石至六千餘石；熙寧二年，遂至九千石；自後歲不下七八千石。前後違法官吏存亡相半，未敢推勘。」詔釋官吏罪，自今歲毋得過四千石。

六月十八日，户部言：「陝西諸路沿邊、次邊州軍城寨支給文武官酒，給酒材之17直，候物價平依舊。」從之。

十一月八日，都大提舉成都府永興軍等路榷茶公事陸師閔言：「公使合用酒麴，乞隨所至州郡兑那支用，以米麴工價算還。」從之。

哲宗元祐元年三月二十四日，判大名府韓絳言：「公使供饋，條禁太密，乞删去監司賣酒及三路饋遺條。」從之，令刑部先次立法。

紹聖二年正月十二日，詔：「應熙寧五年以前不造酒州軍，及外處有公使錢不造酒官司，並依《熙寧編勑》石數。内州軍減外不及一百石者，許造一百石；元不及者依舊，不得例外特送，違者坐之。」從左司諫翟思請也。

大觀三年五月十六日，河北東路提點刑獄司奏：「承尚書省劄子，臣僚上言：『訪聞齊州比年以來，公庫供給，有歲餘、月餘之稱，皆例册外别立名目，以爲饋送。』詔令本司體究。尋牒委滄州支使苟佐賢前去體究。『歲餘』係知州梁彦深已前將公使庫年終除支使外見在錢數，以米麴物料本錢紐爲酒數作『歲餘』，分送與在州應見任諸官。其梁彦深任内大觀元年十二月終，兩庫見在錢二千六百餘貫，紐送過杏仁玉液酒，比前官崇寧五年增多計三百餘石。」詔梁彦深特衝替，係公罪事理稍重。

政和六年十二月五日，尚書省言：「勘會諸路州軍官員多以私錢於公使庫并場務寄造酒，顯屬違法。」詔：「諸州以私錢物就公使庫若場務醖酒者，論如私醖酒法，加一等；已入己，以自盜論。長貳當職官加二18等。監司、統轄、廉訪官知而不糾，與同罪；不知，減三等。許人告，不以赦降原減。」

七年十一月九日，兩浙路轉運使(使)王汝明奏：「准御筆：楚州公庫造酒，出賣寄造爲名，令虞候於小店貨賣，官利日虧。其餘州軍類皆如此。詔令體究。尋選差秀州司録丘朝俊等詣宿、亳等(縣)〔州〕體究到，數内宿、真、通、泰、海、舒、和、廬、壽、光、濠、蘄、黄州、無爲軍無公使造酒、出賣寄造爲名外，體究得亳、泗州知州、通判及見任官，却有將所請公使供給酒令虞候、廳子等於市肆開小店，不認官課，致拍官酒店户停閉，及都酒務因此課利日虧。」詔：「今後見任官不得令人開店賣供給酒，令户部立法，申尚書省，其亳州、泗州知、通各罰銅十斤。」以上《續國朝會要》。

高宗建炎元年六月十三日，赦：「訪聞諸路州軍縣鎮酒務、公庫等，多將酒醋抑配與人户及過往客旅、僧道等，爲害甚大。仰監司、守臣常切覺察舉劾，官吏重行黜責。」

三年十一月三日，德音：「勘會祖宗以來，諸州公使庫造酒止供犒設及筵會，亦不分送本州官。比年以來，貪吏並緣增添例册，因造酒一事豐己害民，兵民憤嫉。糴米則分配縣鎮，輸送有輦致之勞，受納有邀索交量之虐〔一〕，弊端百出。中間雖已立限，今更當裁減。帥臣不得過二百貫，知州軍不得過一百五十貫，監司供給依知州軍數，通判八十貫，兵職官、監司屬官三十貫，内京朝官四十貫。判司簿尉二十貫，外縣知縣十【19】五貫，簿尉、監當官十貫。仍先支外縣官。該載不盡者，比附供饋。以上以應干供給一錢以上及飲食蔬菓等，並通計，如收受過數，並以自盜〔二〕。許諸色人及所管公人告，以所告數充賞。其賣酒價立定一等。」

四年六月十八日，詔：「諸州公使庫造酒，自有定額，其監司供給已分定州軍。今後巡歷去處，除合得供給外，並不許用米麴價錢於公使庫買酒。」

紹興元年十二月十八日，詔：「諸州供給酒錢，除收建炎三年十一月三日德音外〔三〕，巡檢依縣，倚郭知縣不以京朝官、選人，並依職官。其縣丞從事郎以上，比知縣減三貫；迪功郎以上，依簿尉支給。」

二年十月二十二日，詔：「諸路帥臣及統兵官司所造公使正賜庫酒，並仰遵依成法，止合自供食用并饋遺官屬，不得過數醖造，違法出賣，侵耗國用。如違，除本罪外，取旨重作行遣。」

三年十一月二十七日，親衛大夫、榮州觀察使、提舉亳州明道宫韋淵言：「先得旨，許依欽慈皇后宅造酒。今乞依邢皇后宅，許變易施行。」户部契勘，邢皇后宅元降指揮，止許造進酒，賜「慶遠」爲名，即無許將餘酒變易之文。詔劄與韋淵照會。

四年三月十九日，詔：「應戚里許令造酒之家，若在外州軍居住，並依臣僚體例，止應（細）〔紐〕算麴米價值，就公庫或官務寄造，以充賓祭之用，每歲不得過三十石。」以知衢州謝克家言：「戚里之家許造進酒，因此出賣，攙奪官課。」故有是命。

九月十五日，明堂【20】赦：「諸州公使庫歲用造酒糯米，名曰和糴，實皆抑配。訪聞又有託以准備爲名，不循年例，倍有科歛，仰監司覺察按劾。」

十二月六日，荆湖南路安撫大使席益言：「乞依前知潭州李綱例，逐時犒設官軍，合用酒以激賞錢於所在州寄造應副。」中書舍人王居正言：「州郡公使造酒，自有定制。昨李綱知潭州，乞於所在州軍造酒，既不指定路分，又無所

〔一〕虐：原筆畫有誤，似「雪」字，據文意改。
〔二〕「自盜」下疑脱「論」字。
〔三〕收：疑當作「依」。

造石數，是潭州得於天下州軍不限石數造酒。所以後來折彥質知潭州，朝定指定〔一〕，（令）〔令〕於潭州寄造，每月不得過三十石。今席益且依折彥質例〔二〕。」從之。以上《中興會要》。

孝宗隆興二年六月二十九日，臣僚言：「切見已降指揮，諸州公庫合支見任官供給，止許支酒，其違者以違制論。臣謂自來州郡每月所支供給，有支見錢，有支本色，或作分數雜支。相承已久，驟然更改，衆謂非便。蓋緣公庫於法不許賣酒，侵奪場務課額，一色支酒，則是顯然使之違法貨賣，如都監則抑配軍司，知録則科於行户，倉官則責在專副，爲害不一。兼自來公庫造酒米全仰民户輸納，官務糯米，多收耗剩，暗行撥入公庫使用。今若只令造酒支給，其糯米必增添耗剩，及減刻官務所支升㪷，其餘剩錢，必有貪污郡守及管庫官盜竊之患。欲望特降指揮，令諸州將所支供給且依舊例，有將見錢與酒作分數支散去處，監司、知、通並依衆官分數支給，違者亦以違制論。」從之。

【宋會要】

21 淳熙二年十月二十六日〔三〕，詔：「利州西路兵馬鈐轄廳歲以諸州糞土錢買米六百石造酒，以備燕犒將士。」從本路鈐轄向琪請也。

三年八月十二日，詔：「諸路帥臣并統兵官司所造酒〔四〕，只得自供食用并饋遺官屬，即不得過數醖造，違法出賣，侵耗國課。」從司農少卿、點檢贍軍激賞（從）酒庫張維請也。

九月九日，詔：「殿前司歲時支散給犒士卒等公使酒，用糯米二千石，令户部出給公據，照驗免税。」從本司都指揮使王友直請也。既而十一年五月，本司言：「用糯米三千石，乞給據齎執，徑由場務照用通政〔五〕。自後每至年終，從本司徑申户部，換給公據。」（以上《永樂大典》卷一二〇五一）

榷醋

【宋會要】

22 太宗太平興國七年三月〔六〕，三司言：「韶州酒務所收糟，先許民間買以造醋，昨因天長軍禁止不賣，而諸處積壓極多。請依元勑出賣，其餘羨者，令務内自造醋酤〔七〕。」從之。

真宗大中祥符六年十二月二十四日，詔許民間市官酢，置坊鬻醋。

〔一〕朝定：疑當作「朝廷」。
〔二〕且依：原作「只降」，據《建炎要録》卷八三改。
〔三〕此條之前，原有「太宗太平興國六年九月」以下四十四字，乃錯簡，已移於本門之首。
〔四〕所：原作「將」，據前紹興「二年十月二十二日」條相似文句改。
〔五〕通政：疑有誤。
〔六〕三月：本書食貨二〇之三同條作「正月」。
〔七〕造：原脱，據本書食貨二〇之三補。

仁宗天聖四年七月，三司言：「陝府西轉運司狀：永興軍、秦、坊等州，自來只令人户買糟造醋沽賣，各獲厚利入己。已牒逐州軍差官，截日官自置務醖造沽賣〔一〕。候收到課利，别具供申。」宰臣王曾等奏：「榷酤之法，起自前代，已是曲取民利，蓋以軍國贍用，經費至廣，未能除去。今復醖醋，尤更瑣細。欲只令永興軍、秦、坊州召人買撲酤賣，并其餘州軍並不得官置醋坊。」帝曰：「此事尤可行，速與指揮。」

崇寧二年，知漣水軍錢景允言：「建立學舍，請以承買醋坊錢給用〔二〕。」詔常平司計其無害公費，乃如所請，仍令他路准行之。先是元祐初，臣（㓗）〔僚〕請罷榷醋，而户部以爲本無禁文，命加約束。至紹聖二年〔三〕，翟思請諸郡醋坊日息用度之餘〔四〕，悉歸之常平，以待他用。（又）〔及〕是，景允有請，故令常平司計之。（以上《永樂大典》卷一四七〇一）

〔一〕日：原作「曰」，據本書食貨二〇之七改。
〔二〕坊：原作「方」，據《文獻通考》卷一七改。
〔三〕紹聖：原作「紹興」，據《文獻通考》卷一七改。
〔四〕醋：原作「庫」，據《文獻通考》卷一七改。

宋會要輯稿　食貨二三

鹽法一〔一〕

諸路鹽額一〔二〕

【宋會要】

1 陝西路　永興軍路

延州　在城：二萬六千八百一十九貫七百一文；甘泉縣：九百八十一貫八百二十八文；延長縣：一千一百二十七貫七百文，延川縣：一千二百四十三貫六百四十四文〔三〕；敷政縣：四百九十貫九百二十文；臨真縣：二百四十五貫四百六十文；門山縣：一百九十六貫三百六十八文；豐林鎮〔四〕：九百貫文；青化鎮：五百四貫九百三十六文；延水鎮〔五〕：三百四十五貫九百八十四文；綏德城：一千五百九十四貫三百八十七文；青澗城：四千八百六十二貫三百四十文；永寧關：五百六十一貫三百九文；金明寨：一千九貫八百七十二文；丹頭寨：四百五十六貫三百文；白草寨：四百九十貫九百二十文；龍安寨：六百九十一貫九百五十六文；萬安寨：六百五貫四百六十文；綏平寨：一千四百五十八貫七百八文；永平寨：一千七百七十六貫六百二十四文；招安寨：四百三十二貫四百六十八文；懷寧寨：一千三百七十一貫四百三十二文；順安寨：一千三百四十一貫八百二十八文；安塞堡：一千四百二(千)〔十〕一貫三百文；安定堡：一千六十五貫九百八十四文；黑水堡：五百七十五貫七十六文。

慶州　在城：九千九百五十二貫八百文；合水縣：二百貫二百文；彭原縣〔六〕：二百二十四貫二**2**百二十四文；金櫃鎮：一百四十三貫；鳳川鎮：二百貫二百文；華池鎮：八百貫八百文；董志鎮：四百三十六貫八百文；景山鎮：一百四十三貫；業樂鎮：四百八十六貫二百文；淮安鎮：六百三十八貫三百文；東谷鎮：二百貫二百文；五交鎮：二百貫二百文；平戎鎮：無祖額，遞年收錢一十三貫六百九十文；大順城：六百二十九貫二百文；柔遠寨：六百七十貫八百文；府城寨：一百一十四

〔一〕原題作「鹽法五」，此是《大典》卷九七八七之事目與編碼，今改；又於「鹽法」門之下據實際内容加標次級標題。

〔二〕原無此題，酌加。

〔三〕天頭原批：「『二』一作『一』。」按，本門此類批校中所謂「一作」，乃指《補編》頁七一三以下所録複文。

〔四〕天頭原批：「『林鎮』一作『杯縣』。」按，《補編》頁七一四作「豐杯縣」，誤，《元豐九域志》卷三延州膚施縣下有豐林鎮。

〔五〕延水：原作「足永」。按，文獻中不見延州有「足永」一鎮。以字形推之，此必是「延水」之訛。《元豐九域志》卷三延州下載熙寧「八年省延水縣爲鎮入延川(縣)」，是也。

〔六〕原：原作「源」，據《元豐九域志》卷三改。

貫六百六十文；西谷寨：三百八十八貫七百文；大順寨：一百一十四貫四百文；荔原堡：二百貫二百文。

環州　在城：五千五百五十九貫二十八文；石昌鎮：一百九十一貫五百八十一文；合道鎮：二百二十九貫三百二十文；木波鎮：三百一十九貫二百一十五文；馬嶺鎮：二百二貫四百一十六文〔一〕；烏崙寨：九十一貫一百三十八文；定邊寨：三百九十一貫七百三十九文；大拔寨〔二〕：一百三十七貫五百四十文；平遠寨：一百六十一貫九百一十五文；肅遠寨：二百四貫七百五十文；安塞寨：三百二十九貫五百五十六文；永和寨：三百五十貫七百八十二文；洪德寨：三百八貫六百六十四文；團堡寨：一百一貫三百六十八文。

保安軍　在城：二千八百二十八貫五百七十二文；德靖寨：一千八百八十五貫七百一十六文；順寧寨：一千八百八十五貫七百一十六文。

秦鳳路

岷州　在城：五千三百七貫七百二十文；白石鎮：一千❸二百八十五貫六百文；馬務鎮：三百三十九貫六百一十三文；良恭鎮：四十七貫二百七十三文；滔山鎮：五百五十九貫一百六十九文；宕昌寨：二百四十九貫七百六十七文；床川寨〔三〕：四百三十貫九百一文；閭川寨：三十一貫四百二十九文；臨江寨：九十一貫二百三十七文；荔川寨：八百九貫三百八十八文。

渭州　在城：一萬六千三百九十九貫二百二十文；潘原縣：二千四百貫二百二十八文；安化縣：無額，遞年一千一百一十三貫九十九文；崇信縣：六百貫文；華亭縣：八百貫文；安國鎮：二千貫七百六文〔四〕；耀武鎮：八百貫三百四文；瓦亭寨〔五〕：二千四百貫二百二十八文。

原州　在城：七千八百二貫九十文；彭陽縣：六百三十八貫三百四十二文；新城鎮：八百七十五貫一百六十文；柳泉鎮：四百二十五貫五百六十八文；蕭鎮：四百一十八貫一百三十二文；平安寨：六百四十七貫二百一十八文；開邊寨：九百二十二貫六十四文；靖安寨：七百九貫二百八十文；綏寧寨：六百二貫八百八十八文；西壕寨：三百二十二貫三百七十二文。

鎮戎軍　在城：一萬五百二十四貫八百文；彭陽城：一千四百四十七貫一百六十文；東山寨：一千四百七貫一百六十文；乾興寨：一千一百八十四貫四十文；天聖寨：一千三百一十五貫六百文；高平寨：七百二十

〔一〕二百：天頭原批：「『二』一作『一』。」按指《補編》頁七一四作「一百」。

〔二〕大拔：原作「大扶」，據《武經總要》前集卷一八上、《宋史》卷八七《地理志》三改。

〔三〕床：原作「床」，據《元豐九域志》卷三改。

〔四〕天頭原批：「『二』一作『一』。」按，以下見《補編》頁七一五。

〔五〕天頭原批：「『瓦』一作『克』。」按《元豐九域志》卷三作「瓦」，是。

三貫五百八十文；熙寧寨：無額，遞年七百三十［4］六貫三百九十一文；定川寨〔一〕：七百二十三貫五百八十文；三川寨：一千四百四十七貫一百六十文；開遠堡：九百二十貫九百二十文；張義堡：二千二十五貫三百一十二文。

德順軍　在城：九千六十貫七百八十文；水洛城：三千八百五十九貫二百三十一文；静邊寨：三千五十四貫八百二十七文；隆德寨：二千四百八十二貫三百三十九文；得勝寨：一千三百貫八百九十三文；通邊寨：五百四十七貫二百文；治平寨：無額，遞年一千三百一十一貫八十三文；中安堡：八百四貫四百八文；威戎堡：六百五貫四十七文。

河東路

太原府　在城：五千七十九貫一百三十文；文水縣：九百四十貫三百六文；榆次縣：一千一百三十四貫五百五十文；太谷縣：七百四十九貫三百六文；壽陽縣：九百六十七貫八百八十一文；盂縣〔二〕：七百七貫七百八十七文；交城縣：七百二十六貫三百二文；祁縣：四百三十六貫四百九文；清源縣：四百六十四貫二百六文；徐溝鎮：五百九十貫四百五十六文；團柏鎮：二百二十貫二百五十文；晉祠鎮：二百四十一貫八百六十三文；晉寧鎮：一百二十六貫四百三十六文；清酒務：三千三百三十九貫二百五十七文；赤塘關：一百三十九貫九百七文；天門關：三百二十貫三百四十二文；陽興寨：一百六十九貫二百四十九文；百井寨：一千一十五貫三百七十文；凌井驛〔三〕：二百七［5］十九貫三百九十八文。

潞州　在城：一萬二千六百三貫四百十二文；壺關縣：七百九十三貫六百六十八文；屯留縣：二千一百八十九貫八百二文；潞城縣：一千三百九十四貫九百五十四文；涉縣：八百六十七貫一百三十六文；長子縣：一千八百九十七貫五百六十八文；襄垣縣：一千八百三十七貫七十八文；褫亭鎮〔四〕：六百八十三貫七百三十五文；白馬場：三百四貫六百九十八文。

府州　在城：一千七百九貫九百八十二文；安豐寨〔五〕：二百三十三貫五百八十文；寧府寨：一百九十四貫七百六十二文；百勝寨：一百四十六貫三百二十九文〔六〕；久良津：九十三貫七百二十四文；河濱斥堠堡〔七〕：

〔一〕天頭原批：「『定川』一作『安州』。」按《元豐九域志》卷三作「定川」，是。
〔二〕天頭原批：「『盂』疑『孟』。」按作「盂」是。
〔三〕凌：《金史》卷二六《地理志》下作「陵」。
〔四〕褫亭：原作「褫停」，據《元豐九域志》卷四改。
〔五〕寨：原作「縣」，天頭原批：「『縣』一作『寨』。」按，以下見《補編》頁七一六。
〔六〕天頭原批：「『二』一作『三』。」
〔七〕按，《元豐九域志》卷四府州府谷縣下以河濱與斥候分作二堡，然《宋史》卷八六《地理志》二、《長編》卷三三一、卷四〇九及本書方域二〇之一五、蕃夷二之二八、二之二九均以河濱斥候（堠）保作爲一堡，與此文相同，疑《九域志》誤。

一百六十四貫四百二十三文，西安堡：九十三貫六百七十三文，靖化堡：一百二貫三百一十文。

麟州　在城：二千七百二十七貫四百九十文〔一〕，神堂寨：二百七十九貫二百七十三文，銀城寨：一百六十四貫六百一十三文〔二〕，神木寨：一百九十七貫八百五十文，建寧寨：八十八貫四百五十文，静羌寨：七十一貫八百四十三文〔三〕，横陽堡：二百三十九貫八百一文，鎮川堡：八十七貫九百四十五文，闌干堡：九十五貫五百五十一文，通津堡：二百八十八貫八十二文，神木堡：六十九貫六十三文，肅定堡：三十八貫四百四十八文，惠寧堡〔四〕：三十九貫二百九十三文。

代州　在城：三千二百九十一貫三百九十一文，6 五臺縣：七百三十五貫九百四十三文，繁畤縣〔五〕：四百七十八貫九百八十七文，崞縣：六百七十八貫五百五十六文，興善鎮：六百六十九貫三百五十一文，石觜鎮：一百一十二貫二十九文，樓板寨：一百五十九貫八百七十文，陽武寨：二百一十六貫九十二文，石砆寨〔六〕：一百九十一貫四百四十九文，土燈寨：一百六十七貫六百五文，西經寨：一百五十六貫八百三文，雁門寨：一百二十九貫八百八十一文，胡谷寨：一百七十八貫六百五十一文，茹越寨：一百八十二貫一百三十文〔七〕，大石寨：一百五十一貫一百四十八文，義興（治）〔冶〕寨：二百八十六貫五百四十三文，麻谷寨：二百四貫七百一十三文，梅回寨：一百四十一貫二百六十七文，鉼形寨：一百九十五貫一百文，寶興寨〔八〕：一百八十四貫七百四十九文。

忻州　在城：八百一十四貫八百五十四文〔九〕，石嶺關：一百九十三貫五百九十八文，忻口寨：一百七十五貫六百八十二文，雲内寨：二百三十七貫五百七十五文，徒合寨：一百八十五貫二百七十九文。

汾州　在城：二千四百六十七貫九百五十四文，平遥寨：四百五十七貫三百一十三文，介休縣：三百一十五貫一百五十七文，靈石鎮：二百六十五貫三十一文，孝義鎮：一百二十九貫八百八十四文，郭柵鎮：二百七十四貫二百七十八文，洪山寺：八十六貫四百六十三文。

澤州　在城：二千七百九十七貫 7 一百一十五文，

〔一〕二千：天頭原批：「『二』一作『七』。」
〔二〕一十三：天頭原批：「『二』一作『八』。」
〔三〕天頭原批：「『七十』一作『八百』。」
〔四〕惠寧：原作「惠定」，據《武經總要》前集卷一七、《元豐九域志》卷四改。
〔五〕畤：原作「峙」，據《元豐九域志》卷四改。
〔六〕天頭原批：「『砆』一作『砍』。」按本書食貨一六之二、《補編》頁五〇七均作「砆」，與此同。而《元豐九域志》卷四作「硤」、《武經總要》前集卷一七作「鐵」、《宋史》卷八六《地理志》二作「峽」。當以「砆」爲是。《長編》卷二六四有「石砆所寨」，即此。
〔七〕一百三：天頭原批：「『一』一作『六』。」
〔八〕寨：原作「縣」，據《補編》頁五〇八、《元豐九域志》卷四改。
〔九〕四貫：天頭原批：「『四』一作『二』。」

陽城縣：八百九十七貫五百一十四文；沁水縣：六百八十七貫五百一十五文；端氏縣〔一〕：九百一十六貫七百八十六文；高平縣：二千三百九十一貫七百八十六文；陵川縣：六百六十九貫九百四十六文；瑯車鎮：二百三十貫九十一文；周村：三百四十八貫四十三文。

憲州　在城：二千五百四十六貫五百五文。

嵐州　在城：四千二百四十三貫六百六十八文；合河縣：四百九十七貫四百一十七文；樓煩縣：一千一百一貫三百七十四文；乳浪寨：二百五十三貫三百二十三文；合河津：三百四十九貫七百六十九文；飛鳶堡：二百九十四貫七十六文。

石州　在城：四千六百一十貫四百九十四文；平夷縣：九百八十貫九百六文；定胡縣：二百五十一貫二百八十二文〔二〕；方山縣：一千六百二十貫五百二十文；臨泉縣：六百二十四貫五百七十一文；尅胡寨：一百一十四貫四百六十二文；天渾津寨〔三〕：八十八貫一百三十三文；伏洛津寨：二百四十二貫三百三十八文；石窟驛：二百二十二貫一百七十九文。

豐州　在城：五百七十七貫二百七十三文；保寧寨：八十貫六十六文；永安寨〔四〕：六十五貫一十三文。

威勝軍　在城：二千九百九十四貫九十三文；武鄉縣：七百二十九貫四文；沁源縣：一千二百四十一貫七百七十八文；新綿上縣：一百九十九貫六百八十六文；舊綿上縣：四十【8】三貫七百一十二文；西湯鎮：三百三十八貫五百四十四文；南關鎮：八十七貫九百九十九文；榆社鎮：二百七十一貫五百一十四文。

平定軍　在城：一千二百七十四貫三百七十九文；樂平縣：三百五十四貫七百七十文〔五〕；遼山縣：八百四十二貫八百五十二文；承天津〔六〕：四十八貫八百二十四文；和順鎮：一百九十四貫五百八十五文；芍泉鎮：三十一貫八百九十六文；黃澤關：三十七貫一百八十八文；靜陽寨：二十七貫五百六十七文；東百井寨：四十八貫七百三十九文；平城寨：九十八貫三百七十四文。

寧化軍　在城：一千二百四十八貫四百五十三文；窟谷寨：二百三十四貫四百四十七文。

火山軍　在城：五百八十九貫八百九十一文；雄勇津：九百三貫三百二十文。

保德軍　在城：一千七百九貫九百三十四文；大堡津：四十八貫九百五十七文。

岢嵐軍　在城：一千三百四十貫八百二十三文。

〔一〕天頭原批：「『氏』一作『氐』。」
〔二〕二百八：天頭原批：「『二』一作『一』。」按，以下見《補編》頁七一七。
〔三〕天：原作「大」，據《補編》頁七一七、《元豐九域志》卷四改。
〔四〕永安：原作「永寧」，據《元豐九域志》卷四、《宋史》卷八六《地理志》二改。
〔五〕天頭原批：「『三』一作『五』。」
〔六〕承天津：《元豐九域志》卷四作「承天軍鎮」。

淮南路 東路

揚州 在城：一萬九千六百四十五貫七百四十一文；瓜(州)〔洲〕鎮：二千九十五貫九百一十八文；天長縣：五千二百四貫五百四十二文；邵伯務〔一〕：四千三百五十七貫八十文；樊良務：七百二十四貫三百一十七文；三墊務：四百二十一貫一百一十八文；臨澤務：二百四十四貫四百八文；高郵務：二萬八千四百九十一貫七百一十七文；銅城務〔二〕：一千三百八貫五百一十三文；[9]龍舟堰務：一百七十四貫九百三十二文。

亳州 在城：七千一百七十一貫三百五十二文；衛真縣：一千九百六十七貫六百一十六文；鹿邑縣：一千八百四十五貫二百五十二文；城父縣：二千五百五十七貫八百八十九文；蒙城縣：三千二百九十六貫八百九十七文；酇縣：一千四百二十四貫一百八十三文；永城縣〔三〕：二千四百七十七貫二百二十三文；谷陽鎮：七百九十三貫七百二十二文；鄲城鎮〔四〕：八百八十三貫六百六十六文；蒙館鎮：二千三百一十三貫六十二文；酇陽鎮：五百四十六貫四百五十七文；保安鎮：一百八十九貫三百四十二文。

宿州 在城：五千六百六十六貫八百六十九文；臨渙縣：一千三百九十三貫七百八十一文；虹縣：三千六百一十四貫七百九十三文；蘄縣：一千五百八十七貫三百六十六文；柳子鎮：六千三百八貫一百一十三文；蘄澤鎮：一千二百五十六貫一百七十九文；靜安鎮：一千二十八貫二百八十一文〔五〕；零壁鎮〔六〕：一千五百八十八貫七百四十七文；荆山鎮：一千八百五十貫三百七十七文；西故鎮：九百八十六貫九百六十三文；新馬鎮：八百二十二貫七百三十文；通海鎮：一百一十五貫五百六十文；桐墟鎮：一百三十四貫二百一十五文。

楚州 在城：一萬六千九十七貫六文；寶應縣：七千三百五十貫七百三文；淮陰縣：九百九十八貫七百[10]二十五文；漣水縣〔七〕：一千五百二十三貫五百四十四文；鹽城縣：一千八百四十六貫八十二文；太平鎮：八貫九百七十六文；金城鎮〔八〕：三十二貫五百三十三文；黃甫務：六百四十九貫九百五十一文；洪澤瀆頭務：九百四十二貫三百九十一文。

〔一〕伯：原作「百」，據《元豐九域志》卷五改。
〔二〕銅：原作「桐」，據《元豐九域志》卷五、王令《廣陵集》卷二九《前左班殿直袁君墓誌銘》改。
〔三〕城：原作「成」，據《元豐九域志》卷五改。
〔四〕鄲：原作「鄆」，據《元豐九域志》卷五、《金史》卷二五《地理志》中改。
〔五〕二十：天頭原批：「『二』一作『一』。」按，以下見《補編》頁七一八。
〔六〕天頭原批：「『零』一作『靈』。」
〔七〕漣：原作「連」，據《元豐九域志》卷五改。
〔八〕金：原作「全」，《補編》頁七一八作「合」，俱誤，據《元豐九域志》卷五改。《舊唐書》卷三八《地理志》一泗州：「漣水，隋縣，武德四年置漣州，仍分置金城縣。」後廢，金城鎮即故縣也。

海州　在城：六百九十九貫三百七文；沭陽縣〔一〕：二百五十二貫九百二十五文；懷仁縣：一百七十四貫八百九十六文；東海縣：三百九十七貫一百一十一文；臨洪鎮：七十二貫六百四十四文。

泰州　在城：五千九十六貫六百七十一文；泰興縣：四百七十四貫五百四十九文；興化務：一千三百七十九貫四百一十二文；柴墟務〔二〕：六百七十三貫九百八十一文；陵亭務〔三〕：一百九十五貫三百七十二文；如皋務：八百六十八貫九百七十三文；海安務：一千五百三貫一百五文；西溪務：四百五十九貫七百六十文。

泗州　在城：一萬一千六百九十三貫二百五文；河南務：四千一百一十八貫二百八十文；青陽務〔四〕：一千三百五十五貫六百四十文；徐城務：二千四百八十七貫八百一十文；招信務：四千五十貫文；木場務〔五〕：二千四百六十三貫五百二十七文；平源務：二百二十八貫七百五十文。

滁州　在城：一萬四千七百二十貫七百四文；來安縣：三千九百六十六貫四百九十文；全椒縣：一萬七千六百五十貫五文；白塔鎮：八百七十六貫二百三文。

真州 11 在城：一萬七千七百七十三貫六十七文；六合縣：八千六百九十五貫二百一十四文；宣化鎮：一千二百九十五貫八百二十文；瓜步鎮：七百六十四貫一百四十六文。

通州　在城：一千一百七貫二百一十四文；海門縣：一千二百八十一貫九十六文；崇明鎮：七百一十七貫七百九十文。

西路

壽州　在城：二萬四千九百六十三貫一百八十二文；壽春縣：三千九十貫九百六十二文；安豐縣：七千六百三十二貫三百文；霍丘縣：一萬五千三百三十貫七百六十四文；六安縣：一萬七千四百四十五貫一百四十五文；來遠鎮：二千一百九十貫五百七十五文；霍丘鎮：三千七百八十六貫二十三文；開順鎮：二千八百三十二貫五百三十九文；麻步鎮：三千三百六十八貫九百六十一文〔六〕；撅澗鎮：一千一百六十三貫六百六十二文。

廬州　在城：五萬六千一百四十二貫一百九十七文；慎縣：一萬三千二百八十貫二百八十五文；舒城縣：二萬二千六百五十二貫八百三十六文；青陽鎮：一千三百五十一貫三百九十七文；九井鎮：九百五十四貫

〔一〕沭：原作「沐」，據《元豐九域志》卷五改。
〔二〕柴：原作「紫」，據《元豐九域志》卷五、《長編》卷二一六改。
〔三〕亭：原作「停」，據《元豐九域志》卷五改。
〔四〕天頭原批：「『陽』《大典》作『楊』。」按《元豐九域志》卷五作「陽」。
〔五〕場：原作「楊」，據《元豐九域志》卷五改。
〔六〕三百：天頭原批：「『三』一作『六』。」按，以下見《補編》頁七一九。

八百二十九文。

蘄州　在城：八萬四千九貫三百九十八文，蘄口都鹽倉：一十八萬七百七十五貫七十七文，蘄水務：三萬四千九十八貫六十文，黄梅務：二萬一千五百九十三貫六十文，廣濟務：二萬五千五百二十五貫三百七十文，蘄口務：五千四[12]百六貫四十五文，石橋務：六千一百七十五貫一百五十九文〔一〕，王棋務〔二〕：二千五百四十四貫三百一十八文，馬嶺務〔三〕：六千八百九十二貫四百六十六文，獨木務：二千六百八貫九百一十六文，東溪務：一千四百五十六貫四百六十七文，洗馬務：二百二十三貫三十八文。

和州　在城：一萬九千三十貫三文，東關務〔四〕：二千二百二十貫二百八文，栅江務：四百二十七貫八百三十八文，采石務：三百五十七貫三百一十六文（文），烏江務：一萬一百九十八貫三百一十六文，含山務〔五〕：一萬五百六十七貫二百六十四文。

舒州　在城：三萬九千五百五十三貫二百三十三文，宿松縣：二萬五千三百三十四貫九百六十二文，桐城縣：一萬三千七百七十五貫五百三十四文，太湖縣：二萬四千九百貫二百四十七文，孔城務：四千一百九十一貫四百九十六文，許公務：九千八百五十三貫五百三十六文〔六〕，鸗山務：一千三百三十三貫三百四文〔七〕，石井務：五十二貫七百三十四文，望江務：一萬六千六百七十二貫五十九文，皖口務：一萬一千九百四十六貫三十三文，永安務：七千九百九十九貫七百七十二文，石溪務：五千八百二貫七百八十一文，雙港務：五千二百三十貫三百九十八文，長風沙務：一千四貫九百四文，荻步務：一百九貫文。

濠州　在城：一萬五千三百一十五貫四百九十八文，定遠縣：五千[13]三百九貫一百五十文，永安鎮：三千九百一十六貫三百二十六文，藕塘鎮：二千六百三十二貫一百五十六文，蘆塘鎮：五百五十五貫二百九十九文，長樂鎮：五百八十五貫九百六十四文，淮東鎮：六百一十貫一百十二文。

光州　在城：二萬四千七百一十九貫五百七十二文，固始縣：二萬三千一百五十七貫八百一十一文〔八〕，光山縣：五千二百三十八貫九十三文，仙居縣：二千九百八十二貫六百七十一文，子安鎮：五百一十五貫四百七十四文，朱皐鎮：四千六百三十三貫四百文，商城

〔一〕五十：天頭原批：「五」一作「三」。
〔二〕棋：原作「旗」，據《補編》頁七一九、《元豐九域志》卷五改。
〔三〕嶺：原作「領」，據本書食貨一六之五、《元豐九域志》卷五改。
〔四〕關：原作「開」，據《補編》頁七一九、《元豐九域志》卷五改。
〔五〕天頭原批：「山」一作「水」。按作「山」是。
〔六〕貫五：天頭原批：「五」一作「三」。
〔七〕一千三百：天頭原批：「三」一作「二」。
〔八〕一文：天頭原批：「一」一作「二」。按，見《補編》頁七二〇。

鎮：一千三百九十貫五百三十文。

黄州　在城：一十七萬九千四百一十八貫六百三十六文。

無爲軍　在城：二萬一百三十貫九百八文；零鹽場：二千一百九十一貫六百二十一文；巢縣：一萬一千六百七十貫一百七文；廬江縣：二萬九千四百九十八貫四百五十一文；糝潭務：四千一百五十一貫四百三十文；石牌務：一千七百二十一貫八百二十二文；柘皋務：四千一百四十七貫八十一文；崑山務：一萬二千六百一十貫一百七十九文。

兩浙路

杭州　在城：八萬三千八十六貫一百二十九文；零賣場：四千四百六十貫三百八十六文；范浦場：六十二貫五百六十六文；臨平場：二百二十一貫三百四文；鹽官場：九百二十三貫三百八十八文；長安場：一[14]千二百二十六貫六百五十七文；富陽場：二千四百二十五貫八百七十五文；南新場：二千九百九十七貫八百九十七文；餘杭場：一千八百一十六貫一十四文；浣坎場：一千四百二十貫三百七十四文；於潛場：九千二百九十二貫六百五十四文；臨安場：二千一百九貫五百二文；昌化場：二萬五千六百三十貫六百一十一文；江漲橋場：八百一十五貫六百九十七文；曹橋場：二千五百五十六貫三文；湯村場：四百三貫五百五十九文。

越州　在城：九千五百二十三貫六百三文；餘姚縣：一千四百五十一貫四百二十六文；上虞縣：一千八百一十四貫九百四十文；剡縣：一萬五千八百五十七貫一百四十文；蕭山縣：一千二百九貫四百八十文；諸暨縣：三萬三千七百二十貫五百五十二文；新昌縣：四千九百八十三貫六百六十一文；西興鎮：二百七十二貫二百七文；錢清鎮：五百二十九貫七百五十八文；漁浦鎮：七百九貫四百六十一文；五夫場：五十七貫五百七十三文。

蘇州　在城：六萬九千七百一十貫九十三文；零賣場：七百二十六貫四百二十二文；崑山縣：三千七百二十貫二百八十二文；常熟縣：三千七百五十二貫二百一十八文；吴江縣：九千八百七貫九十四文；福山場：一千三百九貫七百五十二文；慶安場：二百九十貫七百七十六文；木瀆場：二千三百二十五貫三百三十[15]二文；梅里場：三百九十貫一百九十二文；江灣場：八十八貫八百八十七文。

潤州　在城：二萬三千六百九十六貫三百八十文；金壇場：二萬三千六百九十四貫一百七十八文；吕城場：五千五百六十一貫六百一十七文；丁角場：五千三百七十九貫一百五十七文；丹陽縣：七千四百四十三貫二百一十四文；丹徒場：一千二百九十一貫八百一十

文；延陵場：二千五百八十二貫二百四十四文；大港場〔一〕：一千三百四十八貫二百四十六文。

湖州　在城：七萬二千二十八貫七百三十文；安吉縣：四萬五千四百四十四貫二百文；長興場：二萬三百七十三貫八百二十七文；德清場：七千六百一十七貫一百七十七文；四安場：二萬六千六百一十九貫三百一十三文；新市場：一千九百一十九貫九百一十三文；施渚場：一千四百八十八貫五百五文；武康場：九千三百七十四貫九百一十二文；烏墩場：二千四百五十一貫一百六十五文；青墩場：五千一百五十七貫二百二十三文。

婺州　在城：四萬九千三百四十六貫四百五十五文，東陽縣：二千九百八貫八百八十六文；蘭溪縣：二萬六百四十一貫六百五十五文；義烏縣：四千五百九十三貫二百六十文；永康縣：六千二百四十八貫八百一十六文；武義縣：九千三十九貫三百六十八文；浦江縣：一千八百八十二貫六百三十四文；孝順【16】鎮：四千五十一貫二百八十四文。

明州　在城：一萬三千五百五十貫一百二十七文；奉化鎮：二千八百九十七貫九百四十九文；慈溪場：一千四十八貫七百三十一文；定海場：七百九十三貫二百五十四文。

常州　在城：二萬六千七百八十四貫三百七文；宜興縣：一萬四千七百一十八貫五百三十一文；無錫場：一萬一百六十貫三百六文；湖洑場：三千四十三貫七百一十三文；張渚場：四千五百二十九貫一百五十一文；青城場：五百五十四貫九百五十四文；萬歲場：六百二十七貫二百八文；奔牛場：一千九百四十五貫九百四十四文；江陰場：四千三百五十五貫九百三十七文；利城場：五百一十四貫二百三十七文；羅村場：九百五十六貫七百七十四文；橫林場：一百一十五貫四百四十二文。

溫州　在城：一萬六千九百八十九貫九十文；永安場：三千一百四十一貫九百九十三文；瑞安場：一千九百三十二貫五百八十三文；平陽場：二千六百六十九貫三百七十一文；前倉場：二千二百五十二貫二百七十文；樂清場：二千一百五十五貫八百二十九文〔二〕。

台州　在城：五萬六千二百二十五貫八百六十九文；零賣場：二千五百三十五貫九十一文；寧海場：六百六十六貫七百四十一文；仙居縣：二千二百一十七貫五百二十六文；天台縣：一千八百一十八貫一百三十八文；黃【17】巖場：二千四百八十八貫二百三十九文；縣渚場：六百六十六貫七百二十五文；路橋場：八百八貫八百一十二文；港頭務〔三〕：二百五十一貫七百五十八文。

〔一〕港：原作「巷」，據《元豐九域志》卷三一、劉宰《漫塘集》卷三一《孫承直墓誌銘》改。

〔二〕二千：天頭原批：「二」一作「一」。按，見《補編》頁七二一。

〔三〕港：原作「巷」，據《元豐九域志》卷五、《赤城志》卷七改。

處州　在城：二萬二千九百五十六貫九百九十八文；青田縣：三百九十四貫八百六十七文。

衢州　在城：七萬五千六百五十五貫一百六十四文；龍游縣：一萬二千三十三貫六百八十四文；開化縣：一萬七千四百一十九貫六百六十九文；常山縣：二萬三千八百九十二貫四百五十二文；江山縣：二萬八千一百六十四貫四百五十二文；禮賓鎮：三萬二百九十九貫八百八十九文；安仁鎮：五千一百三十七貫六百一十四文；白革湖鎮：三千二百八十六貫二百二十五文；南銀鎮：八百一十八貫五百三文。

睦州　在城：一萬七千九百八貫文；分水縣：一千一百一十三貫一十七文；青溪縣：一萬二千貫四百七十九文；桐廬縣：二千三十五貫五十六文；壽昌縣：一萬八百六十八貫三百九十文〔一〕；遂安場：一萬六千四百四十六貫三百六文。

江南路　東路

江寧府　在城：五萬二千一百一十貫三百六十五文〔二〕。句容縣：七千一百六十貫五百三十四文；溧水縣：一萬七千六百四十八貫九百八十八文；溧陽縣：一萬七百六貫八百九十五文；舉善鎮：六百三十三貫五百四十二文；社渚鎮〔三〕：一千二百九十七貫七百九十一文；下蜀寨：四[18]百五十三貫五百七十七文。

宣州　在城：六萬三千八百九十五貫一百七十九文；南陵縣：四萬二千五百五十二貫六百九十文；寧國縣：六千九百八貫九百四十三文；涇縣：四千五百九十七貫一百二十二文；旌德縣：二千四百八十六貫一百六十四文；太平縣：一千四百三十八貫六百五十八文；水陽鎮：二千九百九十八貫九百七十九文；杜遷務：四百九十九貫三百八十八文；符裏窰務〔四〕：八百二貫五百二十七文；城子務：一千一百八十九貫八百八十文。

歙州　在城：三萬七千九百九十貫二百五十七文；休寧縣：九千七百五十九貫六百二十文；績溪縣〔五〕：二千七百九十四貫一百一十文；黟縣：五千九百五十四貫七百二十文；祈門縣〔六〕：八千八百九十九貫三百八十五文；婺源縣：一萬三千七百七貫七百三十五文。

江州　在城：三萬九千六百七十七貫一百七十九文；零鹽場：二千四十二貫四十文；德安縣：三萬二千六百八十一貫六百四文；湖口縣：二萬六百二十九貫二百三文；彭澤縣：一萬八千五百七十六貫四百七十九

〔一〕一萬：天頭原批：「『一』一作『二』。」按，以下見《補編》頁七二二一。
〔二〕天頭原批：「『三』一作『五』。」
〔三〕天頭原批：「『社』一作『杜』。」按《元豐九域志》卷六作「社」。
〔四〕裏：原作「裹」，據本書食貨一六之一〇、《元豐九域志》卷六、杜範《清獻集》卷八改。
〔五〕天頭原批：「『績』一作『續』。」按作「績」是。
〔六〕祈門：史籍中多作「祁門」。

文；瑞昌縣：二萬三千五百二十貫八百七十二文；德化縣：二千九十一貫一百八十文；馬當鎮：九十五貫二百八十文。

池州　在城：三萬五千一百三十六貫四百六十文；青陽縣：二萬一千七百二十貫一百一十八文；建德縣：二萬一千一百四十三貫四百八十六19文；東流縣：一萬六十八貫三百八十四文；銅陵縣：五千九百一十貫九百四十一文；石埭縣〔一〕：五千四百一十四貫九百二文；順安鎮：一千五百八十四貫五百九十二文；大通鎮：三千九百二十四貫二百三十六文。

饒州　在城：八萬八千二百六十七貫四百三十三文；樂平縣：二萬六千六百三十一貫七百八十二文；浮梁縣：三萬四千一百六十貫四百八十九文；安仁縣：一萬八千九百四十三貫四百八十文；餘干縣：三萬三千五百四十一貫四百七十四文；德興縣：一萬四千五百八十八貫七百六十八文；景德鎮：一萬三千四百九十四貫三十一文；石頭鎮：八千三百五十八貫六百一十七文。

信州　在城：四萬七百一十一貫九十六文；貴溪務：三萬二千四百七十一貫三百三十五文；弋陽務：二萬八千四百七十一貫二百五十八文；鈆山務：二萬二千八百六貫八百四十三文；玉山務：四千四百一十貫一百四十四文；寶豐務：七千七百二十五貫一百五十三文；汭口務：一萬二千二百二十二貫四百文；永豐務：三千二百三十一貫六百一十一文。

太平州　在城：二萬三千八百八十二貫二百三十九文；蕪湖縣：一萬六千二百九十九貫三百三十文；繁昌縣：九千二百九十三貫三百七十八文；采石務：一千三百四十五貫九百三文；慈湖務：一千三百九十九貫三百一十五文；峩橋務：六20千三百三十二貫九百八十八文；荻港務：四千七百一貫八百三十七文。

南康軍　在城：二萬八千四百九十貫四百六文；都昌縣：二萬九千四百三十六貫五百二十一文；建昌縣：三萬九千四百六十九貫一十一文。

廣德軍　在城：一萬二千二百九十四貫一百四十七文；建平縣：一萬一千三百貫二十二文。

西路

洪州　在城：一十四萬三千五十二貫三百五十六文；豐城縣：四萬一千八百六十四貫九百二十四文；分寧縣：三萬一千六百一十六貫一百六十三文；武寧縣：一萬五千九百一十二貫三百八十一文〔二〕；進賢鎮：一萬四千三百九十九貫三百八十六文；樵舍鎮〔三〕：八千五百三十貫五百八文。

〔一〕埭：原作「杕」，據《元豐九域志》卷六改。
〔二〕天頭原批：「『八』一作『六』。」
〔三〕舍：原作「含」，據《補編》頁七二三、《元豐九域志》卷六、《周文忠公集》卷一七〇改。

虔州　在城：一十一萬六千七百三十九貫六百六文；雩都縣：一萬四千一百六十六貫六百四(千)〔十〕四文；信豐縣：二萬二千四百六十四貫四百五十三文；龍南縣：一萬二千三百八十二貫六百八十七文；石城縣：一萬一千三百貫九百六十七文；興國縣：四萬五千六百五十一貫一百三十八文；虔化縣：二萬八千八百一貫二百四十二文；瑞金縣：一萬六千八百七十一貫三百四十二文〔一〕；會昌縣：二萬三千八百九十五貫六十文；雩都縣銀場：三百二十三貫四十五文。

吉州　在城：一十三萬三千五百一貫六百七十三文；太和縣：四萬七千三百六十九貫三百六十九文；吉水縣：二21萬七(十)〔千〕六百三十九貫四百七十八文；安福縣：一萬一千二百九十八貫二百八十五文；永新縣：一萬二千九百一十八貫八百三十二文；龍泉縣〔二〕：一萬八百七十四貫四百九十四文；永豐縣：二萬三千五十四貫八百九十六文；永和鎮：五千八百二十五貫九百一十五文；粟傅場〔三〕：一千七百八十六貫二百三十三文；沙市務：二千三百三十三貫四百六十二文。

袁州　在城：九萬三千六百三十三貫七百一十八文；分宜縣：一萬七千八百七十三貫三十五文；萍鄉縣：一萬七千一百一十三貫一百六十九文；萬載縣：六千二百五十二貫七百七十七文。

撫州　在城：八萬九百七十六貫三百六十九文。

筠州　在城：八萬六千三百四十四貫五百五十八文。

興國軍　在城：五萬二千八百八十五貫一百二十四文；大冶縣：二萬八千六百八十二貫三百九文；通山縣：二千九百七十九貫二百七十文；磁湖鎮〔四〕：三千八百一十八貫二十一文；佛圖務：二千六百二十六貫四百一十八文。

南安軍　在城：八千一百一十九貫六百五十六文；南康縣：四萬一千五百八十四貫三百一十五文；上猶縣：八千二百六十二貫五百文。

臨江軍　在城：四萬二百九十三貫五百二十七文；新淦縣：三萬四千八百八十五貫六百三十七文；新喻縣：一萬六千九百九十二貫八百六十八文。

建昌軍　在城：二萬八千五百二十三貫七百五十八文；南豐縣：一萬七22千七百一十九貫三百六十三文；太平場：四百一十五貫七百七十五文。

荊湖路　南路

潭州　在城：二十五萬七千六百一十五貫八百一十一文；衡山縣：三萬一千七百七十六貫六百一十文；湘

〔一〕天頭原批：「『三』一作『二』。」
〔二〕泉：原作「全」，據《元豐九域志》卷六改。
〔三〕粟傅：原作「粟傳」，據《元豐九域志》卷六改。參見本書食貨一六之一二校記。
〔四〕湖：原作「瑚」，據《補編》頁七二四、《元豐九域志》卷六改。

潭縣：三萬五千三百九貫七百七文；醴陵縣：五千七百一十六貫九百五十七文；攸縣：九千二百八十六貫八百九十六文；益陽縣：二萬六千四百五十一貫二十四文；湘鄉縣：一千一百三十一貫二百三十四文；湘陰縣：一萬五千四百八十八貫四百七十一文。

衡州　在城：八萬八千三百一十九貫四百七十三文；耒陽縣〔一〕：一萬六千六百九十一貫二百六十文；安仁縣：三千貫文；常寧縣：七千三百一十五貫二百文；茶陵縣：一萬三千五百貫；泉溪鎮：一千三百八十貫；白竹鎮：七百二十貫；寒溪鎮：七百七十貫；新城鎮：五十貫文；大潙場：六百六十貫七百五十文；金場：六百六十貫；彭蠡驛：五百文；西渡：四百八十貫文；茭源坑：七百九十三貫四百五十文〔二〕；安陽步：七百三十貫文；高店塘：三百四十三貫文；李家團：三百四十八貫七百文；高灘：四百八十貫文；冷水：四百一十貫文；四湅：一百八十貫；烏波：六百二十五貫文；松柏：一百五十貫〔三〕；梓夏：一百三十二貫文。

道州　在城：一萬六千六百四貫四百七十五文；寧遠縣：一萬四千七百九十七貫五百二十六文；江華縣：一萬一萬一千三百六十四貫九[23]百八十七文；永明鎮：一萬一千一百八十六貫七百四十文。

永州　在城：八萬五千九百四貫九百五十六文；祁陽縣：三萬五千一百四十六貫七百五十一文；東安縣：一萬一千六百四十八貫七百六十七文。

郴州　在城：一萬四千四百八十七貫六百六十五文；桂陽縣：一百五十九貫二百八十文；宜章縣：一百五十九貫五百二十六文；永興縣：一千二百八十四貫四百二十一文；高亭鎮：一千七百五十八貫六百五十四文；安福驛：八十一貫二百三十五文；資興場：一百二十九貫八百八十二文；征陂場〔四〕：二百四十一貫九百六十二文；共江橋場：七十七貫九百四十文；新塘坑：一百一十一貫六百九十二文；浦溪坑：一千三百四十貫二百八十文；延壽坑：二千六貫八百八十五文〔五〕；流江坑：八十六貫五百八文。

全州　在城：四萬九千四百三貫六百一十八文。

桂陽監　在城：二萬五千九百五十四貫六百一文；藍山縣：五百二十三貫八百七十文；香風鎮：一百二十八貫七百文；龍崗：一百九十一貫一十文；毛壽坑：二十九貫八百三十文；水頭坑：二百三十二貫六百七十三文；小白竹坑：一百三十四貫五百六十三文；石笋坑：

〔一〕耒：原作「來」，據《補編》頁七二四、《元豐九域志》卷六改。
〔二〕天頭原批：「『五』一作『三』。」
〔三〕天頭原批：「『一』一作『二』。」
〔四〕天頭原批：「『陂』一作『陵』。」按，以下見《補編》頁七二五。
〔五〕天頭原批：「『千』一作『十』。」

一百六十四貫九百七十文；大富坑：九百三十六貫〔一〕。

北路

江陵府　在城：五萬三百四十七貫二百四十二文；公安縣：一萬二千五百八十九貫八百九十文；24監利縣：一萬二千五百八十九貫六百四十文；石首縣：九千三百六貫二百一十九文；潛江縣：一萬四千四百六十一貫八百二十九文；長林縣：二萬五千二百五十二貫二十七文〔二〕；松滋縣：一萬八千九十二貫九百九文；涔陽鎮：一萬七千五百貫八百三十二文；白水鎮：四千七十五貫二百五十七文；沔陽鎮：一千一百六十三貫五百八十五文；建寧鎮：七千七百七十六貫三百九十五文；師子鎮：五千三百三十二貫六百五十八文；赤岸鎮：九千一百五十六貫九百一文；枝江鎮：八千三百四十七貫八百九十文；玉沙鎮：一萬六千三百六十九貫一百七十六文；藕池鎮：一萬一百五十九貫七百四十七文；沙市務：二萬一千二百五十七貫五百四十五文。

鄂州　在城：五萬三百九貫二百三十九文；武昌縣：六千八百一十三貫六百三十二文；嘉魚縣：九千二百三十九貫四百九十一文；咸寧縣：一萬九千八百二十六貫三十三文；蒲圻縣〔三〕：二萬一千九百六十貫七百五文；崇陽縣：一萬四千六百四十三貫三百四十四文；漢陽縣：二萬六千一百一十四貫四百九十一文；通城縣：二千二百一十八貫一百八十九文；金牛鎮：一萬六千三百八十七貫八百九十二文；漢川鎮：一萬九千八百一十四貫八百五十三文；下汊鎮：七千三百八十八貫八百六十六文；白湖鋪：二百六十二貫八十四文；涓口鋪〔四〕：25一百一十八貫三百七十二文。

安州　在城：三萬七千四百一十五貫二百一十五文；應城縣〔五〕：一萬三千一百九十二貫五百五文；孝感縣：一萬一千八百三十九貫二百七十文；景陵縣：四萬七千一百七十九貫二百七十九文；應山縣：一千一百二十五貫八百五十三文；雲夢鎮：三千三百四十四貫二百一文；太平鎮：二百五十四貫七百九文；北舊鎮：一百九十二貫七百三十八文；東舊鎮：六百六十三貫五百八文。

鼎州　在城：五萬三千四百四十二貫三百一十一文；桃源縣：二萬四千四百一十四貫六百八十三文；龍陽縣：一萬三千四百二十三貫七百四十四文。

澧州　在城：六萬三千九百七十八貫一百五十六文；安鄉縣：七千六百七十貫七十一文；石門縣：四千五百四十二貫七十三文；慈利縣：二千四十貫六百三十

〔一〕天頭原批：「『三』一作『二』。」
〔二〕二百：天頭原批：「『二』一作『一』。」
〔三〕圻：原作「圻」，據《宋史》卷八八《地理志》四改。
〔四〕天頭原批：「『鋪』一作『鎮』。」
〔五〕城：原作「成」，據《元豐九域志》卷六改。

九文；鐵冶場：一千八十五貫七百一十八文〔一〕；車渚場：二百二十一貫四百三十二文；澧川寨：一千七十四貫三百四文；西牛寨〔二〕：七百八十七貫五百四十四文；臺宜寨：一千一十七貫五百六十三文；索口寨：六百一十二貫五百九十六文；安福寨：一千六十四貫四百二十九文；武口寨：九百九十五貫八百八十五文；太平鎮：三百九十貫六百五十五文。

峽州　在城：一萬六百二十六貫一百七文；宜都縣：六千五百一十二貫九百六十一文；長陽縣：九百貫三百二十[26]二文；遠安縣：一千六百六十一貫三百六十八文；牟谷縣〔三〕：三千六貫六百二十四文；新安寨：六百七十貫三百八十文；漢流寨：九百二十九貫三百三十二文；巴山寨：一千六百七貫六百六十五文；麻溪寨：八百八十一貫五百四十八文。

岳州　在城：五萬三千八百三十六貫二十三文〔四〕；臨湘縣：二萬三千四百六十九貫二百一十七文；華容縣：一萬四千一百八十二貫九百八十八文；沅江縣：二萬四千四百二十貫五百四十一文；平江縣：一千三百八十貫四百七十文；公田鎮：二千一百三十九貫三百四十一文；閣子鎮：二萬三千六百一十一貫五百四十文；烏沙鎮：三百一十三貫一百四文。

歸州　在城：二千九百七十四貫一百七十七文；巴東縣：七百七十六貫七百一十文；秭歸鎮：一千四百八十二貫六百八十九文。

辰州　在城：二萬一千四百五十五貫五百七十六文。

沅州　在城：三千三百五貫六十六文；黔江城：一千五百七十二貫五百三十一文；安江寨：二千二百六十二貫三百五十九文；鎮江寨：一千三百一十二貫五百三十八文；錦州寨：二千九百九十三貫二百五十一文〔五〕。

梓州路

淯井監　在城：一萬六千二十貫〔六〕；南井：一萬六百三十貫文。

福建路

福州　在城：二千六百二十一貫一百五文；[27]閩縣：二千四百二十四貫八百六十六文；侯官縣：二千三百五十二貫九百九十文；懷安縣：四千三百七十八貫一百三十二文；連江縣：二千四百六十六貫五百一十八文；羅源縣：八百六十四貫六百九十四文；寧德縣：一千二百九十三貫六百七十八文；長溪縣：一千一百五十

〔一〕天頭原批：「『千』一作『百』。」按，以下見《補編》頁七二六。
〔二〕牛：原作「平」，據《元豐九域志》卷六、《武經總要》前集卷二〇改。
〔三〕牟谷縣：按歷代並無此縣。本書食貨一六之一四峽州有牟谷務、牟谷場，疑「縣」爲「場」之誤。
〔四〕三文：天頭原批：「『三』一作『二』。」
〔五〕二千：天頭原批：「『二』一作『三』。」
〔六〕天頭原批：「『千』一作『百』。」

八貫七百四十五文；閩清縣：二千六百九十九貫五百文；永泰縣：一千六百四十九貫二百二十文；古田縣：四千三百二十一貫五百四十八文；長樂縣：七百一十二貫六百七十三文；福清縣：一千九百九十二貫四百二文；保德場：一百五貫三十文；黄洋場：四十七貫一百一十文。

建州　在城：一萬二百六十六貫一百三十九文；建陽縣：二萬一千七百六十三貫七百二文；浦城縣：一萬一千二百七十貫一百二十四文；崇安縣：一萬三百一十五貫三百三十八文〔一〕；松溪縣：一千五十八貫八百五十六文；政和縣：七百四十三貫一百二十九文；遷陽縣：一千二百二十二貫三百三十五文；武仙場：四百八十五貫三百二十一文；通德場：二千七百六十七貫五百七十一文；黄栢洋場：二百六十七貫九百九十六文；永興場：一十三貫六百九十一文；天受場：六貫二百四十一文；潘家山：七十二貫五百五十四文；大同山：二十六貫一百七十二文；鹽庫：一十八貫一百二十一文。

泉州　在城：三千一百五十六貫一百九十[28]二文；南安縣：一千九貫二百五十九文；同安縣：一千二百四十六貫二百八文；惠安縣：九百四十五貫四百八文；永春縣：四千八百一十四貫六百八十五文；清溪縣：一千二百八十四貫七百八十四文；德化縣：二千七十四貫一百七十六文；倚洋場：一百五貫六百文；青陽場：二百六十一貫九百六十五文；革場：一百四貫；大盈驛：四百一十八貫七百四文。

南劍州　在城：一千三十九貫八百九文；順昌縣：一千九百五十四貫七百五十文；將樂縣：三千三百一十一貫八百九十六文；沙縣：二千五百九貫九百四十四文；尤溪縣：二千七十六貫七百一十八文；洛陽口鎮：四十六貫二百七十八文；新豐、小安仁等場：四十一貫八百六十五文；龍泉、寶應等場：一百一十六貫五百六十二文；龍門場：一百三十八貫九百六十七文；大演場：六十三貫五十三文；安福場：一十九貫八百六十六文；石牌場：一百二十九貫三百九文〔二〕；安仁場：七十五貫五百四十文；葉洋場：六十七貫六百三十三文；漆坑場：二十貫九百二十九文；倉峽務：一十五貫四百四十四文。

汀州　在城：九千九百四十六貫八百一十三文；武平縣：一百三十四貫八百四十二文；寧化縣：一萬六千七百五十七貫七百五十五文；上杭縣：七百二十四貫二百九文；留村鎮：五十貫六百八十四文；上寶場：四十二貫三百三十四文；龍門場：二[29]百二十九貫五百六十七文；寶安場：四十貫七百八十二文；長永坑：二百九十貫四文。

〔一〕三十：天頭原批：「『三』一作『二』。」按，以下見《補編》頁七二七。
〔二〕天頭原批：「『三』一作『一』。」

漳州　在城：一萬二千一十七貫二百二十文；漳浦縣：一千九百三十五貫二百六十六文；龍巖縣：一千二百五十三貫五百四十五文；長泰縣：二千六百五十八貫九百一十一文；大濟場：八百八十八貫八百八十六文。

邵武軍　在城：五萬一千一百貫二百六十三文；光澤縣：一萬三千八百六十三貫八百五十一文；歸化縣：八千二百九十二貫三百三十二文；建寧縣：二萬二千四百四十七貫六百二十二文；黄土場：一百八十二貫一百文；太平場：六百三十二貫九百五十二文；龍須場：六十四貫六十五文；青女場〔一〕：九十貫八百七十文；黄際場：一百二十四貫八百六文；榮名寨〔二〕：四十貫三百文；大吉鋪：一十三貫四百二十三文〔三〕。

興化軍　在城：四百三十八貫二百六十四文；莆田縣〔四〕：二百八十一貫七百四文；興化縣：一百四十八貫九百九十二文；黄石務：一百一貫一百四文；迎先務：六十七貫六百一十六文；縣市務：二百四十一貫四百一十二文；龍華務：二百一十一貫六百文；石碧潭務：二百四十一貫八百三十二文；風亭務：七十七貫六百八十文。《三山志》〔五〕：閩漕歲辦鹽一十三萬引，官鬻於商而貨於民，聽其醃造。皇慶元年，運司同知范悳郁罷醃造，而行民食課鈔，責辦於有司。郡轄州二、司一、縣一十有一，受引有差。一時分派失中，厥後小民役户艱於輸徵。泰定三年，福清州同知李恭乞減本州食鹽一千五百引。轉聞于上，得請，州民至今歌舞其賜。今 30 本路食鹽，週歲凡引四萬五千，總課鈔中統一十一萬二千五百錠。福寧州：四千五十二引，計鈔一萬一百三十錠；福清州：四千五百七十六引，計鈔一萬一千四百四十錠；録事司：二千七百一十二引，計鈔六千七百八十錠；古田縣：五千九百三十二引，計鈔一萬四千九百八十錠；閩縣：二千八百二十四引，計鈔七千六百錠；（候）〔侯〕官縣：三千九百八十四引，鈔九千九百六十錠；懷安縣：二千九百九十二引，鈔七千四百八十錠；永福縣：二千四百九十二引，鈔六千二百三十錠；閩清縣：二千二百引，鈔五千五百錠；連江縣：三千五百二十四引，鈔八千八百一十錠；長樂縣：三千六百四引，鈔七千六百六十錠；羅源縣：一千六百四引，鈔四千一十錠；福安縣：二千二百四十八引，鈔五千五百二十錠；寧德縣：二千七百九十二引，鈔六千九百九十錠。海口、牛田二場，歲煎鹽二萬六千七百五十九引，係隸本路福清州所轄地面，海口場辦一萬四千七百五十九引，牛田場辦一萬二千引。

《建安志》：泄變鹽貨，每月以九日鬻大上供鹽，二十一日鬻小上供鹽，舊志已述矣。舊制：一都坊於平政門下，又置四脚坊於府儀門前等處，而止每斤鬻錢八十八文足，饒鹽一兩二錢。嘉定九年，計使郎中俞公建攝郡，以鹽課不登，添創九脚坊於臨江、朝天、西津、寧遠、建安、建溪、通安、永慶諸城門下及蘄王廟前。鹽價以斤包者，每斤止鬻錢七十文足；以兩包者，每二兩止鬻錢九文足，不復支饒鹽。每所差貼司、掐子各一名發賣拘錢，隨日解發，人甚

〔一〕青女場：本書食貨二三之二、二三之一五、《補編》頁一五八作「青安」。

〔二〕榮名寨：按《元豐九域志》卷九邵武軍邵武縣下有營名鎮，當是一地，則「榮」或當作「營」。

〔三〕天頭原批：「〔二〕一作〔三〕。」按，以下見《補編》頁七二八。

〔四〕莆田：原作「蒲田」，據《宋史》卷八九《地理志》五改。

〔五〕按此《三山志》並非《淳熙三山志》。以下引文中有元仁宗「皇慶」年號，又有元代所置福寧州、福清州名，顯爲元人著作。考《文淵閣書目》卷四有《三山志》，即《淳熙三山志》；又有「《三山續志》四册」。此處所引《三山志》，當即此《三山續志》。然此爲元人書，所記亦元代事，不應引注《宋會要》，此亦《大典》之疏。

便之。可入倉庫門。浦城縣弓兵舊止以八十名爲額，嘉定五年，〔師〕〔帥〕司以寓公詹主簿等狀，乞差左翼軍彈壓，送本府保明，增弓兵三十名添貼防虞外，復差詹全等七名充本縣獄卒，庶免縣中差占弓兵。弓兵三十名，顧錢之數與八十名同，本府月關常平庫支，徑差排軍押至縣，取逐人親領。可入浦叙縣門。閩中夙號磽瘠，土地所産，不足供公上之須，郡縣賦入薄而經費廣，下州取給於寺院，上州倚辦於鹽筴，而鹽筴之分綱數，蓋可考焉。紹興二十七年，朝廷因臣寮言本路鹽筴利害，就委提刑吳公逵覈其事。逵乃酌上四郡縣歲用之數，俾運鹽以補常賦所入之闕，仍令減價自鬻，不得科賣於民。既而諸司復行相度，申明前説，將諸縣每年合樁上供歲計數目分定綱數，上四郡縣總計運鹽一千六百八十三萬斤，不得過於立定額數，鈔鹽尚在定額之內，且令州縣出賣官鹽，只許就市井置坊一所。紹興初，官鹽分在諸廳變賣，兵曹諸廳爭欲得之，可以展拓周旋，人情未嘗有艱售之嫌。後方置坊，見五年葉（延）〔廷〕珪之請，立定坊數，蓋懲此弊。又十二年，州縣運鹽既無定數，惟有力則能多致，科賣紛紛，民不勝擾，立定綱數，蓋懲此弊。而減價自鬻，又所以懲科賣之弊[31]也。今本府歲運十三綱，爲鹽一百三十萬斤，七縣歲運三十九綱，爲鹽三百九十萬斤。每綱各許税户搭買拖脚鹽一萬斤，以備欠折，又在每綱正鹽之外。此府縣歲運之數，總而計之，爲鹽五百二十萬斤。户口有多寡，數亦因之，謂如建安、甌寧産錢一同，故每縣歲運各四綱半；政和、松溪産錢相似，故每縣歲運各二綱。其餘三縣或多或少，皆有深意。又因其事力之厚薄，供億之繁簡耳。縣運不迭元敷之數，則月解虧；府運不迭元敷之數，則用度窘。敷數既定，所有合解漕司海船脚乘、綱本等錢，少有稽緩，則官吏受責。今上四州縣每於一年之後方該元名，却隨名次高下打鹽裝載，率常不救其急，縣道多至敗闕。綱有大小，由綱數則可驗其産税之厚薄；價有高下，因鹽價則可知其道里之近遠。迭其十萬斤爲大綱，本府并七縣並係大綱。南劍州、劍浦、將樂、尤溪、沙縣亦係大綱。迭六萬斤爲中綱，汀州、長汀、清流、寧化、邵武軍、邵武、光澤並係中綱。三萬五千斤爲小綱，惟泰寧、建寧二縣係小綱。然州縣間多不能運及元敷之額。先是政和間，漕司措置，如州縣闕乏，申就本司，借上件海船等錢或綱本錢應副發遣。税户起綱，亦行下上供庫正行收支，候綱到州縣，賣錢令項拘納解還。後仍其制。今漕司應副建安、甌寧兩縣不出庫錢發遣綱户，却於逐日解錢送上供庫交納，蓋用此。紹興三十二年，漕臣陳寺丞申明，乞每綱召募土著實有物力税户般運。勘會家業直錢二千貫以上，拘收砧基契書入官抵擬訖，申赴上供庫送納海船等錢，附籍發遣前去參倉。仍將州縣每年合樁上供歲計鈔鹽、窠名錢數扣筭數目，逐處以五分〔爲〕率，内四分發赴懷安倉搬，專充歲計綱；一分赴嶺口倉搬，專充鈔鹽綱。嶺口綱海道險惡，號重難綱，州縣罕有運者。大觀末，詔東南鹽法久壞，令都司張察郎中至其地，講求利害。察請以本鹽息三分爲率，二分歸朝廷支抹客商，一分歸司充辦歲計。是時商販、官運兩不相妨。靖康俶擾，商販不行，海倉聚鹽，官悉自賣。建炎末，户部侍郎葉份請令福建亦行鈔法，既而私販滋盛，尋詔罷之。紹興五年，邵武幕官趙不已獻言〔一〕：客鈔既住，乞令本路歲認鈔錢二十萬貫，漕司乞認十五萬貫。所謂鈔鹽錢，始於此。是年，知福清縣葉廷珪乞於上四州置鹽〔二〕，每斤内增錢十數文，令項樁作鹽本錢，以優亭户。漕司奏請行之，始令各州并屬縣於賣鹽錢内增收，充循環鹽本錢，所謂增鹽錢始於此。紹興六年，鈔鹽錢加至二十萬貫。乾道三年，臣僚論賣鹽五弊。時命太常少卿任公文薦將漕，付以此事。明年，臣僚復論之。任公奏：「鈔鹽錢既罷，鈔綱亦合住運。」朝廷從其説，遂減當來歲運之數三百八十萬斤〔三〕。乾道八年，以漕臣陳峴之請，再行鈔法，且令每斤支價錢一十文足，視隆[32]興元年措置，每斤虧支二文，更不除頭。既而鹽鈔散在州縣，客旅不通，其豪於財之人隨意揀販，以規倍蓰之利。官司莫能號令，郡縣皆藏虛鈔，而客販不通，以至官兵請給積壓無支，歲計上供拖延莫解。九年，亟行住罷，仍舊官般官賣，鹽價亦仍舊，支還本錢一十二文。是年八月，運副傅公自得、運判楊公由

〔一〕邵：原作「昭」，據《中興小紀》卷一五改。
〔二〕置：似當作「賣」。
〔三〕來：疑當作「年」。

義申：目今建寧府并倚郭建安、甌寧兩縣，合納鹽本、增鹽等錢，係在本府都鹽倉紐撥，作敖椿管，番次支下都鹽坊賣。以二十日爲準，內六日賣納本司一綱鹽本、增鹽等錢三千二百七十二貫七百二十八文省；餘一十四日賣本府及兩縣歲計鹽，每日入帶納本司鹽一千斤，價錢一百八貫五百六十文省，隨日收錢赴上供庫交納。大上供、小上供，蓋起於此，以見都坊變賣兩縣綱鹽，爲有日矣。方其立額之初，預爲分隸之數：一曰增鹽，爲鹽三萬一百四十七斤三兩；一曰贍學，爲鹽三千一百五十三斤九兩；一曰吏祿，爲鹽五百九十八斤四兩五錢；一曰經總制鹽，爲鹽三千二百六十六斤一十三兩；一曰坐倉耗鹽，爲鹽三千斤；一曰兵食鹽，爲鹽一千斤；一曰綱脚頭鹽，爲鹽一千四百一十六斤八兩五錢；一曰三司頭鹽，爲鹽一千五百九十八斤一十三兩；一曰三司分脚鹽，爲鹽五十八斤二兩；一曰拖脚息鹽，仍分其一半以隸府司，爲鹽一千二百九十二斤；一曰中賞，爲鹽四百五十六斤三兩二錢五分。此係久例。又有增收大賞，爲鹽二百七十五斤一十五兩四錢五分，此係三年創例。分隸既足，又有六萬二千八百六十七斤一十兩，謂之綱本市利鹽。分還上供版帳、諸色窠名歲計，而於其中撥鹽九千二百一十一斤一十兩五鏊，抵還先所借起揭錢，以見建安、甌寧兩縣照久例支借起揭錢，漕司應副兩縣不出庫錢，正以存立縣道，而助上司州郡趁辦歲計也。今詳本府所借兩縣起揭錢，每綱一千貫，亦有來歷。蓋政和之制闕乏，州縣就漕司借不出庫錢一千八十貫，候綱到日，州縣賣錢，令項拘納解還。自後兩縣綱運盡歸使府，不敢再於數內乞行代納，綱本錢遂自擘劃，逐日解錢十二貫納漕司，名曰海船錢，則知支借起揭，豈無謂而然？然此特本府并兩縣大數，若此五邑，未（兑）〔免〕少異。蓋兩縣係出綱本自運，但令稅户主持五邑，係是稅户出錢充本，故事例不可概舉。大要官府之事，當有微利，使人奔走其下，故每綱各有拖脚鹽，以優潤稅户。舊法每綱許帶二分，紹興五年，方以十分爲率，許帶一分準備填欠。大綱運鹽十萬斤，則許稅户搭帶一萬斤，通計十一萬斤。如本綱交納無欠，就拘中賣入官，而一分本錢，亦係所募州縣爲之解納漕司，而俾收其息，是名均支錢，每斤本錢二十文足。所過場務，官薄其征，所以優饒稅户之意蓋深遠矣。漕司立定則例，綱過場鎮，福 33 州水口鎮每斤只許收錢三文五分足，嵢峡鎮只許收錢五文足，南劍州稅務止許收錢四文五分足，其餘鎮務並不許收拖脚鹽稅錢。

今録般綱之節次于後：本府一十三綱，一十二綱懷安倉，一綱嶺口倉。建安縣四綱半，四綱懷安倉，半綱嶺口倉。甌寧縣四綱半，四綱懷安倉，半綱嶺口倉。建陽縣一十一綱，一十綱懷安倉，一綱嶺口倉。崇安縣七綱，六綱懷安倉，一綱嶺口倉。浦城縣一十綱零四萬五千五百斤，八綱半有零懷安倉，一綱半嶺口倉。松溪縣二綱，一綱半懷安倉，半綱嶺口倉。政和縣二綱，一綱半懷安倉，半綱嶺口倉。募稅户以起發：本府歲運十三綱，所謂綱本、海船等錢〔一〕，必須前期一年申幹綱人姓名於漕司。纔申姓名，即解海船、綱本等錢。海船錢六百五十貫，拖脚頭錢三百九十貫，貼納錢十四貫五百四十四文，小鈔錢五貫一百二十二文，計錢一千五十九貫六百六十六文省，以充其費。漕司籍定納錢月日，爲先後次序排立《千字文》號，理爲名次。縣綱數少，季申一名。其綱次多者，不在此數。照名次以參倉：稅户既已申明，州縣已納錢於上供庫，即將姓名附薄，給《千字文》號公文發遣前去參倉。倉索朱鈔驗實，仍依名次先後支鹽，守等得到元名，率常在一年之後。裝綱離岸，又須旬月，隨參倉先後以給鹽。稅户既當名次，須管三日之內顧足人船，倉即支撥。或到倉限滿，人船不足，即該次人姓名隔下，却支次名。或兩日内次名顧人船未足，即與第三名支請。其第一名亦許限三日再顧足人船，候第二名支絶，先次支足。若又出違日限，更不支發。立法之始，關防可謂曲盡，然闕乏州縣，或有已該名次而無錢起揭，亦有已裝下鹽而無力接濟。如尤溪三年之内合運二十四綱，止運一綱者，間或有之。批行程曆以驗遲速：稅户已得漕司朱鈔發付參倉，即給行程曆一道催趣裝綱。及至起發，所至官司批上行程及關報經由巡尉催趕趁限。今有離倉半年，起揭、接濟等錢不能相續，遷延日久，不能至所般州縣，又孰敢稽稅户勤惰。惟崇安爲不失立法之意，鹽已打足，自懷安倉限六十日到縣。如期而至，則支賞錢二百貫省。違五日限，罰錢五十

〔一〕等：原作「筆」，據後文改。

貫省；又違五日，遞加一等，至所立賞錢數止。蓋其縣財力有餘，不費擘劃，而地遠鹽貴，税户自得拖脚等鹽之利，公利相資，所以整辦。備起揭錢以充綱料：名次既該裝綱，税户就所募州縣請錢一千貫往懷安倉，名曰起揭。何謂起揭？討雇船隻，資給棹稍，又納綱料等錢於福州主管司，置籮置單，分俵合干人常例并作福還願之類。本府係人自運，故綱料錢止支八百四十四貫。此兩縣係税户幹綱，故起揭錢總支一千貫，其它五縣往往不同。若無此錢，雖是鹽已下船，無從起發。棹稍坐待日久，不免盗賣 34 官鹽，(已)〔以〕充口食，它時欠折，公私俱受其病。　備接濟錢以納三鎮：由懷安倉至水口鎮，由水口至嶮峽鎮，由嶮峽至南劍州城下務，名曰三鎮。水口去懷安未遠，每綱收錢九十四貫足；嶮峽至延平，兩鎮相望，故延平每綱收錢一百二十貫足。税錢雖未爲多，而所至口岸，揭拆極重，棹稍有俵散犒給之例，灘瀨有神祠禱賽之費。本府於水口、嶮峽兩鎮各支錢三百六十貫，於延平一鎮則支錢四百五十貫〔一〕，洎至府岸，又支綱脚錢一百八十八貫。兩縣作三次長短支給，爲錢一千三百四十三貫省有畸。其它諸縣事例，各有不同，皆名接濟。今三鎮又於拖脚鹽内別收白鮝錢，法不能以盡防也。接濟或遲，則棹稍盗鹽，賣充口食之急，其害有不可具言者。　分隸諸司以收市利：綱到府岸，若府綱，則本府鹽案分隸諸司。兩縣綱到，則申分隸狀于府，而以合得浄利鹽數抵還諸色官錢。既以分隸，如解倒垂〔二〕，本府委官交秤，照府縣久例發賣。設有欠折，係税户自認，官司不預焉。　以見始者立法，税户許帶一分拖脚鹽一萬斤准備填欠，計慮寔爲深長。不然，税户、棹梢肆行侵盗，却令發遣州縣爲之填納，豈不多事？　買拖脚鹽以優綱户：本綱既已交納，無欠税户却將拖脚息鹽中賣入官，給其直，名曰均支錢。此錢不支，亦無以見當來優潤之意。中賣價數與官賣之價一同，朝廷立定諸郡縣賣鹽價數，本府每斤八十八文足，倚郭兩縣亦八十八文足；准還官錢則每斤作八十三文五分七厘，蘆葉縻費，並在數内。建陽縣九十九文足，崇安縣一百八文足，浦城縣一百一十四文足六分〔三〕，政和縣一百六文足，松溪縣一百一十七文足。由本府以觀其它州縣，各自不同。大抵州縣根本，全藉兩税，若於事外經營，終費防柅。況山澤之利，古人本以予民，然後經常簡易於什一之法，而見兩税不足供經費，而用鹽筴，非得已也。於斯不得已之中，務求州縣相資，公私相養之道，則有不盡其利而已。本府及倚郭兩縣所募綱户，一錢以上皆是自辦，故縣道悉爲税户任百色之須，本府亦爲兩縣應起揭之急，此以母養子之義。子非母養，安能爲生？諸縣募有力之人充綱户，使出錢爲官般運，綱到，則縣道分浄利之息，綱户享賣鹽之利。此以母養子之義。母得子養，何事不成？百年損益，成例具存，自非大賢，莫能揆事度宜。迺若法物有輕重，變賣有虧益，非財賦源委所繫，故不載。《建安續志·鹽課》：建安郡計，仰給鹽運，公至之日，府鹽日賣不過三四千斤。公曰：「是不難曉也。」優假般運，裁減官價，飽足斤兩，此三者，先求其在我，然後聽民與官爲市。其不至者，頗有以幾之，不抑不苛，彼將何辭？乃若姦弊之所從出，則隨事檢柅，困機抑揚〔四〕，使無纖芥不厭服乎人心，然後立爲一定之式，平夷正大，要歸乎中道而已。35 大綱既正，所謂私販自爾消縮，不在於行一切之禁也。其條目列於右方，纖悉具在。本案：懷安嶺口運鹽，舊例每綱各給見錢，充般運使用。近因銅錢不得出界，遂折支會子，部綱人未免折閲。公議優卹，每綱特添支一百千，與貼縻費。綱到本府，有帶到蘿面鹽，官與收賣，每斤五十文，使之獲少微利。又舊例，鹽到本府交秤足日，呈支拖脚鹽錢一百貫省，緣運人在道，往往闕乏，即將蘿面鹽準還棹梢沿路俵賣。既到本府，則蘿面已無餘矣。公於綱運到半(涂)〔途〕，將拖脚鹽錢預支一半，(似)〔以〕杜其弊。諸綱般到南劍，公措置差人船前去護至本府城下，即時扛入覩鹽倉〔五〕，防沿路侵盗俵散。七邑般到鹽，委官秤製，其籮面出剩，以十分爲率，七分投賣本府，三分放行下縣。税户般到綱，籮面出剩及萬數者，作三七

〔一〕錢：原作「鎮」，據天頭原批改。
〔二〕天頭原批：「『倒』應作『到』。」按，作「倒」是，此批誤。
〔三〕足：似衍。
〔四〕困：疑當作「因」。
〔五〕覩：疑當作「都」。

分抽買；不及萬數者，四六分抽買。所有支抽買錢，並係一色官會，差官當廳親還稅户，免庫吏減剋。及嚴禁戢稅户，不得多帶蘿面。建陽鹽綱，本府每一綱借支一千貫，銀會中半，候運到本府，剋綱本鹽準還。本府城内外人户、寺觀，從舊多食私鹽，公括責六厢坊巷人户及酒食、麪店、淹藏等户，每户給曆，請買官鹽，仍別給簿，發下都鹽坊、九城門坊收管。遇人户執曆買鹽，即對簿批鑿爲證，間索諸坊簿曆不測花點不買官鹽人户一二名，唤上取問因依，隨輕重臨時斟酌施行。人户必買官鹽，則私鹽自無容足之地，不待搜捕而自絶矣。本府抱賣使司鹽綱規約：初淳熙間，本府屬縣有運不盡綱，提舉司行下借運，寄府坊發賣，每歲不過兩綱，至慶元中增至四綱，嘉定十年增至七綱。十一年四月内，公考覈郡計，申提舉司：「本府起發上供，百色支遣，別無利源，惟賴鹽綱取辦，若運賣及額，尚可支吾，稍虧則立見狼狽。證得使司往年體例，只是借運兩綱，將合得綱本等鹽發寄府坊，均在小上供日分發賣，解納錢會。自後節次增及七綱。綱數既多，以致本府元額每年合運一十三綱，積漸銷減，所運不能及元額之半，由是郡計空匱，遂成陋邦。竊緣本府久缺正官，今歲適值大禮年分，解發支遣，其數倍增。兼起蓋社稷齋宇，徧葺郡庠位序，增添養士錢米，填刺禁軍闕額，創闢兩處教場，別置軍裝器械，巡警有鋪，迎送有亭，昔者所闕，今不容已，以至橋梁驛路、庫藏倉敖、兩獄土牢、城樓客館，增創重葺，項目寔繁。檢計調度，委是闕乏。儻不申明使司參酌綱數，則本府事力，委難辦集。今來若擬仍舊抱賣兩綱，竊計使司用度寖廣，難於收歛；若擬循襲近例，盡抱七綱，則侵虧本府綱額太多，郡計實難支遣。欲自嘉定十一年爲始，於使司七綱内，本府止抱賣四綱，除豁饒賞鹽外，其價錢每年於小上供日分抱賣均納。餘三綱擬乞均下鄰郡分賣，庶幾苦樂均平。」準提舉司牒報：請酌中 36 制，年運五綱。本府再申：竊惟使司欲增賣五綱，非務虚名，蓋求實利。若綱數徒增，實利無蓋〔一〕，何取於此？今計使司每運海口倉鹽一綱，計本錢三千六百貫文省，運到鹽計一十二萬二千斤，除分隸運司增鹽、經總制鹽、府司助學、填欠耗鹽、官兵食鹽，共計四萬七千八十八斤一十兩九錢外，使司實合得鹽七萬四千九百一十一斤五兩一錢，每斤八十三文五分九厘足，展省計一百單八文五分六厘，共計錢八千一百二十二貫三百七十四文省。若使司自行出賣，合於内除豁饒中賞鹽九千一百九十九斤八兩，實止有鹽六萬五千七百一十一斤一十三兩一錢，計價錢七千一百三十三貫六百七十七文省，除豁出使司支過綱本錢三千六百貫外，實收淨息錢三千五百三十三貫六百七十七文省。合五綱之息，計鹽一十六萬二千七百五十二斤三兩五錢，爲錢一萬七千六百六十八貫三百八十五文省。今本府欲止以四綱爲額，却代爲使司出備四綱賞鹽二萬六千七百九十八斤，計錢三千九百九十四貫七百九十文省。仍將府司合得分隸助學、填欠耗鹽、官兵食鹽共二萬八千九百二十六斤五兩六錢，計錢三千一百四十貫二百四十七文省，本府更不分隸，自行抱認陪貼，變賣價錢，一併解發。如此，則每綱使司淨收本利錢八千九百一十七貫四(十)〔百〕三十六文省，通四綱計之，則是本府歲爲使司抱賣鹽三十二萬八千五百七十一斤零一十兩，計本利錢三萬五千六百六十九貫七百四十四文省，除豁使司本錢一萬四千四百貫外，淨收息錢二萬一千二百六十九貫七百四十四文省。比之五綱不免分隸，及有增解使司錢三千六百一貫三百五十九文省，在本府雖曰止抱四綱，而有陰納五綱之實，在使司則坐收五綱之利，而有止運四綱之名，實爲兩便。其嘉定十一年分抱賣四綱鹽數已行打筭，均於小上供日分賣至當年終外，自嘉定十二年以後，每歲除賣大上供及其它窠名日分，計一百一十七日外，其二百三十八日係小上供日分，合將上項鹽均日分賣，每日賣一千三百八十斤八兩，解錢會一百四十九貫八百六十七文省。所合再具申明。又準提舉司行下，豁退小盡六日，計二百三十二日，每日合納錢會一百五十三貫七百四十九文省。本府再申：一年以三百六十日爲準，除小盡五日，計三百五十五日。從例以二十日爲率，内六日大上供，一十四日小上供，就大、小上供日分共豁一十七日。賣諸軍冬衣鹽(錢)，大(小)〔上〕供計一百六日，内六日係賣冬衣鹽錢；小上供二百四十九日，内十一日係賣冬衣鹽錢。除豁上項一十一日外，實計只有小上供二百三十八日。屢經磨筭，委

〔一〕蓋：疑誤。

無參差。使司既欲每日攙解三貫八百八十二文，敢不遵稟！自嘉定十二[37]年小上供日爲始，且從行下錢數解發，但不出四綱數目，在前在後，初無所妨。稱年候轉變四綱解及八分，却將餘二分解未盡錢再均日分，趲至年終解足。稱年不論閏，月有閏月，綱無閏綱，遇閏月合住解。具申提舉司從申外，又續準提舉司牒：有先來在路一綱，目下運到，欲免分隸助學等鹽，從本府一頓解還價錢。奉台判：此綱係今年約定四綱之外，今提舉司運到之綱，係在立約之前，況已般運到府，只得本府抱賣，本息難以又免分隸。合紐筭，除豁外，所有提舉司合得斤兩實數帖鹽錢庫，以三分見錢、七分官會一併解納，後不爲例，庶免異時混淆，破壞成約。上項事理，今編寫次第，使後來者有所考云。具在石刻。

比較都鹽倉秤鹽法物輕重事：本府都鹽倉元管石法物一副，專一稱鹽出入行用；河下所管鐵法物一副，專一檢秤。外五縣税户運到鹽綱，公恐兩秤輕重不等，公私有虧，令行比較。奉判：律度量衡，所貴均一，足以示信於天下。鹽貨一也，而河下法物比都鹽倉法物，每籮取平增重二斤十四兩二錢。夫權衡誠設，不可欺以輕重，此一定不易之理，今權衡錯雜，輕重不倫，公私何以取信？況取之於民者既用重秤，而納入於官者則輕秤，尤無此理。雖曰本倉秤入之際，秤頭稍高，自足以補輕秤之折，要非良法，亦非正論。於理只合倉秤、河秤，並用一般法物。倉秤既是本府較定，運司覆較，發下本倉，年數已深，難以更改，但當取河秤赴府銷毀，證倉秤元樣一般改造，分毫不可異同。候造訖，賫赴本府，集府官對衆從公較定，取至無差，却行解發赴轉運司覆較，開雕歲月，官司印押訖，發下河頭使用。目即新秤未成，遇河下有税户鹽綱到日，且關借本倉見行官秤前去。官司既要於秤頭取少出剩，以防耗折，民間亦豈不願贏落些小秤頭歸家取利？若本倉、河次垂魚一般高低，官既不折，民亦不虧，豈不兩便？大抵官司纔要些小便宜，必是民間有語，兼所謂便宜不到官司取了，往往是筭巧得拙，便宜却被他人討了。不如大家兩平，彼此無相虧，方是經久可行之道。送案從今判日下措置施行，仍榜本倉及河次曉示。

不取都鹽倉出剩：舊例：本府衙前、使院人吏、諸縣税户運到鹽綱，赴都鹽倉入納。交秤之際，既取出剩，自都鹽倉發過府衙，包卓局又取出剩。所謂出剩，官未嘗得其利，徒爲合干人弊倖之地。兼之兩處各求贏餘，則包卓局未免減落斤兩，夾雜灰沙，賣與百姓，此弊久矣。公措置都鹽倉，交秤不許輒取出剩，只據每籮斤兩發過包卓，其包卓局依則例斤兩，不得來雜外〔一〕，如有出剩，據數收附。自此出剩斤兩，在公方得其實，而民間又得斤兩飽足絜淨之鹽，以此發泄，課利頓增。

革都倉盜賣官鹽之弊：都倉爲合干人蠹蝕之地久矣，走失官物，前後殆不可以[38]數計。公一日入倉，親行檢校，出至門子房側，望屋後小徑通人往來，云是守宿人巡更行路。因至其所周視，圍牆低矮，不滿五尺，與居氓室廬相抵，隙穴甚多。又檢校門子房，内貯鹽五十四則零一十一斤。公意此鹽當時傳出牆外，試令吏卒以鹽則就牆裏傳過，便可交手分付，見得前後盜鹽，非止一端。問之提督、監官，皆云不知，即送門子在院并一行專秤同勘。獄吏王椿受囑，改送右院。右院獄吏池潤又復(客)〔容〕情，却送左院根勘。左院具呈，池潤改送建安縣，王椿改送甌寧縣，各勘出受囑情弊，斷配二千里。右院勘到專知江珍、秤子葉徐、劉保、陳宗、周榮、顏和、程昌前後盜賣官鹽一萬三千六百斤，張輝、段庚盜過掃地官鹽七百五十斤，江先、丘三知情，爲江珍等賣過官鹽五千七百五十斤，各分受價錢入己。隨情理輕重杖脊，配隸佑藉〔二〕。公措置爲永久之制，省去提督官州府自行其事，監官則改差鄭作院、周監務兩員同共監視收支帖。北廂官相視到倉門右邊，並係低牆，居民一十二家靠牆居住，即是日前盜出官鹽之所。限三日起離，毁拆元屋，自專秤、門子以下，別差人抵替。(折)〔拆〕去門子舊房，只於倉門外起小房守把，合干火工、秤子等，遇夜於圍牆外及倉門下守宿看管，不得擅入倉内。監官監門使臣李副尉每日黄昏時入倉周視訖，封鎖倉門。過夜不測於倉外點檢守宿人數，傍牆居民自陳閏而下悉從。三日約起離拆屋，獨林俊係提舉司孔目，不盡毁拆，猶有顧戀之色。公不敢以私廢公，判下打量合拆屋基丈尺，撥和樂坊官屋地基如數與之換易，仍給錢與之改造。自陳閏而次，各給般移

〔一〕來：疑當作「夾」。
〔二〕佑藉：似當作「右籍」。

錢。改築圍牆三十九丈六尺，高一丈，闊四尺，石基高二尺餘，底闊五尺。又築東邊圍牆，高大與西相稱。重結大門，油飾，別换門牌，增築倉後牆，高低丈尺與東西一同，灰油如法，費錢二百五十六貫八百五十六文省。不惟宿姦頓掃，官課驟登，而倉之規制亦爲之一新矣。（以上《永樂大典》卷九七八七）

宋會要輯稿 食貨二三

鹽法二

諸路鹽額 二(一)

【宋會要】

1 **廣南路 東路**

廣州 在城：一萬六千三百六貫八百一十六文；新會縣：五百一十五貫六百三十七文；增城縣：六百九十九貫六百四十四文；東莞縣：一千三十七貫一百九十五文；清遠縣：七千八百六十五貫二百五十六文；懷集縣：九千六百八十三貫八百二文；東南道場(二)：二百四十九貫九百八十二文；鄉巡場(三)：四千八百三十三貫一百二十四文；馬頭場：一百六十四貫四百七十文；西南道場：一千七十三貫四百七文；石田場：三千二百一十貫五百文；吉河場：一十七貫七百三十六文；疆場(四)：一萬七千九百八十四貫五百九十文；吉利窑場：三千三百五十八貫二百八十七文。

韶州 在城：五萬九千二百八十六貫六百九十一文；樂昌縣：二千二百七十五貫九百八十三文；仁化縣：一千四百九貫九十一文；玉湖鎮：三百貫四百七十三文；濛瀼鎮(五)：二千五百六十六貫二百九十九文；伍汪場(六)：一千七百六十九貫四百八十六文；浙橋場：一百六十八貫八百三十六文；黃坑場(七)：三百五十七貫一百四十四文；白石場：三百七十四貫九百四十文；岑水場：八千一百八貫三百五十六文；高滕場：三千四百七十貫一百八十二文；翁源縣市：八百二十五貫四百二十五文；州頭津：四千四百六十七貫五百三十三文；螺阬津：五百六十三貫七百 2 五十文；查渡墟：四百貫三百三十文(八)；都渚墟：七十七貫九百二十五文；長崗墟：一千三百六十五貫二百六十八文；馬渡墟：三百八貫四百四十七文；太平墟：八十三貫六百四十三文；鄭村墟：一十三貫六百七十二文；寧樂墟：八百八十七貫一十九文(九)；禪明墟：四百二貫六百四文；永樂墟：四百六十七貫五百三十九文；泉塘墟：四百二十五貫二百三十一文；白沙墟：五百二十七貫六百四文；黃村墟：一

(一) 原無此題，承上卷加。
(二) 東南道場：本書食貨一七之一作「東南河道場」。
(三) 巡：本書食貨一七之一作「遥」。
(四) 疆：《補編》頁七二八作「彊」。
(五) 濛：原作「壕」，據本書食貨一七之一、《元豐九域志》卷九改。
(六) 伍汪：原作「五江」，據本書食貨二三之三、《元豐九域志》卷九改。
(七) 坑：原作「阬」，據本書食貨二三之三、《元豐九域志》卷九改。
(八) 三百：天頭原批：「『三』一作『二』。」按，以下見《補編》頁七二八。
(九) 天頭原批：「『七』一作『九』。」

百八十一貫八百四十六文；和溪墟：六十六貫五百六十一文；蘇渡墟：九十九貫二十九文；廓城墟：五百九貫七百四十七文；週田墟：三百五十三貫八百八十三文；大橋墟：三百五十貫六百五十六文；綿普墟：七百三十貫五百二十六文；黃浪墟：三百七十八貫二百五十二文；吳田、白土墟：八十七貫六百六十五文；靈源墟：一百二十九貫八百七十六文；柑唐墟：七十五貫六百五十三文；嶺田墟：一百一十貫六十八文；韋田墟：一百八十三貫四百一十五文；零溪墟：九十貫九百一十五文；渦頭墟：二百八十貫八百四十六文；沙子墟：一百貫六文；南康墟〔一〕：一百二十一貫四百八十七文；清流墟：六十二貫六百六十七文；大黃墟：一百四十貫五百一十一文；泉墟：七十二貫五百八十一文；蕢塘墟：二十六貫九百五十文；大烏墟：五十八貫七百六十六文；感普墟：三千四百七十貫一百八十二文；思村墟〔二〕：3 二千一百五十七貫四百七十四文；仁利墟〔三〕：一千三百七十九貫八百七十六文；崗頭墟：七百四十貫二百六十五文；虎子巖〔四〕、烏田墟：二百五十三貫二百五十三文；仁利〔五〕、蓮塘墟：二百七十三貫九百七十二文。

循州　在城：一萬一百八十一貫五十五文；興寧縣：七千四十五貫五百四十五文；龍川縣：四千一百六十八貫六百二十一文；長樂縣：七千二百七十貫四百八十二文；羅翊場：四十九貫三百五十一文；大佐場〔六〕：九十一貫三百八十二文；夜明場：六百九十七貫六百二十七文。

潮州　在城：六千八十五貫二十三文；程鄉縣：一萬七千九百二十三貫三百八十七文；圃灣鎮：七百八十七貫五百六十七文；黃崗鎮：一百六十二貫八百八十六文；强豐濟銀場〔七〕：一十三貫六百三十七文；橫衝錫場；二十一貫六百一十八文；黃崗錫場：二十六貫二百六文；净口場：二百六十五貫五文；樂口銀場：四百八十一貫五文；湖陽務：六千五百七十九貫四百六十三文；松口務：三百七十四貫九百三十二文；招迎鋪：七十六貫九百三十六文。

連州　在城：四萬二千八十一貫九百六十四文；陽山縣：三千七百四十五貫八百三十七文；連山縣：二千五百九十七貫二百四十九文〔八〕；同官場：二千三百三十一貫五百二十一文〔九〕。

〔一〕天頭原批：「康」一作「塘」。按，以下見《補編》頁七二九。
〔二〕天頭原批：「思」一作「恩」。
〔三〕天頭原批：「仁」一作「興」。
〔四〕天頭原批：「子」一作「丁」。
〔五〕天頭原批：「仁」一作「興」。
〔六〕大佐：原作「太佑」，據本書食貨三三之四、《元豐九域志》卷九改。
〔七〕天頭原批：「强」一作「疆」。按作「强」是，見《元豐九域志》卷九。
〔八〕天頭原批：「五」一作「三」。
〔九〕二千：天頭原批：「二」一作「一」。

賀州　在城：四萬二百三十七貫四百五十二文；富川縣〔一〕：七百四十四貫五4十三文；桂嶺縣：六百七十貫四百四十九文；盧衡縣〔二〕：五百六十九貫二百三十九文；龍崗市：四百九十貫九百四十七文；龍合市：二百七十一貫四百六十二文；亭子市：二百五十七貫四百九十文；吉城市：五百六十四貫九百三十五文；寶城市：二百四十五貫七百一十二文；古潭市：四百六十五貫八百七十六文；武安短潭市：五百四十七貫七百六文；樊村市〔三〕：二百五十五貫五十一文；地度市：三百八十九貫六百七十文；川石市：八百八十二貫八百四十五文；龍復市：三百八十貫五百二十八文；馮乘市：一千八百五十七貫四百三文；高攤市：七百一貫九百五十三文；白霞市：一千四百三十七貫六百九文；廣利市：二百九十二貫四百五十一文；遨崗市：三千四百四十二貫三百六十文；寶建市：二千一百五十貫三百九十五文；尖山市：四千一百六十八貫一百六十六文；青河市：七百一十四貫二百八文〔四〕；南鄉市：七百八十一貫三十八文；三胡市：一百九十三貫二百三十二文〔五〕；太平市：八百九貫八百五十九文；蒙母市：八百二十三貫六百三十四文；亭步市：四百一十貫八百七十四文；都林市：二百七十八貫七百二十二文；白博市：三千三百八十九貫二百七十二文；編蓬市：一千五十七貫九百九十八文；石龍市：五百八十六貫八百三十四文；油溏市〔六〕：五百七十一貫二百三十文〔七〕；峽溪市：四百二5十一貫九百九十文。

封州　在城：三千二百八十三貫八百七十五文〔八〕；開建縣：七百四十貫三百四文；外任墟：二千三十三貫八百四十四文。

端州　在城：二千四百四十四貫四百七文；四會縣：三千九百六十三貫四十八文；三水鎮：二十三貫九百五十三文；胥口鎮：三千四百六十七貫九百二十八文；黃客步：一千四十一貫五百三十五文。

新州　在城：四千五百六十七貫八百八十六文；索盧場：三百三十一貫五百一十二文；布勞場：一百五十貫六百四十九文；信安場：三百五十七貫四十一文；來蘇津：一百四十五貫五十八文〔九〕。

康州　在城：二千二百八十二貫九百二十五文；悅

〔一〕富川：原作「靈川」，據《元豐九域志》卷九、本書食貨一七之三改。靈川縣自屬桂州。
〔二〕盧衡縣：按歷代並無此縣，疑誤。
〔三〕天頭原批：「『村』一作『材』。」
〔四〕天頭原批：「『二』一作『三』。」按，以下見《補編》頁七三〇。
〔五〕三貫：天頭原批：「『三』一作『二』。」
〔六〕溏：《補編》頁七三〇作「塘」。
〔七〕天頭原批：「『五』一作『三』。」
〔八〕三千：天頭原批：「『三』一作『二』。」
〔九〕五十：天頭原批：「『十』一作『百』。」

城鎮：五百一十九貫五百一十五文；瀧水鎮：一千九百八十五貫七百五十文；都城鎮：八百五十六貫三百九文〔一〕；歸墟：二百四十四貫七百九十文；扶鼉墟：二百六十九貫九百三十八文；晏墟：二百九十四貫四百四十文；都合墟：一百九十二貫六百六十二文；橫崗墟：二百五十二貫九百八十三文；禹墟：三百一十一貫六百一十二文；合水墟：二百一十四貫二百四十一文；新墟：二百四十一貫三百五文；霸圖墟：一百五十二貫九百七十八文；建水鋪：四百二十四貫六百七十五文。

南恩州　在城：二千九百三十三貫九百一十三文；陽春縣：一千六百七十貫二百二十五文。

南雄州　在城：三萬一[6]千二百九十九貫三百三十八文；始興縣：七千九百六十一貫八百七十六文；邕溪墟〔二〕：五百七貫；懷化墟：六百二十九貫八百五十文；陂墟：六百六十二貫四百五十三文；沙水墟：五百七十九貫一百五十文；溪塘場：三萬一千一十六貫一百四十六文〔三〕。

英州　在城：七千二百六十五貫八百五十六文；宜安鎮：八百一十九貫五百七十四文；竹溪場：五百九十六貫二百五十八文；羅口場：三千四十四貫二百四十九文；清溪場：三千二百一十二貫八百二十文；洽光場〔四〕：六千六百一十九貫六百文；堯山場：七百八十七貫四百八十文；師子場：二百七十五貫四百六十八文；賢德場：七百五十五貫三百文；鐘峒場〔五〕：一百一十一貫四百一十文；大崗墟：七百七十三貫一十三文；臺石墟：八百二十六貫九百八文；鳳林墟：一百七十五貫七百五十三文；長崗墟：四百八十貫六百二十二文；黃牛墟：五百九十二貫二百四十六文；白駒墟：九百三貫一百七十九文；光口墟：三百九十三貫二十四文；龍崗墟：四百二十七貫五百九十二文；蓮塘墟：三百四十四貫五文；板步墟：三百二貫九百文；回口墟：七百三十二貫六百二十五文；陽溪墟：四百八十三貫六百文；三接團：三百二十二貫四百文〔六〕。

惠州　在城：四千五百六十七貫八百七十八文；海豐縣：一千二百四十二貫三百六十文；河源縣：一萬三千二百一[7]十三貫五百五十七文；博羅縣：一千三十六貫五百八十八文；泊頭場：二百三十九貫二百八十九文；淡水場：一百四十五貫一百八十九文；西平場：二百六十二貫九百七十四文。

西路

〔一〕天頭原批：「三」一作「五」。
〔二〕溪：原作「奚」，據本書食貨一七之四、《補編》頁七三〇改。
〔三〕天頭原批：「四十六」一作「六十四」。
〔四〕洽：原作「治」，《補編》頁七三〇作「治」，均誤，據《元豐九域志》卷九改。
〔五〕天頭原批：「鐘」一作「鍾」。
〔六〕天頭原批：「二三」一作「二二」。按，以下見《補編》頁七三一。

邕州 在城及武緣縣、太平寨、横山寨：六千八百三十五貫八百七十五文。

融州 在城：六千三百七十六貫六百六十四文；武陽縣〔一〕：一千一百三十七貫九百九十文；羅城縣：五百二十五貫。

梧州 在城及龍平縣、静戎鎮、恩賀鎮：八千三百七十五貫八百六十八文。

龔州 在城：五千一百五十八貫八百六十文。

潯州 在城：六千三十六貫五百一文。

貴州 在城：三千一百三十四貫七百二文。

宜州〔二〕 在城及富仁監、寶富場、懷遠寨：一萬四千八百一貫二百八文。

賓州 在城：五千四百八十六貫七百五十五文；上林縣：四百九十三貫五百九十一文；遷江縣：三百八十九貫七百四十二文；武陵鋪：一百二十四貫五百文；羅目鋪：一百九十四貫六百文；平樂鋪：九十六貫八百三十四文。

横州 在城：一千四百八十二貫九百二十九文；古刺場：四百八十四貫八百五十六文；古練鋪：五十九貫四百四十八文；脩德鋪：五十九貫四百四十八文；羅葉鋪：五十九貫四百四十八文；靈竹鋪：五十九貫四百四十八文；博合鋪：五十九貫四百四十八文；永定鋪：五十九貫四百四十八文；古文鋪〔三〕：五十九 8 貫四百四十八文。

高州 在城：三千三十貫一百六十四文；茂名縣：一千二十八貫六百八文；信宜縣：二千七百三十四貫一十三文；博鋪場：三百三十七貫三百九十二文；龍涓場〔四〕：八十四貫一百一文；永興場：六十六貫四百二十七文；那隴場〔五〕：一百六十貫四百八十二文。

雷州 在城：三千三百三十六貫五百六十八文；遞角場：五百九十三貫一百二十二文。

白州 在城：二千五百九十二貫八百八十一文；博旺墟：九十一貫六百五十六文；雙水墟：七十六貫四十四文；蝢繁墟：七十二貫四百三十三文。

欽州 靈山、石六場：一千七百六十貫五百九十三文。

鬱林州 在城：二千五百六十貫九百一十二文；興業縣：一千五百三十九貫七百五十文。

〔一〕天頭原批：「『縣』一作『鎮』。」按《補編》頁七三一作「鎮」，均可通。《元豐九域志》卷九云「熙寧七年省武陽、羅城二縣爲鎮，入融水(縣)」。

〔二〕天頭原批：「『宜』一作『宣』。」按，作「宜」是。

〔三〕古文鋪：《補編》頁七三一作「百丈鋪」，未知孰是。

〔四〕龍涓場：原作「龍涓縣」，按歷代無此縣，據《補編》頁七三一改。又「龍涓」，本書食貨一七之八作「瀧消」，一七之九作「龍消」，《補編》又作「瀧涓」。「龍」與「瀧」、「涓」與「消」未知孰是，今仍舊。

〔五〕那隴：原作「邢隴」，據本書食貨二三之一六、《補編》頁七三一、頁七三六改。

廉州　在城及合浦縣、白石、英羅、大廉、石康、平陸等場：一千三百九十貫一百三十二文。

瓊州　在城：二千八十七貫七百二十八文；瓊山縣：三千四百七十二貫七文；澄邁縣：五百六十六貫六百四文；文昌縣：六百七十四貫一十四文；臨高縣：二千四百六十一貫九百文；樂會縣：一百一十二貫三百四十四文。

昌化軍　在城：八百五貫八十八文；昌化鎮：二百八十五貫七百文；感恩鎮：七十九貫四百八文。

萬安軍　在城：四百二十四貫七百五十七文。以上《國朝會要》。

治平以前，諸路鹽額已載前《會要》。自熙寧九年內解鹽元豐元年。[9]課額并鈔價、鹽稅錢、歲額係用《中書備對》修入。

治平四年：四百三十三萬六千七百八十五石，每石重五十斤。解鹽二百三十萬貫。　舊額，一年鹽鈔酌中出一百六十六萬貫，熙寧八年後，以二百二十萬貫爲額。元豐元年，以二百三十萬貫永爲定額，永興軍府等路八十五萬二千五十貫，秦鳳等路一百四十四萬七千九百五十貫。內三十萬貫樁與群牧司買馬外〔一〕，二百萬貫應副糴買糧草，從三司印給空頭文鈔，差人管押赴解鹽司交割，本司却給付陝西沿邊州軍，召客人入中書填。

鈔價，元豐二年二月指揮，西鈔依東鈔價作一等，解鹽每年以二百四十二萬爲額。自元豐三年爲始，歲增到錢一十二萬貫，一半令三司封樁〔二〕，一半與陝西都轉運司移用〔三〕。

永興軍等路：延州、慶州，已上東鹽六貫一百五十八文，西鹽五貫六百文。環州、保安軍，已上東鹽六貫五十八文，西鹽五貫五百文。

秦鳳等路：原州，東鹽六貫三百八文，西鹽五貫六百文。渭州、秦州、通遠軍，已上東鹽並六貫二百五十八文，西鹽五貫五百文，內渭州五貫六十文。順德軍，東鹽六貫二百八文，西鹽五貫五百文。鎮戎軍，東鹽六貫一百五十文，西鹽五貫五百文。熙州，東鹽六貫文，西鹽五貫二百文。河州，東鹽五貫七百文，西鹽四貫九百文。岷州，東鹽五貫九百文，西鹽四貫一百文。洮州，東鹽五貫六十文，西鹽四貫八百文。

[10]末鹽，六百七十九萬五千四百四十貫二百六十文。收到錢除有應副淮浙買鹽支用錢外，並係赴軍資庫送納。鈔錢祖額二百四十萬四千三十四貫五百文，其鈔額錢準敕封樁，準備支還河北糧草價錢。

〔一〕群：原作「郡」，據《補編》頁七三二改。
〔二〕半：原作「年」，據《補編》頁七三二改。
〔三〕都：原作「郡」，據《補編》頁七三二改。

鈔價，江淮、兩浙、荆湖、福建路交印作三等，一等五十貫文，一等四十貫文，一等三十貫文。

河東、永興東、西監鹽一十二萬五千七十七石五斗二升一合，其賣到鹽錢，係應副本路收糧草，別無鹽鈔。

川峽卓筒井監鹽一千二百二十五萬一千六百八十三斤一十二兩五錢〔一〕。收到錢係應副逐路支用，即不見支使窠名，亦無交印斤價。

京東、河北稅錢四十一萬九十九貫四百三十二文：京東一十八萬一百四十貫五百六十九文，河北二十三萬八千九百貫八百六十三文。

解鹽路：解州解縣、安邑兩池，舊額二百二十萬貫，新額二百三十萬貫。元豐三年爲始，以二百四十二萬貫爲額。

末鹽逐州年額，產鹽場監元供未備。

江南東路　宣、歙、江、池、饒、信、太平州、江寧府、廣德、南康軍，祖額一百一十二萬二千三百二十六貫八百七十五文，元豐收一百二萬五千九百六貫二百四十四文。

江南西路　洪、虔、吉、袁、撫、筠州、興國、建昌、臨江、南安軍，祖額一百三十五萬二千三十一貫九十四文，元豐收一百二十三萬三千二百貫二十一文。

11 淮南路　(楊)〔揚〕、壽、廬、宿、亳、和、蘄、海、楚、舒、泰、泗、濠、光、滁、黃、真、通州、無爲軍，祖額一百十五萬七千六百十六貫五百九十二文，元豐收一百一十六萬六千四十貫八百文。

荆湖南路　潭、衡、永、柳、全、道州、桂陽監，祖額八十三萬九百八十三貫四百一十四文，元豐收七十八萬九百九十五貫四百一十文。

荆湖北路　鄂、安、岳、鼎、澧、峽、歸、辰、沅州、荆南，祖額九十四萬七千六百九十八貫五百八十文，元豐收七十七萬四千二百九十二貫二百九十文，内一萬四千九百四十二貫八百四十文係未有祖額。

兩浙路　杭、越、蘇、潤、湖、婺、明、常、衢、温、台、秀、睦、處州，祖額一百十一萬三千一百三十八貫五百六十四文，元豐收八十七萬一千八百八十四貫二百六文，内三萬八千六百八十一貫二百三十五文係未有祖額。

福建路　福、建、泉、南劍、漳、汀州、邵武、興化軍，祖額二十七萬一千六百四十七貫一百四十一文，元豐收二十萬二千五百三貫四百三十六文，内四百二十九貫九十七文係未有祖額。

河東〔路〕　永利東西監〔二〕、太原府東、汾州西，祖額一十二萬五千七百七石五斗二升一合，元豐收一十一萬四千四百一十八貫九十四文，内除二萬三千五百七貫三百八十三文係盤鹽脚錢。

〔一〕監：原作「鹽」，據《補編》頁七三二改。
〔二〕監：原作「鹽」，據《補編》頁七三三改。

川峽卓筒井鹽：

成都府路　眉七井，綿一十二井，邛四井，雅一井，成都府一井，陵井監一十七井，嘉、簡州井未具到，祖額三[12]百四十六萬五千三百九十八斤七兩，元豐收三百四十八萬九千三百六十二斤一十四兩。

利州路　閬州一百二十七井，勘會當年別無煎賣鹽場課利。

梓州路　梓七十八井，遂五十八井，果三十八井，資六十三井，合四井，榮一百七十井，富順監一十四井，瀘、普州井未具到，并無祖額。祖額六百二十八萬八千一百三十八斤二兩，大錢四百七十貫一百四十文。勘會本路州軍百姓買撲鹽井，係認定年額收數，並與年額一般，別無增虧及祖額數目。

夔州路　夔一監，忠五井，萬二井，開一監，達一井，渝二井，黔四井，雲安一監，大寧監、涪州井未具到，并無祖額。祖額二百四十九萬八千一百四十七斤三兩五錢〔一〕，元豐收一百七十八萬一千七百八十一斤一十四兩。

京東河北鹽稅：

京東東路　徐、青、密、沂、登、（來）〔萊〕、濰、淄州、淮陽軍，祖額十三萬二千五百四十四貫七百九十六文，元豐收一十八萬八千六百三十貫九十四文。

京東西路　（袞）〔兖〕、鄆、齊州，祖額四萬七千五百五十九貫七百七十三文，元豐收七萬五千二百六十一貫一百七十七文。

河北東路　澶、恩、博、（杕）〔棣〕、瀛、雄、霸、冀、德、濱、莫州、大名府、永靜、乾寧、信安、保定軍，祖額二十一萬一千九百八十八貫七百五十文，元豐收二十七萬四千八百五貫六百一十八文。

河北西路　定、相、邢、衛、磁、洺、深、祁、保州、成德、廣信、安肅、順安、永[13]寧軍，祖額三萬六千九百一十六貫一百一十二文，元豐收五萬三千一百四十八貫七百四十二文。已上《續國朝會要》。

鹽額：以下行在金部具紹興三十二年鹽額修入〔二〕。

浙西路　一百一十三萬七千一百四十五石六斗七升七勺。淮浙例以五十斤爲一石。秀州：八十一萬八千六百九十七石五斗八升一合十〔三〕。華亭買納場五十四萬七千三百五十石一斗五合；青墩催煎場九萬五千六百五十石，下砂催煎場九萬二千九百一石六升，袁部催煎場一十三萬三千六百五石五升，浦東催煎場二十二萬五千一百九十三石九斗五合；海鹽買納場一十三萬二千四百五十二

〔一〕祖：原脱，據上文文例補。

〔二〕以下：原作「以上」，據文意改。

〔三〕按此數字與下三買納場數字之和相較，石數吻合，斗、升、合則有異。秀州總數不誤，蓋各買納場斗、升、合數有誤（按，各州府鹽額均只計買納場，不計催煎場）。

石六斗：海鹽腰催煎場九萬六千八百二十二石七斗，鮑郎催煎場三萬五千六百二十九石九斗；廣陳〔買〕納場管下蘆瀝催煎場一十三萬八千八百九十四石九斗六升六合。平江府：七萬五千七百一十八石五斗六升。江灣買納場六萬八百三十八石五斗六升：江灣催煎場四萬一千二百九十八石三斗六合，南蹌催煎場一萬九千五百四十石二斗；黃姚買納場一萬四千八百八十石。臨安府：二十四萬二千七百二十九石五斗二升九合七勺〔一〕。仁和買納場八萬七千七百五十一石六斗二合四勺；鹽官買納場九千一十一石九斗六升七合三勺：上管催煎場四萬三千二百七十七石四斗六升八合，【14】蜀山催煎場五千五百四十五石四斗八升八合，巖門催煎場五千七十五石三斗九升三合五勺，下管催煎場二萬一百七十石七斗一升一合六勺，南路袁花、黃灣、新興催煎場六萬四千九百四十二石九斗一升四合四勺；西興買納場一萬五千九百六十五石九斗四升：錢塘催煎場四千七百八十八石，西興催煎場一萬一千一百七十七石九斗四升。

浙東路　八十四萬八千二百八十三石九升二勺。紹興府：一十一萬六千九百二十石四斗一升九合二勺。曹娥買納場一萬六千五百八十六石四斗九升七合二勺；石堰買納場六萬四千三百七十六石二斗八升；錢清買納場六千六百三十五石一斗四升八合；三江買納場二萬九千三百二十二石五斗六升六合。明州：　三十九萬二千六百七十石六斗二升九合。昌國買納場一十五萬八千一百一十九石八斗七升一合；岱山買納場八萬四千二百六十一石九升九合；鳴鶴買納場七萬七千三百六十五石四斗三升八合八勺；玉泉買納場二萬七千四百石七升四合；清泉買納場二萬九千四百三十八石五斗二升六合；太嵩買納場一萬六千八十五石六斗二升二勺。台州：一十四萬四千三百一十三石三升九合。黃巖買納場六萬四千六百五十四石九斗二合；杜瀆場四萬三千六百八十石；長寧場三萬五千九【15】百七十八石一斗三升七合。溫州：一十九萬四千三百七十九石三合。永嘉買納場二萬六千九百五十一石八斗八升六合；雙穗買納場二萬四千二百六石一斗五升六合；長林買納場二萬一千七百六十三石一斗四升四合；天富南監買納場七萬九千二百八十七石九斗五升九合四勺；天富北監買納場四萬二千一百六十九石八斗五升七合六勺。

淮東路　二百六十八萬三千七百一十一石六斗二升九合〔二〕。通州：七十八萬九千一百三十石七斗八升五合。在城買納場七十二萬九千石：西亭、豐利催煎場一十九萬六千石，石港、興利、永興催煎場一十九萬石，金沙催

〔一〕按以下三買納場數額之和爲一十一萬二千七百二十九石五斗九合七勺，比此總數少十三萬石又二升。臨安府總數不誤（因秀州、平江府、臨安府之和與浙西路總數吻合），蓋以下各場數字有脱誤。

〔二〕九合：按以下三州相加尾數爲「五合」。

煎場一十八萬二十石，餘慶催煎場一十六萬一千石；海門買納場管下呂四港催煎場六萬二百三十石七斗八升五合。泰州：一百六十一萬六千八百八十石八斗四升。海安買納場六十三萬九千六百三十四石八斗二升：角斜催煎場二十八萬一千六百石〔一〕，拼桑催煎場二十二萬二千七十一石三斗二升，虎墩、古窑催煎場一十三萬五千九百六十三石五斗；如皐買納場三十四萬九千一百一十九石六斗：掘港催煎場一十八萬石，豐利催煎場一十萬七千石，馬塘催煎場六萬二千一百一十九石六斗；西溪買納場六十二萬八千一百二十六石四斗二升：丁溪、劉莊催煎場三十二萬六千三百四[16]十六石一斗，梁家垛〔二〕、何家垛、小陶催煎場三十萬一千七百八十石三斗二升。楚州，鹽城買納場二十七萬七千七百石：五祐催煎場一十七萬五千石，新興催煎場一十萬二千七百石。

廣東路　三十三萬一千六十石三斗四升。廣州：一十六萬一百八十六石三斗四升。静康、大寧、海南場三萬三千五百二十八石三斗四升；東莞場三萬一千二百四十八石；香山、金斗場一萬一千五百石；廣田場七千石；歸德場二萬四千九百八十石；叠福場一萬五千石；都斛場九千六百石；矬峝場八千五百石；海晏、懷寧場一萬八千八百三十石。(湖)〔潮〕州：六萬六千六百石。小江場二萬七千石；招收場一萬八千石；隆井場二萬一千六百石。惠州：八萬七千一百五十石。石橋場六萬石；淡水場二萬五十石；古隆場七千一百石。南恩州：一萬七千一百二十四石。雙恩場七千一百二十四石；鹹水場一萬石。

廣西路　二十三萬一千六百八十九石。廉州：白石場一十萬石。高州：七千九百二十七石。博茂場五千七百八十九石；那隴場二千一百三十八石。欽州：白皮場二千五百九十二石。化州：八萬一千五百七十石。茂暉場七萬六千九百三十二石；零緑場四千六百三十八石。雷州：鼊村場三萬九千六百石。

福建路　一千六百五十六萬九千四百一十五斤一十三兩六錢。漳州：七十三萬五千五百五十斤。泉州：三百六十二萬三千八百六十五斤[17]一十三兩六錢。福州：長樂縣嶺口倉、福青縣海口倉九百九十萬斤。興化軍：莆田縣涵頭倉二百三十一萬斤。以上《中興會要》。

浙西路　一百一十四萬四千一百七十七石五斗九合三勺五抄。臨安府：二十四萬五千八百五十二石四斗二升八合三勺五抄。秀州：八十一萬八千六百九十七石五斗六升一合。平江府：七萬九千六百二十七石五斗二升。

浙東路　七十四萬三千二百一石二斗三升六合四勺〔三〕。紹興府：一十四萬六千三十七石六斗五升三合。

〔一〕催：原作「煎」，據《補編》頁七三五改。

〔二〕「梁家」下原有「縣」字，據本書食貨二六之三九、《補編》頁七八八等改。

〔三〕三千二百：按以下四州府相加爲「八千六百」，其餘相合。

明州：三十七萬四千四百九十四石五斗八升三合四勺。
台州：九萬石。温州：一十三萬八千六十九石。
淮東路二百六十八萬三千七百一十一石六斗二升五合。通州：七十八萬九千一百三十石七斗八升五合。泰州：一百六十一萬六千八百八十石八斗四升。楚州：二十七萬七千七百石。
廣東路三十三萬一千六十石三斗四升。廣州：一十六萬一百八十六石三斗四升。潮州：六萬六升六百石。惠州：八萬七千一百五十石。南恩州：一萬七千一百二十四石。
廣西路二十二萬九千九十七石。（廣）〔廉〕州：一十萬石。高州：七千九百二十七石。化州：八萬一千五百七十石。雷州：三萬九千六百石。
福建路一千六百五十六萬九千四百一十五斤一十三兩六錢。漳州：七十三萬五千五百五十斤。泉州：三百六十二萬三千八【18】百六十五斤一十三兩六錢。福州：九百九十萬斤。興化軍：二百三十一萬斤。
已上並係産鹽州軍，其餘州府並不係産鹽地分。以上《乾道會要》。（以上《永樂大典》卷九七八八）

鹽法雜録一

太祖建隆二年四月，詔：「私錬鹽者，三斤死。擅貨官鹽入禁法地分者，十斤死。以蠶鹽貿易及入城市者，二十斤已上，杖脊二十，配役一年；三十斤已上上請。」
五月，詔：「徐、宿、鄆、濟州皆食海鹽，泝流而運，其費倍多。自今以解州安邑、解縣兩池鹽給之。」
乾德三年正月，詔：「西川城内民户食鹽，僞蜀估定每斤百六十足陌，自今減六十文。諸州取逐處價減三分之一。」
四年十月，詔：「應犯鹽條制，建隆詔書已從寬貸，尚念近年抵罪者多，特示明文，更從輕典。宜令有司量增所犯鹽斤兩差定其罪，著爲甲令。」
五年三月，詔：「諸道知州不得遣元隨監散人户蠶鹽，及將俸料食鹽夾帶貨賣。」時貝州言：「本鎮節度使承前多遣元隨監散蠶鹽，率有減剋，并鬻禄料鹽，侵奪官務課額。」故條約之。
開寶三年四月，詔：「河北諸州鹽法，并許通行，量收税錢，每斤過税一文，住賣二文。隱而不税，悉没官，以其半給捕人充賞。仍於州府城内置場收税，委本判官監掌；敢有侵隱，並當削除。能糾告者，本院欄頭、節級即補税務職掌，百姓即免三年差役，並給賞錢百千。」
四年四月，廣南轉運使王明言〔一〕：「本道無鹽禁，許

〔一〕天頭原批：「『明』一作『朋』。」按，作「朋」誤。王明，《宋史》卷二七〇有傳。又按，本門天頭原批所謂「一作」，乃指《補編》頁七三七以下複文。後文對此類批語，視校勘需要，或予録出，或直引《補編》。

商人販鬻，兼廣州鹽價甚賤，慮私販至荆湖諸州，侵奪課利，望行條約。」19詔：「自今諸州並禁之，其嶺北近荆湖、桂管州府，即依荆湖諸州例，每斤六十足。近廣南諸州即依廣州新定例〔一〕，每斤四十足。潮〔二〕、恩州百姓煎鹽納官，不給鹽本，自今與免役，或折税。」

七年七月，詔成都府於見賣鹽價内，每斤減錢十文足。以西蜀初平，慮民間難得食鹽故也。

太宗太平興國二年二月十八日，三司言：「準詔：顆末鹽，應南路舊通商州府，並令禁榷，犯者差定其罪，仍别定賣鹽價例著令。請凡刮鹹并鍊私鹽者，應鹹土及鹹水並煎鍊成鹽，據斤兩定罪：一兩已上，決杖十五；一斤以上，決杖二十；二十斤已上，杖脊十三；二十五斤已上，十五，配役一年；三十斤已上，十七，配役一年半；四十斤已上，十八，配役二年；五十斤已上，二十，配役三年；百斤已上，二十，刺面押赴闕。應諸處池場，主者并諸色人擅出池場鹽，或將盗販及以羡餘衷私貨鬻者，並依前項條流。監當主守職官不計多少，並奏裁，當加極典。應私鹽及通商地分鹽入禁法地分，一兩已上，決杖十五；十斤已上，二十；二十斤已上，杖脊十三；三十斤已上，十五，配役一年；五十斤已上，十七，配役一年半；七十斤已上，十八，配役二年；百斤已上，二十，配役三年；二百斤已上，二十，刺面送赴闕。西路青白鹽元是通商地分，如將入禁法地分者，準前項私鹽條例科斷。人户所請蠶鹽，不許貨賣貿易，及將入州縣城郭。違者，一斤已上，決杖十三；十 20 斤已上，十五；五十斤已上，二十；百斤已上，杖脊十三；百五十斤已上，十五，配役一年；二百斤已上，十七，配役一年半；三百斤已上，二十，配役三年；五百斤已上，二十，刺面送赴闕。其河東犯賊界私鹽，依所犯輕重條流科斷。敢有私賣及受寄隱藏者，二兩得一兩之罪。如轉將貨賣者，依元賣人例斷遣。或爲販鹽群盗抑迫收留者，許告官，當與免罪。持仗盗販私鹽者，三人已上，持杖及頭首並處死；若遇官司擒捕輒敢拒捍者，雖不持仗，亦處死；若不持仗，及不曾拒捍，鹽數至配役三年者，杖脊二十，刺面押赴闕。其餘不以所犯鹽數多少，並杖脊二十，於本處配役三年。顆鹽、末鹽雖皆是禁法地分，亦不許遞相侵越，如官中買到及請到蠶鹽輒相侵越者，並量罪科決。淮南諸舊禁法賣鹽處，斤爲錢四十，内廬、舒、蘄、黄、和州、漢陽軍去建安軍水路稍遠，斤爲錢五十。襄州等十四處，舊顆鹽通商，今並禁止，每斤錢五十足陌，令襄州都大於建安軍般請。其鄧、唐、房、隨、均、金等州及光化軍，轉於襄州請，又安州都大於建安軍請，其順陽軍轉於安州請，復、郢二州各於建安軍請，商、華二州不通水路，並令雇召陸脚，商州於華州請，蔡州於陳州請。江南十五州，並於建安軍請，内

〔一〕天頭原批：「『南』一作『西』。」

〔二〕潮：原作「湖」，據字形與地理改。

昇、潤、常、宣、池州、平南、江陰、寧遠軍去建安軍稍近，依江北諸軍例〔一〕，斤爲錢四十。江、洪、筠、鄂、撫、饒、袁、台〔去〕建安軍稍遠，斤爲錢五十。歙、信、建、劍[21]接近兩浙界，斤爲錢五十，就兩浙般請。虔、汀二州接近廣南界，斤爲錢五十，汀州於潮州般請，虔州於南雄州般請。其青白鹽舊通商之處〔二〕，即令仍舊。」從之。

四月一日，右拾遺郭泌言：「劍南諸州鹽每斤錢七十，豪民黠吏相與交通，賤市於官，貴糶於民，至每斤錢數百。望稍增舊價，爲百五十，則豪猾無以規利，而民食賤鹽。」從之。

二十四日，詔：「自今禁法州府捉獲販私鹽人，不計人數，斤兩，依法科決，刺面送赴闕。其蠶鹽犯禁，依前詔施行。」

三年二月，詔：昌州七井歲納虛額鹽萬八千五百五十斤，罷之。其二萬三千六十斤仍舊勒井户煮焉〔三〕。先是開寶五年〔四〕，知州李佩廢諸井薪錢，於歲額外别增耗鹽，課部民煮之。民素不習其事，甚以爲苦，雖破産，猶不能償其數，以致流移入他部。至是，轉運使列其事於三司。三司以積年之征，不可遽免，請均於部民，作兩税草估錢米以輸官。詔盡令罷去。

五年七月，西川轉運使聶詠言：「蜀民不知鹽禁，或買三二兩至五七斤，酌情止爲供食。自今請十斤以上押送赴闕。」從之。

八年三月，金部員外郎奚嶼言：「奉詔相度泉、福、建、劍、汀州、興化、邵武軍鹽貨，請許通商，官爲置場，聽商旅以金銀錢帛博買，每斤二十五錢，可省盤鹽脚錢、溪嶮散失。」從之。

雍熙二年六月，詔曰：「去年有司上請通行江浙鹽商，蓋欲均利於民而絶其犯禁者。然變法易制，自古所難，故且行[22]之歲時〔五〕，以觀其利害。如聞罷榷之後，重擾於民，庶便於時，宜仍舊貫。自今宜依太平興國九年七月以前禁法從事。」先是，三司建議請放行江浙鹽，命著作郎直史館孟知化、殿中丞雷有終規度其事，而諸州多言其非便。復遣鹽鐵判官張鴻漸詳定，而復舊制焉。

十一月，詔更定兩浙犯鹽法，一兩至百斤以下，差罪決配，以上者刺面押赴闕。

四年正月二十五日，潮州上言：「有鹽六十四萬餘石，歲又納三萬三千石，所支不過數百石，徒勞修倉蓋覆，僅同無用之物。」帝以所奏下三司，言：「廣南諸州凡有積鹽二百三十餘萬石，約三十年支費方盡，又歲納十萬石。其廣州等處煎鹽，望權罷數年。」從之。

〔一〕天頭原批：「軍」一作「州」。
〔二〕天頭原批：「鹽」一作「鹹」。按，見《補編》頁七三九。
〔三〕二萬三千六十斤：《長編》卷一九作「二萬七千七百六十斤」。
〔四〕五年：《群書考索》後集卷五七作「七年」。
〔五〕且：原作「其」，據《太宗皇帝實録》卷三三改。

四年四月，代州言：「寶興軍及大石寨以南，人户多私市北界骨堆渡口鹽，望令禁止。」詔：「自今犯者，一斤已下量事區分；已上杖脊十五，配役一年；十斤已上，十八，配役二年；五十已上，配役三年；百斤已上，刺面押赴闕引見。餘並準太平興國二年詔旨施行。」

端拱元年七月，詔曰：「西川編户繁庶，民間食鹽不足，自今關西、階、文青白鹽、峽路井鹽、永康崖鹽等，勿復禁，許商旅貿易入川，以濟民用。」

十二月三日，瀘州言：「瀘州縣鹽井水竭，令人入井視之，下有吼聲如雷，火焰突出，被焚死者八人。」

淳化四年八月，詔：「陝西諸州先禁戎人販青白鹽，許商人通行解鹽，以濟民食。詔令既下，而犯法者衆，宜除之，[23]悉仍舊貫。」先是，戎人以青白鹽博米麥充食，轉運副使鄭文寶建議，以李繼遷聚徒爲寇，平夏之北，千里不毛，徒以販青白鹽糴粟麥以充食，願禁之，許商人販易解鹽，官獲其利，而戎人以困，繼遷可不戰而屈。太宗從之，下詔：「自陝以西，有敢私市戎人青白鹽者，皆坐死。」募鄰里告訐，差定其賞，行之數月，犯法者甚衆。戎人乏食，寇掠邊郡，内屬萬餘帳稍稍引歸繼遷。商人販解鹽少利，多取他路出唐、鄧、襄、汝間邀善價，吏不能禁。關隴民無鹽以食，而境上騷擾。及命知制誥錢若水馳傳視之，因下詔盡復舊制，内屬戎人漸復歸附，邊境始定焉。

至道二年十一月，西京作坊使楊允恭言：「淮南十八州軍，其九禁鹽，餘不禁。商人由海上販鹽，官倍數而取之，至禁鹽地，則上下其價。民利商鹽之賤，故販者益衆，至有持兵往來爲盜者。且行法宜一，今請悉禁，官遣吏主之。」詔知制誥張秉與鹽鐵使陳恕等會議，恕等言其不可。允恭再三爲請，乃詔從之。是歲，收利巨萬。

三年八月四日，詔：「富義監鹽匠月糧三分中一分雜子，自今並支粳米。冬衣外，仍賜春衣。鹽井夫所差百姓，自今悉罷，以本城官健代之，仍月給緡，一切器用以官物充，勿復擾民。」

真宗咸平元年十月十八日，西京左藏庫使楊允恭建議江淮鹽法[一]，鹽鐵使陳恕以爲非便，詔問恕狀。允恭言：「若問恕，必不伏，請下御史府按之。」詔從允恭議，仍以允[24]恭領康州刺史，釋恕不問。

四年十一月，祕書丞、直史館孫冕言：「臣以爲朝廷若放江南、荆湖通商賣鹽，許沿邊折中糧草，或在京納錢帛金銀，必料一年之内，國家豫得江南、荆湖一二年官賣鹽額課錢支贍。何以言之？且在京所得錢銀，邊部所得糧草，即是江南、荆湖通商之地鹽課額錢。況又商旅中納糧草金銀，官中給以文引，直至亭場請鹽，舟船運載，自京師而往，比至鹽船到江南計須半年，荆湖須一年。其河北、河東、陝西沿邊中納交引，候請得鹽貨至通商地分，或有風波阻滯

[一] 使：原脱，據《長編》卷四六補。

計二年以來。此臣所謂一二年間，荊湖官賣課程，未甚虧損，俟大段客鹽貨賣南中，年額漸消，則沿邊在京折中入官，其利已博。況三路官賣舊額，止及百三十萬貫，臣計在北所入已多，在南所虧至少，舊額錢數必甚增盈。又淮南禁鹽地限以長江，且商旅自亭場請鹽〔一〕，巡欄到建安，即渡江出界。若口岸津舖嚴切警巡，立之詔條，示之賞罰，則淮南官賣鹽課，必不甚虧。況廣南白鹽、峽路井口鹽、關西顆鹽以至通泰海鹽，官禁地分犬牙相糾，互守疆界，各辦課程。設使淮南因江南、荊湖通商之後，官吏故怠慢，或致年額稍虧，則國家以折中糧草(瞻)〔贍〕得邊兵，以中納金銀實之官庫，且免和雇車乘，差擾户民冒涉凜寒，經歷遐遠。借如荊湖運錢萬貫，淮南運米千石，以地里脚力送至窮邊，則官費民勞，何啻數倍？又臣所 25 上通商放鹽，爲公私之利者有十焉，而議事之徒，必横生疑沮者有三焉。其利有十者，使商賈之業得通于道途，必兼并之家不擁其財幣，則市井繁富，泉貨通流，交易貿遷，各得其所，其利一也。茶鹽之制，利害相須，鹽既通行，茶必增價，沿邊折中，例省添饒，其利二也。江南、湘楚既許鹽行，在京沿邊必多折中，金帛内實於帑藏，糧草外贍於邊陲，邦計以豐，農耕自勸，其利三也。商旅自齎文引，直於亭場請鹽〔二〕，不占饋運官船，不費修葺功料，其利四也。私下舟船，從便裝載，苟風波之致害，無刑禁以追科，其利五也。江、湖州郡請䟦官鹽，多於衙前選差物力軍將，波濤千里，損敗相仍。自此無家産没納之虞，無身命償官之苦，其利六也。應是鹽商，自雇水手，不用駕船軍健，不差押運使臣，既免費衣糧，又不妨征役，其利七也。商人在北所入中者糧草、金銀、鹽貨，在南所博易者土物、山貨以至漆、蠟、紙、布〔三〕、紬、絹、絲、綿，萃于京師，阜豐征筭，其利八也。越客楚人，雲帆桂檝，泝于江，泛于湖，西經洞庭，南過彭蠡，使漁村水市盡識時平，窮谷深山悉知鹽味，歌舞皇澤，樂輸王租，其利十也。疑沮有三者，一則疑致江、湖賊盜，二則疑恐亭户私與商鹽，三則疑致商人用倖，於亭場挾帶。是三者，臣又以辨之：若以爲必長姦盜，則關西顆鹽，見有八處州軍依舊禁斷，又何嘗有姦盜乎？若以爲亭户必私與商鹽，則向來放鹽之時，26 商旅如此，請買如此，又豈有私市乎？若以爲必用倖挾帶，明有文引對籍其數，所至境界，公行點閱，又豈容挾帶乎？伏望聖明，詳加采閱。」詔吏部侍郎陳恕等議其事。恕上言曰：「伏以江、湖之地，素來官自賣鹽，禁絶私商，良亦有以。蓋由近煮海之地，息犯禁之人，官得緡錢，頗資經費。且江湖之壤，租賦之中，穀帛雖多，錢刀蓋寡〔四〕，每歲買茶入榷，市銅鑄錢，準糧斛以益運輸，平金銀

〔一〕亭：原作「停」，據《補編》頁七四〇改。
〔二〕天頭原批：「『於』一作『至』。」按，以下見《補編》頁七四一。
〔三〕天頭原批：「『布』一作『帛』。」
〔四〕刀：原作「力」，據《長編》卷五〇改。

以充貢入，乃至京師便易〔一〕，南土支還，顧其贍用之名，實藉鹽錢之助。居常廣費，猶或闕供，今若悉許通商，則必頓無儲擬，未有別錢備用，鹽法詎可改更？且變制易圖，事非細故，若匪官鹽住賣，則又私商不行。即令住賣官鹽，立乏一年課額〔二〕。況行商筭畫，必務十全，豈有江、湖官猶賣鹽，邊塞私肯入粟？假令敢入私物，獲請官鹽，首初運到江、湖，必須官私競貨〔三〕。既而官價高大，私價低平，多糶商鹽則官鹽不售，並依官價則私價太高〔四〕。公私兩途，矛盾不已，則官利失而私商困矣。況不即住賣，而望商人入中藁粟者，未之有也。既入中藁粟，而望課利不虧者，亦未之有也。加以向者淮南通商，亦放邊上折中，一歲之內，入數甚微，糧則不及萬鍾，草則都無一束〔五〕。近者陝西鹽法亦令納秸資邊，一年之間，數亦無幾，全無實驗，但有虛名。江、湖若放通商，淮南亦須徹禁，三處既私商雜擾〔六〕，兩浙必官鹽流離，透漏侵淫，禁不可止。許變易則江、27湖爲首，終紊亂則淮、浙相兼，大失公儲，莫救邊備。孫冕辭多摭實，心亦循公，事未周知，蓋不當職，但憂河北之未備，不慮江南之闕須。倘異時江、湖錢力頗致豐羨，用其所畫，頗亦有資，施之於今，伏恐未可。」從之。

六年正月十二日，度支使梁鼎上言：「陝西沿邊所折中糧草，率皆高擡價例，倍給公錢。止如鎮戎軍，米一斗計虛實錢七百十四〔七〕，而茶一斤止易米一斗五升五合五勺〔八〕，顆鹽十八斤十一兩止易米一斗〔九〕。粟一斗計虛實錢四百九十七〔一〇〕，而茶一斤止易粟一斗五升五合七勺〔一一〕，顆鹽十三斤二兩止易粟一斗。草一束計虛實錢四百八十五〔一二〕，而茶一斤止易草一束五分，顆鹽十二斤十一兩止易草一束。又鎮戎軍在蕃界，渭州在漢界，而渭州白米每斗價錢高於鎮戎二十。環州在蕃界，慶州在漢界，而慶州白米每斗價錢高於環州六十；粟每斗錢亦高三十。以日繫時〔一三〕，潛耗國用，倘不釐革，必恐三二年後，茶鹽愈賤，邊食愈虧。臣今檢會，嚴信、咸陽、任村、武定〔一四〕、渭橋等倉見管諸色糧斛七十九萬餘石，請以春初農隙併力輦送，沿邊州軍計所屯兵有一年以上儲備，則止以將來二稅轉換支

〔一〕易：原作「益」，據《補編》頁七四一、《長編》卷五〇改。
〔二〕乏：原作「之」，據《長編》卷五〇改。
〔三〕競：原作「禁」，據《長編》卷五〇改。
〔四〕「價」下原衍「例」字，據《長編》卷五〇刪。
〔五〕都：原作「郡」，據《補編》頁七四一、《長編》卷五〇改。
〔六〕商：原作「鹽」，據《補編》頁七四一、《長編》卷五〇改。
〔七〕米：原作「粟米」，據《長編》卷五四刪。
〔八〕米：原作「粟米」，據《長編》卷五四刪。
〔九〕米：原作「粟米」，據《長編》卷五四刪。
〔一〇〕粟一斗：原脫，據《長編》卷五四補。又「四百九」，天頭原批：「『四百九』一作『九百四』。」按，見《補編》頁七四二。《長編》亦作「四百九」。
〔一一〕粟：原作「粟米」，據《長編》卷五四刪。
〔一二〕束：《長編》卷五四作「圍」，似是。
〔一三〕繫：原作「繁」，據《長編》卷五四改。
〔一四〕武定：《長編》卷五四作「定武」。

填；如不及一年處，則以上件糧斛增備，年備足即住折博。然後鹽則仍舊官賣，草則止令沿邊於夏秋緣料錢内折納，取年支足用。又官賣解鹽〔一〕，一歲必得錢三二十萬貫充給諸軍。況今來支用，比舊已增一倍，[28]倘不速爲此計，異日匱乏，則不惟須截留西川上供物帛，兼必須自京輦運供儲矣。」又言：「中書喚臣，令計度如何輦運科撥夏秋二税者。竊以陝西沿邊除鎮戎、保安軍各近蕃界，不可大段儲積，所資糧草止逐時輦運，常及半年已上外，其渭、原、涇三州即西路屯兵之處，請令永興、鳳翔、華、儀、隴五處人户輦運糧草，仍支此五處二税於上件三州輸送；其三州二税，即令輦運鎮戎軍糧草〔二〕。環、慶二州即中路屯兵之處，請令同、耀、乾、邠、寧五州人户輦運糧草，仍支此五州二税於上件二州輸送；其二州二税，並於沿路鎮寨輸送。延州即東路屯兵之處，請令解、河中、丹、坊、鄜五州人户輦運糧草，仍支此五州二税於延州輸送；其延州二税，即令輦運保安軍糧草。其陝、(號)〔虢〕、商三州，請令於永興軍輸送。其逐處本州軍所備年支糧草，則止令五等已下人户供輸。秦、鳳、階、成四州地里稍遥，其二税請令輸於本郡。如上件三路屯軍處輦運科撥不及一年已上儲備，即且留沿江茶引，許商旅入中添填。」又言：「解鹽自準詔放行，任商旅興販，減落元價，貴在利民。如聞近日沿邊諸州少客旅貨賣，頗令遠郡難得食鹽，漸致邊民私販青鹽，干犯條禁，兼於永興軍等八州軍元禁地分取便貨鬻。不惟亂法，抑亦陷人，爲害既深，須行禁止。其解池鹽貨，欲乞更不通商，官自出賣，所有禁榷條件別爲規畫。」詔以鼎狀令輔臣[29]議。陳堯叟言禁鹽所利甚博，吕蒙正等言鼎憂職狥公，所言可助邊費，請從之。仍以鼎爲陝西制置使，内殿重班、閤門祗候杜承睿同制置青白鹽事〔三〕。鼎至陝西，即禁止鹽商。既運鹽，公私大有煩費，上封者多言非便。既而鼎始謀多沮，因請復舊通商，乃命太常博士林特乘傳與知永興軍張詠會議，咸請依舊通商。既從之，而鼎以前議非當，五月，罷使職。

景德元年九月六日〔四〕，陝西轉運使朱台符等請以永興軍、同、華、耀州解鹽一槩通商，以户口市鹽錢數均於部民，令隨夏税送納見錢。仍依官賣鹽例，每四十四錢支鹽一斤，隨蠶鹽給付。詔下三司，請依所奏，從之。

二十三日〔五〕，遣太子中允張績乘傳詣解州鹽池致祭。時轉運司言，夏秋霖雨，有妨種鹽，故老相傳唐朝每遇水災，必遣使告祭，乃不爲害，故帝特親書祝文禱之。

三年五月五日，三司度支副使李士衡言：「關右自不禁解鹽已來，計司以賣鹽年額錢分配永興、同、華、耀四州

〔一〕解：原作「斛」，據《長編》卷五四改。
〔二〕令：原作「今」，據《長編》卷五四改。
〔三〕「制」、「事」二字原脱，據《長編》卷五四補。
〔四〕九月六日：《長編》卷五七繫於九月十八日己亥，疑「六」爲「十八」之誤。
〔五〕二十三日：按，《長編》卷六一繫於景德二年九月十七日壬戌，疑此處誤。

軍，而永興最多，於民不便，請減十分之四。」帝以陝西諸州皆免禁法，詔悉除之。

八月十九日，陳堯叟言：「青鹽如置榷場，官亦不可買之。蓋平夏青鹽甚多，若官買必須官賣，既亂禁法，且解州兩池鹽不復行矣。」帝曰：「德明如遣弟宿衛，則許放行青鹽，豈是不亂禁法也〔一〕！今榷場既不爲買，當先以文告諭之。若異時德明復有懇請，則當令榷場量定分數收市。」

十一月八日，30增陵井監工役人月給錢米，閔其勞故也。

大中祥符元年四月二十九日，鄜延州鈐轄張崇貴言：「得趙德明書，請許市青鹽。」詔以德明所納誓書付崇貴諭之，蓋素不載青鹽事也。

三年八月十四日，解州言：「得兩池榷鹽院紫泉場官張節等狀：今年七月後，水次約一二十里，不施功，自然浸生鹽，結成顆粒，其味特嘉。」仍以精明尤異者上進。命屯田員外郎何敏中往祭池廟。

四年十月十八日，詔以江南、淮南接壤，而鹽、酒之價不等，令三司與江淮制置發運使李溥規定以聞。初，有司執言，慮失歲課，帝曰：「苟便於民，何顧歲入也！」

九年四月，陝西轉運副使張象中言：「安邑、解縣兩池貯鹽三千二百七十六菴，計三億八千八百八十萬八千九百二十八斤〔二〕，計直二千一百七十六萬一千八十貫〔三〕。竊慮尚有遺利，望行條約。」帝曰：「地財之阜，此亦至矣，若過求增羨，慮有時而闕，不可許也。」

天禧元年三月二十一日，免潮州逋鹽三百七十三萬斤〔四〕。

二年正月，兩浙轉運副使謝濤言：「蘇州界海內，捕得温州販私鹽萬四千斤，準條止以千斤爲限，又作三分給賞。今巡捕軍士用命鬭敵，獲數倍多，而賞給殊尠，無以爲勸。望下大理寺重定等第以聞。」詔法寺、三司同議定。既而上言：「準大中祥符六年條，止云七百五十斤已上至千斤，三分中以一分給賞，則千斤已上，不計多少，並三分以一分給賞，望申諭31諸道。」從之。

二月二十七日，侍禁、閤門祇候常希古言，登、萊等州末鹽，望許過膠河商販。詔許於淄、濰、青、(袞)〔兖〕、沂、密州、淮陽軍行商，候豐稔日仍舊。

四年十一月，詔：「淮南、江、浙、京東、河北、河東、廣南東西路州軍應自來煎地分，勘會處所四至遠近、逐年所煎數，及所給州軍處所有今住煎處，亦條析年月、因依，各具地圖以聞。」

仁宗天聖元年六月十四日，三司鹽鐵判官俞獻卿言：「奉詔與制置茶鹽司同規畫淮南通、泰、楚州鹽場利害。

〔一〕「豈」上原有「官」字，據《長編》卷六三刪。

〔二〕八十萬：《長編》卷八六作「八十二萬」。

〔三〕八十：《長編》卷八六作「八百」。

〔四〕「萬」下，《長編》卷八九有「二十」二字。

一、諸處鹽場亭户寔無牛具者，許令買置，召三人已上作保，赴都鹽倉監官處印驗，收入簿帳，給與爲主，依例克納鹽貨，不得耕犁私田，借賃與人。真州榷務每年入中耕牛二千頭，分給逐州亭户。犁、鹽各有元定等第價例，及添饒錢數支與客人臈茶。先準建隆中敕，每頭減放一半價錢，更於每頭上減錢一千外，餘錢每一千只納平鹽二石。至咸平二年敕，每一千折納鹽二石。大中祥符八年，制置發運使李溥擘劃，估計耕牛價錢依丁額等鹽例，每一貫納六石。自添起鹽數，亭户填納不易，多欠牛鹽，今請依咸平二年敕施行。二、鹽場亭户賣納鹽貨，每三石支錢五百文。準大中祥符二年敕，每正鹽一石納耗一斗，所買鹽只於本州出賣，每石收錢一千三百足，展計一千六百九十文省，官有九倍淨利。緣亭户赴倉，往回二百餘里，今乞於正鹽三石元定價錢五百文省[32]上，依海州、漣水軍例，添錢一百文省。三、逐州共管煎鹽場二十五處，煎趁額鹽百三十五萬餘石，自前差衙前充專知官勾當，別差使臣巡捉私鹽。自景德三年後，不置專知官，止委使臣、（鹽）〔監〕轄煎鹽。緣場分闊遠，止差軍人往逐竈監煎，甚有掻擾。欲望自今罷之，依舊差衙前充專知官，勾當公事，取本場使臣指揮，不得擅行。四、淮南産鹽州軍捉獲犯鹽人多是惡跡，不顧條章，和同者則深與包藏，嫌恨者則妄行攀執。欲乞今後止據見獲人鹽數目區斷，不得根究來歷。如收捉時顯見頭主并出入居止之處，即不在此限。五、鹽場亭户田産税苗自來紐計錢數，依丁額浮鹽價折納鹽貨，水旱災傷，即不檢覆。欲望自今許依百姓例，令所隸縣分差官檢覆，據合破分數紐計折納鹽貨，支與價錢。六、鹽倉今後年滿班行，乞舉侍禁已上文臣，泰州如皋、楚州鹽城各知縣事，即舉京朝官，通州、泰州、西溪鹽倉文臣，即依淮南山場監官例舉。七、鹽場亭户積欠鹽貨逃亡，如歸業者，其未逃已前所欠鹽，望權與倚閣，只自歸業日後計工收納，每丁更預借官錢十千，令置買動使。候及一年，即依例剋納所借錢，仍每户不得過兩丁。八、鹽場圍側近各有酒店，致亭户多飲酒，怠墮農桑，兼聚集不逞之人興販鹽貨。欲望自今並令離亭圍十里以外開張，如不願出外者，即依例停閉。」詔三司詳定以聞。三司言：「所請舉官，望[33]許舉殿直已上。其監場使臣，亦委三司及發運、轉運使舉。亭場側近酒店，望下淮南轉運司相度有無妨礙，當議起離停廢。自餘規畫，亦可施行。」從之。

十六日，詔：「淮南通、泰、楚州煎鹽亭户所賣納鹽貨，自今本場須依條兩平秤納，如大秤作弊，監官重行朝典。替日有出剩，只據數收附入官，不得理爲勞績。」

二年十一月，上封者言：「温州天富南北兩監，自大中祥符四年後，逐界積欠課鹽甚多，所差使臣多不用心。今請依杭、秀州例，下三司及制置、轉運司，舉三班使臣或州縣職官監當。」從之。

三年八月九日，司封員外郎盛京言：「忠州所管鹽井三場，見納額鹽共四十五萬四千五百餘斤，數内九萬三千一百餘斤轉運司添起，自後燫煎不辦，破産填納。欲乞下本路差官與知州體量，如委實不辦，依舊權倚（閣）〔閣〕，候井户燫煎得辦，依舊添收送納。」從之。

四年閏五月五日，陝府西轉運使王博文等上言：「奉詔，以解州盤鹽帖頭麻處厚等進狀，稱例各陪備，家活困極，乞賜擘劃放免。今差晉州通判劉隨與轉運使副、解州、河中府知府、長吏同共規畫聞奏。看詳處厚等所陳利害，難於經久施行。右班殿直劉逵奏乞開修解州安邑縣至白家場永豐渠〔一〕，及打造舟船，運年額綱鹽赴場下卸，經久可行，不至勞役人民。或賜允俞，乞選差使臣一員勾當開修。」按此渠自後魏正始二年，都水校尉元清引平坑 34 水西入黄河以運鹽，故號永豐渠。周、齊之間，渠遂廢絶。隋大業中，都水監姚暹決堰濬渠，自陝郊西入解縣，民賴其利。自唐末至五代亂離，迄今堙没，水甚淺涸，舟檝不行。」詔三司相度以聞。

六月七日，三司言：「欲依陝府西轉運使王博文等相度，解州安邑鹽池種鹽畦户，欲將解州依舊外，有河中府慶成軍，令三年一替，願充役者聽。」

五年正月，供備庫副使張君平言：「解縣、安邑縣兩場所種鹽貨有折欠不顯，侵欺盜用者，場官自備人功，許令補種少闕。蓋苦值霖雨，依舊消折，歲月滋久，別生欺弊。欲望自今補種到鹽，旋交與監官，專副管係。」從之。

六年八月二十八日，太常少卿陳從易言：「廣州管下鹽場差鹽丁盤運，勞煩民力。欲令自備人船赴州送納，便給價錢。」從之。

十一月九日，福建路轉運司言：「福州長樂、福清、連江、羅源、寧德、長溪六縣，每年祖額鹽五百一萬五千九百六十三斤，給本州閩、侯官等十二縣及縣下場并劍、建、汀州、邵武軍四處般請出賣。其長樂、福清兩縣鹽亭並在海外，土鹹柴多〔二〕。其長樂縣年煎百六十二萬七千七百五十斤，福清縣年煎四百九萬四百九十五斤〔三〕，比附六縣祖額計增七千二百四十六斤，其兩縣請依舊煎煉。連江、羅源、寧德、長溪四縣隔涉大海，艱於盤運，遞年止積縣倉，並請停廢。」從之，所廢鹽場，並給與民爲田，出納税賦。

二十三日，福建路轉運 35 司言〔四〕：「轄下官員赴任、得替乘船者，兵稍多買私鹽夾帶興販。自今犯者二百斤已上，依法決訖，押送（楊）〔揚〕、真、楚、泗州本城配糧綱牽駕。」詔自今經再犯，並及二百斤已上，即依奏施行。

八年十月十六日，翰林學士盛度等言：「詳定到解州鹽貨，乞權放通商，許客旅於京榷貨務入納金銀見錢，筭請

〔一〕家：原作「象」，據本書食貨八之四八、《補編》頁七四五、《宋史》卷九五《河渠志》五改。
〔二〕天頭原批：「『鹹』一作『鹽』。」按，見《補編》頁七四五。下條同。
〔三〕天頭原批：「『九十五』一作『五十九』。」
〔四〕福建路：原作「福州路」，據《補編》頁七四五改。

出賣。」從之。

天聖九年四月四日，三司言：「京榷貨務天聖六年收末鹽課錢百八十萬三千貫，今請定爲祖額。」殿直王文恩上言：「解鹽通商，其河中九州軍望且仍舊榷糶，俟至歲杪，以官鬻及商人入納錢數同爲比較。」並從之。

五日，翰林學士盛度等上言：「解鹽通商，望降詔三司，委榷貨務招誘，如一界三年，各收及七分，監官升陟差使，專副免第一等重難勾當。」從之。

十八日，盛度等上言：「解鹽通商，今詳改法之初，慮官司委有邀頡，及私鹽之禁稍寬，返有刮煉出鬻，至侵客利。外人不詳利害，輕議新法。今請特行條約，所在榜壁曉諭，犯者許人告捉，給賞錢五十千，村鄰及經由之所一等科罪。巡捕官吏親獲鹽二萬斤以上，京新城門使臣一界捕獲鹽五千斤已上，消鹵二萬斤已上，並升等差使；透漏鹽五千斤以上〔一〕，消鹵萬斤以上，並降等差使。京諸廟虞候捕獲鹽五千斤以上，消鹵萬斤以上，得替與優輕差使；若透漏三千斤以上，消鹵五千斤以上，並第一等重難差使。貿市末鹽，不得輒入顆鹽地分。凡解鹽，放36行三京、陳、(穎)〔潁〕、許、汝、孟、鄭、滑、宿、亳、曹、單、兗〔二〕、鄆、濟、濮、澶、懷、汾、河〔三〕、陝、晉、(降)〔絳〕、慈、隰、虢、解州、廣濟、慶成軍三十一處，惟不得般往永興、鳳翔、同、華、原、涇、儀、渭、邠、寧、乾、耀、鄜、坊、丹、隴、秦、鳳、階、成、環、慶、延州、鎮戎、保安軍二十五處及唐、鄧、金、商、均、房、蔡、隨、襄、郢州、光化、信陽軍十二處。其舊係唐、鄧十二州貿市者，無得入新放商地分，違者重寘其罪。」奏可。

九月二十四日，知解州張仲尹等上鹽池利害〔四〕：「自今鹽菴以千七百二十四席爲額，選池場袋團歸農者復爲種造節級，其補種人身分鹽數不立年額，聽依畦夫例改種。又調夫採梢，修堰浚濠，所差知池官，望委本州提舉官及榷鹽院同罪保舉勾當。若欲傭雇丁夫采漫生鹽者，除舊請受外，第給醬菜日食白米，仍許監官批曆爲課，請行酬獎。歲給提舉官公用錢五百千。張村店亦遣使臣警邏。」奏可。

十一月十八日，翰林學士盛度言：「解鹽通商，其在京監院望權罷輦運，通商三十一州軍鹽務監鹽官，專典望不比附增損之數。」從之。

十年四月八日，上封者言：「解州護寶都及壕籬居民與賊同情，或引人入池盜鹽者，論如法外，望徙其孥他州。」詔自今盜鹽百斤以上，或以下三犯者，奏裁。

七月十三日，審刑院言：「得鹽賈康喜案稱：解州榷

〔一〕千：原作「十」，據《補編》頁七四六改。
〔二〕兗：原作「衮」，據《補編》頁七四六改。
〔三〕河：疑有脱誤。按此前後懷、汾、陝、晉等州大抵均在今山西南部、河南西北部一帶，而宋之河州乃在今甘肅臨夏回族自治州一帶，且爲熙寧六年收復後始置（見《元豐九域志》卷三）。或是「河」下脱「中」字，指河中府。
〔四〕「知」原無，「尹」原作「伊」，據《金石萃編》卷一三三《玉兔淨居詩》碑題銜補改。

鹽院交引止許於唐、鄧十二州賣鬻，不得侵越新放商地分，違者以犯私鹽論。按法寺及解州、三司悉無此條，本院有出引不當罪，37 請行鞫問。」詔特免勘，自今侵界犯鹽如此者，以違制失論。

明道元年十二月二十三日，命權三司使事李諮與翰林學士盛度、侍讀學士王隨同管勾放行解鹽事。

二年二月十六日，臣僚上言：富順監鹽鋪襯竹箄燒淋鹽貨，培納課利〔一〕。詔：「燒煎襯鹽竹箄，今後並相度年歲遠近，令納鹽課，見欠者並除放。」

八月十九日，翰林學士盛度言：「乞下三司勘會，自今年正月後來并今後應係臣僚及省司起請條貫、改更新例鹽法事件，並乞關報詳定所，以憑照會。」

景祐元年二月一日，入内供奉官周惟德言：「解州鹽池見管鹽貨萬數浩瀚，可得十年支遣，欲乞(搉)〔權〕住種造三年。」詔權住二年。

十三日，翰林學士承旨盛度言：「奉詔與今參知政事王隨、三司三部官員同共詳定放行解鹽三年，收到種鹽二百七十五萬八千六百餘斤。乞今後鈐轄解州兩池廣謀種造，須管大段增剩。」詔：『王隨、盛度定奪鹽法了當，兒姪各與一名恩澤。』臣所詳定放商解鹽，始立法於一年，後考績於三載，仰遵聖制，已集成規，其放行鹽法，伏望宣付史館。」從之。

三月六日，殿直、監岳州烏沙頭鎮鹽酒商稅龍惟亮言〔二〕：「廣南東路廣、惠、端三州出賣官鹽，元估斤一十五足，廣州收買海下人户鹽斤六文，如每斤減作一十文足貨賣，收錢倍多。」詔轉運司相度減價。

四月五日，詔：「諸色犯私鹽興販入禁地，舊條一兩杖八十，十斤杖 38 一百，二十斤徒一年，二百斤加役流，比茶禁一兩至二十斤笞四十，十斤加一等，百斤徒一年，四百斤加役流。今以一兩杖八十，二十斤杖一百，四十斤徒一年，每四十斤加一等，四百斤加役流。」以犯法者衆，稍寬其禁。

五月二十六日，工部郎中、秘閣校理王夷簡乞興置杭、秀州監鹽。令制置、轉運司同相度廢置利害以聞。

寶元二年六月十四日，右司諫、直集賢院韓琦言：「開封府界三十一處解鹽禁榷地分，乞差近臣三兩員，將通商、未通商新舊二法，取其利最博者以爲經久之制。」詔差翰林學士宋庠、知制誥王堯臣與三司三部官員同依奏定奪以聞。

三年二月十五日，河東轉運使張奎言，永利東監乞權住煎鹽。詔三司相度，權住二年。

康定元年三月五日，三司言：「今後商人算請陝西并唐、鄧、河陽解鹽，每席除依舊納錢外，更令貼納見錢一千足。」從之。

〔一〕培：疑當作「倍」。
〔二〕岳：原作「嶽」，據《元豐九域志》卷六改。

五月十七日，侍禁、閤門祇候王滋充陝西河東沿邊制置青白鹽使。

六月十四日，陝西經畧安撫副使范仲淹言：「都官員外郎何白素有材力，今舉權知解州勾當鹽池事。」從之。

慶曆四年二月二日，命太常博士、知汝州范祥使陝西，與轉運程戡等同相度鹽法。從三司請也。

十六日，樞密副使韓琦、知制誥田況等言：「西賊欲每年入中青鹽十萬斛，今只以解鹽半價約之〔一〕，已及二十萬貫，并所許歲幣僅四十餘萬〔二〕，此乃與北虜之數相 39 當。議者又欲許其入中青鹽〔三〕，却復所侵邊地，臣等謂非完計。緣青鹽只於保安軍入中，必難盡易，當須官自輂置別州，且疲弊之後，可復興此勞役乎？自來沿邊熟户與西界蕃部交通爲常〔四〕，大率以青鹽價賤而味甘，故食解鹽者殊少，邊臣多務寬其禁，以圖安輯，惟漢户犯者，坐配隸之刑，曾無虚月。今若許入中青鹽，其計官本已重，更須增價出賣，則恐沿邊蕃漢盡食西界所販青鹽，無由禁止。解鹽之利，日漸侵削，而陝西財用不得不屈矣。欲入中青鹽之議，決不可許。」

五年十一月，帝御邇英閣，讀《三朝經武聖畧》，顧問曰：「李至言鄭文寶建議禁西界青鹽，以爲失策，如何？」侍讀高若訥奏：「青鹽之禁，西人至今失其厚利，乃策之得，蓋至之偏見也。」帝然之。

六年五月十一日，詔益州路轉運司：「邛州鹽井近年輸課，爲民所苦，特令歲納錢一百萬貫，仍（爲著）〔著爲〕令。」

皇祐元年十月，遣三司户部副使包拯往陝西，與轉運司議鹽法。後拯權三司使，乃言：「故陝西制置解鹽使范祥建議通陝西鹽法，行至十年，歲減榷貨務緡錢數百萬，其勞可録也。陝西舊於沿邊秦、延、環、慶、渭、（源）〔原〕、保安、鎮戎、德順九州軍聽人入中糧草，筭支解鹽。自康定後，入中糧草皆給以交引，於在京榷貨務還見錢、銀、絹，解鹽却於沿邊入中他物。方軍興之際，至于翎毛〔五〕、筋角、膠漆、鐵炭、瓦木、石灰之類，並得博易，猾商貪賈乘時射利，與官吏通 40 爲弊，以邀厚價。凡椽木一對，定價一千，支鹽一席，歲虧官錢不可勝計。朝廷知其弊，命三司度支判官范宗傑往經度其事，以客人所博鹽引及已請鹽，並剋納虧官錢，官自輂運，置場出賣，禁民通商。雖稍獲利，而般載車乘一出民力〔六〕，歲月寖久，頗困關中。故范祥建言，令客人止於沿邊九州軍城寨入納見錢，糴買糧草〔七〕，

〔一〕解：原作「斛」，據《韓魏公集》卷一六改。
〔二〕幣：原作「弊」，據《長編》卷一四六改。
〔三〕青：原脱，據《韓魏公集》卷一六補。
〔四〕熟：原作「屬」，據《韓魏公集》卷一六改。
〔五〕翎：原作「⿰金羽」，據《補編》頁七四八改。
〔六〕力：原作「大」，據《補編》頁七四八改。
〔七〕買：似當作「賣」。

筭請解鹽。其沿邊鹽，延安寨、環、慶、渭、(源)〔原〕、保安、鎮戎、德順八州軍於青鹽池近，却許客入中解鹽，官自出賣，餘並令通商。重青鹽之禁，專置解鹽使，歲課緡錢一百六十萬，以計置沿邊九州軍一百二十餘城寨芻粟，量入計出，可助十分之八，餘則責辦本路轉運司，罷在京見錢交引法，以實京師。其范宗傑所差鄉户衙前并兵車遞鋪，皆行之已久，而公私以爲便，縣官可積見錢，京師而免舖户，坐(羸)〔贏〕厚利。然不知本末者，多欲動摇其法也。」

十一月，帝謂輔臣曰：「江淮連年荒歉，如聞發運、轉運司惟務誅剥，以敷額爲能，雖名和糴，寔抑配爾。其減今歲上供米一百萬石。」因詔倚閣災傷人户所輸鹽米。

三年十月二日，詔：「三司解鹽聽通商，候二年，較其增損以聞。」先是，官自鬻鹽，而吏苦輦載之役，陝西轉運使范祥建議通商，公私悉以爲便，而判三司磨勘司李徽之言不便，乃下其事三司，令兩制與祥、徽之等定議，而議者率以祥爲是故也。(以上《永樂大典》卷九七八八)

宋會要輯稿 食貨二四

鹽法 三

鹽法雜録 二〔一〕

【宋會要】

1至和二年七月十九日，龍圖閣直學士何中立言：「陝西《編敕》：應蕃界青白鹽並犯禁者，罪至死，奏裁。邊民犯者甚衆，聖恩寬恤，減死刺配遠州軍〔二〕。在禁經時，欲乞指定刑名，令逐處斷遣。」詔：「今後犯青白鹽人，(今)〔令〕本路安撫司相度情理輕重斷遣，内合該死罪者，依朝廷自來貸命，刺面配沙門島；如有大段兇惡群黨〔三〕，即具案奏裁，仍不得下司。」

英宗治平元年四月，江西提點刑獄、專制置虔汀漳州賊盜、提舉虔州賣鹽蔡挺理轉運使資序，以久在江西，方委以制置鹽故也。初，江西仰食淮南轉般食鹽，涉歷道遠，比至，雜惡不可食。而汀、虔州人多盜販嶺南私鹽，數十百爲群，與巡捕吏卒相鬭格，所至擾百姓，捕不能得，至或赦其罪招之。歲月既久，浸淫滋多。朝廷以爲患，嘗遣使乘驛，會江西、廣東、福建三路轉運使，議行嶺南鹽於虔、汀兩州。當是時，挺方知南安軍，具條奏利害，而三路轉運使等請以虔州十縣五等户夏秋税率百錢則令糴鹽二斤，從之，而歲所糴纔六十萬斤。至是，令挺制置。挺令民首納私藏兵械，以給巡捕吏卒〔四〕，而令販黃魚籠挾鹽不及二十斤、徒不及五人、不以甲兵自隨者，止輸税，勿捕。而朝廷又別團新綱，選三班使臣直取泰州如皋等諸場新鹽，鏁袱漕之〔五〕，以給虔州。鹽既差2善，而又減糶價，故私鹽稍不售。虔州及興國等九縣兩歲所糶鹽，比故額增至二百九十九萬八千餘斤。又汀州異時人欲販鹽，輒先伐鼓山谷中〔六〕，召願從者，與期日，率常得數十百人以上與俱行。至是，州縣督責耆保，有伐鼓者，輒捕送，盜販者由此稍衰息矣。

神宗熙寧元年四月二十五日，詔：「自今應諸路管押鹽綱使臣、軍大將、殿侍，如年滿得替，除依條賞罰外，如一界内親自搜捉得本綱兵(稍)〔梢〕搭載興販私鹽併計五千斤已上，内使臣免短使，先次優便差遣，軍大將、殿侍先次指射差遣；三千斤已上，使臣免短使，軍大將、殿侍本等内指射差遣。如般過官物合該得酬獎，即留所獲私鹽勞績，後

〔一〕原無此題，承上卷加。以下四卷並同。
〔二〕「遠」下疑脱「惡」字。
〔三〕群：原作「郡」，據《補編》頁七四九改。
〔四〕天頭原批：「『捕』一作『鋪』」。按，見《補編》頁七四九。
〔五〕袱：原作「栿」，據《補編》頁七四九、《長編》卷一九六改。「栿」爲房樑，義不相應。「袱」，謂鹽包。
〔六〕「山」上原有「而」字，據《長編》卷一九六刪。

次行使。」

二年三月十九日，上問[一]：「著作佐郎張端言榷河北鹽事，如何？」王安石對曰：「恐亦可爲，但未詳見本末耳。」上曰：「理財節用，自足以富，如此事雖不爲，可也。」

七月七日，知河中府蔡延慶言：「乞下解鹽司相度，據自來煎煉私鹽地分置煎鹽户，煎煉歸官，每斤依鄉原例支價錢，依解鹽出賣。如敢私賣，依私鹽法科[二]。」上曰：「此恐不可施行。然要詳盡利害，且令陝西轉運使司、制置解鹽司各具相度以聞。」

二十九日，翰林學士司馬光言：「奉詔，將三司、陝西轉運司見根磨到嘉祐八年至治平四年所收鹽利及所入糧草，再行審覆，候見的數，即對范祥任内虧增，并比嘉祐七年至嘉祐三年虧增聞奏。至差權發 3 遣度支判官公事孫構，權發遣户部判官公事張諷呼索照證帳案文字，根磨實數，比對虧增，申監議所以憑審覆聞奏。今據孫構等狀：陝西諸州軍例稱專典替罷，帳曆不完，見行根究，供報未得。臣看詳國家設制置解鹽一司，置九折博務，本爲沿邊糧草進用，薛向亦只以饒知錢穀。薛向前在陝西，不止於制置解鹽，亦兼本路轉運使，前後兩任，首尾八年，職司久任，無如向者。其陝西一路糧草增虧，皆是向之本職，欲的知向在陝西有功無功，何不直下司取陝西糧草收支較比文狀，勘會薛向兩次到罷季分一路及沿邊九州軍見在糧草數目？若罷任增於到任，即向在任有功；若罷任虧於到任，即向在任無功，灼然可知。若糧草數虧，其鹽課雖增，有何所濟？此皆事狀確實顯著，不可欺罔者也，何必更令臣等根磨向與范(詳)〔祥〕任内鹽利增虧？況今已除向江淮兩浙等路制置發運使，所有鹽利增虧，雖磨勘得見，亦何所用？伏望省察此理，令臣等更不將三司、陝西轉運司見根磨到所有鹽利及所入糧草再行審覆，比對范祥任内增虧，免致邊民虚有煩擾。」光奏薛向初罷任，糧草數比到任所虧極多，而中書得向狀，自言罷任糧草數增於到任時。既而光奏前所上薛向糧草數，乃三司吏人之誤，已牒三司依理施行。詔令呂公著、吳充據二狀物數不同，取索三司及薛向所執文字看詳定奪，取 4 見詣實聞奏。

同日，又詔令監議鹽法所更不取索慶曆以來解鹽課利、糴買沿邊糧草數目，只將薛向界嘉祐六年至治平三年終一併五年解鹽課利、糴買到沿邊糧草數目[三]，却與薛向未到任已前一併五年解鹽課利、糴買到沿邊糧草數目，對行比較聞奏。

八月一日，御史中丞呂公著言：「昨奉詔與司馬光等監張靖、薛向對論陝西鹽法，及根磨糧草虧增。其鹽法利害已定奪申奏，所有糧草增虧，緣公著已除御史中丞，未審

[一] 上問：《補編》頁七四九作「上顧問」。
[二] 「科」下疑脱「罪」字。
[三] 天頭原批：「『到』一作『得』。」按，見《補編》頁七五〇。下條同。

合與不合管勾。」詔依前降指揮。

九月七日，制置三司條例司言：「據淮南發運使薛向狀：乞於永興軍置買賣鹽場，欲差知永興軍涇陽縣、大理寺丞侯可往陜西路制置解鹽司，議經久利害。」從之。

十二月五日，詔令陜西制置解鹽司自熙寧二年、三年各於糴買糧草錢外，那撥十萬貫於永興軍樁管〔一〕，充買鹽鈔本錢。

三年七月十四日，詔：「江南西路依舊每年運鹽一十二綱赴虔州，仰提點刑獄官與虔州知州提舉出賣。其梢工出剩賞格并年限退換新船，亦並依編敕；合破綱船、兵夫分數，即且依見行條貫。」先是，本路權提點刑獄張頡言：「前本路提刑蔡挺兼提領鹽事，經畫有功，近日因循，挺之所爲十廢五六，故官鹽雜砂，有滯貿易，竊慮嶺南私鹽漸次入界。」手詔：「蔡挺昨在東南處置鹽事最有顯効，績狀可驗，不惟課利增盈，實得盜賊屏息。今無故改革，致有如此不便。或 5 使無賴嘯聚，極非細事。可詳頡奏，速令諸事一切如舊。」故有是命。

十一月二十二日，詔陜西轉運司，以西川四路物帛內變轉見錢二十萬緡，充制置解鹽司鈔場本錢。又詔陜西轉運選官，與成都府路轉運司剗刷年計外，見在錢貨物帛并餘物盡數發至陜西轉運司，變轉充西鹽鈔場本錢外，封樁以備邊費。先是，王安石言：「乞移巴蜀物就與陜西封樁，非獨省蜀人輸送，且可以免自京師支撥之費。」故有是詔。

四年正月二十四日，詔：陜西已行交子，其罷永興軍收買鹽鈔場。

二月十五日，中書門下言：「陜西制置解鹽司爲都轉運司將延州在城并自餘城寨權住入中鹽鈔，只令客人於綏德城、懷寧寨兩處入中，恐頓虧解鹽課額。乞下本路於綏德、懷寧兩處優與加饒，自不妨客人他處入中。」從之。

三月十四日，詔永興軍依舊收買鹽鈔，罷行交子。

十九日，詔罷三司使、副監議鹽法。

六月二十四日，以權發遣淮南路提點刑獄公事趙濟、兩浙路權同提點刑獄公事王庭老、荊湖南北路權同提點刑獄公事毛杭〔二〕、李平一、江南東西路權同提點刑獄公事晏知止、陳倩並兼提舉本路鹽事，仍比較逐年鹽課增虧以聞。

五年正月二十二日，詔罷給京西路蠶鹽，令民但止輸錢。先是，轉運使陳知儉言〔三〕：「京西九州軍歲給蠶鹽一百九十三萬有奇，爲錢四萬八千二百五十緡。然以鹽賦民，爲數奇零，民 6 多不願請者。欲乞止令輸錢，又募商人入抵當請射此鹽〔四〕，增錢爲五萬四千緡以便民。其所兑蠶鹽合折價并脚乘路費錢，乞令制置解鹽司別封樁，聽省司移用。」故有是詔。

〔一〕天頭原批：「『那』一作『即』。」
〔二〕毛杭：《長編》卷二二四作「毛抗」。
〔三〕轉運使：《長編》卷二二九作「轉運副使」。
〔四〕當：原脱，據《長編》卷二二九補。

六年二月二十八日，詔：「兩浙路提舉鹽事司未得劾諸州軍虧失鹽課，且以課虧及違法重輕分三等以聞。」

十月十八日，兩浙轉運、鹽事司乞益兵千人，詔發開封府界、京東兵各五百人。時以鹽法未行，盜販者衆故也。

二十七日，權三司使薛向請止絶秦鳳等路轉運使蔡延慶置場減價出賣鹽鈔。從之。

七年正月二十四日，永興、秦鳳等路察訪李承之言：「慶曆、皇祐中，秦州以鹽鈔、川交子令民變賣，至今尚負錢萬餘緡。乞特蠲放，以寬邊民。」從之。

三月二十三日，梓夔路察訪熊本請依瀘州進士鮮于之邵議，淯井監鹽井止存兩竈官自煎，餘鹹水盡出賣。從之。

四月十七日，詔：「聞岷州闕糧草，少人入中，其東南鹽鈔與今西鹽鈔法，令三司具經久通行利害以聞〔一〕。」

二十六日，詔：「買鹽及鹽倉場監官、地分巡檢，聽不拘合入遠近奏舉。」從江淮發運司請也。其使臣應短使者〔二〕，仍除重難綱運外，餘並與免短使。

六月八日，詔自今應陝西賣鹽場，見在鹽約支及二年，即權停買納〔三〕。

十一日，熙河路經畧使王韶言：「本路有市易茶鹽酒税可以應辦置糴，乞差官二人乘賤計置。其草、豆別乞差四人專領，並立敷辦賞格。並乞鹽鈔三二十萬，候三年外，7本司自辦。」從之。

七月五日，詔：「開封府界民納蠶、食鹽等錢折納糧者〔四〕，上三等如故，餘並許納錢，願輸本色者亦聽。」

十一月十二日〔五〕，三司言：「相度秦鳳、永興兩路鹽鈔，歲以百八十萬緡爲額。」從之。

八年閏四月十四日，中書言〔六〕：「户房比較陝西鹽鈔利害及定條約八事：買鈔本錢有限，出鈔過多〔七〕，買不盡，則鈔價減賤，及高擡糴價，支出實鹽，前日西鹽是也。故出鈔不可不立限，一也。出鈔雖有限，入中商人或欲變轉，而官不爲買，即爲兼并所抑，則鈔價亦不免賤。兼邊境緩急，即鈔亦有不得已須至多出，故不可不置場平買，二也。和糴軍糧出於本路，買鈔錢本出於朝廷。所買鈔若賣盡，即無所費，不盡毁抹，雖已轉之邊上，乃是朝廷分外資助本路經費，其已毁鈔，當於應副本路錢物内折除，三也。舊鈔因官失買，致價賤，已爲商人中糧虧官，即不妨市易司用市價買，四也。若止令市易司減價買，而不置場以實價平之，即一鈔爲鹽一席，所入糧止直其半，即是暗損鹽價。若官減價買盡，固無所害，緣官立買直，商旅輒增之，自難

〔一〕以聞：原脱，據《長編》卷二五二補。
〔二〕應：原作「廢」，據《長編》卷二五二改。
〔三〕買：原無，據《長編》卷二五四補。
〔四〕者：原作「有」，據《長編》卷二五四改。
〔五〕天頭原批：「『二』一作『一』。」按《補編》頁七五二作「十一日」，但《長編》卷二五八亦繫此事於十二日丙午。
〔六〕言：原無，據《長編》卷二六三補。
〔七〕鈔：原作「錢」，據《長編》卷二六三改。

買盡，近日買鈔是也。官買其一，私買其九，則是所折鹽價，商旅十取其九，而官纔收其一也。故不可以低價買鈔之故，輒廢實價買鈔之法，五也。買鈔場既以實價買盡，即他州軍緩急有減價賣，所減亦不多，前日東南鹽是也。市易司雖買以市直，所贏不多，徒長虚擡之弊，故新鈔不 8 須買，六也。舊鈔額酌中歲出百六十六萬緡，今雖計一歲賣鹽二百二十萬緡，熙河自有鹽井，用解鹽絶少，鹽禁雖嚴，必不能頓增五六十萬緡，恐所在積鹽數多，未可便爲民間用鹽實數。昨雖立定三百萬額，緣分定逐路及各有封樁數，止爲熙河費用未定〔一〕。兼今又有交子，即於實賣鹽數外，不須過立數目。若所在渴鹽，自可令市易司買鈔場依商人例以鈔請鹽自賣。縱不如此，商人亦必於官場買鈔〔二〕，即所在不至闕鹽〔三〕，爲私鹽所侵，七也。西鈔失買，致有虚擡之弊，近官以賤價買，民亦賤價買，今永興買鈔場若一槩收買，乃是費用實錢買民賤價蓄買之鈔，所買新鈔却致闕錢，當令截日收買。兩路實賣鹽二百二十萬，又增熙河一路，若止與百八十萬鈔〔四〕，即自支費不足；若兼支舊鈔，即與出鈔何異？然以加擡脚費，不如止以當用鈔數立額〔五〕，却置場賣鈔飛錢爲便〔六〕，八也。今請永興、秦鳳兩路共立二百二十萬緡爲額，永興路八十一萬五千緡，秦鳳路一百三十八萬五千緡，内熙河五十三萬七千緡。選官監永興軍買鈔場，歲支轉運司折二銅錢十萬緡買西鹽鈔，錢有餘，封樁聽旨。依在京市易務賒請法，募人賒鈔變易。即民間鈔數稍多，所買鈔難變易，大書『不用』字送解池，對元納遞牒毁抹，於在京當應副逐路錢物數折除。自今年五月十五日以後鈔，本場買；十四日以前鈔，聽市易司以市價買。」從 9 之。

九月二十五日，中書言：「杭州助教孫麟乞借市易務錢五七萬緡買紬絹，比杭州給錢、民間預買可增十萬餘匹〔七〕。」詔給末鹽鈔四萬緡、錢三萬緡爲本〔八〕，仍以將作監主簿梅宰同買。

十一月二十八日，屯田員外郎熊本言：「乞將大寧監每年應副陝西并成都府鹽内，權即撥付夔州路新建軍寨，召人入納糧儲。」從之。

九年二月六日，詔：「御史臺取勘陝西額外剩納解鹽錢一百九萬八十餘貫，應干違條官司，具案以聞，仍令三司止住額外出鈔。」

〔一〕爲：原作「於」，據《長編》卷二六三改。
〔二〕買：原作「賣」，據《長編》卷二六三改。
〔三〕鹽：原脱，據《長編》卷二六三補。
〔四〕若：原脱，據《長編》卷二六三補。
〔五〕用：原作「月」，據《長編》卷二六三改。
〔六〕天頭原批：「『置』一作『至』。」按見《補編》頁七五二。《長編》卷二六三作「置」。
〔七〕「中書言」至此句原無，據《長編》卷二六八補。若無此段文字，則整條不知所云，《宋會要》原文必不如此，當是《大典》脱抄。
〔八〕錢三萬緡：原無，據《長編》卷二六八補。

十七日，三司、市易司言：「同詳定到開封府界陽武、酸棗、封丘、考城、東明、白馬、中牟、陳留、長垣、胙城〔一〕、韋城縣，曹、濮、澶、懷、濟、單、解州，河中府等處州縣官場，可以出賣解鹽。」從之。

四月二十二日，體量成都府等路茶場利害劉佐言：「詢究得陝西客人興販解鹽入川，買茶於陝西州軍貨賣，獲利甚厚〔二〕。今欲依客例，逐年以鹽一十萬席易茶六萬馱爲額〔三〕，約用本錢二百一萬貫文足，比商賈取酌中之利，更不許客人興販入川峽路〔四〕。」從之，仍以佐提舉成都府、利州、秦鳳、熙河等路茶場公事，兼熙河路市易司。

二十八日，中書門下言：「據三司狀：爲解鹽通商事，省司令客人張戩等供析，乞將南京、河陽等處且令官賣。自再行法日至將來及一年，以解池支出官賣鹽席比較勘會。雖據張戩等稱，管城等十一縣并南京、河陽、陝府〔五〕、同、華、衛州自來客販數多，並無照據，蓋爲見今來私鹽衰息，欲占爲客販地分。若令客販，即難依新法招募巡鋪公人，不免私鹽侵奪官課。欲乞將唐、鄧、襄、均、房、[10]商、蔡、郢、隨、金、晉、絳、虢、陳、許、汝、(穎)〔潁〕、隰州，西京、信陽軍二十處，令客人興販，其府界諸縣并澶、曹、濮、懷、衛、濟、單、解、同、華、陝州，河中府、南京、河陽等處，令提舉解鹽司般鹽出賣。或逐處先有別司鹽貨在彼，出賣未盡，並令出賣，解鹽司支還元價。惟是本路轉運司必以所收課利合應副本路支用爲說，即乞候官賣一年，令三司約度所收官賣鹽錢〔六〕，立若干額，令撥還本路自來合得課利，餘令三司隨處封樁。」詔從之。

七月二十五日，知洋州文同奏：「臣竊見本州買賣茶貨，行之日久，至今其間措置尚未循理。近又準朝旨盡行榷鹽，不許私商興販，官自置場出賣。然則計其所得之息，實爲深厚，要施行久遠，使之通流不能成弊者，猶有餘議。本州管内三縣，版籍有主、客凡四萬八千餘户，此舊數也，其實比之今日，財什六七爾〔七〕。大率户爲五口，亡慮二十四萬餘口，口日食鹽二錢，日費鹽三千餘斤。往時茶鄉人户既得各自取便賣茶，於是陝西諸州客旅無問老少，往來道路，交錯如織，擔負鹽貨入山，并在州縣村鄉鎮市坐家變易。當此之時，鹽有餘利〔八〕。今既一切禁止客人，不令販賣，官中當須預先爲之計度鹽貨千萬積貯在此，所貴法行之後，日有數千百斤轉賣出於民間，復日有數千百斤般輦入於務内，如此則源深而流長。若彼中馱乘稍闕，或更有

〔一〕胙：原作「祚」，據《長編》卷二七三改。
〔二〕甚：原脱，據《長編》卷二七四補。
〔三〕易：原無，據《長編》卷二七四補。
〔四〕峽：原作「陝」，據文意改。按上文言「興販解鹽入川」，非入陝也。
〔五〕府：原作「西」，據《補編》頁七五三、《長編》卷二七四改。
〔六〕官：原作「管」，據《長編》卷二七四改。
〔七〕什：原作「付」，據文意改。
〔八〕利：原作「戾」，據《宋代蜀文輯存》卷一七改。

應副他處使用，并道途諸般阻滯，不能投續來至於此〔一〕，11 當此之時，鹽不足矣。臣見去年自鳳翔盤鹽來本州，税務出賣爲茶本錢凡一十七次，般填到二萬七千餘斤，中間又有關報數目至今有不到者。自今年三月已來，遂無出賣，甚可懼也。欲乞朝廷更下議者反覆熟慮，準備計要，其法已定，然後施行。」詔令提舉成都府、利州、秦鳳、熙河等路茶場司相度奏聞。

八月一日，詔三司：「河北鹽法可依舊施行，如舊法有未便，即與河北東西、京東東西提舉收趁鹽税司同共相度，仍具河北、京東熙寧八年寔收鹽税錢數以聞。」

十一月十一日，詔三司：「近累有臣僚言陝西鹽鈔法，仰速講求利害，條畫以聞。」

二十七日，侍御史周尹言：「伏見成都府路州縣户口蕃息，所産之鹽食常不足。梓、夔等路産鹽雖多，人常有餘，自來取便販易，官私兩利，别無姦弊。訪聞昨成都府路轉運司爲出賣陵井場鹽，遂止絶東川鹽，不放入本路貨賣，及將本路卓筒井盡行閉塞，因閉井而失業者不下千百家，蓋欲鹽價增長，令人户願買陵井場鹽。又因言利臣僚奏請募人般解鹽往川中貨賣，自陝西至成都府經隔二千里以來，山路險阻，不能般運到彼，致日近成都府路鹽價湧貴，每斤二百五十文足。更值豐歲，以二斗米只换一斤鹽，貧下之家，尤爲不易。東川路鹽每斤却只七十，境上小民將入西路，便爲禁地，斤兩稍多，刑名不輕。嗜利苟活之人不顧條法，至有持仗裹送販賣 12 者。況兩川州郡雖分四路，其實一體，本無鹽禁，未有捨東川鄰路之近不通行鹽貨，却於解池數千里外般往成都出賣，非惟人情艱阻，兼陷失商税不少。是非利害，昭然可見。欲望放行東川路諸處鹽，依舊令諸色人任便將帶於成都府路貨賣，本路轉運司不得更有止絶。成都府路自前開到卓筒井日近閉塞處，如元句當人情願承買，却令開發爲主，即不得更有創開。其解鹽亦乞依舊令客人任便興販入川，官中更不般載。」詔送三司相度以聞。

十二月八日，中書門下言：「判司農寺熊本言：蒙朝旨令張諤，並送詳定鹽法文字付臣。伏緣所修鹽法事干江淮八路，凡取會照應鹽課增虧、賞罰之類，係屬三司。竊慮移文往復，致有稽滯。兼昨權三司使沈括曾往淮浙體量安撫措置鹽事，乞就令括與臣同共詳定。」從之。

十四日，知太原府韓絳言：「自到所部，詢問民間疾苦，其大者鹽，食味之所急也。今立法使人人自赴官場收買，則貧下之人及去官場遠者，當祁寒暑雨之時，豈能朝夕奔走以就買乎？遂至於無以養父母、畜妻子，下則駝與羊，土産也，家家資以爲利，非鹽不活，故冒犯者衆〔二〕，徒罪日報而不能止。況私鹽味甘而易得，孰肯畏刑而不販鬻

〔一〕投續：似當作「接續」。
〔二〕犯：《長編》卷二七九作「法」。

乎〔一〕？比來本路鹽賊已有成群持仗者，竊恐東南鹽賊之患，將移於河東矣。其建議者本欲籠利以助經費，苟以價直脚乘及告捕賞錢計之，所得無幾。13又舊法以鹽鈔易沿邊軍儲，今則鹽錢散在内地，而邊廪頗耗，但見日殘於民，而未見有益於國也。」詔三司相度利害以聞。

十年正月九日，中書言：「近許市易司與江南西路轉運司兑洪〔二〕、撫等五州軍鹽，和買紬絹，差屬官歐陽成總領，以鹽引從便移易，與轉運司財賦并場務課額有妨。欲令以諸州所支和買鹽數，委轉運司相度裁定，罷還市易務所差官。」從之。

二月二十五日，三司言：「奉詔同制置解鹽使皮公弼詳議中外所論陝西解鹽鈔法利害。蓋鹽法之弊，由熙河鈔溢額，故鈔價賤；鈔價賤，故糧草貴。又東、西、南三路通商州縣榷賣官鹽，故商旅不行。如此，鹽法不得不改，官賣不得不罷。今欲更張前弊，必先收舊鈔，點印舊鹽，行貼納之法，然後自變法日爲始〔三〕，盡買舊鈔入官。其已請出鹽，立限許人自陳，準新價貼納錢，印鹽席，給公據。今條具所施行事：一、東南舊法，鹽鈔一席，無過三千五百；西鹽鈔一席，無過二千五百，盡買入官，先令商人以鈔赴解州榷鹽院并池場照對批鑿，方許中賣。一、已請出鹽，立限告賞，許商人自陳。東南鹽一席貼納錢二千五百，西鹽一席貼納三千，與換公據，立限出賣，罷兩處禁榷官賣。其提舉司出賣鹽，並依客人貼價錢充買舊鈔支用，取客人情愿對行筭請。從省司降篆書鹽席木印樣，委逐州軍雕造，付所差官點檢印記，給與新引。將京西南〔四〕、北、秦鳳、河東路、在14京、開封府界應通商地分，各舉官一員。其全席鹽限十日内經官自陳，點印貼納，委所差官點數，用印號，毁抹舊引，給與新引。其貼納錢許供通抵當。如商人願以舊鈔依估定價折會貼納鹽錢者，聽從便於隨處送納，抹訖封印送制置司〔五〕。若私鹽衰息，官鹽自可通行。民間請出兩路鹽無慮三十五萬席，比候民間變轉，約須朞年。慮沿邊未入新法鹽錢，糧草有闕，乞權於去年折納欠負糧斛穀粟〔六〕，計物價借充軍糧，候入到鹽錢，依數撥還。通商州軍縣鎮〔七〕，歲終委轉運、提點司各以管下民户多少，同者將繳納商人住賣鹽引多少爲準，比較增虧，依編敕江、淮等路賣鹽酒，比較賞罰。」詔：「除提舉出賣解鹽司官賣地分別降指揮外〔八〕，及市易司賣鹽，亦依客例貼納價錢。餘依所乞。」

三月十六日，三司言：「相度出産小鹽，鄰接京東、河

〔一〕執：原作「是」，據《長編》卷二七九改。
〔二〕洪：原作「供」，據《補編》頁七五五、《長編》卷二八〇改。
〔三〕後：原脱，據《長編》卷二八〇補。
〔四〕天頭原批：「『西』一作『師』。」見《補編》頁七五五。按，作「西」是。
〔五〕訖：原作「記」，據《長編》卷二八〇改。
〔六〕折：原脱，據《長編》卷二八〇補。
〔七〕軍：原脱，據《長編》卷二八〇補。
〔八〕「解鹽」原作「鹽解」，「官賣」原脱「賣」字，據《長編》卷二八〇乙補。

北末鹽地分，澶、濮、濟、單、曹、懷州、南京及開封府界陽武、酸棗、封丘、考城、東明、白馬、長垣、胙城九縣〔一〕，縱令通商，必是爲外來及小鹽侵奪，販賣不行。自合依舊官賣，仍召客人入中外，其河陽、同、華、解州、河中、陝府及開封府界陳留、雍丘、襄邑、中牟、管城、尉氏、鄢陵、扶溝、太康、咸平、新鄭十一縣，欲且令通商。候逐月繳到客人交引，對比官賣課利，如不至相遠，即立爲定法；若比之相遠，或趁辦年額不敷，即依舊官賣。」從之。

四月十二日，詔：「今後客鹽入京，並於市易務中賣。本務依市價收買，雖賤，每[15]席不得減十貫，並晝時支還見錢。其京城内外諸厢販賣鹽人，並於本務給印曆請買，願立限賒請者聽。如私自買賣，許人告首，等第給賞，鹽没納入官。」

二十一日，三司言：「勘會提舉出賣解鹽司官賣去處，既許通商，内除同、華、解州、河中、陝府五處元不使文鈔，係用榷鹽院句帖直行支請鹽貨，所有賣未盡官鹽，合令制置解鹽司勘會句收，依客人貼納價例，變轉支用。或取客人情願對行筭請外，其河陽并府界陳留等十三縣鎮，緣係是出賣解鹽司借撥，却省三司鹽席，并買下文鈔支請般運，赴逐處出賣。今來亦有賣未盡官鹽，欲乞下本司據的實數目，交割與京西北路轉運司、府界提點司，令與客鹽相兼出賣。候賣盡官鹽，即令客人任便興販。又朝旨，令將通商州縣逐月繳到客人交引對比官賣鹽課增虧，欲候將來逐州縣賣盡官鹽日比較施行。」從之。

二十三日，三司言：「相度皮公弼鹽法，今參酌前後兩池所支鹽數，歲入以二百三十萬緡爲額，自明年爲始。」從之。

二十四日，三司言：「近奉朝旨，將舊法東南鹽鈔〔二〕，委官于在京等七處置場，每席三貫四百，權于内藏庫借見錢二十萬貫應副收買，候貼納到鹽錢，逐旋撥還。尋令市易務依此收買。本務申：客人擁併赴務投下文鈔，據所買計用錢五十九萬三千餘貫〔三〕。省司全闕見錢，深慮有妨鈔法。欲將在京客人所乞申賣文鈔，除單合用鈔〔四〕別無收[16]附對勘，却退令於向西州軍官場就近勘合中賣外，其餘鈔數盡行收買。價錢約三分支還見錢，餘七分依沿邊入中鈔價細算合支價錢數目，給與新引。所有合貼新鈔，候降下指揮，從省司牒三班院差使臣一員，赴制置解鹽司取撥合銷新鈔，赴市易務下界契勘書填，給付客人，令於解池請領鹽貨。所貴買盡民間舊鈔，兼客人換得新引請鹽，趁時變賣。」從之，其新鈔仍在熙寧十年合出鈔額。

八月十五日，詔永興、秦鳳路各借熙寧十一年分鹽鈔三十萬貫，熙河路二十萬貫，付轉運司，乘歲豐廣置邊儲。

〔一〕胙：原作「祚」，據《補編》頁七五五改。
〔二〕東南：原作「南東」，據《長編》卷二八一乙。
〔三〕買：原作「司」，據《長編》卷二八一改。
〔四〕用：原作「同」，據《長編》卷二八一改。

二十五日，詔三司借支錢三十萬緡，於京師置場買賣鹽鈔。以制置解鹽使皮公弼請復范祥舊法，平準市價故也。

十一月十三日，詔：「三司具陝西新法鹽鈔入過斛斗，比舊鈔時入過若干，并取沿邊州軍八年、九年分逐季及見今新法鹽鈔在市買賣實價以聞。」

元豐元年正月二十二日，前尚書司門郎中王伯瑜乞改京東、河北四路産鹽場爲市易鹽務，官買於竈户，以售商人。詔提舉市易司召伯瑜審議。

六月二十二日，同提舉成都府等路茶場蒲宗閔言：「本司元依客例買解鹽入川，變轉茶本，不禁私販。後劉佐（推）〔榷〕賣，遂致人言，及因解鹽司申陳，盡從廢罷。伏詳朝廷止絶本司賣鹽之意，慮妨商販害鈔。緣解鹽法弊在出鈔過多，乞除劉佐榷法不行外，許依舊施行。」詔陝西轉運使李稷相[17]度。其後稷言：「乞令本司商人買鹽入川，變易本錢，毋過萬席。」從之。

二十九日，詔福建路轉運使蹇周輔兼提舉本路鹽事。先是，周輔言：「奉詔相度鹽事。欲令上四州募人充鋪户，官給印曆，請鹽分賣，減其價直。移南臺倉于水口鎮，增巡防兵，選捕察之官。私販者、交易、引致、停藏、負載之人，不以赦前後，三犯杖皆編管鄰州；已編管而再犯者，配本城。禁其般運雜和之弊，嚴其保伍捕告之法。」故有是命。

八月八日，詔：「自今官司及官員、伎術、舉人等於折博務占買鹽鈔及越次給者〔一〕，並科徒二年罪，不以赦原。告者厚賞之。」

九月十一日，三司言：「河東都轉運司乞續支京鈔、見錢三十萬緡計置軍儲，今欲依糴買封樁糧草例，於末鹽錢内支錢一十萬緡，换作本路交引收附，與轉運司計置極邊糧草，却以末鹽錢撥歸省司。」從之。

十二月三日，詔三司給審帖〔二〕，以提舉出賣解鹽司歲用鹽萬席〔三〕，於解州池場般請，其錢封樁，歲終具數以聞。

二年正月二十六日，上謂輔臣曰：「向以陝西用度不足，出鈔稍多，而鈔加賤〔四〕，遂建京師買鹽鈔之法。本欲權鹽價，飛錢於塞下，而出鈔付陝西無止法，都内凡出錢五百萬緡，卒不能救鈔法之弊。蓋新進之人輕議更法，其後見法不可行，猶遂非憚改。」王珪曰：「利不百，不變法。」上曰：「朝廷措置重於經始，雖少年不快意，然於國計甚便，姑安静以待之。」

二月十七日，詔：「解池鹽歲以二百四[18]十二萬緡爲額，自明年始。其歲增錢十二萬緡，半令三司封（椿）〔樁〕，半與陝西轉運司。」先是，解鹽鈔分東、西，而西鹽止得賣於指定地分。並邊州軍市芻糧，給鈔過多，故鈔及鹽皆賤而

〔一〕「於」下原有「所」字，據《長編》卷二九一刪。
〔二〕審：《長編》卷二九五作「勾」。
〔三〕出：原脱，據《長編》卷二九五補。
〔四〕鈔：原無，據《長編》卷二九六補。

難售，商旅不行，官價自分而爲二。於是三司及制置解鹽司言：「東鹽價重，西鹽價輕，請放西鹽得自便，而增其價與東鹽等，以平鈔法，歲可增十二萬緡。後給鈔，更不分東西，關渡西鹽約束悉廢省。」從之。解池鹽鈔舊以二百二十萬緡爲額，至轉運使皮公弼請增十萬以助邊，至是爲二百四十二萬。三司又言：「商人已出請西鹽，宜令貼納虧官錢，使與新法價平。」亦如其請。

二十九日，經制熙河邊防財用司言：「岷州鹽官鎮、通遠軍鹽川寨兩鹽場，近撥屬本司，歲入增羨。乞自今年別立界，歲終較其登耗，以施賞罰。」從之。

七月二日，權發遣福建路轉運使、兼提舉鹽事賈青請自諸州改法賣鹽，酌三年之中數立額。鹽官并産鹽州巡檢使臣不以課額高下，令銓院選差。從之。

八日，詔：「陝西路轉運司年額鹽鈔，許經制熙河路邊防財用司認數收買。」以李憲言「轉運司常苦無錢，以鹽鈔、和糴，爲富人收蓄，坐牟厚利，而計置司積錢市物貨〔一〕，須藉鹽鈔輕齎」故也〔二〕。

十四日，詔陝西鹽鈔歲分三限印給。以制置解鹽李稷言：「民間鹽鈔數少，鈔價踴貴，而折博務無見鈔可以平之，致豪商居鈔以取利，蓋三司不以時給鈔使然也。」上批：「三司給鈔如舊，19 無日限，宜分料次責限行下。」故有是命。

十月七日，權發遣福建路轉運使〔三〕、兼提舉鹽事賈青言：「賣鹽錢撥還轉運司外，乞別封樁，以聽移用。」又言：「捕盜官獲私鹽最多者，望於常法外論賞。」從之。

十二月五日，詔：「外界青白鹽入河東路，犯人罪至流，巡檢或寨主、監押、津堡官先差替。」從河東轉運使陳安石請也。先是，安石乞本路犯西北兩界青白鹽者，並依《皇祐敕》斷罪，仍不以首從編配，從之。《皇祐敕》刑名比今爲重，又法「非興販，二分得一分之罪」，時安石方行鹽法於河東以希功利，故欲峻其禁也。

二十二日，詔尚書庫部員外郎、權發遣福建路轉運使賈青遷祠部郎中。以措置鹽事有勞也。

三年四月二十七日，詔：「福建路鹽事自蹇周輔承命創法，賈青相繼奉行，已見就緒，歲課有羸。賈青近已嘗推恩，自餘行法有勞官吏可第賞之。」先是，提舉福建路鹽事賈青上所部賣鹽官吏元豐二年歲課，比祖額增羨，及捕獲私鹽最多，乞優加酬奬。時周輔已擢三司副使，自轉運司判官王子京而下二十人〔四〕，遷官、陞任、循資、減磨勘年、堂除，不依名次路分注官有差。

六月五日，三司言，提舉出賣解鹽司自熙寧八年至元豐元年收息錢十六萬五千七百緡。詔提舉官張景温、幹當

〔一〕「積」下原有「行」字，「貨」字原脱，據《長編》卷二九九删補。
〔二〕鈔：原作「錢」，據《長編》卷二九九改。
〔三〕轉運使：原無，據上文「七月二日」條及《長編》卷二九九補。
〔四〕十：原脱，據《長編》卷三〇三補。

官呂逵各遷一官，餘減磨勘年，吏賜帛有差。

二十五日，京東路轉運副使李察乞通行海鹽州軍置買賣鹽場，從之。

九月二十八日，詔權發遣[20]三司度支副使蹇周輔相度江西、廣東賣鹽。

十二月二日，詔瓊州、朱崖等處官賣鹽不售，令主吏陪買者，與放免。又海南州軍買鹽於民，前後官政擅增其數，或不給錢，鹽户多破産逃竄，下廣南轉運使司立定每丁所買鹽數。從瓊管體量安撫朱初平之請也。

四年二月二十七日，權陝西轉運使李稷言：「解鹽司收簇攢那散漫遺落官錢二十一萬七百九十四貫有奇，尚在陝府、河中府、秦、解、華州、永興軍收掌。」詔並於所在州軍封樁，其熟鈔仍變轉見錢〔一〕。

三月一日，權發遣三司度支副使蹇周輔言：「江西歲運淮鹽有常數，人苦淡食，而廣東所産不得輒通，無賴姦民冒利犯禁，習以盜販爲業〔二〕。已與兩路監司會議，謂宜立法，兼通廣鹽於虔州，以七百萬斤爲年額，以百萬斤爲準備〔三〕，復均虔州舊賣淮鹽六百一十六萬餘斤於洪、吉、筠、袁、撫、臨江、建昌、興國等州軍闕鹽出賣處，不害淮鹽舊法，而可通廣鹽。」詔令周輔限一月立法。已而周輔具江西、廣東路鹽法并總目條上，從之。

四日，權發遣三司度支副使公事蹇周輔奏：「聞江南西路人納浄利買撲鹽場，緣鹽繫民食，與坊場不同，今欲量縣大小、户口多寡立年額〔四〕，官自出賣。仍先乞廢罷買撲處，令轉運司候法行日，於增賣鹽錢内撥浄利錢數撥還提舉司。」從之。

四月十二日，權陝西路轉運使〔五〕、兼制置解鹽李稷言：「考究近日内外鹽鈔價平。臣切謂貴生[21]於難得，賤生於有餘。自新法未行，通取七年支鹽數目乘除，每歲當三十六萬餘席，故鈔之貴賤，視有司印出之多寡。新法已後，鈔有定數，起熙寧十年冬盡元豐三年，通印給過一百七十七萬二千餘席，而會問池鹽所出纔一百一十七萬五千餘席，尚有鈔五十九萬有餘流布官私，則其勢不得不賤。方鈔貴時，無可益發，及今價賤，又未加收斂，則盈虚消長之法未盡全備。伏望特議少損鈔額，仍令賤斂貴出，以盡平準之道，所貴久而無弊。」詔候錢勰點檢本路鹽事迴取旨。

十三日，陝西路制置解鹽司言：「解鹽歲增錢，準條作熟鈔召人中買，内六萬緡令三司封樁。去年三司封樁，歲增錢六萬緡，凡爲鈔九千七百五十一席。今民間鈔多價

〔一〕鈔：原作「抄」，據《長編》卷三一一改。
〔二〕天頭原批：「『販』一作『取』。」按，見《補編》頁七五八，下條同。作「取」誤。
〔三〕此下《長編》卷三一一尚有「南安軍以百二十萬觔爲年額，三十萬觔爲準備」二句，疑此處脱。
〔四〕天頭原批：「『年』一作『鹽』。」按《長編》卷三一一亦作「年」。
〔五〕使：原脱，據《長編》卷三一二補。

賤，若更變賣，恐轉損鈔價。見鈔乞納三省〔一〕，更不出。」從之，并經制、轉運司合得六萬緡，亦令納三司，自今並權住給鈔。

七月十四日，河東路都轉運使陳安石言：「元豐元年閏正月，奉詔幹集本路鹽事。臣自到任，推行新法，官場課辦，私鹽禁止，歲有羨餘，及增收忻州鹹地鐺户、馬城池鹽課〔二〕。今保明到官吏。」詔減磨勘及循資有差。

十二月九日，權三司使李承之劄子奏：「東南鹽法條約，蒙詔旨，俾臣與編修官董唐臣截自元豐三年八月終，應干鹽法前後敕劄及臣庶起請，除一時指揮已施行者更不編修外，修成一百八十一條，分爲敕、令、格共四卷，目録二卷。乞以《元【22】豐江淮湖浙路鹽敕令賞格》爲名。如得允當，乞雕印頒行。」從之。

五年二月八日，朝奉郎寶文閣待制李承之、承議郎董唐臣上編修鹽法，承之賜銀絹各五十，唐臣減磨勘一年。

四月二十二日，三司言：「朝旨，給鹽鈔二百萬貫與涇原路。陝西轉運司勘會，印鈔紙見闕四十八萬張，若伺候商、虢等州科買起發，顯見住滯，欲用雜物庫襄州夾表紙印造。」上批：「紙色不依自來所用非便，宜止令依久例所用上色堪好紙印造。」

七月二十二日，洪州奏：「自更定鹽法，新添鹽錢並合起發赴京，深慮遲滯。乞先次出賣新鹽，然後趁辦舊課，庶可及期裝發。」上批：「本路新額鹽課，並係朝廷指準爲邊糧糴本之用，歲歲常須登辦，仍須及期經制到京，趁時糴入。」遂從之〔三〕。

八月三日，尚書户部言：「日者鹽鈔數多，價賤難售。相度所支陝西五路計置軍儲鈔計二百萬緡，鈔内隨逐路所得各減半，凡百萬緡。其逐路糴買糧草錢，即於減罷椿還陝西見錢鈔、末鹽錢内隨分數與逐路，令商人入便。」從之。

九月十九日，淮南轉運司言：「奉朝旨，令淮西一路先推行蹇周輔鹽法。本司看詳，乞自來年正月一日，令淮西一路官自賣鹽，以年終實收課額比較聞奏〔四〕。」從之。

十月十九日，詔宣義郎張元方提舉出賣解鹽及提舉巡捉私鹽〔五〕，相度措置淤鹽池〔六〕。

六年二月二十八日，京東路轉運司言：「比較本路及河北買賣鹽場，自行新法已及一年半〔七〕，凡【23】收息錢三十六萬緡。」詔權發遣陝西路轉運使李察、權發遣京東路轉運副使吳居厚各遷一官。

三月十日，又詔：「京東推行鹽法已見成效，轉運副使

〔一〕見：《長編》卷三一二作「凡」。
〔二〕池：原無，據《長編》卷三一四、《宋史》卷一八三《食貨志》下五補。
〔三〕遂：原無，據《長編》卷三二八補。
〔四〕「較聞」二字原脱，據文意補。如下文六年「七月九日」條：「從制置司比較聞奏。」是也。
〔五〕巡：原無，據《長編》卷三三〇補。
〔六〕淤：原作「於」，據《長編》卷三三〇改。
〔七〕已及：原作「及以」，據《長編》卷三三四改。

吳居厚雖非首議官〔一〕，而自付委以來，悉心其事，以迄成就。兼其他職事頗見宣力〔二〕，一路財用自贍饒足，未嘗干叩朝廷。近已遷官，宜更賜紫章服。」

十七日，詔：「解鹽司錢非朝旨擅支借，以擅用封樁錢法論。」從制置司請也〔三〕。

五月一日，詔：「京東路新法賣鹽錢，令轉至北京左藏庫封樁〔四〕，歲具數以聞。」時本路轉運副使吳居厚所奏賣鹽錢多立虛數，上欲驗實故也。

十五日，尚書戶部言：「知瓊州劉威相度瓊州、昌化、萬安、朱崖軍民戶鄉村坊廓第一至第三等，每丁逐月買鹽一斤，第四、第五等及客戶、僧道童行，每丁逐月半斤，不以日月爲限，歲終買足。遇有死亡開落，進丁狀收上。看詳所配賣鹽數太多，欲乞兩等鹽各減半，餘依劉威所定。」從之。

二十二日，陝西路制置解鹽司言：「詢訪並邊鹽價增長，乞許本司隨宜增價賣，候邊事寧息裁減。」從之。

六月一日，詔京東路轉運副使吳居厚：「具所部知、通以上及別路監司、提舉官可充本路轉運司官協力推行鹽法者，及本路行鹽法當選委知州、通判處以聞〔五〕。」

十五日，詔：「京東路新行鹽法，上下交便，不妨獲利公家，以佐用度，推之河北路，無可疑者。可令蹇周輔、李南公于界首約吳居厚，面授京東成法行之。」

十七日，詔：「京東 24 路轉運副使吳居厚已發本路增賸鹽錢納北京左藏庫〔六〕，居厚謹於營職，敏而有功，可降敕獎諭。」

七月九日，尚書戶部言：「江淮等路發運使蔣之奇奏：知州、通判與監事官未有賞罰〔七〕，請以祖額遞年增虧，從制置司比較聞奏。本部欲乞江、湖、淮、浙路諸州所收鹽課，歲終申發運司類聚比較，一路內取最多、最少者各兩處，以知州、通判、職官、令、佐姓名上戶部。其提舉鹽事官一路增虧準此。」詔詳定重修編敕所依此著爲令〔八〕。

八月十一日，權發遣河北路轉運使吳雍言：「糴便及創行鹽法，須官吏協力。乞許不拘常制，奏名選差。」從之。

九月十三日，京東都轉運使吳居厚乞青州等十二處監鹽官〔九〕，令本司奏差兩次。及非州縣處場務獨員闕官，亦令本司選差。從之。

〔一〕非：原脱，據《長編》卷三三四補。
〔二〕頗：原闕，據《長編》卷三三四補。
〔三〕制：原作「例」，據《長編》卷三三四改。
〔四〕京：原脱，據《長編》卷三三五補。
〔五〕「處」下原衍「置」字，據本書職官五九之九、選舉二八之一四刪。
〔六〕錢：原脱，據《長編》卷三三五補。
〔七〕監：原作「鹽」，據《長編》卷三三七改。
〔八〕詳：原脱，據《長編》卷三三七補。
〔九〕監：原脱，據《長編》卷三三九補。

十四日〔一〕，户部言〔二〕：「尚書户部侍郎蹇周輔言：『河北鹽税太輕，宜倍增税錢〔三〕。乞下所屬參較立法。』本部欲下河北轉運司相度。」從之。

二十八日，尚書户部言：「在京買賣鹽鈔場買鈔本錢支盡，乞借末鹽錢二十萬緡買客鈔。」從之，依元豐四年三月十八日詔買，候價平，奏取旨。

十月一日，京東路轉運司言：「商人販青州高家港鹽至齊州等處減價賒賣〔四〕，以致本司賣河北鹽不行〔五〕。欲依見行税法酌中立數，每歲認買高家港鹽二萬席〔六〕，運至齊州界，依河北鹽價相兼貨賣〔七〕。如敢商販者〔八〕，依漏税法。」從之。

十三日，京東轉運使吳居厚言：「準詔支鹽息錢三萬緡修青州城，已起發外，有未支 25 修城錢萬七千餘緡，乞不用六年鹽息錢，止於支不盡脚錢應副。」從之。

二十一日，提舉茶場陸師閔言：「運鹽入蜀，見計置萬三千席，約賣盡得二分五釐之息。」詔候及一年，奏取旨。

七年正月二十五日，尚書户部言：「陝西轉運副使范純粹乞沿邊所賣解鹽，並令轉運司自以鈔赴解池請鹽，或召商人入中，應副邊用，其李稷元奏更不施行。」從之。

五月十一日，荆湖路相度公事、尚書右司員外郎孫覽言：「沅州已招懷猪狼、九衙等百三十餘州峒〔九〕，自誠州至融州融江口十程，可通廣西鹽，乞許入錢於誠州買鈔，融江口支鹽，增息一分，可省湖北歲餽誠州之費。辰、沅州準此。」詔誠州買廣西鹽，立蠻人地税，免租課。

七月二十七日，知滄州趙瞻奏：「河北鹽法漸已就緒，乞自大名府、澶、恩、信安、雄、霸、瀛、莫、冀等州軍盡行榷貨，以增其利。」從之。

九月十二日，提舉荆湖南路常平等事張士澄、轉運判官陳偲等上本路八州監舊賣鹽，及今來相度合增賣鹽數，修爲《湖南廣東西路鹽法條約總目》。户部言：「欲依此推行，候就緒，令本路轉運、提舉官同立法。」從之。先是，三司副使蹇周輔言郴、全、道州可以通廣鹽數百萬〔一〇〕，代淮鹽食湖南。故奉議郎郟亶亦乞運廣東鹽往湖南路郴、全、道三州。詔送士澄、偲相度，至是奏上，乃下本路監司行之。

〔一〕按此條，《長編》卷三三九亦繫於九月十四日丙辰，而條末注云：「《會要》在八月十四日丁亥，今不取。」今《輯稿》在九月，疑是張從祖或《大典》據李燾注移於此。
〔二〕户部言：原脱，據《長編》卷三三九補。
〔三〕倍：原作「陪」，據《長編》卷三三九改。
〔四〕人：原脱，據《長編》卷三三九補。
〔五〕以致：原作「至」，據《長編》卷三三九改。
〔六〕買：原作「賣」，據《長編》卷三四〇改。
〔七〕貨：原脱，據《長編》卷三四〇補。
〔八〕者：原無，據《長編》卷三四〇補。
〔九〕九衙：原作「九衛」，據《長編》卷三四五及本書方域一九之九、蕃夷五之八九改。
〔一〇〕郴全道：《長編》卷三四八作「韶、連、郴」。

十月三日，同經制熙河蘭會路邊防財用馬申言：「糴買全在冬春之交，乞十月後26印給次年鹽鈔，限正月至本路。」下户部，户部言：「若本路豫得鈔，招誘入中，牽制秦鳳等四路鈔價。乞依秦鳳等路，吏部差使臣於正月下旬押赴經畧司。」從之。

哲宗元祐元年正月二十八日，户部言：「相度河北鹽法所乞廢罷見行新法，復用舊法通商。」從之。

閏二月十八日，户部言：「陝府西路轉運副使呂大忠奏，陝西鹽鈔價貴，乞年額外依自來兩池分數更支鹽鈔一十五萬席，以平準其價。」從之。

同日，臣僚言：「解鹽兩池自來通行貨賣，今京西運司置官設局，使民間不得貨賣，頗為不便。乞放行通商，每席量增貼買錢。」京西轉運副使范純禮相度：「本路增收貼買錢無名，乞依舊法，許令通商，將見在鹽并鈔〔一〕，令本路依客例變賣，撥還逐處。」從之。

二十二日，户部言：「右司郎中張汝賢奏，福建路產賣鹽額，候及五年，有併增併虧，自依海行條法施行。內上四州軍賣鹽，應抑勒人充鋪户并願退免不為施行者，各徒一年。提舉鹽事知而不舉，與同罪。」從之。

四月十四日，右司諫王巖叟言：「在京解鹽鈔頓減常價，商旅患之，望出緡錢，為權其價，以救一時之弊。」詔令户部相度以聞。

二十六日，右司諫蘇轍言：「前宰相蔡確兄礪等始議創添河東賣沂州馬城池鹽，其鹽夾硝味苦，民不願買。轉運司申乞住賣，而虞部李閎曲為問難，不肯依實定奪。乞下河東轉運司保明〔二〕，如無妨礙，即依所請住收。仍取問蔡礪等建27議害民，虞部官吏希合權要，故作留滯。」詔建議等官并虞部行遣留滯，令大理寺根究以聞。

同日，陵井監進士黃遷上言〔三〕：「山澤之利，莫過鹽井，向者有司於課税之外，更使一井歲輸五十緡，謂之官溪錢。興利者因自墮〔四〕，而羨利反有所遺〔五〕，願蠲除之。」詔黃廉體量以聞。繼而黃廉奏：「被旨體量民庶上書，陵井鹽願悉蠲除之。今後開興鹽井，除税課外，不許別收租錢。」從之。

五月四日，詔福州閩縣令徐壽改宣義郎。時言者以福建路茶鹽往往抑配均買，遣吏部郎中張汝賢按察，而汝賢言壽行鹽法之初，不使民多售故也。

六月八日，户部言：「百姓昔年請鹽，謂之蠶鹽，及至絲蠶之時，大有所濟，然後隨税納錢入官。昨因言者罷所俵蠶鹽，止令百姓虛納鹽錢，於義未安。請依舊俵蠶鹽。」

〔一〕并：原作「井」，據《補編》頁七六一、《長編》卷三六九改。
〔二〕河：原作「江」，據《補編》頁七六二、《長編》卷三七六改。
〔三〕黃遷：《補編》頁七六二作「董遷」。按《長編》卷三七六亦作「黃」，元祐黨籍有黃遷，或即其人。
〔四〕天頭原批：「『墮』一作『惰』。」按，見《補編》頁七六二。「墮」與「惰」通。
〔五〕天頭原批：「『反』一作『及』。」

從之。

七月十三日，詔免河中府河西縣人户鹽錢折納斛斗。前此本縣有官中食鹽四千餘斤，令人户均請納見錢，已而又令折納斛斗。至是，因民庶上言，故罷之。

二十八日，户部言，乞罷市易所置鹽場。從之。

十月三日，陝西制置解鹽司奏[一]：「慶曆八年朝旨：范祥議改解鹽事，内延、慶、渭、原、環、鎮戎、保安、德順等八州軍禁榷客鹽，官自鬻鹽，歲以萬五千五百席爲額，一依范祥舊法。其出賣到鹽錢，以給轉運司糴買。乞今後有降解鹽額鈔，更不下轉運司，委自本司依逐州軍合得年額支給。」户部看詳：「欲依所乞，候民間積滯鹽鈔稀少 28 日，朝廷或應副本路見錢。」從之。

六日，户部言：「嘉祐中，中書劄子，解鹽鈔立定一百六十六萬三千四百緡爲年額。今相度，歲給解鹽鈔，欲乞以二百萬緡爲額，買馬之類，並在數内。其應係見錢公據，並乞寢罷，庶不侵害鈔法。候將來民間積滯鹽鈔稀少、價直平日，歲給之鈔，別奏取旨。」從之。

二十九日，户部言：「欲乞巡檢、知縣兼鹽倉場賞罰，並依正監官法。」從之。

十一月二十五日，荆湖南路轉運司管勾文字張組言：「已罷天下重法，惟賣鹽場務推行常平倉法尚存，乞罷鹽法約束内依常平給納法并所增支酬。」從之。

二年三月二十六日，陝府西路制置解鹽司言：「得旨，從本司奏請，將沿邊延、環等八州軍依范祥舊法，召人自備貲本，入中解鹽，一例依新定鹽價，於轉運司年額鈔内紐算[二]，支還價錢。其入納下鹽，却依裁定每斤價錢出賣，應副轉運司糴買。本司相度，欲乞將舊法客人入納解鹽，於年額賣鹽錢數内減費錢二萬七千餘貫，許依數取撥添納，充在京買鈔本錢，隨時消息，平準鈔價。」從之。

五月十四日，户部言：「奉詔旨，舊給蠶鹽處，並依昔年例散斂。本部約度府界、京西、京東等路共合用蠶鹽三萬二千五十席，請從本部預給鹽引，令出賣。解鹽司召人結攬般運，於絳州垣曲縣鹽倉送納，令三門輦運司般運應副支俵。應合給脚乘文鈔，亦令解鹽司據所般實數申本部撥還。」從之。

八月 29 十二日，詔蠲免二浙鹽亭户課鹽。舊亭户計丁納鹽，歷歲已久，至是除之。

（二）〔三〕年五月四日[三]，户部言：「荆湖南北鹽價[四]，相度自接連廣東及江南、湖北州軍場務，以遠近均定，庶幾貴賤不致相遠，可絕私販。」從之。

八月二十三日，詔：「官司毋以陝西路所給鹽引回易

[一] 解：原脱，據《長編》卷三八九補。
[二] 紐：原作「細」，據《長編》卷三九六改。
[三] 三年：原作「二年」，據《長編》卷四一〇改。下條亦三年事，見《長編》卷四一三。
[四] 荆湖南北：原作「荆南湖北」，據《長編》卷四一〇乙。

規利，犯者以違制論。」

四年正月二十四日，詔：「成都府路見管鹽井一百六十餘，立爲定額，不問大井及卓筒，並不禁止。若遇鹹泉枯竭〔一〕，許於舊井側近開卓取水，以補舊數，榷定認納課額，舊井却行棧閉。仍不得創於額外增添。」從侍御史呂陶論列利害也。

五年正月十一日，户部言：「江、湖鹽未有往外州縣般監管押法〔二〕，乞衡州茶陵、安仁縣往潭州衡山縣般運，並依鹽令郡官管押交割出賣。」從之。

二十八日，户部言：「前任利州路轉運判官韋驤奏：元豐中，梓州轉運司請止絶閬州棧閉鹽井，及創開井，恐侵本路鹽課，致本州虧減課額。乞驗實，如委鹹脈變淡〔三〕，許棧閉及創開別井煎輸。」從之。

九月二十五日，陝府西路制置解鹽司言：「應告捕獲私鹽，除準價支賞外，將別理賞錢：如不及十斤，一貫；十斤，倍之；每十斤加二貫，至百貫止。仍乞據今來所添錢，只用本司錢支充。」從之。

六年二月六日，提舉河北鹽税司言〔四〕：「請自今許令商賈以所販鹽於有監官處所屬場務輸納税錢，出給小引，量所賣處人户多寡，給日限般運，赴無監官鎮市從便出賣。」從之。

同日，河東路經畧安撫使滕元發言：30「請自元祐二年後賣到鹽數與熙寧中課額比較，取酌中一年爲法。」河東轉運司相度，欲將代州管界每年以八十萬斤爲額。從之。

十二日，夔峽路轉運司言：「伏見熙河入中射請大寧監鹽，係立限十年。請將三路、熙河路等處入納錢銀糧草，射請本路開、達、忠、萬、涪州〔五〕、雲安軍六處鹽鈔，並依大寧監年限施行。」從之。

九月十六日，户部請使臣、人員押鹽綱沉失、少欠該衝差替者，赦降、去官不免。從之。

十月三日，户部請召人入中解鹽，許客人於河陽都鹽務入中，其價錢每席八貫二百。從之。

十一月一日，户部言：「請廣南東西路應用大棹船興販私鹽告捕獲，雖杖以下罪，不以借賃運致〔六〕，其船並没官，仍別估價給賞〔七〕。」從之。

八年正月二十一日，詔：「東南諸路轉運司勘會本路賣鹽舊法未減價年分及措置鹽事所減價後來各三年數目，比較增虧，申尚書省，令吏部長貳、御史中丞、侍御史同定奪，具利害以聞。」從度支員外郎任公裕請也。

〔一〕天頭原批：「『鹹』一作『鹽』。」按，以下見《補編》頁七六三。
〔二〕監：原作「鹽」，據《長編》卷四三七改。
〔三〕天頭原批：「『鹹』一作『鹽』。」
〔四〕言：原脱，據《長編》卷四五五補。
〔五〕天頭原批：「『涪』一作『夔』。」
〔六〕賃：原作「債」，據《補編》頁七六三、《長編》卷四六八改。
〔七〕賞：《長編》卷四六八作「賣」。

二月十七日，詔：「俵散蠶鹽，徐州、淮陽軍許依《元祐敕》，京東路、河東晉、隰、磁、絳州並罷。」

紹聖元年九月二十五日，詔：「府界並諸路鹽年終課利增，欲並依元豐賞格〔一〕。」從三省請也。

二十七日，權陝西制置解鹽使仇伯玉言：「百貨與鹽鈔輕重，大槩相似，然鹽鈔特貴者，蓋鐵錢輕濫，又以官定鈔面價，不許輒增。乞隨逐處市價增減，將陝西路近年所降敕條年額及泛降鹽鈔、31官司並依鈔面價博賣、輒增價徒二年指揮，乞更不施行。」從之。

二年正月十日，京東轉運司言：「本路自行鹽法，官置買賣鹽場，於海鹽場般至沿河場務，和雇陸運至縣鎮出賣，每年萬數及息錢不少。元祐間，以和雇不便，遂罷般載，課額併在大場，自後課息不敷。本司今欲依舊分般出賣。」從之。

三年正月九日，發運司言：「淮南亭户例貧瘠，官賦本錢歲六十四萬緡，皆倚辦諸路，以故不時至，民無所得錢，必舉倍稱之息，或鬻憑由，不能得直之半，是以多盜賣而負官課。欲撥本司糴本錢十萬緡給亭户，猶云不足，以憑由畀之。即欲質於官，則據憑由與十之七而蠲其息，它日鹽本錢集，給還三分錢，取憑由毀之。即官吏邀阻取受，論如法。」從之。

三月十八日，户部制置解鹽司言：「自來本路除延安府、慶、渭、原、環州、鎮戎、德順、保安軍八處官自賣鹽，以抑外來蕃鹽外，同、華、解、耀州、河中、陝府六州軍係出産私鹽去處，訪聞近年以來，私煎盜販公行。今欲將上件六州軍並酌中正額〔二〕，官自出賣。」從之。

五月二十四日，江淮荆浙等路制置發運司言：「官員躬親捕獲私鹽，累及一萬斤至十萬斤，等第推賞。未獲犯人者，以三比一；差人比獲者〔三〕，以三之半比一。內産鹽地分獲私鹽，須四分中獲一分犯人，方得比折。」從之。

六月九日，江淮等路發運使吳居厚言：「淮南歲月鹽，委逐州通判專催促買納，支還價值，申陳利32害，檢察姦弊，仍上下半年遍詣管下倉場提舉。如任内敷足額數，從本司别委官審覆奏乞，減一年磨勘；若比額虧及一釐以上，坐罪有差，止展一年磨勘。」從之。

十月四日，户部言：「欲依都省劄子，應陝西路軍兵廩錢，取情願，許半給鹽鈔。」又言：「欲依河東轉運司所乞，據本路管下鋪户鹽額或多寡未均，並聽本司相度，隨聚落均定鬻賣。」從之。

十一月二日，陝西制置解鹽使孫路請禁止河中府虞鄉、華州蒲城兩縣人户煎硝。都大提舉成都府利州陝西等路茶事司相度，私硝頗與解鹽相類，味苦而冷，堪用入鹽。

〔一〕欲：疑當作「羨」，屬上讀。
〔二〕正額：似當作「立額」。
〔三〕比獲：疑當作「捕獲」。

請應煎成到硝可以亂鹽者〔一〕，並依私鹽法。户部請減一等斷罪，其告捕給賞，並依捕獲私鹽法。從之。

十二月二十四日，詔：「(令)〔今〕後應有合支末鹽錢，並依元豐年條例，雖奉特旨，並許榷貨務執奏。」

元符元年四月十一日，詔京西路官自賣鹽及應緣申請指揮勿行。

十月一日，三省言：「解州鹽池爲水衝注，鹽數少損，民間闕用。欲河中府、解州諸小池鹽，同〔二〕、華等州私土鹽，階州石鹽，通遠軍、岷州官井監鹽，並聽與解鹽於陝西路出賣。」從之。

十七日，詔：「通行京東、河北鹽入解鹽地分指揮方下，小民未請引便行興販，見令大理寺根勘，並特放。自今須經官出引販賣。」

二年九月二十五日，詔差陝西轉運副使、兼制置解鹽使王博聞相度鹽池〔三〕，開河并修月堰。

閏九月十一日，右司郎中徐彦孚言：「去年鹽 33 池被水，蓋因涑水河、姚暹渠、樊家堰、小池等處人户盜決南岸，使水入池。緣涑水河、姚暹渠兩處堤岸并更有小池〔四〕、樊家堰，自來止委逐縣尉管認巡視，緣鹽池周圍闊遠，今欲乞更添兵士一百人，小使臣一員，令分視堤岸。」從之。

十月二十二日，工部侍郎張商英言：「乞就差成都、梓州路講畫官句仲甫措置，專切管幹興煎東、西兩鹽井。」從之。

元符三年十月二十八日，徽宗即位未改元。崇儀使林豫奏：「伏見周初榷河北鹽，犯者輒死，猶不能禁。世宗幸河北，父老遮道泣訴，乞以鹽課均之兩税。世宗定從其請〔五〕，今兩税鹽錢是也。嘉祐中，三司使王拱辰奏請復榷，仁祖用張方平言罷之。父老迎詔於澶州，爲佛老會者七日，刻詔書於北京。其人情利害可見。今議者輒欲變更，非唯所收浄利未必能敷前日税額，又沿邊諸郡之鹽或至自契丹，今既榷之，則虜鹽益售，恐生邊隙。倘罷今日之禁，一切仍舊，則一舉而獲數利。」詔户部看詳以聞。其後建中靖國元年十月一日，給事中上官均言：「河北自來非榷鹽地分，嘉祐中，三司使王拱辰乞本路榷鹽，仁宗皇帝降手詔曰：『朕不欲河北軍民陡食貴鹽〔六〕。』詔下北京，父老感泣，至今碑刻詔文具在。紹聖四年，宣德郎竇訥奏請榷鹽，是時訥妻父宰相章惇遂行其請，已及三年。臣近緣使事，經由河北州縣，官吏皆謂榷鹽以來，官中獲利甚少，而民食貴鹽，被刑責，爲害甚 34 大。又河北係黄河流行、人使經由道路，每年人户應副工役，比他處尤爲勞費。昨因河流決溢，累

〔一〕天頭原批：「『到』一作『都』。」按，見《補編》頁七六四。
〔二〕同：《長編》卷五〇三作「商」。
〔三〕王博聞：原脱「聞」字，據《長編》卷五一五補。
〔四〕池：原脱，據上文及《長編》卷五一六補。
〔五〕定：疑誤。
〔六〕陡：原作「陡」，據《長編》卷一五九改。

年飢荒，民益重困。願陛下深飭有司，考究利害，循守仁宗詔旨，罷去禁榷，贍養貧乏，寧固根本。」詔送三省。

徽宗建中靖國元年正月一日，江淮荆浙發運副使黄實奏：「六路州軍減價賣鹽，課利增羨，乞除舊額外，其添買之數量增本錢。」從之。

二十九日，户部言：「六路轉運司每年鹽額錢，淮南二十七萬七千餘貫，兩浙二十萬一千餘貫，湖南四十五萬餘貫，湖北五十九萬一千餘貫，江東一十八萬九千貫，江西三十萬五千餘貫。自紹聖三年至今，驅磨未畢，逐路乞量行撥還。」詔元符三年分合得額錢，令提舉司撥還一半，餘候驅磨畢取旨。

五月六日，陝西轉運副使、兼制置解鹽使孫傑奏：「準朝旨相度措置鹽池，到解州，據知州辛琮呈賈瓦池鹽、圓池漫生鹽樣。臣於二十四日同辛琮等詣五小池檢視賈瓦、圓池，有上件鹽竇〔一〕，土俗稱爲瑞鹽，臣已指揮本州郡官雇人收採。今據本州狀，自四月二十四日至五月四日終，收到鹽五百二十席一百七十斤，計十一萬四千五百七十斤〔二〕，其鹽光白，味鹹可食，乞行出賣。所有二池鹽樣各一十斤，隨狀進呈。」

崇寧元年七月十二日，太府少卿鄭僅言：「看詳管句東南般運鹽事李岐欲於見賣鹽每斤增一文，以備脚（剩）〔乘〕之費，有害末鹽鈔法。」詔勿行。

八月五日，户部言：「太府寺申：自來解鹽鈔用商、虢州、[35]河中府等處一鈔紙印造，於鈔法係關防指擦。交引庫近乞於東南出紙州軍造一等（抄）〔鈔〕紙，預行買發三年，準備泛給鈔紙計六百八十四萬張，依見印鈔板長一尺七寸，徑一尺一寸。今乞下商、虢州、河中府，依上項長闊造一鈔連毛頭紙，依數起發前來赴交引庫交納〔三〕，印造交鈔。仍乞指揮逐州府，據上項一樣紙，不許通商貨賣，除供官抄造印鈔紙外，輒敢依上件尺樣抄造買賣者，各杖一百。許人告捉，每名支賞錢三十貫，以關防革絶姦弊。看詳於東南路分應出紙州軍，令發運司管認上件紙數，責限起發，徑赴太府寺交納。所有不許通商一節，並依解鹽司相度事理。」從之。時渭州申：勘到僞鈔人，緣户部自來支降外路鹽鈔，並用常紙印給，致有僞造。都省提送户部〔四〕，本部下太府寺相度，而有此請。

二十九日，臣僚言〔五〕：「陝西用解鹽爲鈔。范祥舊

〔一〕竇：原作「實」，據《補編》頁七六五改。《東都事略》卷一〇：崇寧四年「六月丙子，興復解池鹽竇」。鹽竇蓋形色特異之顆鹽。

〔二〕十一萬：原作「一十萬」。按本書食貨三六之七云：鹽「一席率重二百二十斤」。此處鹽五百二十席，乘以二百二十斤，再加上一百七十斤，正爲十一萬四千五百七十斤，因改（據郭正忠《關於北宋解鹽産量的一個數據》，《文史哲》一九八二年第四期）。

〔三〕交：原作「文」，據文意改。《宋史》卷一六五《職官志》五：「交引庫，掌給印出納交引錢鈔之事。」

〔四〕提：疑誤。

〔五〕「言」上原有空格，據文意此處不缺字，《補編》頁七六六亦不空，從之。

法，以鈔代錢，免重齎乾没之患；以錢糴買，無估價高下之弊。後來增損，(寑)〔寖〕失元意。中間已五立法，鹽池之壞，亦四改更，今已五歲，又三變易，民間無所適從。每一改更，法未及行，鈔未及用，邊商入中方在道，已復變矣。況爲五六令〔一〕，同川交子以亂之〔二〕，縱私土鹽以奪之耶？願詔有司講求舊法，無容輕改，則民聽不惑，久而無弊。」從之。

二年七月三日，户部奏：「修立到新法，茶鹽每歲比較增虧，賞罰約束。解鹽地分見行東北鹽 36 去處州縣，當職官能招誘客人住賣，比年額數增，依下項：二分已上減磨勘半年，三分已上減磨勘一年，五分以上減磨勘二年，七分已上減磨勘三年，一倍轉一官。解鹽地分見行東北鹽去處州縣，客鹽住賣數比年額數虧〔三〕，依下項：二分已上展磨勘半年，三分已上展磨勘一年，五分已上展磨勘二年，七分已上展磨勘三年，全虧降一官，仍衝替。解鹽地分權行東北鹽等處州縣當職官，每歲所屬官司與鹽事司同共取索住賣數目，比較增虧應賞罰者，同狀聞奏。如州縣當職官奉行如法，并能講求利害，推原法意，施行有緒，而致增羡，應(資)〔賞〕；或有不職，并不切奉行條令，而致虧額，應罰。仍具詣實保明及不職因依聞奏，除依賞格外，仍取旨别不賞罰〔四〕。陸路支賞鹽州，如能招誘客人、鋪户自用船赴産鹽場般請鹽數敷官綱及年額數目，當職官依下項：五分已上減磨勘二年，七分已上減磨勘三年，全及轉一官。諸陸路支賞鹽州，委所屬監司與鹽事司於歲終取索招誘客人、鋪户自用船般請過鹽數目應賞格，同狀保明聞奏。諸發運、轉運司支撥綱船般載陸路支賞末鹽，比年額數外增及五分，及一切差撥支發致虧三分已上者，委鹽事司歲終取索，具詣實保明及不職因依聞奏，取旨賞罰。今來所立年額，合令所屬監司與茶鹽事司取索立定，申尚書省。仍並自崇寧三年分爲始奉行。内以官 37 綱船般載數，仍令鹽事司取索，依此施行。」從之。

二十三日，講議司言：「修立到客人販東北鹽法，沿路免收力勝税錢條。」從之。

九月十四日，詔賜封樁錢，淮南路二十萬貫，兩浙路十萬貫，充鹽本。

十月二十八日，尚書省言：「兩浙鹽事司申：浙東西山僻州郡，商賈運鹽，比之水運，剩費脚耗，依立定省則外，乞更少增之：衢七斤，婺、睦、處各五斤，山僻縣每百斤增三斤。」從之。

十一月十三日，尚書省言：「陝西、河東鹽事李憕勘會到川(陜)〔峽〕路利、洋、興、劍、蓬、閬、巴、綿、漢州、興元府

〔一〕天頭原批：「『令』一作『合』。」按，見《補編》頁七六六。
〔二〕同：疑當作「用」。
〔三〕虧：原作「增」。按前後文以增虧、賞罰對言，前已言增數受賞，其下言罰，自是由數虧，因改。
〔四〕别不：似當作「别行」。

及餘處，並係元解鹽通行地分。朝廷既以東北鹽代解鹽貨賣，許（人）〔入〕舊解鹽地分，即應干舊解鹽通行處，自合令東北鹽興販。」從之。

十二月二日，講議司言：「解池未壞以前，官給解鹽鈔，募客人入納糧草，還以鈔鹽。今解鹽未復，其鈔尚循舊法，給解鹽文鈔。客人齎赴京，解池既無解鹽支還，并河北文鈔賣與在京交引，鋪户乘時邀利，賤價收買，致沿邊入納艱阻，客人虧折財本，浸壞鈔法，合行措置。乞依熙寧、元豐置買鈔所，差榷貨務監官二員，別選使臣或選人三員同共專一管句，换易客人文鈔〔一〕。應客人齎到錢，並以末鹽鈔并東北一分鹽鈔及度牒、官告、雜物等支换。」從之。

十四日，中書省言：「東南末鹽鈔遞牒，自來進奏院與常程文字衮同入遞，致有遺失毀棄，使客人往復整會，于鈔法未便。今修立末鹽鈔合同牒，監官面勒吏人摺角實封，38 書字用印，給付客人，（令）〔令〕自齎前去。仍置籍，具注每道姓名、字號，候得報給鹽，鈔毀訖銷注及給鹽訖，限五日報榷貨務等。」詔從之。

二十四日，詔令逐路支給末鹽鈔及自般請者，並須三分舊鈔兼七分新鈔支請，如願全以新鈔請者〔二〕，不以多少，聽從便支請。

二十九日，詔今後罷用金銀抵當請鹽。時鋪户狀，以爲妨礙今年鈔法，故三省取旨施行之。

三年正月二十七日，尚書省言：「河東三路鈔買賣，無立定價，聞民間每百貫文見賣六十五貫以下，本路價例尤賤，於邊防糴買非便〔三〕；及見錢，與新定鈔價一例筭請新法末鹽折鈔法正相妨。今欲將河東路自今年更不降三路鈔，止給見錢賣買價例請算，東南末鹽等依河北新降鈔法施行。」從之。

八月六日，福建路提舉學事司狀：「本路出賣鹽價，比之昔日稍低，乞於上四州軍每斤量添一錢，爲錢一萬九千七百貫有奇，以補足八州軍學糧。」詔依所申，仍每斤添二錢。其後十月二十三日，又申乞添下四州軍一錢，約爲錢五千七百貫有奇，以補諸縣學糧。復詔添二錢。

四年四月二十四日，鄜延路經略安撫使陶節夫奏：「臣聞鹽澤在中條之北，處四高中下之地，東西五十里，南北七十里。按唐鹽池之數有六：二在幽朔，二在河東，一在鹽州，（一）〔一〕在解梁。皆河勢屈曲回抱，而中有鹽泉。蓋水性至曲而折，鹹性至折而聚。《洪範》曰：『潤下作鹹。』積千里之潤，去海 39 既遠，是以伏脉地中，聚而作鹹，此鹽泉之所由生也。河爲四瀆之所宗，江、淮、濟水皆清，必得至海而鹹性聚〔四〕，煮水而後成鹽。然造化雖出于自然，未有不因天時、假人力者。故大鹵靈泉，亦須因南風赤日，暑

〔一〕文：原作「之」，據《補編》頁七六七改。
〔二〕請：疑當作「支請」。
〔三〕天頭原批：「〔便〕一作『使』。」
〔四〕天頭原批：「〔鹹〕一作『鹽』。」按，見《補編》頁七六八。

假人力灌種而成。今解池爲水所浸，漫瀰百里，前後議者紛紛不一。今若治外水而隄防之，疏涑水河，濬姚暹渠，使不受外水，回蒲河水入羅寒坑〔一〕，回五龍谷水入小池，則大池無外水滋入之患。又以鹽鈔法行，滄、淮鹽入解鹽通商地分，又收漫生鹽。而解州西北有廢鹽池六〔二〕，自唐以來，互興小池，謂之女池。開元中，置女鹽監，後以水淡遂廢。今亦被水，而五小池内鹵已漫生。若召南山人户煎鹽，置場收買，依解鹽法出賣，亦可扶助鈔法。又兼榷賣鹻小鹽，可補解池一半之賦。弛平時抵冒之禁，爲權宜通濟之術。謹地政，修人事，而不取必於天。人心既安，天理亦順，期以歲月，可待乾涸。」詔送措置所詢究相度施行。

六月十一日，以興復解池鹽寳，百官表賀。

十九日，以鹽池復舉，降制。

二十九日，詔提舉措置江南東西路鹽香司句當公事葉大方轉一官，知邵武軍。以大方與當職官講求鹽法，課利增羨故也〔三〕。

大觀三年十月十九日，提點陝西等路解鹽王仲千奏：「臣近乞將解鹽通行西京、河陽兩處，今來金部備坐大觀二年十二月二十四日朝旨：其河南府止許經由，即不得住賣，候將來解鹽豐衍，40別取旨。契勘解鹽所收，連併二年敷過舊額，雖是豐衍，緣興復以來，所蓄未廣，致未敢便乞通展舊法解鹽地分。今欲乞先次通行西京、河陽，并汝州係京西南路經過去處，亦乞通行。仍每歲更支鹽三萬席，通見支陝西等路鹽數共二十三萬席爲額。候將來種收大段增廣，別具奏乞通展。」上批：「依奏，疾速行下。」（以上《永樂大典》卷九七八九）

〔一〕坑：《補編》卷七六八作「坈」。按「坑」與「坈」同。

〔二〕解州：原作「幽州」。按，時幽州不在宋境，必誤。另據《舊唐書》卷四八《食貨志》上，云「女鹽池在解縣」，解縣即解州之治所，因改。

〔三〕增：原作「曾」，據《補編》頁七六八改。

宋會要輯稿　食貨二五

鹽法　四

鹽法雜録　三

【宋會要】

■1 大觀四年七月二十八日，中書省措置財用所奏：「尚書省措置到解鹽，内舊來解鹽地分除已通行外，有在京并陳、蔡等州依舊法地分通行，許令客旅從便販易，應干合行事件，下措置財用所檢詳前後及見行條貫，取旨施行。本所勘會京東、河北鹽貨，熙、豐舊法止係本路通行，昨爲水壞解池，權許通入解鹽地分。今來制置解鹽司稱兩池鹽二年溢額，其東北鹽已過元立期限。又稱見今解鹽地分與東北鹽相兼貨賣，欲行禁止。令先次相度，將東北鹽更不許放入解鹽地分。□地分添展〔一〕：陝西、川峽路州軍，并河東磁、隰、晉、絳，京西南路唐、鄧、襄、均、金、房、隨、郢八州，京西北路西京、河陽〔二〕、汝州。」詔在京通行解鹽，其在京合經由州縣地分，亦許通行，仰措置財用所相度，却於見行鹽地分内，據今來添展州縣權住通行。

八月二日，措置財用所狀：「奉聖旨：『解池近已興復過額，合依舊法印鈔，召募客旅入中斛斗，給鈔請鹽，於元地分内通行，令講究財用所條具合行事件申尚書省。』一、今來指揮到日，客人、鋪户買販到東北鹽，隨處官司限三日抄劄見數，於十日内納官驗引，據元請算數依市司旬内拘到實直價例收買。其價錢限一月内先以轉運司係省錢支還；如無，即以提舉司市易務錢；■2 又闕，即支提刑司諸色封樁錢充。如客人、鋪户敢有隱藏過上件日限，並同私鹽法斷罪，仍許人告，給賞如法。如客人願依本處市價(細)〔紐〕筭東北鹽者，即於所屬出給公據，前來榷貨務筭請，往通行路分出賣。一、官買下客人、鋪户東北鹽，于市易或於税務出賣，比熙、豐通行解鹽日官賣解鹽銅錢價上，每斤添錢三文出賣。其本錢還逐司，依舊樁管；息錢内市易錢以二分與本司，三分與轉運司，五分封樁；餘並以五分與本官司，五分封樁。候解鹽到日，即時住賣。」詔依。

十五日，詔：「措置財用所乞議定五等舊鈔，立定貼納錢分筭換度牒、告敕、香藥、雜物、東北鹽外，所有客人已换請到雜鈔及見錢鈔不曾對帶鈔者，理合先次支給東南末鹽，依舊許商旅請往逐路貨易。可速與指揮下淮浙鹽場監〔三〕，將見在并接續買到鹽樁留五分，專充支發官綱般載

〔一〕空缺處原批：「原空。」或是《宋會要》原文空格，非有缺字。
〔二〕陽：原脱，據《補編》頁七六九補。
〔三〕監：原作「鹽」，據《補編》頁七六九改。

往諸路，準備將來諸路商賈轉廊筭請〔一〕。其餘五分，許支還客人、鋪户筭請到新鈔及見錢鈔不曾對帶舊鈔〔二〕、合先次支鹽者。庶公私兩便，熙豐鈔法早見就緒。」

閏八月十二日，左右司狀：「本司依準朝旨，先次編修東南鹽法，已成《看詳》計一百三十沓，見欲攢寫浄條，銓次成册送户部。看詳間，準今年七月二十七日朝旨：東南鹽依元豐法官賣。其所修上項條沓内辰〔三〕、沅、歸、靖州、武岡軍官賣鹽，元降朝旨係久遠行使外，其餘雖並係客販條法，續準八月十 3 五日朝旨，淮浙鹽場（鹽）〔監〕現在并續買到鹽，樁留五分，專充支發官綱，餘五分許客人、鋪户用换請到鈔及見錢鈔筭請〔四〕，依舊往逐路貨易。即上件客販前後元降朝旨，見今亦合施行。緣不係永法，其已編修看詳到一百三十沓，不須成書頒降，欲送户部收管，依詳元降朝旨施行。」從之。

二十五日，詔：「東南鹽澤之利，爲三路鈔法之本。雖已降指揮措置般運，尚慮監司、州軍等處違慢，不切計置人船趁辦應副，有害鈔法。今仰發運司究心行遣，嚴緊催督，諸路轉運司轄下州軍等處，並仰遵依施行，務要遠鹽場州軍及一年之數，近鹽場州軍及半年之數。以上如違，干繫官並當重行黜責，州吏斷訖送五百里編管。」

十二月二十日，詔：「東南鹽乃三路鈔法之根本，其三路新鈔已依熙、豐舊制，節次印給前去，目今已有客人賫鈔到京，情願轉廊筭請東南末鹽。將來復行官賣之後，不無擁併賫鈔前去。已降指揮，周因特差發運司勾當公事，其發運司所管屬官員數不少，可令周因專切管勾淮浙買納并催促般運鹽貨。」

二十六日，詔：「左司員外郎張察差官詣東南六路轉運、提刑司，限兩月子細講究，具的確利害，仍令先次開具因依聞奏。」

二十九日，詔：「兩浙轉運司合樁準備鹽措置般運，并將現在封樁那移，已是足備，可令户部先次復依熙、豐舊制，許客人用三路新法文鈔情願轉廊筭請，給引前 4 去，逐州軍權依客筭鹽定價支給出賣〔五〕。候將來官賣鹽，即依張察均定價直施行。所有客人見用崇、觀可以换請新鈔，在京筭請，并淮浙産鹽場支鹽，各截日住行筭給。及客人已未般販到所指住賣處鹽，並仰本部限三日相度，條畫聞奏。」

政和元年正月十二日，户部奏：「准尚書省劄子：（奏）〔奉〕詔：兩浙路二十四州合樁準備鹽，已足一路之數，令

〔一〕廊：原作「廓」，據《補編》頁七六九改。按《九朝編年備要》卷二八：「自榷貨務出見錢以寄外廊，而後給關子付諸路糴買，候商賈來請，故謂之轉廊錢。」
〔二〕鋪：原作「錢」，據上條相同文字改。
〔三〕項：原作「頃」，據《補編》頁七六九改。
〔四〕「見」下原有「在」字，據《補編》頁七六九删。
〔五〕軍：原無，據下條補。

户部先次復依熙、豐舊制，許客人用三路新法文鈔情願轉廊筭請〔一〕，給引前去，逐州軍權依客筭鹽定價支給出賣。所是客人見用崇、觀所行換請新鈔在京筭請，并淮浙産鹽各合截日住行筭給等，並仰本部相度條畫聞奏。本部今相度，欲乞更不貼納見錢，許依已降朝旨筭請敕告、度牒、香藥、雜物。東北鹽見在民間者，許令執鈔同牒赴榷貨務筭請；已投鈔在場未支鹽者，即令本處給與鹽鈔并公據付客人，自執赴務，亦與改筭價直，拘買入官，當時支還賃錢。如未有賣到鹽錢，權於朝廷諸色封樁錢内應副，候賣鹽日，先次撥還。所有買到鹽依額價應副筭請，候張察定到本路價直，許令賣官，即行出賣。自餘五路續有般鹽足備路分，如準朝旨，許令客人轉廊等筭請，亦依逐項事理施行〔二〕。」從之。

二十三日，詔：「可令淮浙買鹽監官常切招誘存恤亭户，廣行煎煉，赴官中賣，依限支錢，不可少有邀阻。如歲額買鹽比額有增一分已上者，與減半年磨勘；每一 5 分加半年止〔三〕。内兩浙減半。其亭户額外中鹽，每斤與增三分價錢。如監官輒有留難，致亭户私賣者，委本州知、通覺察，按劾施行。所貴各有利潤，趨事赴功，不害良法。仍疾速行下。」以臣僚言：「東南末鹽已復熙、豐舊制，官自般運，并許客人情願將三路新鈔轉廊前去筭請，及候張察均定賣價，推行官賣，深恐倉場監官纔見買鹽敷及年額，邀阻稽滯，有悮支用，增長刑辟。」故也。

三月二十一日，左司員外郎張察奏：「奉聖旨均定東南六路鹽價〔四〕，已均定奏聞。契勘自祖宗以來，東南六路賣鹽，惟紹聖之間最爲增羨。臣今來所定，比紹聖價上每斤增錢二文，至九文足。以酌中紐筭，每歲以增及一百八十餘萬貫。若候轉運司會到止是一路利害，互爲異見，與臣將諸路地理遠近、照應相接州縣通行均定利害不同。伏乞以臣所定價例先次頒行，如或逐路更有增廢去處，只乞下逐路轉運司比附相近場務立價聞奏。」詔從所奏。尋又詔：「東南六路鹽於張察所定價上每斤各添錢一文。」

六月九日，户部言：「成都府路轉運司奏，乞依元符中指揮興開鹽井。」從之。

八月八日，詔：「解州鹽池今歲自生紅鹽，及收種到鹽竇，敷及年額外，增收一倍以上，其應干池事官實見勤勞。集賢殿修撰、陝西制置解鹽使李百禄特除顯謨閣待制，解州知、通各減三年磨勘。」

二年三月二十五日，詔：「契勘淮浙路合管認 6 備辦政和元年、二年分鹽本錢實數，仰依自四月爲頭，每月終一次，具數入遞聞奏。今後逐年准此奏，務在應副淮浙鹽場監，豐

〔一〕轉廊：原作「轉廓」，據《補編》頁七六九改。下同。
〔二〕項：原作「頂」，據《補編》頁七六九改。
〔三〕此句疑有脱文，似當作「每一分加半年，至×年止」。
〔四〕東南：原作「東西」，據上文食貨二五之三「二十六日」條改。

裕鹽本，惠養亭户，敷辦煮海利源，斡旋糴買鈔法〔一〕。」

五月二十二日，尚書省言：「勘會東南末鹽〔二〕，已降指揮，許客人、鋪户算請。竊慮本錢闕少，不即支還亭户，別致阻節留滯。」詔於諸路合起上供錢内截撥（發）錢四十萬貫，令兩浙、淮南路提舉鹽事拘收，均撥逐路鹽場充鹽本支用。仍逐旋具的實截過窠名錢數申尚書省。

九月十五日，詔：「《洪範》八政，食貨爲先。理財以義，用財以禮，則民富而國用饒，先王之制也。迺者有司不究本末，不權輕重，悉取鈔法，妄意紛更，致耗邦財，民亦重困，邊備空虚，倉廩匱竭。太師、楚國公京興植廢壞，以義置法，曾未朞月，開闔斂散，一出於上，公藏私餘，上下與足，朕甚嘉之。其今年五月以後，應見行鈔法洎茶鹽法合傳載者，大小綱目具著爲令，上之御府，頒之有司，以示富國裕民之政，傳之永久，堅若金石，庶幾姦人不敢妄行動摇，以稱朕意。」

十月二十八日，詔：「令發運司將應緣東南收買材植物料等合用價錢，並仰依元降指揮劄刷官賣鹽增添錢内支撥應副，其借撥鹽本錢指揮更不施行。所有真州緣今來買木等已借支過鹽本錢，即仰發運司管下諸州軍劄刷賣鹽增添錢却行撥還，其鹽本錢今後不許官司申請借撥支兑。」先
7 是，真州申請所用買木等錢二萬餘貫，於鹽本錢内權借支用。至是又稱提舉木栰所公文，取撥錢一十六萬貫，於宣、池州買木。提舉茶鹽司奏請，故有是命。

三年二月一日，中書省言：「勘會東南六路見行末鹽去處，其年例合支蠶鹽萬數不少，依條取問人户願與不願請鹽。内不願請鹽者，即據合散鹽數止納六分價錢〔三〕。契勘除依久例外，不得創行支移折變，遇災傷隨税除放。昨熙寧四年内府界、京東等處蠶鹽，人户請領，例有縻費，縣司公人減剋，民户多不願請。遂降朝旨減定數更不支俵。見今開封府界、京東、京西等處更不支俵，止令人户送納六分價錢。今來東南六路，依條雖合取問人户願與不願請鹽，竊恐州縣利於十分催納，或人户不願請鹽，更不取問，不肯減納分數。不唯於民非便，兼恐引惹夾帶私鹽，侵害客販。内兩浙、淮南係産鹽去處，客販順便街市易得鹽貨，可以不行支俵外，其江、湖四路地里遠闊，慮村民却有要鹽去處，緣利害在遠，難以遥度。」詔：「淮南、兩浙蠶鹽更不支俵〔四〕，依條以減定分數送納外，其江、湖四路令逐路提舉鹽事、提舉常平司共相度聞奏。」

六月十八日，尚書省言：「户房主行新法鹽鈔事務，自創新措置，才及一年，已收課息錢一千餘萬貫，前後財利，未可有比〔五〕。近榷貨務官吏止緣奉行，已蒙推恩。檢會

〔一〕斡：原作「幹」，據《補編》頁七七〇改。
〔二〕南：原作「西」，據上文食貨二五之四「二十三日」條改。
〔三〕納：原作「約」，據下文改。
〔四〕支：原作「伎」，據《補編》頁七七〇改。
〔五〕未可有比：似當作「未有可比」。

大觀元年閏十月十七日敕節文：「崇寧庫樁見錢及[8]一千餘萬貫，左右司官特轉一官，仍減二年磨勘。」詔：「左右司郎官爲奉行新法，並不曾推恩，各特轉兩官。尚書省户房正行職級、手分各特轉兩官；尚書省户房副行職級[一]、手分各特轉一官；有資人轉一資，特與轉行，仍於額外安排，候名次到日入額；無資可轉人候有正官日收使。内有官礙止法人，許回授有官有服親。如願保引者，許依條保引親屬一名。守當官於轉一官上減半推恩，其合轉資人如内有未試正額書令史已轉充額外主事者，候試補了日收使。點檢房職級，依户房職級例施行。」

九月四日，詔：「淮南路依兩浙路已降指揮支俵鹽去處，依市賣客鹽價例支給價錢俵散，依舊來數輸納物帛。所有丁口鹽錢，亦依上件指揮散納施行。」

五年六月六日，詔：「合同場監官增一百萬斤以上[二]，減二轉一官；五十萬斤以上，減三年磨勘；十萬斤以上，減二年；十萬斤以下，減一年；不及一萬斤，不賞。虧三十萬斤以上，降一官；二十萬斤以上，展三年磨勘；十萬斤以上，展二年；十萬斤以下，展一年；不及一千斤，不罰。内選人比類施行。知、通主管依此。除二等展限磨勘一年已下者，每季爲一等申，餘候到，申尚書省依此賞罰。」

六年五月十六日，中書省言：「勘會今年二月二十四日已降指揮，諸處鹽場官並堂除人。近因河北鹽香司陳乞許奏舉一次，竊慮所屬疑惑。」詔：「今後鹽場官輒奏舉官，徒二年，其[9]餘路分並一體。」

九月二十三日，中書省言：「勘會提點杭州洞霄宮邵敏修前任青州千乘縣主簿日，因提舉京東鹽事體訪得本縣瀕海，多鹽場，草地空閒，可以置立官場，召人煎鹽貨出賣。本官首先開場買賣，課息增羨，實有勞効。」詔邵敏修特與轉一官。

七年正月十三日，尚書省言：「檢會已降指揮：諸路鹽場官並堂除，舉辟者徒二年，未有管押鹽袋官指揮。」詔：應管押鹽袋官，並堂除。

六月二十三日，中書省言：「勘會左右司點檢榷貨務，收趁新法鹽錢，及拘管雇錢文曆，應副客人等入納見錢，算請鹽鈔。本務自政和六年八月三日至今年五月三日終，又足一千萬貫，通計六千萬貫，其本司官吏未曾推恩。」詔郎官各轉一官，内礙止法者回授本宗有官有服親，人吏依例各支賜絹一十五疋。

九月四日，詔：「東南、東北鹽法並無改易，與今來解鹽法自不相干，仰尚書省措置行下，毋致抵牾交互。」

八年閏九月十二日，總領解鹽司奏：「今來御筆推行解鹽，唯私硝小鹽爲害不息[三]，欲乞應巡捕官獲透漏私硝

[一] 副：原缺，據《補編》頁七七〇補。
[二] 合：原作「令」，據《補編》頁七七〇改。合同場爲宋代各地管理鹽茶交易的場務，本書中屢見。
[三] 天頭原批：「『息』一作『細』。」按，《補編》頁七七一作「細」，義長。

小鹽，批書印紙，賞罰並依私鹽已得指揮。」從之。

十七日，詔：「解鹽商販不行，可復行末鹽。更有陳請，以違御筆論。」

宣和元年二月二十七日，中書省言：「勘會京畿、京西南北路復行東北鹽〔一〕，自去年十月已後至十二月終，三箇月間，所賣鹽數共計四百六十七萬一千七百餘斤，比遞年所[10]賣之數例各增羨。兼客販通廣，行遣具備，顯是提舉鹽香礬事盧宗原並本司官究心職事。」詔盧宗原并本司官並各轉一官，內本司官令具合轉官人職位、姓名申尚書省。

五月十四日，詔：「應支鹽倉監官，並不許入公私試院及諸般勾當。」

八月四日，詔：「訪聞江西路轉運司違法出賣鈔紙，姦吏因緣增價營私，仰行禁止。諸路依此。」

同日，中書省、尚書省言：「近降詔旨，湖北建博易場，以鹽折博蠻人物貨，商賈、蠻人兩獲其利。漸次折博奔輳，所用鹽貨浩瀚。契勘諸州軍見樁管舊鹽不少，並是空灑乾淨好鹽，從來不欲變轉，恐害亭户煎納。今若許充博易入蠻界，不與見販地分相妨，其利有三：一可以招徠遠人，二將久積舊鹽變爲物貨，三不侵用客販新鹽，又不妨亭户煎趁年額。如此，則並無所妨。」從之。

九月十七日，詔提舉京畿京西鹽香盧宗原除直秘閣，邢彦先、唐璟并河陽、鄭州知、通各轉一官，礙止法人回授有官有服親。仍令鹽香司具合轉官人職位、姓名申尚書省。先是，宗原奏：「自差提舉鹽事，節次措置，躬詣管下二百五十餘州縣鎮採摭民言，講究利害，及分遣勾當官邢彦先、唐璟督責管下推行東北鹽法。及宗原到任以來，推行申明立法約束事件九十二件，及將遞年實賣鹽數比較得，內河陽遞年一十三萬二千二百斤，今賣二十四萬二千七百斤；鄭州遞年八萬一千三百斤，[11]今賣一十六萬二百斤。」故有是詔。

二年二月十三日，兩浙提舉鹽事司奏：「檢會政和七年十二月三十日敕：榷貨務劄子，乞應支鹽倉自政和八年爲始，每上下半年，各具支發袋數目，以遞年所支鹽數比較，供申尚書省，并報本務籍記。本司今據逐州申到政和八年支鹽倉支發過鹽，比較遞年增虧，內杭州、越州最增，台州、明州最虧。數內明州已奉宣和元年七月十三日詔，明州知、通并鹽倉官各降一官。又詔支鹽倉監官，杭州減三年磨勘，越州減二年磨勘，台州展二年磨勘。逐州知、通、管勾官依此降二年展、減磨勘。其已用當年支發鹽貨增剩曾經推恩人，如比今來賞格輕者〔二〕，聽從重賞；明州知、通并支鹽倉官更各罰銅十斤，管勾官展二年磨勘。內

〔一〕京西南北路：原脱「京」字。按據本條下文及後「九月十七日」條，盧宗原官銜爲「提舉京畿京西鹽香礬事」，是其所管地區爲京畿路與京西路，而京西又分爲南、北二路，則此句必是「京畿、京西南北路」。因補。

〔二〕比：原作「此」，天頭原批：「『此』一作『比』。」按，見《補編》頁七七一，據改。

選人比類施行。年限不同，依四年法比折。」
三月十二日，詔：「末鹽、解鹽，祖宗以來並行不廢。崇寧中，以各利一方，故解池顆鹽所出不多，止行本路；東南煮海，其利甚博，故行於數路，各不相妨。政和六年以前，庫務積錢至二十萬貫，有司挾情害政，乃議改革。繼命任諒等議法，復行解鹽，客販折閲，良可嗟惻。旋命改復，雖已如舊，而商旅疑惑，興販未廣。可下諸路曉諭，今來鈔法，更不可改革。」

十九日，詔：「末鹽法今已定，所當遵守，頗聞諸路私鹽公行，有妨客販。除以降親筆處分外，如諸路鹽本不足，可令提舉鹽事官將本路坊場、河渡及椿留積[12]剩錢除存留本處支用外，並特許支撥充本。如敢占留及作名目隱匿者，以違制論。應亭户煎到鹽，仰所屬盡數收買，限三日支還價錢。如買不盡若支錢違限，並徒二年；因而乞取減剋者，官勒停，吏配千里。亭户輒賣與私販人，若買之者罪輕，徒二年，配千里。許人告，賞錢每名五百貫。」

四月九日，中書省言：「榷貨務申：檢承御筆：『東南與東北煮海爲鹽，使客買鈔興販，以走商賈，以便民食。比聞東南州縣，監司失職，漫不省察，巡尉弛慢，故縱私販，道路往來，市井交易，略不禁止。東南明、杭、通、泰、楚、海、濱數州出鹽，客販視東北最多，客人買鈔日納三十五萬貫，今止納數萬貫，曾不及三分之一，東北錢數却至數萬。蓋東南私販公行，沮害商賈，使客失厚利，虛費本錢，或致失所，甚非走商賈、便民食之意。可令尚書省下榷貨務，取會東南客人納錢自去冬以來最少路分，提舉鹽事官降一官衝替，州縣降一官，巡尉仍勒停；東北最多提舉官陞一任，有職仍遷一職，未有職與除初職，州縣轉一官，選人比類施行。』榷貨務開具客人入納算請淮南、兩浙鹽錢，又提舉淮南鹽香司具到去年正月至年終增五千三百六十餘貫。」四月三日[一]，詔：「淮南鹽香爲鹽數增，其濱州入納算請鹽，京西路州縣住賣鹽最多，泰州入納算請最少，州縣官并巡尉，並依御筆指揮施行。仍令逐路鹽香司具合轉官人職位申尚書省。」

[13]七月十九日，詔：「解鹽法頃歲推行，無補公私，尋即廢罷。今東北、東南鹽商賈阜通，民受實利，法令已備，責在奉行。敢有扇摇，妄稱朝廷欲行解鹽法，及奉行東北、東南鹽違戾者，除合依扇摇鹽法補官、給賞外，可更增立賞錢二千貫，許諸色人告，犯人坐合斷罪外，仍以違御筆論。昨緣私鹽有害客販，已令諸路提刑司嚴行禁戢[二]，仰諸路廉訪使者體究有無推行滅裂去處，限十日聞奏，當議重行黜責。令開封府、榷貨務出榜曉諭。」

三年四月二十五日，詔：「河北、京東路推行新法鈔鹽，可添置提舉官一員，屬官一員，分路治事。內河北東、

[一]三日：按此應在九日之後，疑當作「十三日」。
[二]天頭原批：「『令』一作『行』。」按，以下見《補編》頁七七二。

西路各一員，京東東、西路共一員，屬官依此。其河北路官治所，就用學事司廨宇。」

五月二十九日，尚書省言：「勘會兩浙路用買鹽本見錢每鈔一百貫〔一〕，已措留二十貫文。契勘本路內有昨經賊焚劫州縣，竊慮措留數少，有妨買鹽支用。兼被劫亭户亦要錢本接濟。兩浙路除見措留外，令榷貨務每一百貫更增措留錢五貫，專充每鹽本錢〔二〕。」

閏五月二十日，都省言：「奉御筆：榷貨務狀，東北鹽自通展地分後來，客販增廣，并東南鹽見今筭請浩瀚，所用印鈔紙扎、工墨朱紅之類，縻費萬數，不比日前。欲乞今後筭請東南、東北鹽鈔，每貫量收印鈔工墨等錢，仍合並依東南鹽則例收納，所貴事法一同。」從之。

六月四日，詔：「夔州路軍儲年計，並出於恭、涪兩州，內大寧監 14 鹽係羅本，應副一路。可特許本路漕司同共踏逐奏舉諳知逐處次第、才幹清强官充恭、涪兩州、大寧知監差遣一次。任滿無遺闕，保明奏聞。」

七月二日〔三〕，榷貨務奏：「收鹽錢一億萬及一億一千萬貫，已蒙推恩，〈令〉〔今〕具尚書省點檢文字專呈新法人下項：盧宗古、秦旼、任點〔四〕。檢會今年七月二日詔：『榷貨務收鹽錢一億萬、一億一千萬貫，兩項併作一項推恩。本務官吏各轉一官資，三省户房職級、手分、點檢諸房文字并尚書省呈新法文字人，各轉一官，願支賜者聽。其餘經歷去處，更不推恩。內轉官礙止法人，許回受本宗本色有官服親。』又檢會政和二年十月八日朝旨：『收到新法見錢三百八十餘萬貫，户房職級、手分，榷貨務官資等，內點檢、都事轉官回授，仍賜紫章服。』又檢會政和元年十一月敕：『榷貨務狀，收到鹽錢通及八千萬貫，三省户房奉詔，依降御筆指揮轉行一官資。今具專委措置呈新法文字人點檢文字吳紘、尚書省都事張士元、馮仲源、李士規、張仔、董彥。十月二十四日〔五〕，詔吳紘特轉行一官，張士元、馮仲源、李士規並賜紫章服，張仔、董彥依吳紘例，換右職，依舊充點檢文字。』」詔依例並賜紫章服，先降轉官指揮更不施行。

八月十九日，詔中大夫、直徽猷閣、提舉榷貨務魏伯芻直龍圖閣。以鹽課增羨也。

二十四日，中書省言：「勘會左右司點檢榷貨務，收趁新法鹽分，拘管雇錢文曆，應 15 副客人等入納見錢，筭請鹽鈔。本務自宣和元年八月五日後來，趁收鹽錢通計一億萬貫及一億一千萬貫，本司官吏未曾推恩。取到左右司狀，具下項：守左司員外郎李回、右司員外郎周武仲、司封

〔一〕買：原作「置」，據文意改。

〔二〕每：疑當作「買」。

〔三〕七月二日：按下文有「檢會今年七月二日詔」之語，則榷貨務此奏應在七月二日以後，疑有誤。

〔四〕天頭原批：「『點』一作『默』」。

〔五〕十月：疑是「十一月」。

員外郎權左司張悫、水部員外郎權右司王羲叔，人吏賈定等。」詔郎官各轉一官，願換章服者聽，人吏賜絹十疋。

九月十一日，中書省言：「檢會崇寧元年十月四日敕，東南末鹽畫一內一項：『見任及停閑命官有蔭子弟，得解舉人與本州縣公人之家，並不得作鋪户，與客人用鈔請鹽。違者徒二年，官司知情與同罪。許人告，賞錢一百貫。』勘會前項逐色人若自用鈔請鹽販賣，或接買停塌鹽鈔轉賣，尤當禁止。兼元降指揮雖係東南鹽法，其東北鹽事法一同，合申明一體約束。」從之。

十六日，中書省言：「勘會河北、京東路自税鹽改作鈔鹽後來，入納筭請浩瀚，商旅通快，逐路提舉官奉行有方。」詔提舉官梁端、李謨、康允之各轉一官，屬官減二等三年磨勘，職級支賜絹十疋，手分七疋。

十一月十五日，提舉荆湖南北路鹽香茶礬事司奏：「檢承尚書省劄子，客販辰、沅、靖州、武岡軍鹽，已至本州軍，如轉賣與溪洞人，每斤依舊算價，就本州軍貼納見錢四分算。續承都省批指揮：客人糶鹽入外縣寨鋪，零細賣與出入傜人，如係五斤以上，自合貼納四分錢。本司照對邵州盧陽縣管盧溪寨等，即與武岡軍16等處事體一同。竊慮客人販鹽已到逐處，如轉賣與溪洞人，亦合依前項節次指揮，貼納四分見錢，批鑿元引，方得前去〔一〕。」榷貨務勘當：「欲依本司所申外，本務勘會先承宣和二年十月九日御筆節文：『東南六路封樁舊鹽〔二〕，散在州軍縣鎮十有餘年，並無支用。日近淮浙運河淺澁，商旅難以般販，所有闕鹽食用，合得舊鹽措置，取客人情願，與淮浙鹽倉鹽鈔對數筭請，許客人從便貨賣。』自降上件指揮後來，客人筭請浩瀚，緣當時淮南見支博易場舊鹽，並免貼納四分見錢。其今來對筭到江南東、西，荆湖南、北舊鹽，指往博易場興販，比之淮南般運近便，本務遂權且申明，內江東、西令量貼納一分見錢，湖南、北量貼納二分見錢，方得前去。今來諸路舊鹽未筭數目不多，兼淮南運河通快，將來支絶舊鹽，客販鹽貨皆係鹽倉所支鹽。若般入溪洞轉賣與蠻人，自合依政和二年五月五日元降指揮貼納施行。」詔依榷貨務所申。

四年三月六日，應奉司奏：「勘會諸路新法鹽合納頭子等錢，已撥充應奉司御前支用。今契勘諸路賣鹽布袋價錢，除一半還客人外，一半剩錢即未有許拘撥指揮。欲除合留本處支使外，餘數依已降指揮，並撥充應奉司御前支用。」從之。

二十二日，提舉兩浙路鹽香茶礬事李與權奏：「勘會捉獲私鹽，如事狀明白，依條當日先以官錢代支充賞，却於犯人及透漏地分等人名17下催納還官。今相度，除已有立定透漏地分與犯人均備等指揮外，所有承勘官吏用情計

〔一〕得：原脱，據文意及下文相同詞語補。
〔二〕路：原作「略」，據《補編》頁七七二改。

會給賞，致追理不足，并官吏不切盡行根括物産〔一〕，及不依公估賣情弊。乞嚴立法禁，應獲私鹽，承勘官吏同情計會給賞，致追理不足，或官吏不切根括物産，若不依公估賣，罪輕者各徒一年。」從之。

二十九日，提舉京東鹽香茶礬事司奏：「勘會盜官倉鹽貨賣，已有朝旨並依亭户私賣法外，其知情收買并偷盜非販之人，即未有該載斷罪明文。」詔依有私鹽之法。

五月十四日，兩浙鹽香司奏：「承敕：『諸路客販茶鹽各有措置就緒，課額增羡，提舉官各與轉一官，仍令逐路茶鹽司具合轉官人職位、姓名申尚書省。』本司契勘，提舉官奉議郎李與權；又河東鹽香司狀，本司提舉官係朝奉大夫郭忠孝。」詔郭忠孝可朝散大夫，李與權可承議郎。

六月二十三日，榷貨務奏：「伏見南、北二鹽私煎盜販，侵害課額，難以禁止。蓋緣内外米斛價例比舊增添數倍，其亭户所輸鹽貨價例低小〔二〕，養贍不足〔三〕，是以抵冒重法，將鹽私賣，滋長盜販。古有斗米斤鹽之説，熙、豐以前，每碩米價不過六七百，是時鹽價每斤六七十，今來價每碩二貫五至三貫，而鹽價依舊六十，實所未諭。況崇寧年曾定鹽價，買鈔折算，每斤酌中者四十足，今每斤二十七文足〔四〕，所虧官鈔稍多。欲將見今鹽價每袋作一十貫文入納，却將亭户所輸官鹽 18 並行增價，庶幾養贍得足，私鹽盜販自然畏法，客販通行，無所妨阻。并據提舉淮南等路鹽事朱百藥等狀：管下買納鹽場見買亭户鹽價，比年以來，柴米價貴，亭户所得本錢委是裹費不著。即今客旅般請浩瀚，廣要鹽貨打袋應副支遣，若不量添價錢買納，慮恐虧失課額。」奉御筆：「榷貨務及諸路鹽事司奏諸州鹽場價小，亭户不易，乞增買鹽價錢，却於算請價上量行增添，接濟亭户，以廣客販，杜絶私賣。可依所乞。」

同日，詔：「東南、東北鹽，每袋三百斤，納錢一十三貫算請。所有客人、鋪户見有舊鹽係用舊價算請，仰自今降指揮到日，並行住賣。特免抄劄，限十日經所在具數目陳州縣，置簿記録數目，並依新價，每袋令隨處州縣貼納錢三貫。仍用新鈔鹽，每袋帶賣一袋，收到錢隨處封樁，不得支用。每季令提舉鹽事司類聚申尚書省，仍報榷貨務。」

八月七日，中書省、尚書省言：「勘會東南、東北鹽貨買納支發，全藉倉場監官等〔五〕，其間有年幼庸懦、癃老疾病及不可倚辦之人。」詔：「本路提舉鹽事司考察諳實，令罷任，不理遺闕，别踏逐有風力能幹辦官，具名申尚書省差填一次。其所差官仍令先次赴任管幹，理在任月日。」

〔一〕切：原作「竊」，據下文改。

〔二〕低：原作「抵」，據《補編》頁七七三改。

〔三〕養：原作「裹」，據文意與字形改。下文云「庶幾養贍得足」，正承此句而言。

〔四〕二十七：《宋史》卷一八二《食貨志》下四作「三十七」。

〔五〕監：原作「鹽」，據《補編》頁七七三改。

十月三十日，詔：「鹽課〔一〕，足國裕民之大計，講求措置，法令完具。近者親製綱條，補其未盡，以卹亭户、便商賈，纖悉曲當，守以大信，永無更改。尚慮懷姦，私販不戢，有害客旅，令榷貨[19]務及諸路鹽事司檢坐條令曉諭。」

五年二月三日，詔：「東南、東北客鹽，大法既定，其餘應干條約，纖悉備盡。近歲入納浩瀚，財計所仰，秋毫亦永無改易。訪聞日近姦人撰造，或妄稱朝廷遣官奉使陝西，欲推行解鹽舊法；或妄稱東南復行轉般，鹽法或有更改。契勘遣使陝西，係會計財用，及點檢見今通行解鹽地分解鹽虧價；與復轉般，止是措置綱運，於鹽法並不相干預。顯屬撰造，扇惑商賈。仰榷貨務檢會累降告捕扇摇鹽法罪賞，出榜告諭，尚書省劄下諸路鹽事司遍行曉諭，並令安心入納興販。如能告捕撰造扇摇等人，依累降處分斷罪推賞外，白身人特與補保義郎，有官資人特與更轉兩官資，以示大信。今係親筆處分〔二〕，如奉行滅裂不虔，並以違御筆論。」

四月八日，詔：「去歲措置新價文鈔，務濟亭户，以便商賈，條畫約束，悉已備盡。自冬及春，榷貨務東南鹽錢入納未廣，體訪詢究，有隨事合行補葺事件，理當措置，以廣客販。可依下項疾速施行：一、自今降指揮到日，客人入納筭請東南鹽鈔，可將榷貨務合納頭子、市例、椿管、工墨、雇人錢并鹽倉别給吏禄等錢、袋息油臘封頭錢，並特與減免，仰榷貨務於鈔上分明用印號聲説。所有合收椿管、工墨、雇人錢，令本務却於正鹽錢内據合收錢數撥還；其鹽倉合支使錢，令鹽事司應管本司錢通融應副〔三〕，庶省客人盤費。一、鹽倉用新鈔對帶[20]舊鹽舊鈔，兩浙已降指揮，令揭往温、台州請鹽，淮南許揭往京東密州支請。又各有增饒鹽數，事屬優潤。訪聞逐州自承上件指揮，全不勸誘前去，致使順便鹽倉積壓擁併，支撥不起，有妨全用新鈔客人請鹽。可自今降指揮到日，已未投下未支新鈔、已帶賣舊鹽并對帶舊鈔之人，内淮南者並令揭往京東路密州或本路海州支請，兩浙令揭往温、台州請鹽。仍每州除全用新鈔外，日支所帶新舊文鈔共不得過一千五百貫，更不加饒，庶新鈔各無妨閡〔四〕。餘依見行條法。」

五月十五日，詔：「客販鈔鹽，累降處分，責以遵奉成憲，禁戢私販。矯虔之吏懷姦害政，視爲空文，致商賈沮抑，中都入納不廣。及住賣州縣緣比較法廢，慢吏玩習苟簡，招來商賈理索欠負，漫不留意。令諸路提舉官比較州縣住賣增虧，申尚書省賞罰。鹽課，國計所資，今來明示勸（阻）〔沮〕，務在必行，仰諸路提舉鹽事官嚴切遵依施行。如違，以大不恭論。」

〔一〕天頭原批：「『課』一作『貨』。」按，以下見《補編》頁七七三。
〔二〕今：原作「令」，據《補編》頁七七三改。
〔三〕天頭原批：「『融』一作『用』。」
〔四〕新鈔：疑當作「新舊鈔」。妨：原作「坊」，據《補編》頁七七三改。

十八日，詔：「客販鈔鹽〔一〕，令諸路提舉官比較州縣住賣增虧，申尚書省賞罰。可依知、通、當職官、句管令、丞年終招誘住賣鹽，比額十分爲率，增一分以上，減半年磨勘；三分以上，減一年磨勘；五分以上，減二年磨勘；七分以上，減三年磨勘；一倍以上，轉一官；兩倍以上，取旨，優與轉官陞擢。虧一釐以上，展二年磨勘；一分以上，展三年磨勘；三分以上，降一官；五分以上，差替；六分以上，衝 21 替；七分以上，取旨重行停廢。」

十二月十三日，尚書省言：「管句濱州鹽事王據奏，檢會宣和五年五月十八日詔，客販鈔鹽，令諸路提舉官比較州縣住賣增虧，申尚書省賞罰。勘會逐州知、通其間有轉至正官及帶職人，若止依上件條格賞罰，竊慮不足懲勸。」詔：「今後比較住賣賞罰，内礙止法人，若合轉官，於係中大夫以上；若合減年，並許回授本家本色有服親。合展年人，並降一官；内帶職人該差替以上，取旨降職。」

十四日，中書省、尚書省言，提舉権貨務魏伯芻劄子：「檢準朝旨：『見任及停閑命官、有蔭子弟、得解舉人與本州縣公人之家，並不得作鋪户，與客人用鈔請鹽，及自用鈔請鹽販賣〔二〕，或將停場鹽鈔轉買。違者徒二年，賞錢一百貫』等。今來命官與得解舉人之家并有蔭子弟各係久來曾興販鈔鹽〔三〕，願依舊興販及開鋪賣鹽，欲聽從便。於鹽法有犯，即依進納人例，不用蔭贖。所有得解舉人若使令家人或幹當人以用錢本一面興販，亦乞聽許；其舉人本身，即依元降指揮，不得干預。」又奏：「契勘曾充本州縣公人之家於不曾充役處，別州縣開鋪筭請興販之類，已奉朝旨聽許。其本州縣應罷役公人之家，如充役之人身死十五年之上，自後更不曾有人充本州縣公人，合依舊開鋪販鹽。今欲曾充本州縣典書、副典書之類應掌管行遣文案簿書之家，依準前項指揮。所是曾充手力、弓手、22 斗子、保正長之類，如罷役已及十年，後來本家別無充役之人，亦乞許於本州縣開鋪筭請興販。」從之。

六年正月二十八日，提舉権貨務魏伯芻奏：「今後應弓兵等解到私鹽，如合赴鹽場送納，即封記，本州差人押赴送場，不得令元解人送納。仍分明出榜曉示巡捕弓兵知委。権貨務供到宣和五年三月提舉兩浙鹽香茶礬事李與權劄子：『今體訪得巡捕弓兵、保正長等，凡有告捕獲私鹽，依法解赴本州推治，其承勘官司多是沮抑告捕之人，或與犯人一例收禁』等。今相度：今後巡捕弓兵、保正長等告捕獲私鹽，並令所轄官晝時將鹽對告捕人及犯人，依公秤見實數，別行差人解押赴州推治。若承勘官司有合追徵事節〔四〕，即行下所轄官，勒令供狀回報。如輒敢勾追拘留告捕人，並乞嚴立斷罪刑名。」詔依，如輒敢勾追拘留告捕

〔一〕天頭原批：「『鈔』一作『私』。」按，以下見《補編》頁七七四。作「私」誤。
〔二〕天頭原批：「『請』一作『取』。」
〔三〕來：原缺，據《補編》頁七七四補。
〔四〕天頭原批：「『徵』一作『證』。」

人者，杖一百。尚書省勘會：「弓手、兵級捉到私鹽，自雇脚乘般解赴本州，又令般赴鹽場送納，并李與權起請指揮未有『諸路依此』明文。緣皆係拘繫捕人，理宜一體。」詔依已降指揮施行，諸路準此。

三月一日，中書省、尚書省言：「勘會客販鈔鹽，昨降詔處分，河北、京東奉行有方，及自去年冬至今，客人入納東北鹽錢數增羡。蓋是逐路提舉、提刑官屏禁私煎盜販嚴密，致客販入納數多〔一〕。」詔：「京東東西、河北東西路提舉鹽事官各轉一官，京東東西、河北東西路提刑官各減 23 三年磨勘。仍令逐司開具合推賞人職位、姓名申尚書省。今後提舉鹽事官招誘客販通快，提刑司禁戢私鹽静盡，並依〔此〕推恩。仍行下諸路鹽香、提刑司照會，以示激勸。」

二日，尚書省言：「榷貨務狀：提舉兩浙路鹽香茶礬事李弼孺劄子：『契勘諸州縣招誘客人般販住賣鹽課，自來多是歲初漫不留意，直至歲暮，方始旋行招誘，致鹽貨壅塞，出賣不行。今相度，州縣當職官如遇歲月内替罷，若零日合管認住賣〔鹽〕課未足，除新官一面赴上外，其舊官令本州拘留補趁所虧額。仍〔令〕〔今〕後當職官替移，令本州取索印紙，批上任内鹽課委無虧欠，方行離任；權攝去處，亦乞依此施行。』本務檢准提舉河東路鹽事司申，乞將一季賣鹽額數均攤在三個月比較，如得允當，將諸州軍似此去處依此施行。」詔諸路依此。勘會州縣當職官時暫差權，雖管句一季以下，更不比較賞罰。緣有上件逐月攤定課額指揮，若有似此弛慢不職之人，月終比較大段虧欠，欲令具事因申取朝廷指揮。」詔依榷貨務勘當到事理施行。

十日，榷貨務奏：「提舉兩浙路鹽香茶礬事李弼孺奏：今後税務官透漏魚鮝之類、影帶私鹽，並依巡捕官罰格科罪。若不經過税務，自合巡尉覺察。」從之。

四月五日，詔提舉鹽香官京東路馮晉、京畿京西路程昌弼特除直秘閣，河北西路裴億、河東路吕伸各轉一官，以課息增羡也。

十一月二十 24 七日，尚書省言：「提舉榷貨務魏伯芻奏：『勘會兩浙鹽事舊係作一路差官提舉，緣州軍數多，地里闊遠，蒙朝廷分東、西兩路各行置司，差官管句。逐路並是産鹽地分，未分路以前，客人投下鹽鈔，兩路并許互相番改請鹽，以便臨時興販。自分路後來，逐路並不令客人改番文鈔。雖承朝旨行下，自合聽從客便，竊恐兩路各争課額，終是阻節客鈔。』今相度：欲自宣和七年爲始，兩浙東、西路每歲支撥住賣，比較課額，兩路提舉官並通融管句比較。其餘巡歷按察等事，自依分定州軍管句，庶使鹽法兩路協同，課額增羡。」從之。

七年二月六日，詔曰：「崇寧初，罷官賣鹽，以利天下，立法修令，走商賈於道路，惠及百姓。行之二十餘年，客人有倍稱之息，小民無抑配之害，至於億萬之利。比歲姦計

〔一〕數多：原倒，據《補編》頁七七四乙。

之吏，趨目前之小効〔一〕，失朝廷之大信。變法易度，立多寡之額，逼脅州縣，分配民户，嚴比較之利，厚賞重罰，催科督責，急於星火。山州僻縣，鹽袋積壓，動以千計。百姓以安平無事之時，有愁嘆抑配之苦，至棄産流徙，遂轉而爲盜，莫之能禁，甚可憫也。立法不良，以至於此！比詔有司，檢循舊制，罷額數，絶比較，寬其禁令，弛其罪賞，以便商人，使趨利樂輸，比屋無朝夕剋剥之患，州縣無避罪幸賞之心。德意仁澤，庶乎廣矣。可見今官吏並罷，盡禁舊鹽，改復新鈔，務要寬恤商賈，慰安小民，阜通財貨，即非改法補完舊制而已。25可依條具疾速施行。」

七日，尚書省言：「提舉榷貨務吳紘等奏：勘會見遵奉御筆，每新鈔一十袋許帶舊鹽一袋，更不抄劄，使客人自爲封號，免致煩擾，德澤寬厚。尚慮不畏公法之人，不候請筭新鈔，便行出賣舊鹽，有害良法。應不用新鈔輒賣舊鹽，並許諸色人告，依私鹽法斷罪，給賞施行。」從之。

十日，詔：「應客人般載見錢赴榷貨務筭請鹽貨，并般販鹽往沿流州縣貨賣，其所雇客船，官司不得一例拘（截）〔截〕。」

同日，詔：「昨緣妄行改革鹽法，立賞格招其幸進，故較多寡以遷秩；嚴法罪其虧損，故重抑配以逃責。至計口以敷及嬰孩，廣數以下逮駝畜，使良民受弊，比屋愁嘆，爲之憫然。親降詔旨，悉從初令，寬其禁，弛其苛，以走商人、利百姓，使天下無抑配之害，得安田閭。尚慮有司狃習前弊，其令三省申嚴近制，遵用新法，悉禁舊鹽，改奉新鈔，毋或封記不嚴，尚慮隱匿舊貨。違者並以違御筆論，流之海島。可應諸州管句鹽事官吏並罷，其提舉官别選能吏施行。」

二十日，都省言：「檢會奉御筆：『比罷立額比較法，以寬惠百姓，尚慮民户積下舊鹽滷瀝不堪，（令）〔今〕客販新貨將遍諸路，新舊相妨，其舊鹽可並行毀棄，不得存留銖兩。守令親臨監視毀棄訖，具數聞奏。』勘會今降指揮，止爲民户舊鹽，其客人帶賣舊鹽，自合依元降御筆指揮依舊帶賣。竊慮疑惑，合申明行下。」從之。

三月十三日，中書省、尚書省言：26「提轄榷貨務李遹等奏：勘會東南、東北舊鹽，已降朝旨，許客人赴所在寄放，自爲封號，每新鈔一十袋，許帶舊鹽一袋。若不用新鈔，輒賣舊鹽，並許諸色人告，依私鹽法斷罪給賞。竊詳元降指揮更不抄劄，令客人自爲封號，免致煩擾。尚慮客人冒法，不候請買新引，輒敢出賣，除依已降朝旨許諸色人告外，亦許寄放之處諸色人陳告，免罪給賞。」從之。

同日，尚書省言：「提轄榷貨務李遹等奏：檢會宣和七年三月二日尚書省言：『契勘河北路濱、滄州鹽倉并鹽場見管人夫，多是在倉場別作名目役使，或募會織造并工匠等人，上下占破，致逐處闕人役使。』奉聖旨：應輒他用

〔一〕趨：原作「趍」，據《補編》頁七七五改。

或私役計庸，以自盜論。其餘路分鹽倉并鹽場似此去處，並令遵依。」詔從之。

同日，尚書省言：「契勘東南六路商賈，皆欲前來興販鈔書，緣以錢物重大，畏涉江淮，艱於搬運。若買物貨，又於買賣處動經歲月，盤費浩（澣）〔瀚〕，是致巨商大賈未見衆多。今欲乞許諸路客人召壯保、出長引，從本州本縣齎帶到金銀前來都下，當官驗號及元封斤重，給付客人，從便貨賣見錢，入中鹽鈔。仍免沿路商稅，其沿路不得阻節。乞行立法。」詔依，沿路官司輒敢阻節者，徒二年。

三月十八日，尚書省言：「宣和四年五月二十一日朝旨：客筭溫州鹽，每十袋增給一袋。宣和四年十月二十一日朝旨：客筭明州鹽，每十袋增給一袋。宣和六年三月十日朝27旨：客筭台州鹽，每十袋加饒兩袋。宣和六年十一月二十五日朝旨：客筭越州鹽，每二十袋加饒一袋。宣和六年十一月二十五日朝旨：客筭海州鹽，免納一半縻費錢；願二十袋加饒一袋者聽，却令納縻費錢。」詔並合罷。

二十九日，尚書（省）言：「勘會鹽法，自奉行減價新法許行帶賣後來，東北鹽至三月十七日，計三十八日，共帶賣過舊鹽一萬一千九百三十三袋。今新鹽未到之間，且只以都城裏外，每日〔一〕食用大約不下二百餘袋，三十八日亦用七千六百〔二〕餘袋。況畿內一十七縣并諸鎮邑兼東北鹽合行州軍皆在其內，若以此比度，即大段虧少，顯見奉行官司滅裂，容縱私拆鹽盜賣〔三〕。兼東南六路又更遼遠，必見奉行不嚴。及官司公吏因緣乞取，亦無禁約。檢會宣和七年二月十日御筆：『遵用新法〔四〕，悉禁舊鹽，改奉新鈔〔五〕，毋或封記不嚴，尚容私匿舊貨。違者並以違御筆論，流之海島。』今來諸路州、軍、縣、鎮等處若有奉行滅裂，及公吏受乞客人錢物，致客人不用新鈔，盜賣舊鹽，並合依上件已降御筆科罪。」詔申明行下。

四月三日，尚書省言：「榷貨務奏：今來客人所齎筭買鹽鈔金銀，除合遵依今降指揮外，所有合行約束事件，欲乞並依般載見錢法施行。」從之。

五月八月，詔：「東南、東北鹽法，見令客人、鋪户每買新鈔一本一十袋，許帶賣舊鹽一袋。訪聞中下商旅錢本不多，以此占壓，端居束手，不能28回運，徒有縻費。法本以通商賈、資國計，今若物貨滯留〔六〕，賣販折閱，良有未便。可自今客人、鋪户每買新鈔，所帶舊鹽與增作三袋，以示寬恤商賈之意。」

二十三日，中書省、尚書省言：「榷貨務劄子：契勘客人般載見錢、金銀赴務筭請鹽鈔，依法經所屬給據，免沿路

〔一〕每日：原作「每月」，據下文改。
〔二〕七千六百：原作「七千二百」，按三十八乘以二百，是爲「七千六百」，據改。
〔三〕天頭原批：「『拆』一作『搬』。」按《補編》頁七七五作「搬」。
〔四〕法：原作「書」，據前文食貨二五之二五改。
〔五〕新：《補編》頁七七五作「見」，非是，上文食貨二五之二五亦作「新」。
〔六〕今：原作「令」，據《補編》頁七七五改。

力勝稅錢，除程外，各有立定行使日限。其客人若阻風雨緣故之類，即未有許除豁月日明文。（令）〔今〕相度，欲乞如有似此緣故，即具事因經所屬陳狀，限一日於所給公據上批鑿日數，赴務照會。如違限，乞朝廷立法。」詔依，批鑿違限，杖一百。

二十七日，詔：「客人、鋪户用船請販鹽貨，及運載買鈔錢物上京筭請，自來已有立定許不依次序攙先行運及令先次放行入門指揮，並管綱官員座船等非理邀攔阻節，亦有斷罪條約。訪聞日近客人運載買鈔錢物，所在多以綱運占壓邀阻取覓〔一〕，竊慮官司失於檢察，致妨客人入納。仰檢坐逐件已降指揮申明施行，如有違犯，並許客人等越訴。仍令提舉茶鹽公事官常切往來覺察催促，無致沮害客人筭請。如違，以大不恭論。」

六月二十四日，尚書省言：「勘會諸路合帶賣舊鹽，雖有指揮，官爲收掌，不得私賣。訪聞所在官司往往廢職，竝不檢察，止令一面帶賣，不無過數，致妨客販新鹽。欲令諸路提舉茶鹽公事司限指揮到日，即時遍下州縣，將見今未曾買新鈔帶賣舊鹽盡行抄劄見數，官爲封印 29 籍記，責令見垜鹽店户等專切看管，遇有合帶鹽數，即照驗文引，令依數帶賣。如敢容縱私賣及帶賣〔過〕數，即與犯人一體科罪〔二〕；其當職官失行檢察，亦當重行黜責。」從之。

七月一日，都省言：「榷貨務狀：勘會客人垜放舊鹽，已降指揮，將見今未曾買新鈔帶賣舊鹽，盡行抄劄見數〔三〕，官爲封印籍記。若不專一委官，竊慮奉行滅裂。欲乞朝廷特賜指揮，在京令開封府專委曹官，在外州委通判、縣委令佐管句。如抄劄不盡不實，亦乞朝廷重立約束施行。其抄劄舊鹽，仍令所委官具數徑報本務照會。」詔依，抄劄不實不盡〔四〕，一袋杖一百，每袋加一等，罪止徒三年。

四日，尚書省言：「榷貨務言：勘會近降御筆指揮，東北鹽鈔舊價兩貫筭請，應以新鈔請鹽，更不立資次，止以鈔先到者先支。自行新價文鈔後來，客人擁併筭請前去，全藉所屬州軍支發，別無阻遏，方得客販通流。今欲乞令諸路提舉茶鹽公事候至今歲終，取索管下所屬州軍自行新價文鈔後來各支發過鹽若干〔五〕，比去年一般月日各增虧若干分數，逐一開具，保明報務。候到，從本務將增虧甚者三兩處并提舉官申乞朝廷，特賜賞罰施行。」從之。

八月二十五日，講議司奏：「東南私鹽盛行，妨阻客販，今欲令諸路提舉鹽事并提刑司因出巡所至，取索州縣行遣私鹽公事簿書公案，檢察斷理賞罰有無不當。如有滅裂，逐一按治。并捕盜官捉獲 30 及透漏合該賞罰，疾速依格按劾保明。」從之。

〔一〕多：原作「各」，據《補編》頁七七六改。
〔二〕天頭原批：「『體』一作『等』。」按，見《補編》頁七七六。
〔三〕盡：原作「書」，據《補編》頁七七六改。
〔四〕抄：原作「招」，據《補編》頁七七六改。
〔五〕天頭原批：「『各』一作『合』。」按，見《補編》頁七七六。

欽宗靖康元年正月一日，詔：「國家承平日久，二稅之外，一無所橫斂。惟是鹽法，昔爲豪猾專利，故講求定國裕民之政，修立鈔法，行之已久。比年以來，其效益著。邇者數下詔令，盡蠲害民之事。竊慮姦人乘勢邀利，輒敢扇搖，言有改革，致商賈疑惑。仰榷貨務遵守成法，斷無更易。仍令檢坐扇搖罪賞曉諭，及遍行下諸路茶鹽司。」

三月二十八日，詔：「客人願赴榷貨務入中米斛折算鹽鈔者聽，仍以榷貨務日收鹽鈔十分中折算，不得過三分。」

四月二十八日，詔：「東南鹽貨與東北鹽所行路分素不相干，合依見行法外，今來止是分定東北與解鹽地分，並爲定法。尚慮商販疑惑，令尚書省揭牓曉諭。」

五月十八日，尚書省言：「朝廷興復陝西解鹽鈔，已令榷貨務過數椿給鈔本，遇客人投錢，畫時支給。所有未降新鈔以前逐路給降過見錢公據文鈔，亦乞措置支還商賈，以示大信。」詔未支見錢公據文鈔，令榷貨務支還。

九月二十三日，尚書户部侍郎、兼提舉榷貨務并措置鈔法陳知質言：「朝廷近已給降新法解鹽文鈔四百萬貫，付陝西路糴買糧草，其鈔依銅錢行使，即與以前積年舊鈔輕重不同。兼宣和七年正月已前，諸色舊鈔價例至賤，官中不勘行使，除已支在民間者依已降指揮支還外，有在官未支用者，欲並令毀抹。其七年後來給降香[31]藥并見錢鈔，除已支在民間者亦依已降指揮支還外，有在官未支用者，欲乞令陝西都轉運司行下所屬，截日更不得行使，據見在鈔盡數繳申尚書省。」從之。以上《續國朝會要》。

高宗建炎元年十一月二十一日〔一〕，户部尚書黃潛厚言：「東京係東北鹽地分，邇來客販稀少，使民闕食。契勘淮鹽地分最近，道路通快，雖兩界鹽不許相侵，若客人願販淮鹽入東北鹽地分相兼貨賣者，聽每袋加納借路錢。」詔令每袋借路錢二貫，候客販末鹽稍通日依舊。

建炎元年六月十六日，敕：「令淮、浙鹽倉將見在、日後納下鹽貨，並以十分爲率，內撥五分支真州鈔，五分支在京鈔。其每日所支鹽，在京鈔雖多，不得過日下合支真州之數。」

七月六日，敕：「若鹽倉有客人同日算請真州并在京鈔，即合遵依各支五分指揮。如或其日無真州鈔，只有在京鈔，算請之客自合不限分數算請京鈔。」

二年五月十一日，曲赦：「勘會陝西路既遭兵火，方闕鹽貨，近許煎煉鹻地，若官司榷賣，深慮竈户得息微薄，而軍民皆食貴鹽。可令通商，官司止收稅錢，給帖付客旅就竈户買鹽，官司檢察鹽袋斤重，出給文引。合行事件，仰漕司體祖宗以來條例施行訖，條具以聞。」先是，熙、秦〔二〕、

〔一〕建炎元年十一月二十一日：《建炎要録》卷一〇亦繫於此時日，故此條當移於「七月六日」條後。

〔二〕秦：原作「泰」。按，泰州屬淮南東路，與本條曲赦陝西路無涉，而秦州正屬陝西路，因改。

岷、鞏、階、蘭、會州雖各産鹽，不許販出本州縣界。同、華、耀州、京兆府、綏德軍亦有鹻地，一切禁止。其後解鹽不通，本路漕臣乞權募人以鹻地煎煉，中賣入[32]官，搭息許人於永興軍入納筭請。詔令優給竈户之直，而官賣收息不得過三分。猶慮有司未能如法，故曲赦及之。

九月七日，詔：「東南鹽倉未支鹽鈔數多，留滯客人，權許就鹽場依自來資次支請，仍限半年，依舊令逐州鹽倉官前去就場支發。其鹽場多處，如州倉官不足，令本州選官貼差。」兵部尚書盧益奏：「諸州鹽倉官吏、役夫無慮百餘人，廪給之費，不知其幾何也。出納之際，上下邀阻，待賄而行。每一倉數綱，一綱官吏與夫兵稍之費，又不知其幾何也。沿路偷盗，罪賞至嚴，猶不能禁。蓋利之所在，冒法貪得，雖死而不顧，亦小人之常情也。至於般發稽留，支請不繼，客人積壓資次，動至數月，職此之由。前日建議者謂就場支鹽，多有搭帶，故逐州置倉，以防私予之弊。竊恐其弊今在諸場，而又在諸倉也。今欲盡罷諸倉，依舊就場支給，更添支鹽官一員，選士人以充，使隔手支散。」又户部尚書呂頤浩奏：「諸路産鹽場自來買納支發，並爲一處，昨於政和年間，因人建議關防搭帶欺弊，將買納、支發分而爲二，遂創置州倉，及添差監官并押袋官，仍打造舟船，招置兵稍，費用不貲。自買納般運入州倉，然後支與客人，所有般運一事，最爲勞擾，仍更迂緩。官船不足，又須和雇，拘占民船，搔擾不一。兼兵稍沿路侵盗，復雜以僞濫之物拌和送納，無由檢察，爲害不細。其東北鹽已准朝旨並就鹽場買納[33]支發，淮浙鹽倉欲乞依東北鹽已得指揮，並就鹽場買納支發，依舊分爲兩處，於押鹽袋官内每處各差一員，就場隔手支發。」故有是命。

十月十八日，同提領措置行在茶鹽徐公裕言：「伏見諸路茶鹽司累奉聖旨：『鹽本錢除朝廷臨時指定許支外，並不得與諸色封樁錢一例支使，雖奉特旨，亦許執奏不行。』竊聞朝廷近緣淮、浙、江南起發軍民弓兵，有合支錢糧，遂降指揮，許於諸司錢物内不以有無拘礙，與免執奏，晝時支給。諸路轉運司於是遂將鹽本錢先次樁管，支撥幾盡，何緣更有鹽貨應副客旅筭請？其於鈔法，所害大矣。欲望今後鹽本錢雖有特旨取撥與免執奏指揮，並許茶鹽司執奏不行。如敢故違，其取與官司乞並賜重行黜責。」户部檢會政和三年、宣和二年累有指揮，茶鹽錢不許支撥，雖奉特旨，許執奏不行。詔檢坐逐次指揮申嚴行下，其取與官司，令提舉茶鹽司奏劾。

十二月二十四日，提舉淮南東路茶鹽司言：「就場支撥客鈔鹽，係依舊用袋給受，其袋法前後所降朝旨與未置州倉已前降法多有不同。除已遵依今降指揮參照，如與袋法所降指揮不相妨者遵奉施行外，若有相妨，即依袋法已降指揮。」從之。

三年三月四日，行在榷貨務言：「商賈鈔鹽所止州縣，所産處更不批鑿長引，賣絶亦不依限繳納，轉用往復，興販私鹽。乞將隨鹽長引依茶引法，逐州縣檢察放行。」34從之。

十三日，〔詔〕：「客販東南鹽，不於經過州軍縣鎮批引者，杖一百。許人告，每袋賞錢二貫，至一百貫止。官司批鑿無故留滯經日者，杖一百，一日加一等，罪止徒二年。」

閏八月九日，詔：「鹽場地分巡檢下土軍，諸處不得抽差。如違及巡捕官擅行發遣，並徒二年。」

十一月三日，德音：「訪聞川路鹽井有歲久井水耗淡、煎鹽不成去處，人户乞封閉井口。緣州縣慮減損課額，例不肯相驗封閉，人户至有破産，以此民間不敢告發新井。若州縣不憚相驗封閉，即人户告發必多，公私兩便。令逐路漕臣躬親按視，詳加體究，如有抑勒人户、不肯封閉官吏，奏劾，取旨施行。」

四年正月八日，三省、樞密院奏：「權户部侍郎、提舉榷貨務都茶場高衛狀：契勘從衛隆祐皇太后六宫已到虔州，財用闕乏，逐急權宜措置。欲令榷貨務檢照近降筭請廣鹽指揮，依倣見鈔法，權行印給廣南鹽鈔二十萬貫，就本務召人入納筭請，前去本路支鹽。」從之。

二十九日，户部侍郎葉份言：「淮鹽道路未通，妨阻客販；兩浙鹽貨數少，積壓客鈔，其福建鹽可以相兼補助浙鹽。若許客人於行在榷貨務買鈔請鹽〔一〕，許通入江、浙、荆湖路興販。仍與認還買鹽本錢，於鈔内揹留前去，即於福建路官般官賣，各不相妨。」從之。

二月四日，户部侍郎葉份言：「准朝旨：『福建路罷官般官賣鹽，許客人任便興販。所有自來賣鹽息錢係轉運司經費，令35本路轉運司、提舉茶鹽司同共取索前五年所收的確數目〔二〕，申取酌中一年數目，却於鹽場所請鈔上揹（鹽留）〔留鹽〕息錢内撥還。』今乞建、汀、南劍州、邵武軍上四州軍，並依上項指揮外，福、泉、漳州、興化軍下四州軍自來諸色人於本處請買淹造食用等鹽，及隨産鹽錢多少敷買食鹽，欲且令依舊。候客販通行，申取朝廷指揮。」從之。

同日，葉份又言：「契勘淮、浙産鹽州軍見行給賣六十斤小鈔引，所請鹽不販出本州界。今乞依此，將客人筭請福建小鈔鹽量與加饒，添作八十斤，計納錢二貫六百文筭請，仍令通本路州縣任便貨賣，即不得出本路界，所貴公私兩便。」從之。又有朝旨：「小袋通行本路，大袋許販入江、浙、荆湖路，任便興販。」

五日，詔：「福建路提舉茶鹽司幹辦公事陳麟令於漳州置司〔三〕，依所乞改鑄新印，及量添吏額二人〔四〕。舊鹽亭户納鹽每斤支四文五分，於舊價上增二文五分，通計七文。應受納鹽貨，亭户合支鹽本，並限當日支還。」

十九日，尚書省言：「近緣淮鹽道路不通，諸色人自京

〔一〕天頭原批：「『若』一作『仍』。」按，以下見《補編》頁七七七。
〔二〕確：原作「榷」，據《補編》頁七七七改。
〔三〕置：原作「直」，據《補編》頁七七七改。
〔四〕天頭原批：「『及』一作『又』。」

師帶到鈔引前來兩浙請鹽，致應副不起。內温、台州積壓鈔引數多，有至三二年以後方當支請鹽貨。契勘廣南、福建兩路鹽貨歲出浩（澣）〔瀚〕，已許通商，訪聞客人皆願筭請。（令）〔今〕相度，應温、台州鹽倉不曾支鹽，令出給公據，揭取鈔引連粘，付客人前來行在榷貨務換給廣南、福建路鈔引。每一百貫與支換廣南鹽鈔 36 六十貫〔一〕，福建鹽鈔四十貫。內換福建鹽者，令依見今則例，每袋貼納通貨錢三貫文。願全換一路者，聽從客便。」從之。

二十七日，葉份言：「勘會淮、浙産鹽縣分，從來朝廷差知縣兼監。今來福州長樂縣嶺口倉、福清縣海口倉、興化軍莆田縣涵頭倉，並係産鹽縣分，其逐縣知縣亦合從朝廷選差兼監。」從之。

四月十四日，葉份言：「客人投下鈔引，許存留鹽鈔在鹽倉場，理定資次給引，付客照會請鹽，庶幾奉行一體，可以革絶姦弊。」從之。

二十一日，詔：「昨駐蹕温州，以金人犯淮、浙，慮恐鹽場廢壞，遂行福建路鈔鹽法。今來到越州，淮、浙鹽場並已興復，客人入納漸廣，可以補助經費。其福建路鈔鹽法更不施行，所有客人已筭請鈔引，聽支發盡絶。」其後紹興八年十一月十日，都省批下福建路提刑司、提舉茶鹽事司申：「右朝散郎、新權知筠州葉擬陳請福建鹽除見行官般官賣外，兼行小鈔出賣。畫一送户部看詳，本部契勘：福建路每歲産鹽一千一百萬斤，自祖宗以來並係本路官般官賣，充本路歲計支用。昨緣賊馬占據淮南，淮鹽未通客販，兩浙鹽數少，荆湖民間闕鹽食用。申降到建炎四年正月二十九日朝旨，權許客人於行在榷貨務筭請六十斤小鈔，往漳、泉、福州、興化軍鹽場請鹽，通入江、浙、荆湖路興販。後來淮、浙鹽場並已興復，客人入納漸廣，承指揮，福建路鈔鹽法並罷，却依舊法官般 37 官賣。見今歲認鈔鹽錢二十萬貫，赴行在榷貨務送納。今來葉擬劄子所陳事理，欲專委本路提刑、提舉茶事司看詳，從長相度。若小鈔與官賣兼行，於見認鈔錢二十萬貫外，可以增收錢若干。逐司曾委福州通判、右朝散郎趙壽及福清縣監海口鹽倉左文林郎方瑋相度施行。今據逐官申到下項：照對本路歲額，産鹽一千一百萬斤，舊係官般官賣，每年收鹽課錢四十餘萬貫，（允）〔充〕轉運司歲計、支給官兵及上供起發。昨自建炎四年承淮朝旨，推行鈔法，彼時官支本錢，每斤六文，小鈔每斤客人納錢三十二文五分。續以薪米價貴，鹽本每斤增至一十七文，比建炎四年增價三倍。後來罷行小鈔，轉運司歲認鈔錢二十萬貫，餘留充鹽本及歲計支用。今若從葉擬申請兼行小鈔，合於歲額鹽內各取其半。謂如一半之數計五百五十萬斤從官出賣，係建、汀、南劍州、邵武軍差到衙前般運，付逐州貨賣，每斤及百文。內除鹽本及船脚縻費之類，及紐納合認轉運司鈔錢二十萬貫，起發上供并逐州

〔一〕天頭原批：「『一』一作『二』。」按，作「二」顯誤。

歲計之費外〔一〕，一半五百五十萬斤充小鈔鹽。若依建炎四年每斤令客人納錢三十二文五分，紐除鹽本並認納運司歲額外，於官司所得，全然不多。若依申請於見認納錢外，於官司更要增數，須議添納鈔錢。既官司推行鈔法，須優加招誘，任其增立高價，則是利歸商旅，官運自此出賣不行，暗失歲計上[38]供，補助官兵支費不給，民間愈食貴鹽。今來兩司將所委官申到事理再行看詳，若官般官賣更兼行小鈔，實於漕司歲計及上供等妨礙，委非經久利便。」後批：十一月十日送户部，依所申詳定施行。

同日，臣僚言：「乞罷四川榷鹽榷酤〔二〕，以安遠民。」詔劄與張浚施行。

六月三十日，詔：「輒將客人遺棄下鈔引詐妄官司支鹽，雖未得，徒二年；鹽倉公吏知情批鑿保明者，與同罪。賞錢一百貫，許人告捉。本法重者，自從重。鹽倉失覺察，杖八十，仍先次施行。」

七月十五日，詔：「淮、浙鹽場買納亭户鹽，監官、公吏大秤斤重，罪輕者並徒一年，許亭户越訴。即將大秤到鹽妄作亭户支請官鹽錢入己，計贓，以自盜論。並許人告捕，賞錢二百貫文〔三〕。提舉官常切檢察，知而不舉，並監官知情，與同罪；不覺察者，各杖一百。」（以上《永樂大典》卷九七九〇）

〔一〕上供：原作「上件」，據《補編》頁七七八改。
〔二〕「川」原作「州」，「酤」原作「估」，據《補編》頁七七八改。
〔三〕賞：原作「實」，據《補編》頁七七八改。

宋會要輯稿　食貨二六

鹽法五

鹽法雜録四

【宋會要】❶紹興元年三月十五日，尚書工部言：「提舉廣南路茶鹽公事司申：『檢踏委官相視到南恩州陽江縣管下海陵、朝林鄉，地名神前等處，各有鹽田，鹹潮陰浸〔一〕，堪以置場。勸誘到民户開墾鹽田計一頃二十四畝，置竈六十七眼，一年收鹽紐計七十萬八千四百斤〔二〕，蓋造到監官廨宇、專典司房〔三〕、鹽敖、錢庫各得圓備。户部計一年收浄利錢一萬九千二百五十貫七百七十文足。』本部今勘當，欲依本司已行事理施行。」從之。

二十日，户部侍郎孟庾劄子：「今相度，欲乞今後應捉獲私鹽及拘收到没官舊鹽等，並撥充支發封樁鹽錢。餘並依見行條法。」從之。

二十九日，尚書省奏：「淮南東路係産鹽最盛去處，賊馬今已寧息，理宜差官措置。」詔郭揖差提舉淮南東路茶鹽公事，填見闕，專一措置興復鹽事。其招集亭户、置辦盤竈，可以一面施行事，仰先次施行，仍疾速條畫申尚書省。

四月二十一日，詔：「仰榷貨務遵守茶鹽見行成法，更不得毫髮改更，務要上下孚信，入納增廣。」

二十九日，提舉兩浙西路茶鹽公事梁汝嘉言〔四〕：「近點檢臨安府鹽官縣等處，承本路轉運司牒：『亭户二税，依條以鹽折納〔五〕。蓋因當司奉行支俵人户丁蠶鹽，每歲有取過鹽貨給散人户，所有將税折鹽〔六〕。今來罷支丁蠶鹽，更無取撥鹽數，其二税自合依舊本色。』本司竊詳亭户僻在海❷隅，止以煎鹽爲業，不曾耕種田畝，故二税令折納鹽貨。昨自罷支丁蠶，已涉年深，遞年所納二税，並是依皇祐專法，以鹽折納入官，候歲終，紐計價錢撥還。乞申嚴行下。」詔遵依皇祐專法施行。

七月二十六日，户部侍郎孟庾言：「據提舉廣南茶鹽李承邁劄子申請，命官監廣南鹽場，年終比較增及分數賞格，已申乞比附兩浙推賞外，所有滿全年，自依宣和元年四月二十三日指揮，聽以主管月日對比，減半推賞。其不滿半年者，亦乞依政和七年五月二十日淮南所得指揮，更不

〔一〕陰：原作「滖」，字書不見此字，今據《補編》頁七七八改。
〔二〕千：原作「升」，據《補編》頁七七八改。
〔三〕典：原作「司」，據《補編》頁七七八改。
〔四〕西：原脱，據下「八月二十五日」條及《建炎要録》卷四六改。時浙東、西分置提舉，浙東提舉爲蔡向，見《會稽續志》卷二。
〔五〕折：原作「拆」，據《補編》頁七七八改。
〔六〕所有：似當作「所以」。

比較。」從之。

八月二十五日，提舉兩浙西路茶鹽公事梁汝嘉言：「契勘本路産鹽三州未經賊年分，曾趁及一百四十萬貫。自去年賊馬殘破，措置招集官吏，亭户歸業，量度借貸存恤，修治倉廒舍屋盤竈，拘轄起火煎煉鹽貨，中賣入官。及嚴立課利，催督應副支抹客鈔。通計一全年，共增鈔錢一百一十九萬五千五百一貫文。所有本司官吏委見宣力，欲望除汝嘉乞不推賞外，其屬官從事郎、充本司幹辦公事黄詔，迪功郎、充本司幹辦公事方滋，修職郎、秀州華亭縣市舶務兼本司主管文字蘇師德[一]，都吏石景修、胡修、萬陟，書吏陳曄、石景哲、奚泉[二]，並乞優與推賞。」詔梁汝嘉、黄詔、方滋各與轉一官，蘇師德與減三年磨勘，内選人比類施行；石景修與補守闕進義副尉，仍依葉敦詩例施行；胡修、萬陟各支賜絹十疋，陳曄、3石景哲、奚泉各賜絹五疋[三]。

十月十九日，户部尚書孟庾言：「乞今後兩浙路令鹽場將支抹訖鹽鈔，限當日繳申主管司。本司類聚，候押號簿官到彼，即時交付押回。」詔主管司不預行類聚交付，及號簿官不盡數附押者，各杖一百。

二十六日，有旨：「朝廷大費，全藉茶鹽之利，務要客旅興販通快。其宣州知州輒敢將妄亂告首客鹽更不勘會詣實，拘收入官，擅置回易務賤價收買。李彦卿可先次降一官，令葉夢得體究詣實聞奏。」

十二月十七日，提舉兩浙東路茶鹽公事蔡向言，乞修立(置)〔買〕鹽場監專、催煎官不覺察亭户私煎盜賣斷罪刑名。詔：「鹽地分巡檢不覺察亭户隱縮私煎、盜賣鹽者，杖一百，監官、催煎官減二等，内巡檢仍依法計數衝替。餘路依此。」

二年正月二十一日，提舉兩浙西路茶鹽梁汝嘉言：「契勘私販之人，若不因牙人招誘，指引出賣，即無緣破貨。緣牙人依法止坐二分得一分之罪，遂致無所畏戢。欲望朝廷詳酌，將牙人停藏、接引私鹽與犯人一等科罪。」從之。

二月五日，户部侍郎、兼提領榷貨務都茶場柳約言：「大江久緣盜賊阻隔，客販不通，江南、荆湖、淮南、京西州軍鹽價，每斤有賣及兩貫已上去處。今來江道已通，正是客人争先往來趨厚利之時。訪聞沿江州軍縣鎮税務往往不遵法令，將客人鹽舡及賫執公據裝載赴榷貨務筭請錢物，彊行邀阻，抑令認納税錢。勘會4客販茶鹽舟船，州縣等處及把隘官兵非理阻節，及亂行拘截等，已降指揮，並徒三年科罪。」詔令逐路提舉茶鹽、轉運、提刑司常切嚴行約束，如違，並依建炎四年十月二十四日已降指揮斷罪。

同日，柳約又言：「兼巡捕官透漏私鹽，欲依嘉祐法，

[一] 舶：原作「船」，據《補編》頁七七八改。
[二] 天頭原批：「『泉』一作『杲』。」按，見《補編》頁七七八。下同。
[三] 天頭原批：「『泉』一作『杲』。」

正巡捕官斷罪；如任滿，別無透漏，亦乞依元豐鹽賞格推賞。」從之。時兩浙西路提舉茶鹽公事司申：「准尚書省劄子：『勘會錢塘江東接大海，西徹婺、衢等州，近訪聞海船般販私鹽直入錢塘江，徑取婺、衢州貨賣。其臨安府岸專設海内巡檢一員，責在專一巡捕，一向坐視，並不捕捉，有妨浙東州縣住賣鹽課。』劄付本司，同臨安府限三日公共相度，申尚書省。今與臨安府相度得：錢塘江兩岸，係屬浙東、西，各置巡檢。内浙東岸係越州三江、龕山、西興、漁浦四處巡檢，浙西路係臨安府黄灣、赭山、茶槽、海内、南蕩、東梓六處巡檢。准政和勅：諸巡捕使臣透漏私(有)鹽一百斤，罰俸一月，每五十斤加一等，至三月止；及一千五百斤，仍差替；二千五百斤，展磨勘二年；每千斤加半年，及五千斤降一官，仍衝替；三萬斤奏裁。兩犯已上通計。其兼巡捕官，三斤比一斤。今點對逐處巡捕官職兼巡捉私假茶鹽香，如有透漏私販及一萬五千斤，方合降官衝替。緣其間有弛慢之人，爲見所立罰格太輕，不務用心緝捕斷絶，却致透漏。欲乞詳酌，許依正巡鹽使臣法斷罪；如任滿 5 別無透漏，亦乞重立賞格。」户部勘當，乞依上條。

三月二十六日，尚書户部符：「准都省批下提舉兩浙西路茶鹽公事梁汝嘉言：相度乞將鹽亭户除合納常賦外，不得與坊郭鄉村人户一例科敷諸般色役等差使。户部送檢法案，檢到除亭户合納二税依皇祐法折納鹽貨外，即無『亭户不得與坊郭鄉村人户一例科配諸般色役』等專法。今勘當，欲下兩浙轉運司，上等最高煎鹽亭户，每户年終煎鹽申官及一萬碩，比坊郭鄉村户，以十分爲率，量減三分科配色役。其上等次高并中下等户，若每年比舊額敷趁及一倍以上，亦與量減三分科配色役。如不及立定分數，更不減免。并下提舉茶鹽司照會。」從之。

四月七日，尚書省言：「養兵全仰茶鹽課入，自來彊買、盜販，論至於流配，前後戒約，非不丁寧。訪聞亭户規利，尚將所煎鹽貨私與百姓及罪人等交易，結衆盜販入城貨賣，理當嚴行禁止。」詔令尚書省降黄榜付諸門曉諭，專委捕盜官用心巡捉，仍令逐軍統制官常切覺察。及許人告捕，每名支賞錢二百貫文。犯人取旨，常法外重行斷治。統制官知情，與同罪；失覺察，減等。

二十二日，户部言：「欲乞止將客人請出官鹽因水火盜賊毀失隨鹽文引者，依條自陳，召保再行請買施行。」從之。

閏四月三日，臨安府言：「據錢塘縣申：『契勘本縣不住有管下巡尉解到軍民違犯私鹽。若盜販入城，合依今 6 降指揮施行外，或有違犯私鹽不曾入城，若依城外捕獲，即未審合與不合依準近降指揮施行？』勘會軍人、百姓若結集徒衆，恃勢買鹽，公然盜販，城内城外，皆合嚴行禁止。」詔：「軍人、百姓結集徒衆買私鹽一百斤以上入城貨賣，並依已降指揮，許人告捕，每名支賞錢二百貫文。犯人取旨，法外重行處斷。若於城外結集徒衆，買販二百斤以上，依此斷罪理賞。若有透漏，致他處捕獲，其透漏官司取旨重行斷遣。告捕不及今來立定之數，並紐算支賞。」

二十五日，都省言：「知明州定海縣蓋大淵申：本縣係是瀕海魚鹽之地，管下丘崇、靈巖、太丘、海宴四鄉周迴各邊大海，泥土極鹹，不係耕種，官拘留産税。其逐處人户不務農作，久來在上占據煎鹽，私自賣與客人。若許令置場措置，實爲利便。」詔令本路茶鹽司躬親前去體究，具的實利害申尚書省。後不行，以知紹興府張守言：「小人不曉朝廷之意，競獻新説，務在苛刻，恐非今日所宜也。」以上《中興會要》。

紹興二年五月一日敕節文：「勘會近降指揮，立定今後透漏私鹽，並依正官斷罪。任滿無透漏，依《元豐鹽賞格》推賞。內推賞一節，係爲産鹽地分私販猥多去處立文。竊慮官司誤會法意，除兼巡捕官透漏，不拘産鹽與不産鹽地分，並合依正官斷罪外，五月一日奉聖旨：『産鹽地分兼巡捕官如任滿別無透漏，即依今年二月五日已降指揮推恩；7其不係産鹽地分，若有捕獲私鹽，即依紹興法計數推賞。』」

十四日，度支員外郎黄子游言：「今民間所有米斛甚多〔一〕，若乞朝廷廣糴，又恐樁辦錢本後時。欲令請鹽鈔客人從便入納米斛，比見今和糴價支算其直。許臨安府〔二〕、建康府榷貨務交納入官，出給公據〔三〕，執赴榷貨務算請鹽鈔，委是公私快便，又於見行鈔法並無相妨。及乞將入納過米斛並理爲本務課額。伏望詳酌，早賜施行。」詔依建炎四年五月十四日已降指揮施行，仍與免税，更不立限。其召保給據及報榷貨務都茶鹽場籍記拘收〔四〕，一切關防斷罪，並依用金銀鈔算請已降指揮。

三年正月十三日，尚書省言：「朝廷養兵之費，多仰鹽課。比緣私販公行，已降指揮，今後私鹽販獲三十斤以上，透漏鹽地分巡尉、捕盜官並衝替，令、佐差替，知、通並行降官。謂如鮝魚之類斤數不多，若令一槩引用透漏指揮，竊慮未得適中，理合別行措置。」詔：「今後巡捕官、知、通、令、佐透漏持仗羣衆結黨般販私鹽五百斤以上，並依紹興二年十一月十六日已降指揮施行。若透漏其餘私販之人，斷罪並係依舊制。如及一千斤，即合狀申尚書省，酌情取旨行遣。餘依已降指揮。」紹興二年十一月十六日詔：「私販獲三十斤以上，其透漏地分巡尉、捕盜官並衝替，令、佐差替，知、通不以官序，並降一官。」

十四日，提舉廣南東路茶鹽公事管因可言：「本路産鹽，廣州8鹽倉每年課利三十萬貫以上，潮州十萬貫以上，惠州五萬貫以上，南恩州三萬貫以上。除廣州已有監

〔一〕甚多：《補編》頁七八〇作「甚少」。詳文意，作「少」誤。
〔二〕「許」下疑脱「詣」字。
〔三〕給：原作「結」，據《補編》頁七八〇改。
〔四〕鹽：《補編》頁七八〇無此字。

官外，三州久例止是本州官兼監。今來推行鈔法〔一〕，與以前事體不同。伏望詳酌，廣州鹽倉添置監門官，潮、惠、南恩州專差監官。」從之。

十七日，中書、門下省言：「淮南東路建炎已前鹽息錢，歲入一千五百萬貫，贍養官兵。比緣不曾存恤亭户，及軍民私販，致歲入大段虧少。」詔令湯東野同提舉官郭楫措置。

二十九日，考功員外郎、權監察御史、浙東福建路宣諭朱異言：「到明、越州，點檢得逐州各有見禁徒已上私鹽公事，已有獲到斤重到官，該得刑名。其犯人自知罪名深重，依條合行勘會經由透漏官司一處取勘，多是妄通買販係遥遠州縣，取會遷延，從來未有一面結絶指揮。臣欲乞睿旨處分，聽一面先次結斷，其透漏官司，令續於案後施行，庶免遠指妄通，淹延刑禁。」從之。

同日，臣寮言：「人户合納鬻鹽錢，自祖宗以來，認納皆有定數。如不願請鹽，即具合納鹽數上納六分價錢，具存成法。政和三年敕：『不願請鹽者，即據合散鹽數，只納六分價錢。』昨緣推行鈔鹽，民間易得鹽貨，專有指揮，鬻鹽更不支俵，秖令減定分數，送納價錢，以便公私。今訪聞婺州蘭溪、金華縣被受指揮，尚以十分催納。慮州縣更有似此去處，理合申嚴誡飭。」詔令户部檢坐「更不支俵鬻鹽，秖令依分數納錢」指揮，遍 9 牒諸路州縣遵守施行，毋致違戾。

三十日，淮南東路提舉茶鹽司言：「本路累經兵火，亭户未肯歸業，今具本路鹽價及支散錢、牛接濟等下項：鹽每籌支錢一貫六百文足，額外每一籌一貫九百文足。歸復亭户，每户上等支錢四十貫文，中等錢三十五貫〔文〕，下等錢三十貫文。生添竈座，每二竈支修竈錢五十貫文，先次給牛四頭。如遇陰雨或冬寒，本司支散錢米接濟。」詔令逐州軍鏤板，遍於縣鎮鄉村分明曉示。

三月二日，提舉兩浙西路茶鹽公事夏之文言：「臣自到任以來，分遣屬官遍詣産鹽場監，勸誘亭户廣行煎煉鹽貨。自紹興二年一全年鹽場買鹽，比祖額計增八百七十七萬餘斤，增趁入納鈔錢五十一萬四千三百餘貫；州縣住賣鹽，總一路比遞年計增五百八十一萬九千六百餘斤，計增（赴）〔趁〕入納鈔錢三十四萬九千一百餘貫。」詔夏之文及屬官人吏推賞有差。

七日，提領榷貨務都茶場言：「浙東提舉茶鹽王然申：爲親往明州象山、定海、鄞縣鹽場地頭詢訪利害，措置到合行事件。看詳行遣間，續准今年二月九日奉聖旨，内象山鹽場依孫近體究到事理施行，仍仰提舉茶鹽司協力奉行，其鄞縣與定海縣拘籍亭户置場事理未得施行。所有象山縣鹽場合行事件，今具下項：一、象山縣抄劄到私煎鹽業人户，内有貧乏自來租賃鹺地私煎之人，已牒知縣并所

〔一〕法：原作「去」，據《補編》頁七八〇改。

委官契勘減免，併[10]入有力之家煎納鹽貨，及不得一例拘籍住近良民。一、每户預借官錢三十貫，作三次應副作本煎鹽。勘會今來本縣創置鹽場，拘籍到亭户，理當優加存恤，本務欲依本司已行事理施行。一、今來興建鹽場，所用器具等種種創置，與已成場分事體不同。其所買鹽價，已相度，且依本路額外鹽價每斤一十七文足收買，候就緒日，別行增減。契勘象山縣興建鹽場，創行招置〔一〕，若只依本路正額鹽每斤一十四文收買，竊慮裹費不足，欲依本司已行事理施行。一、今來創建鹽場，買鹽本錢雖承指揮於明州鹽場寬剩錢內支撥，緣鹽場別無寬剩錢數，除已逐急於有管加饒鹽上收到通貨錢內那撥應副使用。勘會加饒鹽上收到通貨錢，近據浙東提鹽司具到截日見在錢共七萬二千餘貫，已承紹興三年正月二十七日都省批狀指揮，令本司盡數起發，赴行在送納。欲令於見起七萬貫內措撥五千貫，專充鹽本。」從之。

十九日，提領榷貨務都茶場言：「據荆湖、廣南路宣撫使司參謀陶愷劄子，內一項：『契勘茶鹽利害，廣東鹽產微少，又苦於私販，其弊多在鹽場支給價錢不盡，及般到鹽不即時交秤，以此鹽户樂與私販交易，而以中賣爲難。』契勘鹽場交秤亭户鹽貨輒敢阻節，及無故留難，已有元豐鹽法，又緣止係江、湖、淮、浙路，其廣東路欲檢坐勑條申明行下，遵依施行。」從之。

二十二日，提舉淮[11]南東路茶鹽司言：「管下通、泰州、漣水軍諸煎鹽場，舊來亭户本司不住招誘歸業。其亭户昨緣累遭兵火，其中不無被虜脅從因而作過之人。今來累該赦宥，諸處官司尚據陳論追究，使亭户不能安居，妨廢鹽作；或有在江南之人，緣此不能歸業。欲望詳酌，應已歸業亭户，其兵火以前罪犯特免追究。」詔：「淮南未歸業亭户，比附紹興二年九月四日已降赦恩，限一月許令出首還業。其兵火以前罪犯，除惡逆已上及劫殺、謀殺、故殺、鬬殺兼爲親下手已殺人外，餘並一切不問，仍自今降指揮到日理限。其已歸業人，兵火以前罪犯，亦依此貸免。若於今來限外出首并歸業，因被苦之家陳訴者，止將殺人首惡及同謀下手人理斷，其餘並免追證。仍令提鹽司多出文榜曉諭。」

二十三日，尚書省言：「廣東鹽，官買舊價每斤七文，昨緣柴米高貴，恐亭户盤費不足，節次增添，見今每斤一十二文，增錢幾倍，而所買未廣。契勘兩浙買鹽本錢，見今額外每斤一十七文足，正額每斤一十四文足。緣價直適中，亭户煎到鹽貨願中入官。（令）〔今〕廣鹽與浙鹽價皆是應副客算，若價直一體，公私爲便。」詔：「廣南東路亭户中官鹽貨，正額與額外之數，並依兩浙正額鹽價一十四文足收買。所添錢依例官給一半，客納一半。仍令榷貨務添措，前去鹽場送納。」

〔一〕創：原作「劄」，據《補編》頁七八〇改。

四月四日，宣撫處置使司言：「湖北、京西盜賊漸衰，未有客販鹽貨。12本司恭依便宜聖訓，從權措置，將夔州路大寧鹽許客旅興販貨賣，接濟民間食用，候有淮、浙鹽到日住罷。近準紹興二年五月二十八日尚書省劄子約束，不許大寧鹽入别路界。本司已劄下荆南府歸峽州荆門軍公安軍鎮撫使解潛契勘，如有淮、浙鹽到，供贍得足，即關報夔路，依已措置住行放過大寧鹽；若未有客人興販淮浙鹽貨[一]，亦報逐路權宜放行，接濟軍民食用。」詔宣撫司照會紹興二年九月十三日已降指揮施行。二年九月十三日禁私鹽指揮，内一項：「今後州縣批賣過鹽貨，每旬具數并拘納到文引，具狀申尚書省檢察。」

十五日，詔：「福建路所認鈔鹽錢極爲費力，兼數目浩瀚，權行減免五萬貫。」

十六日[二]，知藤州侯彭老言：「本州賣鹽寬剩錢一萬貫文省，買到金一百六十餘兩，銀一千八百兩投進。」有詔：「縱有寬剩，自合歸之有司，非守臣所當進納，或恐亂有刻剥，取媚朝廷。侯彭老可特降一官放罷，以懲妄作，所進物退還。」

五月十五日，荆湖南路提舉茶鹽晁謙之言：「乞今後鎮市及鄉村墟井、州縣在城所賣鹽貨，並令税務繳據客人齎到鹽引乞驗封引住賣，並即時於引上用雕造大字印子，稱已於某年月日驗引驗封，於某處住賣，官親押字。權貨務檢准大觀二年七月十九日指揮：限當日委税務驗封驗引，注籍放行後，批鑿到日，聽取便貨賣。緣止係批鑿到日，顯見關防13未盡，如用大字雕造印子，依此書押，委可關防作弊。欲依本官所乞事理施行。諸路亦乞依此。」從之。

八月十日，提舉兩浙西路茶鹽公事張愿言：「契勘催煎，買納鹽場合用買鹽本錢，依自來例，係作料次差人就支鹽場請撥歸場，附曆支使。今巡歷管下鹽場，取索逐年收支官錢文曆，照對收附鹽本下落，其間多是有支無收。尋行根究得，並係鹽場庫子等人將請撥到錢在外衷私侵盗用過[三]。緣産鹽知縣職係兼監，鹽場從來循例，不曾同共檢察，以致鹽場公吏得以作弊。今相度，欲乞知縣同共點檢收支赤曆，照應請撥支收錢數批鑿書押。如因本司巡歷，或委官隔手覆行對曆，却有失收欺弊，及鹽場每月不即齎曆赴縣點檢，其兼監知縣及鹽場官，並乞從朝廷等第立定斷罪法禁。」張愿又言：「亭户其間有頑猾不務工業之人，常是拖欠鹽額，及有借過官錢，輒便逃移往别處鹽額增羨場分亭竈，改易姓名，作新投亭户等。蓋緣從來未有法禁。

[一]貨：原作「課」，據《補編》頁七八一改。

[二]十六日：按，《中興兩朝聖政》卷一三、《建炎要録》卷六三記此條事於三月二十二日丁丑，《宋史全文》卷一八下同；《續宋編年資治通鑑》卷三又繫於「二月」，皆與此異。然《揮麈録》前集卷一全録《會要》此條，亦作「四月十六日」，是則記載不同，非有誤也。

[三]係：原作「依」，據《補編》頁七八一改。

檢準《紹興勅》：諸鹽亭户投充軍者，杖八十。又令諸鹽亭户投充軍者，斷訖放停，押歸本業。欲乞今後煎鹽亭户及備丁小火如抛離本竈，逃移往別處鹽場煎鹽之人，並乞依亭户投軍法斷罪，仍押歸本竈，承認元額，煎趁鹽課。如所屬承牒根究，不爲發遣，或妄作緣故占留，亦乞嚴立斷罪條法。」詔並依，内斷罪一節，令刑部立法，申尚書省。

十八日，泰州 14 守臣言：「本州縣産鹽，管下鹽場去年煎賣過鹽一十三萬一千六十三碩七斗，今年煎賣過二十五萬七千一百八十石四㪷一升，比去年計增一十二萬六千一百一十六碩七㪷一升〔一〕。」尚書省勘會：「淮南鹽場自興復之後，累降旨催督本路措置，今來泰州率先措畫就緒，比較去年之數大段增羨，理當勸賞。」詔本州并催煎、買納、支鹽當職官各特轉一官。

二十五日，兩浙西路提舉茶鹽公事司言：「取會到本路八州軍府三十八縣，紹興二年一全年四季住賣鹽數，點對參照得下項去處，係增虧最甚，合申取朝廷指揮。一、臨安府錢塘縣最增冬季，本季住賣四十六萬七千五百五十斤，遞年一般季分住賣一萬二千三百斤，比較增四十五萬五千二百五十斤，計增三十七倍。一、嚴州建德縣最虧冬季，本季住賣二十七萬二千一百斤，遞年一般季分住賣七十一萬二千六百斤，比〔較〕虧四十四萬五百斤，計虧六分二釐。乞詳酌，特賜賞罰。」户部供到狀：「建炎四年冬季住賣鹽增虧最甚數，嵊縣當職官各與轉一官，上虞縣當職官各降一官。今來浙西提刑司具到紹興二年冬季一路最增虧去處，今將錢塘縣所增數目，對比嵊縣增數轉一官紐計〔二〕，合減三年八箇月十二日磨勘；建德縣所虧數目，對比上虞縣虧數降一官紐計，合展二年五箇月磨勘。」詔：「臨安府錢塘縣、嚴州建德縣當職官，並依户 15 部供到狀内事理施行，令本司開具合該賞罰人職位、姓名申尚書省。」

同日，侍御史辛炳言：「伏見責授黄州團練副使孟揆論訴潯州税務不合捜檢隨行私鹽事，八月九日，詔令廣西轉運司依公體究，申尚書省。契勘潯州昨勘結孟揆所犯，録問伏辯，已於紹興二年七月二十一日具案聞奏。據廣西提刑司申稱：依公定奪，合從私販鹽法。臣看詳上項事理，若是轉買到客人官鹽，自有交引隨鹽照驗。雖賣不盡斤數，亦合批鑿元引，於別州縣住賣處爲憑。若無文引，即是私販分明，豈容妄有陳訴，意望朝廷主張，不用條法。況榷貨務狀亦聲説，自來官員民庶輒於亭户或無引人處買到鹽貨，不以興販、食用，皆是私鹽。今來本處案狀申發一年有餘，必已在大理寺多日，本寺官拖照款狀，自可見得有引無引一節，便可檢斷。若見得元初有引，即是本處捜捉取勘不當，其合干官吏，亦合取旨行遣。不然，無可疏駁，亦

〔一〕七㪷一升：《補編》頁七八一作「一斗一升」，誤。
〔二〕嵊：原作「剩」，據《補編》頁七八二改。

無可體究，適所以彰朝廷用情廢法之失。欲望追寢八月九日指揮，只令大理寺依條施行。」從之。

九月五日，台州守臣言：「檢會紹興二年十二月八日聖旨節文：『今後亭户輒將煎到鹽貨冒法與私販、軍兵、百姓交易，不以多寡，並決脊配廣南牢城，不以赦降原減。』紹興三年三月四日都省批狀：勘會不係亭户而冒法私自煎鹽，公行交易，即與亭户盜賣事體無異，亦合引用上件斷配
16 指揮。律，諸共犯罪以造意爲首，隨從者減一等。諸本條言『皆』者罪無首從，不言『皆』者依首從法勅，諸罪應減等。若爲從，不在編配之例。其本條言『皆編配』者，不以從免。本司契勘上項元降指揮，秖謂一名所犯鹽數不以多寡，並行決配。若不預行申明，竊慮奉行抵牾。」刑部下大理寺，參詳台州所申事理，既原降指揮内無不分首從皆配之文，即是止謂冒法不以多寡者斷罪立文。其爲從應減等之人，依海行法，自不合刺配。詔依，仍申明行下。

十八日，廣南東、西路宣諭明槖言：「二廣比年以來，鹽貨通流，其價倍增，自合隨時措置。竊見廣東、西路轉運司，每歲於廣州都鹽倉或於廉州石康縣鹽場支撥各路諸州郡歲額鹽，諸路州郡各差衙前來般取所受之數。其鹽朝廷累降指揮，增添價錢，每斤至官收錢四十七文足，每蘿計一百斤，收錢四貫七佰文足〔一〕。廣東如南雄等州，官賣寔價每蘿至十千，廣州亦自至八九千；廣西如昭、賀等州，皆至十一二千，桂州遂至十七、八千。西路價至平者，不下八九千，而官價所收，止得四貫七佰文足，其餘所入皆爲私有。欲乞二廣州郡歲額鹽價除已降到立定官價永爲中制外，或增或損，一切隨時低昂，官司不得執定。其出賣處以私價日申本州，州以所申私價旬申運司，務令簿曆得相參照，本州據私下寔價常低一二文出賣，尤易趁辦〔二〕。仍乞召募衙前，須取
17 高等税産人充，及取索有行止、不經罪犯之人檢跡保任，務欲得寔，比於元條更加嚴密。」詔令提領榷貨務都茶場限三日看詳，申尚書省。

十月十一日，刑部言：「准旨，看詳臣寮論私販鹽人刑名太重。本部據大理寺參詳臣寮所請事理，除止係私販之人有犯，自合遵依《紹興勅》斷罪外，若係亭户賣所隱縮火伏鹽及買之者，依《鹽勅》，並論如《煎煉私鹽法》，一兩比二兩，及合依政和三年十二月十七日指揮，依《海行私鹽法》加二等斷罪。所有亭户、非亭户煎鹽，與私販、軍人聚集般販，及百姓依藉軍兵聲勢私販，即依紹興二年十二月八日指揮一節。緣不曾分別斤重數目，若不問多寡，並行決配廣南，深慮用法輕重不倫，理合隨宜別行多寡斷配〔三〕。今欲本犯不至徒罪，乞配鄰州；若罪至徒，即配千里；如係流罪，仍依元降指揮刺配廣南。其所乞詳酌私販不用蔭原

〔一〕七佰：原作「七十」，據下文改。
〔二〕天頭原批：「『尤』一作『元』。」按，見《補編》頁七八二。下同。
〔三〕天頭原批：「『行』一作『分』。」按，作「分」義長。

赦事理，除因官司捕捉，敢與官司鬬敵者，係情理兇惡，欲乞依舊引用上件不赦指揮外，餘賣買私販人，今欲依臣寮所請施行。」從之。先是，臣寮言：「近因奏對，嘗論私販鹽人刑名太重。謹按《紹興編勅》所定私販刑名，蓋取舊法通修，禁約不爲不重，行之已久，所入課利已爲浩瀚。後來復降指揮，並不用蔭原赦。再因官司申請，雖遇特恩，亦不原減。罪非兇惡，情非巨蠹，行法之深，乃至於此。至紹興二年之冬，因大軍所駐，常有兵卒於諸州 18 軍般販百姓私鹽之故，又有亭户不以多寡杖脊配廣南指揮，蓋爲百姓、軍兵依藉聲勢，公然犯法，一時禁止亭户，不得不重，非通行天下永久之法也。昨因浙東提刑司申明亭户私煎盜賣斷罪事理〔一〕，都省批狀，送提領榷貨務都茶場看詳，以謂雖緣通州管下有犯，臣寮起請畫降禁約，諸路亦合一體施行，遂批狀行之。契勘提領官張純本一堂吏耳，今使一堂吏以鄙淺之見，看詳永遠之大法，朝廷不一屬意，不謀之近臣，不付之户部，不稟之聖旨，遂以批狀行之，何其易哉！自此法之行，州郡斷配日有之，破家蕩產，不可勝計。昨來兩浙賊方臘，福建賊范汝爲皆因私販茶鹽之人以起，今所在結集如此，滋蔓日深，萬一猖獗，朝廷遣將調兵，追捕討賊之費，將又不貲。又況嶺外險遠，其俗輕而好亂，平時攘劫之風已自難制，今配私販之人往聚於彼〔二〕，豈遠方之利哉？欲望付之三省，以前後所降私販刑名更加熟議。如有犯禁，且從《紹興編敕》定斷；若軍人聚集般販私鹽，及百姓依藉軍兵形勢私販，即依紹興二年十二月八日指揮。所有不用蔭原赦指揮，亦乞詳酌施行。契勘紹興二年十二月八日指揮，『私販買人，取旨行遣』。訪聞見有自今年六月繫獄取旨，至今未得指揮斷放者。近在輦轂之下，尚爾留滯，竊慮遠方取旨待報，禁繫淹延，有傷仁政，亦望詳酌施行。」有旨：令户部、刑部限三日勘當，申尚 19 書省。刑部檢具敕條下項：「一、《紹興勅》：『諸私有鹽，一兩笞四十，二斤加一等；二十斤徒一年，二十斤加一等，三百斤配本城。煎煉者，一兩比二兩。以通商界鹽入禁地者，減一等；三百斤，流三千里。其人户賣蠶鹽、兵級賣食鹽及以官鹽入別界，去本州縣遠者不坐。一斤笞二十，二十斤加一等；一百斤徒一年，二百斤加一等，罪止徒三年。』紹興二年九月二十六日，奉聖旨：『應私販茶鹽，雖遇非次赦恩，特不原減。』紹興二年十二月八日，臣寮劄子：『竊見通州遞年支鹽約二十萬袋，近來却有劉光世下統兵官喬仲福、王德下人兵，於本州沿江港汊內公然泊船，計囑江口鎮巡檢軍兵於亭户處，以入錢先後理爲資次，收買私鹽。伏望行下統兵官，嚴行禁止。』都省勘會：『茶鹽之法，係朝廷利柄，自祖宗以來，他司不敢侵紊。若將來將佐不爲體恤朝廷，輒敢容縱軍兵侵奪朝廷養兵利源，非獨妨害客人興販，顯是有違祖宗成

〔一〕煎：原作「鹽」，據《補編》頁七八二改。
〔二〕人：原作「入」，據《補編》頁七八三改。

法。』奉聖旨：『令劉光世限今來處分到日，立便勾追王德、喬仲福，取問輒違祖宗成法、侵奪朝廷鹽利因依聞奏。仍仰光世嚴加誡諭所部將佐遵守條法，不得般販私鹽，侵奪客販，務要覺察嚴密。如尚敢違戾，朝廷察探得知，取旨追攝正身，赴御史臺根勘，重行貶竄。令尚書省出榜産鹽場監告諭亭户，今後輒將煎到鹽貨冒法與私販、軍兵、百姓交易，不以多寡，並杖脊配廣南牢城，私買販人取旨行遣，仍不以[20]赦降原減。』」権貨務契勘上件指揮，緣通州管下有犯，臣寮起請畫降禁約，諸路亦合一體施行。兼近據淮東提鹽司申明上件指揮，其非亭户私煎鹽貨與軍兵、百姓交易，未有斷罪明文，乞申明行下。續准都省批狀指揮：若不係亭户，而冒法私自煎鹽，公行交易，即與亭户鹽事體無異，亦合引用上件斷配指揮外，其本非亭户，秖是將買到私鹽販賣之人，自合只依常法定斷。諸路依此。

十二日，三省言：「淮、浙鹽場日收鹽貨，見以十分爲率，分作三項支遣。内一項係四分，支全新文鈔，見今客人算請，諸場支發[一]，别無阻隔留滯。二項係四分五釐及一分五釐之數，支發日久，見在鈔數漸少，理宜措置。欲乞権貨務自今來指揮到日，許客人指定於逐場前件三項支鹽分數内從便算請。」從之。

十五日，刑部言：「産鹽路分知縣在職係兼監鹽場，若有收支官錢，即合與本場官同共點對。（令）〔今〕依已降聖旨指揮參酌修立下項：『諸催煎、買納、支鹽場收支官錢曆，本場官月終齎赴兼監知縣廳點對書押。違者杖八十，有失收欺弊及知縣不爲點檢者加二等。』右合入《元豐江湖淮浙路鹽敕》，係創立。一、看詳産鹽路分，全（籍）〔藉〕亭户及備丁小火用心煎趁鹽課，中賣入官[二]，今依元降聖旨指揮參酌立下條：『諸鹽亭户及備丁小火輒走投别場煎鹽者，各杖八十，押歸本場，承認元額。若别場承所屬根究不即發遣者，杖[21]一百。』右入《元豐江湖淮浙路鹽勅》，係創立。」從之。

十二月十五日，知樞密院事張浚言：「荆南府見屯駐大軍，費用不貲，竊慮闕乏[三]，臣已於隨行贍軍鹽内支撥一十萬斤，應副解潛充軍期支遣去訖。」詔除張浚已支鹽一十萬斤應副解潛外，更不得將帶川鹽過界，有害鹽法。

四年正月五日，詔：「権貨務見賣淮、浙鹽鈔，每袋於鈔面前上添錢三貫文省，通計二十一貫文。數内措留錢除舊數外，更行措留六百足，於鹽場送納，充再添鹽本錢。其貼納錢令本州軍類聚，候及一萬貫，赴行在権貨務交納。」是歲九月，以入納遲細，減所添錢三貫，依舊作一十八貫文。

二月八日，監察御史、廣南宣諭明槖言：「臣自入廣東

[一] 天頭原批：「『場』一作『路』。」按，見《補編》頁七八三。
[二] 賣：原作「買」，據《補編》頁七八三改。
[三] 闕：原作「間」，據《建炎要録》卷七一改。

界，聞大棹賊船爲害不細。其大船至三十棹，小船不下十餘棹，器仗鑼鼓皆備。其始起於販鬻私鹽，力勢既盛，遂至行劫。大船則出入海道作過，停藏於沿海之地；小舟則上下東、西兩江，東江則自廣至於潮、惠，西江則自廣至于梧、横，或越數州，或不出本州之界，以其所販私鹽節次卸下於停藏之家，徑引船去。其停藏之家或就某處出賣，或賊船接續搬運前去。應停藏之家與巡尉下弓兵，皆受賊賂，以此之故，無由敗露，於是私鹽盛行，商旅不通。今來若乞嚴法禁止，竊緣禁止私鹽賊及透漏停藏并受賊賂，自有明條；其大棹船，二廣亦有見行禁約，其寔非緣立法不嚴之故。若帥臣、知州 22 得人，措置有方，則其賊稍止；若不得其人，苟簡畏懦，則其賊復熾。法非不嚴，而行法者或惰或修，其事遂異。欲乞睿旨行下二廣提刑司，申嚴法禁，督責州郡守臣及捕盗官司緊切緝捕收捉，庶得大棹私鹽之弊可去，而商旅往來不致阻絶。」詔依奏，如奉行苟簡滅裂，令提刑司按劾以聞，當議重行黜責；監司、帥守容蔽，不即舉劾，一等科罪。

十七日，廣南東西路宣諭明槖言：「廣南東西路煮海之饒，爲國大利。訪聞得比年以來，竈户煎到鹽貨入官數少，私售數多。蓋緣入官耗重而價下，私售耗輕而價高。鹽場監官率皆以厚賂干求差權之人，豈敢望其修舉職事，杜絶弊端？臣愚欲乞將竈户鹽價量行增添，其鹽耗則隨宜少減，鹽場監官不許時暫差權，依格法奏差。如奏差就權，却至省部退難不當之人，須候已經比較了當，方得解替。如有責罰，依條施行。如無虧陷欺弊，即理爲在任月日。」詔令吏、户部勘當。

四月二十一日，臣寮言：「廣東上供白金，近歲每一兩率爲錢三千有畸。比至輸於太府，准價以給官吏軍旅，則爲錢二千有畸。大約歲輸十萬兩，并其輦致之費，所失不啻十萬緡。朝廷雖嘗令廣東相度，從便上供見緡，然而轉輸當用舟航，雇募之初匪易，護送必遣官吏，交納之際猶艱，繇是州郡莫敢任見緡之責。臣伏見近歲取廣東漕司鹽改爲鈔鹽，鈔法既行，而常患乏鹽，尚有三分之 23 一留充漕計。今若將上供錢銀舊數蠲其難辨之額〔一〕，定其實納之數，撥與本路爲漕計，而於漕司一分鹽内會其價直，取支以益鈔鹽，使償上供之數，則商賈自以見緡輸於行朝矣。」詔令户部勘當。

六月二十三日，刑部言：「潯州奏：勘到責授黄州團練副使孟揆爲令幹當人作客人李俊名姓，於梧州買官鹽，因賊馬奔避，裝載賣不盡鹽過藤州、龔州，到潯州岸下，被監税韓璜檢見事發。合徒三年私罪，蔭減外徒二年半，追一官，更罰銅三十斤入官，勒停放，情重奏裁。」詔孟揆依斷，特責授白州别駕，本州安置。

七月四日，提轄榷貨務都茶場郭川言：「勘當茶客人

〔一〕辨：原作「辧」，據《補編》頁七八四改。

狀：『伏覩累降指揮，措置新法鹽鈔，招誘客人任便入納，從來多是有官蔭豪富之家立客名前去算請，即無阻節禁約明文。聞刑寺曾取會榷貨務品官有蔭等不許興販指揮，致生疑惑，日近除貼納外，絶無算請數。竊緣宣和三年指揮，曾經申明止爲産鹽州縣見任官係公人，不許自用鈔請鹽，即不該載其餘有官蔭及立客名筭請之人。伏望詳酌，速賜指揮施行。』今詳在法：『命官、得解舉人并有蔭子弟與本州縣公人之家，不得作鋪户及自用鈔請販鈔鹽。』蓋爲恃賴勢蔭，攙先支鹽，大搭斤重，立法禁約。即今鹽場每袋並以三百斤省則爲定。據到場月日時辰理使資次支給，別無攙越。乞許引用宣和五年鹽法『有犯，依進納人例，不用蔭[24]贖』等指揮，可以施行。」從之。

十一月二十三日，提舉榷貨務郭川言：「車駕權駐蹕平江，平江府諸水門乞樞密院各差將官一員，軍兵二十人，專一檢察私鹽。」從之。既而臣寮上言：「竊見臨安府已曾差將官、軍兵守把諸門，捕獲私鹽。其軍兵每遇官員、客旅行李舟船到門，或在城外，並不肯依理搜檢，必須過當乞覓錢物，騷擾百端。稍致抗拒，即鬭毆作鬧，稱必有私鹽。或故意破壞行李，奪取衣物，趕逐隨行家屬下船；或自以紙或帕複包裹鹽置入行李舟船中，以誣執之。然後須索錢物，必如所欲乃已。後來遂去城三五里間，以搜檢爲名，騷擾民户，人不能堪，初無補禁戢私鹽，寔爲害甚大。契勘平江府諸門，自有把門使臣、兵級人，外則有倚郭巡尉弓兵，内則有在城巡檢司搜捉，非不嚴備，顯是不須創添將官、軍兵，欲乞寢罷。」從之。

紹興五年八月十二日，臣寮上言：「伏見户部關報節文：近緣臨安府界私鹽盛行，已添差樞密院使臣將帶兵級，均定江岸地分往來緝捕，緣此私鹽屏息。其餘路分亦合依倣措置。令淮、浙、廣南、福建路産鹽州軍各差准備差使或指使一兩員，專一緝捕，逐州軍各於所管禁軍或巡檢司土軍内那差一十人、節級二名，隨逐所差使臣，於本界私鹽舟船繫泊岸步及通行步擔私小道路，寅夜不住往來巡警緝捕。仍立賞格及約束十餘項。以臣愚觀之，無益於捕私[25]鹽，而擾民也必矣。且軍國大計仰於鹽利，朝廷如欲客販通流，課入增羡，在於信守法令使商賈不疑，存撫亭户使衣食不闕，此二者本也。若夫巡捕則有司之責，前後詔令，不爲不備矣，何必復取於此哉！」詔前降指揮更不施行。

十月二十九日，詔：「福建鈔鹽錢，舊來認發二十萬貫，爲有日前算出文鈔，權免五萬貫。今來住罷鈔法已久，令每歲依舊認發二十萬貫。」

六年六月十五日，詔：「監司、州縣并巡尉下公人、兵級，非緣公，雖緣公而無所執印頭引，並不得擅入亭場。如違，以違制論；因而搔擾，乞取鹽貨，計贓坐罪。所屬當職并場監官失覺察，並取旨行遣，許亭户越訴。」

八年二月十八日，尚書省送到知常州無錫縣李德鄰劄子：「竊見本縣每歲起發夏税紬絹一萬五千四百八匹，除諸鄉稅産户下合納紬絹一寸以上，并稅户鹽錢折納並催本色，計一萬一千五百一疋外，有三千九百七疋係崇寧二年本州均敷下本縣認納。蓋當時縣令不謹其始，却將下户募脚鹽錢每二百二十文折納絹九尺計，目今價直一貫八百文，比之納錢，計高七倍。緣納募脚鹽錢皆係下户，實無力當增益七倍之數。乞依崇寧已前止納正錢，免更折變紬絹，以寬民力。」有詔令户部勘當。勘當闕。

六月六日，詔：「廣東、西鈔鹽以十分爲率，内二分産鹽州縣零賣人户食鹽，各不得出本州界，餘八分行鈔法。」

十二月26四日，前知梧州鄭鬲言：「臣伏覩朝廷比者罷二廣歲鹽，許商人鬻鈔，公私便之。獨邕州買馬，委諸州運鹽至横山寨未能已，猶需措置。臣在廣州，每見經畧司於諸州差官，被差之人莫不愁歎，決性命以求免，否則欲投檄而去，其畏如此。臣嘗究其利病，自廉州石康縣運至横山寨，道里緬邈，水陸險阻。其陸行者曰過車，由小江者曰剥載，私僦舟車，費耗不貲，而官給脚錢，最爲微薄。由是往者必須破蕩家産，終致貧乏。州郡所差〔一〕，不過衙皂，衙皂貧不能往，其次差官吏；官吏畏不肯往，其勢必及之民。民固弱，不克自免。廣西之民尤爲涼瘠，號稱上户者，家直纔數百千，一當此役，土田盡矣。陛下視民如傷，豈惜毫末，使百姓愁苦哉！臣聞横山鹽額，每歲所運者纔十二，且人情所憚，法亦難驅。今欲人之樂趣者，必在當其寔。臣嘗詢之故老，以謂每百斤除元脚錢外，理合再增二千，然後可辦。不然，徒有增之之名，而無其寔，猶不增也。如是，則樂運者衆而歲額足，歲額足而贏餘多，所增之緡，他求在其中矣。」詔令户部措置，申尚書省。措置闕。

二十五日，詔廣東鹽九分行客鈔，一分産鹽州縣出賣。

九年七月二十一日，詔廣東全行客鈔。

九月二日，臣寮言：「榷鹽之利，國用所資，私販爲害，理宜禁止。朝廷制法防姦，纖悉備具，不可復加，而犯者愈衆，其源蓋有所自矣。比年以來，亭竈煎鹽起止火伏之法盡廢，27畧無稽察，致亭户私煎〔二〕，莫知限極。除納官之外，隱匿餘賸之數既多，若不私售，將何所付哉？雖許額外煎到鹽中賣入官，而官價低小，校之私賣，不及三分之一。又場監納鹽，大秤斤重，或交秤遲緩，耗折滷瀝，或給錢艱阻，坐罄貲糧。如是，則私賣與官鬻孰利？夫民惟利是趨，如蛾之赴火，既爲利誘，而威之以法，雖鼎鑊在前，猶不避也，欲刑清姦改，其可得乎？臣愚欲望特降睿旨，命有司講究措置，先務懲革私煎之弊，其次斟酌煎鹽寔費，立定適中價直，仍關防場監之際，勿令循蹈前轍。庶幾亭户所煎有限，縱有賸數，不歸於私，而以輸官爲便，非特法行禁止，囚繫漸少，亦使利歸公上，增歲月之入，於國計不爲小補。」詔令户部措置。

〔一〕差：原作「産」，據《補編》頁七八四改。

〔二〕私：原作「科」，據《建炎要録》卷一三三改。

六〔月〕〔日〕〔一〕，起居郎周葵言：「乞將犯私茶鹽人免根問來歷。」上曰：「犯榷貨者不根問經由，此嘉祐著令，仁祖盛德也。舉而行之，則吏不至並緣，獄不至滋蔓。可速令省部相度，仍立以近限。」

十二年正月十七日，詔：「福建近年賣鹽增羨〔二〕，寬剩數多，於見認錢上添認一十萬貫，通計三十萬貫。」

五月六日，户部言：「兩廣鹽昨行官般官賣日，其支鹽倉場任内支發鹽鈔增剩別無立定許推賞條格。近降指揮，改行鈔法，合立定賞罰。近據廣東西路提舉鹽事申：照對兩路鹽倉場，内廣東鹽場買納鹽已有指揮，年終買鹽比較，依兩浙推賞。其逐州鹽倉并廣州静康、大寧、海南柵、歸德柵、28潮、惠、南恩州鹽場專係支遣客鈔，其餘場分並係買納相兼，般運赴廣州都鹽倉應副支遣。緣諸場買納〔三〕、支發，並係鹽官一員管幹，今將廣、惠、潮、南恩、鬱林、廉州鹽倉逓年支發過鈔鹽數目參酌比類，依淮、浙例，以五十斤爲一碩，參照立定下項：一萬碩以上至五萬碩倉，減半年磨勘；惠州鹽倉、南恩州鹽倉、潮州鹽倉〔四〕。五萬碩以上至十萬碩倉，減一年磨勘；鬱林州都鹽倉、廉州石康倉。一十萬碩以上倉，減一年半磨勘。今再下榷貨〔物〕〔務〕看詳，已得允當。」從之。

九月八日，臣寮言：「二廣鹽所收數目不少，前後申請利害不一，或乞官賣，或乞客販。節次承降逐項指揮，除廣東客販已是通快，補助大軍經費，可以久遠推行，唯廣西近有官員陳乞，依舊官賣。又據本路漕臣呂源等乞盡行客販鈔法，更合審訂利害，所貴公私兼濟〔五〕。臣切見欽州係産鹽地分，臣取到本州紹興四年後來逐年官般賣帳曆并客販鈔鹽之數，比較多寡。紹興四年，官賣九十三萬七千餘斤；紹興五年，官賣九十九萬三千餘斤；紹興六年，官賣九十二萬二千餘斤；紹興七年，官賣六十九萬餘斤。紹興八年改法，客賣鈔鹽：紹興九年，客販鹽一萬五千餘斤；紹興十年，客販鹽三萬一千餘斤；紹興十一年，客販鹽五萬八千餘斤。已前官賣鹽每斤四十七文足，今來客販鹽每斤一百二十文足。蓋緣本州濱海，係産鹽地分，雖多方招誘，客29旅終是稀少，難以趁辦如官賣之數。臣今相度，乞將欽州依廉、雷、高、化四州産鹽地分依舊官賣鹽貨，趁

〔一〕六日：原作「六月」，據《補編》頁七八五改。

〔二〕賣：原作「買」。按《建炎要録》卷一四四作「鬻鹽增羨」，則當是「賣」，因改。

〔三〕天頭原批：「『諸』一作『詣』。」按，見《補編》頁七八五。作「詣」誤。

〔四〕按，以上三倉及下鬱林、廉州二倉原稿均作正文大字，則當屬下讀。如此，則是鬱林、廉州所發鹽鈔最多，惠、南恩、潮州其次，餘下只有廣州（因上文僅列六州），所發鹽鈔最少，只在一萬石至五萬石間。此殊不合於事實。據本書食貨二三之一六所列紹興三十二年廣南各州鹽額，廣州最多，遠高於潮、惠、南恩、廉等州。雖則此處爲紹興十二年，時代不同，但亦可見一般。推詳此文，《宋會要》原文，此五州鹽倉當作小字注，謂一萬碩至五萬碩者指惠州等三倉，五萬至十萬碩者指鬱林等二倉，廣州則屬十萬碩以上倉。如此則合情合理。因改。

〔五〕私：原作「利」，據《補編》頁七八五改。

辦課額。」詔令户部看詳。

十月二十二日，户部據榷貨務申：「勘會廣西每歲産（額鹽）〔鹽額〕，依紹興八年六月六日指揮，以十分爲率，內八分許客人算鈔支請，通販入廣東西路不産鹽州縣貨賣；二分於廉、雷、化、高州産鹽去處，依舊官賣人民食鹽，賣到錢撥與轉運司充漕計。兼契勘欽州自來不係産鹽去處，緣本州地名白皮近來鹹土生發，目今每歲買納鹽貨三十餘萬斤。看詳欲依臣寮所請事理施行。所有賣到鹽錢，令鹽事司拘收，依已降指揮起發赴鄂州軍前送納。不得緣許官賣，却致隱匿侵用。」從之。

二十八日，詳定一司敕令所言：「修立到鹽亭户不許買撲坊場條：『諸坊場以違礙人謂應贖若犯徒或三犯杖各情重，不計赦前後，并見欠官錢物，見任品官，見充吏人貼書，鹽亭户、巡檢司土軍之家〔一〕。承買者杖一百，詐隱者加一等。即已承買後始有違礙而不自陳，以同居無違礙親戚掌領尚冒占者，准此。若已承買而後爲吏人貼書者，又加一等。』右入《政和續附紹聖常平免役敕》，以《政和續附紹聖常平免役敕》紹興十二年二月二十日都省批狀指揮詳定。」

十三年三月二十二日，户部言：「據榷貨務申：『昨緣廣西提鹽司申：鬱林州都鹽倉積壓鹽鈔，少人願赴石康倉請鹽。乞客人[30]就鬱林州般請者，添納脚錢五伯文，每百斤通作九百八十文足。如願赴石康倉請領者，每百斤每加饒五斤，共作一十五斤外，與免納上件脚錢。已降指揮施行去後，今來廣西提舉茶鹽路彬申稱：客人爲見石康倉既有加饒，又免納脚錢，盡趁石康倉算請，已得通快。乞將鬱林州都鹽倉見在鹽依石康倉例加饒斤數，却令依舊納本司已支脚錢，候發泄盡絶日，即行廢罷。』」從之。

二十三日，户部言：「據榷貨務申：『近來茶鹽司比較到州縣住賣鹽，往往止是陞降名次，委是賞罰太輕，竊慮無以激勸。今參酌比附，立定住賣鹽最增、最虧賞罰下項：最增一分以上，減半年磨勘；三分以上，減一年磨勘；五分以上，減一年半磨勘；七分以上，減二年磨勘；八分以上，減二年半磨勘；一倍以上，減三年磨勘。最虧一分以上，展半年磨勘；三分以上，展一年磨勘；五分以上，展一年半磨勘；七分以上，展二年磨勘；八分以上，展二年半磨勘；內選人降一資。一倍以上，展三年磨勘。內選人降一資，更降一季名次〔二〕。餘依見行條法。』」從之。

四月一日，宰執進呈前廣南東路轉運判官范正國言：「本路上供及州郡經費，全仰鹽息應辦，比因全行客鈔，遂或闕乏。欲自今本路州郡屯駐兵馬去處，許依客人買鈔請鹽，各就本州出賣。所得息錢，專充軍費，庶免上煩朝廷應副，寔爲利便。」上曰：「法必有弊而後可改，若未見其弊，

〔一〕此小注原作正文大字，然前後各空一格，亦示當作注文，因改。否則「以違礙人承買」句無法連讀。
〔二〕「名次」下原衍「餘」字，據《補編》頁七八六删。

遽議更張，非特無利，必31至爲害。凡法皆然，不止鹽也。」

六月二日，臣寮言：「摘山煮海之課，浙西一路歲入七百萬緡，鹽利居五之四，其助經費，可謂廣矣。而並海場監，往往以闕本爲言，不免時有申請〔一〕。嘗究其弊，不存於他，皆因亭户七色借貸更出迭入，官失考覈，以致失陷。加之鹽司人吏懼常平立法之嚴，引海行申請支鹽錢爲吏禄、賃直等費，寖涉歲月，不免有尾閭之患。欲乞詳酌，少減借貸名數，勒人吏請給皆歸于常平司，不一二年，鹽本遂富矣。」户部據榷貨務勘會：「昨承指揮，鹽司人吏請給，並於置司處州府茶鹽錢内支給〔二〕。今欲下淮浙提鹽司，依已降指揮，於置司處州軍經糧審院幫勘，於常平錢内支給。如違，並以違制論。所稱亭户七色借貸，乞減名數等事，緣亭户依法遇闕食，或闕耕牛、柴本〔三〕、動使之類，聽將鹽本錢借支應副，已有立定以鹽折納條限，止緣從來未有關防約束。今乞下逐路提鹽司，須管置簿逐色拘籍，候折納到數，即時分明勾銷，務要不至交雜失陷。」從之。

九月十九日，刑部言：「行在榷貨務申：紹興八年十一月指揮，透漏私鹽三十斤，其巡尉、捕盜官並衝替。切慮責罰太重，互相隱庇，伏望朝廷立法施行。本部下大理寺看詳，欲自今後應巡捕官透漏私鹽敗獲不及百斤，罰俸兩月；一百斤，展磨勘一年；二百斤，展磨勘二年；兩犯通及三百斤以上，差替；一犯三百斤准此。五百斤以上，取旨裁斷。」從之。

32十五年七月一日，詔：「諸州監門官透漏私鹽，並依巡捕官法科罪。」

十六年六月九日，宰執進呈淮東提舉茶鹽司鹽課增羨等事，上曰：「增羨之賞，猶在所謹。大率今歲有羨，次年必虧，蓋民之食鹽每歲止如此也。」

十七年五月四日，上曰：「近有布衣陳獻福建鹽法利便，朕謂祖宗成法，利於民者自當永久遵行，何必改作？倘或未便，須議損益。」

十八年三月七日，詔：「通州海門知縣歲終買納鹽貨，比較增羨，並依大觀元年立定格法減半推賞。及任滿，買鹽敷足，別無虧欠，與減一年磨勘；選人與減舉主一人；未該磨勘，與堂除，仍陞一季名次。若有虧欠，亦依正賣官條法減半責罰。餘依見行條法。」以本路茶鹽司言：「呂四港場一十五竈，近不置監官，止令知縣兼行主管，職事稍重。」故降是詔。

閏八月一日，淮南東路提舉常平茶鹽司言：「近興置泰州海安鎮管下地名古窑鹽場，欲乞以泰州古窑催煎鹽場爲名；西溪鎮管下地名小淘鹽場，欲乞以泰州小淘催煎鹽

〔一〕有：原作「以」，據《補編》頁七八六改。
〔二〕天頭原批：「『府』一作『縣』。」按，見《補編》頁七八六。
〔三〕本：似當作「木」。

場爲名〔一〕。」從之。

十月二十五日，詔：泰州如皋縣馬塘創建鹽場，以泰州馬塘催煎鹽場爲名。從本路提舉茶鹽王晌請也〔二〕。

三十日，臣寮言：「亭户盜賣伏火浮鹽，催煎官坐視故縱，全不覺察。乞將透漏去處催煎官與巡尉一例責罰。」從之。

二十二年四月九日，前知汀州陳升言：「本路福、漳、泉州、興化軍係産鹽去處，建、劍、汀州、邵武軍 33 係出賣之所。且以汀州一郡論之，每歲額管運福鹽二百五十萬斤，計二十五綱。依近降指揮，許税户經州投狀，入産在官抵保般運。其綱凡一經度嶺，兩次易舟，方至本州界，再雇夫脚，始到城下鹽場。脚乘縻費稍重，所認納上供鈔鹽錢及諸司增鹽等錢并原借助綱官錢，自來立定鹽價，每斤一百八十文足，方可及數。乃致民間多是結集般販漳〔三〕、潮州私鹽前來貨賣。欲望委本路監司究心措置，將各州軍合運官鹽名色、所收鹽息價錢紐見數目，別立作一項鹽税，止於官司置簿排號，許客人税户先於所屬納鹽本錢，請領貼據，下倉交鹽，自行興販，於所隸州軍送納税錢。如是，則無私販之弊，無犯法之民，侵失之姦可革，險阻之虞可除。」詔令鍾世明一就看詳措置。自後汀州並於漳州般運鹽貨。

二十三年四月二十七日，行在榷貨務言：「淮浙産鹽去處，兼主管鹽場知、令及押袋兼催煎官職事，各係兼職，其任滿及年終賞罰，難以與正官一等比較。今措置，欲於見行賞罰指揮條格減半施行，内知、令如一縣共管兩場以上，即總計比較。」從之。

二十六年五月十三日，左朝散郎、殿中侍御史周方崇言：「伏覩淮、浙路客人買鈔請鹽，福建路官中搬鹽自賣，行之日久，其利甚薄。比年以來，淮、浙路鹽皆不全支本錢，且違法多剋頭子錢等。謂如淮東提舉一司〔四〕，歲收頭子錢入公使庫不下五六 34 萬緡，盡充提舉官私用，應副權勢及親舊請求，有至數百千者，復廣市什器、幕帟等以娛耳目。二浙亦然。爲亭户之害如此！福建一路，有産鹽錢，有運司自賣鹽錢，有契鹽錢，有州縣自買鹽錢，有提舉司鹽錢，名數既不一，而州縣復不問民間所用多寡，重疊抑買，例高其價，多收出剩。爲人户之害如此！伏望委有司看詳，將淮、浙路鹽不得違法收頭子錢；日前入公使者，約度一歲合用之數，餘並撥充置鹽本錢；將福建賣鹽，令提刑司覺察重疊科買及擅自增價。正其罪犯，寬恤一方之民。」詔令户部看詳。

七月二十五日，御史中丞湯鵬舉言：「臣近聞福建路州縣以鹽綱擾民，每歲增添，不知紀極。且以建州浦城一縣論之。舊於二税外，般運鹽五綱半以添助歲計，公私不

〔一〕場：原脱，據《補編》頁七八六補。
〔二〕王晌：原作「王响」，據《建炎要録》卷一五五、《吴郡志》卷七改。
〔三〕致：原作「是」，據《補編》頁七八六改。
〔四〕天頭原批：「『一』一作『鹽』。」按，見《補編》頁七八六。

擾，支遣有餘。近年贓汙之吏爲知縣三年，遂有般到四十餘綱，計錢五十餘萬貫，尚稱用度不足，實以應副親戚，交結過往，侵漁入己。又爲猾吏脅持，太半歸於人吏之家。故追索急於星火，催督甚於二税。福建民户素貧，重爲此困。臣究其所由，不特縣令容其姦，寔由太守、漕臣藉此以應副權貴，恣爲妄用，上下督責，更相黨庇，有以致然也。臣伏乞睿旨，令本路憲臣於建州浦城縣追當行人吏稽考紹興元年以來逐歲般鹽幾綱，若舊來止用五綱半，今三年内般運四十餘綱，作何支遣？依條坐罪，然後巡歷一路州縣，並不許過紹興35元年般運鹽綱之數，立爲定制。自此更有多破綱數，應副親戚，容悦過往，結託權貴，縱令人吏巧作名目，騷擾貧民下户者，仰監司按劾，臺諫彈奏，人户赴訴，在州當職官、在縣令佐並以自盜論，庶幾杜絶增添鹽綱數目，爲一路之害。」詔令户部看詳，既而本部言：「欲依臣寮所乞，委自福建路提刑吴逵躬親巡按，依公（覆）〔覈〕寔，限一季了畢，無致稍涉違戾。」從之。

九月二十二日，中丞湯鵬舉言：「淮東鹽場，祖宗以來吏部差注。有催煎官，專管諸場煎鹽；有買納官，專管買亭户鹽；有支鹽官，專支客人鹽。又以諸煎鹽場各有地分，故舊來差注巡檢，以捕違法者。其巡檢不許至亭户場内，恐其騷擾也。内外關防，可謂詳矣。比年以來，舊制巡檢遂不復差，却以選人之監鹽場者兼巡檢事，違戾祖宗銓選之意，廢壞吏部差注之法。乞下吏部取責舊法，應干鹽司官窠闕合置巡檢去處，差文臣經任人及武臣親民資序，依格法銓選。」從之。

十一月五日，尚書省言：「已降旨罷州倉，依舊就場支鹽，以便商賈。於鹽法即無改易，竊慮民旅疑惑。」詔令尚書省出榜曉諭。

二十七年六月十二日，殿中侍御史王珪言：「臣竊見言者以福建鹽綱擾民，朝廷委本路提刑吴逵覈寔，仍以紹興元年爲額。今據吴逵申：將近來增置鹽名目悉已住罷，止以二十二年爲額，紐州縣合用歲計之數，每事裁減十分之三。近聞諸處因裁36減之後，少人應募，般運不行，官鹽既少〔一〕，私販遂多。欲望行下福建漕、憲司及提舉鹽事〔二〕，將吴逵所申事理公共相度可以經久通行不爲百姓之患〔三〕，而歲計亦足者奏陳，以副陛下責寔之意。」從之。

十月二十八日，上諭宰執曰：「前日與卿等商議福建鹽法，昨日得常平提舉張汝楫奏，乞行鈔法，卿以爲如何？」陳誠之奏曰：「福建不比江淮，江淮不容有私鹽。建，劍山溪之險，細民無知，冒法私販，雖官賣鹽，多方止絶，猶不能盡革。若百姓賣鹽，豈能免夾帶私鹽之弊？第恐不盡請鈔，有虧課額。」上曰：「中間福建曾用鈔法，未幾

〔一〕天頭原批：「『既少』一作『阻滯』。」按，以下見《補編》頁七八七。
〔二〕天頭原批：「『事』一作『司』。」
〔三〕天頭原批：「『不』一作『免』。」

復罷，若可行之，則於祖宗時已行，不待今日。正如萬户酒，前後陳獻禁榷者甚多〔一〕，然終不可行。大抵法貴從俗，不然，不可經久。」

十一月一日，詔：「福建見認鈔鹽錢三十萬貫，恐致科擾。可自今後每年特與減免八萬貫，止認二十二萬貫。」

十二月二十五日，上諭宰臣曰：「徐林奏聞，近來客人就場支鹽，多有不便，至有每袋搭帶出八十斤者。欲復置官倉，又不知利害如何。大抵天下事未有全利而無害者，亦未有全害而無利者，但當擇利多害少者爲之爾。卿等措置以聞。」

二十七日，尚書省言：「昨户部申請罷淮、浙路諸州支鹽倉，各就場支撥。今訪聞其間場分迂遠〔二〕，客人艱於般請，及諸場競相增加斤數，輕重不等。」詔令逐路提鹽司疾速措置，申尚書省。

二十八年正月十一日，右正言[37]朱倬言：「舊法：獲私鹽者，必一火萬斤，方許改秩。續降指揮以爲太輕，遂以萬斤者更與減年，累及萬斤者添作改秩。法意固欲激捕鹽之官，嚴私販之禁，然一火萬斤者間或有之，累及萬斤者比比皆是。何者？全火類非貧弱〔三〕，捕盜者既畏其衆，或得其賂，故多縱之不問。單弱之民，犯法者衆，抑有説焉。今瀕海鹽户，其入納所羡，悉爲私易，一舟之數，私易百萬。篙工鹽丁，率皆孱庸，聞捕者至，紛然而散。苟得一夫，即申爲捕獲，不得主名私販，法亦改秩。兹二者，既不能以抑豪彊而利細民，又且被厚賞而獲改秩，二十年後，皆得任子，何恬退者之困選調，而狡獪者之太僥倖耶？欲望復還舊法，一火萬斤者止於改秩，累及萬斤者依舊減年，而不得主名私販，欲乞別立賞格，於是爲便〔四〕。」户部據榷貨務都茶場指定：「準紹興二十七年六月二十六日勅節文：命官捕獲私茶鹽賞格〔五〕，各遞增一等。《紹興令》節文：諸命官獲私有茶鹽，未獲犯人，三斤比一斤；其産鹽界内獲私鹽者，須四分中獲一分犯人，方得比折。今欲將命官親獲一火萬斤，轉一官，減二年磨勘者，依舊轉一官；如不係應改官人，更與減一年磨勘。又累及一萬斤轉一官，改作減三年半磨勘。『所有不得主名私販，乞別立賞格』一節，欲依紹興條法分數比折，其賞依舊格施行。内獲一火七千斤，舊格減三年半磨勘，近增作轉一官，亦慮僥倖，今欲作減四[38]年磨勘。」從之。

二月九日，榷貨務言：「紹興十二年十一月二十九日指揮，應追賞錢一百貫以上，許根問始初賣鹽人。今來既降指揮，諸色人獲私鹽賞錢，各增五分支給，其上件合追賞錢，合增作一百五十貫以上，許根問初賣鹽人。」從之。

〔一〕天頭原批：「『榷』一作『革』。」
〔二〕訪：原作「妨」，據《補編》頁七八七改。
〔三〕貧：原作「貪」，據《補編》頁七八七改。
〔四〕天頭原批：「『是』一作『時』。」
〔五〕「命官」二字原重，「鹽」原作「場」，據《補編》頁七八七删改。

三月十八日，淮東提舉茶鹽司條具到復置州倉事，戶部看詳：「自罷州支鹽倉，各就場(文)〔支〕撥，其間場分迂遠，客人艱於般請，及諸場競相增加斤數，輕重不等。今復置州倉，不唯革去大搭斤重之弊，又使客旅般請通快，委是經久利便。內通、泰州各係收支鹽數浩瀚去處，並合依舊各置監官兩員外〔一〕，所有高郵倉止管兩場，收支鹽數稍少〔二〕，欲下本司，將收支鹽場監官五員分撥赴三倉管幹。昨來押袋官，泰州六員，通州二員，楚州二員，共置十員。欲委自本司，於三州使臣內選擇有心力可以倚仗之人共一十員，前去逐處鹽場專一運押袋鹽。所有水脚錢，今欲量行蠲減，泰州、高郵每袋作三百四十文省，通州每袋二百文省。所有通州支鹽倉、泰州西溪支鹽、便鹽見收運鹽水脚錢，今來合行住罷。」從之。

二十三日，詔：「浙東路復置州倉支鹽，應合行事件，照應紹興六年四月十七日已降指揮施行。」從本路提鹽邵大受所請也。

二十五日〔三〕，詔浙西路復置州支鹽倉。從提鹽謝伋所請也。

二十六日，詔諸鹽場亭戶虧欠鹽數，自紹興二十六年以前，並與放免。

四39月六日，中書門下省言：「訪聞紹興府蕭山縣抑勒土兵認買食鹽。」詔令本府體究，仍日下住罷。

八月九日，淮東提鹽吳巘言：「朝旨：密行相度措置積鹽、減併場竈等。今條具如後：一、本路鹽場舊管催煎場一十四處，計三百四十六竈，後因王晌措置創添五場〔四〕，計七十五竈，又於舊場內增添三十一竈，共增到一百六竈。目今見管一十九場〔五〕，計四百五十二竈，又備盤三十四竈零二角〔六〕，每年煎賣鹽不下三百八九十萬石，大約每歲支發三百三十萬石，常有積下鹽三四十萬碩。今照應諸場今年三月上旬終，共有見在散鹽三百七十四萬石，較之支賣一年，未得盡絶。今欲權將諸場見管鹽竈斟量減併拘收，般角在官樁管〔七〕。通州西亭、豐利場四十六竈，見趁額鹽二十六萬一千七百七十一石三斗六升，今欲減備盤一十一竈，減退額鹽六萬五千七百七十一石三斗六升外，止置正盤三十五竈，以一十九萬六千石爲額；金沙場三十竈三角，見趁額鹽二十七萬二千八十八石九斗四升五合，今止置正盤二十竈，以一十八萬二千石爲額；餘慶場二十九竈零一角，見趁額鹽二十萬一千九百七十二石一斗三升五合，今止置正盤二十三竈，以一十六萬一千石爲額；石港、

〔一〕天頭原批：「『監』一作『鹽』。」按，以下見《補編》頁七八八。作「鹽」誤。
〔二〕天頭原批：「『收』一作『互』。」按，作「收」是。
〔三〕《建炎要録》卷一七九原注云「浙西得旨在丁亥」，即二十七日。
〔四〕王晌：原作「王昫」，見前食貨二六之三二校記。
〔五〕見：原作「既」，據《補編》頁七八八改。
〔六〕天頭原批：「『三』一作『二』。」
〔七〕天頭原批：「『般』一作『鹽』。」

永興、興利場三十四竈，見趁額鹽二十五萬三千八百七十七石九斗五升五合，今止置正盤二十五竈，以一十九萬石爲40額；呂四港場正盤一十五竈，並依見置竈額鹽煎趁。泰州角科等場四十三竈零二角〔一〕，見趁額鹽三十三萬七千九百二十石，今止置正盤五十五竈〔二〕，以二十八萬一千六百石爲額；拼桑場三十二竈，見趁額鹽二十六萬六千四百八十五石五斗八升四合，今止置正盤二十五竈，以二十二萬二千七百一石三斗三升爲額〔三〕，虎墪場一十一竈〔四〕，額鹽三千五百八十九石，依舊；古窑場一十一竈，額鹽六萬二千三百七十四石三斗，依舊；掘港、東陳場三十五竈，額鹽二十一萬四百五十八石三斗四升，今止置三十竈，以二十八萬石爲額；豐利東、西場二十五竈，額鹽一十三萬二千石，今止置二十竈，以一十萬七千石爲額；馬塘場一十二竈，額鹽六萬二千一百一十八石六斗，依舊；丁溪場三十六竈，見以紹興二十七年煎到鹽三十三萬八百五十六石爲額，今止置三十竈，以二十七萬六千石立爲祖額；梁家垛場二十竈，額鹽一十一萬三千六百一十四石九斗二升，依舊；何家垛場二十竈，額鹽一十二萬七千二百一十一石，依舊；小淘場一十竈〔五〕，額鹽六萬九百五十四石四斗，依舊；劉莊場二十二竈，額鹽五萬三百四十六石一斗，今止置一十五竈，元立額鹽比之諸場數少，依舊數煎趁。楚州新興場二十竈，額鹽一十二萬八百四十石，依舊；五祐場三十四竈，見以紹興二十七年煎到鹽二十三41萬二百石九斗爲額，今止置二十五竈，以一十七萬五千石立爲祖額。前項斟量減併八十四竈零二角，計減退額鹽共五十二萬六千九百五十九石八斗九升九合，係是減併節次新添竈座備盤及舊來不辨竈分。每歲煎買鹽約度尚有三百三十萬石上下，如每年支得五十五萬袋，庶幾支買相當；若及得六十萬袋，則每年可以帶支見在積鹽三十萬石。會計十年以上，方得帶支盡絶。一、契勘催煎、買納官賞典〔六〕，除任滿比額敷定減二年磨勘、免遠短使、免試外，每歲又有自一分至一倍以上轉官、減磨勘、占射差遣酬賞，今欲將催煎、買納官候任滿，收趁今來減定數敷足，別無虧欠，與依格推賞外，所有歲終比較增虧賞罰，欲乞權住，（後）〔候〕將來支發積鹽稍見次第，廣要鹽貨支發日，別取指揮，却依舊法每歲比較賞罰〔七〕。一、契勘通、楚州諸場，皆是兵火以前舊場，難以廢併。泰州管下鹽場，創添到何家垛、小淘、古窑、劉莊、馬塘五場，内有馬塘場見在沿海置竈，去鄰近

〔一〕角科：本書食貨二三之一五、《補編》頁七三五作「角針」。
〔二〕五十五：似當作「三十五」，蓋上言原數爲四十三有零，不得減後反多也。
〔三〕天頭原批：「『百』一作『十』。」
〔四〕墪：原作「墊」，據後文食貨二六之四一、《補編》頁七八八改。
〔五〕淘：原作「氵陶」，據下文改。按本書食貨二六之三二等八處作「淘」，僅食貨二三之一五作「陶」；而《補編》頁七八八等共七處作「陶」，僅一處作「淘」。
〔六〕賞典：原作「賣典」，據文意改。按「賞典」一詞，本書屢見，如食貨二七之一二：「課額雖辨，而賞典莫及。」「賞典」謂獎賞之恩典。
〔七〕依：原作「將」，據《補編》頁七八八改。

鹽場地里窵遠，難以廢併外，有何家垛、小淘、古窑、劉莊各相去不遠，委是可以廢併。虎墪場與古窑場地里相連，並屬海安買納場，小淘場近古窑場，係屬西溪買納場。今欲將古窑、小淘兩場廢併歸虎墩場，煎到鹽，並赴海安買納場賣納。止存留監官一員，結銜欲改作『監泰州虎墩場』。梁家垛至何家垛場地里接連，並屬西溪買納場〔一〕，今 42 欲將何家垛場廢併歸梁家垛場，止存留監官一員，結銜欲改作『監泰州梁家垛何家垛鹽場、兼本地分巡檢』。丁溪場至劉莊場地里接連，並屬西溪買納場，今欲將劉莊場廢併歸丁溪場，止存留監官一員，結銜欲改作『監泰州丁溪劉莊鹽場，兼本地分巡檢』。已上七場，欲廢併三場，存留監官三員，欲乞從本司於各場見任官內，選擇諳練有心力，可以倚仗之人，保明申朝廷存留，通理前任月日。其餘四員，並依省罷法。」從之。紹興三十年，小淘場依舊赴西溪買（鹽）〔納〕場秤納，屬梁家垛場。

十月十七日，詔：「今後除巡尉親獲私鹽依舊法推賞，其暫權巡尉捕獲之人，減正官得賞之半。若權官界内有透漏搉貨，並依正官條法減半責罰。」

二十九年正月二十五日，左正言何溥言州縣斥賣食鹽，分科民户事，户部看詳：「州縣出賣食鹽，即無定額，依法止令人從便收買。如輒敢均敷科抑民户，顯是違法。」詔行下鹽司覺察禁止。

閏六月十二日，侍御史朱倬言：「臣聞昔僞閩時，以八州之産分三等之制，膏腴者給僧寺、道觀，中、下者給土著、流寓。至其末流，貿易取金，自劉夔始，由是利分私室，士競干求。其後張守遂與土居士大夫謀爲寔封之説，存留上等四十餘刹以待真僧傳法，餘悉爲實封，金多者得之。歲入不下七八萬緡，以是助軍兵春冬二衣，餘寬百姓非泛雜科，時寔便之。沈調帥閩，則以爲奇 43 貨，豐寺大刹，悉貨入己。福建賣鹽舊法，日産鹽以隨二税科納，既而交闞田産〔二〕，推割税苗，又納浮鹽。自後舟船過税則納虛鹽，投牒縣庭則納狀鹽，情輕貸罪則納罰鹽，僧道月分則納食鹽，於是民力遂困於鹽貨矣。至調帥閩，復賣安撫司鹽，用法嚴酷，百姓無聊，失業之民聚而爲盜。臣愚欲望聖慈委彊力監司根收上件錢物，以助軍需，仍乞住罷安撫司鹽，以救民疾。所有本州寺院調所差者，悉令罷去，依舊寔封，而減其則例之重，以補公上，時代泛科，以惠黎庶，實遠民之大幸。」從之。

九月六日，臣寮言：「竊見利州路西和州鹽官鎮鹽井歲出鹽七十餘萬斤，内以一半充柴茅、官吏請給之本，一半係轉運司給引，付下西和、成、鳳三州出賣。每百斤通頭子等錢二十二貫，總計七萬餘貫，撥赴總領所，充利州錢（鹽）〔監〕鼓鑄本錢。契勘鹽官鹽舊給秦鳳一路，今乃扼於三

〔一〕納：原作「鹽」，據《補編》頁七八九改。
〔二〕闞：原作「闕」，據《補編》頁七八九改。

州。初止隨時變易，未嘗立額，自紹興十五年以後，宣撫司乞置錢監，方行根括，立定額錢。地狹鹽多，變賣不行，不免科及於民，理宜懲革。欲望將見今所賣鹽每百斤與減一半價錢，則出賣稍易，必不致依前科擾。所有減過鼓鑄本錢三萬五千餘貫，却乞令轉運司於住罷起發羡餘一萬疋絹錢内支撥，貼還總所。」從之。

九日，浙東提鹽都絜言〔一〕：「温州歲出鹽三萬五千餘袋，而支發止及一萬五六千袋。緣本州水路多由海道，陸路則經涉 44 山嶺，自來客人少肯前來請販，致諸場積鹽數多。欲乞今後客人支請温州鈔鹽，如指本路州縣住賣者，每十袋加饒一袋；若指別路州縣住賣，每十袋加饒二袋，庶幾鹽可發泄，候支發通快日依舊。」推貨務看詳：「欲權依所乞，候降指揮到日，立限半年加饒。若只於本州縣住賣，及今降指揮之前客人已算鹽鈔，更不加饒。」從之。以上《中興會要》。（以上《永樂大典》卷九七九一）

〔一〕絜：原作「潔」，據《建炎要録》卷一八三改。

宋會要輯稿　食貨二七

鹽法六

鹽法雜録　五

[1]紹興三十年正月二十五日，臣寮言：「嘗詢究鹽弊有四，一曰惜本錢，二曰增元額，三曰縱私販，四曰慢收貯。何謂惜本錢？在法，亭户不許别營産業，只煎鹽爲生，蓋欲其專也。若不以時支本錢，彼安得食？向者監司要名，乃以合支錢作羨餘進獻，馴致闕乏。近有令亭户先次納鹽取足，一併支錢，而守候交秤，倍費月日。洎得錢，不了日用，故不得已私貨，以度朝夕，緣此犯法者衆。今若以本錢就場先支一半，候交鹽足，再支一半，俾無艱滯，則善矣。何謂增元額？在法，鹽有正額，有出額，亭户出額則量加本錢，監官增額七分則轉一官。聞近來亭户所煎出鹽，並依正額，而監官賞典，因以靳吝，上下解體，不肯用心。且額之多少，初不在是，惟本錢不闕，勸督有方而已(一)。今若復出額所加之錢，還監官增額之賞，則善矣。何謂縱私販？在法，有鹽場處皆置巡檢，以捕私商，緣歲久，而土軍與亭户交往如一家，亭户私貨自若(二)。兼販私鹽之人類皆彊壯爲群，號曰水客，土軍[2]莫能制，反相連結，爲之牙儈，巡檢者徒備員，鹽場官熟視無策。今若别作措置，或重立賞格，責其地分，窮其來歷，遇有捕獲之人，配隸諸軍，無使放縱，則善矣。何謂慢收貯？鹽之爲物，飲食所資，務在潔淨。敖宇隘陋，不能容頓，諸場津般到買納監，不得交秤，留船以待，於是舟人盜賣，雜以糞土。今若令於買納監添置鹽廩，遇有鹽至，即時分交，無使稽留，則善矣。臣謂鹽者自然之貨，不勞民，不害物，而爲富國彊兵之本。今日敗壞，是有司之罪也。望詔淮、浙提舉官講求利病，將四弊措置條具以聞，然後審訂而行之，庶濬利源，以圖實效。」續詔下淮、浙提鹽官講究弊病，條畫具奏。

二月二十四日，權户部侍郎邵大受言：「淮、浙買納亭户鹽本，係支鹽倉收到客納、措留等錢。緣私鹽盛行，侵奪客販，致積壓官鹽支發不行，因致拖欠亭户本錢浩瀚。又諸場公然違法，省則外大搭斤重，暗虧課息。今措置下項：一、拖欠亭户本錢，除依紹興二十九年三月五日指揮已後秤買亭户鹽就秤下支還外，其已拖欠舊錢，雖已有指揮分限帶還，今欲乞朝廷特降指揮，權將客人每袋合納通貨錢五貫文内措留三百文，就鹽倉送納，專一樁充帶還舊欠本錢。一、鹽課所入，資助朝廷大計，全藉所屬屏禁私販，則課入自然增廣。今比較得浙東一路産鹽州軍，如紹

(一)天頭原批：「『督』一作『賞』。」按，見《補編》頁七九〇。
(二)貨：原作「鹽」，據《補編》頁七九〇改。

興府最係人煙繁盛去處，在城并倚郭兩縣一歲住賣鹽，止 3 及十六萬餘斤。其不產鹽處，且以衢州并倚郭縣，每歲買及三百餘萬斤，婺州并倚郭及東陽縣，每歲買及五百萬斤，比紹興府多三四十倍，灼見紹興人戶盡食私鹽，提舉司坐視，略無措置。乞下浙東帥臣同提舉官公共相度措置，申取朝廷指揮。一、已降指揮，許逐路提鹽司互相糾察，將大搭斤重鹽袋收買在官，關申原支發場分。今承都省批下浙西提鹽司申，去年客人入納秀州鹽鈔虧少，支發遲細，遂委平江府都税務監官買到客人一引鹽三袋，係紹興二十七年二十料一字號通州鹽倉支發，内二袋各多七十九斤，一袋多六十七斤。本部乞將本州當職官吏重作行遣，庶幾有以懲誡。」詔並依，通州支鹽不當官吏，令本路提刑司開具職位〔一〕、姓名，申尚書省。三十年五月二十六日，提刑司具到官吏職位、姓名。監官二員，各降一官；專秤從杖一百，勒停。

二十八日，廣東提鹽司言，秉義郎高立前監廣州靜康、大寧、海南三鹽場，任内同專典宋初招置到鹽戶莫演等六十二名、竈六十二眼，乞推賞事。戶部〔言〕：「據権貨務指定〔二〕，照得淮東提鹽司昨創行興建泰州梁家垛鹽場，計一十一竈，每歲煎鹽四萬餘石，上、中、下等官吏二十一人。承紹興五年四月二十五日指揮，上等提舉官一名，減三年磨勘；中等屬官及監修置場官共五人，各減二年磨勘；下等人吏一十五人，内四人各減一年磨勘，4 一十一人令本司犒設一次。又照得淮東提鹽司人吏逐時鹽課增羨，承降指揮，等第犒設，職級絹一十二匹，手分七匹，貼司五匹。今來監官高立、專典宋初招置到鹽戶，雖增置竈座數多，緣每歲止煎到鹽三千餘石，若不比附降等量行推賞，又慮無以激勸。欲將監官高立比附淮東監修置場官降一等，減一年磨勘，專典宋初令廣東提鹽司依淮東手分體例犒設一次。」從之。

二月十九日，提轄権貨務都茶場史俁言：「近來獲到私鹽，其透漏去處避免責罰，却計囑元捕獲官司，於解狀内添入姓名，稱同共申解。望嚴賜立法。」刑部指定：「透漏地分若計囑捉獲官司，希求功賞，已有詐冒功賞斷罪。除條法外，若係入名申解，欲乞比附在法『詐爲官文書及增減者杖一百』斷罪。及今後州縣應捉獲私茶鹽〔三〕，若將透漏地分受計囑妄入姓名同狀申解，其元保明官司從杖一百斷罪。」從之。

四月十九日，廣西提舉鹽司言：「保明到通判欽州李維屏因驅磨遞角，因下抵掉寨搜捉到私鹽二萬六千餘斤，準遞增賞格，合該轉一官，減二年磨勘。」戶部看詳：「雖無似此賞過體例，若不因本官搜捉，無緣敗獲。今欲比附舊

〔一〕路：原作「州」，據《補編》頁七九〇改。
〔二〕務：《補編》頁七九〇作「場」，誤。
〔三〕縣：原作「解」，據《補編》頁七九〇改。

格減半推賞，與減二年磨勘。」從之。

五月四日，浙東路安撫、提刑、提舉官言：「奉詔措置禁絶私鹽，内一項，乞州委知通，縣委知縣，將自來停塌、接引，販賣私鹽破落户，盡行籍記姓名約束，今後不5得私販。如兩經有犯，不得以多寡，除依法斷罪追賞外，日下屏逐出界〔一〕。」從之。

十二日，金部郎中路郴言〔二〕：「近來鹽場官自將錢物詐作他人，或令親戚及縱親隨放債與亭户取利，却將支到本錢在外抑勒就還。望下刑寺參照監臨官放債條法增重禁約，仍許人告。」刑寺據大理寺參詳：「在法，監臨官放債者，徒二年；監臨之官受所監臨財物八匹，徒一年，八匹加一等；五十匹，流二千里〔三〕。乞取加一等，彊乞取者准枉法論。欲今後州縣鹽場監官放債與亭户，罪輕者，依監臨官放債法徒二年；計贓重者，即依乞取監臨財物斷罪。並許人告。」從之。

七月五日，詔：「已降五月四日指揮，淮東安撫司措置沿海籍定漁業淹鹽之家應管舟收買鈔鹽，不買者立賞告捉，令監司、守倅檢察每年住賣及魚業船入納鹽數比較。竊慮苛細搔擾，可令寢罷。」

八月十一日，宰執進呈楊倓乞禁戢私鹽重立賞事，上曰：「私販之禁，非不嚴備，第官司奉行失信耳。朕聞鹽寇所販，多以大風雨夜用小舟破巨浪，潛行般置，巡尉素不諳熟，豈肯冒不測之淵以冀賞給哉！使所捕者皆此等輩，當賞不踰時，以示之信。若其圖升合之利以爲活，自可恕也。」

九月二日，臣寮言：「觀今日産馬之地，無出於川、廣。國家於廣西買馬，歲額增損無定，如帥臣沈晦任内，一年之間計買發馬三千匹，今歲率不及二千疋。若欲增置千騎，且以中價6計之，亦不下十餘萬貫。況皆用本路諸州上供錢買銀，每兩三貫或四貫以上；折與蠻夷，每兩只作二貫文足。計一歲之間，銀價虧折不知幾萬貫。臣竊見廉州白石場歲額賣鹽六百萬斤，又雷、化諸州産鹽去處〔四〕，歲歲般運赴白石場貯積，不知其幾千萬斤，皆係歲額之外，無所發泄。願令廣西帥司同提舉鹽事司相度計置搬運，於横山寨堆貯，以備博馬之用，以無用爲有用也。」詔令廣西帥司同提舉鹽事司疾速相度措置，申尚書省。

十一月二十二日，權發遣福建路轉運副使王時升言：「竊見户部催督鈔鹽錢，二十五年至二十八年共拖欠十五萬緡。此錢盡是州縣侵使，官吏皆已替移，無處催理。欲望朝廷許將前項拖欠鈔鹽錢盡行除放，令轉運司那融代納，實爲均濟。」從之。

〔一〕天頭原批：「『日』一作『目』。」按，以下見《補編》頁七九〇。
〔二〕路郴：文獻中不見有此人，當是「路彬」之誤。路彬，字質夫，晉陽人，紹興中歷大理丞，廣西、利州提刑，隆興中至刑部侍郎。
〔三〕天頭原批：「『二』一作『一』。」
〔四〕化：原作「州」，據《建炎要録》卷一八六改。

三十一年四月二日，臣寮言：「竊見廣西運司比年以來變税折錢，不問州之遠近，税之高下，盡行支移折變。如化州額管税米八千石，每歲科折六千五百石於容州送納，每石折錢二貫六百文足；而化州每歲合支遣一萬五千石，却令本州招和糴一萬石充歲計，每石支價錢四百文足，亦只於税户均糴。化去容六程，民之貧苦奔走，深可憐憫。累申運司，不從所乞。究其源則無他，蓋廣西漕計，未榷鹽以前，全藉鹽利，日前漕司惟見所積之多，州縣寄樁亦厚，頗有羨餘，全不思於鹽利内撥去歲計，更不申陳。洎至榷 7 鹽之後〔一〕，利歸他司，漕計漸虚，寄樁亦竭，遂變税作錢，誅求百出，民日益困。殊不察炎荒地廣人稀，不可以他路比。欲望下户部，於廣西一歲榷鹽之數内，撥一半付運司充歲計支遣，免行科折，寬一路二十五州之民，消殄盜賊〔二〕。」詔令户部看詳。

八日，侍御史汪澈言〔三〕：「訪聞漳州鬻鹽一事，重爲民害，嘗詢究之而得其説。頃年陳敏一軍駐于漳，財用匱有闕也，州郡從權鬻鹽，以給其費。今此軍移泉久矣，而鬻之如故。中間雖罷而復興，百姓屢訴而弗察。蓋於村郭分十有八場，場有使臣爲監官，下有守把兵卒之屬，將民户編排爲甲，月赴諸場買鹽，定其等第，限以斤兩。深山窮谷，鰥寡孤獨之人舉無（違）〔遺〕漏，闔境騷然。伏望專委本路提刑司詳度利害，如所收錢不係起發贍軍，即申聞朝廷，特與住罷，無使一方怨讟，有傷至化。」從之。

二十二日，權户部侍郎錢端禮等言：「客販淮浙袋鹽〔四〕，比年以來，般運脚費爲多，所得利薄，理合量行立限加饒。欲除今日已前算出鹽鈔外，立限一月，許客鋪入納，每五袋加饒一袋，本務合納正錢、通貨錢共一十七貫三百文，並與全行免納，以爲優潤。其建康、鎮江府榷貨務，候今降指揮到日，理限加饒。」從之。

六月二十二日，兩浙運副王時升言：「竊見福建路鹽本錢係轉運司支撥與福州、興化軍嶺口等倉監官、公吏兑那侵欺，亭户寔不曾得。」户部申：「乞將福州海 8 口、嶺口、興化軍涵頭三倉收支、買納鹽并鹽本等錢應干案曆干照〔五〕，並令正監官與催煎官同共書押，如有移易，侵借他用，並一例書罪。催煎官或有事故，於本縣丞簿内差人兼權。」從之。

十二月二十九日，臣寮言：「伏見紹興府餘姚縣，其地産鹽，類多私販，因以爲盜。曰眉山、廟山，則其並海之地，客舟所輳集也。紹興二十九年，詔於明州水軍撥二百人就眉山、廟山置寨，每季一更，瀕海之民，自是始得安居。未幾，二百人者移屯三江，却於衢、婺二州取土軍一百人以代

〔一〕至：原作「自」，據《補編》頁七九一改。
〔二〕天頭原批：「『殄』一作『殘』。」按，以下見《補編》頁七九一。
〔三〕汪：原作「王」，據《補編》頁七九一、《建炎要録》卷一八九改。
〔四〕天頭原批：「『客』一作『官』。」按，作「客」是。
〔五〕應干：天頭原批：「『干』一作『工』。」按，作「干」是。

之，差指使二人以爲統轄。海中出没，非土軍所能制，指使權輕，其下易之，數犯階級，至起訟訴。欲望因眉山已成之寨，置巡檢一司，選募土軍、水軍通一百五十人，使之往來巡警。其費較之今日所加，蓋無幾也。創造之初，乞令本路安撫、提刑司自辟舉巡檢一次，使之隨事措置，爲永久之利。」從之。已上《中興會要》。（以上《永樂大典》卷九七九一）

【宋會要】

9 紹興三十二年七月九日〔一〕，孝宗即位未改元。榷貨務言：「客人如未投兩浙路鹽倉文鈔，願改揭往淮東鹽倉支請者〔二〕，乞許從便。」從之。隆興二年十月七日〔三〕，榷貨務言：「昨因淮東路積鹽數多，已降指揮，客人已、未投下兩浙路鹽倉文鈔〔四〕，許改揭往淮東路鹽倉支請。緣淮浙文鈔係三務場分定州府給賣，內行在賣通、泰、高郵軍、楚、秀、温、明、台州鈔，以十分爲率，內四分用見錢，六分輕齎；建康賣通〔五〕、泰州、高郵軍、楚州鈔，每袋通貨錢五貫文用見錢外，餘許用輕齎；鎮江賣臨安、平江、紹興府鈔，並許用輕齎，係是金銀、會子之類，比之見錢，大段省便。若客人於鎮江算請鈔一袋，合納正錢、通貨錢一十七貫六百文足，只用銀五兩三錢，每兩官價三貫三百文入中，其市直只三貫文入中。其市價收買，每袋先（嬴）〔贏〕錢一貫五百文，更不須擘劃見錢。是致算請淮鈔之人，往往買銀就鎮江算請浙鈔，改揭淮東支鹽，比之品搭見錢於行在、建康并算鈔，委是大段優異。竊慮輕重相形，有妨本務入納，乞今後客人於行在算請浙鈔〔六〕，許依前項已降指揮，改揭淮東請鹽外，若於鎮江算請到浙鈔，不許改揭淮東支請。」從之。

八月十三日，詔：「淮南積鹽數多，令舟運過江，措置六場。」權發遣泰州劉祖禮言：「已降指揮，令般發倉場鹽三百萬餘石往浙中支撥，必謂緩急不致毀棄，且 10 便於商賈買納。然以祖禮觀之，不見其益，徒有重費。且虜人聞我般鹽，必逆料我不能守淮，一也；淮民見官中般鹽，亦謂國家且棄淮，二也；若運鹽過浙中，兩處所費不下五六十萬，三也；鹽必得屋三四十間〔七〕，方可貯積，重擾浙西，四也；淮鹽本上江客人所販，若江淮有警，即客旅不通，五也；若賣得淮鹽，即浙鹽發泄不行，六也。竊謂朝廷費五六十萬緡而有此六病，曷若將錢五六十萬緡招兵，而守此通、泰之地乎？若必欲便於商賈買販，則莫若令上半年支

〔一〕天頭原批：「『七』一作『十』。」按，見《補編》頁七九一。
〔二〕淮東：原作「浙東」，據下文改。
〔三〕按，自此句以下至條末，原稿另作一條，致下文年月錯亂。今詳下文內容，乃接叙後事，《會要》原文當是同一條，因合。下文之「八月十三日」、「十月十八日」二條則仍是紹興三十二年，而非隆興二年，以十月十八日條中有「候至紹興三十三年」，如是隆興二年，則決無此語。
〔四〕鹽：原作「監」，據《補編》頁七九一改。
〔五〕賣：原脱，據前後文意補。
〔六〕乞：原作「免」，據文意改。
〔七〕十：原作「千」，據《補編》頁七九二改。

淮鹽，下半年支浙鹽，則朝廷無一毫之費，而公私兩便。」户部以謂「本官所陳前項六病，既難般發，不若仍舊，乞下淮東、浙西提舉茶鹽司照會住般」，從之。

十月十八日，詔：「光州紹興三十二年住賣鹽貨，權免比較，候至紹興三十三年正月爲始，依已降指揮，以二十七年住賣過鹽數爲則，比較賞罰。」從光州請也。

十一月十四日，兩浙路轉運判官陳漢言：「通州鹽限一季，每十袋加饒一袋給賣。」從之。 隆興元年三月三十日，户部言：「通州積鹽浩瀚，自加饒後，雖發泄通快，緣見在積鹽尚多，欲再展限兩月加饒。」從之。

孝宗隆興元年正月十九日，士庶封事：「鹽場之弊：一曰兼併之家侵刻小民，陰奪官利；二曰巡捕之官容縱偷竊，公然私販；三曰支鹽倉侵漁鹽場，增擡斤兩；四曰買納場不謹火伏，虧失盤數；五曰以本錢借豪富；六曰以賞典歸支11倉。何謂兼并之家侵刻小民，陰奪官利？且亭户趁辦官課，不欲以賦役妨之，故科敷徭役，悉行蠲免，止有二税，又折鹽錢，官爲代納。在法，所納錢合於煎出額外鹽數别項折納。今則不然，但於合買正數衮同剋折，不復分額之内外，至有物業高彊，而本户所煎之鹽，乃與下户不相上下。比年更有他縣等第將逃亡亭户代名入甲，規避税役，尤爲深害，下户之利既被侵奪，國有課入又爲攘取。何謂巡捕之官容縱偷竊，公然私販？且每場必有巡檢以爲警察，并起鹽之時，監董入監。爲巡檢者多不識字，悉由寨司，亭户每發私販，反爲外護。萬一他處敗獲，則多持賄賂，計會入名，謂之同獲，遞互相庇，不以爲怪。何謂支鹽倉侵漁鹽場，增擡斤兩？且以舊法言之，如一州有管鹽場四處，各已立定多寡之額，分爲甲乙丙丁四等，每遇客旅支鹽，隨其分數，謂之品搭支撥。後姦弊日滋，許令客人指場投請，支倉人吏因緣爲姦，遂與客旅通同揀諸場鹽袋斤兩高者，方行投請。逐場之鹽憚於停留，各欲發泄，至有添二十斤或三十斤在袋。遂至諸場暗失官鹽，無從而補〔一〕，唯於亭户處重秤浮鹽，引惹詞訴。何謂買納場不謹火伏，虧失盤數？且煎鹽之後，自有成法，盤分三等，各有次序，官置蘆場，亦有畮步，不相侵越。如一伏時煎鹽若干，起火伏火，皆有定時。每遇起火，催煎場申滷瀝，纔候住火，即時拘收，停瀝在場，12伺候乾白。近來催煎，更不鈐束火候，容令亭户占據盤竈，不問次序，以致貧下之人積柴在場，不得煎煮。兼舊日所煎之鹽，每盤有數，以五百斤爲額，中間裁減，已作三百斤。今則不然，盤重者不過二百斤，其間多有一百斤以下者。所餘之鹽，既不到官，公然私販，欲課額之敷，得乎？何謂亭户不得本錢，反利豪民？且買納舊法，亭户有鹽，到場秤盤既畢，即時支還本錢。近來錢在支倉，百端艱阻，隱匿窠名，樁留在庫，却與民户徑經上司指定名色，擅行借貸以萬計，是致下户有鹽在官，積欠本錢不

〔一〕天頭原批：「『而』一作『面』。」按，見《補編》頁七九二。作「面」誤。

可勝數。何謂以賞典歸支倉？且支倉之職，不過受諸監所發之鹽而爲之交收，據客旅所入之鈔而爲之支請，其賞則重。至於買納之官，謹火伏，嚴盤次以杜私煎，戒催煎，飭滷瀝以防疎失，以至買納應法，裝發及時，拘轄等第，優恤下户。如此，尚不免虧折之責，有課額雖辦而賞典莫及者，則安能使之究心職事乎！大抵鹽之爲弊，其多如此，乞措置施行。」户部尋下行在榷貨務：「勘會在法，鹽場亭户二税，以額外鹽準折，仍三年一次推排，據人丁事力品量，陞降煎認鹽數〔一〕。如隱減不實，依違戾鹽法，徒二年斷罪。若將煎到鹽折還私債，從私賣法。所煎鹽柴蕩，不許作契生當。巡尉下弓兵通同隱庇私販，或自行販賣，許地分保伍及諸色人赴州縣長官廳密切陳告。其監場秤買亭户鹽貨，依法兩平交秤，每袋以【13】三百斤裝角〔二〕，發赴州倉〔三〕，隔手秤製〔四〕，從下編排堆垛，以《千字文》爲號，從上支給，不得點揀。違者，杖一百；受贓以自盜論。如敢大搭斤重，買納〔五〕、支鹽官吏並依私鹽法。鹽場煎鹽，確定逐竈火伏盤數，置立簿曆。凡起火住火，竈甲頭申報火伏日時，抄上簿曆，催煎官躬親監守煎煉，盡數拘買入官。如賣所隱縮火伏鹽，論如煎煉私鹽法。其本錢就秤下即時支還，仍令監官逐時躬親體度，係闕乏之人，方許借貸。若將豪户妄作闕乏，借貸官錢，即是奉行鹽法違戾。其鹽場監官年終比較增羨，各有立定賞格。今欲下淮、浙提鹽司檢坐見行條法，嚴切行下，約束所屬常切遵守。仍從本司不時點檢覺察，將奉行違戾去處按劾以聞。」從之。

五月三十日，詔：「温州諸場賣鈔鹽，再限半年，照應已降指揮，加饒給賣。」以浙東提鹽司申「温州諸場有管積鹽，雖立限半年，加饒給賣，今限滿，發泄未至通快，乞再展限」故也。

九月二十四日，詔：「紹興府諸縣隆興元年住賣茶鹽及批發茶引，依紹興二十八年例，權免比較課額。」從知府吳芾請也。

十月二十六日，詔：「鹽場官武臣不許差軍班并流外人，内有合措置事，令户部條具。」

十二月十三日，户部條具下項：「一、買納鹽場容縱公吏侵漁亭户，不以時支本錢，及有減刻，又納鹽限滯，違法重斤，以致亭户不願納官鹽。今欲下淮、浙、二廣提鹽司、福建轉運司約束施行。一、買【14】納鹽場發鹽赴州倉納鹽日限，途中滯留，州倉監專不即交納〔六〕，般稍人等掃袋偷竊，暗耗官鹽斤數，或以沙泥夾雜充足，以致客人興販折閲，不願請買。今欲下淮、浙、二廣提鹽司、福建轉運司禁

〔一〕煎認：疑當作「認煎」。
〔二〕天頭原批：「『角』一作『用』。」以下見《補編》頁七九二。
〔三〕天頭原批：「『赴』一作『付』。」
〔四〕天頭原批：「『製』一作『掣』。」
〔五〕買：原作「賣」，據《補編》頁七九二改。
〔六〕監：原作「鹽」，據文意改。宋代場務置監官與專典，合稱「監專」。

止施行，仍今後發鹽須管計程立限，運赴鹽倉即時交納。一、廣東鹽味鹹厚故易售，廣西鹽味淡薄故難售。廣西措置，應販到廣東鹽鈔，並先抛賣廣西鹽鈔，方許賣鹽。廣西鹽鈔未必能售，併與廣東鹽鈔滯之矣。欲行下提舉司參酌利害，應兩路鹽鈔通融販賣，如或抛賣廣西鹽鈔，不應立定限數，止合勸誘承受帶納。一、諸處置場，差官太多，既有監倉官，又有買納官，又有催煎官，又有管押袋鹽官，又有支鹽官，多是堂除權要子弟不曾銓試之人，及武臣有力者，不曉民事，可委提舉司相度減罷。或鹽利浩大去處，合與存留窠闕，止許吏部作選闕注經任人，仍不許差武臣。」從之。

二年正月九日，詔：「廣西路搉鹽賣引錢，每歲一十五萬貫，特與蠲免兩年，自隆興二年爲始。」

同日，江淮都督府准備差遣李椿言：「雷、化、高、廉四州係産鹽之地，乞聽小民般販食鹽於境内貨賣。其入州縣者中賣入官，充變轉食鹽。中賣價錢每斤二十文，出賣不得過四十文。」金部以謂：「廣西産鹽州，二分官賣食鹽，如非産鹽地分，亦許客販。見今收買亭户鹽貨，每斤十八文足，官賣鹽每斤五十文省。緣前項立定錢數見今遵用，欲下廣[15]西提刑司照應見行條法施行。」從之。

二十五日，臣寮言：「諸路客販鹽貨，間有虛增袋數，紐計價錢，妄立牙保限約，作債負放與無徒不逞之人。既至違限逋欠，輒興詞訴理索，紊煩州縣。」詔：「日後如有似此之人，其斷罪告賞，並依冒茶鹽理債已降指揮。」

二月六日，知潭州黄祖舜言〔一〕：「湖南人户少欠客人鹽錢，輒敢折人男女充奴婢，乞以徒罪論斷。」刑部言：「如人户少欠客人鹽錢，其客人輒折其男女充奴婢者，欲比附『以債負質將人户，杖一百、錢物不追』條法斷罪。」從之。

六月八日，詔：「訪聞臨安府城内外多有不畏公法之人興販私鹽，及結託貴勢之家倚爲主張，公然貨賣。令臨安府重立賞錢，嚴行緝捉。日後有犯，如係貴要之家，令御史臺具名彈奏。」

八月九日，吏部侍郎、淮東宣諭使錢端禮言：「浙東一路財用，惟鹽司所入最爲浩瀚，日前年分浮費失陷至多。尋取索到本府紹興三十二年取撥過見錢八十七萬九千八百三十貫一百八文，隆興元年六十五萬五千三百七十六貫九百八十一文，隆興二年正據本司申納過二十萬貫，赴左藏庫送納。其錢並是儹剩鹽本寬餘之數，若不立定額拘收，竊慮日後失陷。乞自隆興二年爲數，令淮東鹽事司每歲拘收鹽本寬剩錢六十萬貫，令淮東總領所驅催發赴本所椿管，別置庫眼文曆，非奉特旨，不得移易借兑。如違，以違制論。」從之。

二十日，詔：「福[16]建路州軍應煎鹽亭户科敷色役，仰照應江、湖、淮、浙、京西路已得指揮一體施行，即不得受

〔一〕知：原無，據《宋史全文》卷二四上、本書食貨七〇之一四五補。

情，將兼并豪右之家及不係煎鹽亭户一例作亭户名色蠲免。」從福州連江縣請也。

十一月十五日，提舉廣東茶鹽司言：「廣州博勞場、官富場、潮州惠來場、南恩州海陵場，各係僻遠，所産鹽貨微薄，所收課利不足以充監官俸給。今欲將四場廢罷，撥附鄰近鹽場所管。内廣州博勞場撥附海晏〔場〕，官富場撥附疊福場，潮州惠來場撥附隆井場，南恩州海陵場撥附雙恩場。仰逐場通認鹽額，催煎，買納鹽貨。其監官亦行減罷，依舊法差本州不許差文武官或職官一員兼監〔一〕，給納鹽貨。」從之。

閏十一月二十二日，户部侍郎朱夏卿等言：「客販淮浙鹽，比年以來，般運脚費爲多，所得利薄，理合量行立限加饒。欲除今日已前等出鹽鈔外，立限兩個月，許客鋪入納每十袋加饒一袋，以爲優(閏)〔潤〕。其建康、鎮江府榷貨務，今降指揮到日，立限、加饒依此算請。」從之。乾道元年正月二十三日〔二〕，户部言：「客鋪算請三榷貨務淮浙袋鹽〔三〕，已降旨，立(定)〔限〕加饒。今已限滿，竊慮客旅尚未通知，今欲更與展限一月，加饒算請。」從之。

十二月十六日，德音〔四〕：「楚、滁、濠、廬、光州、盱眙軍、光化軍管内并(楊)〔揚〕、成、西和州、襄陽、德安府、信陽、高郵軍鹽場亭户，因避人馬或被害之人見停廢去處〔五〕，仰提鹽司親行巡歷，點檢措置，招誘人户〔六〕，借貸糧米、本錢，17應副起竈煎煉，常加存恤。」

十八日，臣寮言：「淮南歲額一千二百餘萬緡，承、楚支發纔十之二，而通、泰最爲浩瀚。承、楚小擾，於通、泰諸場固自無害者。若不從權措置，徒致商賈不行。望下提舉司權於真州置倉，將通、泰鹽綱就彼出卸。」詔令周淙、向沟同共措置起置〔七〕。明年六月十六日，詔事委向(均)〔沟〕於真州踏逐地段蓋造。(均)〔沟〕言：「近計料起蓋真州鹽倉，共合起蓋鹽敖二百八十間，并廳事、錢庫、司房、物料庫、備

〔一〕「不許差」三字疑爲衍文。

〔二〕按，原稿此句以下另作一條。如此，則似下兩條亦爲乾道元年事，而其實下條亦爲隆興二年事，見下條之校記。此句以下乃《會要》連叙後事，並非另作一條。

〔三〕鹽：原作「監」，據《補編》頁七九三改。

〔四〕按，此乃隆興二年十二月十六日丙申因宋金重達和議而大赦沿邊被兵州軍之德音，參《宋史》卷三三《孝宗紀》一。

〔五〕人馬：疑當作「戎馬」。

〔六〕招：原作「詔」，據《補編》頁七九三改。

〔七〕向沟：原作「向均」。按，本書中屢見「向均」其人，但此人不見於其他文獻。據後文乾道元年「六月二十一日」條，此時向均官爲「淮南東路提鹽」，亦即「淮南東路提舉常平茶鹽事」之簡稱。考洪适《盤洲文集》卷一九有《向沟提舉淮東常平茶鹽制》一文。據錢大昕《洪文惠公年譜》，洪适於隆興二年九月至十二月任中書舍人，此制之行詞正在此時。換言之，向沟於隆興二年九月至十二月間除淮東提舉，與此條之時間正相合，與周淙（時爲淮東安撫使、知揚州）同共措置淮東鹽事者正是向沟。可證「均」乃「沟」之誤。向沟，向子革之子，河内人，南渡家鎮江（《至順鎮江志》卷一九）。乾道二年代周淙爲淮東安撫使（《南宋制撫年表》卷上）。其他事迹略見諸史。本書中他處之「向均」亦應爲「向沟」之誤。

卸屋等共計三百二十七間。若仍舊存留通、泰州、高郵軍舊倉，即不消全行蓋造。欲將元料鹽敖二百八十間以四分爲率，先次起蓋一分七十間，錢庫、備卸屋并減半。通、泰、楚州所産鹽貨，各州場分多寡不等，欲將通、泰、楚州打到袋鹽各以十分爲率，數内合行分撥二分，運赴真州鹽倉支發。如有不足舟舡，只依所乞，從本司和雇一分定，般運各州鹽綱。舟船並以空綱到買鹽場岸下先後資次裝發。通、泰州、高郵軍舊鹽倉支鹽，見收客人水脚錢，今來和雇般户，令於水脚錢内支。泰州海安場欲每袋支六百文，如皋場每袋支六百五十文，西谿場每袋支七百文，通州場每袋支八百文，楚州鹽城場每袋支七百五十文。今來客人若只就真州鹽倉支鹽，減省通、泰等州地里盤費脚乘。所有官中和雇船户合支水脚錢，自來係客人出備，欲乞令就真州鹽倉請鹽客人每袋送納錢五百文省，【18】專充運鹽脚乘支使。所有不足錢數，依例於袋息錢内相兼支使。」從之。

乾道元年正月一日，南郊赦：「四川民户鹽井，其間有年歲深遠，泉脉短縮，寔不可煎輸。家貧無以償納者，往往虚負折估重額，雖累陳乞棧閉，官司不爲施行，理宜矜恤。可令逐路監司將似此去處相度詣寔，依條棧閉施行，不得依前逼抑違戾。」三年十一月二日、六年十一月六日、九年十一月九日南郊赦，並同此制。

同日，赦：「淮、浙鹽場亭户虧欠鹽數，已放至紹興二十九年，可將紹興三十二年已前拖欠未補數目，令提鹽司取見，如委實不能補趁，並與蠲放。」三年十一月二日郊赦放至隆興二年，六年十一月六日郊赦放至乾道二年，九年十一月九日郊赦放至乾道六年。

三月十二日，廣東提舉鹽事石敦義言：「廣州賣鈔庫准給降廣東路廣、惠、潮、南恩四州鹽鈔共五十萬貫，計鹽九萬九千九百九十九籮，已賣及一半，尚有一半鈔引，本司見招誘入納算請。乞再印給廣東鹽鈔引五十萬貫，應副接續算請。」從之。

五月二十三日，提舉兩浙西路茶鹽公事姚憲言：「祖宗舊法，支鹽本錢分上下次。先以上次五分發下催煎場，呼名支散，貧民下户均沾本柄，下次五分留買納場，候發鹽到，秤見寔數，却行貼支。行之久遠，歲有增羨。至紹興二十九年指揮，作料次支撥，下買納場椿垛，就秤下支還。緣催煎地遠，内有貧乏【19】下户無力守等交秤，支請本錢。上等有力亭户一狀有請數千貫者，下户有經年不得本錢，亭場敗闕，不免逃移。乞詔有司遵依祖宗舊法。」從之。

六月二十一日，詔：諸路州軍不得造酒科配鹽亭户，及諸般敷擾。從淮南東路提鹽向(均)〔沟〕請也。

七月十二日，詔明州催煎官右迪功郎劉靖民、右迪功郎洪莅、右迪功郎毛大椿、右迪功郎邵岳並放罷，知明州昌國縣兼主管昌國縣鹽場官左奉議郎王存之、明州通判主管鹽事官右朝奉郎曾述各特降一官。以兩浙東路提舉茶鹽司言「明州鹽倉發鹽稀少，壓占資次在倉，不得支請」故也。

八月十二日，册皇太子赦：「淮、浙鹽場亭户合支鹽本錢，訪聞多是提舉司并本州主管司當行人吏通行邀阻，不與依時支給，或容干請計會，方行支付，分數減剋。其逐場率多科擾，及吏私將鹽本錢以公使爲名，妄有支費，以致亭户貧乏，有虧鹽課。可令提舉官躬親前去逐場檢察，嚴行約束，如見有未支本錢，仰當官點名，逐一盡數支還。若尚敢蹈習前弊，將當職官吏按劾以聞，人吏剋減，並行決配。如違令來赦降指揮，許鹽亭户經尚書省越訴，當議重寘典憲。」

十七日，詔向(均)〔汮〕職事修舉，鹽課增羨，特與叙元官。

九月十五日，臣寮言：「三搉貨務每年客鋪筭請鹽鈔，每袋合納錢一十七貫有零，欲每袋添錢三貫文。」户部勘當：「欲令行在并鎮江、建康府搉貨務自今[20]降指揮到日爲始，增添給賣施行。應今日以前客鋪筭出鹽鈔已未投納在倉者，每袋依此增添，聽客人從便就三路或諸州主管鹽事廳貼納，仍於鈔引上用印號聲説訖，方許於鹽倉依元投鈔資次支鹽。其請鹽資次，謂如甲未有錢貼納，許令乙貼納，攙請客人般販到見在鹽袋。令客鋪限三日經官自陳，州委主管官、縣委令丞，限十日依應貼納。仍從所委官批鑿隨鹽文引訖，方許出賣。見今客筭文引，每貫收頭子市例錢二十二文，鈔回頭子錢一十文，雇人錢一文，今來並皆依舊。所有新添錢數，更不紐計添納；其已請出見賣散鹽，與免貼納。仍仰所委官檢察，即不得將未折袋鹽一例開拆。如違，並依私鹽法斷罪告賞施行。」從之。其後總領淮西江東軍馬錢糧楊倓言：「自淮上件指揮之後，並無客人筭請，遂責據書鋪供據〔一〕，客鋪在外擘劃見錢，貼納已前筭出鈔鹽，是致未有人納。今乞將日後已未到倉鹽鈔，每支新鈔一袋，對支貼納鈔一袋。」從之。乾道二年七月五日，詔：「今後貼納鹽錢，每袋三貫，並納見錢。」十一月一日，詔：「納賣鹽鈔，所添錢三貫，永爲成法，日後更不增減。」

二年正月十八日，詔：「通、泰、真州、高郵軍鹽倉押發袋鹽官，並遵從紹興二十八年八月八日指揮，於三州使臣内選擇畏謹有心力、可以倚仗之人差撥管押。」從淮東提鹽司之請也。

二月六日，新通判常州胡與可言：「諸[21]路茶鹽住賣，每引措留錢五十文，以爲捉私鹽賞錢。約計諸路州縣所得，歲不下十餘萬貫。前後措留錢，未見州軍充賞給支用，止係將販人舟船之物抵賞〔二〕，其所得之錢，鹽司、州縣人吏公共謾隱，侵盜支破。乞下逐路茶鹽司計歲終已賣之數，將措留錢發納上供。」户部言：「元降指揮，每州縣樁留錢一千五十貫充私茶鹽賞錢，至歲終，盡數起發赴行在搉

〔一〕「遂責」下似有脱文。
〔二〕船：原作「般」，據《補編》頁七九五改。

貨務都茶場交納。今欲立式行下諸州縣，如當年分樁剩錢不曾支充賞錢，即合次年收到盡行起發；或已支盡，即次年別樁；或支不盡，即次年貼數湊樁，餘數並令起發。」從之。

四月十五日，詔：「通、泰州、高郵軍鹽倉監官依舊推賞外〔一〕，其真州鹽倉任滿敷額，及無積留，特與減二年磨勘。如考内比額有虧，通一任雖無虧欠，即更不推賞。」從淮東提舉司申明也。

五月二日，詔：「行在榷貨務都茶場將建康務場合應副淮東鹽鈔之數，改降鎮江務場入納。每季别印降淮鈔三十萬貫，隨公據差人管押赴鎮江務場，應副客人筭請，自今年秋季爲始。」其後淮西總領楊倓言：「鎮江府務場給賣浙鈔，建康府務場給賣淮鈔，行之三十餘年，客人請筭，委得利便。蓋淮、浙鹽鈔兩處請買，已是經久，一旦更改，致客旅不便。乞將本所每月見認淮東公據十萬貫印給，徑付本所措置，其淮鈔乞更不給付淮東總領所〔筭〕請〔二〕。」

六月十一日，户部言：「被旨，諸路發納綱錢，以二分會子、八分見錢起發。本部今參酌到見行 22 筭請錢引舊法下項：一、行在榷貨務都茶場筭請，依自來指揮，茶、鹽、礬見係六分輕齎〔三〕，謂金銀、關子〔四〕。四分見錢，目今多用會子。乳香八分輕齎，謂金銀、關子。二分見錢，目今多用會子。至左藏闕少見銀品搭支遣。今欲將前項合納四分、二分見錢分數，各以搭分爲率，許用五分見錢、五分會子筭請。一、建康榷貨務都茶場，自來除每袋五貫文通貨錢並納見錢外，餘以金銀、公據、關子入納。所有合納通貨見錢五貫文，其間多用會子，今欲令納一半見錢、一半會子筭請。一、鎮江務場應入納茶、鹽、香、礬，並聽客户以金銀、見錢、公據、關子從便筭請，欲只依舊法。」從之。

七月六日，臣寮言：「淮、浙亭户，舊法父祖曾充亭户之人，子孫改業日久，亦合依舊鹽場充應。比年以來，以鹽本錢支散愆期，遂使亭户多有私賣，捕盜官捉獲，有司一例盡行配往他處，遂致諸場亭户日漸稀少，虧損課額。今後亭户有販私鹽，乞將外來興販人比見行條法量行加等斷罪外，其亭户比倣軍器所工匠斷罪條法斷罪，依舊押歸本場，充下名亭户收管。」詔户部看詳，并淮、浙提舉司相度以聞。户部下大理寺看詳：「鹽亭户犯罪，情理輕不該編配之人，依法斷訖，自今押歸本場，已得允當。」從之。

八月四日，户部言：「客販淮東袋鹽，其鹽倉合納揹留鹽本等錢，緣見錢不許渡江，依已降指揮，令客人將合納揹留錢就行在并建康府 23 榷貨務兑换淮南交子前去請鹽。今詢客人，多有見在淮東州縣營運收息，舊來將合納揹留錢就便以所收息錢送納，今來若止令客人就務場兑换交

〔一〕監：原作「鹽」，據《補編》頁七九五改。
〔二〕鈔：原作「錢」，據《補編》頁七九五改。
〔三〕輕：原作「經」，據《補編》頁七九五改。
〔四〕小注原爲正文大字，據《補編》頁七九五改。下同。

子，竊慮拘制，妨阻入納。今欲乞行下所屬曉諭客人，如有似此江北州縣已有見錢者，聽從便送納指留錢，餘依已降指揮兑换交子前去請鹽〔一〕。」從之。

九月二十一日，淮南東路提舉常平茶鹽公事俞召虎言：「欲行下諸場，將亭户結甲，遞相委保覺察，如復敢私買賣，許諸色人陳告，依條給賞，同甲坐罪。如甲内有首者，免罪，亦與支賞。仍責催煎官鈐束起住火伏，盡數起發赴場，不得容留在竈。如違，催煎官坐罪有差。其地分巡尉根究透漏，依條施行。」從之。

乾道四年正月十一日，詔：「福建上四州將紹興三十二年以前積欠鹽本等錢，並行除放。其隆興元年以後所欠，令轉運司專一拘催，責限發納。」兩浙路計度轉運使沈度奏事，上宣諭曰：「前日觀卿所奏鹽事甚詳，朕已盡蠲十五萬緡，以寬民力。」度奏曰：「福建上四州之民久以鹽爲苦，今陛下一旦盡捐之，深得聖人藏富於民之義。」上曰：「朕意欲使天下盡蠲無名之賦，以養兵之費，未能如朕意。」度奏曰：「陛下惻怛愛民，出斯語，固已與天爲一矣，四海九州，孰不欣戴！」

六月四日，詔：「廣西鈔鹽舊係本路轉運司出賣，自乾道元年因曾運申請，併歸廣東，走失鹽課，民受困弊，今已別行措置。自今 24 後廣西鹽課，令本路轉運司自管認出賣，廣東提舉司更不干預。」先是，度支郎中唐瑑言：「廣東鹽引錢拖欠幾八十萬緡，緣嚮來二廣鹽事分東、西兩司，而東路之鹽往西路者，乘大水無磧之阻，其勢甚易；廣西之鹽場出止是小水，又多灘磧，其勢甚艱，故常爲東路鹽侵奪。昨來廣西自作一司，故鹽課不致虧減。今來既罷廣西鹽司〔二〕，併入東路，則廣東之鹽公行，無復禁止，廣西鹽場遂至住煎，坐失一路所入。乞取舊法施行。」乃故有是〔詔〕也。

同日，詔：「廣西鹽鈔今後更不給印〔三〕，依舊撥還轉運司，均與諸州官般官賣，仍舊令本司管認息錢，認發二十一萬貫。内將三萬貫給靖州，八萬貫充經畧司買馬，餘十萬貫撥充鄂州應副大軍支遣。其本路見拖下未曾賣鹽鈔，仰本司拘收，繳赴行在送納。」是日，宰執進呈看詳廣西鈔鹽利害，蔣芾奏曰：「鹽利舊屬漕司應副諸州歲計，自賣鈔鹽，漕司遂以苗米高價折鈔〔四〕，又有招糴、和糴之名，民受其弊。今朝廷更不降鹽鈔，只令漕司認發歲額二十一萬緡，則漕司自獲鹽息，折米招糴之弊皆可去。」劉珙奏曰：「此事與福建鈔鹽一同，免福建鈔鹽，民間無不鼓舞。今廣西亦然，想見遠民猶更受賜。」上曰：「極是。」故降是詔。

八月十七日，知温州王逨等言：「温州管下南北天富監、永嘉、雙穗、長林場，並産鹽去處，見今依祖額每年買

〔一〕餘：原作「除」，據《補編》頁七九五改。
〔二〕天頭原批：「『司』一作『事』。」按，見《補編》頁七九五。
〔三〕鈔：原作「錢」，據下條改。
〔四〕天頭原批：「『鈔』一作『錢』。」按，見《補編》頁七九五。

納。自初置鹽場，唯藉處州客旅鋪户就場[25]筭請袋鹽，并本州四縣住賣，別無他路發泄，客鈔稀少。究其利病，蓋緣改置州倉，其監官、專秤暗增秤勢，不無病弊。今相度逐州支鹽倉有害無利，今若罷去州倉，依舊就場支請，守倅檢察，不得高擡斤重，則其利有八：〔其〕一，就場支請，較之州倉，人獲其便，自然數多；其二，省減押袋官與添差監倉官(一)、稍手、吏徒縻費；其三，免於交納之時，暗增秤勢，苦虐亭户；其四，不須差雇民户艚般，循環騷擾；其五，既不運入州倉，則般鹽脚子無由在路偷斡，雜以僞濫、影帶私商自然息絶；其六，不入州倉，且免般剥銷折之患；其七，亭户就場得錢，免有登涉道路、就州請領使用裹糧之費；其八，官鹽盛行，私鹽稍息，且免終歲捕獲鞭笞之酷。」從之。先是，元年八月，權發遣温州袁孚言：「本州鈔鹽從前就場支發，自紹興二十八年始再置州倉(二)。今計州倉所支，比鹽場支數大段虧減，乞依舊就場支發。」至是，王逨復請，遂有是命。

五年正月七日，詔：「高州創置博茂鹽場，監官一員(三)，作小使臣窠闕，以監高州博茂鹽場爲名。」以知高州曹訓之請也。

六年正月二十二日，提舉淮南東路茶鹽公事俞召虎言：「淮東路鹽場依祖額，每年煎賣二百六十八萬餘石。至乾道五年終，積下散鹽一百六十餘萬石。今措置，欲於積下散鹽内取撥一十萬碩，打角二萬五千袋，均下行在并建康兩榷務給賣。」從之。其後户部尚書曾懷言：「淮東截[26]日客人投下資次，未支鹽共二萬六千餘袋。今來若令別項給賣前項積下散鹽，竊慮侵損歲計。欲將上件積鹽盡數打袋，令行在、建康榷貨務召客鋪筭請，每三十袋許買積鹽二袋。其收到積鹽鈔面錢，依已降旨赴逐處樁管。」從之。

二月十五日，臣寮言：「乞將廣南西路盡行鈔法，許東、西兩路通販。依見行錢鈔法指揮，其東、西路所收通貨錢若作一貫五百文，竊恐鹽價太高。兼淮、浙鹽每袋三百斤，計增添者三貫省。今欲每(羅)〔籮〕一百斤，增收通貨錢一貫文省，與淮、浙鹽貨一體，一歲均增收錢四十萬貫，可以充漕計支用。條具下項：一、照得二廣鹽每籮一百斤，納鈔面錢七貫。内措留錢二貫文，赴鹽倉納；正鈔錢五貫文，赴筭鈔官司納。今來於正鈔錢内令添通貨錢一貫，赴筭鈔官司送納。所有其餘頭子、市例、脚剩等錢，並各依舊，更不增添。欲下廣州、静江府賣鈔庫，自今降指揮到日爲始，於鈔引上用印聲説，增添給賣。一、欲下廣南提鹽司，將客人已投在倉未支鹽，及初到倉投理鈔引，依此用引號聲説增添貼納通貨錢一貫文訖，方許支鹽。一、自今降指揮到日，應客人、鋪户等若有已筭出未曾支鹽鈔引，或有

(一)監：原作「鹽」，據《補編》頁七九六改。
(二)二十八年：《補編》頁七九六作「二十一年」，誤。紹興二十八年浙西路復置州倉，見本書食貨二六之三八。
(三)監：原作「鹽」，據《補編》頁七九六改。

已支出鹽未曾出賣者，及賣未盡鹽，並限五日經官自陳，州於主管官、縣於縣丞廳增添貼納通貨錢一貫文訖，方許出賣。若鹽不及一籮，免行增收。仍許諸色人互相糾告，如五日 27 限外不自陳貼納，私下出賣者，並依私鹽法斷罪追賞。一、今來兩路鹽通行鈔法，並許通販，依舊令廣南提舉鹽事司通行管認。乞下太府寺交引庫先次印造廣東、西鈔引各五十萬貫，仍令鈔引上添入通貨錢一貫文。一、所有乾道五年四月十八日每籮增納通貨錢兩貫文指揮，更不施行。一、應客人若有販過東鹽入西路界，曾經貼通貨錢兩貫文者，免納前項通貨錢一貫文。一、今來廣南復行客鈔，仰提鹽司多方招誘客旅筭請，不得抑令客人帶買，及移科與縣道均配民户〔一〕。一、西路截日終，官般官賣鹽並各住罷，盡數拘收封樁。如客販鈔鹽未到，仍仰本府縣權將拘收到上項官鹽零細依價出賣，即不得因時科俵。候客鈔鹽到，即時住罷。仍令本路轉運、提舉司限半月，類聚本路官賣鹽數目從長措置。一、今來兩道通行鈔法，即不見得東、西路諸州縣每歲的實産鹽及住賣各若干，令廣南提鹽司限半月逐一子細開具，詣實供申。」從之，續詔廣西運判高繹、提舉章潭條具合行事件取旨。30 七年六月二十六日〔二〕，左右司言：「二廣鹽自靖康之後，始行官般官賣，至紹興年復行客鈔。因廣西漕計不足，將本路苗米折納價錢，每石不下兩貫文足，却有苗米外科和糴米，每石支價錢五百至六百足。乾道四年六月四日〔三〕，始詔罷折米，將鹽撥還本司，依舊官賣，和糴米令用鹽息錢措置收糴。蓋欲寬裕 31 民力，而或以謂官般官賣，公私被害。乾道六年二月十五日，遂令廣東西通行鈔法，復下廣西運判高繹同提舉章潭條具合行事件。（令）〔今〕將兩司所申看詳下項：〔一〕、廣東路鹽額五十萬貫，廣西路鹽額四十萬貫，歲額一體趁辦，應副兩路歲計。一、兩路額鹽計十八萬籮，每籮增收一貫文作通貨錢，充西路漕計錢；就鬱林倉支鹽，更納般脚錢一貫二百文省，每籮共納二貫二百文。東路鹽納漕計錢一貫文省，若遇運鹽入西路，每籮更合納通貨錢七百文，共計一貫七百文。兩路鈔面合一體開坐聲説。一、西路鹽本，舊每籮一貫八百文足，官吏侵剋，名色不一，鹽丁所得止四

〔一〕天頭原批：「『科』一作『料』。」按，見《補編》頁七九六。

〔二〕按，《輯稿》此處有大段錯簡。從原稿中縫頁碼及前後空白可見，徐松原稿自此句以下本是緊接上文，中間亦無空格。蓋上文云，詔高繹、章潭「條具合行事件取旨」，其後高、章遵旨條具申報，命左右司看詳。下文即左右司看詳後所奏，故《會要》將此奏與上文合爲一條。後來整理者不明《會要》之意，見此句云「七年六月」，以爲是另一條，而後文又有「七年正月」云云，復以爲時序錯亂，遂按時間順序，將後文七年正月至四月共四條割移於此，而後接此句「七年六月二十六日」以下各條。表面看年月次序井然，實則造成年代錯誤，將乾道六年二月十七日至十一月十八日共八條變成了乾道七年事。是則原稿本不錯簡，後來整理者誤認爲錯簡，誤加移動，以致造成真正的錯簡。所幸徐松原稿頁碼可尋，又《補編》頁七九六至頁七九九複文未經改動。今即據《補編》移正，恢復徐稿原來次序。

〔三〕四年六月：原作「六年四月」，據本書食貨二七之二四及《補編》頁七九六改。

百文，猶不時給，故私販日滋。自行官般，革去侵剋之弊，每籮支錢一貫足，歲額八萬籮，合收八萬貫足。今每籮存留八百足，亦計八萬二千餘貫省。西路一歲賣及八萬籮，始能趁八萬貫之數。若東鹽鹽貨又入西路，以乾道二年計之，係三萬三千三百九十六籮。民食既有限，西路決不能賣元數，是致遞年虧損課額。今欲將東路通貨入西路鹽，每籮依數撥納所留本錢八百足〔一〕，以還西路。一、舊廣西歲計，並是折米錢，約三十六萬餘貫，今住罷折米。其高繹所申歲計，共用四十五萬三千八百九十七貫有零省，與章潭所申數目不同，難以稽考。緣漕司一年諸州歲計鹽額，元管四十萬貫，後認發二十一萬貫，內將八萬貫充經畧司買馬，三萬貫應副靖州，十32萬貫應副鄂州總領所外，尚餘一十九萬。又西路額鹽一十八萬籮，增納漕計錢約計十八萬餘貫，及西路存留鹽本錢以八萬籮爲率，每籮八百足，計八萬二千餘貫省，共計已得四十五萬二千之數。歲計之用，不得過四十五萬貫，內除本路支給効用二萬八千餘貫合行添撥外，尚有寬剩二萬餘貫，即合均撥應副凋弊州軍，以寬民力。一、石康縣有小江處，其一（沂）〔泝〕流至鬱林倉，歲差常運官六員，客鈔多即般鹽赴倉，應副靜江、藤、容、梧、潯、昭、賀、柳、象、宜、融、鬱、貴十三州支請；其一泝流至武利場，歲差常運官四員般鹽赴倉，應副邕、賓、橫三州博馬。今來客鈔既就武林倉支請，所納鹽本、般車脚錢，合並依鬱林倉體例施行。一、廣西鹽事，地里闊遠，自合專置一司。今既委轉運兼領，尚慮按行不周，合專置幹官一員。乞差京朝官就石康縣廨宇往來鬱林倉點檢，仍改作主管官，理親民差遣。任滿，能禁戢私鹽，歲額不虧，即令兩司保明覈實，與轉一官。一、鹽丁本錢，每籮既存留八百足外，所支一貫足，即合支還見錢，以恤鹽丁，即不得以銀折支〔二〕。如違，以違制論。一、欽州管下白皮村，舊有鹹土生發，煎煉鹽貨。緣枕近溪洞，接連交趾，結集興販，慮別生事，自乾道四年封閉上件鹽竈。今廣西運司乞依高、貴、廉、雷州例，仍舊差官般運鼊村二分鹽煎前去出賣，應副民間食用。今看詳，既行客鈔，上件地分不合33官般，顯屬違戾，乞亦住罷。」並從之。

十七日〔三〕，戶部侍郎、提領榷貨務都茶場葉衡言：「竊惟今日財賦之源，煮海之利寔居其半，然年來課入不增，商賈不行者，皆私販有以害之也。欲禁私販之害，當自煮海之地爲之限制，司其火之起伏，稽其竈之多寡，亭戶本錢以時支散，鹽貨委積以時收買，又擇其吏之廉勤有才力者，往來自察之〔四〕，如此，則雖不必禁捕私販，而私販當自

〔一〕足：原作「貫」，據《補編》頁七九七改。
〔二〕天頭原批：「『支』一作『足』。」按，以下見《補編》頁七九七。
〔三〕按，此是乾道六年二月十七日。《宋史》卷一八二《食貨志》下四載葉衡此奏，亦繫於乾道六年。然若按今之《輯稿》，則爲乾道七年，由此益可證今《輯稿》割移徐松原稿之誤。
〔四〕天頭原批：「『自』一作『同』。」按，疑當作「伺」。

絕矣。且以淮東、二浙鹽貨出入之數論之，然後知其私販之多也。淮東歲額鹽二百六十八萬三千餘石，去年兩務場賣淮鹽六十七萬二千三百餘袋，總收錢二千一百九十六萬三千餘貫，然淮東鹽竈止四百一十一所〔一〕。二浙額鹽共一百九十七萬餘石，去年兩務場賣浙鹽二十萬二千餘袋，總收錢五百一萬二千餘貫，而二浙鹽竈乃計二千四百餘所。以鹽額論之，淮東之數多於二浙五之一；以去歲賣鹽所得錢數論之，淮東多於二浙三之二；及以竈之多寡論之，二浙反多於淮東四之三。蓋二浙無非私販也，二浙私鹽侵損國家利入幾十之六七。欲望從臣所乞，差官三員分路措置。」從之。葉衡條具下項：「一、巡尉官兵捕獲私鹽，及關防亭竈甲頭并催煎、買納場去處官吏情弊等事，罪賞合一依《紹興重編勅令》內條法施行。一、收捉私鹽，在法雖不可不嚴，亦須亭户衣食粗足，方可禁絕。除已行下提舉司，令逐時就時下 34 支還額鹽價錢外，所有額外煎到鹽，欲乞就南庫預借會子二十萬貫，分委措置官巡歷諸場，逐時依額外鹽價收買打袋，發赴鹽倉支發。一、今來私鹽盛行，往往將見行條法視爲文具，兼官司畧不奉行。臣乞差官三員分路措置：淮南一員，欲於通州置司；浙東一員，明州置司；浙西一員，秀州置司。以措置本路私鹽司爲名，每員於逐路產鹽州軍廂兵內差一十五人及書寫人一名，應副隨行檢視。鹽場定逐竈火伏盤數，依條置簿曆稽考。其所差官除措置外，監督諸處巡尉、弓兵捕捉私鹽。如有違慢去處〔二〕，密具姓名申提刑、總領所按治施行，即不令隨行人從自行捉捕，或至生事。其所差官每員除請受外，每月各添給食錢并贍家錢共一百貫文，書寫人吏日支食錢五百文，軍兵各日添食錢五百文，米三升。所收息錢仍依條半年一次比較，且將乾道五年賣得鹽錢爲額，如增及一倍以上者，申本所覈實，取旨推恩。今照得乾道五年淮鹽賣及一千八百萬貫，浙鹽賣及五百萬貫者，若一例增，一例推賞，竊恐淮鹽所賣數目已多，決無更增一倍之理。欲於淮鹽增四分之一，謂如賣一千八百萬，令增至六百萬以上之類，言合推賞。其浙鹽即乞依法增至一倍。其催煎、（賣）〔買〕納場及逐州知通、本路提舉官准此。或鹽法州縣及當職官奉行稽慢違戾，或有沮抑者，各徒二年，並不以去官、赦降減。鹽 35 課增倍，亦合令產鹽州軍知州與主管官同賞。以鹽事非知州所掌，更不留意禁戢私販，或遇巡尉解到私鹽，即從輕典，或以爲生事，反將捕人違法收禁，遂至私鹽盛行。今既與主管官一例推賞，今後取勘私鹽公事〔三〕，須管依公行遣，不管稍有滅裂。」從之。

三月一日，詔：「將三榷貨務都茶場收到茶、鹽、香、礬錢，各行立定歲額錢數下項：行在八百萬貫，建康二百萬

〔一〕一十一：《宋史》卷一八二《食貨志》下四作「一十二」。
〔二〕天頭原批：「『如』一作『所』。」
〔三〕天頭原批：「『取』一作『承』。」

貫，鎮江四百萬貫。如收趁及額，官吏方得依例推賞。如虧不及一分，免行責罰；若虧及一分以上，各降一官，吏人各從杖一百科斷。其降出外路茶鹽鈔引，候賣到錢，赴務場交納訖，方許理數。」以户部侍郎、提領榷貨務都茶場葉衡言：「三務場每歲所收入納茶、鹽等錢，依已降指揮各行比較，如有增羨，方合理賞。似此須是年年增羨，竊慮却將別色錢混雜在内，冒濫賞典。」故立定爲額云。

十一日，浙西提鹽司言：「乞且令客人就鹽倉送納袋本錢一年，自乾道七年爲始〔一〕，每袋令客人於鹽倉送納四百文應副支遣。」提領所言：「照得每袋用薦索、工食等錢，會計合用二百文以上，若不量添錢數扣留，竊恐闕悮。今欲下本務并鎮江務場，自今降指揮到日，將筭請兩浙鹽每袋合納袋本錢除扣五百文赴鹽倉送納外，其餘並仰隨所算鈔引赴務場入納。」從之。

五月十三日，浙西提舉茶鹽司言：「秀州場監多秤亭户浮鹽，受綱梢計囑搭帶斤重，沿 36 路偷盜，添入水漿泥沙。乞將秀州支鹽場倉罷去，就各場支發。」提領所勘當，欲依所乞。從之。

六月十五日，詔：「催煎、買納官係以三年爲任，任滿，以三考逐年内煎買到鹽與年額比較。其任外零考不及半年以上，對比月日，比祖額紐計，如虧不及一分之人，與免比較。其零考雖不及半年，若比類虧一分，即更不推賞。」

二十一日，詔：「今後應亭户少闕錢物，並許徑赴提舉司入狀借貸，以別狀納袋息錢應副，却將額外煎到鹽依價折還元借錢。」

十一月十五日，中書門下省檢正諸房公事、兼權户部侍郎王佐等言〔二〕：「依指揮，措置禁戢私販、發泄官鹽。竊慮鹽數目有限〔三〕，不相接濟，有妨支發客鈔。今欲乞將淮南俞召虎具到積鹽内先次取撥三萬袋，起赴行在。所有合用舟船縻費等〔四〕，權於淮南提鹽司見發南庫寬剩鹽本錢内從實約度支破。候將來收到鹽錢，却依數撥還。所取鹽貨到闕，或闕未開并有阻淺去處，乞委胡堅常措置般運起發前來。竊慮舟數稍多，難於照管〔五〕，欲每一千袋作一綱，周而復始，便於摺運。所是管押使臣、兵級，令淮東提舉司差撥。候鹽到，如臨安府都監倉庫眼盛貯不盡，欲權於豐儲倉空閑敖内時暫安頓，並令都監倉官吏受納管認。」從之。

十八日，户部言：「浙東提舉蘇嶠等申：温州旱傷，乾道五年分住賣茶鹽，權免比較賞罰。本部今指定，欲將温州乾道六年住賣茶鹽，以 37 乾道四年分住賣過數目爲遞年數，遵依見行條法比較賞罰。」從之。

〔一〕七：原作「六」，據《補編》頁七九八改。

〔二〕兼：原作「並」，據《補編》頁七九八改。

〔三〕天頭原批：「『慮』一作『恐』。」按，見《補編》頁七九八。

〔四〕船：原作「般」，據《補編》頁七九八改。

〔五〕天頭原批：「『難』一作『艱』。」按，見《補編》頁七九八。

七年正月二十三日〔一〕，詔：「昨降指揮，建康榷貨務帶賣淮東積鹽二萬袋，今已賣絶，令淮東提鹽司更取撥二萬袋，令本路依已降指揮搭賣。其賣到錢撥付建康府椿管。」

三月十六日，提舉廣南路鹽事司申：「照會廣州賣鈔庫，乾道六年七月一日准當年二月十五日指揮，給降廣東路廣、惠、(湖)〔潮〕、南恩四州鹽鈔引，正錢計四十一萬六千六百五十五貫，計鹽八萬三千三百三十二籮，自今年七月七日起賣。今據賣鈔庫申：已賣及一半外，餘見行出賣。緣道路遥遠，預行申乞降，伏望早下所屬印給廣東路鹽鈔引五十萬貫，應副接續給賣。」户部尋送榷貨務勘當，欲依所乞，令將已賣錢疾速起發。從之。

十九日，詔明州海内巡檢(拱)〔洪〕偉親獲私鹽被傷，特轉一官。是日，宰執進呈乞推賞，上曰：「莫是明州與保明來否？」虞允文奏曰：「明州不曾與此人乞賞，臣等看詳奏案，見(拱)〔洪〕偉親率官兵鬭敵被傷。從來巡尉罕有躬親捕盜，故欲少加旌勸。」上曰：「此當與推賞，在法何如？」允文奏曰：「在法，命官親獲私鹽一火五千斤，減三年磨勘。計偉所獲亦五千斤。」上曰：「依格推賞。」允文曰：「偉親被傷，宜加旌賞。」故有是命。

四月二十二日，臣寮言：「利路關外諸州連接敵境，軍興以來，歸正、忠義之人與逃亡惡少之徒，皆興販解鹽爲業，比之官價廉而味重，人競販賣，嘯聚邊境，動輒成羣。乞將忠義、歸正之人有官者，朝廷量加優恤，或爲添差之類，俾稍霑寸禄。無官之人與夫惡少逃亡，諭以禍福，悉令歸農，給關外諸州官田，貸之糧食，薄其賦役，使之各有常産。然後督責州縣嚴行禁止，曉諭諸軍無復興販〔二〕，則我之井鹽無壅滯之患。」詔令宣撫司措置。其後本司措置：「欲下興、鳳州兩都統、安撫司、總領所約束禁止，無致少有違犯，及分委官前去斷閘私小路，不通人跡往還，仍將出戍官兵分認地分，標畫界至〔三〕，守把捕捉。若有透漏，其本地分當職官重作行遣。若能捉獲奸細，每一名支賞錢五百貫。販鹽人除依總領所措置給賞外，本司量輕重支給犒賞，并下安撫司依此禁約，(乃)〔仍〕下三都統嚴行約束沿邊更替諸軍，毋令違犯，將犯人重作施行。」從之。

十二月十六日，臣寮言：「建康府榷貨務近緣客人興販米斛前往上江，致入納鹽鈔遲細，淮東積壓鹽袋數多。據淮西總領周閟措置，欲差官般載往鄂州出賣，稱提鹽貨，候客人入納通貨日依舊。今(據)〔具〕下項：一、乞十萬袋鹽，本路就榷貨務請買鹽鈔，令淮東提鹽司將應管積鹽逐旋打袋〔四〕，日下般運赴真州鹽倉下卸。本所和雇舟船，募

〔一〕以下四條原錯簡在上文食貨二七之二七乾道六年「二月十五日」條之後，已移正，見該條校記。
〔二〕天頭原批：「『軍』一作『州』。」按，見《補編》頁七九八。
〔三〕標：原作「剽」，據《補編》頁七九八改。
〔四〕令：原作「今」，據《補編》頁七九八改。

官管押，逐旋般運赴鄂州措置出賣。每綱以五千袋爲率，作兩綱收買。先於建康府樁積會子内借撥三十萬貫收買鹽鈔，候一綱了畢，申請支降。一、所差管押官并和[38]雇舟船，自真州至鄂州一節，係五千袋爲一綱，水脚錢一萬貫，火兒特支二百五十貫，上、下河兩次脚錢五百貫，管押官重難縻費錢七百五十貫，軍員、軍典六十貫，總計錢一萬一千五百六十貫文省。一、所差管押官，欲以見任文武待闕、寄居諸色官内募差管押。每五千袋爲一綱，將見行押綱賞格參照，每米一萬石、二千里以上，合減三年零四箇月磨勘，及押錢四萬貫、三千里以上，合轉一官。若以鹽五千袋般運至鄂州，一千五百里以上，並係泝流，欲與轉一官。一、鄂州合置倉敖，欲令湖廣總領所計置，權於大軍倉支撥空閑敖屋安頓，差官兼管。」從之。後有旨，差提領榷貨務都茶場所幹辦公〔事〕劉壁前去鄂州措置鹽。後臣寮言：「壁用官錢三十萬緡，（陟）〔涉〕歷半歲，僅得息錢八萬貫，而遠方客人疑官中欲變鹽法，建康務場數月之間，頓虧入納二百萬貫文。」八年五月七日，詔淮西總領所將見運鄂州鹽日下住罷。

八年正月十七日，左司郎中、提領榷貨務都茶場韓元吉等言：「近據鹽客方訮陳論，榷貨務長史王昉等侵使過算請鹽鈔關會、寄廊錢銀共七千四百餘貫。蓋緣從來即無立定長史侵使客人茶鹽等錢斷罪條法，今後三務場長史侵使客人鹽錢物，欲乞依牙人法斷罪。」從之。

二十五日，新提舉福建路市舶陳峴言：「福建路海口、嶺口、涵頭三倉祖額，歲買鹽一千九百七十六萬七[39]千五百斤。自元豐三年轉運使王子京建般運鹽綱之法〔一〕，後來州縣奉行，積漸生弊，一則侵盜而損公，二則科買而擾民，至今猶甚。且天下州縣皆行鈔法，於官則可計所入而無侵漁之弊，於民則便於興販而免科買之患，公私之利甚博。今獨福建受此運鹽之害，豈可不行鈔法以革之乎？紹興初間，邵武軍僉判趙不已嘗措置賣鹽之法，然鈔法終至於不可行者，何哉？蓋漕司則藉鹽綱以爲增鹽錢，州縣則藉鹽綱以爲歲計錢，官員則有賣鹽食錢、縻費錢，胥吏則有發遣交納常例錢。公私上下齟齬如此，則無怪乎鈔法之不可行也。況趙不已以江淮算請之法而施之福建之民，刀耕水耨，貧陋者衆，無有富商巨賈貿遷往還，一時之間，鈔法鈔引，未成倫序，而綱運遽罷，百姓之間，率無鹽食，故轉運司乘此以爲不便，請抱引錢而罷鈔法。鈔法罷而綱運興，則有歲計綱，有鈔鹽綱者，賣鹽樁管，以充抱認引錢之數也。官鹽價高，而私鹽價賤，民多食私鹽，而官鹽不售，故科擾抑配，無所不至。近年朝廷知科擾之害，減抱引之錢。引錢既減，鈔綱亦罷。且三倉祖額僅二十餘萬，節次減買，并罷鈔綱之外，歲計所運者第八百餘萬斤，其餘盡散而爲私鹽矣。乞令有司先取會福建路轉運司與夫上四州

〔一〕三年：《宋史》卷一八三《食貨志》下五作「二年」。

縣每歲支遣，除兩税增税并諸色錢外，轉運司所仰於鹽綱而爲增鹽錢者幾何，州縣所仰於鹽綱而爲歲計者幾【40】何，令官吏結立罪賞狀，從實具數供申，委官審覆。然後以見般綱鹽八百萬餘斤作鈔，隨所闕多寡，分給以補之外〔一〕，三倉照祖額，失買一千一百餘萬，可給鈔付轉運司出賣。」詔委陳峴措置。既而陳峴措置條具如後：「一、鹽鈔乞從榷貨務自五千斤至五百斤分爲五等〔二〕，造大小鈔法下本司措置給賣〔三〕。以十分爲率，一分造五千斤，一分造三千斤，一分〔造〕千斤，三分造五百斤，三分造一百斤。一、昨來議行鈔法，蓋緣倉卒措置，未成倫序，遽聞上四州民率無鹽食，是致鈔法不行。今欲預行措置賣鈔，先支本錢，下三倉催促買鹽，准備客旅請買〔四〕。諸州縣歲計鹽綱，三倉以報足人般者，乞令懷安倉依名次日下支遣〔五〕，候榷貨務鈔到，即行住支。其已納過諸色官錢，却用鈔引比折給付。」從之。

六月十一日，宰執進呈吏部侍郎韓元吉奏：「乞將福建官鹽且以漕計所認七萬貫或十萬貫變而爲鈔〔六〕，聽從客販。」上曰：「可令福建諸州開具，若改鈔鹽，於諸州財賦有無妨闕。但不擾民，及官賦無虧足矣，羨餘非所問也。」

八月二十九日，總領淮東軍馬錢糧蔡洸言：「鎮江榷貨務則賣臨安、平江、紹興三州之鹽，建康榷貨務則賣淮東諸郡之鹽，行在榷貨務則兼賣淮東、西鹽。乞令月具收支鹽課，各報本處，得以稽考督責。」從之。

十一月一日，户部言：「侍郎葉衡言：錢塘、西興鹽場跨錢塘、蕭山兩縣之地，中隔浙江，而買納鹽場乃在西興，其西興、錢塘煎鹽去【41】處，並無官吏巡察，易以作弊。亭户輸鹽西興，遠涉風潮，訪聞就便本處私賣，却齎錢西興亭户買私鹽納官〔七〕，即是兩處失走官課。西興有買納官、催煎官各一員，乞將買納官兼催煎官，却徙西興催煎官充錢塘買納官兼催煎，分爲兩場，以江爲界。所有押袋官西興見有一員，其錢塘却乞於臨安（路）〔府〕踏逐使臣一員充。應錢塘亭户只令就本處納鹽。」從之。六日葉衡之奏亦同。

同日，葉衡又言：「契勘在法，鹽以三百斤爲袋，今淮、浙路支鹽倉與買納場相爲表裏，務欲招誘客人，或受客人計囑，往往多搭斤數，有增數千斤者，是致亭户詞訴不絶。乞詔有司申嚴行下，淮、浙産鹽路分皆依法打袋，不許擅加斤數。令諸州商税務遇客人般販到淮、浙鹽，經由須管依條檢封抽稱，仍委逐路提舉司互行覺察。」從之。

六日，詔：「知縣兼監鹽場去處，務令舉職，任滿别無虧欠，依舊法與減一年磨勘。」從浙西提舉鹽事葉衡之

〔一〕給：原作「結」，據《補編》頁七九九改。
〔二〕五百斤：《宋史》卷一八三《食貨志》下五作「百斤」。按，據注文，似當作「自五千斤至百斤分爲六等」。
〔三〕賣：原作「賞」，據《補編》頁七九九改。
〔四〕天頭原批：「『買』一作『置』。」按，以下俱見《補編》頁七九九。
〔五〕天頭原批：「『懷』一作『淮』。」
〔六〕天頭原批：「『認』一作『引』。」
〔七〕「西興」上疑脱「就」字之類。

請也。

十四日，詔：「帶賣積鹽日下住賣，其建康榷貨務截日終賣到見在積鹽錢數，令總領所開具以聞。」以户部員外郎、淮西總領(所)單夔言：「乾道六年，蒙朝廷行單夔言〔一〕，乾道六年三十袋帶賣五袋，令項樁管，則是賣及一千二百萬貫之額，於内拘占通經常錢一百三十餘貫〔二〕。自後又將本所應有樁管錢物發付建康府拘收。至今年帶賣積鹽，秖得錢二百三十八萬餘貫，則朝廷徒有帶賣積鹽之名，總所未[42]免有借撥樁管之數。」故有是命。

十二月二十九日，户部尚書楊倓言：「乞將行在榷貨務都茶場筭請茶鹽，六分輕齎，内須管用二分銀兩入(納)。鎮江、建康務場依此用二分銀入納，自來年正月一日爲始。」從之。九年五月二日，楊倓又言：「乞將行在榷貨務都茶場筭請茶鹽内六分輕齎，許用關子三貫外，並用四分本色銀兩，餘聽用餘銀、會子從便入納，餘並依見行條法。鎮江、建康務場依此。」從之。

九年正月二十一日，中書門下言：「福建鹽貨自來止是州軍分立綱數，自行般運出賣，以辦歲計。近改爲鈔法，聽從客販。訪聞州軍住賣，却致支用不足，竊慮敷擾，以爲民害。」詔：「福建路轉運司自今降指揮到日，將諸州軍綱鹽並依舊分撥官般官賣，其賣鈔指揮更不施行。仍將未給賣鹽鈔，日下盡數起赴行在榷貨務交納。見今客販鹽貨，各行下住賣州軍，限一百日出賣盡。如限滿，未賣鹽拘收入官，理充綱鹽之數，却將客人元買鈔面及般發、縻費錢計數給還，不得減剋。轉運司元借朝廷本錢一十萬貫，并已賣到鈔面錢二十九萬貫〔三〕，及續賣鈔面錢數，並委王逨限一月拘收，起發赴行在左藏南庫送納。」

三月二日，詔：「福建上四州縣客人般到鈔鹽，日下並令盡數中賣入官，計筭元用本、脚、縻費等錢，依數支還。」以直秘閣、福建路計度轉運副使傅自得言：「本路上四州縣客販鈔鹽，依近降指揮，[43]限一百日出賣〔四〕，四月十六日，方滿元所立限。緣州縣所用官綱〔五〕，若從限滿日便於鹽倉支鹽，給付綱運人般載，其上四州軍並係泝流，過場務校放，度至八月，方到所運州縣出賣。其收賣價錢，已是九月、十月之交。兼鈔客明知鹽鈔有限，往往乘勢計會鹽倉，大造鹽籮，多買私鹽添入籮面裝角，影帶販賣。巡尉官司爲是客販鈔鹽，不(竊)〔切〕用心搜檢，因公挾私，致私鹽擁併。」故有是命。

十四日，詔：「已降指揮，令福建路轉運司，將諸州軍綱鹽並依舊官般官賣，其賣鈔指揮更不施行。及已行下提

〔一〕天頭原批：「『行』一作『言』。」按，作「行」是。
〔二〕天頭原批：「『貫』一作『袋』。」按，疑當作「萬貫」。
〔三〕賣：原作「買」，據《補編》頁八〇〇改。
〔四〕一百日：原作「五日」，據上條改。按上條，限客人百日將鹽賣盡之詔下到福建，約在當年閏正月上旬，至四月十六日正滿百日。
〔五〕天頭原批：「『用』一作『運』。」按，見《補編》頁八〇〇。下條校記同。

刑司覺察，轉運、提舉司并所屬州縣，將官賣鹽不得擅自增價，科擾於民。竊慮逐州軍舊來官賣各有體例，尚恐有未便事件，理合措置。可令福建轉運傅自得、楊由義分定賣鹽州軍，逐一躬親前去，照應各處舊來官賣體例，將未便事件措置以聞。」其後傅自得措置下項：「一、逐州縣運綱多就産借本，印給關子付税户，候綱到，撥鹽準還，或自行科納。今欲約束州縣計置官本般運鹽綱，如實有闕乏去處，從本司勘量，逐急兑借，候綱到日，賣錢納還。一、南劍州、邵武軍所管九縣，隨處自來賣鹽體例不同。今欲將邵武、光澤、將樂、順昌、劍浦、沙縣六處并南劍、邵武兩州軍，並只於州縣市井置都鹽坊賣鹽，不許於鄉村創置。每州軍通不得過二坊，縣不得過一場坊。一、州縣鹽坊，不能選官監視，遂致合干等人通同作**44**弊，多以沙泥拌和，減剋斤兩。鄉民到坊買鹽，偷剋價錢，勒令陪備。今欲約束州縣，委官躬親監視，包裹一色浄鹽出賣。一、尤溪、建寧、泰寧三縣，自來體例計産賣鹽外，其餘諸縣，欲令管下寺觀買月鹽、買季鹽，兼兩州軍諸縣逐日判押詞狀着到公事，勒買詞狀着到鹽、保正副入役罷役鹽、人户理對賞罰鹽、罪人罰罪鹽、店户鹹造鹽〔一〕。今欲約束州縣，將逐項名色並日下罷去。一、本路諸縣拖欠州軍歲計錢物，鹽綱錢到河下，便被截留準還。今欲約束州軍，不許拘截諸縣鹽綱，如有拖欠去處，並各正行放鹽綱下縣出賣。一、今來依舊官般官賣鹽綱，全賴禁止私販，累次約束，不能斷絶，蓋爲停藏負載之家不曾禁遏〔二〕。今欲倣私酒法，五家結爲一保，責立罪賞，不得停藏負載。許互相糾舉，巡尉不即檢察巡捉，亦行按治。兼訪聞民户昨來販到鈔鹽之人不肯盡數中賣入官，如有停留鹽貨之家，從本司拘收入官，理充綱鹽。」從之。

十一月十三日，新差提舉廣南路鹽事李綸言：「乞自今廣南路見任、罷任命官，見役、罷役公吏，或犯私鹽，如根勘得實，其賞錢，斷罪並加凡人二等條法。」户部言：「除當職官及巡捕官司所管諸軍公吏、罷役公吏、放停土軍犯鹽，已有加凡人二等條法，其見任、罷任命官，見役、罷役公吏，未有立定加等斷罪。今見任、見役欲依巡捕官公人法加二等，所有罷任命官、罷役公吏，若行一槩加等，竊慮太重，欲依凡人法加一等斷罪追賞。」從之。

十二月十五日，詔：「廣州復行**45**官般官賣鹽貨，仰轉運司遵守前後成法，不得仍前科擾抑配。如人户所納苗米委無本色，願依時價折錢者，聽從其便。」從左右司請也。

以上《乾道會要》。　（以上《永樂大典》卷九七九二）

〔一〕天頭原批：「『鹹』一作『鹽』。」
〔二〕載：原作「戴」，據《補編》頁八〇〇改。下同。

鹽法七

鹽法雜録　六

1 淳熙元年二月五日，廣西運判趙善政言：「廣西鹽法再行官般，緣乾道八年罷官般行鈔法之後，本錢及舟車之屬必無存者，乞權於帥、漕司應干諸色錢内借撥應辦。」詔左藏南庫支借會子一十萬貫，限一年撥還。

十四日，淮西總領單夔乞比附左右司體例，推行茶鹽賞。户部勘當：「欲將建康務場自今歲終收趁茶鹽及額，總領與比左右司體例減半推賞。」從之。

三月二十八日，詔：「左藏南庫給降會子二十五萬貫，分下臨安、平江、紹興府、明、秀州主管鹽事，措置收買額外浮鹽，報交引庫印鈔，召客筭（清）〔請〕。將息錢赴封樁庫別項樁管，以備循環收換會子。」

四月七日，浙東提鹽司言：「温、台州買納正耗鹽數，逐年支發比較皆不及三分之一。緣二州登山涉海，從來少有大商興販，兼與福建州軍接連，多被越界私鹽相侵。緣此兩州鹽場常有積剩，不惟坐放鹵瀝消折，兼發泄不行，致拖欠亭户本錢。今約度每年合買鹽數，將亭竈相度斟量減併。台州三場，元額買正耗鹽一十四萬四千三百一十三石，今斟量裁減，欲買正耗鹽九萬石。其竈眼亦須減併：黄巖場一百四竈，所煎額正耗鹽六萬四千六百五十四石，今減併作七十四竈，每年煎納正耗鹽三萬五千石；杜瀆場五十四竈，煎納正耗鹽四萬三千六百八 2 十石，今減作三十五竈，每年煎納正耗鹽三萬五千石；長亭場六十三竈，煎（正納）〔納正〕耗鹽三萬五千九百七十八石，今減併作五十竈，每年煎納三萬石。温州五場，元額買正耗鹽一十九萬四千三百七十九石，今斟量裁減，欲買正耗鹽一十三萬八千六十九石。其竈眼亦合減併：天富南監五十八竈，煎納正耗鹽七萬九千二百八十七石，今減併作四十竈，每年煎納正耗鹽五萬二千八百石；天富北監六十三竈，煎納正耗鹽四萬二千一百六十九石，今減併作四十二竈，每年煎納正耗鹽三萬八千六十七石；永嘉場三十九竈，煎納正耗鹽二萬六千九百五十一石，今減併作三十四竈，每年煎納正耗鹽二萬六千六百石；長林場二十一竈，煎納正耗鹽二萬一千七百六十三石，今減併作一十四竈，每年煎納正耗鹽一萬四千四百七十石；雙穗場一十九竈，煎納正耗鹽二萬四千二百六石，今減併作一十三竈，每年煎納正耗鹽一萬六千一百三十二石。」詔權依所乞，候支發增廣日却復額。其福建越界私鹽，令提鹽司同逐州知、通措置禁戢。

十六日，推貨務言：「邇來私鹽盛行，已督責巡尉禁絶私販，訪聞尚有豪猾專務脅持嘗買私鹽人，隨門彊售。乞自今降指揮以前，曾賣私鹽罪犯一切不問，官司不得追究；若再犯，即依法科罪。如自能執捕販私鹽人赴官陳首，除免罪外，更與依(例)推賞。」從 3 之。

六月四日，榷貨務言：「筭請正額鹽鈔，皆先差官發合同號簿往主管司，候客人勘合請鹽。近明州、秀州、紹興、平江、臨安府主管官間有買到額外鹽貨不過三二百袋，若逐時差官押發號簿，委是紊煩。乞自今客人於本務筭請明州、秀州額外鹽鈔，乞依許子中申請已得指揮，於正鈔上用印記聲説給賣。」從之。

十二月十一日，浙西提舉陳峴言：「乞將本路管下鹽場改賣亭户正額鹽，每斤支錢一十六文，若額外浮鹽，每斤增添三文作一十九文，庶亭户効力，廣行煎燒。」從之。浙東見買浮鹽依此。

二年閏九月十四日，詔：「浙東提鹽司體傚浙西提鹽薛元鼎措置，印給亭户納鹽手曆式様，將合支本錢盡數就秤下一併支給，毋致積壓拖欠。」先是，元鼎措置印給買鹽手曆，遍給亭户，(令)(今)齎曆就秤下支錢，仍繳納所給式様。至是，復令浙東行之。

三年二月二十八日，詔：「廣西轉運司將每歲所收官鹽息錢以十分爲率，三分撥付諸州，七分充漕司計歲。」先是，廣(州)(西)經畧張栻言：「廣西官般官賣鹽，舊來六分漕計，四分諸州歲用。自乾道元年再行官賣以後，漕司收其八分，州軍止得二分。竊慮州軍窘匱，因而作名色科取於民。」故有是命。既而栻又奏：「措置樁貯錢物，以爲一路鹽貨，權行條畫下項：一、漕司每歲撥鹽共七萬八千二百三十四籮與(州諸)(諸州)發賣，收到息錢，於内撥充諸州歲計，其數以得 4 均平，難便增添。緣上件鹽貨諸州雖承認籮數，然雖是有錢作本脚，預先往諸倉請買，歸州變賣，即所認不是虛數息錢，可以指準。緣廣西諸州土瘠民貧，兩税所入甚微，全藉般運鹽貨。若漕司無本脚錢先買運下鹽貨，諸州若無漕司寄樁錢接借急闕，百姓既乏鹽食，諸州坐失息錢，依前難以支吾，利害非輕。臣考究得漕司有見管錢四十萬貫，係累年所積之數，可以權行鹽貨，即不可別行支用。今措置，欲將上項錢四十萬貫於白石、鬱林等八倉場存留二十萬貫，爲漕司(言)(鹽)貨循環本脚之用；於静江府諸州存留二十萬貫，爲諸州接借般運鹽貨之用。委所屬通判、簽判專一主管，置籍出入。如諸州委有闕乏，前期申漕司量行接借，般運鹽到州變賣，委通判、簽判拘收。所借錢發歸元借寄樁庫，無致失陷。一、轉運司見今一歲共均撥鹽七萬八千二百三十四籮，静江府二萬六千三百六十五籮，柳州三千五百籮，鬱林州三千五百籮，宜州四千三百九十籮，容州三千五百籮，象州三千籮，梧州二千籮，潯州三千籮，藤州二千五百籮，賀州五千籮，融州二千七百籮，横州一千七百籮，貴州三千五百籮，又一百七十九籮係抱認上供錢，邕州七千五百籮，賓州二千五百籮，昭州三千五百籮，又四百籮係轉運司抱認一分折布錢，紐撥鹽付本府般賣。右，所撥鹽籮數已定，自今漕司不得更有增撥。

5 一、轉運司撥上項鹽付諸州般運發賣，以地里遠近，價錢不等。靜江府，每籮價錢十貫足，本脚錢四貫三百五十三足，息錢五貫六百四十七足。柳州，每籮價錢一十二貫足，本脚錢四貫三百四十八足，息錢七貫六百五十二足。鬱林州，每籮價錢七貫足，脚錢二貫九百足〔一〕，本脚錢二貫九百三十八足，息錢四貫六十二足。宜州，每籮價錢一十三貫足，本脚錢四貫七百四十八足，息錢八貫二百五十二足。容州，每籮價錢七貫足；本脚錢：二千五百籮，每籮三貫三百八十文足，一千籮，每籮二貫七百三十四文足；息錢：二千五百籮，每籮錢三貫七百九十二足，一千籮，每籮四貫二百六十六足。象州，每籮價錢一十貫足，本脚錢四貫一百四十八足，息錢五貫八百五十二足。梧州，每籮價錢八貫足，本脚錢二貫六百四十八足，息錢四貫三百五十二足。潯州，每籮價錢一十貫文足，本脚錢三貫七百八十八文足，息錢六貫二百一十二足。藤州，每籮價錢八貫足，本脚錢三貫三百九十八足，息錢四貫六百二文足。賀州，每籮價錢一十貫足，本脚錢四貫四百三十四足，息錢五貫五百六十六足。融州，每籮價錢一十三貫足，本脚錢四貫五百四十八足，息錢八貫四百五十二足。横州，每籮價錢一十貫足，本脚錢三貫二百一十四足，息錢六貫七百八十六足。貴州，每籮價錢一十貫足，本脚錢三貫五百三十八足，息錢六貫四百六十二足。邕州，每籮 6 價錢一十貫足，本脚錢三貫五百三十四足，息錢六貫四百六十六足。賓州，每籮價錢一十一貫五百足，本脚錢四貫一百三十八足，息錢七貫三百六十二足。昭州，每籮價錢一十貫足，本脚錢四貫一百四十八足，息錢五貫八百五十二足。右，賣鹽價直緣諸州市估，有可量增者，各不得過三分。謂如息錢五貫，增數不得過一貫五百文。見今過數者，即行裁減；不及數者，不得再增。仍乞下本路轉運司，令漕臣於上項錢常切點檢，逐年具錢帳申朝廷，無致失陷，及諸州並不得擅有分文支撥，（貫）〔實〕一路永久根本之計。」詔廣西帥、漕、鹽司同共相度。已而逐司以爲經久利便，事下户部指定，欲從其請。遂詔詹儀之將本司見管四十萬貫，並開具寄樁州軍並錢數申尚書省，仍將年額實合起解上供并買馬、鄂州大軍、諸州歲計、鹽場循環本脚與運鹽脚錢，逐一開具以聞。

五月二日，浙東提舉陳舉善言：「比年州縣所趁茶、鹽，多有虧欠，緣續降指揮，增剩數目再下所屬覈實，方得依條施行，不得繼時推行賞罰〔二〕，當職官吏全不用心趁辦。乞自今至年終，先將最虧當職官取旨責罰，然後覈實增剩之數，如無冒濫，即與推賞。」從之。

〔一〕此句疑衍。
〔二〕繼：疑當作「即」。

二十日，前知榮州程介言〔一〕：「乞將四川州縣折敗井户，許各赴愬，委官定驗。係枯淡之井，則廢不復開；如元係舊井而水脉復興者，則開之，以對補虧課額。」從之。

九月十三日，詔：「提領務場所檢坐紹**7**興四年七月十四日指揮，行下淮東西總領所、沿江都統司等處，自今不得回易官鹽。」紹興四年七月十四日聖旨：「諸州及諸軍自今輒回易官鹽，並依私鹽法，罪輕徒二年。」

四年二月二十日，詔：「自今産鹽去處，知縣兼監主管鹽場任滿，從逐司取見任内賣鹽數目比額增羨，與依格推賞。如有虧欠，紐計分釐，取旨責罰。」從户部郎官薛元鼎請也。

五年正月二十九日，詔：「邵武軍泰寧縣、南劍州尤溪縣計産買鹽指揮，更不施行。」

二月十二日，京西漕司主管官張廷筠言：「京西盜販解鹽，唯光化軍、均、房州有小路可通北界，私販甚多，緣此人户全食解鹽，淮鹽絶無到者。然易鹽皆中國之錢，聞唐、鄧間，錢陌以一二十數當百，鹽之至境，有數倍之利。乞嚴賜禁止，於京西去處措置，令官司賣鹽，督察關防，則解鹽自不通，而錢幣不至暗消。」詔本路帥、漕臣公共加意杜絶貿易解鹽，疾速條具以聞。

二十五日，提領搉貨務都茶場言：「客人齎銀赴諸務場筭請茶鹽鈔引，在法，許經所屬陳狀，召保給據照般，免納沿路税錢。近(未)〔來〕入納稀少，詢訪得有客人齎到銀兩，謂見入納官司許令在外變轉會子，是致將銀變賣與金銀鋪户，將客筭請銀兩及會子就用公據客名入納銷籍。不惟務場入納稀少，兼是脱漏沿路商税不便。乞下諸路提鹽司行下所屬州縣，纔遇出給公據，即便飛申行在、建康、鎮江務場照會，以憑籍記稽考。」從之。

六月二十三日，權户部尚書**8**韓彦古言：「諸州鹽場官皆選人初官及小使臣未經任者，所在大抵備員，任滿批書，護賞而去〔二〕，至於私鹽敗獲，則畧無監臨條制。乞將日後勘到私販人，並根究元買場分，坐以不覺察之罪，特旨行遣。其私販至多者，亦具提舉官姓名取旨。」詔：「如有敗獲〔三〕，監場官依催煎官、巡尉一等科罪。」以上《孝宗會要》。

淳熙六年四月二十五日，詔：「瓊州賣鹽止依祖額，如漕臣、守臣違戾增加，仰廣西帥司按劾以聞。」先是，知瓊州張頤老言：「本州鹽額遞年止賣四十五萬斤，淳熙元年漕司增作一百萬斤。緣本州係是産鹽地分，又無過往客旅，止是籍定人户均買，自添額之後，出賣不曾及額，遂至倍科。以此民居逃移，深入黎洞，結爲聚落，指引黎人攻犯縣寨，劫掠村鄉，乞將瓊州鹽數一依祖額。」故有是詔。

五月十三日，四川制置使胡元質、總領程价言：「四路

〔一〕程介：疑是「程价」之誤。程价，蜀人，乾道中歷資州簽判、成都通判、四川制置司幹辦公事，淳熙中官至利州東路安撫使、四川總領，見汪應辰《文定集》卷四、六、一三，《宋史》卷一八三等。時代與經歷均與此「程介」合。

〔二〕護：疑當作「獲」。

〔三〕敗：原作「販」，據上文改。

產鹽三十州，見管鹽井二千三百七十五井、四百五場。內除依舊額煎輸一千一百七十四井、一百五十場別無增減鹽數外，其因今來推排，或因自陳，或糾決情願增額者，計一百二十五井、二十四場，并今次渲淘舊井亦願入籍者，計四百七十九井。其委實無鹽到場之井，即與棧閉，盡令除豁；其有不敷舊額、陪抱輸納者，即斟酌輕重，量與減放。共計合減錢引四十萬九千八百八十八道。以諸州增額鹽錢引等，共計增收錢引十三萬七千三百四十九道。補合減數[9]外，尚餘對減未盡錢引每年計二十七萬二千五百餘道。其合對補錢數，令總領所措置圓融，每歲抱認對補錢引十七萬二千五百餘道。其餘錢引十萬道，乞於總領所每年椿管、昨來對減酒課用不盡錢一十二萬六千四百餘道內，取撥十萬道對補上項合減之數，庶幾四川州縣井户民人免四五十年困重額之患。」從之。

九月十六日，明堂赦：「諸路鹽場昨緣不依時支散本錢及有減尅之類，致有歲額不敷去處。令諸路提舉司約束所部依時支給，不得減尅。如有違戾，許亭户越訴。淮、浙鹽場亭户淳熙三年以前拖欠未補數目，令提鹽司取見，如委實不能補趁，並與蠲放。四川鹽井多有年歲深遠、泉□不發，虛負重課，及近來却有渲淘舊井間有鹹脉去處，州縣又令別增新額，不與對減見欠之數。令逐路監司相度，將實合棧閉與所添新額，各行取見詣實，依條施行，不得仍前抑勒。」

二十七日，詔：「福建、二廣州軍分撥賣鹽，自有舊額及立定價直，自今不得擅有增添。如敢違戾，其守臣令監司按劾；若監司違戾，許別司互察以聞。」

十一月二十四日，四川總領李昌圖言：「(今)〔金〕州管內安撫司鹽場頗爲民害，金州軍民盡食通、泰州鹽，凡客旅販至本州，州官司拘榷在場，高價科俵，賣與民間。既以得錢，則拘收庫，客旅百端求囑，方始支還，間有坐待三四年不得錢者。緣管內安撫司官吏費用、歲計一萬六千餘貫取辦於此，今若省罷安撫司之冗費，其鹽場從本所措置，[10]將客人販到海鹽以市價收買，量搭息錢，裁減高價，令民間任便收買食用，庶於客旅通快。俟措置一歲，若便有收到息錢，即用對補蠲減四川井户虛額鹽錢。」從之。

七年正月十一日，廣西經略劉焞、提刑徐詡言：「本路漕、郡計，全賴榷鹽。瀕海數州產鹽頗多，民間鹽價雖賤，而漕、郡計皆出其中，故官價貴；官價貴則漕司貨賣不行，必科配州郡；州郡貨賣不行，必科配百姓。雖或官般官賣，或客販鈔，屢變其法，而科擾之弊，竟不可革。昨李椿任都司日，措置復行官般官賣之法，自淳熙元年始行官般。今州郡至不論貧富，並計口科賣，向時上户科抑之苦，今又移之下户矣。皆緣歲額太重，左右那融不敷。先來帥臣張栻權漕日，嘗請以見(椿)〔椿〕管錢四十萬貫作鹽本，兼備緩急，而諸州運鹽隨綱輸本錢，初不仰此。既有上件(椿)〔椿〕管，漕司委是優裕。若歲歲更求椿積，乃是聚斂虐民。今若減鹽價，每斤只減十文，漕、郡計所損已多，而民力未能少舒。不能均減諸州鹽額〔一〕，則無積滯之鹽，免致科賣，爲廣西無窮之利。臣惇昨奏乞減鹽額，得旨，令漕臣韓璧同臣(工)〔公〕共從長相度。又徐詡奏：詢訪民間疾苦，皆緣計口賣鹽，乞自淳熙七年正月爲始，與諸州逐月計算，以有餘歲終取見一歲郡計，以爲定額。未準回降指揮。臣等今乞將本路賣官鹽一十六州府三年中所賣鹽，參取一中數，除静江府、昭、柳、鬱林等州係稍登，額 11 仍舊不減外，餘諸州通約減去歲賣鹽七千籮。既減鹽額，漕、郡計合重行計算，即乞依臣詡所奏，然後可以約束，不得抑配。若郡計不至窘乏，則百姓永受實惠。」從之。

十八日，四川制置使胡元質言：「在法，鹽井推排，所以增有餘，減不足。有司奉行弗虔，務求(嬴)〔贏〕餘，其鹽井盈者則過爲之增，涸者畧爲之減，增損盡出於私心。乞將今來所減鹽數並爲定額，自後每遇推排，以增補虧，不得踰越已減一定之數。」從之。

三月十五日，宰執進呈淮西安撫、轉運司奏：「濠州鍾離、定遠縣民户等言：本州不通商旅，艱闕鹽食。紹興間，知州劉光時請買官鹽，置肆出鬻。近因臣僚論列，住鬻官鹽。半年之間，官既不賣，又無客販，乞仍舊官賣。」上曰：「官賣恐擾民，所以罷之。今濠民既以爲便，可令依舊，但不得科抑。」

七月二十一日，臣僚言：「在法，賣鹽鈔縣委丞、州委通判，詳加稽察，住鈔鹽增則知無私販，住鈔鹽虧則知私販者多。比年郡邑之間，給版榜而鬻鹽者數十家，一歲之間，以住鈔聞於官者止三四。乞下諸路申嚴住鈔之法，委通判、縣丞將管下鬻鹽之家，計其所鬻多寡，立爲等則。月終以住賣鈔考覆批毁，以防往來夾帶之弊。歲終，丞以縣數聞於州，通判以州數聞於本路，提舉者增虧以爲賞罰。」從之。

八年二月十三日，詔：「廣西運司將所部産鹽去處見科亭户食鹽，並日下禁止。」以臣僚言：「廣西高、雷、廉、化、欽 12 州諸郡人煙蕭條，亭户煎輸官，已極困悴，又敷其就買官鹽，以充日食，遂至逃亡。」故有是詔。

閏三月二十六日，臣僚言湖南州郡有創行官自販鹽去處。詔安撫司日下禁戢住罷，自今尚敢違戾，即按劾取旨。

八月九日，臣僚言：「近來邊備不嚴，沿邊之人多自虜境盜販解鹽私入川界，侵射鹽利。」詔興州、興元府都統司開具已措置禁止事件，及有無獲到私販人數以聞。既而吳挺言：「本司已立賞錢五百道，出榜行下沿邊屯戍統兵官，廣布耳目，嚴行緝捕。」十年九月，挺又言：「本司同安撫司增添賞錢共作二千貫，見係出戍官兵把截去處嚴行搜捕外，有不係官兵出戍地分，乞行下沿邊州郡，督責捕鹽官司嚴切措置搜捕。」詔利州路安撫、提舉司各申嚴行下階、成、

〔一〕不能均減諸州鹽額：此句有誤，「不」疑當作「若」。

西和、鳳州恪意禁止，毋得透漏，如失覺察，守令並取旨重作施行。

九年二月九日，詔：「兩廣鹽法，紹興間如何施行，每歲收支若干，後來緣何變法，收支之數視向來有無增損，民間便與不便者何事，今欲民力裕而用度足，可遣浙西安撫司幹辦公事胡庭直遍詣兩路，訪問利害，與帥、漕、提舉諸司詳議，各具本末以聞。」既而胡庭直條具到二廣鹽法利害，詔吏部尚書鄭丙同給事中施師點、中書舍人宇文价、葛邲、起居郎詹儀之詳議，仍令中書門下檢正王信、左司郎中陳居仁、右(師)〔司〕郎中謝師稷、右司員外郎王公袞看詳，擬定：「一、[13]廣西運判兼提舉鹽事王正己、廣東提鹽林枅、浙西撫幹胡庭直奏到廣西所行官般官賣，誠爲民害。若兩路改作通行客鈔，誠爲利便〔一〕。一、庭直言：廣西雷、廉、高、化四州係産鹽地分，舊許八分客販，二分官賣食鹽，若不盡行住罷，竊恐州郡因而科擾。今擬定，欲從其請。一、欽州白皮鹹土，可以煎煉，乾道七年指揮封閉，不能革絕。乞差官毀廢竈場。丙等議：欽州邊近溪洞，差官毀竈未便。欲申嚴乾道七年指揮行下，令常切遵守。一、庭直言：廣西昨行鈔法，時諸州多是詭作客名，筭鈔回易；或截留客鹽自賣，不還價錢；或雖與客住賣，而邀阻誅求，以助公帑；或行鈔之初，隱藏合封樁鹽，公然官賣。乞嚴行約束。今擬定，欲從其請。一、信等看詳廣東轉運司公牒，欲依承平時那融應副廣西轉運司米一萬二千石。今擬定，欲下廣西轉運司照會。一、廣西路見爲廣東路抱認起發鄂州大軍錢二萬四千五百五十貫，若通行鈔法，合於廣東路正鈔錢內起解。今擬定，欲令廣東、西路依此施行，內廣東路合解發錢，爲改法之初，特與蠲免三年。一、廣西運司每年應副靖州錢三萬貫，合起發鄂州大軍錢一十萬貫，椿提刑到任陳設錢二千貫，經畧到任、添助靜江府歲計錢五萬貫，本司雜支錢三萬貫，通十九萬二千貫。今擬定，靖州錢於湖廣總領所科撥，鄂州大軍錢將總領所遞年餘剩并綱運未到錢通融補[14]填，提刑、經畧司到任錢並免應付，本司雜支錢節省一萬貫。仍令廣東路提鹽司，遞年於起發户部經常錢二十五萬餘貫內，改撥一萬二千八百貫赴廣西轉運司補助。以上通計二十萬三千八百貫。慮恐改行客鈔之初，或闕經常，欲於南庫支降會子二十五萬貫，禮部給降度牒三百道，價錢五百貫，計錢一十五萬貫，通計四十萬貫。候客鈔通行日，逐旋椿還。一、胡庭〔直〕又言：二廣舊行客鈔時，通以九十萬貫爲額。廣東賣鹽十萬籮，計正鈔錢五十萬貫；廣西賣鹽八萬籮，計正鈔錢四十萬貫。後因廣西官般官賣，每歲賣鹽一十一萬五千二百八十七籮，以科抑之故，數多如此。今來通行客鈔，廣東欲以九萬籮，廣西六萬籮爲額。東客販鹽入西路者，既納通貨錢；西客改指東鹽者，亦不可不納通貨錢。以三萬籮爲

〔一〕便：原作「害」，據《建炎雜記》乙集卷一七改。

率，每籮掏所省脚錢七百文入官，以改指通貨爲名，歲可得錢三萬一千貫。而東鹽住賣，每斤增錢二文三分，以六萬籮爲率，歲可得錢一萬八千貫，以助西路漕計。然後以西路六萬籮紐計正鈔錢三十萬貫，漕計錢六萬貫，存留鹽本及改指通貨仍納六萬二千二百八十貫。東路九萬籮，計有漕計錢九萬貫，增收西路漕計錢一萬八千貫，通貨仍納二萬一千貫，存留銀本錢三萬四百二十貫，並撥充西路漕計。如此，則一歲可有錢五十八萬一千七百貫。方與兩路會議，據廣西報到，一歲[15]支撥起解錢共計七十八萬三千六百二十一貫二百六十八文。拖照乾道七年兩路會議之時，廣西一歲支撥起解止計錢五十九萬六千三十九貫六百一十四文，今來比舊增支錢計一十八萬七千五百九十貫有奇，未有通融。既蒙朝廷蠲免起解及措置補助計錢二十萬三千八百貫，却有剩錢一萬六千三百七十八貫七百三十文。若朝廷不欲於鈔面更有所增，及創立改指通貨之名，止以乾道七年左右司看詳廣東十萬籮、廣西八萬籮上合收錢數通融應副廣西漕計，庶幾與通行客鈔舊法相應。」詔：「廣西轉運司自淳熙十年四月一日爲始，住罷官般官賣，依舊通行客鈔。內廣東路每歲以十萬籮、廣西以八萬籮爲額。仍依胡庭直所奏，增收漕計錢、存留鹽本、改指通貨錢并依見行鈔法指揮施行，不得仍前科抑。如州縣或有違戾去處，令兩路帥臣、監司按劾以聞。若帥臣、監司違戾，許諸司互察，官吏重作施行。其合行下未盡事件，令帥臣、監司公共條具聞奏。」十二月二十一日，庭直除廣東提鹽。

八月七日，右諫議大夫黃洽言：「解鹽之禁，今日所當嚴。乞自今凡在官敢以解鹽自行中賣及以相饋遺者，不論斤兩多少，必當重寘典憲無赦。仍令逐路監司嚴行覺察。」從之。

九月十八日，詔南恩州鈔鹽依舊以一千五百籮爲額。從守臣請也。

十年正月十四日，胡庭直再條具措置二廣鈔鹽利害下項：「[16]一、二廣通行客鈔，正要西路提舉鹽事官究心協力，公共措置。乞令廣西提舉鹽事官銜内帶『同措置廣東鹽事』，廣東提舉鹽事官銜内亦帶『同措置廣西鹽事』。自今兩路提舉鹽事官須管分上下半年巡歷至梧州同共會議，或有急切，不能候兩路提舉官到來，許互差屬官至兩司治所公共商議。有合行事件，同銜聞奏。須管兩路每半月具招誘到客人入納數目彼此關報，務要客鈔通行，漕計不闕。一、廣西鹽司差主管官一員，就石康縣置廨宇。緣彼處煙瘴深重，無人注授，多是權攝。乞從朝廷選授有材力清彊官，仍不拘資格，依已降指揮，任滿與轉一官，庶幾人皆樂就。一、乞降指揮，令廣東自通行客鈔之後收到正鈔錢，依舊額以七萬五千籮爲率，作上供支解外，自餘增賣到鹽籮，如正鈔錢，許令别項樁管，準備廣西歲額萬一不敷，即以此錢權行補助。候客鈔通行，發歸朝廷别用。一、乞朝廷明立賞格，將廣西州縣守倅、令佐、巡尉若能勸誘客旅，禁戢私販，所趁鹽課登及歲額，每歲各與減一年磨勘，選人任滿，與循一資；虧及三分者，每歲各展磨勘一年。仍於歲終將一路守令比較，使人知所懲勸，則事功可以興起矣。一、州縣官般到見在未賣官鹽，盡數拘收封樁。如合干人輒有隱慝，並許諸色人告，賞錢一百貫，犯人以違制科罪。如新鈔客鹽未到，人民闕食，仰本州縣權將拘收到鹽於17官務零細出賣，許客人從便筭請，指射有鹽州縣支請出賣。一、乞照紹興八年指揮，兩路産鹽場僻遠隔涉海洋去處，(今)〔令〕提舉鹽事司措置，依舊例自海場般運。內廣西至鬱林州都鹽倉，其廣東路至廣州、潮州、南恩州，於州倉卸納，準備支遣。內有山險去處，合作小篰，以便客人般販。今欲作兩等製造鹽籮，內一等作一百斤，內一等作二十五斤，令客人從便筭請。一、二廣州縣，自來寄居待闕官、有蔭子弟、攝官、舉人、(刑)〔形〕勢之家判狀買鹽，夾帶私販，乞依淮、浙鹽法，不以蔭論，命官奏裁。」從之。

二十二日，詔：「朕惟國以民爲本，故仁之所覆，篤近舉遠，而無所殊。維時廣南在數千里外，疾痛艱於上聞，肆朕憫之尤切。蓋鹽者，民資以食㈠，嚮也官利其贏而自鬻，久爲民疾。朕既遣使詢之，得其利害以歸，復謀諸在廷，僉言惟允，始爲之更令，俾通商販而杜官鬻，民固以利矣。然利於民者官不便焉，何者？鹽之息厚，凡官與吏之所爲妄費，以濟其私者，異時悉出於此，一旦絶之，無所牟取，必胥動以浮言，將毀我裕民之政。且朕知恤民而已，浮言奚恤？矧置監司、守令，均以爲民。朕有美意，弗推而廣之，顧撓而壞之，可乎？自今如或有此，達乎朕聽，必劾其實而寘之法。明以告爾，尚其欽哉！」以起居郎詹儀之言：「乞特明詔戒飭兩路監司、守令，使知通行客鈔，專一裕民，各宜協心體國。」故有是詔。

三月五日，廣西經畧18安撫、轉運、提刑司言：「奉詔條具合行未盡事件，謹條具如後：一、静江府見屯駐韶州摧鋒軍官兵二百人，合用口食錢米，並係轉運司逐年於廣東認起鄂州大軍錢內截撥，應副批(文)〔支〕。今來改行客鈔，鄂州大軍錢止合於廣東正鈔錢內起解。轉運司既無前項窠名錢截撥應副，望特降指揮措置支給。一、準指揮，住賣雷、廉、高、化四州食鹽。緣四州係産鹽去處，鹽價低平，決無鈔客筭請，恐因而科抑，重爲民害。一、準指揮，封閉欽州白皮場鹽竈。契勘欽州自紹興十二年內因鹹土生發，遂創置白皮鹽場。後因百姓興販私鹽作過，遂行住罷，依舊差官般雷州蠶村場鹽出賣，每斤收錢五十四足。今來客販每斤價錢已及六十足，又有貼(紬)〔納〕、縻費、脚剩在外，如此，則過於欽州見賣鹽價，不惟客人興販無利，又無經涉海道，決無客人請販。竊慮民間無鹽食用，白皮場未免復有私煎盜販等事。一、照對紹興八年六月六日指揮，兩路初行客販，廣東歲以十萬籮爲額，廣西歲以八萬籮爲額。

㈠資：原作「亡」，據《宋史》卷一八三《食貨志》下五改。

其時廣西鹽事係提刑兼領，不放東鹽入西界，是致發賣及額。紹興二十五年，因廣東申請通貨鹽入西路，每籮額通貨錢七百文，補助西路歲額。緣此西路歲額大虧，至於抑勒東客帶買西鈔，於是西路遂有併司之請。西路積壓鈔引無客筭請，遂有官般官賣之請。既行官賣，而通貨不行，兩路紛争，遂令廣東提舉章[19]潭、廣西運判高繹會議，每歲止約以廣東客鈔二萬五千籮入廣西州郡住賣。自乾道八年改行客鈔之初，當年廣東鹽入西界已及二萬三千二百十八籮，至乾道九年，遂及三萬三千八十六籮，是致攙奪西鹽發賣不行，歲計闕誤。於是淳熙元年，再行官般官賣，不曾通入東鹽。今來復行客鈔，緣客販便於東而不便於西，若不限以通貨籮數，則客人必輻湊於廣東，西路鈔額決難趁辦。」詔第一項令胡庭直於已科撥貼助摧鋒軍支遣錢内，每年移運一萬三千四百餘貫前去静江府，充屯駐官兵按月支遣，毋致闕悞；第二、第三、第四項，並令胡庭直同王正己相度經久利便，連銜指定聞奏。

五月二十九日，詔：「大奚山私鹽大盛，令廣東帥臣遵依節次已降指揮，常切督責彈壓官并澳長等嚴行禁約，毋得依前停着逃亡等人販賣私鹽。如有違犯，除犯人依條施行外，仰本司將彈壓官并澳長、船主具申尚書省，取旨施行，仍出榜曉諭。」以廣州布衣容寅上書(吉)〔言〕大奚山私販之弊，故有是命。

七月十七日，詔勑令所專一修立私販解鹽斷罪、告賞條格：「自今與蕃商博易解鹽之人，徒二年，二十斤加一等。徒罪皆配鄰州，流罪皆配五百里。知情引領、停藏人與同罪，許人捕[一]。若知情負載，減犯人罪一等，仍依犯人所配地理編管，許人告。透漏官司及巡察人各杖一百。獲犯人并知情引領、停藏人，徒罪，賞錢二百貫；流罪，三百[20]貫；如獲知情負載人，減半。其提舉官并守令覺察，並取旨(取)重作施行。令户部遍牒沿邊州軍並提舉司常切覺察。」

二十五日，户、刑部言：「乞將弓兵容縱私鹽之人，照應《透漏私茶指揮》一體施行。」從之。先是，紹興八年六月十八日，申明透漏私茶指揮，所犯不至徒，自合徒一年，決配鄰州。如本犯至徒罪以上，即合隨本犯刑名決配千里；如係流罪，刺配廣南。

二十九日，宰執進呈知鎮江府錢良臣體究到淮東路通、泰等州諸鹽場共有未支還亭户鹽本錢一百一十萬貫。上曰：「淮東提舉司每年合起赴鎮江府椿管耗鹽本錢三十四萬貫，可特自今年爲始，免起三年。令趙不流到任日，將見欠亭户鹽本各斟量久近，分撥支還。」先是，荆湖北路鹽客吳傳進狀言：「國家煮海之利，以三分爲率，淮東鹽利居其二。通、泰、楚三州管買鹽場一十六處，(摧)〔催〕煎場一十二處，計四百一十二竈。紹興初間，每一竈煎一(晝)〔晝〕

[一] 捕：疑當作「告」。

夜，計一伏火，所煎到鹽多者止一十七籌〔一〕，每一籌計鹽一百斤。近淳熙初間，亭户得嘗試鹵水之法，以石蓮一十枚擲之鹵水中，如五枚浮起爲五分之鹵，如七枚浮起爲七分之鹵。或不及七分，再用牛刺爬鹽土，復將淡鹵再淋，必待鹵濃可用，然後煎之。每一竈一伏火，煎二十五籌至三十籌，是一伏火多煎鹽十籌至三十籌〔二〕。比之舊額，近增其半。緣此，買鹽場秤買亭户鹽貨，每籌除舊額，增加大[21]秤浮鹽二十斤至三十斤，爲出剩浮鹽。每一日買鹽一萬餘籌，其浮鹽止以二十斤爲則，有二十萬斤，計二千籌。每一籌計錢一貫八百三十文，除船脚錢外〔三〕，有一貫六百三十文。並隨時冒作秤買正數之鹽，再中賣入官，徑於支鹽倉錢庫取撥本錢三千二百六十貫。或徑發賣與客人，却於隨綱錢内尅除上件錢數。以歲計之，取撥本錢一百一十二萬三千一百貫文，計鈔錢四百五十一萬七千五百餘貫，其於國課，頗計利害。又每一綱一運，取鹽樣一袋，并諸色窠名錢不在其數。提舉官坐享其利，而亭户中賣正數鹽在官積壓，不行秤賣。及至中賣，又多秤過斤兩支請價錢，每籌一貫八百三十文，除尅諸般縻費外，淨得錢一貫四百文。如隨秤下得錢，猶且濟用，況被積壓拖欠。緣此，亭户迫於飢寒，不免私賣。乞自朝廷嚴行根究上件本錢支還亭户，使各霑實惠，可以盡革私賣之弊。」至是，良臣體究到，乃降指揮。

十月二十六日，廣東提鹽韓璧言：「臣頃自廣西機幕擢守邊州，三任九年之間，一路鹽法利病粗知其畧，謹畫一具陳。一、静江帥府，諸司所會，官吏繁多，及養老、揀汰使臣之類，逐月支俸，已自不貲，而本府所管摧鋒、效用、雄邊三軍及將兵共以數千計，除摧鋒一軍元係本路漕司應副外，自餘諸軍歲支（依）〔衣〕糧，委是浩瀚。今聞住罷之後，官員俸給已數月無支，其贍軍衣糧詎可一日而[22]闕？乞下本路轉運司照會應副施行。一、廣西一路，唯邕、宜、欽、融四州係是極邊，祖宗以來，屯養將兵以鎮壓之，所支衣糧視他郡不啻數倍。自改官般官賣，一切取辦於鹽。今復住罷，則上件供億之費，漕司又當任其責。乞下西路轉運司照會往年事例應副施行。一、契勘得廣東路乾道八年正月一日爲始，兩路通行客鈔，共賣過鈔引八萬二千四百七十三籮，數内廣西界鹽二萬三千二百一十八籮；乾道九年，賣過鈔引八萬九千五百五十六籮，數内過廣西界鹽三萬三千八十六籮。自淳熙元年以後，不許東客過行西路，而本路逐年所賣鹽籮約得六萬之數。今來西路諸郡緣發泄鈔引不行，每遇東客販鹽入西江，先令責認入納西路鈔引，方許開封住賣。客人往往留滯，憂懼皆去。一次買東鈔入西路，便作西客，不得脱籍，似此不唯抑勒，是欲以術消東路

〔一〕十七籌：《宋史》卷一八二《食貨志》下四作「十一籌」。

〔二〕三十籌：疑當作「十三籌」。前法最多可煎十七籌，新法最多可煎三十籌，是多煎十三籌也。

〔三〕除：原作「作」，據《宋史》卷一八二《食貨志》下四改。

客鹽不得過界，則本路歲額浩瀚，何以趁辦？乞下西路漕司照應乾道年間通行客鈔事理施行。」詔詹儀之、胡庭直詳今來所奏事理，及照應節次已(將)〔降〕指揮同共措置施行，毋致違悞。

十二月二十一日，廣東提鹽同措置廣西鹽事韓璧、廣西運判兼提鹽同措置廣東鹽事胡庭直言：「廣東路奉行鈔法，自紹興間客鋪赴廣州賣鈔庫入納，皆是用銀，每兩價錢三貫五十文九十八陌筭鈔，以示優潤。今二廣鹽通行客鈔，以逐州在市實 23 價折錢請鈔。緣逐州市價各不同，無一定之論，難以關防情弊。今相度，欲將客人入納筭買廣西鈔引，每籮鈔面正錢五貫省，一例作每兩價錢三貫五十文九十八陌折銀。如廣西轉運司支撥諸州歲計，並照各州月申市價高下增減分數，折支應副，不得拘執入納價錢，庶免諸州折閱之患。若將廣西運司支遣有些子折閱，本司自行抱認，實爲經久可行利便。」從之。

十一年四月三日，詔：「金州依見行鹽法，聽客人、鋪户從便買賣官鹽，不得仍前置場拘榷〔一〕。如有違戾，許京西提鹽司按奏。」京西運副江溥言：「向來金州帥司違法置場，拘買客人鹽貨，高價俵賣。宣撫使虞允文入蜀，州民遮訴，遂行廢罷。既而知州韓曉申明宣司復置，名爲稱提場，其弊復興。後因知州王彤不法，總領李昌圖按治，併奪鹽場撥吏，總領所委金州簽廳掌管。自此冒法，更無忌憚。聞總所歲得乾息止十萬緡，官吏侵盜之數又復倍之，商旅坐困，民食貴鹽，公行侵射官利，乞行禁止。」故有是詔。

十五日，廣西經略詹儀之等乞將高、化、雷、廉、欽州産鹽地分，令轉運司差官於逐州置場零賣，應副民食，更不立額。從之。

五月一日，户部提領務場所言：「淮東提舉趙不流申：諸場見在散鹽二百七十五萬餘石，乞權依額每年買鹽三百萬石，候發泄積鹽漸見次第，却不拘祖額收買。」從之。既而十三年十一月二十三日，淮東 24 提舉司言：「諸場見管散鹽不多，乞自十四年爲始，每年添買鹽四十萬石，共買鹽三百四十萬石。」從之。

十九日〔二〕，詔：「殿前、馬、步軍司及江上諸軍及都大提舉茶馬司約束取押馬綱官兵，不得將帶解鹽私販。如有違犯，即從條斷罪。」從知均州何惟清之請也〔三〕。

八月十四日，廣東提舉同措置廣西鹽事韓璧言：「廣州賣鈔庫準行在太府寺差官押到淳熙十五年料鈔引，計鹽九萬九千九百九十九籮。自當年五月，今及一歲，賣過鈔引八萬五千六百二十籮。依指揮，以七萬五千籮正鈔錢銀分隸支撥起發，其增賣鹽一萬六百二十籮，正鈔錢銀計五萬三千一百貫文省，在廣州賣鈔庫別項椿管。」詔韓璧將增

〔一〕榷：原作「搉」，據本卷食貨二八之九、《宋史全文》卷二七上改。

〔二〕按，《宋史全文》卷二七上記此條事於四月十九日丁丑。

〔三〕清：原作「青」，據《宋史全文》卷二七上改。

賣到鹽籮、正鈔錢銀認數樁管，非奉朝廷指揮，不得擅行支使。其未賣淳熙十年分鈔引，更切措置給賣。

十一月十六日，置萬州南浦縣漁陽鹽井監官一員。井歲收鹽一十四萬六千三百餘斤，初以主簿兼監，於是始專置官。

十二年正月二十一日，復置温州在城鹽倉。浙東提舉司言：「乾道五年罷州倉，姦弊百出，鹽課頓虧。」故復從之。

二月十二日，詔：「廣東水軍統領兼以巡察海道私鹽帶銜，每考批書，必會鹽司有無透漏縱容大奚山私販事節，方與放行。如有捕獲私鹽數目，即與依格推賞。」從臣僚請也。

四月四日，福建運副趙彦操言：「州縣賣到鹽錢多被侵移他用，蓋緣不曾委官掌管拘收，致有欺弊。今措置，欲就州縣令置敖眼，樁管本司增鹽本等錢，州委郡貳、縣委佐官，專一25掌管。如遇綱到，即時據數計鹽樁管。逐時各從州縣鹽坊賣錢，照本司今立月帳數目發納取足。如敢弛慢，收樁不足，或將已收到錢侵移借用，許本司奏劾。」從之。

七月八日，詔減開州温湯鹽井所增鹽額一萬八千斤。先是熙寧九年，夔路提刑張宗諤奏定本井每歲鹽額二十一萬二千五百五十三斤，後來本州自行推排，於祖額上增一萬八千斤。於是以井户進狀，詔制置諸司體究措置，而諸司奏減之。

十二月十五日，廣西經畧詹儀之、廣西運判兼提舉本路鹽事同措置廣東鹽事林岊言：「奉旨相度廣東、西鹽事。併爲一司，委是經久利便。其兩路賣鹽，乞通以一十六萬五千籮爲歲額，廣東九萬五千籮，廣西七萬籮。」從之。併司詳見「提舉茶鹽司」門。

十三年七月四日，知廣州潘時言：「本州城裏外置局折賣鹽包，係淳熙元年創置。淳熙六年内，方始計口給曆，付民户照買。但給曆鈎考，近於均敷，仍乞〔依〕舊置局差官折賣，拘回元曆頭，買多或少，聽從民便。」從之。

九月二日，廣西經畧詹儀之、廣南都提舉鹽事譚惟寅言：「兩路鹽鈔舊雖以十八萬籮爲額，止是虚名，累年招賣不及十三四萬籮。途準指揮〔一〕，以一十六萬五千籮爲額。併司之初，務在責實，若不及今以實申陳，圖爲經久之計，將來決是趁辦不及。乞且以十五萬籮爲額〔二〕，候三數年間見得增虧，却旋次增額，庶幾經久可行。昨來兩路通行客鈔，東26鹽入西路者，每籮收通貨錢七百文，内客人請西路鈔，改揭請東鹽入西路界，亦納通貨錢七百文。今既併司，不當更分東、西路，所有上項通貨錢乞特與免收，以便商販。」從之。

十六日，詔淮、浙提鹽司將所部州軍應管鹽場見差總轄並行住罷。以臣僚言：「總轄權制亭竈，遇支本錢，盡先兜請，恣行刻剥，却縱亭户私鹽盜鬻。」故有是詔。

〔一〕途：此字誤。
〔二〕十五萬：《宋史》卷一八三《食貨志》下五作「十萬」。

十二月八日，福建運副趙彦操等言：「汀州科鹽，民受其害。守臣明知之而明蹈之者，苦於財用無所從出耳。今汀州與長汀、上杭、蓮城、武平縣鹽價，每斤爲錢百六十有二，清流百四十有四，寧化百四十有九。價既高，人不樂買，是以至於科敷。今相度，欲於漕司合得增鹽錢，每斤與減四文，及州用浄利錢減三文，汀州縻費錢減八文，每斤共減十五文，賣鹽之價，減亦如之。以歲運二百萬四千斤會於所運鹽内撥出七十九萬七千五百斤，免其分隷諸司，以之，總三項共減三萬九千三十八貫九百六十二文省。又欲足所減州用浄利之數，爲錢七千九百二十二貫七百六十七文省。如此，則立價既平，買鹽者衆，官賣亦行，私販遂息。而汀州與六邑歲減於民者三萬九千緡有奇，減於官者一萬緡有奇〔一〕，所（捕）〔補〕州用，又在此外，州縣之力，庶幾可紓。」從之。先是，新四川安撫制置使趙汝愚言：「汀州地僻民貧，而官鹽立價最貴，配抑追擾之害，視他路獨甚。乞將汀州一郡 27 改作客鈔，其州縣歲額合得鹽數，並給降鈔引，付本州縣措置變賣。」迺詔福建提舉應孟明同汀州守臣趙師愡詳利害條奏。既而孟明言：「福建上四州軍有去産鹽之地甚邇者，官不賣鹽則私禁不嚴，民食私鹽則客鈔不售，既非糶鈔之地則客賣銷折，所以鈔法屢行而屢罷。四川闊遠，客鈔猶不可糶，況汀州山水窮絶之處，客欲翻鈔，將何所往？故鈔法雖良，不可行於汀州，惟裁減本州并諸縣合納運司鹽綱内錢，而嚴科鹽之禁，庶幾汀民有瘳。」復詔彦操等措置裁減條奏。

十四年正月二十一日，詔：「長寧軍淯井鹽監，許通入瀘州樂共城、博望寨、梅嶺、板橋、政和堡五處地分販賣。」以臣僚言：「長寧歲計，獨仰鹽井，乞與放行鄰境出賣。」下制置等司措置，而有是詔。

十二月十八日，四川安撫制置司言：「夔路大寧監四分鹽，遞年科在恭、涪等八州，委是擾民。轉運司措置，止就夔州以時價變賣，誠爲利便。所有虧錢除以金銀高價對折及轉運司抱認外，餘一萬五千道，總領所已將淳熙十一年、十二年、十三年分並行抱認。乞下總領所將淳熙十四年以後年分所虧一半錢一萬五千道，令本所依以前三年體例永遠抱認，庶幾八州之民，得免科抑之擾。」從之。

十六年正月十一日，應孟明究實到廣中鹽鈔利害，上曰：「初議行此事，時先差胡庭直去體量，非不審詳，往往只是符同詹儀之之説，28 今爲所誤。宜令應孟明條具更改。人户未有支鈔鹽，須令盡數支還，今不可復失信於民。」

二十五日，詔：「應孟明、朱晞顔與新除都提舉廣南鹽事王光祖將鹽法日下從長相度，如合復舊，即一面措置經久利便施行，毋致再有科抑之弊。仍權於本路諸州軍未起湖廣總領所歲計錢内，截撥一十五萬貫補助今年支用，自

〔一〕緡：原作「有」，據《宋史》卷一八三《食貨志》下五改。

後却照淳熙十年以前窠名趁辦發納。」孟明言：「臣道由衡州，已聞廣西鹽法更變不常，凡商人之稍有資財者，皆遷徙而去。及至静江府，過興安縣，乃知本府通判及興安知縣每招致人户，以會鹽客爲名，視物力之高下，均鹽籮之多少，名爲勸誘，實則抑配。先令旋納錢銀，其餘抵以物産。請鹽未至，而追索之令已下，往往取急求售，錢本銷折，凡昔之上、中户，今皆破蕩家業矣。本府與興安縣利害，臣所親見，其他州縣，事尤可知。聞有人户借荒田之砧基，以充要約，異日没納，官爲無用，抑勒田鄰俾之承買；亦有文書在官，田廬久已出賣者，他時根究牽連，宛轉受害。或州縣以科抑未盡之鈔，令人吏假爲客名，冒人抵當之文請鹽，置鋪出賣。緣其名不正，人吏得而侵欺，官司亦不敢問。弊孔百端，不容具述。蓋（郡州）〔州郡〕之匱乏，漕計之不裕，皆鹽法之弊實致也，而民户受害矣，又可慮之尤者。議者謂向之官賣，止緣漕司或額外增敷，州縣或額外添般，發泄不盡，間成科抑，非一路州縣皆[29]然，未爲大害也。今若官般官賣，復歸漕司，而增敷有禁，添般有禁，敢抑配者寘之重典，則在明號令以勑之耳。向來官司既失信於商人，今不可復失信於百姓。若朝廷果欲變從舊法，則人户之請鈔而未得鹽者，欲先令立限請賣，而後以官般官賣繼之。但又聞都鹽司不支本錢，鹽丁散走，恐難立限，無鹽可支。若只令官中收其元鈔，還其抵當并所輸錢銀，其勢甚便。仍乞速下漕司措置，委官齎錢往産鹽地招復鹽丁，勸諭煎鹽，庶幾官般不致少闕，民得以從便。」晞顔亦以爲言，故有是詔。〔以〕上《孝宗會要》。

淳熙十六年十一月十一日，臣僚言：「乞令户部行下廣西漕司，今後竈户車丁錢依時行下鬱林州或附近州支撥，庶得接續支遣，不致失業。」詔都大提舉廣西鹽事司同廣西運司措置，依時支給，毋致拖欠。

紹熙元年八月六日，户部言：「廣西轉運司申：西路官般賣鹽，照得提鹽司昨來均撥鹽付諸州般賣，緣每籮減尅一二十斤，州用不給，遂致高擡價直，減尅兩數。今來本司已紐搭滷耗，增支數目，使鹽到諸州日不致損折，則各州所賣鹽，如止於二三千籮，亦已增收錢三五千貫，儘可了辦支用。已行約束，將請到鹽依立定價發賣，不得擅便增價及減尅斤兩。」又言：「西路官般賣鹽，去年都提舉司多所更革，如減損鹽籮斤重，至諸州虧折歲計；增賣醃造鹽數，至遠民重叠科抑；減尅常運官食錢鈔，而[30]綱運留滯；折銀支鹽本錢，而鹽丁重困。照對廉州白石場、化州官寨場、雷州蠶村場係買納一路鹽課去處，其逐場鹽丁，全仰官中買納爲生。自都鹽司以銀大價折支，虧損本錢，以致鹽丁逃散，或私煎盜賣。今於鄰近高、化、雷、廉、瓊、鬱林州等處支撥寄椿庫一色見錢，下逐場充本，買納鹽課，責令監官將鹽丁煎到鹽，不以早晚，即時交秤，當面支還本錢，不得阻節。並乞下廣西轉運司一面施行。」從之。

十一月二十四日，廣西提刑吳宗旦言：「昨臣僚奏高、雷、化、欽、廉州産鹽地分，不在官般之數，舊法只許此五州賣二分鹽。歲月既深，官吏一意掊斂，高其價直，簿曆不明，支收僞冒。得旨令措置以聞。一、廉州元額賣二分鹽二千三百二十籮，計二十三萬二千斤，每斤三十二文，所立價錢太高，是〔至〕〔致〕民食私鹽。却乃計户給曆均科，每月主户買鹽三斤，客户二斤，寡婦一斤半，及令保甲拘催，甚於二税。及廉州管下石康、合浦兩縣鹽丁，元管一千一百八丁，將所納身丁米每丁折納鹽三籮。淳熙四年，運司見得太重，每丁減鹽一籮，每年抱認還本州錢一千二百八十五貫二伯八十文，實納二籮，係赴白石場交納。運司支還本錢二千五百餘貫，撥付本州。淳熙十二年，方係廉州將運司抱〔認〕錢獻與運司，却撥上件鹽回本州自行受納，仍舊發賣與民，每斤價錢二十二文。以此二分鹽外，又添此一項科擾。31與本州守倅面議，將二分鹽每斤一例減作二十文，及將身丁鹽撥隸運司，白石場入納，却歸還三千三百三十六籮價錢。所餘二分鹽數，更不分户丁，秪自從便發賣，及將鹽丁所納折米鹽，撥隸白石場交納。一、雷州元額發賣二分鹽六千二十籮，計六十萬二千斤，每斤三十文足。上件鹽係科下三縣發賣，内海康縣每年主户一丁食鹽一十二斤，客户一丁六斤。本縣於每斤價錢外，又收錢二文，每斤計收錢三十二文。遂溪縣每年主户一丁食鹽二十四斤，客户一丁一十二斤。本縣及賣鹽官於外每斤又收錢五文，每斤計收錢三十五文。徐聞縣每年主户一丁食鹽二十斤，客户一丁一十斤。本縣賣鹽官於外每斤收錢一十文，每斤計錢四十文。州郭每年主户第一等食鹽八十四斤，第二等六十斤，第三等四十八斤，第四等三十六斤，客户每年食鹽一十八斤，每斤錢三十文，自合裁減。欲於元賣鹽額減去三千二十籮計三十萬二千斤，只以三千籮計三十萬斤爲額，每斤一例減作二十五文足。分主、客丁收買，内主丁每歲〔額〕〔納〕錢一百三十七文足，買鹽五斤半；客丁每歲納錢六十九文足，買鹽二斤一十二兩。本州見管主户四萬六百八十七丁，共買鹽二十二萬三千七百七十八斤半；客户二萬七千六百二十二丁，共買鹽七萬五千九百六十斤半。外剩鹽二百六十一斤，充本州官吏32收買食鹽，更不置場發賣。逐年秪是一次於五月間，齎買鹽價錢隨身丁錢一頓赴州交納，就州倉即時支給。一、化州元買二分鹽四千四十籮，計四十萬四千斤，係分撥下三縣發賣，内吴川縣每斤三十文足，石城縣每斤三十五文足。照得於二分鹽外，又般賣衣賜鹽九百餘籮。乞將鹽額減去一千四十籮，只以三千籮爲額，三縣鹽價每斤並一例減作二十文足，仍住罷逐縣賣春冬衣鹽。一、高州元額賣二分鹽五千八百七十五籮，計五十八萬七千五百斤，係撥下茂名、電白、信宜三縣，將主、客户作一等計户發賣，信宜縣每斤四十五文足，電白縣每斤四十文足，茂名縣每斤三十三文足。淳熙十六年十二月終，有未賣盡鹽六十九萬八千八百八十斤，係淳熙十四年以後每年賣未盡之數。緣本州私賣春冬衣鹽一千三百餘籮，每月每户又科買寬剩鹽二斤，致得二分鹽數發賣不登。緣賣二分鹽，本州只得三分息錢，若自賣衣鹽及寬剩鹽，本州全得息錢使用，致本州專以衣鹽、寬剩鹽爲意，却有虧下二分鹽數。又緣鹽價太高，兼照得運司每歲自有科撥錢付本州充春冬衣賜支遣，今措置，合行罷三縣衣鹽及寬剩鹽數，仍減去二分鹽額，從舊計户，分主、客等第收買。本州見管主、客户二萬六千四百八十六户，内主户一萬八千二十一户，每户一全年買鹽一十九斤一十二兩，計錢四 33 百九十四文足，共買鹽三十五萬五千九百一十四斤一十二兩；客户八千四百六十五户，每户一全年買鹽九斤一十二兩，(共)〔計〕錢二百四十四文足，共買鹽八萬二千五百三十三斤一十二兩。尚剩鹽一千五百五十一斤八兩，作本州官吏請買，更不置場發賣。仍將主、客户分上下半年請買，齎錢赴州交納，就州倉即時支給官鹽，仍住罷三縣春冬衣鹽及寬剩鹽。一、欽州元額賣二分鹽二千五百籮，計二十五萬斤，每斤五十四文足，係作三等，出給曆頭，每月上户買鹽三斤，中户二斤，下户一斤半。惟是鹽價太高，今乞添鹽減價，更不須分户分丁，秖作一場從便發賣。續據欽州申：欲每歲就雷州鹽村場添給鹽五百籮，并元撥鹽二千五百籮，通作三千籮計三十萬斤，付本州添助發賣。其鹽價舊係每斤五十四文足，今減二十四文足，就州置場，聽從民户多寡收買，每斤只收錢三十文足。」詔：「高、雷、欽、化、廉五州鹽丁，將已減定鹽額依數煎趁，不(計)〔許〕擅行私煎、盜賣。轉運、提刑司常切覺察，毋致仍前減尅，及别作名色科敷民户。如有違戾去處，許人户越(訢)〔訴〕，將當職官具名奏劾，人吏重行決配。」

十二月二十三日，廣東提舉劉坦之言：「向來朝廷專遣胡庭直遍詣二廣，詢究鹽事。亦嘗考究東鹽，遞年於本路只是賣五萬以上籮，或僅六萬。及二廣通行客鈔，時除通販入西路外，東路亦止是實及六萬。34 朝廷若只仍舊以七萬五千籮爲(科)〔料〕例，則本司前後於一歲之内，未嘗趁得登足，多是拖壓半年，方始賣絶，徒費催理。今每(科)〔料〕只乞實降六萬籮額下本司收簇，應期在一年之内發足，仍將東路鈔引每料只與給降六萬籮。所是元年分除申乞存留合繳納淳熙十六年料鈔引一萬五千籮接續招賣外，更乞揍降鈔引通作六萬籮數，須管在一年内賣盡收錢，如期起發，庶幾不致積壓。所是鈔引，日下更乞催促頒降。」詔每歲與減一萬籮，須管於一年限内出賣盡絶。

二年三月二十二日，户部言：「成都轉運司奏：彭州、崇慶府、永康軍、眉州、成都府屬縣合般賣隆州井鹽，産鹽三千六百八十九擔。緣比年鹽價稍賤，艱於變賣，本司已每(檐)〔擔〕減價錢引一道理納，計減錢引三千六百八十九道。本部乞下成都轉運司常切遵守。」從之。

四月七日，四川制置司言：「先奉旨，歲捐緡錢一百三十五萬對減鹽酒，同總領所諸司條具聞奏。伏見鹽井户係三年一次推排，酒店户係二年一次推排，本以糾次豐盛、折敗去處。竊緣諸司昨自減放指揮，日下就制置司置局，諸司會議收趁課額與推排之籍，考核增虧，見合行溥減、貼減分數。今若不候對減指揮之下，便與推排，却致失實。乞行下實對減鹽酒窠名錢數。」詔京鏜、楊輔公共究見四川總領所及逐路提刑司去年一全年認樁錢數，斟量諸司所奏溥減、貼[35]減事理并逐月減放指揮，自今年爲始，一面據數對減，務在均當，惠利及人。

七月九日，户部言：「承指揮，廣東提鹽司紹熙元年料鈔七萬五千籮，内減一萬籮。本部照得元不曾下部勘當，是致暗失經常合得錢數六萬三千八十貫文。」詔所減鈔引自紹熙二年爲始。

同日，户部言：「夔州乞將本州奉節、巫山兩縣轉運司科擾鹽〔一〕，每斤減作一百文變賣，所有虧價錢共一千三百二十道三百六十四文，州司抱認解撥〔二〕。乞下四川總領所，從本州所乞施行。」從之。

八月十一日，廣東提舉趙不迂言：「乞將紹熙元年賣不盡鈔引四千四百二十五籮免賣繳納，并將紹熙二年以後降去鈔引内更減五千籮。」户部〔言〕：「竊詳昨降紹熙元年鹽鈔，至今尚有餘數，若不隨其所請，多是發賣不行。」詔每年與減五十（蘿）〔籮〕。委自本司措置，務寬民力，仍不得等第計口科賣。

十一月二十七日，南郊赦：「四川鹽井多有年深泉脈不發，陳乞棧閉，官司不爲施行，虚負重課，累降赦文約束。訪聞因渲淘舊井，間有鹹脈去處，州縣又令别增新額，不與對減見欠之數。可令逐路監司相度，將實合棧閉與所添新額取見詣實，依條施行，不得仍前抑勒。」

同日，赦：「福建州縣往往科賣官鹽，騷擾民户，至於無本起綱，白行敷斂，重困民力。昨降指揮，運司相度已行裁減價直。訪聞近來漕司却將州縣積欠折閱價錢，仍舊催理，以致縣分科斂陪填，深恐騷擾民户。可令漕司契勘本路運鹽州縣見有積欠，增鹽折閲價錢，具的實數目申[36]尚書省。」

同日，赦：「諸路鹽場昨緣不依時支散本錢，及有減剋之類，以致歲額不敷。仰諸〔路〕提舉司遵守累降指揮，約束所部，須管依時支給，不得減剋。如有違戾，將當職官吏按劾以聞，許亭户越訴。」

三年閏二月二十九日，中書門下省言：「已降指揮，令淮東提鹽司將客人合納鹽本等錢，權用四分會子、六分見錢，候會子流通日，却用錢、會中半入納。其亭户本錢，亦合照所收分數支給。」詔：「淮東提鹽司將收到客人錢、會，除各起樁等名色外〔三〕，其餘數目，須管照分數，盡實支還亭户，不得減剋違戾。」

〔一〕科擾鹽：疑當作「科敷鹽」。
〔二〕撥：疑當作「發」。
〔三〕起樁等：疑有誤。

三月二十二日，户部言：「福建轉運司奏：本路鹽綱，每一大綱計一十萬斤外，許帶拖脚鹽一萬斤，蓋以優(閏)〔潤〕運綱稅户，則係一綱一十一萬斤爲定。今來州縣稅場每綱收免檢綱錢三百二十六貫八百三十四文，即是違法。乞下福建轉運司鈐束州縣，今後不管妄行收稅，亦不得再行收納免檢綱錢。令本路提舉、提刑、轉運司覺察，將違戾官按劾。」從之。

同日，户部言：「福建轉運司〔奏〕：本路縣道般運鹽綱，惟賴分隸得市利鹽，以充縣用并應辦州郡上供之類，若有餘則趲那循環作本，接濟起綱用。若縣道綱數及額，則縣用自然優裕，其於州郡合起錢物，可以椿辦。今縣道運到一綱，州郡便行拘截，盡充板帳上供之數，縣無力以起後綱；或有已起綱在道，則無錢接濟。已行下逐州，須管通融應副，不得截37留。其縣道合發本州上供錢物，即將起到綱運市利鹽措置起發，仍留本柄循環接濟。乞下福建轉運司，今後屬縣拖欠錢，須管放鹽綱下縣賣錢發還，不許拘截，亦不得差官下縣監賣。本路轉運、提刑、提舉司常切覺察，如有違戾，許逐司按劾。」從之。

六月九日，吏部尚書趙汝愚言：「蜀人趙開紹興初爲都轉運使，所議鹽法最爲精密。其法：井户皆不立額，惟禁私鹽，而諸州縣鎮皆置合同場以招客販。其鹽之斤重，遠近皆平，其立價均一，故無彼此傾奪之患。開又因時之貴賤，而爲翕張。今其法盡廢，井户多鑿私井，務以斤重多寡相傾，故鹽日多，價日賤，而法大壞。乞行下總領所，參照舊法施行。」從之。

九月二十三日，中書門下省言：「前淮西總領劉穎，乞將鹽鈔許商賈每袋用交子一貫，計四十八萬餘貫，除應副屯戍軍兵支遣外，餘數合行措置。」詔依劉穎所申，其交子依已降指揮，每貫作七百七十足出入。所收交子有出剩之數，仰本所椿管，聽候朝廷指揮。

同日，詔封椿庫支會子六萬貫，撥還左藏西庫。以户部侍郎馬大同言：「廣東提鹽司歲額鹽鈔七萬五千籮，紹熙元年減一萬籮，并賣不盡殘鈔四千四百二十五籮，今又減五千籮，三項通計錢一十二萬三千一百一十五貫六百五十文，係是起發户部支遣之數。乞下左藏封椿庫，照數以銀兩撥還。」故有是命。

十月十七日，詔淮東38提舉司，客旅入納貼鈔錢，自今每袋許用會子、鐵錢各三分、交子四分。先是，淮東提舉衛涇有請於朝，爲本路鹽倉客人貼鈔錢依近降指揮，以官會四分、鐵錢六分入納，今來既行交子，所有立定六分，合聽商旅之便，或令以分數入納。得旨：客人合納貼鈔錢內，許(内)〔用〕三分交子入納。至是，中書門下省言，立定交子數少，未甚流通，故有是命。

四年五月十三日，廣東提舉司言：「本路歲賣鈔鹽六萬五千籮，今準指揮，減免五千籮，止以六萬籮爲額。其減五千籮，乞於内以三千籮專減潮、惠、南恩産鹽三州歲〔一〕，餘二千籮却均減不係産鹽諸州。今給到紹熙三年産鹽六萬籮，隨宜裁減均撥，除不係産鹽諸州别行減撥外，其産鹽三州，内潮州欲權減四百九十八籮，惠州欲權減二千四百七十籮，南恩州欲權減一千二十九籮，實賣鹽五千五百一十七籮。竊緣三州各有拖欠紹熙二年分鈔錢，通計三萬一千七十五貫，見行（摧）〔催〕納。今若以三年分（紗）〔鈔〕引鹽籮發下各州，必便均於民間，使其重叠納鹽，愈見困弊。今將收簇到錢代納三州紹熙三年分鹽五千五百一十七籮，計正鈔、漕計、頭例、鹽本等錢五萬一千七百六十八貫二百文，與歲計並無相妨，庶幾少寬三州之民。」從之。

九月十七日，詔：「刑、寺自今遇有提舉司申到合該責罰官，照應紹興二年七月二十三日指揮施行。」以提領（摧）〔榷〕貨務都茶場言：「浙西提舉 39 司管下鹽場，煎鹽不及舊額，管以遞年之數比較增虧〔二〕。」故有是命。

五年正月一日，户部言：「四川總領所申：潼川府鹽、酒爲蜀重害。伏見通、泰州海鹽所至，並無征税，而蜀中之鹽，官收其土産錢，則已係納税，又給賣與官引，則亦是官貨，所過又從而征之。欲乞過通〔三〕、泰鹽法〔四〕，盡與免諸州縣鎮鹽税，使客旅通流。總領所照得四川鹽貨，州縣税務不止從省額收税，又有額外增收，如買酒錢、到岸錢、塌地錢之類，皆是一時增創。乞下成都、潼川府、利州路諸司，申嚴禁止，不得於鹽（檐）〔擔〕引面官錢額外，苛取井户、客人錢物。」從之。

二月八日，詔罷利州東、西路鹽店七處，良家子撥隸興元府都統司。以四川總領楊輔言：「利州東路安撫司所置鹽店一處，亦請一體施行。」故有是命。

三月一日，臣僚言：「訪聞福建安撫司措置出賣犒賞庫回易鹽，約束甚嚴，榷販甚廣，多差官吏至坊場。事體騷新，民旅非便。乞令福建帥司日下住罷所置官吏、坊場，今後置鋪，不得出門。」從之。以上《光宗會要》。（以上《永樂大典》卷九七九三）

【宋會要】

40 紹熙五年八月二十七日，詔廣西鹽額歲減一十萬貫。以侍御史章穎言：「乾道以後，大臣當國者皆以理財爲務，如鹽袋錢、頭子勘合錢、官户減半役錢，又復增取者七八百萬緡，可謂重矣。如月樁、經總制之類，雖未可頓減，而江浙和買、廣西鹽額之類，皆可稍損，以寬民力。」故有是詔。既而廣西運判張釜言：「今準指揮，歲減鹽額一十萬貫，仰見朝廷加惠遠人之意。除高、廉、雷、化、欽五州係沿海去處，昨來已經裁減外，更不再減，止將自餘一十六

〔一〕「歲」下疑脱「額」字。
〔二〕「管」上疑脱「須」字。「須管」爲宋人常語，意爲必須，如食貨五九之四四：「今後水旱，須管依實具申尚書省。」
〔三〕過：疑當作「依」。
〔四〕泰：原作「秦」，據上文改。

州府鹽額，照應通融裁減，條列於左：靜江府元額賣鹽三萬一千五百六十一籮，每籮價錢一十貫文足。緣本府逐年所賣鹽籮係全撥息錢付本府支遣，今減去鹽三千五百七十四籮零一十七斤，共展計錢四萬六千四百一十七貫七百九十二文省。內除循環鹽本、脚錢，每籮三貫五百五十三文足，共展計一萬六千四百九十二貫二百四十文省外，共虧下歲額息錢及元奏存留鹽本錢，兩項通計二萬九千九百二十五貫五百五十二文省。融州元額賣鹽二千二百七十五籮，宜州元額賣鹽三千四百五十八籮，每籮價錢一十三貫文足。緣本州逐年所賣鹽籮，係全撥本、脚、息錢付本府支遣，融州今減去鹽一十九籮〔二〕，通計虧下本州錢三 41 千二百七貫七百九十三文省；宜州今減去鹽五百八籮，通計虧下本州錢八千五百七十六貫六百二十四文省。藤州元額賣鹽三千三百二十五籮，每籮價錢八貫文足，今減去鹽四百二十五籮，共展計錢四千四百一十五貫五百八十五文省，內除循環本、脚錢每籮二貫五百九十八文足，共展計一千四百三十三貫九百六十一文省外，內虧下歲額息錢及元奏存留鹽本錢，通計二千九百八十一貫六百二十四文省。貴州元額賣鹽二千六百二籮，每籮價錢九貫文足，今減去鹽六百二籮，共展計錢七千三十六貫三百六十四文省，內除循環本、脚錢每籮二貫七百三十八文足，共展計二千一百四十貫六百一十七文省外，共虧下歲額息錢及元奏存留鹽本錢通計四千八百九十五貫七百四十六文省。容州元額賣鹽二千九百六十一籮，每籮價錢七貫文足，今減去鹽五百六十一籮，共展計錢五千一百貫文省，內除循環本、脚錢每籮二貫四百八文足，共展計一千七百五十四貫四百文省外，共虧下歲額息錢及元奏存留鹽本錢，二項通計三千三百四十五貫六百文省。梧州元額賣鹽二千籮，每籮價錢八貫文足，今減去鹽三百籮，共展計錢三千一百一十六貫八百八十四文省，內除循環本、脚錢每籮二貫八百四十八文足，共展計錢一千一百九貫六百一十一文省外，42 共虧下歲額息錢及元奏鹽本錢通計二千七貫二百七十三文省。昭州元額賣鹽三千六百籮，每籮價錢一十貫文足，今減去鹽六百籮，共展計錢七千七百九十二貫二百八文省，內除循環本、脚錢每籮三貫三百四十八文足，共展計錢二千六百八貫八百三十二文省外，共虧下歲額息錢及元奏存留鹽本錢通計五千一百八十三貫三百七十六文省。邕州元額賣鹽五千八百籮，每籮價錢一十貫文足，今減去鹽六百籮，共展計錢七千七百九十二貫二百八文省，內除循環本、脚錢每籮二貫七百三十四文足，共展計二千一百三十貫三百九十文省外，共虧下歲額息錢及元奏存留鹽本錢通計五千六百六十一貫八百一十八文省。橫州元額賣鹽一千四百

〔二〕一十九籮：疑誤。按融州與宜州鹽價相同，據下宜州之數計，每籮爲錢一十六貫八百八十三文。今以宜州虧下錢數除以每籮價，得一百九十籮，可知「一十九」似應爲「一百九十」之誤。但上下文數字經計算亦多不合，未知其故。今姑仍其舊，以俟詳考。

三十三籮，每籮價錢九貫文足，今減去鹽一百三十三籮，展計錢一千五百五十四貫五百四十六文省，內除循環本、脚錢，每籮二貫四百一十四文足，共展計四百一十六貫九百六十四文省外，共虧下歲額息錢及元奏存留鹽本錢通計一千一百三十七貫五百八十三文省。潯州元額賣鹽二千七百九十籮，每籮價錢一十貫文足，今減去鹽七百九十籮，共展計錢一萬二百五十九貫七百四十二文省，內除循環本、脚錢每籮二貫九百八十八文足，共展計三千六百一十文省外，共虧下歲額息錢及元奏存留鹽本錢通43計七千一百九十四貫一百三十二文省。賀州元額賣鹽四千五百四十五籮，每籮價錢一十貫文足，今減去鹽一千七十五籮，共展計錢一萬三千九百六十一貫三十九文省，內除循環鹽本、脚錢每籮三貫四百四十八文足，共展計四千八百一十三貫七百六十七文省外，共虧下歲額息錢及元奏存留鹽本錢通計九千一百四十七貫二百七十三文省。柳州元額賣鹽三千五百一十籮，每籮價錢一十二貫文足，今減去鹽五百一十籮，共展計錢七千九百四十八貫五十二文，內除循環鹽本、脚錢每籮三貫五百四十八文足，共展計二千三百四十九貫九百七十四文省外，共虧下歲額息錢及元奏存留鹽本錢通計五千五百九十八貫七十八文省。賓州元額賣鹽二千三百八籮，每籮價錢一十一貫文足，今減去鹽四百八籮，共展計錢五千八百二十八貫五百七十二文省，內除循環鹽本、脚錢每籮三貫三百三十八文足，共展計一千七百六十八貫七百六文省外，共虧下歲額息錢及元奏存留鹽本錢通計四千五十九貫八百六十六文省。鬱林州元額賣鹽三千籮，每籮價(銀)〔錢〕七貫文足，今減去鹽三百籮，共展計錢二千七百二十七貫二百七十三文省，內除循環鹽本、脚錢每籮二貫一百三十八文，共展計八百三十二貫九百八十七文省外，共虧下歲額息錢及元奏存留鹽本44錢通計一千八百九十四貫二百八十六文省。象州元額賣鹽二千五百八十籮，每籮價錢一十貫文足，今減去鹽六百籮，共展計錢七千七百九十二貫二百九文省，內除循環鹽本、脚錢每籮三貫三百四十八文足，共展計二千六百八貫八百三十一文省外，共虧下歲額息錢及元奏存留鹽本錢通計五千一百八十三貫七十八文省。以上共均減鹽一萬一千一百七十六籮零一十七斤，除循環鹽本、脚錢外，虧下息錢及元奏存留鹽本錢共十萬貫，內諸州府歲計息錢五萬四千九百九十六貫八百五十二文省，諸州三分息錢一萬二百三十二貫八百四十文省，漕司七分息錢二萬三千八百八十三貫八百九十四文省，元奏存留鹽本錢一萬八百八十六貫四百一十四文省。若逐州府似此減下鹽額，即自今以往，鹽數不多，委實可以發賣及額，不致妄作名色，科配擾民。但各州見賣息錢及每籮元奏存留鹽本錢，皆是指定應副逐處一歲支用，及漕司起解上供、買馬并全年應干支撥之數，分文不可欠闕。今既準指揮，歲減賣十萬貫，所有諸州府合得錢六萬五千二百二十八貫四百四十文省，漕司合得錢三萬四千七百七十一貫一百三十一文省，未委於是何窠名内撥還。今契勘本司一全年合支撥四十一萬七千二百五十餘貫，應(付)〔副〕一十六州府歲計并糴闕米錢八萬45貫，應(付)〔副〕經畧司買馬錢五萬三千二百餘貫，撥還諸州府三分錢二萬四千餘貫，應(付)〔副〕廣東摧鋒軍券食錢八萬四百四十餘貫，起發湖廣總領所錢三萬貫，應(付)〔副〕靖州歲計錢四萬九千二百餘貫，貼助(廣)〔應〕副逐年進奉銀兩、三年一次大禮銀、經畧提刑到任陳設、出戍官兵掛甲卸甲、宜州蠻人生料鹽本、鬱林州甲軍諸場官吏請受、公使雜支、船場打造丁灰等錢，以上並係揹定緊要窠名，不可那輟。於内獨有總領所、靖州兩項錢，檢照舊例，却見得本路前來行客鈔年分，即不曾起解。乞朝廷檢照臣同經畧朱晞顔元申奏事理，於逐年合發賣趁辦總領所、靖州額錢内減免十萬貫，撥還今來減下發賣鹽額息錢，庶幾本路官般之法，自此永久無弊。」詔令於合解湖廣總領所錢内依數取撥。

九月十四日，明堂赦：「諸路鹽場昨緣不依時支散本錢，及有尅減，以致額不敷〔一〕。仰諸路提舉司遵守累降指揮約束，如有違戾，將當職官吏按劾以聞，許亭户越訴。」自後郊祀、明堂赦並同。

同日，赦：「訪聞州縣有將人户計口抑賣食鹽，甚違法意。可令提舉司覺察禁戢〔二〕，如有違戾，按劾施行。」自後郊祀、明堂赦並同。

同日，赦：「在法，違欠鹽錢，止合估欠人并牙保人物產折還，即無監繫親戚填還，及妻已改嫁，尚行追理之文。昨令户部申嚴行下，許人户越訴。」自後郊祀、明堂赦並同。

同日，赦：「官司輒立茶鹽鋪〔三〕，虛給帖子，均科人户，勒令齎錢赴鋪繳納〔四〕，未46嘗支給茶鹽，顯是違法科抑。仰提舉司及諸州主管官嚴行禁戢，許人户越訴。」自後郊祀、明堂赦並同。

閏十月九日，詔：「興元府、興州、金州都督、安撫司督責所部關隘戍守官兵，嚴切禁止，毋令解鹽稍有透漏，侵射川鹽。緣所屬奉行不虔，致有違戾，仰照應已降指揮，常切遵守施行。」從四川制司、總所請也。

慶元元年二月七日，詔：「通州循環鹽鈔住罷，將增剩鈔名改作正支文鈔給筭，與日前已投在倉增剩鹽鈔通理資次支請。」以淮東提舉陳損之言：「本路真、泰、高郵軍三倉，並係客人筭請一等增剩鈔前來，用到倉月日從上支鹽。獨通州有循環、增剩兩等文鈔，據客人先買一鈔，却更重買一鈔，以爲占壓，其先鈔號爲舊鈔，而重買謂之新鈔。舊鈔攙支鹽去，則重買復爲舊鈔，如此，號爲循環。紹興兵火後，舊鈔之額不存，本州土豪鈔鋪收得詭名舊鈔，兑與新來客人，赴倉占壓資次，當日便可攙支鹽袋。小商止將增剩

〔一〕「額」前疑脱一字。
〔二〕提舉：原作「禁」，據本書刑法二之一二二改。
〔三〕輒：原作「轍」，據本書食貨三一之三〇改。
〔四〕赴：原作「越」，據本書食貨三一之三〇改。

鈔到場，無力賫循環鈔者，致有半年數月不能支請。本倉循環鈔自今實有三千五百十八袋，兼有力之家收藏兑買，姦僞多端，虧欠官課。於通州則循環於官委無所益，只與鈔鋪爲衣食之源，本倉合干人因得分受其利。乞截日住罷，只用一色增剩鈔支請。所有見餘循環鈔，今後本司先行驗實，方始發與通州倉支鹽，以革姦僞。旬月之内，舊鈔可以盡絶，庶使小商無占壓之害。」故有是詔。

十一日，知[47]黎州王聞詩言：「本州係西南極邊，止管漢源一縣，地瘠民稀，税賦寡薄，歲計元係轉運司科撥邛州、蒲江井鹽一千七百九十六擔有奇變賣，自今每斤計錢三百二十文。比年内郡鹽價比日前愈更低小，而本州歲額之鹽尤發賣不行，科俵於民，雖貧乏下户，計口納直，各有定額，負鹽直而流徙者，不可勝數。内則省計愈虧，外則邊民告病。頃者言之制帥，將所賣鹽價以三分爲率，裁減一分，其一歲所減，計一萬六千緡，總所出一萬道，制、漕二司各出三千道，對還本州省計。所科撥鹽，每斤只以錢引三分出賣，每分計鐵錢七十足，自來年正月一日爲頭。所有科賣民户食鹽簿藉，並與除去，務從民便。乞下四川制置司、總領所、成都府路轉運司，永久遵守施行。」從之。

九月二十二日，詔：「淮東、浙東西路提鹽官，仰日下印榜，嚴行約束，照條鹽袋並以三百斤裝打，不管分毫大搭。仍常督責覺察，切待朝廷於三務場官内不時互差前去倉場抽摘秤製。如有違戾，即將提舉官及本屬官吏申取朝廷指揮，重行責罰。若點檢後再敢拆袋暗增斤重，許諸邑人陳告，得實，犯人依私鹽法斷罪追賞。」以提領榷貨務都茶場所言：「據臨安府主管茶鹽官王補之申：近因諸場運到袋鹽，躬親抽摘秤袋，有大搭斤重之弊，上虧鹽額，下損亭户。本務照對淮、浙鹽場昨係各場自行支抹客鈔，續緣各添斤重，招誘客[48]人。昨來浙西徐誼因三路提鹽官各縱所屬競增斤重，以傾鄰路，每鹽一袋至有四百斤，雖名優潤商旅，而實坐困亭户，遂用廣陳舊斛，酌中數，每百斤加十四斤爲袋。今王補之既見臨安鹽袋秤計淨鹽三百六十八斤，乞照條重別打袋。竊恐乘此聲勢，淮、浙鹽場益無忌憚，遞相倣傚，轉加大搭，課額日虧，實爲利害。」故有是命。既而臣僚有請：「近年申嚴不一，三路視爲具文，竊恐暗虧國課。乞下提領所，每季或半年委官點檢，從本所繳申都省，將最多斤重一處官吏責罰，以警違戾。」從之。

四年十一月十八日，詔：「處州慶元縣每年抱認鹽課一百袋，自慶元六年爲頭，課額解納浙東提舉司。」從縣尉趙謙置邑後之請也。

嘉泰元年正月七日，詔：「福建路上四州今後止許逐縣將運到逐綱官鹽，並從先來裝到籮篰，照元製色味、斤兩，斟酌時價出賣，不得拌和泥土，增擡價例，除退苴扎。所聽從人户自行收買，不得科敷抑賣。仍曉示遠近通知。所有知縣每斤食錢一文，更與裁減。如有違戾，（鹽）〔監〕司按劾，重寘典憲，人吏當行決配。」以臣僚言：「福建路建寧府、南劍、汀州、邵武軍謂之上四州，以地據大溪上流，財賦絶少，皆藉産鹽。自合逐州逐縣照元來運到元製鹽貨并元秤斤兩量立價（賤）〔錢〕出賣，聽人户自行收買，官中亦自獲利不少。淳熙初，有提刑謝師稷按其違戾知縣數人，免科鹽者數年，今乃多是灰土拌和，斤兩虧【49】少，却以包裹減剋，與向來裝綱之日色澤、分數不同。立價又重，復有巧作名色除退，名曰苴扎，每鹽一斤，不得六七兩。緣此民間不肯收買，是致私鹽盛行。兼以科抑民户，每買鹽一斤，知縣得錢一文，任滿厚載而歸，疲民困苦無愬。乞委憲使體究，革絶其弊，一如謝師稷所行。」故有是詔。

二年十二月十八日，詔：「淮東提鹽司貼納鹽錢，與免納二分交子，止用錢、會中半。」舊例：用錢會各四分，交子二分，至是客人訴其不便故也。

四年二月十二日，夔路運判李訦言：「大寧監鹽場歲趁二百五十萬斤體例，本司自擬待闕官一員，往充外計。簽廳既無緡繫印紙，苟請俸給，或虚額誑申，或減秤乾没。乞將鹽場從吏部差注初任京官、次任選人。」從之。

十月十五日，浙西提舉茶鹽史彌遠言：「産鹽地分弓手、土軍與亭户相爲表裏，庇其私煎盜賣，復以巡捕爲名，横行村落，反與私販之徒極力防護。巡尉玩習，全不舉職。乞將歲終諸路鹽場辦到課利比較最虧去處，本地分巡尉如實有透漏，與場官一等責罰。」從之。

開禧元年五月一日，三省言：「行在、建康、鎮江榷貨務所賣淮、浙鹽鈔，自去年減價，今已一年，合議復還舊價。」詔：「自今降指揮到日爲始，依舊價貫，金、銀、錢、會復還分數則例，優潤入納。嘉泰四年三月一日減價指揮更不施行，日後永爲定例，斷不增減。」先是，嘉泰四年三月一日，詔：「臨安、建康務場發賣淮、浙鹽鈔，自嘉泰四年【50】四月一日爲始，除鹽倉合納錢依舊外，每袋於務場合納錢數内各減二貫文，内臨安五分金，並以會子入納。」既而淮東總領梁季珌言〔一〕：「鎮江務場乞一例優減。」從之。至是，三省有請，故有是命。

七月三日，詔：「諸路鹽倉場監、買納、催煎監官任滿，如無虧額，提舉司結罪保明，申務場所契勘，行下批書。虧額數多，候補足，方許離任。」九月六日，又詔支鹽倉監官亦照催煎官一體（私）〔施〕行。

九月二十八日，詔：「臨安、紹興府四渡官捕私鹽，並與依格推賞。内舉主未足人，每合轉一官，與減舉主一員；該累賞人取旨施行。」

十一月十六日，提舉浙東茶鹽章燮言：「乞就慶元府定海縣龍頭地名洪店創置鹽場，每歲以一千八百八十四袋立額，辟差監官。」從之。

二年正月二日，詔：「淮、浙提鹽司各行下所部鹽倉場，自今新鈔一袋，搭支舊鈔一袋。如新鈔多於舊鈔，或願

〔一〕梁季珌：原作「梁季秘」，據《攻媿集》卷三六、《萬姓統譜》卷五〇改。

全用新鈔支鹽，及無舊鈔而願全買新鈔者聽。並以新鈔理爲資次。其行在、建康兩務所賣淮鈔，自截日終，令行在專賣真州鈔，建康專(買)〔賣〕通、泰州、高郵軍鈔，不許仍前交互。其嘉泰四年十二月已降理舊鈔指揮更不施行。」先是，嘉泰四年十一月二十六日，詔：「淮、浙提鹽司行下所部鹽倉場，自今新鈔三袋，搭支舊鈔七袋。如新鈔多於舊鈔，或願全用新鈔支鹽者聽，並以新鈔理爲資次。」繼而十二月二十一日，又詔以七袋舊鈔、三袋新鈔品搭，仍舊理舊鈔資次，近降理新 51 鈔資次指揮更不施行。至是，復有是命。

四月十七日，臣僚言：「江、湖、淮、浙、京西茶鹽自有專法，歷歲滋深，寧無抵(悟)〔牾〕？乞宣示敕局，將紹興二十一年八月以後應頒降鹽法指揮，參以紹興舊法，審訂成書頒行。」從之。

九月十三日，明堂赦文：「淮、浙鹽倉場收買鹽貨，多是大秤斤重，少支價錢，却將寬剩鹽數妄作亭户入中，支請官錢，分受入己。令提舉司檢坐元降指揮，行下禁戢。」自後郊祀、明堂赦並同。以上《寧宗會要》。

嘉定元年二月二十五日，浙東提舉司言：「定海清泉場管下穿山、長山兩子場，立爲正場，辟差監官，乞每歲各以三千袋爲額。其元額(其元額)四千九百八袋，令清泉場自行買運。」從之。

三月二日，浙東提舉司言：「慶元府昌國縣岱山、高南、亭子場，乞以每歲三千六百袋爲額，辟差監官。」從之。

三年八月二十七日，詔：「(亭)〔停〕塌鈔引之家低價買會，每貫用錢三四百文，及納官，却作一貫見錢直使。又增長舊鈔之價，每鹽一袋，賣官會百貫以上。自今指揮到日，鹽鈔官錢每一袋增收會子二十貫。仰三務場開雕大字朱印於鈔面，作某年某月新鈔。候通賣及一百萬袋，即與住免增收。其日前已未支鹽鈔，並爲舊鈔，與立限一年，並齎赴倉場支鹽，每袋貼納官會一十貫，出限更不行用。仍用新鈔六分、舊鈔四分，以新鈔爲資次。所有嘉定三年六月新鈔三分、舊鈔七分指揮更不施行。」

九月五日，淮東提舉茶鹽齊礪言〔一〕：「去 52 冬楚寇猖獗，管下鹽場凡四百有一竈，而焚蕩毀壞者一百六十餘座，亭民逃竄死亡，不知其幾。已選官措置，仍多帶錢米招集。乞明立賞格，將創新興復竈分最多人，特與改合入官，其餘比類循轉。」詔依所申，所委官能興復圓備，委無違闕，具職位姓名保明，申尚書省，内京官及武臣與轉一官，選人與減改官舉主三員，仍於内免職司一員。

十一月二十一日，詔：「已降指揮，令封樁庫取撥會子四十萬貫付浙東提舉司，五十萬貫付浙西提舉司，措置收買浮鹽。經今日久，令應武往浙東、趙汝述往浙西同提舉，日下措置，務使客販流通，鹽鈔無阻。旬具已措置及已買數目，申尚書省。」

〔一〕礪：原作「礪」，據本書職官七三之四九、《景定建康志》卷二七改。

四年正月二十日，四川制置大使安丙、總領四川財賦陳咸言：「內郡賦輸，有激賞絹一色，本紹興間從權施行，自後因仍不免。今歲計絹三十萬疋，爲緡錢九十萬，欲徑行除免，即恐有虧總計。竊見軍興以來，鹽價倍增。未軍興前，每擔共不滿三十引，今約五十引，除引息、柴火外，淨息不下三十餘引。臣昨每(檐)〔擔〕權增兩引官錢，以助軍興，歲計九十萬引。今欲將上項所增兩引與四川人户對減合納激賞絹。以三年爲準，如三年後鹽價稍低，即行除免。惟瀘、叙二州賦役甚輕，其激〔賞〕絹仍行均科。」從之。

五年二月十三日，廣東提舉司言：「前知潮州沈埴奏〔一〕：『本州七等敷鹽不均，重爲民害。乞照福建路漳、泉等州例，隨產敷[53]鹽。』劄令本司參議。本司委官體訪，有士民列狀，言其不便，乞依舊例七等施行。勘會舊來七等敷鹽，係以下縣土色高下、產錢輕重分爲等第，初無定説，如潮陽以三貫文爲第一等，而揭陽則以四貫，海陽則以五貫。今若例以三縣一文之產均五文鹽，不均甚矣。況自一文產敷鹽五文，則五十文產納錢二百五十文，而五貫文產已納二十五貫文，等而上之，且無止法。若產錢五十貫，則每歲當納二百有餘貫，其何以堪？今官司見行鹽價，每斤七十三文。第七等户，潮陽則四斤半，揭陽四斤，海陽則三斤半，而潮陽所敷爲重，每年納錢不過三百二十八文足，每日食鹽不及一文，未爲重困。只緣本州後來每斤納錢一百一十文足，是以小民難於送納。今欲以三縣第七等數內一文至十文盡與蠲免，其十文以上至五貫以上，並依舊來等第買鹽。仍嚴行約束，每斤只從久價七十三文足，不許多收。亦不得專立單鈔，只於納本户產錢鈔上帶納，明言買鹽若干，納錢若干，使貧民下户皆被實惠。」從之。

十四日，詔：「行在、建康、鎮江三務場、真州賣鈔司，自三月一日爲始，並照自來定例入納官錢。內行在務場用金、銀、錢、會，建康務場用交、會、見錢，鎮江務場用錢、會，真州賣鈔司用交、會。所有亭户鹽本錢，亦各照逐路久例入納，更不取增收錢。內合納會子，並用第十四、十五界新會。應嘉定三年八月二十七日指揮以前，舊鈔未經鹽倉交收，貼納舊會，投理資次，仰浙東、西、淮東[54]提舉司行下所屬支鹽倉場曉示客旅，據所有舊鈔就倉場繳納，每袋貼納新會三貫，却從倉場以新鈔換納。如有願以舊鈔徑於三務場及賣鈔司繳納，依數納錢，換給新鈔者聽。其收到換鈔新會，並撥赴封樁庫交納。應今降指揮以前，已用新舊鈔四、六分品樁鈔數投理資次者，並照元來資次支鹽。應今年三月初一日以後買到鈔，許以換給鈔作二八分品搭，投理資次支鹽，內用新鈔八分，換給鈔二分。如無換給鈔可以品搭，願全用三(百)〔月〕一日以後買到鈔理爲三月一日以後資次者，亦從其便。其支鹽倉場合用換給新鈔，令太府寺日下印造鈔引三十萬袋，仍雕大字紅印該(税)〔説〕

〔一〕沈埴：雍正《廣東通志》卷二六作「沈植」。

某年某月換給鈔，以《千字文》排定字號，於鈔面印訖。内以十五萬袋均給付浙東、西、淮東三路提舉司，仰本司徑自契勘，分撥下支鹽倉場；以五萬袋付行在務場，七萬袋付建康務場，二萬袋付鎮江務場，一萬袋付真州賣鈔司。遇有換到舊鈔，仰各處先照已給新鈔字號，於舊鈔批鑿仍抹訖，類聚發赴太府寺點對，焚毀施行。仍仰三務場賣鈔司、各路提舉司常切拘（摧）〔催〕，旬具已換給過鈔鹽袋數并所收錢數申尚書省及提領務場所照應。如有給新鈔或收換舊鈔未敷，仰各續次申乞。其用新鈔換給舊鈔，限在半年内了畢。所有用二分換給鈔品搭八分鈔支鹽，並不拘定年限。外有京西提舉司鹽鈔，並免輸納 55 增收貼納錢，徑自照久來體例理資次支鹽，更不與三務場及真州賣鈔司鹽鈔衮同資次。」

九月二十四日，詔：「行在、建康、鎮江三務場，真州賣鈔司，浙東、西、淮東提舉司，自十月一日爲始，再展限一季，許客旅將嘉定三年八月二十七日指揮已前未經鹽倉場投理資次舊鈔，照今年二月十四日指揮，齎赴倉場給納，每袋納新會三貫，就倉場以新鈔換給。如願徑就務場換給者，亦從其便。其用新鈔八分、換給鈔二分品搭支鹽。或無換給鈔，願全買新鈔理爲十月一日以後資次者，並照今年二月十四日指揮施行。今來所展日限，已是寬恤，限滿定不再展。所有今年二月十四日并今降指揮支鹽資次，及見今務場入納鐵錢則例，並是永遠施行，斷無衝改。仍仰三務場、真州賣鈔司、浙東、西、淮東提舉司廣出文榜曉示外，務使遠近通知。其合用換給新鈔，仰三務場、賣鈔司并各路提舉司約具合用鈔數，疾速具申尚書省行下太府寺，接續印給施行。」

六年四月二十三日，浙東提舉司言：「準指揮，以温州鹽倉支發不行，押袋官與鹽倉官吏徒（廢）〔費〕廪禄，自乾道五年就場支請，至淳熙十二年復回州倉，反不若就場支發之多。今提舉茶鹽司專委主管官措置支發趁辦，庶免添置冗員。本司檢照温州五場，管押袋官五員，内減二員，及温州支鹽倉監官兩員，減一員。申明朝廷，照坑冶司分司幹官體 56 例辟差幹官一員，就温州制司專一提督管幹温、台州鹽倉場買運，以減三員鹽官錢米爲辟差幹官之俸，並是温州支給。今拖照本州鹽倉支發袋鹽，雖比未置司幹官之前有增，然較之再經減新額，每歲猶虧一萬餘袋。欲將元辟差温州幹官並行省罷。劄下温州守倅，須管每歲登及元額，如有虧欠，具申朝廷取旨；或能措置增羡，乞與旌賞。所有欲令客人就場支發，情弊甚多，乞只就鹽倉支發。今既省罷提幹，其支鹽官只有一員。本倉既是錢物去處，乞復昨來省罷一員同共管幹。若稍不究心，容本司差官對易，庶幾脈絡貫通，不敢懈怠。」詔並依，内幹官先次省罷。押袋官三員，見任人各聽令終滿，已差下人令赴部注合入差遣。其復置支鹽倉一員，且行堂除一次，今後吏部使闕。

六月五日，淮東提舉茶鹽司言：「本路鹽倉場官逐考煎賣〔一〕、支發鹽數，合經本司批書，今徑經所屬州軍陳乞。若第一考鹽額有虧，却計囑州縣批書；如第二、第三考更不虧數，亦復趁那批書。洎至任滿，方經所屬州軍開具逐考内鹽數供申本司。今據諸州軍申到倉場官任内所趁鹽數，將本司事祖刷筭到的實煎賣、支發鹽數，與各州軍已批書數目各是異同。本司欲行改正，緣各州軍先以批上，難於追改。乞從今後（摧）〔催〕煎、辦納、支鹽官到任及考以至任滿，許從本司刷具的實趁過鹽數比額有無增虧，自行批上印紙[57]照證。倉場官任滿，從本司結罪保明，申提領務場所行下，批書一任内趁過鹽數，庶幾確實，不致冒濫。仍行下浙西、浙東提鹽司一體施行。」從之。

七年正月六日，臣僚言：「比年所在鹽亭户困窮，無力燒煮，折而入於内私販，以至散爲盜賊，而富商大賈齎錢請鹽，資次積壓，無以應其所求，有舍之而爲他業者。推原其故，自提舉司不支還鹽本錢始。向來亭户先請本錢而後納鹽，其後則先納鹽而後請錢。今買納到鹽出賣獲利，稱息數倍，乃猶占悋，不肯給還元價。縱或支償，十未一二，幾於白納而後已。欲下諸路產鹽地分提舉司，將日前所欠亭户本錢盡數支還。自今收買到鹽，即時給付元直，不得抑勒虧減。如更不許〔二〕，許亭户越訴。及後官到任，於交割帳狀内添入一項，即無坐欠亭户鹽本錢，結罪保明。如檢得見有未支之數，仰具申朝省，重作施行。」從之。四月，侍御史石宗萬亦有是請。

三月九日，臣僚言：「福建瀕海諸郡，鹽不論錢，曩時使民計產納錢，官給之鹽以供口食，蓋防盜販之弊。其後遂爲常賦，而民不得復請鹽矣。自產一文以上至二十文，各納鹽五斤，每斤爲錢二十一文足，總計錢一百五文足。官司所入止此，而胥吏交納，所得數乃倍之。自二十文產以上，每產一文，加納三斤，累千百。析户每產一文，又納鹽錢一斤。其多者固不論，而下户之產一文而至二十文者，皆五斤也。或原產二十文以下，（折）〔析〕而爲三四[58]户者，又皆五斤也。（外此）〔此外〕，如僧寺有口食鹽，船户有浮鹽，交關田宅有契鹽，名色不一，而諸縣例以產鹽庫子兼充宅庫，意蓋可見，此弊法也。乞下轉運司明示牓文，備坐今降指揮，將福之下四軍州凡二十文產以下合納鹽五斤之家，盡行蠲免，其析户產錢僅及二十文者，不得（料）〔科〕納鹽錢。」從之。（以上《永樂大典》卷九七九四）

〔一〕賣：原作「發」，據下文改。
〔二〕更不許：疑當作「更不支」。

宋會要輯稿 食貨二九

茶法一〔一〕

茶色號

【宋會要·食貨志】

1 茶色號：凡片茶：龍、鳳，二號止充貢。的乳、白乳、頭金、臘面、頭骨、次骨、第三骨、末骨、山茶，以上建茶。的乳、白乳、臘面、頭金、次骨、第三骨，山挺〔二〕，已上南劍州。華英、先春、來泉，以上歙州。慶合、福合、片茶頭骨，以上池州。慶合、運合、仙芝、不及號、頭金、臘面、頭骨，以上饒州。泥片，虔州。玉津、金片、綠英，以上袁州。第二、第三號，杭州。第一、第二、第三號，以上越州。片茶，明州。方茶，婺州。第一、第二、第三號，以上湖州。折稅，第一、第二號，台州。第一、第二、第三、第五號，以上衢州。大捲、上等、中等，以上常州。中等〔三〕，溫州。第一、第二、第三號、不及號、小方、次不及號，以上鄂州。大方、開捲，以上復州。大方、開捲、小捲、生黃，以上岳州。片茶，澧州。第一、第二、第三號，以上鼎州。大方茶、靈草、綠牙茶。以上潭州。凡散茶：上、中、下號，以上廬州。上、中、下號，以上壽州。上、中、下號，以上舒州。上、中、下號，以上光州。苗茶、上、中、下號，以上蘄州。上、中、下號，以上黃州。第二、第三號，以上宣州。茗，歙州。下號，江州。茗茶、末散茶、屑茶，以上池州。末茶、麤茶，以上饒州。第二、第三號，廣德軍。上、中、下號，以上洪州。茗子、第一、第二、第三號，以上袁州。散，撫州。散，筠州。散，並興國軍、臨江軍、南安軍、建昌軍。中、下號，以上南康軍。散，並杭州、蘇州、湖州、婺州、處州、衢州、溫州。第三號，越州。第二號、第三號，明州。末等，台州。第二號、第三號，睦州。建寧大柘〔四〕、退場葉末、府管楊木、草子，以上潭州。第四等，衡州。草子，澧州。稅茶，柳州。散，峽州。土產。邵武軍。

（以上《永樂大典》卷五八七七）

產茶額

2 產茶額〔五〕：以户部左曹具紹興三十二年諸（州路）〔路州〕軍縣所產茶數修入。

兩浙東路 紹興府會稽、山陰、餘姚、上虞、蕭山、新昌、諸暨、嵊：三十八萬五千六十斤。明州慈溪、定海、象

〔一〕茶法：原題「茶號」，據天頭原批改。原批云：「茶法：茶色號、產茶額、買茶額、賣茶額、買茶價、賣茶價、賣茶場、茶數修入。」

〔二〕挺：原作「鋌」，據本卷食貨二九之一〇、《補編》頁六八六、《文獻通考》卷一八改。

〔三〕天頭原批：「『等』一作『號』。」按，見《補編》頁六八六。

〔四〕柘：《文獻通考》卷一八作「拓」。

〔五〕天頭原批：「此條移買茶價前。」按，據原稿中縫頁碼觀之，《大典》卷一七五六〇原來順序爲：買茶價、賣茶價、買茶額、賣茶額、賣茶場、產茶額。後來整理者將產茶額提在前，故有此批。

山、昌國、奉化、鄞：五十一萬四百三十五斤。台州臨海、寧海、天台、仙居、黄巖：一萬九千二百五十八斤一十一兩七錢。温州永嘉、平陽、樂清、瑞安：五萬六千五百一十一斤。衢州西安、江山、龍遊、常山、開化：九千五百斤。婺州金華、蘭溪、東陽、永康、浦江、武義、義烏：六萬三千一百七十四斤九兩二錢。處州麗水、龍泉、松陽、遂昌、縉雲：一萬九千八十二斤。

兩浙西路　臨安府錢塘、於潛、臨安、餘杭、新城、富陽：二百一十九萬六百三十二斤二十三兩。湖州烏程、歸安、德清、武康、長興、安吉：一十六萬一千五百一斤。嚴州建德、壽昌、淳安、遂安、桐廬、分水：二百一十二萬一百六十斤。平江府吴縣：六千二百斤。常州宜興：六千一百二十二斤。

江南東路　太平州繁昌：二百斤。寧國府宣城、南陵、太平、寧國、旌德、涇：一百一十二萬六百五十二斤〔一〕。徽州休寧、婺源、績溪、祁門、黟、歙：二百一十萬二千五百四十斤一十四兩。池州貴溪、青陽、石埭、建德：二十八萬四百八十九斤〔二〕。饒州鄱陽、浮梁、德興：一十三萬五千五百五十五斤三兩。信州上饒、鉛山、弋陽、玉山、永豐、貴溪：一萬九百三十一斤一十五兩。南康軍星子、建昌：三萬九千一百四十九斤〔三〕。廣德軍廣德、建平：六萬九千七百一十斤。

江南西路　隆興府靖安、新建、分寧、奉新：二百八十一萬九千四百二十五斤。建昌軍南城、南豐、新城、廣昌：九千五百八十斤。贛州瑞金、贛：一萬四百斤。吉州廬陵、永新、永豐、太和、安福、萬安、吉水、龍泉：一萬七百八十斤。撫州臨川、崇仁、宜黄、金谿：二萬一千七百二十六斤一十二兩四錢〔四〕。袁州宜春、萍鄉、萬載、分宜：九萬六百八十三斤二兩。江州德化、瑞昌、德安：一百四十六萬五千二百五十斤。筠州高安、新昌、上高：八千三百一十六斤。興國軍永興、通山：九十 3 三萬六千五百五十五斤。南安軍大庾、上猶、南康：四千一百五十斤。臨江軍清江、新喻、新淦：六千六百三斤。

荆湖南路　潭州善化、長沙、瀏陽、湘陰、醴陵〔五〕、衡山、寧鄉、湘潭、安化、益陽、湘鄉、攸：一百三萬四千八百二十七斤一十二兩五錢。衡州耒陽〔六〕、安仁、常寧、茶陵：一千六百七十五斤。永州零陵：二萬三百一十斤。邵州邵陽、新化：六千二百五十斤一十三兩五錢。全州清湘、灌陽：三千八百五十斤一十三兩。郴州永興、宜章、桂

〔一〕五十二：《輯稿》影印本本卷食貨二九之一七複文（今已删，見後文校記）作「五十四」。
〔二〕八十：影印本食貨二九之一七複文作「三十」。
〔三〕斤：原脱，據影印本食貨二九之一七補。
〔四〕七百二十：影印本食貨二九之一八作「二百七十」。
〔五〕醴陵：原作「澧泉」，據影印本食貨二九之四、《宋史》卷八八《地理志》四改。
〔六〕耒：原作「來」，據影印本食貨二九之四、《元豐九域志》卷六改。

陽、郴：一萬九百九十四斤。桂陽軍平陽、藍山〔一〕：一千三百二十五斤。武岡軍武岡：四萬六千六百一十五斤。

荆湖北路　常德府武陵、桃源、龍陽：十三萬一百八十斤。荆南（府）江陵、松滋、石首、枝江：三千二十五斤八兩。荆門軍當陽：一百斤〔二〕。沅州（廬）〔盧〕陽、麻陽：三百七十一斤。歸州秭歸、巴東、興山：四萬八千五百斤。辰州沅陵、盧溪〔三〕、辰溪：二千三百三十九斤一十兩。澧州澧陽、石門、慈利：一萬一千五百斤。峽州夷陵、宜都、長（陽）〔楊〕、遠安：三萬八百八十斤。岳州巴陵、平江、臨湘、華容：五十萬一千二百四十斤。鄂州蒲圻、江夏、通城、武昌、嘉魚、咸寧、崇陽：一十七萬七千七百一十斤一十二兩。

福建路　南劍州將樂、尤溪、劍浦、順昌、沙：一萬一百斤。福州古田：二百一十斤。建寧府建陽、崇安、浦城、松溪、政和、（歐）〔甌〕寧、建安：九十五萬斤。汀州寧化、上杭、清流、武平、長汀、（連）〔蓮〕城：一萬一百斤。邵武軍泰寧、邵武、建寧、光澤〔四〕：一萬一千二百五十九斤八兩。

淮南西路　舒州懷寧、太湖、宿松、桐城：一萬三百三十九斤五兩。廬州舒城：二百二十六斤八兩五錢。蘄州蘄春、廣濟、黃梅、蘄水、羅田：七千一百三十二斤三兩五錢。壽春府六安：一千五百六十斤。

廣南東路　循州龍川：一千七百斤。南雄州保昌：九百斤。

廣南西路　融州融水：二千斤。靜江府臨桂、靈川、興安、荔（蒲）〔浦〕、義寧、永福、古、修仁：七萬二千二百八十六斤六兩。潯州平南：一千一百斤。鬱林州南流、興業：六千二百斤。賓州嶺方：六百五十斤。昭州立山：七千五百斤。以上《中興會要》。

浙東路　紹興府會稽、山陰、諸暨、蕭山、餘姚、上虞、嵊：三十三萬三千九百斤二兩。台州臨海、黃巖、寧海、天台、仙居：二萬七百斤一十一兩七錢〔五〕。婺州金華、蘭溪、武義、浦江、義烏、東陽、永康：六萬三千七百一十四斤一十三兩。温州永嘉、瑞安、平陽、樂清：四萬七千八百五十斤。處州麗水、龍泉、松陽、遂昌、縉雲、青田：一萬八千一百一十一斤。衢州西安、江山、龍游、常山、開化：一萬一千四百二十四斤。明州鄞、慈溪、奉化、象山、定海、昌國：三十四萬六千六十六斤。

浙西路　臨安府錢塘、餘杭、富陽、於潛、臨安、新城：

〔一〕藍：原作「監」，據《宋史》卷八八《地理志》四及《元豐九域志》卷六改。
〔二〕一百：影印本食貨二九之一八作「二百」。
〔三〕沅陵盧溪：原作「沅溪」，據《元豐九域志》卷六及《宋史》卷八八《地理志》四補。
〔四〕光：原作「廣」，據影印本食貨二九之一九、《元豐九域志》卷九、《宋史》卷八九《地理志》五改。
〔五〕七百：影印本食貨二九之二〇作「二百」。

二百八萬三千一百三十斤。湖州烏程、歸安、長興、安[4]吉、德清、武康：七萬九千四百四十六斤。平江府吳縣：七百斤。常州宜興：六千三百斤。嚴州建德、淳安、分水、桐廬、遂安、壽昌：二百五十六萬九千六百四十斤〔一〕。

江南東路　太平州繁昌：二百斤。寧國府宣城、寧國、旌德、太平、涇：七十七萬八千三百五十斤〔二〕。徽州婺源、休寧、祁門、黟、歙：二百二十八萬六千一百斤。池州貴池、青陽、石埭、建德：五萬九千七百二十斤。饒州鄱陽、浮梁、德興：一十萬七千一百四十斤。信州上饒、鉛山、貴溪、弋陽、永豐、玉山：一萬二百斤。南康軍星子、建昌：四十七萬三千四百九十斤〔三〕。廣德軍廣德、建平：二萬六千二百八十斤。

江南西路　隆興府南昌、新建、分寧、武寧、豐城、進賢、奉新、靖安：三百四萬一千一十斤。江州德化、瑞昌、德安：一百四十八萬六千七百二十斤。筠州高安：一萬四千一百斤。袁州宜春、分宜、萍鄉、萬載：三萬七百斤。贛州瑞金、贛：七千四百斤。吉州廬陵、吉水、永豐、安福、永新：九千七百斤。撫州臨川、崇仁、宜黃、金谿：三千六百斤。建昌軍南城、南豐、廣昌、新城：九千四百斤。興國軍永興、通山：六十四萬七千一百六十斤。臨江軍清江、新淦、新喻：六千九百斤。南安軍大庾、南康、上猶：三千五百斤。

荆湖南路　潭州長沙、善化、湘潭、衡山、湘陰、醴陵、瀏陽、益陽、寧鄉、安化、湘鄉、攸：一百二萬五千三百四十九斤一十兩半。衡州耒陽、常寧、安仁：五千四百四十九斤一十兩半。永州零陵：二萬三百十一斤〔四〕。邵州新化：六千二百五十斤一十三兩半。全州清湘、灌陽：四千四百斤。郴州永興、郴：一千九百九十四斤。桂陽軍平陽：一千一百二十五斤。武岡軍武岡：九千八百二十三斤。

荆湖北路　岳州在城合同場、平江：五十萬九百六十斤。鄂州在城合同場、蒲圻、崇陽〔五〕、武昌、咸寧、嘉魚：一十七萬七千二百四十斤〔六〕。歸州在城合同場、興山、巴東：三萬五千三百斤。峽州在城合同場、宜都、長陽、遠安：一萬九千五百八十斤。荆南在城合同場：二千五百斤。澧州在城合同場：一萬一千五百斤。常德府在城合同場：一十二萬九千九百斤。

福建路　建寧府建安、(歐)〔甌〕寧、建陽、崇安、政和：九十八萬三千四百九十三斤。南劍州劍浦、將樂：二萬九千八百三十五斤一十三兩。福州古田：一百七十斤。汀

〔一〕六百：原脱「百」字，據影印本食貨二九之二〇補。
〔二〕三百：影印本食貨二九之二〇作「二百」。
〔三〕九十：原作「九千」，據影印本食貨二九之二〇改。
〔四〕十一斤：影印本食貨二九之二一作「一十斤」。
〔五〕崇：原作「榮」，據影印本食貨二九之三、二九之二一改。
〔六〕二百：影印本食貨二九之二一作「一百」。

州長汀、寧化、清流、蓮城：五千二百斤。邵武軍邵武、光澤、建寧、泰寧：一萬九千一百八十六斤一十三兩九錢。

淮南西路　廬州舒城：一千八百一十六斤五兩。舒州懷寧、桐城、宿松、太湖：一萬一千八百五斤九兩二錢。蘄州蘄春、廣濟、黄梅、蘄水、羅田：七千六百七十三斤一十五兩。安豐軍六安：一千六百五十七斤一十四兩。

廣[5]南東路　南雄州保昌：四百斤。循州龍川〔一〕：一千四百斤〔二〕。

廣南西路　静江府臨桂、靈川〔三〕、興安、義寧、永福、古、修仁〔四〕、荔浦：四萬八千一百二十三斤。潯州平南：一千九百九十五斤。賓州嶺方：七百斤。鬱林州南流、興業：一千二百四十斤。昭州立山：四百七十斤。已上《乾道會要》。

買茶額

[6]淮南路西路〔五〕　黄州麻城場：年額二十一萬七千四百八斤。蘄州三場：洗馬場，年額百二十二萬一千八百八十七斤；石橋場，二百萬四千七百二十九斤；王祺場，五十七萬三千八百三十二斤。壽州三場：霍山場，年額八十四萬五千六十四斤；麻步場，四十二萬三千六百斤；開順場，三十六萬八千八百三十八斤。光州三場：光山場，年額十八萬八千一百九十一斤；商城場，三十八萬三千二百六十三斤；子安場，十三萬三千五百六十二斤。舒州二場：羅〔原〕〔源〕場，年額三十萬八千一百五十斤；太湖場，百二十一萬四千一百四十八斤。廬州王同場：年額七十七萬六千一百二十七斤〔六〕。凡十三場，皆課園户焙造輸賣或折税，以備榷貨務商旅算請〔七〕。

江南路東路　宣州：百九萬二千三百九十八斤。歙州：六萬七千二百六十四斤。池州：十五萬六千六百八十七斤。饒州：五十五萬一千八百三十九斤。信州：二萬四千四十九斤。江州：六十九萬八千五百四十七斤。廣德軍：一十二萬二千三百九斤。南康軍：十二萬七千二百三十一斤。

西路　洪州：百六十萬八千二百三十一斤。撫州：十萬三千五十四斤。筠州：八萬六百七十九斤。袁州：二十萬六千六百九十七斤。臨江軍：二萬六千八百六十四斤。興國軍：五百二十九萬七千三百六十斤。建昌軍：七千八十二斤。虔州、吉州、南安軍，無茶額，只納折税茶充本處食茶出賣。

〔一〕龍川：原作「龍山」，據本書食貨二九之三、《宋史》卷九〇《地理志》六改。
〔二〕四百：影印本食貨二九之二作「七百」。
〔三〕靈川：原作「臨川」，據本書食貨二九之三改。
〔四〕修仁：原「仁」字誤置於「荔蒲」下，據本書食貨二九之三、《元豐九域志》卷九、《宋史》卷九〇《地理志》六乙。
〔五〕西：原作「東」，按以下各州均屬淮南西路，因改。
〔六〕七十：原作「七千」，據《補編》頁二九一改。
〔七〕榷：原作「權」，據《補編》頁二九一改。

兩浙路　杭州：四十二萬八千一百一十五斤。越州：二萬一千六百五十三斤。蘇州：六千五百斤。湖州：十二萬一千九百一十斤。明州：六萬六千六十四斤。婺州：五萬二千二百七十六斤〔一〕。常州：五萬一千二百六十一斤。温州：七萬八千一百九十斤。台州：一萬三千一百斤。衢州：六千八百九斤。睦州：四十二萬一千七十三斤〔二〕。處州：一萬三千八百二十四斤。

荆湖路南路　潭州：四十七萬七千七百八十五斤〔三〕。郴州，無買額，止納折税茶充本處食茶出賣。

北路　荆南府：二十九萬四千斤。鄂州：三十六萬三千一百三十五斤。岳州：一百二萬八百八十九斤。澧州：二千八百八十七斤。鼎州：一萬二千九百一十六斤。歸州：五萬三千六百一十四斤。峽州：六7萬四千六百二十八斤。辰州，無買額，只納折税茶充本州食茶出賣。荆門軍：一萬二千一百六十斤。

福建路　建州：三十四萬六千九百九十五斤。南劍州：四萬六千五百八十八斤。

川峽、廣南州軍止以土産茶通商，別無茶法。

賣茶額

江陵府務受本府及潭、贛、澧、鼎、歸、峽州茶，祖額三十一萬五千一百四十八貫三百七十五文。真州務受洪、宣、歙、撫、吉、饒、江、池、筠、袁、潭、岳州、臨江、興國軍茶，祖額五十一萬四千二十三貫九百三十三文。海州務受杭、越、蘇、湖、明、婺、常、温、台、衢、睦州茶，祖額三十萬八千七百三貫六百七十六文。蘄州蘄口務受洪、潭、建、劍州、興國軍茶，祖額三十六萬七千百六十七貫二百二十四文。無爲軍務受洪、宣、歙、饒、池、江、筠、袁、潭、岳、建州、南康、興國軍茶，祖額四十三萬五百四十一貫五百四十文。漢陽軍務受鄂州茶，祖額二十一萬八千三百一十一貫五十一文。

凡六榷貨務掌受諸州軍買納茶，以給商人，於在京及本務入納見錢算請〔四〕。

買茶場

壽州霍丘縣場，太平興國六年置，嘉祐四年罷。廬州舒城縣場，舊置，嘉祐四年罷。蘄州蘄春縣洗馬場，乾德三年置；石橋場，開寶二年置；蘄水縣王祺場，淳化二年置。並嘉祐四年罷。舒州羅源場、太湖場，舊置〔五〕，嘉祐四年

〔一〕二千：天頭原批：「『三』一作『二』。」按，指《補編》頁二九一。以下至本卷末原批所謂「一作」，均指《補編》頁二九一至二九八所録複文。
〔二〕四十：原作「四千」，據《補編》頁二九一改。
〔三〕四十七：《補編》頁二九一作「四十四」。七千：原作「千七」，據《補編》頁二九一乙。
〔四〕在京：原作「内軍」，據《補編》頁二九二改。
〔五〕舊置：原作「舊制」，據文意改。下同。

罷。光州光山場、商城場、子安場，舊(制)〔置〕，嘉祐四年罷。眉州丹稜縣場〔一〕，熙寧十年置。蜀州永康縣場，熙寧七年置；青城縣場、味江寨場，並熙寧九年置。彭州堋口場〔二〕，相承舊有；導江縣場、蒲村鎮場、木頭場，並熙寧十年置。綿州彰明縣場、龍安縣場，熙寧十年置。漢州楊村場，熙寧十年置。嘉州洪雅縣場、楊村鎮場，並熙寧十年置。邛州在城場，景德二年置，康定元年併入都稅務；火井場〔三〕、大邑場，並景德二年置；思安場，熙寧五年置。雅州在城場，熙寧九年置；名山縣場，熙寧七年置；百丈鎮場〔四〕，九年置。黄州麻步場，舊(制)〔置〕，嘉祐四年罷。興元府在城場、油麻場，並熙寧七年置；城固縣場〔五〕，八年置。洋州在城場、斯多店場、西鄉場，並熙寧七年置。文州在城場，熙寧八年置。建州在城場，舊(制)〔置〕。

買茶價

8 淮南路西路　廬州王同場，散茶上號每斤二十六文四分，中號十九文八分，下號十五文四分。壽州三場：霍山場，散茶上號每斤三十四文一分，中號三十文一分〔六〕，下號二十二文；麻步場，上號三十四文一分，中號三十文一分，下號二十二文；開順場，上號三十三文，中號二十八文六分，下號二十二文。舒州三場：羅源場，散茶上號每斤二十八文，中號二十五文，下號二十二文；太湖場，上號三十八文五分，中號三十三文，下號二十七文；龍溪場，上號二十七文五分，中號二十四文二分，下號十八文七分。光州三場：商城場，散茶上號每斤三十四文一分，中號三十文八分，下號二十四文二分，淺山一十九文八分；子安場，上號三十三文，中號二十七文五分，下號二十二文，淺山十七文六分；光山場，中號十七文六分，下號十五文四分。蘄州三場：洗馬場，散茶上號每斤三十八文五分，中號三十三文，下號二十七文五分，次下號二十二文；石橋場，上號 9 三十五文二分，中號二十九文七分，下號二十四文二分，次下號二十二文；王祺場，上號三十五文二分，中號二十九文七分，下號并次下號並二十二文。黄州麻城場，散茶上號每斤三十五文二分，中號二十九文七分，下號二十四文二分。

江南路東路　歙州，片茶華英、先春、來泉並折稅。江州，散茶下號每斤十六文五分。池州，片茶慶合每斤百三十二文，福合百二十一文，運合百一十文，不及號七十七文；散茶十三文。饒州，片茶慶合每斤百四十三文，運合百三十二文，仙芝百一十文，不及號七十七文。廣德軍，散

〔一〕丹：原作「母」，據《元豐九域志》卷七改。
〔二〕堋：原作「棚」，據《宋史》卷八九《地理志》五改。
〔三〕火井：原作「火并」，據《補編》頁二九八改。
〔四〕百丈：原作「百文」，據《補編》頁二九八改。
〔五〕固：原作「國」，據《補編》頁二九八改。
〔六〕天頭原批：「『二』一作『八』。」

茶第二、第三號並每斤七十文六分。

西路　洪州，散茶上號每斤十九文八分，中號十八文七分，下號十六文五分。處州，片茶每斤八文。袁州，片茶綠英號每斤百八十七文，玉津號百四十三文，金片百一十文。撫州，散茶每斤二十九文。筠州，散茶每斤十六文五分。興國軍，片茶不及號，每斤六十五文〔一〕，兩府號四十文，散茶十四文六分。建昌軍〔二〕，散茶每斤十二文足。臨江軍，片茶每斤百九十八文，散茶十三文。南安軍，散茶每斤三文。

兩浙路　杭州，片茶第二等每斤百六十五文，第三等百三十二文，散茶十三文。越州，片茶第一號每斤百八十七文〔三〕，第二號百六十五文，第三號百三十二文；散茶第三等十八文。湖州，片茶第一號每斤百八十七文，第二號百六十五文，第三號百三十二文；散茶十七文六分。婺州，方片第二等每斤二十二文，散茶第三等十八文七分。明州，片茶每斤三十五文五分，散茶第二等二十三文，第三等十六文。常州，片茶大捲上號每斤百九十八文，中號百六十五文；散茶上等三十三文，中等二十七文，下等二十二文。溫州，片茶中號每斤百六十五文，散茶第五等每斤八文。台州，散茶末等每斤二十二文。衢州，片茶第二等每斤二十二文，第三等十八文七分，第四等十六文五分，第五等十四文三分；散茶十二文三分〔四〕。睦州，片茶第一號每斤三百四十二文〔五〕；第二號二百九文，第三號百七十六文；散茶第二等二十二文。

荊湖路南路　潭州，大方茶獨行每斤二百七十五文，靈草二百四十二文〔六〕，綠(牙)〔芽〕二百二十二文，片茶百三十二文，茗子四十四文。

北路　江陵府，散茶建寧大柘、退場頭子，每斤並十三文足，府管楊木、草子十九文三分足。鄂州，片茶第一號每斤百六十五文，第二號百三十二文，第三號九十九文，不及號七十七文，次不及號五十文。鼎州，片茶第一號每斤二百三十一文，第二號百九十八文，第三號百七十六文。澧州，片茶每斤百六十五文。峽州，散茶草子每斤十七文一分六 10 鐅。岳州，片茶大方每斤百七十六文，開捲十五文一分八鐅，小捲十二文九分八厘，散茶十八文七分，生黃二十二文，第三、第四號並十六文五分。歸州，散茶每斤十五文〔七〕。

福建路　建州，的乳每斤百九十文，白乳百六十文，頭金百三十五文，臘茶百二十文，頭骨九十文，次骨六十文，

〔一〕天頭原批：「『六十五文』一作『六十文五分』。」
〔二〕昌：原作「國」，據本卷食貨二九之一改。
〔三〕號：原作「等」，據《補編》頁二九三改。
〔四〕天頭原批：「『二』一作『四』。」
〔五〕天頭原批：「『三』一作『二』。」
〔六〕靈草：原作「靈華」，據本卷食貨二九之一、《文獻通考》卷一八改。
〔七〕天頭原批：「『五』一作『二』。」

第三骨四十五文，末骨二十四文，山茶十三文。南劍州，的乳每斤百八十文，白乳百五十文，頭金百四十文，臘面百一十文，頭骨八十文，次骨五十文，第三骨三十五文，末骨二十五文，山挺十三文。邵武軍，土産散茶每斤十文。

賣茶價

淮南路東路　海州〔並〕諸州般供：建州頭金每斤五百文，臘面四百一十五文，骨茶三百五十五文，潭州雨前散茶百二十文，興國軍不及號片茶二百〔文〕，宣州、洪州、岳州、廣德軍散茶、興國軍不及號散茶，並五十文。海州搉貨務：杭州第一號九百一十七文，第二號八百五十文，第三號七百七十九文；明州、婺州、衢州中號並八百七十五文；常州第一號八百五十文，第二號八百三十三文；台州第一號八百二十五文，第二號七百九十一文；越州第一號八百八文，第二號七百七十五文，第三號七百五十八文；睦州第一號一貫一文，第二號九百九文，第三號八百四十文；湖州第一號八百八文，第二號七百七十五文，第三號七百五十八文；温州中號九百一十七文。真州並諸州般供：建州片茶，頭金每斤五百文，臘面四百一十五文，頭骨三百五十五文；潭州散茶，雨前百二十文；興國軍不及號二百文；宣州、岳州、興國軍、廣德軍、南康軍、洪州散茶並五十文。真州榷貨務：潭州獨行八百一十五文，靈草七百五十六文，緑芽七百一十四文；建州頭金四百二十文，臘面三百六十文，頭骨二百八十八文；饒州片茶，慶合六百五文，運合五百三十八文，仙芝五百三十文，不及號四百四十六文；歙州勝金五百六十三文，嫩蘂五百三十八文，華英五百二十文，運合五百三十八文，來泉四百六十二文，先春四百八十八文，仙芝五百三十文，不及號四百四十六文；池州片茶，慶合每斤五百三十四文，福合四百九十二文，運合四百九十文，不及號三百八十七文；袁州片茶，緑英七百四十八文，玉津六百九十八文，金片五百八十八文；興國軍片茶，兩府號八百文，不及號二百六十文，散茶五十文；臨江軍片茶，玉津六百九十八文，金片五百八十八文，散茶五十九文；洪州上、中號並六十三文，下號六十一文；吉州、江州散茶並五十九文；撫州散茶六十一文；宣州散茶五十八文。

西路　廬州王同場，散茶上號五十六文，中號四十五
11 文五分，下號三十七文一分。壽州三場：霍山、麻步場，上號並八十八文二分，中號七十九文八分，下號六十三文；開順場，上號八十文五分，中號七十文，下號五十六文。舒州三場：羅原場，上號六十三文，中號五十六文，下號五十一文；太湖場，上號八十八文二分，中號七十五文六分，下號六十七文一分；龍溪場，上號六十七文二分，中號五十八文八分，下號五十文四分。光州三場：商城場，上號七十三文五分，中號六十七文二分，下號五十六文，淺山四十二文；子安場，上號七十文，中號五十九文五分，下

號四十九文，淺山四十文六分；光山場，中號三十八文五分，下號三十三文六分。蘄州三場：洗馬場，苗茶每斤八十五文，上號八十四文，中號七十五文六分，下號六十三文，次下號五十六文；石橋、王祺場，上號並七十九文八分，中號六十七文二分，中、下號六十九文，次下號五十八文八分。蘄口榷貨務供般：頭金每斤五百文，臘面四百一十五文，頭骨三百五十五文；黄晚係園户不堪者，每斤三十文。蘄口榷貨務：興國軍片茶不及號，每斤百六十八文；兩府號充耗茶支，其散茶下號五十五文；潭州大方茶獨行七百四十七文〔一〕，靈草六百九十三文，緑芽六百五十四文；建、劍二州頭金，每斤並四百二十文，臘面三百六十文，頭骨三百文；洪州分散中號六十三文，下號六十一文。黄州麻城場，上號每斤七十文，中號六十一文六分，下號五十二文五分。無爲軍〔榷〕貨務：潭州獨行號每斤八百一十一文，靈草七百五十二文，緑芽七百一十文；建州頭金四百二十文，臘面三百六十文，頭骨三百文；饒州仙芝號五百一十三文，不及號四百二十九文，慶合五百八十文，運合五百二十一文〔二〕；歙州先春四百七十一文，來泉、嫩蘂並四百六十二文；池州福合四百六十一文，慶合五百九文，運合四百二十五文，不及號三百七十文；袁州玉津六百七十二文，金片五百八十八文；興國軍片茶，不及號百七十五文，兩府號百九十文，散茶五十四文；洪州上、中號並六十一文，下號五十九文；江州、南康軍散茶並五十九文；宣州、筠州散茶每斤五十四文。

江南路東路　江寧府並諸州供般：廣德軍第一號每斤六十文〔三〕，第二號五十五文，第三號五十文；潭州私末茶六十文；建州頭金五百文，臘面四百一十五文，骨茶三百五十五文，山茶八十文；宣州買茶場五十文，私茶五十文；池州買茶場五十文；袁州私片茶四十三文，粗黄每斤四十文；宣州散茶第二、第三等，每斤並四十六文；歙州折税茗茶每斤二十七文；江州散茶下號每斤三十八文；池州散茶、茗茶每斤並二十八文，片茶三十五文，頭骨三百五[12]十文，末茶二十八文，屑茶三十三文；饒州頭金每斤五百文，臘面四百一十五文，頭骨三百五十五文，茗茶、末茶並四十一文，粗黄三十七文。信州並諸州供般：筠州每斤二十七文；饒州二十文；洪州下號三十五文；袁州二十八文；南康軍散末中號每斤六十文，下號五十五文；廣德軍散茶每斤第二號四十二文，第三號三十七文。

西路　洪州，散茶下號每斤三十五文。虔州，泥片每斤十八文。吉州並諸州供般：洪州每斤三十五文足，虔州二十八文足，袁州三十五文足，麤黄三十文足。袁州，退茶每斤三十八文足，茗子二十九文足，第一等二十八文足，第

〔一〕方：原脱，據《補編》頁二九五改。
〔二〕天頭原批：「『二』一作『三』。」
〔三〕軍：原作「州」，據《補編》卷二九五改。

二等、第三等並二十三文足。撫州，散茶每斤三十九文。筠州，散茶每斤二十七文足。興國軍，散茶下號每斤三十七文。建昌軍，散茶每斤三十五文足。臨江軍，散茶每斤三十八文足。南安軍，土産每斤二十六文。又諸州供般者，洪州下號粗黄、袁州退茶，每斤並四十文。

兩浙路　杭州，散茶每斤三十文。越州，散茶第三等，每斤三十文八分七釐。蘇州，散茶每斤四十五文足。其諸州供般者：建州頭金每斤三百八十五文足，臘面三百二十五文足，頭骨二百七十四文足；温州第三等大片，每斤七十四文足；睦州散茶第三等，六十二文足；杭州散茶第五等，五十文足；湖州散茶五十六文足。潤州並諸州供般〔一〕：湖州散茶每斤七十四文〔二〕；睦州散茶每斤八十五文，頭金五百文，臘面四百十六文，頭骨三百五十五文。湖州，散茶每斤五十五文。其南劍州供般者：頭金五百文，臘面四百十六文，頭骨三百五十五文。婺州，散茶每斤三十四文足。明州，散茶（等）〔第〕二等每斤五十六文六分五釐，第三等三十八文。常州，片茶中等每斤九十六文，下等九十文；散茶每斤上號七十五文，中號六十五文，下號四十六文。秀州並諸州供般：杭州私茶第三等每斤六十文，第五等四十文；睦州第三等七十文；温州第三等九十五文；睦州第二等九十二文足，第三等六十六文足。温州，散茶每斤五十四文。台州，散茶末等每斤三十六文。衢州，散茶每斤四十六文。睦州，散茶第二等每斤六十五文，第三等五十八文。處州，散茶每斤四十文。温州供般：大片第三等，每斤七十文，第五等散茶三十六文。

荆湖路南路　潭州，建寧大柘并退場葉末，並三十文足〔三〕，及府管場草子一十九文八分足。衡州，第四等土産每斤三十八文。郴州，税茶每斤六十八文。

北路　江陵府並諸州供般：劍州頭金每斤五百文，臘面四百一十五文；建州頭骨三百五十五文；湖南緑芽八百七十六文；鼎州大方第二號七百八十文，第三號七百二十【13】文；岳州開捲二百文，小捲百一十文；歸州、峽州草子並九十文，又本府官退場頭子、葉末三十五文。江陵府榷貨務：潭州大方，每斤獨行六百八十八文八分，靈草六百五十五文二分，緑芽六百一十三文二分，片金五百四文；鼎州大方，第一號五百八十八文，第二號五百四十六文，第三號五百四文；岳州大方四百九十五文六分，開捲百四文，小捲七十七文；澧州大方四百九十文；峽州草子六十三文；荆南、建康大拓并退場葉末及府管場草子，並六十三文。鄂州，片茶第一號每斤百六十五文，第二號百三十二文，第三號九十九文，不及號七十七文，次不及號五十文，退庫破碎每斤二百四十文，退庫破屑百三十文，雷池

〔一〕天頭原批：「潤」一作「温」。
〔二〕天頭原批：「四」一作「三」。
〔三〕天頭原批：「三十」一作「十三」。

第四號八十文，碎末二十五文。鼎州，土産片屑、散、碎退庫茶每斤六十文。澧州，草子茶每斤六十九文三分。峽州，散茶草子每斤四十五文。岳州，大方、開捲、小捲並供荆南榷務，大方每斤四百九十五文六分，開捲百四十文，小捲七十七文。漢陽軍並諸州供般：鄂州不及號每斤四百二十文，次不及號二百九十文；又於荆南般供岳州開捲每斤二百六十文四分六釐，大方七百二十八文二分，澧州大方七百二十文二分，湖南六百九十二文二分，鼎州大方七百四十文二分。漢陽軍榷貨務：鄂州片茶，第一號每斤五百八十八文，第二號五百三十文，第三號四百六十二文，不及號四百二十文，小方茶二百一十文，次不及號無價，充本務耗茶支給。復州，不及號大方每斤五百二十三文，開捲二百六十文，今廢。

福建路　福州並建州供般：的乳每斤三百七十文，白乳三百一十文，頭金二百七十文，臘面二百四十文，頭骨百九十文，次骨百五十文，第三骨九十五文，末骨七十五文，山茶、山挺並六十二文。又本州捉到私茶，每斤草茶、草骨並四十八文足。泉州並建、劍州供般：的乳每斤二百八十六文足，白乳二百三十九文足，頭金二百四十四文足，臘面二百九文足，頭骨百七十八文足，次（次）骨百一十六文足，第三骨、末骨並七十四文，山挺、山茶並四十七文。建州，的乳每斤三百六十一文，白乳三百文，頭金二百八十文，臘面二百二十一文，頭骨百六十一文，次骨百五十文，第三骨九十五文，末骨七十五文，山茶四十九文。漳州並建、劍州供般：的乳每斤三百一十六文足，白乳二百七十文足，頭金二百六十三文足，臘面二百四十七文足，頭骨二百九十文足，次骨百四十七文足，第三骨百五文足，山挺四十八文足。南劍州，的乳每斤三百六十一文，白乳三百文，頭金二百八十文，臘面二百二十一文，頭骨百六十一文，次骨百五十文，第三骨并末骨並九十五14文，山挺五十七文。汀州並建州供般：頭金每斤四百四十文，臘面二百八十文，頭骨三百四十文，次骨百五十文；白乳、頭金、的乳並四百四十文，第三等骨九十五文，末等骨八十文。邵武軍，土産茶每斤五十文；又建州供般：白乳每斤三百八十文，頭金二百八十文，臘面二百七十文，頭骨百九十文，次骨百五十文。

賣茶場

在京：都茶庫。秦州：在城及（青）〔清〕水縣、隴（成）〔城〕縣、百家鎮、鐵冶鎮、伏羌城、甘谷城、三陽寨、安寧寨〔一〕、弓門寨、雞川寨、隴城寨、永寧寨，熙寧八年閏四月（月）置。涇州：在城及靈臺縣、良原縣〔二〕、百里鎮〔三〕，熙寧

〔一〕安寧寨：按《元豐九域志》卷三秦州有安遠寨，無安寧寨。
〔二〕良原：原作「良原」，據《元豐九域志》卷三改。
〔三〕百里：原作「百理」，據《元豐九域志》卷三改。

九年十二月置。熙州：在城及寧河寨、慶平堡、渭源堡，熙寧八年六月置。隴州：在城及汧陽縣，熙寧九年十二月置。成州：在城及府城場、栗亭場、泥陽場〔一〕，熙寧九年十二月置。岷州：在城及長道縣、大潭縣、鹽官鎮、宕昌寨、閭川寨、長川寨〔二〕、荔15川寨、穀藏堡，熙寧八年閏四月置。渭(川)〔州〕：在城及潘原縣、安化縣、瓦亭寨，熙寧九年十一月置。原(川)〔州〕：在城，熙寧九年十月置。階州：在城及將利縣、西故城鎮、峰貼硤寨，熙寧八年八月置。鎮戎軍：在城，熙寧九年十一月置。德順軍：在城及靜邊寨、治平寨，熙寧九年十月置。通遠軍：在城及塾羊寨、鹽川寨，熙寧八年七月置。壽州：霍丘縣，太平興國六年置，嘉祐四年二月罷。廬州：舒城縣，舊(制)〔置〕，嘉祐四年二月罷。蘄州：蘄水縣王祺場，淳化二年置，嘉祐四年三月罷；蘄春縣洗馬場，乾德三年置，嘉祐四年罷。

凡稅租之數，總二十二萬八千七百五十二斤：江〔南〕東路夏二萬五(百)〔千〕六百六十三斤，秋九千四百六十斤，西路夏八萬二千五百六十一斤；荊湖北路夏七百三十六斤；福建路夏二萬四千一百九十九斤；利州路夏三萬七千二十八斤，秋一百七十斤；夔州路夏七千九百九團〔三〕。

凡山澤之入，總四十八萬二千一百七十九斤：臘茶三十五萬五千七百七斤，福建路龍茶二百八十斤、鳳茶二百八十斤、京挺茶二百六十斤、的乳茶一萬二千二十八斤、白乳茶四千九百二十六斤、頭金茶二萬三千三百九十二斤、頭骨茶二十一萬九千八百七十斤、次骨茶五百三十六斤、臘面茶七萬五千三百二十七斤、山茶一萬一千八百八斤〔四〕；草茶一十二萬六千四百七十二斤，江南東路草芽五千一百九十二斤〔五〕，西路草茶七萬斤，荊湖北路草茶五萬一千二百八十斤。

凡租錢之數，總二十二萬三千七百九十六貫：淮南西路三萬八千一百二十九貫，兩浙路四萬七千四百四十貫，江南東路二萬二千五十四貫，西路一萬六千九百六十七貫，荊湖南路二萬三千六百四十四貫，北路七萬五千二百五十七貫，福建路三百五貫文。

凡本錢之數，總四十四萬七千一百四十四貫：淮南西路一十萬六千一百四貫，兩浙路十萬八千三十貫，江南東路五萬五千五百一十貫，西路五萬九千一百五貫，荊湖南路九萬一千三百七十五貫，北路五萬七千二十貫〔六〕。

〔一〕泥：原作「渥」，據《元豐九域志》卷三改。

〔二〕長川：《元豐九域志》卷三無長川寨而有床川寨，「長」當爲「床」之誤。

〔三〕九百：《補編》頁二九八作「七百」。

〔四〕一千：天頭原批：「『一』一作『八』。」

〔五〕芽：疑當作「茶」。

〔六〕按，以上數字相加得四十七萬七千一百四十四，比前云總數多整三萬，而《玉海》卷一八一所載總數與本文合，則其誤當在子目間。詳本文所述各路本錢數相近，一分爲二者相互間差別亦不甚大。唯荊湖路近十五萬，較其他路十萬左右多出不少。其中南路九萬餘，比北路五萬餘亦多出不少。疑荊湖南路本錢「九萬」當作「六萬」，則與總數合。

凡榷易之利，總八萬貫：市易務四萬貫，都茶鹽院四萬貫。

凡税錢之數，總銅錢計四十五萬八千六百六十貫，鐵錢六萬五千七百七十一貫〔一〕。在京税院六萬八千九百一十六貫，府界一萬七千三百五十七貫，京東東路二萬二千八百九十四貫，西路二萬九千九百二十貫，京西南路二萬六千二百二十七貫〔二〕，北路二萬一千七百一十二貫，永興軍路八千八十五貫，秦鳳路三萬一千六百八十五貫，河北東路五萬五千三百三十四貫，西路三千八百九十九貫，河東路銅錢一萬二千一百六十五貫，鐵錢一千七百四十四貫，淮南東路三[16]萬二千一百九貫，西路三萬一千七百九十四貫，兩浙路五萬一千九貫，江南東路一萬四千九百八十三貫，西路一萬二百三十一貫，荆湖南路六千五十五貫，北路一萬四千七百六十一貫，福建路二千一百九貫，廣南東路四百七十七貫，西路九百四十二貫，成都府路三萬三百一貫，梓州路七千二百七十貫，利州路七千五百九十七貫，夔州路一萬八千八百五十九貫。已上《國朝會要》。

茶法自政和以來，官不置場收買〔三〕，亦不定價，止許茶商赴官買引，就園户從便交易，依引内合販之數，赴合同場秤發。至于今不易，公私便之。（以上《永樂大典》卷一七五六〇）〔四〕

〔一〕按，銅鐵錢相加得五十二萬四千四百三十一，而下文各數字相加爲五十二萬八千四百三十五，稍異。

〔二〕京西：原抄作「京西」，不知何人妄加乙改符號，則成「西京」，今依原抄。

〔三〕買：原作「賣」，據《補編》頁二九八改。

〔四〕按，《輯稿》影印本此頁之後食貨二九之一七至食貨二九之二一又録《大典》卷五七八二、五七八一所載《宋會要》中興及乾道産茶額，與本卷前文「産茶額」目重複，今删去。其中有十餘處異文，見前「産茶額」目校記。

宋會要輯稿　食貨三〇

茶法　二〔一〕

茶法雜録　一〔二〕

1 太祖乾德五年，詔：「客旅于官場買到茶，如於禁榷地分賣者，並從不應爲重定斷。」

六年二月二十一日，江南國主上言：「乾德四年，以邸院稍乏贍供，將大茶二十萬斤於建安軍中納，在京量給價錢。尋須明詔依奏。此日再祈聖造，望允丹衷。」從之。

開寶七年閏十月，有司以湖南新茶厚重異於常歲，請高其價以出之。帝謂宰相曰：「茶則善矣，無乃重困吾民乎！」乃詔自今止依舊日捲模製造，無得增加。

太宗太平興國元年十月二十二日，詔曰：「先是募民掌茶、鹽、榷酤〔三〕，民多增常數求掌以規利。歲或荒儉，商旅不行，至虧失常課，多籍没其家財以償，甚乖仁恕之道。自今並宜以開寶八年額爲定，不得復增。」

二年正月，江南轉運使樊若水言：「江南諸州茶，官市十分之八，其二分量税取其什一，給公憑令自賣。踰江涉淮，乘時取利，紊亂國法，因緣爲姦，望嚴禁之。官所市茶價直未稱，望稍增之，以便於民而利於國。」詔有司以茶品差增其直。

二月，有司言：「江南諸州榷茶，準敕於沿江置榷貨八務，民有私藏茶者，等第科罪；匿而不聞者，許鄰里論告，第賞金帛有差。仍於要害處張榜告示。」從之。

五年八月，遣監察御史薛雄詣沿江諸州禁絶私茶〔四〕。

九年十月，鹽鐵使王明言：「荊湖、兩浙、江、淮諸州出産茶貨處，買納數與賣數比較若不相遠，緣自前收復諸處，舊管茶貨數多，以至相承積壓〔五〕。臣前爲荊湖、江南轉運使，備見利害。税茶并折色茶外〔六〕，買諸色茶等人户各有舊額，使臣、職員務買數多，用爲勞績，揀選不精，人户啓倖，多採粗黄晚葉，仍雜木葉蒸造，用填額數，并於額外别利價錢，名爲不及號茶。新時出賣不行，積歲漸更陳弱。欲望禁諭出茶州縣人户，將來造茶，須及時（探）〔採〕新芽嫩葉蒸造，賣納入官，至八月終中賣送納了畢。又慮採造不及所賣元額，乞於遞年數内只買八分。內有人户元定根税茶額外，後來茶園荒薄，採納不辦，曾有披訴稱每年吏私於

〔一〕原無此題，據上卷添。下二卷亦同。
〔二〕原題作「茶法雜録上」，按「茶法雜録」共有三卷，今改「上」爲「一」。參見下二卷卷首校記。
〔三〕酤：原作「酷」，據《宋大詔令集》卷一八三改。
〔四〕天頭原批：「『詣』一作『於』。」按原稿食貨三〇之一至三〇之一〇天頭原批所稱「一作」，乃指《補編》頁二九八至三〇八複文。
〔五〕積：原作「接」，據《補編》頁三〇〇改。
〔六〕折：原作「拆」，據《補編》頁三〇〇改。

有茶人户處收買供納者，委自州縣檢驗不虛，別無體量，依例定地税申奏。又收復江南後，將諸色税物折科茶貨，亦有送納不（辨）〔辦〕者〔一〕，乞許人户取便送納；元無税物，願以茶折納者亦聽。如此，則人遂寬舒，茶無積壓。如人户依前將不堪茶貨賣納，茶司依條施行；監場使臣、職員等容縱，專典、揀子等啓倖買納下次弱茶，亦乞勘罪嚴斷。其建州的乳已 2 下茶貨買納即多，支賣全少，乞別降指揮擘畫。」從之。

淳化三年七月，詔淮南茶場：「今後商旅只得於園户處就賤收買，將赴官場貼射，違者依私茶例區別〔二〕。」

四年二月四日，詔廢沿江榷貨務八處，應茶商並許於出茶處市之，自江之南，悉免其算。先是，秘書丞劉式上言：「榷務茶陳惡，商賈少利，歲課不登，望盡廢之，許商人輸錢京師，給券就茶山給以新茶，縣官減轉漕之直，而商賈獲利矣。」帝從之，先遣雷有終等乘傳按視，因降此詔。

七月十二日，詔曰：「先是，上言者以茶法未便，商賈少利，因令停廢榷貨〔三〕，許商人齎券詣茶山，官以新茶給之。申命近臣，乘傳按行，別立新制，永爲通規。而商旅之間，積習斯久，頗憚江波之險，各利風土之宜。將狥群情，宜仍舊貫。其沿江榷貨八務並令仍舊，諸路制置司宜停，雷有終等並發來赴闕。」

八月二十三日，詔：「京城及諸道州府民賣茶，多雜以土藥規其利，一切禁之，犯者以私販鹽麴法從事。」

至道元年七月十九日，以西京作坊使楊允恭爲江南淮南兩浙發運兼制置茶鹽使，西京作坊副使李廷遂、著作郎王子輿副之。先是，允恭等同領漕運及經度茶鹽等事，因奏課京師，秘書丞劉式先建議廢沿江榷務，許商人就茶山，官給新茶以便之。允恭等上言：「商人雜市諸州茶，新陳相糅，兩河諸州風土各有所宜，非雜以數品，少利。」事既矛楯，帝令宰相召鹽鐵使陳恕及判官等并允恭、式定議於中書，恕等皆附允恭。先是，式之議已罷，式猶固執，至是遂寢焉，允恭等故有是命。

二年九月，詔：「建州歲造龍、鳳茶，先是研茶丁夫悉鬀去鬚髮，自今但幅巾，洗滌手爪，給新淨衣。吏敢違者，論其罪。」

真宗咸平二年正月，詔曰：「如聞榷茶之所，官不售者，必毁棄之，斯可惜也。自今令第其品而受之，輕其價而出之，使物無棄而民獲利。」

九月二十三日，江淮制置茶鹽、度支員外郎王子輿言：「江、淮、兩浙賣茶鹽，都收錢三百九十七萬餘貫，比高額增五十萬八千餘貫。」

三年七月二十一日，江南轉運副使任中正言：「準詔，

〔一〕天頭原批：「『不辦』一作『不以辦』。」
〔二〕天頭原批：「『別』一作『分』。」
〔三〕貨：原無，據《宋大詔令集》卷一八三補。

以饒州置場買納浮梁、婺源、祁門縣茶不便於民〔一〕，令臣與三班借職胡澄審行計度。今親到饒、歙二州茶倉詢問逐處民俗，皆言溪灘險惡，艱阻尤甚，願各復往日茶倉，就便輸納。及據浮梁縣民李思堯等衆狀，願備材木起造倉敖。」從之，仍降詔曰：「山澤之征，所期公共，苟便氓俗，豈圖羨贏？而言事之人不明大體，務爲沿革，罔卹蒸黔。特命使車，往詢疾苦，用循舊制，式遂輿情。已令制置茶鹽、江南轉運司並依任中正所奏。」

二十三日，作坊副使、制置茶鹽楊允恭言：「産茶之地，民輸賦者悉計其直而官售之，精粗不校，咸輸榷務。商人弗肯，計久而不鬻〔二〕，官即 3 焚之。今請均其色號，以年次給之。」從之。

五年十二月，廣南轉運司言：「新州僞廣日，因運茶歲久損棄，以其價數十萬分配部民郭懷智等百餘丁輸之，遂以爲常。民貧，力所不逮，請均賦諸縣。」詔永除之。

景德二年五月二十六日，詔：「自今諸處茶、鹽、酒課利增立年額，並令三司奏裁。」先是，榷務連歲有增羨，三司即酌中取一年所收立爲（租）〔祖〕額，不俟朝旨。帝以有司務在聚斂，或致掊克于下，故戒之。

八月十七日〔三〕，通判鳳翔府王爲寶請於興元府置榷茶務，帝以擾民，不許。

二十八日，詔：「如聞茶場大納茶貨，及將最下不堪色號作上色支賣，而商旅入中虛錢，賤價出賣，虧官擾民，爲日斯久。其令制置、轉運司躬親安撫園户，及計究弊源，務在經久，公私通濟。」

十月，廢虔州雜料場茶園，以其率民採摘煩擾故也。

三年正月，（遺）〔遣〕虞部員外郎張令圖〔四〕、太常博士胡則、殿中丞王曆、太子中舍袁成務提點江、浙、荆（胡）〔湖〕買納茶貨。

七月三十日，以有司條制茶事過爲嚴急，時帝諭之曰：「園户採擷，須資人力，所造入等，則給價直，不入等者既不許私賣，亦皆納官錢〔五〕。若令一切精細，豈不傷園户？採摘傭力者多是貧民〔六〕，儻斥去之，安知不聚爲寇盜？此等事宜即裁損，務令便濟。」

四年八月十六日，以三司鹽鐵副使、司封員外郎林特爲祠部郎中，依前充職；皇城使、勝州刺史劉承珪領昭州團練使；崇儀副使、江淮都大制置茶鹽發運副使李溥爲西京作坊使〔七〕，充發運使〔八〕。並以議茶法、歲課增溢

〔一〕祁：原作「蘄」，據《長編》卷四七改。
〔二〕「計」下原有「允」字，據《補編》頁三〇一刪。
〔三〕十七日：《長編》卷六一繫於十四日庚寅。
〔四〕張令圖：原作「張令度」，據《補編》頁三〇一、《長編》卷六六改。
〔五〕《長編》卷六三無「錢」字，當是。
〔六〕傭：原作「用」，據《長編》卷六三改。
〔七〕江淮：原作「江南」，據《長編》卷六六、《宋史》卷二九九《李溥傳》改。
〔八〕使：原脱，據《長編》卷六六、《宋史》卷二九九《李溥傳》補。

故也〔一〕。詔曰：「茶榷之法，流弊寖深〔二〕，釐改已來，利課豐羨。既規畫之斯定，歸職分以攸宜。其定奪司公事，宜令三司行遣，不得輒有更改。」

大中祥符二年五月二十一日，三司鹽鐵（付）〔副〕使户部郎中林特、昭宣使長州防禦使劉承珪、江淮制置發運使李溥等上編成《茶法條貫》。序云：「夫邦國之本，財賦攸先；山澤之饒，茶茗居最〔三〕。寔經野之宏略，富國之遠圖也。頃以邊陲之備，兵食爲先〔四〕，而乃許（析）〔折〕緡錢，以入芻米，給彼茶茗，便于商人，籠貨物之饒〔五〕，助軍國之用。歲月既久而條制稍失，吏民（岡）〔罔〕上而因緣爲姦。始增饒以爲名，終蠹弊而滋甚。遂致廩庾之畜，年收無幾，採擷之課，歲計漸虛。商旅之貨不行，公私之利俱耗。于是縉紳之列伏閤以論奏，草萊之士抗章以上言。國家思建經久之規，以定酌中之法，乃命臣等博訪利病，（偏）〔徧〕閱詔條，參酌遠謀，別議新式。虔承旨誨，周詢抏弊〔六〕，遠采輿誦，旁察物情，將克正于紀綱，乃別立于科制。務存體要，用叶經常。歲序再周，課程增羨。先是收錢七十三萬八百五十貫，自改法二年，共收錢七百九萬二千九百六十貫。歲時未幾，商賈自陳，知所利之寔多，慮虧公以爲責，爰求奏御，俄奉德音。時方洽于還淳，事宜從于務寔，俾于
4 賣價，書減虛錢，仍加資緡，用濟園户。兼許客旅應經道途，以所歷之關征，悉會輸于天邑。詔旨方下，財貨已行。自降詔日，即有入中金銀錢帛數踰萬計，寔興利以除害，亦贍國而濟民。其所定宣敕條貫共二百九十九道，内二道出于榷制，非可久行，今止列事宜，不復備録，餘皆合從遵守，以著法程。并課利總數，共成二十三策。式資永制，允契豐財〔七〕。」其自述如此。

四年十月，詔以淮南諸州軍所賣食茶估價不等，令三司與制置茶鹽李溥定奪均減。

五年四月，除海州榷貨務請茶開裏功錢〔八〕。饒州舊例，集民爲甲，令就官場買茶，自今聽從民便收市。

四月十一日，三司言：「民販茶有違法者，望許家人論告。」帝曰：「是犯教義，非朝廷所當言。」不許。

五月三日，永康軍言：「蒲村鎮民每春採茶者甚衆，望令本軍監押至時往彼巡邏。」從之。

六年四月三日，三司言：「準詔，參定監買茶場官賞罰條式。今請除沿江六榷務、淮南十三場外，江、浙、荆湖諸州買茶場自今納到入客筭買茶及得祖額，遞年前界有羨餘

〔一〕歲課：原作「課程」，據《長編》卷六六改。
〔二〕流弊浸：原作「抗弊寢」，據《宋大詔令集》卷一八三改。
〔三〕茗：原作「茆」，據《玉海》卷一八一改。
〔四〕天頭原批：「『爲』一作『所』。」
〔五〕天頭原批：「『物』一作『食』。」
〔六〕抏：原作「抗」，據文意改。《史記・平准書》：「百姓抏弊以巧法。」抏弊意爲窮困。
〔七〕天頭原批：「『契豐財』一作『豐財用』。」
〔八〕裏：《長編》卷七七作「裹」，疑是，「開裹」似謂開包。

者，依元敕酬奬；虧損者依至道二年敕，一釐以上奪兩月俸，七釐以上奪兩月半俸，九釐以上奪一季俸，仍降差遣。其買到不入客筭茶數于祖額、遞年前界羨餘，並不理爲勞績。」

八年閏六月十二日，帝曰：「屢有人言，所改茶法不便。錢額增損，兹亦常事〔一〕，如聞不利小商。」王旦等曰：「改法以來，亦未見不便事。所降元敕，無釐革小商之文。如上言者寔有所長，則望付中書施行。或欲杜絶羣言〔二〕，則須別命朝臣較量利害。」帝復以問樞密院王欽若，欽若言〔三〕：「素不詳其本末。」陳堯叟言：「但得錢物入庫，即便是課利。」丁謂曰：「河北、陝西入得芻糧，即是官物入庫；沿江榷場無剩茶，即是茶法行也〔四〕。其餘瑣細風傳之詞，不足憑信。或有章奏，望一一宣示，可以商榷。」大抵未改法日，官中歲虧茶本錢九千餘貫。改法之後，歲所收利常不下二百餘萬貫〔五〕。

十月九日，江淮兩浙發運使李溥言：「江、浙諸州軍、淮南十三山場，今歲自開場至七月十旬，凡買片、散茶二千九百六萬五千七百餘斤，比元額計增五百七十二萬八千餘斤，比遞年計增五百六十八萬一百九斤。」

九年六月，李溥請省淮南十三場提點使臣，每年旋差使臣四人分定場分買納，并與逐場隔手筭買。從之。先是，景德中改法之後，常遣使臣三人分場提點，率以三年一替。在任既久，多與場務款熟，無所振舉，故釐革之。

十月二十六日，詔曰：「朕思俾烝黔，共登富壽。山澤之禁，雖有舊章，措置之宜，慮傷厚斂。將期惠物，無憚從寬。專命朝臣，僉謀邦政，俾共詳于定式，庶俯洽于羣心。宜令翰林學士李迪、給事中權御史中丞凌策與三司同議茶鹽制度，俾茶園、鹽亭户不至失所，客旅便于興販，百**5**姓供用不匱，明具條約送中書門下參詳以聞。仍令榷貨務告示客旅，應入中算射茶、鹽，一依往例，更不別生名目，致有疑惑。」

十二月十一日，命刑部員外郎、兼侍御史知雜事呂夷簡同定茶鹽。以凌策病故也。

天禧元年五月，詔福建路買納民茶，斤增十錢。

二年十月二十八日，秘閣校理李垂請令江、浙兩路放行茶貨。左諫議大夫孫奭言：「茶法屢改，商賈不便，非示信之道。望遣官與三司同定經久之制。」詔奭與三司詳定，務從寬簡。

四年四月十一日，詔：「茶場、榷務，自今令三司副使、判官、轉運使副、制置茶鹽司舉官監莅。六榷務以在京朝

〔一〕兹亦：原無。原稿於「增損」下小字注云：「《永樂大典》註：原本缺。」今據《長編》卷八五補。
〔二〕言：原作「臣」，據《長編》卷八五改。
〔三〕欽若：原脱，據《長編》卷八五補。
〔四〕即：原無，據《長編》卷八五補。
〔五〕下：原作「足」，據《長編》卷八五改。

官殿直以上使臣充，茶場以幕職、令録充。」

五年十月十三日，淮南江浙荆湖發運使周寔言：「陝西入中芻糧甚少，淮南茶停積，望令三司再定商旅算買交引，以便公私。」從之。

仁宗天聖元年三月，詔：「據定奪茶鹽所上茶鹽課利，比附增虧數目，宜差樞密副使張士遜、參知政事呂夷簡、魯宗道與權三司使事李諮、御史中丞劉筠、入内内侍省副都知周文質、西上閤門使薛貽廓及三部副使同詳定經久利害聞奏。」「準内降劄子〔一〕，淮南十三山場賣茶年額僅五十萬貫，天禧五年止收二十三萬餘貫，比(租)〔祖〕額虧二十七萬貫。今將五年賣茶收錢(拆)〔折〕筭，每百貫交引，在京見賣價錢五十五貫，都計實錢十三萬餘貫。内(降)〔除〕買茶本錢九萬餘貫外，有利錢三萬餘貫。若每年趁及元額五十萬貫，裁得實利錢七萬餘貫，監官請給費用不在〔其〕數。以此折筭課額，虚數甚多，或交引價減，必轉陷失。欲望自天聖元年以後，更不知園户本錢，並許大小客取便將錢帛斛斗於十三山場收買入場貼射，官中止收净利，給與公引放行。其貼射茶並定爲中色。若依此施行，即在京榷貨務入便得客人山場買茶本錢相兼支用，諸處小客將行貨買茶經過沿路州縣，又各收得税利，并官中收貼射净利，悉去虚錢數目，又不支本、脚錢〔二〕，免買下低弱茶貨，筭賣不行。兼園户既不於官場請本納茶，且免山場上下邀難侵尅，商販大行，民間遍及。今詳定爲便，請頒下施行。應客旅於山場買茶赴官場貼射，並於在京榷貨務納净利實錢，每百千爲則，内五十千見錢，五十千金、銀、紬、絹、小綾，如無本色，即納見錢。園户自來中賣正茶，每百斤納耗二十斤至三十五斤。今既許客與園户商量貼射，其耗茶並請除放。客人搬茶地理遠近，合有分數則例饒潤。今定蘄州王祺場〔三〕，每百六十斤；黄州(蔴)〔麻〕城場、蘄州石橋場，每百五十斤；廬州王同場、蘄州洗馬場、舒州太湖場、羅源場，每百四十五斤；壽州霍山場、麻步場、開州順口場、光州光山場、子安場、商城場，每百四十斤：已上各收百斤净利，所收净利仍依例收税。如 6 就本處貼射者，比在京入納則例，于饒(閏)〔潤〕茶數内與減十斤。其園户舊例額茶，委逐場置(薄)〔簿〕給據，所納數勾銷剗刷，提舉不以多少，悉赴場中買。如園户願依客人入錢貼射者，止得於通商地分貨賣。凡貼射之例，如舒州羅源茶場中色者，凡買一斤，官破本錢二十五文，至出賣收錢五十六文。其二十五文今來客人自出錢物與園户，其官破本錢更不支給〔四〕，止收净利三十一文，令客人貼納。其客人賣茶赴場，却於

〔一〕天頭原批：「似有脱落。」按，此文並無脱落。「準内降劄子」以下，即張士遜等詳定後所上奏章。《會要》此類臣僚遵旨看詳之文，常省去中間的説明文字。

〔二〕本脚錢：原作「脚錢本」，據文意乙。「本脚錢」，本書常見，謂本錢與脚錢。如食貨二八之四〇：「本州逐年所賣鹽籠，係全撥本、脚、息錢付本府支遣。」

〔三〕王祺：原作「王琪」，按本書他處均作「王祺」，因改。

〔四〕支：原作「反」，據《補編》頁三〇四改。

在京出納錢物者〔一〕，每百四十五斤，內百斤依前項則(利)〔例〕貼納浄利錢二千一百，餘四十五斤饒潤客人。如只就本處入納錢物者，每百三十五斤，內百斤依前項貼納浄利錢三千一百，三十五斤饒(順)〔潤〕客人。凡貼納浄利，沿路所經及住賣之處悉收税例。如客旅入山買茶，并雇脚、商税、裹纏等錢，許於在京榷貨務入便見錢，聽客取便指射三場或所屬州府(諸)〔請〕領〔二〕。其茶如要於沿路通商地分破賣亦聽，仍依例收税。所有將河北、陝西交抄貼筭得茶交引，並給乾興元年以前茶；其今來全入錢物買到交引，即給天聖元年已後新茶。」並從之。又言：「所許客人取便於十三山場買茶，津搬入場貼射，官中只收浄利，給與公引放行。如客人入山買茶，貼射之後，恐有園中客旅及無圖輩將茶貨衷私興販，不入官場貼射，紊亂條法，侵奪課利，望令十三山場地分巡檢捉賊，并捉私茶鹽使臣、縣尉，自今常切用心覺察巡捉。如獲私茶五十斤以上，顯經斷遣，候得替，委制置司保明聞奏，使臣免短使，家便差遣，縣尉免選注官；如萬斤以上，特與酬奬；數目不多，亦委本州軍批上曆子，用爲勞績。如或不切用心巡捉，別有透漏，依條斷遣。」

四月，定奪茶鹽所言：「客人將陝西、河北入中便糴糧草交抄貼納錢物，筭射茶貨，其間多有加增值價，以虚錢支請實茶數多，因此交引價錢〔三〕。即今十三山場、四榷務茶交引每百斤止賣六十三千〔四〕，比元定則例小十七千。看詳十三山場茶貨自來多有小客興販，今請以乾興元年已前茶兼帶支給，其六榷務並以天禧四年已前茶支給，仍準例給耗。今日已前小客交引錢及一千貫已下者，許將天禧五年已前茶相兼支給。今日已後，陝西、河北虚寔錢交抄，於在京榷貨務筭買六榷務茶交別者〔五〕，每百千於在京別納見錢五十千，更無加擡〔六〕，共支與天禧五年茶百五十千，仍給耗茶。所有自來貼納加饒則例，依舊施行。今後筭射六榷務乾興元年並天聖元年已後茶者，如願請蘄口、真州、無爲、漢陽軍四務茶，即於在京榷貨務入寔錢百千〔七〕，內四十千見錢，六十千金、銀、紬、絹、小綾，共支百二十五千茶。願請荆南、海州兩務茶，即入寔錢百千，內四十五千現錢，五十五千金、銀、紬、絹、小綾，共支百三十五千，其茶只就逐處榷務入納錢物。如願請蘄口等四榷務茶，即入 7 中實錢百千，四十千見錢，六十千金、銀、紬、絹、〔小〕綾等，共支與百二十五千茶。願請荆南等(西)〔兩〕榷務茶，即入中實錢百千，內四十五千見錢，五十五千金、銀、紬、絹、小綾等，共支與百二十五千茶。其陝西新入中糧草交抄，每

〔一〕天頭原批：「『出』一作『入』。」
〔二〕三場：《補編》頁三〇四作「出場」。
〔三〕錢：疑當作「賤」。
〔四〕千：原作「斤」，據《補編》頁三〇五改。
〔五〕交別：疑有誤。
〔六〕擡：原作「臺」，據《補編》頁三〇五改。
〔七〕在：原作「榷」，據《補編》頁三〇五改。

虚實百千，在京見今破錢五千收買。若要茶，即支茶貨七千。欲令客旅如願入納净利貼射十三山場天聖元年新茶，及入中錢物筭買六榷務乾興元年、天聖元年以後新茶，并貼納錢數見錢帶請舊茶，即並依今來所定則例，取客穩便，許將每虚實錢百千充五千見錢筭射，貴免客人請納錢兩度縻費。其十三場天聖元年後來新茶，已準敕，許客貼射。又官中饒潤不收净利茶貨，及令沿路州軍免税，候到住賣去處收納税錢。所是六榷務今後支到耗茶，并十三山場賣乾興元年已前茶貨支與耗茶，亦合一體施行。逐處榷務、山場今後客人筭請茶貨，須于公引内將正、耗各别開坐數目，令經過沿路州軍税務驗引，如正耗相隨，即放免耗税。到住賣(處)處，不以正、耗，盡底收税。如别無正茶，只稱是耗茶，緣官中難以(辦)〔辨〕明，沿路州軍據數收納税錢。」並從之。

二年三月，屯田員外郎高覿言：「諸州軍捕得私茶，每歲不下三二萬斤，送食茶務出賣。並是正色好茶，若作下號估賣，頗甚虧官。請自今捉到私茶，令定驗色號等第，送山場貨賣。又既許商人貼射茶貨，不拘斤數，多有小客於諸場貼射止一二十斤，便出公引，慮以貼射爲名，影帶私茶出界。請自今小客貼射茶貨，須八十斤以上成(檐)〔擔〕，即給公引，批鑿斤數，并許放商地分程途。如限外未出界，即收捉勘罪，没納茶貨。」並從之。

八月，淮南江浙荆湖制置茶鹽司言：「舒、廬、蘄、黄、光、壽州茶場元賣額茶，除係客人貼射外，據餘貼買不盡茶數勾收入場中賣，支與價錢，須管敷及年額。若至住場日有欠中賣額茶，即依客人貼射體例，一斤送納一斤净利錢。看詳山場客旅收買茶貨赴場貼射，官中定作中色，並是好茶，若將所欠中賣額體量茶依此，慮園户承認净利，難爲送納。欲自今以三十斤爲則，所貴園户不至艱辛。」從之。

三年八月二十二日，中書門下言：「累據臣僚上言茶法未便，及先令客旅於邊上入納糧草，支與交引，留得在京見錢，免致般運勞費。」詔差孫奭、夏竦等同共詳定以聞。

九月四日，翰林侍講學士孫奭等言，乞差三司使范雍同共詳定茶法。從之。

十一月一日，詔三司罷貼射茶法。初，上封者請募商旅入芻粟塞下，給江淮茶引，而不費京師見錢。乃命孫奭等與三司再詳定。遂令入中河北沿邊州軍糧草，而給以香、茶、見錢三色交引，往十三山場筭茶〔一〕，而罷貼射法。

十二月九日，權三司使范雍言：「淮南十三山場并六榷務買賣茶貨 8 各有祖額，累有條制，勸誘園户及時將真正好茶入官賣。近年監官止欲界分數多〔二〕，用爲勞績，致納下夾雜草木、黄晚不堪茶貨，有誤商人筭請。望下制置司(鈐)〔鈐〕轄逐場務監官，自今止依元定祖額買納好茶，但

〔一〕往：原作「住」，據《群書考索》後集卷五七改。
〔二〕監：原作「鹽」，據《補編》頁三〇六改。

及元額，並依條例酬奬，無得額外增數買納不堪茶貨。違者嚴斷，勒令均償，仍不理爲勞績。」從之。

十三日，淮南江浙荆湖制置使方仲荀等言：「準至道三年、大中祥符六年敕，淮南十三山場買到茶，限至次年未買新茶已前賣盡。勘會山場所買茶自三月開場，至七月終住場，客人多是開場後方於在京入便錢物，博買交引，或有阻滯，不趁元限月分到場。望依至道三年敕限施行。」從之。

七年三月二十五日，上封者言：「天下茶、鹽之課虧，請下三司更議其法。」帝謂輔臣曰：「茶、鹽民所食，而彊設法以禁之，致犯法者衆。但以贍養兵師經費尚廣，未能弛之耳。」

九年四月五日，三司請在京榷貨務入（未）〔末〕鹽錢，歲以百八十萬三千緡，建州市茶歲以五十萬斤，真州轉般茶倉歲以二百五十綱爲定額。詔建州茶減五萬斤，餘從之。

景祐元年九月十三日，臣僚上言：「近年以來，有百姓採摘諸雜木葉造成杜茶〔一〕，夾帶貨賣，乞賜止絶，及許人告捉，比私茶例給賞〔二〕。」詔令審刑院別定刑名，嚴行止絶。

二十一日，樞密院副使李諮言：「天聖初，奉敕定茶法，方成倫叙，臣僚挾情上言，差官重定，稱是不當，手分王舉等並皆決配。今來茶貨大段虧官，三司乞依天聖年改定施行，顯是當行手分枉遭決配，舉等乞依出職安排。」詔王舉、于貴、勾奉元各轉一資。

十一月二十三日，淮南轉運司言：「廬州舒城縣自僞命以來，納贍軍年額茶七千三百斤，委是不折苗税，不請官錢，虚致煩擾，望除放。」從之。

二年正月二十二日，詔：「山澤之民擷取草木葉而爲僞茶者，計其直從詐欺律盗論，仍比真茶給賞之半〔三〕。」

三年正月九日，命知樞密院事李諮、參知政事蔡齊、三司使程琳、御史中丞杜衍、知制誥丁度同議茶法，仍許召商人至三司，以訪利害。時三司吏孫居中等言：「今河北所納芻糧多虚估，而官給實錢及香茶交引，（寢）〔寖〕以虧官，請復用天聖元年所更法。」故詔更議之。

三月十四日，詔三司復令商賈以見錢筭請官茶，其景祐二年以前用河北入納糧草虚寔錢交引一（切）〔切〕罷之。

四月二十四日，詔：「諸州茶場榷務，其未改法以前交抄，（上）〔止〕以景祐二年以前茶給之。」

五月十四日，詳定茶法所言：「天聖元年，商人皆於在京榷貨務納錢〔四〕，以買荆南、海州榷務茶，每直百千，聽納

〔一〕天頭原批：「『杜』一作『社』。」按，似以「社」爲是，社茶蓋謂民間社日聚會所飲茶。
〔二〕天頭原批：「『比』一作『以』。」
〔三〕天頭原批：「『以』一作『比』。」按，原文作「比」，此當云「『比』一作『以』」。《補編》頁三〇六此條正作「以」。
〔四〕於在：原倒，據《補編》頁三〇七乙。

八十千，增七千。蓋荆湖南、海州茶，賈人之所願售也。自天聖四年將許陝西糧草交抄直批往逐處筭買，遂致在京無見錢入納。今請一如舊法，令在京入納見錢，比天聖元 9 年量減茶價，以便商旅。其陝西入中交抄並勒齎至京師，給以見錢，願請它處茶或香藥及外州見錢者並聽。」從之。

十二月，詳定茶法所言：「天聖三年改法以來，歲損財利不可勝計，今以河北沿邊十六州軍自天聖九年至景祐二年終〔一〕，五年便糴糧草計虚費錢五百六十八萬餘貫。竊恐豪商欲仍舊法，結託權貴，以動朝廷，請先降勑命申諭。」從之。

四年正月，命侍御史知雜事姚仲孫同定茶法。本所請自今商人對買茶，每百千，六十千見錢，四十千許以金、銀折納。從之。

五年正月二十九日，臣僚上言：「自茶法改更以來，連年將銀絹配率河北，坐致困竭。明出内庫錢帛，暗虧舊額課利，天下商旅無不嗟怨。望差公正近臣別定酌中之法。」詔王博文、張觀、程戡、韓琦與三部副使、本案判官，將新舊茶法依公疾速酌中定奪經久可行、不虧損公私利害條約以聞。

六月二十六日，中書門下言：「三司副使司馬池、侍御史程戡，司諫韓琦等各上茶法利害，欲乞夏竦等子細看詳，定奪事理，不得依前各具利害，却取朝旨。務要公私利便，經久可行，疾速連書以聞。」

寶元元年七月二日，詳定茶法所言：「在京榷貨務筭買十三山場、四榷務茶，每見錢七十千支茶百千，今請減六十七(斤)〔千〕。其河北沿邊入便糧草，願請茶者減爲六十六千；在京筭買香藥、象牙，每見錢百千，加饒五千，今請增二千，爲七千。其河北沿邊入納糧草，願請香藥、象牙者加饒外，今請增三千，爲八千。若到京願請見錢者亦聽。」詔特更與增減錢各二千。

二年四月二十三日，鄜州觀察使、勾當皇城司李用和言：「乞差御史中丞孔道輔、入内都知〔二〕，別置一司，重定茶法。」詔送三司。

康定元年正月，三司請(榷)〔權〕定商旅入見錢五分於榷貨務，市真州等處茶引，其半召保置(藉)〔籍〕，限半年輸官，違者倍罰。從之。

十二月，詔三司以見行茶法就加裁定饒裕商人之法以聞。初，權三司使公事葉清臣言〔三〕：「新茶法未得適中，請委曉知財利之人別行課較。」帝不欲數更，故令就裁定之。

慶曆七年三月二十一日，詔(榷)〔權〕停建州造龍、鳳茶。

〔一〕九年：原作「元年」。按，天聖元年至景祐二年爲十三年，與下「五年」之數不符，而天聖九年至景祐二年正爲五年，因改。

〔二〕此句下疑有脱文。

〔三〕權：原作「榷」，據《宋史》卷二九五《葉清臣傳》改。

嘉祐三年八月五日，命翰林學士韓絳、龍圖閣直學士知諫院陳升之、御史知雜呂景初詳定放行茶法〔一〕。先是，著作佐郎何鬲上言：「今天下榷茶，刑煩而不能止其弊。又官爲置場務，而諸費出其中，顧歲入官之利薄。請一切通商，收逐處浄利及所過往之税歸榷貨務，以還沿邊入中糧草之直，誠足以疏利源而寬民力也。」故命絳等置局三司議之。

四年二月，詔曰：「古者山澤之利與民共之，故民足于下，而君裕于上，國家無事，刑罰以清。自唐建中，始有茶禁，上下規利，垂二百年。如聞比來，爲患益甚。民被誅求之困，日惟咨嗟；官受濫惡之入，10歲以陳積。私藏盜販，犯者寔繁，嚴行重誅，情所不忍。是以江、湖之間，幅員數千里，爲陷穽以害吾民也，朕心惻然，念此久矣！間遣使者往就問之，而皆驩然，願弛其禁，歲入之課，以時上官。一二近臣件析具狀，朕猶若慊然，又于歲輸裁減其數，使得饒阜，以相爲生，剗去禁條，俾通商利。歷世之弊，一旦以除，著爲經常，弗復置制，損上益下，以休吾民。尚慮喜於立異之人，緣而爲姦之黨，妄陳奏議，以惑官司，必寘明刑，無或有貸。」

七年正月，命翰林學士王珪、吳奎同詳定茶法。（以上《永樂大典》卷一七五六〇）

【宋會要】

11神宗熙寧四年正月十三日，詔發運司、六路及京東轉運司封椿茶本、租税錢，易金、銀、綿、絹上京。

二月十三日，上因言向來茶法之弊。文彦博對曰：「非茶法弊，蓋緣昔年用兵西北，調邊食急，用茶償之。厥數既多，茶不售則所在委積，故虛錢多而壞法也。」王安石曰：「榷茶所獲利無多〔二〕。」吳充曰：「仁宗朝茶法極弊時，歲猶得九十餘萬貫，亦不爲少。茶法因用兵而壞，彦博所言是矣。然立法之初，許商人入芻粟邊郡，執交抄至京師，或使錢，或銀、紬、絹，或香藥、象牙，唯所欲，商人便之，故法大行。後因祥符初限以三税之法，定立分數，不許從便，客旅拘制；又買茶官多買納下號茶，苟趁課額，搭饒與客。茶既品下，而脚乘與税錢重〔三〕，商人往往折閲。又法數變易，民不爲信。此其所以至於大壞。如邊鄙無事，法令不爲小利輕變易，自無不行之法。」

七年十一月十一日，權發遣三司鹽鐵判官公事太子中舍李杞、三司勾當公事蒲宗閔並提舉成都府、利州路買茶公事，賜對遣之。

八年二月三日，都大提舉熙河路買馬司奏：「據提舉熙河路市易司狀申：准都大提舉買馬司劄子，坐準熙寧七

〔一〕天頭原批：「『放』一作『施』。」
〔二〕榷：原作「摧」，據《長編》卷二二〇改。
〔三〕天頭原批：「『與』一作『輿』。」按，作「與」是。又，以下至本卷末天頭原批所謂「一作」，見《補編》頁六八七至頁六九五。

年七月十六日中書劄子內聖旨指揮施行，內一項節文：客人興販川茶入秦鳳等路貨賣者，並令出產州縣出給長引，指【12】定只得於熙、秦州、通遠軍及永寧寨茶場中賣入官。今來已有客人興販茶貨到岷州茶場中賣。竊慮頒行近降條貫，其產茶州縣不發長引赴岷州，却致客人枉路，茶貨不得通行。伏乞於上項條貫內『熙、秦州、通遠軍』字下及『永寧寨』字上添入『岷州』二字，所貴客人茶貨通行，不致阻節。」本房檢會熙寧七年九月八日中書劄子，內一項：客人興販雅州名山、洋州、興元府、大竹等處茶入秦鳳等路貨賣者，並令出產州縣出給長引，指定只得於熙、秦州、通遠軍及永寧寨茶場中賣入官。仍先具客人姓名、茶色、數目、起離月日關報逐處上簿，候客人到彼，畫時收買。如計程大段過期不到，即令行遣根逐。若客人私賣茶與諸色人，及將合入秦鳳等路貨賣茶虛作永興軍等路迴避關報逐處者，並依《熙寧編敕》禁榷臘茶法斷罪支賞。所有熙寧七年七月十六日朝旨內上項一節更不施行。今欲依所乞，於熙寧七年九月八日中書劄子，於『熙』字下、『秦』字上添入『岷字〔一〕。」從之。

四月十九日，提舉成都府等路茶場司言：「雅州名山縣發往秦、熙州等處茶，乞聽官場盡買，不許商販。」詔商人就官場買者聽之，每馱納長引錢，令指定州軍貨易。

八月十九日，詔蠲鄂州失催茶稅錢歲二萬五千七百餘緡，仍令民自熙寧七年復認舊數輸納。以三司言「自嘉祐四年茶法通商，至熙寧六年總十五年，失催錢至三十八萬五【13】千六百三十餘緡」故也。

九年四月二十二日，體量成都府等路茶場利害劉佐言：「商人販解鹽入川，買茶至陝西，獲利甚厚。欲依商人例，歲以鹽十萬席易茶六萬馱，約用本錢二百一萬緡，比商賈取利〔二〕，皆酌中之數。禁商人私販。」從之。

二十四日，措置熙河財利孫迥言：「乞罷熙、河、通遠三茶場，可省官吏五十餘人。」詔劉佐相度以聞。

五月一日，體量詢究川茶利害劉佐言：「準朝旨，具析買川茶應副熙河等路博馬及（糶）〔糴〕買糧草，與李杞利害不同等事。緣李杞將六月終買茶數搭倍約作全年，又不曾計置販鹽入川，及計置到物貨却將出空頭牒，差官百員分領，此與佐議不同。其有顧脚馱茶雖同杞〔三〕，又須令店户畫時申報抄劄，截留客人驢騾，亦與佐有異。」

十一月六日，提舉成都府利州秦鳳熙河等路茶場司狀：「已準朝旨立法，令盡數收買茶貨。勘會新法內階、成州係次邊禁茶地分〔四〕，又西路秦〔五〕、鳳州、西南入利州路以西並（並）爲川蜀出茶地分。今來彭州堋口、蒲村、導江、

〔一〕秦：原作「寨」，據《補編》頁六八七改。
〔二〕比：原作「此」，據《長編》卷二七四改。
〔三〕天頭原批：「『馱』一作『般』。」
〔四〕天頭原批：「『禁』一作『境』。」
〔五〕天頭原批：「『又西』一作『及于陝』。」

至德山、綿州龍安、漢州綿竹、楊村等處，係利州以西州縣，嘉州洪雅縣、眉州丹(陵)〔稜〕縣並係産茶貨去處。緣新法内開説不盡，欲乞應成都府諸州、縣産茶地分，並依邛、蜀等州買茶稅場條例，差委逐處稅務收買，並依新法施行。」從之。

十年四月二十五日，詔市易務茶限二年結絶，許客茶交易。

十月十六日，詔秦鳳路轉運判官孫迥：應承受[14]茶法文字及所聞利害，並關提舉茶場司。以迥言茶法有未便事，乞赴闕奏稟故也。

元豐元年正月十二日，三司言：「建州熙寧六年買茶三十二萬九千餘斤，有麤惡茶剋納錢二萬六千餘緡，當於園户及干繫人催理。雖淹歲月，破産未必能償。乞計其直，令復準茶入官，以寬遠民監催勾擾之弊。」從之。

十七日，詔提舉成都府等路茶場司李稷相度置場買茶，聽商人於熙河路入錢及糧草，定價給引，指射請販利害以聞。

二十五日，詔：「成都府路轉運司劾成都府官司越職受理茶場司事者，茶園户等如有罪，亦劾之，已決者，具析以聞。」提舉茶場李稷言「知成都府劉庠受名山知縣楊少逸越訴事，不下提舉茶場司」故也。

二月七日，提舉成都府等路茶場司奏：「請自今應支撥與諸司錢糧，並支見錢、金帛，勿以茶折，所貴不致諸司增損茶價，有害茶法。」從之。

二十四日，詔提舉成都府等路茶場司：「應置場賣茶州軍，知州、通判並兼提舉；經略使所在，即專委通判兼之[一]。」

四月三日，提舉成都府等路茶場司言：「秦鳳路副總管夏元幾用禁軍回易私茶，侵壞茶法。」詔轉運司劾之。

四日，提舉成都府等路茶場李稷奏請賣茶錢裁立中價，聽隨市色增損，仍定歲入課額及設酬賞格。又言：「蕃部無錢，止以米及銀、絹、雜物賣錢買茶，乞許以茶博易銀、米等物，立限半年易錢。」從之。

五月一日，權利州路轉運使尚書司封郎中[15]張宗諤、轉運判官太子中舍張升卿各降兩官勒停。初，宗諤等乞廢茶場司，止委轉運司收茶稅、歇馱錢，而提舉茶場李稷言其所陳皆疎謬不實故也。

七日，提舉茶場司言：「産茶般輦州縣，乞同轉運司選差知州、通判、知縣、縣令及排岸官一次。其彭、漢知州或通判許本司權奏辟，如能協力，保明留再任。」從之。

十六日，詔：「應南茶輒入熙河、秦鳳、涇原路，如私販臘茶法。其巡捕，如川峽茶入禁地法。」

十九日，提舉茶場司言：「歲運官茶四萬馱饋邊，常患輦送不繼，欲以本司頭子錢置百料船三十隻，差操舟兵士

[一] 兼：原作「從」，據《長編》卷二八八改。

六十人㈠，軍大將一人管押。歲終比較，如年課辦比陸運省便，即計所贏，以十之三賞軍大將等；有損壞遺闕，以賞錢，請受備償。」從之。

六月二十三日，提舉茶場李稷乞定成都府、利州路茶場監官買茶無雜僞麤惡，替罷委提舉官保明，滿五千馱與第五等酬奬，一萬馱與第四等，每一萬馱第加一等。若買麤惡僞濫雜茶估剥，計所虧坐贓論。同監官賞罰聽減一等，即徒罪不至追官者並衝替。其賣買食茶依收息給賞。從之。

九月十一日，提舉成都府等路茶場司請出茶州軍每歲諭園户，毋得採造秋黄老葉茶中賣，不以多寡没官。仍乞許每歲別委官驗視，已納到如此色樣，並燒毁。從之。

二年四月五日，權發遣三司鹽鐵判官、提舉成都府等路茶場李稷言：「自熙寧十年冬推行茶法，至元豐元年秋凡16一年，通計課利及舊界息税，并已支、見在錢，七十六萬七千六十六緡㈡。」上批：「蜀茶變法，又前後奉行使者失指，議論紛紛，恐動羣聽。稷能推原法意，日就事功，宜速遷擢，以勸在位。」遂落權發遣。

二十四日，提舉成都府等路茶場司奏請，自今歲課茶息、税錢，已定十五萬緡，歲以五萬緡給轉運，餘以待詔用。二十五日，又言：乞留銅錢百萬緡爲本。並從之。二十八日，又言：「洋州西鄉縣茶舊與熙河、秦鳳路蕃漢爲市，而商人私販，南入巴、達州，東北入金州、永興軍、鳳翔府，官未置場以前，於州界仙遊、少府、鷄雄、歸仁、洋口等鎮鋪差牙校編欄抄發，指州縣輸税。熙寧十年，廢罷四場牙校，止留洋口一處，州縣慢令，私販公行，西鄉茶税額比舊減少㈢。乞雞雄等場令州縣督責買撲人編欄，歸仁一鋪乞依舊輸差税務牙校編欄抄發㈣。園户中官茶數，歲以三十萬斤爲額。增及萬斤，賞錢一千；如虧少，量事決罰。」從之。

五月十一日，詔成都府等路茶場司幹當公事官六人並遷一官。以歲課增羨也。

十一月三日，三司言：「福建路臘茶自禁私販，官場漸多售者。乞自今歲計所市茶預下轉運司，限當年運至京師，其江、浙、荆湖、川峽路即權許通商。」從之。

三年四月十三日，陝西轉運司言：「茶場司自熙寧七年置場，至十年總入息，税錢百二十二萬九千餘緡。」詔提舉成都府等路茶場蒲宗閔及幹當公事官并曾任茶事官，並遷官、循資有17差。

六月二十四日，提舉成都府路茶場司言：「本司比歲積錢鉅萬，累詔已給賜別司外，欲以所有金帛爲錢三十萬緡輸内藏庫。」詔就近經畧使所在州封樁，委茶場司主管，如封樁錢物法。自今有羡錢准此，歲終具數以聞。

㈠ 六十人：《長編》卷二八九作「六人」，疑以「六十人」爲是。
㈡ 六十：天頭原批：「『六』一作『七』。」按《長編》卷二九七亦作「六十」。
㈢ 西：原脱，據《長編》卷二九七補。
㈣ 輸：原作「輪」，據《長編》卷二九七改。

閏九月二日，提舉成都府利州秦鳳熙河等路茶場司奏：「勘會川路茶場二十九所，内七場係舉官監臨，自創始行法至今，累年牽循定制，未嘗更改，畧已成就。數内洋州斯多店茶場在州西南約四十里村野内，所出淺山茶至薄，合舉官一員專監，前後無人願就。今欲乞將上件茶場更不舉官，併廢入所在州作一場管係。乞洋州茶場買茶監官更不兼監本州商税，所有商税員闕却乞依舊令三班院別差一員專監。」從之。

十月七日，提舉成都府利州秦鳳熙河等路茶場司奏：「勘會熙、秦、岷、河、階州、通遠軍、永寧寨七處茶場，各係依條不拘常制奏舉監官一員。今相度秦、熙州、通遠軍、永寧寨四場〔一〕，歲收本息不下七十餘萬貫，比其餘場分給納浩(澣)〔瀚〕。乞將上件四處茶場監官各以兩員爲額，並依元條奏舉。」從之。

十二月二日，中書省劄子：「權陝府西路轉運使、都大提舉成都府利州秦鳳熙河等路茶場公事李稷奏：幹當公事官日夜出入道路，尤著勤績，未蒙推恩。」詔令提舉成都府利州秦鳳熙河等路茶場司立定祖額，依課利場務條具，三年一次比較聞奏。

四年四月十九日，詔茶場18司條令中書別立抵當法。先是特旨令市易司罷賒請官錢〔二〕，令民用金帛抵當，公私以爲便，故欲推廣之。

五年正月二十三日，福建路轉運使賈青言：「準朝旨，相度年額外增造龍、鳳茶。今度地力可以增造龍、鳳茶五七百斤。」詔增額外五百斤，龍、鳳茶各半，別計綱進。又言：「乞所造揀芽茶別置小龍團，斤爲四十餘餅，不入龍腦。」從之。

十月二十五日，同提舉茶場蒲宗閔言：「諸茶場立額出賣，比較申奏，每收息二萬緡，監官減磨勘一年，餘數更比類酬奬；不滿二萬緡及不願減年者，每息錢百緡，支賞錢二千。選人依第四等酬奬，與免試，無可免者，陞一年名次。」從之。

六年四月三日，同提舉成都府等路茶場陸師閔言：「文州與階州接境，有博馬及賣茶場，龍州舊許通商。乞以文、龍二州爲禁地〔三〕。其秦州本司差官一員造帳，計置川路羨茶偏入陝西路出賣〔四〕，仍於成都府置博買都茶場。」從之。

閏六月十三日，同提舉茶場公事陸師閔劄子奏：「竊見新修《茶場司敕》尚未全備〔五〕，臣今擇出合行通用條貫

〔一〕天頭原批：「『陽』一作『處』。」按，原文乃「場」字，批者筆誤。
〔二〕賒：原作「糴」，據《長編》卷三一二改。
〔三〕禁：原作「秦」，據《長編》卷三三四改。
〔四〕偏：原作「偏」，據《長編》卷三三四改。
〔五〕全備：原作「奎開」，據本書職官四三之六四改。

三十八件，内有於新法干礙者，畧加删正下項：一〔一〕、諸成都府、利州路、金州産茶處，各就近置場，盡數買園户茶〔二〕，許（各）〔客〕人於官場收買，販入川（陝）〔峽〕四路并金州界，充民間食用〔三〕。私輒買賣、博易、興販及入陝西地分者，並許人告捕，依犯私臘茶法施行。諸陝府西路並爲官茶禁地，諸路客販川茶、南茶、臘茶無引，雜茶犯禁界者，許人告捕，並依犯 19 私臘茶法施行。諸園户賫茶往不置場處，并用有引茶及空引影帶私茶，並未經販賣及諸色人販茶偷謾商税者，皆許人告捕，依漏税法斷罪外，一斤以上賞錢三貫文，每十斤加三貫，至三十貫止。禁地官茶偷税准此。諸産茶州縣每歲於民間闕乏之時，預先計置見錢、斛斗，召園户情願結保借請，每貫出息二分。至茶出時曉示，令以茶赴官折納。過夏季不納，即追催秋季，不足，量分數科校。諸産茶州縣買茶，正斤外依市例量加耗茶〔四〕。非理責加耗者，許賣茶園户告，計所剩坐贓論罪，止杖一百。即官庫漏底，雖有出剩，不得理爲勞績。諸産茶州縣出賣食茶，並隨時價高下增息，仍準價别收長引錢一分訖，給引放行。諸産茶州縣出賣食茶，各以元豐元年爲額，提舉司歲終比較不虧，每收息一百貫文，支賞錢五貫文，充監官公人添給。監官四分，公人六分。其開場在元豐元年以後者，並以第一年全年爲額。賣鹽準此。諸茶場官舍有闕，牒轉運司應付。其合占那民地者，令指射官地對换；係樓店務官舍地基及税地者，以茶息錢輸納税租。諸禁地賣茶場年額敷辦，歲終比較，每收息錢二萬貫，監官減一年磨勘，提舉司保明聞奏，選人比類奏裁；不滿二萬貫，每息錢一百貫文，支賞錢二貫文。以上願留次年併賞者聽。仍將博馬茶通比。秦、熙、階、岷、河（非）〔州〕、通遠軍、永寧〔寨〕七處分茶與外鎮城寨出賣者，亦通比。諸處出賣官茶，令提舉司立定中價，仍隨市色增減。應增者，本州本場體訪詣實〔五〕，增訖申提舉司覆按。應減者申提舉司待報。賣鹽準此。諸陝西不立額 20 賣茶場，並以元豐元年課利爲額，歲終比較賞罰。其開場在元豐元年以後者，以第一年全年爲額。諸買賣茶，每州委見任官一員管幹，通計所管課利敷辦者〔六〕，比監官減半推賞。賣鹽準此。諸官場以茶、鹽博易到銀、帛、斛斗、雜物，限半年變轉見錢，除元價外，所增息錢十分中給一分與主轄官吏充賞。官員四分，專典六分。過半年，不得變轉，不支賞錢。虧元價者，監、專均償。如博下滯貨，雖已解替，候變轉訖離任。諸成都府、利州、陝府西等路縣鎮城寨買賣茶場，無正監官處，就差税務官吏；無税務處，委餘官不妨本職監轄。金州及賣鹽場準此。

〔一〕按，陸師閔原奏每項應均以「一」字起頭，但今只存此一處，蓋編《會要》者以其繁而删。但每項都以「諸」字開端，不難區分。

〔二〕盡：原作「等」，據後食貨三〇之二九紹聖四年二月「二十五日」條改。

〔三〕充：原作「都」，據後食貨三〇之二九紹聖四年二月「二十五日」條改。

〔四〕天頭原批：「『加』一作『收』。」

〔五〕天頭原批：「『詣』一作『指』。」

〔六〕天頭原批：「『通』一作『統』。」

諸買賣茶州軍知州、通判兼提舉，經畧使所在，通判兼提舉茶場，所在州委都監、縣委令佐兼監。賣鹽準此。 諸轄下州軍每季輪當職官點檢未批文曆，如提舉司覆較得官物有侵欺盜用，失陷損恶，違法不職，其干涉季點官於監官下減一等科罪。 諸買賣茶場年終比較，虧五釐以上，罰俸半月，公人笞四十；滿一分，監官笞二十，干繫公人杖六十〔一〕；每一分，監官、公人各加二等，三分各罪止。 管幹當官以所管場務通比，減正監官一等科罪。 監官任滿通比，一界内如及二分，降一年名次；及三分，降一等差遣；無等可降，依差替人例施行。課利一萬貫以下，監官每一分罰一月俸，三分罪止。 諸轄下買賣茶場監官如有不得力，並許量人材於事簡處對訖，奏乞各與正差。 如闕正官，即依川峽四路轉運司差官例，於得替待【21】闕官内權差，或指名牒轉運司依條差權。 諸提舉司人吏、貼司、軍典及茶場專典、庫秤、牙人等，因公事取與財物，依轉運司人吏法。引領過度，首、從皆用此法。 諸買茶場量事務繁簡，招置有物力、保識牙人。 應收買起綱茶，依鄉例支牙錢； 即收買食茶，亦依鄉例，於合支價錢内剋留。 牙錢置曆，分閑忙月分均給，有餘并不應給者，並入官。 諸顧脚，州縣召有物力行止人充甲頭，準例收剋保引錢。 應所保脚户帶官物、脚錢等逃匿，及有所欺隱侵盜致失陷者，甲頭備償；即例外剋取，依倉法； 州縣輒役使，杖一百，計庸重者，自從重。 諸水陸般茶、鹽所經州縣並推排脚户，置簿籍定姓名，準備隨時價和顧。 如有損失毁敗，全數備償。 諸茶、鹽綱所經官司遇有給納，託故不躬親若住滯經宿者，依常平法。 諸脚户所般茶鹽遇陰雨，許就寺舍、亭鋪及空閑官屋内安泊。 其合顧脚交替州縣，並於要便處那併添兑官舍充綱院，仍令轉運司應副。 諸見管錢物，其他官司輒支動者，以違制論，不以赦降、去官、自首原減。 諸茶場及轉般庫役人，並隨課利給納大小增損制禄，不得支動本息錢。 諸幹運物貨所經税務，依省定則例收納六分税錢。 在成都府、利州路，許以所幹物貨準折； 如係陝西，令逐處税務批抄，理爲年額，轉運司牒提舉司取撥。 諸回幹物貨出入川界，量多寡關牒秦、熙州，差指使管押，諸茶、鹽所經道路巡檢、縣尉、巡鋪、【22】使臣，各遞相催驅出界。 諸給公人賞者，專副四分，典吏、庫秤等共六分，闕無所承者入官。 諸給納，並每貫收頭子錢五文足，應茶場監官添支驛料、運船，提舉司官屬及幹事官屬直吏禄〔二〕，公使什物雜費，并貼支諸場公人傭食錢等，並以所收頭子市利錢充〔三〕。 諸提舉官於轄下官吏事局相干〔四〕，同按察； 部内有犯〔五〕，同監司。 諸提舉官點檢職務公事，杖以下罪就司理斷； 事合推究者，送所司； 徒以上，依編勅監司點檢法。

〔一〕繫：原作「繫」，據《補編》頁六八九改。
〔二〕天頭原批：「幹」一作「公」。
〔三〕天頭原批：「利」一作「例」。
〔四〕天頭原批：「局」一作「屬」。
〔五〕天頭原批：「部」一作「郡」。

諸路茶法職務措置詞訟〔一〕、刑名、錢穀等公事，除州縣施行外，合申明者，申取提舉司指揮施行，他司不得干預。雖於法合取索文字，並關牒提刑司施行，不得專輒行下，諸處亦不得供報。如已經處置尚有抑屈者〔二〕，許以次經轉運、提刑司申理。諸幹當公事官，川路三年、陝西二年半爲一任，選人願就三考者，聽從便。供給依廨宇所在州簽判例。州無簽判，依職官例。京官以上及大小使臣，各隨本資給添支；本資無添支者，依監一萬貫場務例給〔三〕。諸幹當公事官闕無所承，許不拘常制選差轄下官權充。其餘應合差官幹事，並依編敕差官條施行。諸紙筆、朱墨、油燭、皮角，以係省錢收買，在京申省支給。諸文字往還，並入急脚遞。看詳熙河蘭會路見今不隸陝府西路，竊慮今來條貫內凡稱陝府西路者，須合添入『熙河蘭會』四字，又第十四項於『縣鎮』字上合添入『州軍』二字。以上條貫，乞賜施行。」詔令尚書省檢會，疾速行23下。

九月十六日，户部狀：「同提舉成都府等路茶場公事陸師閔劄子奏：通用條貫三十八件內，第二項：『諸陝府西、熙河蘭會路並爲官茶禁地。』本司檢準元豐六年四月三日條節文：文、龍二州並爲禁地，依秦鳳等路茶法施行。今來所降上件通用條貫，係在四月三日後來頒降，欲乞於第二項『諸陝府西、熙河蘭會路』字下添入『文、龍州』三字。本部看詳，欲依所乞。」從之。

十月十六日，茶場司言：「準敕，每歲下本司熙州椿管茶一萬馱，於經制司年額現錢內除豁，充蘭州博糴糧斗，仍依市價計錢。今乞分四料，每季支茶二千五百馱。」從之。

二十一日，詔：「同提舉茶場陸師閔，昨付以推廣禁地，施行蜀茶。今據面陳，稍見次序，可召問大概及所請職事，速議施行〔四〕。」

〔十一月二十四日〕〔下缺〕其户部議法不當，長貳、郎官，户部及都省吏以差罰銅〔五〕。

十二月十三日，陸師閔奏乞川路買茶起綱場監官十員，並許不依常制指名奏差。從之。十六日，又言：乞依舊許人買在京臘茶入陝西，計所得淨利立額，本司於息錢認還。户部乞令榷茶司歲認淨利錢萬四千一百緡。詔户部依所申數除之。

〔一〕路：原作「沿」，據本書職官四三之六四改。
〔二〕已：原作「所」，據本書職官四三之六四改。
〔三〕「依」下原有「舉」字，據本書職官四三之六四删。
〔四〕「施行蜀茶」以下原脱，據《長編》卷三四〇補。
〔五〕按，此條原稿僅存「其户部」以下二句，並與上條「推廣禁地」緊接，《補編》頁六九〇此條複文亦同。詳其文意，顯然不相連貫，以致不知所云。考《長編》卷三四〇、三四一，乃知本是二條，上條脱去後半段，此條脱去前半段。上條可據《長編》補足。下條據《長編》所載，大意謂：元豐六年十一月二十四日乙丑，陸師閔上言稱，比者賈種民重立茶場法，其法「深害茶法，不可施行」。下云：「詔茶場司並用舊條。其户部議法不當，尚書李承之等各罰銅若干斤，户部及都省吏各罰銅有差。《長編》所載此事顯與《輯稿》此處殘文同爲一事。但《長編》並非用《會要》之文，因之不可據補。今但標其月日，讀者欲知其詳，自可參閱《長編》卷三四一。

七年六月一日，尚書户部言：「准批狀，提舉汴河司言：畿内諸縣民間茶鋪，亦乞請買官茶。其法施於京師，衆以爲便，府界宜與輦轂下不殊。」從之，候二年立法〔一〕。

八月二十八日，都大提舉榷茶陸師閔言〔二〕：「川茶之法，肇於熙寧甲寅，行之陝西，既有明效。以河北、河東生聚之衆，唯茶不可一日而闕。若視陝右成法，而歸利於公上，度兩 24 路歲費之數，置官場於荆楚間和市，歲計運至兩路，率用陝右禁地之法，本利俱積，以助邊費。」詔師閔條具以聞。

二十九日，都提舉汴河隄岸司言：「乞歲買建州臘茶十七萬斤，依官綱例免税，至京抽解十分之一送都茶庫。都茶庫所賣茶，本司乞歲買三萬斤，隨新陳作價。」並從之。其市易務茶令商議定價，如不售，即申所屬出開封府界變易。

九月六日，都大提舉榷茶陸師閔乞除放民賒欠茶罰息錢。尚書户部言：「罰息錢七萬餘，乃朝廷封樁錢數。」詔本息正數並給限理納，罰息許除之。

十月二十八日，尚書户部言：「廣西轉運判官劉何乞榷買桂州修仁縣等處茶〔三〕，前此官司未嘗經畫，欲且施行，候及一年就緒，令提舉官立法。所乞借常平錢及差官一員提舉，當俟詔旨。」詔提舉官差劉何〔四〕，其借提舉司錢限三年還。

十一月二十一日，中書省言：「元豐二年，提舉茶場李稷以息税五十萬緡爲歲額。後陸師閔奏，自立額後，連歲增羡，乞自七年以百萬緡爲額，未委虛實。」詔榷茶司具自二年立額後至六年所收息税有無增剩及支費數以聞。本司具數上，乃下刑部驅磨其舊封樁及見在錢〔五〕，並令交割與陝西逐路提舉常平司封樁。

二十二日，都大提舉成都府永興軍等路榷茶公事陸師閔劄子：「近准朝旨，應係般茶大路，並計置車子遞鋪。臣昨來已行計置，自成都府至利州，自興元府至興州、鳳翔府，自商州上津至永興 25 軍三處，稍有次序。然先降條貫各係指定去處，其間多有抵牾，難以推行。今將前後指揮删立成條，乞詳酌先次施行。一、諸般茶鋪軍人請受、排連保（五）〔伍〕、老病揀汰並依遞鋪體例，内有差到本請受多者，從多給。（請）〔諸〕般茶鋪軍人及一切費用，並於般茶脚錢内支破。諸般茶鋪軍人，並委逐處招刺，仍許投換；如不足，即以州縣首獲逃軍揀選刺充；尚不足，即於轄下州軍定差，一年一替。諸般茶鋪軍人，諸司及州縣輒别役，告附帶般運差借之（數）〔類〕，並依三路役使壯城法。奉朝旨差使揀選，亦許本司執奏。諸般茶鋪軍人不得投換别指

〔一〕天頭原批：「『二』一作『一』。」
〔二〕大：原作「太」，據《補編》頁六九〇改。
〔三〕榷：原無，據《長編》卷三四九補。
〔四〕差：原脱，據《長編》卷三四九補。
〔五〕乃：原脱，據《長編》卷三五〇補。

揮，逃走首獲，斷訖押回本鋪名下收管；别犯重者，自依本法。諸般茶鋪兵士並量遠近，每馱支給率分錢外，有重難鋪分軍人，仍相度量給添支口食。諸般茶鋪並于川路元差管押茶綱兵級内選差充綱官，往來幹當。諸巡轄般茶鋪使臣請受、當直兵士，並依巡轄馬遞鋪例，出巡給遞馬一疋。每歲比較，如無住滯工限，及逃死兵士不及五釐，任滿與減一年磨勘，先次指射家便差遣。伏乞詳酌施行。」詔依陸師閔所奏。

八年二月七日，尚書户部言：「福建路轉運副使王子京乞并鄰近兩浙、江南、廣東復禁茶。諸路仍通商，未有朝旨。」詔在京及開封府界、陝西路通商之外，並爲榷茶地。

六月三日，詔水磨茶地隸太府寺，仍屬户部右曹。既而詔在京水磨茶場廢罷，其結絶官物等，令 26 户部措置施行。從侍御史劉摯、右司諫蘇轍、殿中侍御史黄絳、劉次莊所奏也。

哲宗元祐元年二月二日，吏部郎中張汝賢言：「被差福建路按察買茶抑配，今相度，乞並依熙寧五年二月已降指揮施行。」

五年二月二十一日，户部員外郎穆衍言：「六路茶法，通商久矣，税錢無總數以較多寡之入，租錢有無欠負亦不可考。請自今税錢委逐州通判月終比較申州，州歲較申轉運司，轉運司於次年具總數申户部；租錢委轉運司歲終具理納大數申户部。如稽違，許從發運司、户部奏劾。」從之。

五月七日，都大提舉成都府利州陝西等路茶事司言：「應雅州管下盧山、榮經縣，碉門[一]、靈關寨，威、茂、龍州，綿州石泉縣界，並爲禁茶地分，如敢侵犯，乞並依熙、秦等路法施行。」從之。

六年正月二十五日，成都府利州路鈐轄司言：「川峽(西)〔四〕路茶許客通販[二]，内外安便，今並爲禁地。緣逐處皆是接連番蠻，若行禁止，竊慮别生邊事。」詔罷前敕。

紹聖元年四月十二日，管幹茶事程之邵言：「川茶元因弛禁，人户請出，遂失元價。欲除催理本錢外，將出限亡分息錢蠲免。」從之。

八月二十三日，詔興復水磨茶，應合行事，令户部先具措置申尚書省。從户部請也。

十月二十八日，都大提舉成都府等路茶事陸師閔狀：「今相度下項：一、陝西路復爲禁茶地分，盡數收買雅州名山縣茶，般赴陝西路州軍應付博賣，餘並依見行條法施行。一、般茶大路 27 並添置茶遞鋪，不得和顧百姓。永興、鄜延、環慶三路各置巡轄茶遞鋪使臣一員，並復置催發綱運官一員，並依條奏舉。一、永興軍税務監官，舊條許本司不依常制奏差一員，填見任年滿或承替不得力人幹當，如有已授下待闕官員，令别授差遣。除不依常制一節外，並乞

[一] 碉：原作「同」，據《長編》卷四二一改。
[二] 川峽：原作「川陝」，據《補編》頁六九一改。

依舊條施行。一、永寧軍〔一〕、綿州石泉縣、雅州碉門寨等處人户興販入番茶，上件利害事干邊界，乞候巡歷到川路，與鈐轄司同共相度聞奏。一、本司創添合舉官闕，如正官未到，舊條管幹文字官等許選差轄下官權，其監茶場官等許差得替待闕官權。今乞並許於罷任待闕官内權差〔二〕。」詔並依所奏。

十月二十九日，陸師閔又奏：「近因本司奏請增置巡轄茶鋪使臣，減罷催綱官，臣愚以謂巡轄使臣固不可無，而催綱官往來點檢，取責收附，尤爲要切。今欲乞見管催發綱運官一員并巡轄茶遞鋪使臣四員任滿日，依舊許本司奏舉，所貴不致闕事。如有已差注使臣未到任者，並依條別與差注。」從之。

二年三月七日，户部言：「得旨興修水磨茶事。初元豐中，都提舉汴河隄岸司總領，(郎)〔即〕汴下流用之。隄岸司今廢，歸都水監，而措置茶事乃隸户部，事不相應。請依元豐置都提舉汴河隄岸司故事，應二司事並依舊條。」詔就差提舉茶場水磨官兼提舉汴河隄岸，專管幹自洛至府界調節汴水，應副茶磨，不得有妨東南漕運。

四月七日，户部 28 言：「茶場自今收買客茶，並拘收長引，對定引，内合納税錢，即於茶價錢内尅留歸官，報税院銷會，以充税課。」從之。

十三日，陸師閔劄子奏：「準朝旨，陝西路復爲禁茶地分，已於雅州名山、興元府、洋州等處計置食茶二十綱計六十餘萬馱，般運前來，候新置茶遞鋪就緒，即可至永興等處分布出賣。今爲置鋪事務未能遽集，深慮民間乏茶食用，未敢先次止絶客販。欲乞候官茶到永興軍日，從本司行下川路諸茶場，更不發引過陝西界。其已發引前來者，各許依引于陝西路貨賣盡絶外，並依禁茶條貫施行。」從之。

二十二日，都大提舉成都府等路茶事陸師閔言：「準朝旨，陝西路復禁茶。今量度自鳳州至永興軍先次添置茶遞鋪，更不和顧百姓外，其餘買茶場各般至鳳州等處，不可置鋪，並合依見行顧役般茶條例。龍州界乞仍舊禁茶，應干茶法，並依舊條從事〔三〕。」從之。

六月二日，提舉水磨茶場所言：「應本場所隸人，令更相保任，如有隱欺，並同專副法。許人告捕，若偷盜、貿易擅增，並次斤重第賞。」從之。

十二月三日，詔：「應陝西貸茶户已納本錢有餘者，其見欠息錢特與蠲除。如尚欠本錢，限二年納足。」

三年五月二十四日，江淮荆浙等路制置發運司言：「官員躬親捕獲私茶，累及一萬斤至十萬斤，等第推賞；未獲犯人者，以三比一；差人捕獲者，以三之半比一。」從之。

十二月十九日，樞密院言：「都大提舉成都府 29 利州

〔一〕永寧軍：按北宋永寧軍在河北，與此無涉，疑是「永康軍」之誤。
〔二〕天頭原批：「任」一作「闕」。
〔三〕天頭原批：「依」一作「以」。

陝西等路茶事司陸師閔奏：『文、龍二州皆接蕃界，舊法並爲禁地分，向因黄廉按察奏請，文州之法仍舊，而龍州通商。且二州均有邊面，而禁其東不禁其西。緣興元税務十一月間發引放客茶入龍州一帶地分者計八萬九千餘斤，及引外影帶者不可勝計。此茶入蕃，爲害多矣。唯龍州密邇文，階，害法最甚，兼自來不係蕃戎交易往來之地，别無可慮，望指揮龍州界依舊爲禁地分。』」從之。

四年二月二十四日，新權陝西路轉運副使張元方言：「利州路新産茶，乞依元豐條法復禁榷。」從之。

二十五日，户部狀：「準都省送下朝散郎、都大提舉成都府等路茶事陸師閔劄子奏：『臣勘會元豐茶法，成都府、利州路産茶處各就近置場，盡數買園户茶，許客人於官場收買，販入川峽四路，充民間食用。私輒買賣、博易、興販及入陝西地分者，並許人告捕，依犯私臘茶法施行。自黄廉按察並令通商後來，民間不以爲便。蓋客人買賣遲細，少有見錢交易，是致園户失業，比之舊日官場收買，利害甚明。臣今乞復行上件條貫，内有雅州、永康、綿州、龍州等一帶近邊地分，昨因放行通商，遂與戎人交易，每年所市茶數不可勝計。議者以謂今若頓行止絶，即恐引惹未便。伏乞下茶事司相度，於逐處各置買賣茶場，只許蕃戎等於官場交易，並依文、黎州條法施行，所貴公私經久利便。今來川路復行舊法，竊慮州 30 縣場務推行或有過當，今具約束如後：一、買賣茶收息不得過二分。一、茶場公人並優給

顧直，不得將息錢隨分數給官吏充賞。一、茶園户並令據所有茶數赴官中賣，不得置簿認數，拘攔入中。所有成都府、利州路合置茶場及税務兼監去處，並依舊例，其舉官處亦乞依條奏舉。』本部勘當：川茶昨禁榷及通商，並係茶司官與轉運司官同共相度，具利害聞奏改法。今逐司相度利州路所産茶貨，若依元豐年條法復行禁榷，委是利便，經久可行。本部欲依逐司相度到事理施行。」詔依。

閏二月八日，吏、户部狀：「準都省批送下都大提舉成都府利州陝西等路茶事司狀：『近來逐場監官多求他司不拘常制差出，頗妨茶場職事。乞將茶場監官，他司雖不拘常制，並不許差出，其逐官日前差出者，即乞據不在任月日，合得酬奬更不推賞。』逐部勘當，欲依本司所乞。」從之。

四月十五日，吏、户部言：「水磨茶場監官錢景逢任内收息一十六萬餘貫，呂安中收息二十一萬餘貫。」詔錢景逢與轉一官，呂安中候任滿日，保明以聞。

二十一日，詔成都府路産茶州軍復行禁榷。

十一月十一日，户部郎中、提舉水磨茶場孫迥言：「茶磨乞於在京東水門外沿汴河兩岸踏逐舊日修置水磨去處，别行興復。」從之。

元符元年九月十九日，都省批下都大提舉成都等路茶事司奏：「準勑，成都府復置博買都茶場。本司看詳，有未31 盡事件：一、欲乞立法，應買茶及以物貨博易而官司拘攔或抑勒者，並徒二年。一、欲立法，茶價如合增減，而官

司不切體訪市價，行遣失時，並科杖一百。一、客旅以物貨赴場博茶，如不及擔數，並許隨斤重博易。若物價多茶價少，許貼給物價；若物價少茶價多，許貼納茶價，内貼給錢不得過一分。一、元條許本司奏差監官二員，緣今來復法之初，職事未至繁多，乞先且奏差一員，候將來買賣浩瀚，從本司相度添置。」詔依。

二年三月二十七日，户、刑部狀：「修立到下條：『諸茶場監官、同監官、專秤、庫子親戚，不得開置茶鋪，違者杖八十。許人告，賞錢三十貫。』上條合入成都府、利州、陝西路并提舉茶事司敕，係創立。『諸提舉、管幹茶鹽官并吏人、書手、貼司及賣鹽場監官、專秤、庫子親戚輒開茶鹽鋪，及撲認額數出賣，若於官場買販者，各杖一百。許人告，賞錢三十貫文。』上條合入《廐庫敕》。」從之。

十二月十五日，廣西轉運副使張景温言：「桂州修仁縣産茶萬數，乞復行榷茶之法。」從之。

徽宗崇寧元年十二月八日，尚書右僕射蔡京等言：「荆湖南北、江南東西、淮南、兩浙、福建七路産茶，自乾德二年立法禁榷，官置場收買，許商賈就京師榷貨務納錢，給鈔赴十三山場、六榷貨務。《三朝國史·食貨志》[一]：十三場：蘄州王祺一也，石橋二也，洗馬三也，黄梅場四也，黄州麻城五也，廬州王同六也，舒州太湖七也，羅源八也，壽州霍山九【32】也，麻步十也，開順口十一也，商城十二也，子安十三也。六榷貨務：江陵府務一也，真州務二也，海州務三也，漢陽軍務四也，無爲軍務五也，蘄州之蘄口務六也。至祥符中，歲收息五百餘萬緡。慶曆以來，法制（寢）〔寖〕壞。嘉祐初，遂罷禁榷，行便商之法[二]，客人園户，私相貿易，公私不給，利源（寢）〔寖〕銷，歲入不過八十餘萬。元豐中，先帝嘗命有司講求，而法廢已久，議者不能上承聖志，議未及行。竊考在昔茶法之弊，蓋緣科配人户，不計豐凶，州縣催迫，人多逃避。嘉祐改法，指以爲説。今欲將荆湖、江淮、兩浙、福建七路州軍所産茶依舊禁榷，選官置司，提舉措置，並於産茶州縣隨處置場，官爲收買，更不於人户税上科納[三]，禁客人與園户私相交易。所置場處，委官籍記園户姓名。所有置場茶本錢，欲降度牒二千道、末鹽鈔二百萬貫，更特於逐路朝廷諸色封樁錢并坊場、常平剩錢内共借四十萬貫，共三百萬貫，令逐路分擘，充買茶本錢。差官分路措置，湖南北路欲差一員，江東西路欲差一員，淮南、兩浙路欲差一員，福建路欲差一員。將來措置就緒，即共差都大提舉七路茶事二員總之，餘官並罷。其勾集園户，籍會户數，酌量年例所出，約人户可賣之數，年終立爲茶額。所有復行禁榷條法，檢會大中祥符所行舊法并慶曆後來私販害公之弊，取今日可行者酌中修立，接續爲法，頒降施行。」從之。

二年二月二十【33】三日，提舉京城茶場所奏：「紹聖

[一] 按，此注原作正文另一條，今據文意改爲小字夾注。
[二] 天頭原批：「『便』一作『通』。」按見《補編》頁六九二。疑作「通」是。
[三] 天頭原批：「『科』一作『税』。」

初，興復元豐水磨，推行京畿茶法，歲收二十六萬餘緡。四年，於長葛、鄭州等處京、索、溵水河增磨二百六十一所，且用汴水〔一〕，極爲要便。自輔郡榷法之罷，遂失其利，今四磨不能給。其元符三年罷輔郡榷茶指揮，乞勿行。」從之，遂置諸路茶場。

二十九日，詔客販福建臘茶免税。

四月二十四日，尚書省言：「諸路茶價不等，難立一定收息之數，乞令隨宜收息，勿得過倍。」從之。

七月二十九日，尚書省言：「茶場歲置臘茶十三萬斤〔二〕，變磨先春、社前，應副在京官員請買。凡係禁地，前准朝旨，許商賈興販入京，則於水磨茶法有妨。乞客到京城日，令本門具名色斤重即報茶場，依實直中賣，餘依草茶例。違者論如律。」從之。

同日，尚書省言：湖南北路茶事司乞茶場監官及監門官不許差出及兼他職。從之，餘路依此。

八月七日，都大提舉成都府利州陜西等處程之邵奏：「准熙河蘭會路勾當公事童貫已牒〔三〕：熙、河、岷州、通遠軍將見在茶盡數支撥般運赴湟州，應副支博蕃部物斛。本司已令逐州軍一面支撥應副〔四〕。今又准熙河路經畧司牒：將支降到封樁錢一百萬貫，於秦州并順便城寨剗刷兑買蕃部食茶。本司契勘，蕃部食茶多是名山茶，其茶准條專用博馬，不許出賣。緣今來湟州新邊，博糴斛斗〔五〕，本司不敢占留，見聽從熙河路司支撥兑買，應副支用。」詔程之邵得熙河(闕)〔關〕報，不待朝 34 廷，便逐急應副湟州，委見協心國事，特與轉兩官。

十一日，京西轉運司狀：「檢准二月十九日江、淮、荆、浙、福建州軍所要茶，官置場買，不得私賣。所有告捕支賞及應榷法巡捕等事，並依元符敕令條格施行。今契勘元符條格，別無該載捕獲私販賣真茶賞格。契勘慶曆舊行榷茶日，犯私茶係分草、臘茶兩等刑名外〔六〕，推賞并巡捕透漏約束，止爲一等。今來復行禁榷，亦分草、臘茶兩等刑名。其巡捕透漏、支賞等，今若比附，亦爲兩等，即與舊法不同。兼已降朝旨，告捕支賞及應榷法巡捕，並依元符敕令條格施行，即一切並合遵依見行條令。看詳除元符雜格内品官許有禁物一項〔七〕，係草茶通商日修立，今來既臘茶、草茶皆行禁榷，即草茶亦合許有。今欲乞於本項内『臘茶』字下添入『草茶各』三字〔八〕，其餘元符敕令條格内應干臘茶條内，並合除去『臘』字一箇，伏請詳酌施行。」詔依。

二十八日，都大提舉成都府利州陜西等路茶事兼提舉

〔一〕天頭原批：「『且』一作『皆』。」
〔二〕十三：原作「十十」，據《補編》頁六九二改。
〔三〕貫：《補編》頁六九二作「賞」。按，仍當以作「貫」爲是，「已」字疑衍。
〔四〕撥：原作「博」，據《補編》頁六九二改。
〔五〕二「闕」字疑本作小字，謂有缺字。然「博糴斛斗」，亦自可通，似無缺文。
〔六〕刑：原作「州」，據下文改。
〔七〕天頭原批：「『内』一作『外』。」
〔八〕天頭原批：「『各』一作『名』。」

陝西等路買馬監(收)〔牧〕公事程之邵奏：「勘會永興、鄜延、環慶、涇原路舊來食用南茶，自榷賣川茶後來，多有私販，抵冒刑憲。今若許令商販通入南茶，委是穩便。」詔依。

十月三日，京城提舉茶場司狀：「勘會未置水磨茶場已前，商客販茶到京，係民間邸店堆垜，候貨鬻了當，或騈引出外，自例出備垜地户錢與邸店之家。興置水磨，客茶到京，並赴茶場堆垜中賣，已係官場指擬數目。35 訪聞客人近歲以中賣爲名，與官場商量價值，却一面令人於外路通商地分私相交易，結攬貨賣，意欲津般前去。其間有在官場三兩月間，故意高索貴價，商量不成，遂致翻引離場，不唯虛占廊屋，兼亦有誤官場元指擬之數，未有措置。兼元豐中，嘗置垜茶場，遇有客茶到京，盡赴本場堆垜，客人出納垜地官錢〔一〕。今欲乞如客茶到京赴茶場堆垜，除中賣入官外，其騈引出外茶數，從本司相度茶色高下、路分緊慢，量收堆垜錢入官，所貴杜絶姦弊，不致虧損官私。」詔依所申，其客人販到諸路茶，經涉水磨茶場地分到在京茶場，願中賣入官者，不限斤數收買，却許客人興販水磨末茶往鄜延、環慶、涇原、永興路貨賣。若末茶不足，許以本場客人商量不成交易草茶赴榷貨務，騈引興販前去。如客人已指別路州軍，若到所指地，却願往陝西者，並令先赴京場。

二十二日，提舉措置兩浙茶事司奏：「睦州在城茶場比去年增四十二萬三千餘斤，賣及九分以上，增數爲最，一路州縣皆不及。」詔知州方通、通判江懋迪各轉一官，監場王公壽、范景武各與循兩資，占射差遣一次。

二十九日，詔：「川茶毋得過陝西路南茶地分出賣，如違，依私茶法。」

四年二月二十一日，尚書省(言)：「勘會已降指揮，陝西川茶專充熙河路博糴。本路轉運副使吳擇仁博糴貨茶不少，其茶事理合同共管勾。」詔陝西等路茶事差擇仁兼同 36 提舉。

六月九日，中書省言：「榷茶本以便園户、通商賈，而奉行官吏全失法意，務增課額〔二〕，抑勒科配，致不(辦)〔辨〕美惡。乞立條約。」從之。

二十四日，三省言：「已罷官場賣茶，許商賈與園户交易，經營納息，以便客販。然慮私相貿易，虧損官課，乞增立法禁。」從之。

同日，詔朝請郎、直秘閣、同管勾成都府等路茶事孫鼇抃除直龍圖閣，差遣依舊。以賣茶增羨故也。

十月十二日，詔：「川茶，熙河一路經費所仰，除博馬并博糴外〔三〕，並不得出賣。輒出賣者，以違制論。」

大觀元年二月二十二日，詔朝請郎、同管勾成都府利州陝西等路茶事，兼提舉本路買馬監牧司公事龐寅孫除直

〔一〕天頭原批：「納」一作「額」。
〔二〕天頭原批：「增」一作「貪」。
〔三〕并：原作「開」，據《補編》頁六九三改。

秘閣，差遣依舊。以賣茶增羨故也。

閏十月二十四日，詔：「州縣及當職官奉行茶鹽法稽慢違戾，並不以去官、赦降原減。」

二年十二月十二日，詔：「榷茶仍許客販，而執引爲驗，往往影帶舊引，冒詐規利，并官吏因得搔擾。雖各有法，可申嚴行下。」

三年正月二十四日，通奉大夫、提舉（大）〔太〕一宮、都大提舉茶事宋喬年奏：「客販諸路茶貨，依鄉原舊例加饒耗茶，分數不一，亦有元無加耗去處。恐客人只就有耗茶處收買，致興販未廣。乞諸路舊例元無加饒耗茶去處，並依江東例加饒一分，所貴招誘客人，廣行興販。」從之。

三月十五日，中書省、尚書省送到劄子：「勘會東南七路所産茶貨，客販通行，近據逐路重別立到息錢，多寡不等。」詔：「令逐路茶事司將逐路茶【37】貨以見今所搭息錢，每斤各量添錢一十文。其見納息錢不及一十文者，並只對數增添。內元買價小，搭息多，即不得過元買價一倍。仍具已增息錢申尚書省。」

七月十三日，詔罷都大提舉茶事司，在京令户部、在外令轉運司主之。

八月十三日，詔奉直大夫、直龍圖閣、同管勾成都府等路茶事王完除直龍圖閣，差同提舉成都府等路茶事。以賣茶增羨也。

四年閏八月十二日，左右司狀：「勘會先准朝旨編修茶鹽香鈔法，續准朝旨，勘會通商茶法，係治平年所修頒降，見今引用。緣歲月甚久，其間續降衝改不少，竊慮別致抵牾。本司見今編修七路茶法，正與通商茶法相干。」詔令左右司一就編修聞奏。

二十七日，梓州路轉運司奏：「看詳純、滋州係納土新建州郡，所出産茶若便行禁榷，置場收買，切慮新民驚疑〔一〕，且令安習貨易。欲乞候三二年間見得的確産茶數目，別具利害奏陳。」從之。

政和元年三月二十四日，户部相度：「欲乞逐路州軍每月具應客人等收買興販茶數、合納息錢，內若干係住賣處送納，若干係量添錢外實收到錢數，除紐計分與轉運司外有若干，并量添錢數申發運司拘催，赴內藏庫送納，仍供申左右司官。」從之。先是，朝旨令轉運司催促左右司官總領拘催，令户部條畫，至是來上也。

同日，臣僚上言：「乞應將茶貨高立價例〔二〕，約期依限賒賣與卑幼及浮浪之人〔三〕，並依有利債負條施【38】行。」法案檢條：「看詳臣僚上言，客人將茶貨倍立高價賒賣，遠約期限，已有《治平通商茶法》約定三限并《元符令》高擡賣價不得受理外，有賒（買）〔賣〕茶貨與浮浪及卑幼，今修立下

〔一〕新：原作「斯」，據《補編》頁六九三改。
〔二〕高：原作「尚」，據下文文意改。
〔三〕賒：原作「羅」，據下文改。

條：『諸客人將茶販賣與浮浪及卑幼者，依有利債負法。』右合入《通商茶法》。」從之。

四月二十四日，詔有司重行參定《私茶賞格》，無使太重。

二十七日，詔：「福建措置茶事〔一〕，今歲造到建州北苑龍焙官茶，製作堪好，特異平常。所有措置官柳庭俊已下〔二〕，可將上取旨推恩，以勸能吏」。

八月二十三日，户部專切提舉京城所奏：「准敕，臣寮上言：永興軍等四路先係川茶禁地，後來改作南茶地分，其四路民庶依舊嗜食川茶，是以客人得便以奪官中厚利〔三〕。伏望特降睿旨〔四〕，令改作川茶地分，或乞且令提舉陝西等路茶事司權暫管認南茶及水磨馱茶稅息，俟年歲之間，見其管認之外，所得利息顯著，却令依本司自來專條施行。又權發遣成都府陝西等路茶事張翬狀：乞依元豐舊制，復以四路爲川茶地分等。後批：令户部與提舉京城所一處相度聞奏。看詳張翬奏，見在食茶七萬五千餘馱，占壓本息共四百餘萬貫緡。今相度，永興等四路并鳳翔府以東岐山等八縣，並合依元豐年出賣川茶舊法施行。所有南茶稅息，內除稅錢亦合依元豐法撥還户部外，有茶場支賣馱茶息及客販南茶息錢，近准朝旨，赴茶場送納，係應奉御前。今 39 來張翬乞依元豐舊制，復以四路爲川茶地分，仍以所收息稅錢歲用上供，以代水磨末茶之息。緣榷茶司課額係屬朝廷封樁，今據茶場歲收馱茶息錢共一十六萬七千餘貫，令元豐或大觀東、西庫每年分上下半年，內上半年以正月，下半年以七月撥運茶場，却令提舉榷茶司每歲於收到茶息錢內依數支撥與陝西轉運司支用，於朝廷合應副本路錢物內（和）〔扣〕除。兼契勘永興軍等路今來復作川茶地分，榷茶司難便計置般運到彼，所有見今客販茶若便行住罷，切慮逐處民間闕茶食用，兼有虧合收茶稅額課。乞且許客人般販前去，并茶場見支馱茶，截日更不支發；其已般去數目，亦許且行出賣，並限至歲終發泄盡絕。仍令榷茶司預行計置般運，自來年爲始，出賣川茶並逐處每年撥還錢，除上項錢數。」詔依。

九月二十八日，權發遣同管幹成都府利州等路茶事李稷劄子〔五〕：「今相度，應川路産茶場分賣茶收息，比額雖增，若買賣茶數不敷祖額，更不推賞。」詔依。

二年八月二十六日，尚書省黄牒：「奉聖旨〔六〕，令尚書省措置茶事。今勘當水磨茶自元豐創置，除近畿外，即不曾分下諸路。昨緣分配諸路有置官之冗、般輦之勞，致

〔一〕措：原作「諸」，據下文改。
〔二〕柳庭俊：「柳」下原衍「定」字，考本書及《宋史》多處記載，政和、宣和間，柳庭俊嘗任福建轉運判官、發運副使、知福州，與本條所述時間、事理相符，因刪「定」字。
〔三〕以奪：原重此二字，據《補編》頁六九四刪。
〔四〕降：原作「隆」，據《補編》頁六九四改。
〔五〕成都：原作「城都」，據《補編》頁六九四改。
〔六〕天頭原批：「『奉』一作『奏』。」

妨客販，收息減少，乃至商賈不通，内外受弊。緣水磨茶先帝建立，不可廢罷，欲只行於京城，與客販兼行，餘路並令客人商販，可走商賈，實中都，惠小民。今具下項：一、[40]京城内以水磨茶官賣，其京畿、京東、京西、河北、河東、淮西、兩浙、荆湖、江南、福建、永興、鄜延、涇原、環慶路，並爲客販南茶地分。一、客販茶許至京城，與水磨茶兼行。除京城水磨存留外，餘路水磨並罷。一、在京見置比較鋪並罷。一、在京置都茶務，專管供進末茶及應干茶事，從朝廷差官四員管幹。供進官一員，專一管幹供進，關樞密院選差入内内侍省官。專一供進等茶料，每年所闕約二十餘萬斤，除於官庫取撥外，若有少數，以合用茶所出處，取客願賫引收買，附帶前來。如無人願，依市價和買。其所附茶免税，計茶本免引錢。一、諸路茶園户，官不置場收買，許任便與客人買賣，仰赴所屬州縣投狀充茶户，官爲籍記。非投狀充户人，不得與客人買賣。一、客人許於茶務買引，指定某州縣買，往所指處任便貨賣。一、客販茶，並於茶務請長、短二引，各指定所詣州縣住賣。長引許往他路，短引止於本路興販。其約束沿路阻節，給公據，並依鹽引法。一、客人請到文引，更不經由官司，許徑赴茶園户處私下任便交易。一、長、短引令太府寺以厚紙立式印造書押，當職官置合同簿注籍訖，每三百道并籍送都茶場務。一、客請長引，每引納錢一百貫，若詣陜西路者加二十貫文[一]，許販茶一百二十貫；短引二十貫，許販茶二十五貫。若於非指定出賣者，依私茶法罪，告賞亦如之。一、客販茶不請引而輒販者，加[41]私茶法一等，告賞亦如之。若引外增數搭帶，或以一引兩次行用，若踰限不申繳者，罪賞準此。一、應茶引輒私造者[二]，依川錢引法，賞錢三百貫；已成未行用，減一等，其賞如之。一、客請引販茶，許自陳乞限，長引不得過一年，短引一季，於引内批書所至州縣，賣訖批鑿，自赴茶務，或遣親人繳引，務官對簿銷落，抹訖申太府寺。一、客販長引茶至所指處，餘限未滿，願入別州縣住賣者，經所屬批引前去。賣訖，繳引如上法。一、客引踰限不繳[三]，本務下所屬追人并引赴務，依法施行訖，不在販茶之限。一、應客販茶地分，而諸色人輒以茶侵越本地分者，罪賞以私茶論；已至而未賣者，減一等。一、客人引違限一日，笞一十，三日加一等，至徒一年止。若有故，聽申所屬展限訖報務，展不得過一季，即已展而違者，罪亦如之。一、茶園户隨地土所出，依久來分爲等第，即不得以上等爲中等，以次等爲上等，餘等亦如之，違者各杖一百。一、州縣春月園户茶出時，集人户以遞年所出具實數、賣價，縣申州，州驗實，以前三年實直與今來價具實封申户部，下茶務照會。若平價不實，虛擡大估者，杖一百。受贓者以盜論，

[一] 天頭原批：「二」一作「三」。
[二] 應：原作「印」，據《補編》頁六九四改。
[三] 天頭原批：「限」一作「年」。

贓輕徒一年，吏人、公人、牙人配千里。許客越（訢）〔訴〕，或理不直者，經監司、尚書省。一、客人賫引輒改易指改〔一〕，徒一年；若添減斤重、日限者，加二等。即去失者若水火盜賊，並隨處經所屬自陳，驗實召保，赴茶場再請 42 買；違者，依私販法。一、客人請引，須正身若親人正身赴場，不得假倩他客。借人或倩之者，各杖一百。一、客人賫引販茶，所至州縣若商稅、市易務、堰閘、橋鎮、柵門輒邀阻留難，一日杖六十，二日加二等，三日徒一年，又三日加一等，至徒二年止。吏人、公人並勒停，永不叙。即受財者，以自盜論，贓輕吏人、公人配千里。一、客人賫引販茶，所顧舟車若爲人以他事惹絆，因致留阻者，杖一百。若長引客有罪，杖以下聽留家人受罪，其茶限一日放行。一、勘會福建路臘茶，舊茶法禁止，不許通商，今並許客人依草茶法興販。一、水磨地分，河北見賣馱茶，候客販到新引茶，截日住賣。其賣不盡茶，具數申尚書省。今後水磨更不起發馱茶赴諸處出賣。一、客販茶願借江入汴者聽，入京師者依舊認納淮西稅錢，外路認淮東稅錢。一、客人已販舊法茶至元指住賣處，仰所至州縣委官抄劄封訖；如未至元指處，願抄劄者聽。其合納稅息並依舊法外，將今來新法茶引販到茶對帶出賣，如願赴茶務請新引出賣舊茶者，並依興販新茶法。如違，並依私茶法。一、客販茶貨，自來起引處雖秤盤封記，多是計會虛套封頭，致出務收盛，沿路私（折）〔拆〕，添填私茶，依條沿路只是點檢封記，不許秤製，以此走失稅課。今後客茶籠篰並用竹紙封印，當官牢實粘繫，不得更容私拆。如擅拆封及擦改者，杖一百，許人告，賞錢三十貫〔二〕。一、客 43 人於園户處買到茶，並令園户於引內批鑿的實色號、斤重、價錢，於所在州縣市易、稅務點檢封記。一、客販茶合納稅，並遵依舊法。一、七路茶法，並依大觀三年四月已前指揮；文意相妨，並依今降指揮。一、産茶并通商路分茶事，並令鹽事司管幹。無鹽事官處，從朝廷專委官管幹。一、今後盛茶籠篰，仰所屬州軍專委通判，闕者委以次官，撲定茶籠篰長闊尺寸并籠葉斤重，分爲二等，一百、三十斤，爲限製造，用火印燻記題號，降付市易、稅務收掌，隨所販茶令客人收買盛茶。候裝到茶，令所在州縣市易、稅務點檢封記，即不得依前將寬大籠篭收盛茶貨，搭帶私茶。一、客販茶輒用私籠篰，篭、罐〔三〕、袋之類同。杖八十，若增損大小、高下者，加二等。一、應出茶地分委通判，無者委以次官，依樣選人匠製造籠篰，篭、罐、袋之類同。出賣。每隻除工費外，不得過五十文，以所賣息錢充工料之費，不得增損。若製造不如法，杖八十；增損大小、高下者，杖一百。一、客人販茶，已依舊法給賣茶公據，未曾賣

〔一〕指：原作「楷」，據《補編》頁六九五改。
〔二〕天頭原批：「『三』一作『二』。」
〔三〕罐：原作「權」。按《補編》頁六九六政和三年正月「二十八日」條有云：「許將全籠篰、罐、袋轉販前來」，據改。下同。

茶者〔一〕，並令繳納，違者依私用法。一、永興、鄜延、環慶、涇〔源〕〔原〕四路見在川茶并客人舊販南茶，聽且出賣，候客販到〔新〕引茶住賣，委所屬抄劄舊茶見數，具狀申尚書省。藏匿免抄劄，依茶法。川茶却般入川茶地分。一、舊客販南茶地分鋪户，見在茶並令截日抄劄見數，且令出賣。若隱漏，依私茶法。候客販到新引茶住罷，具賣不盡數申尚書省。一、合44變磨供進并在京出賣末茶合用磨盤數，令所屬相度存留。一、係籍園户，客無引而輒自賣若私販者，杖一百，許人告，賞錢五十貫；已販者，依私茶法。不係籍而與客買賣者，依此。」詔從之。

九月十二日，詔：「川茶如敢侵客地分，以違制論。」

十月二十三日〔二〕，詔：「客販舊茶，許歲終請買新引出賣。」（以上《永樂大典》卷五七八四）

〔一〕賣：原作「買」，據《補編》頁六九五改。
〔二〕二十三：《補編》頁六九五作「二十二」。

宋會要輯稿　食貨三一

茶法　三

茶法雜録　二[一]

【1】紹興五年六月十八日，詔：「福建路轉運司并建州每年合起大龍鳳并京鋌茶，並自來年爲始，減半起發。」先是，上言福建歲有上供龍鳳團茶，數目甚多，今錫賚既少，無所用之，枉費民力，故有是詔。

七月二十三日，【2】臣寮言：「州縣之獄有不能即決者，私商敗獲根究來歷是也[二]。且販私商者，皆不逞之徒，有敗獲禁勘，而素與交易者多不通吐，以爲後日販鬻之計，所牽引者類皆畏謹粗有生計之人。官司不追證，則謂之結勘滅裂，一追證則無辜者受弊，且以快其平日不與交易之憤。暨至明日得釋，有不可勝言者矣。司獄利其如此，又根究而別追治，是致獄户填滿，嚴冬盛夏，死損者常有之，豈不上累仁聖之治、孤欽恤之意乎！夫産茶、鹽地分根究來歷者，故欲止絶私商，而小人用意如此。交易者以其不通吐而無復疑，畏謹者恐其結讎恨而不敢拒，是使不逞者愈得意於其間也。臣謹按祖宗法，應犯榷貨，並不根究來歷，止以見在爲坐。今若不問是與不是産茶、鹽地分，一切不根究來歷，止以見在結斷，不惟囹圄可致空虚，而私販者即伏刑憲，亦將止息矣。」詔令户部限三日勘當，申尚書省。既而户部言：「據榷貨務都茶場勘會，不係出産州軍捕獲私販茶鹽之人，依法自不許根究來歷。其出産州軍捕獲私鹽，如係徒以上罪，及亭場禁界内杖罪及獲私茶[三]，並合根究來歷。雖有《紹興令》稱犯榷貨者不得根問賣買經歷處，即係海行條法；緣《紹興勑》内該載：一司有別制者，從別制。又緣諸處私茶、鹽並係亭竈、園户賣與販人，今若一概不行根究來歷，深恐無以杜絶私販之弊，却致侵害官課。今欲乞遵依見行茶、【3】鹽專法施行[四]。」詔依户部勘當到事理，如犯其餘榷貨，並以臣寮所陳施行。

十一月二十三日，詔：「私販川茶已過抵接順蕃處州縣，於順蕃界首及相去僞界十里内捉獲，犯人並從軍法。若入抵接順蕃處州縣界、未至順蕃界首捉獲者，減一等。許人捕，所販物貨並給充賞。如物貨不及一千貫，即依紹興五年十月三日已降指揮支給賞錢。其經由透漏州縣，當職官吏、公人、兵級並合減犯人罪一等。」

九年八月二十六日，宰執進呈户部員外郎孫邦奏：

[一] 原題作「茶法雜録下」，因下卷亦爲「茶法雜録」，今改「下」爲「二」。參見下卷卷首校記。
[二] 敗：原作「販」，據《補編》頁七〇四改。
[三] 亭：原作「停」，據《補編》頁七〇四改。
[四] 此下原有「從之」二字，據文意删。

「私酤條已免拆屋，私茶鹽尚有籍没法，亦乞蠲除。」上曰：「法若果弊，固不可不亟改。若行之已久，無甚大害，且循祖宗之舊可也。」

十二年四月二十八日，户部言：「據浙東提舉茶鹽司具到本路州縣紹興十年一全年批發住賣茶增虧數目，并合賞罰當職官名銜，申乞取旨賞罰施行。」詔最增去處，當職官與陞一年名次；最虧去處，當職官各降一年名次。

五月八日，刑部言：「湖北提舉茶鹽賈思誠劄子：『檢準紹興十年六月十九日敕節文：刑部看詳茶園户有違犯條禁依法合追賞者，如係二罪已上俱發，只從重賞追理。本司看詳，犯茶人情犯不一，假令初一日甲使乙擔私茶二十斤往州西販賣，初二日甲又使丙擔私茶五十斤往州東販賣。未賣過間，初三日，州西者爲弓手捉獲，州東者爲土軍捉獲，同日到官，即是二罪俱發。州東者爲重罪，若只據 4 五十斤追賞，未審弓手合與不合與土軍均給賞錢，亦未審販茶客人二罪俱發，合與不合從重追賞。』」下大理寺看詳。據本寺衆官參酌前項事理，緣依律，二罪以上俱發，以重者論；既斷罪從重，其賞亦合從所得重罪追理。若逐項告獲同日到官，難以止給告獲重罪之人，即欲乞比附『應賞而係二人以上者分受，功力不等者量輕重給之』條法施行。其茶園户犯私茶二罪以上俱發，亦合從重追賞。本部尋行下都茶場去後，今據本場申：切慮追賞數輕，少肯告捕，使冒法規利之徒得以爲姦，侵害客販，有虧課入。今欲乞下法寺重別擬定立法施行。據本寺重別參詳上件因依，不須立法外，其私茶公事各被逐地分人告獲，同日到官，合行各追賞錢。如係一名或二人以上共告獲者，即合依紹興十年六月十九日指揮，從一重追賞，内二人以上均給施行。所有販茶客人二罪俱發，亦遵依今來所降指揮施行。」從之。

六月二十七日，户部言：「契勘福建臘茶長引，依法許販往産茶路分并淮南、京西等路州軍貨賣。緣淮南等路已置榷場，給降臘茶前去充本，折博支用，切慮客人冒法，私相交易。欲乞將福建臘茶長引並不許販往淮南、京西等路，止於江南州軍貨賣，仍令沿江州軍常切檢察施行。」從之。

九月十三日，赦：「潭州合起紹興六年至八年分拖欠大方茶價錢，昨已令放免一半〔一〕，其餘一半分限三年帶 5 發；及九年、十年分合起錢，已令限一年作兩次起發。可並與放免。其紹興十一年分未起數，令限一年作兩次起發。」

二十三日，户部言：「據行在都茶場申：勘會客販諸路草、末茶，在法並有限定許販斤重，惟福建路臘茶即與諸路草、末茶大段不同。訪聞冒法射利之徒，多與山場園户私相計合，將上等高品茶貨却作下等(細)〔紐〕計批引，請囑合同場公吏通同作弊，以至經由海道，抵冒法禁，理合隨宜

〔一〕半：原作「年」，據文意改。

措置。今條具下項：一、今措置福建園户等處臘茶，自今降指揮到日，不許與客人私下交易；如違，依臘茶法斷罪追賞。並仰將所造銙〔一〕、截、片、鋌臘茶，不以等第高下、價例多少，並中賣入官。仍令提舉官於逐州軍量度産茶遠近，置買納茶場，將山場見賣價上增搭五分，於當日支還價錢收買，謂如每斤十貫，增添五貫作十五貫之類。以示優潤園户。其買到銙〔二〕、截子逐色臘茶，令提舉官計置起發，赴行在送納。其買納茶場買到逐等片、鋌臘茶，仰本場於元買價上增搭三倍，謂如每斤一貫，增搭園户買價五百文，於通計一貫五百文上更增三倍，作六貫之類。以逐等片、鋌茶品搭打套，逐時往合同場，令客人請買，依新法鈔引納錢請買興販施行。一、諸路州、縣、鎮、寨等處應客人及鋪户見在已、未開拆，并未到住賣處臘茶，不以成引不成引之數，並限今來指揮到日住行貨賣，州委主管官，縣、鎮等處委令丞或巡尉，日下分頭躬親詣停塌店鋪等處，盡數抄劄，并引拘 6 收入官，依市價用官錢支還價錢，許於經總制錢內取撥。一、契勘客販臘茶，輒裝上海船，經由海道，雖已承指揮，依紹興五年正月二十七日指揮：販物人并船主、稍工並皆處斬；水手、火兒各流三千里，皆刺配千里外州軍牢城；元保人各徒三年，分送五百里外州軍編管。訪聞日來尚有不畏法禁規利之徒，依前般載臘茶經由海道販賣。蓋緣州縣當職官吏坐視，全不用意禁戢，是致客販違法公行。今檢準紹興七年四月二十九日指揮：客人乘海船興販牛皮筋角等貨賣，仰沿海州軍嚴切禁止，仍仰帥、憲司常切措置覺察〔三〕。其經由透漏并元裝發州縣知、通、令、各當職官吏，並按劾以聞，依已降指揮並流三千里，各不以去官、赦降原減。欲乞今後當職官透漏客販臘茶經由海道，並依前項紹興七年四月二十九日指揮施行。」詔並依，內福建仍委程邁與韋壽成同共措置。

二十八日，詔：「福建路轉運司將逐年供進京鋌茶料製造作大龍餅子，依數如法封角，依大龍茶題寫，充國信使用，令別作一項差人投進。」

十一月十日，臨安府通判呂斌言：「切見朝廷措畫茶法，就行在置局。今欲乞朝廷相度，將福建路茶事司依舊移歸建州專一主管，每歲買發臘茶。」從之。

十二月十二日，户部勘會：「臘茶係貴細，品色最高，客人興販利厚，若不措置，切恐冒法私販。今相度，如客人願販銙、截、片、鋌臘茶套過淮南、7 京路近裏州軍等處貨賣，銙、截臘茶二十五貫套更貼納錢一十五貫文，五十貫套更貼納錢三十貫文；片、鋌臘茶二十二貫套，更貼納錢一十五貫文。如不曾貼納引錢，擅自過逐路及沿邊州軍販賣

〔一〕銙：《宋史》卷一八四《食貨志》下六、《補編》頁七〇五作「胯」，二字通用。
〔二〕天頭原批：「銙」一作「胯」。以下「銙」字皆同，不復出校。又按，自此以下至食貨三一之二一天頭原批所稱「一作」，乃指《補編》頁七〇四至七一三複文。
〔三〕天頭原批：「帥」一作「師」。

者，並依私臘茶法罪賞，許諸色人告捉。下經由州縣失覺察，當職官依違戾茶法，各徒二年，並不以去官、赦降原減。户部續承指揮，編打一十二貫五百文錡，截茶小套，乞貼納錢七貫五百文〔一〕，於前後指揮别無違礙。」從之。

十三年二月三日，户部言：「湖北路提舉茶鹽司申：『爲沿路鋪兵盜採生茶，私自蒸造，與過往兵級公然交易，乞依監司兵級指揮施行。內鋪兵依園户法，候斷訖移送本路不産茶重難鋪分，節級降充長行，長行降所至處下名收管。』據都茶場申，契勘在法即無鋪兵盜採茶貨賣與過往軍兵專一斷罪明文。今勘當，欲依本司所乞事理施行。內鋪兵盜採生茶所爲重者，自從重。諸路依此。」從之。

十七日，户部言：「知楚州紀交申，爲客茶改指(盱眙)〔盱眙〕軍，恐客人已過楚州，未到(盱眙)〔盱眙〕，沿淮近岸冒法私渡，乞降關子數萬貫充盡數拘買客人茶引之直，將指(盱眙)〔盱眙〕軍茶貨依本軍榷場博易，或用錢、關子盡數對買等事。據都茶場申，看詳本官所乞，若令本州拘買客販茶貨，有礙成法外，今相度，欲乞應客人販茶，若往(盱眙)〔盱眙〕軍住賣，並仰楚州主管茶事官即時開具茶引斤重、客人姓名、引料字號，入急遞關報本軍及沿淮官司遞相覺察。若(盱眙)〔盱眙〕軍住賣，仍仰本軍先次置籍抄上，8 候到銷籍；若約程不到，即行根究施行。兼恐楚州住賣茶貨〔二〕，以出城貨賣爲名，因而冒法私渡，仍乞下本路提舉茶事官嚴行約束沿淮巡鋪官司常切禁戢，毋令透漏。」從之。

三月二十三日，户部言：「據都茶場申，今依應立定住賣批發茶最增虧去處賞罰下項：最增一分以上，減一季磨勘；三分以上，減半年磨勘；五分以上，減一年磨勘；七分以上，減一年半磨勘；八分以上，減二年磨勘；一倍以上，減二年半磨勘。最虧一分以上，展一季磨勘；三分以上，展半年磨勘；五分以上，展一年磨勘；七分以上，展一年半磨勘；八分以上，展二年磨勘；一倍以上，展二年半磨勘。內選人降一資〔三〕。餘依見行條法。本部尋送檢法案參詳及司勳、刑部審復訖。」從之。

閏四月二十四日，臣寮言：「竊見創置茶司，降付本錢榷買，見今中納數目百未及一，已見買納不行，暗失去遞年引錢一百餘萬貫文。欲望量增引錢，仍舊且許客販。」户部看詳：「欲依所乞。福建州軍買納茶場，自今降指揮到日住罷收買，並許客人依舊法赴都茶場買引，前去本路所指州軍合同場勘合文引，下場與園户私下交易，依引內訴販斤重買茶〔四〕，赴官秤製，批發興販施行。其餘事件，並依自來條例。」從之。

七月十八日，提舉湖北茶鹽司言：「檢准紹興八年十

〔一〕天頭原批：「乞」一作「已」。
〔二〕住：原作「往」，據文意改。
〔三〕人：原作「一人」，據《補編》頁七〇七删。
〔四〕訴：疑當作「所」。

一月三日勅節文：犯私鹽人除流配自依本法外，徒以下並令示衆五日；遇寒暑，依本法。契勘本路係産茶 9 地分，緣茶、鹽事屬一體，所有犯茶人欲依犯鹽人已得指揮。」從之。

十四年三月十九日，户部言：「兩浙西路提舉茶鹽司申，客販茶經由州軍縣鎮，税務及住賣官司不切點檢覺察，雖批鑿文引，官員不行印押，並乞依客販鹽從杖一百科罪。本部欲依所申事理施行，諸路準此。」從之。

二十六日，户部言：「據淮南東路提舉茶鹽司申，客販茶所以冒法私渡淮河，一則獲利至優，二則避免榷場貼納官錢。今措置，欲將元指淮東住賣茶，水路不許過揚州高郵縣，願往楚州及(旴眙)〔盱眙〕軍界者，即於高郵縣先往榷茶場貼納鈔引等錢，如願往榷場折博，依先降指揮，更收逐等翻引錢一倍。若由陸路，止許到天長縣住賣。如願往(旴眙)〔盱眙〕軍榷場折博茶貨，令天長縣並依高郵縣納逐等錢數。如獲到私渡茶貨，欲乞比附紹興格獲私茶以一斤比二斤推賞〔一〕。」從之。

十五年九月二日，提舉浙西茶鹽鄭僑年申：「勘會已降指揮，諸州監門官檢察獲到私鹽及有透漏，並依《巡尉格法》賞罰，所有客販私茶，乞依鹽事已得指揮施行。」詔依，其餘産茶路分准此。

二十三日，詔：「漢州什邡縣楊村鎮〔二〕、彭州濛陽縣堋口鎮合同茶場歲收息錢〔三〕，以紹興十二年所入之數爲額。」從都大提舉茶馬司請也。

二十一年七月十九日，宰執進呈勅令所編類茶、鹽法成書，欲擇日投進。上曰：「今茶、鹽法已定，令久遠遵守，往時隨事變更，雖可趣辦目前，日後入納稀少，10 却非善計。」

八月四日，宰臣秦檜等奏言：「臣等今將元豐江、湖、淮、浙路鹽勅令格并元豐四年七月二十三日後來至紹興十年三月七日以前應干茶鹽見行條法并續降指揮，逐一看詳，分門編類到《鹽法》、《茶法》各一部，内《鹽法勅》一卷，《令》一卷，《格》一卷，《式》一卷，《目録》一卷，《續降指揮》一百三十卷，《目録》二十卷，共一百五十五卷，合爲一部。《茶法勅令格式》并《目録》共一卷，《續降指揮》八十八卷，《目録》一十五卷，共一百四卷，合爲一部，并《修書指揮》一卷。以上茶、鹽二書共二百六十卷，作二百六十册，乞下本所雕印頒行。内鹽法冠以《紹興編類江湖淮浙京西路鹽法》爲名，茶法冠以《紹興編類江湖淮浙福建廣南京西路茶法》爲名。所有事屬一司、一路、一州、一縣等條法指揮，不係今來編類者，自合依舊遵守。」上曰：「茶、鹽前後指揮條目繁多，今編類成書，纖悉具載，若能遵守，永遠之利也。」

〔一〕格：原稿先作「格」，後涂去作「路」。按作「格」是，今回改。
〔二〕楊村鎮：原脱，據《補編》頁七〇七補。
〔三〕場：原重此字，據《補編》頁七〇七删。

先是八年七月七日，樞密院計議官陳康伯言：「臣竊惟茶、鹽成法，纖悉備具，載之簡策，布在有司。然閱時既久，續降益多，或臣僚因事而建明，或朝廷相時而增損，前後重複，科目實繁。昨者雖降旨取索編類，未見施行。伏望委官審訂，勒成一書，鏤板行下，使諸郡邑有所遵承，或無抵牾。」至是始成書。

二十五年九月十七日，宰執進呈次，因論前日臣僚建言：「欲於産茶地分就差官置場收買，庶免私販之患。」上問：「今天下一歲茶利入幾[11]何？」秦檜奏曰：「都茶場等三處共得賣茶鈔錢二百七十餘萬緡〔一〕。」上曰：「比承平時少陝西諸路，故其數止此。」

二十六年六月五日，祕書省正字張震〔言〕：「臣伏見四川産茶，内以給公上，外以羈諸戎，國之所資，民恃爲命。異時所在茶場每貨茶百斤以上，必有所增予，謂之加饒，所以優商，官自捐之，民則無與。自都大韓球行刻剥之政，希增羡之課，於是始取償於民，盡舉所捐，增爲正額，或一場至三二十萬。茶既不足，則併採薪芽，來年轉荒，舊産愈負。自此以來，額未嘗足，民日破貧，甚者流亡，無所告訴。且民者茶之所自出，商者茶之所自行，優商而困民，是浚其流而竭其源也。又民知輸官不補所得，於是彊悍之民起爲私販，姦猾之家聚爲淵藪，以爲苟保於朝暮，孰與坐待於死亡！其弊若斯，將損國計。陛下聖恩寬大，而下吏弗能究宣，其將何以稱盛德！臣願陛下特降睿旨行下四川茶馬司，將韓球以前茶額比今所取裁酌施行，庶幾民力稍可復舊，上以彰陛下仁愛之澤，下以爲四川根本之計，不勝幸甚！」從之。

二十七年六月二十六日，尚書省言：「告捕私茶鹽雖有賞格，若不增重，無以激勸，兼次第保明，多有阻滯。」詔：「今後命官捕獲私茶鹽，依賞格各遞增一等，諸色人賞錢各增五分。應合得賞人，茶鹽司限三日勘驗，保明申奏，賞錢限當日支給。」

二十八年七月十二日，知復州何棐言：「臣切見荆湖北路所賣茶[12]引歲有常額，若逐州只依遞年之數分認發賣，其間却有人煙户口繁庶去處食茶甚衆，年額不多，是致小商私行販賣，以規其利。兼有人煙户口未及前時，而引數頗多，科及保正，甚者不問貧富，以丁口一例科抑。」詔下荆湖北路提舉茶事司，將給降去茶引參酌一路州郡人户多寡，通融措置，招誘客旅從便請買，即不得違法抑勒，科擾人户。

十月七日，刑部言：「江東茶鹽司申：『冒法之人請買茶引，般販茶貨，經由渡口，載往淮南私拆散賣，却收執元引曆面過江，私織籠篰，重疊影販私茶。乞今後客販淮南長引茶，令秤發官司先取問客人所指住賣州縣，於引背批鑿經由場務及添入合過沿江官渡，仰買撲渡人照引書鑿經

〔一〕天頭原批：「『緡』一作『貫』。」

由渡口、月日、姓名押字，即時放行。如渡口買撲人受倖，不行批引，縱放私茶，乞與正犯茶人一等科罪。』本部契勘諸監臨主司受財枉法與不枉法，税務故縱榷貨，及堰閘應搜檢人故縱，各有立定條法。今來申請沿江渡口買撲之人受倖，不行批引，縱放私茶，欲依堰閘故縱榷貨減犯人二等斷遣；如受財重者，即係有事在手爲監臨，合依監臨之例。若因而無故留難邀阻，自依本法斷罪施行。」從之。

三十年二月五日，都大茶馬司言：「夔州路所産茶，祖宗舊法未嘗禁榷，政和後來，主管茶馬官累次申乞賣引〔一〕，皆以民夷不便，不曾施行。止緣都大提舉官符行中約束夔茶，不【13】許販入潼川府路，後於紹興二十三年内據達州申〔二〕，乞收納客人關子錢數，通放入果〔三〕、渠等州變賣。本司遂申明朝廷，於潼川府路果、合、渠等州，廣安軍管下與夔路接界縣分置合同場賣引，於紹興二十四年内起置。後於紹興二十七年十一月内，准行在都茶場牒，坐知忠州董時敏奏條具便民事件，内一項乞將本州管下龍渠縣所産茶，依祖宗舊法免行禁榷，牒本司依條施行。是時都大提舉官許尹到任之初，未詳曲折，遂以置場累年，漸成倫緒，回申户部。後來許尹在官則久，究見禁榷以來商旅不通，委於民夷不便，遂於紹興二十八年十一月内具申尚書省，乞將夔路茶住罷禁榷。後準户部符，止依已降指揮施行。本司今再行詢究，夔路茶味（若）〔苦〕價低，不比（州）〔他〕路茶貨。檢照得先據達州申：本州東鄉縣出産散茶并餅團茶，自來客人止販餅團茶，每團二十五斤，茶價每斤一百二十文，計三貫文。販致渠州，沿路脚税三貫五十文，及買關引錢二貫五百文，共八貫五百五十文。到渠州約度中價，止賣得六貫五百文。自此客旅不來興販。本司今紐筭客販夔茶一百斤，共三十四貫二百文，止賣得價錢二十六貫文。緣客販川茶内中、次等每一百斤約用買茶本錢及脚税并買官引錢不過四十道，約度賣得五十道，其夔茶見今與川茶一等收納引錢一十道。如此，灼見夔茶難以乘載引息〔四〕，客人【14】興販不行。一〔五〕、切見夔茶自熙豐立法之後，並不禁榷。始自紹興二十四年内創於夔州路接界縣分置場買引，後來每年所收引錢不過七八千貫。今將渠〔六〕、合州管下合同場紹興二十八年一全年所賣茶數計筭，共賣過五萬餘斤，所收引錢止計五千餘貫，比之日前，愈更數少，却於逐州軍所收省額税錢虧損不少，恐非經久可行。欲望將夔路茶住罷禁榷，遵依祖宗舊法施行，委爲一方經

〔一〕天頭原批：「『官』一作『司』。」

〔二〕達州：原作「逵州」，據下文有「本州東鄉縣」之語，東鄉縣屬達州，知「逵」爲「達」之誤，因改。下文同。

〔三〕天頭原批：「『通』一作『並』。」

〔四〕天頭原批：「『乘』一作『勝』。」

〔五〕「一」字或爲衍文。

〔六〕渠：原作「夔」，據《補編》頁七〇九改。按上文云合同場置於「果、合、渠等州、廣安軍管下與夔路接界縣分」，則知不當作「夔」。

久利便。」本部欲依所申事理施行〔一〕，從之。

三月一日，行在榷貨務都茶場言：「準紹興六年八月二日指揮，每年茶、鹽等錢收及一千三百萬貫，官吏推賞。今來逐務場自紹興二十九年正月四日至今年正月三日終，計收到茶、鹽、乳香等錢二千四百一十萬八千三百九貫六百二十六文〔二〕，内除閏月收到錢二百二萬三千二百五貫二百三十文外，計收趁到錢二千二百五萬五千一百四十貫二百九十文〔三〕。」詔依所降指揮推賞。

三十一年四月七日，臣寮言：「邵武軍管下四縣，有産茶價錢，歲納之數通不及一千七百緡。昨行經界日，應鄉民植茶雖止一二株，盡籍定爲茶園，敷納價錢，無慮數千户。後雖荒廢，無復存者，所科錢依舊輸納入〔四〕。官司以有名額，不敢住催，而逐年催到之數，常不及十之五六。臣恭聞仁宗皇帝時，趙抃爲嚴守，民籍有茶税而無茶者，抃爲奏蠲之，民至今受賜。乞下有司究實，盡行蠲免。」詔令户
15
部看詳。

九月二日，赦：「勘會四川茶額已行減定，訪聞茶、鹽場只於大額内自減應副不及之數，其中、下等園户並不與減損虚額，致山民依前困苦，未稱寬恤之意。可令茶馬司取見詣實〔五〕，將虚額與中、下等園户裁減。如違，許園户越訴。」以上《中興會要》。

紹興三十二年孝宗即位未改元。八月二十三日，中書門下言：「自今應有犯販私茶鹽，仰官司依法根治，不得信憑供指，妄有追呼。違者，許被擾之家越訴，承勘官吏當重置于法。」從之。

孝宗隆興元年四月六日，上封事者言：「建州北苑焙所産臘茶，每歲漕司費錢四五萬緡，役夫一千餘人，往往以進貢爲名，過數製造，顯是違法。」詔福建轉運司常切覺察，仍具每年造茶的實合用錢數聞奏。

二十二日，詔：「今後捉到私茶，依龍安縣園户犯私茶體例，及十斤以上，將户下茶園估價，召人承買，將五分收没入官，五分支還犯人填價。」從都大主管成都府利州等路茶事續觱請也〔六〕。

八月二十七日，詔四川都大提舉茶馬司：「茶場趁辦息錢，如收及新額，從本司保明，將監官與減一年磨勘，主管官減半，自隆興元年爲始。」從本司請也。

二年七月二十二日，臣寮言：「自來茶、鹽同法，於請納外隨其所指，並不收税。近日客人販茶過淮，遂開收税之例。謂如(盱眙)〔盱眙〕軍一處茶到本軍，每引税錢十貫，

〔一〕「本部」蓋指户部，都大茶馬司之奏爲户部進呈。《宋會要》之文時或節略過甚，以致交代不清。
〔二〕二千：天頭原批：「『二』一作『三』。」
〔三〕二百五：天頭原批：「『二』一作『一』。」
〔四〕「入」下疑脱「官」字。
〔五〕詣：原作「指」，據《補編》頁七一〇改。
〔六〕續：原作「績」，據《建炎要録》卷二〇〇及本書食貨三一之一九改。

方許過淮，後來更於十貫上添收七貫，並無分文歸朝廷。乞行拘收。」詔令淮東西宣諭司同逐路16提舉茶鹽司措置。於是淮東宣諭使錢端禮言：「契勘得客販長引，先降指揮，水路不許過高郵縣，陸路不得過天長縣。如願往楚州及(旴眙)〔盱眙〕軍界住賣，每二十三貫并二十六貫引各貼納翻引錢十貫五百，批引前去。如到楚州、(旴眙)〔盱眙〕軍翻改，欲淮北州縣每引更貼納錢十貫五百文，(旴眙)〔盱眙〕軍每引收回貨税錢二貫。所收回貨税錢，即非朝廷指揮，欲行住罷。所有客人販茶水路欲過高郵縣、陸路欲過天長縣，及批改至鹽城縣并滁州等處茶引合收錢，及從提舉司行下逐處，令項椿管〔一〕，每季申提舉茶鹽司檢察。仍委淮東總領所專一稽考。」到日〔二〕，(旴眙)〔盱眙〕軍胡堅常又言：「客人販茶，水路欲過，所納官錢已是太重，所有本軍税錢委是重疊，乞免行收納。」並從之。

十月八日，江淮都督府准備差遣李椿言〔三〕：「静江府修仁縣及鬱林州兩處産茶，其味如藥，茶價不及買引之數，無人筭請。乞聽人户從便興販出賣，經由州縣，每百斤收税錢二百文。」詔依，仍令廣西轉運司將先降去茶引依見行條法指揮，依舊招誘客人筭請興販。

乾道元年正月十九日，詔：「茶長引依紹興三十一年體例，限半年權於短引地分住賣。下提舉茶事司，令逐州軍主管拘收長引毀抹，令客人指定住賣州縣，給公據前去。其約束程限等，並依見行條法，仍關報沿路及住賣官司檢察放行。拘到茶引，依條發赴所屬收管。」

三月二十三日，淮南東17路兵馬都監張藻言：「乞降茶鈔四千引，爲錢三萬六千貫，下出産茶處，委官裝發赴(旴眙)〔盱眙〕軍過界出賣，可準得銀四千錠，以助歲計。」從之。後藻措置，無折博到銀數，徒(防)〔妨〕商販，有旨降三官放罷，所有隆興府、江州已發到博易茶，令淮東路茶鹽司拘收變賣。

十月十三日，湖南提舉茶鹽司言：「本路批發住賣茶鹽，取紹興七年之數立爲定額，比較增虧。今乞將重額諸州與減十分之二。」户部言：「立額比較，並是違法。」詔本司將違法立額事日下改正，以本年實收到數與遞年比較，取一路州數最增〔四〕、最虧數一處供申。

(三)〔二〕年三月二十五日〔五〕，户部侍郎李若川言：「客販草、末茶小引，元指淮南近裏州軍住賣，却願改沿淮州軍住賣者，每引納翻引錢十貫五百文；改榷場折博者，每引再納翻引錢十貫五百文，其引榷場又合納通貨牙息錢十一貫五百。今聞客人規避，多私渡淮，不唯走失翻引錢，又失榷場所收之數。欲乞將兩淮州軍住賣茶引，並就買引

〔一〕天頭原批：「『項』一作『須』。」按作「項」是。
〔二〕到：疑當作「同」。
〔三〕椿：原作「樁」，據《宋史》卷三八九《李椿傳》改。
〔四〕州數：疑當作「州縣」。
〔五〕二年：原作「三年」，據下文「三年十二月十二日」條改。

處，每引只貼納翻引錢十五貫五百，許從便住賣及榷場折博。大引隨（貫）〔慣〕例紐納。所有通貨牙息錢依舊，餘依見行條法指揮。」從之。

七月八日，户部侍郎方滋等言〔一〕：「自南北通和之後，茶引錢理合增羨。今三都茶場合賣茶引，愈更虧少，私賣盜販，侵奪國課。有新授舒州通判胡儔屢條陳茶利，未經試用。今欲乞專委胡儔帶行新任，支破請給、人從，理爲在任月日，[18]躬親前去江西産茶州縣，與守令及主管官同共措置，革去舊弊。向去增羨，乞將胡儔陞擢，以爲激勸。」詔胡儔特改添差通判隆興府，仍釐務。

十月三十日，四川茶馬司言：「已立罪賞，禁販茶子入蕃。近有姦猾之人，却將已成茶苗公然博買入蕃，乞依茶子罪賞指揮。」户部言：「紹興十二年十一月二十五日指揮：園户收到茶子，如輒敢販賣與諸色人，致博賣入蕃，及買之者並流三千里，其停藏、負載之人各徒三年，分送五百里外，並不以赦降原免。許諸色人告捉，每名賞錢五百貫，内茶園户仍將茶園籍没入官。州縣失覺察，當職官並徒二年科罪。今茶苗比之茶子，爲害尤重，乞依本司所請。」從之。

二年二月三日〔二〕，臣僚言：「川、秦茶馬兩司自紹興十九年至三十二年，官司積欠總計六十六萬四千九百餘貫，並係無可陪填。乞將紹興三十二年前應有欠負茶馬司錢物，並與除放。」從之。

三年十二月十二日，行在都茶場言：「准乾道二年三月二十五日指揮：應指兩淮州縣住賣者〔三〕，並就買引去處貼納飜引錢十貫五百，許從便住賣及榷場折博。近來不住據所屬申明，客人於指揮之前已買引，乞依舊法，免貼納翻引錢。」詔將乾道二年以前請買到茶引未曾起茶，並就起茶去處貼納飜引錢訖，批上文引，方許批發放行。八年五月二十三日詔〔四〕：「行在、建康、鎮江府都茶場并應賣茶引官司，客旅筭請長引，截自今指揮到日筭請長引，每引止貼納飜引錢七貫，若[19]再改往榷場折博，止納通貨牙息錢八貫，其餘錢數，與行免納。」

四年九月十二日，詔淮東提舉茶鹽公事俞召虎特轉一官，幹辦公事蔣志祖減三年磨勘。以乾道三年分住賣茶鹽增羨故也。

五年二月二日，詔：「今後四川茶園户私販茶，並依舊法，其隆興元年四月二十二日續鬻申請指揮更不施行。」以臣寮言：「切詳茶馬司前官續鬻申請，止謂禁絶園户不得賣與私販之人，虧損官課。今來園户般茶赴場批賣，或有

〔一〕按，據本書職官七一之一六，乾道二年七月二十五日，户部侍郎方滋放罷，知此條及下條亦爲二年事。
〔二〕按此條年月與上文次序不合，「二年」疑是「三年」之誤。
〔三〕淮：原作「浙」，據上文「二年三月二十五日」條改。
〔四〕按，此詔乃因楊倓等奏而降，楊倓等奏後文自有一條。此處録此詔，乃因三年十二月十二日都茶場奏而連帶叙事，並非單獨一條。

批曆違限，或有曆不隨茶，或有借曆批賣，或有茶數與曆內不同，或有茶貨不般赴場，或有栽種茶窠未曾自請團結〔一〕，或有般茶赴場無官給封，凡此等類，州縣一例拘沒茶園，是致山谷窮民，破家失業。」故有是命。

六年三月一日，詔：「將三榷貨務都茶場收到茶鹽等錢，各行立定歲額，行在務場八百萬貫，建康務場一千二百萬貫，鎮江務場四百萬貫。如收趁及額，方得依例推賞。」

四月二十四日，戶部侍郎、江浙荆湖淮廣福建等路都大發運使史正志言：「訪聞販茶客人避納飜引錢，往往私販過淮折博，暗失課入。今措置，其短引茶並依舊令客旅於江南任便興販。所有過江長引，並從禁戢。乞許本司於江西積壓未賣茶引內支請買茶，於淮南、京西榷場折博。其客人已買過長引，將納過引價并貼納飜引錢紐計，於見賣茶引去處貼換短引。」從之。

五月二十七日，詔：「筠州茶額與三分中[20]減免一分，立爲定額。」從知筠州曾遜請也。

六月十八日，戶部侍郎、發運使史正志言：「淮南、京西州軍係住賣長引茶貨地分，近承指揮，令臣與張松措置禁戢私販茶貨，不得過大江。今照得湖北路係短引地分，其漢陽、信陽軍、復州等處，並在江北，連接淮西、京西榷場路分。乞下所屬契勘，如逐州軍未曾改作長引，理合一體。」從之。

七月二十五日，史正志言：「本司買茶一千六百餘引，見過兩淮折博，而兩淮總領所歲費長引過江飜引錢約一百餘萬貫，顯是相妨。切緣本司累月禁戢私販，絕無透漏，是致淮上茶價踴貴，每引可得息錢十五千以上。已同總、漕兩司共議，今年且乞與商販並行，其江西見今有未曾過江茶貨尚多，欲每引量收息錢十千，賣與客人前去。」從之。其後七年四月二十三日，大理正、兼權度支郎官單夔言：「今來發運司已行住罷，所有長引茶貨合依舊法，許客旅興販，其發運司每引收息錢十貫。本司既不興販茶貨，自不令收納。欲下諸路提舉茶事司行下所部州縣遵守，無致阻滯商販。」從之。

十二月九日，詔：「榷貨務都茶場收召茶額、鹽錢增羨，應合推賞去處官吏等，照應年例格法推賞。如或虧欠，比附責罰。」

七年二月十四日〔二〕，册命皇太子赦：「應民間舊欠茶、鹽錢，有元係祖來身分少欠，至孫及曾孫尚行監繫償還，實可矜憫。可自乾道五年以前有似此之人，官司審實，並與除[21]放。」九年十一月九日，南郊赦：「民間舊欠茶、鹽錢，將乾道五年終並與審實除放。尚慮州縣奉行不虔，失寬恤之意，仰提舉茶鹽官檢察，開具已放過名件申奏。或有違戾，許監繫家屬詣臺省越訴。」

〔一〕天頭原批：「『請』一作『陳』。」
〔二〕按，據《宋史》卷三四《孝宗紀》二，册命皇太子赦在二月八日癸丑。

十二月二十五日，詔：「福建路銙、截、片、鋌茶，昨來並係一十六兩爲一斤，每斤收錢一文。今以鄉原斤重，銙、截茶係五十兩爲一斤，片、鋌茶係一百兩爲一斤，每斤增收五文。」從福建計度轉運副使沈樞請也〔一〕。

八年五月二十三日，龍圖閣待制、兼權户部侍郎楊倓等言：「客販長引茶貨，内草茶每引并頭子等錢共納二十四貫四百八十四文，末茶每引并頭子等錢共納二十七貫六百七十七文，短引並頭子等錢止共納二十三貫四百有奇。其長引依法指往兩淮、京西路州軍住賣，比之短引價高。又每引就買引官司貼納飜引錢十貫五百，若再往榷場折博，又於榷場納通貨牙息錢十一貫八百。切詳貼納兩項大段數多，致客旅避免，多是收買短引，影帶私賣長引，因此積壓國課。乞自今降指揮下日，以筭請長引每引止貼納翻引錢七貫，若再改往榷場折博，止納通貨牙息錢八貫，其餘錢數，與行免納。」從之。

十二月二十九日，詔：「自來年正月一日爲始，將行在務場筭請茶鹽，六分輕齎内須管用二分銀入納。鎮江、建康務場依此。」從户部侍郎楊倓請也。以上《乾道會要》。（以上《永樂大典》卷五七八五）

【宋會要】

[22] 淳熙元年正月二十七日，湖廣總領所言：「今年歲計茶引數，内江西長引一十五萬貫，乞改給湖南草茶長引二萬貫，其餘一十三萬貫依乾道八年、九年例盡行换給短引，降付本所品搭變賣轉，應接大軍支遣。」户部勘當：「江西短引係行在指擬給賣之數，若盡行换給，有妨行在支遣；若不量行换給，恐本處却致妨闕。乞將已降江西茶長引一十五萬貫改降湖南草茶長引五萬貫，江西短引一十萬貫。」從之。

二月十四日，詔：「自今建康務場歲終收趁茶、鹽等錢及額，總領與比附左右司減半推賞。」

二年五月二十七日，詔户部：「將江西、湖南北長、短茶引各權以一半，依每引元立斤重錢數，分作四貫小引印造給降。其翻引、貼納等錢，隨小引紐計送納，不得增減。」

六月十六日，行在榷貨務都茶場言：「準乾道六年四月二十七日指揮，住給鎮江入納免税公據，遂致務場入納稀少。」左右司看詳：「乞自今客鋪將鈔引在臨安府變賣到銀兩，許召在城産税及店業有行止人二名委保，經提領務場所陳狀，行下務場勘驗詣實，以《千字文》爲號注籍，用大字填實日，給據付客人，給由場務即時照驗，批鑿通放，限十日至鎮江務場入納。自給據日，令務場排日三次，其字號、月日、姓名牒報鎮江務場，候[23]到，即時拘收公據毁抹訖，次日繳赴行在務場照應銷籍。仍每旬開具違限不到公據申提領所行下，追元保人根究斷罪，追收經過合納税錢。

〔一〕副使：原作「使副」，據《宋史》卷一七六《食貨志》上四乙。

如務場不填實日，亦重作施行。若有乞取阻抑，許(容)〔客〕人經朝廷赴訴。」從之。

同日，詔：「今歲合降湖廣總領所江州長引，並改降短引，其價錢理充行在都茶場給賣之數。」以都茶場言：「湖廣總領所江州通判廳自來以長、短引品搭，近緣出賣不行，給換江西路短引，其短引係是都茶場合賣之數，恐侵損課入。」故有是命。

八月十三日，湖廣總領劉邦翰言：「給降到短引三十萬貫付本所變轉，充閏月支用，於本所委是快便。其間亦有客旅陳乞，願買湖南北快便州軍長引之人。今欲於合降本所歲計短引三十萬貫外，更行印降湖南、北近便州軍長引一十萬貫，下本所發賣，將所賣錢、會子别項樁管，聽候朝廷科使。」詔從之，仍令將賣到長引價錢發赴鄂州，别項樁管。

三年二月十三日，湖廣總領所言：「承給到淳熙三年歲計茶引七十五萬二千餘貫，又給降長引三十萬貫，委是數多，必致積壓。乞將江西路草茶長大小引一十萬貫并江西州軍長短小引二十萬貫，並行換給江西路二十二貫例茶短引。」從之。

十八日，詔：「自今州縣不依條限拘繳茶、鹽引，從本路提舉司檢察，並依奉行茶鹽法違戾徒二年斷罪。其比較增虧賞罰，亦依紹興二十八年十月四日[24]指揮，以繳到引日爲數比較。」從江東提舉司請也。

四月二十七日，詔：「交引庫印造二十二貫例茶短引七萬五千貫，付江西安撫司，二十二貫例短引三萬貫付江州通判廳，仍令逐處將已降去四貫例茶小引依數兑換，却行繳赴行在都茶場送納。其總領所既稱四貫例小引客人不願請買，如日後遇有給降到外路一半小引，更不給降。」先是，湖廣總領所乞給降江西安撫司茶引一十五萬貫，江州通判廳茶引六萬貫，内有小引數目，客人不願請買，乞行換給茶短引付逐處出賣，應副支遣。事下都茶場，指定來上，故有是詔。

四年九月二十六日，新知梁山軍錢盈言：「四川比較茶鹽增虧，乞將有餘以補虧數，不可以立爲增額。」從之。

五年正月二十九日，權户部侍郎劉邦翰言：「被旨令擬定湖廣總領所出賣茶引。今相度總司除歲計外，更可發賣茶引二三十萬貫。近準省劄，内坐到茶引一項，係朝廷發賣樁管之數。今擬定，乞日下給降江西長引五萬貫、短引二十五萬貫，品搭給賣。」詔行在務場印造，限二月上旬起發前去，仍將賣到錢别項樁管，非奉朝廷指揮，不得擅支。

二月十三日，提舉四川茶馬朱佺言：「入蕃茶大觀間歲賣二十萬斤，至乾道四年威州守臣湯尚之奏請以五十萬斤爲額。(藩)〔蕃〕戎歲市已久，比之舊法，委是數多。今若驟減其數，竊慮蕃戎觖望，事干邊防。」詔每歲以四十萬斤爲額。既而仍[25]舊放賣五十萬斤，以都(太)〔大〕茶馬司言

「威州蕃部屢以此爲辭，恐致生事」故也。

六月二十四日，四川制置使胡元質、都大提舉茶馬吳總言：「川蜀産茶，祖宗時並許通商，熙寧以後始從官榷，歲課不過四十萬。建炎軍興，改法賣引，一歲所取二百餘萬，比之熙寧，已增五倍。繼以聚斂之臣進獻羨餘，增立重額，每歲按額預俵茶引於合同場，甚者至徑將茶引分俵，以致園户困敗，産去額存。臣等申請置局，委官審實糾決。涉歷兩年，推核增虧之數，合減放虚額一百四萬三百斤，其引息、土産税錢共一十五萬二千九百九十四貫。」詔並與除放。先是，四川總領李蘩言：「茶馬司歲減馬七百疋，爲錢二十一萬，乞與茶户對減重額。」詔四川制置司同茶馬司公共相度經久有無妨闕利害以聞，至是，元質、總相度來上，故從其請。

七月七日，詔：「榷貨務都茶場印造茶小引三千道，給降湖北安撫及提舉司給賣，仍於引内令項分明開説，除合納管錢外，不得更收應干縻費。其賣到錢，並起赴湖廣總領所樁管，非奉朝廷指揮，不得擅支。」

六月六日〔一〕，福建提舉周頡言：「福建一路茶引斤重，從來舊法銙、截、片、鋌並以十六兩爲一斤。至乾道七年内措置，以販茶引錢太重，得茶數少，客旅艱於興販，遂使鄉原斤重〔二〕，銙、截茶以五十兩爲一斤，片、鋌茶以一百兩爲一斤，比之舊法，遂增數倍，可謂優潤極矣。訪聞本府合同場每 26 遇茶貨到場之時，更有額外加饒，增添斤重，委有情弊。乞下福建路提舉茶事司，仰照應前項已降指揮及長短引内合販鄉（源）〔原〕斤重秤製，即不得仍前違法過數，妄有加饒。」從之。

十年二月十五日，湖廣總領所言：「歲計錢數内貼降江西茶長引一百三十五萬餘貫，發賣不敷，虚占經常錢數。乞照九年已降指揮，給換江西短引五萬貫。」從之。

十一年七月十一日，詔：「今後應賒買客人茶，其人見有父母兄長，並要同共書押文契，即仰監勒牙保均攤償還。其餘買鹽貨之人，亦一體施行。」從新權發遣徽州石起宗請也。先是，起宗通判漳州，嘗主管常平茶事，見家人不肖子弟多爲牙保等人引誘，賒就商人買茶，以資妄用，致令父母破産償還，乞行禁約，故有是命。

十一月十八日，户部言：「湖廣總領所乞將江西路淳熙十二年本所歲計茶引二十八萬貫，盡行印給末茶長引，付逐處發賣價錢，應副大軍支遣。本部勘當，舊例係以長引五萬餘貫，其餘並係短引，緣淳熙十年分總領所乞改降長引五萬貫，共計長引一十萬九千餘貫，比之舊例，已增一倍。今照得江西路長引係行在務場指準給賣之數，若從所乞盡降長引，愈見行在務場歲額虧少。今乞照淳熙十一年已給降體例，印造江西安撫司茶長引八萬九千九十貫九百

〔一〕六月：此月分失序，疑有誤。
〔二〕鄉原：原作「鄉源」，據本卷食貨三一之二一改。

六文，短引七萬貫；江州通判廳茶長引二萬貫，短引四萬貫；江西提舉司[27]給降茶引一十五萬四千貫，内六萬一千二百餘貫應副本所支遣，照年例印造給降。」從之。

十二年六月四日，詔：「淮東總領所將未起飜引錢二十六萬八千餘貫盡數起赴封樁庫送納，日後每季依此。仍仰提領封樁庫候交收到前項錢，即報行在都茶場，理爲合收之數。」既而行在都茶場言：「鎮江務場收到客人就引貼納茶翻引錢，每歲不下十餘萬貫，依乾道三年三月内已降指揮，令赴行在都茶場交納。今照得截止淳熙十二年三月終，有未起發二十六萬八千六百四十九貫六百四十一文。乞將鎮江務場收過前項客人就引貼納翻引錢行下鎮江府照數拘收，令項樁管。令本場將鎮江務場已報到錢，理充本場所收錢數，庶得鎮江府就近可以拘催，免致積壓之弊。」故有是詔。

九月八日，四川茶馬王渥言：「本司先於淳熙六年同制置司被旨，審核川路諸處合同場茶額，其有園户困敗，産去額存，無所從出，並與裁減。數内惟名山一場實有濫增額數，比舊額計增茶七萬六千七百二十九斤十兩。原其弊端，蓋緣本司逐歲下本場預期支俵本錢，收買博馬綱馬茶二百萬斤，係以所産食茶上多寡爲則均給。其園户貪於時下得錢，多自虚認户下茶數，茶場據其所認之數附簿。發賣茶貨之際，初未及元額。當來推排官止憑買綱茶簿籍，便謂茶額有餘，額外增添。自淳熙六年至今，雖有增添之名，其到場茶粗能敷及舊額，以至積欠園户枉被督逼之苦，而監官皆[28]聞風退闕，不願赴上。臣且令本場以淳熙五年爲額，將園户累年所欠之數權行倚閣，乞將名山場所增茶七萬六千七百二十九斤十兩盡行除放，止依舊額收趁。」從之。

十一月二十二日，南郊赦：「四川茶、鹽、酒課折估虚額錢，累降指揮減免，尚慮州縣巧作緣故催理，有失寬恤之意。仰制置司、總領所、茶馬司常切覺察，如有違戾，按劾以聞。又勘會在法，違欠茶、鹽錢物，止合估欠人并牙保人物産折還，即無監繫親戚填還，及妻已改嫁，尚行追理之文。昨降指揮，令户部檢坐見行條法申嚴行下，如敢違戾，許人户越訴。勘會官司輒立茶鹽鋪〔一〕，虚給帖子，均科人户，勒令齎錢赴鋪繳納，未嘗支給茶、鹽，顯是違法科抑。仰提舉司及諸州主管官嚴行禁戢，仍許人户越訴。（會勘）〔勘會〕州縣應捉獲私茶，合解所在税務合同場估價，召人請買。訪聞場務積壓年深，以致陳損，不堪食用，多是科抑鋪户，或令欄頭認數出賣，拘收價錢。尚慮追擾監繫，可日下盡行除放。」十五年九月八日明堂赦同。

十三年八月二十三日，詔：「京西南路提舉司見賣淮鹽鈔引一萬袋，依遞年例，別給降江西茶長引一十萬貫、短引一十萬八千四百三十貫，趁時措置發賣。」以湖廣總領所

〔一〕鋪：原作「錢」，據本書食貨二八之四五、食貨三一之三一改。

言：「淮鹽鈔拘定京西界分，不許飜改别路州軍貨賣，以致遲細，妨闕支遣。」故有是命。

十四年八月十九日，詔：「行在都茶場紐計四貫例茶小短引一千五百道，下湖北 29 提舉茶鹽司，令本司將賣到鈔拘催，赴湖廣總領所送納樁管。」從茶鹽司請也。

十六年正月二十五日，詔：「江西提舉司茶引一十五萬四千貫，分上、下半年給降外，所有江西安撫司茶長引八萬九千九十貫九百文、茶短引七萬貫，江州通判廳茶長引二萬貫、茶短引四萬貫，下交引庫印造，一併給降，令趁時給賣。」從湖廣總領所請也。

紹熙元年五月十六日，榷貨務都茶場言：「湖南北、江西路皆係巨商興販，尚且給降小引，其兩浙、江東等路，多是草茶，客人販往鄉村零細貨賣，乞添印造四貫例長、短小引相兼，聽客從便請買。」既而户部言：「近添印造兩浙、江東等州軍四貫例茶長、短小引給賣，務在招引小客。今若依大引見使金銀、會子分數品搭筭請，恐小客難以變轉興販，因而積壓。欲將今來給賣小引除見使金銀、會子分數入納外，如願全使一色會子筭請者聽，庶幾客販亦得通快。」從之。

二年三月十一日，臣僚言：「京西之郡，私茶所經由處，乞嚴行禁戢，場務等官若有透漏放縱，亦得巡尉之罪。盜鑄鐵錢而於銅錢界分輒行使者，官司不行覺察，併得銅錢之罪。」從之。

二十二日，詔：「四川茶馬司禁戢所屬州縣并主管官，如不遵守條法，及與茶場干涉處多端科配騷擾，違戾去處，開具姓名申取朝廷指揮。」先是，上書者言四川茶課走失，令茶馬司措置聞奏。既而本司條具科配之弊，乞降約束故也。

五月二十 30 五日，詔：「降四貫例長、短小引各一千道，付湖北提舉司出賣。其客人合納籠篰、秤製等錢，許權赴主管司一併送納。仍下提刑、提舉司嚴切禁戢私販，毋致縱容，仍前積壓茶引。」以湖北提刑兼提舉丁逢等言「常德府管下武陵、龍陽兩縣接連湖南産茶去處，每到春時，有江西、福建、湖南管下州軍客人聚在山間，般販私茶。乞量行給降小引，以息私販」故也。

十一月二十二日，詔諸路提舉茶事司：「自今須管遵從節次已降指揮，將收到茶事窠名置之赤曆簿籍，如遇收支，建立項目，分明抄轉，除依法樁垛支使外，其餘剩數仰所屬差人管押赴行在都茶場送納。仍令逐路提舉司每季各具所部州縣收到逐色應緣茶事窠名錢，若干作舊管、新收，已支、見在，如有支遣，仰分明開坐，或本場委官驅磨。若有欺隱之數，即將違戾去處具申朝廷施行。」從本場請也。

二十七日，南郊赦：「都茶場昨自乾道六年以後，節次給降茶引付江西州軍出賣，拘錢起赴行在。訪聞州軍發賣遲細，多是賖賣與鋪户等人，經今日久，往往流移貧乏，見令州縣償納。竊慮騷擾，仰將淳熙十三年終以前年分未納茶引錢數特與除放，不得依前追理。仍仰提舉司覺察，如有(爲)〔違〕戾去處，按治施行。」

同日，赦：「在法：違欠茶、鹽錢物，止合估欠人并牙保人物産折還，即無監繫親戚填還，及妻已改嫁，尚行追理之文。昨(全)〔令〕户部申嚴行下，許人户 31 越訴。訪聞人户負客旅及店鋪價錢，緣係榷貨，有已經估籍家産，償還不足，依舊監繫牙保等，牽聯不已，可並與除放，毋致違戾。勘會官司輒立茶鹽鋪，虚給帖子，均科人户，勒令齎錢赴鋪繳納，未嘗支給茶、鹽，顯是違法科抑。仰提舉司及諸州主管官嚴行禁戢，仍許人越(訢)〔訴〕。」

同日，赦：「四川茶、鹽、酒課折估虚額錢，累降指揮減免，尚慮州縣巧作緣故催理，有失寬恤之意。仰制置茶馬司、總領所常切覺察，如有違戾，按劾以聞。」

紹熙五年九月十四日，明堂赦：「都茶場昨自乾道六年以後，節次給降茶引赴江西州軍出賣，拘錢起赴行在。訪聞州軍發賣遲細，多是賒賣與鋪户等人，(令)〔今〕經日久，往往流移貧乏，見令州縣償納。仰將紹熙元年終以前年分未納茶引錢數特與除放[一]。仍仰提舉司覺察，如有違戾，按治施行。」自後郊祀、明堂赦亦同，惟所放年分有差。

同日，赦：「州縣應捉獲私(察)〔茶〕，合解所在税務合同場，自合用心措置，召人請買。訪聞積壓陳損，多是科(仰)〔抑〕行人鋪户，或令欄頭認數出賣，拘收價錢，追擾監繫。可日下盡行除放。」自後郊祀、明堂赦並同。

同日，赦：「在法，違欠茶錢止合估欠人并牙保人物産折還，即無監繫親戚填還，及妻已改嫁，尚行追理之文。昨令户部申嚴行下，許人越訴。」自後郊祀、明堂赦並同。

同日，赦：「官司輒立茶鋪，虚給帖子，均科人户，勒令齎錢赴鋪繳納，未嘗支給茶鹽，顯是違法科抑。仰提舉司及諸州主管官嚴行禁戢，32 仍許人户越訴。」自後郊祀、明堂赦並同。

慶元元年二月六日，詔：「石泉軍龍安縣崇教等七鄉園户茶課錢引九百二十七貫一百一十四文，從茶馬司同成都府路轉運司并本軍三處均認，與園户代納，自紹熙五年分爲始。」以四川總領茶馬司言：「川蜀共管三十四茶場，應有茶田園户除納田上二税〔外〕，遇般茶赴合同場批賣，本司收納土産茶牙市例錢。照得本軍龍安園户除納二税、市例錢外，又催理茶課估錢，係於元豐間未立額日先有此茶課，每歲理一十五萬四千五百一十九斤，每斤估錢六文，在縣隨二税送納。至建炎年，改法立額。其茶園户於紹興十八年奏行經界[二]，失於申明。今來若行倚閣，恐妨本軍縣省計支用；若復催理，委是重疊，重困園民，三司乞自抱納。」故有是詔。

[一] 錢：原作「將」，據上文紹熙二年十一月二十七日條改。
[二] 奏：疑當作「奉」。

六年二月十四日，詔：「川路産茶去處，園户合納經總制司頭子錢五千四十二道五百一十一文三分五釐，令提刑、茶馬司各抱認一半；所有秤提錢三千一百四十八道二百九千文，令總領所抱認，並自慶元六年分爲頭對減。」以四川制置司、總領所、茶馬司、成都提刑轉運司言：「昨緣川蜀百物皆賤，茶價亦低，園户窮困，茶司恐傷根本，隨宜措置。每引元額舊納土産茶牙市例錢二貫三百文，除權減八百文外，以茶額計之，一歲共減土産錢十萬四千九百四十三道。既是正錢已減其數，收頭子、秤提錢亦當減免。」故有是詔。

嘉[33]泰元年五月二十五日，詔：「民間違欠茶鹽錢，照淳熙十六年已降指揮體例，放免至慶元三年終。今榷貨務申請(上)〔止〕放鹽錢，所有茶錢，理合比類一體除放。」從淮東提舉高子溶請也。

三年十一月十一日，南郊赦：「應欠茶鹽錢人已死，又涉年深，其家止有單妻及無妻有幼子者，官司例同牙保人監納。間有妻已改嫁人者，併與後夫監理。委實無所從出，仰主管官勘量措置施行。」自後郊祀、明堂赦並同。

四年六月三十日，知隆興府韓邈奏：「户部茶引歲有常額，發下散賣。隆興惟分寧、武寧二縣産茶，他縣並無茶引，而豪民武斷者乃請引管認茶租。曾不知此輩意在借引引以窮索一鄉〔一〕，無茶者使認茶，非食利者使認食利，所至驚動，必欲厭其所欲，村疃受害無窮。乞下省部，除分寧、武寧二縣外，其非産茶縣並不許人户擅自認租，他路亦比類施行。」從之。

嘉定五年十月十四日，中書門下省言：「節次已降指揮七項，共給降茶引三百五十萬貫，付湖廣總領所變賣價錢樁管。除科撥支使外，見在茶引不多，慮妨接續給賣。」詔太府寺交引庫限半月印造江西末茶長引并湖南、北草茶長引，共品搭給降五十萬貫，仰本所措置給賣。將賣到價錢同見在錢一併樁管，具入月册供申，非奉指揮，不得擅行支用。仍令本所開具節次科去茶引已未變賣及增收等錢，承降指揮月日，支使名色夾細帳狀，限三日保明申尚書省。

二十四日，都茶場言：「承降指揮，湖廣總領所申乞給降嘉定十一年分歲計茶引，[34]内江西路茶引已降過二百四十七萬六十八貫八百五十五文。其錢實係應副本所大軍支遣，即非虚收數目，乞將一半錢照應理充本場歲額施行。」都省照得湖廣總領所茶引遞年止貼降二百萬貫，如有另項給降之數，難以一槩理充本場課額。詔令行在都茶場，自今止將歲計貼降茶引，以一半理充歲額施行。（以上《永樂大典》卷五七八一）

〔一〕引引：疑當作「茶引」。

宋會要輯稿　食貨三二

茶法四

茶法雜録 三〔一〕

【宋會要】

1 政和三年正月四日〔二〕，户部員外郎、提舉荆湖南北路茶鹽事范之才奏：「契勘崇寧二年八月九日敕節文：川茶除入熙河、秦鳳兩路外，有鄜延、環慶、涇原、永興四路，並許客人般販東南茶貨。續承崇寧三年二月十二日朝旨：陝西鹽香司申，諸川茶自來先到鳳翔府，方始轉般入熙河路出賣。緣鳳翔府以東諸縣鎮係賣川茶地分〔三〕，與見今客販東南茶地界相接，恐冒法透漏入東南茶界，有害客販。欲將鳳翔府以東岐山、扶風、麟遊、盩厔、普潤〔四〕、好畤、郿、虢縣添展作東南茶地分，更不放令川茶般運過鳳翔府以東。奉聖旨依所乞。後來陝西路並作川茶地分。緣近降茶法，永興等四路並爲客販南茶地分，其鳳翔府以東八縣，即未有復行南茶指揮。」詔鳳翔府以東岐山等八縣，依舊作南茶地分，餘依已降指揮。

十四日，詔：「販茶短引候園户處買茶訖，令本處官司依大觀二年五月二十九日朝旨所定至住賣處日限，於今年新引内鑿定，仍更依舊式，別用日限印子。候到住賣處，依已降指揮，於引背批説已販到茶年月日，此引更不得重疊興販。若出違所給日限，立便拘收元引，茶貨没官。其繳引日限等約束，並依近降指揮，内親身赴茶務買短引販茶人，仍除程，到本州理限。」大觀二年五月二十九日敕：重別修到短引體式，并添日限印子。奉 2 聖旨，令給引官司遇客人販茶，並仰依式用大字書鑿，仍約度所指住賣處遠近計程，分立日限：不及十程限五日，十程已上限十日，二十程已上限十五日，三十程已上限二十日。並通計程數於引内批鑿，謂如去住賣處二十程，給限三十五日引之類。仍於印子内亦鑿定所立限。並計行使用月日，謂如二十程即限三十五日，大觀二年正月一日給，至當年二月六日。

〔一〕本題原批作「茶鹽雜録」，然此題實不確切。本卷此目之文出自《大典》卷五七八五，與前兩卷所録《大典》卷五七八四、五七八五、五七八一之文同在「茶」字韻「榷茶」目，按其内容亦同爲茶法雜録。且以年代先後觀之，本卷記事起政和三年，訖紹興四年，在《大典》中必是在本書食貨三〇所録《大典》卷五七八四之文（起熙寧，訖政和二年）之後，食貨三一所録《大典》卷五七八五之文（起紹興五年，訖乾道八年）之前，以上三塊緊相銜接。據此，本目之題應是「茶法雜録」，而非「茶鹽雜録」。因改題，並添總題「茶法」。又，按年代順序，本卷與上卷應互换，即序碼「二」與「三」互易，但限於本書體例，姑仍其舊，且按現有順序編碼。

〔二〕正文前原有「雜録二」小字，當是《宋會要》原題，即「茶法雜録」之省稱。

〔三〕天頭原批：「『縣』一作『州』。」按以下原批「一作」乃指《補編》頁六九五至七〇三複文。

〔四〕潤：原作「閏」，據《宋史》卷八七《地理志》三改。

不在行使之限，即出限，更不許行使。其程數不以水、陸路，以五十里爲一程。罪賞約束，並依元降指揮。

同日，兩浙路提舉鹽茶司奏：「今相度客人所買長短引，願於所指買茶路分別州縣分買者，欲許經州縣陳狀，於引上批鑿某月日據某人陳乞𢇁改往某縣買茶，當職官簽書用印施行，並關都茶務及所改并指州縣照會。仍不得過一次。」從之。

十八日，尚書省〔奏〕：「勘會除販茶短引已降指揮，許大商帶買前去産茶路分轉賣與本路小客，仍別給公憑。」詔：「長引如大商願帶買轉賣者，亦許依短引法施行。其所給公憑，仍限半年繳納。」

同日，尚書省奏：「勘會客人、鋪户舊茶，既與客販新法相妨，理合拘收没納。昨來朝廷寬恤，特立限至去年終，許買新引出賣。今已限滿〔一〕，若便行拘收，又慮遠路客旅、鋪户有趕趁元限不及之人。兼近據鄂州乞給降茶前去，以此即是外路未至通曉法意。」詔特展限一季，許客人、鋪户買新引出賣舊茶，應約束事3件，依近降指揮。如限滿尚不買引，出賣不盡，並仰所在州軍拘納入官，各具數申尚書省。

二十八日，提舉陝西路茶事郭思狀：「體問得近有客人盡將錢本自來至闕下，於客人、鋪户處轉販四方物貨，前來本路貨賣。契勘中都聚四方商旅萬億物貨，其新茶若許四方客人赴都茶務依新法錢數買引，只於闕下客人、鋪户處依園户批數法，許將全籠篰或鑵、袋轉販前來，即茶法愈通，商販愈快，於中都事愈甚便。緣新法未有許似此指揮，伏望更賜詳酌降下。又契勘若四方諸處客旅許買引於闕下轉販，即闕下鋪户肯多停蓄，及客人滯留者亦易於發泄，委是通商爲便。又契勘闕下茶貨是客人買引及販買引〔二〕，是一件茶得兩重賣引錢，又係南北客人情願〔三〕，兼於法有利。」詔並從之，餘路依此。

二月七日，詔：「客人新引所販茶未到所指地，願改指別處者聽，内遠指近賣者，仍認元指税錢。如長引茶已到地頭，限未滿，願批往別路者，亦聽從便。已上仍令所在州縣批鑿茶引，及關報都茶場務及元指去處照會。其繳引日限等約束，並依元降指揮施行。」

十九日，尚書省劄子：「提舉福建路茶事司狀：一、體訪得本路産茶州軍諸寺觀園圃，甚有種植茶株去處，造品色等第臘茶，自來拘籍，多是供贍僧道外，有妄作遠鄉饋送人事爲名，冒法販賣，官司未有關防。伏望立法行下，以憑遵守。」詔諸寺觀每歲摘4造到草、臘茶，如五百斤以下，聽從便喫用，即不得販賣。如違，依私茶法。若五百斤以上，並依園户法。

〔一〕今：原作「令」，據《補編》頁六九六改。
〔二〕客人買引：天頭原批：「『買』一作『賣』。」按，《補編》頁六九六作「賣」，非是。
〔三〕南北客人：原作「南客北人」，據文意乙。

二十五日，詔：「諸州縣市易税務，緣昨來茶事所置專知官、秤、庫、搯子名額並罷〔一〕，內手分食錢等許依舊支破。所有應緣茶事合支官吏請給、食錢，並於産鹽倉場收到籮苑市例錢內應副，餘依所乞。諸路依此。其不係産鹽路分，即以常平頭子錢充。」

三月十五日，詔：「諸路應茶客合經過州縣，税務欄頭批引、封籠篰及行遣茶事手分、貼司並行重法。仍仰逐路監司嚴督州縣常切覺察，其失覺察官重行停降。」

二十五日，監都鹽務呂仲隨等劄子〔二〕：「檢會崇寧三年二月內講議司修立到福建路茶法，內一項：『諸園户五家爲保，內有私相交易者互相覺察〔三〕，告賞如法。即知而不告，論如五保不糾，律加一等。』契勘新修茶法〔四〕，並許客人請引徑赴園户處私下任便興販，即不得與無引交易。看詳上條內有文意與新法相妨去處，若不修正，竊慮園户别致疑惑。今相度，欲乞於上條內刪去『內有』二字，却添入『若與無引人』五字。如允所請，亦乞依此施行。」從之。

七月二十日，尚書省言：「勘會販茶短引每道價錢二十貫，竊慮尚有本小商旅不能興販之人。」詔令太府寺更印給一等十貫短引，許販茶一百五十斤，餘依前後已降指揮。

三十日，監都茶務魏伯才等奏：「近降朝旨：『客人販茶貨，據計定斤重新引出賣外，餘剩茶貨 5 但及一千五百斤，更合買新引一道；若有不及一引茶數，亦合更買新引一道，據數批鑿，不盡斤重，令貼販新茶。或只願販新帶賣者，亦聽從便。』外或有只願販新茶帶賣一節〔五〕，累據客人將到文引，見得有剩茶不及一引，多稱只願帶賣，不肯别請文引。竊恐上件茶貨存留多日，難以關防，别致隱匿作弊。今欲乞於已得指揮內除去『或只願販新茶帶賣者，亦聽從便』一節。」從之。

八月四日，詔：「客人買到茶貨往税務封記起引〔六〕，其商税務如茶到限日，依條封記放行。如敢阻節住滯，當行人吏杖一百勒停。」

十七日，尚書省言：「勘會鋪户變磨到末茶，昨降指揮，許諸色人買引興販，長引納錢五十貫文，販茶一千五百斤；三十貫文，販茶九百斤。短引納錢二十貫文，販茶六百斤。緣近降指揮，販草茶更印給一等十貫文短引，其末茶未有十貫〔文〕短引興販指揮。」詔販末茶更印給十貫文短引，許興販三百斤，約束等並依前後已降指揮。

二十日，中書省言：「勘會諸路朝廷所管茶、鹽錢萬數不少，並係專一措置收樁，以歸朝廷移用。竊慮諸官司却

〔一〕搯：原作「捅」，《補編》頁六九六作「掩」，並誤，據本書食貨五一之二六、職官二七之八、《長編》卷二三〇改。
〔二〕監：原作「鹽」，據《補編》頁六九六改。
〔三〕互相：天頭原批：「『相』一作『行』。」
〔四〕天頭原批：「『修』一作『條』。」
〔五〕外：疑當作「內」。
〔六〕起：原作「赴」，據《補編》頁六九六改。

與諸色窠名封樁錢一例支使，有妨朝廷指擬。」詔：「諸路茶鹽錢除有專條及朝廷臨時指揮指定許支外，並不得與諸色窠名封樁錢一例支使，如違，依擅支封樁法。」

二十九日，提舉江南東西路鹽香茶事司奏：「點檢得江東轉運司支使使過封樁茶息錢一十五萬貫，本司【6】二十次牒轉運司撥還，並不報應。」詔李西美、孫漸送吏部，與監當差遣，人吏杖一百勒停，餘依本司申，仍限一年撥還。

九月十九日，中書省言：「增修到下條：諸茶法，州縣及當職官奉行稽慢違戾，或有沮抑者，各徒二年，並不以去官、赦降原減。」從之。

十二月三日，武功大夫、監都茶務魏伯才等奏：「乞應鋪户買到客人限定斤重成籠篰茶，並依客例，令逐處所差官專一秤製。如無剩數，許先次出賣外，若有剩數，並行籍記，許請買引出賣。每納錢一百貫文，許賣茶一千五百斤，不及，據數紐筭給引。如敢輒將成籠篰茶旋行開(折)〔拆〕，許人告，罪賞並依客人避免秤製已得指揮。」從之。

六日，中書省言：「檢會崇寧四年八月十七日朝旨：應在任官親戚，及非在任官、僧道、伎術人、軍人、本州縣公人及犯罪應贖人，不得請引販茶，如違，其應贖人杖一百，餘人徒三年〔一〕，犯罪應贖人送鄰州編管。許人告，賞錢五十貫。勘會見行茶法係令客人等赴都茶務買引，與園户任便交易販茶，限定大小斤重，官置籠篰，即與以前事體不同。」詔：崇寧四年指揮内見任官、公人合依舊不許買引興販外，餘更不施行。

四年四月九日，尚書省言：「舊水磨茶場一歲收息不及一百萬貫，一年内有每季泛進錢。今來茶務歲收錢約四百萬貫以上，比舊已及三倍以上，不係省錢，別無支用，尚循舊例，只每季泛進，未有月進之數，欲每月進五【7】萬貫。」詔從之，仍自今月爲始。

十月七日，淮南路提舉鹽香茶礬事司狀：「承都省批下白劄子：勘會已降朝旨，諸路應茶客合經過州縣〔二〕，税務攔頭及行遣茶事手分、貼司即未有立定重禄請給則例。本司今依應將州、縣、鎮税務應係茶客經過去處，欲乞每月各輪差攔頭二名當務，專管驗封引、收税，量事務繁簡分三等重禄錢。州軍在城税務，每月攔頭二名，今立爲上等，各支錢五貫文；縣税務每月攔頭二名，今立爲中等，各支四貫文；鎮税務每月攔頭二名，今立爲下等，各支錢三貫文。其本月不當驗封引、收税之人，如於茶事有犯，已有指揮，並合依重禄法施行。兼契勘州縣行茶事人吏重禄食錢，係以常平頭子錢支充，所有今來攔頭重禄，亦望許於常平頭子錢内應副。」詔諸州、縣、鎮税務各一名行重禄，管勾驗封等事，州每月支錢八貫，縣七貫，鎮五貫文，餘依淮南鹽事司所申。餘路依此。

〔一〕天頭原批：「『三』一作『二』。」
〔二〕天頭原批：「『合』一作『舍』。」

五年五月二十五日，尚書省言：「今重修立到下項賞格：命官親獲私有茶、鹽，獲一火三百斤，臘茶一斤比草茶二斤，餘條依此。陞半年名次；八百觔，免試；一千二百斤，減磨勘一年；二千斤，減磨勘一年半；三千斤，減磨勘二年；四千斤，減磨勘二年半；五千斤，減磨勘三年；七千斤，減磨勘三年半；一萬斤，轉一官；三萬斤，取旨。累及一千斤，陞半年名次；一千五百斤，免試；二千斤，陞一年名次；四千斤，減磨勘一年；五千斤，減磨勘一年[8]半；七千斤，減磨勘二年；八千斤，減磨勘二年半；一萬斤，減磨勘三年；二萬斤，減磨勘三年半；三萬觔，轉一官；十萬斤，取旨。罰格：巡捕官透漏私有茶鹽一百斤，罰俸一月；一百五十斤，罰俸一月半；二百斤，罰俸兩月；二百五十斤，罰俸兩月半；三百斤，罰俸三月；一千五百斤，罰俸五月，仍差替；二千五百斤，展磨勘一年，仍差替；三千五百斤，展磨勘二年，仍差替；四千五百斤，展磨勘三年，仍差替；五千斤，降一官，仍衝替；三萬斤，取旨。」從之。

十二月二日，詔將仕郎、池州貴池縣尉徐海運特與循三資，其經鬬敵弓級、保正等，共支錢一千五百貫均給，内殺死人賜絹三十四、米十碩。以淮南提舉鹽香茶礬司奏：「本縣有程益等公然興販私茶，殺傷捕人韓十等三人，海運躬親追獲益等九人。兼海運任内，獲私茶七千餘斤，顯是究心，委有勞効。」故有是命。

六年閏正月二十六日，刑部〔奏〕：「今擬修下條：諸巡捕使臣透漏私有鹽、礬、茶者，百斤罰俸一月，每五十斤加一等，至三月止；兩犯已上通計及一千五百斤者，仍差替。私乳香一斤比十斤。其兼巡捕官，三斤比一斤。即令佐透漏私煎煉白礬，鹻地分令佐漏刮鹻煎鹽同。減兼巡捕官罪一等。」從之。

二月二十五日，詔：「產茶縣分不係就縣批發去處，政和四年分招誘客人、鋪户買引買茶赴合同場批發，比政和三年增虧，其知縣聽依合同場監官已降指揮減半賞罰。」以兩浙路提舉鹽香茶礬事司言〔一〕：「產茶[9]縣分就縣批發客茶去處，知州依合同場（鹽）〔監〕官賞罰外，其不合就縣批發客茶去處，知縣乞量立賞罰。」故有是詔。

八年三月二十二日，監都茶務魏伯才奏：「訪聞得多有不顧條法浮浪之輩，專於私販，纔至敗獲禁勘，便妄攀園户，讎報私恨。或創造事端，故作私茶，却令徒中人告捉赴官，規圖賞錢。或雖有官引，却不畫時書寫所買之家斤重、姓名，稱一面自覓人書填。既得茶入手，更不書填所買茶斤重、園户姓名，又將其引就他園户再買茶，往來影帶，重叠私販。洎至敗獲，便虛指園户姓名。其承勘官司畧不子細詳察本案，利於追人，不以遠近，便行勾追，園户無處伸（訢）〔訴〕。本司已行下兩路諸州，今後承勘犯茶公事，仰依公子細根勘，如通出園户姓名委是詣實，係屬別州縣，即取

〔一〕以：原缺，據《補編》頁六九七補。

責買茶日時、交付錢茶，將券或牙人等處逐一點證實情，關報所屬，就近依公子細勘問的實。如不曾賣茶與無引之人，即取責當時照證詣實結罪文狀，回報本處照會施行，無容更似日前縱令人吏信憑犯茶人讎報私恨，虛攀園户。」都茶務相度：「欲産茶路分捕獲私茶，如元買園户係在一州，依元法勾追園户勘鞫；若係别州，依今來荆湖北路茶事司所申。仍委自茶事司每季取索斷過私茶公案逐一點檢，若稍涉不當，具事因按劾。若本司循情，亦許監司互按。」詔並從之。

宣和二年七月二十七日，詔：「茶鹽法令備具，無 [10] 可增損，除鹽法近已降處分外，訪(問)〔聞〕茶法緣省部不得干預，州縣觀望，奉行違慢，及沮抑客販，或不爲理索欠負，陳訴不絶。可自今除在京都茶場見在錢物及收支等事不許省部干預外，應見行茶法，三省專切推行。諸路州縣奉行違慢，及沮抑客販，或不理索欠負等事，並仰尚書省具事因取旨，重行黜責。茶事司各路或不能按治州縣〔一〕，令提點刑獄及廉訪使者互察以聞，仍並許民户越訴。其扇搖茶法者，除依見行條法補官給賞外，更增立賞錢二千貫，許諸色人告。犯人除本罪外，仍以違御筆論。令開封府及都茶場出榜曉諭。」

十月七日，〔詔〕：「訪聞陝西、河東路近因推行錢法，平定物價，輒將買賣茶鹽錢一例紐定分數，有害客販。可應陝西、河東路買賣茶鹽，並聽從便，其價直許隨逐處市色增減，官司不得輒有抑勒，立爲定價，虧損客人。如違，並依扇搖茶鹽法罪施行。仰尚書省劄下陝西、河東路監司，及令户部遍牒兩路州縣遵守，違戾去處，許客人徑詣尚書省越訴。」

三年二月二十一日，詔：「已降處分，兩浙、江東路茶鹽權免比較，不得輒行抑配。」

二十三日，詔：「訪聞諸路州縣姦猾之人賒買客人茶、鹽，並不依約歸還，致客人經官理索。旋置草簿，虛寫人户姓名、欠錢數目在鋪，全家走閃。官吏啓倖，憑據虛寫文簿勾追監理，搔擾良民，失陷客人錢本，有害茶、鹽大法。可令逐路提舉官嚴切覺察，今後 [11] 有犯，並具案申尚書省，當議重行編配。」

三月二十九日，都茶場狀：「政和三年二月六日朝旨：應興販雜草木用作頭貨并收買拌和真茶，計所拌和數，並乞依私茶罪賞法。近見在京并京畿等路州縣鋪户，自買客草茶入鋪，旋入黄米、菉豆、炒麵、雜物拌和真茶，變磨出賣，苟求厚利，不唯阻害客販，實有侵奪買引課額。欲乞立法禁止，許磨工、知情人陳告。」詔依政和三年二月六日指揮施行，仍許磨工、知情人告。

閏五月八日，提舉河北東路鹽香礬茶鹽事司奏：「相度客人販茶若遭風水渰浸，乞開拆籠篰烘焙者，即令所至

〔一〕天頭原批：「『各路』一作『當職』。」

委驗封驗引官開拆，候烘焙訖，秤見斤重，別行封記，批鑿元引，照驗貨賣。餘路依此。」從之。

十五日，中書省、尚書省言：「潭州申，准重和元年十二月十九日御筆：『今後買賣私茶牙人、鋪户、私販人，罪輕杖一百，編管鄰州；失覺察地分人，杖八十，公人、吏人並勒停，永不收叙；故縱，與犯人同罪，並不以赦降原減。』看詳保正長失覺察保内興販私茶，依條則有巡捕、公人、吏人合斷罪勒停，永不收叙外，其保正長因緣僥倖，避免差使，慮合止從地分人斷放，有此疑惑。」詔申明行下。

七月四日，詔：「在京及諸路州、軍、縣、鎮客人已販草、臘茶，合同場大批茶數并不曾封記籠篰及無曆面，并曾指改茶引者(一)，特免根治。(目)〔自〕今降指揮到日，與限半月，許令自陳。在京於都茶場，在外於所至州縣投狀(二)，委官秤盤，重別【12】用曆面封記，仍未得出賣，聽於都茶場別買新引，每一百貫對帶已販茶一百貫，經所至官司批鑿對帶訖，其新引聽往山場別販新茶。如不經官自陳而輒賣，或私下旋行粘繫封頭曆面，罪賞並依私茶法。仍許諸色人或同行火下勾當人首告，給賞如法。」繼而都茶場劄子：「准上件朝旨，本場除已施行外，勘會客人已販茶，如在外路，若令一一赴場請買文引對帶出賣，深恐往回妨阻客販。今相度，如客人願就茶所到處，須用今降指揮日後所買文引對帶出賣，雖姓名不同，亦聽行使。仍令所在官司並於引後批鑿，若輒用今降指揮日前所給文引對帶，若告首，罪賞並依今年七月四日旋粘封頭曆面朝旨施行。如官司批鑿違戾，令茶事司覺察按劾。餘依見行條法(三)。」從之。

十五日，提舉荆湖南北路鹽香茶礬事司狀：「訪聞産茶州縣在城鋪户、居民，多在城外置買些少地土種植茶株(四)，自造茶貨，更無引目收私茶(五)，相兼轉般入城，與裏外鋪户私相交易，或自開張鋪蓆，影帶出賣。洎至官司收捉，即稱係園户自要供家食用，緣此無由覺察，失朝廷歲課不少，從來未有法禁。本司今相度，欲今後城外園户如在城外本處採摘食用，(共)〔其〕與有引客人交易，聽從其便；其城内鋪户或居民於城外有茶園，將採造到茶般入城，並乞依客販茶法買引，親自批鑿斤重，隨茶入城，依法從便供家食用，或轉販與鋪户交易。【13】若園内所産茶少，不及一引之數，許令經官批鑿，貼販施行。如不用引，並乞依私茶法，庶絶影帶盜販之弊。」批送都茶場勘當。本場今勘當，欲依本司所乞施行，餘路依此。從之。

八月二十五日，詔：「今後應茶場事務，並依舊三省措置推行，仍應奉司專行。」

(一) 天頭原批：「『曾』一作『無』。」
(二) 天頭原批：「『至』一作『止』。」
(三) 行：原作「引」，據《補編》頁六九八改。
(四) 少：原脱，據《補編》頁六九八補。
(五) 目：疑當作「自」。

九月十七日，詔：「應所在官司見拘管客人無曆面、封頭等茶，除將引外剩數聽買引出賣外，其餘正數并無剩茶，並特免買引對帶，令隨處官司放封頭、曆面，即時放行。」

十月四日，大理寺參詳：「園户輒賣茶與無引人，及雖有引人而過數，及買之者，既杖罪，不以赦降原減；其徒以上罪，舉輕明重，自合依元降御筆，不以赦降原減。所有諸條内該載依私茶法，本條既無不赦之文，即合從本條定斷。其買賣私茶牙人、鋪户，私販之罪輕，並合依御筆斷遣，不以赦原等〔一〕。」從之。

五日，都茶場狀：「准尚書省批送下提舉荆湖南北路鹽香茶礬事司狀：『承御筆，每長引一百貫，許販茶一千五百斤；短引每一十貫，許販茶一百斤。今來朝廷復增斤重，大段寬恤，自是客販得行。本司今訪聞尚有不顧刑法之人，豫將錢物計會官中造籠，作頭寬大織造，收買前去剩帶斤重。其籠篰雖有委官監造及差官隔手製撲之法，所委官多是並不親臨。若津置茶籠到合同場，亦是用財計會專秤於乘發茶擁併之際，並不依法逐籠秤製，只是揀點斤重輕小之籠，影庇其餘之數，遂便放行。雖有聖旨 14 斷罪，及經過場務許檢察之法，洎至中路事發，客人多是攀援政和六年十月三日勑旨内備到大觀二年十月十五日勑旨，更不許人告論，官司亦不得受理。本司今相度，欲乞合同場合干人受財秤盤不如法，自合從重祿法斷遣外，其監官失檢察，若三斤以上，如知情故縱，及造籠作匠乞覓錢物，大織籠篰，并監造官、製撲官並不親臨，致得寬大剩帶茶貨，乞嚴立法禁。』後批送都茶場勘當。本場檢准宣和二年十月朝旨，客人魏翔等狀：今來諸路合同場並行重祿法，其間有倚法爲姦之人，計會合同場大帶斤重。奉聖旨：如獲魏翔等所陳違犯之人，未得斷遣，具案申尚書省。本場勘會〔二〕，客人若計會合同場大帶斤重，其監官知情或不覺察，欲并令隨事取勘，具案聞奏，量輕重取旨。」從之。

十一月四日，户部奏：「兩浙、江東産茶浩瀚，近緣方賊驚劫園户，踐踏茶園，阻隔道路，所收錢引大段虧欠。今已平蕩賊徒，理當措置優恤園户。今相度，欲委自逐路提舉茶事官專一措置，多方招集園户，復令歸業。如委因賊徒驚劫貧乏園户，即以本司應管茶事官隨園户出茶多寡〔三〕，分立等第，依常平法借貸一次。如無或不足，聽於常平司朝廷封樁錢内借支，作三料帶納。」從之。

四年六月二十五日，都茶場狀：「准尚書省批送下淮南提舉鹽香茶礬事司狀：『檢准勑：應代支私鹽賞錢，並責透漏地分人與犯人均備，15 候私鹽屏息、鹽課增羨日依舊。本司今相度，乞應代支私茶賞錢，並依上件鹽賞已得指揮施行。』本場今勘當，欲依淮南茶事司所申事理施行。」

〔一〕等：疑當作「減」。
〔二〕勘：原作「堪」，據《補編》頁六九九改。
〔三〕天頭原批：「『官』一作『驗』。」

詔依都茶場所申。

十二月八日，尚書省擬修下條：「諸渠、合州、長寧、瀘川軍所産茶輒出本州界，及夔州路茶入潼川府通販川茶地分者，並依私茶法。當職官故縱若透漏，聽榷茶司按劾。右入潼川府、夔州路并榷茶司勑。」詔依。

六年閏三月三日，提舉兩浙路鹽香茶礬事李弼孺奏：「契勘鹽、茶課利，正係今日財用大計，其取會事務，並係緊切照應準備朝廷取索文字。訪聞諸州縣自來報應稽緩，如被受朝旨取會，並乞限當日回報，餘依舊。三經舉催，不與完備回報，亦乞立定斷罪刑名。」詔依户部所申，如違，從杖一百科罪。

五月十一日，尚書省言：「提舉荆湖南路鹽香茶礬事閻孝忠乞應客人買到茶，並令於最近處縣或合同場秤製，不得隔驀，却就遠處。若所去縣或合同場雖有近處，却不通水路，其次遠處却可通水路，委於客人順便，即自合於通水或順便去處秤製。」從之。

九月一日，詔：「都茶場隸屬應奉司外，其專一按治諸路違戾，可疾速行下諸路提舉茶事官，仰躬親巡歷，嚴切戒飭州縣遵奉成法，禁戢私茶，杜絶姦弊。應商賈陳訴及理索欠負等事，並依條盡理施行，不得少有抑遏。違戾州縣具名按劾，當議重行黜責，都茶場常切覺察以聞。仍檢會
16 宣和二年七月二十七日指揮申嚴行下，及令都茶場出榜曉諭。」

九日，尚書省言：「總轄都茶場所狀，都茶場劄子：兩浙茶事司公文稱，無圖之法希求賞錢〔一〕，結合浮浪人作牙，湊合興販短引一兩道，於鄉村巡門俵賣，收藏文引，不令買人批鑿。經官告首，每引動經一二百户，官司更不推究賣人匿引情弊，務在勾人搔擾，將買茶人斷罪追賞等〔二〕。今相度，欲今後應州縣勘斷犯茶公事，並具元犯事因、斷遣刑名報提舉茶事司看詳，及具一般事狀報都茶場詳審。如涉違戾不當及不行申報，其元斷當職官吏許本場具因依申朝廷，乞重賜施行。」詔令申尚書省。

十一月十九日，詔：「茶法之成，推行日久，前後申明條約已得詳盡，有司務在遵守。竊慮姦人妄生事端，以惑衆聽，仰榷貨務分明出榜曉諭客販知委，如有妄説事端之人，許諸色人陳告，當議重行處斷外，賞錢五千貫文〔三〕，以犯人家財充；不足，以官錢支。」

二十七日，中書省言：「都茶場狀：勘會客販茶經過州、縣、鎮税務，依政和四年十月七日朝旨，各輪差欄頭一名管幹批引、驗封、收税等事，支破重禄食錢，州八貫，縣七貫，鎮五貫文。昨緣行舊法免税，不入税務，其州縣差欄頭食錢更不支破，止差重禄人吏一名相兼主管，日支食錢二

〔一〕法：《補編》頁六九九作「事」。按，二字皆不可通，以文意與字形推之，似當作「徒」。
〔二〕天頭原批：「『等』一作『者』。」
〔三〕賞錢五千貫：此賞額太大，不合常理，當有誤。

百文。近准宣和三年八月二十七日朝旨，既已依舊納税，其批引、改指等自合税務主管，所有州、縣、鎮輪差欄頭重禄[17]食錢，緣未經申明，伏乞詳酌指揮施行。」詔依政和四年十月七日指揮施行。

七年正月二十二日，中書省、尚書省言：「都茶場狀：提舉江南西路鹽香茶礬事司狀：『竊詳政和八年七月十二日指揮，内短引茶如違限不到合同場，更不行用，其茶依私茶法。未審止爲將茶依私茶焚毀，唯復亦合以茶數依私茶法斷罪理賞；或元限已滿，不曾買到茶貨，亦未審合如何施行。若不申明，切慮奉行抵牾。』都茶場勘會，客販短引茶，依法自請買籠篰日立限赴合同場秤盤。如出違所給日限，其引更不行用，茶依私茶法元降指揮，即無斷罪之文，止合没納入官。緣係有引正茶合估價召人請引興販，即不合焚毀。若元立日限已滿不曾買到茶貨，其引更不在行使之限[一]，所屬官司合勾收元引毀抹入官。今勘當，欲申明行下。」詔茶依私茶焚燬，餘依都茶場勘當到事理施行。

三十日，尚書省言：「江南東路提舉鹽香茶礬事司狀：乞今後應客鋪於園户處買到茶，其園户故不批引，及客鋪藏匿文引，不令園户批鑿，乞指揮施行。」詔客販茶至住賣處，買人不驗引收買，及客人藏匿文引，依已降指揮斷罪理賞施行。

三月十一日，詔：「茶法舊無立額比較收税法，其比較賞罰及納税指揮並罷[二]，餘悉依舊。」

四月一日，中書省、尚書省言：「都茶場狀：勘會客茶籠篰昨承宣和元年三月十五日朝旨，於籠篰曆面蓋底用紙題[18]寫合同場、年月日、客人姓名、去處、某色斤重、字號、料數。」詔依宣和元年三月十五日指揮施行。

八月十日，尚書省言：「總轄都茶場所奏：訪聞客販長引茶有已經收買籠篰及一年，尚未買茶，官司亦不體究因依，又再行展限半年，不赴合同場秤製，顯見往復影帶私販，虧損引錢不少。欲乞本場將齎到書引拘收毀抹，更不改驗新引。今後依短引法，將販長引自請買籠篰日立限一季[三]，須管赴合同場秤發，仍計往回程外，如違限不到，應干約束並依短引法施行。」從之。

同日，尚書省言：「都茶場狀：勘會鋪、磨户以他物拌和真茶，依法計茶數合從私茶法加一等科罪。訪聞近來在處結集羣黨，不往官司陳告[四]，直入鋪户、磨户之家，以收捉爲名，搔擾乞覓。或自帶雜物贓誣捉送官司，上下通同，利於乞受追賞，不容辨説，便作私茶斷罪，致使鋪户畏懼停閉，不敢收買客茶，有害茶法。欲自今如鋪户、磨户若以他物拌和，聽諸色人指定實跡，依法經官陳告，不得擅行收捕，亦不得稱疑。官司審量，遣人收捕，根勘詣實，依條施

[一] 天頭原批：「『使』一作『便』。」
[二] 賞：原作「當」，據《補編》頁七〇〇改。
[三] 日：原作「目」，據《補編》頁七〇〇改。
[四] 司：原抄作「私」，旁改爲「司」，然未圈去「私」字，今據《補編》頁七〇〇删。

行。如所勘別無拌和情犯，其告人據所告之罪依條反坐。乞令所屬於要鬧處出榜曉示。」從之。

同日，尚書省言：「都茶場狀：勘會客販茶依法已經合同場秤發，沿路不許人論告剩茶，官司亦不得受理。若元起發處有秤勢高下些小〔一〕，附搭斤重，又許至住賣處未堆垛前，限二日經官自首免罪，買引出賣。19訪聞豪猾商賈計會合同場大裝斤重，或自將籠篰增添高大，所帶剩茶過多。欲自今客販茶如經合同場秤發後，若過州縣，許自首剩茶；如不曾陳首，許諸色人陳告，官司限一日秤盤，並依法施行。餘依見行條法。其元秤發官司，欲乞今後如客人陳首剩茶并因人陳告〔二〕，依元法各遞加一等科罪。」並從之。

十一月十五日，詔令諸路提舉茶事司，疾速開具州縣自今年正月後來至九月終批發住賣茶數，比前一年有無增虧，申都茶場類聚聞奏。

同日，詔：「諸路茶事各有提舉官屬并州縣當職官吏等專一任責，除私販憲司自合依條覺察禁戢外，其茶事〔目〕〔自〕今應監司使命等非本職〔三〕，並不許越職干預，并勾呼借差主管茶事公吏等。如違，並以違制論。」

二十二日，詔權發遣福建路轉運副使趙岍〔四〕、轉運判官唐績措置造茶有方，並特令再任〔五〕。

十二月二十一日，罷都茶場，依舊歸朝廷。以上《續國朝會要》。

高宗建炎元年五月十八日，發運使梁揚祖言〔六〕：「茶、鹽舊係太府寺、都茶〔場〕、榷貨務印造鈔引給賣，以贍中都。比金人退師，道路未通，詢訪真州係兩淮、浙江外諸路商賈輻湊去處，除東北鹽乞令依舊就於榷貨務給賣外，其東南茶鹽乞選委通曉財利官提領，依太府寺等處印造，於真州置司給賣。」詔梁揚祖差兼提領茶、鹽事，工部員外郎楊淵同提領〔七〕。既而提領司條畫下項：「一、契勘昨來兵馬大元帥府印賣東南、〔東〕北鹽鈔引，20已承朝廷指揮住印外，其茶事司印賣茶引，亦合住罷，未賣引更不出賣，併已買未販、及已販未賣，並合與今來茶引一衮通行。一、茶、鹽錢欲乞更賜約束，除朝廷指定窠名支用外，其餘雖承受諸處備坐到前後泛言不以有無拘礙剗刷取撥錢物指揮，並不許支撥。如諸處取索文字，亦不得回報。若有違戾，許本司按劾。」從之。

二十七日，尚書省言：「提領措置茶鹽事梁揚祖申請，乞以提領措置茶鹽司爲名。緣在京榷貨務見行出賣東南

〔一〕小：《補編》頁七〇〇作「少」。
〔二〕首：原作「告」，據《補編》頁七〇〇改。
〔三〕天頭原批：「『本』一作『命』。」
〔四〕天頭原批：「『岍』一作『岓』。」按，據《靖康要録》卷三，作「岍」是。
〔五〕特：原作「時」，據《補編》頁七〇〇改。
〔六〕梁揚祖：原作「梁楊祖」，據《建炎要録》卷五改。下同。
〔七〕工：原作「二」，據《建炎要録》卷五改。

鹽鈔并都茶場見賣東南茶引，即非盡行提領。」詔以提領措置真州茶鹽司爲名。真州務場置，罷。

六月十六日，詔：「真州鈔引止用見錢入納，自今年七月十五日爲始。」

十月二十一日，都省言：「諸州縣有樁下私茶、鹽、礬賞錢，一州一縣各樁一千二百貫文，且以江東路十州軍四十八縣，計六萬九千餘貫。望降睿旨，令東南諸路州縣每處依舊樁二百貫外，各將餘錢一千貫計綱起發赴行在交納，應接支遣，却令州縣别行收簇樁管上件賞錢。」從之。

二年二月三日，詔：「真州榷貨務與行在印賣鈔引併爲一司，以行在榷貨務爲名，各依舊隨置局，梁揚祖、楊淵依舊提領。」以黃潛善言「車駕駐蹕揚州，去真州只五十餘里，水陸通」故也。

四月二十三日，中書侍郎、兼專一提領措置户部財用張慤言：「内外官司各有拘收到茶、鹽萬數，貯積日久，枉有銷耗，欲望令尚書省取見在實[21]數付行在榷貨務都茶場，許客人買鈔引。以本場至本處地理遠近量搭入脚錢，定立鈔價。其鈔引别立字號、式樣，分明開説，召客人入納見錢承買，就所在請領興販。」從之。

十二月十二日，詔：「行在都茶場據福建路額，合賣茶引從所屬官司印造，前期差官押赴本路，令茶事司招誘客人入錢請買，更不得抑配州縣。自今州縣有敢以招誘爲名科率民户、僧寺出買錢引者，茶事官先坐之。」以臣寮言「祖宗以來，福建路茶商興販自便，近歲始令往東京買引，往返幾萬里，茶司遂配抑州縣，致有科擾」故也。

三年二月十六日，德音：「近緣巡幸，已降指揮分立一司，就江寧府召人筭請茶鹽。可令逐路提舉茶鹽官廣行招誘。」

五月十五日，户部侍郎葉份言：「産茶州軍專置合同場共一十八處，例各端閑，虚費廪禄，欲乞並罷，州委職官一員，縣委知令兼管。」從之。舊法，諸路産茶州軍各置合同場，以每歲産茶及四十萬斤以上，差文武官各一員。自減罷後，紹興五年，提舉江西茶鹽趙不已乞於洪州、江州、興國軍三處各專差合同場監官一員提舉；荆湖南路茶鹽司乞將潭州合同場專置監官；紹興十八年，福建茶事司乞將建州合同場專置監官。皆從之。

八月十八日，行在都茶場言：「欲依在京例，如客人願將榷貨務關子并請茶引者聽，仍送榷貨務勘會毁抹，令本務將上件筭關子錢樁作本場茶引錢。」從之。

九月十日，[22]詔：「國家養兵，全藉茶鹽以助經費〔二〕，近來州軍把隘官兵以搜檢姦細爲名，非理搔擾，致客人畏避，有妨搯運舟船變賣物貨。令所在通知，多方禁止，犯者具姓名申尚書省，並依軍法施行。」後又詔：「將校、隊長之類知情容縱，與犯人同罪；失覺察者，減一等；統領官令

〔二〕藉：原作「在」，據《補編》頁七〇一改。

提舉茶鹽司具名以聞。」

四年四月十九日，行在提領措置茶鹽司言：「逐路州軍合同場如經燒劫，號簿不存，客人無憑勘合，乞令合同場保明給據，付客人齎至行在都茶場看驗元引，出給合同，遞牒前去秤製放行。」從之。

七月二十四日，行在提領措置茶〔鹽〕司言：「客筭茶、鹽鈔引，依法合用號簿，以革姦僞。近緣道路梗澀，恐致號簿不到，留滯客人支請，權用摺角實封遞牒，令客人自齎前去。今來道路已通，欲並依舊差使臣管押合同號簿，赴茶鹽倉場照驗支發。」

二十六日，都茶場言：「知池州李彦卿申販茶長短引法，並限九年流轉，至買籠篰日爲始，長引限一年、短引限半年。繳到長引，許隔路知引通商一路州軍流轉。立限稍寬，又無久留影販之弊，實爲良法。近降指揮，給賣食茶小引〔一〕，不得出茶州縣界〔二〕，以都茶場給引日通賣茶理限一季，更無流轉之法，亦無除程明文。加之軍興，道路艱阻，竊慮客販爲見限窄，筭請不廣，有誤朝廷經費。今檢準政和七年九月十五日朝旨節文：産茶州縣人民食茶〔三〕，許納錢買小引販客，自筭請日限一季，有 23 故展一月。緣都下至産茶州軍程途窵遠，請販之人以引限逼窄，少肯筭請前去。有旨：依元限與加倍。欲乞今後請筭産茶州軍食茶小引，除見置場給賣路分依舊理限外，(有)其餘諸路行使引限，並乞依上件政和七年九月十五日指揮施行。」從之。

十月二十四日，尚書省言：「勘會津渡、堰閘客販鹽船〔四〕，如敢非理阻節，亂行拘截，係依軍法。若不論情犯輕重，盡用上件斷罪，竊慮未得適中。州縣以其刑名太重，不肯用心檢察，却致滋長姦弊。」詔：「前件軍法指揮更不施行，今後如有上件違犯之人，並從徒三年斷罪。」

紹興元年二月十七日，户部侍郎、兼提領榷貨務都茶場孟庾言：「據提轄任點申：『建炎三年九月内承朝旨，別印造一等食茶小引，每引五貫文，許販茶六十斤，不得出本州界貨賣。竊詳茶貨自今通行去處，並係産茶路分，依法自有短引興販。其食茶小引不唯比短引增添斤重，暗虧引錢，兼既不出州界，即無經歷官司檢察往來影販之弊，實害茶法。』欲乞今後住罷食茶小引，其已賣過引，令提舉司指揮州縣嚴切檢舉，依限繳納入官毀抹。又任點言：『客販茶，依法至住賣處經所在州縣驗引訖，官爲批鑿，方許出賣。候賣盡，其引隨處繳納毀抹。近來賣盡者多是不將文引赴官繳納，官司苟簡，更不拘收，致影帶私茶，爲害不細。』今乞客人日後販茶至住賣處，州縣驗引批鑿訖，仍置籍批上客名、文引 24 料例、字號、茶數，候賣盡，繳引到官，限一日銷籍。若驗引訖不抄籍，及繳引不依限勾銷，並依

〔一〕天頭原批：「〔賣〕一作『賞』。」
〔二〕茶：疑當作「本」。
〔三〕天頭原批：「〔民〕一作『户』。」
〔四〕鹽船：疑當作「茶鹽船」。

繳引違限條科罪，庶以關防，革去私販之弊。」從之。

三月十二日，任點言，乞今後所販長引茶，權依短引法。榷貨務契勘：「長引茶許往路分，即日道路梗阻，欲乞自今後權行住罷給賣長引。其已算長引茶，即乞依已申請，權依短引法，經過縣分驗引檢察，並候長引路分通快日依舊。」從之。

四月九日，任點言：「勘會客販茶經過去處，依法長引經州、短引經縣驗察，別無私販，許放行，不得過一日。訪聞州縣並不子細檢察，致客販之人夾帶私茶，走失課入，蓋緣未有約束斷罪推賞之文。欲乞今後客茶經過，州縣檢察如有透漏夾帶私茶去處，其當職官並計數依捕盜官透漏法科罪；如能檢察出私茶，即依命官親獲私茶格推賞。」從之。

五月十二日，孟庾言：「福州申：本路都大巡茶使臣二員，舊來建安縣界置司。昨因建州兵火殘破，移往福州置司。今來建州收復日久，自合依舊，兼於産茶州軍近便，可以巡察私茶。」從之。

十七日，孟庾言：「茶客買到文引，在法令先於合同場勘驗，請買籠篰，就往山場園户處買茶，裝盛入城，赴合同場秤製，封印批發。今冒法規利之徒買到茶入城，多不往合同場秤製，便徑赴茶磨户、牙人之家賤價貨賣，再執文引出城買茶，往來影販，從來關防未盡。欲乞今後令州縣出給印曆，責付 25 監門官吏，遇客人買到茶入城，即驗引抄上，即時具客名、料例、字號、茶籠篰斤重數目，關報合同場照會秤發，及令主管茶事官每十日一次參照檢察，所貴關防周盡，杜絶私販之弊。」從之。

二十八日，行在都茶場言：「看詳客人用引買茶入城，徑赴磨户、牙人之家賤價偷賣，即係輒於沿路私擅出賣。依政和四年四月二十二日朝旨，斷罪告賞並合依私茶法。如客茶入城，門攔兵級等不關報合同場照會秤發，欲依合同場秤發引茶等不關報合同場違限條科罪；若容縱私茶入城，受倖，故不關報合同場，即乞依當職官并巡捕官所管諸軍公人將捉到私茶減剋不送官敕條施行。」從之。

六月十七日，詔：「今後官司申陳闕乏，更不降給茶、鹽鈔引，令榷貨務常切遵守成法施行。」

二十九日，行在都茶場言：「乞今後客茶，合同場批發前去指定州縣住賣，在路實有艱阻，日下經所到官司陳乞，批上文引。候路通日，依元程限可以到所指去處，即批發前去。若計程已違所給日限，客人只於所到州縣住賣繳引者，令州縣委官照引，逐一點檢，如委無虛僞及夾帶私茶，即權比附依政和五年六月二十六日指揮施行。仍報主管茶事官檢察，並候路通日依舊。已上如不曾依限陳乞批發，致出違日限，自依本法。」從之。

十月二十一日，知樞密院事〔一〕、宣撫處置使張浚言：

〔一〕密：原作「蜜」，據《補編》頁七〇二改。

「朝奉大夫、直祕閣、專一總領四川財賦趙[26]開自建炎三年内推行祖宗賣引法，措置出賣茶引，至四年終，收到息錢一百七十餘萬貫，計置買馬，實有勞効，理宜旌賞。臣除已恭依所得便宜黜陟處分〔一〕，將趙開特轉一官外，欲望與開優陞職名。」詔趙開與除直顯謨閣。

十一月二十六日，户部檢會：「提舉兩浙西路茶鹽公事梁汝嘉言：『州縣捕獲私茶，依法勘證，並行當官焚毁，誠爲可惜。竊見有引没官茶，許客人納茶價，出給文憑，前去都茶場請買不住山場交引興販。』今相度，今後捉獲私茶，乞並依没官茶法。」詔依，諸路准此。

十二月十九日，提舉江南東路茶鹽公事陳鑄言：「契勘客人般販茶、鹽，往所在州縣住賣，依法賣訖，鹽袋限五日，籠篰限十日繳納入官，州城委自都監、縣鎮委自尉司，置簿拘收。税務逐時據客人住賣茶、鹽，當日具合拘收籠、袋數目關送〔二〕。其縣尉多是不在本縣，及至客鋪送納，往往都無交納去處，留滯在外，引惹姦弊。今相度，除州城并倚郭縣依舊令都監管當〔三〕，所有外縣鎮，縣委知縣、鎮委鎮官置籍拘收，監視燒毁，餘依見行條法。」從之。

二年正月二十七日，提舉兩浙西路茶鹽梁汝嘉言：「勘會客人般販茶貨至住賣處，各有所給程限。近緣浙西州縣運河水淺，軍馬、客販舟船壅塞，重船難於行運，委是有妨興販。今相度，應客人請買茶貨，如願經由海道般販者，欲乞依鹽事已得指揮，權許聽從客便。仍令稱製批發官[27]司於引背分明批鑿出入海口，官司檢察驗引，批鑿放行。河水快便日依舊。」從之。

五月七日，提舉兩浙西路茶鹽公事夏之文言：「巡捕官帶兼巡捉私鹽茶，如有透漏，罰格太輕，如一任内別無透漏，亦無推賞，是致得以弛慢。契勘昨來透漏私鹽，已降指揮依正巡捕官斷罪；如任滿别無透漏，依《元豐鹽賞格》與減一年磨勘。緣茶、鹽法事理一同。」詔巡捕私茶賞罰，並依紹興二年五月一日鹽事已降指揮施行。

三年正月十五日，刑部言：「提舉兩浙西路茶鹽夏之文奏：『檢會紹興元年十二月三日都省劄子：勘會國家養兵之費，全(籍)〔藉〕茶鹽之利，日近守令官司玩習怠慢，全不禁戢私販。奉聖旨：應私販茶鹽，並不用蔭原赦。又《紹興敕》諸律與敕兼行，文意相妨，從敕；其一司一路有别制，從别制。今准九月二十日赦恩，據所屬申明見禁犯茶、鹽公事，合與不合引用《紹興敕》作非次赦恩原免？本司契勘《紹興敕》諸海行條内，稱不以赦降原，除緣姦細或傳習妖教託幻變之術及故決、盜決江河隄堰已決外，餘犯若遇非次赦，或再遇大禮赦者，聽從原免。又緣茶、鹽約束斷罪等各有專法，未審合與不合引用海行條原放。九月二

〔一〕「便」下原有「益」字，據《補編》頁七〇二删。
〔二〕天頭原批：「關」一作「開」。
〔三〕天頭原批：「管」一作「官」。

十六日有旨：應私販茶鹽，雖遇非次赦恩，特不原免。本司檢准《紹興敕》：諸犯罪未發及已發未論決而改法者，法重依犯時法，輕從輕法。伏詳今降旨意〔一〕，本緣冒法之人侵耗國計，務要禁【28】戢私販，故專降指揮特不原非次赦恩。兼詳所降聖旨，亦無今後之文，若或便將似此犯人不原九月四日赦恩，緣犯時終未盡降不原非次赦恩指揮〔二〕，又慮合作建格改引赦原免〔三〕，委有疑惑。』并小貼子：『看詳九月二十六日指揮：應私販茶、鹽，雖遇非次赦恩，特不原減。如再遇大禮赦，未審該與不該原減。』小貼子：『照會《紹興敕》諸海行條，内稱不以赦原減，除緣姦細或傳習妖教等外，餘犯若遇非次赦，或再遇大禮赦者，聽從原免。亦未審一司一路一州一縣條法内該載不以赦降原減，若遇非次赦，或再遇大禮赦，合與不合原減。仍乞一就申明施行。』本部尋下大理寺參詳去後，據大理寺申：『寺司衆官參詳，若私販茶、鹽，犯在紹興二年九月二十六日指揮已前，依勅合作犯罪未論決而改法，法重依犯時外，依《紹興勅》稱不以赦降原減，除緣姦細或傳習妖教託幻變之術及故決、盜決江河隄堰已決外，餘犯若遇非次赦或遇大禮赦者，聽從原免。即是一遇非次赦與再遇大禮赦，立法一般。今來私販茶、鹽既專降指揮，雖遇非次赦，特不原減，即再遇大禮赦，亦不合原減。』所有一司一路一州一縣條法内稱不以赦降原減，事既非海行法，若遇非次赦，或再遇大禮赦，亦不合原減。本部欲依本寺所申行下。」從之。

二月二十五日，詔：「茶園户自請引販茶，如引不隨茶，並依客人興販引不隨茶條法斷罪【29】施行。」

三月四日，福建轉運判官徐宇言：「紹興二年未發大龍鳳茶計一千七百二十八斤，以去歲盜發建州，茶工不給，欲展三年補發。」上曰：「當盡蠲免，不須更令補發，亦所以寬民力也。」

六日，大理寺言：「本寺昨因渡江散失條制之後，一司專法編録不全，每遇檢斷犯私茶、鹽公事，不免旋於臨安府取會專法，非特留滯案牘，兼恐供報漏落，因致引用差誤。欲乞下本府將前後茶、鹽法并續降指揮責限一月，編録成册，官吏保明委無差漏，送寺收掌，以備檢用。所有日後續降指揮，亦乞申嚴有司依條限謄報，下寺施行。」詔臨安府係駐蹕州軍，事務繁劇，改令嚴州限一月抄録成册，送本寺收掌。

五月二日，提舉荆湖南路茶鹽公事司言：「斷絶私販茶鹽，惟(籍)〔藉〕給賞激勸告捕之人。州縣緣盜賊之後，皆闕錢椿垛。」詔：「逐州縣四色共椿三百貫通融支用，如係闕錢去處，令提鹽司具的確錢數關提刑司，於合發經制錢内取撥椿垛，不得占吝。具已支過錢數申尚書省。」

〔一〕天頭原批：「旨意」一作「指揮」。
〔二〕天頭原批：「時」一作「事」。又「盡降」似當作「畫降」。
〔三〕天頭原批：「赦」一作「敕」。

六月四日，江西提舉茶事趙伯瑜言：「檢准宣和七年六月五日朝旨：州委通判、知縣專一督捕私鹽。其私茶未有依此明文，欲望申明行下。」從之。

八月七日，榷貨務都茶場言：「客人般販茶鹽到住賣處，欲用牙人貨賣者，合依已立定係籍第三等户充牙人交易〔一〕。如願不用牙人，自與鋪户和議出賣，或情願委託熟分之人作牙人引領出賣者，即合 30 依政和四年十二月二十四日朝旨，聽從客便。」從之。

十一月二十三日，詔都茶場依左藏庫例添置大門監官一員。

四年三月十六日，户部言：「檢准紹興三年三月九日指揮：今後告獲牙人接引貨賣私鹽罪賞，並依正犯人法。欲乞今後告獲牙人接引賣買私茶之人，並依接引賣買私鹽人已得指揮施行。」從之。

四月十三日，倉部員外郎、檢察福建廣南東西路經費財用公事章傑言：「據建州申：遞年合發省額茶二十一萬六千斤，自建炎二年後來，因葉濃作過，逐年只起罷科茶錢〔二〕。至紹興四年，因大禮蒙抛買賞給茶五萬斤，以是難買。繼蒙朝旨蠲免四萬斤。今准户部符：檢會紹興五年分本州合發省額茶二十一萬六千斤，仰計置依限起發。續準都督府劄子：准尚書省關，勘會建州合發上供茶盡起本色，赴建康府交納，令客人請買前去。以北州軍係已指擬淮南支用，不可全行減免。已得旨：特與減三分之一折起價，餘二分起發本色。州司照對，若令收買二分茶，即計一十四萬四千斤，比之紹興四年，幾增三倍，委是收買不行。乞申明朝廷，更賜減免。傑勘會建州遞年買發省額片茶，係隔年預借本錢支俵園户計置，拍造入中。後因兵火，園户逃亡，製造省少。今來却體訪得建州管下自來磨户變磨末茶成袋出賣，多有客販往淮南通、泰州。取會得建州每年批發上件茶引二十餘萬斤。今 31 欲乞將建州合發省額茶且權依紹興四年例起發五萬斤，餘並折價錢，委自本州收買末茶一十五萬斤赴建康府交納。」從之。

八月十六日〔三〕，福建路轉運司言：「據建州買納茶務監官申：昨來章傑申請乞買末茶往建康府召客人販，緣末茶滋味苦澀，性不堅實，不堪經久，委是將來有失官本。」有旨：前降收買起發末茶指揮更不施行。

七月十八日，殿中侍御史魏矼言：「竊見今秋明堂大禮，陛下屢降德音，務從簡儉，又令有司照應紹興元年體例施行。誠知宗祀以交神明，在誠德而不在繁文，所以内惜國家艱難之費，外省州郡輸貢之勞，因民心以享天心也。檢會紹興元年賞給數，内建州臘茶並不曾催發，亦不曾支給，知其無益于實，人亦不復覬覦矣。訪聞户部今歲抛買

〔一〕第：原作「等」，據《補編》頁七〇三改。
〔二〕此句疑有誤。
〔三〕八月：據前後條月序，疑當作「六月」。

大臘茶，自五月開務，至今纔發得一綱，園户騷動，陪備失業，實爲可憐。況建州自經葉濃、范汝爲之亂，户口凋殘，瘡痍未復。其民方集而易動，其俗喜兵而難安，州縣當思無以撫存之〔一〕，不宜以細故，重使失業也。臣愚欲望降旨，除已發一綱外，其餘臘茶許令依紹興元年賞給特行蠲免，更不起綱。」詔依紹興元年例施行〔二〕。（以上《永樂大典》卷五七八五）

附録 撫州茶鹽税課 《宋朝會要》所載。《撫州志》引。〔三〕

32 撫州一務，歲額一萬二千八百二十六貫文。

茶課

朝省舊買散茶，每斤二十九文，熙寧十年，爲額歲十萬三千五十四斤。又昔嘗詔六榷務，其真州務賣撫散茶，每斤六十一文。淳化四年二月，詔廢沿江榷務，應茶商並於出茶處市之，自江以南免其算。至七月，詔仍舊。宣和中，招誘商販，不復科買。紹興二十六年正月，提舉茶同承受行在都茶場每上、下半年降到短引二百六十六道，計錢六千二百二十九貫四百五十四文，就招商鋪請販，拘價起發。歲終，將趁到數目與本路州、軍、縣比較增虧，取旨賞罰。歲無定額。淳熙四年，州總趁到起引茶三千五百斤，住賣茶九千七十斤。

鹽課

熙寧十年，爲額在城八萬九百七十六貫三百六十九文。太平興國二年二月，三司建議江南十五州軍並於建安軍請鹽。宣和中，不復般請，至今招誘販鬻。在州總計鹽三百六十五萬三千八百斤。城下務（各）〔合〕同場：臨川合趁住賣鹽一百七十六萬一千九百斤，崇仁縣八十九萬一千六百斤，宜黄縣二十八萬八百斤，金谿縣四十五萬七千八百斤，樂安縣二十六萬一千七百斤。鹽場在州東南，元祐間，出會子與民間請 33 鹽，以折和買，崇寧中廢。

税課

是邦亦舟車之會，征税之入非不足也，大率皆蠶食於賤夫，其歸於府帑者寡矣。儻盡其入，則爲患益深，寧薄其責，庶商旅皆願行於途〔四〕。在城、金谿（上）〔二〕務一萬一

〔一〕無：疑當作「所」。
〔二〕例施行：此三字因嘉業堂整理者將以上文字割出别作一卷時被剪落，今據《補編》頁七〇三補。
〔三〕「撫州茶鹽税課」六字原無，據下文内容添。天頭原批：「此下數則，原批【《撫州志》引】，列茶法後。因道及鹽課、税課，改附於茶鹽雜録後，俟考。」按，「附録」二字及天頭批語似爲嘉業堂整理者所批，「宋朝會要所載」六字爲徐抄本原有，「撫州志引」四字當是徐松原批。又按，以下《撫州志》所引《會要》當是節引與綜述，且雜有《撫州志》編者之語，非盡爲《會要》原文。
〔四〕「是邦」以下疑非《會要》文。

千六百六貫。熙寧，在城、崇仁、宜黄、金谿四務二萬一百三十貫有奇。紹興置樂安，共五務，四萬一千四百一貫有奇。（以上《永樂大典》卷一〇九五二）

宋會要輯稿 食貨三三

坑冶 上〔一〕

各路坑冶置場務所

[1]金 登州天聖二年置場，官自收買，禁人私取。至明道二年廢，許民取便采淘貨賣。商州坑冶務舊置。饒州鄱陽縣利陽鎮場〔二〕，舊置；德興縣場，慶曆二年置；浮梁縣大邊源櫳木陪〔三〕，慶曆六年陳獻金寶，至和三年罷。信州貴溪縣黄金場，熙寧四年置，八年罷監官。南安軍南康縣連塘場，舊置，康定中罷。福州古田縣寶興場，天禧二年置，（加祐）〔嘉祐〕五年罷。汀州安豐場，舊置；上杭縣鍾寮場，慶曆元年置。邵武軍歸化縣磦磜場，端拱元年置。南恩州陽江縣磨峒場〔四〕，天聖四年置，熙寧十年罷。邕州慎乃場〔五〕，熙寧六年置。

銀 虢州（治）〔冶〕務舊置。商州豐陽縣砂銀冶，太平興國元年置；上洛縣龍渦場，熙寧七年置；洛南縣麻地稜冶場〔六〕，八年置；鎮北冶場，九年置。秦州太平興國三年，升大買務爲太平監。隴州冶務舊置。汧源縣古道場，治平元年置。鳳州開寶監，舊置。越州諸暨縣冶務，咸平中置，治平四年監官〔七〕。婺州東陽縣場，治平元年置。處州遂昌縣永豐場，熙寧三年置；椶溪場，五年置，六年併入永豐；松陽縣竹溪場〔八〕，六年置，八年罷；高亭場，十年置。衢州西安縣南、北二場，開化縣金水場，並舊置。饒州德興縣市院，太平興國元年置。信州[2]寶豐場，舊置；錢溪場，嘉祐四年置；丁溪場，熙寧七年置，十年罷。虔州寶積場、義豐監〔九〕，舊置；雩都縣場，景祐四年置；瑞金縣九龍場，熙寧五年置；贛縣蛤湖場，十年置。南安軍大庾縣穩下務，太平興國中置，熙寧十年罷。建昌軍馬茨湖場，至道二年置；看都、太平場〔一〇〕，景祐二年置；蒙池場，治平三年置。潭州蕉溪場，慶曆六年置；衡山縣黄簳場，治平元年置，熙寧九年罷；（劉）〔瀏〕陽縣永興場，熙寧七年置。衡州常寧縣茭源場〔一一〕，明道二年置；上、下槽場，太平興國八年置。永州魯家源場，慶曆八年置，熙寧九年罷。郴州新塘場，天聖四年置；桂陽縣延壽坑，康定元年置；流江坑，慶曆三年置；浦溪坑，嘉祐七年置；雷溪坑，熙寧八年置。桂陽監大湊山、大板源、龍岡、毛壽、九鼎五坑，並大中祥符已前置；歷錫平、太臯、小白竹、水頭〔一二〕、石笋、大富六坑，並景祐已前置。興元府冶務舊置。福州寶興場，舊置；保德場，慶曆三年置；永泰縣黄洋場，嘉祐七年置；長溪縣玉林場〔一三〕，熙寧七年置。建州

〔一〕題下原注：「金、銀、銅、鐵、鉛、錫、水銀、朱（硃）〔砂〕等場。各路坑冶置場務所。各路坑冶所出額數。各路坑冶興發停閉。諸坑冶務。」

〔二〕鎮：原作「錫」，據《補編》頁三二八改。

〔三〕櫳：原作「挏」，據《補編》頁三二八改。陪：疑是「阬」（坑）之誤。此似謂大邊源之櫳木坑（江西舊日地名多有稱「源」者）。

〔四〕磨：《補編》頁三二九作「唐」。

〔五〕慎：原作「填」，據《補編》頁三二九、《元豐九域志》卷九改。

〔六〕地：原作「治」，據本書食貨三三之八、三三之一六、《補編》頁八四改。

〔七〕「監官」二字前疑脱「罷」字。

〔八〕松陽：原作「松楊」，據《宋史》卷八八《地理志》四改。

〔九〕監：原作「兼」，據本書食貨一九之一四改。

〔一〇〕「看」原作「首」，「太」原作「大」，據《元豐九域志》卷六改。

〔一一〕茭：原作「菱」，據後食貨三三之一五、《元豐九域志》卷六改。

〔一二〕水：原作「禾」，據《元豐九域志》卷六改。

〔一三〕林：原作「秝」，據後文食貨三三之九、《補編》頁八四改。

龍焙監，舊置；建安縣永興場，太平興國七年置；關隸天受場，至道元年置；大同山，大中祥符六年置；浦城縣通德場，天聖三年置；潘家山，慶曆六年置，熙寧八年併入通德；餘桑場，嘉祐元年置；餘生坑，二年置，併入通德；焦溪坑，六年置；監庫，七年置；舫竹坑，七年置；石舍坑，熙寧元年置；丁地坑〔一〕，三年六月置〔二〕；建陽縣武仙場，十一月置；黄柏洋場，四年置；瞿嶺場，五年置。**泉州**清溪縣龍崇場，熙寧三年置。**南劍州**順昌縣新發、王豐、贍國、青銅、招化、豐嵒、新菩薩場，舊置；安福場，舊置，熙寧七年召人認額；劇頭、永樂、鼓坑、永吉、將樂、萬足、黄金、寶興、永豐，凡九場，今並停廢；梅營場，太平興國中置，熙寧九年罷；龍逢場，太平興國六年置，熙寧九年罷；尤溪縣寶應場，淳化三年置；杜唐場，至道三年置；安仁場，咸平元年置；小安仁場，三年置；新豐場，景德元年置；葉洋場，天聖中置；將樂縣石牌場，四年置；龍門場，慶曆六年置；劍浦縣大演場〔三〕，皇祐四年置；漆坑場，熙寧七年置。**汀州**龍門場，乾德三年置；歸禾務，太平興國七年置；龍門新場，雍熙三年置；稅口務，天禧三年置；張源坑，乾興元年置，康定二年罷；寶安場，元年置，皇祐元年罷；永豐場，寶元元年置，慶曆三年罷；鳳凰場，慶曆二年置，三年罷；連源場，三年置，六年罷；長汀縣上寶場，七年置；寧化縣長永坑，皇祐元年置；上杭縣赤水場，元年置，熙寧九年罷；大庇坑，四年置；寶應坑，熙寧四年置，五年罷；太平場，八年八月置，十二月罷。**漳州**興善場、毗婆場，舊置；龍嵒縣大濟場，寶元二年置；寶興場，熙寧六年置。**邵武軍**三溪、焦坑、龍門、小杉四坑，舊置；建寧縣青安場〔四〕，雍熙二年置；黄土場，天聖四年置；歸化縣江源坑，慶曆八年置；鄒溪場，至和元年置；邵武 3 縣黄分坑，治平元年置，熙寧九年罷；光澤縣太平場，熙寧二年置。**廣州**懷集縣上雲場，舊置；大利場〔五〕，熙寧二年置；清遠縣大富場〔六〕，五年置。**韶州**伍汪場，咸平二年置；靈源場〔七〕，大中祥符二年置；浙橋場，天聖元年置；銀帶場，景祐二年置，皇祐二年罷；象鼻坑，三年置，皇祐三年罷；岑水場，慶曆七年置；翁〔原〕〔源〕縣大湖場，皇祐四年置；黄坑場，治平四年置；郢岡場，熙寧二年置，五年罷；石膏場，七年置。**循州**興寧縣夜明場，治平二年置。**潮州**程鄉縣樂口場，治平三年置；海陽縣彊豐濟場〔八〕，熙寧六年置；烏闘溪場，七年置，十年罷。**連州**桂陽縣豐官場，淳化二年置；陽山場，熙寧五年置。**賀州**臨賀縣寶盈場，咸平二年置，大中祥符七年罷。**端州**高要縣沙利場，皇祐二年置。**康州**雙涌場，熙寧七年置，九年罷。**南恩州**陽江縣海口場，景德二年置，皇祐元年罷。**英州**賢德〔九〕、堯山場，咸平二年置；浛光縣竹溪場，四年置；真陽縣鍾峒場，景德三年置；師子場，慶曆三年置；大葉峒場，皇祐四年置，至和三年罷。**惠州**歸善縣西平場，流坑場〔一〇〕，並嘉祐八年置。**藤州**岑溪縣岑溪場、棠林場〔一一〕，慶曆三年置；寶鉛場，熙寧五年置。**宜州**富仁監，乾德二年置；河池縣寶富場，熙寧五年置。**高州**電白縣高北監，大中祥符七年置。

銅　**渭州**華亭縣買場，慶曆二年置。**饒州**興利場，舊置；德興縣

〔一〕地：原作「池」，據《補編》頁八五、《元豐九域志》卷九、《宋史》卷八九《地理志》五改。
〔二〕三年：本卷食貨三三之九、《補編》頁八五均作「二年」，疑此誤。
〔三〕演：原作「寅」，據後文食貨三三之一二、《元豐九域志》卷九改。
〔四〕建寧：原作「建溪」，據本書食貨一二之二九、《元豐九域志》卷九改。
〔五〕大：原作「太」，據《補編》頁八五、《元豐九域志》卷九改。
〔六〕大：原作「天」，據《補編》頁八五、《元豐九域志》卷九改。
〔七〕靈：原作「虚」，據本書食貨一七之二、《元豐九域志》卷九改。
〔八〕「陽」原作「隅」，「彊」原脱，據《元豐九域志》卷九、本書食貨一七之二改補。
〔九〕賢：原闕，據《元豐九域志》卷九補。
〔一〇〕坑：原作「沆」，據《元豐九域志》卷九、《宋史》卷九〇《地理志》六改。
〔一一〕棠：原作「常」，據本書食貨三三之一六、《補編》頁一五九、《元豐九域志》卷九改。

場，大中祥符三年置，嘉祐七年罷。信州寶豐場，舊置；鉛山場，端拱二年置，熙寧四年罷。興國軍大冶縣富民監場，皇祐元年置。南安軍城下場，舊置；大庾縣烏石務，皇祐元年罷。郴州桂陽監坑，熙寧二年置。興州青陽買場，熙寧七年置。建州龍焙監同德場，舊置。南劍州順昌縣新發、新豐、安仁、王豐、贍國、高才、杜唐、青銅、龍逢、小安仁、龍泉、寶應、招化、豐喦、梅營、新菩薩場，並同銀場。汀州黃焙、龍門場，舊置；上杭縣鍾寮場，太平興國二年置，慶曆二年罷；寶勝坑，寶元元年置，皇祐五年罷；金山場，治平四年二月置，十月罷；潦材坑，熙寧元年置，二年罷。漳州興善、喦洞場，舊置。邵武軍黃土、磦（燎）〔磜〕場，舊置；（部）〔邵〕武縣同福場，淳化五年置，天聖中廢；龍須場，康定元年置。英州禮平場，舊置。

鐵　西京凌雲冶務，舊置。兗州萊蕪監，其汶陽、杏山二冶，舊置；何家、魯東、宜山、萬家、埠陽五冶，並罷。徐州大通監東、西冶，舊置。相州磻陽冶，舊置。邢州冶務舊置。磁州團城冶務，舊置。陝州集律冶務，舊置。同州韓山冶務，舊置。輝州冶務舊置。虢州盧氏縣馮谷冶、麻壯冶，舊置。坊州南北務、王華務，舊置。鳳翔府赤谷務，舊置；郿縣斜谷冶，治平三年置。鳳州冶務舊置。渭州華亭縣冶，太平興國二年置。晉州冶務舊置。澤州大廣冶，舊置。黃州龍陂 4 冶務，舊置。信州新溪丁溪場、大通監東冶，舊置。虔州符竹、上平、黃于、青唐、豐田、五龍六冶務，舊置。吉州太和縣焦縣〔一〕，吉水縣盧江、富田務，永新縣永呂、水和務，安福縣龍雲鄉冶務，並舊置。袁州貴山冶務，舊置，嘉祐三年買撲。興國軍大冶縣磁湖冶務，熙寧四年進狀納入（宮）〔官〕，七年罷。南安軍上猶縣山田務，天聖三年置。道州黃富坑，建隆中置；寧遠縣坑，太平興國五年置，康定六年罷〔二〕；營道鄉，至和三年置。澧州冶務舊置。雅州名山縣蒸礦爐所，熙寧六年置。資州盤石縣坑，舊置。瀘州冶務舊置。建州浦城、關隸、建陽三縣冶務，舊置。泉州清溪縣青陽場，咸平二年置；永春縣倚洋場〔三〕，慶曆六年置，熙寧七年罷；德化縣五華場，八年置；赤水場，嘉祐八年置。汀州長汀縣莒溪務，咸平二年置。邵武軍邵武縣寶積場，景祐元年置；新安場，熙寧二年置。廣州番禺縣銀鑪坑，治平元年置；清遠縣定里場，熙寧二年置。韶州仁化縣火衆、多田（場），康定元年置。潮州程鄉縣龍坑場，天聖五年置。端州高要縣浮盧場，皇祐四年置。惠州歸善縣三豐場，皇祐二年置；象牙遥場，治平二年置，三年罷。融州融水縣坑，開寶七年置。

鉛　商州洛南縣錫定冶，熙寧八年置。衢州西安南、北山、開化金水場，舊置。建州龍焙監，同銀銅場置。漳州毗婆、火深場〔四〕，同銀銅場置。廣州清遠縣錢紇場，熙寧二年置。韶州蘇平場，熙寧五年置；翁源縣大富場，五年置；樂昌縣太平場，九年置；曲江縣中子峒場，六年置。循州龍川縣大有場，熙寧三年置。潮州程鄉縣石阬場〔五〕，熙寧七年置。南恩州陽江縣場，咸平元年置。英州竹溪場，同銀場置。融州融水縣場，熙寧四年置。

錫　襄州穀城縣瀆石、難子山窟，並熙寧五年置。衛州共成縣場，熙寧七年置。虔州虔化縣寶積場，景德元年置，熙寧七年罷官監；會昌縣枝

〔一〕太和：原作「太平」，據《元豐九域志》卷六改。焦縣：「縣」字疑誤。
〔二〕康定六年：按，康定僅有二年，疑「六年」乃「元年」之誤。
〔三〕倚：原作「荷」，據《元豐九域志》卷九、《補編》頁七二七改。
〔四〕火深：疑是「大濟」之誤，上文銀場下載漳州有毗婆場、大濟場。
〔五〕阬：原作「院」，據《元豐九域志》卷九改。

溪場〔一〕，嘉祐八年置；天井場，熙寧九年置。南安軍銅溪務，明道元年置，嘉祐七年罷；南康縣馬田錫務，舊置，至和二年罷；大庾縣步子龍務，舊置，嘉祐四年罷；上猶縣大興場，治平四年罷；瑞陽務〔二〕，舊置，熙寧六年和買。道州江華縣黃富場，天聖五年置。興元府西縣冶務，大中祥符元年置，嘉祐中罷，熙寧十年再置。廣州新會縣千歲場，至和三年置；南金場，嘉祐二年置，八年罷；東莞縣桂角場，嘉祐七年置；香山崖場〔三〕，熙寧六年置，九年併入千歲場。循州長樂縣大佐場，（京）〔景〕德三年置；洋頭場，大中祥符三年置；羅翊場，四年置；瀨湖場，熙寧六年置。潮州海陽縣橫衝場〔四〕，大中祥符八年置；黃崗場，八年置。康州瀧水縣羅磨場〔五〕，熙寧二年置，六年罷官監；護峒場〔六〕、端溪縣雲烈場，並是五年置。南恩州湯平縣紫暹場〔七〕，嘉祐四年置，熙寧六年罷；沃禄場，熙[5]寧八年置，十年罷。惠州河源縣立溪場〔八〕，明道二年置；海豐縣靈溪場，嘉祐元年置；歸善縣永吉場，二年置；信上場，二年置；楊安場，三年置；和溪場，熙寧五年置；永安場，六年置；勞謝場，八年置。高州信宜縣懷德場，熙寧八年置。

水銀朱砂　商州水銀末場，舊置。秦州太平監水銀務，舊置。道州寧遠縣上丁槽（米）〔朱〕砂坑〔九〕，舊置；營道縣朱砂坑，康定元年置，慶曆三年罷。邵武軍水銀務，舊置。文州曲水縣水銀務，熙寧五年置。宜州富安監朱砂務，淳化二年置。（以上《永樂大典》卷一七五六五）

各路坑冶所出額數

【續會要】[6]以《中書備對》諸坑冶務（租）〔祖〕額并元豐元年收數修入，《九域志》土貢場務附焉。治平以前所置場務已見舊《會要》者不載，舊《會要》所無而不詳何年月置者，亦收入。坑冶場務興廢不定，逐年所入多寡不同，亦有當年無收者。此其大畧也〔一〇〕。

【宋會要】〔一一〕

[7]金　元額、歲收數未詳者闕之，銀銅等並準此。　登州元額三千九兩，元豐元年收四千七百一兩，又土貢一十兩。萊州三縣和買金，元額四千一百五十兩，元豐元年收四千八百七十二兩。金州土貢麩金八十兩。房州課金，元額六十六兩，元豐元年收五十七兩。商州洛南〔一二〕、商洛〔一三〕、

〔一〕枝溪：《元豐九域志》卷六作「拔溪」。

〔二〕瑞陽務：原作「端陽縣」，按南安軍無此縣，據本卷食貨三三之一六、《元豐九域志》卷六改。

〔三〕崖：原作「岸」，據《元豐九域志》卷九改。

〔四〕衝：原作「衡」，據《元豐九域志》卷九改。

〔五〕瀧水：原作「隴成」，據《宋史》卷九〇《地理志》六改。

〔六〕峒：原作「銅」，據《宋史》卷九〇《地理志》六改。

〔七〕湯平縣：按南恩州無此縣，當是「陽江」之誤。紫暹：後文食貨三三之一七作「紫邏」。

〔八〕河源縣：原作「河源城」，據《元豐九域志》卷九改。

〔九〕上丁槽：《元豐九域志》卷六道州寧遠縣有上下槽銀坑，疑「丁」爲「下」之誤。

〔一〇〕原稿「此其大畧也」後隔行批云：「此條接寫《國朝會要》後。」

〔一一〕此下原標「金。食貨五十一」。按，此是《永樂大典》卷一七五六六原有事目及小題。

〔一二〕洛：原作「咨」，據《元豐九域志》卷三、《宋史》卷八七《地理志》三改。

〔一三〕洛：原作「路」，據《元豐九域志》卷三、《宋史》卷八七《地理志》三改。

上津、豐陽縣課金，元額三十九兩，元年收五十六兩〔一〕。絳州買金場一。饒州城下黃金場，元額三十四兩，元年收三十五兩。又土貢麩金一十兩。信州貴溪縣買金場，熙寧四年置，八年罷監官。岳州平江縣土竈一場。衡州土貢麩金三兩。沅州元額一百三十二兩，元年收八十四兩。眉州土貢麩金五兩。嘉州土貢麩金六兩。雅州土貢麩金五兩。簡州土貢麩金五兩。資州土貢麩金五兩。昌州土貢麩金五兩。利州土貢麩金五兩〔二〕。龍州土貢麩金三兩。萬州土貢麩金三兩〔三〕。汀州元額一百六十七兩，元年收一百五十一兩。邕州慎乃場，熙寧六年置，元無額，元年收七百五十四兩。象州土貢三兩。融州土貢三兩。南恩州磨峒場，熙寧十年罷。

金坑冶祖額總計七千五百九十七兩，元豐元年收總計一萬七百一十兩。

銀　西京伊陽縣場。登州場一，元額七十兩，元豐元年收五百一兩。萊州元額三百四十二兩，元年收一百三十六兩。唐州湖陽縣花山場一。鄧州長安坑場、粟平冶[8]場。元額七百二十兩，元年收四百兩。衛州共城縣場一。商州上洛縣龍渦場〔四〕，熙寧七年置；洛南縣麻地稜冶場，八年置；鎮北冶場，九年置。元額九千七百九十七兩，元年收六千九百六十兩。虢州銀煎冶、百家川、欒川、蜜崖冶、姚谷冶、石瓮冶、朱陽縣七場。元額三萬四千五百七十三兩，元年收二萬五千六百四十二兩。鳳翔府橫正場〔五〕。元額一千八百八十五兩，元年收九百二十九兩。秦州子路、白石、黃蘗、黃金、保安、床谷、東毗、白花、白草、青陽、黃城、臨金十二場務。元額二百二十二兩，元年收一百四十九兩。隴州元額七萬七千二百六十二兩，元年收四千三百二十二兩。鳳州元額一百六十兩，元年收一百八十四兩。越州元額二百九十兩，元年收六十三兩。衢州元額六千五十六兩，元年收六百九十五兩。處州遂昌縣永豐場，熙寧三年置；梭溪場，五年置，六年併入永豐；松陽縣竹溪場，六年置，八年罷；高亭場，十年又置通泰一場〔六〕。元額三千四百七十五兩，元年收四千七百三十四兩。饒州德興二場。元額二千二百三十七兩，元年收一千二百四十五兩。信州上饒縣丁溪場，熙寧七年置，十年罷〔七〕；貴溪縣一場，鉛山縣一場〔八〕。元額一十萬三千三百九十三兩〔九〕，元年收三萬五千九百五十七兩。虔州瑞金縣九壟場〔一〇〕，熙寧五年置；贛縣蛤湖場，十年置。元額三千七百二十二兩，元年收二千四百七十二兩。建昌軍元[9]額九千一百七十九兩，元年收五千一百一十六兩。南安軍大庾縣穩下務，熙寧十年罷。潭州衡山縣黃簳場，熙寧九年罷；瀏陽縣永興場，熙寧七年置。元額一萬六千六百七十三兩，元年收二萬八千七百五十七兩。衡州醒衡坑一。元額六千三百兩，元年收二百四十六兩。道州元額闕，元年收一百三十兩。郴州雷溪坑，熙寧八年置。元額三千五百五十三兩，元年收二千九百九十三兩。永州魯家源場，熙寧九年罷。桂陽

〔一〕元：原作「無」，據《補編》頁三二七改。
〔二〕麩金：原脱，據《補編》頁三二七補。
〔三〕麩金：原脱，據《補編》頁三二七補。
〔四〕「洛」下原衍「陽」字，據《元豐九域志》卷三刪。
〔五〕橫正：《補編》頁八四作「橫山」。
〔六〕泰：《補編》頁八四作「秦」。
〔七〕「十」上原添一「百」字，據《補編》頁八四刪。
〔八〕場：原作「額」，據《補編》頁八四改。
〔九〕百：原脱，據《補編》頁八四補。
〔一〇〕壟：本卷食貨三三之二及《元豐九域志》卷六作「龍」，本卷食貨三三之一一又作「壟」。

監都銀坑〔一〕。元額二萬七百三十二兩，元年收八百七十五兩。又土貢五十兩。邵州土貢一十兩。鄂州土貢三十兩〔二〕。福州長溪縣玉林場，熙寧七年置。元額一千六百四十兩，元年收二千八百二十一兩。建州浦城縣潘家山場，熙寧八年併入通德；建安縣石舍場，熙寧元年置；丁地坑，二年六月置；建陽縣武仙場，十一月置；黄柏洋場，四年置；瞿嶺場，五年置。元額一萬二百七十七兩，元年收八千八百一十二兩。泉州清溪縣龍崇場，熙寧三年置，元額三兩，元年收四兩。南劍州將樂縣安福場，舊置，熙寧七年召人認額；尤溪縣漆坑場，七年置；梅營、龍逢二場，九年罷；又龍泉場、石城場、新興場。元額二萬五千六百一十兩，元年收五萬一千二百二十七兩〔三〕。汀州寶應坑，熙寧四年置，五年罷；太平場，八年八月置，十二月罷；赤水場，舊置〔四〕，九年罷。（無）〔元〕額四千七十五兩，元年收二千三百二十[10]兩。漳州龍巖縣寶興場，熙寧六年置。元額五百五十兩，元年收九百一十五兩。邵武軍太平場，熙寧二年置；黄分坑，九年罷。又寺城場。元額四千二百九十兩，元年收二千九百一兩。廣州大利場，熙寧二年置；大富場，五年置；又錢糾場、桂角場〔五〕、香山崖場。元額三百三十一兩，元年收二百七兩。韶州鄒崗場，熙寧三年置，五年罷；石膏場，七年置。元額九千四百八十八兩，元（額）〔年〕收四百二十兩。循州元額一萬五千六百五十兩，元年收三千二百四十一兩。潮州强豐濟場〔六〕，熙寧六年置；烏門場，七年置，十年罷；又石院場。元額八千二百八十九兩，元年收同。連州陽山場，熙寧五年置；又同官場、銅坑場。元額三千五百五十五兩，元年收二千七百七十四兩。賀州市銀場、臨賀縣太平場，元額二百六兩，元年收同。又土貢一十兩。端州元額二百五十三兩，元年（元）收五十八兩。土貢一十兩。康州雙涌場，熙寧七年置，九年罷。土貢一十兩。南恩州土貢一十兩。英州元額五千五百三十六兩，元年收七千二百三十六兩。惠州元額二千二百八兩，元年收一千四百八十兩。新州土貢一十兩。封州土貢一十兩。梅州程鄉縣樂口場，土貢二十兩。桂州土貢五十兩。容州土貢一十兩。邕州土貢三十兩。昭州土貢一十兩。梧州土貢一十兩。藤州寶錫場，熙寧五年置。元額四百一十兩，元年收二百九十八兩。土貢一十兩。融州古帶場〔七〕，或作鉛場，未詳。龔州土貢一十兩。潯州土貢一十兩。貴州土貢一[11]（一）十兩。柳州土貢一十兩。宜州寶富場，熙寧五年置。元額一萬九千四百八十六兩，元年收三千二百五十四兩。土貢一十兩。賓州土貢五兩。横州土貢一十兩。化州土貢五兩。高州元額一百三十二兩，元年收同。土貢五兩。白州土貢一十兩。鬱林州土貢五兩。廉州土貢一十兩。瓊州土貢一十兩。昌化軍土貢一十兩。萬安軍土貢五兩。

銀坑冶祖額總計四十一萬一千四百二十兩，元豐元年收總計二十一萬五千三百八十五兩。

銅　隴州古道場。元額九千一十九斤，元豐元年收同。虢州百家川場，樂川冶。元額七千四百一十七斤，元年收六千三百九十二斤。處州永豐場。元額六萬八千五百六十六斤，元年收四萬七千五百一十一斤。饒州

〔一〕「坑」下原有一「置」字，據《補編》頁八四删。
〔二〕兩：原作「萬」，據《補編》頁八四改。
〔三〕元年：原作「元額」，據《補編》頁八五改。
〔四〕置：原作「罷」，據《補編》頁八五改。
〔五〕桂：原作「挂」，據本卷食貨三三之四、《補編》頁八五、《元豐九域志》卷九改。
〔六〕强：原脱，據本書食貨一七之二、食貨二三之三、《元豐九域志》卷九補。
〔七〕古：原作「吉」，據《補編》頁八五、《元豐九域志》卷九改。

元額七百四十斤，元年收一千六百八斤。信州鉛山場，熙寧四年罷，後復置；上饒縣丁溪場。虔州九龔場，雩都場〔一〕。元額六百七十四斤，元年收一百三十斤。潭州無額，元年收一百七萬八千二百五十斤。衡州茭源場〔二〕。元額五千五百七十斤，元年收四千三百五十斤。郴州桂陽延壽坑，熙寧二年置。又二場。元額七十七斤，元年收八十四斤。梓州銅山縣一冶。元額三百六十五斤，元年收同。興州順政縣青陽場，熙寧七年置。元額一十五萬四千四十九斤，元年收二十七萬七千三百二十八斤。福州黃洋場、玉林場〔三〕。元額三萬二千八百二十二斤，元年【12】收九萬五千三百八斤。建州天受、通德、勳竹、武仙、瞿嶺場五，余生、蕉溪坑二，大同山一。元額九萬二千四百九十三斤，元年收七萬一千二百六十斤。南劍州漆坑、石牌、龍門、安福、大演場。元額一十二萬五千九百七十四斤，元年收一十一萬四千五十一斤〔四〕。汀州漈村坑，熙寧元年置，二年罷；又上寶、鳳凰山、赤水、永豐場。元額三萬五千四百九十五斤，元年收一萬六千四百七十二斤。泉州龍崇場。元無額，元年收未到。漳州寶興、大濟場二〔五〕。元額四萬六千八百四十九斤，元年收四萬九百三十六斤。邵武軍鄉溪、太平、新安場。元額一十二萬八千五百六十四斤，元年收四萬二千五百一十五斤。廣州岑水場、中子場。元額一千萬斤，元年收一千二百八十萬八千四百三十斤。連州陽山縣銅坑一場。英州竹溪場。元額二千七百九十五斤，元年收無。

銅坑冶祖額總計一千七十一萬一千四百六十六斤〔六〕，

元豐元年收總計一千四百六十萬五千九百六十九斤。

鐵　登州元額二千六百五十五斤，元豐元年收三千七百七十五斤。萊州萊陽縣治課生鐵，元額四千八百斤，元年收四千二百九十斤。徐州利國監。元額三十萬斤，元年收三十萬八千斤。兗州元額三十九萬六千斤，元年收二十四萬二千斤。鄧州長安坑、粟平冶。元額六萬九千三百六十斤，元年收八萬四千四百一十斤。相【13】州沙河縣一冶務〔七〕。元額闕。磁州武安縣固鎮冶務，元額一百八十一萬四千二百六十一斤，元年收一百九十七萬一千一斤。邢州綦村冶〔八〕。元額一百七十一萬六千四百一十三斤，元年收二百一十七萬三千二百一斤。虢州清水、猯猴冶、上聱槽冶。元額一十三萬九千五十斤，元年收一十五萬五千八百五十斤。陝州元額一萬三千斤，元年收同。鳳翔府元額四萬五百六十斤，元年收四萬八千二百四十八斤。鳳州梁泉縣冶。元額三萬六千八百二十斤，元年收同。晉州元額五十六萬九千七百七十六斤，元年收三萬九十八斤。威勝軍元額一十五萬八千五百六斤，元年收二十二萬八千二百八十六斤。信州元額三千一百三十三斤，元年收同。虔州元額闕。袁州元額四萬一千五百九十三斤，元年收同。興國軍大冶縣磁湖冶務，熙寧四年進狀納入官，七年罷。元額八萬八千八百八十八斤，元年收五萬九千二百一十五斤。道州江華縣鎮頭坑，元額五百四斤，元年收同。雅州名山縣蒸礦爐三所，熙寧六年置。梓州通泉縣三

〔一〕雩：原作「雲」，據本書食貨三三之一改。

〔二〕場：原作「縣」，據本書食貨三三之二、《補編》頁四改。

〔三〕林：原作「秫」，據本書食貨三三之九、《補編》頁四改。

〔四〕一十：原作「十十」，據《補編》頁四改。

〔五〕濟：原作「消」，據本卷食貨三三之二、《元豐九域志》卷九改。

〔六〕祖：原作「租」，據前後文例改。

〔七〕沙河縣：按沙河縣屬邢州，在今河北沙河市北，距相州（治今河南安陽）甚遠，此必有誤。據本書食貨三三之三、《元豐九域志》卷二，相州林慮縣有礠陽冶一務，「沙河縣」似當作「林慮縣」。

〔八〕綦：原作「基」，據本書食貨一五之一三、《補編》頁五〇四、《元豐九域志》卷二改。按綦村冶屬沙河縣，上文「沙河縣」三字應移於此句「綦」字上。

治、東關縣一冶。榮州元額三百斤，元年收二百九十五斤。資州元額六千七百六斤，元年收七千二百五十四斤。興州鐵炭場。建州元額五百斤，元年收三千四百斤。南劍州元額一萬五千一百七十九斤，元年收一萬三千三百五十斤。汀州管熟務，一本作銅務，元額九 14 千斤，元年收同。泉州永春縣倚洋場，舊置，熙寧七年罷。邵武軍光澤縣新安場，熙寧二年置；又邵武縣萬德場。元額六千九百二斤，元年收同。廣州清遠縣定里場，熙寧三年置。惠州元額六千一百二十八斤，元年收同。韶州元額一千五百斤，元年收一千八百斤。端州元額一千四百四斤，元年收一千（收一千）四百一十斤。英州元額四萬三千四百九十三斤，元年收同。南恩州陽春縣欖徑場〔一〕。融州古帶坑場，元額五百斤，元年收八百六十斤。

鐵坑冶祖額總計五百四十八萬二千七百七十斤，元豐元年收總計五百五十萬一千九十七斤。

鉛　鄧州元額一千五百七十二斤，元豐元年收六百九十六斤。衛州元額五十萬八百九十一斤，元年收九十五萬一千九百九十七斤。隴州元額一萬二百六十八斤，元年收二百六十三斤。商州錫定場，熙寧八年置。元額九十萬五千五百七十四斤，元年收八十五萬二千三百一十四斤。虢州元額一百七十六萬一千八百六十八斤，元年收一百六十二萬四百三十二斤。鳳翔府元額三千二百四十五斤，元年收九千四百七十三斤。越州場一，元額三千二百三十七斤，元年收六百三十一斤。衢州元額一十萬八千二百二十七斤，元年收五萬二千五百五十四斤。處州稜溪場、高亭場。元額一萬一百七十一斤，元年收二十二萬九千四百五斤。信州 15 鉛山場、鐵溪場。元額二萬五千三百六十三斤，元年收一千三百二十斤。虔州寶積場、蛤湖場。元額五千一百九十三斤，元年收三千九百八十五斤。衡州茭源場。元額三萬四千斤，元年收一十二萬三千九百二十一斤。桂陽監元額八萬一千二百四十三斤，元年收同。峽州夷陵縣場一。建州永興、天受、通德、蕉溪、餘桑、觔竹、武仙、石舍場。元額六萬六千二百二十九斤，元年收四萬二千二百八十一斤〔二〕。南劍州安仁、業津、龍門、杜唐、小安仁、大演、漆坑、安福、龍泉場。元額九十萬三千四十五斤，元年收八十九萬五千六百八十斤。汀州龍門場長水坑、龍門新場赤水坑。元額一百六斤，元年收四十九斤。漳州寶興場。元額二千七百八十二斤，元年收一十五萬七千四百四十九斤。邵武軍青安、鄒溪、太平、黃分、磦磜〔三〕、新安場。廣州錢紇場，熙寧二年置；又大利場一。元額一萬八千一百六十斤，元年收二十萬四千三百四十斤。韶州蘇平場、大富場〔四〕，並五年置；太平場，九年置；中子場，十年置；又靈源、多寶、太湖、石膏場。元額一百一十八萬二千四百三十斤，元年收七十九萬八百七十斤。循州大有場，熙寧三年置；又夜明場。元額二十六萬五千五百一十斤，元年收八萬五千二百四十斤。惠州白平、流源場〔五〕，元額四萬七百二十五斤，元年收三千三百二十一斤。潮州程鄉縣石坑場，熙寧七年置，元屬梅州，熙寧六 16 年廢州，以縣隸潮，元豐五年復隸梅州。又欒口〔六〕、

〔一〕欖徑：原作「覽往」，據《宋史》卷九〇《地理志》六改。《元豐九域志》卷九作「攬徑」。

〔二〕元年：原作「九年」，據《補編》頁一五六改。

〔三〕磦：原作「螵」，據《元豐九域志》卷九改。

〔四〕大富場：原作「並富」，據本書食貨三三之四改補。

〔五〕白平、流源：按《元豐九域志》卷九，惠州歸善縣有「西平、流坑二銀場」，《宋史》卷九〇《地理志》六同。疑此處「白」爲「西」之誤，「源」爲「坑」之誤，蓋銀、鉛同礦。

〔六〕欒：原作「東」，據《補編》頁一五八、《元豐九域志》卷九改。

烏門場。元額二十七萬六千三百四十斤，元年收六萬八千二百四十斤。端州沙利場。元額一十六萬四千一百五十斤，元年收六萬六千七百一十斤。英州賢德、堯山場、清溪場、鍾峒場。元額一十六萬六千六百九十斤，元年收一十五萬四千九百七十六斤。南恩州元額一十六萬九千五百二十斤，元年收一十八萬六千四百六十斤。連州同官場、銅坑場。元額一百六十三萬四千七百六十二斤，元年收一百六十四萬二千六百二十斤。藤州棠林場。元額三十八斤，元年收同。高州高北監。元額九十六斤，元年收同。融州融水縣古帶場，熙寧四年置。元額九萬二千六十五斤，元年收四萬八千七百五十九斤。

鉛坑冶祖額總計八百三十二萬六千七百三十七斤〔一〕，元豐元年收總計九百一十九萬七千三百三十五斤。

錫　西京伊陽縣一場。襄州穀城縣瀆石、難子山窟，並熙寧五年置。衛州共城縣場，熙寧七年置。商州在城場、麻地稜冶〔二〕、龍渦場。虢州百家川、欒川冶、姚谷冶、石甕冶，盧氏縣、虢略縣場。處州永豐場、高亭場。衢州南冶務。虔州寶積場，舊置，熙寧七年罷官監；天井場，九年置。元額五十八萬四千四百七十一斤，（元額）元年收四十五萬二千七百四十三斤。南安軍瑞陽務，舊置，熙寧六年和買。元額八千二百一十一斤，元年收一千六百三十八斤。17 道州元額二十三萬六千三百八十斤，元年收二十三萬七千三百九十斤。郴州雷溪場。元額一千三百八十九斤，元年收一萬九百六十四斤。峽州夷陵縣場。興元府西縣冶務，舊置，嘉祐中罷，熙寧十年再置。建州大同山。南劍州龍門場、梅營場〔三〕。汀州龍門新場、赤水場。廣州香山崖場〔四〕，熙寧六年置，九年併入千歲場。元額四萬二千一百八斤，元年收三萬五千五百八十四斤。循州瀨湖場〔五〕，熙寧六年置。元額一十九萬二千四百斤，元年收一十八萬七千六十八斤。惠州河源縣和溪場，熙寧五年置；歸善縣永安場，六年置；涌豐場、勞謝場，八年置；又永安場〔六〕。元額二十六萬斤，元年收四十四萬三千五百五十六斤。賀州市銀場〔七〕、太平場。元額五十萬斤，元年收八十七萬八千九百五十斤。潮州海陽縣錦田場一。元額一萬二千五十一斤，元年收八千二百五十五斤。韶州象鼻坑。南恩州紫邏場，舊置，熙寧六年罷；沃祿場，八年置，十年罷。康州羅磨場，熙寧二年置，六年罷監官；護峒場〔八〕、雲烈場，並五年置。元額一十二萬六千三十斤，元年收六萬五千七百六十斤。連州同官場、銅坑場。高州懷德場，熙寧八年置。

錫坑冶祖額總計二百九十六萬三千四十斤，元豐元年收總計二百三十二萬一千八百九十八斤。

水銀、朱砂　商州上洛、商洛、洛南三縣水銀、朱砂坑。元額水銀五百六十九斤，元豐元年收五百八十四斤；元 18 額朱砂八十九斤四兩，元年收二百六十斤四兩。階州大石水銀務、彭城水銀務。元額七百五十一斤，元年收同。鳳州河池縣水銀務。（元額）二百四十七斤，元年收七百四十三斤。

〔一〕三十二：《補編》頁一五九作「二十二」。

〔二〕稜：原脫，據本卷食貨三三之八、《元豐九域志》卷三補。

〔三〕梅：原作「楊」，據本卷食貨三三之二、《元豐九域志》卷九改。

〔四〕崖：原作「岸」，據《元豐九域志》卷九改。

〔五〕瀨：原作「瀕」，據本卷食貨三三之四、《元豐九域志》卷九改。

〔六〕永安場：按上文已有永安場，不應同名。查本書食貨三三之五、《元豐九域志》卷九歸善縣另有永吉錫場，疑此處「永安」當作「永吉」。

〔七〕銀：原脫，據本書食貨三三之一〇、《補編》頁八五補。

〔八〕峒：原作「銅」，據《宋史》卷九〇《地理志》六改。

文州曲水縣水銀務，熙寧五年置。元額二千三百七十斤，元年收一千二百七十九斤。黔州土貢朱砂一十兩。辰州土貢水銀三十兩，光明砂十五兩。沅州土貢水銀二十兩，朱砂二十兩。宜州元額朱砂一千七百八十九斤九兩七錢六分，元年收三千三百八十六斤一十四兩四錢。容州土貢朱砂二十兩。

坑冶祖額水銀總計四千九百三十七斤，元豐元年收總計三千三百五十六斤；朱砂總計一千八百七十八斤一十三兩七錢六分，元豐元年收總計三千六百四十六斤一十四兩四錢。以上《續國朝會要》。

各路坑冶興發停閉及歲收額〔一〕

按《四朝會要》云：坑冶場務興廢不定，逐年所入多寡不同，今以虞部所具紹興三十二年内諸路州軍坑冶興廢之數并乾道二年七月内鑄錢司比較祖額之數，以次參附云〔二〕。

金坑　湖南路興發一百二十四處，停閉一百三十七處。廣東路停閉一處。江東路興發一處。江西路停閉一處。《中興會要》。

銀坑　湖南路興發四十一處，停閉五十處。廣東路興發四處，停閉六處。福建路興發三十二處。浙東路興發一十處。廣西路興發一處，停閉一十四處。江東路 19 停閉一處。江西路興發二處，停閉一十三處。

銅坑　潼(州)〔川〕府路興發一十九處，停閉三處。湖南路停閉一十九處。利州路興發二處。廣東路興發四處，停閉一處。浙東路興發一處。廣西路停閉六處。江東路停閉八處。江西路興發一處，停閉八處。

銅場歲收(租)〔祖〕額：總七百五萬七千二百六十三斤八兩。饒州興利場膽銅五萬一千二十九斤八兩。信州鉛山場膽銅三十八萬斤。寶豐場黄銅二千斤。池州銅陵縣膽銅一千三百九十八斤。興國軍大冶縣黄銅一千四百斤。韶州岑水場黄銅三百一十六萬四千七百斤，膽銅八十萬斤。連州元魚場黄銅一十萬九千二百六十斤。潭州永興場〔三〕黄銅一百七十九萬六千斤，膽銅六十四萬斤。汀州長汀縣黄銅六十二斤。南劍州尤溪縣黄銅六萬九千九百五十八斤。劍浦縣大演場黄銅八千一百九十斤。建寧府浦城縣因將場黄銅二萬八千八百斤。崇安縣黄銅一千一百四十斤。邵武軍光澤縣黄銅三百二十五斤〔四〕。婺州永康縣膽銅二千斤。

今遞年趁到：總二十六萬三千一百六十九斤九兩，比祖額紐計止收到三厘七毫〔五〕。信州鉛山場膽銅九萬六千(三)〔五〕百三十六斤〔六〕，

〔一〕及歲收額：原無，據下文内容補。

〔二〕按，此段文字原接於上文之末「以上續國朝會要」之後，作小字。今審其内容並據《宋史》卷一八五《食貨志》下七，當爲《中興會要》編者之按語，領起下文，因移於此並改作大字。

〔三〕潭州：原作「潭水」，據《補編》頁五改。

〔四〕二十：《補編》頁五作「一十」。

〔五〕祖：原作「租」，據《補編》頁五改。

〔六〕五百：原作「三百」。按，本段所載乾道二年各場收銅數又見於本書職官四三之一六八至一六九，今據該處所記，並經計算與核對，遇有錯誤數字，徑用六角括號改正。

赴饒州永平監、嚴州神泉監鑄錢。饒州興利場膽銅二萬三千四百八十〔二〕〔三〕斤，赴饒州永平監鑄錢。韶州岑水場黄銅、膽銅，赴饒州永通監及饒州永平監、贛[20]州鑄錢院鑄錢。黄銅（一萬四百四十斤）〔二萬四百十四斤〕，膽銅八萬八千九百四十八斤。潭州永興場膽銅三千四百（一十四）〔四十〕斤，赴饒州永平監鑄錢。建寧府因將場黄銅八千三百一十七斤四兩，赴本府豐國監鑄錢。池州銅陵縣膽銅四百八（十）〔斤〕五兩，赴饒州永平監鑄錢。信州弋陽縣寶豐場〔一〕黄銅（二）〔四〕十斤，附綱赴饒州永平監鑄錢。連州元魚場黄銅二千八百八十斤，赴韶州永通監鑄錢。南劍州尤溪縣黄銅三千六百五十四斤，赴建寧府豐國監鑄錢。汀州長汀縣黄銅六十二斤，赴建寧府豐〔國〕監鑄錢。邵武軍光澤縣黄銅三百二十（三）〔五〕斤，赴建寧府豐國監鑄錢。潼（州）〔川〕府銅山縣黄銅六千斤，赴饒州永平監鑄錢。利州青渥場〔二〕黄銅七千斤，赴饒州永平監鑄錢。興州青陽場〔三〕黄銅一千六百六十二斤，赴饒州永平監鑄錢。

鐵坑　淮南西路興發一十處，停閉三處。夔州路興發七十四處，停閉二十四處。成都府路興發二十七處，停閉一十六處。利州路興發四處。廣東路興發九處，停閉四處。福建路興發八十三處，停閉三十三處。浙東路興發三十二處，停閉四十九處。廣西路興發二十處，停閉二十六處。江東路興發二十六處，停閉一十六處。江西路興發九十二處，停閉八十處。

鐵出産歲收祖額：總二百一十六萬二千一百四十四斤一十二兩四錢。饒州餘干縣一萬三千三百斤。鄱陽縣一萬五千三百斤。德[21]興縣三千八百二十五斤。樂平縣五千五百斤。信州鉛山場一十四萬七千六百七十一斤。弋陽縣一十二萬斤。上饒縣一十二萬斤。玉山縣五萬斤。貴溪縣一萬三千斤。徽州婺源縣三千斤。池州貴池縣四千二百一十斤八兩。銅陵縣六萬七千九百四十三斤。撫州東山場一十三萬八千四百二十四斤。隆興府新建縣三千七百六十斤。進賢縣五千三百八十三斤一十一兩。吉州安福縣連嶺場七十一萬四千斤。萬安縣三萬二百二十六斤。廬陵縣黄崗場一十萬六千五百斤。吉水縣六萬三百四十五斤。江州德安縣三萬一千二百四十七斤一十二兩。德化縣三萬二千八百三十八斤。興國軍大冶縣一萬二千二百三十二斤。潭州瀏陽縣六萬四千斤。衡州常寧縣四百八十斤。辰州辰溪縣三千一百四十四斤。叙浦縣一千九百四十四斤。韶州翁源縣五萬斤。南雄州始興縣三萬六千四百八十斤。惠州博羅縣一萬二千七百四十斤。廣州增城縣一萬三千斤。番禺縣一萬三百斤。清遠縣七百斤。賓州古賓場一萬四千六百四十斤。鬱林州南流縣一十二萬六千二百四十斤一十三兩四錢。建寧府浦城縣四萬斤。處州麗水縣二千二百三十斤。青田縣三萬四百斤。舒州懷寧縣一萬二千三百八十斤。宿松縣四千八百斤。

今遞年趁到：總八十八萬三百二斤一十三兩〔四〕，比祖額紐計止[22]收及四分一釐。信州管下鐵赴信州鉛山場浸銅：鉛山縣五

〔一〕弋：原作「戈」，據《補編》頁五改。

〔二〕場：原作「縣」，按利州無此縣，據本書食貨三四之二三，青渥乃銅場之名，因改。本書職官四三之一六九無「縣」字。

〔三〕青陽場：原作「青陽錢縣」，《補編》頁五作「青陽縣」，俱誤，興州無此縣。按《元豐九域志》卷八興州順政縣下云有「青陽一銅場」，據改。

〔四〕八十八：原作「二十八」，據《宋史》卷一八五《食貨志》下七改。

萬九千斤。上饒縣五萬斤。弋陽縣一十萬斤。玉山縣三萬五千斤。貴溪縣一萬三千斤。饒州管下鐵赴饒州興利場浸銅：德興縣三千八百二十三斤。鄱陽縣三千五百斤。餘干縣五千斤。浮梁縣一千七百斤。樂平縣三千斤，池州銅陵縣三千六百四十五斤八兩，赴本縣浸銅。貴池縣三千二百五十四斤八兩，赴信州鉛山場、饒州興利場浸銅。徽州婺源縣二千二百斤，赴饒州興利場浸銅。撫州東山場一十一萬七千斤，赴信州鉛山場浸銅。吉州管下鐵赴韶州岑水場浸銅：安福縣連嶺場二十二萬二千八百六十二斤八兩。廬陵縣黃崗場二萬七千九百五十斤。吉水縣二萬三千二百斤。萬安縣一萬七千二百三十斤。隆興府進賢縣三千五百四十斤，赴信川鉛山場、饒州興利場浸銅。江州德安縣一萬三千八百二十四斤五兩，赴信州鉛山場、饒州興利場浸銅。興國軍大冶縣二萬四千九百八十八斤，赴信州鉛山場、饒州興利場浸銅。舒州懷寧縣一萬五千二百八十斤，赴信州鉛山場、饒州興利場浸銅。潭州管下鐵赴本州永興場浸銅：瀏陽縣一萬二千三百五十九斤。善化縣七百斤。辰州管下鐵赴饒州興利場、信州鉛山場浸銅：叙浦縣一千一百斤。辰溪縣二千二百斤。建寧府浦城縣仁風場四萬斤，赴信州鉛山場浸銅。處州管[23]下鐵赴信州鉛山場浸銅：麗水縣一百斤。青田縣一千二百二十斤。韶州翁源縣一萬二千八十八斤，赴韶州本水場浸銅。南雄州始興縣四百四十斤，赴韶州岑水場浸銅。廣州管下鐵赴韶州岑水場浸銅：增城縣五千斤。番禺縣五百八十斤。清遠縣七百斤。懷集縣七百斤。惠州博羅縣一萬二千七百四十斤，赴韶州岑水場浸銅。鬱(州林)〔林州〕南流縣二萬七千五百斤，赴韶州岑水場浸銅。賓州遷江縣一萬四千六百四十斤，赴韶州岑水場浸銅。

鉛坑　淮南路興發一處。湖南路興發一處，停閉九處。廣東路興發一處。福建路興發一處，停閉一處。浙東路興發共二十七處，停閉一處。江西路興發一處，停閉四處。

鉛出産歲收祖額：總三百二十一萬三千六百二十二斤一十四兩。信州鉛山場二十八萬五千六百九十斤八兩。興國軍永興縣八十一斤。大冶縣一千三百五十斤一十三兩。南安軍大庾縣二百三十九斤一十兩。韶州岑水場四十五萬八千三百六十斤七兩。南恩州陽春縣六百三十斤。潯州馬平場三十六萬六千五百斤。邕州大觀場二十三萬斤。融州古帶場三萬斤。賓州獨女場二千斤。衡州常寧縣一萬八千斤。潭州永興場一百六十九萬八千五百四十三斤。桂陽軍臨武縣四千三百八十五斤八兩。建寧府浦城縣仁風場二千八百[24]八十斤。崇安縣八千五十斤。建陽縣九百二十四斤。南劍州劍浦縣二千二百五斤。尤溪縣三萬九千四百九十八斤。福建長溪縣二千斤。寧德縣四百八十斤。峽州夷陵縣五萬五千四百五十九斤八兩。衢州西安縣三百六十斤。處州龍泉縣七百八十斤。温州永嘉縣八百八十五斤八兩。舒州懷寧縣四千五百斤。

今遞年趁到：總一十九萬一千二百四十九斤一十三兩，比祖額紐計趁及六釐。信州鉛山場一十一萬五千二百六十七斤，赴饒州永平監、嚴(拊)〔州〕神泉監鑄錢。興國軍永興縣三千斤，赴饒州永平監鑄錢。大冶縣三千斤，赴饒州永平監鑄錢。舒州懷寧縣七百二十斤，赴饒州永平監鑄錢。潭州永興場一千八百八十一斤一十五兩，赴饒州永平監鑄錢。衡州常寧縣四千一百斤，赴饒州永平監鑄錢。桂陽軍平陽、臨武兩縣六十一斤，附綱赴饒州永平監鑄錢。峽(山)〔州〕夷陵縣三千七百二十二斤，赴饒州永平監鑄錢。建寧府管下鉛赴本府豐國監鑄錢：浦城縣二千六百四十斤。崇安縣六百二十一斤二兩。建陽縣一百二十六斤四兩。南劍州管下鉛赴建寧府豐國監鑄〔錢〕：尤溪縣九千四百一十八斤四兩。劍浦縣一百五十斤。福州寧德縣六十斤，附綱赴建寧府豐國監鑄錢。衢州西安縣一百二十一斤八兩，附綱赴嚴州神泉監鑄錢。處州龍泉縣五百一十一斤，赴嚴州神泉監鑄錢。溫州永嘉縣[25]二百一十五斤，赴嚴州神泉監鑄錢。韶州管下鉛赴本州永通監及饒州永平監、贛州鑄錢院鑄錢：岑水場五千三百斤。銅崗場二千三百斤。連州桂陽縣五千斤，赴韶州永通監鑄錢。南恩州陽春縣二百二十斤，赴韶州永通監鑄錢。潯州馬平場二萬二千二百九十斤，赴韶州永通監并饒州永平監、贛州鑄錢院鑄錢。邕州大觀場五千斤，赴韶州永通監及饒州永平監、贛州鑄錢院鑄錢。賓州遷江縣五千五百四十四斤，赴韶州永通監、贛州鑄錢院鑄錢。

錫坑　湖南路興發七十處，停閉二十八處。廣東路停閉五處。江西路興發四處，停閉一十一處。

錫出産歲收祖額：總七十六萬一千二百四斤六兩。南安軍大庾嶺八十八斤。南康縣四百二十斤。贛州會昌縣六百斤。賀州太平場六十八萬三千九百八十斤。宜州二萬二千八百九十斤。桂陽軍臨武縣二萬五千五百六十斤。平陽縣二萬二百二十四斤。郴州宜章縣二千四百四十二斤六兩。衡州常寧縣三千斤。

今逓年趁到：總二萬四百五十八斤六兩，〔比〕祖額紐計止收及二釐七毫。衡州常寧縣一千五百三十一斤，赴饒州永平監鑄錢。桂陽軍平陽、臨武兩縣三千八百八十四斤一十兩，赴饒州永平監鑄錢。郴州宜章縣三千四百四十二斤一十二兩，赴韶州永通監、饒州永平監、贛州鑄錢院鑄錢。賀州太[26]平場一萬二千六百斤，赴韶州永通監、饒州永平監、贛州鑄錢院鑄錢。以上《中興會要》。（以上《永樂大典》卷一七五六六）

諸路所收礦産數〔一〕

[27]凡税租之入，銀總三萬八千三百二十六兩。荆湖南路：夏一萬三千六百三十六兩，秋一萬四千三百六十一兩。福建路：夏九千三百八十九兩；梓州路：夏八十三兩，秋六十七兩。夔州路：夏三百九十兩。

凡山澤之入，金一千四十八兩，京東東路：五百一十一兩〔二〕；京西南路〔三〕：四百二十九兩〔四〕；永興軍等路：四兩；福建路：五十三兩。銀一十二萬九千四百六十兩，京東東路：二千六百三兩；永興軍路：一萬四千二百四十兩；秦鳳路：四百八十三兩；兩浙路：五百一十二兩；江南東路：八萬六千六百九十三兩；西路：一千五百七十一兩；荆湖南路：三千四百二十七兩；福建路：一萬八百八十七兩；廣南東路：九千四十四兩。銅二千一百七十四萬四千七百四十九斤，永興軍路：九萬一千一百四十五斤；兩浙路：七萬四千五百四十一斤；江南東路：四萬六千八百二十斤；西路：一百一十四斤；福建路：四十四萬二千八百五十一斤；廣南東路：二千一百八萬八千八百一十九斤；

〔一〕原題作「諸坑冶務」，不確。按下文所記，乃某年各路二税、坑冶、商税、上供及茶鹽酒務、博買、市舶等項中所收金屬礦産數，因改。
〔二〕一十一：《補編》頁三二九作「一十二」。
〔三〕京西南路：原作「西京路南」，據《補編》頁三二九改。
〔四〕二十九：《補編》頁三二九作「七十九」。

梓州路：四百五十九斤。鐵五百六十五萬九千六百四十六斤，京東東路：四十七萬二千九百九十九斤；西路：一十九萬七千四百斤；永興〔軍〕路：一百二十五萬六千六百六十三斤；秦鳳路：一十三萬七千五百五十七斤；河北西路：一百六萬七千二百三十二斤；河東路：六萬四千七百八十六斤；江南東路：二萬一千七百六十九斤；西路：一百七十四萬一千八百九斤；荊湖南路：三十一萬二千七百二十四斤；福建路：六萬九千二百二十四斤；廣南東路：三萬一千三百四十四斤；成都府路：七萬六千六百一十一斤；梓州路：五千七百七十一斤；利州路：二十萬三千九百六十五斤。鉛七百九十四萬三千三百五十斤，兩浙路：一十三萬五千八百斤；江南東路：二十七萬三千二百六十七斤；西路：一萬九千五百一十斤；荊湖南路：五十五萬五千六十三斤；福建路：二百三十一萬五千八百七十四斤；廣南東路：四百六十四萬二千七百三十六斤。錫六百一十五萬九千[28]二百九十一斤，永興軍路：三百二十六萬六千九百九十六斤；兩浙路：一十三萬五千八百斤；江南西路：四十二萬五千七百六十斤；荊湖南路：三十一萬三千七百二十四斤；廣南東路：三百一萬八千一十一斤。朱砂二千七百八斤，永興軍路：二百五斤；廣南西路：二千五百三斤。水銀二千一百一十五斤。永興軍路：六百二十一斤；秦鳳路：一千四百九十四斤。凡稅總收之數，金三萬七千九百八十五兩，在京一千五百一十四兩，諸路一萬八千二百四十三兩。京東東路：一萬三千五百七十九兩；京西南路：一千一百六十兩；北路：三十一兩；永興軍路：二十八兩；秦鳳路：一十五兩；河北東路：二十二兩；西路：三十四兩；河東路：一百三十兩；淮南東路：一十四兩；西路：一十七兩；兩浙路：二十二兩；江南東路：一百八十三兩；西路：一兩；荊湖北路：二百一十六兩；南路：一千二百四十七兩；福建路：二百兩〔一〕；廣南東路：三百二十一兩；西路：一兩；成都府路：一十三兩；梓州路：七十四兩；利州路：六十七兩；夔州路：八百五十四兩。銀二百九十萬九千八十六兩。在京七萬二千三百六十一兩，府界二兩，諸路一百四十一萬八千三百七十九兩。京東東路：三千五百七十八兩；西路：八百一十三兩；京西南路：三千八百三十五兩；北路：六百九十七兩；永興軍路：二萬八千三百七十五兩；秦鳳路：九千一百五十一兩；河北東路：一萬四百八十八兩；西路：一萬八千二百八兩；河東路：八百三十二兩；淮南東路：八百五十九兩；西路：一千四百四十三兩；兩浙路：三萬八百六十七兩；江南東路：四十萬一千八百五十九兩；西路：四萬三千四百四兩；荊湖北路：二萬一千五百四十五兩；南路：一十四萬九千六百九十八兩；福建路：三十八萬四千五百八十五兩；廣南東路：一十七萬八千九百六十一兩；西路：一萬三千八百六十七兩；成都府路：一萬八千九十三兩；梓州路：三萬二千六十九兩；利州路：二萬七千一百三十四兩；夔州路：三萬七千九百八十三兩。

凡諸路上供之數，金一萬七千四兩，京東東路：九千九百六十一兩；西路：六兩；京西南路：四百四十六兩；北路：二十三兩；河西路：一兩；河東路：四十一兩；淮南東路：八兩；西路：三十二兩；兩浙路：一十九兩；江南東路：三千三百一十一兩；西路：二千六百八十兩；荊湖北路：一兩；南路：三十五兩；福建路：一百四十二兩；廣南東路：二百六十二兩；梓州路：三十六兩。銀一百一十四萬六千七百八十四兩，京東東路：七百九十一兩；西路：一百三十二兩；京西南路：二千五百五十四兩；北路：九百七(百)〔十〕兩；秦鳳路：二百兩；河北東路：三十五兩；西路：二十三兩；河東路：九十一兩；淮南東路：二十萬四[29]千三百四十二兩；西路：一千六百三十五兩；兩浙路：二萬九千五百七十七兩；江南東路：二十四萬二千八百二十一兩；西路：二十萬一千五百四十七兩；荊湖北路：四萬九千五百八兩；南路：三萬八千一百六十八兩；

〔一〕二百兩：《補編》頁三三九作「二百六兩」。

福建路：二十三萬二千二百七兩；廣南東路：一十二萬一千三百五十七兩；西路：一萬六千四百七十三兩；成都府路：三百四十二兩；梓州路：四千一十兩。

凡賦入之數，金一萬七千九十七兩，諸路茶稅九兩，買撲七兩，市舶一十兩，入中博糴買賣一萬七千七十一兩。銀一百二十三萬一千二百七十七兩，鹽課〔一〕：成都府路一千三百四十兩，梓州路一萬九千六百一十四兩，夔州路四千三百一十三兩〔二〕，榷場四萬一千七百四十九兩。諸路茶稅二千七百三十三兩，雜稅二千四十六兩，買撲三千三百五十九兩，酒麯買撲三萬三千三百一十九兩，房園二百九十二兩〔三〕，市舶二千二百五十四兩，入中博糴買賣一百一十二萬二百五十八兩。水銀六百六十一斤。榷場二百一十八斤，諸路雜稅五十八斤，買撲一百五十四斤，酒麯買撲六斤，市舶二百二十五斤。以上《國朝會要》。（以上《永樂大典》卷一七五六五）

〔一〕鹽：原缺，據《補編》頁八四改。
〔二〕一十：原作「十十」，據《補編》頁八四改。
〔三〕園：原作「州」，據《補編》頁八四改。

宋會要輯稿　食貨三四

坑冶下〔一〕

礬〔二〕

【宋會要】

1 白礬　晉州煉礬務〔三〕，慶曆元年置；臨汾縣礬場務，舊置；襄陵縣官泉務，慶曆六年置，熙寧七年罷；芹泉務，端拱二年置，熙寧九年廢。給京師支用并客旅筭請。無爲軍崑山場，舊以兵匠煎煉，天聖二年罷，置場收買，給在京染院及淮南州軍客旅入中筭請。

緑礬　隰州温泉縣務，太平興國八年置。鑊户煎煉，給在京染院及河東州軍茶客入中筭請。池州銅陵縣務，舊置。給〔四〕。

淮南、江南、兩浙、荆湖路凡賦入之數總三百一十萬五千八百八十九斤〔五〕：河南路一百四十二萬五千七百斤〔六〕，淮南西路一百六十八萬一百八十九斤〔七〕。信州鉛山場無定額。韶州涔水場〔八〕年額一十萬斤。無爲軍崑山場祖額一百二十萬斤，自紹興十四年後，年額六十萬斤。

太祖建隆三年三月，監晉州榷礬務〔九〕、右諫議大夫劉熙古言：「幽州界有小盆礬，民多私販，望令禁止。」詔自今犯者嚴斷，募人告捉，給賞有差。

開寶三年二月，詔：「三司先定(司)〔私〕礬條流頗甚嚴峻，犯者皆至極刑，宜示改更，特從寬貸。其私販幽州礬入界者，舊條不計斤兩多少，并知情人並決杖處死，告人據等第給賞。自今所犯至十斤處死，十斤已下等第斷遣。告人獲一人，賞絹十匹；二人，二十匹；三人已上，不計多少，並賞五十匹。」先是，周顯德二年勑，犯礬不計多少，并知情人悉處死，至是始差減之。私煎者，舊條三斤處死；并場務主者及諸色人擅出場務内礬，或將盜販〔一〇〕，及逐處官場務以羡餘礬衷私自賣，舊條十斤處死，已下等第斷遣。自今依刮鹹煎錬私鹽條例，至十五斤已下等第斷遣，賞錢亦依鹽法。已上罪至死者，**2** 仍具奏裁。

七年三月，三司奏：「緑礬礬賤〔一一〕，請別定價。江南膽子礬侵奪江北課利，望行止絶。」詔緑礬自今約白礬，在

〔一〕坑冶下：「下」字原無，今補，以與上卷標目相應。又正題下原注子目，今已分別標爲小題，故删。

〔二〕原題作「礬場」，不確，以下所記乃有關礬之生産、流通等之政策，而不止於礬場，今删「場」字。

〔三〕務：原無，據《元豐九域志》卷四補。

〔四〕「給」下當有脱字。

〔五〕八百：原脱，據下兩路之和補。

〔六〕河南：似當作「江南」。

〔七〕天頭原批：「淮南一條寫在無爲軍條後。」按此批語不可從，此文前二段乃述白礬、緑礬産地諸務之興廢等情況，此段則記諸路諸場之年額，包括白礬、緑礬。原稿之次序不誤，但連寫不分段，頭緒不清，今爲分段。

〔八〕涔水場：本書及《補編》中多作「岑水場」，宋代其他文獻中亦然。

〔九〕榷：原作「催」，據《宋史》卷二六三《劉熙古傳》改。

〔一〇〕將：據下「太平興國二年十二月」條，似當作「偷」。

〔一一〕礬礬：疑當作「礬價」。

京每斤估百文省，膽子礬依舊不禁。

太宗太平興國二年十二月，詔曰：「晉州礬官歲鬻不充入舊貫，蓋小民逐末，不服畎畝，因而爲盜，復齎販以交化外。自今販者一兩已上不滿一斤，杖脊十五，配役一年，告人賞錢十千；一斤以上不滿二斤，杖脊十七，配役二年，告人賞錢十五千；二斤已上不滿三斤，杖脊二十，配役三年，告人賞二十千；三斤處死，告人賞錢三十千。場務主者并諸色人擅出場務内礬，或偷盜興販，及逐處場務將羨餘礬貨吏私出賣，一兩已上不滿一斤，量罪斷遣，捉事人賞錢五千；一斤已上不滿三斤，決脊杖十五，配役一年，捉事并告者賞錢十千；三斤以上不滿五斤，決脊〔杖〕十七，配役二年，捉事并告者賞錢十五千；五斤已上不滿十斤，決脊杖二十，配役三年，捉事并告者賞錢二十千；十斤處死，捉事並告者賞錢三十千。私煮及販，已論決而再犯者，雖所犯不如律，亦杖脊，配隸遠惡處。會赦釋放而又犯者，無輕（慮）〔重〕，悉處死。買及受寄隱藏者，二兩得一兩、二斤得一斤之罪；如受而轉賣者，依元賣人例斷遣。」

淳化元年三月，三司言：「準敕，以慈州緑礬積留，令別爲條約。緣小民多於山巖深奥之處私煎規例〔一〕，侵奪官課，今若依白礬條例，即緑礬價低，白礬刑名太重。或 3 依舊以漏税條制區分，又刑名過輕，人無所畏。今請依太平興國二年所定私茶例科斷，告捉人賞錢亦依私茶鹽條數支給。」從之。

仁宗天聖元年閏九月，司農少卿李湘言：「晉、慈州礬鋪户多雜外科煎鍊，致官礬積滯，貨賣不行。」詔禁止之，其産私礬坑窟牢固封塞，覺察犯者，許人告捉，依刮鹹煎鍊私鹽條例斷遣；緑礬即依私茶條例。

二年八月，廢無爲軍煎礬務，官自置場收買，舊賣價每斤百五十文，自今斤減三十文。時無爲軍牙吏許明獻言：「礬務遺利頗多，且民多冒法私煉，請廢其務，置場收買。」事下三司，言其議甚便，可以施行，故有是詔。六年，又令每斤減三十文。十年，又從知軍王汝能之請，每斤復減三十文。

六年十一月，詔：「巡捉私礬使臣、縣尉捕得私煎白、緑礬，并依私茶鹽萬數酬賞；如透漏者，並當批罰。」

九年十一月十七日，詔兩川自今放行白礬。

十年九月四日，江淮發運司言：「準條：私販白礬依刮鹹例，緑礬依私茶例科罪。近杭州民陳爽往信州市土礬二千斤，此礬比緑礬色味俱下，若從杖科刑，即太輕典，望別定刑名，并下信州封礬坑，以禁私鬻。」下法寺，請據斤兩比犯私茶減三等定罪。巡警透漏，告捉到百斤已下，全給告者；五百斤已下，給半；已上，並給三分之一。使臣透漏三百斤，奪一月俸，三百斤加半月，罪止罰一季俸。奏可。

〔一〕例：疑當作「利」。

神宗熙寧三年十月二十三日，知慶州[4]王廣淵言：「河東路礬、鹽爲利源之最。欲乞於河東、京東、河北、陝西別立礬法，專置官提舉。減罷巡捉使臣，只委巡檢〔一〕、縣尉收捕，朝臣一員管勾，往來提舉。合行法則與轉運司同共商量。」詔差光禄寺丞楊蟠乘驛計會逐路轉運司，相度利害奏聞。

哲宗元祐元年十月二十三日，詔江、淮、荆、浙六路礬，依舊從人户取便赴官收買。從户部請也〔二〕。

八年二月二日，户部言：「無爲軍崑山白礬，元條禁止〔三〕，官自出賣。昨權許通商，每百斤收税五十文。準《元祐勑》，晉礬給引〔四〕，指住賣處納税〔五〕，沿路税務止得引後批到發月日，更不收税。其無爲軍崑山礬，欲依晉礬通商條例。」從之。

紹聖三年五月二十四日，江淮荆浙等路制置發運司言：「官員躬親捕獲私礬，累及一萬斤至十萬斤，等第推賞。未獲犯人者，以三比一；差人捕獲，以三之半比一。」從之。

元符三年十月二十八日，崇儀使林像奏：「河北所産土礬今皆禁人收採，及於河東輦致晉礬，就相州置場出賣。夫利之所在，捨死而趨，雖法令嚴密，未必能禁。況土地所産，本以養人，而國家理財，寧分彼此？與其遠地輦致，豈若取諸近之爲便？今若於河北産礬處官爲置場收買，量增價出賣，則官中坐獲浄利，而免般運之勞；居民得資地利，而無犯法之弊。此亦一舉而兩得也。」詔户部勘當，申尚書省。

徽宗大觀二年三月二十五日，尚書省勘會：「河東、河北所産礬，係通入[5]京畿、京西、京東、陝西六路，無爲軍礬係通入江、淮、荆、浙、廣、福九路。今條畫：許客人就榷貨務入納見錢，給公據前去礬場（等）〔筭〕請。其通商路分，欲令轉運司官一員各兼行提舉措置外，河東、河北、淮南路分係出産礬去處，各合（轉）〔專〕差官前去提舉措置。」從之。

三年三月二十日，江東轉運副使余彦明奏：「本路礬貨乞就委本司并逐州管勾茶事（言）〔官〕兼行管勾。」從之。

六月十六日，詔江西、兩浙、湖南北、廣東西、福建、淮南八路准此。

政和二年（年）二月三日，詔：「自政和二年爲始，將東南九路歲買礬依熙寧舊法，九路官般去出賣，仍將每歲合發上供賣礬錢並依紹聖勑條，令發運司管認舊額三萬三千一百貫起發上京，以助經費。所有見措置淮南路礬事司依舊併歸發運司，其官吏等並罷。」以户部奏：「臣僚言：無爲軍崑山縣礬事舊屬發運司總領，每年認定浄利錢三萬

〔一〕委：原作「爲」，據《長編》卷二一六改。
〔二〕户：原脱，據《長編》卷三九〇補。
〔三〕止：原脱，據《長編》卷四八一補。
〔四〕晉礬：原作「禁礬」，據《長編》卷四八一改。下同。
〔五〕賣：原作「賞」，據《長編》卷四八一改。

貫。自大觀二年專置司，差官措置，立定年額九百貫，令無爲軍出備錢收買。至今約計五年，礬貨山積，變轉不行，虛占本錢，利息甚寡，官吏、軍兵、公使等錢所費不輕。乞依舊法出賣。」故也。

宣和三年二月二十二日，詔：「已降處分，兩浙、江東路茶鹽榷免比較增虧，不得輒行抑配。所有賣礬亦合依上件指揮，速申明行下。」

六年六月十七日，中書省、尚書省言：「戶部狀：提舉河北東路鹽香茶礬事司申：礬季狀〔一〕，通商并產礬路分，礬事司 6 已有供申約束，惟逐州軍未有立定期限責罰。戶部勘當，欲逐路州軍每季具住賣過礬數，每季限五日供申提舉礬事司，如違限不報，從本司按劾。所（是）〔有〕礬事司類聚州軍比較文狀，欲與展限五日，通作半月供報。餘依已降指揮。諸路依此施行。」從之。

高宗建炎二年正月十三日，同專一措置財用黃潛厚言：「宣和三年閏五月十五日勑：淮南礬場取客人從便，於榷貨務入納請買公據外，亦許客人用金、銀、錢、帛等依數就礬場入納算請。所有納下金、銀、匹帛等，並令礬場監守封記，團併上京。及承建炎元年十一月二十三日勑：淮南無爲軍礬，權許客人通販入晉、相礬地貨賣。今欲乞許客人販淮南礬通入河北、河東、京東、京西、在京并東南九路，除在京榷貨務買到公據外，仍許就行在入納見錢、金銀、物帛等請買公據鈔引，可免礬場般輦脚費。」從之。

紹興二年閏四月六日，江西運副韓球言：「虔、吉州、臨江軍等處有見管白礬、青礬、土礬三十餘萬斤，州郡不敢擅行出賣。」詔令榷貨務據上供礬指數給降礬引，赴本路茶鹽司出榜召人筭請。其收到錢數，發赴行在所屬。

八年六月四日，淮西運判李仲孺言：「契勘本路無爲軍崑山場入納金銀、見錢，筭請鈔引般販，指州縣貨賣，每引納錢一十二貫，販正礬一百斤，并加饒二十斤，共一百二十斤。照應礬場先買納下白礬，除支發外，截日尚有 7 見管一千八十九萬八千餘斤，每斤本錢一十三文及二十文，占壓本錢共一十四萬九百餘貫。其礬堆積累年，支發遲細，蓋緣客販本重利薄，如販至所指地頭，每斤止賣到錢二百文，豁出買引官錢一百文外，息錢不多，是致販者稀少。即今官賣引錢，每斤除元買礬本外，有淨利八十餘文。措置欲量減引錢，招誘發泄。」詔：見賣每斤價上量減二十文，每斤作一百文，一引一十二貫，共量減錢二貫文，每引作一十貫文召人筭請。

九年六月十九日，無爲軍申：「勘會本軍管下崑山礬場，合用折納金銀法物係蒙朝廷鑄造鐫鑿花樣，給降下場使用。緣本場（作）〔昨〕建炎之後，賊馬侵犯，毀壞不存，前任知軍呂雲叟逐急措置下作院，用生雜銅製造逐等法物一副，慮恐久遠，未得均當。乞行下工部下文思院製造給

〔一〕「礬」字誤，疑當作「樊」。

降。」從之。五十兩法物一箇，二十三兩法物一箇，二十兩法物一箇，十五兩法物一箇，十兩法物一箇，五兩法物一箇，一兩法物一箇，半兩法物一箇，一錢法物一箇。

七月二十六日，户部言：「淮西茶鹽司申：乞將無爲軍崑山場見賣六十斤籠篰住罷織造，責委所屬別行織造四十五斤、二十斤兩等籠篰，發下崑山礬場椿管給賣。內四十五斤籠篰，每隻除工費外，收息錢四十文；二十斤籠篰，每隻除工費外，收息錢三十文。據榷貨務勘會：無爲軍崑山礬見賣三等礬引，大引一百斤，中引五 8 十斤，小引三十斤，兼有加饒貼買之數，所造盛礬籠篰却止以六十斤一等織造，委是未得適中。今來淮西提舉茶鹽司申乞事理，委的得允當。」從之。

十年二月六日，淮東常平司言：「本司契勘楚、泗州市易務先蒙支降到礬鈔引各一千道，緣本處不是就便去處，是致無人承買。今來泗州市易務已得指揮罷局，所有本務元承支降到礬引共一千道，申部乞指揮施行。」户部據榷貨務勘會：泗州市易務既已罷局，其未賣礬鈔若令發回本務，本州至行在道路遥遠；或令撥赴楚州，又緣本處亦有未賣之數。今契勘得無爲軍崑山場係出産礬貨去處，見有降到礬鈔客人多是就便算買，可以發泄。今欲將泗州市易務未賣礬鈔引改撥赴無爲軍崑山場，招誘客算。從之。

十一年十二月四日，工部言：「鑄錢司韓球奏：據鉛山知縣同本場監官申，截自七月二十日終，煎煉到青膽礬六千七百六十斤，掃到黄礬四千五百六十四斤在庫，乞變賣施行。據榷貨務條具下項：一、檢照建炎四年十月九日指揮：給賣撫州青膽礬，每斤價錢一百二十文省，土礬每斤價錢三十文省。其鉛山場所産礬貨，今體問得比之撫礬稍高，内青膽礬欲放撫州礬體例，每斤作一百五十文。黄礬比土礬亦是稍高，每斤作八十文。仍乞將逐色礬依崑山場白礬例，每引各作一百斤。一、契勘自來客人赴務算請礬貨，係依 9 茶、鹽鈔引例，每貫納頭子、市例錢二十文，每貫納顧人錢一文，每引納工墨錢二十文。今來客算青膽、黄礬，欲乞依本務見今收納則例。一、契勘客人納錢赴榷貨務筭請礬貨，係給鈔引付客人執前去礬場照會請礬，其引係礬場批鑿月日付客人，隨礬照會貨賣，合行預降合同號簿。欲令太府寺交引庫速行印造，差本務號簿官押發前去信州鉛山場收管，勘同支礬。」並從之。

十二年六月十三日，榷貨務言：「先承指揮，許將坑場所出青（黄膽）〔膽、黄〕礬，並從鑄錢司委官措置監轄煎煉，具數申户部，報榷貨（物）〔務〕給引出賣。候人户前來筭請過礬數，即申户部。乞留五分應付資助銅本，仍乞於諸色上供錢内兑撥。後來續據信州鉛山場煎煉到青膽、黄礬一萬一千三百餘斤，本務已行招誘客人，入納到錢二千三百餘貫，及令客人於礬場貼買一分礬，收納價錢專充礬本支用。今來鑄錢司乞量行支撥三二千貫，應付信州鉛山場充煎礬工料本錢。欲下江、淮等路鑄錢司於信州合起經總制錢内截撥錢一千貫文，與本場收到一分礬錢相兼，充煎礬本錢支用。所有日後入納到逐色礬正錢，依已立定十一分爲率，除將六分赴本務送納外，其餘五分令客人指留就礬場送納，專充煎礬工料本錢支使。」從之。

十月二十二日，户部言：「榷貨務契勘，鑄錢司具到鉛山場七月十六日終收到青膽礬三萬[10]六百五十五斤半，數内一萬六千五百斤已據客人赴務筭給鈔引前去請礬外，有青礬一萬四千一百五十五斤半未曾給引出賣。所有收到黄礬八千三百八斤半，數内四千九百五十斤已有客人筭請外，有三千三百五十八斤半未曾給引出賣。今乞備申朝廷指揮，下交引庫印造鈔引，赴務應副客筭施行。仍乞今後鑄錢司申到鉛山場續煎到逐色礬數，從本務一面牒報交引庫印造鈔引，下務給(賞)〔賣〕施行。」從之。

十四年十一月十九日，户部言：「淮南西路提舉茶鹽司申：乞無爲軍崑山礬場收買新礬，於舊價二十文上增添一十五文省，通作三十五文省收買。榷貨務勘當，欲權依本司申到事理，於舊價每斤二十文上增添錢一十文，通作三十文省收買。所有客人就場送納礬引上添搭所增錢數，令礬場與貼買一分錢另項收樁，專充買礬價錢，不得别將他用。」從之。

二十九年閏六月十日，户部言：「淮西提舉茶鹽司申：無爲軍崑山礬場每年所收錢物，自來未有立定歲額比較，官吏偷墮，無所懲勸。今取到紹興二十四年至二十八年五年内所收錢數，均作五分，内一分計四萬一千五百八十五貫，爲酌中之數。今欲權爲定額，依酒税務條法增虧賞罰。」從之。

孝宗隆興元年三月二十四日，淮西提舉茶鹽司言：「無爲軍崑山鎮出産白礬，合用本錢於廬、舒、蘄、黄、和州、無爲軍、壽[11]春府支撥，自紹興三十年至三十二年終，各有拖欠。今來已是支買得行，欲將前項拖欠本錢特與蠲免一半，自餘許令本州隨所欠多寡行下逐州軍，於以後年分帶納。」從之。

淳熙十二年九月四日，都大提點坑冶鑄錢司言：「潭州瀏陽縣永嘉場地名鐵爐衝等處，有阜土堪煎青礬，具創置青礬場係是官地〔一〕，即非民地，委是出産去處。乞照應韶州礬引體例，給降鈔引，召人請買。」户部契勘：「乞印給三十斤例、四十斤例鈔引各三百副，付潭州通判廳給賣，仍將賣到價錢照應韶州涔水場體例，分隸起解送納。」從之。

紹熙三年二月三日，淮西提舉茶鹽司言：「無爲(軍)崑山礬場見管礬鈔引止有一萬餘道，委是不多，乞接續支降三十斤例一等鈔引二十萬貫，降下本場應接給賣。」從之。（以上《永樂大典》卷四二六九）

〔一〕具：疑當作「其」。

産砂

【宋會要】 12 仁宗天聖元年，江寧言：「溧水縣見有朱砂，差人取掘到，除燒水銀外，並無朱砂苗脈。」

〔熙寧〕十年〔一〕，廣南西路經畧安撫司言：「伏見廣源等處内有朱砂坑，乞令本司興置。」從之。

建炎四年，户部言：「先准朝旨，每年於宜州收買回蕃朱砂二萬兩，合用錢四千餘貫，於（方）〔坊〕場錢内支撥收買應副，即無住買年限。自崇寧四年至今二十餘年，共支過十萬餘貫，積累歲久，往往侵用常平錢數。」詔令住罷收買，已支錢令逐路提刑司具數責令市舶司，限二年撥還。【宋會要】

雍熙中，供奉官王延德使高昌還〔二〕，《行程》云：「王居北庭。北庭山中出硇砂，山中常有煙氣湧起，而無雲霧。至夕，光燄如炬火，照見禽鼠皆赤。采硇砂者着木底鞋，若皮爲底者，即焦。有穴出青泥，出穴即變爲砂石，土人取以治皮〔三〕。」（以上《永樂大典》卷五七五〇）

坑冶雜録

【宋會要】〔四〕 13 鄱陽、樂平、浮梁、德興歲和買金五百四十二兩八錢，德興銀一千七百四十九兩五分，銅二十一萬一千七百三十四斤二兩，而《中書備對》則云：歲買金三十四兩，銀二千一百三十七兩，銅七百四十斤。有買金場，一在城下，一在利陽務，一在德興縣。又有市銀院、買銅場，皆在德興。今金、銀、鉛皆無，惟有浸銅及鐵，課利錢亦不敷。

至道元年，福建轉運使牛冕言：「邵武軍歸化縣金場虚有名額，並無坑井，專副、人匠千一百餘人。配買金六百餘兩，百姓送納不逮，以至棄命自刎。其場今請停廢。」從之，自今永不得興置，工匠悉放歸農。

二年，陜西轉運（使）〔司〕言：「成州界金坑兩處，先是州遣吏掌之，歲課不能充。望遣使按行，更立新制。」詔曰：「捐金於山，前聖之盛德；14 所寶惟穀，舊史之格言。朕緬慕太古之風〔五〕，不責難得之貨，何必言利，徒以勤民。其成州金坑兩處並宜停廢。」

〔一〕「十年」上原稿有「熙寧」二字，被後來整理者圈去。查《長編》卷二八一，此條正是熙寧十年三月十一日辛酉事，因回補。按本卷後文及本書他處亦多有原稿年號被圈去，且各條之地脚標有編碼（如本條下標「十八」）。此是嘉業堂整理者劉富曾等人將「坑冶雜録」有關條文，按年月次序重編，其編碼即指示謄寫人按編碼先後抄寫；而重編後，原有年號重複者，則予删除。

〔二〕王：原作「於」，據《宋史》卷四九〇《高昌傳》改。

〔三〕原稿此下有徐松批注云：「松案：此條《大典》『砂』字韻引，今附録於此。」

〔四〕原稿「宋會要」下注《大典》卷次，其下又批有「課金」二字，當是《大典》原有細目。

〔五〕太：原作「大」，據《宋大詔令集》卷一八三改。

〔景德〕三年〔一〕，詔：「比者三司奏請東、西兩川掌關征榷酤醎醝之利者，半輸銀、帛外，其半以二分准市價入金。近聞州郡非產金處頗爲不便，其入二分金宜即停罷，如願入聽。」

〔天聖〕四年〔二〕，京東轉運副使上官佖言：「奉詔相度登州蓬萊縣界淘金利害。今檢視淘金處，各是山澗河道，及連畔地土閑處有沙石泉水，方可淘取得碎小片金。仍定下項條例：凡上等，每兩支錢五千，次等四千五百，俱於在城商稅務内置場收買，差職官勾當。產地主占護，即委知州差人淘沙得金，不計多少，立納官，更不支錢。監官招誘收買數多，即與酬獎。地主及賃地人不得私賣，及將出州界。許人告捉，一兩已下笞四十，已上笞五十，四兩已上杖六十，七兩以上杖七十，十兩以上杖八十，十五兩以上杖九十，二十兩已上杖一百；買者減一等。告人據捉到金色號，全與價錢充賞，至百千止。應自前淘買到者，即限一月赴官中賣。限滿不首，許人告捉，並依前項施行。應出金地主或諸色人，如自立法後一年内，淘取得金二百兩已上中賣入官，與免戶下三年差徭及科配。如併五次淘得各及兩數，即永免差役科徵，只納二稅。應地主如少人工淘取，許私下商量地步，斷賃與人，淘沙得金，令赴官場中賣。」從之。

〔天聖〕六[15]年〔三〕，三司使范雍言：「恩州陽江縣出產金貨，慮不切盡公收買，已牒本路轉運司，選差職官往彼監

當。」詔令三司鈐轄，不得搔擾。廣南東路轉運司言：「恩州磨峒等處產金〔四〕，自天聖五年十月至今年二月，共買四百八十餘兩，支價錢四千二百八十餘貫。」既而客旅在京入便錢往，三司言：「商客便錢入恩州，皆於淘金人戶處偷買金貨興販，侵奪官中課利。請令在京都榷貨務及荊湖、江淮南路諸州軍〔五〕，自今後不許客人入便錢往恩州。」從之。

七年，上封者言：「登州生金，置官收市。今聞萊州萊陽縣亦產金。」詔委轉運使覆按詣實。乃請各置官收市，及設巡邏，勿聽私相貿易，從之。

〔天聖〕八年〔六〕，詔彭州九隴縣產金貨，命差官採淘。

〔熙寧〕十年〔七〕，廣南西路經略安撫司言：「伏見廣源州等處内有金坑并慎乃金坑，已委提點刑獄專管勾。勘會慎乃金坑自興置，博買金寶，變轉回易，收趁利息，以助經

〔一〕景德：原稿有此二字，被圈去，今按此詔載於《長編》卷六三景德三年六月戊寅，據補。

〔二〕天聖：原稿有此二字，被圈去。據《長編》卷九九，上官佖於乾興元年始以度支員外郎知晉州，則爲京東轉運副使當在天聖間，故復其舊。

〔三〕「天聖」二字原稿有，被圈去。按據《長編》卷一〇四，范雍始任三司使在天聖四年，是此條亦天聖事，今回補。

〔四〕磨峒：原作「磨銅」，據本書食貨三三之七、《補編》頁三三七改。

〔五〕江淮南路：按宋無此路，疑「江」下脫「南」字。

〔六〕按，原稿無此條，乃後來整理者批於天頭。查此條今見於《補編》頁三三九，本在《大典》此卷之另一處，整理者移於此，今補入正文。又《補編》原文有「天聖」二字，今亦據以補入。

〔七〕「十年」上，原稿有「熙寧」二字，被圈去，據《長編》卷二八一回補。

撫蠻夷。乞令本司興置，及依舊回易。」從之。

〔元豐〕四年〔一〕，河東都轉運使陳安石言：「絳州曲沃金坑〔二〕，今已措置就緒。」詔官（史）〔吏〕減磨勘、循資有差。又知沅州謝麟言：「溪江産麸金，欲乞募人淘採中賣，」從之。

紹聖三年，湖南轉運司言：「潭州益陽縣金苗發泄，已差官檢視置場。今體訪得先碎礦石，方淘浄金，抽分權買入官，竊恐坑户及夫匠等私出地理，合禁止。乞修立條制。」從之。

大觀二年，荆湖南路提舉常平司狀：「承省劄：訪（問）〔聞〕潭州湘陰縣、岳州平江縣地界出産金寶去處甚多，只是百姓地主私召人淘採貨賣，官 16 司不爲措置，枉失寶貨。札付本司相度措置。今相度，應有金銀坑冶發泄，雖告言，或檢踏未了，輒私發坑口淘取者，計價以盗論贓，輕者杖一百，鄰保知而不糾者減二等，所貴人知有禁，可以杜絶私採之弊。」詔從之，諸路應有坑冶處並依此。

政和三年，權提轄措置陝西路坑冶催促鑄錢等司蔣彝奏：「陝州閿鄉縣自紹聖三年，金課每年以七百兩爲額，近歲所納止百餘兩。知縣聶敏修政和三年正月到任，措置收趁，比之政和元年、二年，各增五（陪）〔倍〕，已及祖額。」詔敏修轉一官，如所收金數大段增廣，令鑄錢司具數保明聞奏，別加賞典。

紹興七年，工部言：「知台州黄巖縣劉覺民乞將應金、銀坑場並依熙豐法，召百姓採取，自備物料烹煉。十分爲率，官收二分，其八分許坑户自便貨賣。今來江西轉運司相度到江州等處金、銀坑冶，亦依熙豐二八抽分，經久可行，委實利便。」從之。

〔乾道〕三年〔三〕，晁公愚言：「諸路出産坑冶之處，往往五金雜出，如銅坑有鉛，鉛坑有銀，銀坑有鐵之類，蓋是所産礦脉厚薄不等。自來銅、鉛、錫、鐵即隸提點司，金銀坑即隸轉運司，故事不歸一。今乞盡委提點司拘轄，將諸路轉運司逐年所收金、銀數目，令提點司抱認，實爲兩便。」從之。（以上《永樂大典》卷九四八二）

【宋會要】

17 高宗建炎元年，户部言：「山澤坑冶，祖宗舊法，在外隸轉運司，在京隸金部。昨自崇寧二年，將新發及漕司不急應副錢本舊坑悉令常平司應副，始隸（有）〔右〕曹。緣新舊坑冶皆係一事，而兩司幹辦條令不一。乞依祖宗舊法撥隸金部、轉運司。」從之。

〔一〕元豐：原稿有此二字，被圈去，據《長編》卷三一四回補。
〔二〕「絳州」上原有「豐」字，據《長編》卷三一四刪。
〔三〕「三年」上，原稿有「乾道」二字，被圈去。按此條詳見於本書職官四三之一五九，乃乾道三年正月十二日事，今據回補。

高宗建炎三年〔一〕，詔福建、廣南自崇寧以來，歲買上供銀數浩大，民力不堪，歲減三分之一。

〔紹興〕七年〔二〕，工部言：「知台州黄巖縣劉覺民乞依熙寧法，以金銀坑冶召百姓採取，自備物料烹煉。十分爲率，官收二分，其八分許坑户自便貨賣。江西轉〔運〕司相度，江州等處金銀坑冶，亦乞依熙豐法。」從之。

十四年，詔：「見今坑冶立酌中課額，委提刑、轉運司不得別有抑勒，抱認虚數，令有力之家計囑幸免，(切)〔却〕致下户受弊。」〔紹興〕十三年〔三〕，臣僚言：「伏覩東南諸路舊來所管坑冶雖多，其間有名無實者固亦不少，加以近年人工料物種種高貴，比之昔日，增加數倍，是致爐户難以興工。或有新發坑冶去處，初有人户買(樸)〔撲〕，後因破壞産業，拖欠課額，被拘留監繫者甚衆。近者朝廷以人言謂可以增添鼓鑄錢額，乃督責州縣興復堙廢坑冶，必欲管認舊來銅鉛之數。州縣遵承，竭力奉行，間有狡猾之徒乘此搔擾，或欲强占人户山林，或就官中先借錢本，却虚認課額，及至得錢，見18礦材微薄，所得不償，便自逃竄。其所認數目已爲州縣定額，無由豁除，緣此多有拖欠。知縣、監官雖已得替，以課額不足，不得放行批書離任。官吏懼罪，不免冒法，多方營求，往往將錢寶銷鎔，充補課額。督責愈嚴，冒法益甚。欲乞行下逐路，委自漕、憲體究，如委有銅鉛興發浩瀚去處，自合勸誘人户廣行採取，盡數收買，應副鼓鑄〔四〕。若有名無實，則乞蠲除虚認之數，免至冒法銷鎔錢寶，重困人户，以稱陛下寛恤之意。」户部(詳看許)〔看詳〕：「欲依所請，下諸路提刑司與提點坑冶鑄錢司同共體究逐路見管坑場，將興發去處多方措置，興拔收趁。若委的有名無實，即仰照應祖額及見今興採到實收分數，重別立定酌中課額，保明申取朝廷指揮。」從之。〔紹興〕十四年，宰執進呈户部言：「諸路坑冶，其間有興採日久，坑壠深遠，不以歲月，抑令依舊認納去處，及無圖之人，挾讎妄行告發。其見興發，有力之家却致作弊減免，令下户虚認。合行措置。今欲將見今坑冶其間委的有名無實去處，即令照應祖額及見今興採到實收分數，重別立定酌中課額，令逐州開具供申。所有金銀坑冶，亦乞就委提刑、轉運司依此施行，不得別致抑勒，抱認虚數。仍切覺察，(每)〔毋〕令有力之家計囑幸免，却致下户受弊。」上曰：「寧於國計有損，不可有害于民。民富，如國之外府，國不足則資之民；若民貧爲盜，常賦且將失之。可依所請。」

〔一〕以下二條原稿爲後來整理者勾畫，眉批云：「上供銀重出。」其意謂此二條重出。按此條又見本書食貨六四之六一，下條複文見上頁「紹興七年」條。

〔二〕紹興：原無，據上頁複文補。

〔三〕此處「十三年」及下文「十四年」前之「紹興」二字，原稿有，被圈去，今亦恢復。又按，「十三年」及下「十四年」二段原稿各自爲條，以致「十三年」條反在「十四年」之後，時序顛倒。今審此三條之内容實爲一事，《會要》原文應只是一條。上文載十四年詔書，此句以下則是回敍下詔之緣由，並非時序顛倒。今合爲一條。

〔四〕「應」下一字原稿筆畫不清，但右半仍存「刂」，據文意應是「副」字，今補。

【19】二十七年，兼權户部侍郎陳康伯等言：「近有陳請諸路州縣管下坑冶停閉荒廢去處，勒令坑户抱認課額。已委逐路提刑司檢視相度，以所收多少分數認納，不得抑勒。尚慮有停閉坑冶内却有寶貨去處，一槩作停閉，致減損國課。今措置，欲委逐路轉運司行下所部州縣，應有停閉及新發坑冶去處，許令人户經官投陳，官地給有力之家，人户自己地給付本户。若本地主不赴官陳告，許鄰近有力之家告首，給告人，候及一年，成次第日，方從官司量立課額。其告發人等坑户自備錢本採鍊，賣納入官。從《紹興格》特與減壹半數目，依全格推賞補官。」從之。

孝宗隆興二年，鑄錢司言：「坑冶監官歲收買金及肆千兩，銀及拾萬兩，銅、錫及肆拾萬兩，鉛及壹伯貳拾萬斤者，各轉壹官。知、通、令、丞部内坑冶每年比祖額增剩者，推賞有差。」

〔孝宗乾道〕二年〔一〕，以饒州貢金千兩，民力不支，遂減十分之七，以蘇壹郡之民。（以上《永樂大典》卷一一七三二）

【20】〔天聖〕八年〔二〕，江南東路轉運司言：「信州寶豐縣自淳化五年内銅貨興發，奉勅割弋陽縣玉亭、新政兩鄉立爲寶豐縣，虚占官吏，勞役人民，銀利寡少，銅貨絶無。當司相度，可公却併歸弋陽縣〔三〕，其場務仍舊差使臣專監，只作寶豐鎮名額。」從之。

至和二年，詔三司：韶州岑水場銅大發〔四〕，其令轉運司益募工鑄錢。

熙寧八年，知熙州王韶言：「熙河路諸州頗多銅坑興發，乞令都轉運與提舉市易司協力興治銀冶，以所入爲熙河路糴本。」從之。

元豐元年，詔潭州瀏陽縣銅冶，可立法選官推行。

元祐元年，陝西轉運兼提舉銅坑冶鑄錢司言：「虢州界坑冶户所得銅貨，除抽分外，餘數並和買入官。費用不足，乞依舊抽納二分外，只和買四分，餘盡給冶户貨賣。」從之。

户部尚書李常言：「岑水等場自來出銅礦最多，近年收買全不敷。欲乞選有幹局官詣逐場詢訪事理，招致坑户，候銅利興發，將見廢監州郡隨買到銅多【21】寡，逐旋興發鼓鑄錢寶。」從之。

紹聖元年，福建路轉運司言：「建州浦城縣唐岱坑銀銅鑛滋盛，可置場冶。」從之。

元符三年，詔饒、信、潭、韶等州膽銅更不置局，並撥歸鑄錢司。

崇寧元年，詔：「應告發銅坑，除依條賞格酬獎外，爐户賣銅，每挺收剋錢五文，與元告發人充賞。」以户部奏

〔一〕「孝宗乾道」四字原稿有，被圈去，今恢復。
〔二〕「八年」前原有「天聖」二字，被圈去，今恢復。
〔三〕公却：疑誤。
〔四〕韶：原作「詔」，據《元豐九域志》卷九改。

「江、淮等路坑冶司因虔州雩都縣告發佛婆(同)〔銅〕坑，乞立賞格」故也。

宣和二年二月十八日，朝散大夫李唐卿奏：「前任通判金州，伏見平利縣小嵐平有銅窟，脉苗浩瀚，百姓賈真告發。伏望行下金州監，勒賈真於元告發處般取礦石，置爐燒試。」

乾道(元年)〔九年〕〔一〕，提點坑冶鑄錢司王楫、李大正言：「欲將江南、淮南、兩浙、潼川、利州路分隸饒州司，江西、湖南、北、二廣、福建路分隸贛州司，錢糧物料，並依所分路分催趁足辦。其潼川、利州路逐年所趁銅課，緣爲路遠，稽察不前，訪聞得逐處産銅浩瀚，欲下潼川、利州路産銅州縣，應有額外增羡數目，與免立爲年額，盡數起發，添助鼓鑄。」從之。

李大正言：「自昔坑冶銅課最盛之處，曰韶州岑水場，曰潭州永興場，曰信州鉛山場，號三大場。」又言：「近點檢韶州岑水場黄銅遞年課額，雖號二三萬斤，而堪用者實少。蓋坑户秖於舊坑中收拾苴滓，雜以沙土，或盜他人膽銅，烹成片鋌。其面發裂，殆若泥壤，每斤價直計二百二十文省，徒費官錢。今且權住收買，別踏新坑。顧坑户採取膽土以
22 爲淋銅之用，其膽銅坑户就官請鐵，舊來採銅坑户承接膽水浸洗礦，未烹煉成銅。今欲分別水味濃淡、各人合用鐵數支給，更不剋鐵本。以鐵計銅，得銅數多，則不復問；得銅數少，計鐵比較，追其所虧。仍將逋欠錢、鐵權與倚閣，每斤實支價錢一百三十文省，除椿充經總制錢并顧工價、炭，猶可得錢七十三文省。如銅色不及十分，即隨分數估剥支給。或趁辦年額之外，能有增買者，則更優支價錢四十文省。應淋銅取土，皆在窮山絶頂，所役兵士皆是二廣配隸之人，衣糧經年不至。今欲依信州鉛山場兵士例，日貼支米二升半外，有韶州永通監，遞年鑄錢多不及三千貫或四千貫，今欲酌取中數，管認三千五百貫。」從之。

建炎三年，虞部言：「江淮等路提點坑冶鑄錢司張澄奏，乞將管下坑場專責監官點檢，遇銀坑興發，其見元銅、鉛等處如願採作，即先經官認定逐時所賣銅、鉛課額比舊數增羡，方得採作銀坑。或未經行使銅、鉛坑冶之人願作銀坑，亦令兼使銅、鉛坑冶。如不願趁辦銅、鉛課利，即不得專使銀坑。仍乞逐冶置曆抄上賣過銅、鉛、銀數〔二〕，如銅、鉛及得元立定額，其銀價即盡數支給；若或所賣銅、鉛不及元立定額數，即未得全支銀價，候次月賣定銅、鉛，方得盡行支給。其有銀坑興發浩瀚去處，亦乞依此施行。」從之。

〔紹興〕十三年〔三〕，江淮荆浙福建廣南路都大提點坑

〔一〕九年：原作「元年」，據《宋史全文》卷二五下改。據本書職官四三之一六七、乾道八年十二月，王楫、李大正爲提點坑冶鑄錢。又按，以下二條應移後。

〔二〕逐冶：後文食貨三四之三四複文作「逐月」。

〔三〕紹興：原稿有此二字，被圈去，今據《建炎要録》卷一四八恢復。

冶鑄錢韓球言：23「韶州銅岡場、連州元魚場銀銅鉛坑，已見發泄，人户見今興採。乞將兩場舊置監官，下吏部差注監官各一員。」從之。

二十九年，提領諸路鑄錢所言：「利州路轉運判官兼提舉鑄錢蘇欽申：興州青陽、利州青遝兩銅場，所納銅數即無定額。今據青陽銅場黄栢水窟一眼，止是採得生汁礦石烹錬，銅數細微。今相度，青陽場每年酌量立定一千五百斤、青遝場每年七千斤爲額，兩場每年錬發八千五百斤。數内除抽(約)〔納〕二分一千七百斤不支價錢外，餘數每斤支錢引八分，共合用本錢五千四百四十道。乞依潼川府路轉運司事體，獨於經總制窠名錢内取撥支用；其起發脚錢，於係省錢内支破。所有收到銅料，依潼川府銅山縣已得旨，徑赴饒州永平監，或從便赴江州交納。」從之。

淳熙二年八月十七日，提點坑冶王楫言：「處州所産銅銀鉛坑，歲收銅十萬斤，鉛十五萬斤，通判、令、(承)〔丞〕各減二年磨勘，所有守臣、檢踏、監官乞一體推賞。」從之。

嘉定十四年七月十一日，臣僚言：「産銅之地，莫盛於東南，如括蒼之銅廓、南弄、孟春、黄渙峰、長技、殿山、爐頭山莊等處，諸暨之天富，永嘉之潮溪，信上之羅桐，浦城之因將〔一〕，尤溪之安仁、杜塘、洪面子坑五十餘所，多係銅銀共産，大場月解浄銅萬計，小場不下數千，銀各不下千兩，爲利甚博。至若雙瑞、西瑞十二巖之坑，出銀繁瀚，大定、永興等場，雖是銀鉛並産，興盛24日久，澤靈不衰。又信之鉛山與處之銅廓，皆有膽水，春夏如湯，以鐵投之，銅色立變。夫以天造地設，顯畀坑冶，而屬吏貪殘，積成蠹弊。諸處檢踏官吏大爲民殃，有力之家悉從辭避，遂致坑源廢絶，礦條湮閉。間有出備工本爲官開浚，元佃之家已施工力，及自用財本起創，未享其利，而譁徒誣脅，檢踏官吏方且如追重囚，黥配估籍，冤無所訴。此坑冶所以失陷。又照得舊來銅坑，必差廉勤官吏監轄，置立隔眼簿、遍次曆，每日書填某日有甲匠姓名幾人入坑，及採礦幾籮出坑，某日有礦幾籮下坊碓磨，某日有碓了礦末幾斤下水淘洗，某日有浄礦内幾斤上爐烰煉，然後排燒窑次二十餘日。每銅礦千觔，用柴炭數百擔，經涉火數敷足，方始請官監視上爐匣成銅。其體紅潤如煙脂，謂之山澤銅，鼓鑄無折，而鑄出新錢燦爛如金。近年既不差官，及無隔眼、遍次簿曆，檢踏官吏既加虐遇，而坑户復非土着，又不及時支給本錢，所以坑户皆無藉之徒，一聽官吏掊剋。所得一半本錢，鉟銷解發之外，尚覬餘利贍養，則其淆僞可知。併乞行下泉州，一如舊日措置。每日抄轉簿曆，逐季解赴泉州稽考，以行賞罰。不許仍用白身借補冒官人下場監轄，肆爲欺弊。其有坑户陳訴檢踏利害，令所委官徑行密申泉司，庶幾上下情通，不致冤抑。其所委官銅課增羨，併乞與場官一體推賞施行。」從之。以上《寧宗會要》。

〔一〕將：原作「漿」，據本書食貨三三之一九、《補編》頁五改。

【宋會要】25 徽宗建中靖國元年，以宣德郎游經提舉措置江淮荆浙福建廣南銅事。經先以憂去官，至是服闋，自言：「昨在任日，常講究有膽水可以浸鐵爲銅者，韶州岑水、潭州瀏陽、信州鉛山、饒州德興、建州蔡池、婺州銅山、汀州赤水、邵武軍黄齊、潭州礬山、温州南溪、池州銅山，凡十一處，唯岑水、鉛山、德興已嘗措置，其餘未及經理。將來錢額，愈見虧失。」户部以爲請，故有是命。

崇寧元年，户部言：「游經申：自興置信州鉛山場膽銅已來，收及八十九萬八千八十九斤八兩，每斤用本錢四十四文省，若製撲膽銅鑄錢，每一貫省六百餘文，其利厚重。自丁憂解職之後，皆權官時暫監管，致今膽銅十失五六。今再除職事以來，自今年正月至九月二十日終，已收膽銅一十七萬二千一百二十三斤八兩。然亦合行措置，古坑有水處爲膽水，無水處爲膽土。膽水浸銅，工少利多，其水有限；膽土煎銅，工多利少，其土無窮。措置之初，宜增本減息，庶使後來可繼。膽水浸銅，斤以錢五十爲本，膽土煎銅，斤以錢八十爲本，比之礦銅，其利已厚。若從上次寬立本錢，所貴銅課增羨。偷盜膽銅與私壞膽水，或坑户私煎膽銅，乞依紹聖五年敕文約束。」從之。

淳熙元年七月十日，提點坑冶鑄錢司言：「信州鉛山場所産膽水浸鐵成銅，每發二千斤爲一綱，至信州汭口鎮，用船轉26發，應副饒州永平監鼓鑄。昨據信州通判祝大年、張竑同銜申，任内催趁銅鉛及格，乞將合得酬賞分受。」從之。

淳熙五年閏六月四日，新除提點江淮等路坑冶鑄錢姚述堯言坑冶利便二事：「一、諸處坑場非無銅寶，以鄉保障固，乞行下諸州出産銅坑見今興發處，委通判召募人户開采，支與實直價錢，不得抑令坑户責認歲額。一、韶州岑水、信州鉛山等場，所産浸銅非無膽水，止緣給鐵不如其數，逐時致銅課虧少。乞下淋銅及産鐵州軍，委通判措置拘催合用鐵數發下場監，督責監官趁水淋浸。所用兵匠，不得州縣妄占。如有違戾，許從本司具名按劾。」從之。（以上《永樂大典》卷六七）

【宋會要】27（紹興）〔淳熙〕十二年七月十二日〔一〕，敷文閣待制、提舉佑神觀、兼侍講、兼同修國史洪邁言：「臣家居（鐃）〔饒〕州，實提舉坑冶鑄錢官置司去處，故亦采聞冶鑄所仰，莫如信州鉛山之銅，而比年以來，常以乏少爲患。臣比守婺，有管下永康知縣余璞言：『頃年任嚴州淳安縣丞，被差鉛山體訪坑冶利病。見每歲所得銅數，比往昔十無一二。因咨訪耆老，皆云昔係是招集坑户就貌平官山鑿坑，取垢淋銅，

〔一〕淳熙：原作「紹興」，據《南宋館閣録》續録卷九改。下條亦淳熙事。

官中爲置爐烹煉，每一斤銅支錢二百五十。彼時百物俱賤，坑户所得有贏，故常募集十餘萬人晝夜採鑿，得銅鉛數千萬觔，置四監鼓鑄，一歲得錢百餘萬貫。數十年以來，百物翔貴，官不增價收買，坑户失利，散而之他，而官中兵匠不及四百人，止得銅八九萬斤。人力多寡相去幾二百倍，宜乎所得如是之遼絶也！』其説欲乞專委提點官就鉛山縣置局，採訪舊例，興復坑户，每一斤銅增錢收買，若旋募得千百人穿坑取垢，得銅必多。價既增舊，人自畢力，所得精銅必多。詳觀瑑此説，殊爲有理。乞詳酌，專委耿延年使知瑑策，議其可否。」十一月十四日，知婺州永康縣余瑑奉旨赴都堂，開具條目。詔令耿延年詳余瑑所陳事理，疾速躬親前去相度利便奏聞。

十三年正月二十八日，江淮等路提點坑冶鑄錢耿延年言：「遵稟指揮，行下信州及鉛山縣官，鉛山場官㉘并本司屬官，先次措置招召民户從便採鑿，賣銅入官。據逐官報到，各於地頭榜諭，經今兩月，並無情願應募之人。除已節次具因依申尚書省并户、工部照會外，躬親至信州鉛山場，同官屬吏卒登諸山相視，推尋故迹，徧歷高下，講求昔時十萬坑丁採鑿之由與夫目今已行之事，利害源流，悉已洞見。臣交領職事三年有五月，晨夕疾心，惟務與民共利，經久可行，不欲專利於官而有害於民，不欲取辦一時而貽患於後，故累年銅、鉛、鐵、錫課利視舊來稍稍辦集，至如貌平山取採垢土淋銅之利，亦已逐時旋增置訖。其山特鉛山場一小山爾，況其地穿鑿極甚，積土成山，循環復用，歲月寖久，兼地勢峻倒〔一〕，不可容衆。今奉旨令臣相度，其地有不可增置之處，不敢自嘿，謹盡録奏聞。如朝廷別遣使命見此遺利，在臣則有欺隱之罪。臣今來又檢踏出竹葉塢山巔稍平數處〔二〕，更可增四十槽，其合用添招兵匠、起造屋宇所費本錢因依，并鑄錢司見行事務與臣任内先已創復坑冶去處，悉皆條去，隨狀繳進。」户、工部契勘：「當來余瑑所言信州鉛山之銅，乞專委提點官就鉛山置局，採訪舊例，興復坑户，穿坑取垢，增價買銅。今來提點官耿延年相度條具晝一事因，除第四項内欲於竹葉塢山巔見有地稍平數處可以更增置淋銅盆槽四十所，得銅二萬斤，會計合用本錢一萬八千一百餘貫，可添鑄折二錢八㉙千貫文外，別無相度條具到可以鉛山縣置局，招集坑户採鑿取垢，增價買銅合行利便事件。況今來提點官耿延年奉旨行下招召坑丁，已踰兩月，並無人應募，可見此事難行。其提點官却於竹葉塢山巔躬親踏逐數處，可以更增置盆槽淋銅添鑄錢一節。本部今勘會，欲下江淮等路鑄錢司更切契勘，如所奏是理委是詣實，及目今鼓鑄所費不過，兼係經久可行利便，即從本司一面措置施行。」從之。以上《孝宗會要》。

〔一〕倒：疑誤。
〔二〕「竹」原無，「稍」原作「秤」，據下文補改。

李煜嘗因唐舊制〔一〕，於饒州永平監歲鑄錢六萬貫，江南平，增爲七萬貫。常患銅少不(克)〔充〕用，張齊賢任轉運使，求得江南舊承旨丁釗，盡知饒、信、處等州山谷出銅，即調發諸縣丁夫採之。

乾道七年，權發遣處州姚述堯言：「被旨措置銀銅坑，緣當來銀銅興發之初，本州就令業主開採，却別令豪户請佃，又所差監官多用本土進納等人，以致互起争訟。今本州龍泉等縣見有石堰等銀坑十處，庫山等銅坑九處，合將銀、銅分作兩所，銀坑即令採銀官監折合以分數與坑户，銅坑即令取銅官監烹鍊。以銀作本，立定價值，就坑户收買，使採銀者不爲銅課之迫，採銅者別無意外之望。兩處合差監官兩員，互相提督，并用監轄使臣兩名往來機察，庶無日前土豪稍勾乾没銷毁錢寶之患。」方言「稍勾」，謂利上取利之意。從之。

【宋會要】

30〔紹聖〕元年〔二〕，詔令户部選官一員，募南方諳曉烹銅工匠往陝西，同轉運官差官於商、虢界踏逐銅鑛，措置烹鍊，候見次第，即置爐冶。從權户部尚書蔡京請也。

【宋會要】

康定元年，三司言：「商州百姓高英等按尋到銅鑛，烹煉得銅。乞差通判河中府皮仲容採取。」從之。

【續會要】

淳熙四年三月十九日，詔停閉藤州平羅、古社金坑。以諸司言歲收浄利一十一兩四錢，所入微細故也。

十年六月十二日，詔廢罷昭州管下金坑五處。以廣西運司言歲納金二十四兩、錢五十餘貫，所入不多故也。(以上《永樂大典》卷六六)

禁銅〔三〕

【宋會要】

31太宗太平興國二年，有司言：「江南諸州銅先未有禁法，請頒行之。」詔從其請，除寺(勸)〔觀〕先有道佛像、鍾、磬、鐃、鈸、相輪、火珠輪、鐸及人家常用銅鑑外，民間所蓄銅器，悉送官，給錢償之。敢有匿而不聞者，論如律。

〔至道〕二年，詔：「應私鑄銅器，蠹壞錢貨，建康府、台、明、湖州猶甚，可專委守臣嚴切禁止，除鍾、鑼、磬、鐃、鈸、鈴、杵、鏡、鍱鑻並依已降指揮，内鍾、磬、鈴、杵許投稅穫鑿出賣〔四〕。」

咸平四年，江南轉運使馮亮言：「舊勅，犯銅禁者七斤而上，並處極法，奏裁多蒙減斷，待報踰時，頗成淹緩。請

〔一〕按，此條之全文見本書食貨一一之四，事在太平興國中。此處乃《大典》節引。

〔二〕「紹聖」二字原被整理者圈去，今復其舊。以下至道、元祐、紹興三條同。

〔三〕原無此題，天頭批云：「此當另標『禁銅』。」按，此蓋《大典》卷六六「銅」字韻「事韻」目中之細目，今從原批添爲「坑冶雜録」中之小題。

〔四〕穫：疑當作「鐫」，參後食貨三四之三三嘉泰元年五月三日條。

別定刑名，以爲永制。」詔自（令）〔今〕滿五十斤以上取勑裁，餘遞減之。

景德三年，神騎卒趙榮伐登聞鼓，言能以藥點銅爲鍮石。帝曰：「民間無銅，皆鎔錢爲之，此術甚無謂也。」詔禁止之，其來自外蕃者，不在此限。

〔元祐〕元年〔一〕，樞密院言：「乞禁私賣易銅〔二〕、鍮石器，犯者依私有法。」從之。

紹興十三年，江淮荆浙福建廣南路都大提點坑冶鑄錢韓球言：「竊見諸路提舉茶鹽司昨申降指揮，於從來緊要私鹽所行道路專置巡鹽使臣一員，量置土軍。緣所置巡鹽使臣止管巡察私鹽外，別無兼領事務，所有應干銅、鉛并産錫地分若有私採盜販，皆是違犯禁榷之物，正與私鹽事體一同。欲乞將應專置巡鹽使臣並一就責委兼管巡捉私販銅、鉛等事務，餘並依見行條法。」從之。

（淳熙）〔慶元〕三 32 年閏六月十三日〔三〕，宰執言：「恭覩內批，禁中發下銅器八千餘兩付尚書省。前此高宗、壽皇皆曾禁約，終不能止。今陛下此舉，四方傳聞，必且聳動，庶幾自此令行禁止。臣等欲出黃榜揭之通衢，使中外共知。」上曰：「可。」

十二月二十二日，詔：「郡縣每月責都監、巡尉狀，有無私鑄銅器及納不盡之數，如因事（骨）〔買〕罣，將巡尉、都監一併收坐，守倅併議責罰。仍令御史臺覺察。監司不覺察，與同罪。」從臣僚請也。

十二月七日〔四〕，詔：「訪聞日來州縣城郭鄉村依舊鑄造鍮石、銅器等貨賣，令諸路提刑司密切禁止，如有違戾，具當職官及巡尉職位名申尚書省，取旨重作施行。其買賣人并使用之家，並照累降指揮，一例斷遣追賞，並不以官廕論。仍許諸色人陳告，如提刑司不覺察，御史臺按劾聞奏。」從都省請也。

〔四年〕十月七日〔五〕，四川總領所言：「利州青平、青渥兩場，逐年銅户輸納漕司銅八千五百斤，軍器銅一百斤，却有餘剩草銅可以收買。若與不拘歲額多寡，令見賣官司立定價直，據買到數逐年隨綱解發江州交卸，轉發至饒州鑄錢司，非惟官司得銅鼓鑄，而私銅亦有所歸，不致作爲器皿，干犯法禁。」從之。（以上《永樂大典》卷六七）

【宋會要】

33 嘉泰元年五月三日，臨安府言：「承降指揮禁戢銅器，數內該載官民户除日前見腰帶銙鑻及鞍轡、作子、照子外，應有銅器不許使用。僧道合用鍾、磬、鐃、鈸、鈴、杵，民

〔一〕元祐元年：《長編》卷四〇四記於二年八月。

〔二〕易：原作「錫」，據《長編》卷四〇四改。

〔三〕慶元：原作「淳熙」。按，文中有「高宗壽皇」語，高宗卒於淳熙十四年，壽皇即孝宗，乃淳熙十六年所加尊號，故作「淳熙三年」必誤。今按本條所述事，見於《宋史》卷三七《寧宗紀》慶元三年閏六月二日甲戌，《兩朝綱目備要》卷五、《宋史全文》卷二九上等均同，據改。「十三日」亦或有誤。

〔四〕按此條及上條日分顛倒，未知是否有誤。

〔五〕「四年」二字原稿有，被圈去，今復舊。此亦當爲慶元四年。

間及船户置到防護銅鑼，仰寺觀主首及民户各具件數結立罪賞，經州府陳狀，排立（守）〔字〕號，當官鐫鑿，給付憑由照用。官、民户鍾磬準此。照得寺院、民户許用鍾、磬、鐃、鈸、鈴、杵、銅鑼，又恐日復一日，或有損壞。乞令申所屬，許齎元物赴文（思）院照元斤兩量立工錢换造，仍鐫鑿文思院换年月。在外準此。」從之。（以上《永樂大典》卷六六）

採鉛

【宋會要】

34 李煜嘗因唐舊制〔一〕，於饒州永平監歲鑄錢六萬貫，江南平，增爲七萬貫。常患銅少不充用，張齊賢任轉運使，求得江南舊承旨丁釗，盡知饒、信、處等州山谷出鉛〔二〕，即調發諸縣丁夫採之。

〔建炎〕三年〔三〕，虞部言：「江淮等路提點坑冶鑄錢司張澄奏，乞將管下坑場專責監官點檢，遇銀坑興發，其見元銅、鉛等，如願採作，即先經官認定逐時所賣銅、鉛課額比舊數增羨，方得採作銀坑。或未經行使銅、鉛坑冶之人願作銀坑，亦令兼使銅、鉛坑冶。如不願趁辦銅、鉛課利，即不得專使銀坑。仍乞逐月置曆抄上賣過銅、鉛、銀數，如銅、鉛及得元立定額，其銀價即盡數支給；若或所賣銅、鉛不及元立定額數，即未得全支銀價，候次月賣定銅、鉛，方得盡行支給。其有銀坑興發浩瀚去處，亦乞依此施行。」從之。張澄又言：「乞將韶州曲江、潭州（劉）〔瀏〕陽、信州鉛山三縣知縣依舊來饒州德興、信州弋陽知縣體例，銜位帶主管銅鉛等事，責令同監場官協力收趁歲額。如弛慢之人，從本司按劾取旨，重行停降。」從之。

〔紹興〕十三年〔四〕，韓球言：「韶州銅岡場、連州元魚（揚）〔場〕銀銅鉛坑，已見發泄，人户見今興採。乞將兩場舊置監官，下吏部差注監官各一員。」從之。

江淮荆浙福建廣南路都大提點坑冶鑄錢韓球言：「竊見諸路提舉茶鹽司昨申降指揮，於從來緊要私鹽所行道路專 35 置巡鹽使臣一員，量置土軍。緣所置巡鹽使臣止管巡察私鹽外，別無兼領事務，所有應干銅、鉛并産錫地分若有私採盜販，皆是違犯禁榷之物，正與私鹽事體一同。欲乞將應專置巡鹽使臣並一就責委兼管巡捉私販銅、鉛等事務，餘並依見行條法。」從之。（以上《永樂大典》卷四八七七）

【宋史】〔五〕

36 南渡，坑冶廢興不常，歲入多寡不同。今以紹興三

〔一〕天頭原批：「重出。」按，以下四條本卷上文皆有，但此條「出鉛」前條作「出銅」，第二、三條亦互有詳略，非盡爲重文；惟第四條文字全同。
〔二〕「知」原作「赴」，「處等」原作「等處」，據前食貨三四之二九複文改乙。
〔三〕「建炎」二字原被圈去，今復其舊。
〔四〕「紹興」二字原被圈去，今復其舊。
〔五〕宋史：原作「宋會要」，其下原批云：「此《宋史·食貨志》，非《會要》。」按，見《宋史》卷一八五《食貨志》下七，據改。又有眉批云：「南渡以下另行接前，仍可采入。」

十二年金、銀、銅、鐵、鉛、錫之冶廢興之數一千一百七十，及乾道二年鑄錢司比較所入之數附之：湖南、廣東、江東、西金冶二百六十七，廢者一百四十二；湖南、廣東、福建、浙東、廣西、江東、西銀冶一百七十四，廢者八十四；潼川、湖南、利州、廣東、浙東、廣西、江東、西、福建銅冶一百九，廢者四十五。舊額歲七百五萬七千二百六十斤有奇，乾道歲入二十六萬三千一百六十斤有奇。淮西、夔州、成都、利州、廣東、福建、浙東、廣西、江東、西鐵冶六百三十八，廢者二百五十一。舊額歲二百一十六萬二千一百四十斤有奇，乾道歲入八十八萬三百斤有奇。淮西、湖南、廣東、福建、浙東、江西鉛冶五十二，廢者一十五。舊額歲三百二十一萬三千六百二十斤有奇，乾道歲入一十九萬一千二百四十斤有奇。湖南、廣東、江西錫冶一百一十八，廢者四十四。舊額歲七十六萬一千二百斤有奇，乾道歲入二萬四百五十斤有奇。

宋初，諸冶外隸轉運司，内隸金部；崇寧二年，始隸右曹；建炎元年，復隸金部、轉運司。隆興二年，阬冶監官歲收買金及四千兩，銀及十萬兩，銅、錫及四十萬斤，鉛及一百二十萬斤者，轉一官；守倅部内歲比祖額增金一萬兩，銀十萬兩，銅一百 37 萬斤，亦轉一官；令丞歲收買及監官格内之數，減半推賞。

慶元二年，宰執言：「封樁銀數比淳熙末年虧額幾百五十萬，今務場所入歲不滿三十萬，而歲奉三宮及册寶費約四十萬，恐愈侵銀額。欲權以三分爲率，一分支銀，二分支會子。」上曰：「善。」

端平三年，赦曰：「諸路州縣阬冶興廢，在觀寺、祠廟、公宇、居民墳地及近墳園林地者，在法不許人告，亦不得受理。訪聞官司利于告發，更不究實，多致擾害。自今許人户越訴，官吏并訟者重寘典憲〔一〕。及有阬冶停閉、苗脉不發之所，州縣勒令阬户虛認歲額，提點鑄錢司覈實追正。」

（以上《永樂大典》卷一一七三二）

各路産物買銀價〔二〕

38 萬斤〔三〕，内四十萬斤變轉見錢買銀。熙寧十年，買到銀八千三百二十八兩四錢五分。江南東路：絹四十七萬三千三百八十疋，紬一千三萬二千九百二十三疋，額錢五萬貫，買紬、絹、銀、綿、紙池州大抄連紙，宣州大抄、三抄連紙，南康大抄、三抄、小抄，江西大抄、小抄，歙州詔紙降樣，常樣，大抄，三抄連紙。三百二十五萬五千四百張。江南西路：紙興軍國大抄、三抄、小抄，洪州表紙大抄、三抄、小抄，筠州表紙大抄、三抄、小抄。一百二十七萬四千張，絹三十四萬疋，紬六萬二千疋，額錢五萬貫，買銀。荆湖南路：額錢一

〔一〕并：原作「再」，據《宋史》卷一八五《食貨志》下七改。

〔二〕按，此題不確，下文似爲熙、豐中諸路、上供、和買之額，但前有缺文，文意不明，姑仍其舊。

〔三〕天頭原批：「上原缺。」

十萬貫，買銀。荊湖北路：絹一十三萬疋，紬四萬疋，額錢五萬貫，買紬、絹，內一萬貫買絹一萬疋應付廣西；紙鄂州連紙、峽州小鈔、岳州大鈔、三抄、小抄。五十五萬九千五百五十張〔一〕。福建路：荔支一十七萬顆，額錢一十五萬貫，買銀；應副發運司錢五萬貫，本司不移用，省司（句）〔拘〕收買銀；乾薑一十萬斤，價錢一千一百六十八貫文足，買銀〔二〕。熙寧十年限勘會未到。成都府路：布六十一萬疋，匙筯本錢三百七十九貫八百文，變轉輕貨。廣南東路：額錢一十萬貫買銀，和買銀一萬八千五百九十六兩八錢六分，金八兩。廣南西路：額錢五萬貫買銀、砂，內二萬貫撥赴賀州買錫；桂州布一十萬疋，潭州卸泛抛。三司非泛抛買，應副在京支遣，逐年數目不（足）〔定〕，今各取一年抛買數：羅、布、絲、麝香、作襖、蘆蕟、棗、生青等，計七十四萬四千七百四十疋、兩、領、斤、臍〔三〕。胡桃、石榴不在數。河北：絲四十九萬三千兩。元豐元年、二年。淮南路：乾笋一萬斤，合蕈二百斤，黑木一千斤。

雜買務收39買：胡桃六十萬至八十萬顆，舊係陝西，熙寧四年朝旨在京收買。自後逐月據翰林司計度所要數下雜買務收買，數目不（足）〔定〕。石榴五萬顆舊係河陽，熙寧二年朝旨在京收買。自後逐月據翰林司計度所要數下雜買務收買，數目不（足）〔定〕。

結攬：市易司每年結攬三司住抛買炭、墨、薦、棗、木、荔支等，計一百五十二萬九千五百六斤、挺、領、顆。歙墨六百挺。蒲薦三萬領，京東。藺薦一萬六千八百五十五領，京西。甘草二千八百九十餘斤，環州。黃蕖薦一萬三千七十四領，京西。棗木二萬四千八百五斤，河北、京東。烏梅六千二百五斤，洪州等處。棒葉六千九百四十七斤一十四兩，京西。槐花六千二百零九十四斤，西京等。黃蘆一萬七千七十五斤，金、商州。藍靛二萬五千六十七斤，河北、京東。黃（蘗）〔蘗〕七千二百一十四斤，筠、房、金、商州。炭九十三萬九千八百秤。烏李梅一萬二千八百三十七斤半。林檎片子八千九百三十斤。杏梅片子一萬八千七十三斤。荔芰舊二十萬至二十五萬顆，見每年承攬萬顆。龍眼二十萬至三十萬顆，見每年承攬三十萬顆。（以上《永樂大典》卷次缺）

〔一〕此句正文首之「紙」字原脱，據文意及上文文例補。
〔二〕「買銀」二字原作小字，今據文意及上文文例改作大字。
〔三〕按，「逐年數目」以下似當作小字。

鈔旁定帖〔一〕

1 徽宗崇寧三年六月十日，敕：「諸縣典賣牛畜契書并税租鈔旁等印賣田宅契書，並從官司印賣，除紙、筆、墨、工費用外，量收息錢，助贍學用，其收息不得過一倍。」

十一月十二日，尚書省奏白劄子：「考城縣典賣牛畜契，每一道今賣五錢省，比舊減下八錢省；税租等鈔旁，每一十旁今賣五十七錢省，比舊減下二十二錢省。檢會今年六月十日度支、户、金部看詳，前項鈔旁並從官司印賣，除紙、墨、工費用外，量收息錢，不得過一倍。切緣府界諸縣有未承六月十日朝旨已得前舊賣錢數稍多，已成定例，與今來逐部看詳所收息錢，比之逐縣舊賣錢數，除本價外，各有減落數目。且以考城一縣計之，比舊減下錢數太多，虧損學費。」詔：「府界諸路官賣鈔旁、契書等，收息不得過四倍〔二〕，隨土俗增損施行。如舊賣錢數多者，聽從多，仍先次施行。」

大觀二年正月一日，赦書：「有司曾以輸納鈔旁出賣收錢，以充學用，吏緣爲姦，增損抑配。今學用既足，事涉苛細，可行寢罷。」

2 宣和元年八月二十二日，詔：「鈔旁元豐以前，並從官賣，久遠可以照驗，以防僞濫之弊。政和修敕令删去，不曾修立，及降指揮不許出賣。今後應鈔旁及定帖，並許州縣出賣，即不得過增價直。」《實録》：元豐六年七月十九日，御史翟思言：聞京西轉運司下州縣責賣鈔旁人納紙〔三〕，官以小條印爲記，紙輸一錢〔四〕，應人户税錢非印鈔不受，苛細傷體。有詔止之。餘未見。

二年八月二十日，詔：「官賣鈔旁、定帖，以防僞冒，實遵元豐舊制。收息分數已降處分，並依崇寧三年十一月指揮。如敢數外增錢，及邀阻乞取者，官吏並以違制論。疾速申明行下。」從兩浙路轉運〔司〕〔使〕李祉申請也。

十二月十七日，尚書省劄子節文：「官賣鈔旁、定帖，並須每户請納作一鈔〔五〕，不得依前衆户連名。遇人户請買，當官依法出賣；不當官給賣者，杖一百。公吏人等攬買出外增搭價錢轉者〔六〕，各徒二年。」

三年四月四日，通判邠州張益謙奏：「本州已依條委司録監轄印造鈔旁，分下諸縣遵依出賣。據諸縣約度，每

〔一〕鈔旁定帖：原作「鈔旁印帖」。按，「印」字誤。鈔旁與定帖乃宋代民户買賣田宅、車船、牛馬等所用的兩種官定的契約文件形式。官府事先印賣空白鈔旁、定帖紙，供交易時書填，所收錢稱「鈔旁、定帖錢」。本書及他書中屢見此詞，而未見有稱「印帖」者。本書食貨七〇複文亦題作「鈔旁、定帖雜録」，今據改。

〔二〕不：原闕，據本書食貨七〇之一三五補。

〔三〕賣：似當作「買」。「賣鈔旁人」《長編》卷三三七作「商人」。

〔四〕輸一錢：原作「轉輸一」，據《長編》卷三三七改。

〔五〕納作：原作「作納」，據本書食貨七〇之一三六乙。

〔六〕「轉」下當脱「賣」字。

年納用鈔旁一百萬副，每副四紙，價錢四文足。今體訪得本州上、中等税並支移往沿邊，有至十程者。人户赴官買紙，齎執前去指定處送納，受納官司或令退換，或行毁棄，艱阻沮抑，其弊百端。所買鈔旁既經書填，却被棄換；若只就近買鈔送納，即本縣照證，不肯銷鑿，人户須再來買鈔。又下等税賦、坊場房廊諸般課利用鈔尤多，3自一文一升，亦須買鈔四紙。縣道事叢，令佐未必能即時給賣，其久來鬻書之人冒利犯法，攬買增價。稍失覺察，縻費愈廣，輸納愈遲〔一〕，退換科較，人户受弊。況當陛下節用裕民，深戒誅求，臣採諸輿議，衆(爲)〔謂〕未便。」詔申明行下，諸路依此。

十三日，詔：「諸路收帖定并帖納錢，委逐路提刑司拘籍起發，赴内藏庫送納。若拘籍隱漏及輒移用，並當重行黜責。其已降赴大官庫送納指揮〔二〕，更不施行。今後收到錢並依此。」先是，四月詔，依户部尚書沈積中奏，鈔旁、定帖等鈔除陝西、河東路及已有指揮支撥外，並令提刑司同本路轉運司措置起發上京，赴大官庫送納，尋有是詔。

五年十一月二十八日，詔：「諸路所收鈔旁、定帖錢，除兩浙路隸應奉司外，餘路自合並逐州委通判管幹拘收，撥與發運司充糴本。」

六年三月二十二日，發運司奏：「奉詔興復轉般，拘收諸色錢本，收糴斛斗。數内官賣鈔旁，諸處關報，所收錢數不多。蓋緣姦弊未能杜絶〔三〕，暗虧官錢，深爲未便。臣今措置條具下項：一、鈔旁係司録廳印造，給付屬縣等處出賣〔四〕。今欲乞諸州鈔旁、定帖除依舊令司録監轄印造外〔五〕，並用通判勾印訖，給付屬縣置曆出賣。諸州止於《千文》字號上添甲子字號，每一字號印造一千副爲額。仍於每字號下排定第一〔六〕、第二紙以至一千紙字，所貴有以關防。諸縣專委縣丞管勾，置賣鈔局出賣，即不得輒拘早晚時限。仍於鈔旁上印定所賣錢數。」從之。

七年四月九日，講議司言：「契勘人户4輸納，官賣鈔旁〔七〕，州縣不能鈐束公人計囑盡行收買〔八〕，却於人户處邀求厚價，比之官價，多至數倍，兼又阻節留滯，致有人户糶賣所納物斛以充盤費〔九〕，爲害甚大。今欲更不印賣，止令人户從便自寫鈔旁納官，置單名曆，用合同印記，令人户量納合同印記錢，以杜絶阻節之弊。今措置下項：一、舊來印賣空鈔，收息不過四倍，每鈔四紙。今乞人户自寫鈔

〔一〕納：原作「約」，據本書食貨七〇之一三六改。
〔二〕大官庫：疑當作「大觀庫」。下同。
〔三〕緣：原作「遠」，據本書食貨七〇之一三七改。
〔四〕天頭原批：「『處』一作『官』。」按以下天頭原批所稱「一作」，乃指本書食貨七〇「鈔旁、定帖雜録」所載複文。
〔五〕定：原脱，據本書食貨七〇之一三七補。
〔六〕於：原作「以」，據本書食貨七〇之一三七改。
〔七〕賣：原作「買」，天頭原批：「『買』一作『賣』。」按本書食貨七〇之一三七作「賣」，當是，據改。
〔八〕收買：原作「收賣」，本書食貨七〇之一三七作「出買」，茲據文意改。
〔九〕費：原作「賣」，據本書食貨七〇之一三七改。

旁，納合〔用〕〔同〕印記錢，以免邀求厚價、乞覓阻節之弊。其所納錢數，每鈔納錢四十文省，不成貫、石、匹、兩、束者減半，内依法許合鈔送納者聽依舊。一、舊來官司去失官鈔，即追户鈔，或又去失户鈔，人户更無照應。今來乞置單名文曆，遇人户送納輸官錢物，將人户縣分、鄉村、姓名、所納數目，一户作一項抄上，仍將所受納處銅印於官鈔，及曆上用印合同，五十户作一結，受納官簽書。遇官司去失官鈔，只用單名曆比照，不得輒追户鈔。一、去失單名曆，依去失重害文書法。一、淮南、江東、西、湖南、北路收到鈔旁錢，依宣和二年七月十三日朝旨，令發運司撥充糴本，歲終具帳申尚書省。一、京畿并舊四輔州及河北東、西、京西南、北路，欲依先降指揮並隸應奉司拘收。續承今年二月二十二日御筆，六路贍學鈔旁、定帖〔一〕、無額上供、經制司添酒錢，並充發運司轉般糴本。欲令發運司盡數拘收〔二〕，歲終具帳申尚書省。一、陝西、河東路依元降指揮，令提[5]刑司收糴斛斗，別作一項樁管。一、京東路先降指揮，聽河北、京東制司移用。契勘朝廷應副燕山、雲中兩路錢物不少，今來京東路合同錢欲令本路提刑司拘收封樁。一、成都、潼川府〔三〕、利州、夔州路，欲依先降指揮，計置金、銀、絹、帛赴内藏庫送納。一、廣東、西、福建路並令逐路提刑司拘收封樁，聽候朝廷支用。一、自宣和七年諸路州縣應收到合同錢，不以有無支樁，並令提刑上、下半年具帳聞奏。若他司并州縣侵支借兑，依擅支借封樁錢物法〔四〕，亦仰提刑司覺察按劾。」詔依講議司所定施行。

欽宗靖康元年正月十七日，詔罷鈔旁、定帖錢，令歸常平司。自是民間輸納，任便書鈔，納合同錢，後改爲勘合錢云〔五〕。以上《續國朝會要》

光堯皇帝建炎元年五月一日，赦：「應今日以前典賣田宅馬牛之類違限印契合納倍税者，限百日許自陳，特與蠲免。事發在限内者，亦准此。」二年十一月二十二日赦，紹興元年正月一日德音，九月十五日赦，二年九月四日、四年九月十五日、七年九月二十二日赦，同此制。

紹興二年閏四月三日，右朝奉郎姚沆言：「乞下諸路轉運司相度曾被兵火亡失契書業人〔六〕，許經所屬陳狀，本縣行下本保鄰人依實供證，即出户帖付之。鄰人邀阻，不爲依實勘會，及縣吏不即給帖，並許業人越訴，其合干人重寘典憲，庶幾民間物業各有照據。」從之。

二十三日，詔：「應典田宅，若故違[6]投契日限，經隔年月，遇赦恩方始自陳即印契者，其所典年限，並自交業日爲始。」

〔一〕贍：原作「瞻」，據本書食貨七〇之一三八改。
〔二〕盡：原作「晝」，據本書食貨七〇之一三八改。
〔三〕川：原作「州」，據本書食貨七〇之一三八改。
〔四〕物：原脱，據本書食貨七〇之一三九補。
〔五〕「云」字原稿誤添在下行，即下條「應」字右下方，據本書食貨七〇之一三九乙。
〔六〕「兵」下原有「失」字，據本書食貨七〇之一三九删。

四年二月二十日，户部言：「人户典賣田宅，一年之外不即受税，係是違法。緣在法已有立定日限投契，當官注籍，對注開收；及詭名挾佃并産去税存之户，依已修立到條法斷罪施行。仍乞行下州縣，每季檢舉，無致稍有違戾。」從之。

五年三月四日，兩浙西路提刑司言：「近詔人户典賣定帖錢，依自來體例施行，改作勘合錢收納，每季作無額上供錢起赴行在。緣本路州縣有曾被兵火去處，皆有案籍可以照得舊來收納則例，自今多以省記立數，有收三十文或一十文去處，並各多寡不同。」於是户部言：「乞將人户典賣田業計價，每貫收納得産人勘合錢一十文足。」從之。

二十日，兩浙轉運副使吴革言：「在法，田宅契書，縣以厚紙印造，遇人户有典賣，納紙墨本錢買契書填。緣印板係是縣典自掌，往往多數空印，私自出賣，將納到税錢上下通同盜用，是致每有論訴。今相度，欲委逐州通判用厚紙立《千字文》爲號印造，約度縣分大小、用錢多寡，每月給付諸縣，置櫃封記。遇人户赴縣買契，當官給付。仍每季驅磨賣過契白、收到錢數。内紙墨本錢專一發赴通判廳置曆拘轄，循環作本，既免走失官錢，亦可杜絶情弊。仍乞餘路依此施行。」從之。

六年七月十五日，都省言：「州縣人户典賣田宅，其文契多是出限，不曾經[7]官投税。昨降指揮，只納元初税錢〔一〕，限以半年，許换官契。既限内不許陳告，及免倍税斷罪，即係利便，人户往往樂於輸納。今來日限已滿，訪聞尚有不曾送納去處，蓋緣其間有不知上件指揮，兼元降指揮出限，别無約束，是致依前隱匿。」詔更與立限半年，許投税，仍免斷罪倍税，各自今降指揮到日爲始。（從之）

十年九月十日，赦：「勘會州縣受納税租監官多是晚入早出，不即受納給鈔，及容縱合干人百端非理退難，遂致憑籍攬納之人重有陪費。仰監司嚴加檢察，如尚或蹈襲違戾，並仰按劾聞奏。」

十二月六日，臣寮言：「賦税之輸，止憑鈔旁爲信，穀以升，帛以尺，錢自一文以往，必具四鈔，受納官親用團印〔二〕。曰户鈔則付人户收執，曰縣鈔則關縣司銷籍，曰監鈔則納監官掌之，曰住鈔則倉庫藏之。所以防僞冒、備去失而互相照〔三〕，此良法也。今所在監、住二鈔不復用印，廢爲故紙，而縣司亦不即據鈔銷簿，方且藏匿，以要貨賂。望申嚴法令，戒監司、郡守檢察受納官司，凡户、縣、監、住四鈔皆須用印存留，以備照用，而縣委縣丞、簿專一對鈔銷籍，無得輒追人户，故爲騷擾。」從之。

十三年四月五日，臣寮言：「人户典賣田宅印契投税出限，許人告首，乞將今日以前未印契書，再限許人自

〔一〕天頭原批：「『税』一作『價』。」
〔二〕團：原作「圍」，據本書食貨七〇之一四一改。
〔三〕「照」下疑脱「應」、「驗」之類字。

首〔一〕。」户部看詳：「欲依臣寮所乞，將人户今日以前違限不投税，再與展限一季，許將未投契自陳免罪，只令倍納税錢。如違今 8 來所展日限，告賞、斷罪並依已降指揮施行。仍令州縣將今來所降指揮分明大字鏤板，多出文牓，遍於鄉村等處曉諭民户通知，務要投納契税。今後更不得申乞再展限。」從之。

十月六日，臣僚言：「應民間典賣田宅，賫執白契，因事到官，不問出限，並不收使，據數投納入官。其前因循未投納税錢白契，並限五十日自陳投納。如出限一日，更不展限。」户部看詳：「欲依所乞，行下諸路州軍出榜曉諭。」從之。

十一月八日，南郊赦：「勘會人户合輸税租，在法，布帛不成端匹，穀不成勝，絲、綿不成兩，柴蒿不成束，聽依納月實直價納錢，仍許合鈔送納，蓋欲優恤下户。訪聞州縣當職官並不檢察，致公吏作弊，高估價直，并將已合鈔送納之數不即銷簿〔二〕，又作掛欠催理，追呼騷擾。自今應下户(拆)〔折〕納畸零税租，並取實直，其願合鈔者，亦仰官給逐名已納憑由。如敢依前高價估值，及重疊催理，因而乞覓，以枉法論，當職官重作行遣。」

十五年四月十二日，赦：「勘會人户典賣田宅，投税請契，已降指揮寬立信限，通計不得過一百八十日。如違限，許人告首，將業没官。訪聞其間有村遠民户不曉條限，多有誤犯，便將元業拘没，誠可矜憫。可更展限兩月赴官陳首，免拘没，依條投税。限滿，依已降指揮施行。」二十二年十一月十八日、二十五年十一月十九日、二十八年十二月二十三日、三十一年九月二日赦，並同 9 此制。

二十三日，知臨安府張澄奉詔條具受納税賦不銷簿籍等事，下户部看詳：「勘會依法輸納官物用四鈔，縣鈔付縣，户鈔給人户，監鈔付監官，住鈔留本司。及税租鈔倉庫封送縣，令佐即日監勒分授鄉司、書手，各置曆，當官收上，日別爲號計數，以五日通轉。每受鈔，即時注入，當職官對簿押訖封印，置櫃收掌。并納官物毁失縣鈔者，以監、住鈔銷鑿。若不以監、住鈔銷鑿，輒取户鈔或追人户赴官呈驗者，各杖一百；因而受乞財物，加本罪一等。今欲下臨安府約束縣分及受納官司常切遵守見行條法，及下諸路轉運司遍牒州縣准此，仍令常切點檢覺察施行。」詔並從之。時以太史奏彗星出東方〔三〕，詔令監司、郡守條具便民事，故澄有是請。

十月三日，户部言：「應人户典賣田宅、船、畜投税違限，能自首之人，並依匿税法，仍三分爲率，以一没官，二給自首。」從之。

十六年十一月十一日，南郊赦：「訪聞近來人户輸納税租，官吏作弊，多有槩量，却盗打白鈔出賣，致令鄉司攬

〔一〕「限」上疑脱「展」字。
〔二〕送納：原作「納送」，據本書食貨七〇之一四二乙。
〔三〕太：原作「大」，據本書食貨七〇之一四三改。

户兜收人户税租入己，更不到官，唯藏白鈔以備論訴，旋行書填，欺謾上下，蠹耗公私，爲害不細。自今人户送納税租，每遇投鈔，謂如十户合作一鈔，須管各開納人姓名、所輸數目，方得印鈔。即不得將白鈔旋行銷注。委監司常切覺察，仍出榜約束，尚敢違戾，按劾申尚書省，取旨重作施行。」

二十一年五月十五日，前權知舒州 10 李觀民言：「切見民户納苗税之類，惟憑朱鈔爲照，其間專典、鄉司等人作受納之弊，有已納錢物不即時銷簿，多端邀阻，致成掛欠，重疊追擾，其害甚大。臣愚欲乞每遇受納之時，置曆收鈔，具若干鈔數，次日解州；州置曆，即時送縣；縣委主簿，當日對鈔銷簿。候納畢日，解簿、鈔赴州，州委官點磨。庶革追擾乞取之弊。」詔令户部申嚴條法行下，委監司、守倅檢察按劾；若監司違戾，令御史彈奏。

二十六年十二月二十五日，户部言：「人户典賣田宅印契日限，違者斷罪而没其産，皆太重難行，徒長告訴。欲乞並依紹興法，舊限六十日赴縣投税，再限六十日賫錢赴縣請契。仍自今降指揮到日爲始。所有其餘見行應干關防投納印契税錢申明，即與成法不相妨礙，自合依舊遵守，照用施行。仍乞檢坐紹興條法，遍下諸路監司、州軍約束遵守施行，多印文牓，鄉村張掛，分明曉諭民間通知。」從之。

二十七年三月二十九日，詔：「應人户買賣耕牛，並與蠲免投納契税。」

二十八年十一月二十三日，南郊赦：「訪聞人户輸納官物，州縣多不即時銷注簿書，再行劄刷追擾。雖有已給朱鈔，不爲照用，勒令重疊輸納。是致民户困弊，長吏坐視，恬不加卹。仰監司常切檢察，如有違戾去處，按劾以聞，當重寘典憲。」三十一年九月二日赦同此制。

三十年五月十一日，臣僚言：「在法，有縣、户、監、住四色鈔目，欲乞將住鈔改作保鈔，應人户輸納已訖，官户、保二鈔給之。如遇保長催欠，户鈔自 11 欲照使，即以保鈔責付保長。既得保鈔爲據，則鄉司不得因而移用。」詔令户部看詳。其後户部言：「人户所輸官物，已有見約束受納給鈔銷注條法指揮。人户有官給已納户鈔照應，官有所留縣、住鈔互相照應，即不合再令保長重疊催擾。緣州縣奉行違戾，故鄉司得以移弄。欲下諸路轉運司，約束所部州縣遵守見行條法，如有違戾，即仰按劾。」從之。以上《中興會要》。

紹興三十二年壽皇聖帝即位，未改元。七月二十四日，臣僚言：「州縣受納秋苗，合納一石，率取二石以上，受納官吏輒令人户紐價納錢，出給朱鈔，謂之虚鈔，却以米錢侵盗入己。」詔監司覺察，許人户越訴。

十二月五日，刑部立下條件：「諸縣人户已納税租鈔和、預買紬絹、錢物之類同[一]。不即銷簿者，當職官吏各杖一百，

[一] 此注原抄作正文，據文意改。

吏人仍勒停。其人户自齎户鈔出官，不爲照使，抑令重疊輸納者，以違制論，不以赦降原減。許人户越訴，專委知、通檢察。知情容庇者，與同罪。仍令提刑司每季檢舉，出榜曉示民户通知。」

隆興二年正月十日，知潭州黄祖舜言：「州縣受納銷鈔，在法主簿即時銷注。主簿若不加省，皂吏因爲姦便，所受弊者，皆中、下之户。户繁税冗，會計之日，不問已納未納，按籍一例催督，縱人户披訴，而追呼之擾已遍于閭里。欲望遇鈔至縣，主簿立便按籍銷注。一路委自監司，一州委自知、通，常切覺察。如有違慢，或因事罝罣，按劾施[12]行。」詔依，仍檢坐見行條法下諸路轉運司，行下所屬州縣常切遵守。仍令知、通依條檢察，毋令違戾，及委自本司逐時點檢覺察。

二十五日，詔：「民間典賣田宅等違限，不曾經官投税白契，限一季經官自陳，止納正税，與免入罪。如違限不首，許人告，依匿税條法斷罪。」因臣僚有請也。

乾道二年九月二十四日，上封事言：「人户二税，每鈔收勘合朱墨錢三十文足，不成貫、石、匹、兩減半。竊詳不成貫、石、匹、兩，皆是下户畸零之數，而上户所納自一貫、石、匹、兩以上至數十百貫、石、匹、兩，一鈔亦只納三十文足，多寡不均。及送納人户多是隱瞞官司，只作一大户投鈔，洎至送納了當，臨時旋行填寫抱納人户姓名，遂致走失勘合錢數。今相度[一]，欲將每貫、石、匹、兩以上隨數減作二十文足紐納。其下户錢不成百、米麥不成斗、紬絹不成疋、絲綿不成兩，並免收納。」從之。

四年十二月二十五日，臣僚言：「人户輸納租賦，非買官印紙，則州縣不肯給鈔。每紙一張，或六七十文，或三二十文，而其重者有至一二百文。在處有之，而江西諸(色)〔邑〕尤甚。貧民下户日削月朘，益見困弊而不聊生矣。縣道習以成風，多以辦月樁爲名[二]，公然印售，恬不爲怪。欲望戒敕州縣官吏禁絶此弊，以除民害。」從之。

五年十二月八日，詔：「人户應違限未納契税，并已前首契不盡白契[三]，並自今降指揮到日，限一季許於所在州縣陳首，與免罪賞。自[13]下狀日，更與限一百日送納。税錢專委本州通判拘收，入總制帳，令作一項解發。如一州起發及一十萬貫以上，從户部具知、通名銜申朝廷推賞。若違限不首，或雖曾陳首，違百日限不納税錢之人，並許諸色人陳告，依條斷罪給賞，拘没田宅入官。仍逐旋開具拘没到數申户部籍記。務在必行，以後更不展限。」以户部尚書曾懷言：「人户典賣田宅，自有投税印契日限，違限許人告，依匿税法斷罪，追没給賞。昨來四川立限，許人首納，拘收到錢數百萬貫，并婺州一州得錢三十餘萬貫。其他諸

[一] 今：原作「令」，據本書食貨七〇之一四六改。
[二] 辦：原作「辨」，據本書食貨七〇之一四六改。
[三] 首契：據下文，似當作「首納」，謂自首納税。

路州縣視爲常事，恬不加意，是致收納不盡。兼循習舊例，並不依限投税。」故有是命。

七年二月一日，詔：「人户典賣田宅合納牙契税錢，雖有立定所收則例，昨降指揮，通限一百二十日投納契税。可依紹興十年六月二十七日指揮，限一百八十日。其人户典賣舟船、驢馬合納牙契税錢，各有立定所收錢數立契，並限三十日印契。訪聞諸路州軍往往並不曾投納契税。所有人户典賣田宅、船、馬、驢、騾合納牙契税錢，昨降指揮，專委諸路通判印造契紙，以《千字文》號置簿，送諸縣出賣。可令各路提舉司立料例，以《千字文》號印造契紙，分下屬郡〔一〕，令民間請買。將收到錢專委通判拘收，並充上供起發。內有元係分隸經總制錢，以乾道四年帳據收到數銷豁外，有其餘錢，並入總制帳，令作一項解發。令提舉官14逐時檢察，每季開具通印給過道數，諸郡各該若干，〔係〕某字號至某字號；賣過若干，係某字號至某字號，計交易錢若干，合收牙税錢若干；未賣若干，係某字號至某字號。開具牒報本路轉運司，委官一員驅考施行。如印造違慢致積壓，有妨請買，許人越訴，依紹興十四年七月八日指揮，官吏重作施行。如人户納錢違限，許諸色人告，依匿税法斷罪追賞。若提舉官能用心印造，并本州拘收過錢及五萬貫，已起發交納數足，仍從本路轉運司開具本路提舉官并本州知、通名銜申朝廷，特予推恩。」先是，宗正少卿、兼權户部侍郎王佐言：「典賣田宅、舟船、騾馬，雖有立定條限齎契投税，例收藏白契，至有加交〔二〕，方行投印。移割不明，賦役失當，重疊典賣，詞訴不已，皆緣不即投契所致。臣今相度，欲令各路提舉司立料例、字號，印造契紙，分下屬郡，令民間請買。將收到錢並上供起發，內有元係分隸經、總制錢，以乾道四年帳據收到錢數銷豁。仍依紹興十年六月二十七日指揮，立限一百八十日，違限不税者，許人陳告。委自公私兩利〔三〕。」故有是命。

十四日，册皇太子赦：「人户違限白契税錢，已降赦文展限一百日，許行自首，與免倍輸。今來將欲限滿，自今降赦書到日，再與展限一季，許令自陳，免行倍輸。限滿不納，罪復如初。」

七月二十八日，户部尚書曾懷言：「准乾道六年十二月十一日赦：『典賣田宅、舟船、騾馬，合用契15紙，令提舉司印給，將收到錢並充上供。仍依紹興七年六月二十七日指揮〔四〕，立限一百八十日，違限不税者，許人陳告。』本部今照得有未盡未便事件，重別條具下項：一、人户請買契紙，若令本路提舉司印給，緣所屬州軍繁多，其間又有相去地里窵遠去處，竊慮却致留滯。今欲乞依舊令逐州通判印給，立料例，以《千字文》爲號，每季給下屬縣，委縣丞收

〔一〕「郡」上原有「部」字，據後文删。
〔二〕天頭原批：「『交』一作『扣』。」按，疑有誤。
〔三〕自：疑當作「是」。
〔四〕七年：按上文「七年二月一日」條兩處作「十年」，疑「七」字誤。

掌，聽人户請買。其錢專委通判拘收交納，每季具給下契紙數目申提刑司照會。若稍有不盡不實，官吏並以違制論科罪，不以赦降原減。一、人户合給牙契税錢，每交易一十貫，納正税錢一貫，除六百七十五文充經總制錢外，其三百二十五文充本州之數。今欲乞將本州所得錢三百二十五文數内存留一半充州用，其餘一半錢入總制錢帳。如敢隱漏，依上供錢斷罪。一、人户典賣田宅、舟船、騾馬牙税錢，若違限不納，或於契内減落價貫，規免税錢，許牙人并元出産人户陳首，將所典買物業一半給賞，一半没官，犯人依條施行。一、人户投納契税、契錢，每交易一貫，納正税錢一百文并頭子等錢二十一文二分。訪聞州縣往往過數拘收，或攬納公人邀阻作弊，欲專委令佐覺察禁止。如有違戾，即仰根究，重作行遣。」從之。

十一月六日，臣僚言：「比年以來，富家大室典賣田宅多不以時税契，有司欲爲過割，無繇稽察。其弊有四焉：得産者不輸常[16]賦，無産者虚籍反存，此則催科不便，其弊一也。富者進産而物力不加多，貧者去産而物力不加少，此則差役不均，其弊二也。税契之直，率爲乾没，則隱匿官錢，其弊三也。已賣之産，或復求售，則重疊交易，其弊四也。乞詔有司，應民間交易，並先次令過割而後税契。凡進産之家，限十日内繳連小契自陳，令本縣取索兩家砧基赤契，并以三色官簿，係是夏税簿、秋苗簿、物力簿〔一〕。却徑自本縣〔二〕，就令本縣主簿對行批鑿。如不先經過割，即不許人户投税。仍以牙契一司專隸主簿廳，庶幾事權歸一，稽察易見。若主簿過割不時及批鑿不盡，或已爲批鑿而一委於胥吏，不復點對稽察者，則不職之罰，以例受制書而違者之罪罪之。如此，則四者之弊一旦可革，而公私俱便矣。」詔令敕令所參照見行指揮修立成法，申尚書省施行。

八年四月十二日，臣寮言：「人户典賣田宅，投税請契各有日限，而今之置産者未嘗以税契爲意，其弊蓋起於赦恩許其免倍納而自首。況比年以來，監司、州郡多因一時闕乏，不候朝旨，免倍税契，至有將所收錢不復分隸合屬窠名，一切拘留，以資妄用。欲今後如遇降赦，删去『人户税契違限，許其免倍自首』一節。監司、州郡專擅放行者，重寘典憲。仍行下諸路，預先曉示人户通知。」從之。

八月十四日，臣寮言：「已降指揮，今後如遇降赦，删去『人户税契違限，許其免倍自首』一節。[17]欲乞立限三月，應前降指揮到逐州日以前人户典賣田宅等違限未曾投税契約，並許於今來所立日限内自陳，與免倍輸坐罪。限滿不首，罪罰如初。」從之。

九月十九日，詔：「諸州據人户合鈔送納税租，遵依見行條法及已降指揮，與丁絹憑由一體俵散。」先是，兩浙路轉運司副使沈度言：「湖、嚴、處州、紹興府人户合納丁絹，

〔一〕此注原作正文大字，據文意改。
〔二〕天頭原批：「徑」一作「經」。

近已均減，據人户合納丁絹憑由，從本縣印給，填寫姓名，各隨都分責付户長交收前去，巡門俵散訖，關申本縣照應。今尚有人户合納夏秋税租不成端疋布帛米穀絲綿等，細民多是合鈔給憑由，即與上件丁絹事體一同，竊慮屬縣重疊追催。」故有是命。

九年正月十八日，詔：「人户典賣田宅物業，往往違限不行税契，失陷官錢。仰自今降指揮到日，出榜立限一月自行陳首，與免罪賞。自投狀日，限一季送納税錢。如限滿不首，許元典賣及諸色人陳告，其物産以一半給告人充賞，餘一半没官。仍委葉翥、折知常一就措置〔一〕，令項拘收發納。所有州縣解發推賞，並依賣田錢格法施行。」

三月十日，户部尚書楊倓言：「承指揮，委户部郎官薛元鼎同長式催督諸路賣田〔二〕、乳香、契税等錢。緣違限契税錢諸州縣未曾立限委官催促，乞立限一月，許人户陳首，與免罪賞。自投狀日〔三〕，限一季納錢。如限滿不首，即依前項已降指揮施行。如或州縣侵欺移易，將當職官吏依擅支使朝廷封樁18錢物法斷罪。」從之。

二十五日，淮南運判馮忠嘉言〔四〕：「契勘人户典賣田宅合納牙税、契紙本錢、勘合、朱墨、頭子錢，訪聞州縣巧作名目，又有朱墨錢、用印錢、得産人錢。欲望重立法禁，契税正錢外斂取民錢，許人户越訴，入私曆者坐贓論。」從之。

（四）〔是〕年五月〔五〕，詔就委周嗣武、張孝貴前去江東路州軍，措置人户典賣田宅物業違限不行税契，各自今降指揮到日，與展限一月投税，令項拘收，發納左藏南庫樁管。所有州縣解發推賞，並依賣田錢格法施行。」以上《乾道會要》。（以上《永樂大典》卷一五四三四）

經總制錢

19高宗建炎二年十月十二日，翰林學士、知制誥、兼侍讀葉夢得言：「宣和之初，以東南用兵，嘗設經制司，取量添酒錢及增收一分税錢、頭子、賣契錢等。取之於微，而積之於衆。求之於所欲，而非（疆）〔彊〕其所不欲。故酒價雖高，未有驅之使必趣飲者也；税額雖增，未有迫之使必爲商者也。其他類此。而靖康初相繼遽罷。欲望博延群議，更加討論。經制錢除量添酒錢近已再行撥充造船外，其餘

〔一〕折：原作「張」，據本書食貨七〇之一五一改。按折知常，孝宗時人。《建炎雜記》乙集卷一七載：淳熙元年命將作監丞折知常、司農寺丞葉翥往兩浙措置鬻賣官田。是二人同時同朝。而張知常則爲北宋人。

〔二〕天頭原批：「『官』一作『中』。」又「式」疑當作「貳」。

〔三〕狀：原脱，據上條文例補。

〔四〕天頭原批：「『忠』一作『志』。」按作「忠」是，本書十餘處皆作「忠」字。

〔五〕是年：原作「四年」。按，此條與上文九年正月、三月二條實爲同一事。據《宋史》卷三四《孝宗紀》二、又卷一七三《食貨志》上一、《建炎以來朝野雜記》乙集卷一六，乾道九年（今本《建炎雜記》「九」訛作「元」）遣官出賣兩浙、江東西等路官田，中有折知常、葉翥、張孝貴、周嗣武。蓋既賣官田，又就措置拘收契税等事，故云「就委」。則是本條亦爲九年事，而非四年，因改。

名色有似此等可以暫濟急闕不至害民者，願參取施行之[一]。」又户部尚書呂頤浩言：「經制財用之法始於陳亨伯，其法措置條畫，皆有倫叙，循其法可以治國，可以裕民。今邊境未寧，多事之際，養民禦敵，財用爲急。既不可闕，則此法尤不可廢。蓋經制之事，歛之於細，而積之甚多。且如增收典賣税錢，出於有力之家，則不害下户；增收添酒錢，歛之於衆，合於人情，不以爲苦。今日大計，財用爲急，而此法無害於民，賢於緩急暴歛多矣。」又知徐州沛縣事李膺言：「方今多事，朝廷之費日廣。嘗見昨來河北、京東路經制財用司所收添酒、糟粺、契税、頭子等錢，所收至微，所得至多，倘復行之，所補不細。」户部供到狀：「靖康元年節次已罷下項錢：鈔旁、定帖錢、增添酒錢、增添糟錢、增收牙契税錢。鈔旁、定帖錢，檢會宣和元年八月指揮，元豐以前並許州縣出賣，不得過增價值。後來緣州縣公人於人户邀求，故宣和七年四月二十八日指揮，諸路推行鈔旁、定帖，令人户從便自寫，輸納合同印記錢，已是杜絶阻節之弊。今據逐官所陳，於[20]民户委無搔擾。」詔：「諸路鈔旁、定帖依宣和七年四月二十八日指揮，令人户自寫輸納，依舊納合同印記錢。仍專委逐路提刑司拘收樁管，不得擅行支用，每季具數申尚書省。如敢支用，依擅支朝廷封樁錢物法加二等科罪。」

三年十月二十三日，臣僚言：「經制之法，其始建議於陳亨伯、錢昂在陜西日公共商量[二]，以爲可行。至宣和初，陳亨伯爲發運使，推行於東南。宣和五年，陳亨伯爲河北轉運使，又行於京東、西、河北路。其法歛之於細，聚之則多，而寔不害於民。如添酒、賣糟錢，出於人之自然，即非抑配；官吏俸錢，除頭子錢，百分取一；印契錢，出於兼并之家，無傷於下户。昨來河北、京東、西一歲之間得錢近二百萬緡，所補不細。今若行於兩浙、江東、江西、荆湖南、北，福建，二廣，一歲所入，無慮數百萬計。况邊事未寧，養兵之際，理財最急務。苟不知出此，緩急必致暴歛，謂如勸誘助國之類是也。與其暴歛於倉卒，曷若取之於細微？今除不便於民，如納免行錢、減罷曹官役人錢、鈔旁、定帖錢、院虞候充獄子重禄錢、牛畜等契息錢、契白紙錢不可施行外，所有權添酒錢、量添賣糟錢、人户典賣田宅增添牙税、官員等請俸頭子錢，并樓店務增添三分房錢，共五項，欲令東南八路州軍收充經制錢，別置簿書拘管。委逐路提刑司兼領，檢法官充屬官，提刑每月支食錢三十貫，檢法官二十貫。縣鎮並限月終起發赴州，并本州合收數，專委守臣樁管。令提刑司委屬官躬親遍詣逐州，體度市價，變轉輕齎[三]，限逐季起赴行在送納，或召人兑便。牒到，限當

[一]「之」上原有「從」字，據本書食貨六四之八四刪。
[二]天頭原批：「『昂』一作『昴』。」按作「昂」是，錢昂又見於本書「禮」二、「職官」等類及《揮麈後録》卷七、《三朝北盟會編》卷六〇。又按，以下天頭原批所謂「一作」，乃指本書食貨六四「經總制錢」目複文。
[三]天頭原批：「『齎』一作『賫』，下同。」

日支給。如州縣稍有隱漏，擅便支使，起發違限，並依上供法科罪。提刑司失拘催，與同罪。候及一年，按其殿最而賞罰。」從之。

十一月二十日，詔：「經制錢令尚書省每十日一次劄下逐路東南八路提刑司〔一〕，遵依已降指揮，恪意拘收。每季終，便行盡數起發赴行在送納，不得視爲文具。若稍有違慢，致有隱漏，或不依限起發，提刑司官重行竄逐，人吏決配海島。」

紹興元年四月十四日，户部侍郎孟庾言：「勘會諸路所收無額錢物，昨爲窠名繁多，州郡得以侵隱，並令提刑司具帳催督起發〔二〕。近緣供申帳狀多不依限，繼承指揮，添酒錢五項依舊作經制錢拘收，亦係無額，名色相同，從來帳狀不一，作兩色供報，州縣得以侵欺。今欲乞將諸路所收無額經制錢物，每季只作一帳供申，並限次季孟月十五日以前具帳及起發足。餘並依見行條法施行。」從之。

五月二十日，兩浙路提刑司言：「今來諸州縣所管户絶、市易、坊場，并舊法衙前等欠鹽折産屋宇，雖屬常平司及茶鹽司所隸，既係人户佃賃，皆是係官屋業，其月納并年納房賃錢事體無異，竊恐亦合一等增收三分賃錢充經制錢
21 起發，資助行在贍軍支用。」從之。

七月二日，臣僚言：「七色錢先撥隸發運司充糴本，係通判專一拘收，後來將增添牙契等錢撥充經制錢，專委守臣拘收起發〔三〕，充朝廷支用。竊見未撥入經制司以前，通判所管發運司上件錢物，多緣道路不通，不時起發，其發運司未嘗究治。伏望專委本路監司一員及差能吏分詣諸郡驅磨，將見在錢物盡數起發，赴行在送納。」詔依，仍專委提刑司拘收，變轉輕齎起發〔四〕。從之〔五〕。

二年正月十八日，知池州劉洪道言：「契勘本州屯駐指揮諸頭項統制官張俊軍馬日用錢糧，依准節次畫降指揮，取撥江東路州軍應干諸色上供錢，經制、茶租、茶本錢，紹興元年分下限鑄到年額新錢，建炎二年分下限額錢，提刑司經制錢，並充本軍支用。」詔特與除破。

三月二十八日，户部言：「今來諸路添酒等錢五項，已承指揮依舊作經制拘收，限次季孟月二十五日已前與無額錢物作一帳供申，及起發數足。竊緣州軍季内收到錢物，若候次季起發，得以侵用。今欲乞將諸路所收經制、無額錢物，已降指揮於本季終先次起發〔六〕，赴行在送納，餘依見行條法。」從之。

三年二月十八日，兩浙東路提刑孫近言：「乞將諸州所收經制錢專委通判只就本廳置庫拘收，逐季終盡數撥赴

〔一〕「東南八路」四字疑當作小注。
〔二〕天頭原批：「『並』一作『兼』。」
〔三〕「專委」下原有「官」字，據本書食貨六四之八七刪。
〔四〕天頭原批：「『齎』一作『賚』，下同。」
〔五〕「從之」二字疑衍。
〔六〕「已降指揮」前疑脫「依」字。

行在。」户部勘當：「經制錢元指揮專委守臣椿管，緣守臣係掌一郡財賦，多是侵占支使，解發滅裂。欲依本官所乞施行，諸路依此。」從之。

三月二十八日，兩浙西路提刑司言：「本司所收五色經制錢，内除權添酒錢等外，所有合增收頭子錢，蓋謂當來申請元無定額，致本路州縣所收錢數不同。雖宣和間盧宗原申添收諸般頭子錢，後來已行住罷，今來即未審合與不合拘收起發？」户部言：「欲下兩浙西路提刑司，更切檢照州縣元初陳亨伯推行之時所收數目施行。如委寔不見得元收則例，即便權依宣和六年指揮則例數目行下，一體督責拘收，起發施行。餘路依此。」從之。

四年四月七日，詔：「廣南東西、荆湖南路提刑司當職官吏，令逐路轉運司取勘，限一月具案聞奏。」以户部言「經制、無額錢全藉季申帳檢察，而逐路供申違慢最甚」故也。

十日，澧州言：「竊見鼎州已得旨，權免椿發經制、無額錢物。本州傷殘之後，事力比鼎州百不及一，其經制、無額等錢委是椿辦不敷，乞行蠲免。」從之。

八月二十四日，户部言：「右宣教郎高公極前任福建路提刑司檢法官，任内拘催起發過經制錢三十五萬二千四百餘貫，即無隱漏，乞行推賞。」詔高公極與減一年磨勘。

五年閏二月二十五日，參知政事孟庾言：「準勑差提領措置財用。臣除已依稟施行外，今具合行事件下項：一、乞以總制司爲名。一、乞令禮部下文思院鑄[22]印一面，仍以『總制司印』爲文[一]。行移、取索文字，並依三省體式。一、應本司措置事務，依例進呈得旨，并關申尚書省。」從之。

四月十六日，臣僚言：「竊見朝廷講究財賦，誠爲急務。即今財用賦入之利，莫大雜税、茶、鹽。出納之間，若計每貫增頭子錢五文，所得之利，歲入不少。乞詳酌施行。」專切措置財用司言：「茶、鹽已復鈔價，其頭子錢難以增添外，所有諸路州縣出納係省錢物所收頭子錢，依節次所降指揮條法，每貫共計收錢二十三文省。内一十文省作經制起發上供，餘一十三文並充本路州縣并漕司支用。今稽考得州郡見各收納不一，今欲依所請，(今)〔令〕諸路州縣雜税出納錢物，於每貫見收頭子錢上量行增添[二]，共作二十三文足。物以寔價紐計，一體收納。其所收錢，除漕司并州軍舊來合得一十三文省外，餘數盡行併入合起經制窠名帳内，依限計置起發，補助軍須。如州縣舊例所收多處，自從多收。」從之。

二十日，尚書省言：「近經畫者户長顧錢，并抵當庫椿四分息錢，及轉運司移用錢，與勘合朱墨等錢，并出賣係官田舍錢，及赦限内典賣田宅牛畜等印契税錢，并進獻貼納錢，與常平司七分錢，及茶鹽司袋息錢，并人户典買物業勘

[一] 爲文：原倒，據本書食貨六四之八八乙。
[二] 上：原作「止」，據《宋史》卷一七九《食貨志》下一改。

合錢，並依已降指揮，令諸路州縣遇有收到錢物，各即時令項樁管。纔候及數，依限起發，赴行在送納。如更有以後節次措置到別色錢物，各合依此別項樁管，以備應辦軍期支用。」詔依，仍令户部限一日具節次措置到錢物指揮申總制司。今後遇承受到指揮，限日下供申本司，置籍拘管。仍將應措置到錢物，令本部每三日一次拘收。及令行在交納庫務每日具每色納到數目逐路各若干，申總制司照會。

二十八日，總制司言：「專切措置財用言：人户税賦畸零之數，依條聽納錢，并與別户合鈔納本色。官司至納畢，於簿末結計正數及合零就整每色剩納到數，畫一朱書。(令)〔今〕承批送下臣僚陳請：『州縣自有定額，緣人户有析居異財，以一户分爲四户或六、七户。絹綿有零至一寸、一錢者，亦收一尺、一兩；米有零至一勺、一抄者，亦收一升之類。自大宋有天下垂二百年，民之析居者既多，而合零就整之數若此者不可勝計。往往鄉司隱没入己，或受過人户價錢，或攬過催頭錢物抱認數目，悉以合零之物充之。官司催科已及正額，遂不復根究，所謂合零就整者盡入猾胥之家，誠爲可惜。』勘會税賦畸零剩數，雖依法於簿末結計，竊慮未至詳盡。欲依本官陳請，下諸路轉運司行下州縣別置簿拘管，逐年委通判點檢，依條折納價錢，別項樁管，專充上供。」從之。

同日，總領司言：「專切措置財用申：二廣、福建、江南東、西路免役一分寬剩錢，若無災傷減閣支用，並令發赴行在。及兩浙 23 西路役人顧錢除歲用外，餘錢應副大軍支用。並已得朝旨施行外，有浙東、湖南、北路，欲依臣僚所乞事理，將理到顧役用外剩錢發赴行在送納。」從之。

五月十四日，總制司言：「近朝廷節次措畫收到錢物，依已降指揮，並令別項樁管，起發赴行在，應辦軍旅支用。自承上件指揮，雖已劄下所屬監司拘收起發，緣收到數目、起發日限例皆不等，謂如有每季一次起發者，有分上、下半年起發者，有收及一萬貫方始起發者，有不拘收到多少便令起發者。如此之類，既不齊一，不唯散漫，難以稽考，亦慮州縣因而移易隱漏。今具下項：一、近措置經畫窠名：轉運司移用錢，勘合朱墨錢，出賣係官田錢，人户典賣田宅牛畜等於赦限内陳首投税印契税錢，進獻貼納錢，耆户長顧錢，抵當四分息錢，人户典賣田業收納得産人勘合錢，常平司七分錢，見在金銀，紹興四年十一月二日指揮起發在數。茶鹽司袋息等錢，樁還舊欠裝運司代發斛斗錢，係州縣見欠日收酒税錢内收樁，兩浙、江東一分，江西、湖南二分。收納頭子錢，每貫收納錢二十三文足，展計錢二十九文九分省，内一十三文依舊應副漕司并州軍支用外，有錢一十六文九分省，合拘收。官户不減半、民增三分役錢，見樁數二税畸零剩數折納價錢，免役一分等剩錢。一、諸路州軍各委通判一員，專一拘收前項合起發并日後續有措置經畫錢物，令所委官子細檢察拘收，類聚所委通判廳交割，與本州軍收到錢物一處樁管，非奉朝旨，分文不得輒支用。一、今來拘收到錢，不以多少數目，令所委通判每季起發，今年夏季爲始。未降今來指揮已前或有未發，季内或有已發，並據寔收數發。次季以後，將一季内收到數起發施行，庶易於稽考。仍每季遇合發日，具錢物數目申州，日下依條差官管押赴行在送納。及依下項細開，具綱解申户部照會拘收，具一般事狀申總制司：『轉運司移用錢若干。餘色依此〔一〕。已上總計名物各若干。』一、今來合發錢物内錢，如係沿流州郡，即起發見錢；不係沿流州郡，仰所委官依市價變轉輕齎金銀起發，仍子細看驗〔二〕，不管夾帶銅、錫僞濫之物，及不得虚擡、小估價例，有虧官私。一、方今朝廷養兵日益增，全仰經畫錢物相兼應副，其所委官自當體認公共協和，拘椿起發，不容稍有欺隱。如奉行有方，不致隱漏，或廢弛苟簡，少有失陷，取旨重行賞罰。仍令所隸監司常切檢察。一、今來所拘收起發錢物，並係朝廷日近措置經畫窠名，並不侵取州郡經常支用并自來合發上供錢物。今欲申明行下：所有自來合發上供錢物、糧斛，仰所屬依條限起發施行，如或稽滯，户部按劾施行。」從之。

同日，詔：「諸路所收總制錢，專委通判一員拘收檢 24 察，别庫椿管。其所委官廢弛苟簡，稍有欺隱失陷，並當取旨重作責罰，仍令提刑司常切檢察。」

八月八日，江南西路提舉茶鹽常平等公事司言：「在法，應給納常平、免役、場務浄利等錢，每貫收頭子錢五文足，專充經制錢起發。今來諸色錢物每貫收頭子錢增添共計二十三文足，既非横歛，有補經費，其常平司錢物出納，理合一體。欲乞依例收頭子錢二十三文足，除五文依舊法專充常平等支費外，其增收到錢與經制錢作一項窠名起發。」專切措置財用言：「欲依所申事理施行，仍令户部行下諸路常平司依此施行。」從之。

六年五月十六日，詔諸路州軍每季所收經制錢，並限次季孟月内起發數足。

十月二十六日，户部侍郎王俁言〔三〕：「乞令諸路提刑司將所收總制錢窠名〔四〕、錢物帳狀供申日限隱漏不寔〔五〕、起發違慢斷罪，並依經制司額上供錢物條法。」從之。

十一月三日，尚書省言：「諸州及管下縣鎮場務所收經總制司錢，元降指揮，縣委知、令拘收，發赴通判廳〔類〕聚，每季發赴行在，非奉朝旨，不得支用。恐監司、州郡或以應辦軍期之類爲名，擅行借兑拘截，取撥支用，欲乞依監司、郡守輒將經制司錢擅行兑借，拘截取撥，及知、令不即拘收起發，輒有侵支互用者，並依諸路州軍通判已得指揮斷罪條法施行。」從之。

十年十二月十五日，詔：「總制錢若比額虧欠，並依經

〔一〕「餘色依此」四字原作大字，今據文意改爲小字。所謂「餘色」，見上文第一項所開列「經畫窠名」。
〔二〕細：原作「納」，據本書食貨六四之九二改。
〔三〕俁：原作「俣」，據本書食貨六四之九三改。
〔四〕地脚原批：「『總』一作『經』。」
〔五〕天頭原批：「『漏』一作『瞞』。」

制錢展一年磨勘。二分以上，取旨施行。」

十一年十二月十日，户部言：「乞諸路所收經、總制錢，若無專降指揮指定窠名支撥，不以是何官司，並不得拘收截撥，州縣及所委官司不得應副，雖承受許取撥諸司錢指揮，其經、總制錢亦不在數内。如違，其所委通判并取撥官司、州縣輒將經、總制錢擅行應副借兑、拘截、取撥，及不即拘收起（撥）〔發〕，輒有侵支互用者，内所委官并當職及取撥官，並先降兩官放罷，人吏徒二年，各不以去官、赦降原減。仍令提刑司檢察，將違戾去處按劾施行。」從之。

十二年五月九日，户部言：「兩浙東路提刑司檢法官孫伯康、幹辦公事逢汝舟、王詵拘催過一路紹興十一年總制錢一百八十九萬九千二百一十餘貫，别無隱漏，乞行推賞。」詔依經制錢條例推賞，諸路依此施行。

十三年三月八日，浙西提刑王鈇言：「總制錢物比之經制、無額，窠名尤多，欲將總制錢人吏依經制、無額錢已得指揮，以三年爲界，候界滿，無失收錢及起發無違限，許與轉一資。」詔依，諸路州軍准此。

十九（年）〔日〕[一]，户部言：「據淮西提刑司開具到紹興九年至十一年所收經制錢數目，參照得内有當時係經人馬侵犯年分，今來已是平息，欲權將最高年分爲額，自紹興十三年爲始，如提刑、檢法官能悉心奉行，至歲終拘催錢數及數[二]，乞保明推賞。内 25 舒、和、蘄、黄、廬州、無爲軍通判拘收錢及數，各與減半年磨勘；若虧額，並展一年磨勘。光、濠州、安豐軍通判及數，各與陞一年名次；如虧及一分以上，並展一年磨勘。今權立賞罰，候將來及三年，（令）〔令〕提刑司别行開具增立錢數，申取指揮施行。」

十六年三月二十四日，權户部侍郎李朝正言：「諸路每歲所收經、總錢，依元降指揮，委本路提刑并檢法、幹辦官點磨拘催[三]，歲終數足，許比較推賞。本部欲將經、總制錢數通衮紐計，比較遞年增虧，依立定分數殿最：增一分以上減三季磨勘，二分以上減二年磨勘，四分以上減三年磨勘，六分以上減四年磨勘。虧一分以上展二年磨勘，二分以上展三年磨勘，三分以上展四年磨勘。」從之。

五月二十八日，户部言：「諸路經、總制、無額錢物，係專委通判檢察，造帳畢驅磨。今來所委官并提刑司置而不問，弊倖百出。欲今後諸州通判每季收支經、總制、無額錢物，隱落失陷不滿一分，展磨勘一年；一分以上，展磨勘二年；一分五釐以上，展磨勘三年；二分以上，展磨勘四年。仍令諸路提刑司自紹興十六年分所收錢物爲始，每歲開具點磨到逐州軍各有無隱落失陷分數，通判并提刑司官職位、姓名，合展減磨勘，申部覆寔責罰。餘依已降指揮。」從之。

[一] 十九日：原作「十九年」。按，據年月次序及本條内容，作「十九年」顯誤，「年」當爲「日」之誤，因改。
[二] 催：原作「摧」，據本書食貨六四之九四改。
[三] 拘：原作「勘」，據本書食貨六四之九四改。

七月二十五日，江東提刑司言：「乞將經、總制錢自紹興十七年爲始，諸縣委縣丞、無縣丞委主簿，專拘收檢察本縣并酒税等處應合收雜色錢物，須管盡寔分椿窠名，專置庫銀椿管，依限解赴通判廳團併起發，及依時拘催，供攢帳狀。若有應收而不收之類，致本司及通判點檢得失收錢物，其所委官乞依通判已得指揮責罰。每歲至歲終拘收齊足，别無隱落失陷，乞從朝廷以每歲收到錢數多寡，量立賞格。」户部言：「令勘當，欲令諸路提刑司專委縣丞，如無縣丞處即委主簿，合得窠名用旁照驗，逐一驅考拘收，並於本縣别用庫眼收椿。所委官專一管掌出入，依條限解發。如輒敢侵支互用，與供申帳狀漏落不寔，起發違慢等事，並依專降指揮并見行條法施行。仍令提刑司每歲至歲終取索諸縣的寔收到錢物，比較前三年所收，除虧欠去處，自合根究侵隱因依依法施行外〔一〕，將最增縣分一兩處，開具縣丞或主簿職位姓名保明，量度推賞，庶使責任專一，有以激勵。」從之。

十八年十月十八日，上宣諭曰：「諸州月椿錢昨已減罷，要當盡行除放，庶蘇民力。」宰臣秦檜即諭户部侍郎李椿年、宋貺，以經、總制錢措置贍軍。

十九年六月六日，詔：右朝奉大夫、直秘閣、知合州宗穎，右承議郎、通判姜邦光，右奉議郎、添差通判朱習，並放罷。以擅行借兑經制錢一萬餘貫，并拖欠元額，爲户部所劾也。

二十一年二月二十四日，太府少卿徐宗説言：「爲國之道，財26用爲本。方今經費所賴之大者，經總制錢。舊委守臣椿管起發，歲終按其殿最賞罰。後因臣僚論列，慮守臣侵用，遂專委通判拘收，提刑司驅磨失陷，催督起發，又立定對行賞罰條格。其後無供最少之數，遂致合推賞者例不得其賞，竊恐錢物愈更失陷。乞下有司别行措置，令知、通同共椿辦，通判專行拘收椿發〔二〕，以發到錢物立定賞格〔三〕，知、通均受其賞。」詔令户部措置，申尚書省。

十月五日，户部言：「諸路州軍所收經、總制錢物，州委通判、縣委知令檢察，及令提刑司歲終比較虧欠賞罰。緣經、總制錢多出酒税，正係州府職事，守臣既無賞典〔四〕，難以責辦。欲乞委知、通同共檢察，盡寔分隸，專令通判拘收，令置庫眼椿管。仍令提刑司依已降指揮取索點檢，如有應分撥而不分撥，或侵用失收等，許行奏劾。所有知州合得酬賞，依通判格法施行。」從之。

二十六年七月十七日，左朝散大夫、權尚書禮部侍郎賀允中言：「比年以來，經總制錢立額以紹興二十六年以前中最高者一年十九年之數爲之〔五〕。其當職官既有厚賞

〔一〕依法：「依」字原脱；施行：原作「施行行」，據本書食貨六四之九六補删。
〔二〕發：原作「數」，據《建炎要録》卷一六二改。
〔三〕立定：原作「並立」，據本書食貨六四之九六改。
〔四〕守：原作「官」，據本書食貨六四之九七改。
〔五〕二十六年：「十」字原闕，據本書食貨六四之九七補。

以誘其前，又有嚴責以驅其後，額一不登，每至横斂，民間受弊。望詔有司，經、總制錢改立歲額，以中爲制。」詔令户、刑部看詳，申尚書省。

十一月十二日，尚書倉部郎中黄祖舜言：「郡縣有經制、總制二司，合收錢初無定額，只據逐年所收之數起發上供。昨來掊克之臣輒有申請，以十九年最多之數爲定額，自是郡縣騷然，民受其害。望申命宰執行下户部，乞自十九年之外有稍高年分，或少損其數。」詔令户部將十九年後、二十五年前取酌中一年立爲定額，申尚書省。

二十七年五月二十日，户部言：「奏保諸州經、總制、無額錢物酬賞，類多不寔。欲下諸路提刑司，今後逐一點勘，録連朱鈔申審〔一〕，户部限五日回報。候報許，方得保奏。」從之。

二十八年二月五日，詔：「諸路所收經、總制、無額錢，自今年爲始，須管盡寔分隸，依額發納。至歲終，索旁照驗，驅磨比較，開具州軍所趁增虧數目，合得賞罰當職官名銜供申，從本部考寔，依法賞罰施行。提刑司不爲開具，或將合罰去處隱庇，即具本司當職官，申乞朝廷重行黜責。」

三月二十八日，户部言：「諸路州縣二税畸零剩數，乞依舊作總制窠名起發。」從之。

二十九年六月二日，荆南府通判張震言：「管下公安、石首縣、建寧鎮三處税場，已行減罷，兼自凋瘵以後，民力未復，除豁經制、總制錢四千六百九十六貫七百五十七文。」户部言：「荆南比之其他路分州軍不同，若依額起發，竊慮無可收趁。欲下本路提刑司取見詣寔，除豁施行。」從之。

七月十五日，右正言都民望言：「乞申命有司契勘近年併罷税場及免納過税數目，許令除豁年額經、總制錢。」從之。

三十年 27 二月二十九日，詔：「經、總制錢，諸路一歲虧及二百餘萬緡，令提刑司檢察，將諸州公庫不許違法置店賣酒，日下改正住罷。其巧作名目別置軍糧酒庫、防江酒庫，月椿酒庫之類，并省務寄造酒及帥司激賞酒庫應未分隸經、總制去處，並日下立額分隸，補趁虧欠元額。仍自今年爲始，須管從寔拘收，限次季孟月二十五日以前差官管押離岸，不得於帳狀内存留見在却稱見行起發，故意作弊，務要歲終敷趁足額。如日後尚敢循襲違戾〔二〕，致依前虧欠，州縣委提刑按劾。如憲司依前不行覺察，許本部按劾施行。」

五月二十一日，楚州言：「每歲合發經、總制錢二萬七千四百餘貫。緣自兵火後，百姓凋瘵，甚於他州，酒税課入絶少，乞將紹興三十年夏季以後合發錢與免一年。」從之。

八月十四日，臣僚言：「經、總制錢多出於酒税、頭子、

〔一〕天頭原批：「『連』一作『令』。」按，作「連」是。
〔二〕天頭原批：「『襲』一作『習』。」

牙契錢分隸〔一〕，歲之所入半於常賦。然自建炎以來，議者不一，或欲專委守臣，或專委通判，或又欲知、通同掌。所議既異，法亦屢更。自紹興十六年因李朝正言專委通判拘收，通判既許自專〔二〕，因得盡力，於是歲之所入至一千七百二十五萬緡。無何，議者妄有申請，二十一年十月始降指揮，命知、通同掌。通判既壓於長官之勢，恣其侵用，莫敢誰何。迄今九載〔三〕，無歲不虧。欲望復舉行十六年專委通判指揮，仍令就本廳置庫，躬親出納，不得付之屬官。如通判不能拘督，守臣違法占恡，不容分隸，仰提刑司常切檢察，並許户部按劾，重寘典憲。」詔依，内無通判去處，委簽判掌管。

十一月二十九日，户部侍郎、兼權知臨安府錢端禮言：「近承勑命指揮，備坐臣僚劄子，乞將紹興十九年以後十年内經、總制錢取酌中一年之數，立爲定額。聖慈灼見其弊，下户部看詳。緣前來已曾降指揮，止是申明行下逐路取索，久未與決。今來欲乞據本部案籍參照，依臣僚所乞，於十年内取酌中一年之數立定爲額，行下諸路提刑司如數拘催發納，不管拖欠額數，庶幾事有定論。」貼黄稱：「又本部近將兩浙東西路秋季經、總制錢給曆拘催，比對去年之數，增收二十四萬餘貫。今來既已立定新額，欲將近便路分依兩浙路給曆拘收，庶免失陷。」詔依。於是户部開具諸(路)〔州〕、軍、府元額并遞年額，各隨諸州、軍、府數目，於内取酌中數，定爲年額有差。

十二月八日，上諭輔臣曰：「頃日臣僚論經、總制，以十九年爲額(大)〔太〕多，已降指揮。昨日黄應南又乞除放已前年分所欠積下錢數。卿等宜令户部具十年數内取其酌中者立爲定額〔四〕，仍比十九年數合減多少、十年内通欠若干，若不與除放及減歲額，恐虚掛簿書。又慮州縣科敷取足，困弊百端。」宰臣陳康伯奏曰：「聖德寛明，灼見事原，謹領聖旨。」

(二)〔三〕十一年五月二日〔五〕，詔婺州通判 28 呂晉夫與展一年磨勘〔六〕，以户部言「稽考本州經、總制錢虧欠五分已上」，故罰之，仍令催督起發，歲終別行比較也。

八月六日，詔：「諸路州軍未起二十六年、二十七年經總制錢，特與除放。所有二十八年以後拖欠之數，令提刑司督責補發。」

十月四日，(侍)御史中丞、充湖北京西宣諭使汪澈言〔七〕：「成閔一軍人馬支過經、總制錢，乞令行在至湖北官將今年一州統收之數撥下大軍經由縣分通融支遣。所

〔一〕契：原無，據《建炎要録》卷一八五補。
〔二〕許：原作「以」，據《建炎要録》卷一八五改。
〔三〕今：原作「於」，據《建炎要録》卷一八五改。
〔四〕其：原作「甚」，據本書食貨六四之一〇〇改。
〔五〕三十：原作「二十」。天頭原批：「『二十』當是『三十』之誤。」據改。
〔六〕夫：原作「大」，據本書食貨六四之一〇〇改。
〔七〕澈：原作「徹」，據《宋史》卷三八四《汪澈傳》改。

有借過人户錢，乞從縣道將折納今年以後本名、諸色官物，却依舊於經總錢内豁破。」從之。

三十二年四月七日，淮南路轉運、提刑司言：「淮東州軍近因賊馬蹂踐，其州軍經、總制錢乞免分隸起發。」於是户部言：「盱眙軍已降詔旨與免五年，泰州已免一年，楚州展免二年。」從之。

十八日，安豐軍言：「近緣賊馬，未能就緒，所有每歲合椿發經、總制、無額錢難以椿收。」詔全行展免一年。

孝宗乾道元年十月十二日，臣僚言：「諸路州縣出納錢物，每貫收頭子錢三十三文足，欲每貫添收錢一十文足。乞專委逐州軍知、通拘收。」詔：「每貫添收錢一十三文省，充經、總制錢，委通判拘收入帳，通舊收錢七文共二十文。仍將今來所添錢數別作一項〔一〕，每季發納左藏西庫，補助經費支遣。」

十二月十四日，户部侍郎李若川等言〔二〕：「諸路州軍每年合發上供、折帛、經總制、無額等諸色錢，並係指準應副經常支用，其間多緣州軍循習，截撥支使，窠名不一，委是侵損歲計。乞下諸州軍，自乾道二年爲始，不許截撥，並仰各隨窠名收椿，依條限起發。」從之。

二年十二月五日，詔：「經、總制錢窠名繁多，若令守臣管幹，恐不專一。今依舊令知、通同共拘催，縣委令、丞管幹；如無通判、縣丞處，委自簽判、主簿掌管。如任内所收錢限内起發，比額有增，依見行格法，知、通分撥酬賞〔三〕；若比較有虧，依已降指揮責罰。仍令提刑司檢察，如有侵隱妄支，具姓名按劾。」先是，臣僚言：「州郡經、總制錢多不及額，蓋由專委通判、縣丞，而州、縣之權，寔在守、令。欲在州專委守臣，在縣者責之縣令，仍令提刑司嚴行覺察。」故有是命。

三年三月十九日，浙東提點刑獄司言：「本路諸州軍所收經、總制、無額三色錢物如收及額，各有立定酬賞，唯無額一色錢數最少，賞典最優。近年以來，多是將經、總制錢暗行挪撥，苟求優賞，其經、總制之數却致虧欠。乞自今應知、通陳乞無額錢物酬賞，須候本年經、總制錢依額數足，方許陳理。」從之。

八年八月四日，新除度支郎朱儋上言：「經、總制錢頃自諸州通判專一拘收，歲之所入至一千七百二十五萬緡，繼命知、通同掌，而歲之所虧至二百三十萬緡。故曩者版曹之臣以此奏陳，專屬通判。其後又因臣僚劄子乞委 29 守臣，於是有知、通同拘催〔四〕、分撥酬賞之制。夫州郡錢物，常患爲守者侵取經、總制分隸之數而多收係省，以供妄費，此經、總制專任通判之意。今使知、通同掌，則通判愈不得而誰何。乞將經、總制錢仍舊委之通判，而守臣不

〔一〕錢：原作「人」，據本書食貨六四之一〇一改。
〔二〕若：原作「君」，據本書食貨六四之一〇一改。
〔三〕撥：原作「授」，據下文「八年八月四日」條改。
〔四〕催：原作「摧」，據本書食貨六四之一〇二改。下同。

預。」從之。既而户部尚書楊倓言：「若令通判拘催，專任賞罰，切恐守臣妄生異同，不能協力。乞照乾道二年指揮，令知、通同共任責分賞。」從之。

十一月六日，詔：「將乾道四年、五年諸路州縣拖欠未起上供經、總制等錢米特與蠲放，日下銷落簿籍，不得再有追理。如違，許民户越訴，監司覺察按治。」從中書門下請也。

十二日，權户部尚書楊倓等言：「諸州經、總制錢依續降指揮，每季據所收錢數解發㈠，限次季孟月二十五日以前起足。今次季終尚有拖欠去處，乞許臣等將最違慢州郡官吏按劾。其前宰執、侍從領郡，亦例行奏聞。」從之㈡。

（以上《永樂大典》卷次缺）㈢

無額上供錢

【宋會要】

30 高宗建炎元年十一月十四日，詔：「諸路無額上供錢不合立額，可自建炎二年正月一日爲始，並依舊法。當職官拘收滅裂，致有欺隱失陷者，重加典憲。」

二年五月十五日，户部尚書呂頤浩等言：「諸路無額錢内增添酒錢，依舊法係户部上供之數。今已承指揮，自建炎二年正月一日爲始，並依舊法。切慮諸州軍止以六分椿發㈣，欲乞令提刑司行下逐州軍㈤，將四分增添酒錢併入六分之數收係入帳，依限盡數椿發施行，免致有虧省計。」從之。

七月十二日，端明殿學士、提舉醴泉觀黄潛善言：「户部經費自軍興以來，用度至廣，惟仰諸路上供錢物應辦。其州郡所收無額上供錢物，依法並隸提刑司拘收，具帳供申起發。緣無額錢所收窠名不少，切慮州郡縣鎮隱漏，不肯盡數供報，提刑司不爲檢察，致拘收隱落，或供帳不寔，日久轉致虧損，失陷省計㈥。欲望下户部檢坐諸州郡應合收無額上供錢物窠名，及供申隱漏不實、起發期限，并前後應干約束等條法，鏤版遍下諸路州郡及提刑司遵守施行。」詔依。

紹興元年四月四日，户部侍郎孟庾言：「諸路州軍所收無額錢物，昨窠名繁多，州郡得以侵欺，並令提刑司具帳催督起發，以革侵用。近緣軍興，諸路供申帳狀多不依限。繼承指揮，添酒錢五項依舊作經制錢拘收，亦係無額，名色
31 相同，從來帳限不一，作兩色供報，州縣得以侵欺。今欲

㈠每季：原作「每月」，據下食貨三五之三〇「紹興元年四月四日」條改。
㈡「從之」下原有批語云：「淳熙以下脱，應補抄。」按，淳熙以下文見本書食貨六四之一〇二至一一三。
㈢按：陳智超《解開宋會要之謎》定於卷一七五四五。
㈣發：原作「撥」，據下文改。「發」謂起發上供，非「撥」也。
㈤乞：原脱，據本書食貨六四之六三補。
㈥天頭原批：「『省』一作『少』。」按，指本書食貨六四同目複文。

乞將諸路所收無額、經制錢物每季只作一帳供申，並限次季孟月二十五日已前具帳，及起發數足。餘依見行條法。」從之。

二十五年四月十六日，詔：「諸路州軍知、通今後拘收無額錢物及一萬貫，與減一年半磨勘；及一萬五千貫以上，與減二年磨勘。如止及五千貫，依已降指揮，與減一年〔一〕。」從户部請也。

二十八年三月二十五日，户部侍郎徐林言：「今欲下諸路提刑司行下諸州軍，今後拘收無額錢物賞，候任滿日方許陳乞，從本部驅考。若任内合起上供、折帛等錢別無拖欠，即依見行條法、指揮保明推賞。」從之。

二十九年閏六月八日，臣僚言：「竊覩昨降指揮：『應州軍專委通判拘收起發無額錢，歲及五千貫以上者，知、通與減一年磨勘。』所在州軍每歲財賦所入或有係無窠名者，往往（空）〔罕〕有拘收及五千貫，其間有止拘收到一二千貫至三四千貫。爲不能及五千貫數，不該賞典，遂有州軍更不將所椿到錢物起發〔二〕。今乞行下諸路，責令守倅常切拘收。除一歲能拘收起發及五千貫以上者，依已降指揮與減一年磨勘外〔三〕，若不及數而及四千貫以上者，與減三季磨勘；及三千貫以上者，與減兩季；及二千貫以上者，與減一季。如此，則隨其多寡爲之酬賞。」從之。

上供錢〔四〕

高宗建炎三年七月二十七日，户部侍郎葉份言：「乞每歲終，從本部將諸路所 32 起上供錢物、斛斗數目以十分爲率，比較三兩路起發最多最少去處申乞賞罰，庶使官吏有勤惰之戒。」詔從之。

四年九月六日，户部侍郎孟庾言：「崇寧立法：諸路違欠上供錢物，官衝替而吏配千里，務要應期辦集。後大觀間户部奏請，以爲法禁太重〔五〕，將官員衝替改作差替，人吏決配改作勒停，期于必行，不爲虛文。繼承指揮，却依舊法。日來朝廷不欲深罪，監司、州郡公然違戾，深慮有悮國計。伏望嚴賜督責監司、州郡當職官，將今年上供錢物須管依限起發赴行在應助支用，如有違欠，並乞依大觀間申請斷罪。」從之。

紹興元年三月十九日，尚書省言：「行在養兵之費浸

〔一〕年：原作「半」，據本書食貨六四之六五改。

〔二〕天頭原批：「『有』一作『致』。」

〔三〕年：原作「半」，據本書食貨六四之六五改。

〔四〕原稿以下與上文接抄，無標題。天頭原批：「高宗建炎以下係上供錢。」今據添題。此門之文出自《大典》卷四六八八「錢」字韻，蓋《大典》原題亦爲「上供錢」。

〔五〕太：原作「大」，據本書食貨六四之四六改。

廣，帑藏之積無幾，將來大禮合用賞給百萬，既不許橫斂，惟指擬上供，宜預行戒飭。」詔：「監司及州縣當職官不務體國，縱令拖欠，起發違滯，或冒法截留〔一〕、侵隱兑借之類，有悞大禮支遣，官追一官勒停，人吏杖脊遠配。若率先起足，取旨優異推恩。仍令户部常切催督。其置簿點檢驅催，並依已降指揮施行。」從之〔二〕。

二十七日，詔：「諸路應赴行在錢物，斛斗，官司輒截留、借兑、支撥，並依上供條法指揮施行。」

四月十三日，户部侍郎孟庾言：「江南東、西路合起發行在額斛，係以去年秋税計置起發，已承十一月四日朝旨，將二分折起價錢外，餘八分起發本色糧米〔三〕。緣所起數多，即目道路未甚通快，深慮艱于一併般運〔四〕，又民間見闕 33 糧斛，今欲將逐路合起發米將二分依市價糶賣，將賣到錢計置金銀起發，餘六分本色依舊。」詔依，仍仰將已納在官合起發上供米斛依市價出糶，如有未納數目，即拘催本色，不得抑勒税户認納價錢，却成搔擾。

八月二十九日，詔令宣州將未起上供紬絹三萬匹並納本色。以本州言「奉勅上供紬絹一半折價，每匹三貫文，而江東時值止兩貫，下户反有倍費」故也。

二年三月二十二日，户部尚書李彌大言：「今來道路並無梗阻，其諸路州軍上供錢、帛、斛㪷，自合遵依上供條限，盡數起發前來行在送納。望嚴賜指揮諸路漕臣。」詔：「兩浙東、西、江南東、西路各就委逐路剗刷折帛錢官拘催，并福建路、荆湖南、北路、廣南東、西路並仰逐路漕臣照會户部已行事理訓誡州縣，將合起發物各依條限起發。今來係充（瞻）〔贍〕軍支用，務在悉心拘催，毋令蹈襲前弊。令户部不住催促施行〔五〕。如尚敢違限，不爲依數起發，仰本部按劾，取旨重寘于法。」

閏四月十二日，臣僚言：「欲令福建路轉運司將本路合買發上供銀委官置場，依市價收買。如或價高，所買數少，不及（租）〔祖〕額，即乞朝廷量行蠲減。」詔劄與福建路轉運司從長相度，務要便民，限三日申尚書省。

五月十一日，户部言：「乞將處、台州上供錢物，并依江東、西不通水路已降指揮，計置輕齎起發赴行在。」從之。

六月二十七日，金部言：「欲將鼎州建炎四年 34 合發上供錢物免放，其紹興元年分上供之數，自來年爲始，分限三料帶納。其今年上供錢物，疾速依條限計置起發前來行在送納。」從之。

七月十四日，詔：「南康軍今歲合發上供紙，並特與放免一年。」

十月十三日，都省言：「江西吉、筠州、臨江軍上供糧

〔一〕留：原作「類」，據本書食貨六四之四六改。
〔二〕從之：此二字疑衍。
〔三〕糧：原作「運」，據本書食貨六四之四七改。
〔四〕併：原作「般」，據本書食貨六四之四七改。
〔五〕住：原作「拘」，據本書食貨六四之四七改。

斛，累年並無起發數目，今歲豐稔，秋苗理當措置。」詔：「差倉部郎官孫逸前去，同本路漕臣韓球于逐州催納，先次起發三十萬碩，各差逐州通判、兵官一員管押，赴鎮江府權行交卸。其合用舟船，如官綱不足，仰本路安撫大使司協力那融應副，仍限至十二月終起發盡絶。如有已受納到早米，亦仰疾速起發，祇備應接行在支遣。令户部常切催促。如限内依數起足，其韓球、孫逸并管押官一例推恩；若出限不足，取旨降黜。及差郎官一員、密院准備將兩員前去受納，令別項樁管，非奉朝廷指揮，不以是何去處，不得支動顆粒，并沿路不得拘截。如違，並重寘典憲。」

十一月八日，度支員外郎胡蒙言：「願詔諸路監司，凡管下租賦利入拘催趁辦未足額，不許截撥上供。其一路一州一縣物斛錢帛應合輸行在之數，敢有違欠，以慢法禁罪之。限滿，委省部劾刷以聞，嚴行懲戒。若殘破州縣之吏有能勸課耕闢田産〔一〕，使租賦漸復元額，措置征商榷酤而收息至於增羨者，並具寔保奏，優與進擢，以示激勸。或監司、州縣沮抑，許詣臺省自陳。庶幾咸知國[35]用爲急，財賦必輻輳而至，軍事雖未息，費用常裕如，無苛斂以蠹民，則邦本自固矣。」詔劄與諸路轉運司照會。

十七日，江浙荆湖廣南福建路都轉運使張公濟言：「逐路州郡依格上供之類，常是出限不足，欲乞應諸路州軍財賦出入，並許公濟取索點察。其合撥上供錢物，如限滿有欠缺不足之數，從公濟取撥本路所管轉運司移用錢，依條補足解發。如逐州上供錢未足，漕司不以移用錢補發，別作名目支使，欲許公濟按劾，具事因申取朝廷指揮。」從之。

三年正月二十九日，詔：「江東西、湖北路紹興元年〔二〕、二年未起上供紙數，並特與權行倚閣。紹興三年合發數目，一半權折納價錢。」

二月二十日，户部言：「檢會去年七月二十日都省言，提點鑄錢官王喚申請將鼓鑄年額上供錢内，每年權借留一十五萬貫充回易錢本，限次年内先次起發赴行在〔三〕。本部契勘，在法，上供錢物不許官司陳請截留、借兑、支撥。欲令本司將截留過錢數立便盡數起發。」從之。

八月四日，户部尚書黄叔敖言：「政和東南六路直達糧綱起發條限難以遵守，即今車駕駐蹕臨安，諸路歲額上供事須權宜別立季限。今乞兩浙路分兩限拘催，收樁數足，上限今年十二月終，次限次年二月終；江南東、西、荆湖南、北並分三限，第一限本年終起發，第二限次年二月終，第三限五月終。如違限樁發不足，從本部具數申朝廷，乞[36]賜施行。」從之。

四年二月二日，詔廣南東、西路轉運司當職官各降一

〔一〕殘：原作「州」，據本書食貨六四之四八改。
〔二〕元：原作「二」，據本書食貨六四之四九改。
〔三〕赴：原作「起」，據本書食貨六四之四九改。

官，吏人從杖一百科斷。以户部比較紹興三年未起上供錢物，本路拖欠最多故也。

六日，户部尚書黄叔敖等言：「今歲大禮賞給，乞兩浙等路上供和買紬絹以十分爲率，八分起發本色，二分折納價錢。」從之。

二十七日，詔蘄州紹興四年已前合起無額上供錢物並與蠲免。以本州言兵火後財計未足故也。

同日，左朝散郎王縉言：「廣南東路每歲上供，例買銀輕賫，而近年坑場不發，銀價騰貴，及至行在支遣，類損元價十之三四。契勘榷貨務召人入納算請鹽鈔，有指留鹽本等錢數不少。今不若令算請廣東鹽鈔之人一併入納指留等錢，別項樁管起發，充本路上供之數。預約度一歲入納之數，下轉運司，於諸州上供錢内撥還鹽事司。」詔令户部勘當，申尚書省。

四月二十一日，臣僚言：「切見廣東上供白金歲輸十萬兩，朝廷雖嘗令廣東相度，從便上供見緡，然而轉輸當用舟航，顧募之初匪易，護送必遣官吏，交納之際甚艱，繇是州郡莫敢任見緡之責。伏見近歲取廣東漕司鹽改爲鈔鹽，鈔法既行，而常患乏鹽，尚有三分之一留充漕計。今若將上供錢銀舊數蠲其難辦之額，定其寔納之數，撥與本路爲漕計，而于漕司一分鹽内會其價直，取之以益鈔鹽，使償上供之數，則商賈自以見緡輸于行朝矣。」詔令户部勘當，申尚書省。

七月十三日，温州言：乞將今年未起上供紬以衣絹代發。從之。

37 五年正月五日，詔罷湖南轉運司上供額斛折納價錢，並催納本色。

三月十八日，前荆湖南路提刑司檢詳官文浩言〔一〕：「切見荆湖南路上供錢舊以官綱鹽頭子錢樁數起發，自推行鹽法之後，悉係客販，所謂頭子錢者無有也。當時有司慮失歲計，州縣逐急措畫，遂以麴引爲名，歲取其數，苟逃吏責。因循迄今，但以人户税役高下分俵麴引，每縣或至二三萬緡，十倍上供之數，歛多用寡，弊不勝言。乞令本路漕臣各據逐州元認上供寔數，以人户見今等第均敷，勿襲科俵麴引之弊，歲終檢察以聞。所貴少戢贓墨之吏，以蘇凋瘵之民。」詔令席益體訪詣寔，具合如何施行申尚書省〔二〕。

十五年十月三日，知建康府晁謙之言：「本府每歲合起上供米，舊額一十五萬碩。自經兵火，至紹興五年，認起一十一萬碩。後緣轉運副使黄敦書暫權府事，增起二萬四千餘碩，遂致兩年來公私費力。欲乞將上件增起米數許與蠲免。」從之。

〔一〕天頭原批：「『官』一作『管』。」按，指本書食貨六四「上供」目複文。本節並同。

〔二〕具：原作「其」，據本書食貨六四之五一改。

十九年九月二十五日，户部言：「諸路州軍歲發上供諸色錢帛并合樁管窠名，各有樁發條限。今將侵借去處，不以去官，並從本部按劾，重賜黜責施行。」從之。

二十年六月三日，權知無爲軍高世史言：「本軍三縣人户未甚歸業，其合起諸色上供委是闕乏。欲望令所屬委官檢（覆）〔覈〕見歸業并開墾田土，于見今承認舊額所起上供等錢數内量行減免。」詔令户部看詳，如合減免，38申尚書省取旨。

二十三年閏十二月二十二日，户部言：「上供諸色窠名錢物在法不得支兑移用，若輒擅侵支，各有專一斷罪條法指揮。比年以來，州軍往往冒法，輕費妄用。乞行下諸路監司常切檢察，遵依條禁。若有違戾侵借，除依法斷罪外，仍乞今後更不差注知州軍差遣。仍乞從本部取索當職官職位、姓名，供申尚書省，照會施行。若後官任内合發窠名錢物別無拖欠，能措置補還前官擅支錢物，每及一萬貫已上，與減一年磨勘，至五年止。」從之。

二十六年八月十二日，詔滁州合起上供錢權以六分爲額起發。以本路轉運司言「本州上供已發八萬，委無所出，乞蠲免」故也。

十九日，户部言：「乞令諸路監司催督所部州縣，將上供等錢物今後並依條限拘催起發。仍從本部于次年驅磨，違慢多處，開具按劾，重賜施行。」從之。

十一月二十三日，江南西路轉運司主管文字逢汝舟言：「望詔有司戒飭州縣，于每歲增起二分錢物不得增敷于民，庶使民力不致重困。」于是户部言：「合起上供錢物，除湖南州軍依格起發外，欲下荆湖北路轉運司鈐束逐州軍〔一〕，合將增認數目依條收樁起發，即不得增敷于民。如有違戾去處，仰本司按劾施行。」從之。

二十八年五月十二日，尚書駕部郎中張宗元言：「比年以來，諸路發納米斛數少，朝廷不免將諸路糴本湊額錢撥赴行在和糴場及三路總領司，39收糴米斛，補助支遣。欲望詔有司行下諸路轉運司，自今後須管每年開具合收寔數保明，諸州府守、倅、令、佐及檢踏災傷官次第結罪狀供申，要在十一月内到部，仍依省限報足。如違，從户部具申朝廷，取旨施行。若寔數既見，可憑稽考，不致拖欠，則立爲成法。三年之後，樁積之數不下及五百萬碩，降本、湊額外，每歲又有二百萬緡以助他用。」于是户部言：「江浙路歲額合發上供米斛並係實數，緣紹興之初一時隨宜認發，致不及元額。在法，江浙、荆湖路秋税十月一日起催，若有災傷，以八月經縣陳訴，至月終止，限四十日檢放。欲依所請行下兩浙、江東、西、湖南、北路轉運司，仍先具已依稟文狀以聞。」從之。

二十九年正月二十四日，司農少卿董苹言：「伏望特降指揮，今後州縣前官拖欠上供，而後官致被取勘者，先具

〔一〕鈐：原作「鈴」，據本書食貨六四之五二改。

所欠年分、已去當職官，擇其甚者取旨責罰，不以去官、赦降失減。」從之。

八月二十三日，户部言：「今欲令逐路漕司與州軍當職官，將今年合發上供額斛且依年例數目認樁。仍多方措置檢察，遵依條限起發，赴所屬應辦給遣，務要盡實，毋致欺隱。如違，送本部開具違戾去處按劾施行。」從之。

十二月四日，權户部侍郎董苹言：「欲望申飭諸路州軍，將合收錢物依條分隸，不得改易名色，應限發納。及令監司各隨窠名催督所屬起發，毋令輒換綱解，暗移上供。仍許監司互察。」從之。

40 三十一年八月二十六日，户部言：「今相度，欲令逐路漕司與州軍當職官將今年合發上供額斛〔一〕，且依年例數目認樁施行。仍多方措置檢察，遵依條限，依數樁辦起發，赴所屬應辦給遣，務要盡寔，毋致欺隱。如違，從本部開具違戾去處按劾施行。」從之。

孝宗隆興元年十二月二十七日〔二〕，詔：「諸路州軍歲起上供錢物例有拖欠，監司、郡守却以羡餘進獻，僥冒賞典。可令户部行下諸路州軍，今後上供錢物須管依限起發數足，如數目未足，輒行率斂進獻，仰本部按劾以聞。」

二年四月十二日，詔：「諸州補撥前官任内侵支、拖欠上供諸色窠名錢物，充兩淮脩築城池使用。每及一萬貫，與減一年磨勘，至五年止。」于是右正言尹穡言：「竊謂諸路州軍每遇一時緊切支用，無可那移，方可將上供錢物逐急借撥，遂致前後積壓拖欠〔三〕。雖要撥還，又有當年合起錢數，猶恐趁辦不及。若後官到任，自能措置收簇，别無少欠，已是不易，何由更有餘剩補發前官未起數目？況今年係大禮年分，比之常年，倍更窘闕。縱使逐郡知州意在希賞，未知作何擘畫可以應數？不唯經涉歲月，虚費文移，必致悮事，若更使逐州並緣税賦科須等于民户巧作名目，百色增取，重有搔擾，深爲可慮。望令户部據見今諸州軍侵支、拖欠上供等錢物約度分數，且令每年逐旋帶納，要在多寡合宜，使督責可行，須管與當年合發錢物各 41 要起足。如準前拖欠，依先降指揮，知州不許與知州差遣，仍展一年磨勘。當職官任滿日，于印紙上别項批書所起錢數足，方許參部。所有『補發舊欠及一萬貫文，減一年磨勘』指揮，乞更不施行。」從之。

乾道二年九月二十六日，詔：「諸路州軍、監司合起上供諸色錢物，皆有起發條限，近來循襲，公然拖欠，致有闕乏。可將諸路合起行在上供錢物，每歲上、下半年從户部比較最稽違拖欠去處，具名按劾，重行黜責。」從户部侍郎曾懷請也。

〔一〕斛：原作「解」，據本書食貨六四之五四改。

〔二〕天頭原批：「孝宗隆興元年上脱『浙東路上供錢』云云共三百廿五字。」又批：「脱小注，應補抄。」按所説内容見本書食貨六四之五四至五五。原文並無小注，此云「脱小注應補抄」不知何所指。

〔三〕遂：原作「逐」，據本書食貨六四之五五改。

四年七月五日，詔諸路提刑司：「今後諸州知、通拘收無額錢物，候任滿日別無拖欠，上供諸色窠名錢數及經、總制錢本考内亦無虧額，方許陳乞依格推賞。仍自今降指揮爲始。」先是，浙東提刑徐藏言：「准紹興二十八年三月二十五日聖旨：『户部契勘：諸路州軍所收無額上供錢物，每歲收及五千貫已上，知、通各減磨勘一年，一萬貫減一年半，一萬五千貫已上減二年。緣州軍將別色官錢兑那湊數，作無額窠名起發，却將有額合起錢數拖欠。乞從本部驅考，若任内合起上供、折帛等錢別無虧欠，方許作見行條法推賞。』諸路方且遵承，續準隆興元年朝旨，知、通拘收無額錢得賞格，更不候任滿便行保奏，緣此前弊復作。」故有是詔。

十二月十四日，四川總領所、夔州路轉運司言：「夔路歲發上供等錢物，支降鹽、茶下逐州拘收，自行變賣充本〔一〕，收買金銀絹帛起發，42 偃折人户輸納數目〔二〕。其州軍如有侵移、借兑、欺隱，不行盡實偃折，乞比附擅賦斂法科罪。」詔：「如有違戾，即將官吏依『非法擅賦斂』勅條〔三〕，以違制論，依律徒二年科罪。」

六年閏五月六日，户部尚書曾懷言：「諸州軍起發户部諸色官錢及上供錢物，雖各有窠名，緣州軍往往妄于名色上有分緊、慢，不爲盡數發納，或虚申綱解，致悮指擬。今欲印給綱目遍下諸州軍，專委通判逐季開具已、未起發數目；如無通判去處，即委簽判、判官。謂如春季錢物即于四月初五日以前填寫綱目，申發户部，如稽滯不到，從本部先劾所委官。夏、秋、冬季准此。歲終，却將納足、欠多州軍，每路具三兩處申奏，以爲殿最。」從之。

七年正月二十日，詔：「自今後諸州軍起發上供諸色窠名銅錢，並要起七分見錢、三分會子。并人户典賣田宅等交易用錢、會子，使聽從民便。」

五月五日，三省言：「檢准紹興二十五年四月十六日聖旨：『諸州軍知、通拘收無額上供錢物，每歲終及一萬貫，與減一年半磨勘；如及一萬五千貫以上，與減二年磨勘。』切見州軍所收諸色窠名數目浩瀚，如贓罰、户絶等錢物〔四〕，動以千萬貫計。其知、通歲終只以一萬五千貫以上趁及賞額，餘錢既無增賞，得以侵支妄用，是致失陷財計。欲乞自今後應諸州軍知、通及諸路安撫、轉運使、提刑、提舉并市舶官，應任内各司自能拘收起發無額錢物内，一萬貫減一年 43 半磨勘，及一萬五千貫減二年磨勘，若增及三萬貫文以上，轉一官。如更能拘催起發過數，並比類推賞。除歲額諸州軍一萬五千貫以下錢物並依舊逐季起發左藏西庫外，自今來諸司及諸州軍增收到無額錢物，並逐季令

〔一〕賣：原作「賞」，據本書食貨六四之五六改。
〔二〕户：原作「目」，據本書食貨六四之五六改。
〔三〕天頭原批：「『官』一作『管』。」
〔四〕物：原脱，據本書食貨六四之五七補。

項起赴左藏南上庫椿管〔一〕。仍專委官一員以時點檢拘催，依數起發，俟至歲終，優加旌賞。」從之。其後九年五月二十七日，臣僚言：「伏見紹興二十五年指揮：『諸州軍知、通每歲拘收無額錢及一萬貫，與減一年半磨勘，一萬五千貫以上，與減二年磨勘。』此以利導之。近來往往諸州將其他錢物先次起發數足〔二〕，以幸賞典。雖云諸色窠名無虧方許陳乞，然知、通替罷，未有不推賞者。至乾道七年五月五日再降指揮：『若知、通起發無額錢及三萬貫，與轉一官。』此法既行，太爲僥濫。昨來推賞不過二年，並用實歷對使。今比舊法，纔得一萬五千貫，徑轉一官。諸路知、通尤更急于受賞〔三〕，人人競利，至有一年之內拘收無額錢轉一官、減二年磨勘者；若二年，則遂轉三官矣。如小郡財賦有限，于常賦之外更事刻剝，則事力愈窘，益見煎熬。天下州郡長貳但志在于拘錢轉官，凡在任有合行整頓綱紀之事，苟且因循，盡廢而不舉矣。」詔諸路州(郡)〔軍〕知、通今後每歲起發無額上供錢物，若增及三萬貫以上，與減三年磨勘。

八年三月十三日，提舉淮南東路常平茶鹽等事、措置兩淮官田徐子寅 44 言：「檢照乾道七年十一月四日指揮，措置行使鐵錢畫一內一項：『兩淮諸州軍依准近降指揮，應起發上供等錢，並以七分見錢、三分會子解發。』今來沿淮州軍見使鐵錢并會子則難以發納。今欲將沿淮州軍合發納錢，許令解發會子，所有自餘近裏州軍，且令依所降指揮分數解納見錢、會子。候將來普用鐵錢日，別行條具申請。」詔極邊州軍並用交〔四〕、會，近裏州軍以錢〔五〕、會中半起發。

八月四日，權戶部尚書楊倓言：「朝廷用度，全仰諸州軍起到錢應接支遣〔六〕。今稽考得江浙州軍截日終起發乾道八年折納錢〔七〕，比之乾道七年一般月日〔八〕，計增起多解錢七十餘萬貫。今將逐州軍所起數目比較得，內常平所起之數比遞年一般月日多起解到錢一十六萬貫，委是當職官究心職事〔九〕。若不量行旌賞，無以激勸。」詔知州右朝請大夫晁子健、通判左朝散郎葛郯各特減二年磨勘〔一〇〕。

十月七日，詔諸路轉運司：「自今場務解納本州分隸諸司上供經、總制錢朱鈔內，須管開具若干，係甚場務，甚監官在任收到錢數發納，赴是何去處送納。其餘場務依此供申。候申到監官在任增剩數目多少，仍酬賞，從本部參照

〔一〕季：原作「計」，據本書食貨六四之五八改。
〔二〕足：原脱，據本書食貨六四之五八補。
〔三〕急：原作「切」，據本書食貨六四之五八改。
〔四〕並：原作「用」，據本書食貨六四之五九改。
〔五〕天頭原批：「『錢』一作『鐵』。」
〔六〕接：原作「給」，據本書食貨六四之五九改。
〔七〕天頭原批：「『納』一作『帛』。」
〔八〕月日：原作「日月」，據本書食貨六四之五九乙。
〔九〕職事：原作「執事」，據本書食貨六四之五九改。
〔一〇〕「朝」原作「昔」，「各」原作「言」，據本書食貨六四之五九改。

行遣〔一〕。如申到日前在任推賞之人，亦依此取會。」以吏部尚書張津言：「比年以來，並緣法制，人知幸得。如州、縣場務課息增羡，内發納上供並無行在朱鈔，而州郡泛濫保明推賞。」故有是命。

十一月六日，詔將乾道四年、45五年諸路州縣拖欠上供未起之數特與蠲放，日下銷落簿籍，不得再有追理。如違，許民户越訴，監司覺察按治。以中書門下言：「諸路州縣拖欠未起上供、經總制、諸色窠名錢物、米斛，已降指揮放免至乾道三年終。所有以後年分亦有拖欠之數，皆係民户積欠，經隔歲月，若行一例催理，竊恐追擾。」故有是命。

九年十一月九日，南郊赦：「諸路州縣拖欠未起上供、經總制等諸色窠名錢、米等，已降指揮放免至乾道五年終，近兩浙路放免至六年終。其餘路分亦有拖欠之餘，皆係民户積欠，經隔歲月，若行一例催理，竊慮追擾。可將諸路州縣乾道六年終已前應拖欠未起之數特與除放，日下銷落簿籍，不得再有追擾。如違，許人户越訴，監司覺察按治。」

十二月二十三日，權户部侍郎蔡洸言：「諸路州軍起發上供并經總制等錢，各有期限賞罰。比年以來，所隸監司不體法意，其起發如期者皆與保明被賞，而違限者未見其舉劾也，則有賞無罰，人無懲勸，國用安得以時敷足？欲望嚴飭諸路監司依限催發。守貳尚敢違戾，許臣擇其弛慢之尤甚者按劾奏聞〔二〕。所隸監司不行糾察，亦乞坐罪。」從之。（以上《永樂大典》卷四六八八）

公用錢〔三〕

46公用錢〔四〕，三司亦同知州，例將一年數均十二月支給，及時預備，亦有非便，自今後並許逐季支遣。

景德元年九月六日，詔給北面三路都總管王超公用錢滿萬貫〔五〕，以用兵故也。

十一月十五日，以刑部侍郎趙昌言知河陽，月增公用錢十五萬，特旨也〔六〕。

二年五月二日，詔宣徽北院使雷有終依前給觀察使公用錢。以久在邊鄙，家無餘資也。

是日，詔陝西沿邊蕃部罰納，獻送羊畜，悉籍入公帑，以給軍中用度。先是，蕃部有過，皆以貲贖罪，及守臣出處更代，或緣他事，多以羊馬爲獻，並入長吏，至有妄緣事端以邀利者。真宗知其弊，欲遽止之。復慮蕃戎犯禁，無以爲戒，故有是詔。

〔一〕「酬賞從本部」五字原無，據本書食貨六四之五九補。

〔二〕劾：原作「勘」，據本書食貨六四之六〇改。

〔三〕天頭原批：「此七條可移補公使錢内。」今按，以下七條徐松原抄稿錯簡闌入本書食貨五之二五「官田雜録」目紹興六年二月十二日條「公上已降」之後（此當是《大典》本已錯簡），爲後來整理者發現挖出。參見彼處校記。

〔四〕按，此上似有脱文。

〔五〕王：原作「正」，據《長編》卷五七改。

〔六〕天頭原批：「公用錢。」

三年十月，御史臺言：「承前斷大辟罪，應隨身衣物，官司並收附以備紙筆公用。自今望並給本家，令辦殯殮。有合支費，望從官給。」奏可，因詔大辟囚無主者，官司與備殯殮、祭奠之物。

四年十一月十四日〔一〕，高陽關承受劉欏上言：「河北用兵之際，優給公使錢犒設軍校。今邊鄙久安，戍兵大減，請令轉運、提點刑獄量州軍閑劇均定。」從之。

大中祥（符）〔符〕元年正月四日，詔差定諸州軍公用錢。有司言：「昨減屯兵，使命亦步餘沿邊及當路仍舊外〔二〕，餘皆減定其數，請降旨施行。」從之。（以上《永樂大典》卷一七五三八）〔三〕

〔一〕天頭原批：「公使錢。」
〔二〕使命亦步餘沿邊：似當作「使命亦少，除沿邊」。
〔三〕《大典》卷次原缺，據本書食貨五「官田雜録」補。

宋會要輯稿　食貨三六

榷易

【宋會要】[1]太祖乾德二年八月〔一〕，詔京師、建安、漢陽、蘄口並置榷場。

開寶三年八月，詔：「建安軍榷貨務應博易，自今客旅將到金銀錢物等折博茶貨及諸般物色，並止於揚州納下，給付客旅博買色件數目憑由，令就建安軍請領。令監榷務、職方郎中邊翊赴揚州，與本州同共於城内起置榷貨務。其同監、殿直鄭光表即止在建安軍監當管勾務貨〔二〕，兼權知軍務事。每有客旅折博，據數仰邊翊出給憑由，給付客旅將赴建安軍請領。仍仰鄭光表見本務公憑，驗認色數〔三〕，便仰逐旋支給，不得邀難停滯商旅。」

太宗太平興國二年正月，三司言：「準敕，於沿江起置榷貨務，合行起定茶貨條禁，欲頒下諸州府施行。」從之。

三月，監在京出賣香藥場大理寺丞樂冲、著作佐郎陶郈言：「乞禁止私貯香、藥、犀、牙。」詔：「自今禁買廣南、占城、三佛齊、大食國、交州、泉州、兩浙及諸蕃國所出香、藥、犀、牙，其餘諸州府土産藥物，即不得隨例禁斷。與限令取便貨賣，如限滿破貨未盡，並令於本處州府中賣入官；限滿不中賣，即逐處收捉勘罪，依新條斷遣。諸迴綱運并客旅見在香、藥、犀、牙，與限五十日，行鋪與限一百日，令取便貨賣。如限滿破貨不盡，即令於逐處中賣入官中收買香、藥、犀、牙，價錢折支，仍不得支給金、銀、匹段。所折支物并價例，三司定奪支給。應犯私香、藥、犀、牙，據所犯物[2]處時估價紐足陌錢，依定罪斷遣，所犯私香、藥、犀、牙並没官。如外國蕃客、公私人違犯，收禁勘罪奏裁，不得依新條例斷遣。應干配役人，並刺面配逐處重役，縱遇恩赦，如年限未滿，不在放免之限。應有犯者，令逐處勘鞫，當日内斷遣，不得淹延。禁繫婦人與免刺面，配本處針工充役，依所配年限滿日放。一千以下、百文已上，決臂杖十五；百文已下，逐處量事科斷；二千已上〔四〕，決臂杖二十；四千已上，決臂杖十五，配役一年；六千已上，決脊杖十七，配役一年半；八千已上，決脊杖十八，配役二年；十千已上，決脊杖二十，配役三年；十五千已上至二十千，決脊杖二十，大刺面配沙門島；二十千已上，決脊杖二十，大刺面押來赴闕引見。應諸處進奉香、藥、犀、牙，即令於界首州軍納下，具數聞奏，其專人即賫表赴闕。」先是，

〔一〕天頭原批：「『二』一作『元』。」按，以下原批所云「一作」，乃指《補編》頁六六二至頁六七〇複文。
〔二〕天頭原批：「『務貨』一作『貨物』。」
〔三〕驗認：原重此二字，據《補編》頁六六三删。
〔四〕天頭原批：「『二』一作『三』。」

外國犀、象、香、藥充牣京師，置官以鬻之，因有司上言，故有是詔。

三年十一月，詔遷南劍州榷貨場于福州。

五年正月，命三司户部判官、户部員外郎高凝祐都大提點沿江諸處榷貨（物）〔務〕，右補闕梁裔提點諸處榷貨務〔一〕。

十一月，以兵部郎中許仲宣監大名府折博務〔二〕。

六年三月，差右贊善大夫王矩監青州榷貨務。

雍熙四年六月，詔：「兩浙、漳、泉等州自來販舶商旅藏隱違禁香〔三〕、藥、犀、牙，懼罪未敢將出。與限陳首，官場收買。」

淳化三年十月，以三司鹽鐵副使雷有終兼充江南諸路茶鹽制置 3 使，左司諫張觀、監察御史薛映並充副使官。帝以收復江南、嶺外已來，茶、鹽之價不等，犯禁私販者多陷刑辟，故特委有終等就出鹽産茶之地取便制置，務要便於民而利於物也。

四年二月，詔在京榷貨務及諸道商旅等：「（項）〔頃〕以向南州郡聲教未通，於沿江置立榷務，近聞積弊，多有邀難，抑配陳茶，虧損商客。今既混一，須議改更。已差使臣往彼就便指揮，其自來沿江榷務並令停廢，許客旅各就出茶處取便筭買新茶。兼已據地里遠近減下價錢，仍免放自江已南緣路商税，及令嚴切鈐轄出茶處場務，不得住滯及有乞覓。其禁榷茶鹽條例并筭買交引，一切依舊施行。如有客旅已入交引筭買舊榷場茶貨者，亦許客旅取便。」先是，秘書丞劉式上言：「榷務茶陳惡，商賈少利，歲課不登，望盡廢之，許商人輸錢京師，給券就茶山給以新茶，縣官減轉漕之直，而商賈獲利矣。」帝從之，先遣雷有終等乘傳按視，因降此詔。

七月，詔：「近以沿邊榷務積弊年深，特行停廢，俾出産之處就便開場。如聞商客多有疑惑，憚渡江之遥遠，阻常歲之經營。將允羣情，須仍舊貫。應緣江榷貨務並令依舊，其諸路茶鹽制置司令停廢，應茶貨並依舊例施行，般赴逐處。」先是，上言者以茶法未便，累陳章奏，請廢緣江榷務，時亦有叶同其議者，帝勉而從之。制下之後，商人疑惑，物議稱其不便。改法方及半年，三司較比，4 虧數已多，遂復舊制。

至道元年八月，鹽鐵使陳恕、西京作坊使楊允恭等言：「近准敕，沿江榷貨務茶一依元敕賣與客旅。所陳事件問難可否，從長議定。臣等商量，所欲通商過江取茶，元陳須是減落價例，客人方肯過江。及唤到商旅陳斌等，衆稱須依得淳化四年減落價錢〔四〕，方可過江筭買。以此相度，若減價則虧失官中課額，不減則商旅不願過江。且乞

〔一〕務：原作「物」，據《補編》頁六六三改。
〔二〕天頭原批：「『務』一作『物』。」
〔三〕天頭原批：「『舶』一作『泊』。」
〔四〕依：原脱，據《補編》頁六六三補。

依舊般茶赴榷務出賣，免虧課利。」詔曰：「筦榷之權，制置已久，實公私之俱便，於出納以爲宜。近者劉式抗章，輒欲更改。及徧詢於商旅，則頗異於陳奏。況主計之司，以爲非便，審詳其理，利害昭然。宜遵守於舊規，庶允符於衆議。已令三司，茶貨依舊榷貨務出賣，其劉式所奏並不行。」

二年十一月，江淮發運使楊允恭言：「相度到自湖南至建安水陸諸州茶鹽利害，并進沿江地圖，乞下三司計其給本採摘、煎煉之外，所獲實錢都數。」從之。

三年九月，詔：「西川峽路州軍自今應收酒税、鹽諸般課利，並據合納課額，只令送納見錢，不得更折金、銀、匹帛。如官中闕用，即轉運司於合收買州軍，依本處見賣時價置場收買，仍取情願，不得抑勒及虧價錢。」時川(陝)〔峽〕寇盜之後，議寬民力，故有是詔。

真宗咸平二年九月，江淮制置茶鹽、度支員外郎王子興言：「江、淮、兩浙賣茶鹽都收錢三百九十七萬餘貫，比高額增五十萬八千餘貫。」

六年八月，以光禄寺丞王彬往沿 5 江并淮南諸州軍提舉榷貨務茶場等處〔一〕，賜錢五十千。

景德二年二月〔二〕，三司言：「請募人於陝西入粟，鎮戎、保安軍、環、渭、延、原、慶州比河北定州等處；涇、寧〔三〕、儀、邠〔四〕、秦、隴、鳳州比河北洺州等處〔五〕；永興軍、鳳翔、河中、陝府、同、華、解、乾、耀、丹、坊、虢、成、階州比河北懷州等處。」從之。

三月二十四日，三司言：「請令河北轉運司，有輸藁入官者，准便糴粟麥例給八分緡錢，二分象牙、香、藥。其廣信、安肅、北平粟麥，悉以香、藥博糴。」時邊城頗乏兵食，有司請下轉運司經度之。帝曰：「戎人出境，民初復業，若責成外計，不免役兵飛輓，何以堪之？」因命祠部郎中樂和乘驛與轉運使同爲規畫。還，奏請以香、藥博買，遂從其議，出内帑香、藥二十萬貫往彼供給。

五月二十一日，權三司使丁謂言：「往者川峽諸州屯兵〔六〕，調發資糧，頗爲煩擾，而積鹽甚多，因募商人輸粟平直價，償之以鹽。今儲廩漸充，請以鹽易綿帛〔七〕。」詔諸州軍糧及二年、近溪洞州及三年者，從其請。

八月，河東轉運司言：「晉州折博務望罷專監官，止委通判監當，稍爲簡便。」從之。

〔一〕地脚原批：「『沿』一作『松』。」

〔二〕二月：按《長編》卷五九載此事亦在二月，而原注云：「《會要》載此事於是年正月。」是李燾所見《國朝會要》本作正月，今此本作二月，當是張從祖或《大典》編者據《長編》改，今仍其舊。又天頭原批：「景德元年十月條移此。」按，見下文。

〔三〕寧：原作「原」，據《長編》卷五九改。

〔四〕按《長編》卷五九、《群書考索》後集卷六二「邠」下有「鄜」字，疑此處脱。

〔五〕洺：原作「洛」，據《長編》卷五九改。

〔六〕州：原脱，據《長編》卷六〇補。

〔七〕綿：《長編》卷六〇作「絲」。

九月，三司請許商賈於河北、河東、陝西州軍依在京例納見錢、金、銀，每實錢五十五貫，給海州實錢茶百貫。從之。

十二月，監榷貨務、供備庫副使安守忠等言：「解鹽元許客人從本務入中金、銀、絲〔一〕、帛博買交引，就兩池請鹽，於南路唐、鄧等十二州軍通商地分貨賣。自因河北闕錢銀糧草，許6客人只就彼入中，賫文抄赴京翻換省帖，下本務支給解鹽。又因陝西許客人（入）中糧草，取客從便算射茶、鹽交引，算解鹽者亦從本務翻換支給交引，赴兩池請鹽，並於南路破貨。自咸平三年六月禁斷青鹽，通放解鹽，於鄜、延等二十一州軍許客旅入中糧草興販，及許於南路唐、鄧等州貨賣。其逐州軍所入糧草又虛擡時估，重疊加饒，又却支解鹽極多，以此隔絶客旅，在京全無入納金銀錢帛，虧損榷課。至六年十二月勑，依户部副使林特擘劃，商賈等筭射解鹽，於唐、鄧十二州軍貨賣，並令入納見錢，應副陝西諸州支用。至景德元年十月，再准勑：三司衆官定奪，其唐、鄧等十二州軍南鹽，依西鹽等第價例〔二〕，許客於逐州軍入納見錢、鋌銀、實價糧草，直（廢）〔發〕交引赴解州榷鹽院請領，更不入京翻換。其客旅將到未改法已前交引請領解鹽，每席並納錢一貫一百文足。所有客旅人户販買到鹽貨，但係見在未賣席數，並依慶州青鹽、唐鄧州白鹽例，每席量收歇駄商税錢一貫一百文足。本務勘會自此勑施行後，在京支筭解鹽交引至少，並無收納到金銀錢物。竊以唐、鄧等十二州軍解鹽課利，元許客於在京榷貨務入中金銀錢帛紐筭交引，就解州兩池榷鹽院請鹽，往南地興販，所收錢物並供在京支用。累年已來，河北、陝西闕須，驟行改請，許客就彼入中，漸生欺弊，高立物價，重疊加擡，饒潤（大）〔太〕7過，是致遞年大段枉支却鹽貨，不見實收得錢物，虧損官中課利。近歲更改，雖然許納錢銀實價、入中糧草，亦未濟得闕下支贍。竊知陝西即今不闕見錢給遣，其唐、鄧等十二州軍南鹽，理合却歸在京入中錢物〔三〕，添助支用。今欲乞却許客人、鋪户依舊例，於在京榷貨務入中金銀、見錢、綾絹綿紬布等，依去年新定則例筭買交引，往解州取便於池場請領解鹽，依舊只於唐、鄧、金、商、均、房、襄、蔡、隨、郢、信陽、光化等十二州軍通商地分破貨，即不得將帶過陝西州軍。所是陝西諸州軍入納錢銀糧草〔四〕，依舊直赴兩池請鹽，只得於鄜、延、環、慶、丹、坊、乾、邠、涇、原、渭、儀、秦、隴、階、成、寧、鳳州、鳳翔、保安、鎮戎、永興軍、同、華、耀州等二十五州軍貨賣，亦不得載入南路唐、鄧等州軍，侵奪南鹽課利。如此，則在西京與陝西各見得錢物支用。」詔三司與定奪所同共詳定。請如守忠

〔一〕天頭原批：「『絲』一作『綿』。」
〔二〕鹽：原作「監」，據《補編》頁六六四改。
〔三〕天頭原批：「銀糧。」未知何意。
〔四〕錢銀糧草：原作「錢糧草草」，據《補編》頁六六四改。

所奏施行，從之。景德元年十月〔一〕，勑定陝西州軍入中錢文則例〔二〕，沿邊環、慶、延、渭、原州、鎮戎、保安軍七處，鹽一斤，價錢十二文足，一席率重二百二十斤，計錢二貫六百四十文；次遠儀、鄜州等二處，一斤價錢十四文足，一席計錢三貫八十文；又次遠邠、寧、涇州等三處，一斤價錢十六文足，一席計錢三貫五百二十文；近裏秦、坊、丹、乾、隴、鳳、階、成州、鳳翔等九處，一斤價錢十八文足，一席計錢三貫九百六十文；又近裏同、華、耀、虢、解州、河中府、永興、陝府等八 8 處，一斤價錢二十六文足，一席計錢四貫四百文。

三年五月，香藥榷易院言：「所賣第一等香，每斤元估錢四貫文，如入交引，即五千，今又令每斤增價百錢。所慮市易者少，有虧課額。」帝謂王欽若曰〔三〕：「〔此〕〔比〕來禁榷，不許私販，有司累曾定價，所貴通商。況享神之外，別無所用。可令依舊，勿復增價。」

七月二十日，三司鹽鐵副使林特、宮苑使劉承珪請罷比較茶法，仍乞不行酬賞。從之。國朝自乾德二年置榷茶務〔四〕，諸州民有茶，除折稅錢外，官悉市之。許民於東京輸金、銀、錢、帛，官給券就榷務以茶償之。後以西北用兵，又募商人入粟麥、竹木於邊郡〔五〕，給文券，謂之交引，許就沿江榷務自請射茶。邊郡所入直十五六千至二十千者，即給茶直百千，謂之加擡錢。然入粟、木者亦有不知茶利，至京多以交引鬻於茶商〔六〕，百千裁得二十餘緡，謂之實錢。輦下坐賈逐蓄交引以射利，謂之交引鋪〔七〕。歲月滋深，沿江榷務交引坌至，茶不充給，計歲入新茶，三年不能償其數〔八〕，其弊也如此。至是邊陲罷兵，儲峙豐積，言事者多云榷法非便，遂命特等議更其法。特等召茶商十數輩，犒以醪饌，講貫公私之利。乃謂依時價官收交引，每茶價及百千，人納實錢五十千，其見執交引至榷務，已得茶者量抽十之一〔九〕，但三年併赴務買茶，即於正茶外兼還所抽，以平其價。行之一年，帝慮未盡其要，命樞密直學士李濬、劉綜、知雜御 9 史王濟與三司同較其利害。時邊郡所入，時估實價不一，遂且以新法從事，而榷務納金帛，歲較其數已多於前，而上封者復言新法始行，又命比較，商旅眩惑，不敢以時貿易。及特等奏入，即令權罷比較焉。

三十日，帝曰：「昨定奪司條制茶事，聞其過於嚴切，有傷園户。朕已示諭，令知園户採擷用功，須更得人手製造，茶既逐等第給價，入等者不可私賣，亦是入官。今一切須令本户造化，皆要精細，豈不傷園户耶？又傭力者衆，皆是貧民，既斥去無用，安知不聚爲寇盜？宜再與指揮，

〔一〕按，自此句至本條之末原作正文大字。天頭原批：「此條移前景德二年上。」今詳此文，「景德元年」以下實爲上文之注，並非另作一條。因上文載，安守忠等請「依去年新定則例筭買交引」，此段即注釋所謂「去年新定則例」。今改爲小字，則不煩移動。

〔二〕文：《補編》頁六六四作「銀」。

〔三〕欽：原作「卿」，據《補編》頁六六四改。

〔四〕乾德：原作「乾興」，據本書食貨三六之一、《群書考索》後集卷五六改。

〔五〕竹：原作「材」，據《群書考索》後集卷五六改。

〔六〕商：原作「州」，據《群書考索》後集卷五六改。

〔七〕鋪：原作「鍊」，據《群書考索》後集卷五六改。

〔八〕三年：原作「一二年」，據《群書考索》後集卷五六改。

〔九〕十之一：《群書考索》後集卷五六作「十之二」。

務令通濟。」定奪司言：「此事實所未知，今聞聖諭，方曉其事。」

四年八月，三司鹽鐵副使、司封員外郎林特遷祠部郎中，皇城使、勝州刺史劉承珪進領昭州團練使，崇儀副使、江南都大制置茶鹽、發運副使李溥遷西京作坊使，並以議茶法課程增益故也。詔曰：「茗榷之法，流弊浸深〔一〕，釐改已來，利課豐羨。既規畫之斯定，歸職分以攸宜。其定奪司公事宜令三司行遣，不得輒有改更〔二〕。」

大中祥符二年（六）〔五〕月〔三〕，三司林特等上編成《茶法條貫》，其序〔云〕。文已見「茶〔法〕雜録」〔四〕。

10 六年二月，三司言：「河北州軍入中糧斛價，自前逐處隨意增長，全無約束。近委逐處都監、監押逐旬取市實價密申，復又令承受使臣等，每入見必具隨物色實直進呈，由是便糴州軍不敢專輒增價。」帝曰：「平直物價，最爲要事。可令三司常依此提舉。」

九月，詔：「河北榷務入中布，其數至多，用爲博糴，亦所未便。自今除北界博易依舊外，悉罷之。」

七年二月〔五〕，三司言：「陝西入中糧斛，交 11 抄併多，富民折其價值，既賤市之，又復稽留，有害商旅，致入中艱阻，須有釐改，用革其弊。元定百千交抄官給十九千〔六〕，今請依市人所買例，每百千有加擡者官給十二千、無者官給十一千收市之。」帝慮奪民之利，止令權宜行之，不得著爲定式。

八年六月，上封（者）言：「商客將沿邊入中糧草交引赴京請錢，榷貨務須得交引鋪户爲保識，方許通下。其鋪户邀難客旅，減剋錢物與本務公人。請廢鋪户爲保，止令諸色人自賚通下。又沿邊所發客旅入中勘同案底，亦令直赴本務通下，監官當面開（折）〔拆〕，上簿拘管，候客旅將到交引請錢，畫時勘對合同支與。又請今後三司欲行改法，先須令本務將未給交引勘同案底申奏後，方令改法，仍告報客旅。應未改法日前其勘同案底已到務者，只依未改法時則例支給。又請約束入中糧草州軍，須管次日給俵客旅交引訖，當日内發遞勘同案底赴榷貨務通下。」詔御史中丞馮拯、翰林學士王曾同定奪利害條奏，仍三司詳定以聞。

八月，詔曰：「榷茗之規，著令已久，固計入之素定，非異端之可攻。載詳言事之人，時進單辭之説。始陳封奏，必煩述於事端；洎究指歸，多未詳於本末。自今群臣如有

〔一〕流弊：原作「抗弊」，據《宋大詔令集》卷一八三改。
〔二〕輒：原作「轍」，據《宋大詔令集》卷一八三改。
〔三〕五月：原作「六月」，按本書食貨三〇之三記於五月二十一日，《長編》卷七一同，據改。
〔四〕按，原稿此處録其序全文，被劉富曾等人挖去，今存於《補編》頁八〇八至八〇九。此序又見於本書食貨三〇之三「茶法雜録」目。
〔五〕七年二月：《長編》卷八四繫於八年二月，原注云：「《會要》『榷易』門以爲七年二月，今從《實録》，據本《志》亦有不同，當考。」
〔六〕十九：原作「九十」，據《長編》卷八四及本卷下文天禧元年二月「二十四日」條乙。

茶法便宜，當令顯拜封章，盡述條目，下有司詳議施行。況金穀細務〔一〕，非軍國事機，自合歸於職司，非朕所宜親決。今後事有陳述，不得更乞留中。敢或故違，並當勘劾。」[12]初，既變茶法，言事者以爲歲失課額，有害無利，且獨便大賈，而小商失據。或請別置官屬，專位其事。內臣藍繼宗等亦屢言其非便。帝以問輔臣，丁謂言：「臣夙知利害，願得與議者辯之。」及繼宗至，謂詢其始末，悉不能對。翌日以聞，因降是詔。

十一月，三司言：「今與三部衆官定奪入中勘同案底，檢會河北、河東便納客旅錢物支還，已有元限十日行遣，其陝西入中糧草錢物，請定限五日支還行遣。每進奏院承受得交引遞角，令當日通下，如有違慢，各行勘斷。其上交引條貫施行外，有不便合改法者，請自合改事件並從三司體量改更，旋取朝旨。」從之。

九年二月，內侍藍繼宗言：「榷貨務去年得茶交引錢百五十餘萬，比新額虧十萬。」丁謂奏曰：「遞年及新額雖少，比未改法，則利倍矣。」且言：「自祥符已後，歲及二百萬以上，八年少二十餘萬者，以六年、七年各納過幾三百萬，以是八年稍少，今年正月比去年已盈三十萬貫。由是校之，非茶法不便也。」

十月十五日，帝謂宰臣王旦曰：「茶鹽之利，欲使國計不損，民心和悅。卿等宜熟思之。」旦等曰：「緣屬邦計，欲選差官與三司共定奪，臣等參詳可否。」帝曰：「可，仍具草明述恤民之意。」翌日，下詔曰：「朕思與蒸黔，共登富壽。山澤之禁，雖有舊章；措置之宜〔二〕，慮傷厚斂。將期惠物，無憚從寬。專命朝臣，僉謀邦計，使共詳於通制，庶俯洽於群心。宜差會靈觀副使[13]翰林學士李迪、給事中權御史中丞凌策與三司同共定奪，務要茶園、鹽亭户不至辛苦，客旅便於興販，百姓得好茶鹽食用。仍送中書門下參詳以聞〔三〕。并令榷貨務告示客旅，應入中算射茶、鹽等，一依常例〔四〕，將來不得別生名目，致有疑誤虧損。蓋欲濟人，固非言利。商旅等各安乃業，以佇於樂成。有司等無棄予言，免彰於掊克，必當經久，可遂遵行。」

天禧元年二月二日，李迪等言：「客田昌於舒州太湖算茶十二萬，計其羨數又踰七萬。請下江浙制置司問狀以聞。」又請遣使秤較商茶之踰數者，計其半沒官。從之。

五日，知秦州曹瑋言：「本州商旅入中糧草交引，自來每一交引總虛實錢百千，鬻之得十二千，請於永興、鳳翔，官給錢市之。」從之。

二十四日，帝曰：「茶法行之已久，倘或難議改革，但於其中酌其尤不便於民者去之，傷於厚斂者改之，自餘如

〔一〕穀：原作「轂」，據《宋大詔令集》卷一八三改。
〔二〕天頭原批：「『宜』一作『司』。」
〔三〕詳以：原脫，據《宋大詔令集》卷一八三、本書食貨三〇之五補。
〔四〕常：原脫，據《長編》卷八八補。

舊可也。」又李迪等言：「陝西州軍入中糧草交抄〔一〕，自前官給錢十九千市之，今民間鬻之率止八九千，茶賈絶利。望官出錢三十萬貫市之，以九千爲率〔二〕，俟算茶結課，以數給還。」從之。

四月六日，三司言：「榷貨務入便錢物，取大中祥符七年收錢二百六十一萬餘貫立爲祖額，每年比較申奏。如有虧少，干係官吏等依條科罰。又在京馬料，欲許商客入中，每百千内五十千依在京折中斛斗例支還礬、鹽交引，從商客之便算射，五十千即支與新例茶交引。」並從 14 之。

八日，定奪茶鹽所言：「欲曉示客旅，如要海州新茶，依近定到入中則例，每百千數内入見錢四十千，餘六十千許以金銀、匹帛、絲綿等依時價算買，更無加饒；或入一色見錢亦聽。」從之。

二十七日，三司言：「在京修造合支材木，令陝西出産州軍斫買外，有十八萬九千二百餘條，欲令竹木務許客旅依時估入中，每貫加饒錢八十文，給與新例茶交引。」從之。

五月八日，詔李溥乘傳還本任，據詳定所條奏事經度裁酌。如無妨礙，則施行訖奏；如事有未便，則從長規畫以聞。自是茶鹽法多如舊制。十七日，又詔：沿江榷務二分耗茶，特與依舊支。帝以詔面授李溥而諭之。

七月，定奪茶鹽所請罷買陝西芻糧〔文〕〔交〕抄，别立久制，許客入中。從之。

九月九日，三司言：「江、淮南、兩浙、荆湖南北路州軍入錢及粟買末鹽，望依解鹽例給交引，付榷貨務，俟有商旅算射鹽貨，便書填姓名、州軍給付。」從之。

十三日，定奪茶鹽所言：「近爲在京商旅將陝西入中過沿江茶鹽交引至京，少人收買，慮虧損商人，有悮邊備。望於永興、鳳翔、河中府三處給見錢收買環、慶等十三處入中糧草文字。」從之。

二年正月，三司言：「在京折中倉入中斛㪷，欲權住算射江南等處末鹽交引，止令榷貨務入見錢，逐州軍支給鹽貨。」從之。

閏四月，三司請令河北沿邊榷場增錢入中大方茶貨，依舊例給交抄。從之。

十一月，三司 15 言：「陝西入中芻糧，請依河北例，每斗束量增其直〔三〕，計實錢給抄入京，以見錢買之。如願受茶貨交引，即依實錢數給之。令榷貨務並依時價納緡錢支茶，不得更用芻糧交抄貼納茶貨〔四〕。」詔每入百千增五千茶與之〔五〕，餘從其請。

三年九月，三司使李士衡言〔六〕：「京師每歲所用材

〔一〕交：原作「文」，據前文大中祥符「七年二月」條改。
〔二〕天頭原批：「『率』一作『准』。」
〔三〕其：原無，據《宋史》卷一八三《食貨志》下五補。
〔四〕交：原作「文」，據《長編》卷九二改。
〔五〕百千：原作「百十」，據《宋史》卷一八三《食貨志》下五改。
〔六〕使：原脱，據《長編》卷九四補。

木，舊令陝西州軍給錢配買，頗擾農民。請自今在京置場，許客入中，給以交引。」從之，因詔前欠官中木植錢者並除放。

四年正月，屯田員外郎楊嶠請於秦州入中商賈芻糧，就川界給見錢。從之。

六月，三司言：「六榷務積留茶貨，望令般運三百萬斤上京，五十萬斤赴海州，及將逐處榷務正茶且充耗茶給遣〔一〕。」帝令津般一百萬斤上京，所般五十萬斤赴海州，令制置司、轉運司與海州同定奪以聞，餘從其請。

五年五月，詔：「（令）〔今〕夏麥秋禾登稔，河北、陝西邊儲務要廣蓄。其以內藏庫見錢五十萬貫付三司，止得椿留引收入中糧儲交引〔二〕，自餘不得以錢充給。仍遣內殿崇班、閤門祗候李德明專領其事。」

十月，審刑院詳議官、國子博士尚霖言：「奉詔往陝西規畫入中芻糧，內有入中比元數逓年一倍已上者，望許監官書曆爲課。」從之。

乾興元年十二月，仁宗即位未改元。三司言：「準勅，詳定兵部員外郎范雍所言：『陝西沿邊州軍入納見錢及茶鹽，却出給解鹽交引，令客筭買。近點檢沿邊諸處入中下茶、鹽不少，頗亦出賣不行。兼所要見【16】錢，亦可收簇課利及近裏那撥應副〔三〕，訪聞若於沿邊入中下斛㪷，出給交抄，令往解州請鹽，必大段有客入中。況兩池鹽數積壓極多，復又減省得京中買客交抄，甚爲利便。望下沿邊環、慶、鄜、延、渭州、鎮戎軍（五）〔六〕處，並令盤筭斛㪷與鹽數，饒借利息，招誘客旅入中。』省司看詳〔四〕：『欲乞下陝府西轉運司曉示客旅，如願要請領解州鹽貨〔五〕，即據入中到斛㪷，依在市見糴賣的實價例，依見錢體例紐筭，給與交引，請領解鹽，只許依自來條貫通商地分貨賣。若或客旅願要上京請領見錢，即依元降勅命，每當實錢百貫文到京，支破見錢五貫文省收買；如不願請見錢，即支與七貫文茶交引。』雍又言：『沿邊州軍每年合銷酒米數目，亦乞許客一依在市見糴（賣）〔買〕價例入中紐筭〔六〕，支與解鹽，才候得及年計數目，晝時住入。所貴不至每年將近裏州軍稅賦折變往彼，勞擾戶民。』省司看詳：『欲乞下陝府西轉運司曉示，招誘客旅於沿邊涇、原、儀、渭、鄜、延、環、慶、秦州、保安、鎮戎軍入中造酒米數，取納下處州軍在市見糴（賣）〔買〕的實（買）〔價〕例，依見錢體例紐筭，給與交引，請領解鹽，只許依條通商地分貨賣，亦不得於不係沿邊州軍入中，請中雍所奏施行〔七〕。』」從之。

〔一〕且：原作「見」，據《補編》頁六六六改。
〔二〕留引：天頭原批：「『引』一作『別』。」疑是。
〔三〕天頭原批：「『簇』一作『發』。」
〔四〕省：原作「有」，據下文改。
〔五〕領：原脱，據《補編》頁六六六補。
〔六〕紐：原作「細」，據《補編》頁六六六改。
〔七〕天頭原批：「『中』疑誤。」按，疑當作「依」。

仁宗天聖元年正月，中書門下言：「準內降聖旨：『今知邊上諸處軍糧錢帛支贍不足，此國家大事，卿等如何擘畫，或於中書、樞密院共差三人與李諮已下同定奪茶鹽礬17稅條貫，從長施行。』今欲令劉筠、周文質、王臻、薛貽廓與三司使、副等，先具取索前後茶鹽課利錢數自來有無增虧，開析聞奏，當議相度，別行差官定奪。」從之。

二月，定奪所言：「取索前後茶鹽課利，比附到增虧數目。」詔樞密副使張士遜、參知政事呂夷簡、魯宗道與三司使、副等同共詳定。定奪所奏：「內河北州軍入納糧草物色，自來作分數支還茶貨、香藥、象牙。即今街市例各大段減落價錢，除茶貨已別作條約外，有香藥、象牙緣在京榷貨務將河北交抄並依見錢出賣價例支還實錢，其大中祥符五年後至天禧二年客旅筭請出外，每百千街市賣得錢九十四千至八十二千已來，自後漸次減落。今每百千只得四十千，比自前并今來在市官賣價例較虧官近五十千。蓋河北入納糧草物色，近年以來，本處於實價上倍添虛錢，客（入）〔人〕已獲厚利，是致將來給得交抄赴京，被興販人賤買下，請却官中實錢、香藥、象牙。兼將博買處、杭、明、廣州市舶司元破價例計筭，已見虧折官本，尚未言般運脚乘、監官公人等請受諸般支費。欲乞自今筭請香藥、象牙者，每十斤爲則，令客旅於在京榷貨務入納見錢十千，共筭請二十千香藥、象牙，取便將於在京或外處州軍販賣。仍仰榷貨務分明出給公據交付，及一面關牒商稅院，候客人將出外處破貨，即據數收納稅錢，出給公引放行。其河北舊抄自來貼納18一分見錢，仍與免納。所有將河北先入納下糧草物色虛實錢筭請者，只得依自來合支色額等第價例支給，即不得却依入納見錢體例筭射。」從之。

三年八月，中書門下言：「累據臣僚上言茶法未便，乞令客旅於邊上入納糧草，支與交引，留得在京見錢，免致般運勞費。」詔翰林侍講學士孫奭、夏竦同共詳定。既而上言，請同三司使范雍詳定。奭等言：「看詳（峽）〔陝〕西沿邊便納糧草欲且依舊外，河北入納糧草將一色見錢改作三色香、茶交引。」詔奭等再詳定如何斷絕盡錢不至虧官，及改作三色有無妨礙，具經久利害聞奏。十一月二日，奭等言：「再詳定到河北沿邊州軍城寨便糴糧草，支與香、茶、見錢三色交引，委得久遠利便。其客旅於在京榷貨務入納錢物，筭請茶貨，欲於入納實錢內金銀物帛上等第却與加饒。所有十三山場筭請茶貨，欲更不貼射，依舊於在京榷貨務及本處入納錢物筭射。及十三山場買茶，每年差使臣於山場秤盤，欲今後只委制置司鄰近差官。」並從之。

十一月，權三司使范雍言：「近據河北、陝西路轉運司狀：爲客旅知詳定茶法，疑慮別有改更，頓少入中。欲差幹事朝臣一員，計會逐路轉運副使，沿邊催促計置，擘畫招誘。」從之。

四年三月六日，三司言：「陝府西轉運司勘會：『轄下秦州所入納糧草，取客穩便指射，赴永興、鳳翔、河中府及西川嘉、邛等州請領錢數。準[19]益州轉運司牒：近就益州置官交子務，書放交子行用，往諸處交易，(其)〔甚〕爲利濟。當司相度轄下延、渭、環、慶州、鎮戎軍等五州軍最處極邊，長闕糧草。入中客旅上京請錢，難爲迴貨，兼榷貨務支却官錢不少。欲乞許客旅於前項五州軍依秦州例入納糧草，於四川益州支給見錢或交子，取客穩便請領。候有入中并計置到糧草得及三年處〔一〕，晝時住納。』又據益州路轉運司狀：『相度若依陝西轉運司前項擘劃事理，於益州支給見錢或交子，別無妨礙。若益州闕錢，當司亦自於轄下有錢處州軍支般，或支交子，經久委得穩當。』又知渭州康繼英言：『秦州每年入中到糧草萬數不少，只是招誘客旅，出給四川益州路交引，或令於嘉、邛等州取便請領鐵錢，雖虛實錢上量有利息，且不耗京師見錢，及不煩本路支撥錢帛。川中客旅將到羅帛錦綺赴秦州貨賣，其秦州不惟增添商稅，更兼入中到糧草。今欲乞於本州如秦州例，若有入中客旅情願要西川交引，亦令本州雕板支給，每一交引上比附秦州更給虛錢五七百文已來，取便令於益州或嘉、邛等州請領鐵錢，所貴極邊易爲招誘客旅。若川中客旅既來，則本州內外糧草自然豐足，不廣費京師及本路錢物，又必然倍增商稅。』省司今相度：渭州屯泊軍馬不少，支費糧草浩瀚，秦州頗同。今來康繼英所請，只許客旅於渭州一處入納糧草，如願要[20]上京請領見錢，即便依天聖元年五月改法勑命，填鑿省降交引收附，給付客人，賫執上京榷貨務請領見錢。若或願於川界請領鐵錢，即依未改法已前入中糧草支還體例，錢數依秦州入中例出給交抄，於四川益州或嘉、邛等州請領鐵錢及交子使用。如入納糧草及得三年已上支遣，即便住納。仍委陝府、益州轉運司相度經久事理申奏。」從之。是年秋，三司言：「益州路轉運司奏，秦州客人入納糧草，乞下秦州權住入中。省司欲乞依環、慶等州例，限至二月終權住入便秦州交抄。」從之。

二十七日，詔：「同詳定計置司樞密院副使張士遜、參知政事呂夷簡、魯宗道各罰一月俸，樞密直學士劉筠已下各罰銅三十斤。前三司使、右諫議大夫李諮落樞密直學士，依舊知洪州。侍講學士孫奭以下及干繫官吏等並特放。三司勾覆官勾獻依法決刺配沙門島。」並爲改更茶法、計置糧草前後數目不同，事理失當，致貨利不行故也。

七月，西上閤門使、知雄州張昭遠言：「請下轉運司，每至年終，將四榷場入中到見錢、銀、布、羊畜數目委官磨勘。」中書言：「先朝創置榷場，非獨利於貨易〔二〕，實欲南北往來，但無猜阻，乃綏懷遠俗之意也〔三〕。今若逐年磨勘，恐乖事宜。」帝曰：「昭遠之奏，不可行也。」

十月，三司言：「準勑定奪陝府西轉運使王博文等

〔一〕天頭原批：「『候』一作『俟』。」
〔二〕天頭原批：「『易』一作『物』。」
〔三〕綏：原作「緩」，據《補編》頁六六七改。

奏：『沿邊州軍客旅入納見錢請領解鹽，每席元納錢二貫六百四十文[21]足，別貼納錢一貫文足，共三貫六百四十文足。自後雖量減錢數，今體量得客旅亦爲錢數高重，盤筭不著，少有入納糧草。況解州兩池鹽若不破官錢，欲乞下陝西轉運司相度沿邊州軍，以近及遠，各於地里上定奪，每蓆量減錢數，許客人入納糧草請領解鹽，所貴邊上存得博糴入中錢帛，別作支用。又逐州並在邊遠，客旅爲價高，少有入納糧草。數内環州、保安、鎮戎軍三處並是極邊，其鎮戎軍比環州、保安軍道路稍得平穩，是以乞將環州、保安軍道路嶮惡處量減價。若依今來減定逐年鹽價，必甚有客入中。』三司相度，欲依所奏施行，其入中南鹽，即不得一例減落價錢。」從之。「環州去解州千一百二十五里[一]，先已每蓆上減錢二百文，今欲更減錢百文足；鎮戎軍去解州千一百三十里，先已每蓆上減錢百四十文，今欲更減百六十文。已上二處係極邊州軍已經減落去處，今欲更減前項價例。保安軍係極邊，元未經減落，去解州千一百七十里，比環州地里遠近、坡谷嶮阻頗同，今欲依環州例，於每蓆上量減錢四百四十文足。慶州去環州百四十里，去解州九百三十里；渭州去鎮戎軍百八十五里，去解州九百九十里；原州去鎮戎軍百七十里，去解州九百六十里；延州去保安軍百五十里，去解州九百九十里：已上四處係沿邊州軍未經減落處，今欲於每蓆(止)〔上〕各量減錢二百四十[22]文足。」

十一月，三司言：「據榷貨務申，準勅命，陝西州軍支給客人交到茶貨，每十千特添一千。乞依乾興元年勅支給茶貨，仍不加擡。」從之。

五年五月，三司言：「欲將自來入便準備糴買糧草錢加饒支還則例，令河北、河東、陝西軍監依例便將此見錢、交引，直於在京榷貨務依入納見錢筭買加饒則例，翻換交引文字，往指射去處請領。忻州、憲州、嵐州、石州、寧化軍、岢嵐軍、火山軍、保德軍八處，每十千加支三百，每貫上到京剋下潤官錢五文[二]；汾州、交城監、平定軍三處，每十千加支二百，每貫上到京剋下潤官錢五文；晉州、絳州、慈州、隰州、澤州、潞州、遼州、威勝軍八處，每十千加支百文，免剋潤官錢。」

六年十月，三司言：「望許客人中黄松材木，與茶鹽交引。」從之。

十二月二十三日，三司言：「乞監雄、霸州榷貨官自今並令河北安撫司保舉殿直以上使臣充。」從之。

七年閏二月二日，太常博士張夏言：「河北沿邊水災州軍便糴糧草[三]，内三分香藥、象牙，請權給末鹽。」詔付

[一]「環州」以下文字應仍是三司之奏，蓋前文未詳列各州減定鹽價，此處補記，今仍加引號。後文亦有類似文例。
[二]文：原作「分」，據《補編》頁六六七改。
[三]天頭原批：「『便』一作『更』。」

三司集議〔一〕，遂請其三十千者於香藥、象牙内減五千〔二〕，給以見錢。從之。

七月二十三日，詔河北州軍：「自今廂、禁軍兵士與北客偷遞違禁物色并見錢及與勾當買賣捉獲者，内禁軍從違制定，廂軍從違制失斷遣，並刺面配廣南牢城收管。」

十二月，三司言：「準傳宣：『陝西沿邊今歲稍熟，入中斛斗糧草，累曾令將茶鹽折博入中，且留 23 見錢在京，只將茶鹽招客入中。如少人入中，即添饒茶、鹽些小潤人。』省司看詳：元勑蓋爲陝西沿邊州軍地居山嶮，道路阻隘，所要糧草難以斡運，是以擘畫，依每斗束確的見賣價錢，許客入便糧草，給付客人交引，上京請領見錢。如恐客旅情願便換外處州軍見錢，或筭請茶貨、香藥、象牙、顆末鹽、白礬交引，亦取客人自便。將此見錢交引直於在京榷貨務，依入納見錢筭買加饒則〔例〕，招客納便見錢，準備諸雜支遣，即不得更作準備糴置糧草名目入便〔三〕。其錢納赴軍資庫錢帛帳内管係，充備諸新支遣。令轉運司勘會每年合銷雜支見錢，除將諸色課利充備外，據的實所欠數預先抛降與逐州、軍、監招客入便，依下項支還則例指射請領。候客旅執抄到京，各隨路分支請去處，取客穩便指射。所是合給交引内河東州軍依先降指揮，令逐州軍出給，仍依例印造書填給付外，其河北、陝西州軍即從省司依例給印，降付逐處書填入便。候客人齎抄到京，赴省投下，並令上供案正勾支還。如今後逐州、軍、監所要糴置糧草見錢，即依元降編勑，委自知州軍、同判酌量一年合銷錢數，下撥狀於軍資庫支撥，便據請到錢數月日，並於本月糧草帳内正行收附。」從之。「河北沿邊凡十四州軍寨支納見錢，依等第加饒則例支還，更不剋納頭底潤官錢，到京於在京榷貨務一文支還一文見錢。定州、廣信軍、保州、北平寨 24 四處，每十千加支七百；安肅軍、真定府二處，每十千加支六百；雄州、莫州、瀛州、順安軍、保定軍五處，每十千加支七百；乾寧軍、霸州、信安軍三處，每十千加支三百。陝西沿邊凡十一州軍入納見錢，依等第加饒則例支還，更不剋納頭底潤官錢，到京於榷貨務一文支還一文見錢。環州一處，每十千加支一千；慶州、延州、渭州、保安軍、鎮戎軍五處，每十千加支七百；鄜州、原州、儀州三處，每十千加支五百；涇州、邠州二處，每十千加支三百。河東州、軍、監入納見錢，每十千依等第加饒則例翻换，支還在京及京東、京西向南州軍見錢。并州每十千加支三百，代州每十千加支四百，一二處每貫上到京剋下潤官錢五文，依除外翻换支給京東西向南州軍見錢。麟、府州依舊例，每十千加支七百，更不剋納頭底錢，並支在京榷貨務見錢，或情願筭請細絹匹段絲綿等，並依見賣實直價例支還，即不椿定錢數筭

〔一〕三司：原作「三二」，據《補編》頁六六七改。
〔二〕天頭原批：「『遂』一作『關』。」
〔三〕置：原缺，據《補編》頁六六八補。

請。如恐客旅情願便换外處州軍見錢，或筭請茶貨、香藥、
象牙、顆末鹽、白礬交引，亦取穩便，翻换交引文字，往指射
去處請領。若客人於本處中納糧草時願要茶貨，即於抄前
批鑿，候到京，每價錢十千上更特添錢一千，兼許客旅齎逐
州軍入納糧草文鈔，直於解州筭請鹽貨。自來依此施行，
已著(輪)〔倫〕序。況緣陝西沿邊州軍糧草最處大事，省司
不敢遽行改更，慮恐客旅疑惑，不赴邊上中納糧草，别致闕
25 悮。今具從初擘畫入便支還敕命及榷貨務并解州天聖
六年一年支過見錢、茶鹽諸般交引錢數，開坐進呈。」詔依
元降指揮施行。天聖元年五月敕：定奪所奏，陝西沿邊州
軍許客津般糧草赴倉場入納，乃以逐月逐旬每斗束榷的見
賣價錢紐計貫百〔一〕，等第加饒，給付交引，到京一文支還
一文見錢。如情願便换外處州軍見錢，或筭請茶貨、香藥、
象牙、顆末鹽、白礬交引，亦取客人穩便，於在京榷貨務依
入納見錢筭買加饒則例，翻换交引文字，往指射去處請〔二〕。
又八月敕：陝西沿邊州軍道路窄狹峻惡，即不同河北州軍
水路地平，易爲般輦，令别定逐處入便糧草添饒錢數則例，
令本路轉運司依此則例招誘客旅，津般夏秋色并隔新糧草
赴倉場入納。環州一處，每十千支十二千六百；慶州一
處，每十千支十二千二百；延、渭州、保安、鎮戎軍四處，每
十千支十二千；鄜、原、儀州三處，每十千支十一千五百；
涇、邠州二處，每十千支十一千。又四年八月敕：陝西便
糴糧草，客人不願請領見錢，情願要請茶交引者，仰逐州軍
於交引收附前面書寫，候到京，依入納見錢體例支還茶貨，
每十千上特與添錢一千。又在京榷貨務及解州天聖六年
正月一日至十二月終，支過陝西沿邊州軍便糴糧草見錢、
茶鹽諸般交引錢二百四十七萬六千三百二十七貫二十六
文，折納茶税錢九十三萬一千五百七貫九百九十二文。26
客人於在京榷貨務請過見錢百五十四萬四千八百十九貫
三十四文，客人於在京榷貨務翻换請外州軍見錢并茶鹽交
引及直於解州請領鹽貨七十四萬七千四百六十三貫四百
文，客人於榷貨務翻换筭請過交引并折納茶税十六萬七千
二百八十五貫七百文，茶交引三十萬七千四百七十五貫
文，末鹽交引九萬四千三百八十八貫七百文，顆鹽交引十
一萬一千六百六十五貫二百文，便换外州軍見錢六萬六千
六百四十八貫八百文，充折茶税錢五十萬二千六百五十七
貫一百文，客人於榷貨務筭請茶交引四十八萬八千五百十
七貫二百文，陝西沿邊州軍客人情願筭請茶交引萬四千一
百三十九貫九百文，客人納下糧草，給到本州三月後來文
抄〔三〕，支給茶交引二十九萬四千六百九十八貫五百三十
四文，客人直於解州筭請過鹽七萬四千六百七十六席。

〔一〕榷：疑當作「確」。
〔二〕「請」下疑脱「領」字。
〔三〕天頭原批：「【抄】一作【字】。」

三月〔一〕，詔：「秦州據每年合要酒米麴麥，並許客旅入中，依自來本州入中軍糧白米小麥例紐筭，每交入納石斗錢數貫百，支與川界嘉、邛等州軍請見錢鐵錢。如或客旅願要筭請解鹽，即依近敕每斤作十八文足支還。」

五月十六日，三司以京師營繕，材木仰給者衆，許商人入竹木受茶以易直。從之。

十一月，三司言：「準六年九月敕〔二〕：許客旅於在京入中大豆三十萬碩，粟二十萬碩，已入中到大豆二 27 十七萬七千餘碩，粟萬五千餘碩。後來爲粟豆價高，指揮住納。今秋豆粟價賤，勘會馬料粟豆見在數無多，欲於在京折中倉許客人〔入〕中大豆三十萬碩，粟二十萬碩，一依舊例，除依時估價例，每㪷上添饒錢十文紐筭價錢。每一百貫爲則，內七十貫筭請解州顆鹽，即依在京入納見錢體例，每七百文支一貫文引；三十貫支向南州軍末鹽，即鹽上更不減價，亦無加擡。所有上件末鹽三十貫文，更於榷貨務貼納見錢三十貫文，亦依本務納見錢體例，每貫上加擡錢八十文，共六十二貫四百文，給向南末鹽交引。仰折中倉招誘客人入納新好斛㪷，書填客人姓名、斛㪷數目、時旬價例并添饒錢數、附帳月分，出給合同收附開抄。內一本倉抄給付客人，令具狀聲説乞支物色名目去處，赴省投下；餘一本收附開狀，逐日上曆，具狀繳連實封，於三司開拆司投下〔三〕發斛斗司收領，依條限行遣，送勾院支還。如此關防，必不致虛僞，仍與充在京榷貨務課例。」從之。

景祐三年五月十四日，詳定茶法所言：「檢詳天聖元年舊制，商人皆自東京榷貨務納錢，買荆南、海州榷貨務茶，每價錢百貫聽納實錢八十貫；如就本州榷貨務納錢者，每八十貫文增七貫，則荆南、海州茶貨顯是人所願買。昨自天聖四年，許令陝西路將糧草價錢交抄直從本處批畫，往彼筭買，遂致東京榷貨務更無見錢入納，隳墜舊法。今 28 請舉行天聖舊制，却令在京輸納見錢，仍比天聖元年價量減數貫，以利商旅。其陝西商人入中糧草，並勒執抄赴京請領見錢，如願筭請茶貨、香藥之類，及換外州軍見錢不等，並聽商人從便，毋得更於抄內批畫去所。」並從之。

十月十九日，詳定茶法所言：「客旅自改新法，未納見錢筭請茶貨。乞下逐處，每舊交引百貫，令客人別買新例交引一百貫三説抄，筭請香藥、象牙，下榷貨務置簿拘管，供申三司。每百貫別買新例香藥、象牙五十貫，限半年筭買了絶。」從之。

四年正月九日，命侍御史知雜姚仲孫同定茶法。詳定茶法所乞指揮榷貨務曉示客旅，今後對買茶貨，每百貫爲則，內六十貫見錢，四十貫許將金銀折納。鋪户、客人對買新例茶貨、香藥、象牙，今後並於元買分數內各減二分。其

〔一〕「三月」上，原抄有「七年」二字，整理者圈去；《補編》頁六六八抄作「二年」，亦圈去。按，前已述及天聖七年十二月事，此處或當補「八年」，俟考。
〔二〕「六年」上原空一格，據《補編》頁六六八連讀。
〔三〕下：原作「不」，據《補編》頁六六九改。

已對買、未對買茶，內五分錢香藥、象牙、茶貨，限半年筭買者，各展限三月送納。

康定元年二月二十一日，三司言：「乞從京支乳香赴京東等路，委轉運司均分於部下州軍出賣。其錢候及數目，即部押上京，充榷貨務年額。及淮南、江、浙所賣末鹽，乞委逐路轉運司選官計度於真州、(楊)〔揚〕州、漣水軍裝載，分往諸州出賣，其賣到錢亦部押上京。」從之。

慶曆五年七月十六日，知延州梁適言：「保安軍榷場，慮本軍泊諸處官員於場內博買物色，乞並以違制科罪。」從之。

六年十二月四日，權三司使張方平言：「定奪[29]保安、鎮戎軍兩榷場，每年各博買羊一萬口、牛百頭。」從之。

八年十二月，詔三司：「河北沿邊州軍客人入糧草改行四說之法，每以一百千爲率，在京支見錢二十千，香藥、象牙十五千，在外支鹽十五千，茶四十千。」初，權發遣三司鹽鐵判官董沔言：「竊以今之天下，端拱、淳化之天下，今之稅賦不加耗於前。方端拱、淳化之時，太宗北伐燕薊[一]，西討靈夏，以至真宗朝，二虜未和，用兵數十年，然猶帑藏充實，人民富庶。何以致其然哉？行三說入中之法爾。自西人擾邊，國用不足，民力大匱，得非廢三說之法也！語曰：『變而不如前，易而多所敗』者，不可不復也。請依舊行三說，以救財用困乏之弊。」於是下三司議，而舊法每百千支見錢三十千，香藥、象牙三十千，茶引四十千，至是加以向南末鹽爲四說而行之。

皇祐三年二月，詔三司：河北沿邊州軍入中糧草，復行見錢之法。初，知定州韓琦及河北都轉運司皆言河北行四說、三說之法不便，下三司詳定新議。而乃言自慶曆八年，河北沿邊始廢見錢入中，而以茶、鹽、香藥、見錢作四說，近裏州軍即依康定二年敕作三說，由是便糴州軍例增穀價，所給交抄皆是爲富室賤價收蓄，轉取厚利，以致米斗七百，甚者千錢。沿邊所入至少，而京師償價倍多。自改法以來至皇祐二年，凡得穀二百二十八萬四千七百八十九碩，草五十六萬六千四百二十[30]九束，而給錢一百九十五萬六千五百三十五貫，茶、鹽、香藥一千二百九十五萬三千八百二十一貫。緣茶、鹽、香藥民所資有限，且以榷貨務見課較之，即歲費不過五百萬貫[二]。民間既積壓不售，價日益損，而公私兩失之。其茶場交引舊法，賣百千者得錢六十五千，今止二十千；香一斤賣三千八百者，今止五六百；鹽一百八斤舊賣百千者，今止六十千。其利害灼然可見。請以河北沿邊州軍糧草從景祐三年敕，並以見錢入便[三]，其茶、鹽、香藥亦許如舊法筭買。朝廷既從其議，又以前用三說、四說，豪商大賈多蓄積以牟厚利，三司卒稽留

[一] 太：原作「神」，天頭原批：「『神』疑誤。」按此批是。據文中云端拱、淳化，則當爲太宗，據改。
[二] 天頭原批：「『費』一作『計』。」
[三] 便：原作「使」，據《補編》頁六六九改。

爲姦，至是商旅賫抄至，更不用交引户保，直令榷貨務給錢，亦不關三司諸案，以絶其弊也。

至和元年六月二十七日，詔：「雄州等處榷場薑、茶等，近來常是數少，應副不足。令三司，應雄州等處榷場合用之物，計綱起發往彼，常令有備。」

治平四年九月，神宗即位未改元。三司言：「勘會河北四榷場折博銀數，比較自前年分減少，切慮向去阻節北客，虧失課程。」詔本路提刑李希逸與轉運司、沿邊安撫官員同共相度，具經久利害以聞。

十月六日，新知潭州燕度請於三司使廳置河北榷場物貨總轄司，河北四榷場所須物貨，令省司賞給案取索定數，授諸案施行。詔三司聽催轄司專管勾，及令度支賞給案判官置簿催驗。

神宗熙寧三年六月二十五日，三司言：31「相度到雄、霸州、安肅軍三榷場，乞將合支見錢(降)〔除〕充北客盤纏等錢外，餘令筭臘茶行貨。如違，其監、專、使臣等並依透漏違禁物貨條，從違制分故失、公私科罪。」從之。

八年五月三十日〔一〕，三司使章惇言：「河北、京東鹽院失陷官錢甚多，諸路榷鹽，獨河北、京東不榷，官失歲課，其數不貲。乞差官同王子淵詣海場并出産小鹽州縣，與當職官吏并兩路轉運司相度利害以聞。」從之。其後上批：「三司，河北鹽法可速依舊，庶商人不致疑惑，虧損課額。如舊法有未便，即與河北、京東提舉鹽税司同相度，仍具去年鹽税錢數以聞。」

九年五月二日，詔：「熙州、岷州、通遠軍折博務，今後差本州通判或職官一員。」

十月二十七日，中書門下言：「據發運司榷到淮南東路合減買額鹽八十九萬六千二百四十三碩五斗九合二勺，欲依所乞施行。」從之。

十年九月十六日，尚書屯田郎中、侍御史周尹提點湖北路刑獄。先是，尹上言：「成都府路置場榷買諸州茶，盡以入官，最爲公私之害。初，李杞倡行敝法，奪民利未甚多，故爲患稍淺。及劉佐攘代其任，增息錢至倍，無他方術，惟割剥於下，而人不聊生矣。大抵在蜀則園户所苦壓其斤兩〔二〕，支錢侵其價直；在熙、秦則官價太高，而民間犯法不可禁止。又般運不逮，糜費步乘，堆積日久，風雨損爛，棄置道左，同於糞壤。兼所至不通客旅，惟資無賴小民結連群黨，持杖私販，虧失32征税，茶司認虚額，又侵盜相繼，刑罰日滋，爲數千里之害，可爲深慮。臣頃在京師，傳聞其事，既未詳盡，安敢輕議？今受命入蜀，所至體問，乃知買茶爲害甚鉅。有知彭州呂陶、知蜀州吴師孟等論奏可以參驗。往者杞、佐繼陳苛法，即信用其言，曾不畧加參

〔一〕按《長編》卷二六五繫於六月十八日戊申。
〔二〕所：原無，據《補編》頁六七〇、《長編》卷二八四補。

考；今議者條其刓蠹〔一〕，悉皆明白，未即采聽。何勇於興利，而怯於除害乎？臣願敕有司速究榷茶之弊，俯徇衆論，寬西南之慮。」又曰：「竊詳朝廷之意，未欲遽罷榷茶者〔二〕，必以熙河路買馬年計〔三〕，茶最爲急耳。但通商之後，舊來諸路茶税年額錢總二十九萬餘緡〔四〕，先已復故，即可委逐路轉運司一面管認赴熙河路外〔五〕，有見今官茶〔六〕，所在州縣堆積極多，足支數年買馬，自今商旅販秦鳳、熙河路茶，必能接續有備。臣體問廢罷改革事，皆商旅所願，望速下本路逐處根究，臣之所陳有實，即乞罷榷茶之法，許通商買賣，以安遠方。」尹還，未至都而有是命。

元豐五年五月二十一日，同提舉成都府等路茶場蒲宗閔言：「成都府路産茶州縣及利州路興元府、洋州已有榷法，今相度巴州等産茶處，亦乞用榷法。」從之。

七年十月十七日，福建路轉運副使王子京言：「建州臘茶舊立榷法，商賈冒販利甚厚。自熙寧三年官積陳茶，遂聽通商，自此茶户售客之茶甚良，官中所得唯常茶〔七〕，税錢極微，南方遺利，無過於此。乞仍舊行榷法。建州歲出茶不下三百萬斤，南劍州亦出二33十餘萬斤，欲盡買入官，度逐州軍民户多少及約鄰路民用之數計置，即官場賣，嚴立告賞，禁建州賣私末茶。乞借豐國監錢十萬緡爲本。」從之，所乞均入諸路榷賣〔八〕，委轉運司官提舉：福建王子京，兩浙許懋，江東杜偉，江西朱彥博，廣東高鑄。

哲宗元祐三年二月十一日，詔：「階州榷買所産石、土鹽，每年雖頗有息，人不以爲便。可勿復定價榷買。」先是，察訪永興等路常平免役李承之奏，乞以階州福津、將利縣界出産土、石等鹽可以置場榷買，定價出賣。至是，陝西制置解鹽司言以爲不便，故有是詔。

元符三年十二月二日，詔以都水使者魯君貺專切應副茶場水磨〔九〕。先是，閻守懃、李士京同領茶場，欲榷淮南茶，盡鬻之官〔一〇〕，歲當得三百萬緡。奏上，三省抑而不行〔一一〕。至是，三省因奏，神宗本以抑奪都城十數兼併之家〔一二〕，歲課至三十四萬緡〔一三〕，近賈種民遂增展及輔郡，人以爲病。詔增展輔郡榷茶指揮勿行，止依元豐舊法。

徽宗政和七年三月二十四日，詔：「訪聞湖北新邊辰、沅、靖州多出板木，自來客人興販，與傜人交易，爭訟引惹，

〔一〕天頭原批：「『其刓』一作『具刑』。」
〔二〕茶：原作「香」，據《補編》頁六七〇改。
〔三〕熙河：原作「西河」，據《長編》卷二八四改。
〔四〕諸：原脱，據《長編》卷二八四補。
〔五〕熙河：原作「西河」，據《長編》卷二八四改。
〔六〕「官」上原有「管」字，據《長編》卷二八四刪。
〔七〕茶：原脱，據《長編》卷三四九補。
〔八〕天頭原批：「『乞』一作『入』。」
〔九〕副：原作「付」，據本書食貨八之三四改。
〔一〇〕「榷淮」至「之官」八字，原缺，據本書食貨八之三四補。
〔一一〕「不行」至下句「因奏」八字，原缺，據本書食貨八之三四補。
〔一二〕「都城」原作「成都」，又「家」字原缺，據本書食貨八之三四改補。
〔一三〕歲課至三十四萬」七字原缺，據本書食貨八之三四補。

今後可令禁止。仰鼎澧路鈐轄與轉運兩司共指畫〔一〕，委官措置收買，赴鼎州置場出賣。許令客人出息就買，其息錢用贍邊鄙。逐旋具措置事狀申奏，即不得搔擾，抑勒生事。」

宣和二年五月三十日，詔：「今後捕獲榷貨對折失覺察之數，並將該賞日已事發之數對行比折外理賞。」（以上《永樂大典》卷二〇七一九）

〔一〕「共」前疑脱「同」字。

宋會要輯稿　食貨三七

市易 [一]

【宋會要】

[1]太祖建隆元年八月，禁商人不得齎箭笴、水銀、丹、漆等物於河東境上販易，違者重致其罪。沿邊民敢居停河東商人者，棄市。

開寶二年九月，開封府司録參軍孫嶼言：「每奉中書及本府令，勘責京畿并諸道州府論事人等。內論訟典賣物業者，或四鄰争買，以何鄰爲先；或一鄰數家，以孰家爲上？蓋格文無例，致此争端。累集左右軍莊宅牙人議定，稱凡典賣物業，先問房親；不買，次問四鄰。其鄰以東、南爲上，西、北次之。上鄰不買，遞問次鄰；四鄰俱不售，乃外召錢主。或一鄰至著兩家已上，東、西二鄰則以南爲上，南、北二鄰則以東爲上。此是京城則例。檢尋條令，並無此格。乞下法司詳定可否施行。所貴應元典賣物業者詳知次序，民止訟端[二]。」據大理寺詳定，所進事件乞頒下諸道州府，應有人户争競典賣物業，並勒依此施行。從之。

七年五月，詔曰：「官中市易，比務準平。或有愚民不遵公法，增減時價，欺罔官錢，慮彰露以自疑，必夙宵而懷懼。宜垂軫念，特議矜寬，庶知改過之方，得有自新之路。自今日已前，應有買著係省物色、偷謾官錢者，並特與免罪，不許論訴。如是有人更敢言告，以其罪罪之。若是今後買賣官物依前敢有欺謾，並准枉法贓斷，其所犯人家財物業並當没納，告事人賞錢百千。」先是，馬步軍都軍頭史圭性粗暴無識，妄[2]恣威福，嘗密令人於都市察賈人中有曾收市官物者，皆誣其欺罔，即擒以上言，往往有寘於法者。繇是廛市之間，列肆盡閉[三]，而太祖聞之，故有是詔。

太宗太平興國二年七月，詔華州先籍入陽平市木吏田宅，悉給賜其家。先是，分遣州吏市木，歲供于京師，吏爲姦隱，没官錢以鉅萬計。人有訴者，命使按之，得其實，抵罪甚衆，盡没其田宅貲財。至是而太宗憫之，故有是命。

七年八月，詔：「應劍南東西川、峽路，從前官市及織錦綺、鹿胎、透背、六銖、欹正、龜殼等，宜令諸州自今只織買綾羅、紬絹、絁布[四]、木綿等，餘悉罷去。」

九月十日，詔禁布帛不中度者，令有司察視之。

淳化二年四月，詔：「雷、化、新、白、惠、恩等州山林中

[一] 天頭原批：「春按：別本乃重出『市易』一卷，誤名『和買』，非和買文有同市易者也。」「春」者，當是廣雅書局或嘉業堂參與整理者。按此門之複文今見於《補編》頁三五二以下，又頁八七三至頁八九〇，前者無題，後者亦題作「市易」。至於「春」所云「誤名和買」之一卷，則今所未見。

[二] 訟：原作「端」，據《補編》頁三五二、八七三改。

[三] 列：原作「到」，據《補編》頁八七三改。

[四] 絁：原作「駞」，據《補編》頁三五二、八七三改。

有羣象，民能取其牙，官禁不得賣。自今許令送官，官以半價償之。有敢藏匿及私市與人者，論如法。」

五年二月，詔：「自來官中配買物色，內有元不出産去處，却分擘在彼抑配，及諸般不便，侵擾户民之事，并非理差役，州縣因循不敢條奏者，並仰三司、逐道判官及轉運使、副、知州、通判等具利害子細擘畫申奏，當議施行。」

真宗咸平元年十二月，詔府州，令直蕩族大首領鬼啜尾於金家堡置津渡，通蕃族互市。

二年七月，婺州通判崔憲言：「天下土地所産之物，官以折科、和買爲名，抑奪其價，重賦其民。乞選端士明大體者散下郡國，課其[3]有無，爲一定規式。」詔三司：「自今應有折科并和買物色，並仰體量指揮。」

四年二月，詔：「應今後差往西川使臣，更不得託彼處官吏賤價收買疋帛，仍仰嚴行止絶之。」

五年四月，詔雄州復置榷場。從知州何承矩所奏也。先是，承矩累言懇請開置，及陳得北界僞命新城都監押种堅牒，請復設榷場，以通商旅。真宗曰：「寇戎翻覆，實不可信，承矩之意，要弭邊患爾。開之如亦無損，且可其奏。」

六年正月，何承矩言：「虜寇殺斥堠軍士卒，奪馬二匹。并得虜界新城都監种文煦牒，請徙九村民以避劫掠。尋各告諭〔一〕，令爲警備。其榷場商旅見貿易不絶。」帝以手詔賜承矩曰：「守臣之意，務在綏邊。戎狄之心，蓋多背惠，往事非遠，明驗可知。但慮難於懷柔，易致反覆，汝等宜領其來意，而辨其姦詐也。」初，承矩首議建榷場，因欲謀繼好之事，帝慮其輕信弛備，因有是戒。

二月，户部言：「東西窰務闕柴薪，乞置場收市。」帝曰：「自中春後來，雨雪稍頻，薪芻方貴，窰務所闕，蓋是省司失於經度。況不是急務，若官更收市〔二〕，則都人益是不易。可令省司別作計度。」

五月，詔：「在京庫務物有備二年以上者，權停收市，俟闕少奏裁。」先是，庫務充盈，而所司利於輸送，歲有配市，四方轉置，頗爲勞擾，故命吏部侍郎陳恕裁歲計之數。及是詔下，人頗便之。

七(月)〔日〕〔三〕，罷雄州榷場。時虜數寇邊，或言諜者以互市爲名，公行偵伺，故廢之。

[4]十一日，詔府州：「許唐龍鎮民往來市易，常加存撫。」時本鎮有往府州互市者，州之蕃漢邀殺之，奪其貲畜，鎮主遣人詣闕上訴，故有是詔。

十一月五日，帝謂宰臣曰：「江南、淮南、兩浙州軍配市紬絹〔四〕，如聞其價翔貴，恐損於民，並令蠲免。」

二十三日，罷河東孳生羊務〔五〕。先是，轉運司奏置，

〔一〕各：原作「告」，據《補編》頁三五三、頁八七三改。
〔二〕收：原作「取」，據上文改。
〔三〕七日：原作「七月」，據《補編》頁三五三、八七四及《長編》卷五四改。
〔四〕紬：原作「納」，據《補編》頁三五四、八七四改。
〔五〕河東：原作「河南」，據《補編》頁三五四、八七四及《長編》卷五五改。

而羊市於民，其死者令民償之。帝聞其勞擾，故罷焉。

景德二年正月，詔雄州：「如北界商人齎物貨求互市者，且與交易，諭以自今宜令北界官司移牒，俟奏聞，遣人就山和市，無得抑配。」

二月，有司言每歲諸道市紬絹百餘萬匹上供。詔蠲三分之一。

十月十三日，詔：「東京畿内和買芻稾，比市價已令優給，宜更增其直。」

十八日，命太常博士皇甫選、太常丞晁正諒、殿中丞嚴（潁）〔穎〕、李道、太子中允盧幹，分詣府界諸縣和買稈草。從三司之請也。時經夏久雨，京畿稾税例多蠲復，至是令諭旨於民而和市之，選等人賜錢三萬以遣焉。

四年十月，詔滑、曹、許、鄭等州所納芻稾，並輸本州，不須至京。先是，近輔諸州歲以芻稾輸京師，至是年穀屢稔，輦下物價甚賤，畿内和市已及七百萬圍，故有是命。

大中祥符元年七月，免濮州和市茜草，仍詔三司市物非土地所宜者悉罷。

二年九月，帝曰：「雜買務累曾制置，貴在不擾於人，尚聞有箠笴微物，有司以茶準折其價。可令丁謂規畫，以錢給之。」

三年閏二月，河北轉運[5]使李士衡言：「本路歲給諸軍帛七十萬，民間罕有緡錢，常預假於豪民，出倍稱之息。及期，則輸賦之外，先償逋負，以是工機之利愈薄。請令官司預給帛錢，俾及時輸送，則民獲利，而官亦足用。」從之，仍令優給其直。

三月，監察御史寇玹言〔一〕：「在京市肆所賣銀器之屬，多雜以銅，蓋自來失於條約，致廂巡得以通容。欲乞特降敕命下開封府，令諸廂界嚴切覺察斷絕。許諸色人告捉人官，勒行人看驗，詣寔分數，比紐虧價贓錢，本犯人乞依律計利，準盜論科斷。其行濫之物没官，估計價錢，支一半與告捉事人充賞。内有工匠受雇與人造作，鑄瀉添和，偷取好銀，據驗到入銅兩數，並乞依犯科斷。仍許銀主告捉。如偷取贓重，自從竊盜法區分。所有行鋪自前打造下次銀物色，與限一月内烹鍊好銀，限滿不改變者，並許告捉施行。」從之。

七月，詔三司市木以茶酬直者，自今悉給緡錢。

八月，（詔）皇城司言：察知京城市肆以諸軍賜冬服縣帛，其用錢貿易，不依宣命條約，每百不盈七十四五，有雖稱省陌由貫，除錢三十。帝曰：「此可諭周起，令府司申明約束。」又曰：「諸軍有營在京城外者，日赴教習，何暇貿易也，可特給假三數日。」

四年六月，知澧州劉仁霸言：「本州沿溪洞出産黄連〔二〕、黄蠟，價賤而易得，省司所要上供數目多不依時預

〔一〕玹：原作「⿰王亥」，據《補編》頁三五四、八七四、《長編》卷七八改。
〔二〕州沿：原作「路汾」，據《補編》頁三五四、八七四改。

行指揮,致成勞擾,乞行條約。」從之。

十一月,知河南府馮拯言:「官市芻稾,望[6]增給其直。」樞密陳堯叟曰:「增價以市,不若徙馬佗所。京師馬舊留二萬,今留七千,自餘悉付外監。仍欲於七千之中,更以四千付淳澤監,可省輦下芻秣之費。」帝然之。

五年八(日)〔月〕[一],詔雜買場市物,並令給錢以便民。先是,收市應用之物尚有折支茶,小民難於分給,故有是命。

九月,詔京東、河北諸州民以大小麥折納預請和市絹錢,宜免其倉耗及頭子錢。

十二月六日,帝謂宰臣王旦等曰:「民間乏炭,其價甚貴,每秤可及二百文。雖開封府不住條約,其如販夫求利,唯務增長。宜令三司出炭四十萬,減半價鬻與貧民。如此,非惟抑其高價,寔且濟得人民。」

十一日,帝謂王旦等曰:「官場賣炭,人頗擁併,至有踐死者,已令張旻等差軍員、兵士分往逐場攔約。其踐死之家仍支與緡錢,無親族者官爲埋瘞。將來令三司別擘畫炭五十七萬,如常平倉斛斗封樁,遇炭貴,減價貨之,即京師炭價常賤矣。」

六年正月,三司言:「乞在京置場收買炭貨,準備來春減價貨賣,以惠貧民。」帝曰:「今歲民間闕炭,朕尋令使臣於新城內外減價,置場貨賣四十萬秤,頗濟貧民。今若自夏秋收買,必恐民間增錢,少人興販。宜令三司於年支外別計度五十萬秤般載赴京,以備濟民。」

八年十月,三司言:「乞差使臣輦匹帛於京西、河東、陝西,令置場出賣。」王旦等曰:「皆民間所要之物,但三司少損其直,則無不售者。」帝曰:「昨日已[7]指揮,如支撥,但舉大數與之,逐色價直,即委出賣處官吏。」旦曰:「馬元方昨日奏,所交匹帛誠如聖旨,果有以段爲匹者。」帝謂旦等曰:「然皆官物所相較者,蓋內藏庫支撥之時,與三司約云,成匹者填還,成段者任用。朕必知其點閱未精。蓋元方輕許之也。」旦等曰:「國家支用名件至多,物帛短長無不可者。如軍裝袍袴之類,皆可隨材製作,須有司多作經度。或令諸司職掌工作之人各具所陳,許以獎賞,則大有入用處。《周官》幣餘之賦,正爲如此等物,尤是輦轂之下,靡所不集。丁謂常言,在省日有負販者預入三百或二百千,爭市瑕頭油幕之類。詰之,皆有變易,而鬻之有利。但須監官得人,則均而少弊。」帝又謂(曰)旦等:「數日前覽雜買場奏,專典與坐販者通同出物,大有隱欺剩利,則知幣餘無棄物,而小民獲利之多也。」

十二月,詔三司以炭十萬秤減價出賣,以濟貧民,仍命內臣藍繼宗專司其事。自是蓄藏薪炭之家無以邀致厚利,而小民獲濟焉。

九年八月,詔曰:「近頒詔旨,多是蠲除,或尚軫於疢

[一] 八月:原作「八日」,據《補編》頁三五五、八七五改。

懷，故無忘於優惠。其今年和買草並全住。」先是，宰臣因對奏曰：「近者屢降恩詔，中外感悦，或聞和市稈草，已隨税分數蠲免，所餘無幾。」三司亦有準擬。帝曰：「可悉免之。」故有是命。

天禧元年三月，以京十四場糶米，令每場日加至百碩，其勾當使臣有不任職者，令提舉司具名以聞。

四月，知濮州侯自[8]成言：「本州富民儲蓄斛斗不少[一]，近來不住增其價直。乞差使臣與通判點檢逐户數目，量留一年支費外，依祥符八年秋時每斗上收錢十五文省，盡令出糶，以濟貧民。」詔只依前後敕旨勸誘出糶。

七月，三司言：「乞依常年例，於開封府界體量取買稈草千餘萬束。」帝以螟蝗爲害，慮煩民力，令中書、樞密院議其可否。向敏中等曰：「國家監牧中馬數比先朝倍多，廣費芻粟。若令羣牧司相度分減，或許出賣，散在民間，緩急取之，猶外廄耳。」王欽若曰：「如敏中等論[二]，寔爲利濟。往年已曾如此商議，蓋所見各異，妄興沮議，遂寢其事。今既詢謀僉同，臣請別具奏條。」帝然之。

二年三月，鄆州言：「准敕：收買紬絹，不得抑配人户，如願預請錢者聽。今來春澤霑足，農民種蒔，咸願預請錢收市種糧，以濟貧乏。州軍無錢，今以糴斛斗錢四千貫給外，闕錢萬貫，望令三司速作般運赴州。」從之。

四月，白波發運司判官王真言：「上供材植及諸埽岸椿橛，欲望隔年下陝西州軍和市，編排爲栰，候春水或霜降水落之際，由三門入汴。」詔送三司詳定以聞。

十月，詔：「河東沿邊州軍自今民有私過北界，只是博糴斛斗，收買皮裘及諸般些小喫用物色，情理輕者，則依法決訖刺面，配五百里外州軍本城收管。」先是，上封者言：「河東民有與北界市易者，斷訖悉移隸淮南州軍。其中有理非切害，望差降其罪。」故有是詔。

三年[9]十二月，三司言：「望下逐路轉運司，依例預支價錢收買紬絹。」從之。

四年二月，詔：「諸州合要黄糯米造酒及紅花、紫草等，並逐時置場收市。如急須者，止得於中等已上物力户上量行均買，勿得抑配貧民。」

乾興元年五月，詔：「溪洞下溪州教練使田遂等自京進奉回至辰州日，池鎮務點檢有金漆銀裝椅子一隻，稱是本州刺史彭儒猛令裝造。宜令開封府嚴行指揮在京行鋪商販人，自今不得與外道進奉人員并溪洞蠻人製造違越制度器用，及買賣禁榷物色，夾帶將歸本道。許人陳告，並當決配。」

六月，詔：「在京都商税院并南河北市告示客旅等，自今後如將到行貨物色，並須只以一色見錢買賣，交相分付。如有大段行貨須至賒賣與人者，即買主量行貨多少，召有

[一] 蓄：原作「畜」，據《補編》頁八七六改。
[二] 敏中：原倒，據上文及《補編》頁八七六乙。

家活物力人户三五人以上遞相委保，寫立期限文字交還。如違限，別無抵當，只委保人同共填還。若或客旅不切依稟，只令賒買人寫立欠錢文字，別無有家業人委保，官中今後更不行理會。若是內有連保人別無家活，虚作有物力，與店户、牙人等通同矇昧客旅，誑賺保買物色，不還價錢，並乞嚴行決配〔一〕。」

仁宗天聖二年四月，工部侍郎知池州李虛己、都官員外郎張畢等言〔二〕：「伏覩天下州縣每年春初預先支官錢和買紬絹，頗聞煩擾，乞降敕不得更行均配。」帝令三司下諸路轉運司，今後預支紬絹價錢，並取人户情願，[10]其不出産州軍，不得一例抑配，仍具施行訖聞奏。

四年正月，亳州言：「乞將在城倉并諸縣見管斛斗，依在市時價預支俵與人户，充和買紬絹價錢。」帝可其奏，仍令三司指揮轉運司，如本州少闕斛斗，即仰般移應副，不管悮闕。

九月，度支員外郎梁顔言：「廣南上供錢數，乞只令本處置場和買金、銀、香、藥。」詔送三司相度聞奏。

十月三日，司農少卿李湘言：「河中府每年收買上京諸般紙約百餘萬，欲乞今後於河南出産州軍收買。」詔送三司相度均減聞奏。

二十七日，陝府西路轉運使杜詹言〔三〕：「欲乞指揮磁、相等州所出石炭，今後除官中支賣外，許令民間任便收買販易。」從之。

五年四月，三司〔言〕：「知益州薛奎言：『川界諸州軍監鹽酒場務，並是衙前公人買撲勾當，其年額錢內有分數折變送納，紬絹每匹六千五百，鋌銀每兩五貫五百〔四〕。緣諸州元無出銀坑冶，自來准望客人將川中匹帛往內地州軍破賣，收買到銀送納。今緣益州街市銀每兩見賣小鐵錢二十千足，若將比附鹽、酒折變，約是增長三倍以來。及問得添長因依，蓋爲客人在內地興販鋌銀入川，須經興、利、三泉縣三處官場，每十兩抽買一兩，每兩支小鐵錢十一貫三百文足，因茲客旅更有一重銷折艱難，致鋌銀得到川中價例增長。又勾當場務公人就大價收買，趁限送納，甚是不易。欲乞指揮利州路轉運司，興、利州、三泉縣住[11]行抽買鋌銀，却將逐年買銀錢收買紬絹上京送納。』省司相度，欲依所請施行。」從之。

十一月六日，三司言：「司封員外郎王湛言：『廣南西路每年上供錢八萬貫，近令收買銀貨上京。至年終，如有支買不盡錢，般運上京。蓋緣自遠州用小船般運至桂州後，合成綱運，逐次別差綱官、舟船、人丁，牽駕艱阻，動乃

〔一〕並乞：似當作「並當」、「並仰」之類，或「乞」字衍，因此條爲詔文，不當用「乞」字。
〔二〕張畢：《補編》頁三五六、八七七作「張異」。
〔三〕府：原作「州」，據《補編》頁八七七改。
〔四〕銀每：原缺，據《補編》頁八七七補。

數月〔一〕，方得至全、永州交納。彼中又別差人船，至過重湖、江淮，方得到京。欲乞許令在京榷貨務明出榜示，諸色人有見錢據納下，於廣南西路除融、宜、邕、欽、廉等五州外，任便於諸州指射請領，與免請到錢商稅。』省司今詳定：欲依王湛所請事理，乞降敕命下廣南西路轉運司，自天聖六年後，於年額錢八萬貫文收買銀貨上京送納外，據餘剩錢數令逐州軍准備支還客旅在京納下錢，仍約度年内合使過買銀錢數外有餘剩錢數，開坐寔封申省，以憑行下在京榷貨務出榜曉示客旅入錢，便與免請到錢商稅，并下本務，旋具納到客錢收附文狀供申。仍才候納及元降錢足，畫時分析申省。」從之。

十六日，詔：「應三司逐年於諸州軍科買物色，訪聞甚是勞擾。仰三司速具逐年科買諸般物色名件，開坐數目及作何準備使用，具委無漏落結罪文狀申奏，當議特差近上臣僚與三司詳定蠲減。如將來除詳定名件外，非次合要物色，並須奏候敕命，方得行下諸處。」

六年八月，審刑院、大理寺言：12「樞密副使姜遵言：『前知永興軍，切見陝西諸州縣豪富之家多務侵併窮民莊宅，惟以債負累積，立作倚當文憑，不踰年載之間，早已本利停對，便收折所倚物業爲主。縱有披訴，又緣《農田敕》内許令倚當，官中須從私約處分。欲乞應諸處人户田宅凡有交關，並須正行典賣，明立契書，即時交割錢業，更不得立定月利，倚當取錢。所貴稍抑富民，漸蘇疲俗。其自來將莊宅行利倚當未及倍利者，許令經官申理，只將元錢收贖，利錢更不治問。如日前已將所倚産業折過，不曾争理，更不施行。』寺司衆官參詳，乞依所請施行，只衝改《農田敕》内許倚當田土宅舍條貫，更不行用。」並從之。

（九年四月）〔九月四日〕〔二〕，三司户部判官張保雍言：「今後在京科買諸般物色，乞只留二年准備，免致積壓損爛。」從之。

八年三月，開封府言：「京城浩穰，鄉莊人户般載到柴草入城貨賣不少，多被在京官私牙人出城接買，預先商量作定價例，量與些小定錢收買。本主不期，却被牙人令牽拽車牛輾轉貨賣，更於元商量價錢外剩取錢數；稍似貨賣未盡，又更於元數柴草内誑稱斤兩輕少，減落價錢，住滯人户車牛，枉費盤纏。府司雖曾出榜曉示鈐轄，終未斷絶。欲乞特降指揮止絶，如有違犯，並乞重行斷遣。所賣柴草任從人户自便貨賣，及令厢巡人等常切覺察收捉，送官勘斷，所貴遵稟。」從之。

九年十一月六日，詔：「三司科買物13色，自今須本路轉運使按出産州軍均配，無得直下諸州。」

景祐二年十月十七日，三司詳定諸路上件年額錢内，除淮南五萬貫、兩浙五萬五千貫、荆湖北路五萬貫依舊每

〔一〕月：原作「日」，據《補編》頁三五七改。
〔二〕九月四日：原作「九年四月」，據《補編》頁三五八、八七八改。

年上供外，江南東路五萬貫，内一萬貫買綿，四萬貫買紬絹或銀；福建路十萬，西路八萬〔一〕，並買銀。逐路轉運司自景祐三年後上供送納。詔從之，所買物依自來價例，不得虧民。

慶曆三年正月，三司言：「在京營繕歲用材木凡三十萬〔二〕，請下陝西轉運司收市之。」詔減三分之一，仍令官自遣人就山和市，無得抑配於人。

皇祐四年十月，詔三司：「凡歲下諸路科調，若不先期而暴率之，則恐物價翔貴而重傷民也。其約民力所堪，預令輸辦〔三〕。若府庫有備，則勿復收市。」

五年六月，詔：「廣南西路夏税布舊例每匹折錢二百，如聞本路擅減其價，重困於民，宜復其價如故。」以上《國朝會要》。

神宗熙寧三年二月二十八日，京東轉運司言：「准朝旨問去歲依榜和買紬絹〔四〕，多拋數目於人户上配散，每錢一千買絹一匹，後來却令買絹并税絹每匹納錢一千五百，又於等第一例配俵粟豆錢一次，令具析所行事件聞奏。本司今具析到所行事理，緣本司所散粟豆錢只是要濟接民用，兼只召人户情願取要，即不是等第一例須行配俵。」詔：「已行常平倉新法，今後更不得支俵粟豆錢。其支散内藏庫別額紬絹錢五十萬貫，候納到【14】本錢，即撥北京封樁，所收息錢於内藏庫送納。」

五年三月二十六日，詔曰：「天下商旅物貨至京，多爲兼并之家所困。往往折閲失業，至於行鋪、裨販，亦爲較固取利，致多窮窘。宜出内藏庫錢帛，選官於京師置市易務，商旅物貨滯於民而不售者官爲收買，隨抵當物力多少均分賒請，立限納錢出息。其條約委三司本司官詳定以聞。」先是，同管勾秦鳳路經畧機宜文字王韶言：「沿邊州郡惟秦鳳一路與西蕃諸國連接，蕃中物貨四流，而歸於我者歲不知幾百千萬，而商旅之利，盡歸民間。欲於本路置市易司，借官錢爲本，稍籠商賈之利，即一歲之入，亦不下一二十萬貫。」呂公弼亦言：「秦州蕃商以行鋪賒物貨，多滯留耗失。」王安石欲令推市易新法行之，吳充恐遠近人情不同也。上曰：「官爲出錢市之。」復令坐賈量出息以賒價入官。蕃商既得早售，坐賈亦無所費，官又收息，此事所以爲便也。由是用韶議，令將本司見管西川交子差人往彼轉易，赴沿邊置場。既而有魏繼宗者自稱草澤，上言：「京師百貨所居，市無常價，貴賤相傾，或倍本數，富人大姓皆得乘伺緩急，擅開闔斂散之權〔五〕，取數倍之息。今榷貨務自近歲以來〔六〕，錢貨寔多餘積，而典領之官但拘常制，不務

〔一〕「西路」上當脱「江南」二字。
〔二〕京：原脱，據《補編》頁三五八、八七八、《長編》卷一三九補。
〔三〕輸辦：原作「鋪辨」，據《長編》卷一七三改。
〔四〕天頭原批：「『榜』一作『傍』。」
〔五〕權：原作「榷」，據《長編》卷二三一改。
〔六〕以：原脱，據《長編》卷二三一補。

以變易平均爲事。宜假所積錢別置常平市易司，擇通材之官以任其責，仍求良賈爲之輔，使審知市物之貴賤〔一〕，賤則少增價取之〔二〕，令不至15於害商；貴則少損出之，令不至於害民。因得取餘息以給公上，則開闔斂散之權不移於富民，國用以足矣。」於是中書奏：「欲在京置市易務，監官二員，提舉官一員，勾當公事官一員。以地產爲抵，官貸之錢，貨之滯於民者爲平價以收之，一年出息二分，皆取其願。其諸司科配，州縣官私煩擾，民被其害〔者〕，悉罷之。並於市易計置，許召在京諸行鋪戶牙人充本務行人、牙人，內行人令供通己所有或借它人產業金銀充抵當，五人以上爲一保。遇有客人物貨出賣不行願賣入官者，許至務中投賣，勾行、牙人與客人平其價，據行人所要物數先支錢買之。如願折博官物者，仍聽以抵當物力多少，許令均分賒請，相度立一限或兩限送納價錢。若半年納即出息一分，一年納即出息二分。以上並不得抑勒。若非行人見要物，而寔可以收蓄變轉，亦委官司折博收買，隨時估出賣，不得過取利息。其三司諸司庫務年計物若比在外科買，省官私煩費，即亦一就收買。」故有是詔。

二十七日，詔：「三司戶部判官呂嘉問提舉在京市易務，仍賜內藏庫錢一百萬緡爲市易本錢，其餘合用交鈔及折博物，令三司應副。」

七月十七日，鎮洮軍置市易司，賜錢帛五十萬。

六年正月七日，樞密使文彥博言：「臣近言市易司遣官監賣果寔，京邑翼翼，四方取則，魏闕之下，治象所觀，今令官作賈區，公取牙儈之利，古所謂理財正16辭者，豈若是乎？」初，王韶建議於古渭置市易，馮京言其不便，彥博助之曰：「官中更爲販賣事，誠不便。」王安石曰：「且不論古事，止以今公使皆販賣〔三〕，人無以爲不便，何也？」彥博又言：「市易司召元瓘指使〔四〕，乃是還俗僧，甚無行。」安石曰：「市易司募指使，何由盡得篤行君子？苟有無行之人，亦未害。」至是又白上曰：「陛下近歲放百姓貸糧至二百萬，支十斗全糧給軍，一歲增費亦計數十萬緡，以至添選人俸、增吏祿、給押綱使臣費，又百萬緡。天下愚智孰不以此知陛下不殖貨利，豈有所費如此，而乃於果寔收數千緡息以規利者？」上曰〔五〕：「市易賣果寔太煩細，罷之如何？」安石曰：「市易司但以細民上爲官司科買所困，下爲兼并取息所苦，故自投狀，乞借官錢出息行倉法，供納官果寔。自立法以來，販者比舊皆得見錢，行人比舊所費十減八九，官中又得美寔。每年行人爲供官不給，輒走失數家，

〔一〕使審知市物之貴賤：原作「使審知市易物之賤」，據《長編》卷二三一改補。
〔二〕賤：原脱，據《長編》卷二三一補。
〔三〕使：原作「私」，據《補編》頁八八〇、《長編》卷二二四改。
〔四〕司：原作「向」，據《長編》卷二二四改。
〔五〕按，以下一段，《長編》卷二四〇繫於熙寧五年十一月十二日丁巳，原注云：「此段朱史（按指紹聖所修《神宗實録》）乃繫之六年正月七日，今仍附本日。」

每糾一人入行，又輒詞訟不已。今乃願投行人，則其爲官私便利可知。止是此等貧無抵當，故本務差人逐日收受官錢，初未嘗官賣果寔也。陛下謂其煩細，以爲有傷國體，臣竊謂不然。今設官監酒，一升亦沽，設官監商税〔一〕，一錢亦税，豈非細碎？而人習見，未有非之者。蓋自三代之法，《周官》固已征商，然不云須幾錢以上乃征之。泉府之法，市之不售、貨之滯於民用者，以其價買之以待買者，亦不言幾錢以上乃買。又珍異有滯者，17 斂而入于膳府，膳府供王膳，乃取市物之滯者。周公制法如此，不以煩細爲恥者，細大並舉，乃爲政體。但當論所立法有害與否，不當爲其細而廢也。市易務勾當官乃取賈人爲之，固爲其所事煩細也〔二〕，豈可責其不爲大人之事乎？」上曰：「比日所買果寔，比舊寔佳，行人亦極利，但素貧弊，與除放息錢無害。」安石曰：「行人比舊已少蘇，何須放息錢？見今商税所取，固有至貧乏爲税務所困者〔三〕，亦合爲之蠲除矣。今諸司吏禄極不足，乃令乞覓爲生，今若以所收息錢盡給，何善如之！摧兼并〔四〕，收其贏餘以興功利，以捄艱阨，乃先王政事，不名爲好利也。」

二十三日，詔在京市易務勾當公事孫迪同兩浙、淮南東路轉運司制置杭州、楚州市易務利害以聞〔五〕。

三月三日，詔提點秦鳳等路刑獄張穆之與熙州官吏制置市易條約以聞。

四月七〔月〕〔日〕〔六〕，詔提舉在京市易務及開封府司録司同詳定諸行利害。

十月一日，提舉在京市易務言：「市易上界先借内藏庫本錢百萬緡，乞三年還。」從之，仍以今年當撥錢三十萬緡借爲杭州市易務本。

二日，改提舉在京市易務爲都提舉市易司，應諸州市易務隸焉。

十二月七日，給度僧牒二千付都提舉市易司，募人入錢爲秦鳳路轉運司糴本。

二十四日，詔命梓夔路察訪司准備差遣蒲宗閔、新知温州永嘉縣沈逵，同成都府路轉運司相度成都府置市易務利害 18 以聞。初〔七〕，上論及成都市易，馮京曰：「曩時西川因榷貨物，致王小波之亂，今頗以市易爲言。臣檢《寔録》，寔有此説。」王安石曰：「王小波自以飢民衆不爲官司所恤，遂相聚爲盜，而史官乃歸咎般取蜀物上供而致然，不知般孟氏府庫物以上供，於飢民有何利害？願乞陛下勿

〔一〕設官：原無，據《長編》卷二四〇補。
〔二〕固：原作「因」，據《補編》頁八八〇、《長編》卷二四〇改。
〔三〕固：原作「因」，據《補編》頁八八一、《長編》卷二四〇改。
〔四〕摧：原作「榷」，據《長編》卷二四〇改。
〔五〕楚州：原脱，據《長編》卷二四二補。
〔六〕七日：原作「七月」，據《補編》頁八八一改。
〔七〕按，《長編》卷二四九載以下事於熙寧七年正月癸亥條，原注云：「馮京云云見《日録》《七年》二月二十三日，朱史乃附見去年十二月二十四日，誤也。」按《會要》據朱史，並云「初」，誤。

疑，臣保市易必不能致蜀人爲變也。」上欲詳盡其事，故命宗閔等往焉。

二十七日，詔：「市易司市例錢除量留支用外，並送抵當所，出息以給吏祿，隸都提舉市易司，仍令幹當公事官二員專檢估。」

七年正月十九日，知大名府韓絳言〔一〕：「本路安撫司累歲封樁紬絹，或致陳腐，乞下轉運司用新紬絹或錢銀對易，或依市易法令民户入抵出息〔二〕。其餘經畧安撫司封樁物〔三〕，亦乞依此。」從之。

二十四日，遣三司勾當公事李杞相度成都府置市易務利害。

二月十二日，知熙州王韶言：「通遠軍自置市易司以來，收息本錢五十七萬餘緡，乞下三司根磨，推獎官吏。」從之。

二十九日〔四〕，都提舉市易司言：「近遣試將作監主簿劉默相度置市易務於成都府路，乞借三司銀十萬買茶。」從之。

三月二十五日，詔權三司使曾布同呂惠卿根究市易務不便事〔五〕，詣實以聞。先是，夜降手詔付布曰：「聞市易務日近收買物貨〔六〕，有違朝廷置法本意，頗妨細民經營，衆言喧嘩，不以爲便，致有出不遜語者。卿必知之，可詳具聞奏。」至是布言：「問得提舉市易司指使魏繼 19 宗稱：市易務近日以來，主者多收息以干賞，凡商旅所有，必賣於市易，或非市肆所無〔七〕，必買於市易，而本務率皆賤以買，貴以賣，廣收贏餘。誠如此言，則是挾官府而爲兼并之事也。」故令布等究寔。

四月三日，中書奏事。時上論及市易利害，且曰：「朝廷所以設此，本欲爲平準之法以便民，《周官》泉府之事是也。今正爾相反，使中、下之民如此失業，不可不修完其法也。已差韓維、孫永參問行人出錢免行利害，可令元詳定官呂嘉問、吳安持同取問。」

八日，中書奏事。時上論及市易事，參知政事馮京曰：「開封祥符縣給散民錢，有出息、抵當、銀絹、米麥、緩急、喪葬之目〔八〕，如此七八種，小民無知，但見官中給錢，無不願請，積累數多〔九〕，寔艱送納。」上曰：「豈惟如此！天下之民所納二税至有十七八種者，使吾民安得泰然也？」

十九日，詔：「監楚州市易務、秘書省著作佐郎王景彰

〔一〕知：原脱，據《長編》卷二四九補。
〔二〕户入：原作「人」，據《長編》卷二四九改補。
〔三〕「畧」原作「累」，「物」原無，據《長編》卷二四九改補。
〔四〕按，《長編》卷二五一繫於三月四日辛丑。
〔五〕權：原作「権」，據《長編》卷二五一改。
〔六〕務：原脱，據《長編》卷二五一補。
〔七〕非：原脱，據《長編》卷二五一補。
〔八〕目：原作「日」，據《長編》卷二五二改。
〔九〕積：原作「續」，據《補編》頁八八二、《長編》卷二五二改。

追兩官勒停，并劾干繫官吏，命官具案聞奏，其違法所納息錢給還。仍下杭州、廣州市易務勘會違法事，許令自首改正。」以淮南東路轉運副使、提舉楚州市易司蔣之奇奏，景彰違法榷買商人物貨，及虚作中糴入務〔一〕，立詭名糴之，白納息錢，謂之乾息。又勒商販不得往他郡，多爲留難以沮抑之。上初令劾之，既而又謂輔臣曰：「景彰違法害人，事狀灼然，若不即行遣，更俟劾罪，必是遷延，無以明朝廷元立法之意，使百姓曉然開釋，無所歸咎。可速斷[20]遣，庶使小人有所忌憚。」故有是命。

二十三日，上批：「見根究市易司，可催促結絶。」吕惠卿言：「近與曾布同根究市易事，其間雖有異同，已見利害大情〔二〕，及有無違法。臣蒙恩命，見辭免，難同根究，乞令中書盡取公案，以異同情節逐一比對進呈〔三〕。」詔應根究文字，盡納中書。

二十九日〔四〕，詔三司勾當公事李杞等罷相度成都府置市易務，止具經畫買茶於秦鳳、熙河路博買利害以聞。其後成都路轉運司議亦以爲便，從之。

五月二日，上批：「市易務遣人往諸路販易，可問何年月日指揮許令如此。」執政進呈，不行。按《御集》云進呈訖，即是無行遣也。比因四月十七日曾布言販茶鹽鈔事，故有此問，卒無行遣，應是吕惠卿爲吕嘉問蔽匿其事耳〔五〕。

二十四日，詔曾布根究市易違法事，令章惇、曾孝寬就軍器監置司根究以聞。先是，布屢聞手詔，以市易苛細，詰責中書，遂辟市易使臣魏繼宗爲察訪司指使，及領三司屬官。有以嘉問驕慢爲布言，前三司使薛向於嘉問未嘗敢校曲直，犯市易者一切繩治。布欲改更，會有手詔訪布，布以問繼宗。繼宗乃詆市易主者掊克，不如初議。布携繼宗見王安石。安石責繼宗曰：「事誠如此，何故未嘗以告我。」繼宗曰：「提舉朝夕在相公左右，何敢及此！」提舉謂嘉問也。布既奏聞，上喜曰：「必欲推究，見其寔狀，非卿不可。」以奏付中書。明日，差吕惠卿同根究。或爲布言：「嘉問已呼胥吏[21]取案還私家，故隱藏更改。」布奏請出榜市里〔六〕，厚募告者。得旨，即榜嘉問所居，不關中書覆奏。居兩日，惠卿至三司，訊行人，無異詞。退，以繼宗還官舍，詰問布辟繼宗所以〔七〕，及問市易害民之狀。繼宗密以告布，嘉問亦訴於安石。會中書以布初得旨不關中書覆奏白上，得旨收布所出榜。布欲避惠卿，乞别選官根究，具行人所訴對延和殿。上見布，因言薛向編管無罪茶牙人事。上嗟惻久之，曰：「朕當時失於詳究，便令依奏。」布又言：

〔一〕糴：原作「羅」，據《長編》卷二五二、《宋史》卷一八六《食貨志》下八改。
〔二〕見：原作「具」，據《長編》卷二五二改。
〔三〕比：原作「批」，據《長編》卷二五二改。
〔四〕按，《長編》卷二五二繫於四月五日壬申。
〔五〕吕惠卿爲：原脱，據《長編》卷二五三補。
〔六〕天頭原批：「『市』一作『示』。」
〔七〕詰：原作「詣」，據《長編》卷二五一改。

三司枉徇市易，決責商賈不一。」上曰：「他日可一一檢取進呈。」時安石懇求去位，既而用惠卿言，送繼宗開封府知在。布覺事變，復對上指糯米出息外别納息錢。上曰：「此極分明。」又曰：「惠卿不免共事，不可與之喧爭，於朝廷觀聽爲失體。」明日，惠卿詈行人及胥吏，以語侵布。又明日，惠卿參知政事。一日，悉取根究市易事送中書。布條析前後所陳，而以三司比較治平二年及去年收支錢數物進呈之。上憂歲費寖廣〔一〕，令送中書，至是以付惇、孝寬鞫之也。章惇、曾孝寬鞫市易事於軍器監，又令户房會計治平、熙寧財賦收支數，與布所陳有異。布復對曰：「臣與章惇有隙，今以惇治獄，其意可見。」上曰：「有曾孝寬在，未必不直。」獄具，布坐不應奏而奏，公罪杖八十；嘉問亦坐不覺察雜買務多納月息錢，公罪杖六十。既而中書言：「布所陳治平財賦收數有内藏庫錢九十六萬緡，當於收數内除豁，22不當於支數内除。」又命御史臺推直官蹇周輔劾布所陳，意欲明朝廷支費多於前日，致財用闕乏，收入之數不足爲出，當奏事詐不以實，徒二年；嘉問亦坐不覺察雜買務納月息錢。

八月十七日，詔翰林學士、權三司使曾布落職，知饒州，都提舉市易司呂嘉問知常州，魏繼宗仍追官勒停。初，市易之建，布寔同之，至是揣知上意疑市易有弊，遂急治嘉問。而惠卿與布有隙，乘此擠布，然議者亦不以布爲直。

九月十九日，都提舉在京市易司言：「乞罷本司提舉官歲終比較推恩，其監官自從舊賞格。諸買賣博易並隨市估高下，無得定價。其當給三司變轉物，即依三司所估。民願以抵保賒請折博，歲出息二分，計月理息者聽。」從之。

十月二十五日，三司使章惇乞借内藏庫錢五百萬緡，令市易司選能幹之人，分往四路入中筭請鹽引及乘賤計置糴買〔二〕。詔借二百萬緡。

十二月十日〔三〕，詔河北監牧司見在錢〔四〕、帛、糧等並隸都提舉市易司，充買茶本錢。

八年二月，詔秦州、永興軍、鳳翔府、潤州、越州、真州、大名府、安肅軍、瀛州、定州、真定府並置市易司。

（一）〔二〕日〔五〕，詔酒户貸市易司糯米，自去年中限至末限息錢並減半。初，市易司榷糴糯米，以貸酒户收息，犯者聽人告，賞錢至三百千，米没官。商人以官糴賤，不至，又值歲儉〔六〕，京師糯米少〔七〕，價益高，本息錢厚，故有是命。

三日，都提舉市易司言：「乞以諸路市23易務隸本

〔一〕寖：原作「寢」，據《補編》頁八八三改。
〔二〕筭：原作「等」，據《補編》頁八八三改。
〔三〕十日：《長編》卷二五八繫於二十一日甲申。
〔四〕天頭原批：「『牧』一作『收』。」
〔五〕二日：原作「一日」，按《長編》卷二六〇繫於二日甲子，據改。
〔六〕值：原作「至」，據《長編》卷二六〇改。
〔七〕少：原無，據《長編》卷二六〇補。

司，許本司移用錢物，度人物要會處，分諸路監官置局，隨土地所產，商旅所聚與貨之滯於民者，得以收斂。」從之。

（四）〔六〕月二十三日〔一〕，以惠州阜民監折二錢十萬緡，借廣州市易務爲本錢。從都提舉市易司請也。

七月十二日，詔百姓郭懷信逋市易司違限罰錢，聽輸同、延二州。以懷信請市易司鹽鈔〔二〕，既償納本息，猶以納不如期，罰錢千五百餘緡，已納百七十餘緡訖，而市易司又使增納百三十緡，稽限法當計所欠罰之，而懷信自言乞輸同、延二州，以省道路之費故也。

八月二十六日，詔司農寺支坊場錢三十萬緡，爲鄆州市易本錢。

九月五日〔三〕，中書言：「已廢河南兩監牧司〔四〕、河北十一監、京西三監、河東太原監、京東東平監，其廢監錢物等除給都提舉市易司充茶本外，令三司歲具合應副熙河路年計錢數，申中書取旨支撥。」從之。

十四日，詔坊場錢令司農寺下諸路，歲發百萬緡於市易務封寄，許變易物貨至京。

十月二十三日，詔西京河清阜財監歲增鑄錢十萬緡爲市易務本錢。從提舉鑄錢監錢昌武請也。

十一月十三日，詔：「都提舉市易司見錢見在熙河路者，並充本路軍須，仍具數以聞。」

十二月九日，都提舉市易司言：「宗室賒請物，乞三人以上同保〔五〕，經大宗正司出曆，赴務約度，并息不過兩月料錢之數。如輸納遲期限，取料錢曆批上尅折，限半年輸足。」同日 24 又言：「歲買商人茶，從本司貿易，乞以三百萬斤爲額，庶使商人預知定數，不雜粗惡草木，務令中賣數多。」從之。

九年正月二十五日，詔都提舉市易司，自今不得賒請錢貨與皇親及官員、公人。先是手詔：「近禁止賒法係行下幾處，及從是何月日施行，違者有何刑名，可具聞奏。」至是中書奏請，故有是詔。

二月十六日，提舉市易司言：「在京酒户歲用米三十萬石，比江、浙荐饑，米價翔貴，本司選官往出產處豫給錢，至秋成折納。」從之。

四月三日，詔：「在京市易司發物貨爲錢計直十五萬緡，赴熙河市易司貨易見錢爲本，其貨物却於截到運司錢內除破。」其後中書户房言〔六〕：「近都提舉市易司已發物貨十五萬緡爲熙州市易本錢，今欲令市易司增五萬緡，以十萬緡輸熙州，十萬令在京市易司入中本路糧草。」從之。

〔一〕六月：原作「四月」，按《長編》卷二六五繫於六月二十三日癸丑，據改。
〔二〕鹽：原作「監」，據《長編》卷二六六改。
〔三〕五日：《長編》卷二六八繫於二十五日甲申。
〔四〕廢：原作「發」，據《長編》卷二六八改。
〔五〕乞：原作「色」，據《長編》卷二七一改。此是奏請，當有「乞」字。
〔六〕按，《長編》卷二七四記於四月九日。

五(月)〔日〕〔一〕，都提舉市易司言：「奉詔支撥金六千兩應副安南道，將物貨五十萬與淤田水利司作糴本。緣本所支錢物貫萬數多，別無撥還指揮，今上界少闕錢本，欲乞支給末鹽鈔五十萬貫轉變作本〔二〕。」從之。

二十四日，措置熙河財利孫迥乞移通遠軍市易務於秦州〔三〕，罷秦州、通遠軍、永寧寨市易三外場。詔劉佐相度以聞。

十一月三日，詔都提舉市易司：「今日以前賒請過錢物，限外送納本息已足，其罰錢並與免放；本息未足者，更展半年，足日準此。諸路詔到日以前見欠罰錢人户亦準25此。」

二十八日，都提舉市易司言：「自置市易務上界〔四〕，所用本錢並是新法末鹽等錢〔五〕及於內(庫藏)〔藏庫〕借撥到五百萬貫作本，內五十萬貫與河北收糴斛斗封樁外，已還三百五十萬，止有一百萬貫係未撥還。及准朝旨，自十年爲頭，每年於息錢內撥二十萬貫赴內藏庫送納。今見在本錢除官員將物貨變轉外，只有四百一十六萬餘貫，深慮朝廷非汎取撥，乞除每年已認錢二十萬入內藏庫外，乞歲終更辦十五萬貫準備朝廷支用。今後乞免非時取撥，若三五年間更有儹積錢數，即從本司別具取旨。」從之。

十年正月十九日，詔：「祁、定州民欠市易、水利、淤田司結糴糧，可止令依常平法出息二分納錢。」

四月二十五日，詔：「市易務茶限二年結絕，許客茶交易。」

五月七日，詔：「應市易司計置物貨場務，不依客例收稅，並許勾當官申提舉司，牒提刑司根究，依法施行。」

十四日，都提舉市易司言：「乞定上界本錢以五百萬緡爲額，以本理息，及一分半，等第推恩。見在息錢先封樁，聽朝廷移用。」從之。

十一月七日，詔：「都提(點)〔舉〕市易司上界本錢以七百萬貫爲定額，如不足，以歲所收息補滿。其先借內藏庫錢〔六〕，歲以息錢二十萬貫還之。」

十二月十八日，詔榷場以市易司爲名，餘令立法以聞。

是歲，太府寺市易本、息、市例錢帳，歲收緡錢七百三十九萬七千有奇，詳見「市易務」。市易上界自熙寧五年置務，26至十年七月比較已前收息錢、市例數，熙寧十年十一月指揮以七百萬爲額，不足，以息補滿。息錢比較訖，限次年比較前封樁。收本、息、市例錢，熙寧七年：七百三十九萬七千一百三十一貫五百文，本五百八十七萬八千七百

〔一〕日：原作「月」，據《補編》頁八八四、《長編》卷二七四改。

〔二〕末：原作「米」，據《補編》頁八八四、《長編》卷二七四改。

〔三〕措置：原無，據《長編》卷二七四補。

〔四〕務：原作「路」。按神宗時都提舉市易司下有市易務上、下界，又簡稱市易上、下界，乃機構名稱。《宋史》卷一六五《職官志》五：「市易上界掌斂市之不售、貨之滯於民用者，乘時貿易，以平百物之直。」是也。因改。

〔五〕末：原作「米」，據《補編》頁八八四改。

〔六〕借：原無，據《長編》卷二八五補。

八十七貫七百三十五文，息一百四十三萬三百五十一貫四百一十二文，市例九萬七千九百九十二貫三百六十九文。

元豐元年二月二日，提舉市易司俞充言：「永興軍路當兩川、秦鳳、熙河、涇原、環慶衝要，乞置市易務，與經制熙河路邊防財用司所置市易相爲表裏，以牽客旅往來。借内藏庫錢四十萬緡爲本，候收秦州等市易錢撥還。」詔財用司同相度以聞。後財用司言：「切慮他官典領，以各司錢物分彼此，即往來物貨或相害。乞與本司經制官同講求，别具興置次第以聞。」從之。

八(月)〔日〕〔一〕，都提舉市易司請貨滯於本司者，聽臨時依市價轉易，如虧元直，即於每年比較椿留准備失陷錢豁除〔二〕。從之。九月四日又請，欲以市易務上界見欠内藏庫鹽引錢一百萬緡，候本務補滿本錢日，依奉朝旨作二年還足。詔許，自來年爲始。

十一月十五日，詔：「聞熙河路商貨所至州軍〔三〕，並市易司権買〔四〕，令提舉成都府路茶場司李稷體量。」後稷言熙、河、岷州〔五〕、通遠軍等處商販匹帛等，經制司寔令市易務拘買。乃詔李憲具析以聞。

十七日，詔令提舉秦鳳等路常平等事李孝博催 27 促本路州軍諸處官司應干市易本息借與人户見欠錢物。

二年正月九日，詔市易司：「罷立保賒錢法。已出錢立輸限，半年内輸本息足者〔六〕，蠲其出限罰息錢。物力雖薄而有營運者，聽量力支借，毋過舊數三之一。令元體量檢估官分認催收，期三年結絶。歲具所收錢數比較賞罰，委幹當公事官一員催驅。其用産業抵當，留契書，歲收息一分半。檢估官吏如容增直冒請，以違制論，不以去官、赦降原減。即賒請物如舊法，毋得過其家物力之半。」

二月十九日，詔：「應置市易務處賒請錢，並依在京市易務法，聽以金銀、物帛抵當，收息毋過一分二釐。」

二十九日，經制熙河路邊防財用司言：「鳳翔府增置市易務，與秦、熙等五市易務相爲表裏，三州一軍移用變易，四市易務各增監官一員兼領市糴，可減罷本司準備差使四人。」從之。

三月二十七日，邢州乞權住散本州市易司絹錢，以寬民力。詔都提舉市易司按民户逋負數多州縣，毋得給錢。

五月二十六日，都提舉市易司言：「前市易務監官劉佐負市易錢十八萬緡，乞籍本家日入屋租償官，限二年輸納；不足，物産没官；又不足，責保人代輸。自今負市易錢違限，有物産者倣此〔七〕，自籍家産日與免息罰。」從之。

〔一〕八日：原作「八月」，按《長編》卷二八八繫於二月八日癸丑，是「月」乃「日」之誤，因改。
〔二〕豁：原作「轄」，據《補編》頁八八五改。
〔三〕貨：原作「賈」，據《長編》卷二九四改。
〔四〕司：原抄作「市」，旁批作「司」，然未删去「市」字，今據《補編》頁八八五改。
〔五〕州：原脱，據《長編》卷二九四補。
〔六〕者：原作「日」，據《長編》卷二九六改。
〔七〕者：原無，據《長編》卷二九八補。

六月一日，經制熙河路邊防財用李憲言：「準詔具析擅榷熙河等州軍商貨事。自置司以來，除蕃商水銀及鹽川寨、鹽官鎮兩場依法禁私販外〔一〕，28市易賣買，並取情願交易，未嘗拘欄。臣以淺昧，終恐難逃吏議，乞獨坐臣罪。」乃詔憲赴闕，令轉運使蔣之奇根治，劾有罪之人〔二〕。及獄成，憲與馬申、趙濟、霍翔坐奏事不寔，徒二年。詔憲等坐緣公事，宜依德音釋之。

七月十三日，李憲言：「乞詔秦、鳳、河、岷州、通遠軍五市易務募博買牙人，引致蕃貨赴市易務中賣。如敢私市，許人告，每估錢一千，官給賞錢二千。如此，則招來遠人，可以牢籠遺利，資助邊計。」從之。

八月十三日，都提舉市易司言：「諸路民以田宅抵市易錢，久不能償，公錢滯而不行，欠户有監錮之患。欲依令賒當在官於法當賣房廊、田土，重估寔直，如賣坊場〔三〕、河渡法。未輸錢間，官收租課，不惟少寬欠户禁錮，而公家亦享寔利。在京市易務准此。」從之。

十二月八日，都提舉市易司王居卿言：「歲賜州府合藥錢，乞以賜錢之半買藥於市易務〔四〕。」從之，地遠不願買者聽。

二十四日，詔在京市易務官吏轉官、減磨勘年、賜緡錢有差。以三司言市易務去年八月至今年七月，收息錢、市利錢總百三十三萬餘緡也。

三年三月二十六日，詔：「在京及諸路賒當市易司錢物出限者〔五〕，展一季。如限内納足本息，其出限息罰錢悉蠲之。」

四月三日，詔：「兩浙路減罷耆户長、壯丁、坊正，并撥還支酬衙前，度牒等錢百二十餘萬緡，其變市金帛，輸司農寺封樁。」從都丞吴雍請也。

九月五日，都提舉市易司王居卿言：29「市易之法有三：結保賒請，一也；契書、金銀抵當，二也；貿遷物貨，三也。三法之中，惟賒保之法行之積年，逋負益衆。去歲有旨先罷結保見錢，惟賒請物貨舊法未革，然尚恐久遠未便，何則？舊欠之户，多以出限規避不輸，既費催督，又繼以再賒物貨之人，勢亦如此，宿貸新貰，歲增月累〔六〕，其間消折不能備償者十有四五，則與賒取見錢，同歸于弊。欲乞自今後市易務許人户賒請物貨，歲不得過二百萬貫，别置簿支收，聽舊户賒請，以濟接在京行鋪之家。期以五年，所收息已逾元數，然後或止或行。其非舊請人户，則惟用抵當、貿遷二法，可以歛滯貨、通餘財矣。其諸路市易錢各以四分爲率，量留一分濟接舊户外，亦不行賒借之法。乞

〔一〕鹽官：原脱「鹽」字，據《長編》卷二九七補。
〔二〕有：原脱，據《長編》卷二九七補。
〔三〕賣：原作「買」，據《長編》卷二九九改。
〔四〕賜錢：原倒，據《補編》頁八八六乙。
〔五〕賒：原作「販」，據《長編》卷三〇三改。
〔六〕天頭原批：「『貰歲』一作『舊户』。」按，見《補編》頁八八六。

於每歲所收息錢内量減萬數，其監官等酬奬，亦與降等推恩。雖取息稍薄，而所收皆實利，庶使法行無弊。」詔中書户房立法以聞。已而户房乞：「在京物貨許舊欠户賒請，斂而復散，通欠數不得過三百萬貫。諸路市易貨以四分爲率，以一分許舊欠户賒請，斂而復散，通欠數不得過一分，並別置簿支收。」從之。

四年二月二十三日，提舉廣南東路常平等事吳潛言：「廣州自置市易司七年，本息錢七十四萬緡，去歲驅磨，欠五十五萬緡。始用本錢三十萬緡，今於本錢尚少十萬有餘，可廢罷。」詔都大提舉市易司委官根究。其後市易司言：「本路錢物纔經林顔根磨，雖有逋欠，[30]然轉運司有錢二十七萬餘緡尚未撥還，以此可見出息不少。」會三司度支副使蹇周輔亦以爲言，乃詔本路提點刑獄司催理，限一年了絶。

五月十八日，詔：「内外市易司，民户見欠屋業等抵當并結保賒請錢物息罰錢，並等第除放。其本錢分三季輸納〔一〕，息錢并出限罰錢分爲三分，第一季本錢納足者，息罰錢並放，第二季放二分，第三季放一分。出限尚欠，即估賣抵當，及監勒保人填納。所催錢物，在京於市易務下界、在外提舉司封樁。」

十二月三日，前淮南東路提點刑獄范百禄、通判揚州傅㝢、簽書判官邵光、林旦、陳奉古各展磨勘二年，右班殿直張歲閏罰銅二斤。歲閏監高郵縣樊良鎮税〔二〕，有市易司經税饒潤竹木過鎮，更税之，百禄再委㝢等定奪，稱合盡税。市易司言百禄等意在沮壞市易法故也。

八日，都提舉市易司賈青乞於新舊城内外置四抵當所，委官專主管，罷市易上界等處抵當，以便内外民户。從之。

五年四月二十八日，詔内外市易務錢展三年，均作月限納，限内罰息並除之。

（五）〔正〕月二十九日〔三〕，都提舉市易司賈青言：「市易既革去結保賒請之弊，專以平準物價，及金銀之類抵當，誠爲良法。乞推抵當法，行之畿縣。」從之。

七月五日，太府寺言：「提舉市易司狀：賒貸人户所欠至多，已得旨，展限三年催納。其先降指揮并以催到分釐計數追奪酬奬，請俟至所展三年滿日[31]施行之。」上曰：「朝廷市易法本要平準百貨，蓋《周官》泉府之政。官失其職，一切賒貸，公私頗不便之。雖云有收息之數，名存寔亡。今已改用金銀鈔帛抵貨，最爲善法。其元催致欠官吏重行追奪，亦其宜也。」遂從之。

六年正月十九日，太府寺言：「抵當之法纔行於畿邑，

〔一〕輸：原無，據《長編》卷三二二補。
〔二〕鎮：原無，據《長編》卷三三一補。
〔三〕正月：原作「五月」，按《長編》卷三三二繫於五年正月二十九日辛亥，據改。此條原當在上條之前，蓋因「正月」訛作「五月」，《大典》編者遂移於此。

外路殊未施行。欲乞許將諸路常平司市易賒借錢及寬剩錢，五路各借十萬緡，餘路各借五萬緡，充抵當本錢。」從之。

六月十一日，詔撥市易下界收到市易欠錢六萬緡與上界，仍更給度僧牒千道、錢十三萬緡。以上界見闕本錢故也。

七年五月二十五日，尚書省言：「自行官制以來，諸寺〔一〕、監不治外事，唯太府寺市易案與諸路相關〔二〕。看詳興置市易〔三〕，當令所在官司量度州縣閒要〔四〕，遇賤則買，遇貴則賣。元詔半年出息一分，一年以上出二分。然所在物價增減，難以定期，而一州一縣價所增減，相去亦必不甚遠，則貨或積而難售。所在州縣物價不同，又不能偏知。今若每旬令一路州軍估定物價，報提舉司，提舉司報轄下州，州下所屬，榜募人出抵當或見錢，市易司收息至一分至二分，令商人自賣，則官已收二分之息，而又有餘利以資販者，則商賈流通，貨無堙滯，税額敷羡，物價常平。若無客抵當，而貨須變易者，但不虧元價，亦許賣。」詔具爲令。

八月二十四日，詔：「諸路提舉常平司存留一半見錢，以二分爲市易抵當。」

八年四月八日，[32]中書省言：「今年正月九日赦書：應人户見欠市易錢物〔五〕，仰所屬勘會元請本息等錢并納、欠數條具聞奏，其息錢當議減放。今在京未見有司依赦以聞。」詔監察御史劉拯〔六〕、兵部員外郎杜常、太常少卿宋彭年赴御史臺置局點磨欠息，大姓户放七分，下户全放外，以合納數關所屬催納，具無欺弊聞奏〔七〕。

六月二十一日，詔：「户部提轄拘催市易錢物，准赦除放息錢外，其合納本錢，特與展限三年。」

七月二日，詔諸鎮寨市易抵當並罷，仍立法。

八月八日，詔：「諸路州軍抵當取息至薄，民間緩急賴之，可以存留其半市易，餘並罷。如抑勒，依給納常平錢物法。」從户部請也。

十一月十二日，詔：「在京物貨場見在物貨應輸錢者，並蠲免。」

十八日，詔蠲大姓户所欠市易三分息錢。從葉祖洽請也。

哲宗元祐元年正月十二日，監察御史孫升言：「朝廷立市易之法，意在抑兼并，使商賈通流貨財，平準物價。而行法之初，呂嘉問寔領其事，附會柄臣，奮行私智，引用兼并之徒，杜絶商賈之利，罔上壞法，肆爲姦欺。簿帳不明，

〔一〕諸：原作「請」，據《長編》卷三四五改。
〔二〕案：原作「按」，據《補編》頁八八八改。
〔三〕置：原作「制」，據《長編》卷三四五改。
〔四〕閒要：原無，據《長編》卷三四五補。
〔五〕見欠：原無，據《長編》卷三五四補。
〔六〕詔：原無，據《長編》卷三五四補。
〔七〕具：原作「其」，據《補編》頁八八八及《長編》卷三五四改。

首尾無據，官吏隱庇，曾無關防。以致蠹害之酷，姦弊之深，貨物纔行賒請，息錢已計分釐，縣官所得虛名，官吏皆冒寔賞。先朝察知弊害，廢減殆盡〔一〕，自元豐四年置局拘催，取責内外所欠九百二十一萬五千九百餘貫。今近五年，除放免息錢、支撥皇親公人舊欠外，納未及其33半，其間失陷固多。自京師以及四方之人破家喪身者不可勝數，害及公私，毒流天下者，嘉問懷私壞法，寔爲之首。」詔朝散大夫、光禄卿吕嘉問知淮陽軍。

閏二月十八日，詔户部：應諸路人户欠市易息錢，並特與除放。

二十八日，詔：「應内外見監理市易官錢，在京委〔大〕〔太〕府寺，開封府界令提點司，諸路令轉運司，各限一月，取索逐户元請官本點勘，特計已納過息罰錢充折。如已納及官本，即便與放免。坊場浄利錢準此。以上通折外，尚欠官本錢并浄利，而家業蕩盡，及無抵保，或正身并保人孤寡者，權住催理。及今日以前積欠免役錢，與減放一半〔二〕，餘分限三年，隨夏税帶納。近勘會欠負指揮勿行。」並從右司諫蘇轍請也。

六月十六日，監察御史韓川言：「市易之設，就使獲利，寔佐國用，尚不可，今所收不補所費。其市易務監官、監門，請各留一員催納結絶。」從之。

三年二月二十二日，詔變賣市易司元豐庫物。從三省請也。

紹聖三年十一月七日，户部言：「府界諸路折納籍没市易産業，請依在京已得指揮，限十年納元價收贖。」從之。

〔四年〕十二月二十二日〔三〕，詔：「户部、太府寺同詳熙寧立法意，復置市易務，許用見錢交易，收息不過二分，不許賒請。監官惟立任滿賞法，即不得計息理賞。其餘應雜物並不許輒有措置。限十日條畫以聞。」從三省請也。

元符三年五月，市易務改名平準務。

十月二十八日，34尚書省勘會：「平準務見置官吏、公人等，所費請給不少，兼差官出外計置物色，不無搔擾。及石炭自近年官中收買，置場出賣後來，在市價轉增高，寔于細民不便。」詔罷平準務，仍今後更不官買石炭出賣，其户部、太府寺應緣平準務添置官吏及請給並罷。

徽宗建中靖國元年十月二十一日，户部言：「内外因欠市易錢物，折納屋業田産，準指揮更不出賣，令人户承賃住佃。又準今年二月十六日朝旨，閑慢處屋業許行出賣。伏緣諸路市易折納田産土有肥瘠，皆可耕種，見今却依衝要屋業一例不許出賣。況天下户絶田産，不以肥瘠，並行出賣。其市易折納田産，今相度，欲乞並依户絶田産法。」從之。

〔一〕減：原作「滅」，據《補編》頁八八八改。
〔二〕一半：原無，據《長編》卷三七〇補。
〔三〕四年：原無，據《長編》卷四九三、《宋史全文》卷一三下補。

崇寧元年六月十七日，户部言：「平準之法，所以制物價之輕重，通財賄之有無，使闔闢散斂之權歸於公上而已，佗司無得與焉。近者本部申請，得旨於諸路起發錢一百萬貫充本支用，即目兑使，漸有數目，然未有約束。竊慮官司申請支借，或直行取撥，則平準錢物遂見侵耗。欲乞應平準務錢物，官司並不許借用或乞取撥，雖奉特旨，並許本部奏知不行。提舉常平司錢物準此。」詔申請支借取撥以違制論。

二年四月十一日，户部言：「蘇州人户舊欠市易官本錢米，係熙寧、元豐年所逋欠錢物〔一〕，元符元年赦敕展限三年，分爲十二季送納。未足，準朝旨，權住催理。後復準赦，不許35除放。提舉司請再與展作二年八季。」詔據住催月日並行除豁，指揮到日，依元降催科指揮施行，外路依此。

六月十八日，詔：「府界諸縣除萬户，及雖非萬户而路居要緊去處，市易抵當已自設官置局外，其不及萬户處，非衝要并諸鎮有監官却係商販要會處，依元豐條例，並置市易抵當，就委監當官兼領。」

七月九日，户部言：「湖北提舉司申：『縣鎮不及萬户處，雖非商旅往來興販之地，除市易務不須置外，却有井邑翕集，兼在僻遠〔二〕，正民間緩急難得見錢去處，欲乞依舊存留抵當庫，令逐處官兼領。』看詳，欲諸路並依六月十八日已降朝旨施行。」從之。以上《續宋會要》。

高宗紹興三年十二月十七日，御史臺檢法官李元瀹言：「欲望嚴賜戒敕，應諸司抛買，並須置場和市。」詔：「今後軍器所、宣撫、安撫司合用軍須物色，並仰州縣依市價和買。如諸司一面收買過物，亦仰具數申尚書省，即不得抑配科擾。如違，並令提刑司按劾聞奏。」

四年二月三日，詔：「今後諸路州縣進奉天申節禮物，並置場和買，不得於民間科配。」

八月三日，户部侍郎梁汝嘉言：「來年諸軍百司、諸司等合用春衣，欲置場從本部委官依市價和買。」從之。

二十八年十一月二十三日，南郊赦：「諸路監司、州縣抛買應用物色，多不以時支給價錢，雖已降指揮立限支還，尚慮視爲文具，狃習前弊。仰漕臣常36切約束，覺察按治。監司違戾，令諸司互察，御史臺彈劾，仍許人户越訴。」

二十九年四月二十日，詔：「椿管激賞庫出賣川布，今後止令雜買場及臨安府置場出賣，不得抑令三衙收買。」

三十年八月二十五日，詔：「今後官告院闕少犀象軸頭，並令工部申取朝廷指揮，更不於行市及市舶司收買。」

十月二十五日，臣寮言：「江東諸郡監司、守將則有公庫之例，屬官僚吏則有直廳之行，凡百供須，比之市價，大

〔一〕天頭原批：「『所』一作『中』。」按，見《補編》頁八八九。
〔二〕僻：原作「避」，據《補編》頁八八九改。

率十虧四五，蓋由市易司剥下媢上〔一〕，恣爲低昂。夫營生之艱，莫若小民，終日市廛，僅餬其口。在官者常有以利之，猶懼不給，況可瘠之以自肥乎？違制傷廉，理宜痛革！望飭監司、郡守，自今公庫私家凡金繒器用、食飲之所須，一切以市價爲率，毋循舊弊置行并直廳。」從之。

十二月四日，權發遣嚴州樊光遠言：「本州依例收買今年御爐木炭五千四百五十秤〔二〕，顆塊炭二千秤，均下諸縣計置買發。元降指揮，於添酒錢取撥。其錢隸屬經總制窠名，從前不敢取撥，即無價錢支還諸縣。」詔與免收買。上諭輔臣曰：「御爐炭不過冬月欲其煖爾。聞有司須限定尺寸，至於要脂麻文、青鴿色、兩頭斧痕，此復何益，反以擾民。不若只令臨安府每歲收買，更不須嚴州科敷。」陳康伯奏：「臣等謹當遵稟行下。」（以上《永樂大典》卷一七五五三）

〔一〕媢：原作「婿」，據《補編》頁八九〇改。
〔二〕五千四百五十秤：《補編》頁八九〇作「五千四十五秤」。

宋會要輯稿　食貨三八

和市

前《會要》名「市易」，以修立熙寧以後市易法爲一門，易此名以别之〔一〕。

【宋會要】

1 神宗熙寧二年九月二十四日，詔：「每歲上供穀六百萬石，權截五十萬變易金銀上京。」從三司請也。

三年正月二十三日〔二〕，御史程顥言：「聞京東轉運司去歲因和買紬絹，多拖數目於人户上配散，每錢一千買絹一匹。後來却令買絹并税絹每匹令輸錢一千五百文，又配上等户俵粟豆錢。」詔具析以聞〔三〕。京東轉運司具析到所散粟豆錢，只是要濟民乏，兼只召人户情願，即不是等第一例配俵。詔：「已行常平倉新法，今後更不得支俵粟豆錢。其支散内藏庫别額紬絹錢五十萬貫，納到本錢，即撥充北京封樁，所收息錢於内藏庫送納。」

五年十二月一日，詔罷諸路上供科買。以提舉在京市易務言：「上供薦席、黄蘆之類六十色，凡係百餘州供送，不勝科擾。乞計錢數，從本務召人承攬，以便民也。」已而中書言：「欲令諸司庫務係市易務行人買納上供物處，令提舉市易司管轄。」上曰：「如此，必致人言，以爲所買物不良。」王安石曰：「不爾，則庫務公人利於諸路科納，必須非理邀索揀退，行人無由肯攬也。」上曰：「令行人撲買上供物，亦易爾，前宋用臣脩陵寺，令行人攬買漆〔四〕，比官買減半價。不知市易司何故致人紛紛如此，豈市易司所使多市井小人耶！」安石曰：「市易司有違法，即須案治，雖有小人，亦不敢爲小人之事也。」

2 六年四月七日，詔提舉在京市易務及開封府司録司同詳定諸行利害以聞。初，京師供百物有行，官司所須，皆並責辦，下逮貧民浮費〔五〕，類有陪折，故命官講求。雖與外州軍等，而官司上下須索，無慮十倍以上，凡諸行陪納猥多，而齎牒輸送之費在外〔六〕，下逮（裨）〔稗〕販、貧民，亦多以故失職。至是，肉行徐中正等乞出免行役錢〔七〕，更不供肉，故有是詔。於是上謂執政曰：「近三司副使有以買靴皮不良，決行人二十者。今兩府尚不下行買物，而省府乃擾民如此，甚非便也。」

七年七月十六日，上批：「河北脩創樓櫓守具及軍器

〔一〕此注原在正文前，作小字。今移於此。按，此當是《續國朝會要》編者或張從祖之按語，釋改題「和市」之原因。
〔二〕正月二十三日：《群書考索》後集卷六四作正月己酉，即正月十七日。
〔三〕具析：原作「具折」，據《補編》頁六五三改。下同。
〔四〕買漆：原作「賣添」，據《長編》卷二三九改。
〔五〕浮費：《長編》卷二四四此條原注作「負販」，當是。
〔六〕牒：《長編》卷二四四作「操」。
〔七〕肉：原作「内」，據《長編》卷二四四改。下同。又「徐」原作「除」，據《補編》頁三五九改。

合用物料，可速相度，差官往出産路剗刷計置，或令市易務募商人結買。」

八年九月二十三日，杭州助教孫麟乞借市易務錢五七萬緡買紬絹，比杭州給錢民間預買可增十萬餘匹〔一〕。詔給末鹽鈔四萬緡、錢三萬緡爲本，仍以將作監主簿梅宰同買。

十月二日，都提舉市易司言：「袁州和買紬絹，舊以鹽準折，今乞依諸路例，每匹給錢千，從本司遣官據合支鹽數，以末鹽鈔赴州出賣。」從之。

十年正月九日，中書言：「近許市易司與江南西路轉運司兑洪、撫等五州軍鹽，和買紬絹，及差屬官歐陽成總領，以鹽引從便移易，與轉運司財賦并場務課額有妨。欲令以諸州所支和買鹽數委轉運司相度裁定，罷還市易務所差官。」從之。

元豐元年閏正月六日，詔京東路轉運 3 司許借封樁差軍代役人錢五萬緡，西路轉運司許借坊場錢十萬緡〔二〕，預買上供紬絹。

十七日，詔三司裁定諸路預買匹帛價。

九月九日〔三〕，都提舉市易司言：「乞以見錢於河北出絲蠶州縣，俟三司和預買紬絹足日，如民願請價錢，委令佐續行支給。其收歛並依和買條施行。」從之。

〔二〕〔六〕年九月三十日〔四〕，尚書兵部言：「乞以川路見椿賣不堪官馬及死馬錢，委提刑司官計置買匹帛上京。川峽四路準此。」從之。

三年六月二十五日，權發遣京東路轉運副使李察乞增預買紬絹二三十萬，從本路轉移。從之。

五年八月十四日，安州言：「内供奉謝禋奉旨買紅花萬斤，今又繼買五萬斤，而一州所産，歲止貳萬斤耳，恐不足數。」詔亟寢之。

六年三月四日，詔借支河北提舉司寬剩錢三十萬緡，付轉運司預買紬絹。

哲宗紹聖四年十一月十四日，詔：「户部嚴戒諸路監司，應取承詔旨市物色，並於出産多處置場，計數和買，召人赴場中賣，以見緡給之。如不係出産或出産數少〔五〕，及當年偶闕者，即申本司，別行下出産多處和買；又不足，令監司具陳。違者坐違制罪，仍令提舉常平司察舉，如有違戾，具名申尚書省。仍許人户徑詣提舉常平司陳訴，如不爲理者，與同罪。每遇和買，皆揭示詔文。」

徽宗建中靖國元年正月十九日，户部狀：「脩立到下

〔一〕給：原作「結」，據《長編》卷二六八改。
〔二〕坊：原作「妨」，據《長編》卷二八七改。
〔三〕九月九日：《長編》卷二九三繫於十月四日乙巳。
〔四〕六年：原作「二年」，《補編》頁三五九、頁六五三所載並同，而《長編》卷三三九此條繫於元豐六年九月三十日壬申，則「二」當爲「六」之誤，因改。此條蓋本在下文，《大典》編者見作「二年」，遂移於此。
〔五〕如：原缺，據《長編》卷四九三改。

條：諸縣散預買紬絹價，前期録應用條制及以鄉村排定應給日分曉示，二4月終給散盡絶。本保三户以上爲一保，不給州縣吏人。令佐親臨，各限當日畢。本州具逐縣給散訖月日申，轉運司類聚保明聞奏，不得尅納欠負。」詔從之。

十月二十三日，中書省檢會當年五月七日指揮：「令提舉司各那借本司剩錢，同轉運司於來年依例預行支散價錢和買絹。京東東、西路各二十萬匹〔一〕，河北東、西路各十五萬匹，京西南、北路各五萬匹，淮南東、西路各五萬匹，兩浙路十萬匹，逐旋依條計綱起發上京，赴元豐庫送納。京東、河北於逐路封樁，聽候朝旨移用。亦有借過提舉司錢，候將來廣西路起發到金銀，仰元豐庫申請，依數撥還。」詔逐路提舉司除已支錢外，更不支散，候將來絲蠶成熟，分擘與可收買處州軍選官置場和買，其合撥還錢并起發上京，並依已降指揮。

崇寧元年二月二十六日，詔：「諸路和、預買紬絹錢，須管預行計備，依舊條並限正月十五日已前給散盡絶。」

四年六月二十二日，尚書省劄子：「訪聞兩浙路每歲和、預買紬絹，並不行下出產州軍計置，多是科於不係出產州軍和買，致使客人規利，興販前去計會。公吏乞取錢物，嚴加催督，人户不免用貴價於客人處收買中官，以苟免罪戾。不惟倍有勞費，兼未稱朝廷愛民恤物之意。兼勘會春首俵錢，本以濟民之急，轉運司往往過時給散，顯失法意。」詔：「今後和、預買紬絹物帛，並科下出產州軍和買，不得更似前5日行下不係出產州軍計置，却致擾民。所有每年俵買價錢，令前期樁管，依條於正月十五日已前盡數給散。如委實闕錢，即時許於諸路應干諸司封樁常平等錢內借撥應副。其買到物帛，令借錢官司拘收樁管，候轉運司要用，以見錢對行樁撥。如轉運司輒敢擅便取撥，即依擅使朝廷封樁錢物法，仍仰本路提刑司覺察聞奏。」

五年三月二十七日，詔：「訪聞川峽路和買絹布數目比元豐倍多，及以交子、度牒充折買價，致細民難以分擘貨賣，皆被豪右操權，坐邀厚利，民間頗以爲擾。可令川峽逐路轉運司嚴切指揮諸州縣，各將元豐年中支俵和買絹布數目，取其間最多者一年立爲永額，只依舊所立俵直，以見錢俵散。其元豐中不曾支俵州縣，乃是不產絲麻瘠薄地分，即不得加額。委提刑、提舉司常行點檢，如有不實及違法過額，抑勒俵散，並具聞奏，其違法官司當以違制科罪，不以去官、赦降原減。如於應副他路却有妨闕，即具析聞奏。」

六月十三日，中書省言：右朝議大夫、知商州時恪劄子：「準御筆：『訪聞諸路貪吏倚法爲姦，借朝廷詔令或上供爲名，隨等科抛物件，如緣脩造遂科瓦木，緣使命至借衣服什物，緣綱運即差人夫之類，不可勝數。上户有至千百

〔一〕京東東西：原脱一「東」字，則僅爲一路，與下文「各」不符。按宋代京東路又分作東西路，常省稱爲「京東東西」，因補。

貫，民間急於應辦，莫敢後時，倍價收買，往往竭産典賣，猶不能供。又多非出産之物，無所從出。令監司體量聞奏。」本州前後准上【6】司牒，抛買麝香連皮毛三百六十九臍，散香三千五十三兩半，朱砂末一千兩，熊膽一百六十七斤一十四兩五錢。雖已分擘下諸縣，委官置場和買，必無許多數目應副。且如麝香，每箇上等得一兩，其净香不過重三五錢，可見臍數不少。如朱砂，自來只是豐陽縣南窟一處，官中置場抽分，四縣俱無所有；熊膽，諸縣山林採斫，開透深遠。恐緣此別致科率，有違手詔處分。」詔：「今後除已得旨抛買供奉之物即時行下外，其餘應抛科收買之物，令所屬開具的實出産路分申户部點對，如委是別無大科數目，即申取朝廷指揮降下，方得收買。」

大觀元年十二月十六日，尚書省劄子：「勘會大觀庫見今闕少物帛，竊慮緩急闕悮。」詔：「令兩浙、京東、淮南、江南東、西，成都府，梓州，福建路於出産物帛處，轉運司於來年絲蠶豐熟州縣，依市價收買。其價錢並於本路提刑、提舉司朝廷封樁錢内支撥應副。務在兩平和買，不得科配，抑勒搔擾。如違，官員降黜，公吏人等決配。若因而減尅乞取，或作他人名目，受者以自盜論。其買到物帛，逐旋支撥與提刑司拘管團綱，差使臣或本路見任、待闕、得替官管押起發本庫送納。仍令轉運司每月具已、未買及已起發數目，月日、管押人姓名申尚書省。所有撥到價錢，如轉運司敢別有支移使用，除依擅(便)〔使〕朝廷封樁錢物法外，亦當重行降責。仍令所買路分轉運司，逐處依【7】式具帳申尚書省。」

二年三月四日，上批：「和、預買紬絹，近受八寶赦内曾詔有司令前期給價。比聞有以鹽鈔一蓆折見錢六貫，至期輸納絹六匹。方今絹價倍高，而鈔價難售，自今仰監司、郡縣並支一色見錢，不得以他物準折。違者，提刑司按劾以聞，本法外加二等科罪，仍不以赦原。委御史臺覺察聞奏。」

十月八日，秦鳳路提舉司言：「階州委官買麝香，應副廣東市舶司折博，每年合用麝香二千五百兩。自崇寧二年五月後來，承受抛買麝香四千一十臍兩，今二年以上，買到二百二十五臍。」詔所委官先次衝替，令提點刑獄司取勘，具案聞奏。

十一月二十四日，詔：「和、預買多俵於坊郭游手兼并之户，而減數於鄉村蠶織之家，敦本抑末之道也。然至四五百匹，則其數太多，深慮艱於輸納。可令諸路轉運司相度聞奏。」繼而京東路轉運司奏：「本路州軍每歲支俵坊郭户和、預買物帛，除無俵至四五百匹去處外，有興仁府一户萬延嗣，家業一十四萬二千貫，歲均一千餘匹。雖延嗣一户俵買數多，又緣本人物力出等，一路爲最。今欲乞且依自來條法支俵施行。」詔萬延嗣與依年例減半俵買，餘依奏。

三年十月二十六日，詔：「官司近年甚有拖欠民間預買〔一〕，及拖買物色價直去處，互相蒙庇，致朝廷莫得而知。仰逐路提刑、提舉官取索應今日已前未還民間錢糧多寡，立爲上下半年或作季限催督，責令 8 旋次給還，仍各注籍拘管勾銷。或有規避隱匿官司，並科違制罪；如限滿，更敢違欠，即具當職官吏姓名申尚書省取旨。提刑、提舉司承今來指揮，不爲究心取索，若人户別有陳訴，並重行黜責，仍不理去官。」

四年四月十四日，左司員外郎董若言：「奉詔取索看詳諸路拖買名件等。尋取索到京西都水磨務等共二十七處看詳，共詳每歲裁損二百四十五萬一千九百八十一匹兩石斤。今編修寫成《大觀看詳諸路拋買物》第一至第十，共一十册。」又奏：「詔有『定價低小者畧與增添』一節。若看詳逐年所拋買名件不一，出産去處貴賤隨時不同〔二〕，即難以預行增添。緣已有量添價和買之法，尚慮諸路不切遵奉，臨時價直低小，致虧損人户。若有違犯，止從違令科罪，亦慮未足懲誡。相度欲乞諸路和買上供之物，不比市價量添錢和買者徒一年，仍候買訖，具價直申户部審察，及提刑司常切覺察。」詔從之。

二十四日，罷黎、雅等州市犛牛尾。

政和元年正月五日，户部侍郎胡思文言：「在京歲用金銀、綾羅、絲絹，逐色所收不敷所支之數，從來不免逐急在京收買，支破係省錢，比之外路和買，價直倍多，色額低下，不堪供應。欲將逐路拖欠錢斛，令逐路轉運約所用價錢，於出産去處量增市價和買，作急切綱運，限來年夏季終盡數到京，赴左藏庫送納。仍遵依近降不得科買配賣搔擾詔條指揮施行。」從之。

二 9 十二日，户部言：「提舉京畿京西路鹽香事程奇奏：『州縣官吏於民間買物，所定實直低小。乞州縣每月所定實直及逐旬增減狀各以一本，州送就近監司，縣送本州，常切點檢覺察。監司巡歷州縣，將逐處實直體究，或高下異同，有害民力，並許根治。仍乞詔有司立定刑名，看詳添脩。諸物每月一估，每物具上、中、下等實直時估結罪申。價有增減，旬具剌狀送在任官，書知州、縣、鎮、寨實直，仍申本州審察，監司若季點官巡按到處準此。條事件申聞。』」詔依。

三月二十九日，户部言：「京西路臣僚奏『暴吏倚勢，官物之價多小於市中，取於非時，求於不産』事，奉内批：『倚勢作威，厚歛於民，先王所深戒。若掊取徇己，或上結權貴，尤爲可罪。今後有犯者當重責之，爲躁進趨附之戒。』看詳《元符敕》，在任官賣買物旋行增損實直，及抑非本行賣買物等，有徒二年之制，欲申明行下。」從之。

四年八月十七日，京畿提點刑獄公事林箎奏：「中都積帛，不可不厚。比來朝廷拋買，民間觀望，不無邀價。欲

〔一〕欠：原作「人」，據《補編》頁三六二改。
〔二〕賤：原作「錢」，據《補編》頁三六二改。

令諸州應出賣預買絹，並將諸司朝廷封樁錢依所估價兑撥，起發上供。如朝廷封樁錢不足，即以常平司未用錢逐急兑撥樁管，候有封樁錢數撥還。」從之。

宣和二年七月一日，詔：「和、預買之法，取於民有制，近歲漕司不預支價直，或行抑配。可委諸路提刑司體究按治以聞。」

八月二十五日，詔：「州縣市易物貨於本州，公使庫不
10 許收買，如違，罪責並依當職官吏賣買法。」

三年二月二十八日，〔詔〕：「訪聞開封府將已納免行錢人户又行科差，顯屬違法搔擾。應在京已納免行錢人，不得違法更有科差；其不納免行錢諸色行人，仍不許科差非本行事。如違，以違制論，仍許人户越訴。諸路令行户供應非本行幹運興販物者準此。」

五月八日，尚書省言：「勘會預買紬絹價，諸縣於正月十五日以前給散，至蠶絲收成之後隨夏税送納。從來官司於受納之日，專庫公人多端乞取，民受其弊。欲諸告獲因受納預買紬絹干係公人受乞財物，笞杖罪賞錢三十貫，徒五十貫，流八十貫，死罪一百貫者。」從之。

四年三月二十日，尚書省言：「脩到條目：諸供官之物應和買者，轉運司度州郡多寡、出産厚薄，等第分買，仍具總買及諸州分買之數行下。不當者，聽逐州申尚書省。」從之。

六年四月三日，詔：「四川和、預買絹布等，聞官吏欺弊，不支價直，或準折鹽鈔，有名無實，遠民坐困，無所越訴。可申嚴約束，違者以違制論。」

八月二十一日，户部侍郎燕瑛奏：「所謂和、預買者，錢固有定期，惟吏守其法，則民被實惠。近歲郡縣失於奉行不以時，乞申敕諸路郡縣預計和買錢數，俾給散不踰其限。」詔坐條申嚴行下。

七年四月二十四日，講議司奏：「契勘諸路州縣供官之物，不許擅行科配。其依法應科配之物，在法當職官躬親品量，依等第均定，蓋欲杜絶偏重不 11 均之弊。比年以來，科配之物，轉運司多不以州軍大小，州軍又不以縣邑人户家力，一概抛科。及諸縣將抛降之物〔一〕，往往比合用之數暗有增添，容縱公吏作弊；並不明具人户逐等逐户合著之數曉諭民間通知，致有力者計匂行用，得以減免，而貧下者或致破産。正數既足，即餘剩之物公然入己。人户被害，莫此爲甚。欲今後應科配之物，轉運司隨州軍大小，州軍隨縣邑人户家力均抛，令當職官前期依法品量均定，具逐等逐户科配物色數目申本州檢察，仍以人户等第、家業合著之數單名降榜付縣，曉諭人户通知。如有不均，或數外增添催科，許人户越訴，監司覺察按劾，庶幾輸納均當，革去姦弊。」從之。

〔一〕天頭原批：「『及』一作『又』。」按本門天頭原批所云「一作」，乃指《補編》頁六五三至頁六五八複文。

五月九日，德音：「應京東、河北路州縣，兩路昨因軍興，賦役繁數，加以盜賊侵擾，民力不易。州縣官吏義當體國，除供家飲食外，不以和買爲名，下行科率買賣。如違，仰廉訪使者覺察。」

七月二日，詔：「應諸路州軍今後買合納上供或應副他處及本處軍衣物帛，買納畢，委官定驗，有粉藥、紕薄、短狹者，計所虧官準盜論贓，輕者徒二年；即專庫合干人及管押人、綱梢等，以私物貿易計贓，輕者徒三年。仍仰廉訪使者覺察聞奏。餘依見行條法，各不以失及去官、自首原減。」

四日，詔：「兩浙以上供錢和買綾二萬匹，限今年十月終已前到闕，相兼支使。」

十二月十九日，詔：「和、預買絹本以利民，比來或量支 12 雜物，或但給虛券，其害甚多。仰轉運司預取一路合俵之數，分下州縣通融措置，或不以見錢而以他物、不以正月而以他月給散者，以違制論。」

欽宗靖康元年五月七日，詔：「應因備禦脩葺城壁并防守器具之類，和買過民間材植物料等及須索應副軍期之物，如有未支價錢，並仰所屬限半月一併支過。」

高宗建炎元年五月一日，赦：「和、預買法本支實價，訪聞官司立價甚低，或高擡他物價直準折，或以無實虛券充數，甚者直至受納未支本錢，不遵條限前期起催，急於星火。自今有前項違戾，守令并轉運司並以違制論加二等。仍委提刑司覺察，每歲於限後一月內具有無違戾聞奏，不以實聞，與同罪。」

二年九月一日，臣僚言：「錢塘之民苦於和買，乞以杭州之數分撥八萬匹與平江府〔一〕，四萬匹與秀州。」詔下本路轉運司均撥。尋據逐州申陳：「自祖宗以來，不曾支俵和買，兼人民從來以水田爲業，不産蠶桑，乞行蠲免。」本司今欲將杭州減下和買一十二萬匹，只以一半六萬匹於平江府、秀州俵買，內平江府買四萬匹，秀州二萬匹。其餘一半六萬匹，均於出産湖、明等州添俵，內湖州六千四十匹，明州五千七十二匹，台州五千八百八十匹，處州三千九百六十匹，衢州七千八十匹，常州一萬七千五十二匹，嚴州六千九十六匹，鎮江府一千二百匹。除建炎元年、二年已過時外，自建炎三年爲 13 始。續據户部奏：「諸路有建炎元年分預買〔二〕，今已過時，欲乞自建炎二年爲始，分作三年帶納，依轉運司均撥定州軍施行。」從之。

三年三月十四日，兩浙轉運副使王琮等言：「昨乞將本路逐州今年合發上供和買、夏税紬絹共計一百一十七萬七千八百四匹，令人户每匹折納價錢二貫文足，計三百五萬九千二百二十八貫一百一十文省。未承回降指揮。緣上件價錢委是酌中，難以增減。今來和買、夏税物帛，起催

〔一〕分撥：原作「分別」，據《補編》頁三六四、六五五改。
〔二〕諸路：原作「路路」，據《補編》頁三六四、六五五改。

條限逼近，若前期行下州縣，即可如期便得見錢，仰助國用〔一〕。」詔依上件條限起發。

五月十六日，詔：「諸路預買多是不給價錢，雖累降詔旨，預支與錢，多不曾給散。仰諸路監司、守貳每歲預買綿絹合給錢，須管轉那，並行支給。若或有違，並重寘典憲。」

九月二十四日，詔曰：「朕累下寬恤之詔，而迫以經費，未能悉如所懷。今聞東南和、預買紬絹，其弊尤甚。可行下兩浙、江東西路，於見買數内蠲減四分之一，以寬民力。仰逐路轉運司今後預椿見錢，依時俵散。如違，重寘典憲。」

紹興元年正月二十日，户部侍郎孟庾言：「乞將紹興元年兩浙合發夏税、和買紬絹，除減免并進奉外，紬絹本色共一百六十萬四千五十匹〔二〕，并一半依例折納價錢，每匹兩貫文足。仍令逐州將合折數於第五等人户全折，餘錢均於四等人户内折納，庶寬下户。」從之。

三月十五日，後殿進呈黎確乞早定越州將來所納和 14 買絹分數，以爲前此曾令以米折絹，以故有米之家愛惜，以待臨時輸官之用。上曰：「聞近日米價翔貴，細民極不易，須早定指揮，止令納絹，庶幾富人肯出積米，以舒艱食，於細民爲便。」范宗尹等曰：「謹依聖諭。」

二年十一月二十三日，詔：「臨安府實經賊馬殘破去處〔三〕，人户未納去年和買并紬絹折帛錢，並與放免。」

三年三月三日，臣寮言：「諸路州軍每年和、預買紬絹，祖宗朝各有定數。自來兩浙州縣多寡不一，至有闔郡俱免者。行之百有餘年，而無不均之患，良由輕重適當故也。嘗考一路秋賦苗米之數，參以和買紬絹，乃知和買之多寡，率視秋賦之輕重。如臨安府、湖州等和買爲多，而苗米比他處最少〔四〕；常州、婺州等和買差少，而苗米比他處爲多，以至平江府、秀州苗數尤多，故得全免俵買。昨因臨安府曾經方臘殘破之後，知府毛友乞將管下九縣和買紬絹數内權撥一十四萬與本路諸州分認，而平江府、秀州皆是創行和買。至今累年，詞訴不已，各未曾承認。況自軍興以來，鮮有不經兵火去處，若臨安獨緣賊盜之後，權將和買分與諸州，而諸州所納秋苗既重，更增認和買，於殘破之餘，顯屬輕重多寡不均。乞將毛友所乞權降一時指揮改正〔五〕。兼兩浙路管下止是臨安、紹興府兩處和買最多，近降指揮，紹興府和買以十分爲率，蠲減一分訖。其臨安府正是今來車駕臨幸之地，若令便依元額承 15 認，亦恐未得允當。今已出違預俵錢月分，更乞付外詳酌施行。」詔令户部限三日勘當，申尚書省。本部契勘：「臨安府先減下均撥與諸州紬絹，除四分減一外，實計八萬四千匹，若盡數便

〔一〕天頭原批：「仰」一作「以」。
〔二〕六十：原脱「十」字，據《宋史》卷一七五《食貨志》上三補。
〔三〕天頭原批：「賊」一作「兵」。
〔四〕天頭原批：「最」一作「較」。
〔五〕降：原作「將」，據《補編》頁三六五、六五六改。

令本府認發，又緣即今車駕臨幸之地，竊慮難以認發，必致拖欠，有悮行在指擬。兼嚴、常、湖、台、處、明、衢、婺州、江陰軍共九州軍，自認發後來，每年各已依數起發，別無拖欠，并鎮江府所認數目不多，並合依元認之數俵買起發外，平江府、秀州各係水鄉，不係桑蠶浩翰之處，委與其他州軍事體不同。今重別參酌均定：秀州元認一萬五千匹，今欲自紹興三年爲始，與減五千匹，認起一萬匹；平江府元認四萬匹，除兩經減免外，止認一萬匹。竊緣秀州與平江人物繁盛不同〔一〕，秀州減五千匹外，尚認一萬匹，其平江府難以盡行蠲免。欲自紹興三年爲始，與減三千匹，認起七千匹。所是兩州減下八千匹，却回臨安府，自紹興四年爲始認數起發。其平江府紹興二年以前拖欠未起五萬四千匹，欲乞更與蠲免。」從之。

十月九日，尚書考功員外郎魏矼言：「昨降詔書，以和、預買紬絹價錢固已虧損人户，而又州縣多不支給，委提刑取索已、未支數來上，當議典憲。臣聞州縣奉行詔書，旋即支散，而姦胥滑吏乘時乞取，且有詭名盜請者，朝出公帑之門，暮歸群吏之家，百姓以户籍所繫，初不敢較也。臣謂不若據合支和買本錢[16]撥充逐户免役錢，使官無侵受之弊，民無請納之勞。」詔令諸路轉運、常平司限三日同共相度，申尚書省。其後户部言：「兩浙轉運司契勘：本路州府合俵紹興四年和、預買本錢共七十三萬七千餘貫，委是無可那撥。浙東提刑兼常平司申：若將人户合納役錢撥充和買本錢，雖於轉運司別無妨礙，其人户既不輸納役錢，則諸州更無役錢可以支給，必致妨闕。兩浙西路提刑兼常平司申：免役錢係募人充役，按月給散，不可少闕。深慮轉運司既將免役錢撥充和買本錢，後必不依時便肯撥還，却無錢給散役人，臨時妨闕。本部契勘：免役錢在法據歲用之數，係於人户等第上均敷入官樁留，募人充役，按月給散，並是指擬之數，不可少闕，其錢係常平司所管之數。欲乞依兩浙東、西路常平司所申事理施行，餘路依此。」從之。

四年正月十四日，詔：「和、預買本錢，已降指揮隔季樁辦，如違限不樁，或擅支用者，並徒二年。」

二月九日，詔：「應今後遇有科敷及和買，監司、郡守須契勘諸縣實有合支錢窠名數目，方許施行。若違戾詔令科率百姓者，監司、郡守並一等科罪。」

九月十五日，明堂赦：「契勘近年以來，紬絹之價比舊增貴數倍，而和、預買本錢或不時給，或給錢多有侵刻，弊事甚多，重擾百姓。仰諸路轉運司將人户每歲合納和、預買紬絹，於五分中特減一分，以償本錢，免令人户赴官請領。謂如户下合納[17]五匹，即以一匹充本錢，只納四匹之類。不及匹者，以丈尺寸紐筭。其減下一分紬絹，令本司收簇合俵本錢置場收買，依限起發，不得虧損上供額數。如有不足，據的確數目，依兩浙轉運司已降指揮，取撥本路

〔一〕天頭原批：「『緣』一作『據』。」

一分酒稅錢應副，尚不足者，於建炎四年以後諸州添酒錢內支撥。仍自紹興五年爲始。」

十月十九日，户部侍郎梁汝嘉言：「每月經費合用錢一百餘萬貫，兼調發軍馬所用倍多，理當權宜措置。今相度，以江浙合納夏稅〔一〕、和買紬並行折納，內二分每匹折錢四貫，餘八分折錢六貫；絹以十分爲率，折納五分，內二分每匹折錢四貫，三分折錢六貫。令逐路轉運司計綱送納。」從之。

五年五月二十三日，三省進呈收買一分和、預買絹。趙鼎奏曰：「前來赦文中五分中特減一分，以償本錢〔二〕，令轉運司依年例置場買發。今訪聞諸州縣却令一分中一半納本色，始欲優恤百姓，其實重害。欲令自來年依祖宗舊制，前期俵散本錢和買。」上曰：「甚善。」

七年九月二十二日，明堂大禮赦：「勘會應拋科之物，前後累降指揮住罷，其收買軍器物料，並係朝廷酌量州軍大小〔三〕，各有所買分數，仍支撥可以指擬錢數收買。竊慮州郡並不依實價和買，因致科敷於民，及於數外拋科，或不即支還價錢，百端搔擾。可令提刑司覺察，按劾以聞〔四〕。其違戾去處，當職官重寘典憲，仍許人户徑詣尚書省越訴。」

八年二月二十八日，中18書門下省奏：「勘會紹興府和買絹，比之諸州太重。」詔與減放一萬匹，令孫近相度均減。

九年正月五日，詔：「江浙今年合納和、預買紬絹，已降指揮，以分數折納見錢。緣合給本錢，州縣往往不曾支給，可于見折錢上每匹特免一貫文。」

十二年九月十三日，赦：「勘會江浙和、預買緣歲用浩瀚，未能盡罷。比年減免，以十分爲率，止折一分，務從寬恤。訪聞諸縣不依所降分數，違法折納，以充自用，或胥吏衷私科出虛數，計會增減，實爲民害。仰監司、郡守常切約束，具實數明出板榜曉諭。如有違犯，逐一覺察按劾，官員竄責，人吏決配。」

十七年三月十八日，宰執呈上供和、預買紬絹，州縣循襲，率以二月起催。上曰：「二月間蠶猶未生，預期催迫，使民間何以應辦？」檜曰：「當令漕司約束，須依舊來條限常切覺察按治。」

九月二十五日，詔：「江浙州軍見輸納折帛錢，舊立價錢比今時價稍高，兼逐路土產物帛不一，竊慮民户難於出辦，理宜寬恤。令兩浙紬絹每匹減作七貫文，內和買減作六貫五百文，綿每兩減作四伯文；江南東西紬絹每匹減作

〔一〕稅：原作「秋」。按「和買」之法，官府於正月預向民户給散紬絹價，至蠶絲收成之後隨夏稅送納紬絹本色或折錢，故史書每以「夏稅、和買」並列（參見本門前後文），此處「秋」當爲「稅」之誤，因改。

〔二〕償：原作「價」，據前紹興四年「九月十五日明堂赦」文改。

〔三〕天頭原批：「『酌』一作『斟』。」

〔四〕劾：原作「刻」，據《補編》頁三六七、六五七改。

六貫文，綿每兩減作三伯文。仍自紹興十八年爲始。其減下錢，令户部具數申取朝廷指揮。」

二十六年四月一日，詔：「和買以來，必無不均，但令守令觀望，自爲私意，或免或不免。如前宰執與見任宰執、前從官與見任從官、前觀察使以上與見任觀察使以上，元有指揮與免，則明[19]出榜示聽免；元無指揮與免，則明出榜示均納。如此，則官户、庶户一例和買，入納之家，安得有愁歎之聲？宜令有司依舊法均買，仍將作弊受納官坐贓論，專知司屬決配，並令監司、郡守按劾。如尚有容隱不實典憲者，更令臺諫奏陳。」從侍御史湯鵬舉請也。

七月十八日，起居舍人凌景夏言：「臨安府自累經兵火之後，户口所存裁什二三，而西、北人以駐蹕之地輻湊駢集，數倍土著，今之富室大賈往往而是。昨紹興二十年，錢塘、仁和兩縣在城民户與西、北人衮同推排等第，各已注籍。至二十一年，有詔：臨安府見排等第，依在京例與免。有司乃以和買、役錢難以減放，止與西、北人蠲除，其土著民户至今不免。望將臨安府在城營運浮財、物力依已降指揮，並與蠲免。」從之，仍自紹興二十七年爲始。

閏十月十三日，臣寮言：「和、預買隨正税絹均科，諸郡多寡不同，其和買多於正税額至一倍去處，近年又緣鄉司走移人户家業，每年增添。謂如今年着一匹，明年着一匹一尺，又次年着一匹一尺五寸之類。其逐年上供之額元不曾增添，止是鄉司取受，將形勢上户或公吏之家偷落減免，却均入槩縣人户名下補數。若以謂有逃亡之家，自合分明出榜除豁，本縣合拘催欠負補數，不應歲歲增添。欲望行下諸路州縣，將人户合納夏税，某人名下正絹若干，和買若干，出給憑由，散付人户收執，永遠照應輸[20]納。如人户物業有進退，合分明開具增添之數改給，不得暗有增數，庶絶鄉司取乞走移之弊。」從之。

三十一年正月十八日，都省言：「江浙和、預買紬絹，合將官户與編民均敷，務要均平。見今州縣有科和買止及上三等去處，及有限以物力錢數均敷者，本係優恤下户，易於輸納，却有上户權勢之家計囑（點）〔黠〕吏，詭名寄産，分析子户，走弄物力，以致科敷不及，使貧民受弊，無所赴愬。」詔令江浙漕臣行下所部州縣，將上户至下户田産，以畝數税錢多寡，並一等均納；和、預買紬絹，務要均平，不得因而溢額科敷。如依前有偏重不均去處，按劾聞奏，仍許民户徑赴尚書省越訴。所有自來用營運浮財、物力去處，亦合將官、民户並一等均納。」

孝宗隆興二年正月二十四日，臣寮上言：「今日州縣之間，繫民之事最號要切者，和買紬絹是也。元降指揮與前後赦文、臣寮申請，皆不以税錢多少一例均敷，州縣妄以寬恤下户爲詞，只將上户税錢紐數科敷，歲歲不同，鄉司持此爲走弄之弊。今相度，不以税錢多少，一例均敷，即乞統計一縣合科和買紬絹之數，立爲定額。若人户將産業典賣，即據本户合着和買於契内聲説，分割税錢若干〔一〕、和買若干入交業人户，則鄉司走弄之弊不革而自除也。或元用物力錢高下分科者，亦依税錢施行。」户部看詳：「如自來係隨田産税錢一例均科去處，即隨鄉原體例及自來等 21 第科折，其元用兩項物力錢均科者，亦仰州縣將官户、寺觀與編民物力每貫每百合隨數均敷，庶得允當。」詔依，仍令諸州守倅日下措置。

八月二十六日，權發遣遂寧府杜莘老言：「本府所管五縣，上三等户每年納兩税折變物帛，并和買絲綿、紬絹及激賞絹。軍興後來，科折稍重，第四等户兩税止納正色，又更全免和買，第五等户激賞絹皆免。以此姦豪多端作弊，詭名隱寄，分開户籍，降就下等，積年規避，顯屬僥倖。欲將每年合俵和、預買物帛，先以見今上三等人户家業紐筭；如有少數，於第四等頭户處趲補均俵，足元額而止。蓋第四等頭户與第三等人户家業高下不甚相遠，輸送亦自無辭，即不令均及四等下户。」户部看詳：「若三等以上人户拆立户名，作挾户分攤避免科役，自合勒令首併；若係貧乏減降作下等，即合推排日將四等人户富實者陞入第三等户數。今若依所陳，便將第四等户均敷官物，竊慮不得其實，却至不均，引惹詞訴。今欲下潼川常平司照應見行條法施行。」從之。

同日，杜莘老又言：「和買物帛，據元豐法並支本錢，絹每匹八百五十文，紬每匹七百文，絲每兩六十五文，綿每兩三十五文。當時欲優恤民間，預於正月十五日已前，先支人户，於上三等均敷，候起催夏税日送納。軍興以來，更增添激賞絹一項，當時係於省司錢内撥錢置場，依時價收買，每匹不下五貫。後 22 來官司却於四等人户均敷，先令送納，然後請錢，遂致州縣移易他用，無一錢及民。又州縣催理兩項物帛，除合用正色之外，將所餘分數理估，絹每匹錢引五道二分，紬每匹錢引四道半，絲每兩錢引六百四十文，綿每兩錢引半道，却不會計錢數均敷，以致上户有力之家攙先送納正色，下户多納估錢。又上户多成匹兩，下户多是畸零，却令圓零送納，下户委是重困。欲乞令民間紐筭本户合請和買并激賞本錢數目，具鈔對納名下兩税錢物，免致官吏移那隱陷。又乞令州縣將正色并估錢自上及下一槩均定，内有畸零不成匹兩者，許與别户合鈔送納。」户部看詳：「四川路諸州軍和買紬絹物帛，已有指揮，於三等人户上一例均敷；其不成端匹，許行合鈔送納。在法：諸縣散預買紬絹價，前期録應用條制及排定應給日分曉示，於正月二十五日以前不得剋納欠負。欲下四川轉運司行下所部州軍，遵依見行條法指揮施行。」從之。

乾道元年五月十二日，右正言程叔達言：「方今民間輸納税賦，惟和買最爲流弊之極。其始也官以錢、鹽折支，其後既無錢、鹽，但據歲額直科本色；又其後不用本色，乃

〔一〕若干：原脱，據《補編》頁三六八、六五七補。

以直科之數折納價錢。今一縑之直在市不過三數千，而折納之價乃至七千。又有所謂市例、頭子錢、朱墨等錢，所費不一。其於和買之初意，豈不大相遼絶哉！故前此論者欲分其數均而平之，[23]户部措置，遂令州縣將官户、寺觀與編民物力，每貫每百隨數均敷，是亦務於均平之意也。然臣訪聞州縣間，固有用田産税錢一例均科者，亦有用浮財、物力兩項均科者，既已不同矣，而於兩項物力均科之數又自不一。且以臨安言之，謂如新城則十貫以上，富陽則十三貫以上，臨安則二十貫以上，方始均敷，其參差不齊如此，他郡可知。以臣觀之，若自每貫每百一例均敷，則失於太苛，非惟科擾及於貧下，而官司亦難辦集。故臣之愚以謂今歲災傷之餘，中、下人户饑乏貧困，朝廷方且賑濟寬恤之不暇，豈宜一例均敷也。緣户部昨來既已行下，即州縣目今必定遵行，竊恐下户愈致重困。欲望亟降指揮，(令)〔令〕諸路州縣止依自來久例科納，不得每貫每百均敷，庶幾上下均平，事體歸一。」從之。

九年三月六日，祕書省祕書郎、兼權起居舍人趙粹中言：「兩浙和買莫重於紹興，紹興諸邑，會稽爲最。且本府歲科和買一十四萬六千餘匹，會稽一邑獨當二萬二千四有畸，均在上四等人户以物力錢數科敷。自經界後，上四等户物力錢七十三萬貫，以物力四十六貫有奇科和買一匹，已是重大。緣會稽田薄，秋、夏二税已重，復有十四項物力和買，如賜田、職田、抵當、没官田之類，皆一時幸免，却均入人户補充原額，愈見重困。坐是節次爲人户詭名隱寄，多分子户。自經界後至乾道五年，七經推排，減[24]落去物力錢二十九萬貫有畸，見管秖存四十三萬貫。當來下户三分不該和買，今成下户，其弊灼然。官司勢不得已，至於物力錢一十九貫有奇，便科一匹，則是有田一畝，即出和買七尺，六畝則成匹矣。向去推排，走失物力錢轉甚，和買愈重，民力困竭，舉貸、出産不足償納。乞據畝頭定數科敷均納。」詔給舍、臺諫、户部同共看詳，申尚書省。既而户部尚書楊倓等欲下兩浙轉運司從長相度。其後本司相度畝頭均科，恐擾下户，欲且依舊例科納，竟不果行。

嘉定二年正月十四日，臣僚言：「輦轂之下，鋪户不知其幾，近來買到物件，其間小户無力結托，雖有收附，無從得錢。又有不係行鋪之物，客到即拘送官，且有使用，方使納中，而終年守待，不得分文，窮餓號泣，無所赴愬。乞委官點對，應臨安府截日已買過未支錢，盡數呼集行鋪日下支還，毋得再落吏手。仍令日後須以見錢收買，不得拖欠積壓。如有違戾，許經御史臺陳訴，將當職官重加懲治，吏人受囑侵移，計贓定罪。所有北使經從沿塗州郡，亦乞倣此行下。」從之。

十二年十二月二十三日，臣僚言：「泉、廣舶司日來蕃商寖少，皆緣剋剥太過，既已抽分和市，提舉監官與州税務又復額外抽解和買，宜其懲創消折，憚於此來。乞嚴飭泉、廣二司及諸州舶務，今後除依條抽分和市外，不得衷私抽買。如或不悛，則以贓論。」從之。

十六年九月八日，[25]臣僚言：「國朝稽古建官，均融萬貨，出於左帑，給於賣場，而比物定例，委之估、套兩局〔一〕。應所折買貨物，先須編揀色名，估定價直，繼行審覆，然後請取於所屬之庫而類成套，跋赴於所賣之場而課以入錢。迺有寡廉之士緘狀求買販，依行商欲市而不可得，甚而監轄有官，僞作名目，縱子弟之懋遷。此則弊於官者然也。物欲甚平而增損其數，價欲其等而高下其名，徒手來市者每致久稽，賂遺先及者無求弗獲。甚而須貨未至，而待入之錢輙與寄官；出貨已售，而合入之錢尚未交庫。侵移變轉，欺隱日滋。此則弊於吏者然也。乞下户部，應左藏折賣貨物，恪遵舊制，先從估局定價，請官審覆，方往逐庫交收，赴局打套，秤別輕重均一，方可關撥賣場，視錢鬻貨。隨與抄曆，藏庫按時拘納，不許滯留。監轄親臨，各共所職，有僞託僞名私爲貿易，及封狀兜買者，並坐違制，重行鐫降；吏有侵易錢物，計贓決配估籍。庶乎通商惠賈，兼利公私。」從之。（以上《永樂大典》卷一三四七八）

互市

[26]太祖乾德四年四月，詔：「江北諸州縣鎮，近聞自置榷場禁人渡江以來，百姓不敢漁樵，又知江南仍歲飢饉。自今除商旅依舊禁止外，緣江百姓及諸監煎鹽亭户等，並許取便採捕，過江貿易。」

景德二年正月〔二〕，詔雄州：「如北界商人齎物貨求互市者，且與交易，諭以自今宜令北界[27]官司移牒，俟奏聞得報，乃敢互市。」時契丹新城都監遣吏齎牒，請令商賈就新城貿易，雄州以聞故也。

二月三日，詔沿邊州軍：「朝廷已令於雄、霸州、安肅軍三處置榷場，與北界互市。慮其或就他處回易，即逐牒報云：已於三處置榷場，輦致物貨，請告諭商旅居民詣其處交易。兼諭以朝旨，云他處不置貨幣，蓋慮民人商旅往來多歧，難於約束，或致增減物價，虧損鄰邦民庶之意。報訖，飛驛以聞。」先是，北界累移牒緣邊州軍，云逐處已開榷場，請許南、北商人往來交易，故有是詔。

十四日，帝曰：「自北面通和，或有邊防機事及官吏能否，及北界往還報問，須得有才識者爲裁處之。往年開榷場，常遣使臣二人往來提點。可依此建置，便付以其事。中書、樞密院可共擇二人以聞。」

〔一〕估套：原作「估奪」，誤。按，「估套」爲「編估打套」之省稱。《宋史》卷一六五《職官志》五有「編估局、打套局」，注云：「二局係揀選市舶香藥、雜物等第，會其直以待貿易。」與本條所述正合，因改。

〔二〕按，原稿此條之前，本有真宗咸平元年十二月、五年四月、六年正月、五月七日、十一日共五條，因其與前「市易」門（食貨三七之二至四）重複，被整理者挖去。此五條原稿今在《補編》頁四五六，其文又見於《補編》頁三五三、頁六五八。

三月，令雄州勿得以錦綺、綾帛等付榷場貿易。先是，帝曰：「自來輦致錦綺等物在彼，蓋備持禮之用，慮其貿與北客。況戎狄無厭，若開其端，即求市無已，有所不及，即懷慊恨。」故有是詔。仍令有司自今當輦錦綺等物赴雄州者，先以咨聞待報。

四月十九日，都官員外郎孔揆、供奉官閤門祗候張鋭同提點雄、霸州、安肅軍榷場。

二十五日，知雄州、西上閤門使李允則言：「契丹常禁止國中穀食無得出境，其民有冒禁來詣榷場求市糴者，轉運司皆令以茶供博易，且所得至微，寔恐非便。」詔罷之。

五月，詔雄州：「契丹詣榷場市易者，優其直以與
28
之。」

八月，命河北轉運使劉綜、都官員外郎提點雄州榷場孔揆等與諸州軍長吏共平榷場互市物價。以和好之始，務立永制。

三年九月，詔：「民以書籍赴沿邊榷場博易者，自非九經書疏，悉禁之，違者案罪，其書没官。」

四年七月，鄜延鈐轄張崇貴言：「得趙德明牒（一）：準詔，於保安軍置榷場，望許蕃民咸赴貿易市。」從之。

十一月，河北沿邊安撫司言：「定州軍城寨榷場止接山路，往者北境嘗請開修此路，久則非便。況飛狐茭牙榷場，以商旅罕至停廢，其軍城榷場，亦請不置。」從之。

大中祥符五年正月，帝謂王欽若等：「前省瀛州言，有百姓二人緝逐到北界商旅齎物貨到州貨賣，有違自來條約，其百姓即以此恐嚇北客，大段取却錢物。因此可詔諭安撫司，（今）〔令〕索取元恐嚇人物，交付契丹界，仍令鈐轄不得令北界商賈潛赴近南州軍經商。」

六月，廣南西路轉運司言：「交州黎至忠乞發人船直趨邕州互市。」帝曰：「瀕海之民，常懼交州侵擾，前止令互市於廉州泊如洪鎮，蓋海隅有控扼之所。今若直趨內地，事頗非便，宜令本司謹守舊制。」

閏十月，詔：「河北榷場所市食羊死於路者，無得抑市人鬻之。」

八年八月，令沿邊榷場巡守軍健並須用駐泊兵士，不得差本州軍人。初，內殿崇班王昭雍言：「逐處榷場悉差本州軍人，其間有與北界人户親故者，以互市爲名，期於榷場，恐亦非便，請行條約。」故有是命。

十一月，帝
29
曰：「臣寮言趙德明進奉人使中賣甘草、蓯蓉甚多，人數比常年亦倍，乞行止約，及告示不買。」王旦等曰：「斯皆無用之物，陛下以其遠來嗜利，早年令有司多與收買。若似此全無限量，縱其無厭，亦恐其難爲止約（二）。至如牽馬及諸色隨行人多邊臣，從初亦合曉諭，勿

（一）德：原作「得」，據《補編》頁六五九改。
（二）天頭原批：「『其』一作『實』。」按本門天頭原批所云「一作」乃指《補編》頁六五九至頁六六二複文。

令大段放過。」帝謂王欽若曰：「可令鄜延路鈐轄體量裁損之。」又謂旦等曰：「此時且須與買，隨行人已到者，恐喧隘，即分擘安處之，勿令失所。」

天禧元年三月，禁延州民與夏州牙將互市違禁物者。先是，言事者言夏州鬻馬於延州，所得價直悉市物歸，蕃商多違禁者，請載行條制故也。

二年十一月，詔廣州：「自今蕃商發往南蕃買賣，因被惡風飄往交州管界，州郡博易得紗、絹、紬、布、見錢等回到廣州市舶亭，除黎字及小細砂鑞等不是中國錢並沒納入官外，其餘紗、絹、紬、布物色取其三之一納官，餘二給還本主。所犯人從違制失條例科斷。」初，秘書丞朱正臣言〔一〕：「廣州有蕃舸舡中載黎字錢到州，頗紊中國之法。自今犯者望決配牢城。」帝以刑名太重，非來遠之道，故令減而申明之。

三年十月，工部侍郎、充集賢院學士馬亮言：「福州商旅林振自南蕃販香藥回，爲隱稅真珠，州市舶司取其一行物貨悉没官，内有蕃人你打、小火章闌等名下各有互市香藥，爲綱官犯罪，一例没納。準元降詔命，罪不及此。其蕃客望量給一分，蕃人你打十分給與五分，30小火章闌、蕃客郍賴等並全給付。」從之。

仁宗天聖四年十月，河北沿邊安撫司言：「乞今後所差河北監榷場使臣，乞下三司保明殿直已上有行止心力、諳會錢穀、累歷外任班行者充。」從之。

五年二月，中書門下言：「北戎和好以來，發遣人使不絶，及雄州榷場商旅互市往來，因兹將帶皇朝以來臣寮著譔文集印本傳布往彼，其中多有論説朝廷邊鄙機宜事，望行止絶。」詔：「自今並不得輒行雕印，如有合雕文集，仰於逐處投納一本附遞聞奏。候到，差官看詳，别無妨礙，降下許令刊板，方得雕印。如敢違犯，必行朝典，仍毁印板。及令沿邊州軍嚴切禁止，不得更令將帶上件文字出界。」

慶曆五年九月，詔：「河北、河東、陝西沿邊州軍有以堪造軍器物鬻於化外者，以私相交易律坐之，仍編管近裏州軍。」

六年正月十八日，樞密院言：「夏國近遣賀正旦人到闕，以錢銀博買物色，比前數多。欲令引伴鄭餘壽到界首，婉順諭以白承用等，今次博買物，以榷場未開，因兹應副；今後場中無者，必難應副，只於場中博易。」從之。

皇祐四年十一月，詔宣徽使狄青：「廣南吏民有與蠻人買賣博易者，斬訖以聞，仍徙其家嶺北。」

嘉祐元年三月，詔：「河北沿邊商人多與北客貿易禁物，其令安撫司設重賞以禁絶之。」

二年二月，知并州龐籍言：「西人侵耕屈野河地，本元藏訛龐之謀，若非禁絶市易，竊恐内侵不已。請權停陝西

〔一〕朱正臣：原作「朱正辭」，據本書食貨一一之七、刑法二之一三及《長編》卷九二、《錢通》卷七改。真宗、仁宗時確有朱正辭其人，但非此條所載者。

沿〔31〕邊和市，使其國歸罪訛龐，則年歲間可與定議。」詔禁陝西四路私與西人貨易者。

七年八月，開封府言：「得知下溪州彭仕義言〔一〕，乞與同晢二十州每歲入貢，於榷貨務便錢五百千〔二〕，下鼎州市諸物歸峒。」從之。以上《國朝會要》。

治平四年八月十二日，神宗即位未改元。河東路經畧司言：「麟州申，西界乞通和市。勘會昨爲西界賊馬攻逼慶州大順城，尋勒住歲賜，令陝西四路、河東路經畧司，應沿邊有西界和市處，嚴切止絶邊民，不得將貨物私相交易。」詔夏國已上表謝罪，及差人進奉，所有和市依舊放行。

神宗熙寧二年七月二十五日，涇原路經畧使蔡挺言：「乞朝廷嚴行禁止熟户與西人私相(傳)〔博〕買，仍乞差提點刑獄朝臣、武臣分路沿邊州軍按舉。」從之。

三年六月，三司言：「相度雄、霸州、安肅軍三榷場，乞將合支見錢除充北客盤纏等錢外，餘令筭臈茶行貨。如違，其監、專、使臣等並依透漏違禁物貨條，從違制分故失、公私科罪〔三〕。」從之。

四年十月十九日，詔：「近雖令陝西、河東諸路止絶蕃漢百姓不得與西賊交易，訪聞止是去冬及今春出兵之際畧能斷絶，自後肆意往來，所在無復禁止。昨於三月中，有大順城管下蕃部數持生絹、白布、雜色羅錦、被褥、臈茶等物至西界辣浪和市，復於地名黑山嶺與首領歲美泥咩、乜悖訛等交易，博過青鹽、乳香、羊貨不少。況近方令回使，議立和市，苟私販不絶，必無成就之〔32〕理。及未通和之間，使賊有以窺測我意，深爲不便。可申明累降指揮，再下逐路經畧司遵守施行。」

五年九月一日，權三司使薛向言：「延、秦、慶、渭等九州舊皆有折博務，召商人入芻糧、錢帛，償以解鹽，歲收緡錢一百六十六萬，而秦州當四十萬貫。今割秦之古渭寨以爲通遠軍，兼新城、鎮洮軍皆未有折博務，故商旅未行。臣以爲並邊新造之地，宜有儲積，以待警急。願以其事下張詵、張穆之，使並置折博務，仍分十五萬與通遠，七萬與鎮洮。」從之。

六年七月九日，提舉在京市易務言〔四〕：「河東漢蕃市易久廢，乞委轉運副使趙子幾經度。」從之。

七年正月十七日，河東經畧都轉運使言：「同相度，乞罷創置吳堡，其寧星和市依舊開通。」從之。

八年二月二十五日，都提舉市易司言：「乞借奉宸庫象牙、犀角、真珠直總二十萬緡於榷場交易，至明年終償見錢。」從之。

九年二月十六日，河北西路轉運司言：「北界甚有人

〔一〕天頭原批：「『仕』一作『任』。」按當作「仕」。
〔二〕天頭原作：「『務』一作『物』。」
〔三〕「分」原作「并」，「科」原脱，據本書食貨三六之三一、《補編》頁六七〇改補。此謂分别故意與失誤，公罪與私罪，作「并」誤。
〔四〕句首原有「梓州路」三字，據《長編》卷二四六删。

户衷私興販，欲乞自今後應與化外人私相交易，若取與者并引領人皆配鄰州本城，情重者配千里，知情般載人鄰州編管。許人告捕，每名賞錢五十千；係巡察官員、公人，仍與折未獲彊盜一名〔一〕。即犯人隨行并交易取與物過五十千者，盡給。因使交易，準此給賞。有透漏，官司及巡察人杖一百；再透漏者，巡察官員奏裁。」從之。

十年十月二十七日〔二〕，客省言：「于闐國進奉使羅阿厮難撒温等有乳香三33萬一千餘斤，爲錢四萬四千餘貫，乞減價三千貫賣於官庫。」從之。

元豐二年三月二十二日，上批：「西驛交市，舊法除賣於官庫外，餘悉聽與牙儈〔三〕、市人交易。提舉市易司近奏，並令市易上界管認，一切禁其私市。聞戎人甚不樂。昨正旦使所須物，本務又不能盡有，不免責買於市肆。今會其贏數亦不多，宜令仍舊。」

六月十七日，董氈貢奉大首領景青宜党令支等辭〔四〕，上召諭曰：「歸告董氈，今已許汝納欵，此後可數遣人來任便交易。」

二十六日，廣南西路經略使曾布言：「欽、廉州宜各創驛安泊交易人，就驛置博易場，委州監押、沿海巡檢兼管勾。」從之。

六年七月十三日，經制熙河蘭會路邊防財用司言：「乞於蘭州添置市易務，支撥錢本，計置物貨，應接漢蕃人户交易，因以增助邊計。」從之。

七年二月八日，知明州馬珫言：「準朝旨，募商人於日本國市硫黄五十萬觔，乞每十萬觔爲一綱，募官員管押。」從之。

七月二十九日，廣西經略安撫司乞於融州王口寨置博買務，通漢蕃互市〔五〕，乞度僧牒三十道爲本。從之。

哲宗元祐元年正月二十二日，左正言朱光庭言：「累降指揮下陝西、河東路經略司，禁止邊人不得與夏國私相交易，訪聞私易殊無畏憚。」詔將官及城寨使臣覺察，違者治之。

紹聖元年閏四月二十五日，三省、樞密院言：「商賈於海道興販，並具人船物貨名數，所詣處經州投狀。往高麗者財本必及三34千萬貫，船不許過兩隻，仍限次年迴。召本土有物力户三人委保，物貨内毋得夾帶兵器。」從之。以上《續國朝會要》。

高宗紹興十二年五月四日，户部言：「近承指揮，於盱眙建置榷場博易，買南北物貨。爲和議已定，恐南北客人私自交易，引惹生事。今條具下項：一、淮西、京西令逐路

〔一〕天頭原批：「『與』一作『無』。」
〔二〕二十七日：《長編》卷二八五繫於此月三日庚辰。
〔三〕天頭原批：「『悉』一作『息』。」
〔四〕奉：原作「奏」，據《長編》卷二九八改。又天頭原批：「『貢奏』一作『供奉』。」
〔五〕天頭原批：「『互』一作『交』。」

總領錢糧官司、本路漕司，陝西令川陝宣撫司、都轉運司，同共相度，議定置場去處，合用折博物貨，從本部量度申朝廷給降。一、南客難與北客私相博易，南客物貨並於逐路榷場令監官臨時酌度價直，每貫搭息不得過二分，盡數兑賣入官〔一〕，監官別行搭息，與北官博易施行。一、每場置主管官二員，乞從朝廷選差，內陝西一場主管官〔二〕，令宣撫司就近選差，仍令置場去處知、通兼提點，或知縣、縣丞兼行主管，監司每季檢察。」詔依，仍令於逐路見在錢內先次支撥本錢，具支撥錢數申尚書省。

十一日，詔盱眙軍見措置榷場，令戶部辟差一次。

十七日，左朝散大夫、直秘閣、知盱眙軍、措置榷場沈該言：「竊惟朝廷創置榷場，以通南北之貨，嚴津渡之禁，不許私相（買）〔貿〕易。然沿淮上下東自（楊）〔揚〕、楚，西際光、壽，無慮千餘里，其間窮僻無人之處，則私得以渡，水落石出之時，則淺可以涉，不惟有害榷場課利，亦恐寖起弊端。欲望嚴賜戒飭沿淮一帶州縣，重立罪賞覺察禁止，庶幾內足以專課息之源，外足以固鄰國之好。」詔令陳克、吳序【35】賓、胡紡嚴切禁止覺察。

二十二日，司農卿、總領淮東軍馬錢糧胡紡言：「今承指揮，令淮西總領官與漕司於對境去處措置榷場，就行提領。其先準指揮，令紡覺察淮西私渡等事，更合取自朝廷指揮。」勘會胡紡係見任司農卿，即非外任官司，合覺察西路。詔胡紡依前後已降指揮嚴切覺察。

八月七日，戶部狀：「知盱眙軍〔三〕、措置榷場沈該言：近來泗州並不放北客過來，竊慮南客聞知如此，未肯前來。今相度，欲日後遇有南客到場，令主管官斟量行貨〔四〕，將小客每十人互相委保，抄上姓名，據逐人所有物貨留一半在場，先給一半前去，止許過淮到泗州榷場博易。候博買到北貨回來，赴本場寄留，却給放留一半，再押過博易了當，計往來南北貨物錢數，各重搭息錢入官。所有大客並依舊拘留在場，準備北客到來博易。其北客渡淮，依已降指揮，令渡口官司抄上姓名，押赴本場博易物貨，庶幾北岸亦肯放過北客，日後博易增羨。本部今措置，欲將實係一百貫以下物貨之人爲小客，如大商輒敢詭名分作小客過淮賣買，許保內及諸色告首〔五〕，以隨行物貨給付充賞，犯人依越渡黃河法斷罪。」從之。

十九日，戶部言：「今來建置榷場，欲將歲終收息立定賞罰下項：主管司兼主管同。任內至歲終，將本錢比較息錢，謂如本錢一萬貫，收息錢一千貫作一分之類〔六〕。本錢不滿萬餘貫，不推賞。增：已下內選人比類施行。【36】六分以上，減磨勘半年；七

〔一〕天頭原批：「兑」一作「充」。
〔二〕天頭原批：「場」一作「差」。
〔三〕知：原作「如」，據《建炎要録》卷一四五改。
〔四〕天頭原批：「斟」一作「勘」。
〔五〕天頭原批：「色」一作「司」。
〔六〕作：原脱，據《補編》頁六六一補。

分以上，減磨勘一年；八分以上，減磨勘一年半；九分以上，減磨勘二年；一倍以上，減磨勘二年半。虧：謂收息不及者㈠。五分，展半年磨勘；四分，展一年磨勘；三分，展一年半磨勘；二分，展二年磨勘；一分，展二年半磨勘。主管官兼主管同。除依格賞外，如增及七分以上㈡，支錢一百貫，每一分加五十貫，至二百貫止，並於息錢内支，仍共給。提點措置知、通除難以支賞錢外，如至歲終，依前項增息，比主管官格法遞加半年磨勘；如虧息，令總領錢糧官具因依申取朝廷指揮責罰施行。總領錢糧官及提領監司(侯)〔候〕歲終，令本司開具息錢增虧數目，從户部點對比較，取旨賞罰。」從之。

十月六日，户部言：「盱眙榷場將南客販到草末茶，止許與本場官折博，不得令南、北客相見博易茶貨。」從之。

十二月二十日，户部言：「主管淮東盱眙榷場曹泳劄子：客人於本場博買到北貨，從本場出給關子，從便前去貨賣，仍免半税㈢。其經由税務既收税後，更不契勘有無本場關引，及關引内同與不同㈣，即便放行。措置，欲將本場關引從提領司印給，排立字號，付本場置曆消破，旬具支破數目、客人姓名、物貨名件，申提領司照會點檢。儻或本場開具不同，及於關引内影帶數目，許經由税務徑申提領司根究，將本場官吏重賜行遣。如或經由州縣税務點檢得有客旅將帶北貨無本場關引，及關引内數 37 目不同，不即根究，容縱放行，致有透漏，其税務官吏並乞依透漏私茶鹽法科罪。仍却許本場覺察，庶幾有以關防。」從之。

十四年正月二十九日，詔：「北使所過州軍如要收買物色，令接引送伴所應副，即不得縱令百姓與北使私相交易。可立法禁止。」

十五年十月二十八日，詔省邵州瀘溪寨博易場監官，令知寨兼行管幹。從本路諸司請也。

十九年正月十一日，上謂宰執曰：「國信所回易恐引惹生事，可降旨令罷。」

二十一年十月十八日，詔：「光州已置榷場，所有合行事件，並依盱眙軍榷場體例施行。」

二十四年七月八日，詔復置黎州在城、雅州碉門、靈關兩寨三處博易場，委四川提舉茶馬司專一提舉。以本路諸司有請，從户部看詳也。

二十六年六月二十六日，詔：「黎、雅州博易場見收買珠、犀、水銀、麝香並罷，已買者赴激賞庫送納。日後蕃蠻將到珠、犀等，並令民間依舊交易。」

二十八年二月七日，詔沿海州軍知㈤、通依條不得博

㈠ 謂：原作「爲」，據文意改。此句意爲：以下所云「若干分」，指所收息不及本錢之分數。如「五分」，指不及本錢之五分，非謂虧五分。

㈡ 如：原作「加」，據《補編》頁六六一改。

㈢ 免：原作「兑」，據《補編》頁六六一改。

㈣ 關：原作「闕」，據《補編》頁六六一改。

㈤ 知：原作「州」，據《補編》頁六六一改。

易，令監司常切覺察。」以知欽州戴萬言：「邕、欽、廉州與交趾接，自守倅以下所積俸餘，悉皆博易。」故有是詔。

二十九年二月一日，盱眙軍言：「據北界移文，唐、蔡、鄧、秦、鞏、洮州、鳳翔府等處榷場，只存留泗州榷場一處，每五日一次開場。」詔盱眙軍榷場存留，餘並罷。

三月一日，知盱眙軍、措置榷場楊杭言：「竊見諸處榷場已承指揮並罷，將來南客萃在本場博易，屋宇不多，無以安頓物貨。38欲添蓋一百二十間，應南客過淮日，每名給木牌一面，渡口檢察，放令上舡。俟回，據牌點名，發入榷場，拘收牌號。元降指揮於鎮江府駐劄御前諸軍下差撥到不係披帶軍兵三十人、部押將校一人巡防，今乞添差五十人。」詔從之。

九月七日，右正言王淮言：「臣伏覩去年勑書，累降指揮，禁止沿淮私渡博易物色。訪聞兩淮之間尚多私相貿易之弊，如楚州之北神鎮、楊家寨，淮陰縣之磨盤、安豐軍之水寨、霍丘縣之封家渡、信陽軍之齊冒鎮及花曆、棗陽舊有榷場去處，不可勝數。其間爲害最大，天下之所共知，商賈之所輻湊，唯蔣州之西地名鄭莊號爲最盛。甚者如茶、牛、錢寶，巧立名目，一例收税，肆行莫禁。以歲計之，茶不下數萬引，牛不下六七萬頭，錢寶則未易數計，不可不慮也。」詔令逐州知、通、本路帥憲覺察措置。

十一月二十一日，權發遣黎州軍州事馮時行言到任便民事〔一〕，内一項：「本州係蕃蠻互市之地，所出犀角、真珠等物，官吏於蕃蠻兩行牙人收買，虧損價直。乞應干互市貨物，不許見任官收買，如有違犯，重寘典憲。」詔依。以上《中興會要》。

孝宗隆興二年二月二十一日，詔令四川總領所措置椿辦錢一百萬貫〔二〕，招誘商販乾姜、絹、布、茶貨、絲、麻之類，增直收買。仍委宣撫司同本所措置，於近邊置場，博易軍須等39物應副支用，及約束州縣常切鈐束專欄，不得高喝税錢，務要優潤客人，廣行興販。中書門下言：「西北必用之物，而本處所無，如乾姜、絹、布、茶貨、絲、麻之類，訪聞有商旅私相博易，不惟失陷税課，兼恐漏泄事宜。」故有是命。

十二月十八日，詔盱眙軍依舊建置榷場。於是淮東安撫周淙、知盱眙軍胡昉言：「紹興十二年創置榷場，降到本錢十六萬五千八百餘貫，係以香藥、雜物等紐計作本，今欲從朝廷斟量支降。舊制：總領兼提領官，知軍兼措置官，通判兼提點官。榷場置主管官二員，押發官二員，主管官係朝廷差注，押發官從措置官辟差。其客人販到物貨，令主管官斟量，依市直估價，通放過淮。每貫收息錢二百、牙錢二十、脚錢四文。牙錢以十分爲率，九分官收，一分均給牙人；其脚錢盡數支散脚户。舊制：客人自泗州易到回

〔一〕天頭原批：「『馮』一作『馬』。」按，作「馬」誤。
〔二〕四川：原作「四州」，據《補編》頁六六一改。

貨，令盡數於場安頓，本軍選差監官一員看驗收税，關報権場出給關引付客人，賫執沿路税場照驗，與免一半税錢。如官司奉行違戾，許客旅陳訴，具申朝廷。其官吏請給，於本場收到息錢內支給，公吏並行重禄。舊制：以客人販薑貨、雜物至場博易，多至楚州北神鎮私渡過淮，遂行下瓜洲、（楊）〔揚〕州邵伯、高郵寶應、楚州淮陰、龜山税場，各置走曆二道，往來交傳，至本場博易，每月終分聽取索點檢結押。舊制：客人販物貨到本軍，赴税務投納税錢訖，給標子付客人收執，賫所販 40 物貨上場博易。其南客所販物貨，到本軍先經税務投税〔一〕，給關子收執，前去泗州権場博易。每甲不得過十人，物貨不得過三百貫。應諸軍將校有官人及西北歸正人，並不許過淮。舊例每日一次發客，至紹興二十九年，緣諸路廢罷権場，止有本軍一處通放客旅，當時令五日一次。遇有過淮客人，具人數、姓名赴措置司，每名請牌子并空名關子各一，赴本場批鑿貨物名件，付客人收執，候過淮，從本渡拘收牌子赴軍回納。已上事件，今乞並依舊例施行。仍乞將権場拘收茶引通貨錢，每引減免三貫，於権貨務所納番引錢上添起。淮西州軍亦乞依此。如願過淮博易，經由権場却免再納本場翻引錢，正收通貨錢〔二〕。盱眙知軍帶專一措置沿淮公事，務禁絶楚州北神鎮及濠州接界等處私渡之弊。」詔户部先次支降見錢五萬貫，餘並從之。

乾道元年二月五日，詔忠翊郎劉度提轄淮南東路盱眙軍権場，提轄官每月特支別給錢三十貫，添給錢二十貫，供給錢依州鈐轄例。申發奏狀，遞角徑入斥候，差進奏官承受。

三月十一日，詔隨州棗陽縣権場移置於襄陽府鄧城鎮，其合置権場官屬及給降物貨於本錢等〔三〕，照應舊例施行。於是權兵部尚書、湖北京西路制置使沈介言：「今於鄧城鎮修置権場，欲依舊令總領官司漕臣提領措置〔四〕，依例支降本錢五萬貫，於湖南總領所支撥〔五〕，令用博易物色匹 41 帛香藥之類〔六〕，從朝廷支降，付場博易。其餘合行事件，並依盱眙軍體例施行。」從之。

四月七日，詔壽春府花靨鎮建置権場。於是知壽春府吳超條具所行事件，並乞依盱眙軍権場體例施行。從之。

二十五日，詔盱眙知軍可兼提轄権場。

七月三日，淮南東路盱眙軍権場言：「據客人薛太販到沙魚皮二百二十五箇到場通貨〔七〕，慮是違禁之物，元降指揮不曾該載。緣可以権裹馬鞍、裝飾刀劍，係堪造軍器

〔一〕投：原作「援」，據《補編》頁六六二改。
〔二〕正：疑當作「止」。
〔三〕於：疑當作「與」。
〔四〕司：疑當作「同」。
〔五〕湖南：疑當作「湖廣」。紹興中置淮東、淮西、湖廣、四川四總領所（參《宋史》卷一六七《職官志》七），未見有「湖南總領所」。
〔六〕令：疑當作「合」。
〔七〕二百：天頭原批：「『二』一作『三』。」

之物，理宜禁止。」詔：「今後客人販沙魚皮過界，依販犬馬皮等斷罪，仍申明行下。」

九月十五日，詔光州光山縣界中渡市建置榷場。於是知光州郭均申請：「乞從朝廷支降本錢，或用虔布、木綿、象牙、玳瑁等物折計降下。内合置官吏及應干合行事件，乞下户部檢照盱眙軍榷場申請到指揮全文行下，以憑遵守。」從之。

二十二日，詔：「淮東總領所行下本場，依紹興十三年五月六日指揮，自今年六月一日至來年六月一日終，通揍一全年，開具所收錢數比較施行。其餘榷場依此。」以盱眙軍榷場申：「自六月一日通放客旅，將來合行比較年額，緣興販之初，收息微細，乞至年終，殘零月分免比較，截自來年正月至年終立額，於次年月日比較。」故有是詔。

二年四月二日，京西路轉運司申：「近聞北界於唐州城南别置榷場一所，曾有板榜至棗陽軍界首招誘客旅，多有不經襄陽税務并鄧城榷場，徑自棗陽軍界往 42 唐州博易買賣。乞支撥本錢，就棗陽軍添置榷場一所。」詔令户部相度，後不果行。

三年六月二日，詔知盱眙軍改兼措置榷場〔一〕，通判改兼提轄榷場。自後守倅依此。

閏七月十二日，尚書度支郎中唐瑑言：「襄陽府榷場，每客人一名入北界交易，其北界先收錢一貫三伯，方聽入榷場，所將貨物又有税錢，及宿食之用並須見錢。大約一人往彼交易，非將見錢三貫不可。歲月計之，走失見錢何可紀極！而北界商人未有一人過襄陽榷場者，聞於光州、棗陽私相交易，每將貨來，多欲見錢，仍短其陌，意在招誘，嗜利犇湊者衆。今錢荒之甚，豈容闌出如此！乞委京西帥、漕司同共措置。」從之。

五年九月四日，詔省罷盱眙軍榷場提轄官，餘路準此。

十月十七日，權發遣安豐軍張士元言：「本軍管下花靨鎮榷場課額，全（籍）〔藉〕收納通貨錢。近年上司差人收買北物，多是般販南貨，各執文引，又與榷場通情，不依則例收納官錢，走失課額。及與客人搭帶貨物，州郡無從檢察。所買回貨，多紫草、紅花之類，實倚官引影占作弊。乞自今有官司文引影占般販之人，許隨所在申審；如係近上官司，亦許申朝廷。仍行下安豐、盱眙軍、光州等處榷場遵守。」從之。

八年十一月十四日，中書門下言：「已降指揮，令淮南、京西安撫、轉運司鈐束榷場客人，不得以銀過淮博易。聞沿邊州軍全不約束。」詔行下沿邊守臣，督責巡尉并榷場主 43 管使臣等嚴行禁止。

九年二月七日，臣寮言：「昨來朝廷曾差使臣般發檀香前去安豐軍，同本軍知軍措置博易絲絹。今乞將庫管檀香依昨來體例般發，委本軍措置。」詔於左藏庫支給三分以

〔一〕知：原無，據文意補。

上檀香三十斤，吏部差短使一員管押前去。

三月二日，知揚州王之奇言：「準朝旨，令措置禁止北界博易銀、絹。聞泗州榷場廣將北絹低價易銀，客人以厚利〔一〕，多於江浙州軍販銀，從建康府界東陽過渡，至真州取小路徑至盱眙軍，過河博易，致鎮江府街市鋪户、茶鹽客人闕銀請納鹽鈔〔二〕、茶引等。除已行下淮南沿江州軍將應干私渡取會依條禁止外，有江東、西，浙西，湖北州軍沿江私渡，亦乞嚴賜禁止。若並行官渡，則私販自絕。所有官渡乞更不令民間承買，仍選有心力使臣監渡，重立賞罰。」詔逐路沿江州軍將應干官私渡見官監買（樸）〔撲〕去處，逐一開具，申尚書省。

嘉定十年三月一日〔三〕，臣僚言：「沿海州縣如華亭、海鹽、青龍、顧逕與江陰、鎮江、通、泰等處，姦民豪户廣收米斛販入諸蕃。每一海舟，所容不下一二千斛，或南或北，利獲數倍，穀價安得不昂？民食安得不乏？又況南北貿易之際，能保其不泄漏事體，以挺釁召變乎？乞下沿海州軍，各勅所屬縣鎮籍定海舟，應有買販入蕃，先具名件經官給據，委官檢實，方得出海。巡警官司必看驗公憑，方許放行。如海商過蕃潛載係禁之物，許令徒黨告首，事44涉重害者，以舟中之物與之充賞。至若米斛在舟，只許會計舟人期程食用〔四〕，不得過數般販入蕃，庶幾姦民知所畏戢。」從之。

紹熙五年四月十九日〔五〕，户部言：「盱眙軍申：『淮河榷場發客，本軍專一關防透漏之弊，已措置給牌，分地分不得互相踰越外，内主管官只合在大門下勾銷搜檢。緣當來係依安豐軍花靨鎮例，今尚仍前逾越地分，即與今來約束事體不同。』本部照得安豐軍榷場係在管下，離軍約三十里，止有巡檢一員，別無官屬，搜撿之責，專在主管官。今來盱眙榷場係在城内，至渡口不及半里，搜檢既有職官、兵官，監渡使臣，互相關防，無不備至，則安豐軍體例委難引用。」從之。（以上《永樂大典》卷一三四七七）

〔一〕厚：原作「原」，據《補編》頁六六二改。
〔二〕天頭原批：「『請』一作『送』。」
〔三〕天頭原批：「此條應在後。」
〔四〕食：原作「公」，據本書刑法二之一四一改。
〔五〕天頭原批：「此條應在前。」

宋會要輯稿 食貨三九

市糴糧草一

1太祖建隆元年正月，詔：「河北頻年豐稔[一]，穀價甚賤，宜命使置場，添價散糴粳糯，以惠彼民。」

太宗太平興國二年七月，詔斬宦官周庭峭。坐齎詔至宋州視官糴，擅離糴所，出城飲酒，遺失詔書故也。

至道二年八月，詔江南、兩浙、淮南諸州置糴，分遣京朝官涖之。以歲熟故也。

三年五月，詔曰：「國家大本，足食爲先[二]，今億兆至蕃，未聞有九年之蓄，朕甚憂之。宜令兩制議致豐盈之術以聞，仍令三司及兹歲稔，大爲市糴，以實倉廩。」

真宗咸平四年五月，詔：「陝西今歲物價甚賤，乘兹有秋，可以大實邊庾。況宿兵遠戍，不可無備。宜令兵部員外郎董龜正乘驛與本路轉運司增價市芻粟，廣儲蓄，以息編氓飛輓之役。」

十月，詔曰：「沿邊堡障，式遏寇戎，歲屯貔虎之師，日有資糧之費。雖賦調無闕，而轉餉頗勞，永言疚懷，不捨中夕。況今混同文軌，富有寰區，山澤之利無窮，農桑之業增厚。將欲豐儲峙於邊鄙，免飛輓於黎甿。乃眷計臣，實主斯任，勉陳良畫，以副虛懷。宜令三司衆官議軍儲經久之制，務令濟辦，不致擾民，條件以聞，朕將親覽。」乃命吏部侍郎陳恕監議。

五年正月，帝謂宰臣曰：「河北穀價自止官糴及糴常賦，已漸減價，然亦未甚賤，民間猶有食野生牢豆者。此豆頗無味，加之苦澀，飢民食之，深可嗟憫。加2之乾寧、定遠軍尚有積水，田野間亦無此豆，猶賴乾寧惠民倉有粟萬餘斛可以賑卹。」帝憂民之念，皆若此矣。

七月，命度支使梁鼎與河北轉運使耿望計度饋邊芻糧。先是，三司止移文責成外計，而未嘗規畫，故有是命。

六年正月，度支使、右諫議大夫梁鼎言：「陝西沿邊所折中糧草，率皆高擡價例，倍給公錢。止如鎮戎軍米一㪷，計虛實錢七百十四，而茶一斤止易一㪷五升五合五勺，顆鹽十八斤十一兩止易一㪷；粟米一㪷，計虛實錢四百九十七，而茶一斤止易一㪷五升一合七勺，顆鹽十三斤二兩止易一㪷；草一束，計虛實錢四百八十五，而茶一斤止易一束五分，顆鹽十二斤十一兩止易一束。又鎮戎軍在蕃界，渭州在漢界，而渭州白米每㪷價錢高於鎮戎二十；環州在

[一] 河北：原作「江北」。按《長編》卷一載：建隆元年正月丁未，「以河北仍歲豐稔，穀價彌賤，命高其價以糴之。」《玉海》卷一八六：「建隆元年正月丁未，詔河北歲豐穀賤，命使置場，增價以糴。」《宋史》卷一七五《食貨志》上三：「建隆初，河北連歲大稔，命使置場，增價市糴。」顯與此條所述爲一事。據此，「江北」應爲「河北」之誤，因改。

[二] 足食：原倒，據《補編》頁五九九乙。

蕃界，慶州在漢界，而慶州白米每㪷價錢高於環州六十，粟米每㪷錢亦高三十〔一〕。以日繫時，濳耗國用，倘不釐革，必恐二三年後，茶鹽愈賤，邊食愈虧。檢會嚴信、咸陽、任村、武定、渭橋等倉，見管諸色糧斛七十九萬餘石，請以春初農隙併力輦送沿邊。其沿邊州軍計所屯兵有二年以上儲備，則止以將來二税轉换支填；如不及二年處，則以上件糧斛增備。年計才足，即住折博，然後鹽則仍舊官賣，草則止令沿邊於夏秋緣科錢内折納，取年支足用。況今來支用比舊已增一倍，倘不速爲此計，異日匱乏，必須自京輦運供【3】儲矣。」又言：「中書令計度輦運科撥夏秋二税者。竊以陝西沿邊除鎮戎、保安軍各近蕃界，不可大段儲積，所須糧草，止逐時輦運，常及半年已上外，其渭、原、涇三州，即西路屯兵之處，請令永興〔二〕、鳳翔、華、儀、隴五處人户輦運糧草，仍支此五處二税於上件三州輸送；其三州二税，即令輦運鎮戎軍糧草。環、慶二州，即中路屯兵之處，請令同、耀、乾、邠、寧五州人户輦運糧草，仍支此五州二税於上件二州輸送〔三〕；其二州二税，並於沿路鎮寨輸送。延州即東路屯兵之處，請令解、河中、丹、坊、鄜五州人户輦運糧草，仍支此五州二税於延州輸送；其延州二税，即令輦運保安軍糧草。其陝、虢、商三州，請令於永興軍輸送。其逐處本州軍所備年支糧草，則止令五等以下人户供輸〔四〕。秦、鳳、階、成四州地里稍遠，其二税令輸於本郡。如上件三路屯軍處，輦運科撥不及一年以上儲備，即且留沿江茶引，許商旅入中添填。」又言：「禁止解池鹽貨，請勿更通商，官自出賣。其禁榷條件當别具經畫。」詔以鼎狀下輔臣議。呂蒙正等言：「鼎憂職狥公，所言可以助邊。」遂以鼎爲陝西制置使。鼎又薦屯田郎中楊覃爲陝西轉運使，右司諫張賀副之。皆可其奏，仍賜覃、賀金紫。

九月，出内府綾羅、錦綺計直百八十萬，命鹽鐵判官朱台符與河北轉運使定價出市，糴粟實邊。以河朔大稔故也。

十一月，帝曰：「昨輦内府物帛赴河朔博糴斛粟，蓋乘其【4】豐稔，以資軍實。且聞轉運使品定未當，至如寧邊軍民籍最少，與瀛州大郡所定數同，足驗不均，必慮煩擾於民。漕運之司，急於邊備，必不以聞。」乃命太常丞、秘閣校理戚綸乘傳體量，與轉運使、副度民力而行之。

景德元年正月，免府州蕃部博糴芻粟。

九月，詔出内庫銀三十萬兩付三司，送天雄軍博糴軍儲。先是，有司上言，帝從其請，仍於所定價内每兩減錢百五十文。詔河北轉運司，命鎮、定兩州博糴軍糧五十萬碩。並從計司之請也。

〔一〕天頭原批：「『三』一作『二』。」按《長編》卷五四亦作「三」。又按，本門天頭原批所云「一作」，乃指《補編》頁五九九以下所載複文。

〔二〕永：原無，據《長編》卷五四、本書食貨二三之二八補。

〔三〕二州：原脱，據《長編》卷五四、本書食貨二三之二八補。

〔四〕天頭原批：「『則』一作『數』。」

閏九月，內出銀三十萬兩付河北轉運使貿易軍糧，命國子博士張紳〔一〕、祕書丞陳綱、大理評事祕閣校理劉筠與轉運使經度其事。

（三）〔二〕年正月五日〔二〕，就遣河北安撫、侍御史高貽慶往鎮、定州、廣信、永定等軍按視軍儲，與轉運使等計度移易博買，勿令闕備。先是，三司言「昨大兵會於鎮、定等處，所費芻粟尤廣，慮其失備，望遣朝臣按視之」故也。

十九日，罷晉、絳等七州博糴芻粟。從右正言、知制誥陳堯咨等之請也。

八月十日，詔河北轉運司：「今歲河朔大稔，於應通水路州軍增錢和糴，務廣儲蓄。擇廉幹官員督領之，仍示以勸賞。」

十三日，詔令三司抽筭商旅茶，許民就西京白波、鞏縣及沿河倉入粟博買。

十六日，命殿中丞周實與西京、陝西轉運司同選差官和糴，仍示以勸賞。帝以歲稔，穀糴頗賤，議優其價值，以時收斂，庶惠農民，且欲廣致軍儲故也。

九月，西京轉運使 5 鄭文寶等言：「請於部內州軍等第分配坊郭之民糴買芻粟，以充儲蓄。」又言：「請自京給大方茶并晉、絳州布七萬匹，付轄下州軍，依河東例和糴軍儲。」知河南府溫仲舒又請等第配糴。帝以其擾民，弗許，所須儲蓄，令三司經畫以聞。

十月〔三〕，帝謂權殿前都虞候劉謙曰：「此月諸班糧米所支粗惡，與元樣不同〔四〕，宜令赴倉換之。」諸班指揮使皆言米雖陳次，然多已費用，願不復換。許之，仍詔各特賜米一斛，拜謝而退。倉司官吏抵罪有差。

十一月，詔河北州軍百姓商旅糴穀入官，所給價錢出城門者勿禁〔五〕。

三年正月（十）四日〔六〕，罷近京諸州官市芻。以農事將興，慮擾民也。

四年五月，并代州都（鈴）〔鈐〕轄韓守英等言：「本路芻糧煩民饋運，今邊方寧靜，欲量留騎軍三兩指揮，餘乞抽赴河東屯泊。」帝曰：「邊臣有此經度，蓋深體恤民之意。宜可其奏，令諸路總管准此行之。」

八月十四日，出內庫錢五十萬貫付三司市菽麥。時宰相言：「今歲豐稔，菽麥甚賤，多爲富民所蓄〔七〕。穀賤傷農，請官爲斂糴以惠民。」故也。

〔一〕張紳：原作「張伸」，據本書職官四一之八三、又四八之六、兵七之一四及《長編》卷五七、《群書考索》後集卷六四改。

〔二〕二年：原作「三年」。按以下十九日、八月十三日、十月、十一月諸條，據《長編》卷五九、卷六一，皆爲景德二年事，則此「三年」乃「二年」之誤，因改。

〔三〕按此條事，《長編》卷六一繫於二年十二月九日癸未。

〔四〕與：原作「興」，據《補編》頁六〇〇改。

〔五〕價錢：原倒，據《補編》頁六〇〇乙。

〔六〕四日：原作「十四日」，按《長編》卷六二在正月四日丁未，此「十」字當衍，因刪。

〔七〕「多」上原有「錢」字，乃因上句「賤」字衍，據《長編》卷六六刪。

十二月，詔：「諸路所上軍儲之數〔一〕，自今先下樞密院籍記送中書〔二〕。」蓋凡遣戍兵，必預度所在資廪豐約故也。

大中祥符元年二月，詔河北、河東、陝西路轉運使遣官和市軍糧。先是，諸州積穀可給三歲，即止市糴，慮損腐故也。時連歲大稔，因令增蓄，靡限常數，以備轉饟。

二年六月，帝謂王欽若等曰：「府界提點使臣言，考城縣發6廪散軍儲，咸濕潤腐敗。積久，即人不堪食。已令勘鞫，恐非止一縣如此。可速令三司遍詣諸路察視軍食，以時暴涼，勿令損敗。」

十月，江淮發運司言：「淮南、江浙、荆湖諸州軍年穀大稔，穀食至賤。」詔委所在長吏增價收糴，以惠農民。

（三月九日）〔三年九月〕〔三〕，罷江淮和糴。

五年五月〔四〕，出内藏庫錢百萬貫，付三司斂糴軍糧，以實邊郡。是歲，諸州言歲豐穀賤，咸請博糴。帝慮傷農，即詔三司使丁謂規畫以聞，謂言莫若和市。而諸州積鏹數少，故出禁錢以佐用度。

十一（月）〔日〕〔五〕，詔河北轉運使，自今斂市芻糧，宜就瀕河州。

六月十七日，帝謂宰臣王旦等〔曰〕：「環、慶等州言物價皆減賤。」又出沿邊諸州所奏儲峙物數，因謂旦等曰：「夏麥雖稔，至於和糴，當優給其價，仍支見錢，其博糴亦應農民不易。」旦等曰：「便糴亦以他物準折，與博糴同，農民俱爲不便。」帝曰：「國家所貴惠農民，當令丁謂規畫以聞。」

二十日，帝謂王旦等曰：「諸道皆奏豐稔，京東州郡物價尤賤，比令有司增價和糴，以惠農民，當更申警之。」

八月，詔：「三司宜乘時積穀，聚於陝西及緣河州軍，以備歉歲〔六〕。」

十月，詔：「西京市糴軍糧，轉運使止當勸誘，無得迫促。」時轉運使於西京市糴，條約過當，民不如約則杖之，故特禁止。

十一月，帝謂王旦等曰：「京畿近日物價稍高，蓋緣平糴之處，三司許其饒價。朕熟思之，便令罷去，又切於儲蓄〔七〕，或恣其斂糴，又恐傷民。其詔在京常平倉及畿縣收糴之7處，並令減下糴價，更不緊峻（鈴）〔鈐〕轄。」詔曰：「乘彼豐稔，有斂粟之期；阻於往來，非通商之道。務從民便，特軫朕懷。應今後百姓商旅將帶斛斗，各任便逐處糴貨，官司不得輒有禁約。如敢固違，當行朝典。」

〔一〕上：原作「有」，據《補編》頁六〇一、《長編》卷六七改。
〔二〕記：原作「託」，據《長編》卷六七改。
〔三〕三年九月：原作「三月九日」，據《補編》頁六〇一改。又按，《宋史》卷七《真宗紀》二記於八月。
〔四〕五月：《長編》卷七八載於六月十七日癸丑。
〔五〕日：原作「月」，據《補編》頁六〇一改。
〔六〕歉：原作「歛」，據《長編》卷七八改。
〔七〕切：原作「竊」，據《補編》頁六〇一改。

十二月十二日，遣常參官於麟、府州置場，和市軍糧。時河東豐稔，米斛百錢，戎人以茶一斤易粟一囊〔一〕，州縣利於轉送，不即歛糴，故有是命。仍詔止一年轉送。

十五日，帝謂王旦等曰：「訪聞河北、河東諸州軍糴博到斛斗甚多，爲闕敖舍，並權積於寺院内。慮逐州軍見爲數多，遂懈慢不即收糴。可詔逐路轉運司速以空閑公宇或係官舍屋盛以囷廩，仍依元降條貫多方歛糴，務要廣有儲擬，仍逐旬具數以聞。」

六年五月，大理寺丞劉有政言：「今後和糴州軍許令小民收糴口食外，並依三司起請，即不得有妨官中收糴。其價夏以五月、秋以九月，悉用中旬價量增之，以爲定額。」詔付三司定奪以聞。

十月，詔：「今歲秋成，如聞諸路和糴不均〔二〕，於民户頗有煩擾。可令河北、陝西、京西轉運司各蠲其半，中等户以下免之〔三〕。」

十一月五日，詔：「陝西州軍平糴斛斗，宜令太常博士周嘉正與本道轉運司勘會，如合（諸）〔儲〕積州郡，即速令收糴，仍許就便輸納；其不須（淮）〔准〕備州郡，即勿一例施行。」

十五日，詔曰：「朕以淮甸奥區，頻年薄稔，雖已臻於豐歲，尚深惻於予衷。屬在秋成，方兹平糴。顧邦儲之誠切，慮民食之猶艱。將致阜康，宜寬 8 收歛，用申存卹，當體至懷。宜令轉運司疾速指揮權住和糴。」先是，帝以淮右今年雖熟，尚慮民間未得豐足，故有是命。

十二月〔四〕，三司請於畿縣和市芻粟，詔中等以下户免之。

七年二月，帝曰：「臣僚上言，陝西州軍不依勅催置收糴斛㪷，乞差中使重定户等。」王旦等曰：「請只令轉運司條析其寔，并具置十平直人等因依聞奏。」

八月，詔曰：「乘彼豐登，是宜積穀；阻其賈販〔五〕，豈曰通商？特頒優假之文，庶協公私之便。應百姓、商旅將帶諸色斛㪷，並取便於州縣及上京糶貨〔六〕，逐處糴場不得約攔收糴。如敢固違，重行朝典。宜令逐路轉運司下逐州軍出榜曉示。」

九年七月，令陝西州軍秋稼登稔去處，官糴糧斛，無使傷農〔七〕。初，使臣自西來者言鄜、延、華州歲稔，陝西轉運使上言秋苗豐茂，宰臣奏曰「物賤傷農，請行平糴」故也。

天禧元年十（二）〔一〕月〔八〕，詔：「河北定、莫州、廣信、保定軍，所儲軍糧不及三年以上，宜令轉運使比常年減數

〔一〕戎：原作「戍」，據《長編》卷七九改。
〔二〕「不」字原脱，據《長編》卷八一、《群書會元截江網》卷七補。
〔三〕「中等」上原有「可令」二字，據《補編》頁六〇一删。
〔四〕按，《長編》卷八二載於七年正月癸巳。
〔五〕賈：原作「價」，據《補編》頁六〇一改。
〔六〕糶：原作「糴」，據文意改。
〔七〕使：原作「使使」，據《補編》頁六〇一删。
〔八〕十一月：原作「十二月」。按《長編》卷九〇，此條事在十一月壬子，據改。

便糴，自餘州軍權住便糴一年。」河北、河東諸州言：「見管芻糧萬數不少，近年支遣殊尠，伏慮漸益損腐，望權發軍馬赴內地州軍駐泊，以就支費。」詔發軍馬天雄、永興、永靜、河、陝、貝、冀、棣〔一〕、邢、洺、磁、相、懷、澤、潞、慈、隰、石、乾、耀、華等二十一州軍，仍令沿邊安撫司具此意以報契丹，無使妄有猜懼。

二年閏四月十四日，詔：「應依年例合收糴斛㪷去處，令三司不得直行文字，仍令旋具奏聞。」

十六日，詔：「河北州軍 9 今年夏稔，宜令轉運司計度沿邊州軍糧草，如不及三年合收市爲備者，件析以聞。」

十一月十七日，起居舍人呂夷簡言：「澶、魏豐熟，望出內藏錢二十萬貫市芻糧。」從之。

三年九月，西染院副使、內侍押班周文質言：「西邊苗稼登實，望於鎮戎軍等處別置敖庾，入中糴軍糧五七萬斛。」詔陝西轉運規度以聞。

十月，工部侍郎、集賢院學士馬亮言：「淮南州軍薄稔，商旅有自兩浙轉粟而販鬻者，以給民食，今官市之，其價增倍。望令權罷和糴。」詔發運司詳酌以聞。

〔景德〕四年八月〔二〕，出內庫錢五十萬貫付三司市菽麥。時宰臣言：「今歲豐稔，菽麥甚賤，（錢）多爲富民所蓄。穀賤傷農，請官爲斂糴以惠之。」故也。

〔天禧四年〕九月〔三〕，太子太保王欽若言：「請令江淮制置使罷雇民船，兩浙、淮南權罷和糴〔四〕，聽商旅入中。」並從之。

十二月，詔：「如聞河北州軍假民錢市糧斛，慮成搔擾，止之。如已假得錢，即時給還，所須軍儲，委轉運司別爲規畫。」

乾興元年三月，陝西轉運使范雍言：「滄州、歷亭縣等處每年廣收糧斛，乞修置倉敖，差官收糴。」詔轉運司相度，無妨，即依所奏施行。

仁宗天聖元年正月，詔：「河北、河西糧草須及時準度，仰於三司內藏庫撥發錢帛或羨剩官物可以變轉者，預先計度腳剩津置，以備向去時熟市糴糧草。中書、密院與三司相度利病以聞。」

七月十七日，詔於河北見勾當朝臣內選差一員，乘遞馬往沿邊提舉便糴糧草。以是歲河朔 10 秋稼大稔，令及時蓄聚邊備故也。

八月，陝西轉運使范雍言：「沿邊州軍和糴入中軍儲，合差官往彼，請受外乞給與驛券，仍據和糴入中到斛斗等

〔一〕棣：原脱，據《長編》卷九〇補。無此州則僅有二十州軍，與下文云「二十一」不合。此當是《大典》避諱缺字，從而脱去。

〔二〕景德：原無。按此條乃景德四年八月事，見本卷前文食貨三九之五及《補編》頁六〇一該年「八月十四日」條，只有二字之異。此當是《大典》從另一處輯得此條，編者未審其年號，率爾插入於此，今補其年號。

〔三〕天禧四年：原無。按，此是天禧四年九月事，見《長編》卷九六，因補四字。

〔四〕淮：原脱，據《長編》卷九六補。

第酬獎。如及得元抛數，乞優與酬獎；及七分以上者，至得替日，磨勘理爲勞績；及五分以上者，得替日，與家便近地一任；不及三分者，乞從本司取勘申奏，量與責罰。其當路知縣及獨員監司自來不許差遣之處，望特許差使。」詔可其請。又定奪所言：「河北沿邊州軍寨依新法便糴糧草及常平例糴買糧草，所差監官亦乞依范雍所奏陝西例施行。」從之。

閏九月，淮南江浙荆湖制置發運司言：「乞下逐路運司，於人户所納苗税上，每石量糴二斗五升，合糴得二百萬石，所貴敷趁年額上供〔一〕。」帝曰：「常賦之外，復有量糴之名，必恐勞民，令别規畫。」

三年十月五日，權三司使公事范雍言：「和糴、和買糧草有未便事，謹條言之：一、天下和糴、和買夏秋糧草，雖逐處開場，多被經販行人小估價例，外面添錢收買。候過時，乘官中急市，即添價却將糴買者中賣。兼多方拌和均減，致糧草怯弱，又枉費官錢不少。乞自今和糴、和買，須及時早開場，委知州軍同通判與監官當面勒行人依在市見賣價例估定錢數，仍須趁時糴買。不得容信作弊，直至過時，大估價錢，得怯弱糧草，枉費官錢。更委轉運司專切提舉，違者勘罪以聞。仍乞每年約束遵守施行。一、諸州軍縣鎮津步 11 館驛，逐年所要支備糧草，並是轉運司預行文字，令約度支撥，或即糴買。其如逐州軍人吏等多是作弊，矇昧官員，直候非時闕絶，本處申報，便差倩街坊百姓及鄉村人户轉搬往彼。轉運司不能盡見勞擾，妨費農時，吏緣爲姦，爲害甚大。乞令轉運司，每年逐處長吏躬親約度管内倉驛合要糧草申報。如是有司支撥，即撥與税物送納；如無可支移，即令本處多方趁時糴買，須令及得年支數目。今後更致闕乏之處，並仰本處未得便差人夫轉搬，須申轉運司，委本司先且取勘本州干繫官吏依法施行訖，方與相度擘畫應副。仍乞每年科撥之時，檢舉施行。」並從之。

十二日，淮南等路發運使方仲荀等言〔二〕：「淮南、兩浙州軍和糴，甚有監官因循，信容專㪷及諸色人作弊，致得粗弱斛斗，(泊)〔洎〕裝發至卸納地頭，多稱不堪上供。乞今後應和糴斛斗裝發至卸納倉場，如驗得粗弱不堪上供，即委自知州、通判入倉，同與監官勾集綱稍人員，對衆子細看驗。如委實粗弱不堪，便勒行人定驗，紐計虧官價錢并枉費搬輦請受，牒元糴州軍勘斷監專、斗級，於合分攤人名下剋納入官，雖遇赦恩，並不原放。以斯條約，必絶奸欺。」從之。

十一月十六日，翰林侍講學士、刑部侍郎孫奭等言：「詳定到河北沿邊州軍寨便糴買糧草，支與香、茶、見錢三色交引，委得久遠利便。其客旅於在京榷貨務入納錢物，筭請茶貨，欲於入 12 納寔錢内金銀、物帛上等第即與加

〔一〕額：原作「頞」，據《補編》頁六〇二改。
〔二〕使：原作「司」，據《補編》頁六〇二改。

饒。所有十三山場筭請茶貨，欲更不貼射，依舊於在京榷貨務及本處入納錢物筭射。及十三山場買茶，每年朝廷差使臣於山場秤盤，欲今後只委制置司鄰近差官。」從之。

四年五月，都官員外郎吳耀卿言：「淮南州軍在市米價翔貴，尋問因依，多言官中和糴緊急，是致小民闕食，發運司務要敷趁年額，須至催督。乞朝廷勘會在京見在斛斗數目，於咸平、景德年額内酌中立一等爲定額。」詔下發運司，仍令三司立定年額。

閏五月二日，三司言：「荆湖、江、淮南四路州軍米價，每斗或七十至百文足，多言和糴場緊急，欲得糴及萬數應副上供。伏覩咸平、景德年中上供斛斗，不過四百五十萬，比至近年六百五十萬。乞於逐年上供數内酌中取一年爲定額。」詔三司於上件年額船般斛斗六百萬碩上供數内權減五十萬碩〔一〕，起自天聖五年後，每年以五百五十萬碩爲額，不得別致虧欠。從之〔二〕。

八月，京西轉運司言：「轄下州軍各闕糧儲，欲乞於近便州軍權支見錢三五十萬貫，赴當路收糴軍儲，準備支遣。」從之。

是月，三司言：「河北、陝西等路州軍客人入納糴買糧草交引，自前客人賫到文抄，赴省投下，翻换正勾文貼，元限十日點筭行遣發放，伏緣日限數多，恐有住滯。今欲減定日限，前部限五日點勘行遣押印送勾院，即限兩日對勘書押發放。」從之。

十月八日，京西路轉運13司言〔三〕：「今歲秋成，斛斗稍賤，乞下三司支撥見錢，及時收糴。」詔令三司支錢二十萬貫，半於内藏庫支，半於左藏庫或榷貨務給付。

二十三日，户部副使王博文言：「乞降勑命下陝府西路轉運司，令專切提舉當職官吏及時催納今歲糧草〔四〕。」從之。

五年正月，上封者言：「體量得河北諸州軍每年和糴、便糴斛斗萬數不少，官中估價不低，從來被諸色行人等將米、粟兩色入糠及粃穀，用温水拌和入中，在倉敖及一二年間，便有陳次黑弱。伏乞嚴行科斷。」詔令河北轉運司依先降勑命嚴行鈐轄〔五〕，其將糠粃及水拌和濕潤斛斗入中人等，所犯情理重者奏裁。

十月，三司言：「陝西十一州軍本處官員、使臣等將收糴、博糴、便糴納到糧草衮合爲數，乞行酬賞。省司勘會：其收糴、博糴糧草數少，便糴數多，詳酌蓋是監糴官員使臣不切用心趁時收博，致過時，却就貴價入便。欲乞別立定等第賞罰，責得用心。每年抛降夏秋色糧草與逐處收糴、博糴，轉運司於別州軍舉差官員、使臣往彼專監入納者，其

〔一〕十：原脱，據《文獻通考》卷二五補。
〔二〕從之：疑衍。
〔三〕言：原脱，據《補編》頁六〇二補。
〔四〕切：原作「竊」，據《補編》頁六〇二改。
〔五〕鈐：原作「軨」，據《補編》頁六〇三改。

收、博、便糴糧草各及得元拋萬數，即依元年八月勑酬獎。所是本處官員，使臣監當者，緣係本職勾當，候得替日，令轉運司勘會逐年收、博、便糴糧草數目各及得分數，即與保明申奏。所貴用心收、博得萬數，冀免一向貪數入便。其不係博糴州軍，即以收糴、便糴兩色數目各別比附施行。其同監并提舉官員、使臣 14 不得一例乞行酬獎。」從之。

六年六月，詔令三司於在京榷貨務支撥錢二十萬貫與京西轉運司，分劈收糴斛斗。以歲豐穀賤故也。

十月，河北轉運司楊嶠、王沿言：「乞差諳會邊上糴便糧草清强官一員赴沿邊州軍，專切往來提舉。」從之。又言：「沿邊州軍自六月後遭大雨，山河汎漲，渰澇人户田苗。已準近詔，除放秋税。并其餘乾寧、安肅軍、深州及次邊州軍亦是水災，各差官員體量檢覆，以等第減放税物。當司勘會轄下州軍，即目逐處所管糧斛不多。竊覩近歲近裹州軍秋田，比常年豐熟，本司雖已依常平例下逐州軍置場收糴，緣闕見錢，近蒙自京支撥見錢三十萬與本司糴買糧草，約只得五十萬石已來。深慮過時，爲豪民兼并之家趁賤收糴，官中無可計置，須至擘劃，接此近裹州軍豐熟之際，除依常平例於沿邊并近裹州軍收糴入便外，更乞於沿流安利、天雄、永静軍、相、貝州及德州將陵、貝州歷亭縣共糴斛斗百萬石，選差官置場，招客入便。所有逐色每斗添擡錢數并支還客人行貨則例，乞下三司相度定支。」省司勘會：「乾興元年九月十五日敕：次遠、近裹州軍便糴斛斗，細色每斗添錢十五文，粗色十文，仍以百千爲則〔一〕，依舊例分支香、茶、見錢三色，下項開坐。所準敕命，雄、霸、莫、順安、保定、信安等六州軍，昨經水災去處，拋定便糴、收糴斛斗，三分中校減二分，却於近裹沿御河、天雄軍等 15 處便糴、收糴。其添饒、支還則例，欲依乾興元年九月勑施行：二十五千支向南閑慢州軍見錢，三十千支茶交引〔二〕，四十五千取客穩便筭射香藥、象牙。」並從之。

十一月，京西轉運司言：「穀價每斗十錢，恐太賤傷農，乞下三司及早市糴。」

七年二月六日，臣僚上言：「諸州軍逐年夏秋例各置場，和糴入中諸般糧草，準備軍須。其中亦有所定物價高大，所入糧草低弱。察其弊源，蓋逐處官員自將收穫職田及有月俸餘剩或糴買粗弱斛斗中糴，是以互相容隱，不惟虧損官錢，兼且倉庫守支，易爲損惡，以至軍人請得陳次口食，或形嗟怨之語。乞嚴止絶，如今後尚敢輒將職田、月俸及粗弱糧草假立他人姓名中納入官者，許諸色人告論，其糧草不計多少，收没入官，所犯官員科違制罪。仍於所犯人處每一石收錢五百，一束收錢五十文，給與告者，更別許指射本州優輕厢鎮或酒税場務勾當一次，以爲酬獎。委轉

〔一〕則：原作「色」，據《補編》頁六〇三改。

〔二〕三十千：原作「三千」。按上引乾興元年敕云「以百千爲則」，則此當作「三十千」，方合「百千」之數，因補。

運司每遇開場之時，備録出牓，告示官員令知。」從之。

六月，殿中侍御史朱諫言：「竊聞今春河北客旅從御河載斛斗往邊上州軍入中，經由潮河、界河，多將糴與北界人。乞委轉運司選官於乾寧軍同共點檢往沿邊州軍入中客旅舟船斛斗，抄上文簿，候邊上入中訖，照會元抄上數目毁抹。」詔轉運司、安撫司疾速密切相度以聞。

七月，詔令内藏庫榷貨務各支錢十萬貫，與陝西、河北收糴斛斗，準備水16災人户闕食。

八月十九日，三司言：「西染院使盧鑑狀：『陝西沿邊諸州見管軍儲，甚有夾雜粗惡斛斗。本路轉運使躬親檢點，其手分、專副雖已行遣，及令兼帶支遣，蓋緣元差監官爲見朝廷著令有大段入中得斛斗即與陞陟，故務要增令盈萬數，僥求酬奬。況在邊陲，事干兵衆不便。乞今後應沿邊州軍所差監入中官員如合該酬奬，乞下本路轉運使、副因往轄下巡歷，躬親看驗，如得堪好軍儲并及得元定萬數，即具保明聞奏，方與酬奬。如意在僥求，及別有欺弊〔一〕，糴下粗惡斛斗，久遠不堪軍食，雖已替移，並令申奏，特重行遣，仍理科罪。』三司檢會：近准天聖五年十月九日詔：『每年拋降夏秋色糧草與逐處收糴、便糴、博糴，轉運司於州軍差官往彼專監入納者，其糧草及得元拋萬數，即優與酬奬。七分已上，替日磨勘，理爲勞績；五分已上，替日磨勘，與家便近地一任差遣。如只是便糴得數多，收、博數少，並不酬奬。其本處官員、監當替日，令轉運司勘會逐年收糴、博糴、便糴糧草數目，及得上項分數，即與保明申奏，酬奬；若不及三分以上，即取勘申奏，量與責罰。』省司看詳：陝西沿邊十一州、軍、監糴便官員已有上件酬奬條例，欲今後夏秋收糴、便糴、博糴，並入到一色新好糧草堪任貯積軍馬支食，其監官酬奬，一依條例施行。如内有不盡公心，意在僥求，及別有欺弊，其監官雖已移替，並依鑑所奏17施行。」從之。

九月，三司言：「知河南府王隨并京西轉運司上言，乞於在京榷貨務支撥見錢十萬貫文收糴軍糧〔二〕。省司勘會：今年四月中河東轉運司孫沖奏，於轄下那得見錢十萬貫在本路封樁。欲令那撥五萬貫文赴懷州下卸，令京西般取。」從之。

十月二日，中書門下省言：「河北經水災州軍少闕糧草去處，欲令三司疾速經度以聞。」從之。

六日，三司言：「河北沿邊十四州、軍、寨合要添備糧草，已牒逐處告示客旅入便處，恐官吏不切(疚)〔究〕心，乞選差幹事朝臣一員提舉。」從之。

十一月三日，三司言：「西京管界今年大熟，欲許客旅於彼處入納諸色斛㪷，依市價每十貫七百文，令取便指射自京東、京西及向南州軍見錢。如願要香、茶及顆末鹽、白

〔一〕別有：原倒，據《補編》頁六〇三乙。
〔二〕務：原脱，據《補編》頁六〇三補。

礬等交引，並聽。」從之。

十六日，河北都轉運使胡則言：「勘會邊上州軍內有糧草只得一(半)〔年〕或半年支遣，及保州、廣信軍馬料全少，自初秋降數入便，至此並無客旅中納。乞依今年閏二月定到則例，招客入便，候有備，即依舊法施行。」詔保州、廣信軍少闕馬料，令轉運司於側近那撥應付。如須至差倩等第人户，亦仰相度，不得張皇搔擾。仍令轉運使王沿分析自來如何(劈)〔擘〕劃計置〔一〕，(劫)〔却〕致今來闕欠，具詣實以聞。

二十一日，三司言：「近點檢河北沿邊保州、廣信軍馬料，見在馬料不及年支，并真定府等處人糧馬料數少，竊慮不切計度，有悞給遣。乞降勑本路，據糧草數少州軍，疾速[18]先次營度支撥添備，無致闕悞。」從之。

二十六日，三司言：「河北都轉運使胡則等言，乞自京支般見錢百萬貫，與當路相添糴買糧草，令三司(劈)〔擘〕劃應付。今勘會：今年七月中在京支撥見錢二十萬貫與河北收糴斛斗，只般取過十一萬貫外，尚餘九萬貫，若便行支撥，不惟在京支費浩瀚，兼緣少得脚乘，應副不及。乞下河北轉運司，據在京已支下未般錢數疾速般取，及就近計置收簇諸色課利錢糴買糧草。」從之。

八年正月十八日，三司言：「臣僚請河北沿邊州軍今後便糴斛斗，專委轉運使、副一員提舉。如便糴監官入中到三十萬碩以上得足者，與升差遣。」從之。

五月，詔河北轉運司：「今後沿邊諸州軍寨每年入便斛斗，令轉運使、副自入中便，須不住經畧點檢，仍令逐處知州軍、同判等常切提舉。便糴官員、使臣等用心入便堪好斛斗，及得元降數目，將來支遣別無粗惡不堪，其便糴監、專等仰具保明申奏，特行酬獎。若監、專等不切用心，取受顔情，告屬入便下夾雜粗弱不堪斛斗，致有虧損官物，其監官及轉運使副、知州軍、同判等，並各勘罪，當議等第重行朝典。所有虧官剥納價錢，並勒專副等填納入官，具數聞奏，當行決配。餘依前後著令。」

十月，三司言：「河北西邊入便糧草，欲乞依去年例，每百貫內支三十五千見錢，二十五千香藥、象牙，四十千茶交引，所貴招誘入便，豐得近邊軍食。」從之。

寶[19]元二年九月九日，三省言：「準勑收買稈草一千萬束。行人估定每束一十三斤，末等價例一十九文。省司欲依估價，依舊例更支脚錢五文收市。」詔令三司特更添五文，餘從之。

三年二月十六日，三司言：「乞借內藏庫錢八十萬貫，於陝西市糴糧草，候(准)〔淮〕南般到錢，依數撥還。」從之。

慶曆四年三月九日，詔三司，令逐路轉運司今後每遇秋夏豐稔，不限斛斗數目，廣謀收糴。

〔一〕王沿：原作「王汾」。按，據《長編》卷一〇六，天聖六年九月，任王沿爲河北轉運使，則此當作「王沿」，因改。王汾乃英宗、神宗時人，非此。

皇祐二年七月，賜内府絹一百萬下河北都轉運司，權易大名府路安撫司封樁錢市糴軍儲，仍遣權三司度支判官董沔往計置之。

十一月，詔：「河東秋稼大豐，其令三司廣糴邊儲。」

閏十一月，賜内藏庫緡錢四十萬[一]，紬絹六十萬，下河北便糴糧草。時河朔頻年水災，朝廷蠲民税幾盡，至秋，禾稼將登，而鎮定復大水，北邊尤被其害。帝憂軍儲不給，故出内府錢帛以助之[二]。

四年七月，三司言：「開封府諸縣第四等以上户歲共市草三百萬束，請以登、萊州端布每匹折價一千三百六十，沂州匹布一千一百文。」帝謂輔臣曰：「折價太高，則恐傷民，宜減端布爲千二百，匹布千錢。」

五年五月，詔：「諸路轉運使上供斛斗，依時估收市，毋得抑配人户，仍停考課賞罰之制。」先是，三司與發運司務爲聚斂，奏諸路轉運使上供不足者皆行責降，其歲漕踰額則升擢之，以是貪進之士競爲誅剥，而民益不聊生，故降〔是〕詔。

至和元年八月九日，權御史中丞孫抃言：「昨以 20 許、曹、陳、鄭、滑等五郡近畿内，今復添官屯田，望乘秋稔，特出内金以賜五郡糴買斛斗。」詔令京畿轉運(爵)〔擘〕劃計置，不管闕悞。

十一月四日，判大名府賈昌朝言：「勘會昨支給内帑錢帛八十萬下河北都轉運司，分諸州軍趁時收糴軍糧，内大名府收糴夏麥外，錢數全少。乞大名府權許客人入便斛斗三五十萬，準備緩急支遣。」詔下三司，令入便五十萬碩，別行樁管。

五日，昌朝又言[三]：「勘會河北沿邊諸州軍入便斛斗，乞下都轉運司趁此豐稔，令逐州軍依數入便。」詔三司，令入便人糧三百萬、馬料一百二十萬碩。

二年十一月二日，臣僚上言：「河北收糴入便，夾帶粗潤斛斗在内。欲乞今後委是堪好封樣一斗赴轉運司看驗，所貴激勸官吏，各務用心便糴軍儲。」從之。

五日，知并州龐籍言：「乞支撥漬污絹三十萬匹，折博收糴糧儲。」詔三司依數支撥應付，趁此豐稔，置糴斛斗，勿令過時。

嘉祐三年八月，詔三司：「西京比歲旱，屢蠲民租，其以緡錢十萬下本路助糴軍儲。」

五年三月，詔三司：「自來河東路和糴糧草，支一分見錢，三分茶，自今並以見錢給之。」以上《國朝會要》。

治平四年三月十九日，神宗即位未改元。三司言：「在京粳米約支五年以上，欲乞於上供年額六百萬碩内，將五十萬碩自今年冬發運司權住起發，體量米貴處，與減和糴數

[一] 庫：原無，據《長編》卷一六九補。
[二] 帛：原無，據《長編》卷一六九補。
[三] 朝：原作「期」，據《補編》頁六〇四改。

目，却令買金銀、絹帛上京。候約支不及四年，即添三二十萬碩。將上件錢[21]帛於榷貨務封樁，分與三路，以備軍須。候充羡，即留在京。」從之。

神宗熙寧二年八月十八日，龍圖閣直學士陳薦言：「訪聞河朔今歲豐稔倍常，將來物價必賤，甚易收糴。望令河北便糴官吏將所拋斛斗萬數，約逐處在市實價量估定，米須糴及七分以上。乞自今後米與粟中半收糴，仍乞候每歲住糴之後，選差官遍詣便糴州軍點檢，如不及分數及有糠粃夾雜，應干繫官吏乞重置於法。」從之。

九月，陝西轉運司言：「本路秋稼豐稔，別無見錢收糴。永興軍封樁銀二十餘萬兩，乞借支本司廣謀收糴斛斗，以寔邊廩。」從之。

三日，詔借榷貨務封樁折斛錢與在京、開封府界諸縣市糴，據所糴數爲來年發運司上供年額，令本司償以金帛。

十一月十六日，詔以今歲豐稔，權立河東、河北、陝西路監糴官優厚酬奬之制。

閏十一月，降空名祠部二千道付鄜延安撫司，召童行及客人進納見錢，收糴斛斗，充安撫司封樁。如情願入納折充錢數者，亦聽。其合進納價錢數目，並令安撫司相度，仍限至三年夏季終納足。

十二月十八日，河北都轉運、便糴司言：「熙寧二年分，緣斛斗准朝旨只糴三百三十三萬碩，稈草四百萬束，約度未至有備，乞續拋稈草二百萬束，及乞許將近裏糴五十萬碩斛斗，於緣邊拋定斛斗三百三十萬碩數外糴入。」從之。

三年正月二十二日，制置三司條例司言：「檢會編敕：軍人食不盡月[22]糧口食，並許坐倉糴入官。自來河北、河東、陝西州軍少闕省錢，多不施行。欲乞三路如闕見錢，許提舉常平倉司坐倉收糴，以備俵散。如合留充軍糧支遣，即却令撥充和糴，或入中倉。」從之。

四月二十四日，權三司户部判官皮公弼言：「乞河北便糴司於大名府等處差官置場，寄糴斛斗。」從之，仍令後令便糴司相度，如合寄糴，即一面施行。

七月一日，詔：「昨罷諸路賣度僧牒，本以令商人併趨鄜延入錢，以助邊計。今鄜延所賣之餘，存者無幾。環慶地險土狹，財賦素號不充[一]，方邊事未息，防秋是時，可賜度牒千道付經略司，令依鄜延法召商人入錢封樁，以半糴邊儲，備支費。」

是月，賜河東經略司、安撫司紬絹十萬匹，令於轉運司年計外，變糴麟府路糧草[二]。

八月十三日[三]，權三司使吳充言：「三路屯聚士馬費用不貲，河北沿邊歲於榷貨務給緡錢二三百萬，以供便糴，

[一] 素：原作「數」，據《補編》頁六〇五改。
[二] 麟：原字不清，據《長編》卷二一三補。
[三] 十三日：《長編》卷二一四繫於十六日癸酉。

非汎應付不在其數。陝西近年出左藏庫及内帑銀錢、紬絹數百萬計，河東歲支上京交鈔不少，當無事之時，常苦不足。乞自明年歲減江淮漕米二百萬石，委發運司於東南六路變易輕貨二百萬緡，五年外漕米如舊。所得無慮緡錢千萬，轉致三路封樁，寬爲期限，與民變轉見錢。兼令商人入粟，優給物貨，委提點刑獄司主管。仍以三司封樁平糴備邊錢斛爲目，三司歲遣官三兩員點檢催促。」詔三司度可否。三司請如充議。從之，仍詔止撥23往河東、陝西要便州軍樁管，依常平新法，量穀貴賤糶糴。先是，充奏至，王安石以爲此錢當付之常平，常平新法本所以權邊糴，待緩急也。曾公亮以爲不然。上令付常平，如安石議。公亮曰：「三百萬碩恐太多，不如止百萬碩可也。」安石曰：「今必欲變二百萬碩米，則米斛必賤；必欲置二百萬貫輕貨〔一〕，則貨必貴矣。如何？」上曰：「如今止令客舟運米抵京，即京師糴錢爲便。」安石曰：「臣本意亦及此，然京師一歲欲糴二百萬碩米，即恐米復賤。兼數太多難糴，恐亦須令發運司度諸路有米貴處，折錢或變爲輕貨〔二〕，乃便也。」

九月二十九日，賜陝西轉運司内藏庫絹百萬疋，以其半分四路封樁，餘易沿邊軍儲。

四年正月十三日，詔出榷貨務五十萬貫助糴陝西軍糧，復以京東支與河北封樁紬絹三十萬疋、錢十萬還榷貨務〔三〕。

二月四日，詔：「河東發民夫運糧輸邊，可聽民從便就邊州糴糧送納，河外糧草如稍有備，即停運。及有可以寬民力者，令轉運司從宜施行。」

五月，令河北轉運司於河東鄰近州軍雜支封樁錢内支錢十萬貫，津置往太原，以備軍費。

十五日，詔給榷貨務封樁銀十二萬七千兩、絹一萬七千匹赴陝西轉運司糴軍儲。

十月十六日，賜絹七十萬匹爲陝西常平糴本，仍許自京召人供抵當賒買，於本路送納見錢。

五年四月三日，詔三司出紬絹百萬，付陝西四路經畧司變易，以備邊用。

六年十一月二十六日，24詔三司於永興、秦鳳等兩路每年封樁解鹽錢内，借鈔計百萬緡，付秦鳳等路轉運司計置熙河糧草〔四〕。仍許詳酌邊儲，隨緩急處增損三司所定鈔價錢。

二十七日，詔涇原路年例外，益以鹽鈔錢二十萬緡，付經畧司市糧草封樁。

十〔一〕〔二〕月二十四日〔五〕，詔借大名府提點刑獄司封

〔一〕必：原脱，據《長編》卷二一四補。
〔二〕或：原作「成」，據《長編》卷二一四改。
〔三〕榷：原作「權」，據《長編》卷二一九改。
〔四〕「計置」上原有「市」字，據《長編》卷二四八删。
〔五〕十二月：原作「十一月」，據《長編》卷二四八改。

椿茶稅錢八萬七千緡，付河北東路都轉運司糴邊儲。

七年十二月一日〔一〕，三司乞以京東路上供糧，自明年後不折變錢，依舊計置折變米，並于河北近水路州軍封椿，以備邊用。從之。

八年八月二十八日〔二〕，詔司農寺於河東沿邊、近邊州軍豐熟處，以三十萬緡計置糧草封椿。

九月三日，詔大名府、定〔三〕、澶州各具馬二萬匹一年芻豆封椿〔四〕，大名府令司農寺，澶、定州令都提舉市易司計置，並限二年足。

十一月，令三司支銀二十萬兩，赴熙河路收糴糧草。

九年正月九日，試將作監主簿歐陽濟言：「乞於京西沿江州縣輟斛斗二十萬碩，應付廣西支用；如不足，即於民間收糴。」從之，仍令濟往計置。

二十二日，詔賜秦鳳等路常平、坊場、免役剩錢一十萬貫，令轉運司津置赴熙河路〔五〕，應付糴買芻粟。

二十八日，詔：「先定熙河每年糴買人糧二十二萬碩、馬料一十萬石、草八十萬束，以本路市易併茶鹽、坊場息錢并熙河州酒稅課利充糴本，仰具自後糴買次第聞奏。」

二月二日，詔司農寺於秦鳳等路本寺銀絹或見錢內，更賜錢一十萬貫赴轉 25 運司，令熙河路糴買芻糧。

六日，賜陝西永興、秦鳳路轉運司折二大錢各十萬貫，糴買芻粟。

十二日，詔荆湖、廣南東西路轉運司：「如諸路運糧未到，或支遣未足，即依市價量添錢，許於有蓄積之家收糴，不過五分；其情願入五分者聽。」

三月十七日，詔三司將陝西交子本務除約度留支還交子錢外，將已支買鈔錢五萬貫均賜永興、秦鳳路轉運司糴買糧草，仍具已分定錢數以聞。

二十四日，詔：「如聞今歲畿內夏田茂盛，令司農寺剗刷諸色見錢，于府界屯兵縣分廣行收糴，撥與三司，却令以東南諸路折納到錢帛旋還。」

四月九日，中書門下言：「熙河路走馬承受長孫良臣乞支降見錢或銀、紬絹赴本路，趁時（糴博）〔博糴〕蓄、（漢）〔漢〕人户夏麥等。」户房檢會：「近已令都提舉市易司計置物貨十五萬貫，赴熙州市易司變轉見錢充本。今欲更令市易司添錢五萬貫，內十萬貫充熙州市易司本錢，十萬貫令在京市易司入中本路糧草。」從之。

五月十八日，中書門下言：「乞令三司支銀絹，依市價折筭錢十五萬貫赴熙河路，趁時計買糧草。」又言：「陝西諸州軍未般交子本錢二十六萬二千餘貫，乞就近便處分與永興、秦鳳兩路轉運司，應付收糴軍糧。仍令日以後鑄到

〔一〕十二月一日：《長編》卷二五八繫於十二月四日丁卯。
〔二〕八月二十八日：《長編》卷二六八繫於九月七日丙寅。
〔三〕定：原脱，據《長編》卷二六八補。
〔四〕年：《長編》卷二六八作「等」。
〔五〕置：原作「制」，據《補編》頁六〇六改。

新錢，逐旋支充納換交子錢等。」從之。

二十六日，河東路體量程之才言：「和糴之法，惟河東異於諸路，民間所輸一碩，纔及私市一斗之價。乞以逐年和糴26之數減一分外，以九分均入兩稅額內，和糴價錢更不支給。」中書言〔一〕：「近已奉詔檢前後言和糴文字立法看詳。河東和糴，患在數多及貧富户所出不均〔二〕。若欲減數，即須本路年計別有所出；若欲均，即須先體量見今不均次第合如何均定。今欲令本路安撫、提轄倉司同體量相度聞奏〔三〕，然後選官復行相度，立法取旨。」從之。

七月二十四日，詔永興軍等路轉運司封樁末鹽等錢，並撥付鄜延路糴買糧草。

二十五日，詔諸路轉運、提舉、府界提點司：「應折納斛斗，並令逐旋取在市實價出榜，許人户情願折納，仍臨時許量添價錢。內五路如願以草折者聽。不得虧損官私，及受納住滯。仰分定州縣，每月一次具市直、添錢、折納數目以聞。」先是，手詔：「陝西兩路折納欠負〔四〕，官司所估斛斗價直太低小，致人户盤筭不足，難於送納。緣三邊累年荐飢，賑發不少，若不乘此豐稔多方收糴，深恐向去或值災傷，迤邐展移期限，因循却致陷失。可速議進呈。」故有是詔。

九月七日〔五〕，中書省言：「欲令市易司發錢三十萬緡，於鄜延、環慶兩路同經畧司糴穀封樁。其錢令本司指射撥還。」從之，仍令市易司止於今次息錢內除破所支錢。

二十五日，熙河走馬承受長孫良臣言：「本路歲豐，乞支見錢以廣糴。」於是中書言：「市易司見入中四十萬緡，今欲更令市易司就支本路錢十萬緡與秦鳳等路轉運司計置熙河糧草〔六〕，仍於息錢除破。」從之。

十27年二月二十三日，三司言：「知定州薛向乞用見錢糴買草料。欲乞下河北糴便司勘會市易司所買糧草，比之鈔法如有利潤，即乞合分定州軍糴買，仍具利害聞奏。」從之。

八月二日，河北西路轉運司言：「懷、衛、相、磁、邢、洺〔七〕、深、趙州例皆豐稔，緣本司常闕糴本，乞令本路提舉司於近裏八州郡常平收糴斛斗樁管，候本司挪到見錢，撥與提舉司，依元糴價充軍糧支遣。」詔司農寺，令本路提舉司於常平倉存留一半錢內特借撥收糴斛斗，仍細色不得過十萬碩。

九月七日，知延州呂惠卿言：「今歲本路諸城寨秋稼收成，轉運司糴本不多，今欲將經畧司見管封樁錢二十一

〔一〕中書言：原脱，據《長編》卷二七五補。
〔二〕「在」原作「有」，「富」原脱，據《長編》卷二七五改補。
〔三〕提轄倉司：《長編》卷二七五作「監司提舉司」。
〔四〕欠：原作「次」，據《長編》卷二七七改。
〔五〕九月七日：《長編》卷二七七繫於九月十九日壬申。
〔六〕市易司：原脱「司」字，據《長編》卷二七七補。
〔七〕洺：原作「洛」，據《補編》頁六〇七改。

萬餘貫輟借〔一〕，委官分頭趁時收糴斛斗，且在本司管係。若轉運司(劈)〔擘〕劃到錢，却乞依至時市價兑與斛斗支用，却將撥到錢依舊封樁。」從之。

二十一日，詔諸路轉運司：「今後於常平倉存留一半錢内借支收糴斛斗，至撥還日，計元糴價出息一分；不及一年，計月理息。其提舉官、諸司管勾官任内能以存留一半錢斛乘時糴糴，亦計息分數等第推賞。」

十一月十五日，三司言：「陝西以今歲秋田倍豐，物斛至賤，今欲乞更支借錢六十萬貫，分給兩路乘時糴買，仍令監司就近印抄給付。」從之。以上《續國朝會要》。

元豐元年正月二十五日，詔：「河北東路沿邊糧留三年，餘州留二年支遣外，其餘聽依市直量減價糶，毋損元價。其錢封樁，候歲豐，糴及元28數。」

閏正月九日，詔：「河東路十三州歲給和糴錢八萬緡，自今罷之，以其錢付轉運司市糴糧草〔二〕。」初，知太原府韓絳乞精選才臣與臣及監司置局於府，講求和糴利害。乃詔三司户部副使陳安石(興)〔與〕韓絳同轉運司講求邊儲利害。絳乞改和糴之法，減放元數三分，罷官支錢、布，但寬其支移之苦，寔惠及於民，遇災傷十七，則又除之。而安石言：「十三州二税三十九萬二千餘碩，和糴八十二萬四千餘石，所以災傷舊不除免。蓋十三州税輕，又本路恃爲邊儲，理不可闕。其和糴舊支錢、布相半，數既畸零，民病入州縣之費，以鈔貿錢於市人，畧不收半。公家寔費，民間乃得虚名。欲自今罷支糴錢，歲支與沿邊州郡，市糴糧草封樁。遇災傷，據民不能輸數補填；如無災傷，三年一免輸，以封樁糧草充數，即不須如韓絳議減數三分及災傷十七除之〔三〕。」乃以安石爲河東都轉運使〔四〕，悉推行之，故有是詔。

二十七日，廣南西路轉運司言：「桂州增屯兵馬，乞於全、永等州撥糧二十萬碩，及於衡州鑄錢監給十萬緡應付支遣。」詔：「糧於荆湖南路轉運司撥，錢以本路去年未起發年額等錢五萬三千餘緡充。具軍興所餘、後來已支、見在數以聞。」

二月四日，淮南東路提舉司言：「收糴并折納到斛斗，除準備外，所管約八十餘萬石〔五〕，慮將來陳積，難以轉移。况本路甚闕見錢，聞京東水災，乞預令收聚本錢，移於淮東近便州縣，或自29清河運致。據數撥還糧穀，却於折糴本錢上聽量出息。其步乘亦令管認。」詔京東、淮南東路提舉官於界首會議以聞。

二十五日，河東都轉運使陳安石言〔六〕：「年穀屢登，

〔一〕輟：原作「輒」，據《補編》頁六〇七改。
〔二〕糴：原無，據《長編》卷二八七補。
〔三〕三：原作「二」，據《長編》卷二八七改。
〔四〕使：原作「司」，據《長編》卷二八七改。
〔五〕約：原作「納」，據《長編》卷二八八改。
〔六〕使：原作「司」，據《補編》頁六〇九改。

合廣計置，乞於河北權住糴見錢京鈔內支三十萬緡市糧草，以備朝廷緩急移用。如積久，令轉運司依常平兑換。」詔給鈔十五萬緡，餘從之。

三月五日，廣南西路轉運司乞下荆湖南路轉運司兑支全、永二州糧，爲桂州軍儲。詔經畧安撫司同轉運司相度，減戍兵於全、永就食。以上批「漸邇盛夏，北兵不耐暑，可移桂州戍兵過嶺，就食全、永，不惟寬轉餉之力，又得滯粟以時變易，不致積久陳腐」故也。

七月十三日，詔：「諸路轉運及開封府界提點司樁管闕額禁軍請受，據元額月給錢糧，委提點刑獄及府界提舉司拘收，於所在別封樁。」

十八日，詔三司勘當江南西路轉運司，如去年糧綱起發已辦，宜免折變見錢外，仍下發運司具析於六路敷錢不均及併差官在江南西路刬刷因依以聞。」初，有旨聽發運司據逐路未運糧百萬碩折變見錢。至是，江西轉運司訴以年額轉漕已足〔一〕，兼令於六路均出，今發運司獨令本路折變六十萬碩，又別遣官起本路見錢，靡有孑遺，違編敕量留准備糴置三年芻糧之法〔二〕，故有是詔。

二十四日，詔：「諸路封樁闕額禁軍請受，可令樞密承旨司注籍。輒支用者，如擅支封樁錢帛法。」

八月四日，詔撥提舉河北糴便司錢鈔十萬緡，應付河北路轉運司 30 秋糴。

五日，詔三司借明年解鹽鈔五十萬緡，付陝西路都轉運司市糧草。

二十六日，詔賜錢二十萬緡，付鄜延路經畧司市糧草封樁。

九月十一日，三司言：「河東都轉運司乞續支京鈔見錢三十萬緡計置軍儲。今欲依糴買封樁糧草例，於末鹽錢內支錢一十萬緡，換作本路交引收附，與轉運司計置極邊糧草，却以末鹽錢撥歸省司。」從之。

十五日，環慶等路計議措置邊防徐禧言：陝西路至並邊豐稔，乞錢百萬緡分借逐路經畧司計置，令轉運司償還〔三〕。詔提舉成都府等路茶場司撥錢五十萬緡，付經畧司市糧草封樁，仍令三司支解鹽鈔五十萬緡，付陝西路轉運司市糧草。

十九日，詔三司續支末鹽錢二十萬緡，付河東轉運司市糧草。

十一月二十四日，提點倉場司沈希顔請歲撥糴本錢二十萬緡〔四〕，付廣濟河輦運司糴糧赴闕，如及四十萬碩，特與酬賞。詔三司相度。

十二月十七日，詔陝西提舉鑄錢司支大銅錢十萬緡，付轉運司市糧草。

二年正月三日，詔北京、澶、定州封樁糧草，糧六百七

〔一〕江西：原作「江南」，據《長編》卷二九〇改。

〔二〕違：原作「遣」，據《長編》卷二九〇改。

〔三〕償：原作「續」，據《長編》卷二九二改。

〔四〕請歲：原倒，據《長編》卷二九四乙。

十餘萬碩，草千七百餘萬束，委安撫司專領。

二十二日，詔三司出銀、紬絹及末鹽錢總二十萬緡，賜河北轉運司以糴軍儲。

二月六日，詔河北東路提舉司借常平錢四萬緡，分給大名府、澶州糴軍糧。

二十九日，經制熙河路邊防財用司言：「本路州軍歲遣官置場和糴，遇穀價貴，即出糴收息。乞視所收息錢萬 31 緡以上賞之，與減磨勘一年。内選人免試，與優便差遣。每二萬緡循一資。」從之。

六月十八日，鄜延路經略使呂惠卿乞立定緣邊逐路歲計糴買糧草數〔一〕。詔遣檢正中書禮房公事王震往陝西轉運司，依惠卿請，并涇原、環慶、秦鳳、熙河路取索會計寔數，同經略、轉運司連書以聞。

七月二十二日，會定陝西五路年計王震言：「異時陝西糧草，取具於轉運，解鹽司，時調中都以佐緩急。送受待用，宜有定法。今茲遣使攷計，使上其寔，此要事也。願得以五路應屯之兵以率歲費，通一歲豐凶之中以約物價〔二〕，量三司、轉運司常辦之數以賦五路而加足焉，以立每歲之定法〔三〕。」從之。

八月十三日，都提舉市易司言：「本司歲出本錢計置畿縣第四等户體量草，關開封府界提點司，而提點司自熙寧八年至去年尚逋草價十三萬緡。乞限歲終，仍自今委三司隨秋税催促提舉司勾收封樁，聽從本司支用。如敢借兑支遣，乞論如封樁錢法。又乞選本司幹當公事官一員，專管簿籍。」並從之。

九月二十四日，詔以永興軍路常平倉穀十九萬碩，給鄜延路九將守禦之用，餘令轉運司以漸計置。以鄜延路言「歲計軍食二十七萬餘碩，而常平無餘」故也。

二十六日，賜發運司糴本錢百萬緡令糴穀。如逐路歲計未足，以所糴充數上供，報轉運司，令依和糴最高價并計輦運之費，限一季償錢。

(二)〔三〕年六月十二日〔四〕，三司言：「河北糴 32 便糧草鈔價，本以見錢法一等給還，後別立草料錢，以銀、紬絹及茶本錢折，商人無利，遂增草料虚錢。雖以銀紬絹估直，又令筭請香茶，權罷給銀，亦入納未至通行。至於人糧交引，品搭分數，抑勒入納。昨薛向乞用見錢法糴買，當時三司以錢不給，又即如舊。今勘會紬絹本非河北、京東商人所須，交引鋪以賤價取之，坐獲厚利，若不申明，恐牽制人糧，例增虚錢，寖害邊計。乞並依人糧例入納出鈔，更不許擡價錢。市易務下界亦依人糧鈔法給還。若闕見錢〔五〕，

〔一〕使：原作「司」，據《長編》卷二九四改。
〔二〕以約：原倒，據《長編》卷二九九乙。
〔三〕每：原作「再」，據《長編》卷二九九改。
〔四〕三年：原作「二年」，按前已書二年，又考此條所載事，《長編》卷三〇五繫於三年六月，以下三條亦爲三年事，據改。
〔五〕闕：原作「關」，據《長編》卷三〇五改。

三司應付，其已前鈔自依舊法。」從之。

十三日，詔司農寺於永興軍等路給常平倉穀十八萬碩，充環慶路將下守禦及緩急漢蕃弓箭手闕乏借貸。

九月五日，詔賜茶場司錢三十萬緡〔一〕，付涇原路安撫司糴買糧草封樁。

閏九月二十二日，涇原路都總管司走馬承受梁安禮言，本路粟、麻、蕎麥、大豆等豐熟。詔經制司變運川峽路司農錢物李元輔〔二〕，於已運到鳳翔府等處見在內支絹十萬匹、銀五萬兩與涇原路經畧安撫司，收糴糧斛封樁。

四年正月十三日，涇原路經畧安撫使司言：「被旨逐次糴買糧草，令轉運司交割與經畧司計置外，其糴買錢，每年夏秋各分爲三分，轉運司預封樁。夏自四月至六月，秋自七月至九月，每月應付一分，從經畧司關報合樁管處。即糴買擁併，未及次限，許權借轉運司封樁錢。其糴買鈔，令三司依限發付經畧司，從 33 本司支赴逐州軍折博務書填，并税數合行支移，亦從本司計會轉運司同相度，依例移搬支折。若遇災傷減放分數，即契勘所減糧草碩束錢數，於合納州縣鎮寨勘會別司見在錢物〔三〕，奏乞搬撥。仍乞選差監糴官一員，添置勾當公事一員。」從之，仍令鄜延、環慶、秦鳳路依此。

三月二日，詔經制熙河邊防財用司於歲額錢內支三十萬緡赴熙州〔四〕，二十萬緡赴河州，置場糴糧斛封樁〔五〕。

五年正月十八日，河北都轉運使蹇周輔乞應結糴封樁穀所收息錢〔六〕，並令措置糴便司收。從之。

二十四日，詔開封府界、諸路封樁禁軍闕額錢除三路外，及淮、浙、江、湖等路增剩鹽錢，江西賣廣東鹽、福建路賣鹽息錢，並輸措置河北糴便司。先借支內藏庫錢三十萬緡與河北糴便司，以福建路鹽息還。

二月三日，詔借撥茶場司錢四十萬緡，付秦鳳路經畧司市糴糧草。

五月二十八日，詔：「陝西都轉運司已收司農寺錢二百萬緡、內藏庫銀三十萬兩、鹽鈔二百萬緡，可均給諸路。鄜延、環慶、涇原路委轉運司，秦鳳路委都轉運司，熙河路委經畧司，乘夏熟於沿邊市糴軍糧封樁，以須軍事。」

七月二十四日，河東轉運司言：「歲事甚豐，糧草價賤，諸州府見在朝省封樁錢約十萬緡，乞付本司補助糴買。」詔河東難得豐歲，可依所乞外，更經劃應付。

二十九日，詔：「河北路都轉運司借支澶州封樁軍糧五萬碩，特除之。自今河 34 北三州封樁軍糧，如敢請借支者，依擅支封樁錢物法。」

〔一〕三十萬：《長編》卷三〇八作「二十萬」。
〔二〕「經制司」原脱「司」字，「川峽」原作「川陝」，據《長編》卷三〇九補改。
〔三〕勘會：原倒，據《補編》頁六一一、《長編》卷三一一乙。
〔四〕熙州：原作「熙河」，據《補編》頁六一一改。
〔五〕「斛」下原有「斗」字，據《補編》頁六一一、《長編》卷三一一删。
〔六〕句首原有「詔」字，「使」原作「司」，據《長編》卷三二二删改。

八月五日，詔：「河東轉運判官蔡燁專主管每年入中，或移税糴，從便計置軍糧十萬碩，於吴堡寨、永寧關封樁。斗不得過百五十，其價錢於絳州垣曲監撥還。仍令陝西轉運司計置運入米脂寨，即不得兑充吴堡寨、永寧關經費。」

十月二十六日，詔給内藏庫錢百萬緡與熙河路，尚書户部右曹錢百萬緡與鄜延路，及令吴雍發陝西諸司及封樁錢三百萬緡，分與環慶、涇原、秦鳳三路計置糧草。

十二月二十三日，詔陝西封樁錢内支三百萬貫，分環慶、涇原、秦鳳路，乘時市糴糧草。

六年正月二十二日，詔河北諸司糴價，不得過措置糴便司。

五月二十日，河東路轉運司言：「昨自軍興以來，費用浩瀚，又新收復葭蘆、吴堡寨，增置官屬及屯兵馬，支費倍多。近被旨，令用鈔廣謀收糴，但本司缺錢支用。」詔宜依每年例給。

六月四日，制置發運司言：「本司元豐二年被旨賜糴本，以一百萬緡爲率，至今截撥未足。况每年總般江、淮、荆、浙六路上供年額六百二十萬碩，逐路出限不到萬數甚多，全賴糴本錢乘時和糴〔一〕，起發上供，應辦年計。今準淮南路催促錢帛所牒會問數目，本司以無聖旨，難議供報，然恐其別有申陳。」詔糴本錢係朝廷賜，令不得一例起發。

八月十三日，知荆南謝麟言：「邕、宜、欽、廉州及緣邊堡寨屯戍之地，皆無二年之蓄。乞乘此豐歲，更給 35 度僧牒，付廣東、西、湖南轉運司，應付宜州蠻事之餘，令廣西等路於近便州縣糴糧，沿流運往廣西封樁〔二〕。」詔歲給度僧牒五百，限五年止，爲錢三十二萬五千緡，付廣西經畧司應付宜州蠻事，以其餘糴糧。

九月七日，權發遣陝西路轉運副使范純粹言：「奉旨令鄜延、環慶、涇原、秦鳳路經畧司、熙河蘭會路經畧安撫制置使司各於軍須錢内撥見錢二十萬，差官趁時糴買糧草封樁。望許臣與劉昌祚詳議，據城砦緊慢〔三〕，以轉運司年計糴本，及軍須錢帛并見錢公據隨宜分擘〔四〕。凡合當計置處，止作一場糴買。委劉昌祚與臣同共督責官吏趁時儲積。候糴買畢，却紐筭年計軍需錢本，各依窠名樁管。除以年計數充經費外，其軍須錢物所糴買到數目，依本條施行。其經畧司取撥軍須錢二十萬貫指揮，乞更不施行。」上批：「所申陳利害之理甚明，宜依所奏。」

十月三日，陝西轉運副使李察言：「沿邊州軍糴買糧草官，乞委監司考較，每州各定一員優劣行賞罰。」從之，河北、河東準此〔五〕。

七年正月十七日，詔尚書户部支積剩錢百萬緡，付熙

〔一〕和：原作「加」，據《長編》卷三三五改。
〔二〕「往」、「西」二字原無，據《長編》卷三三八補。
〔三〕「據」原脱，「慢」原作「漫」，據《長編》卷三三九補改。
〔四〕擘：原作「劈」，據《補編》頁六一二改。
〔五〕河東：原無「河」字，據《長編》卷三四〇補。

河蘭會經畧安撫司，於新境計置糧草，修繕守具。

十九日，范純粹言：「昨王震會定五路錢物，以沿邊糴買錢鈔付逐路經畧司管認糴入支遣。昨因軍興，以經畧司專治兵旅，遂令轉運司復主管，至今未罷〔一〕。乞沿邊糧草職事並依元降會定朝旨。」詔：「兵食相須，實爲一事，況熙河路已總於李[36]憲等，故得首尾相關，財用出納，稍能省吝，則諸路無有不可兼領之理。自今陝西軍須經費，經畧、轉運司隨路通管，其餘職事毋得侵紊。」既而陝路轉運副使王欽臣言：「出納之吝，謂之有司，不愛財用，將帥之事，若合爲一職，則勢有所不行。乞仍舊便。」從之，其正月十九日指揮更不施行。

二月一日，河北轉運使、措置河北糴便吳雍言：「見管人糧、馬料總千一百七十六萬碩，奇贏相補，可支六年〔二〕。河北十七州，邊防大計，倉廩充實。同措置王子淵在職九年，悉心公家，望考察成效，以勸才吏。」詔賜子淵紫章服。

三月二十九日，詔：「聞河北瀛、定二州元豐五六年及接今歲，提舉糴買封樁糧草司所糴糧數以鉅萬，而散於諸處寄糴。緩急屯集大軍，遠近不相及。兼新倉殆爲虛設，又寄糴處多無守具，若令漸運入新倉，則其費不貲，不若聽商人自運爲便。恐不須寄糴，宜下本司具析〔三〕。」既而李南公、王子淵言：「寄糴法行之已久，如保州、廣信、安肅、北平等軍在定州之北，係極邊要切儲蓄之地，真定府、祁州、永寧軍亦係次邊，合行計置軍儲處與都倉相去皆近便，緩急般取，尅日可到。或容本司計置兑移，即可以並歸都倉。瀛州都倉寄糴利害亦如此〔四〕。今若使客人盡知官中必於都倉收糴，非高價未肯入中，則必爲之增價。寄糴之利，不惟於都倉無所妨，兼亦平準物價，使輕重之權不爲兼并所制。」從之。

五月六日，[37]賜鄜延路經畧司見錢鈔五十萬緡，乘秋稔市芻糧。以劉昌祚言軍資庫及轉運司軍需年計纔可支三兩月也。

二十四日，户部言：「河北轉運司借支河北糴便司封樁及舊糴便司、三司封樁糧六十餘萬碩，無寬剩錢物撥還，乞除放。」詔通限十年還。

六月五日，詔封樁糧草依年次以新物兑換。

十三日，知太原府呂惠卿言：「本路歲認糴穀十萬碩送鄜延路〔五〕，支移太遠，民不便。乞罷應副，止令陝西路轉運司自計置，其價錢依河東路元降指揮，於垣曲監撥還。」詔自今河東、陝西各自計置五萬碩，罷支垣曲監錢。

七月二十九日，陝西轉運司言：「通判延州吳安憲準

〔一〕未罷：原脱「未」字，「罷」字誤移在下句「乞」字下，據《長編》卷三四二補移。
〔二〕天頭原批：「『支』一作『及』。」按，見《補編》頁六一二。
〔三〕析：原作「晰」，據《長編》卷三四四改。
〔四〕寄：原作「計」，據《長編》卷三四四改。
〔五〕認：原作「稔」，據《長編》卷三四六改。

詔與鄜延路經畧、轉運司籌度於要近城砦多聚糧草。今延州秋稼豐稔[一]，民户不能蓄積以待價，必爲射利之人乘時賤取閉糴，以待官場之急。延州諸縣去城砦近者十里，遠者百里，今秋應納青苗、免役，爲錢十三萬緡。欲定地里遠近加饒法，令民於諸城寨折納，轉運司撥還提舉司[二]。若如安燾所言，則公私交便。」從之。

八月五日，河東經畧使呂惠卿言[三]：「河外沿邊秋稼登稔，可市糧草，依將來官糴價與轉運司易錢鈔，及令內地支移民户出脚直，以便公私。乞先給錢三十萬緡，在京椿管，許以償本司糴買鈔，撥本司舊封椿芻糧爲年計[四]，以所糴買封椿，歲終以聞。」從之，支末鹽錢三十萬緡。

七日，秦鳳路經畧使吳雍言：「秦州糧草纔支半年[五]，望賜錢三[38]五十萬緡，依五路常平法計置。」詔户部支常平積剩錢二十萬緡。

二十九日，支常平積剩錢五十萬緡，付熙河蘭會路經制司市糧草[六]。

九月四日，熙河蘭會路邊防財用司上歲計合用錢市糧草，詔歲給錢二百萬緡，以本司十案息錢、川路苗役積剩錢、續起常平積剩錢各二十萬，榷茶司錢六十萬，川路計置物帛赴鳳翔府封椿坊場錢三十五萬，陝西三銅錢監銅錫本脚錢二十四萬八千[七]、在京封椿券馬錢十萬，裁減汴綱錢十萬二千充，自來年始。户部歲給公據關送，候元豐十年終，令經制司具支在數以聞。

二十六日，尚書户部言：「元豐二年，三司借末鹽錢五十萬緡市糧，限四年還。今已限滿，欲望均作十年還，自今年始。又熙寧十年借本庫錢尚欠四萬二千餘緡，亦乞依此。」從之。

十月一日，詔支末鹽錢鈔三十萬緡[八]，付河東轉運司市糧草。

三日，同經制熙河蘭會路邊防財用馬申言[九]：「糴買全在冬春之交，乞十月後印給次年鹽鈔[一〇]，限正月至本路。」下户部，户部乞依秦鳳等路，吏部差使臣於正月下旬押赴經制司。從之。

九日，詔内藏庫支紬、絹各五十萬匹，於熙河經畧司封椿[一一]。

[一] 豐：原作「不」，據《長編》卷三四七改。
[二] 還：原作「運」，據《長編》卷三四七改。
[三] 使：原作「司」，據《補編》頁六一三改。
[四] 司：原作「錢」，據《長編》卷三四八改。
[五] 糧：原作「乾」，據《長編》卷三四八改。
[六] 河：原作「何」，據《補編》頁六一三改。
[七] 銅錫：原脱「銅」字，據《長編》卷三四八補。又天頭原批：「『錫』一作『賜』」。
[八] 三十：原作「二十」，據《長編》卷三四九改，參下「〔十一月〕十一日」條校記。
[九] 經制：原作「經略」，據《長編》卷三四九改。下同。
[一〇] 給：原作「結」，據《長編》卷三四九改。
[一一] 熙河：原作「熙會州」，又「會」旁批「渭」字，今據《長編》卷三四九改。

〔十一月〕十一日〔一〕，河東經略使呂惠卿言：「近支末鹽錢三十萬緡付本路糴買〔二〕，復準户部符，給銀錢、紬絹鈔，入中不行。乞於在京樁管見錢，從本司出鈔糴買，或令人入便。其户部鈔見在本司。」河東轉運副使孫覽言：「本司科秋税[39]糧草，經略司令民折納錢，如朝旨許經略司以支移糧草折納，即乞令經略司一面管認，應副本司支移年計糧草。」詔並依所請，已出鈔令户部收毁〔三〕，其經略司折納轉運司支移年計糧草，本司依數管認應付，餘令轉運司計置。

哲宗元祐元年正月十四日，户部言：「河東路轉運司支給優賞，致闕糴本〔四〕。」詔特支末鹽鈔一十萬緡。

三月八日，詔：「今後屯泊戍兵食不盡糧願坐倉收糴者，毋過三之一。」以諸路經略等司言其不便故也〔五〕。

六月二十六日，詔陝西路轉運司收糴斛斗，充沿邊五年之蓄。

八月一日，詔：「諸路提點刑獄司乘有糴本之時，委豐熟州縣廣行收糴，仍令少糴麥豆，多糴穀米。其南方及川界卑濕之地難以久貯者，相度逐州縣合用數收糴。候市價比元價稍增，即行出糶，不得令積壓損壞。仍令州縣各將十年價例比較，立定貴賤酌中之價。又逐色價分爲三等，每遇豐歲，斛斗價賤至下等，即添錢收糴；凶年斛斗價貴至上等，即減錢出糶。若市價只在中等之内，即不糴。」

十一月四日，户部言：「糴買糧斛除陝西、河東、北依舊制外〔六〕，餘路欲令轉運司遇闕少年額〔七〕，聽於提刑司依常平錢元價兑糴，仍先樁撥價錢。不樁而輒支，依擅支封樁法。」從之。

二年五月四日，户部言：「河東二十一州軍和糴，欲並於見納年額十分中取八分爲額，各隨户色分數減定，更不給錢。遇災傷，隨秋税分數減放，以轉運[40]司應給價錢補之。其以四色糧草互相折納及折納黍秫米，並仍舊。如本户災傷不及五分，聽依久例支移，不得創有科折〔八〕，及請易和糴之名爲助軍糧草。」從之。

二十六日，户部言：「近準詔旨，令諸路乘時廣行收糴。今請州縣長吏及糴官以所管錢，計所用糴本分數，等第定賞，著爲令。」從之。

三年五月十六日，賜陝西路轉運司銀絹共四十萬，乘時收糴，以廣蓄積。

六年七月二十四日，尚書省言：「轉運司應糴買而缺

〔一〕十一月：原脱，據《長編》卷三五〇補。
〔二〕三：原作「二」，據《補編》頁六一四、《長編》卷三五〇改。
〔三〕毁：原作「糴」，據《長編》卷三五〇改。
〔四〕闕：原作「關」，據《長編》卷三六四改。
〔五〕不：原脱，據《長編》卷三七一補。
〔六〕制：《長編》卷三九一作「例」。
〔七〕少：原無，據《長編》卷三九一補。
〔八〕「創」下原有「修」字，據《長編》卷四〇〇删。

本錢者，報提刑司借封樁錢，糴到隸提刑司拘管〔一〕，方得借次料。轉運司依元價樁錢盡數對撥，遇豐熟，可以廣糴，旋關提刑司封樁。若轉運司要用〔二〕，聽依元糴價先樁錢〔三〕，據數兑撥。其未樁撥價錢輒支用者，論如擅支封樁錢物法。」從之。

八月八日，詔：「今年諸路監糴官如糴及賞律，並於合得酬獎上遞增一等推恩〔四〕。」（以上《永樂大典》卷一一五九六）

〔一〕拘管：原無，據《長編》卷四六二補。

〔二〕用：原無，據《長編》卷四六二補。

〔三〕糴：原無，據《長編》卷四六二補。

〔四〕合得酬獎：原作「合用獎酬」，據《長編》卷四六四、《補編》頁六一四改。